문명과 전쟁

문명과 전쟁

WAR
IN
HUMAN
CIVILIZATION

아자 가트
Azar Gat

오숙은·이재만 옮김

교유서가

WAR IN HUMAN CIVILIZATION

제3부 근대성: 야누스의 두 얼굴

전쟁 없는 인류는 가능한가?

_김대식, KAIST 전기 및 전자과 교수

미국과 베트남의 전쟁이 한창이던 1960년도. 오랜 프랑스 식민지 지배에서 해방된 북베트남은 '조국통일'이라는 미명 아래 남베트남을 침략했고, 베트남인들의 내전을 글로벌 헤게모니를 위한 소련과의 대리전쟁으로 받아들인 미국은 이름도 모르던 작은 동남아시아 나라와의 길고 긴 전쟁에 빠져든다. 미국 젊은이들은 베트남 전쟁터로 징병되었고, 저녁 7시 뉴스 때마다 전쟁의 잔인한 모습은 평범한 미국 시민들에게 전달된다. 미국인들은 충격에 빠진다. 현실에서의 전쟁은 영화관에서만 보던 장면과는 너무나도 달랐으니 말이다. 전쟁은 잔인하다. 아직 아름다운 여성과의 입맞춤을 경험하지 못한 청년의 미래를 빼앗아가고, 가족과 고향을 그리워하는 아버지의 희망을 짓밟고, 그리운 남편과 아들의 얼굴을 영원히 추억으로만 남게 한다. 어디 그뿐일까? 전쟁은 문명과 문화를 파괴하고, 인간을 다시 추한 동물로 만든다. 어제까지 책상에 앉아 서류와 싸움하던 평범한 회사원이 학살을 하고 죽은 자의 시체에 오줌을 누게 하니 말이다.

베트남 전쟁은 수많은 젊은이들을 반전 시위에 참여하게 했고, 드디어 흑인 가수 에드윈 스타Edwin Starr의 노래 〈전쟁War〉이 1970년도 빌보드 차트 1위에 올라선다. 에드윈 스타는 노래한다: "War…… what is it good for? Absolutely nothing!" "전쟁은 도대체 무엇에 도움이 되는가? 그 어느 것에도 필요 없다"고.

고대 그리스 철학자 헤라클레이토스(기원전 535-475)는 "만물은 흐른다 panta rhei"라는 말로 유명하다. 이 세상에 그 어느 것도 멈춰 있는 것은 없다. 봄은 여름이 되고 가을은 겨울이 된다. 아이는 어른이 되고 어른은 노인이 된다. 삶은 죽음이 되고 죽음은 다시 새로운 생명으로 태어난다. 같은 강에 다시 발을 담가도 강물은 그사이 흘러버렸고, 발을 담근 나 역시 이미 다른 사람이 되어버렸으니 말이다. 그렇다면 만물의 변화는 어디에서 오는 것일까? 인류의 성장과 발전, 그리고 국가의 흥망은 왜 일어나는 걸까? 헤라클레이토스는 주장한다: 모든 것의 아버지이고 모든 것의 왕은 바로 '전쟁'이라고. 전쟁이 신을 만들고, 전쟁이 인간을 만들며, 자유민과 노예 역시 전쟁의 결과라고. 방대한 역사 자료를 분석한 스탠퍼드 대학의 월터 샤이델Walter Scheidel 교수 역시 최근 저서 『거대한 평등주의자The Great Leveler』에서 너무나도 불편한 결론을 내린다: 정의로운 사회의 핵심인 '평등'마저도 인류역사상 매번 오로지 잔인한 전쟁과 폭력을 통해서만 가능했다고.

전쟁은 인류 발전 모든 것의 아버지일까? 아니면 그 무엇에도 필요 없는 존재일까? 개인과 국가의 불행인 전쟁. 인류는 왜 여전히 천문학적인 비용과 에너지를 전쟁에 투자하고 있는 것일까? 텔아비브 대학 역사학자이자 정치학자인 아자 가트Azar Gat 교수는 이 책 『문명과 전쟁』에서 질문한다. 인간은 왜 전쟁을 할까? 전쟁 없는 인류는 과연 가능할까?

손무의 『손자병법』, 투키디데스의 『펠로폰네소스 전쟁사』, 카이사르의 『갈리아 전쟁기』, 마키아벨리의 『정략론』, 클라우제비츠의 『전쟁론』……. 전쟁과 관련된 책들은 수도 없이 많다. 하지만 가트 교수의 책은 다르다. 역사학, 정치학, 군사학, 심리학, 뇌과학, 사회학, 철학, 인류학, 고고학……. 인류가 알고 있는 모든 도구를 총동원해 '전쟁'이라는 미스터리를 한 권의 책을 통해 풀어나간다. 한 사람이 어떻게 이 많은 것들을 알 수 있을까? 강의하고 연구하는 대학교수로서, 그리고 이스라엘 정부의 국가 안보 자문위원으로서 어떻게 9년 동안이나 집중력을 발휘해 단 한 권의 책을 집필할 수 있었던 것일까? 읽다보면 저자의 방대한 지식에 경악하고, 동시에 시시콜콜한 신문 칼럼이나 쓰고 남의 책이나 소개하고 있는 나 자신이 부끄러워진다. 이제 나도 슬슬 잘 나오는 연필 10자루 정도 뾰족하게 깎고, 나만의 거창한 책을 쓰고 싶게 하는 책이다. 물론 '이스라엘'이라는 세계적으로 매우 특수한 상황이 가트 교수의 책을 가능하게 했는지도 모르겠다. 여섯 살이 되던 해에 경험한 주변 아랍 국가들과의 "6일 전쟁"을 시작으로 평생 전쟁과 함께 살았다고 해도 과장이 아닐 테니 말이다. 최근 『사피엔스』라는 저서로 한국에서도 유명인이 된 예루살렘 대학의 유발 하라리 교수 역시 이전에 이미 『중세기 시대의 특수부대』라는 책으로 이름을 알린 바 있다.

하라리와 가트. 역사학자이자 대학교수이기 전에 이스라엘 국민이고 특수부대 출신들이라는 공통점이 있다. '전쟁'은 그들에게 추상적 개념이 아니라 실질적 삶과 죽음을 좌우하는 'conditio humana', 인간의 조건이다. 북한 핵의 위험, 중국의 헤게모니, 그리고 또다시 추한 모습으로 부활하는 일본 사이에서 살아야 하는 우리에게 가트 교수의 『문명과 전쟁』보다 더 중요한 책은 없을 듯하다. 대통령, 국회의원, 청와대 보좌진, 기자, 장군. 강제로라도 이 책 한 권씩 사서 읽게 하고 싶을 정도다.

전쟁의 수수께끼

이 책은 야심찬 작업물이다. 이 책은 '전쟁의 수수께끼'와 관련한 가장 근본적인 질문의 답을 찾아 나선다. 사람들은 왜 죽음을 부르는 파괴적인 싸움을 벌일까? 싸움은 인간 본성에 뿌리박고 있을까, 아니면 나중에 나타난 문화적 발명품일까? 사람들은 처음부터 늘 싸움을 해왔을까, 아니면 농업·국가·문명이 등장하면서 비로소 싸우기 시작했을까? 인류의 역사에서 농업·국가·문명과 이후의 중요한 발전들은 전쟁에서 어떤 영향을 받았으며 역으로 전쟁에 어떤 영향을 미쳤을까? 만약에 전쟁을 없앨 수 있다면, 어떤 조건에서 그런 일이 가능할까, 그리고 전쟁은 현재 감소하고 있을까?

이런 질문들은 새롭지 않으며 결정적인 답은 아직 나오지 않은 것으로 보인다. 이제는 이런 질문과 그 대답 모두 상투적 문구로 보일 정도다. 그러나 사실 이런 질문이 엄밀하고 포괄적인 연구의 대상이 되었던 적은 드물었으며, 진지하게 학문적으로 다루기에는 너무 '거창한' 질문이라고 여겨져왔다. 전쟁은 그 외의 모든 것들과 연관되어 있고, 그 외의 모든 것들은 다시 전쟁과 연관되어 있기 때문에, 인류 발전 전반과 관련해 전쟁을 설명하고 전쟁의 발달을 추적하는 작업은 거의 모든 것의 이론과 역사가 되어버린다. 이 주제에는 너무나 많은 것이 연관되어 있어서, 연구를 위해서는 '모든 것들'을 매우 많이 읽어야 하며 다방면에 충분히 전문적이어야 한다. 이것이 이 책을 쓰기 위해 충족시켜야 했던 전제조건이다.

실제로 이 책은 전쟁이라는 주제를 좇아 방대한 범위의 학문 분야와 지식 분과에서 정보와 통찰력을 끌어낸다. 몇 가지만 들더라도 동물행동학, 진화론, 진화심리학, 인류학, 고고학, 역사학, 역사사회학, 정치학이 포함된다. 이들 각각의 분야와 분과는 학제간 벽으로 서로 분리되어 대체로 저마다 자족적으로 남아 있으며, 서로가 노골적으로 적대하지는 않더라도 다른 분야의 방법론, 관점, 지식체계 등을 모르는 경우가 너무나 많다. 각각의 학문 분야에는 특정 주제와 그것을 연구하기 위해 엄선한 방법론, 일련의 지배적인 연구 질문들, 그리고 특히 독특한 전문용어, 역사적 발전, 유행하는 관심사들이 있다. 이 모든 것이 한데 모여 그 학문의 '문화'를 구성하며, 좋은 질문과 수용할 수 있는 답, 타당한 학술적 추구를 규정하는 각 학문의 '표준적 연구'—전문적 훈련을 통해 흡수하는—의 기준을 세운다. 그렇기 때문에 이 책에서 다루게 될 서로 다른 문화·사회·국가처럼, 각각의 학문은 으레 나머지 학문을 이질적으로 여기고 상대의 언어가 별나다고 생각하며 서로의 학술적 의제를 잘못 해석하곤 한다. 심지어 관련 주제를 다룰 때조차 서로간의 의사소통을 힘들어하거나, 다른 학문 분야의 작업을 자신들의 관심사와 연관시키는 데 어려움을 겪는다. 심한 경우, 특히나 관련 주제를 다룰 때에는 대개 학문들 사이에 회의주의, 경멸, 심지어 조롱이 만연한다고 말할 수도 있을 것이다—물론 더러 그런 상황이 정당화되기도 하는데, 학문이란 특정한 연구 주제에는 더 강하고 나머지에는 약하기 때문이다. 예를 들어 인문학과 사회학을 연구하는 학자들은 오랫동안 생물학과 인간생물학이 사실상 자신의 주제와 무관하다고 믿도록 훈련을 받아왔다. 역사학자들은 각 시대와 장소의 특수성을 부주의하게 다루는 사회학자들의 태도와 종종 조잡한 모델링 작업에 질겁하곤 한다. 반면에 사회학자들은 역사학자들이 특정 시기와 사회의 사소한 부분들을 재구성하는 데 지나치게 몰두하는 나머지 더욱 폭넓고 전반적인 그림을 보지 못한다고 믿는다.

이 책을 이끌어가는 폭넓은 학제간 관점은 부분들의 합보다 더 큰 전체를 만들어내기 위한 것이다. 왜냐하면 이 책은 기존 지식에 대한 개관이나 단순한 종합이 아니고 교과서는 더더욱 아니며, 오히려 처음부터 끝까지 본격적인 연구서로 계획되었기 때문이다. 여러 학문의 풍부한 학술적 문헌을 토대로 삼아 거기에서 엄청난 도움을 받는 것 못지않게, 이 책은 여기서 다루는 거의 모든 논점에 관한 기존의 수많은 연구와 논제에 이의를 제기한다. 흔히들 이야기하는 나무와 숲처럼, 폭넓은 학제간 관점은 특정 영역에서 연구하는 전문 학자들이 자주 놓치곤 하는, 그러나 그들에게 도움이 될 새롭고 유의미한 통찰을 끌어낼 잠재력을 가지고 있다. 분명 그런 작업을 학술적으로 견고하게 하면서 숲으로 나무들을 대신할 순 없는 법이며, 아울러 모든 것은 기존의 연구와 사실에 확실하게 근거를 두어야 한다. 여기서 제시한 작업을 가장 엄격한 기준에 맞추기 위해, 그리고 그 열매를 관련된 다양한 학술 공동체에 전달하기 위해 나는 이 책의 논제들을 관련 학문의 학술지에 논문 형식으로 발표하는 것을 원칙으로 삼았다. 그 논문들을 이 책으로 옮겼음에도 여전히 남아 있는 불가피한 오류들에 관해선 독자 여러분의 양해를 바란다.

그러나 이 책이 무엇보다 학술적 작업이기는 해도 일반 독자들의 눈높이를 염두에 두고 썼다는 점은 강조하고 싶다. 학자들이 더 관심을 가질 전문적인 논점들은 가능한 한 주에 넣었으므로, 그 부분을 읽을지 말지는 독자 여러분이 선택하면 될 것이다. 무엇보다도 이 책은 지적인 모험에 같이 참여해보자는 초대이다. 이 책을 준비하며 읽고 쓰는 과정은 모든 것을 잊을 만큼 흥미로웠으며 나에겐 엄청난 기쁨의 원천이었다. 부디 이 점이 독자들에게도 전해지기를 희망한다.

이 프로젝트는 전쟁 연구에 대한 평생의 열정이 낳은 결정판이다. 이스라엘에서 자라면서 어떻게 그런 열정이 생겼고 자라났는지 궁금하게 여길 독자도 있을 것이다. 1967년 6월, 아랍과 이스라엘의 6일 전쟁이 일어났던 때에 나는 여덟 살이었고, 2학년을 마치고 막힘없이 읽는 능력을 습득하고 있었다. 전쟁이라는 주제는 그 무렵부터 나의 독서와 생각에서 중심을 차지하게 되었다. 결국에는 그것이 옥스퍼드대의 박사학위와 학술적 경력, 그리고 근대 유럽의 군사사상에 관한 일련의 저술로 이어졌다. 그러다 드디어 궁극적으로 전쟁이 무엇인지 더 깊게 이해하기 위해 전쟁이라는 현상과 맞붙어볼 준비가 되었다고 느끼기에 이르렀다. 넓은 캔버스에 그림을 그리길 좋아하는 역사학자로서 훈련을 받고 정치학과에서 가르치고는 있었지만 그래도 전혀 새로운 지식 분야, 사실상 신세계에 익숙해져야 했다. 다른 사람에게는 어떨지 몰라도 나 개인에게는 이 작업이 가장 보람 있는 경험이었다.

이 책을 집필하는 데 1996년부터 2005년까지 9년이 걸렸다. 처음 작업을 시작했을 무렵엔 냉전이 끝나고 평화로운 '새로운 세계 질서'가 선포되었다. 그리고 2001년 9월 11일 미국에 대한 공격이 종래와는 다른 테러의 가능성을 예고하고, 전쟁이 다시 시사문제로 떠오르고 대중의 관심과 염려의 대상이 된 후에 작업을 끝마쳤다. 비록 이런 사건들의 흔적이 불가피하게 이 책에, 특히 끝에서 두번째 장에 남아 있기는 하지만, 이 책의 이면에 놓인 동기와 중요한 논증들은 그런 사건들과는 독립적이다. 아울러, 포

괄적인 이해를 목표로 하는 이 책이 세계의 발전—과거와 현재의—을 지
켜보며 전쟁이라는 수수께끼를 생각하게 된 모든 독자에게 쓸모가 있기를
바란다.

2005년 8월
텔아비브에서

제1부

지난 200만 년간의 전쟁
: 환경, 유전자, 문화

제1장

/

도입: '인간의 자연 상태'

전쟁은 어쩌면 불가피하게 인간 본성에서 기인하는 것일까? 전쟁의 근본적인 뿌리는 과연 인간의 타고난 폭력성, 동족에 대한 치명적인 공격 행동에 있는 것일까? 전쟁이라는 수수께끼를 생각할 때 사람들이 가장 먼저, 그리고 가장 많이 묻는 질문은 바로 이것인 듯하다.

그런데 우리는 '인간 본성'을 어떻게 보고 있을까? 인간을 제외한 모든 동물 종은 어느 정도 생활방식이 고정되어 있다. 동물의 생활방식은 무엇보다 각 종의 유전자에 따라 결정되고, 혹시 생활방식이 변한다 해도 그 종 자체와 더불어 비교적 느린 생물학적 진화의 속도로 변한다. 그러므로 동물의 생활방식은 동물에게 '자연스러운' 것으로서 유의미하게 다루어질 수 있다. 이런 이유로 동물에게는 동물학과 동물행동학이 있고 지질학적 시간대에서 일어나는 진화가 있지만, 역사라 할 것은 전혀 없다. 반면에 인간은 포유동물의 학습능력을 전례 없이, 폭발적인 잠재력을 갖는 수준으로 진화시켰다. 인간은 생물학적 유전에 더해 오랜 세월 축적되어 더욱 복잡해져만 가는 일련의 인공물, 기술, 행동 양식과 의사소통 양식, 그리고 문화로 알려진 신념체계를 진화시켜왔으며 동시대인과 후손에게 그것을 전해준다. 문화적 진화는 생물학적 진화보다 훨씬 더 빠르게 인간의 생활방식을 극적으로 변모시키고 다양화했다. 문화적 진화는 인류의 가장 뚜렷한 특질로 여겨지기도 한다.

인간은 수없이 다양한 문화 속에서 살아왔다. 수많은 문화는 끊임없이 변해왔고 서로 상당히 다르지만, 어떤 면에서는 모두 '인위적'이다. 그렇게 우리는 우리의 기원으로부터 믿기 힘들 정도로 먼 곳까지 이동해왔다. 그렇기 때문에 극단적인 상대주의자, 경험주의자, 역사주의자들은 인간이 거의 무한정 탄력적이라는 입장을 대대로 견지하면서, 조금이라도 유의미한 이른바 '인간 본성' 같은 것이 있기는 한지 의심해왔다. 이들이 동의하는 것은 기껏해야 본성과 양육, 유전자와 환경, 생물학과 문화, '하드웨어'와 '소프트웨어'가 촘촘히 엮여 있으며 사실상 그것들과 인간의 형성을 분리할 수 없다는 정도였다. 이 두 종류의 성분과 풍부한 상호작용 모두, 인류의 놀라운 진화를 연구하고자 한다면 늘 염두에 두어야 한다.

그럼에도 이런 상호작용의 출발점에서 인간의 '자연 상태'에 관해, 17세기의 철학적 추상이 아닌 다른 어떤 것으로서 이야기할 수 있지 않을까 하는 생각을 지울 수 없다. 호모Homo 속屬으로서 진화해온 거의 200만 년이라는 시간 중에서 99.5퍼센트의 기간 동안, 모든 인간은 수렵채집이라는 매우 독특한 생활방식으로 살았다. 겨우 1만 년 전에야 일부 지역에서, 그리고 나머지 지역에서는 더 나중에야—진화적 관점에서는 아주 짧은 순간이다—인간은 비로소 농업과 목축으로 생활방식을 바꾸었다. 다시 이야기하겠지만, 이 변화는 중대한 생물학적 변화를 거의 수반하지 않은 하나의 문화적 혁신이었다. 요컨대 현생 인류는 수렵채집인으로서 받는 선택 압력에 적응하면서 수백만 년에 걸쳐서 생물학적으로 진화했다. 인류학 문헌에서는 보통 '최초의' 전쟁을 묘사할 때 수렵채집인과 국가 이전 농경민 사이에 아무런 구별도 두지 않는 '원시전쟁'이란 개념을 사용한다. 이 범주는 어느 정도 가치가 있기는 하지만, 진화적 관점에서 보면 이것이 모든 인류의 원생 조건과 비교적 최근의 문화적 혁신을 한덩어리로 뭉뚱그리는 범주라는 데 유의해야 한다. 농경 사회는 인류 역사라는 빙산의 꼭대기이며, 더 나중에야 국가와 문명의 성장이 다시 그 꼭대기 위에 올려졌을 뿐이다. 관련 정보가 거의 없기 때문에 대부분의 사람들은 인류 역사의 까마득한 시간적 깊이를 가늠하지도 못한다.

인류의 수렵채집인 생활이 그다지 균일하지 않았다는 것은 확실하다. 그것은 다양한 생태학적 틈새에 적응하면서 변화했고, 이런 적응 자체가 오랜 존속 기간 동안 가속화된 호모 속의 진화와 더불어 진화했다. DNA 분자연구의 혁명적 진전으로 밝혀진 바와 같이, 오늘날 모든 인간은 아프리카에서 10만 년도 더 된 유골이 발견되고 있는 호모 사피엔스 사피엔스 Homo sapiens sapiens 종에 속하며 서로 밀접하게 연관되어 있다. 유명한 암각화들과 정교한 유물들은 3만 5000년 전에서 1만 5000년 전 사이 후기 구석기시대에 새로운 정점에 이른 호모 사피엔스 사피엔스의 것으로, 그 역량 면에서 우리와 다를 것 없는 정신이 낳은 문화적 증거들—골격 유해의 해부학적 증거에 더해—이다. 고대형 호모 사피엔스의 변종들은 50만 년 전에 나타났다. 이들에 앞서 지금으로부터 대략 200만 년 전에 최초의 인간 종인 호모 에렉투스 Homo erectus가 구세계 거의 전역에서 수렵채집인으로 살았다. 기술적 정교함, 세련된 도구, 불의 사용, 의사소통의 수준, 미리 계획하는 능력 등—몇 가지 변이만 꼽는다 해도—의 측면에서, 나중에 나타난 이 수렵채집인들은 같은 호모 속이지만 생물학적으로 원시적인 조상들보다 더욱 세련되고 성공적이었다.[1] 이 주제와 관련해 수렵채집인들의 생활에서 나타난 몇 가지 차이점은 나중에 언급하겠다. 그럼에도 호모 속의 기원부터 현재에 이르기까지 수렵채집인들의 생활방식에는 상당한 유사성과 연속성이 있다.

그렇다면 진화하는 자연환경 속에서 수렵채집의 자연적인 생활방식을 진화시키면서 살아가던 인간들도 싸움을 했을까? 싸움은 수백만 년에 걸친 선택 압력이 빚어낸 그들 특유의 적응 양상에 내재한 한 측면이었을까? 달리 말해서 그들이 걸어간 진화의 길이 전쟁을 인간에게 '자연스러운' 것으로 만든 것일까? 아니면 싸움은 나중에 문화가 본격적으로 시작된 후에야 등장한 것이고 따라서 인간에게 '부자연스러운' 것일까? 이런 질문에 대해 17세기와 18세기에 상반되는 두 가지 고전적 대답이 제시되었다. 유럽인들이 지리적 대항해를 통해 매우 다양한 원주민들과 접촉한 후 토머스 홉스Thomas Hobbes와 장자크 루소Jean-Jacques Rousseau가 내놓은 답이었다. 홉스에게 인간의 '자연 상태'는 고질적인 '투쟁warre'의 하나로서 이익과 안전, 명성을 위한 살인적 다툼이자 만인 대 만인의 전쟁이며 삶을 '가난하고 힘들고 잔인하고 단명하게' 만드는 원인이었다(『리바이어던Leviathan』 [1651] 13장). 사람들이 이런 상태에서 구제되고 고양되는 길은 강제적 권력을 동원해 적어도 내부 평화를 강요하는 국가를 창조하는 것뿐이었다. 반면에 루소의 『인간 불평등 기원론Discours sur l'origine et les fondements de l'inégalité parmi les hommes』(1755)에 따르면, 원주민들은 자연 속에 드문드문 흩어져 자연의 풍부한 자원을 평화롭게 이용하면서 대체로 조화롭게 살았다. 그러다가 농업, 인구 성장, 사유 재산, 계급 분화, 국가의 강압이 등장하면서 비로소 전쟁이 등장했고 문명의 나머지 모든 병폐들도 함께 나타났다고 루소는 주장했다.

과거의 이 두 관점 모두 매우 암시적이고 설득력이 있었던 까닭에, 처음 제시된 이후로 이제껏 거의 변하지 않았다. 유럽의 패권이 정점에 오르고 '진보' 및 문명의 점진적 향상에 대한 믿음이 최고조에 이르렀던 19세기

대부분의 기간에, 다시 말해 서구인들이 세계로 지배력을 확장하던 동안에는 주로 홉스식의 '잔인성'과 '야만성'의 이미지가 민족지학 보고서들을 지배하고 채색했다. 거꾸로 20세기에 '진보'와 문명에 대한 환멸이 커지고 유럽의 패권이 기울기 시작하면서부터는 원주민에 대한 루소식의 목가적 그림이 인류학을 점차 지배해나갔다.

지난 수십 년 사이 이 주제와 관련된 테마에 대한 현장 작업과 이론 작업이 폭발적으로 이루어져 우리의 지식을 크게 늘려주었으며, 이제 최종적으로 그 수수께끼를 풀어줄 새로운 포괄적인 시도를 요구하고 있다. 그 가운데 특히나 풍부한 정보와 통찰력을 제공해준 세 가지 자료가 있다. 첫째로 동물의 공격과 싸움에 관한 연구는 비교와 대조를 위한 폭넓은 경험적 맥락을 제공해주었다. 둘째로 현존하는 수렵채집인들이나 가까운 과거에 서구인들이 면밀히 관찰했던 수렵채집인들에 관한 연구는 수렵채집인들 간의 싸움이라는 질문과 관련해 경험적 증거들을 대주었다. 선사시대 수렵채집인들과 관련된 고고학 발견은 이런 증거들을 보충해준다. 그리고 셋째로 진화론은 전반적인 설명의 관점을 제시했다.

야수와 인간

인간이 왜 싸우는가 하는 질문은 1960년대에 들어서 예전보다 더 복잡해진 것처럼 보였다. 학계 내부와 주변에서 동물과 인간의 공격성과 관련해 때로는 서로 상충하는 수많은 개별적인 견해들이 제시되어 엄청난 영향력으로 대중의 의식을 뒤흔들었기 때문이다.

그런 견해 중 하나는 인기 작가인 로버트 아드리Robert Ardrey가 『아프리카 창세기African Genesis』와 그 밖의 베스트셀러 저서들에서 제시한 것이다. 그 무렵 동물학자들은 우리와 가장 가까운 친척인 침팬지가 채식을 하고 비폭력적이며 세력권을 따로 두지 않는다고 믿고 있었다. 그것은 '자연으로 돌아가라'는 1960년대의 신조와도 부합하는 이미지였다. 아드리는 우리 조상들을 새로운 기술과 무기를 가지고 주기적으로 동족을 겨냥하는 포식자, '살인마 유인원'으로 만든 것은 바로 사냥과 육식에 대한 적응이었다고 주장했다. 아드리가 이런 생각을 하게 된 것은 고생물학자(화석화된 뼈를 연구하는 학자) 레이먼드 다트Raymond Dart 때문이었다. 다트는 오스트랄로피테쿠스 표본에서 두개골에 난 상처 흔적을 보고 무기에 맞은 것이라고 해석했다. 오스트랄로피테쿠스는 유인원과 비슷한 뇌를 가지고 있지만 직립보행을 하는 종으로 호모 속의 조상이라고 여겨진다. 이들 호미니드 계열은 대략 700만 년 전쯤에 침팬지에서 갈라져 나온 것으로 추정되며, 현재까지 밝혀지기로는 오스트랄로피테쿠스가 100만 년 전까지 살았다고 한다. 그러나 다트의 이론은 오래가지 않았다. 1960년대 이후 고생물학은 비약적으로 발전했다. 오늘날 우리는 오스트랄로피테쿠스에 관해 훨씬 더 많은 것을 알고 있다. 그들은 대체로 채식을 했으며, 그들과 관련된 석기는 아직까지 발견되지 않았고, 그 유명한 두개골의 상처는 표범에 의한 것이라고 믿어진다. 그러나 인간이 사냥과 육식에 적응하면서 살인마가 되었다는 주장이 그 때문에 무효화되는 건 아니었다. 이런 견해는 인류학자 S. L. 워시번Washburn이 제시했으며 동물학자 데즈먼드 모리스Desmond Morris의 베스트셀러인 『털 없는 원숭이The Naked Ape』(1966)를 통해 널리 알려졌다.

그 밖에 동물 및 인간의 공격성과 관련해 매우 큰 영향력을 미친 책은 노벨상 수상자이자 동물행동학의 공동 창시자인 콘라트 로렌츠Konrad Lorenz의 『공격성에 관하여On Aggression』(1966, 독일어 초판은 1963)였다. 로렌츠는 아드리의 견해에 대해 동물들 사이의 싸움, 다시 말해 같은 종끼리의 종내種內 폭력은 포식과는 거의 관계가 없다고 지적했다. 흔히 생각하는 것과는 달리 초식동물도 육식동물 못지않게 자기네끼리 싸우며, 때로는 육식동물보다 더 격렬하게 자주 싸운다. 그러나 로렌츠는 동물이 같은 종끼리 죽일 정도로 싸우는 일은 매우 드물다고 잘라 말한다. 사냥꾼-먹이 관계에서 살해가 필요한 이유는 그 전체 활동의 목표가 먹이를 먹는 것이기 때문이다. 반면에 같은 종끼리의 폭력은 대부분 자원과 암컷에 대한 접근과 관련이 있다. 만약 한쪽 상대가 물러서거나 항복의 신호를 보임으로써 싸움을 중지하면 더이상의 폭력은 필요 없어진다. 로렌츠에 따르면 항복과 복종의 신호는 승자의 공격성을 꺼버리는 생물학적 자극 역할을 한다. 더욱이 상대의 목숨보다 의지가 표적이라면 과시—사냥꾼과 먹이 관계에서는 훨씬 덜 중요한—는 거의 잔인성만큼 중요하다. 적수는 몸의 크기, 힘, 활력을 위협적으로 과시함으로써 상대를 겁줄 수 있다.

로렌츠의 전문 분야는 동물이 보이는 다양한 힘의 과시와 복종 신호였다. 그는 그로 인해 동물끼리 벌이는 종내 싸움의 형태를 '의례화된' 싸움이라고 일컬었다. 이 용어에는 오해의 여지가 있다. 의례란 그저 행동을 끝까지 해낸다는 걸 암시한다. 그러나 종내 싸움은 큰 판돈이 걸린 고위험-고수익 충돌인데다 과시와 실질적 힘을 모두 포함하며, 단념시키거나 강제하기 위한 의도가 있다. 어쨌든 간에 아드리가 치명적인 싸움과 관련해 인간과 침팬지를 구분하는 선을 그었다면, 로렌츠는 인간—싸우면서 통상적으로 서로를 죽이는—과 나머지 모든 동물종 사이에 훨씬 더 예리한 선을 그었다. 이제 인간의 폭력은 독특한 것, 따라서 수수께끼 같은 것으로 보였고 매우 특별한 설명이 필요했다. 한 예로 로렌츠는 진화적 관점에서 보면 인간의 무기와 그에 따른 치명성은 아주 최근에야 굉장히 빠른 속도로 발달한 탓에 종내의 억지 메커니즘이 그 속도를 따라잡지 못하게 되었다고 주장했다. 여하튼 '우리 인간은 지금껏 지구에 등장한 가장 잔인한 종'이라는 생각이 널리 받아들여지게 되었다.[2]

마침 우연히도, 1960년대에 영향력 있는 이론들의 바탕이 되었던 몇몇 관념은 이후 과학계에 의해 뒤집어지다시피 했다. 우선 현장 연구가 있었다. 1960년대 중반부터 탄자니아 곰베에서 활동하던 제인 구달Jane Goodall이 개척하고 그후 여러 학자들이 합류했던 현장 연구를 통해 처음으로, 자연 서식지 안 침팬지의 생활방식을 면밀하고 지속적으로, 그리고 믿을 수 있을 만큼 과학적으로 관찰하게 되었다. 그들의 발견은 혁명적이었다. 예를 들어 침팬지는 (그리고 다른 영장류도) 채식주의자가 아니며 특식으로 고기를 먹으려 한다는 사실이 밝혀졌다. 꼭 수컷들만 그러는 건 아니지만 주로 수컷들이 협동 작전을 펼쳐 다른 동물을 고립시키고 사냥한 뒤 게걸스럽게 먹는데, 대체로 원숭이나 작은 포유류가 그 대상이지만 길 잃은 허약한 침팬지나 외부 집단의 어린 침팬지까지 사냥감에 포함된다. (이들보다는 덜 성공적이지만 사바나개코원숭이도 동족을 사냥한다.) 더욱이 침팬지 집단—수컷들과 그들의 새끼를 데리고 있는 암컷들로 구성된 수십 마리의 강력한 집단—은 영역 텃세가 매우 심한 것으로 밝혀졌다. 수컷들은 집단의 영역 경계선을 순찰하며 외부 침팬지를 비롯한 침입자가 있으면 사납게 공격한다(그러나 그 집단에 합류하려고 오는 외톨이 암컷은 공격하지 않는다). 또 외부 집단의 영역을 공격적으로 습격하기도 한다.

구달은 두 침팬지 집단 사이에 몇 년 동안 계속된 갈등을 기록했다. 한 집단의 수컷들이 다른 집단을 습격해서 먼저 수컷부터 하나씩 차근차근 고립시켜 죽였고, 이어서 남은 성원들까지 그렇게 죽인 뒤 마침내 그 영역을 병합했다. 심지어 암컷들이 치명적인 공격을 하는 경우도 있었는데, 특히 자기 새끼가 아닌 어린 침팬지를 공격하는 일은 집단 내에서도 목격되곤 했다. 마지막으로, 침팬지들은 가끔 막대기와 돌멩이를 가지고 위협하고 때리고 던지기도 한다.[3] 1960년대 문화에서 인간의 목가적 대조 대상이었던 침팬지는 이제 다정하고 장난이 심하고 똑똑하면서도 다른 한편으로 시샘 많고 걸핏하면 싸우고 서로 죽이고 심지어 전쟁도 벌이는 동물로 인식되며, 우리가 자신을 비춰보는 거울에 더욱 가까워지고 있다. 이런 측면에서 본다면 인간에게 특별히 예외적인 점은 없다.

싸움 및 살해와 관련해서 인간과 침팬지 사이에 그려졌던 선은 말할 것도 없고, 인간과 나머지 동물들 사이에 있었던 훨씬 더 굵은 구분선까지도 계속 지워지고 있다. 급속하게 확장된 연구는 과학적 인식을 크게 바꾸어왔다. 로렌츠의 주장과는 반대로, 종내 살해는 흔한 일이며 동물의 죽음에서 주요 원인 중 하나라는 사실이 밝혀졌다. 실제로 성숙한 수컷들끼리 자원과 암컷에 접근하기 위해 싸움을 벌일 때 어느 단계에 이르면 약하거나 패한 수컷은 대체로 손실을 줄이고 싸움을 중단하겠다는 결정을 내린다. 싸움이 사회적 동물 집단 내에서 일어난 경우에는 복종의 의사를 보이고 그러지 않은 경우 후퇴한다. 사자, 늑대, 하이에나, 개코원숭이, 들쥐 같은 사회적 동물의 집단 간 싸움도 마찬가지다. 그럼에도 싸우다가 입은 이런저런 부상은 종종 죽음의 직접적 원인이 되거나 먹이를 구할 능력을 축소시킴으로써 결국 죽음에 이르게 만든다. 더욱이 얻어맞고 빼앗기고 복종한 동물은 질병에 더 잘 걸리고 기대수명도 상당히 단축되는 것으로 밝혀졌다. 게다가 종내 폭력에 가장 취약한 것은 어린 동물이다. 사자 무리에서 새로 우두머리가 된 수컷은 먼젓번 지배자의 새끼들을, 아무리 암컷이 숨기려고 발버둥쳐도 차근차근 모두 죽여버리곤 한다. 암사자들의 발정기를 재촉해 자기 새끼를 낳도록 해야 하는데, 암사자가 다른 새끼를 키우는 한 그것이 불가능하기 때문이다.

랑구르원숭이와 고릴라 수컷도 비슷하게 행동하는 것이 관찰되었다. 여러 대형고양잇과 동물 종이 그러듯, 단독생활을 하는 동물은 기회만 생기면 언제든 어미의 격렬한 저항에 맞서 똑같은 짓을 하려고 한다. 침팬지 수컷들 역시 젖먹이를 둔 어미가 집단에 합류했을 때 자기 새끼가 아닌 어린 침팬지를 죽이는 경우가 관찰되었는데, 아마 비슷한 이유 때문일 것이다. 그보다 더욱 흔히 볼 수 있는 것은 낯선 새끼 포유류와 조류, 알을 둥지 내에서 제거하는 일인데, 자원을 둘러싼 실질적·잠재적 경쟁을 제거하기 위해서 또는 동족을 잡아먹는 와중에 저질러진다. 이 원인으로 인한 사망률은 이른바 극단적인 'r' 생식전략 종에서 특히 높다. 'r' 전략이란 부모가 적은 수의 자녀를 집중 양육('K' 전략)하기보다는 자녀의 수를 최대화함으로써 생식하는 전략을 말한다. 마지막으로 어린 형제들도 영양 섭취를 위해 치열하게 경쟁한다. 예를 들어 독수리 새끼는 물론이고 토끼를 비롯해 순하게만 보이는 일부 종에서도 먹이가 부족한 시기에는 이런 경쟁이 곧잘 무자비한 싸움으로 이어지며, 이럴 때는 형제끼리도 강자가 약자를 죽이고 종종 잡아먹기도 한다.[4] 자연 다큐멘터리들은 이 모든 내용을 수많은 텔레비전 시청자들에게 소개하면서 1960년대의 사고방식을 완전히 바꿔버렸다.

대표적인 학자들은 인간의 종내 살해 비율이 나머지 동물 종과 비슷하며, 일부 경우에는 그보다 크게 낮다고 추정해왔다. 한 주장에 따르면 사실 인간의 종내 살해 비율은 그동안 연구된 어떤 포유류 종의 경우보다도 몇 배 이상 낮다고 한다.[5] 어찌되었건 그 유사성은 주목할 만하다. 동물계에서 대부분의 살해는 인간(의 동물 사냥)과 마찬가지로 먹이를 얻기 위해 저질러지지만, 한편으로 같은 종끼리 먹이와 짝 쟁취나 그 밖의 필수적인 활동을 위해 경쟁하다 죽이는 경우도 인간 못지않게 상당하다는 것이다. 따라서 수십 년 사이에 학술적 구도는 크게 바뀌었다. 적어도 종내 살해라는 **척도**로 볼 때 인간은 그동안 추정해왔던 특이성을 잃었고, 같은 종을 죽인다는 점에서도 더는 예외로 여겨지지 않는다.

물론 자연에서 벌어지는 살해의 규모와 형태가 종마다 똑같지는 않다. 그것은 각 종의 특정한 적응 양상에 따라, 특히 생존과 짝짓기 형태에 따라 다르며, 더욱이 동종 개체들 간에도 서로 다르다. 한 예로 침팬지*Pan trog-*

*lodytes*는 인간과 비슷하게 폭력적 행동을 한다고 밝혀지기는 했지만, 피그미침팬지 즉 보노보*Pan paniscus*가 프리섹스를 즐기고 폭력을 좀처럼 쓰지 않는 거의 목가적인 생활을 한다는 사실이 더욱 최근에 밝혀졌다. 1960년대에 우리가 침팬지에 대해 가졌던 이미지와 흡사하다는 것이다.[6] 결국 인간의 싸움은 맥락 속에서 세세하게 검토되어야 할 것이다. 인간은 '자연 상태'에서 왜 그리고 어떻게 싸웠을까? 그 싸움은 동물 세계에서 흔히 나타나는 패턴과 비교하면 어떠했을까? 아니 그보다 먼저, 수렵채집인들이 싸움을 하긴 했을까? 어쩌면 우리가 검토했던 견해들과는 정반대로, 자연 상태의 인간은 보노보에 더 가까웠으며 싸움과 죽임을 피하려 하지 않았을까? 결국 홉스와 루소 중 누가 옳았을까? 풍부한 증거에도 불구하고 놀랍게도 인류학자들이 확실한 결론을 내리지 못한 문제, 이 마지막 질문은 그것을 묻고 있다. 이 문제부터 해결해야 할 것이다.

제2장

/

평화적인가 호전적인가: 수렵채집인도 싸웠을까

20세기에는 루소파가 서서히 인류학을 지배했다. 그들은 문명의 '비자연적'이고 유해한 특성을 비판하던 자유주의 비평과 연합했다. 인류의 싸움에 관한 이 학파의 관점은 1960년대에 대중의 관심을 사로잡으면서 패권을 잡았던 또하나의 관념이었고, 지금도 여전히 영향력을 발휘하고 있다. 이 관점에서 가장 유명한 대표는 인류학자 마거릿 미드Margaret Mead였다. 그녀의 논문 제목 「전쟁은 하나의 발명품에 불과하다 ─ 생물학적 필연성이 아니다」(1940)는 루소파의 태도를 요약하는 것처럼 보인다. 실제로 미드의 논문은 제목의 뒤쪽에 더욱 무게가 실려 있었다. 그녀는 생물학적 결정론에 마땅히 반대하면서, 싸우는 사회도 있지만 그렇지 않은 사회들도 있음을 지적했다. 왜 그렇게 되는가 ─ 특정 상황에 대응하는 문화적 발명품으로서의 싸움 ─ 에 대한 그녀의 답이 만족스럽지는 않았지만, 그녀는 가장 기본적인 사회조직에 속한 수렵채집인들조차, 대부분은 아닐지라도 일부가 전쟁을 한다는 사실을 잘 알고 있었다.[1] 그러나 후대의 인류학자들이 이런 의식을 모두 공유했던 것은 아니다. 많은 학자들은 동물의 종내 살해를 부정하는 이론, 그리고 1950~60년대에 연구된 현존 수렵채집 부족들, 즉 칼라하리 사막의 !쿵 부시먼!Kung Bushmen이나 동아프리카의 하드자족Hadza, 중앙아프리카의 피그미Pigmies가 전쟁 양상을 보이지 않는다는 사실에 영향을 받아왔다. 이들 인류학자의 주장에 따르면, 수렵채집인들은 드문드문 분포되어 있고 한 영역에 매이지 않는 것으로 보이며 소유물이 거의 없기 때문에 싸움을 하지 않았다. 전쟁은 나중에, 농업 및 국가와 함께 나타났다고 추정되었다. 일부 전문가를 포함해 비전문가들 사이에는 아직도 이런 관점이 남아 있다. 이 대목에서 우리가 수렵채집인들에 관해 수집한 증거를 전체적으로 바라보는 관점에 흥미로운 선택적 맹시盲視가 끼어든다.[2]

인류학 연구에서 '원시전쟁'에 관한 루소파의 지배적 관점에 강력한 공격을 가한 것은 로런스 킬리Lawrence Keeley의 탁월한 저서 『문명 이전의 전쟁: 평화로운 야만인의 신화War before Civilization: The Myth of the peaceful savage』(1996)였다. 킬리는 압도적일 만큼 방대한 증거를 수집하여, 국가 이전 사회들이 평화로웠으며 따라서 전쟁은 나중의 문화적 발명품이라는 학설을 무너뜨리다시피 했다. 그럼에도 그 책에는 중대한 빈틈이 있는데, 그 결과로 루소파의 초점을 한 단계 더 과거로 옮겨놓는 데 그쳤다. 고고학자 킬리는 인간이 농업과 목축을 채택했던 신석기시대 전문가로, 이 시기에 세계 곳곳에 산재했던 국가 이전의 다양한 원시 농경 사회에서 주로 끌어낸 전쟁의 증거를 폭넓게 인용한다. 그러나 앞에서 말했듯 농업과 목축 자체가 비교적 최근의 문화적 발명품이고, 인간 사회가 그것을 받아들인 것은 고작 과거 1만 년 사이의 일이다. 그런데 이런 중요한 발전이 이루어지고 인간이 식량 비축물을 비롯해 싸울 가치가 있는 재산을 소유하기 시작한 시기에 비로소 전쟁이 등장했다고 한다면, 이 관점은 사실상 루소가 원래했던 주장이지 않은가? 풀어서 이야기하면 이 관점은 인류의 싸움이 국가가 등장한 지난 5000년 동안이 아니라, 농업으로의 이행과 더불어 1만 년 전부터 시작되었다는 말이 될 것이다. 따라서 근본적인 질문은 여전히 미해결로 남는다. 그 시점이 되기까지 우리 호모 사피엔스 사피엔스 종이 존재해온 이전 10만 년 동안, 그리고 우리 호모 속이 존재해온 200만 년 동안—다시 말해 인간이 '자연적 진화 상태'에 있는 동안—인간은 평화롭게 살았을까? 이 장대한 시간 동안 인간은 수렵과 채집을 하며 살았기 때문에, 국가 이전 농경 사회에서 나온 싸움의 증거들을 그들에게는 적용할수 없다. 결국 홉스-루소 논쟁을 진정으로 해결하기 위해서는 수렵채집인과 국가 이전 농경민을 하나로 뭉뚱그려버린 '원시전쟁' 개념을 풀어내야하며, 수렵채집인끼리의 상호관계 속에서 수렵채집인에게만 주의를 고정해야 할 것이다.[3]

수렵채집인에 대한 학술 연구는 1960년대 이후 급격하게 발달한 또하나의 분야다. 이 분야의 연구는 한 중요한 학술회의와, 이어서 리처드 리Richard Lee와 어빈 드보어Irven DeVore가 편찬한 『사냥꾼 인간Man the Hunter』 (1968)을 계기로 일종의 비교연구로서 시작되었다. 이 연구를 통해 나타난 그림은 홉스식의 지옥도, 루소식의 '죄악 이전의 순수한 낙원'도 아닌 더일상적이고 복잡한 것이었다. 루소파의 관점대로, 수렵채집인은 노동은 덜 하고 여가는 더 많이 누렸으며 대체로 농경민보다 건강했음이 밝혀졌다. '본래의 풍족한 사회'는 1960년대의 이런 발견을 묘사하기 위해 만들어진 과장된 선전 문구였다. 그럼에도 주기적인 가뭄을 비롯해 기본적 생존에 영향을 미치는 불리한 기후 조건 때문에 떼죽음을 당하는 경우도 종종 있었다. 그리고 어두운 측면을 보면 자원 압박을 피하기 위한 수단으로 영아살해, 특히 여자아이 살해가 만연했다. 홉스가 말한 고질적인 '전쟁' 상태와 국가 권력 부재로 인한 안전의 결여라는 이미지는 아마 어느 정도 과장된 면이 없지는 않겠지만, 심하게 과장된 것은 아닐 것이다. 수렵채집인에게 다툼은 다른 인류에게도 그랬듯 흔한 일이었고, 그 결과 대부분의 수렵채집인들 사이의 살인율은 오늘날의 여느 산업사회보다도 훨씬 더 높았다. 그리고 집단 간의 싸움과 살해는 말할 것도 없이 널리 퍼져 있었다.

수렵채집인들은 몇 세대로 구성된 대가족 집단(씨족, 또는 더욱 최근에 사용되는 인류학 용어로는 국지 집단local group)을 이루고 살았다. 이런 집단은 침팬지의 경우와 마찬가지로 대체로 20명에서 70명 정도로 구성되어 있었고 25명이 가장 흔했다고 밝혀졌다. 침팬지의 경우처럼 이들 집단 대부분은 부계집단이었다. 다시 말해 여자들은 외부에서 들어온 경우가 많은 반면 남자들은 집단 내에 머물렀고 따라서 서로가 가까운 친척이었다. 그러나 침팬지와는 다르게 몇몇 가족 (국지) 집단이 합쳐져 하나의 지역 집단 regional group으로 묶였다. 지역 집단 또는 서로 근연관계인 다수의 지역 집단은 대개 하나의 '방언 부족dialect tribe'에 해당했는데, 저마다 이름이 따로 있었고 하나의 '동족people'으로서 뚜렷한 자기 정체성을 갖고 있었다. 이런 지역 집단은 그 환경에 따른 풍부한 자원에 의존했으므로, 제법 밀집해서 모여 살 수 있었고 축제를 위해 계절별로 모이기도 했다. 이들은 축제 때 공동 의례를 올렸고 혼인은 서로 동의하에 성사되었다.[4] 컴퓨터 시뮬레이션에 따르면 한 족내혼 집단이 균형과 안정성을 유지하는 데 필요한 최소한의 구성원 수는 150~200명 정도이다.[5] 실제로 지역 집단의 규모는 175명부터 극단적인 경우 1400명까지 매우 다양했으며 500명이 평균이었다. 이웃한 지역 집단들은 교환, 공동 의례, 동맹, 그리고 물론 전쟁으로 서로 관련되어 있었다.

수렵채집인들 가운데 비교적 최근까지 원래의 생활방식대로 생존한 이들은 극히 일부이며, 그런 이들 역시 현대 세계와의 접촉으로 빠르게 변화하고 있다. 현존하는 이들 수렵채집인은 선사시대의 수렵채집 생활방식 전반을 온전히 대표한다고 볼 수 없는 특징을 가진 것으로 여겨진다. 이들은 대체로 북극이나 사막처럼 농업에 적합하지 않은 척박한 환경에서만 살고 있었다. 더러는 그들보다 인구가 많은 농업 공동체의 압박을 받아 그곳으로 떠밀려가기도 했고, 농경 사회의 변방에서 보잘것없이 굴종적인 삶을 살기도 했다. 따라서 현존하는 대부분의 수렵채집인은 거주 환경의 낮은 생산성 때문에 인구 밀도가 매우 낮았다. 1제곱마일당 1인보다 낮은 경우가 일반적이었고 그보다 훨씬 낮은 경우도 많았다. 이들은 먹고살기 위해 자주 이동했고 소유물이 극히 적었으며, 따라서 굉장히 평등주의적이었다. 노동과 지위는 주로 성과 연령에 따라 구분되었다. 이런 것이 단순 수렵채집인들의 일반적인 이미지이지만, 일부 오해의 소지가 있다. 농업이 등장하기 전까지 수렵채집인은 생태학적으로 가장 풍요로운 환경을 포함해 전 세계에 거주하고 있었다. 근대에 들어와 서구인들과의 접촉이 시작되었을 때에도 이들은 여전히 세계 여러 곳에서 그렇게 살고 있었다. 이런 조건하에서 수렵채집인의 인구 밀도, 생존양식, 이동성, 사회질서 등은 그 이후의 수렵채집인이 보여주는 것보다 훨씬 다양했다. 아울러 싸움은 가장 단순한 집단부터 가장 복잡한 집단까지 수렵채집인 사회 전반에 걸쳐 기록된다.

플라이스토세 동안, 즉 인류 진화 시기의 대부분을 차지하는 200만 년 전부터 1만 년 전까지 벌어진 수렵채집인의 싸움에 관한 우리의 지식은 애초부터 결정적인 것이 못 된다. 아득히 오래전인 이 시기의 증거들은 지극히 단편적이며, 전쟁의 흔적일 수 있는 증거가 다른 식으로 해석될 수도 있다. 돌도끼, 창촉, 화살촉 등은 이중의 목적을 가진 것이지만 어쩌면 사냥에만 쓰였을 수도 있다. 나무 방패, 가죽 갑옷, 엄니 달린 투구 등—옛 수렵채집인들에게 익숙했던—은 지금까지 보존되지 못했다. 화석화된 부상자의 뼈에서 사냥이나 일상적 사고로 생긴 흔적과 싸움으로 인한 부상

흔적을 구분하기도 힘들다.[6] 그럼에도 수많은 뼈 표본을 토대로 한 광범위한 조사들은 적어도 그런 상처 가운데 일부는 전투에서 생긴 것으로 결론짓고 있다. 손상된 뼈나 머리뼈에 화살촉이나 창촉이 박혀 있는 경우도 더러 있었다. 5만 년쯤 된 한 네안데르탈인의 유골에서 오른손잡이 상대방에게 가슴이 찔린 상처가 발견되었는데, 이것이 우리가 가진 가장 오래된 증거 표본이다. 이후로 인간과의 싸움에서 치명적인 부상을 당했던 네안데르탈인의 사례들도 확인되었다. 이런 증거들은 현재에 가까워질수록 더 많아지기 시작한다. 자연적인 이유도 있지만, 사람들이 주검을 묻기 시작해서 보존이 더 잘 되었기 때문이다. 옛 유고슬라비아의 산달랴 2호 동굴에서는 머리뼈가 부서진 후기 구석기시대 사람 29명의 유골이 한꺼번에 발견되었다. 옛 체코슬로바키아의 후기 구석기시대 묘지에서도 폭력으로 인한 부상 흔적이 발견되었다. 이집트 누비아의 게벨사하바에 있는 후기 구석기시대 묘지의 경우 매장된 남자와 여자, 어린이 가운데 40퍼센트 이상은 날아온 돌에 맞아 부상을 입었으며, 부상을 여러 군데 입은 유골도 있었다.[7] 더욱이 후기 구석기시대 조상들과 생활방식이 크게 다르지 않았고 역사적 기록에 언급된 수렵채집인들 사이의 싸움에 대한 증거는 아주 많다.

1960년대에는 집단 싸움이 없었던 것으로 보이는 수렵채집인들의 사례가 모두의 관심을 끌었다. 그 가운데 가장 대표적인 경우가 캐나다 북극권의 에스키모였다. 이는 그리 놀랄 일이 못 된다. 무엇보다도 이들은 지구상에서 가장 혹독한 환경으로 꼽히는 지역에 그것도 매우 희박하게 흩어져 살고 있었다. 둘째로 이들이 의존해 살아가는 자원 또한 널리 흩어져 있었고 독점할 수 없는 것이었다. 그렇다고 이들 에스키모 사이에 폭력이 없었던 것은 아니다. 이들 사이에 주먹다툼, 혈수(血讐, 집단 사이의 지속적인 폭력 갈등), 살인의 비율은 매우 높았다. 게다가 나중에도 보겠지만 그린란드와 알래스카 해안 동쪽에서나 서쪽에서나, 조건이 서로 다름에도 에스키모들은 텃세가 매우 심했으며 호전적이었다.[8] 앞에서 보았듯이 칼라하리 사막의 부시먼, 동아프리카의 하드자족, 중앙아프리카의 피그미 또한 1960년대 인류학계에서는 전적으로 평화로운 부족들로 여겨졌다. 전통적인 생활방식을 관찰할 수 있었던 최후의 수렵채집인에 속한 이들은 일종의 '범례적' 지위를 획득했다.[9] 이들도 과거에는 지금과 같은 고립된 환경으로 자신들을 몰아넣었던 농경민 및 목축민 이웃들과 싸움을 벌였을 뿐아니라, 심지어 수렵채집인이 아닌 외부인과 접촉하기 전에도 저희끼리 싸움을 벌였다는 명백한 증거가 있다. 최근의 살인율도 매우 높아서, 전체산업사회 중에 최고의 살인율을 기록하고 있는 오늘날의 미국보다 몇 배더 높은 것으로 나타났다. 결국 이들 사이의 폭력은 캐나다와 남아프리카에 국가 권력과 경찰이 도입되면서 비로소 줄어들었던 것이다.[10]

그렇다고 해도 여기서 모든 수렵채집인들이 예외 없이 싸운다고 주장하는 것은 아니다. 수렵채집 사회건 농경 사회나 산업사회건 간에 인간 사회는 길든 짧든 일정 기간은 평화롭게 살곤 했다. 왜 그런지는 나중에 이야기하자. 그럼에도 가장 단순한 수렵채집인들을 비롯해 대부분의 사회는 오늘날까지 시시때때로 전쟁을 벌여왔다는 것이 관찰되었다. 서로 다른 37개 문화에 속한 99개 수렵채집 집단을 비교연구한 사례에서, 연구가 이루어질 당시 그 모든 집단이 실제로 전쟁을 벌이고 있었거나 가까운 과거까지 전쟁을 벌였다는 사실이 드러났다. 또다른 연구에 따르면 수렵채집사회의 90퍼센트에서 폭력 분쟁이 있었으며 대부분의 집단이 적어도 2년마다 집단 간 분쟁을 겪었는데, 다른 인간 사회와 비교해 비슷하거나 더잦은 수치다. 또다른 광범위한 교차 문화적 연구를 진행했던 한 저자는 '사냥 의존도가 클수록 전쟁 빈도가 높다'는 비슷한 결론을 내렸다.[11]

이미 언급했듯이 단순 수렵채집인, 즉 희박하게 분포되어 떠돌이 생활을 하고 이렇다 할 재산이 전혀 없는 사람들은 루소파가 내세우는 주장의 중심에 있다. 아마도 이들이 평화로웠던 이유는 싸움을 벌여서 차지할 만한 것이 거의 없다시피 했고 싸우느니 차라리 다른 곳으로 이동하는 선택지를 택할 여지가 항상 있었기 때문일 것이다. 단순 수렵채집인들이 특히나 중요한 이유는, 플라이스토세 200만 년 중 대부분의 기간과 3만 5000년 전의 후기 구석기시대까지 모든 인간이 분명히 단순한 형태의 수렵채집인이었기 때문이다. 그렇지만 역사상 단순 수렵채집인들이 남긴 증거를 보면 그들도 서로 싸웠으며 사상자도 상당했음을 알 수 있다. 알려진 많은 사례의 경우 사실 그 증거가 논쟁거리일 수 있는데, 외부의 간섭이 원래의 '순수한' 수렵채집 생활방식을 왜곡했을지도 모르기 때문이다. 바로 여기에 극복하기가 아주 어려운 역설이 존재한다. 수렵채집인에게는 문자로 쓰인 기록이 전혀 없다. 그러므로 그들에 관한 증거는 주로 그들과 접촉했으며 문자를 가졌던 사람들에게서 끌어낼 수밖에 없다. 그런 접촉이 있기 전까지는, 고고학이라는 희미한 빛을 통해서만 비춰볼 수 있는 암흑의 두꺼운 베일이 그들을 감싸고 있다. 그러나 물리학의 소립자가 그렇듯 접촉 자체가 관찰 대상을 변화시킨다. 최근의 수렵채집인과 역사상의 수렵채집인은 대부분 농경민이나 목축민과 상호작용을 하면서 무엇보다도 이웃의 생산물이나 가축을 탐내고 훔쳤고, 이것이 폭력을 불렀다. 더러 서구인과의 접촉으로 심대한 영향을 받은 경우도 있다. 결국 이 모든 사례가 루소파의 가설을 검증한다는 목적에는 '오염된 표본'이 된다.

아메리카와 오세아니아 대륙 거주민들(수렵채집인들 포함)의 예를 보자. 그들은 유럽인들의 전염병에 대한 자연면역이 사실상 전혀 없었기 때문에 떼죽음을 당했다. 이런 전염병은 아직 낯선 이들과 직접 접촉하지 않았던 지역에까지 빠르게 확산되어 백인이 도착하기도 전에 원주민들의 인구와 사회 패턴을 바꿔버렸다. 또다른 예로는 북아메리카 대평원의 단순 수렵채집인이 있다. 이들은 17세기 중반부터 유럽인들을 통해 말과 총을 손에 넣었고, 이런 변화는 수천 년을 이어오던 들소(그리고 물소) 사냥 방식을 혁명적으로 바꾸고 크게 확대시켰다. 또한 대평원 인디언들은 모피와 짐승 가죽을 가지고 서구인들과 교역을 하기 시작했다. 이 두 가지 요인 모두 대평원 인디언들의 유명한 호전성에 한몫을 했다. 이 주제에 대한 고고학적 반증과 모든 학자들의 견해에도 불구하고, 루소파의 절정기에는 이들 북아메리카 인디언이 서구인과 접촉하기 전까지 평화롭게 살았다는 인식이 뿌리를 내렸다.[12]

그렇다면 이제 문제는 최대한 '순수한' 수렵채집인들, 농경민 및 목축민과의 접촉에 거의 영향받지 않은 이들의 예를 관찰하여 그들이 서로 싸웠는지 여부를 알아볼 방법이다.

단순 수렵채집인: 오스트레일리아의 '실험실'

다행히도 우리의 연구 주제에 걸맞게 역사시대의 단순 수렵채집인이 사는 거의 이상적인 대규모 '실험실', 외부의 간섭을 배제할 수 있을 만큼 깨끗한 '보호구역'이 한 군데 있다. 다름아닌 광대한 오스트레일리아 대륙으로, 과거에는 원주민 수렵채집인들만 거주했던 곳이다. 아주 독특하며 귀중한 이 '실험실'이 최근의 인류학 문헌에서 충분히 가치를 인정받지 못했다는 점, 그리고 오스트레일리아인들보다 학술적 가치가 훨씬 떨어지는 아프리카 부시먼들에 대한 이후의 연구에 가려져 있었다는 점은 놀라울 정도다.[13] 유럽인들은 1788년에 식민주의 용어로 이른바 '정착'이 시작되면서 오스트레일리아에 도착하여 서서히 퍼져나갔다. 이들이 내륙과 북부의 외딴 지역에 영향을 미치기 시작한 것은 그보다 훨씬 더 훗날의 일이었다. 유럽인들이 도착하기 전 오스트레일리아에는 농사를 짓거나 목축을 하는 집단이 아예 없었다. 이 대륙에는 약 30만 명으로 추정되는 수렵채집인들이 평균 500~600명으로 구성된 400~700개의 지역 집단으로 분산되어 살고 있었다. 물론 여기에서도 완벽한 '고립'은 없었다고 할 수 있다. 남부 오스트레일리아의 원주민들은 미처 연구되기도 전에 제거되었다. 유럽에서 온 전염병이 외딴 지역에까지 퍼져서 유럽인들과 직접 접촉하기 전부터 원주민 수가 줄어들었다. 북부의 일부 원주민들은 멜라네시아 원주민들과도 접촉했었다.[14] 어쨌거나 오스트레일리아 원주민 수렵채집인의 생활방식은 가장 단순한 형태였다. 고립되어서 살았던 결과 이들에겐 세계의 나머지 지역에서 약 2만 년 전에 발명되었던 활조차 없었다. 일부 학자들의 추측에 따르면 활은 서로 멀리 떨어져서 비교적 안전하게 싸우는 것을 가능하게 함으로써 전쟁 능력을 높여준, 아니 전쟁을 시작하게 해준 무기였다. 엄밀히 말해서 오스트레일리아에서 사용되고 있던 유일한 원거리 무기는 그 유명한 부메랑뿐이었다. 그럼에도 마거릿 미드가—그의 일부 동료와 제자들과는 달리—잘 알고 있었던 것처럼, 오스트레일리아에서도 창, 몽둥이, 돌칼, 나무 방패(나머지 무기와는 달리 사냥 도구가 아니라 싸움에 특화된 도구)를 가지고 벌이는 전쟁이 널리 퍼져 있었다.[15] 실제로 적어도 1만 년 전의 것으로 추정되는 원주민 암각화들에는 온갖 무기를 동원한 전투 장면들이 광범위하게 묘사되어 있다.[16]

일부 학자들의 지적대로, 인구 밀도가 낮고 산출이 적은 땅에서 꽤나 옮겨다니며 살았다는 사실이 곧바로 경쟁과 텃세가 없었음을 뜻하지는 않는다. 생산력이 낮은 환경에서는 생존을 위해 더 많은 땅이 필요하다. 또한 서로 간의 거리가 멀다고 해서 옮겨갈 빈 공간이 항상 있다는 뜻도 아니다. 종들은 자신들의 서식지를 금세 채우고 곧 그 경계를 넓혀나가기 때문에 원칙적으로 빈 공간이란 없다. 이동과 방랑 생활은 국한된 한 영역 안에서 이루어진다. 동물들 중에—예를 들어 사자 무리처럼—생존하는 데 아주 넓은 영역을 필요로 하고 따라서 분포 간격이 넓은 종들은 영역을 넓히려는 침입자에 맞서 맹렬하게 자기 영역을 지킨다. 똑같은 원칙이 인간에게도 그대로 적용된다. 1960년대 인류학에서 유래한 대중적 인상과 반대로, 검토된 수렵채집 사회의 대부분에 영역권의 증거가 존재한다. 실제로 일부 영역은 다른 영역보다 더 좋고 야생생물이 더 풍부하며 그렇기 때문에 몹시 선망된다. 건조지역이나 반半건조지역에서 물이 귀하듯, 부족한 자원에 대한 접근성을 놓고 더욱 치열한 경쟁이 벌어진다.[17] 더욱이 앞에서 말했듯이 과거의 단순 수렵채집인들은 고립된 건조지역에 살기도 했지만, 실은 세계에서 가장 비옥했던 환경적 틈새에 살았다. 이런 비옥한 틈새는 흔히 강 유역(특히 강 하구), 늪지대, 해안가 등지에 있었고 자원으로 쓸 수 있는 야생생물이 풍부했기 때문에 치열한 경쟁 대상이었다.

어디에서나 그렇듯 오스트레일리아에서도 이렇게 수풀이 우거진 환경은 건조한 지역보다 인구가 훨씬 조밀했다. 적게는 제곱킬로미터당 2명, 해안 지역의 경우 제곱킬로미터당 6명에 이르렀는데 수렵채집인들에게는 매우 높은 인구 밀도다.[18] 따라서 그들은 다른 집단과 더 많이 접촉했고 더 심하게 경쟁했다. 이런 상황은 후기 구석기시대 수렵채집인들 사이에서도 매우 흔했다. 한 인류학 모델은 예측 능력의 성장과 자원 밀도에 비례해 영역 방어와 폭력 경쟁이 증가할 것이라는 일리 있는 주장을 한다. 자원은 그것을 독점하려는 노력을 가치 있게 만들기 때문이다.[19] 오스트레일리아의 경우도 마찬가지여서 자원이 풍부하고 인구 밀도가 높은 지역은 말할 것도 없고 인구 밀도가 50제곱킬로미터 1명인 중부 사막이나 심지어 그보다 더 낮은 곳에도 집단 영역이 존재했으며, 그 경계가 명확히 정해져 일상적으로 지켜지고 있었다. 대륙을 종횡으로 갈라놓았던 이런 경계들은 대부분 매우 오래되었던 것으로 보인다. 1960년대의 일부 인류학자들이 믿었던 것과 같은 '방대한 공유지'는 없었다. 루소파 인류학자들이 상상했던 자유로운 방랑과는 달리, 오스트레일리아 원주민들은 (단순 수렵채집인 관찰을 위한 또하나의 훌륭한 '실험실'인 그린란드의 에스키모와 비슷하게) 사실 '제한받는 방랑자' 또는 '중심 기지가 있는 방랑자'로서 조상들의 고향 영역을 벗어나지 않고 살았다. 이런 영역은 토템과 신화로써 승인되었고 무단 침입은 중대한 범죄로 여겨졌다. 낯선 이들은 경계심을 불러일으켰고 침입 시에는 쫓겨나는 경우가 다반사였다. 그런 불청객들은 공격적인 시위나 폭력과 마주치기 일쑤였다. 집단 간의 싸움과 집단 내의 싸움이 만연했던 것이다.[20]

우리의 검토에는 태즈메이니아 섬 원주민들이 좋은 출발점이 되는데, 이들은 오지 중의 오지에 살았기 때문이다. 유럽인들이 도착했을 당시 태즈메이니아 인구는 4000명 정도로 추산되었다. 그 섬은 오스트레일리아 본토로부터 1만 년 넘게 고립되어 있었고, 그들의 기술과 사회조직은 이때껏 기록된 것들 가운데 가장 원시적이었다. 그들에겐 심지어 부메랑도 없었다. 인구 밀도 또한 가장 낮은 편에 속했다. 그럼에도 집단 간에 치명적인 습격과 반격이 일어났다. 영역 경계가 지켜지고 있었고 대체로 서로를 두려워했다.[21]

19세기 중엽 태즈메이니아인은 유럽 정착민들에게 사냥당해 절멸했다. 그러나 본토에 있던 원주민 부족들은 살아남았다. M. J. 메깃Meggitt은 고전적인 현장 작업에서 중부 오스트레일리아 사막에 사는 왈비리Walbiri 부족을 연구했다. 인구 밀도가 90제곱킬로미터당 한 명꼴로 가장 낮은 축에 드는 부족이었다. 메깃은 그 주변 영역들에 사는 다른 수렵채집 부족들과 왈비리 부족의 관계를 조사했다. 일부 이웃들과는 우호적인 관계였고, 나머지와는 적대적이었다. 적대적인 관계에서 습격과 역습은 흔한 일이었다.

남자들의 설명에 따르면 와라뭉가Warramunga족(그리고 와링가리Waringari족)

오스트레일리아 원주민들은 고립되어 살던 순수한 수렵채집인이었다. 실질적으로 이들에겐 아무런 재산도 없었다. 이 지역은 농업과 국가가 등장하기 이전 싸움의 만연성과 강도를 관찰하기 위한 최고의 '실험실' 역할을 한다.

아룬타 부족의 환영의식 도중 말다툼이 시작되고 있다. 이 사진은 20세기 초에 찍은 것으로, 당시 오스트레일리아 중부와 북부에서 국가의 통치력은 아직 명목상으로만 존재하고 있었다.

습격조가 상대를 죽인 후 귀환하는 모습. 죽은 친척의 복수를 대신해준 남자들을 상중인 여자들이 맞이하고 있다. 아룬타 부족의 복수조인 아트닝가.

오스트레일리아 원주민의 방패: 방패는 창이나 부메랑과는 달리 오직 싸움을 위해 만들어졌을 것이다. 앞의 사진들에도 방패가 보인다.

의 무단침입은 단순히 침입자들의 영역에 식량이 부족해서 사냥하다가 일어난 일이 아니라 재미삼아 사냥을 하는 겸 여자들도 납치하려고 저지른 습격이 분명했다. 실제로 침입자들이 그저 싸움을 위해 약탈하는 일도 종종 있었다. 침입당한 부족은 힘으로 맞섰으며, 양측 모두에서 사망자가 나왔다. 그러자 왈비리족 호전파는 앙갚음으로 와라뭉가족의 영역을 습격하곤 했다. 적의 진영을 기습하는 데 성공해 남자들을 죽이거나 쫓아냈을 때면, 그들은 닥치는 대로 여자들을 데려왔다.

20세기 초에 기록된 한 사건에서는 사태가 대규모로 악화되었고 그 동기도 달랐다.

그때까지 와링가리족은 타나미와 그 주변 지역의 몇몇 우물 소유권을 주장하고 있었으나, 물의 소유권을 놓고 벌어진 일대격전으로 왈비리족은 그 지역에서 와링가리족을 몰아내고 그들의 땅을 자기네 영역에 통합시켰다. 사막 지역의 기준으로 볼 때 그것은 대규모 전투였고 양측에서 각각 스무 명 이상의 사망자가 나왔다.[22]

제럴드 휠러Gerald Wheeler는 집단 간과 집단 내에서 자주 벌어지는 싸움의 동기로 "여자, 살인(대부분 주술에 의해 저질러진다고 여겨지던), 영역 무단침입"을 꼽았다.[23] 그는 오스트레일리아 전역에서 인류학적 설명을 끌어냈다.

사실 열대 기후인 북부 오스트레일리아 역시 20세기 초까지 유럽인의 영향이 거의 미치지 않았던 곳이다. 그러나 건조한 중부와 비교하면 인구밀도가 훨씬 높았고 원주민 수렵채집인들끼리의 접촉도 훨씬 잦았다. 1920년대 말에 북부 아넘랜드의 한 원주민 부족을 대상으로 또다른 고전적 사례 연구를 했던 W. 로이드 워너Lloyd Warner는 이렇게 썼다. "전쟁은 먼진Murngin족과 그 이웃 부족들에게 가장 중요한 사회활동 중 하나다." 워너에 따르면 대부분의 싸움이 친척의 죽음에 복수하기 위해 벌어졌고, 나머지 경우에는 여성을 납치하거나 주술에 의한 죽음과 모독 행위를 비난하기 위해 일어났다.[24] 아넘랜드에서 모독에 보복하기 위해 벌어진 어느 중요한 싸움을 인류학자 T. G. H. 스트렐로Strehlow는 이렇게 묘사한다.

을티야바쿠카와 그의 부하들을 처벌한다는 것은, 어브만카라에 상시 거주하는 사람들의 캠프 전체를 소탕해서 공격자들의 이름을 밝힐 수 있는 목격자를 한 명도 살려두지 않는다는 뜻이었다. 그에 따라 파머 강 유역의 마툰타라 지역에서, 그리고 남부 아란다 지역 집단 일부에서 데려온 대규모 보복조가 구성되었고, 이들은 트지나와리티의 지휘하에 어브만카라로 진격했다. 트지나와리티가 내게 설명한바에 따르면 그는 파머 강 유역 마툰타라Matuntara족의 '의전 족장ceremonial chief'이었고 용맹한 전사로서 대단한 명성을 누리고 있었다…… 트지나와리티와 그 부하들은 어브만카라의 모든 주민들이 식량을 구하는 하루 일과를 마치고 캠프로 돌아갔다고 판단한 어느 날 밤에 그곳을 습격했다. 남자, 여자, 아이들이 무차별 학살당했고, 보복조는 한 명의 목격자도 살려두지 않았다고 믿으며 돌아갔다.

그러나 몇몇 목격자는 목숨을 건져서 이야기를 전했다. 그리하여

서부 아란다의 우호적 집단들이 어브만카라 대학살에 보복하는 일이 가능해졌다. 나메이아가 이끄는 노련한 정예 전사들은 학살자들이 차지한 지역 깊숙이 들어갔다. 이들은 적의 땅에서 나는 것을 먹고 지내면서 학살자들을 차례로 죽였고, 때로는 몇 주 동안 몸을 숨기고 기회를 엿보아야 했다. 적당한 기회가 올 때마다 한 명, 두 명, 또는 세 명씩 적을 처단해야 했기 때문이다. 그러나 이들은 끈기와 탁월한 생존 기술로 임무를 완수했다. 그리고 마침내 트지나와리티까지 죽이는 데 성공했다.[25]

인류학자 R. G. 킴버Kimber는 다양한 연구와 출처에 의지해 다음과 같이 요약한다.

누구든 고고학적 증거들을 통해 분쟁이 해묵은 문제임을 추론해낼 수 있으며, 수많은 신화학적 설명 역시 이를 뒷받침한다. 어쩌다 한 번 사망자가 나오는 소규모 분쟁은 의심의 여지 없이 일상적 사건이었지만, '보복의 법칙'은 오랜 불화로 이어지기도 했다. 나머지 경우에 주요 분쟁은 인구통계학적으로 엄청난 영향을 미쳤다.

킴버는 스트렐로가 묘사했던 사건을 비롯해 몇몇 주요 분쟁의 증거를

인용한다.

1840년경 나리왈파라고 불리는 한 지역에서 모욕에 대한 앙갚음으로
"잔드루원타족Jandruwontas과 필리아타파족Piliatapas이 수많은 디아리족Diari
남자들을 죽였고, 그들의 주검으로 땅이 뒤덮었다."…… 스트렐로는 건
조지역에서 일어난 주요 분쟁 하나를 지극히 극적으로 기술한다. 그는
1875년 핑크 강 유역의 러닝워터스에서 벌어진 한 차례의 공격으로 남
녀 어른 및 어린이 80~100명이 죽었다고 추산한다. 이후 3년 동안 그
공격에 대한 보복으로 가담자들 중 단 한 명을 제외하고 '50에서 60명의
전사들'이 살해되었으며 그들의 가족 일부도 같은 운명을 맞았다. 이는
사실상 두 '부족' 가운데 약 20퍼센트가 이 분쟁으로 살해당했음을 말해
준다.

사치품이나 장식물, 위신재(위세품)를 구하고 교환하기 위한 장거리 원
정은 심지어 가장 단순한 사회에서도 이루어졌다. 이들은 대체로 다른 집
단의 영역을 통과하곤 했지만, 항상 평화롭게 통과했던 것은 아니다.

대자석大赭石을 구하기 위한 원정은…… 험준한 동부 지역에서 플린더
스 산맥까지 가는 여행이었다…… 이런 원정은 주기적으로 있었는데
원정대는 대개 남자들로만 구성되었고, 집단들과 우호적인 관계를 추구
하려고 애썼음에도 여행 당사자들 입장에서 싸움은 흔히 마주쳐야 하는
위험이었던 것으로 보인다. 1870년경의 한 원정에서는 남자 한 명을 제
외한 원정대 전체가 매복해 있던 무리에게 습격을 받아 죽었다고 기록
되었고, 1874년경에는 원정대 30명 중 한 명을 제외하고 모두 '구덩이에
매장되었다.'

킴버는 이렇게 결론을 내린다.

이런 증거들은 물이 충분해서 인구 밀도가 가장 높은 지역 내에서, 또는 값나가는 물품을 얻기 위한 정기적인 '무단침입 여행' 도중에도 큰 분쟁이 예상되었음을 암시한다. 정확한 수치는 결코 알려지지 않겠지만 분쟁이 가장 적은 지역의 경우는 세대마다 5퍼센트 정도의 낮은 사망률을 보였을 것이며, 나머지 지역에서는 3세대를 기준으로 대략 20퍼센트의 높은 사망률을 보였을 것이다.[26]

한편 인류학자 아널드 필링Arnold Pilling은 북부 오스트레일리아의 티위Tiwi족 사이에서 벌어진 무장 분쟁의 형태와 인구통계, 분쟁의 종료에 관해 이렇게 설명한다. "볼드윈 스펜서Baldwin Spencer 경이 공교롭게도 창을 던지며 시위를 벌이던 한 티위족에 의해 부상을 입었던 1912년 무렵에 야간 기습은 사실상 막을 내렸다." 유럽인들이 더이상 싸움을 묵인하지 않겠다는 의지를 확고히 다진 것이 바로 이때였다.

스펜서 사건은 야간 습격 및 매복 공격의 종결과 연관되었으며, 죽음을 부르는 격전은 그후 중단된 것처럼 **보였다**. 그러나 실제로는 1948년까지도 몽둥이를 가지고 싸우는 치명적인 전투는 계속 일어나고 있었다……
구식 패턴에서 매복 공격은 매우 흔한 일이어서, 원주민 정보제공자들이 매복 공격에 맞춘 특수한 생태학적 적응을 이야기할 정도였다……
위협받는 집단 A의 경우 맹그로브 숲으로 이동할 가능성이 높은데, 이곳은 무엇보다 악어가 우글거리고 진흙 바닥이 질척거리는 매우 특화되고 불쾌한 생태학적 틈새였다.

인구통계학적인 설명은 이렇다.

사망 사건들이 구식 공격 패턴 및 그에 따른 생활방식과 연관되어 있다
는 데 주목해야 한다. 10년 동안(1893~1903) 25~45세 연령 집단에서
적어도 16명의 남자가 싸움으로 목숨을 잃었는데, 모두 매복 공격이나
계획된 격전 도중 사망한 이들이었다. 사망자 수는 이 연령 범주에 속하
는 전체 남성의 10퍼센트를 넘었는데, 이 범주는 젊은 아버지들의 연령
집단이기도 했다.[27]

　확실히 이런 추정치나 킴버가 제시했던 추정치는 다분히 잠정적이다.
그럼에도 그 수치들은 서로 놀랍도록 비슷하며 워너가 제시했던 것과도
대체로 일치한다. 워너는 자신이 연구했던 지역 내 부족들의 3000명 인구
가운데 "전쟁으로 죽임을 당한 사람은 최근 20년 사이에 약 100명에 이르
렀다"고 기록했다. 그는 정확한 기록을 전혀 얻을 수 없었던 연구 지역에
대해서는 그 수를 두 배로 늘려, 20년 동안 살해된 사람이 약 200명에 이
른다고 보았다.[28] 앞으로 보겠지만, 이 모든 수치는 나머지 많은 원시사회
의 수치와 일치한다. 전쟁으로 엄청난 인명피해를 낸다고 여겨지는 산업사
회의 살인율을 상회하는 매우 높은 살인율이다.
　그러나 이런 명백한 증거로도 충분하지 않다고 보는 인류학자들도 있
다. 유럽인들이 도착하기 전 원주민들 사이에 전투가 없었다고 주장하는
인류학자는 한 명도 없지만, 서구인과의 접촉으로 모든 것이 변했고 접촉
이전의 상황에 관해서 말할 수 있는 것은 거의 없다는 주장이 인류학계에
서 유행해왔다. 그러나 바로 이 점과 관련해서 정말로 주목할 만한 증언이
하나 있다. 유럽인들이 처음 오스트레일리아에 도착하고 겨우 15년이 지

났을 때인 1803년, 윌리엄 버클리William Buckely(1790~1856)라는 13세 소년이 포트필립(지금의 멜버른)의 유형지로 가는 최초의 죄수호송선을 타고 이 신대륙에 도착했다. 얼마 후 그는 탈출해서 1835년까지 32년 동안 원주민 집단과 함께 살았다. 그동안 원주민 언어를 배웠고 그들의 일상 활동에도 참여했다. 어떤 인류학자도 그때까지 원주민과 그 정도의 친교를 맺은 적이 없었다. 버클리는 나중에 '문명'으로 돌아온 후 여러 번에 걸쳐 자신의 경험을 이야기했다. 그의 이야기는 모든 면에서 놀랄 만큼 믿을 만해서 원주민 생활과 관련된 증거들을 확인할 수 있을 정도이다. 무엇보다도 그는 십여 차례의 전투 장면과 원주민의 전통적 생활방식에서 중요한 부분인 수많은 치명적 대결, 습격, 매복 등을 묘사했다.[29] 그의 증언에 관해서는 나중에 여러 맥락에서 다시 이야기하겠다.

비전문가라면 자연히, 가장 소박하고 흩어져 살던 수렵채집인들도 대부분 주기적으로 싸움을 했다고 짐작할 것이다—많은 인류학자가 그러지 않는다는 사실은 흥미롭다. 더욱이 수렵채집인들은 폭력 분쟁에 대한 끊임없는 두려움 속에서 살았으며, 그런 분쟁이 그들에게는 일상이었다. 싸우다가 죽는 건 주요 사망 요인이었다. 대륙 크기의 방대하고 고립된 오스트레일리아 '실험실'은 이 점을 유례없이 예증하여, 세계 나머지 지역의 수렵채집인과 관련해 기록된 전쟁 사례의 '순수성'에 대해 곧잘 제기되는 의혹과, 사실상 반박 불가능한 이의들—'접촉의 역설'에서 생기는—을 대체로 털어낸다. 이런 증거들과 함께 동물의 치명적인 종내 폭력을 과감한 개혁적 방법으로 조사한 연구들을 토대로 추론하건대, 아마도 싸움은 호모 속이 진화해온 수백만 년 역사 내내 수렵채집인의 존재에서 필요불가결한 한 부분이었던 것으로 보인다.

복합 수렵채집인들 사이의 전쟁

지금도 널리 받아들여지는 루소파의 관점과는 반대로, 싸움은 정주 생활, 식량 비축, 재산, 높은 인구 밀도, 사회 계층화의 등장과 결합되어 나타난 최근의 발명품이 아니었다. 그렇지만 인간의 생활방식에서 일어난 이런 혁명적 변화가 전쟁을 탄생시키진 않았다고 해도 영향을 미치기는 했을 것이다. 어떤 영향을 미쳤을까?

대체로 위에서 말한 변화들은 약 1만 년 전 농업의 등장과 관련이 있다. 그러나 일부 변화는 농업에 앞서 나타나기도 했다. 후기 구석기시대 말 이후, 세계에서 가장 풍부한 생태학적 틈새 몇몇 곳에서는 아직 농업적 생활양식이 존재하지 않았음에도 그런 변화가 일어났다. 앞에서도 말했지만 야생의 가장 풍부한 틈새는 주로 늪이나 호수, 삼각주, 강 하구, 해안 등지와 같은 비옥한 물가에 있었다. 그런 몇몇 틈새에서 이른바 복합 수렵채집 사회가 진화했다. 이는 인구 밀도가 더 높았다는 뜻이다. 또한 지역 집단 내에서 대가족 집단이 더욱 가까이 모여 살고 있었고, 사람들이 전보다 한곳에 더 오래 정주하면서 식량을 보존하고 계절별로 식량을 저장했다는 뜻이기도 하다. 다시 말해 그들은 단순한 '징발자'라기보다 '수집자'였다는 얘기다. 그리고 수공업과 교역에 두루 참여했고, 부유하고 강한 사람들이 자원 접근성이 가장 좋은 토지를 독점하면서 상당한 재산을 갖게 되었다는 뜻이다.[30] 그런데 유감스럽게도 이런 문제가 늘 그렇듯, 복합 수렵채집인에 관한 쓸 만한 증거는 극히 한정된 경우에만 존재한다. 그렇지만 이런 사례들 역시 늘 전쟁의 그림자 속에서 살았던 삶의 이야기를 들려준다.

복합 수렵채집 사회의 진화에 필요한 전제조건이 단지 풍부한 자원만은 아니었다. 아마 생물학적 현생 인류 또한 필요한 전제조건이었을 것이다. 오직 우리들 호모 사피엔스 사피엔스만이 자원이 풍부한 환경을 충분히 효율적으로 이용하여 조밀한 대규모 인구를 대대로 먹여 살릴 수 있었을 것이다. 특히 수산자원을 얻으려면 효율적인 낚시기술이 필요한데, 낚시는 호모 사피엔스 사피엔스가 등장하기 전에는 발달하지 않았던 기술이다.[31] 그뿐 아니라 생물학적 현생 인류만이 복잡한 대규모 사회생활을 가능하게 해주는 세련된 의사소통과 사교 수완을 보여줄 수 있었을 것이다. 실제로 복합 수렵채집인들과 관련된 최초의 기록은 후기 구석기시대 말인 약 2만 년 전의 것이다. 프랑스 남부의 도르도뉴 지역, 고인류학자들이 가장 광범위하게 연구했던 이곳에서 그들의 증거가 발견되었다. 그 시기에 도르도뉴 지역은 곳곳에 호수와 개울, 숲이 있는 풍요로운 환경조건을 갖추고 있었다. 사냥꾼, 낚시꾼, 수집꾼들로 구성된 복합 수렵채집 사회는 중석기시대인 1만 1000년에서 7000년 전 사이에 프랑스 남부와 에스파냐 북부까지 확산되었다. 우크라이나, 일본, 덴마크, 동지중해 연안 레반트 등지에서도 이 시기에 살았던 여타 복합 수렵채집인들의 자취가 발견되었다. 이 모든 곳들에서 발견된 고고학 기록은 높은 인구 밀도, 대개 멀리서 가져온 원료로 만든 정교한 유물, 그에 따른 광범위한 교환 활동, 그리고 이런 유물이 가득한 웅장한 무덤—부유한 엘리트와 발달된 사회적 서열이 존재했음을 말해주는 고고학의 표준적 지표—등을 보여준다.

선사시대와 관련한 문제는 그 시대의 말을 들을 수 없다는 것이다. 유물 자체는 말이 없다. 문자 기록이 존재하지 않으니 들려줄 이야기도 없고, 사람들의 행위, 생각, 또는 사회생활에 관한 구체적인 기록도 없다. 그러나 프랑스 남부와 에스파냐 북부의 후기 구석기시대 말 유적에서는 역사적으로 인간의 목소리에 버금가는 훌륭한 증거 덕분에 어둠의 베일이 일부나마 서서히 걷히고 있다. 이 지역에 살았던 현생 인류가 싹을 틔우고 꽃을 피웠던 인공 예술이 훌륭하게 기록되어 있는 것이다. 이 예술적 폭발에서 가장 유명한 측면은 말할 것도 없이 후기 구석기시대 '동굴 예술'에서 나타난 정교한 회화적 재현이다. 역사적 관점에서는 불행하게도 후기 구석기시대의 그림들 대부분이 동물 그림이지만, 그래도 생생하게 묘사되어 있다. 이런 그림에서 인간의 비중은 겨우 3퍼센트에 불과하며, 동물들과는 대조적으로 매우 간략하게 그려져 있다. 인간의 형상은 단 하나, 화살에 맞은 듯한 그림뿐이다.[32] 그러나 에스파냐 동부 레반트에서 발견된 중석기시대 '암각화'(기원전 10000~5000)에서 인간의 비중은 전체 그림 가운데 40퍼센트까지 높아진다.[33] 그 가운데는 전투 장면을 묘사한 그림도 몇 점 있지만, 수렵채집인들이 전쟁을 했다는 것을 부정하는 학자들은 이런 그림에 대해 의례와 춤 등 온갖 다른 해석을 내놓고 있다.

　더욱 최근의 연구들은 오스트레일리아에 풍부한 '암각화'를 조명하고 있다. 이들도 유럽의 '암각화'만큼이나 오래된 것들이다. 북부 오스트레일리아 아넘랜드의 현장 650여 곳을 조사했던 한 연구에 따르면, 가장 오래된 그림은 인간이 아니라 대형 동물을 묘사한다. 이곳에서도 역시 인간의 이미지는 약 1만 년 전에야 비중 있게 등장하기 시작했고, 수많은 전투 장면들도 묘사되어 있다. 처음에는 주로 몇몇 개인이나 소집단 사이의 싸움이 주로 그려졌지만, 약 6000년 전부터는 대규모 접전을 묘사한 그림들도 등장한다. 한 전투 장면에는 111명의 참가자가 묘사되어 있으며 각각 68명, 52명이 그려진 그림들도 있다. 이 연구의 저자들은 보다 큰 전투 집단을 그린 그림이 당시 아넘랜드에서 진화한 더욱 조밀하고 복합적인 인간 집단들을 반영한다는 합리적인 분석을 내놓는다.[34] 어쨌거나 선사시대 암각화의 전투 장면이나 오스트레일리아 중부 사막에서 있었던 최근의 전투 증거들이 보여주듯이, 싸움은 인구가 밀집된 지역에서는 물론이고 희박한 곳에서도 일어났다. 선先반투 시대(농경 시대)의 것으로 보이는 남아프리카 부시먼의 전투 장면 그림들은 이 사실을 뒷받침해준다. 가장 큰 전투 장면을 보면 한쪽 편에 12명, 다른 편에는 17명에 11명의 '예비병력'까지 있다.[35] 방패를 든 전사들이 그려진 장면은 들소(물소)를 사냥하는 미국 대평원의 수렵채집인들을 묘사한 선사시대 암각화와 비슷해 보인다.[36]

　유럽 중석기시대의 폭력적 죽음에 대한 증거는 고고학 기록에서도 추적해볼 수 있다.

　가장 섬뜩한 예는 독일의 오프네트 동굴에서 찾아볼 수 있다. 이곳에서는 '전리품' 두개골 저장소가 두 군데 발견되었는데, 서른네 명의 남녀와

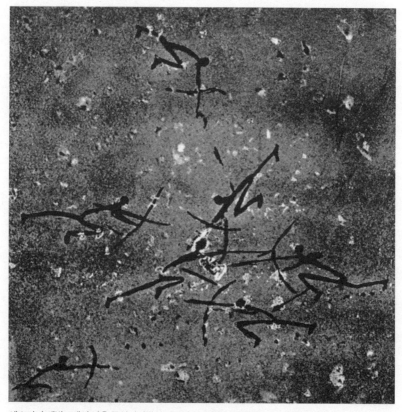

에스파냐 레반트에서 나온 중석기시대의 암각화. 궁수들의 싸움.

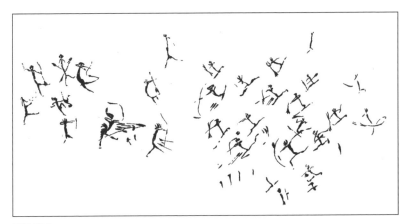

전투 장면.

화살에 맞은 전사.

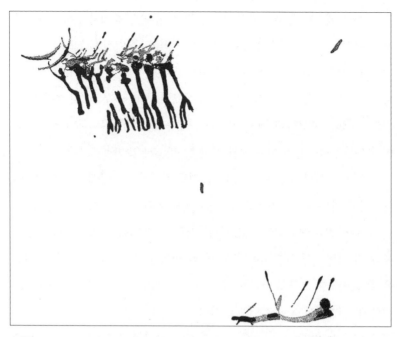

'처형'.

아이들에게서 분리된 머리가 바구니 속의 달걀들처럼 쌓여 있었고, 대부분의 두개골에는 돌도끼에 맞아 생긴 구멍이 여러 군데 나 있었다.[37]

　루소파 학자들은 이런 예술적·고고학적 증거는 인구 밀도가 높아지고 사회가 복잡해지면서 경쟁이 증가함에 따라 전쟁이 등장했음을 말해준다고 해석한다. 또다른 학자들은 이런 전투 장면을 약 2만 년 전에 발명된 화살과 연관지으면서, 먼 거리에서도 살인이 가능해지면서 전쟁이 시작되었다고 주장한다. 그러나 오스트레일리아의 풍부하고 다양한 데이터가 보여주듯이 두 가지 주장 모두 정확하지 않다. 동전을 가로등 불빛 아래에서만 본다면 심각한 왜곡을 불러올 수 있다. 새롭게 진화한 예술에 의해 (그리고 특히 이후로 인간에 대한 재현이 확산되면서) 싸움이 기록되었다고 해서 전쟁이 예술과 동시에 진화했다는 뜻은 아니다. 중석기시대, 심지어는 후기 구석기시대의 전쟁에 대한 고고학 흔적이 그 이전 것들보다 논쟁의 여지가 덜한 이유는 사실 정주 생활이 증가했기 때문이다. 정주 생활은 방어시설과 불에 탄 정착지, 대규모 공동묘지, 그리고 무엇보다 예술을 증거로 남긴다. 고고학이 어둠 속에서 고전을 면치 못하는 사태를 막아준 이런 유형의 증거들은 정주 생활 이전에는 확실히 없었던 것이다.

그럼에도 복합 수렵채집 사회—그리고 전쟁이라는 문제—를 더 잘 이해하기 위해서는 그림이나 고고학적 기록보다 더 나은 기록, 다시 말해 문자 기록이 필요하다. 그리고 불가피하게도 문자 기록은 역사적으로 문자를 가진 사람들이 복합 수렵채집인들을 만났을 경우에만 존재한다. 이것은 결코 만만한 요구 조건이 아니다. 대체로 문자를 가진 문명이 등장했을 때쯤엔, 세계에서 복합 수렵채집 사회가 발달할 만큼 생태 환경이 풍부한 곳은 이미 농경민들이 차지한 지 오래였다. 문자를 가진 문명인들이 복합 수렵채집인들—주변부의 비생산적인 환경에서 생존하고 있었을 단순 수렵채집인과는 대조적인—과 접촉하려면 제때에 두 세계가 만나거나 한 세계가 다른 세계로 찾아가야 했다. 이와 같은 일회성 혹은 일련의 만남은 사실상 구대륙 유럽인들이 신대륙에 도착했을 때 이루어졌다. 대중적 오해와 달리, 아메리카 대부분의 지역에는 이미 오래전부터 농경민들이 거주하고 있었다. 그럼에도 복합 수렵채집인들이 번성했던 중요한 지역에 관한 기록이 남아 있는데, 바로 북아메리카 북서해안이다.

북아메리카 대륙 북서해안의 여러 문화에서는 19세기 말 탁월한 인류학자 프란츠 보아스Franz Boas의 선구적 업적 이후 광범위한 연구가 이루어졌다. 이 지역은 단순 수렵채집인 연구에서 오스트레일리아 대륙만큼이나 복합 수렵채집인 연구를 위한 이상적 실험실이다. 북서해안은 농경민과의 접촉이 사실상 단절되어 있었고 서구인과의 접촉은 18세기 말에야 시작되었기 때문에 거의 오스트레일리아만큼이나 '순수'하다. 더욱이 하나의 보존지구로서 이곳은 오스트레일리아 못지않게 방대하고 다양하며 우연적일지 모를 하나의 '사례 연구'가 아닌 수많은 사례들을 제공한다. 따라서 훨씬 더 큰 대표성을 갖는다고 여길 수 있다. 미국의 북서부 주들에서 시작해 캐나다와 알래스카까지 약 4000킬로미터나 이어지는 길고 좁은 해안 지역에는 언어가 서로 다른 수십여 '일족'과 수백여 '부족'이 살았다. 대부분은 인디언이었지만 알래스카 해안 지역에는 에스키모도 있었다. 인구는 집단에 따라 수백에서 수천에 이르렀고, 지역 집단끼리는 때로 느슨한 상위의 동맹으로 연결되어 있었다.

오스트레일리아의 가장 풍요로운 환경에서 그랬던 것처럼, 북서해안의 몇몇 남부 지역에서 인구 밀도는 해안선 1마일당 8명(곳에 따라서는 20명까지) 또는 제곱마일당 3~5명이나 되었다. 미국 본토와 캐나다 일부만 해도 서로 접촉하고 있던 추정 인구가 15만 명이었고, 알래스카까지 합치면 대체로 건조한 오스트레일리아 대륙의 인구와 엇비슷했을 것이다.[38] 이처럼 북서해안에 인구가 많고 밀도도 높았던 이유는 매우 풍성했던 해양자원, 특히 수많은 강들을 거슬러오르는 연어 덕택이었다. 주민들은 노련한 카누 실력으로 깊은 바다에 나가 낚시할 수도 있었다. 해양 포유류 사냥은 광범위하게 퍼져 있었다. 뭍에서 나는 풍부한 사냥감, 주로 새들과 남부의 사슴, 북부의 순록은 주민들의 생계 기반을 넓혀주었다. 계절별로 식량이 저장되고 비축되었다. 그러나 풍요롭게만 보이는 이 길디긴 땅 곳곳에서 걸핏하면 전쟁이 일어나 피를 불렀다. 오스트레일리아에서 보았던 것처럼, 항상 드리워진 전쟁의 그림자는 사람들의 생활방식 전반에 영향을 주었다.

북서해안에서 두드러졌던 무장 분쟁에 대해 싸움 당사자들과 외부 관찰자들은 다양한 이유를 제시했다. 무엇보다 자원 접근을 둘러싼 경쟁이 치열했다. 풍부하다는 건 오해를 사기 쉬운 개념이기도 하다. 풍부함이란 무엇보다도 먹여야 할 입의 수에 따라 상대적이기 때문이다. 자원이 풍부한 지역일수록 더 많은 외부 인구가 유입되고 내부 인구가 더욱 증가한다. 토머스 맬서스Thomas Malthus가 지적했던 대로 결국 자원의 양과 인구 사이에 새로운 균형상태를 나타내고, 인류 역사에서 산업화 이전 사회의 숙명이었던 빈약한 생존 비율이 다시금 생겨난다. 이를테면 자원이 풍부한 강하구를 장악하는 데 성공한 지역 집단과 일족의 경우, 그들 내부나 그들 사이의 관계에 있어 노출된 해안이나 강 상류, 더 나쁘게는 내륙에 살던 집단이나 일족보다 훨씬 윤택했다. 집단 내적으로는 이것이 부자와 가난한 사람, 귀족과 평민을 가르는 사회적 서열의 근원이었는데, 더욱 풍족했던 남부에서 그런 경향이 특히 두드러졌다. 강 하구의 지역 집단과 일족에서는 노예들이 아주 부유한 사람들에게 예속되어 그들을 위해 일했다. 일족과 지역 집단을 가릴 것 없이 자원 접근성에서 각자의 차이는 결국 탐나는 영역으로의 이주 압박과 고질적인 경계선 분쟁을 낳음으로써 전쟁을 되풀이하게 만드는 원인이 되었다. 영역의 경계는 잘 알려져 있었고, 죽음을 각오하는 침범은 삼가는 것이 보통이었다. 사람들은 대체로 자기 친척이 없는 지역에 가는 것은 안전하지 않다고 여겼다. 집단 영역은 의식이나 의례를 통해 인정되었다. 이 지역을 유명하게 만든 거창하고 웅장한 토템들은 씨족 영역을 나타내는 표지였다. 일부 교역로는 시기나 일족, 물자와 관련된 특정 조건에 따라 때로 여행할 수 있도록 개방되기도 했다. 이렇게 경계를 넘을 때는 전통적으로 확립된 관습과 격식을 따랐다. 그러지 않으면 이방인은 적대시되었고 무단 침입자는 공격을 받거나 살해되기 일쑤였는데, 고문을 당한 뒤 죽는 경우도 종종 있었다. 그런 사람들을 의심할 근거는 충분했다. 영역 획득을 위한 탐색은 물론, 계절 식량을 비롯한 천연 식량의 어쩔 수 없는 공급 부족과 '압박'은 외부 공격의 흔한 원인이었다. 특히 기근이 들면 호전파는 자기네보다 풍족한 이웃의 비축 식량을 약탈했다. 노예를 얻기 위한 습격은 또하나의 지속적인 위협이자 전쟁의 원인이었다. 부녀자 납치도 만연했다.[39]

사실 결핍과 굶주림이 전쟁의 유일한 이유는 아니었다. 풍부함과 결핍은 먹여 살릴 입의 수에 상대적일 뿐 아니라, 잠재적으로 계속 커질 뿐 만족을 모르는 인간적 욕구와 욕망에도 상대적이다. 역설적이게도 인간의 경쟁은 결핍은 물론 풍요와 함께 증가하고, 풍요로워질수록 경쟁의 형태와 표현이 복잡해지고 사회적 격차가 벌어지고 계층화가 강화되는 것처럼 보인다.[40] 부유한 남자는 더 많은 아내를 부양할 능력이 있으며 따라서 더 많은 아내를 둘 수 있다. 예를 들어 오스트레일리아의 집단들을 지배했던 장로들과 북미 북서해안의 '빅맨big man'들이 그런 경우였다. 여성을 둘러싼 경쟁은 치명적인 폭력을 부르는 주된 원인, 때로는 가장 중요한 원인이었다. 더욱이 단순한 생계형 산물을 소비할 수 있는 양은 근본적으로 제한되어 있다고 해도, 남들보다 세련되고 풍족한 산물을 소비할 수 있는 양은 사실상 끝이 없다. 그저 고급품 시장으로 옮겨가면 그만이다. 이른바 과시적 소비가 시작되는 것인데 복합 수렵채집 사회는 이를 경험한 최초의 사회였다. 그런 소비로 가는 주요 경로 중 하나는 귀중한 장식품의 소비이다. 진기하고 이국적이며 대개 멀리서 가져온 재료를 가지고 아름답게 세공한 장식품들은 발달된 교역 네트워크 안에서 여분의 식량과 교환되었다. 후기 구석기시대 유럽과 북아메리카 북서해안의 문화가 남긴 고고학적 기록에서는 비슷한 물품들이 발견된다. 상아, 흑요석, 조개껍데기, 뼈, 뿔 등으로 만든 장신구나 조각 같은 공예품, 예술적으로 새기고 장식한 실용적 도구 등이다. 섬세한 깃털 공예품이나 결이 고운 옷감은 고고학적 기록으로 보존된 경우가 적지만, 그런 것들 역시 두루 원하던 물품으로 알려져 있다. 마지막으로 북아메리카 북서해안 인디언들은 다른 '원시'사회, 그리고 그다지 원시적이지 않은 사회에도 알려져 있던 사회 제도로 유명한데, 바로 경쟁적 연회인 포틀래치potlatch이다. 위신으로 경쟁하던 '빅맨'들은 대규모의 사교적 연회를 열어 엄청난 양의 음식을 대접했을 뿐 아니라, 부의 징표로서 온갖 귀중한 재산을 말 그대로 파괴하곤 했다. 따라서―자원이 풍부한 지역에 대한 접근성을 더욱 확보하고 교역 독점과 노예 획득을 통해―부를 축적하기 위해서는 무장 병력과 전쟁이 종종 필요했다.

수렵채집인들이 벌였던 '원시'전쟁이 그랬듯이, 아니 사실상 어떤 성격의 전쟁이든 전부 그렇듯이 북서해안 인디언들도 물질적인 동기 이상의 온갖 다양한 동기들을 보고했다. 실제로 이들은 종종 그런 동기를 목록의 맨 윗줄에 놓으면서 모욕이나 잘못에 대한 보복, 유혈 복수, 위신 추구, 전리품으로서 적의 머리 획득하기 등을 언급했다. 동기 문제에 관해서는 나중에 체계적으로 논의하기로 하자. 수렵채집인들의 '원시적인' 치명적 분쟁이 모두 그랬던 것처럼, 북서해안에서 벌어졌던 싸움은 몇몇이 가담해 부상자가 거의 없던 소규모 사건부터 수백 명이 참가해 많은 사상자를 낸 대규모 전투까지 다양했다. 이 지역에서는 수백 마일 앞바다까지 카누를 타고 나가서 벌인 해전도 기록되었다. 끊임없는 전쟁 위협 때문에 정착지는 방어하기 쉬운 곳에 만들어졌고 어김없이 울짱과 참호로 요새화되었다. 이런 정착지에는 숨겨진 출구, 비밀 통로, 대피용 땅굴, 은신처, 이중으로 벽을 세운 집, 방호용 널빤지, 못을 박은 굴림 통나무 같은 정교한 장치들이 사용되었다.[41] 전쟁의 양상에 관해서는 6장에서 자세히 다루겠다.

백인들이 도착하면서 북서해안에서는 새로운 단계가 시작되었다. 18세기 말부터 러시아 전함, 상인, 교역소와의 접촉이 주기적으로 시작되어 급속히 잦아졌다. 곧이어 미국 교역상들과도 접촉이 이루어졌다. 교역 물품은 모피였으며 금속 도구, 의류, 유리구슬, 화기 같은 서구의 물품과 교환되었다. 부와 경쟁의 새로운 원천으로 인해 사회 계층화와 원주민 사이의 전쟁이 가속화되었을 것이다. 아마도 노예 노동이 더욱 유용해지고 확산되면서 가장 부유한 사람들은 수십 명의 노예를 소유했을 것이다. 부족들, 국지 집단들, 그리고 그들 내의 기업가적인 '빅맨'들은 수지가 맞는 교역을 선점하고 독점하려 애썼다. 19세기 대부분의 기간 동안 전쟁이 끊임없이 서구인 관찰자들에 의해 기록되었고, 서구의 지배가 굳건히 확립되면서 비로소 중단되었다.

그러나 R. 브라이언 퍼거슨Brian Ferguson 같은 일부 인류학자들의 주장에 따르면 서구의 물품은 그보다 앞선 18세기에 이미 간접 경로를 통해 이지역에 침투하기 시작했고, 부분적으로는 이런 물품 때문에 경쟁이 심해졌으며, 옛 원주민 정보제공자들이 전하는 그 무렵의 이야기에는 호전성이 두드러지게 나타났다고 한다. 그렇지만 원형적 접촉proto-contact 단계에서 서구 물품의 간접적 침투가 상당했을 리는 없다. 더욱이 이 학자들 스스로도 나머지 모든 연구에 동의하면서 인정하는 것처럼, 어쨌거나 북서해안에서 전쟁은 아주 오래전부터, '원형적 접촉' 이전부터 존재하고 있었다—이 지역에서 무려 4000년 동안 별다른 변화 없이 전쟁이 일어났음을 보여주는 고고학 기록이 남아 있다. 언어학적 증거로 보아도, 전쟁을 통해 확립된 노예제 역시 이 지역에서 아주 오랫동안 존재해왔음을 알 수 있다.[42] 실제로 여러 겹의 가죽으로 만든 원주민의 갑옷이나 널빤지 갑옷, 장대 등—18세기 말 최초의 유럽인 탐험가들이 숱하게 보고했고 현재 박물관에 전시된 특화된 싸움 장비들—의 사용 빈도가 백인들이 도착한 후에 줄어든 것으로 보인다. 머스킷 총이 등장하면서 그런 장비들이 쓸모없어진 것이다. 대평원 인디언의 방패와 가죽 갑옷 역시 비슷한 변화를 겪었는데 똑같은 이유 때문이었다.[43]

그럼에도 더욱 광범위한 논쟁이 이어졌다. 퍼거슨 등 여러 학자들은 '접촉의 역설'을 떠올리게 하는 그들의 논증을 중남미의 원예민에게까지 확장하면서, 서구인들의 도착이 이른바 부족 구역에서 일어나는 원주민 전쟁을 크게 변모시켰다고 널리 주장해왔다. 이 학자들은 한바탕 논쟁을 일으켰지만, 그 논쟁은 대체로 부풀려졌다. 이 인류학자들 대부분은 접촉 이전에 있었던 광범위하고 잔인한 전쟁의 증거를 잘 알고 있었고 비록 아주 간략하게나마 애써 그것을 언급했기 때문에, 이들의 논지(또는 그 논지의 나머지)는 사실상 아주 좁은 범위로 한정될 것이다.[44]

수렵채집인에 대한 '이상적 실험실' 두 곳—오스트레일리아와 북아메리카 북서해안—에서 발견된 사실을 요약하면, 원래 태어난 환경에서 살아가는 아주 다양한 원주민 집단 전반에 걸쳐서, 매우 단순한 수렵채집인부터 복합적인 수렵채집인까지 저희들끼리 싸웠다는 것은 명백하다. 고질적이진 않더라도 치명적인 분쟁은 언제든 일어날 수 있었다. 그것이 두려워서 사람들은 경계가 뚜렷한 본거지 영역 내에서만 지냈고, 지속적인 경계와 특수한 보호 조치가 필요했다. 전투중의 죽음은 사망률의 주요 요인이었다. 단순 수렵채집인들보다 복합 수렵채집인들 사이에서 싸움이 더 잦고 치열했을까? 인류학에서 인정받는 모델에서 더 높은 인구 밀도, 더 집중된 자원, 부의 축적과 위신으로 강화된 경쟁 등의 요인들은 그러했으리라고 암시하지만, 지금은 사실상 수치를 측정할 방법이 없다. 치명적인 분쟁은 인구가 집중되어 있던 곳에서 더 만연했던 것처럼 보일 수 있다. 그런데 전체 사망률 가운데 살해 비율로 가늠한 1인당 폭력이 단순 수렵채집인들 사이에서 더 적었을까? 앞에서 인용했던 킴버의 낮은 추정치는 그렇다는 것을 암시하지만, 추정치의 자릿수가 다를 만큼 차이가 큰 것은 아니다. 단순 수렵채집인들 역시 서로 싸웠고, 싸움에 따른 모든 결과를 겪었다.[45] 결국 증거가 암시하는 것은 다음과 같다. 인류의 수백만 년 진화사를 통해 형성된 수렵채집인들은 진화하는 자연 환경과 자연적 생활방식 속에서 저희들끼리 광범위하게 싸우고 있었다는 것이다. 이런 의미에서 싸움이란 나중에 나타난 문화적 '발명품'이 아니며, 인간에게 '자연스러운' 것은 아닐지언정 확실히 '부자연스러운' 것도 아닐 것이다. 하지만 왜 그럴까? 이 위험하고 치명적인 행동의 진화론적 원리는 무엇일까?

제3장

인간은 왜 싸우는가: 진화론의 관점에서

선천적이지만 선택적인 전술

전쟁이 나중에 생긴 문화적 '발명품'이 아니라면 인간 본성에 내재한다
는 얘기인데, 그렇다면 어떤 방식으로 내재해 있을까? 이 관념은 오랜 계
보를 가지고 있다. 적어도 히브리 성서의 격언까지 거슬러올라가고 그리스
도교 교리에 통합된 이 관념은 '사람은 어려서부터 악한 마음을 품게 마련'
(창세기 8.21)이라는 것이다. 이후 이 관념은 수많은 버전과 형태로 나타났
다. 제1차세계대전이 끝난 후에는 지그문트 프로이트Sigmund Freud 같은 학
자들에 의해 되살아났다. 동시대 많은 이들이 그랬듯 프로이트는 광란의
발작처럼 보이는 제1차세계대전의 유혈극과 파괴에, 그리고 나중에는 제
2차세계대전의 몰아치는 폭풍에 기겁하며 당황했다. 프로이트는 정신분
석 이론에 관한 중요하고 새로운 진술과 알베르트 아인슈타인에게 보낸
유명한 편지 두 통을 통해, 그 자신을 비롯한 유럽 교양인들이 인류 발전
의 정점으로 여겼던 19세기 유럽 문명의 웅대한 체계가 어떻게 그리 쉽게

무너졌는지 설명하고자 했다. 이전부터 프로이트는 늘 문명이 인간의 원시적 충동이라는 위태로운 기초 위에 빈약하게 세워졌다고 믿어왔다. 그러나 당시의 혼란이 너무도 어리석고 비이성적이고 자멸적이었으므로 그는 자신의 이론에 새로운 요소를 도입할 필요를 느꼈다. 그리고 인간에게는 성생활의 충동과 나란히 파괴적이며 사실상 자멸적인 충동, 다시 말해 '죽음 본능'이 있다고 주장했다. 모든 본능이 그렇듯 그 본능도 문명이 진보하면서 점점 억제되기는 했지만, 언제든 문명이라는 얇은 껍질을 뚫고 터져나올 수 있으며 결코 완전히 억누르기는 힘들다는 것이다. 프로이트는 왜 그런지 설명하기 위해 생물학적으로, 나아가 진화론적으로 자신의 주장을 뒷받침하려고 했다. 인간은 어떻게 해서 말도 안 되는 '죽음 충동', 자신의 생존과 번영에 그토록 해로운 충동을 갖게 되었단 말인가. 그러나 각각 생명을 가진 마니교의 두 우상처럼 서로 반대되는 두 가지 충동을 가정하면서도, 프로이트 자신은 이 모든 것이 '일종의 신화학'으로 비칠 수도 있음을 느끼고 아인슈타인에게 그렇게 고백했다.[1] 프로이트의 정신분석학계 제자들 또한 그의 후기 이론의 변화를 불편하게 생각해왔다.

적어도 겉보기에 진화론의 논리 내에서 더욱 신중하게 접근한 것은 다른 이론가들이었다. 탁월한 동물행동학자 콘라트 로렌츠와 니코 틴버겐Niko Tinbergen, 정신의학자 앤서니 스토Anthony Storr는 야만적인 과거에 진화적으로 유용했던 근본적인 공격 충동 혹은 본능이 인간에게 있으며, 그것이 문명의 맥락에서는 해롭게 나타날 수도 있다고 주장했다. 이것은 1960년대의 헤드라인을 장식했던 또하나의 이론이었다. 이 이론의 지지자들은 공격 충동이 성이나 음식에 대한 충동과는 달리 우리 안에 쌓여서 결국 배출을 요구하는 수준에까지 이른다고 주장했다. 스포츠 같은 다른 배출로를 찾지 못할 경우 그것이 다양한 방식의 공격과 폭력으로 분출될 수 있다는 것이다.[2]

근본적인 공격 충동, 거의 맹목적이고 자동적으로 스스로를 충족시키는 충동이라는 관념은 일반 대중에게는 매우 매력적이었다. 몰상식하고 불합리해 보이는 폭력의 분출과 전쟁을 설명해주는 것 같았기 때문이다. 그러나 그 이론은 심한 비판을 받았고 학계에서는 대체로 거부되었다. 공격성은 음식이나 성에 대한 근본적 충동과는 전혀 다른 생리학적 메커니즘이라는 점이 지적되었다. 공격성은 일정 단계까지 상승하면 분출되는 호르몬의 순환 메커니즘에 의해 몸에 축적되는 것이 아니다. 사람들은 살기 위해서 주기적으로 먹어야 하며, 일정 연령대에서는 보통 비상한 자제력을 발휘하고 상당한 고충을 치러야만 성적 행위를 피할 수 있다. 이와는 달리 공격성의 경우 그다지 특별한 고충에 시달리지 않아도 평생 평화롭게 살 수 있다. 우리가 잘 아는 것처럼 사회 전체가 몇 세대 동안 평화롭게 살기도 한다. 그러나 사실 이런 비교는 그 행동의 진화적 기능들 사이에 존재하는 결정적 차이를 제대로 이해하지 못하고 있다. 진화론적 계산법에서 양분과 성은 으뜸가는 생물학적 목적으로, 전자는 유기체의 존속과, 후자는 번식과 직접 연관되어 있다. 반면에 공격성은 으뜸가는 생물학적 목적을 이루기 위한 하나의 수단이자 전술, 그것도 여럿 가운데 하나에 불과하다. 수단으로서 공격성의 사용 여부는 그 유용성에 따라 결정된다.

다른 예로 의사소통 역시 수단이라고 말할 수 있을 것이다. 의사소통을 박탈당한다면 인간은 몹시 괴로울 수 있다. 그렇지만 의사소통의 기능적 필요성은 매우 명백하고 직접적이다. 반면에 공격성의 경우는 언제나 대안적인 행동 전술, 즉 후퇴나 항복, 협력 등과 견주어 평가할 필요가 있는데, 공격은 매우 위험한 전술이기 때문이다. 그것은 곧잘 역효과를 내어 오히려 공격자가 심각하게 다치거나 심지어 죽을 수도 있다. 대개 '호전적 싸움꾼'은 기대수명보다 일찍 죽고 생존과 생식의 기회가 감소하기 때문에 도태될 것이다. 실제로 게임 이론을 시범적으로 생물학에 적용했던 한 사례는, 제한받지 않는 공격적 전략은 진화론적으로 옹호될 수 없음을 보여주었다.[3] 연구 결과가 강조하듯이, 결국 동물과 인간을 막론하고 공격성의 사용 여부는 주어진 상황에서 기회와 위험, 보상과 대안을 놓고 계속되는 직관적 평가에 따라 좌우된다.[4] 성공 가능성이 낮고 위험이 크다고 해도 보상이 클수록, 그리고 대안이 덜 유망할수록 공격성을 선뜻 사용할 것이다. 각각의 종과 종내 개체들은 자신의 특정 상황을 고려해 전략을 다양하게 조절한다.

따라서 감정 메커니즘이 개입되는데, 생물학적 기능은 감각 자극에 의해 조절되기 때문이다. 필수적이고 가장 중요한 욕구의 대상인 식량과 번식은 거의 한 가지 방향성을 갖는 강렬한 감각 욕구와 만족에 자극받는다. 물론 이 두 가지가 제약 없이 무한정 작용하지는 않는다. 탐닉하기도 하는 식욕과 성욕에는 포만 수준이 있다. 예를 들어 한 사람이 한 번에 먹을 수 있는 양은 제한되어 있고 그것을 넘어서면 구역질할 것 같은 느낌으로 신호가 온다. 그리고 우리가 익히 아는 것처럼 우리 사회를 비롯해 많은 사회에서 과식은 해로울 수 있다. 그렇지만 인류 역사를 통틀어 대다수 인간을 비롯한 모든 생물에게 식량 공급은 부족했고, 가능하면 많이 가지는 것이 중요했다. 그래서 식량은 언제나 감각적 욕망의 대상이 되어 왔다. 이와 비슷하게 지나친 성性도 역효과를 낳을 수 있다. 예를 들어 성적 활동 때문에 식량 구하기 같은 다른 중요한 활동을 제대로 하지 못하면, 자녀들에게 소홀해지거나 위험한 성적 경쟁자들과 문제를 일으킬 수도 있다. 더욱이 여성은 잠재적으로 가질 수 있는 자손의 수가 남성보다 적기 때문에, 성적 상대를 선택하는 문제에선 여성이 남성보다 훨씬 까다롭다. 번식 성공 가능성을 키우기보다 줄이기를 바라는 게 아니라면, 이 모든 경우에서 성적 행동은 제한되어야 한다. 이런 제한된 범위 안에서는 성적 활동이 많을수록 대체로 번식 성공에 유리하며, 따라서 자연 전반에서 성은 대체로 많이 욕망된다.

　반면에 공격성은 기본적인 욕구라기보다 가능하지만 매우 위험한 하나의 전술에 지나지 않으므로, 공격성을 조절하는 감정 메커니즘들은 정반대로 언제든 껐다 켰다 할 수 있다. '켜짐' 위치에서 공격성을 촉발하는 주요 동기와 충동 뒤에 놓인 감정 요인이 단지 두려움과 적대감 같은 느낌만은 아니다. 개인과 집단이 경쟁하며 정신력과 체력을 발휘하는 가운데 느끼는 전율과 즐거움, 심지어 잔인성과 피에 대한 갈망, 살해의 희열이 싸우는 행위 자체를 자극하기도 한다. 이런 것이 모두 공격성을 부채질하고 지탱하기 위한 감정 메커니즘이다. 한편 '꺼짐' 위치에서 공격성을 억지하고 단념시키는 감정 요인은 두려움, 정신적·신체적 피로, 연민, 폭력에 대한 증오, 유혈극에 대한 혐오 등이다. 그 밖에도 협력과 평화적 행위에 대한 엄청난 감정 자극이 있다는 점은 굳이 언급할 필요가 없을 것이다. 바로 이와 같은 반대되는 일련의 감정들, 상반되는 자극을 촉발하고 뒷받침하며 공격성을 자극하거나 억누르는 각각의 감정들이 있기 때문에 오랜 세월 동안 예술가, 사상가를 비롯하여 온갖 부류의 사람들이 인간은 전쟁을 좋아한다는 신념을 주장했는가 하면, 또다른 이들은 인간이 전쟁을 순전한 재앙으로 여긴다는 확신을 그만큼 굳게 지켜왔던 것이다. 두 가지 의견 모두 상황에 따라 기세를 더하거나 수그러들곤 했다. 전쟁을 찬양하는 것과 전쟁의 참상을 개탄하는 것은 둘 다 인간의 공통적인 반응이었다.

　우리의 본래 문제로 돌아가서, 그렇다면 폭력적이고 치명적인 공격성은 인간 본성에 내재된 것일까? 그것은 '우리 유전자 속에' 있는 것일까? 만약 그렇다면 어떤 방식으로 존재할까? 답은 '그렇다'이다. 그러나 그것은 하나의 기술, 잠재성, 성향, 또는 성질로서만 존재한다. 이는 과학자들이 끝없이 강조하는 것, 유전자가 행동을 위해 미리 만들어진 메뉴라기보다 환경적 영향에 따라 달라질 수 있는 개괄적 설계도에 가깝다는 사실을 넘어선다. 지금까지는 공격성이 '발명품'—다시 말해 전적으로 학습된 것이며 선택적이라는—이라거나, 그와 반대로 확실하게 '내장'되어 억지하기가 아주 힘든 원초적 충동처럼 타고나는 것이라고 가정하는 경우가 너무 많았다. 실제로 전략적 기술—그리고 매우 위험한 기술—로서의 공격성은 선천적이면서 동시에 선택적이다. 공격성이 생존 투쟁에서 대체로 유용하며 가장 기본이고 중심이 되는 기술인 것은 확실하다. 따라서 인간을 비롯한 생물들에게는 공격성이 선천적으로 들어 있다. 수천 수백만 년에 걸친 강력한 선택 압력이 그렇게 만든 것이다. 공격성이 선택적이긴 해도 늘 주요한 선택지였고 따라서 매우 표출되기 쉬우며 걸핏하면 촉발된다는 점은 분명 강조되어야 한다.[5] 그러나 공격성을 촉발할 만한 조건이 그다지 뚜렷하지 않을 때, 대안적 수단을 구하거나 구상할 수 있을 때에는 공격성의 수위가 떨어질 수 있고, 때로는 공격 행위 패턴 전체가 거의 활성화되지 않기도 한다. 폭력적 공격성의 수준은 상황에 반응해 변동한다.

오늘날 심리학 이론은 공격적 행위가 잠재성으로서 내재되어 있지만 사회적 학습에 의해 발달되는 것이라고 주장하면서 같은 견해를 보이고 있다.[6] 이 이론은 두뇌 연구로 뒷받침되고 있는데, 인간만 그런 것은 아니지만 특히 인간의 두뇌 설계가 유독 삶의 초기 단계에선 유연하다고 한다. 두뇌는 스스로를 광범위하게 재배열하면서 변화하는 환경적 과제에 반응해 새로운 신경 회로들을 만들어낸다. 따라서 개인, 집단, 사회(그리고 연구가 보여주듯 동물까지도)는 저마다 노출되어온 환경 유형에 따라 폭력성이 더하거나 덜하게 조절된다. 우리는 일상생활의 경험으로 이것이 옳다는 걸 직관적으로 알고 있다. 폭력적인 사회 환경에서 성장한 젊은이들은 폭력적이 되고, 매 맞고 자란 아이는 매를 때리는 부모가 된다. 그런 예는 수없이 많다. 역사도 이러함을 보여주는데, 사회 일부는 더욱 호전적이 된 것으로 유명한 반면, 나머지는 더욱 평화적이 되었다. 루소파가 힘을 얻던 시기에 인류학자들은 전쟁이 '생물학적 필연성'이라기보다는 '문화적 발명품'임을 보여주기 위해 호전적 행동을 전혀 보이지 않는 수렵채집인들과 원시 농경 사회를 찾아보았다. 그 결과 대체로 평화로운 몇몇 사회를 찾아낼 수 있었는데, 대개는 힘센 이웃들에게 쫓겨난 뒤 세계를 등지고 '도피 거주지' 안으로 물러나 외지고 고립된 환경에서 살아가는 작은 사회들이었다.[7] 그러나 사실 인류학자들은 그렇게 멀리까지 가서 뒤질 필요가 없었다. 스위스와 스웨덴처럼, 유럽에서 가장 호전적이었다가 지금까지 200년 동안 전쟁에 가담하지 않고 있는 잘 알려진 현대 사회의 예가 있었던 것이다. ('생물학적 충동' 주장과 관련해 이 두 나라가 각각 과거에 전쟁을 했다는 사실은 큰 의미가 없는데, 과거 조상들의 호전적 행동이 오늘날 후손들의 욕구를 충족시킨다고 진지하게 주장하기란 불가능하기 때문이다.) 그렇다고 해도 호전적인 사회들이 존재하고 전쟁이 역사 전반에 만연한다고 해서 전쟁이 생물학적 필연으로 증명되지 않는 것처럼, '평화로운 사회'의 존재가 곧 전쟁이 나중의 발명품임을 증명하지는 않는다. 요점을 되풀이하자면 치명적인 공격성은 진화로 형성된 타고난 잠재성이며, 적절한 조건이 주어지면 언제든 쉽게 촉발되곤 해왔다. 그러나 공격성이 표출되고 확산되는 정도는 그런 조건이 얼마나 두드러지느냐에 크게 좌우된다.

진화론적 계산

찰스 다윈의 진화론은 처음부터 전쟁을 설명하는 데 적용되었다. 다윈 자신은 지나가면서 진화를 언급했지만, 학자나 일반인 제자들은 모두 폭넓게 진화를 적용했다. 가장 주목할 만한 경우는 허버트 스펜서Herbert Spencer와 윌리엄 그레이엄 섬너William Graham Sumner였다. 특히 섬너의 『전쟁War』

은 매우 신선하면서도 통찰이 깊은 저작이다.[8] 섬너는 모리스 R. 데이비
Maurice R. Davie의 탁월한 『전쟁의 진화The Evolution of War』에 영향을 주었다.
그러나 사회 연구의 나머지 분야가 그렇듯 전쟁을 다룬 진화론적 문헌 일
부는 사회다원주의 색채를 띠었기 때문에, 후자를 비판하는 흐름이 거세
지면서 20세기의 상당 기간 동안 전쟁을 포함한 사회문제에 진화론적 관
점을 적용하는 입장은 미심쩍게 여겨지곤 했다.

　이런 흐름은 두 가지 중요한 발전을 통해 다시 역전되었다. 1950년대
초 DNA 유전자 암호 해독을 통해 그레고어 멘델Gregor Mendel 유전론의 생
화학적 근거가 확립되면서, 마침내 다윈 진화론이 결여하고 있었던 유전의
정확한 생물학적 메커니즘이 마련된 것이다. 이 발견은 유전학에서 계속
될 혁명적 진보의 길을 열어주는 동시에 진화론에 새로운 동력을 주었다.
더욱이 인간을 '빈 서판tabula rasa'으로 보며 한때를 풍미하던 행동주의와 자
유주의 학설은 1970년대에 들어 학문의 모든 분야에서 후퇴하기 시작한
터였다. 인간사에 진화론을 적용하는 이른바 '사회생물학', 더 정확히 말해
진화심리학이 돌아왔고 더욱 강해지기 시작했다. 1970년대 말에는 그것이
'사회생물학 논쟁'을 일으키면서 강력한 반대에 부딪혔지만 이제 학계 내에
서 그런 반대는 상당히 진정되었다. 다만 주로 역사학자, 사회과학자와 교
양학과 학생들 사이에 그런 반감이 고정관념처럼 남아 있는데, 유감스럽
게도 그들 가운데 관련 문헌들을 읽어보려고 생각하는 이는 많지 않다.[9]
혹시라도 그런 독자들이 있다면 일단 내 논증을 끝까지 들어볼 때까지는
잠시 불신을 접어두라고 부탁하고 싶다. 다윈의 『종의 기원The Origin of Spe-
cies』 종결부는 보통 유명한 두번째 부분만 인용되곤 하지만, 첫번째 부분
이야말로 강령에 가까운 것이었다. "내 눈에는 미래에 더욱 중요하게 연구
될 활짝 열린 분야가 보인다. 심리학은 허버트 스펜서가 이미 잘 닦아놓은
확고한 토대, 즉 서서히 변화하는 형태로 저마다의 정신력과 능력을 획득

해갈 토대를 든든히 딛고 설 것이다. 인류의 기원과 역사에 많은 빛을 비추게 될 것이다."[10] 이것은 사회다원주의자들의 강령이 아니라 다윈 자신의 연구 강령이었다.

진화론은 처음부터 전쟁의 문제를 여러 방식으로 재규정했다. 첫째이자 가장 중요한 것으로, 세계는 왜 경쟁과 싸움이 중요한 부분이 되도록 만들어졌는가 하는 해묵은 문제에 대해서 진화론은 초월적이지 않은 설명을 제공했다. 다윈 진화론의 핵심은 유기체들이 자연선택에 의해 맹목적으로 진화한다는 것이다. 자연선택은 유기체가 환경 조건에 대해, 성공적인 번식을 위해 빈약한 자원을 두고 서로에 대해 생존 투쟁을 벌이는 과정에서 일어난다. 생존과 번식에 가장 유능한 개체들이 전체 무리 안에서 수를 늘리고 생존과 번식에 유리한 특질을 증대시킨다. 결과적으로 그들은 자원에 대한 압력을 키우고 경쟁을 부채질한다. 이런 경쟁은 간접 경쟁이나 직접 분쟁의 형태를 띤다. 20세기 벽두에 처음으로 이 두 가지를 체계적으로 구분한 사람은 사회학자 게오르크 짐멜George Simmel이었다.[11] 경쟁에서는 당사자들이 상대를 능가하려고 애쓰면서, 상대에 대한 직접 행동을 빼고 동원할 수 있는 모든 수단을 써서 원하는 재화를 얻으려 한다. 경쟁은 평행선을 달린다. 반면 분쟁에서는 직접 행동으로 상대를 제거하거나 경쟁에 가담하는 상대의 능력을 떨어뜨린다. 만약 신체적 상해를 가할 경우 그것은 폭력 분쟁이 된다.

경쟁이든 분쟁이든 그 존재의 '이유'는 생존투쟁에서의 성공적인 기술이라는 점 외에는 없다. '성공'은 어떤 초월적인 척도에 의해서가 아니라 진화 과정의 고유한 논리에 의해 규정된다. 따라서 진화론은 삶의 질서는 전보다 훨씬 임의적인 것처럼 보이게 만든 반면, 그 질서 속에서 싸움의 역할은 덜 임의적인 것처럼 보이게 만들었다. 그리고 그 과정에서 덜 임의적인 싸움의 동기들을 제시했다. 자연이라는 책 속에서 생존과 번식이라는 진화론적 원리와 관련하여, 싸움의 동기들은 궁극적으로 이치에 맞아야 한다. 부적응적 행위는 선택에 불리하게 작용하기 때문이다. 따라서 진화론은 싸움 문제를 다음과 같이 재해석했다. 진화론은 싸움의 더 근본적인 자연적 원리를 제시하고 그 원리에 입각하여 추론함으로써 이 엄청나게 치명적이고 낭비적인 행위가 여하튼 생존과 번식의 성공에 이바지했다는, 종전까지 불필요했던 주장을 폈다. 그런데 어떤 방식으로, 누구의 생존에 이로웠는가?

확실히 그것은 모두를 위한 생존이 아니라 생존과 번식에 필요한 한정된 자원을 둘러싼 경쟁의 승자들만을 위한 생존, 생존과 번식이라는 끝나지 않는 게임의 '적자適者'만을 위한 생존이었다. 이 경쟁은 종들 사이에도 일어나고 종 내부에서도 일어난다—다시 말해 서로 다른 종의 성원과, 같은 종의 성원 사이에서 모두 일어난다. 사실 과학자들이 인정하고 다윈 자신도 강조했던 점이지만, 경쟁은 같은 종의 성원들 사이에서 훨씬 더 치열하다. 똑같은 생태적 틈새에 살면서 같은 종류의 먹이를 먹고 같은 배우자를 두고 경쟁하기 때문이다.[12] 앞에서 보았듯이 한동안 동물행동학자들과 생물학자들은 동물이 같은 종의 성원은 죽이지 않는다고 믿었다. 일부 학자들은 그 이유가 종내 살해가 그 종의 생존을 위태롭게 하기 때문이라고 주장했다. 심지어 이 주장이 타당하다고 생각했던 진화론자들도 있었다. 그러나 그 주장은 경험적으로 오류였음이 밝혀졌을 뿐 아니라 (마땅히) 이론적으로도 거부되었다.[13] 종내 싸움과 살해가 일어나는 이유는, 비용 대비 효과적인 어떤 방법으로든 낯선 개체의 유전자가 아닌 자기 자신의 유전자를 다음 세대에 물려주려는 개체들의 노력이 바로 진화적 경쟁의 결정적 요인이기 때문이다.

동물이 같은 종의 개체들을 제거하기 위해 끊임없이 노력하지 않는 이유는 두 가지가 있다. 특히 사회적 동물의 경우에는, 같은 종인 집단 내의 성원들이 있는 편이 사냥은 물론 특히 방어에서 그 자신의 성공을 위해 중요하다. 더 일반적으로 모든 동물의 경우를 보면 같은 종의 나머지 성원들 또한 강하다는 것, 그리고 그들을 제거하려는 체계적인 노력의 비용이 진화론적으로 비생산적이라는 것이 중요한 이유이다. 강대국들이 그렇듯이 같은 종의 개체들 사이에는 힘의 균형과 상호 억지가 존재하는데, 이는 그 종의 존속이 아닌 그들 자신의 생존에 대한 염려 때문이다.[14] 같은 이유에서 동물들은 같은 종뿐 아니라 다른 종의 강력한 적수와도 폭력적인 대결을 피하려고 노력하는데, 이상하게도 로렌츠는 이 점을 놓쳤다. 싸움과 살해는 이따금 한 번씩, 보상이 크고 승산이 높을 때에만 일어난다.

진화론적 원리를 둘러싸고 너무도 만연해 있는 오해를 없애기 위해, 분명한 점을 중언부언하는 위험을 감수하고서라도 다시 말하겠다. 두말할 것 없이 요점은 이런 행동 패턴이 파리, 생쥐, 사자, 심지어 인간의 의식적 결정과 복잡한 계산의 문제가 아니라는 것, 그저 그렇게 행동하지 않는 개체는 다음 세대를 재생산하는 데 실패해왔고 그들의 부적응 행동을 유발한 부적응 유전자는 선택에서 제외되어왔다는 것이다. 가장 복잡한 구조공학과 행동 패턴도 그렇게 진화해왔고, 의식이 전혀 없는 유기체를 비롯하여 단순한 유기체들도 모두 그렇게 프로그래밍되었다. 진화론의 근간을 이루는 이 원리를 항상 유념해야 한다.

한 개체의 유전자는 자손을 통해서는 물론, 같은 유전자를 공유한 가까운 친족을 통해서도 다음 세대에 전해진다.[15] 부모와 자녀가 유전자의 50퍼센트를 공유하듯이, 한배의 자녀들도 유전자의 평균 50퍼센트가 같다. 부모 가운데 한쪽만 같은 자녀끼리는 유전자의 평균 25퍼센트를 공유한다. 사촌끼리는 유전자 중 12.5퍼센트가 서로 같다. 이것이 '피는 물보다 진하다'는 오랜 관념의 바탕이다. 한 개체와 가까운 친족은 그 개체의 유전자 저장고가 되기 때문에, 관계의 근연성과 친족의 수에 따라서 때로는 개체 자신의 생존에 위협이 된다 하더라도 나머지 모두에 대해 그 친족을 보살피고 방어할 진화론적 가치가 있을 수 있다. 진화론적으로 볼 때 한 개체가 희생해서 두 명 이상의 형제, 네 명 이상의 배다른 형제, 또는 여덟 이상의 사촌을 구하게 된다면 자신의 희생조차 가치 있는 일이 된다. 심지어 그보다 비율이 낮은 경우에도 그들을 위해 위험을 무릅쓰는 것은 가치 있는 일이다. 결국 진화론의 원리는 개체의 생존보다도 '친족/혈연 선택kin selection', 또는 자신과 친족 내 같은 유전자의 '포괄 적응도inclusive fitness'를 선호한다. 진화론적 관점에서 중요한 것은 궁극적으로 유전자의 생존과 번식인 것이다.

사회적 곤충 가운데 한 군집의 개체 수가 수백 수천에 이르는 것들은 평균 4분의 3이 형제이거나 심지어는 똑같은 클론이다. 그러므로 개체들은 군집을 지키기 위해 기꺼이 희생한다. 군집은 거대하고 가까운 한 가족으로서 개체보다 훨씬 큰 그들 자신의 유전자 집단이다. 그러나 인간의 가족관계는 그와 다르고 가족관계를 대규모 사회로까지 확장하지도 않는다. 여기서 다시 '인간의 자연 상태', 다시 말해 인류 진화사의 99.5퍼센트에 해당하며 인간이 수렵채집인으로 살아온 시기, 인간이 자신의 진화론적 유산을 만들었던 시기로 돌아가자. 앞에서 보았듯이 수렵채집인의 기본적인 사회 단위는 대가족(씨족 혹은 국지 집단)으로서 나이가 많은 부모와 형제들, 그리고 그들의 핵가족 등 가까운 친족 수십 명으로 구성된다. 이 집단의 성원들이 서로 협력하고 공유하며 위험을 무릅쓰고 서로를 보호하는 이유는 이해하기 쉽다. 사람들이 충성하는 대상도 대개 이런 1차 집단이다. 더욱이 인간의 국지 집단은 침팬지의 경우와 비슷하게 뚜렷하게 부계 거주이자 부계 중심이다. 다시 말해 여성은 결혼하면서 자기 가족을 떠나 자신의 가족 집단과 함께 머물고 있는 남성 쪽에 합류한다는 뜻이다. 따라서 국지적 가족 집단은 남성 형제들로 이루어져 있다. 그 이유는 나중에 이야기하겠지만, 자연에서 그러하듯 남성이 대체로 여성보다 전투적이기 때문에 분쟁에서 인간 국지 집단의 응집력은 더욱 단단해진다.[16]

또한 수렵채집인들은 수백 명, 때로는 그보다 많은 구성원을 거느린 더 고차원적 형태의 사회집단—지역 집단, 그리고 지역 집단 간의 연합('방언 부족')—을 이룬다. 지역 집단의 중요한 기능 중 하나는 전쟁에서의 상호협력이다. 그런데 이처럼 더 큰 집단의 나머지 성원들을 위해 목숨을 거는 이유는 무엇일까? 지역 집단이 주로 혼인으로 이루어진 집단이기는 하지만 대부분의 성원들은 서로 관계가 멀다. 이 점에서 지역 집단은 사회적 곤충 군집이나 국지적 가족 집단과는 다르다. 그럼에도 친족 논리는 여전히 강력한 힘을 발휘한다. 우선 지역 집단의 성원이 나머지 성원들과 가까운 친척은 아니라 해도, 지역 집단은 가까운 친족의 촘촘한 그물망이다. 한 씨족의 딸이 혼인을 통해 다른 씨족에 주어졌을 때, 이 딸과 그녀의 아이들은 아내의 씨족이 남편의 씨족에게 '예치한' 진화적 '투자물'이다. 아내의 씨족은 이 투자물을 보살피면서 그것이 예치된 '은행'의 생존에 관심을 갖게 된다. 이 은행이란 무엇보다 딸의 남편이지만, 그 남편의 씨족 성원들도 포함한다. 이들은 투자물의 번성에 중요한 존재가 된다. 이렇게 지역 집단을 얼키설키 얽은 관계로 인해, 씨족들은 그들이 공유하는 투자물을 위해 기꺼이 위험을 무릅쓰면서 환경이나 여러 동물, 외부인에 맞서 서로 지원하게 된다. '원시'사회나 그다지 원시적이지 않은 사회에서 씨족 관계와 혼인 관계가 가장 중요한 사회적 유대를 구성한다는, 널리 인정되는 사실을 설명해주는 것이 바로 이런 진화론적 원리이다. 앞에서 본 것처럼 수렵채집인들은 자기 친척이 있는 곳에 갈 때만 안전하다고 느꼈다. 시대를 막론하고 정치적 협정은 혼인을 통해 더욱 공고해졌다.

더욱이 친족 관계의 원리는 가까운 친척에서 끝나는 것이 아니라, 비록 급한 하향곡선을 그리기는 하지만 더 멀리까지 확대된다. 바로 이 논리 때문에 두 명 이상의 형제나 여덟 명 이상의 사촌을 구할 수 있다면 한 사람의 목숨을 희생하는 것이 진화론적으로 이득이 되며, 심지어 비율이 낮아지는 위험성은 있지만 32명의 육촌 형제, 128명의 팔촌 형제, 또는 512명의 십촌 형제에게도 똑같은 논리가 적용된다. 사실 이것이야말로 지역 집단의 실체라고 할 수 있으며 왜 집단 구성원이 외부인보다 집단 내의 나머지 성원들을 선호하는지, 심지어는 그들을 위해 얼마간의 위험을 기꺼이 무릅쓰는지를 설명해준다. 대부분의 혼인은 지역 집단 내에서 이루어지기 때문에 '우리' 부족과 외부인들 사이에는 커다란 간극이 있다.[17] 그러나 친족 원리를 더 멀리까지 적용할수록—2048명의 오종형제, 8192명의 육종형제, 3만 2768명의 칠종형제, 그리고 모든 성원, 심지어 인류 전체까지—형제애의 학설, 즉 예전에 거부되었던 바로 그 '종의 연대species solidarity'라는 관념에 가까워지지 않을까? 여기에는 친족 방정식의 나머지 측면을 무시하는 함정이 있다.

가까운 친족일수록 그들을 보살피는 데 대한 진화적 보상은 더 커지지만, 어디까지나 그들이 유전자 경제학에서 더욱 가까운 친족의 전망을 위협하지 않는 한에서만 그렇다. 예를 들어 평균적으로 자신과 50퍼센트의 유전자를 공유한 형제는 매우 귀중한 유전적 파트너이며, 그의 생존은 상당한 대가를 치르거나 중대한 위험을 무릅쓸 가치가 있다. 그러나 자기 자신은 유전자상으로 형제보다 두 배는 더 자신에게 가깝기 때문에, 둘 사이에 심한 경쟁이 일어난다면 형제간의 적대 관계가 치열해져서 죽음을 부르기도 한다. 이런 경쟁은 이를테면 유아들에게 꼭 필요한 부모의 보호를 놓고, 특히 극심한 기근이 들었을 경우에 일어난다. 두 형제의 번식 전망이 충돌할 때에도 일어날 수 있는데, 탐나는 배우자나 각자의 자녀의 전망을 둘러싸고 충돌이 생기는 경우가 그런 예이다. 여기서도 조카들은 삼촌/숙모로부터 진화론상의 보살핌을 받지만, 이들 삼촌/숙모는 자기 자신의 자녀를 두 배는 더 아낀다. 따라서 친척들 사이에 너무도 익숙한 온갖 질투, 긴장, 적대감이 생기는 것이다. 복잡한 주제를 요약하면 친족 관계에서 균형이 유지되는 것은 보다 먼 친족이 더 가까운 친족과 경쟁할 가능성이 있기 때문인데, 가까운 친족은 자기 자신과 자녀를 포함하는 더 넓은 유전자 파트너십을 나타낸다.[18] 그래서 사람들은 진화론적으로 먼 친척보다는 가까운 친척을 지원하는 경향이 있다(다만 가까운 친족과 심각한 분쟁을 일으켜서 외부에서 동맹을 구하는 상황에 이르지 않는 한에서 그렇다. 이런 사태는 대체로 비정상적이며 도덕적으로 불미스러운 것으로 여겨져왔다). 아랍에서 내려오는 한 속담은 이 진화론적 원리를 표현하고 있다. '나는 내 형제에게 맞서고, 나와 내 형제는 내 사촌에게 맞서고, 나와 내 형제와 내 사촌은 세계에 맞선다.'

이는 씨족 성원들, 씨족들, 부족들 사이의 익숙한 관계 구조를 설명해준다. 민족지학 보고에 따르면 이 구조의 모든 수준에서 치명적인 공격 사건이 일어난다. 싸움과 살해는 부족 내부와 부족 간에 모두 일어난다. 이는 단순한 내內집단 협력/외外집단 경쟁보다 더욱 복잡하다고 스펜서와 섬너는 주장했다. 사실 우리가 구별하는 '혈수'와 '전쟁', '살인'과 '전쟁 살해' 같은 용어들의 차이도 대개 임의적인 것으로, 어느 정도 규율이 잡힌 사회 성원인 우리의 관점을 반영하고 있다. 프란츠 보아스가 아메리카 동부와 대평원, 북서해안 인디언 각각의 경우를 보며 지적했듯이, 으레 "'전쟁'이란 말은 부족이나 씨족 간에 일어나는 싸움뿐 아니라 다른 집단의 한 성원이나 여러 성원을 죽이고자 하는 개인의 행동까지 포함한다."[19] 우리가 다루고 있는 치명적인 공격성이라는 현상도 똑같은 진화론적 원리로 설명된다.

가까운 친족 사이의 긴장과 경쟁은 흔한 일이다. 그들 사이에 폭력은 매우 엄격하게 금지되는데, 진화론적으로 그런 폭력은 그 자신에게 큰 손실이기 때문이다. 그럼에도 자신의 진화적 전망이 심각하게 위협받을 때면 근연 친족 내에 적대감이 커질 수도 있다. 카인과 아벨의 이야기는 그런 경우와 관련된 치열한 경쟁과 엄격한 경쟁 금지를 둘 다 보여준다. 가족 내 폭력(대부분 부부 간의 폭력이지만 꼭 그렇지만도 않은), 심지어 치명적인 폭력은 모든 사회에서 일어난다.[20] 그런 경우를 제외하고, 아무리 내부 긴장이나 경쟁의식이 있더라도 특히 다른 씨족 성원들과의 다툼이나 분쟁이 생기면 씨족 성원들은 서로를 지원하는 경향이 있으며, 이것이 때로는 치명적인 공격 사건으로 확대되기도 한다. 씨족 간 경쟁 관계에서 혼인 관계가 있는 씨족끼리는 다른 씨족에 맞서 서로를 지원할 가능성이 높다. 결국 한 지역 집단의 씨족들은 대개 다른 지역 집단에 맞서 서로를 지원하게 되는데, 다른 지역 집단과의 유전적 친족 관계는 같은 지역 집단 내부의 관계보다 훨씬 더 멀기 때문이다. 그러나 '외부인' 살해에 따르는 진화상의 불이익이 특히 그것을 통해 얻을 수 있는 이익과 비교하면 사소해지는 것처럼, 지역 집단 내의 먼 친척을 지원하면서 기꺼이 위험을 감수하려는 의지는 가까운 친척을 지원할 때와 비교하면 역시 크게 줄어든다. 누가 '우리'인가 하는 인식은 상대적이다. 그 범위가 크게 확대될 수도 있지만 대체로 지원의 대가는 줄어들 수밖에 없으며, 결국엔 더 가까운 '우리'에 비해 경시되기 마련이다. 그래도 앞에서 본 것처럼 32명의 사촌, 128명의 육촌, 512명의 팔촌보다 더 넓은 범위의 친족을 위해서라도, 뭉뚱그려 말해서 자신의 지역 집단을 위해서라면 진화론적으로 기꺼이 목숨을 내놓는 사람이 있을 것이다. 이것은 집단 내의 한 사람, 또는 더 많은 사람을 구하기 위해 이타적인 자기희생을 하는 경우를 설명해준다. 그러나 소규모의 가까운 친족 집단이라면 모를까 부족 전체의 운명이 한 개인의 손에 달리는 경우는 별로 없다. 그러므로 친족 관계가 가까울수록 친족의 생존을 위해 개인이 위험을 무릅쓸 가능성은 높아지며, 심지어는 자기를 희생하기도 한다.

누가 우리의 친족인지 어떻게 알아볼까? 미생물부터 인간까지, 자연에는 자기와 가까운 친족을 알아보게 해주는 생물학적·사회학적 단서가 있다.[21] 인간은 가까운 친족끼리 함께 자라고, 혼인과 출생을 기억하며, 친족 관계에 관한 정보를 듣는다. 그러나 먼 친족의 경우에는 대강의 표지만을 가지고 있다. 비슷한 신체적 특징(표현형)은 그런 유전적 관련성을 알려주는 표지이다. 따라서 자기와 다르고 낯선 인종 집단은 더욱 이질적으로 보이기 마련이다. 더욱이 생물학을 접어두더라도 인류에겐 문화가 있고 그 문화에 의해 서로 구분된다. 특히나 수렵채집인들 사이에서는 문화가 국지적이고 그만큼 친족과 상관관계가 강하기 때문에, 문화적 정체성은 친족 관계를 말해주는 뚜렷한 지표가 된다. 그러므로 인간은 외국인에 맞서 같은 문화를 공유하는 사람들의 편을 드는 경향이 뚜렷하다.[22] 문화가 다를수록 '이방인'이 '우리'의 일부로 여겨질 가능성은 더욱 낮아진다. 사람들은 방언이나 억양, 의복 양식, 행동 등의 아주 미묘한 차이도 예민하게 감지하기 때문에, 실제로 비교적 가까운 문화 집단끼리라고 해도 자기와 가장 비슷한 사람을 선호하는 경향이 있다. 이것이 바로 프로이트를 당황하게 했던 가까운 종족끼리의 '사소한 차이의 나르시시즘'이다.[23] 이 경우도 프로이트는 근본적 공격 충동의 억지된 표현으로 설명하려고 했고, 따라서 문제의 본말을 전도하고 진화론적인 논리든 다른 어떤 논리든 간에 일체의 논리를 부정했다. 이 특정한 영역에서 공격성이 왜 표출되느냐는 물음은 프로이트에게 전적으로 모호한 문제로 남았다. 실제로 프로이트는 전반적인 집단 유대감이 나타나는 이유에 관해서는 당황스럽다고 고백했다. 실제로 공격을 촉발할 수 있는 것은 종족적 차이이지 그 반대가 아니다. 자신과 먼 문화보다 가까운 문화를 선호하는 태도는 우리에게 깊이 배어든 가까운 친족 선호의 표현인 것이다.

더욱 큰 집단

무엇보다 언어 공유로 나타나는 문화 공유는 다른 측면에서도 아주 중요하다. 문화 공유는 그 자체로 소규모 인간 공동체 내의 친족 관련성을 말해주는 강력한 지표일 뿐 아니라 인간의 사회적 협력에서 매우 중요한 도구이기도 하다. 왜냐하면 인간은 사회적 협력을 위해 친족 관계 외에도 부가적인 메커니즘을 만들었기 때문이다. 원론적으로 협력은 매우 유리하다. 예를 들어 전쟁에서는 큰 집단이 확실히 유리하다. 서로 협력하는 두 사람, 두 씨족은 한 사람, 한 씨족보다 두 배 더 강하며, 전쟁에서 우세할 확률은 아마 네 배로 커질 것이다.[24] 그러나 협력의 문제는, 누구나 비용 부담은 회피하면서도 이익을 거두는 데는 대단한 열의를 보인다는 것이다. 합리적 선택 이론가들은 이것을 '무임승차'의 문제라고 부른다. 이런 문제는 납세 행위를 비롯한 대부분의 사회적 행위에 내재되어 있다. 국가 같은 중앙권력이 존재하는 곳에서는 '무임승객'에게 공동선을 위해 각자의 몫을 부담하라고 강요할 수 있다. 그러나 권력 당국이 존재하지 않거나 그 힘이 아주 약한 경우에도, 수렵채집인들의 예처럼 상호 감시와 사회적 회계가 가능할 만큼 친밀한 집단 내에서는 사회적 협력을 지속할 수 있는 장치가 있다.[25] '무임승객'이 적발될 경우 그는 대체로 그에게 이익을 안겨주었던 협력 체계에서 배제되고 '도편추방'될 위험에 처한다. 사람들은 '사기꾼'과 '변절자'를 예의주시할 뿐 아니라, 다른 동물들에 비해 그런 사람을 아주 오래 기억한다. 사람들은 남을 도울 때 상황에 따라 당장이 됐든 훗날이 됐든 비슷한 도움을 돌려받을 거라고 가정하며, 만약 기대했던 대가가 돌아오지 않으면 협력을 중단하곤 한다. 이것이 인간관계에서의 이른바 상호적 이타주의의 기본이며, 대부분의 사람들이 친족이 아닌 사람에게도 이타주의를 보이는 이유를 설명해준다. 이것은 일상적 관계의 근간

을 이루는 일종의 '친선 회계goodwill accounting'이다.[26]

따라서 한 지역 집단 내의 사람들은 친족 네트워크에 내포된 협력 수준 외에도 위험을 공유하는 체계 안에서 타인의 비슷한 행동을 기대하며 서로를 위해 위험을 감수하려고 하는데, 이는 대체로 그들 모두에게 상당한 이익이 된다. 그러나 자기가 분담해야 할 몫에서 '이탈'하려는 유혹은 분명 매우 강하며 항상 존재하기 마련이다. 특히 그 이탈이 계속 탄로 나지 않을 수 있을 때나 생사가 걸려 있을 때는 더욱 그렇다. 결국 협력은 미묘하거나 그다지 미묘하지 않은 형태의 '이탈'과 '속임수'에 끊임없이 위협을 받는다. 사람들이 타인의 신뢰도를 알려줄 수 있는 행동 속의 단서에 매우 민감한 것도 그 때문이다. '긍정적인 인물'이 보상을 받는 이유는, 사람들이 누군가가 남에게 하는 행동을 관찰하고서 그가 자신에게도 그렇게 행동할 거라고 추론하기 때문이다. 그렇게 해서 '상호 이타주의'는 대규모 사회 집단 안에서 '일반화된 이타주의' 또는 '간접적인 상호 이타주의'로 확대된다.[27] 우리의 일상 경험으로 알 수 있듯이, '상호 이타주의'와 '일반화된 이타주의' 또는 '간접적 상호 이타주의'는 매우 허약하면서도 상당히 효과적인 사회적 협력 메커니즘이다. 어떻든 간에 지역 집단은 진화이론가들이 꼽는 사회적 협력의 두 가지 동기, 즉 가까운 친족끼리의 '진정한 이타주의'와 그렇지 않은 사람들끼리의 '상호 이타주의'로써 유지될 만큼 충분히 작은 사회 조직 가운데 큰 형태이다. 사람들은 자기와 똑같은 유전자를 가진 이를 도우려는 경향이 있고 도울 수 있으면 돕는다. 지역 집단은 충분히 작기 때문에 촘촘한 친족 네트워크가 있을 뿐 아니라 모든 성원이 서로 알고 접촉하며 서로 책임을 추궁한다.

바로 이 대목에서 공유 문화가 중요해진다. 유전자처럼 문화도 시간이 흐르면서 변하고 유전자보다 더 빨리 변한다. 따라서 인구 집단들 사이에서 문화는 그들 사이의 접촉에 반비례해서 다양해진다. 수렵채집인들처럼 흩어져 사는 인구 집단에서 문화 공동체는 매우 작을 수 있다. 에스키모와 남아프리카의 부시먼 모두 각각 수천 킬로미터 범위에 걸쳐 어느 정도 비슷한 언어를 공유한다. 그러나 오스트레일리아의 수백여 지역 집단 즉 '방언 부족'들 사이의 언어적 다양성은 훨씬 컸다. 서로 다른 200여 개 언어와 그보다 더 많은 방언이 존재했다.[28] 앞에서 말한 것처럼 공유 문화는 소규모 공동체 안의 친족 관계를 보여주는 뚜렷한 지표이다(에스키모와 부시먼은 각각 유전적으로 상당한 동질성을 보이는 반면 오스트레일리아 원주민들은 유전적으로 다양한데, 과거 여러 차례에 걸쳐 들어온 이주민의 후손들이기 때문일 것이다).[29] 또한 공유 문화는 사회적 협력에 꼭 필요한 도구이기도 하다. 협력의 효과는 문화 코드, 무엇보다도 언어가 공유될 때 극적으로 커진다. 따라서 언어와 관습이 이웃과 다른 지역 집단 즉 '방언 집단'은 그 성원들에게는 가장 효과적인 사회적 협력의 틀이다. 그 틀 밖의 사람들은 매우 불리한 입장이라고 느끼게 되는데, 많은 이민자들이 그런 경험을 한다. 그렇기 때문에 문화적으로 다변화된 세계에서 지역 집단의 성원들은 집단의 생존을 위해 공유 문화에 사회적 관심을 더욱 기울이게 된다. 이렇듯 지역 집단은 서로 보강하고 겹치는 혈족 관계, 사회적 협력, 문화적 차별성에 의해 긴밀하게 묶여 있다.

그렇기 때문에 지역 집단의 보편적 특징인 '종족중심주의' 현상이 나타나고, 이것이 후대 역사에서 더 큰 종족 집단에까지 확산된다. 종족중심주의는 세계를 우수한 종족인 '우리'와 나머지 '타자들'(동맹 세력이나 적, 또는 단순히 외부인일 수도 있는)로 날카롭게 구분하려는 선천적인 성질이다. 이 용어를 만들어낸 섬너는 뚜렷한 예를 들어 그 다양한 형태를 조명했다.[30] 우리에게 너무나도 익숙한 예가 몇 가지 있다. '에스키모'(아메리카 인디언들이 북극권에 거주하는 이웃들을 가리킬 때 쓰던 일반명사)는 "그들 스스로를 가리킬 때 보통 '진정한 사람들'을 뜻하는 여러 가지 단어를 썼다. 에스키모는 자신들을 나머지 모든 인간과는 별개의 부류로서, 말 그대로 진정한 인간으로 여겼다."[31] 브라질과 베네수엘라 사이의 오리노코 분지에 사는 수렵원예민 야노마모Yanomamo족의 경우도 비슷했다.

> 그들은 자신들이 지구상에 가장 먼저 거주하기 시작한 가장 훌륭하고 세련된 인간 형태였다고 믿는다. 나머지 모든 사람들은 열등하며…… 그들의 이상한 풍습과 특이한 언어도 모두 그 때문이다. 사실 야노마모 란 말은 '인간성', 적어도 인간성에서 가장 중요한 부분을 뜻한다. 나머지 모든 사람들은 나바naba라는 말로 불리는데, '진정한' 사람과 '인간 이하의' 사람 사이의 기분 나쁜 구분을 암시하는 개념이다…… 만약 외지인이 야노마모족에게 유용한 것을 제공할 수 있다면 대체로 너그럽게 봐준다…… 그러나 그런 경우가 아니면 외지인을 다소 업신여긴다.

심지어 야노마모족끼리도 마찬가지였다.

> 인접한 집단들 사이에 어떤 차이점이라도 있으면 그것을 과장하고 비웃는다. 특히나 언어의 차이는 즉석에서 눈에 띄어 야노마모족에게 트집 잡힌다…… 다른 지역에서 녹음한 테이프를 들은 집단들은 하나같이 이런 특징적인 반응을 보였다. "저들은 말을 비뚤어지게 하네요. 우리는 똑바로, 바르게 말하죠!"[32]

지역 집단 내의 친족 관계, 사회적 협력, 문화의 상호 연관성은 인류 진화를 둘러싼 두 가지 주요 논쟁과 관련이 있다. 우선 생물학적 집단 선택에 관한 논쟁이다. 앞에서 본 것처럼 현대의 진화론은 개인 즉 유전자 생존에 중점을 두고 협력을 '친족 선택'과 '상호 이타주의'의 원리로 설명하며, 후자는 '간접적' 혹은 '일반화된' '상호 이타주의'로 확장된다고 설명한다. 그러나 또다른 협력 메커니즘이 존재한다고 주장하는 오래된 관점—현대 이론가들에 의해 주변부로 밀려났다가 최근 당당하게 돌아오고 있는—이 있다. 다윈 자신이 하나의 가능성으로서 처음 제기했던 이 관점에 따르면, 생물학적 선택은 개인이나 유전자 수준에서뿐만 아니라 집단들 사이에서도 일어난다. 생물학적으로 더욱 탄탄한 연대감을 타고났고 집단을 위해 기꺼이 희생하는 개인들이 있는 집단은 응집력이 덜한 집단에게 승리하곤 한다. 따라서 진정한 내집단内集團 이타주의의 유전자가—혈족관계 및 상호적 이타주의의 계산에 더해—집단 성원의 생존율을 높이는 결과를 가져온다는 것이다.[33]

현대 진화론 생물학자들은 이 논증을 정식화한 종래의 포괄적인 설명을 거부해왔다. 집단을 위해 자기를 희생하는 유전자는 집단 생존을 증진함으로써 그 유전자 보유자들을 돕는 것보다 더 빠른 속도로 그들을 절멸시키는 결과를 초래할 것이며, 결국 '사기꾼들'만 번성할 것이라는 근거에 서였다. 그러나 일부 학자들이 지적한 대로 논쟁 전체가 약간 잘못 해석되어왔다. 이 논쟁은 이른바 친족 선택과 집단 선택을 구별하지만 이는 인류의 실제 진화사를 무시하는 추상화이며, 다윈은 인류 진화의 연대기를 알지 못했다. 사실 인류 진화사의 거의 전부에 해당하는 기간 동안 어쨌거나 집단이란 소규모 친족 집단이었다.[34] 비非친족(또는 먼 친족)으로 구성된 진정한 의미의 큰 사회는 아주 최근에 농업 및 문명의 발달과 함께 비로소 등장했다. 생물학적 진화(문화적 진화와 구분해)의 관점에서 볼 때 대규모 사회의 출현은 너무도 최근의 일이라 인간 생물학에 의미 있는 영향을 미쳤다고 보기 어렵다. 따라서 사실상 친족 집단이 지배한 인류의 생물학적 진화에서 친족 선택에 대립되는 것으로서 '집단 선택'을 말하는 것은 무의미하다. 비록 생물학적 근거가 없을 만큼 늦지는 않았다고 하더라도, 지역 집단 역시 비교적 늦게 나타났다.

실제로 수렵채집인들의 지역 집단에서 친족 관계, 사회적 협력, 문화적 차이 등이 서로 겹치고 밀접하게 연관되어 있다는 건 결코 우연이 아닐 터이다. 우리는 인류가 언제부터 지역 집단을 이루고 살았는지 자문해봐야 한다. 나아가 침팬지는 결코 그렇게 큰 무리를 짓지 않는다는 점, 그리고 호모 속 진화사에서 대부분의 기간 동안 호모 에렉투스 또는 호모 사피엔스의 고인류 변종들 사이에 큰 집단이 존재했음을 말해주는 증거가 전혀 없다는 점을 기억해야 한다. 분명히 지역 집단은 현생 인류인 호모 사피엔스 사피엔스에 이르러서야 등장했을 것이다. 발달한 언어 기술의 진화 또한 우리 종만의 특징이다(물론 이 점에서 종의 독특함이 논란이 되겠지만). 약 3만 5000년 전에 후기 구석기시대가 시작되어 도구 제작, 공예, 예술, 의례 등에서 문화 폭발과 문화적 다양성이 처음으로 광범위하게 기록되면서 새로운 정점에 이르게 된 것도 호모 사피엔스 사피엔스와 함께였다. 이 모든 새로운 발전은 상호의존적이며 서로를 보강해준다. 이런 발전들은 여러모로 확실히 진화에 유리했으며, 아마도 일부 발전은 나머지보다 더 그랬을 것이다. 정교해진 도구, 수월해진 의사소통의 이점은 무엇보다 분명하다. 그러나 언어 기술의 발달과 공유 문화 덕에 수백 명을 아우르는 지역 집단이 진화할 수 있었다고 가정한다면, 지역 집단 자체가 여러 가지 중요한 진화적 이점을 지니고 있었다. 우선은 이른바 '낯선 사람들'인 아주 먼 친족보다 중거리 친족(지역 집단)을 편들기에 유리했다. 더 중요하게는 대가족 집단보다는 지역 집단이 훨씬 더 힘이 셌을 것이다. 지역 집단은 힘의 총량이 훨씬 더 컸다. 이는 지역 집단 내에 살지 않는 경쟁자와 무장 분쟁이 벌어졌을 때 호모 사피엔스 사피엔스에게 확실한 이점을 주었을 것이다. 설령 우리가 집단 선택—친족 선택과 뚜렷이 구분되는 것으로서—을 인류 진화사에서 중요한 요인으로 인정하지 않더라도, 보다 큰 친

족 집단 내에서 이루어진 더욱 광범위한 친족 연대는 큰 차이를 불러왔을 것이다.[35]

여기에 인류 진화의 커다란 수수께끼 하나를 설명해주는 결정적 요인이 있을지 모른다. 호모 사피엔스 사피엔스는 아프리카로부터 퍼져나가면서 일찍이 구세계에 살았던 모든 고인류를 대체했다는 것이 지금까지의 정설이다. 가장 잘 기록된 경우를 보면, 호모 사피엔스 사피엔스는 유럽과 중동에서 번성하던 네안데르탈인을 대체했다—다시 말해 멸종으로 몰아넣었다. 어떻게 이런 일이 일어났을까? 이런 변화에 대한 설명으로 루소파의 전성기에는 평화로운 주장이 지배했고, 지금도 그러고 있다. 생존이나 번식에서는 아주 작은 이점, 예를 들어 도구가 더 낫다든가 의사소통이 더 잘된다든가 해서 얻게 되는 이점만 있어도 그다지 여러 세대를 거치지 않고도 인구 규모의 차이를 크게 벌릴 수 있다는 것이 선사시대를 연구하는 학자들의 견해였다. 그런데 재러드 다이아몬드Jared Diamond가 질문했듯이 네안데르탈인이 자기네 최고의 사냥터가 외부에서 온 호모 사피엔스 사피엔스에게 야금야금 넘어가는 꼴을 그냥 보고만 있었다고 가정하는 게 과연 타당할까? 자기네 생계가 달린 들소를 백인들이 죽였을 때 아메리카 인디언은 가만히 앉아 있지 않았다. 만약에 후기 구석기시대부터 시작된 그 과정이 완전히 평화롭지만은 않았다면, 네안데르탈인은 막강한 적수가 못 되었다는 뜻일까? 그들은 호모 사피엔스 사피엔스보다 체구가 튼튼했고 영리했으며, 큰 동물을 가까이서 잡는 유능한 사냥꾼이었다.

다이아몬드는 네안데르탈인의 절멸에 대해 여러 가지 가능성 있는 설명을 제시한다. 서구가 팽창할 때 아메리카나 오스트랄라시아에 고립되어 있던 집단들이 그랬던 것처럼, 네안데르탈인은 침입자들에게 묻어온 전염병에 선천적 면역력이 없었을지도 모른다. 그러나 개방적이고 주로 도시적이었던 16세기 유라시아 땅덩어리 주민들이 가지고 있었던 것과 같은 저항력이 호모 사피엔스 사피엔스에게 있었을지는 의문이다. 다이아몬드는 또 호모 사피엔스 사피엔스가 언어를 통한 의사소통 능력에서 훨씬 앞서 있었고 그로 인한 내집단 협력의 이점 덕분에 유리한 상황이었다고 주장한다.[36] 일리 있는 말이다. 하지만 원활한 의사소통은 더 큰 사회 집단화를 위한 주요 전제조건 중 하나였을 것이다. 만약 호모 사피엔스 사피엔스가 지역(부족) 집단의 유대를 유지하고 있었고 네안데르탈인 사이에선 그런 유대가 없었거나 훨씬 약했다면, 이는 압도적인 이점이었을 것이다. 부족 성원들이 서로 협력했기에 그들은 훨씬 수가 적은 네안데르탈인 가족 집단에 비해 결정적인 수적 우위를 차지했을 것이고, 따라서 네안데르탈인의 수수께끼 같은 절멸이 해명된다. 8만 년 전 아프리카로부터 퍼져나가기 시작했던 호모 사피엔스 사피엔스가 하나같이 승리를 거두면서 세계 곳곳의 모든 고인류를 대체했다는, 어쩌면 수수께끼로 남아 있었을 사실을 설명하는 데에도 이와 똑같은 논리가 도움이 될 수 있다.

나는 이 주제를 다룬 논문 한 편을 썼는데, 관심 있는 독자들은 참고하기 바란다.[37] 물론 나의 가설을 증명하기는 매우 어렵다. 그 가설을 한마디로 요약하면 지역 집단은 완전한 현생 인류 호모 사피엔스 사피엔스와 함께 등장했거나, 적어도 두드러지게 되었다고 여겨진다는 것이다. 그렇다고 지역 집단을 호모 사피엔스 사피엔스가 만든 많은 문화적 발명품 중 하나로 여겨서는 안 될 것이다. 문화와 복잡한 언어—즉 고등 상징체계—를 창조할 잠재력이 그런 것처럼, 고등 상징 능력과 밀접하게 연관되는 지역 집단 관계를 맺는 능력은 호모 사피엔스 사피엔스가 생물학적으로 진화시켜온 기술이었을 것이다. 호모 사피엔스 사피엔스가 사는 곳이면 어디서든 언어와 함께 최소 집단으로서의 지역 집단이 존재한다. 우리 종이 타고난 정치적 동물이라고 했던 아리스토텔레스의 말은 한 단계만 과장한 것에 지나지 않을 것이다.

문화생활의 일부 형식들, 이를테면 공동 의례나 의식, 심지어 예술의 공동체적 측면 같은 것이 진화에서 하는 역할은 수수께끼로 보일 수 있지만, 대집단 협력의 진화론적 이점이라는 측면에서 설명하면 적어도 일부나마 해명될 수 있을 것이다. 전쟁과 마찬가지로 종교는 복잡한 사회적 현상이다. 어쩌면 종교는 상호작용하는 여러 가지 요인의 결과일 것이다. 이를테면 종교는 호모 사피엔스 사피엔스의 상상력과 이해력이라는 훨씬 광범위한 영역의 부산물일지 모른다. 그들은 상상력과 이해력이 있었기에 죽음, 자연과 우주의 무한한 힘을 생각하고 두려워했으며 이해하려 시도했다.[38] 이런 맥락의 설명은 맨 처음 토머스 홉스가 구체화하고 현대의 여러 종교인류학자들이 발전시켰는데, 설령 이런 설명이 타당하다고 해도, 인류 역사에서 그처럼 중대한 역할을 하는 이 '부산물'이 진화에서 이로운가 해로운가 하는 문제가 남는다. 이에 대해서는 서로 반대되는 두 가지 주장, 혹은 그 두 가지가 혼합된 주장이 있을 수 있다. 혹자는 사람들이 항상 종교에 투자해온 엄청난 비용을 강조하고, 그 귀한 자원을 세속적 요구에 쓰면 더 좋았을 것을 무의미하게 낭비했다고 말할 것이다. 컴퓨터와 관련된 우리의 경험을 빌려 현대 진화론적 관점에서 이야기하자면 종교는 호모 사피엔스 사피엔스의 최첨단 지적 '소프트웨어'에 침입한 일종의 '버그', '기생충' 혹은 '바이러스'로 여겨질 것이다.[39] 나중에 보겠지만 그런 일들은 진화 과정에서 흔히 나타난다. 맹점 없는 설계란 존재하지 않으며, 진화의 설계도 역시 마찬가지다. 그 설계도를 짊어진 이들에게 유일한 위안거리는 그들의 경쟁상대나 맞수들 역시 비슷하거나 다른 맹점을 짊어지고 있다는 사실뿐이다.

　　거꾸로 생각해보면 종교에는 자원과 시간의 무의미한 낭비 이상의 무언가가 있는지도 모른다. 일례로 종교는 엄청난 '방어 비용'의 일부로 여겨질 수도 있다. 알다시피 모든 동물 종은 그 비용을 치러야 한다. 오스트레일리아 원주민 집단을 주로 다룬 저서 『종교생활의 원초 형태Les Formes élémentaires de la vie religieuse』(1915)를 쓴 에밀 뒤르켐Emile Durkeim부터 시작해, 기능주의 이론가들은 종교의 주된 역할이 사회적 응집력을 강화하는 것이라고 주장해왔다. 마키아벨리Machiavelli, 루소, 그리고 19세기 프랑스 실증주의자들도 대체로 같은 관점을 가지고 있었다. 리처드 도킨스Richard Dawkins는 진화론적 관점에서 같은 생각을 가지고 이렇게 이야기했다. "얼마나 대단한 무기인가! 종교적 믿음은 그 자체로 전쟁 기술 연감의 한 장을 장식할 만하다."[40] 우리는 역사를 통해 이를 너무도 잘 알고 있다. 이른바 종교의 시초에 주목하는 이런 관점은 공동 의례와 숭배 의식에 더 공을 들였던 지역 집단에서 사회적 협력이 관습으로 더 굳어지고 정신적으로 더 강하게 정당화되었다는 의미일 수도 있다. 어쩌면 이 결과가 전쟁에서 유리하게 작용했을지도 모른다. 사실 공동 의례와 의식은 우리에게 익숙한 모든 지역 집단 내의 생활에서만 중심적 역할을 했던 것이 아니다. 의례 유대는 지역 집단끼리의 더 큰 동맹과 연합을 위한 주요 토대를 형성해왔다는 사실이 어디서나 확인되었다. 고대 그리스에서의 인보동맹隣保同盟이 바로 그런 예였고, 그런 동맹의 주요 역할 중 하나가 바로 전쟁이었다. 결국 크게 확장된 상징 능력이 언어, 종교, 예술, 지역 집단화 등으로 뚜렷이 나타났고, 아마도 이것이 서로를 보강하며 전쟁에서 호모 사피엔스 사피엔스에게 유리한 조건이 되었을 것이다.[41]

지역 집단은 그들과 달리 지역적으로 집단화되지 않은 사람들(아마도 호모 사피엔스 사피엔스 이전의 인류들)과 싸울 때는 분명한 이점을 갖고 있었지만, 모든 사람들이 지역 집단을 이루게 되었을 때에는 그만큼 결정적인 이점을 갖지 못했다. 앞으로 보겠지만, 바로 이것이 모든 '군비 경쟁'의 본질이다.

제4장

/

동기: 식량과 성

싸움이라는 매우 위험한 행동을 가치 있게 만드는 진화적 보상은 무엇일까? 이 질문은 동기, 욕구, 욕망 등 인간의 기본적인 동기체계의 속성을 다루는 해묵은 철학적·심리학적 탐구와 맥이 닿는다. 기본적 욕구와 욕망을 열거하는 수많은 목록들이 수 세기에 걸쳐서 별 생각 없이 또는 설득력 있게 조합되곤 했다. 그러나 가장 최근에 나온 목록들도 토머스 홉스가 『리바이어던』(6장)에서 제시한 오랜 목록에 비해 눈에 띄게 다른 점은 없다.[1] 진화론적 관점이 결여된 이 목록들은 항상 어느 정도 임의적이고 사소한 면이 있었다. 그런 다양한 욕구와 욕망이 어떻게 해서 생겨났는지, 또는 그것들이 서로 어떻게 관련되어 있는지 설명해줄 통합적인 조절 원리가 없었던 탓이다. 실제로 인간 행위에 관한 단일 '원리들'이 다양하게 제시되곤 했지만 그 대부분은 이런 관점이 결여되어 있었다. 정신분석학 운동 내에서의 분열은 그 좋은 사례다. 프로이트는 인간의 기본적 동인動 因은 성욕이라고 주장했던 데 반해 알프레트 아들러Alfred Adler는 앙리 베르그송Henry Bergson과 프리드리히 니체Friedrich Nietzsche를 따라 기본적 동인은 사실 우월성 추구라고 주장했으며, 카를 구스타프 융Carl Gustav Jung은 창조성과 완전함의 추구를 강조했다. 왜 다른 충동이 아닌 이 충동이 '진정' 기본적인 것인지, 또는 심지어 왜 단일한 기본 충동이 있어야 하는지 판단하는 방법으로는 사실상 반쯤 종교 같은 정통 분파들의 믿음 외에 다른 방법이 없었다.

물론 인간의 동기체계는 내가 다루고자 하는 것이 아니다. 이 책에서 그것은 싸움이라는 주제와 관련이 있을 때에만 관심을 끌 뿐이다. 우리는 다시 '인간의 자연 상태', 호모 속의 진화사에서 99.5퍼센트를 차지하는, 인간이 수렵채집을 하며 소규모 친족 집단을 이루고 살던 시기, 우리의 생물학적 유산을 만들어낸 바로 그 시기에서 시작해야 한다. 이런 '자연 상태'에서 인간의 행위 패턴은 진화적으로 적응적이었다는 것이 널리 인정되는 견해이다. 나중에 우리는 이 진화의 유산이 인류의 엄청나고 다양한 문화적 발전과 어떻게 상호작용을 했고 그 발전에 의해 어떻게 변모되었는지 살펴볼 것이다.

원시전쟁의 원인은 인류학에서는 수수께끼로 남아 있다. 지난 수십 년 동안의 논의는 주로 진화론자들과 대안적인 문화유물론자들 사이의 논쟁으로 나타났다. 논의가 이런 형태를 띠게 된 것은 인류학이 이룩한 역사적 발전의 결과였다. 인류학에서 중요한 이론적 접근법 가운데 하나인 문화유물론은 인간적 동기의 토대로 자신의 물질적 몫을 늘리려는 인간의 욕망을 강조한다. 이런 견해에는 상당한 진실이 담겨 있기 때문에 문화유물론은 분명 설명 측면에서 매력이 있다. 그러나 그 한계도 그만큼 분명할 수밖에 없는데, 그런 한계를 드러낸 경우가 전쟁에 대한 1970년대의 인류학 연구였다. 이 논쟁의 중심에 있던 것은 수렵채집인이라기보다는 원시농경민이나 원예민이었다. 다시 말해 브라질과 베네수엘라의 국경 지역인 오리노코 분지의 열대우림에 살고 있는 야노마모족과, 오늘날 인도네시아와 파푸아뉴기니에 사는 뉴기니 고지 주민들이었다. 이들 원시농경민이 서로 왜 싸웠는지(실제로 싸움이 있었다) 그 이유는 분명하지 않았다. 왜냐하면 야노마모족이든 뉴기니 고지의 일부 주민이든 간에 농경지가 부족했다는 징후는 전혀 없었기 때문이다. 그래서 문화유물론자들은 싸움의 원인을 (매우 소중히 여겨지는) 동물성 단백질에서 찾았다. 야노마모족의 경우 이는 마을 주변 숲속의 사냥 자원을 둘러싼 경쟁 형태로 나타났다. 뉴기니의 경우 가축화된 돼지들을 기르기 위한 숲속 방목지를 두고 경쟁했다고 추정되었다. 이런 해석은 어느 정도 타당성이 있었지만, 모든 증거와 아주 잘 들어맞는 건 아니었다.[2] 나중에 다시 보겠지만, 실제로 문화유물론자들은 스스로 보완적인 설명을 찾아 나서기 시작했다.

더욱 근본적인 문제는 앞서 말한 정신분석학파 같은 나머지 이론 '체계'가 그랬던 것처럼, 문화유물론자들 역시 그들이 내세우는 중심 논증을 진지하게 설명하지도 않았고 설명할 필요를 느끼지도 않았다는 것이다. 어째서 물질적인 이익 추구가 인간 행동의 최우선 동기였다는 것일까? 그들은 이것이 어쩔 수 없는 현실이요 자명한 이치라고 가정했다. 인류학자들이 모든 곳에서 관찰하고 사회의 기본 특징이라 보았던 친족 연대(또는 근친상간의 금기)의 이유에 대해서 학문으로서의 인류학이 결코 질문하지 않았던 것과 마찬가지로 말이다. 더욱이 유물론적 논증을 우선시하다보니 다른 가능한 동기들은 모두 부차적이고 파생적인 것, 또는 물질적 동기의 가면이라고 뭉뚱그려 설명할 수밖에 없었다. 물론 유물론적 '하부구조' 대 이데올로기적 '상부구조'라는 마르크스주의 인식이 그런 것처럼 여기에도 어느 정도의 진실이 담겨 있었다. 그럼에도 유물론적 논증은 종종 정교한 지적 곡예를 펼쳐 보여야 했고, 그러다보니 극단적인 경우 문화유물론은 가장 부자연스러운 궤변으로 악명을 떨치게 되었다.[3]

1960년대 이래 진화하던 현대 진화론은 1970년대 중반에 탄력을 받으면서 서서히 인류학자들에게 주목을 받기 시작했다. 여기에 영향받은 최초의 인류학자 중 한 사람이 나폴리언 A. 섀그넌Napoleon A. Chagnon이었다. 섀그넌은 이미 야노마모족 연구로 유명해진 학자였다. 그는 한 논문에서 (그리고 다큐멘터리 영화에서) 야노마모족 마을에 싸움이 벌어지면 사람들이 친족 계보에 따라 나뉘어서, 연속적으로 확장되는 친족 범위 내에서 가까운 친족을 지원하기 위해 달려간다는 것을 보여주었다. 친족선택 이론이 예견한 대로였다. 다른 논문들을 통해 섀그넌은 야노마모족의 내부 분쟁을 포함해 전쟁은 주로 번식의 기회와 관련이 있었다고 주장했다. 마을끼리 전쟁이 벌어지면 여자들은 어김없이 강간을 당하거나 결혼을 위해 납치당했고, 두 가지 모두 당하기도 했다. 마을 족장과 유능한 전사들에겐 일반 남자들보다 몇 배나 많은 아내와 아이가 있었다. 마을 내에서 벌어지는 폭력적인 결투의 원인은 주로 간통이었다.[4]

나중에도 보겠지만, 이런 주장은 대체로 옳았다. 그러나 불행히도 섀그넌—'단백질 논쟁'에서 야노마모족의 전쟁이 사냥 영역을 둘러싼 경쟁과 관련이 있다는 주장에는 전면적으로 반대했던—은 진화론이 마치 넓은 의미의 번식(자녀 양육 같은)보다는 좁은 의미의 (성적인) 번식을 다룬다는 인상을 주었다. 따라서 그의 주장은 온갖 비난에 스스로 문을 열어준 셈이었다. 인류학자들은 어쨌거나 기존 인류학의 해석 전통을 침범하며 철저한 재평가를 요구하는 진화론에 상당한 저항감을 보였다. 비판의 상당 부분은 진화론의 기초를 제대로 알지 못했던 섀그넌의 입지를 깎아내리는 것이었다. 예를 들어 한 비평가는 만약 싸움이 포괄적응에 이득이 된다면 왜 모든 곳에서 계속 싸움이 일어나지 않는지 질문했다.[5] 섀그넌은 우리가 앞에서 이야기했던 오류를 반복하면서, 싸움이 다른 행위들과 마찬가지로 포괄적응을 위해 쓸 수 있는 하나의 전술에 지나지 않으며 그 성공과 활성화는 특정 조건의 존재에 달려 있음을 깨닫지 못했다. 또하나 자주 제기되었던 비판은, 사람들이 자손의 수를 최대화하려는 욕구에 의해 움직인다는 주장이 틀렸다는 것이었다. 원시 부족들 사이에 만연한 영아살해는 그 견해와 모순되는 한 예이며, 여성은 성적 목적뿐 아니라 경제적 목적을 위한 노동력으로서도 필요했다는 것이었다.[6]

이런 비판들의 결점을 여기서 간단히 지적해보자. 사람들은 자손의 수를 최대화하기를 의식적으로 '원하는' 것은 아니다. 물론 자녀를 바라는 사람들이 있고 일단 자녀가 생기면 큰 애착을 갖는 사람들도 있기는 하다. 그러나 자연에서 번식을 최대화하는 강력한 근사적 (매개적) 메커니즘으로 기능하는 것은 주로 성에 대한 욕구—토머스 맬서스가 말한 '욕정'—이다. 인간을 비롯한 생물은 대개 생식능력이 유지되는 내내 성 활동을 하기 때문에 생식 잠재력이 방대하다. 효과적인 피임법이 등장하기 전까지 그 잠재력의 실현은 주로 환경 조건에 따라 좌우되었다. 전형적으로 영아살해는 자원 조건이 열악한 상태에서 신생아가 손위 형제, 이를테면 손위 젖먹이 형제의 생존 가능성을 위협할 때 일어난다—포괄적응은 자손의 수를 최대화하는 것이 아니라 생존 자손의 수를 최대화하는 것이다. 한편 때로는 경제적인 이유로 여성이 중시되기도 한다는 사실은 진화론과 상통한다. 성공적으로 번식하려면 먹고, 쉴 곳을 찾고, 스스로(신체 활동)를 보호해야 하기 때문이다.[7]

이 문제는 현재 벌어지는 인류학 논쟁의 핵심으로 우리를 데려간다. 처음에 섀그넌은 전쟁이 번식에 끼치는 영향만을 강조했고, 따라서 그를 비판하는 사람들에게 그것이 진화론의 전부라는 잘못된 인식을 심어주었다. 그래서 섀그넌은 방향을 바로잡아 이 이론에서 신체를 위한 노력과 번식을 위한 노력의 상호보완적 성격을 강조하기 시작했다.[8] 그런데 이상하게도 그는 그 과정에서 진화론의 통찰과 문화유물론의 통찰을 '종합'해왔다고 암시함으로써 스스로 입지를 크게 깎아내렸고 결국 논쟁 전체를 엉뚱한 길에 남겨두었다. 다른 진영에서도 비슷한 종합의 필요성이 제기된 것으로 보인다. 섀그넌을 지지해온 대표적 학자인 R. 브라이언 퍼거슨은 최근에 원시전쟁의 원인에 대해 매우 정교하되 더욱 1차원적인 유물론적 해석을 내놓았다. 그러나 그는 어떠한 비물질적 동기든 해명하거나 폄하하기 위한 모든 방안을 꼼꼼히 검토하고 난 후에, 그런 동기들이 실제로 일부 존재한다는 사실을 인정해야 했다.[9] 퍼거슨은 점점 편협한 해석을 제시하면서도 전쟁 원인의 연구에 대한 폭넓은 접근법을 요구해왔다.[10] 양측이 공유하는 듯한 이 요구는 논쟁에 가담한 나머지 인류학자들도 환영할 수밖에 없는 사항이었다.

그러나 섀그넌의 주장에 담긴 진정한 의미는 진화론이 실은 생태학적 해석은 말할 것도 없고 유물론적 해석까지 포괄한다는 것, 사실 진화론이야말로 중요한 유물론적/생태학적 통찰을 위한 폭넓은 설명 원리를 제공한다는 것이다. 정작 종합해야 할 것은 유물론과 진화론이 아니라 전쟁을 설명할 때의 신체 요소와 번식 요소였다. 왜냐하면 진화론은 항상 이 두 가지 요소로 구성되어 있었기 때문이다. 번식이냐 유물론이냐 하는 잘못된 이분법은 이 논쟁이 겪은 이상한 우여곡절이 잘 보여준다. 나중에 보겠지만 마빈 해리스Marvin Harris 같은 유물론자는 사냥감 부족 가설을 보완할 궁리를 하다가 번식과 관련된 해석을 제시했다. 그에 반해 섀그넌은 진화론의 신체 요소와 번식 요소를 모두 인정하면서도, 원시 부족—야노마모족만이 아니라 원시 부족 일반—은 주로 신체적 이유보다는 번식적 이유로 전쟁을 한다는 주장을 계속해왔다.

사실 '인간의 자연 상태'는 전반적인 자연 상태와 크게 다르지 않았다. 신체 투쟁과 번식 투쟁 모두 그 상태의 중요한 부분이었다. 사회학자들과 역사학자들은 타당한 이유를 들어 인간 사회의 문화적 다양성을 강조하지만, 그러다가 쉽게 관찰할 수 있는 인간 종특이성의 중대한 핵심을 걸핏하면 놓치곤 한다.[11] 두 분과의 많은 학자들은 오랫동안 사람들이 어떤 행동—싸움을 포함해—을 하게 되는 것은 뭔가 실질적인 이유가 있기 때문이라고 가정해왔다. 그러나 실제로 수렵채집인들과 여러 원시사회에서 싸움의 이유들은 눈에 띄게 비슷했으며, 눈에 띄게 비슷한 전투행동 패턴이 어디에서든 현장 인류학자들에게 곧잘 목격되었다. 싸움을 비롯해 우리 종의 행동 패턴이 어마어마하게 풍부하고 복잡해진 것은 다름아닌 문화 발전에 의해 기하급수적으로 증가한, 우리 인간들 사이에서의 행동 이유들이 미묘하게 상호작용하고 다양하게 굴절되기 때문이다. 섬너의 정리에 따르면 사람들로 하여금 사회적 활동—싸움을 포함해—을 하게 만드는 커다란 동기는 굶주림, 사랑, 허영심, 그리고 우월한 힘에 대한 두려움이다.[12] 나는 지금 수렵채집인들이 전쟁을 벌인 이유를 (인류학자들의 관찰에 따라) 표면상 하나씩 검토해나가고 있지만, 여기서 개별 요소들의 '목록'을 또하나 제시할 생각은 없다. 대신에 나는 통합적인 동기 복합체 속에서 그 다양한 '이유들'이 어떻게 합쳐지는지를 보여주려고 한다. 이 복합체는 진화와 자연선택의 논리에 따라 수십억 년 동안 형성되어왔다. 우리 호모 속의 수백만 년 역사와 우리 종 호모 사피엔스 사피엔스의 수십만 년 역사도 그 범위를 벗어나지 않는다.

생존 자원: 사냥 영역, 물, 피난처, 원재료

자원 경쟁은 자연에서 벌어지는 공격, 폭력, 치명적 폭력의 으뜸 원인이다. 식량과 물, 그리고 정도는 덜하지만 악천후에 대비한 피난처 등은 엄청난 선택 압력이기 때문이다. 다윈이 맬서스를 좇아 설명했던 대로, 인간을 비롯해 살아 있는 유기체는 빠른 속도로 번식하려는 경향이 있다.

그 수를 제한하고 저지하는 것은 유기체가 사는 특정 생태 서식지의 한정된 자원, 그리고 동종 개체, 비슷한 소비 패턴을 보이는 다른 종의 동물, 포식자, 기생충, 병원체 같은 온갖 경쟁자들뿐이다.[13]

일부 인류학자들은 이 원리가 인간에게 적용되는 것을 경계하면서, 최근의 수렵채집인이든 플라이스토세의 수렵채집인이든 간에 인구가 오랜 기간에 걸쳐 늘어났다 해도 평균적으로는 얼마 늘지 않았으며 영아살해를 통해 끊임없이 인구를 조절했다고 지적한다. 그러나 앞에서 본 것처럼 일반적으로 영아살해는 사람들이 특정 환경의 자원 장벽을 밀어붙일 때 생존 자손의 수를 최대화하기 위해서 사용하는 방법이다. 이런 환경이 갑자기 확장되는 건 자연에서 드문 사건이지만, 만약 그럴 경우 인구는 극적으로 늘어난다. 우리는 기록된 역사에서 그 비슷한 예를 많이 알고 있다. 아마도 가장 유명한 것은 유럽인들의 대항해 시대가 시작되었을 때 구세계 야생동물이 새로운 영역에서 급속히 증식한 경우일 것이다. 생쥐, 들쥐, 토끼 등의 동물은 전통적인 경쟁자가 아예 없거나 약했던 아메리카와 오세아니아에서 엄청나게 번식했다. 이와 비슷한 상황에서는 인간도 똑같이 엄청나게 번성했다. 150만 년 전 호모 에렉투스는 아프리카의 원래 서식지를 떠나 구세계의 상당 부분을 채워나갔다. 약 8만 년 전부터는 호모 사피엔스 사피엔스가 같은 과정을 더 큰 규모로 반복했다. 가장 유명한 예는 최근 수만 년 동안 우리 종의 소집단들이 아시아를 출발해 얼어붙은 베링 해를 건너서 그때까지 인간이 살지 않던 북아메리카로 이주한 사건이다. 이들 소집단은 놀랄 만큼 짧은 기간에, 심지어 농업이 도입되기 이전에도 수십만 수백만으로 불어나면서 아메리카 대륙을 북쪽 끝에서 남쪽까지 채워나갔다. 태평양 수천 킬로미터에 걸쳐 흩어진 수많은 섬에도 불과 지난 2000년 동안 카누를 타고 대양을 건너온 동아시아의 소집단들이 도착하여 인간이 거주하게 되었다. 대체로 섬마다 수십 명을 넘지 않앉을 최초의 정착민들은 급속도로 새로운 서식지를 채우면서 그 수를 수천수만으로 불려나갔다.

　이런 극적인 사례들은, 루소의 믿음과는 달리 대체로 구석기시대 우리 조상들에게는 이주할 빈 공간이 없었다는 점을 한번 더 확인해줄 뿐이다. 동물과 마찬가지로 번식을 최대화하려는 인간의 경향은 자원 부족과 경쟁으로 인해, 주로 같은 종에 의해 계속 억지되었다. 말했듯이 이 경쟁은 대개 섭식과 관련이 있었는데, 모든 생물에게 기본적이고 가장 중요한 이 신체 활동은 종종 개체 수의 극적인 변동을 초래한다. 그렇지만 자원 경쟁과 분쟁은 고정 수량이 아니라 변동 폭이 큰 변수이다. 자원 경쟁과 분쟁은 다양한 생태 서식지 안에서 구할 수 있는 자원 및 인구 패턴의 가변적인 성격과 관련해 시간과 장소에 따라 변한다.[14] 서로 다른 생태 환경 내에서 인간의 적응방식은 자연에서 단연코 가장 다양하다. 그렇다면 근본적인 문제는 이것이다. 특정 서식지에서 인구에 제동을 거는 주요 요인들은 무엇일까? 주된 결핍과 압박, 따라서 인간 경쟁의 대상이 되는 것은 무엇일까? 이 질문에 대한 답 역시 고정된 것이 아니라 조건과 관련해 크게 달라진다.

　캐나다 중부의 북극권 같은 극단적 경우에서 보듯이, 자원이 널리 흩어져 있고 인구 밀도가 매우 낮았던 곳에서는 자원 경쟁과 분쟁이 거의 존재하지 않았다. 한편 오스트레일리아 중부 같은 건조지역이나 반건조지역은 인구 밀도가 매우 낮았지만, 물웅덩이 때문에 종종 자원 경쟁과 분쟁이 일어났다. 원주민 집단들이 통째로 사멸하곤 했다고 기록된 가뭄 기간에는 물웅덩이가 분명 지극히 중요했을 것이다. 바로 그런 이유로 압박이 덜할 때조차 물웅덩이를 장악하려는 경향이 있었다. 오스트레일리아 중부의 수렵채집인인 왈비리족과 와링가리족에 관한 메깃의 기록에서 보았던 것처럼, 실제로 우물을 '점령'하고 독점하기 위한 싸움은 '회전會戰' 규모로 벌어질 수도 있었다.[15] 물이 풍부한 환경, 물 부족 염려가 없고 따라서 물 경쟁이 없는 곳에서는 흔히 식량이 자원 경쟁과 분쟁의 주요 원인이 되었다. 압박받는 시기에 특히 심했지만, 압박을 예상하고 그에 대비할 때에도 경쟁과 분쟁은 일어났다.[16] 루랜도스Lourandos는 오스트레일리아 원주민과 관련해 이렇게 썼다. "빅토리아 주 남서부에서 집단들 사이의 경쟁은 영역을 포함한 다양한 자연자원과 연관되었으며, 빅토리아 주 전역에 걸쳐 초기 유럽인 관찰자들이 관련 기록을 남겼다." 루랜도스는 대체로 분쟁이나 싸움 같은 단어를 자제하고 있지만, 그다음 문장을 보면 그가 말하는 '경쟁'에 '전투'도 포함됨을 알 수 있다.[17] 자원이란 무엇보다도 식량을 뜻했다. 문제가 되는 식량의 성격은 확실히 환경에 따라 달랐다. 그렇지만 수렵채집인들이 치열하게 경쟁했던 식량은 주로 모든 종류의 고기—육상 동물이든 새든 물고기든 간에—라고 결론짓는 편이 안전해 보인다.

영양학적 가치의 귀결인 이런 사실은 자연 전반에서도 확인된다. 초식동물은 식량을 놓고 싸우는 일이 거의 없는데, 풀은 영양학적 가치가 매우 낮아서 효과적 독점이 필요 없기 때문이다. 방어 영역과 폭력적 경쟁을 자원 밀도와 결부시키는 인류학 모델의 용어로 말하면,[18] 풀의 영양학적 가치는 너무 '산재'해 있어서 그것을 독점하려는 노력은 비용 효과가 낮다. 과일, 뿌리, 씨앗과 일부 식물은 풀보다 영양가가 크게 높아서 동물에게나 인간에게나 흔히 경쟁과 싸움의 대상이 된다. 그러나 가장 치열한 경쟁 대상은 자연에서 영양학적 가치가 최고로 농축된 고기다. 동물은 배우자나 먹이, 또는 둘 다를 독점하기 위해 영역을 방어한다. 먹이의 영양학적 가치가 높을수록 동물의 영역 행동에서 번식 요인에 더해 먹이 요인의 비중이 커질 것이다. 먹이사슬의 맨 꼭대기에 있는 육식동물은 사냥 영역을 방어할 때 같은 종만 상대하지 않는다. 그들은 틈만 나면 다른 육식동물에게도 적대 행위를 함으로써 경쟁자를 제거하려고 한다. 예를 들어 사자는 표범이나 하이에나 새끼들을 발견하는 족족 죽여버린다. 사냥감 자원은 자연에서 포식자들끼리의 거리를 결정하는 주요 요인이다.

실제로 '단백질 논쟁' 이전과 도중에, 그때까지 검토한 원시사회 전반에서 사냥감 자원이 비슷한 역할을 한다는 사실이 일련의 연구에서 속속 확인되었다. 야노마모족의 전쟁에는 어쩌면 더 중요한 (번식 관련) 또다른 이유가 있을 거라는 섀그넌의 지적은 옳았지만, 사냥감 경쟁은 결코 전쟁의 이유가 아니었다는 주장은 틀렸다. 그의 지지자들이 그에게 상기시켜주었듯이 섀그넌 자신도 "사냥할 동물이 많지 않으며, 한 지역에서는 사냥으로 동물이 급속도로 사라지고 있다"는 사실에 주목했었다. 그의 지지자들은 야노마모족에게 '단백질 결핍'이 전혀 없었다는 사실을 인정하면서도, 이들에게 최소한의 단백질 소비가 보장되었던 것은 안정적인 인구 때문이었음을 지적했다. 인구 수준이 안정적이었던 이유는 무엇보다도 다른 원시부족의 경우처럼 야노마모족 사이의 싸움에서도 기록된 사망률이 높았기 때문이다. 인구 증가는 쉽게 사냥감 고갈을 불러오며[19] 따라서 사냥꾼 인간들 사이의 본원적 상태인 경쟁과 분쟁으로 이어진다. 외부의 사냥꾼은 자연히 경쟁자로 간주되어 적의에 부딪친다. 실제로 사냥감이 한곳에 많이 집중되고 고르게 분포되지 않은 환경에서는 먹이 경쟁과 분쟁이 가장 치열해지기 마련이다. 오스트레일리아 북부와 남부, 그리고 아메리카 북서부 두 경우가 그렇듯 강 하구처럼 물고기, 새 등의 야생동물이 단연 밀집된 곳은 내륙은 물론이고 웬만한 해안가나 강가보다 먹이를 구하기에 훨씬 더 좋은 장소였다. 사냥 여행과 인구 이동으로 인한 폭력 분쟁은 다반사였으며, 배를 곯거나 굶어죽을 상황이 예상되면 말할 것도 없이 분쟁이 더욱 치열해졌다. 한 비교연구에 따르면 수렵채집인들의 영역은 세대마다 5~10퍼센트의 비율로 주인이 바뀌었다.[20] 필수적인 사냥감 무리가 한데 머무르지 않고 이동하는 곳이라면 상황이 더욱 복잡했다. 북아메리카 대평원에서 들소(물소) 떼의 이동 경로는 계속 변했고 예측하기 어려웠다. 그래서 때로는 다른 부족의 영역에서 사냥해야 했는데, 이럴 때는 대개 전쟁이 벌어졌다.[21] 후기 구석기시대 프랑스부터 우크라이나까지 유럽 지역의 대형동물 사냥꾼들도 미국 인디언 들소 사냥꾼들과 비슷한 패턴을 보였을 것이다.

이 모든 것의 요점은 대부분의 수렵채집 사회에 자원 경쟁과 분쟁이 존재했다는 것이다. 그러나 그것이 얼마나 심각했는지, 분쟁의 다른 가능한 이유와 비교할 때 어느 정도였는지, 그리고 특별히 어떤 자원이 주로 분쟁의 대상이 되었는지 하는 문제는 인간적·자연적 환경 조건에 따라 저마다 달랐다. 자원 희소성과 압박, 그로 인한 분쟁의 원인과 발생은 다양했다. 1960년대에 안드레이Andrey, 로렌츠, 틴버겐에 의해 주목을 끌게 된 영역권 개념은 이런 관점에서 보아야 한다. 영역권은 공격성과 마찬가지로 무조건적인 본능이 아니다. 진화론적 계산에서 영역권은 부차적인 것이며, 서식지가 매우 다양한 인간의 경우 더욱 그렇다. 수렵채집인들 사이에서 영역 크기는 자원 및 자원 경쟁과 직접 연관되어 크게 달라졌다─영역 행동 자체는 의미가 있을 수도 없을 수도 있었다. 폭력의 원인에 대한 설명으로 1960년대에 자주 거론된 또다른 요인인 인구 밀도에도 같은 논리가 적용된다. 아주 극단적인 경우를 제외하면 인구 밀도는 주로 자원 희소성과 관련되며, 따라서 어디까지나 자원 경쟁의 한 요인으로서 싸움의 계기로 작용하곤 한다. 그렇지 않다면 도쿄와 네덜란드는 세계에서 가장 폭력이 난무하는 곳이 되었을 것이다.[22]

끝으로, 자원을 놓고 싸우는 위험천만한 행동을 가치 있게 만들 수 있는 진화론적 계산을 좀더 자세히 이해해보자. 풍요로운 우리 사회에서는 전근대적 사회에 살던 사람들의 삶이 얼마나 불안했는지를 (그리고 지금도 그러한지를) 이해하기가 쉽지 않을지도 모른다. 굶주림과 굶어죽음의 망령이 항상 그들의 머리 위를 맴돌고 있었다. 사망률과 생식(인간의 성욕과 여성의 출산 능력을 통한 생식)에 모두 영향을 끼치는 굶주림의 망령은 질병과 결합해서 끊임없이 규모를 달리하며 인간의 수를 쳐냈다. 따라서 자원을 둘러싼 투쟁은 대부분 진화론적으로 비용 효과가 높았다. 싸움의 이점도 가능한 대안들(굶어죽는 것을 제외하고)과 나란히 놓고 저울질해봐야 한다. 그런 대안 가운데 하나가 접촉을 끊고 다른 곳으로 이동하는 것이다. 물론 적이 훨씬 강할 때에는 종종 그러는 편이 나았지만 그 전략에는 뚜렷한 한계가 있었다. 이미 말한 것처럼 사람들이 이동해갈 '빈 공간'이 대체로 없었다. 무엇보다 공간은 균등하지 않으며, 가장 좋고 생산성이 높은 거주지는 이미 임자가 있기 마련이었다. 그래서 그보다는 거주환경이 못한 곳으로 갈 수밖에 없었지만, 그곳에도 역시 운이 썩 좋지 않은 사람들이 살고 있는 경우가 많았을 것이다. 결국 빈 틈새를 찾으려면 탐험을 해야 했는데, 그랬다가는 다시 다른 인간 집단과의 폭력적인 대면으로 이어질 수 있었다. 더구나 이동이란 집단 성원들에게 매우 익숙한 자원과 위험이 있는 서식지를 떠나서 미지의 환경으로 여행한다는 것을 뜻했다. 수렵채집인들에게 그런 변화는 무거운 형벌이 될 수 있었다. 그뿐 아니라 그렇게 외부 압력에 굴복하다가는 희생 패턴이 생길 수도 있었다. 성공에 고무된 외부 집단은 그 압력을 반복하고 심지어는 증대시키기도 한다. 그러므로 분쟁의 전략은 현재 분쟁이 되는 대상뿐 아니라 미래 관계의 전반적 패턴까지 고려한다. 자립한다는 것은 사실 미래의 분쟁 발생을 줄인다는 것을 뜻한다. 그래서 분쟁은 실제 싸움 못지않게, 어쩌면 싸움보다 억지와 관련이 있다. 핵 시대 이전에는 싸움 행위의 극적인 성격 때문에 대체로 이 사실이 가려져 있었다.

싸움이 안겨줄 수 있는 이익과 싸움의 대안들을 따져본 후에는, 억지의 비용을 따져보아야 한다. 만약 분쟁을 택한 쪽에서 중상을 입거나 죽임을 당할 위험이 낮다면 분쟁은 진화론적으로 더욱 매력적인 전략이 될 것이다. 힘을 과시하고 공격적 행위로 위협하는 것이야말로 동물과 인간을 막론하고 분쟁에서 가장 널리 쓰이는 무기이다. 인간 집단들 사이에서는 상호 평가와 무장 감시 상태가—이런 관계 패턴을 구축하는 빈번한 싸움 이상으로—표준이다. 더욱이 인간과 동물이 치명적인 폭력을 사용할 때는 대부분 자기 쪽의 승산이 클 때이다. 나중에 보겠지만, 원시전쟁의 특징이자 원시전쟁에서 가장 치명적인 형태는 공개적인 회전이 아니라 기습과 매복 공격이다. 그러나 이런 비대칭적인 형태의 싸움에서 사람들은 공격받는 쪽에도 있었고 공격하는 쪽에도 있었다. 따라서 수렵채집인들의 전쟁 사망률은 여전히 매우 높았으며 여느 근대사회보다 더 높았다.

동물이 중요했던 이유는 고기 때문만이 아니다. 추운 기후에서는 가죽과 모피가 옷감 자원이었고, 도구를 만들기 위한 재료로서 뼈와 뿔 등도 중요했다. 그 밖에 도구 제작에 없어서는 안 될 재료로는 부싯돌과 흑요석(화산 유리)이 있었다. 또한 사치품과 위신재, 그리고 염료(황토), 상아, 깃털 같은 이국적인 물품도 있었다(이것의 진화적 가치는 나중에 이야기하겠다). 환경 전체를 놓고 보면 이 원재료들이 충분히 있다는 의미에서, 대체로 수렵채집인들에게 이 원재료들 자체가 부족하다고는 할 수 없을 것이다. 그럼에도 오스트레일리아의 예에서 본 것처럼 이런 것들이 폭력 분쟁을 빚기도 한다. 적어도 이런 원재료 중 일부는 고르게 분포하지 않았을 것이며, 그 주변의 주민들은 교역을 위해 종종 이것들을 독점하려고 했다. 게다가 원재료를 구하려고 집단 영역의 경계를 넘게 되면, 그 밖의 다른 문제를 둘러싸고 집단들 사이에 만연해 있는 분쟁과 상호 불안 상태로 인해 폭력적 대면으로 이어질 수도 있었다. 진화적으로 형성된 동기 복합체 속에서 이런 요소들은 혼합되고 뒤얽히며 서로 영향을 준다.

번식

번식을 위한 투쟁은 생식 잠재력을 가진 성적 상대에게 접근하는 일과 관련되어 있다. 여기서 남성과 여성 사이에는 근본적인 비대칭이 존재하는데, 이는 자연 전반에서 나타난다. 여성은 수정된 난자를 품고 키우는 데 엄청난 에너지를 투자하며 태어난 자손을 키우는 데에도 상당한 공을 들인다. 이렇게 무거운 자원 부담 때문에 여성의 생식 잠재력은 제한된다. 여성이 한 번에 품고 키울 수 있는 수정란이나 자손의 수는 한정되어 있고, 결국 일생에 걸쳐서도 한정적이기 때문이다. 인간 여성의 경우 최적의 자연 여건에서는 20명 넘게 아이를 낳을 수 있지만 현실적으로는 그 절반 또는 4분의 1에 불과하다. 따라서 여성의 임신을 최대화하기 위해서는 충분한 성행위가 필요하지만 꼭 성적 상대의 수를 늘릴 필요는 없다. 언제든 여성은 수정란을 하나씩만 품을 수 있다. 그래서 진화론적으로 말하면 여성은 수정 기회를 최대한 활용해야 한다. 여성이 추구하는 것은 양보다 질이다. 여성을 수정시켜줄 상대는 그 여성이 찾을 수 있는 최고의 남성이어야 한다. 그러므로 여성은 까다롭게 굴어야 한다. 여성은 생존과 번식에 가장 잘 준비된 듯한 남성을 선택해서 자손에게 그의 유전자와 자질을 물려주어야 한다. 인간처럼 수컷이 자녀 양육에 가담하는 종들의 경우, 공급자로서 수컷의 능력과 충직함 역시 고려해야 할 중요 사항이다.

여성과는 달리 남성이 가질 수 있는 자손의 수는 이론상으로는 거의 무한하다. 남성은 무수한 여성을 수정시킬 수 있고, 따라서 다음 세대에 자신의 유전자를 몇 곱절로 증식시킬 수 있다. 남성의 생식력은 성 상대의 수에 비례해 증가하는 반면 여성은 그렇지가 않다. 실제로 성적으로 가장 성공한 남성은 자식을 수십 명씩 두기도 한다. 남성의 성적 성공을 가로막는 주요 제동장치는 다른 남성과의 경쟁이다.

물론 이 모든 것은 하나의 추상화에 지나지 않는다. 자연에서 이 원리를 둘러싼 성 전략은 매우 다양하며 미묘한 차이도 많다.[23] 더러 심한 일부다처제인 종들도 있다. 사회적 동물 가운데 다수는 우두머리 수컷이 무리의 모든 암컷을 독점한다. 하렘 지배권을 차지하기 위한 수컷끼리의 싸움은 매우 치열한데, 그럴 이유는 충분하다. 진화론적으로 보상이 가장 크기 때문이다. 또한 초식동물을 비롯한 많은 종에서는 암컷에 대한 접근이 실질적으로 종내 싸움의 유일한 이유이다. 일부다처제가 심한 종일수록 수컷과 암컷은 몸 크기에서 차이가 많이 나는데(성적 이형), 몸 크기와 사나움을 근거로 수컷이 선택되기 때문이다. 유인원 가운데 심한 일부다처제인 고릴라가 가장 좋은 예이다. 비사회적 동물의 수컷 역시 성적으로 수용적인 암컷을 만나면 수컷끼리 싸움을 벌인다. 그러나 모든 종에서 일부다처제가 크게 발달한 것은 아니다. 암컷에 대한 접근 기회가 그보다는 고르게 분포되어 일부일처제가 될 수도 있다. 일부일처제가 수컷의 경쟁을 줄인다고는 해도 경쟁이 완전히 사라지는 건 아니다. 일부일처제 체제에서는 상대 암컷의 우수성 또한 중요하다. 수컷의 상대가 한 마리로 제한되어 있다면, 가능한 한 최고의 생식력을 가진 암컷을 선택하는 일 또한 매우 중요해진다. 젊고 건강하며 자손을 키우기에 최적의 몸을 갖춘 상대를 골라야 한다 — 성적으로 말해 가장 매력적인 암컷이어야 한다.

이런 기준에서 인간은 어디쯤 서 있을까? 인간의 자녀는 성장 속도가 매우 느리고 부모 양쪽의 지속적 투자를 요구하는데, 그런 자녀를 양육해야 하는 필요성 때문에 인간은 일부일처제로 향하면서 한 쌍의 암수관계로 돌아섰다. 알다시피 이로 인해 번식의 기회가 보다 고르게 분포되기 때문에 수컷들 사이의 경쟁과 폭력은 상당히 줄어들었다. 그렇지만 최고의 여성 상대를 둘러싼 경쟁은 남아 있다. 게다가 인간은, 특히 남성은 엄밀한 일부일처주의자가 아니다. 우선 남성은 가능하면 한 명 이상의 아내를 두려는 경향을 보이곤 한다. 그러나 그럴 수 있는 것은 소수뿐이다. 수렵채집인 사회를 포함하여 알려진 인간 사회 대부분에서는 일부다처제가 합법적이었지만, 그 사회에서 여분의 아내와 아이들을 부양할 수 있고 아내를 여럿 두는 것은 몇몇 선택된 부유한 남자들뿐이었다. 둘째로, 남성은 공식적이거나 비공식적인 아내 외에도 다른 미혼 혹은 기혼 여성과 혼외 성관계를 추구하는 경향이 있다. 남성의 입장에서 이런 부정不貞은 진화론적으로 말하자면 더 많은 여성을 수태시킬 기회를 얻음으로써 번식 성공을 증대시키려는 전략이다. '다른 여성'의 입장에서 볼 때 만약 그녀가 미혼이라면 그런 정사는 유일한 성관계 기회이거나, 아니면 성공적인 남자(매력적이고 부양 능력이 있는)와 관계할 기회가 될 것이다. 기혼 여성의 경우 혼외정사는 그녀의 남편보다 자질이 더 우수하고 여분의 보살핌과 지원을 약속하며 결혼 실패에 대비한 보장을 제시하는 남자와 관계할 기회일 수 있다.

그러나 이것은 이론적 사고에 지나지 않는데, '성의 전쟁'과 성적 불충은 우리의 주제가 아니기 때문이다. 그렇지만 현실에서 이 모든 것은 인간의 폭력 분쟁과 싸움에 어떤 영향을 끼칠까? 여러 수렵채집인들(그리고 원예민들)이 남긴 증거는 똑같은 이야기를 들려준다. 부족 내에서 여성과 관계된 시비, 폭력, 이른바 혈수, 살인 등은 대개 폭력의 주된 범주였다. 더러는 구혼자들의 경쟁 때문에, 더러는 여성 납치 및 강요된 성관계 때문에, 더러는 파기된 결혼 약속 때문에, 그리고 아마도 가장 많게는 아내의 부정을 의심하는 질투심 많은 남편 때문에 사건들이 일어났다. 부족 간 상황도 크게 다르지 않으며 천편일률적이다. 전쟁은 어김없이 여성 납치를 수반했고, 훔쳐온 여성들을 윤간하거나 아내로 삼거나 혹은 둘 다 실행했다. 실제로 모세가 이스라엘 백성들에게 미디안 사람들을 모두 죽이되 처녀들은 너희를 위하여 살려두라고 명령(민수기 31.17~18)한 것은 역사 내내 이어진 승자의 행위, 다름아닌 남자들을 죽이고 여자들을 겁탈하며 가장 젊고 아름다운 여자들을 전리품으로 갖는 행위를 대표한다. 만약 적의 반대로 혹은 집안의 반대로 여자들을 취할 수 없다면, 적의 수를 줄이기 위해서 남자나 아이들처럼 여자들도 죽여버리곤 했다.

수렵채집인들의 전쟁에는 그렇게 여성 납치와 강간이 흔히 수반되었다. 하지만 전쟁이 여성 때문이었을까? 여성 납치와 강간은 수렵채집인들의 전쟁에서 원인이었을까 부작용이었을까? 최근 인류학계에서는 퍼거슨이 야노마모족 전쟁과 관련해 이 문제를 제기했다. 전쟁이 물질적 이유 때문에 일어난다고 주장하는 퍼거슨은 야노마모족의 싸움이 주로 여자 때문이었다는 섀그넌의 주장을 반박해왔다. 섀그넌 자신은 유물론적 입장을 폐기하고, 그에게 즐겁게 이야기를 들려준 야노마모족 남자들의 증언을 내세웠다. "우린 물론 고기를 좋아하긴 하지만 여자를 훨씬 더 좋아해요!" 그렇지만 섀그넌도 야노마모족의 전쟁이 정말 여자로 인한 것인지에 대해선 오락가락했다.[24]

야노마모족은 순수한 수렵채집인들이라기보다 수렵인 겸 원예민이다. 그러나 이 논쟁의 근본 질문은 순수한 수렵채집인들과도 관련된다. 앞서 지적했던 것처럼, 나는 그 질문이 사실상 무의미하며 자꾸만 학자들을 당혹하게 만들어 막다른 골목으로 이끌었다고 생각한다. 그 질문은 전쟁으로 귀결될 수 있는 인간의 동기 복합체라는 전체에서 한 요인을 인위적으로 떼어내고 분리함으로써 요인들의 근간에 놓인 전반적인 원리를 보지 못하게 한다. 마치 슈퍼마켓에 가는 사람들이 '진정으로' 찾는 것이 무엇인가, 빵인가, 고기인가, 치즈인가 하고 묻는 것과 같다. 사실 더욱 뚜렷한 동기에 대한 질문은 특정한 경우에만 유의미하다.[25] 진화 과정에서 형성된 '인간의 자연 상태'에서 인간의 동기 복합체는 어떤 사회의 사람들이 폭력적 경쟁을 벌여 얻고자 하는 희소한 것들이 다양하게 혼합된 것이다. 인간에게는 신체 요인과 번식 요인 두 가지 모두 있을 것이다. 더욱이 두 요인은 서로 관련되어 있으며, 그리하여 우리가 나중에 논의하게 될 나머지 요인들을 낳는다. 수렵채집인들 사이에서 여성은 대개 전쟁의 강한 동기였고 대개 주요 동기이기도 했지만, 유일한 동기였던 경우는 드물다. 물론 여성이 아주 두드러진 동기가 되는 까닭은 번식의 기회가 실로 매우 강력한 선택 압력이기 때문이다.

단순 수렵채집인 연구를 위한 대륙 크기의 실험실인 오스트레일리아는 이 경우에도 둘도 없는 자료의 출처인데, 다윈도 그런 예로 언급한 적이 있다(앞선 3장에서도 나온다).[26] 영국인으로서 1803년부터 1835년까지 원주민들과 지냈던 윌리엄 버클리는 그들에게 잦았던 싸움과 살해 사건을 대체로 이렇게 분석했다.

[싸움과 살해는] 한 부족이 다른 부족에게서 빼앗아간 여자들 때문에 일어났는데, 그런 일은 자주 있었다. 그게 아니면 스스로 남편을 떠나 다른 남자에게로 간 여자 때문에 일어났다⋯⋯ 이 소중한 존재들은 모든 화禍의 근원이었다.[27]

고립된 태즈메이니아 섬 주민들은 자기네 집단 사이에 흔한 국지적 싸움, 영역 구분, 상호 불안에 대해 비슷한 이유를 들었다. 겨울이면 식량이 부족해지기도 했지만, 대결과 싸움의 주요 원인은 여자들이었다.[28]

일부다처제는 많은 곳에서 중요한 요인이었다. 오스트레일리아의 모든 원주민들 사이에서 일부다처제는 합법적이었고 남성들은 일부다처제를 무척 갈망했다. 그러나 부족 간의 비교연구에 따르면 결혼한 남성 중에는 아내 하나를 둔 이들이 가장 큰 범주였고 대개 과반수였다. 아내 둘을 둔 남성이 두번째로 큰 범주였다. 아내를 세 명 이상 둔 남성의 비율은 크게 떨어져서 기혼 남성 전체의 10~15퍼센트 정도였고, 아내가 한 명씩 늘수록 비율은 줄어들었다.[29] 가장 성공한 남자들은 아내를 몇 명까지 기대할 수 있었을까? 여기에는 중요한 환경적 변수가 있었다. 건조한 중부 사막 지역에서는 넷, 다섯 또는 여섯 명이 최대치였다. 버클리의 말에 따르면 19세기 초반 남동부의 포트필립(멜버른) 지역에 살던 원주민의 경우도 다섯 또는 여섯 명이 최대였다. 그러나 훨씬 풍요롭고 비옥한 북부의 아넘랜드나 그 주변 섬들에 사는 남성 가운데 몇몇은 많게는 10~12명의 아내를 둘 수 있었고, 일부 지역에서는 극단적인 경우 그 두 배의 수를 기록하기도 했다. 자원의 밀도, 자원의 축적과 독점, 사회적 서열, 그리고 일부다처제 사이에는 직접적인 상관관계가 있었다.[30] 당연히 한 남자의 아내가 많다는 것은 대개 그의 번식률(자식의 수)과 관계가 있었다. 오스트레일리아 원주민에 대한 인구통계는 빈약하다.[31] 하지만 브라질의 원예민 부족인 샤반치족의 경우, 한 마을에서 남자 37명 가운데 16명이 (더 광범위한 조사에 따르면 184명 중 74명이) 한 명 이상의 아내를 두고 있었다. 족장은 여느 남자보다 많은 다섯 아내를 두고 있었다. 그의 자녀 중 생존한 23명은 같은 세대의 생존 자녀들 가운데 25퍼센트를 차지했다. 야노마모족 가운데 가장 성공한 남자였던 신본Shinbone은 자녀가 43명이었다. 그의 형제들도 매우 성공적이어서, 조사 당시 신본의 아버지에게는 14명의 자녀와 143명의 손자, 335명의 증손자와 401명의 고손자가 있었다.[32]

수렵채집인들도 마찬가지였다. 아카 피그미족의 지도자들은 보통 사람들보다 두 배 이상 많은 아내와 그보다 더 많은 자녀들을 두고 있었다.[33] 우리가 본 것처럼 자원 희소성은 결혼의 경우를 포함해 사회분화를 감소시켰지만, 완전히 없애지는 못했다. 건조한 칼라하리 사막의 !쿵족 사이에선 일부다처제가 훨씬 제한되었음에도 결혼한 남자의 5퍼센트는 두 명의 아내를 두고 있었다.[34] 그들에게는 여성과 관련된 갈등이 살인의 주요 원인이었다. 수렵채집인들에 관한 또하나의 커다란 소우주라 할 수 있는 아메리카 북서해안과 북극의 원주민들도 똑같은 경향을 보인다. 캐나다 중부 북극권처럼 극단적으로 열악한 환경에서는 자원이 희소하고 널리 흩어져 있어서, 자원을 둘러싼 싸움은 거의 일어나지 않았다. 자원 희소성의 결과로서 에스키모 원주민들의 혼인은 일부일처제가 압도적이었다. 한 연구는 61건의 결혼 중 일부다처제는 겨우 3건이었다고 보고했다. 그러나 아내 훔치기는 널리 퍼져 있었고, 아마도 에스키모들 사이에서 살인과 '혈수'의 주요 원인이었던 것으로 보인다.[35] "캠프에서 이방인은, 특히 아내와 함께 여행하는 이방인은 부족민들에게 손쉬운 표적이 될 수 있다. 그는 여성이 필요한 어느 캠프 동료에게든 죽임을 당할 수 있다." 인구 밀도가 높은 알래스카 해안지역 에스키모들 사이에서 여성 납치는 전쟁의 주요 원인이었다. 소수에 국한되기는 했지만 그들에게 일부다처제는 좀더 흔한 일이었다.[36] 강한 잉갈리크(Ingalik, '빅맨')가 아내를 두 명 두는 일은 종종 있었으며 "어떤 때는 다섯 명, 다른 때는 일곱 명의 아내를 둔 남자도 있었다. 굉장한 싸움꾼이었던 이 남자는 기습 공격을 통해 여자를 얻었다."[37]

3장에서 이야기했듯이, 아메리카 북서해안은 자원이 풍부했기 때문에 자원 경쟁과 사회적 서열이 두드러졌다. 따라서 자원을 둘러싼 분쟁이 치열했다. 그러나 자원 경쟁은 번식과 분리된 것이 아니라 사실 번식과 함께 하나의 온전한 전체를 구성하고 있었다. 보통 북서해안 원주민 전쟁에 관한 연구에서 여성은 언급되지 않으며, 심지어 퍼거슨의 정교한 유물론적 연구에서도 마찬가지이다. 그럼에도 여성들은 존재하고 있었다. 북서해안 원주민 대다수는 일부일처제였다. 그러나 부유하고 강하고 권력을 쥔 이들의 경우는 거의 일부다처제였다. 아내의 수는 부족에 따라 달랐지만 '다수의' 또는 '여럿의'라는 수식어가 흔히 인용되며, 한 사례에서는 스무 명의 아내까지 언급된다. 그처럼 성공한 남자의 가족은 실로 매우 유복하고 인상적이었다고 거듭 묘사된다. 게다가 사례들이 하나같이 보여주듯, 주

로 기습 공격으로 납치되어와서 주인을 위해 일했던 여성 노예들은 주인 과 잠자리도 같이했다.[38]

어쨌거나 원주민들이, 무엇보다 족장들과 '빅맨'이 성공적으로 더 많은 자원과 더 귀중한 재화를 욕망하고 축적했던 이유는 무엇일까? 신체적 이 유 때문이란 것은 확실하다—다시 말해 그들이 먹고 입고 거주하기 위해 서는 물론이고, 남들보다 많은 아내와 아이들로 구성된 더 큰 가족을 먹 이고 입히고 같이 지내기 위해서이며, 많은 아내를 둘 수 있는 서열에 오 르기 위해 미리 그런 능력을 과시하기 위함이었다. 여성을 둘러싼 경쟁은 직간접적으로 전쟁으로 이어질 수 있다. 자원을 둘러싼 분쟁도 적어도 부 분적으로는 여성과 자손을 얻고 부양하는 능력을 둘러싼 분쟁이었다. 브 라이언 하이든Brian Hyden이 제시한 인류학적 모델을 보면 자원이 풍부한 사회에서는 단순 자원이 축적되다가 지위, 위신, 권력을 차지하려는 격렬 한 경쟁 속에서 사치품으로 전환된다.[39] 그는 이 전환된 물품 목록에 여성 을 추가할 수 있었다. 자원과 번식, 그리고 나중에 보겠지만 지위까지, 이 것들은 진화적으로 형성되어 사람들을 움직이는 동기 복합체 내에서 서로 연관되어 있으며 서로 교환되기도 한다. 자원은 더 많고 더 '나은' 여자들 로 바뀔 수 있다. 일부 운 좋은 경우에는—아인슈타인의 방정식에서 질 량과 에너지처럼—그 역 또한 성립해서, 여성이 산출하는 자원이 그녀 자 신과 자녀가 남편에게서 얻는 것보다 더 클 수 있다. 예를 들어 대평원 인 디언들을 보면 족장과 '빅맨'이 거느린 많은 여성들은 백인과의 교역에 쓰 일 화려한 의복을 생산했다.[40] 마지막으로 자원과 여성 모두 지위를 강화 하는 데 도움이 되었고, 지위는 거꾸로 자원과 결혼으로 가는 길을 열어 주었다. M. J. 메깃이 뉴기니 고지의 원예민 부족인 마에 엥가Mae Enga족의 전쟁에 관해 설명하면서 남긴 기록에는 이 모든 요소들이 훌륭하게 결합 되어 있다.

한 씨족에게 땅이 충분하지 않으면 아내를 얻기 위해 필요한 농작물과 돼지를 충분히 생산할 수 없고, 아내를 얻지 못하면 그들의 땅을 지킬 미래의 전사들도, '남자형제들'의 배필을 구해줄 지참금을 안겨줄 딸들도 낳지 못한다…… 아내가 없으면 이 씨족이 어떻게 텃밭과 돼지들을 돌볼 수 있단 말인가? 어려운 시기에 군사적·경제적 지원을 가져다줄 돼지 교환은 어떻게 한단 말인가? 그러므로 남자들의 말로는, 한 씨족이 더 많은 땅을 최대한 빠르게 얻기 위해서는 가능한 모든 수단을 다 동원하는 수밖에 다른 방법이 없다고 한다. 그렇지 않으면 씨족의 생명이 단축될 수밖에 없다.[41]

엥가족에게 일부다처제는 '이상'이었는데, 한 표본에 따르면 남성 가운데 17.2퍼센트가 아내를 여러 명 두고 있었다. 또다른 고지 부족인 고일랄라Goilala족의 경우 아내를 여럿 둔 남성은 12퍼센트(기혼 남성의 16퍼센트)에 달했는데, 더러 네 명의 아내를 둔 남성도 있었다. 그들에게도 결혼은 성적 측면, 경제적 측면, 동맹적 측면으로 이루어진 복합체였다.[42]

앞에서 말했듯 부, 지위, 결혼의 성공, 권력은 오스트레일리아 북부의 '빅맨'들 사이에서도 비슷하게 서로 연관되어 있었다.[43] 같은 패턴은 알래스카 해안 수렵채집부족의 '빅맨'(우미알리크umialik)에게도 적용되었다.

우미알리크는 가장 많은 물적 재화를 가진 남자이기 때문에 절도가 발생한다면 피해자가 될 가능성이 높았다. 만약 그가 하나 이상의 아내를 가졌을 경우 혈연 및 혼인으로 인한 관계가 다른 남자들의 그것보다 훨씬 커서, 그는 많은 사람들의 지원에 의지할 수 있었다. 더욱이 그가 우미알리크이기 때문에 사람들은 그의 견해를 존중했다.[44]

선순환 메커니즘이 작용하고 있었다. 섀그년은 이 메커니즘이 야노마모족에게 작용하던 한 방식을 보여주었고, 이와 별개로 오스트레일리아 원주민 결혼에 관한 권위자인 이언 킨Ian Keen도 똑같은 패턴을 오스트레일리아 수렵채집 부족에게서 발견했다. 씨족의 성장은 번식의 성공에 의존했다. 한 부족 안에서 남들보다 형제자매와 사촌이 많은 가장 큰 씨족은 부족의 나머지 성원들을 대할 때 친족 유대의 원칙에 따라 행동했다. 나아가 이들은 지도적 위치, 자원, 혼인 기회를 통제함으로써 남들에게 피해를 끼치면서 자기네의 이점을 키워갔다. 그 결과 시간이 흐르면서 큰 씨족이 한 부족 전체를 정치적으로, 머릿수로 지배하는 경향이 있었다. 앞에서 얘기한 야노마모족의 신본 가족은 몇 세대 만에 마을 여러 개로 성장했다.[45] 부유하고 힘세고 성공한 사람들에게 유리하고 그들이 '삶에서 좋은 것들'을 쉽게 누리게 만드는 자기 강화 및 상호 강화 경향이 있다는 관념은 아주 오래전부터 존재했다. '부익부富益富'라는 생각은 훨씬 포괄적인 의미에서 타당하다. 남자가 성공하려면 다음의 자격들을 가능한 한 많이 갖추어야 했다. 훌륭한 공급자(사냥꾼)일 것, 강인하고 사회적으로('정치적으로') 기민할 것, 큰(좋은) 가문 출신일 것.

일부다처제 때문에 안 그래도 부족한 여성이 더욱 부족해졌고 여성을 둘러싼 남성의 직간접적인 경쟁과 분쟁이 심화되었다. 실제로 한 비교문화 연구에서는 반목 및 내부 전쟁과 가장 뚜렷한 상관관계가 있는 요인 가운데 하나가 일부다처제임이 밝혀졌다.[46] 여성 희소성과 남성 간의 경쟁을 부추기는 요인은 또 있다. 모든 수렵채집인들(과 농경민들) 사회에서 여女유아살해는 주기적으로 행해진다. 부모는 사냥할 수 있고 (혹은 들판에서 일할 수 있고) 방어능력이 있는 사내아이를 선호한다. 영아살해는 대개 은밀하게 자행되어 사고사로 돌려지곤 하지만, 산업화 이전 사회의 인구통계는 너무도 분명한 내용을 전해준다. 태어나는 아기들의 남녀 성비는 거의 똑같음에도 불구하고(105:100으로 남자아기가 조금 많다) 유년기에 들어서는 여자아이보다 사내아이들이 훨씬 많다. 100곳이 넘는 서로 다른 문화의 수백여 사회(5분의 1은 수렵채집인 사회)에 대한 조사들을 보면 청소년의 성비는 평균 127:100으로 소년들이 더 많으며, 일부 사회에서는 그 비율이 훨씬 더 높게 나타났다. 에스키모는 가장 극단적인 사례에 속한다. 온화한 기후에서는 여성의 식량 채집활동이 경제적으로 훨씬 더 큰 역할을 하는 반면, 혹독한 환경 탓에 에스키모는 전적으로 남성의 사냥에 생계를 의존한다. 따라서 여유아살해는 에스키모 사이에서 특히 널리 퍼져 있었다. 이들의 유년기 성비는 150:100, 심지어는 200:100으로 남자아이들이 많았다. 그렇다면 에스키모 사회에 일부다처제가 거의 존재하지 않는데도 여성 살해율이 그렇게 높았다는 건 결코 이상한 일이 아니다. 오스트레일리아 원주민 부족의 경우 유년기의 성비는 125:100, 많게는 138:100으로 남자아이들이 많다고 기록되었다. 오리노코 분지와 아마존 분지의 수렵 및 원예 부족들도 면밀하게 연구되어왔다. 소녀 100명당 소년의 비율을 보면 야노마모족이 129(처음 두 살 때까지는 140), 샤반치족이 124, 페루의 카시나우아족이 148이다. 피지에서는 이 수치가 133이었다. 몬테네그로 부족의 경우는 160으로 추산되었다. 물론 증거는 훨씬 더 빈약하지만, 중기와 후기 구석기시대 수렵채집인들의 성인 유골 가운데 남성의 것이 비슷한 비율로 더 많이 발견되었다는 사실은 여유아살해 관습이 어쩌면 수십 만 년 전부터 시작되었음을 말해주는지도 모른다.[47]

일부다처제와 여유아살해는 여성 희소성 및 여성을 차지하기 위한 남성의 경쟁을 증대시켰다. 이 경쟁은 어떻게 해소되었을까? 더러는 억압적이기는 하지만 평화로운 수단으로 해결되었다. 오스트레일리아의 왈비리족을 대상으로 한 연구를 보면 어떤 남자도 결혼에서 완전히 배제되지는 않았음을 보여준다.[48] 다만 그보다 서열화된 수렵채집 사회에서 주변부의 소수 남성들은 사정이 달랐을 것이다. 더욱이 모든 원시사회에서 여성이 사춘기에 결혼했던 반면 대부분의 남성은 20대 후반, 심지어는 30대에 결혼했다. 남녀 간 결혼 연령에서 나타난 이와 같은 10~15년의 차이는 성적 불균형을 상쇄하는 데 상당한 도움이 되었다. 또한 남성은 사냥을 하다가 사고를 당하곤 했지만(그리고 예나 지금이나 위험한 장난으로 사고사를 당하는 경우는 소녀보다 소년 쪽이 훨씬 많다), 이 수는 출산 중 사망하는 여성의 수로 일부 상쇄되었을 것이다. 그 밖에도 공개적인 분쟁이 있었다. 남자들은 대결과 전쟁으로 많이 죽었던 것이다.

남성의 폭력적인 죽음과 여성 희소성의 상관관계를 처음 지적한 이는 오스트레일리아 북부의 먼진족을 연구하던 워너였다. 나중에는 디베일 Divale과 해리스가 각각 이를 재발견하여 매우 상세하게 설명했다.[49] 야노마모족은 이런 관점을 대표하는 사례로 여겨질 수 있는데, 성인 가운데 약 15퍼센트가 집단 간 및 집단 내 폭력으로 죽는다. 그러나 폭력적 죽음을 당하는 남성과 여성의 수치는 큰 차이를 보인다. 남성의 경우 그 비율은 24퍼센트, 여성의 경우는 7퍼센트이다.[50] 아메리카 대평원 인디언의 성비를 보면 블랙풋 부족의 성인 남성은 여성에 비해 1805년에는 50퍼센트, 1858년에는 33퍼센트 적었지만, 이들이 보호구역에서 지내는 동안 성비는 급속하게 50:50에 이르렀다.[51] 야노마모족이 '사나운 사람들'이란 별명으로 불리고 대평원 인디언들도 비슷한 명성을 누리긴 했지만, 대체로 '평화로운' 사회의 모델로 여겨지는 칼라하리 사막의 !쿵 부시먼의 경우에도 상황은 똑같았다. !쿵 부시먼이 평화롭다는 대중적인 인상을 만드는 데 한몫 했던 인류학자 리처드 리는, 그럼에도 불구하고 1963~69년에 자신이 연구하던 지역에서 살인사건이 22건 있었다고 보고한다. 피해자 가운데 19명, 그리고 가해자 25명 전원이 남성이었다.[52]

통계 연구가 보여주는 대로, 원시사회에서 남성과 여성의 수—유년기에는 남성이 단연 많게 나타나는—는 이런 과정을 통해 성년기에 이르면 같아지는 경향이 있다. 결국 폭력 분쟁은 여성을 둘러싼 경쟁이 표출되고 또 해소되는 주요 수단 가운데 하나이다. 더욱이 디베일과 해리스가 보여주었던 것처럼 여기에는 악순환이 존재한다. 끊임없는 위협과 예측 불가능의 폭력 속에 살아가는 사회에서 가족들은 자기네를 지켜줄 남성을 더욱 선호하게 되는 것이다. 사회적 관점에서 볼 때 여성이 많아지면 문제가 한꺼번에 해결됨에도 불구하고, 가족들의 이런 선택으로 여성 희소성과 남성들의 경쟁, 그리고 그와 관련된 폭력은 한층 더 심화되었다. 결국 분쟁과 폭력은 어찌 보면 스스로를 먹고 자란 셈이다. 사례에서 흔히 나타나듯이 알아서 하게 내버려두었을 때 가족들의 합리적인 선택은 공동선과 충돌했다. 이런 식의 이른바 '죄수의 딜레마'에 대한 유일한 해결책은 위로부터 온다. 주목할 점은, 근대 국가가 나서서 원시사회에 내적·외적 평화를 강요했을 때 청소년 성비에서 나타나듯 여아살해가 크게 줄어들었다는 사실이다.[53] 그러나 디베일과 해리스가 주목하지 않았던 또다른 요인이 있다는 데 주의해야 한다. 십중팔구 국가의 제재 자체가 영아살해를 단념시켰거나 감소시켰을 거라는 점이다.

앞에서도 말했지만, 여성을 둘러싼 남성 간 경쟁의 피해자들 가운데 젊은 성인 남자들은 어쩔 수 없이 혼인을 꽤 오랜 기간 미루어야 했다. 원시사회에서 보편적인, 그리고 어쩌면 아주 오래된 이 경향은 제법 흥미로운 진화적 결과를 낳는다. 남성이 성적 성숙기에 도달하는 나이는 여성보다 늦은데, 이는 생식에서 남성의 역할과 생식기가 여성보다 물리적으로 부담이 훨씬 덜하다는 사실로 미루어 짐작할 법한 결과와 정반대이다. 남성의 성숙이 이렇게 늦은 주요 이유는 남성들의 경쟁 때문으로 보인다. 완전히 성장하여 잠재적인 분쟁에 노출되기 전까지 남성은 몇 년쯤 더 시간을 누리면서 힘을 기른다.[54] 젊은 성인 남성이 성적 기회를 박탈당함으로써 나타나는 또다른 결과는 특유의 부산함, 위험을 감수하는 행위, 호전성이다. 이런 현상은 모든 사회에서 뚜렷이 관찰되어왔다. 젊은 성인 남성은 더 큰 위험을 감수하도록 프로그래밍되어 있는데, 혼인과 관련해 그들의 현 상태가 진화상으로 매우 불만족스럽기 때문이다. 그들은 아직 삶에서 자기 위치를 극복해나가야 한다. 따라서 그들은 항상 폭력 행위와 전쟁에서 가장 자연스러운 보충병이 되어왔다. 런던과 디트로이트에서 남성의 살인율은 모두 25세에 최고점에 이른다(후자에서 40배 더 높기는 하지만).[55] 실제로 이들보다 성숙하고 이미 여자와 아이들을 소유한 남성은 자연히 더 보수적이고 '안전한' 행동전략을 채택하도록 프로그래밍되어 있다.

막간: 남자는 야수인가

지금까지 내 이야기가 약간은 모호하게 느껴졌을지 모르겠다. 나는 일반적으로 '인간'과 '인간의 전쟁'을 이야기했지만, 어쩌면 더 정확하게 남성을 지칭했어야 했을 것이다. 시초부터 역사가 흘러오는 내내 싸움은 남성과 엮여 있었다. 남성/여성에 대한 비교문화 연구들은 심각한 폭력이 가장 두드러진 양성 간의 차이임을 발견해왔다. 물론 출산은 예외로 하고 말이다. 그렇다면 그것은 교육과 사회적 관습의 문제일까, 아니면 남성이 여성보다 자연적으로 싸움에 더 잘 적응한 것일까? 이 질문은 우리 시대와도 상당한 연관성이 있으며, 현대 사회에서 여성 평등을 둘러싼 뜨거운 공적 논쟁의 중심에 있다. 즉 오늘날 군대의 전투 임무에 여성을 모병할 수 있는가, 또 그래야 하는가 하는 문제이다.

싸움과 관련해 가장 확실하고 대체로 논쟁의 여지가 없는 남녀의 차이는 물리적 힘의 차이이다. 남성은 여성보다 훨씬 힘이 세다. 물론 이것은 평균을 말하는 것이며 다음의 데이터도 모두 평균치이다. 일단 남성은 여성보다 크다. 남성은 여성보다 키가 9퍼센트 정도 더 크고 몸무게도 그만큼 더 무겁다. 그러나 이런 사실도 모든 것을 말해주지는 않는데, 근육과 뼈의 양에서도 남성이 훨씬 더 유리하기 때문이다. 남성은 체중에 비해 근육이 더 많고 뼈도 굵으며 그 차이는 팔, 가슴, 어깨에서 주로 나타난다. 남성의 경우 지방은 몸무게의 15퍼센트밖에 안 되지만 여성의 경우는 27퍼센트이다. 운동경기 결과나 반복된 실험이 보여주듯, 남성의 가장 큰 물리적 이점은 힘에 있다. 비록 남성은 여성보다 유연성이 떨어지고 10퍼센트 정도만 더 빠를 뿐이며 심폐기능에서도 4:3의 유리함밖에 없지만, 힘은 여성보다 두 배나 세다(다리 힘은 예외이다. 다리의 경우 남자가 4:3 정도로 앞선다).[56] 인류의 역사 내내 싸움은 힘의 시험이었으므로 이 성차는 결정적이다.

그렇지만 해부학이 전부는 아니다. 말했지만 인용한 데이터는 평균치에 지나지 않는다. 사실 각 성별 내에서 데이터의 편차는 광범위하며, 성별 데이터의 범위는 얼마간 뚜렷하게 겹친다. 남성보다 세거나 남성만큼 센 여성도 더러 있다. 그러나 우리가 고려해야 할 또하나의 성차가 있다. 남성은 본성상 정신적으로 여성보다 더 공격적인 것이 아닐까? 더 폭력적이거나 심각하게 폭력적이 될 성향이 특히 강한 것은 아닐까? 남성과 여성의 신체가 다르듯 정신도 다른 건 아닐까? 이것은 오늘날 논쟁에서 매우 민감한 주제이다. 1960~70년대에 인간이 '빈 서판'임을 주장했던 자유주의자들과 페미니스트들은 뚜렷한 신체적 차이를 제외하면 남성과 여성이 똑같다고 믿었다. 나머지 모든 차이는 교육과 사회적 관습에서 기인한다는 것이다.[57] 그러나 시간이 흘러 일터를 비롯해 사회생활의 모든 영역에서 '남성의 세계'에 진출하는 여성이 점점 늘어나면서, 다음 세대의 많은 페미니스트들은 다른 입장을 취하게 되었다. 이들은 '남성의 세계'가 말 그

대로 남성의 세계—남성 특유의 필요, 목표, 기준에 맞도록 매우 구조화된 세계—라는 느낌을 받았다. 남성적으로 구조화된 영역에 접근하기 위한 단순한 평등은 여성에겐 불만족스럽다는 것이 이들의 느낌이었다.

사회적으로 구축된 성이라는 젠더 접근은 가장 흥미로운 사례로 꼽힌다. 1960년대 성 혁명의 가장 큰 성과는 서구 여성들이 성관계에서 남성들이 항상 누려왔던 것과 거의 똑같은 자유를 얻었다는 것이다. 그러나 여성들은 머지않아 그 자유를 남성과 똑같은 방식으로 행사하고 싶지는 않다는 걸 깨달았다. 후기 페미니스트들은 계속해서 평등과 기회를 추구하고 있지만, 그들 중 다수는 이제 성적 평등은 곧 여성만의 특별한 요구와 목표에 더욱 조화롭게 행동할 자유, 그리고 필요할 때면 어디서든 그렇게 세계를 변화시킬 자유를 뜻한다고 생각한다. 흥미롭게도 이제 남성 쇼비니스트들만이 아니라 페미니스트들도 여성의 특질 대 남성의 특질을 강조하게 된 것이다. 실제로 페미니스트들은 전쟁을 포함한 이 세계의 해악들 중 대부분은 아니더라도 상당수를 초래한 것이 지나친 경쟁, 감성적 냉혹함, 불완전한 의사소통, 공격성 등 남성 특유의 성향이라고 주장한다.[58]

이들 페미니스트는 인간 생물학이라는 과학 연구에서 일부 근거를 내세울 수도 있을 것이다. 예전에는 인간 생물학 연구는 어째서인지 이 논쟁과 무관하다고 성급하게 넘겨버린 경우가 너무 많았다. 최근 과학 연구의 전반적 경향은 신체는 물론 정신의 성차까지 강조하고 있다. 이번 장에서 우리는 이미 남성과 여성의 서로 다른 성적 태도에 대한 생물학적 설명을 살펴보았다. 거듭되는 인지과학 연구들은 공간정위空間定位 능력에 있어 평균적으로 남성이 앞선다는 걸 밝혀왔는데 이는 수학, 특히 아주 고난도의 수학에서 꾸준히 보고된 남성의 우위를 설명해줄 것이다. 여성은 세세한 공간주의력, 공간기억력, 언어 기술, 타인의 기분과 복잡한 인간적 상황에 대한 판단력—그 유명한 '여성의 직감'—이 더 낫다고 보고된다. 이런 차이들은 오랫동안 그저 교육과 사회적 기대 때문이라고만 여겨져왔지만, 지난 한 세대 동안 사회적 태도가 크게 바뀌었음에도 그런 차이는 크게 바뀌지 않은 것으로 보인다. 실제로 가장 '엄밀한' 과학인 두뇌 연구는 중대한 성차를 밝혀냈다. 두뇌 스캔에 힘입어 인지과학은 남성과 여성이 다양한 인지 과제를 처리할 때 실제로 두뇌의 다른 부위를 사용한다는 사실을 밝혀냈다. 더욱이 남성 두뇌의 우반구와 좌반구는 훨씬 더 전문화된 반면, 여성의 양쪽 두뇌는 더욱 협력적으로 작용하며 그 둘을 연결시켜주는 뇌량腦梁이 더 크다. 남성과 여성의 신체는 약간 다르게 구조화되어 있을 뿐 아니라 신체의 특수 기관인 두뇌도 다르며, 따라서 기질까지 다르다.

　이렇게 다른 구조를 만든 건축가는 우리의 유전자이며 그 대리자는 성호르몬, 특히 유명한 남성 호르몬인 테스토스테론이다. 과학자들은 그 호르몬의 존재가 처음부터, 자궁 속에서 맨 처음 태아가 발달할 때(생물학적으로 태아의 초기 형태는 여성이다)부터 남성을 여성과 다르게 구성하기 시작한다는 사실을 알아냈다. 남성과 여성의 정체성 차이는 태어날 때부터 이미 대강 윤곽이 형성되어 있고, 행동에서의 성차는 사회적 조건화가 실질적인 역할을 하기 전인 아주 초기부터 기록된다. 쉽게 말해서 여자 아기들은 사람들에게 더 관심이 많은 반면, 남자 아기들은 사물에 더 관심이 많다. 교육 패턴에서 일어난 엄청난 변화와 진지한 부모들의 노력에도 불구하고, 소년과 소녀는 자라서도 선호하는 놀이에서 차이를 보인다. 소년은 경쟁적이며 거칠고 험하고 공격적인 게임과 장난감을 더 선호한다. 물론 여성도 테스토스테론을 분비하지만 남성에 비하면 그 양이 훨씬 적다. 그뿐 아니라 자연적인 이유(확인된 의학적 증후군을 빚어내는)나 약물 등으로 인한 화학적 영향 때문에 더러 테스토스테론 수치가 표준을 벗어나기도 한다. 소녀들에게 나타나는 이른바 선머슴 같은 행동은 높은 테스토스테론 수치와 밀접한 상관관계가 있는 것으로 확인되고 있다. 그에 반해 남성의 테스토스테론 수치가 낮으면 내성적이고 '여성적인' 행동을 하고, 사춘기 소년들은 테스토스테론 수치가 높아 과도한 공격성을 나타낸다.[59] 중국의 음양陰陽과 같은 개념으로 구체화된 인류의 전통적인 통찰도 실제와 크게 다르지 않은 것으로 확인되었다.

심각한 폭력과 범죄 행위는 사실 모든 문화에서 가장 뚜렷한 성차이다. 앞에서도 말했지만 !쿵 부시먼들 사이에서 1963~69년에 기록된 살인 22건은 모두 남성에 의한 것이었다. 신체상해 34건 중에선 한 건을 제외한 전부가 남성들 소행이었다.[60] 미국의 살인범 가운데 83퍼센트가 남성이고 가중폭행범 중 비슷한 비율이 남성이며 음주운전자의 93퍼센트, 무장강도 가운데 역시 93퍼센트가 남성이다. 그리고 세계 각국의 살인율 편차가 다양함에도 불구하고, 여성/남성 살인범의 비중은 대체로 비슷하게 남성 쪽이 더 높다. 그렇지만 이 첨예한 차이가 보여주는 것이 다는 아니다.[61] 실제 차이는 더욱 심한데, 여성이 저지르는 심각한 폭력과 살인의 대다수는 남성 폭력에 대한 반응으로서 또는 남성의 주도하에 일어나기 때문이다. 따라서 다음과 같은 포괄적인 연구 결과가 나타난다.

오스트레일리아, 보츠와나, 브라질, 캐나다, 덴마크, 잉글랜드와 웨일스, 독일, 아이슬란드, 인도, 케냐, 멕시코, 나이지리아, 스코틀랜드, 우간다, 미국의 열두 군데 지역, 자이레 등은 물론 13세기와 14세기 잉글랜드, 19세기 아메리카—수렵채집 사회부터 부족사회, 중세 및 근대 민족-국가까지—의 범죄 통계는 모두 기본적으로 똑같은 패턴을 보인다. 단 한 곳의 예외를 제외하고, 이 모든 사회에서 동성살해가 여성이 아닌 남성에 의해 저질러진 확률은 92퍼센트에서 100퍼센트에 이른다.[62]

이 결과는 여성의 공격성과 폭력의 성격에 관해 생각하게 만든다. 여성도 공격적일 수 있다. 그러나 여성의 공격성이 물리적 폭력으로 이어질 가능성은 남성보다 훨씬 낮으며, 심각한 물리적 폭력으로 표출될 확률은 그보다도 더 낮다. 여성이 심각한 폭력을 사용하는 전형적인 경우는 두 가지다. 우선 가정에 위험이 닥칠 때 여성은 자신과 자녀들에게 가해지는 중대한 위협에 필사적으로 맞선다. 둘째는 한 남자를 둘러싼 적대 관계에서 '다른 여자'에게 해를 가할 때이다. 더욱이 남성의 폭력적 공격성과 비교하면 여성의 공격성은 비물리적·간접적이며 익명의 경향을 띤다.[63]

심각한 폭력에서 가장 뚜렷한 이 성차의 근원은 무엇일까? 그 답으로는 역시 다윈이 처음 내놓았던 생물학적 설명이 명쾌하다.[64] 여성과 남성의 신체와 정신은 인류 진화 수백만 년 동안 서로 약간은 다른 진화적 압력을 겪어왔다. 이런 압력은 양성의 분화와 번식상 역할이 가장 많이 관련된 부분에서 가장 다르게 작용했다. 학자들의 지적대로 인간은 부모 양쪽이 자녀 양육에 투자하기 때문에, 우리와 가장 가까운 친척인 침팬지를 비롯한 일부 동물보다 성 분화/분업이 더 많이 가능해졌다. 진화론적으로 말해서 여성은 자녀 출산과 양육, 그리고 근거지인 가정과 가까운 곳에서 식량을 구하는 일에 전문화되었고, 남성은 원거리 사냥과 여성 및 자녀를 획득하고 보호하기 위한 투쟁에 전문화되었는데, 여기엔 무엇보다 힘과 사나움이 필요했다. 실제로 그 차이는 직업적인 차이 이상이었다. 남성은 집단 안팎에서 여성을 놓고 경쟁했을 뿐 아니라, 아버지는 자녀에게 식량을 공급하기 위해 매우 중요한 존재였음에도 아이들에게 위협이 가해질 때 희생될 가능성이 어머니보다 더 높았다. 이런 이유로 남성은 집단의 중심 방어선을 형성했고, 반면에 여성은 최대한 능력 닿는 데까지 아이들을 보호했다. 더욱이 석기시대에 남성은 적에게는 무용지물이었다. 남성에게 가능했던 선택은 도망가기, 아니면 끝까지 싸우기였다. 반대로 경쟁에서 여성 자체는 하나의 자원이었다. 그들은 복종하고 순응하고 협력하고 교묘하게 속임으로써 남성보다 생존할 기회가 많았다. 남성과 여성의 역량과 진화 전략, 당연히 서로 연관되고 서로를 보강한 이 역량과 전략으로 인해 남성은 여성보다 훨씬 강한 싸움 기질을 갖게 되었다.

그렇다면 환경적 영향, 무엇보다 교육과 사회규범의 영향은 전혀 중요하지 않은 걸까? 유전자는 문화와 전혀 상호작용하지 않는 걸까? 환경적 영향이 상당히 중요하며 문화규범의 폭넓은 다양성에도 큰 몫을 한다는 것은 확실하다. 그러나 젠더 연구의 큰 유행과는 반대로 문화규범은 무한정 유연하지 않으며 전적으로 상대적이다. 일반적으로 문화규범은 우리의 타고난 기질이 정해놓은 범위를 따라 작용하고, 여러 갈래로 갈라진다. (말할 필요도 없이 이 주제는 지극히 복잡한데, 나중에 보겠지만 가속화된 문화적 진화가 만들어낸 새로운 기회, 상호작용, 긴장이 겹치면서 더욱 복잡해진다.) 그래도 변함없는 사실은 '인간의 자연 상태'에 있는 수렵채집인들에게 여성의 전쟁 참여는 극히 주변적이었다는 것이다. 몇몇 사회에서 여성들이 역시 주변적인 역할을 했던 사냥보다 더한 정도로 싸움은 성차가 가장 뚜렷하게 나타나는 남성의 전유물이었다. 사실 이 경우 수렵채집인들의 사회규범이 타고난 기질을 강화했다고 분명하게 말할 수 있다. 설령 일부 여성에게 전사 집단에 가담할 신체적·정신적 능력이 있었다고 해도 실제로 가담하는 일은 극히 드물었다. 전사 집단 내의 유명한 '전쟁 문화'와 '형제애'는 남성들 사이에서 함양된 것이었다. 앞에서도 말했지만, 인간의 자연 상태에 있는 국지 집단들은 말 그대로 형제들로 구성되어 있었다. 더욱이 여성은 보호받아야 할 존재였지, 성적으로 주의를 흐트러뜨리는 강력한 힘으로 전사 집단의 결속력을 방해해서는 안 되었다.[65]

그렇다고 해서 여성이 전쟁에서 아무 역할도 하지 않았다는 뜻은 아니다. 대부분의 경우엔 여성들도 남성들이 지키거나 얻기 위해 싸우는 것에, 또는 적어도 자신의 남성에 매우 큰 이해관계가 걸려 있었다.[66] 그래서 원시전쟁에서 여성들은 종종 남성들을 따라 전투에 나섰고, 사용했던 화살과 창을 모아와서 다시 공급하는 등 보조 용역 제공자나 응원군으로서 전투에 참여했다. 앞에서도 말했듯 여성들이 적극적으로 싸움에 가담하는 경우는 아주 드물어서 주로 화살을 쏘는 정도였지만, 만약 여성들과 아이들이 있는 내부 범위에까지 위험이 닥쳤을 때에는 여성들도 방어를 거들기 위해 필사적으로 애썼다. 유명한 아마조네스 여전사 이야기는 물론 상당 부분 신화이지만, 그럼에도 많은 신화가 그렇듯 현실적인 근거가 아예 없지는 않다. 우크라이나 스텝지대에서 말 달리며 활을 쏘던 유목민인 스키타이인과 사르마트인은 고대 그리스 작가들에 의해 아마조네스족의 '이웃'으로 묘사되었다. 그 지역에서 발굴된 전사 무덤 가운데 일부는 완전한 군장을 갖추고 묻힌 여성의 것이었다. 어느 스키타이 왕족의 쿠르간(kurgan, 고분)에서는 50기의 전사 무덤 중 4기가 여성의 것이었다. 사르마트족이 살았다고 추정되는 지역에서는 발굴된 전사 무덤 중 20퍼센트가 여성의 것이었다.[67] 활은 미미하나마 여성의 전쟁 참여를 확장시켜주었다.

문명은 새롭고 '인공적인' 조건과 관계를 대거 만들어내 인간의 생활방식에서 광범위한 변화를 가능하게 했다. 그럼에도 역사의 대부분 동안 여성의 전쟁 참여는 앞에 말한 것처럼 신체적·정신적·사회적 제약을 받으며 진화 과정에서 형성된 패턴에서 거의 변하지 않았다. 필사적으로 가정을 지키는 것을 제외하면, 여성의 전쟁 참여는 비전투 종군자나 매춘부 등 남성 전사에 대한 보조 역할로 한정되어 있었다. 물론 역사적으로 여성이 많은 사회 활동과 직업에서 배제되었던 것은 확실하다. 그러나 전통적으로 여성이 참여하지 않았던 그 어떤 직업보다도 더 심하게 전사 계층에는 여성이 드물었다. 그렇다면 산업화된 근대 사회, 특히 선진 산업사회에서는 어떨까? 이들 사회는 전례 없는 엄청난 변화를 겪었고, 무엇보다 사회에서 여성의 위치가 크게 달라졌다. 이런 변화는 군대 내 여성들의 전투 임무

참가에 어떤 영향을 끼치며, 어떤 영향을 끼칠 수 있을까?

결론부터 말하면, 전반적이고 커다란 차이는 아닐지라도 실제로 영향을 끼친다. 총기와 폭발물을 가지고 싸우는 전투는 이미 물리적 변화를 겪었다. 18세기와 19세기 아프리카 서부 다호메이Dahomey 왕국의 예를 들면, 왕실 군대에는 여성들로 구성된 엘리트 경호부대가 있었고 그 규모도 수백 명에서 수천 명으로 늘어났다. 활과 화살, 칼, 곤봉은 물론이고 총으로 무장한 이 여성들은 사나운 전사였다고 한다.[68] 19세기 말부터 여성들은 비공식적 사회 구조와 급진적 이데올로기가 결합된 혁명군과 게릴라 부대에 적극적으로 가담하기 시작했다. 제2차세계대전 때 소비에트와 유고슬라비아 군대에서, 그리고 베트남 전쟁 때 공산군에서 여성들의 전투 참여는 잘 알려져 있다. 그러나 이처럼 급진적 사회 이데올로기가 우세할 때, 조국이 침략당했을 때, 어쨌거나 여성들이 중대한 위협을 당할 때, 인력이 심각하게 부족할 때 같은 사례들이 종종 인용되기는 하지만, 전쟁에서 여성의 역할은 여전히 제한되어 있었다. 대부분의 여성은 공장과 농사 현장에서 남성의 자리를 대신하거나 군대에서 보조적 역할을 수행했다. 실제로 전투 임무에 참여했던 여성의 수는 전투 병력의 8~12퍼센트를 넘지 않았는데, 이는 유명했던 다호메이 군대에서 추산되는 여성의 비율이나, 스키타이와 사르마트의 '아마조네스'를 비롯해 여성의 전투 참여를 허락했던 극소수 부족사회의 수치와도 크게 다르지 않다. 더욱이 소비에트 러시아, 유고슬라비아, 베트남 등 여러 혁명 국가의 여성들은 일단 전쟁이 끝나자 전투 임무에서 배제되었다.[69]

이런 이유는 무엇일까, 그리고 선진 산업사회에서 이런 상황은 얼마나 지속될까? 어쨌든 현대의 기계식·전자식 전장은 신체적 힘이 필요하더라도 아주 조금밖에 필요하지 않은 수많은 임무들을 만들어냈다. 싸움은 총포의 화력으로 치르고, 사람과 짐을 이동시키는 일은 대부분 기계로 한다. 많은 여성이 남성만큼이나 훌륭하게 장갑 전투차량을 운전하거나 사격할 수 있으며 차량, 기갑대대, 기갑군을 지휘하는 일도 남성 못지않게 잘 해낸다. 심지어 일부 여성은 여전히 많은 체력을 요하는 일반 보병 부대에서 복무할 수 있을 만큼 충분히 강하다. 그러나 할리우드 영화 〈G. I. 제인Jane〉의 예에도 불구하고, 여성이 정예 보병이나 특공대가 될 만큼 충분히 강한 경우는 매우 드물다. 굳이 권투나 역도의 예를 들지 않더라도, 사실상 이는 정식 남성 축구 리그에서 여성이 성공적으로 경쟁할 가능성이 거의 없는 것과 같다. 제2차세계대전 동안 소비에트 공군에서는 여성들이 전투기를 조종하며 하늘을 날았다. 그러나 경쟁이 훨씬 심해진 현대 선진국의 공군에서 비슷한 자격을 놓고 성공적으로 경쟁할 수 있는 여성이 얼마나 되는지는 아직 확인되지 않는다. 어쨌거나 이런 분야는 여성이 수행할 수 있는 여러 적극적 전투 역할을 남겨두고 있다.

전쟁과 관련된 정신적 성차도 비슷하게 좁혀지고는 있지만 완전히 없어진 것은 아니다. 오늘날 대부분의 전투 활동은 원거리에서 신체 접촉이 거의 없이 이루어지기 때문에, 전통적으로 남성과 연관되었던 공격적이고 폭력적인 태도는 훨씬 덜 요구된다. 비록 버튼 누르는 일이 전투의 전부는 아닐지라도 현대의 전투는 과거 어느 때보다도 공격적인 기질보다는 냉철한 전문가 정신과 조직적인 규율을 요구하는 직업의 특성을 띠고 있다. 여성도 원하기만 하면 그런 정신적 과제를 성공적으로 해내리라는 사실은 의심할 여지가 거의 없다. 그렇지만 과연 여성들이 그러기를 원할까? 여러 지표들을 보면 그러기를 원하는 여성의 수는 남성보다 훨씬 적다. 설령 신체적 측면이 전혀 문제되지 않는다고 해도, 전투 활동을 원하고 전투 직업을 가지고 싶어하는 여성은 남성보다 훨씬 적다. 이런 동기의 차이는 이번에도 성과 관련된 근본 기질에 기인한다. 평균적으로 남성은 경쟁적이고, 위험성이 높고, 폭력적이고, 기계와 관련된 이런 유형의 활동에 더 많이 이끌린다. 효과적인 피임약의 도입으로 여성의 성적 태도가 크게 달라졌음에도 성 행동에서 남성과 여성의 차이가 메워지지 않았고, 사회 및 가족 패턴의 광범위한 변화가 성별 직업 선호도를 완전히 없애지 못했던 것과 마찬가지이다.

역사를 통틀어 여성이 짊어진 무거운 짐은 여성의 적극적인 전쟁 참여를 미리 배제하는 요인 중 하나였다. 유명한 다호메이 여성 전사 부대가 존재할 수 있었던 것도 사실은 공식적으로 왕과 혼인한 부대원들에게 위반시 사형에 처하겠다며 독신을 강요했기 때문이라는 건 의미심장하다. 어쩌면 그 부대는 남성의 접근이 허락되지 않았던 하렘 근위대에서 출발했을 것이다. 더욱이 그 여성들은 관습에 따라 어릴 때 할례를 받았을 것이다.[70] 비록 오늘날 선진국의 여성이 출산하는 자녀가 평균 두 명밖에 안되며 가사가 전보다 훨씬 가벼워지고 남녀의 분담도 더욱 평등해졌다고 해도, 육아에서는 여전히 여성이 남성보다 큰 몫을 하는 경향이 있다. (평등 원칙에도 불구하고, 이혼 사건에서 자녀 양육권자로 여성을 선호하는 경향을 통해 법으로써 인정되고 있다.) 남편과 자녀와 오랜 기간 떨어져 지내야 하는 고위험군 직업에서 여성은 남성보다 더 위축되곤 한다. 이런 식의 선호는 사회 구성 방식에서 좀처럼 사라지지 않는 문화적 불평등에 기인한다는 것이 오랜 생각이었다. 그러나 이런 불평등이 과거에 심했고 지금도 여전히 존재함에도 불구하고, 지금 보면 남녀 간의 선천적 요소를 너무 쉽게 간과했던 것 같다. 설령 교육과 노동시장 접근성에서 최대한 평등이 이루어진다고 해도, 중요한 몇몇 측면에서 남녀의 성향이 평균적으로 다르게 나타나는 것처럼 성차는 지속될 것이다. 심지어 여성의 80퍼센트가 직장을 가진 스칸디나비아에서도, 성비가 대체로 같은 직업에 종사하는 여성은 10퍼센트가 채 안 된다. 모든 노동자의 절반은 자신과 같은 성이 90퍼센트를 차지하는 직업에서 일한다.[71] 전투 직업군은 성차가 특히 두드러지는 분야이다.

선진국에서도 가장 평등주의적인 법률과 정책으로 유명한 네덜란드가 좋은 예다. 1970년대 말부터 네덜란드 당국은 여성들에게 모든 군사 직업을 가질 수 있도록 평등권을 주었으며, 여성에게 이 기회의 자유를 행사하도록 적극 장려해왔다. 그럼에도 이 주제를 연구했던 페미니스트 저자들은 당황하면서 이렇게 쓰고 있다. "군에 대한 여성들의 관심은 증가하기보다 줄어드는 것으로 보였다…… 신체 요건은 문제로 남아 있으며 남성 동료가 여성을 받아들이는 문제 역시 그렇다…… 보병, 기병, 포병, 왕립 공병대 내 전투 임무의 요구조건은 여성 대다수가 수행하기 버거운 수준이다." 군대에서 여성의 참여, 특히 전투 임무 참여는 아직 낮은 수준에 머물고 있다. 역시 평등주의적 법률과 정책을 자랑하는 노르웨이도 사정은 매우 비슷한데, 유일한 이유라고는 할 수 없어도 부분적인 이유가 되는 것이 바로 여성들의 관심 부족이다.[72]

그러나 여성이 전투 임무를 원하고 전투 직업을 갖고자 한다면 어떨까? 노동시장에서도 많은 직업이 성별에 따라 고르지 않게 나뉘지만, 그럼에도 선진국의 경우 어떤 직업을 선택하든 남녀 누구에게나 실력에 따른 접근의 평등이 보장된다. 전투 직업의 예외성을 정당화할 만한 특별한 주장이 있을까? 어쩔 수 없는 군복무에 의해 복잡해지는 가족 구성은 이미 논의한 적 있다. 이는 여성과 군대가 서로 양보하면 극복할 수 있다. 포로가 될 가능성에 대한 전망은 중요한 고려사항이다. 우리가 본 것처럼 여성은 남성보다 성적 학대에 훨씬 많이 노출되며, 법의 보호와 질서가 유지되는 사회를 벗어났을 때는 더욱 그렇다. 그러나 이것은 사회가 여성 개인의 선택에 맡기기로 결정할 수 있는 위험성이다. 마지막으로, 남녀가 성적 매력에 이끌려 전투 효과를 저해하지 않으면서 오랜 복무 기간 동안 전투 집단에서 같이 지낼 수 있을까? 전투 집단의 그 유명한 '사나이 우정'은 여성이 없기 때문에 가능한 것은 아닐까? '전쟁 문화' 자체, 전사의 남성성이라는 전통적 특질은 남성들만의 세계에 가장 잘 주입되는 것이 아닐까? 실제로 이 대목에서 일부 페미니스트들은 남성 회의론자들과 어색한 동맹을 형성하고, 여성이 전투 부대에 참여할 경우 여성의 진정한 본성을 박탈당하고 남성의 전형적 사고와 행동을 채택하게 된다는 것을 그간의 경험이 보여준다고 주장한다.

우리에겐 아직 충분한 경험이 없으므로, 오늘날의 혼성 전투 부대에서 이 역학이 전투 효력에 얼마나 중요하게 영향을 미치는지 판단할 수 없다. 물론 원칙적으로 전투 부대에 굳이 여성들을 섞을 필요는 없다. 남성과 여성이 따로 구성된 부대도 가능하다. 요컨대 여성에게 노동 시장을 개방해 온 힘이 너무 커서 이제 군대 역시 저항할 수 없다고 가정해도 억측은 아닐 것이다. 여성의 상당수가, 심지어 전투 임무에도 받아들여지고 있다. 반면에 그런 임무에서 여성의 참여는 남성에 비해 앞으로도 미미할 것이다. 싸움을 가장 양극화된 성 관련 활동으로 만들어온, 진화 과정에서 형성된 신체적·정신적·사회적 요인들은 앞으로도 사라지지 않을 것이다.[73]

제5장

동기: 욕망의 그물

자원과 번식을 둘러싸고 얽혀 있는 경쟁은, 다른 모든 동물들에게 그
렇듯 인간에게도 분쟁과 싸움의 근본 원인이다. 자연에서 싸움의 나머지
원인들과 표현들, 이것들과 연관된 동기와 감정의 메커니즘은 바로 이 근
본 원인에서 파생한 것이자 이에 종속되는 것으로, 인간도 본래 이렇게 진
화했다. 물론 그렇다고 해서 나머지 원인들이 덜 '실질적'이란 뜻은 아니
다. 다만 진화를 통해 형성된 동기 복합체에서 그것들의 기능을, 따라서
그것들이 어떻게 생겨났는지를 설명해줄 뿐이다. 이제 내가 이야기하려는
것이 '1차 원인들'과 직접 연관되는 바로 이 '2차 원인들'과 동기 메커니즘
들이다.

지배: 서열, 지위, 위신, 명예

사회적 포유류와 영장류 집단에서는 서열이 높은 성원이 사냥 전리품

같은 공동체 자원의 좋은 몫을 차지하며, 암컷에 대한 접근권도 더 많이 가진다. 개코원숭이나 늑대 같은 일부 종은 서열 구분이 확실해서, 이른바 우두머리 수컷(때로는 우두머리 암컷도)은 집단의 나머지 성원들에 비해 가장 큰 이익을 거둔다. 침팬지처럼 집단 관계가 제법 평등한 사회적 종에서조차 '지도자'의 위치는 신체 및 번식상의 상당한 이점을 안겨준다. 이 때문에 사회적 포유류와 영장류는 집단 내 서열을 놓고 치열하게 경쟁한다. 지위를 둘러싼 경쟁관계는 첨예하고 끝이 없다. 실질적·암묵적 힘을 사용해 지위를 차지하는 녀석은 강하고 사나운데다―우리의 세련된 사촌인 침팬지들의 경우는―'정치적으로' 기민하다.[1] 결국 자연에서 서열과 지배를 둘러싼 경쟁관계는 자원과 번식 경쟁에서 이점을 얻기 위한 근사적 수단이다. 앞의 4장에서 이야기했던 이유들로 인해, 이런 경쟁관계는 수컷들 사이에서 훨씬 더 강하며 테스토스테론 수치와 밀접한 관련이 있다.

'자연 상태'의 인간 집단은 침팬지의 경우와 더 가까워서, 일부 종들보다는 더 평등하면서도 성원들의 지위에는 상당한 차이가 있었다. 앞에서 보았듯이 체력, 사냥 기술, 사회적 기민함, 씨족 크기 등의 차이는 구할 수 있는 자원이 많을수록 더 커지고 두드러진다. 자원이 풍부한 환경일수록 그리고 인구 밀도가 높을수록, 인류학적으로 평등주의 사회에서 서열화된 사회로, 다시 계층화된 사회로 발달한다.[2] 그러나 지구에서 가장 살기 어려운 환경에 있는 이른바 평등주의 사회에서도 지위는 중요하다. 칼라하리 사막의 !쿵 부시먼들은 가장 가난하고 누구보다도 흩어져 살면서 가장 평등한 수렵채집 사회를 이루는 집단이지만, 이들을 연구했던 리처드 리는 결국 자신의 친마르크스주의적 입장을 꺾고, 「평등주의 사회의 성적·비非성적 정치학」이라는 의미심장한 제목의 논문에서 밝힌 전체적 논지와는 반대로 지위의 중요성을 인정했다.[3] 그런 사회에서는 지도력이 비록 미약하고 비공식적일지언정, 무엇보다도 사회적 네트워크의 중심에 선다는 것 자체에 많은 이점이 있었다. 더욱이 지도적 지위와는 별개로 사회적 평판은 매우 중요한 문제였다. 그 예로 19세기 초에 오스트레일리아 원주민들과 32년간 살았던 윌리엄 버클리는 이렇게 말하고 있다.

> 그들은 어떤 족장도 나머지 성원들보다 우월하다고 인정하지 않았다. 그러나 전체 공동체에서 가장 숙련되고 쓸모있는 사람은 가장 큰 존경을 받았으며, 나머지 성원들보다 많은 아내를 둘 자격이 있다고 여겨졌다.[4]

한 사람의 지위를 결정할 때, 이미지와 인식은 늘 실제 물리적인 요소만큼 중요했다. 어느 정도는 분명 그 실제 요소와 밀접한 관계가 있을지라도, 이미지와 인식을 그런 요소로 환원할 수는 없었다. 성공했다는 평판과 성공의 자질은 서로를 보강했다. 성공의 자질은 널리 알려져야 했다. 따라서 동물들이 그러듯 공공연하게 또는 미묘하게 가치를 자랑하는 것은 변하지 않는 인간적 활동이다. 그것을 제한하는 이유는 부정적인 사회적 반응을 유발하지 않으려는 균형 잡힌 고려 때문이다. 평판을 위한 사회적 경쟁에선 다른 사람들도 자신의 명예를 빈틈없이 지킨다. 특히 전통사회에서는 자신의 명예를 지키기 위해 어떤 고생도 마다하지 않았다. 사소한 모욕도 폭력을 부를 수 있었다. 중앙에 집중된 강력한 권위가 존재하지 않는 곳에서, 한 사람의 명예는 목숨을 걸 만큼 중요한 사회적 재화였고 신체 및 번식의 기회에 영향을 주었다.[5]

이 말은 지도력이나 평판을 갈망하는 이들이 '실제로' 원하는 것이 성적 기회 또는 자원이란 뜻일까? 꼭 그렇지는 않다. 욕구는 주관적이며, 정신적 욕구는 진화상의 궁극적 목표와는 정말로 무관할 수 있다. 이를테면 사람들이 흔히 사랑과 성을 욕망하는 것은 그런 행동의 결과로 나올 수 있는 자손을 원해서라기보다 자기 자신을 위해서이며, 더러는 단호하게 심지어는 필사적으로 자손을 원하지 않는 경우도 있다. 마찬가지로 동물의 경우처럼 인간에게도 서열과 평판의 추구는 설령 우리가 의식하지 못한다 해도 신체와 번식의 더 나은 전망과 밀접한 관련이 있었고 그 전망을 실현하기 위한 근사적 수단으로서 진화했다.[6] 이런 이유로 인간은 생존에 필요한 물품, 여성, 혈육을 위해서 대가를 치를 각오가 되어 있었던 것처럼, 서열과 평판을 얻고 지키기 위해서라면 폭력을 무릅쓸 준비가 되어 있었다. 진화론적으로 분석하면 신체와 번식의 이점을 추구하는 경우와 서열과 평판을 추구하는 경우, 양자의 최종 결과는 같다.

따라서 여성을 둘러싼 경쟁에서 보았던 것처럼, 서열과 평판을 위한 경쟁은 직접적으로는 물론 간접적으로도 폭력 분쟁으로 이어질 수 있었다. 앞에서 우리는 가장 단순한 사회의 사람들조차 생계에 별 가치가 없는 장식품과 과시품, 위신재를 욕망했다는 사실에 주목했다. '문화유물론자'들은 이런 물품을 생존 물품과 뭉뚱그려 다루었지만, 그것의 사회적 기능과 의미는 완전히 다르다. 신체 장식, 색깔과 모양이 다른 의복들, 혹은 색을 입히고 모양을 낸 물건들은 자연 속 어디서든 건강, 활력, 젊음, 생식력의 단서가 되는 바람직한 신체 특질을 돋보이게 하기 위한 것이다. 진화론자들이 이제 막 탐험하기 시작한 이 주제와 관련해서 사실 우리가 할 수 있는 건 막연한 암시뿐이다.[7] 예를 들어 맑고 반짝이는 눈과 입술, 머리카락, 피부색 등은 인간 여성뿐 아니라 남성에게도 비슷한 단서가 되며, 인위적으로 돋보이게 할 수도 있다. 자연적인—더 나아가 덧붙여진—비례, 정연함, 세련된 특질들은 좋은 유전자, 좋은 섭생, 고품질 신체 설계의 징표이다. 키를 커 보이게 하는 높고 거창한 머리장식 같은 예는 얼마든지 있다. 우리는 세계 어디에서든 바로 이런 환각 산업의 제품들—화장품, 패션, 보석류—에 사람들이 많은 지출을 한다는 사실을 염두에 두어야 한다. 더욱이 원인과 효과는 갈수록 복잡해지는 상호작용 속에서 굴절하고 증식한다. 일부 장식품은 희소하고 따라서 귀중하기 때문에 그것을 구할 수 있다는 것 자체가 부와 성공을 말해준다. 따라서 이는 경제학자 소스타인 베블런Thorstein Veblen이 20세기 초 미국 사회를 다루면서 말한 '과시적 소비'의 근원이 된다. 석기시대 사회에서는 일상적 물품의 과시적 소비와 함께 지위의 사회적 상징으로서의 사치품이 욕망의 대상이 되었다. 이런 이유로 사람들은 사치품을 놓고 싸우기도 한다.

지위와 평판을 위한 직간접적인 경쟁은 확실히 수많은 형태로 나타난다. 전사로서의 명성이 집단 내에서 지위를 높여줌으로써 번식의 성공에 이바지했다고 주장하는 학자들도 있다. 분명 그런 평판은 위기 상황에서 그 전사의 사회적 수요를 높이며, 특히나 전쟁이 빈발하는 사회에서는 그 전사의 지위가 올라가기 마련이다. 전사로서 명성을 얻으면 집단 내 다른 성원과의 관계에서 억지력이 커진다. 이 또한 사회적 교섭에서 이점으로 작용한다. 반면에 유명한 전사는 때 이르게 죽기 쉽고, 따라서 번식 기간이 짧고 자손 양육이 단절되어 불리할 수도 있다.[8] 대체로 말해서 전사의 명성은 호전성이 그렇듯이, 결국엔 특정 사회의 특정 상황 아래서 더 넓은 이해관계에 따라 가치가 달라지는 가변적 상품이다. 안팎으로 더욱 불안한 사회일수록 그런 명성이 더 큰 의미를 갖게 되는데, 그런 사회에서 무술은 물질적인, 따라서 사회적인 이익을 얻는 능력과 밀접하게 연관되기 때문이다.

이런 이유로 무술의 탁월함을 나타내는 표지는 널리 광고된다. 예를 들어 아메리카 대평원 인디언들은 전쟁에서의 용맹을 구분하는 정교한 체계로 유명했다. 적을 타격한 횟수를 세는 이른바 카운팅 쿠counting coup가 그것이다. 사회적 서열의 결정 요소로서 쿠는 선망의 대상이었다. 이런 쿠 가운데 하나가 그 유명한 스캘핑scalping, 즉 머리카락이 붙은 두피를 벗기는 것이었다. 실제로 쓰러진 적의 머리를 전리품으로 취하는 일은 원시사회에서 광범위하게 받아들여졌다. 스캘핑의 흔적은 화석화된 인간 뼈에서도 발견된다. 가장 소름 끼치는 선사시대 유물은 독일의 오프네트 동굴에서 발견된 7500년 전의 전리품 수급首級 저장소 두 곳이다. 여기에는 남녀와 어린아이 34명의 절단된 두개골이 '바구니 속의 달걀'처럼 차곡차곡 쌓여 있었다.[9] 원시 전사들에게 전투에서 베어낸 적의 수급은 오늘날 군인들의 훈장이나 장식, 추락한 적기敵機의 표식처럼 사회적 용도가 있었다. 이것은 인류학자들이 곧잘 수급 사냥을 원시전쟁의 빈번한 원인으로 주목해온 이유를 말해준다. 초기의 일부 인류학자들은 이 관습—진화론적으로 보든 다른 어떤 식으로 보든 전혀 무의미해 보이는—을 적나라하고 본능적인 인간의 호전성 탓으로 해석했다. 사실 자원이나 여성을 둘러싼 경쟁과 분쟁(그리고 그에 따른 의심과 적대)의 상태가 만연할 때에는 적을 해치는 것이 긍정적인 일이 되고 따라서 사회적 평판을 안겨준다. 이런 상황에서 수급 사냥은 다른 특정한 목적을 노리는 전쟁의 부산물인 동시에, 적을 해치고 자기 진영에서 위신을 얻을 목적으로 '그 자체를 위해' 행해질 수도 있다. 의심의 여지 없이 이 행동은 적의와 의심을 강화하면서 전쟁 콤플렉스를 부채질한다. 적의와 전쟁은 점점 확대되는 경향이 있으며, 따라서 완전히는 아닐지라도 적어도 어느 정도는 스스로를 먹고 자란다.

　이번에도 학자들을 거듭 당황하게 만든 것은 이처럼 서로 연관된 동기들의 혼합이었다. 이는 대평원 인디언 논쟁에서 가장 뚜렷이 드러나는데, 학자들은 인디언 전쟁을 설명하기 위해 저마다 다른 동기를 강조했다. 이를테면 메리언 스미스Marian Smith는 말 훔치기와 사냥 특권이 뚜렷한 동기라고 인정했다. 그녀는 복수 역시 동기로 꼽았는데, 이것은 나중에 이야기하겠다. 그러나 스미스는 사회적 평판(쿠)에 대한 추구야말로 **진정한 원인**이자 나머지 모든 것에 '공통된 한 가지 요소'라고 믿었다.[10] 그런 관점에 올바르게 대응했던 버나드 미슈킨Bernard Mishkin은 대평원 인디언 전쟁의 경제적 동기를 강조했다. 그러면서도 미슈킨은 그보다 깊은 연관성이 있을 거라는 점을 감지했다. 그는 결론에서 통합적 접근법에 한 발짝 더 다가 갔다.

> 전시의 경제적 요인과 사냥감 요소의 관계에는 아무런 모순점이 없
> 다…… 명망 있는 지위와 재산 통제권은 거의 예외 없이 서로 연관되어
> 있다…… 대평원 인디언의 경우 서열의 차이는 그에 상응하는 경제적
> 분화를 수반한다. 왜냐하면 무엇보다 전쟁이 자산 수익을 안겨주므로,
> 공식적인 군사적 지위를 획득한 남자들은 부까지 축적했기 때문이다.[11]

미슈킨은 그와 별개로 여성 요소가 원주민 서열과 연관되어 있다는 데 주목했다. 그는 오클라호마의 키오와Kiowa족 가운데 '가장 유명한 25인'의 명단을 작성했다. 그의 조사에 따르면, "보통 남자들의 일부다처제 비율은 결코 10퍼센트를 넘지 않았지만, '25인' 중에는 50퍼센트가 일부다처제였 다." 미슈킨이 개념적 문턱을 완전히 넘은 건 아니었지만, 가망 없는 이분 법을 종결짓고 원주민 전쟁 동기 복합체의 다양한 요소를 한데 이어줄 관 점에서 그다지 멀리 있지는 않았다.[12]

생포한 적을 고문하고 모욕하는 것은 다른 문화에서처럼 아메리카 인 디언들 사이에도 널리 퍼진 또하나의 관습이었다. 이런 행위 역시 지배력 과 우월성에 대한 열망의 표현으로 일부 설명할 수 있다. 앞으로도 보겠지 만 고문과 모욕은 때로 복수하는 중에 억지 효과를 위해, 전쟁 방지를 위 해, 혹은 정보를 빼내기 위해서 행해졌던 것이 분명하다. 그러나 더 높은 지위를 얻기 위한 경쟁으로 특징지어지는 인간 사회에서 고문과 모욕은 '타자'의 복종과 무력함, 애걸 등의 반응을 끌어내려는 감정적 욕구—때로 는 사디즘에까지 이르는—의 발현이기도 했다. 일부 불운한 포로들은 때

로 더 큰 고통을 각오하고서 그런 식으로 적을 만족시키기를 거부하고 위엄을 굽히지 않았다. 심지어 고문당하는 포로가 그런 위엄을 보이는 걸 선호하는 사회도 있었는데, 일종의 흥미로운 반전을 통해 그런 행동은 그 포로의 명예가 더 높다는 걸 입증해주었고 따라서 그 포로를 생포하고 패배시킨 가치를 높여주었기 때문이다. 지금까지 본 것처럼 동기들은 서로 혼합되어 있고 상호작용을 하며 수많은 형태로 폭넓게 굴절된다. 그럼에도 불구하고, 엄청난 복잡성과 무한한 다양성으로 보이는 것도 결국엔 진화론적 원리에 의해 형성된 중심핵까지 거슬러올라간다는 것을 보여주는 것이 이 연구의 목적이다. 복잡성을 추적해 그 근본 요소들까지 짚어가는 작업은 대부분의 역사학자, 인류학자, 문화 연구자들이 훈련받고 믿어왔던 것보다 훨씬 광범위하게, 그리고 훨씬 유의미하게 인간 연구에 적용할 수 있다.

복수: 제거와 억지를 위한 보복

복수는 아마도 인류학자들이 국가 이전 사회를 설명할 때 가장 자주 중요하게 거론하는 싸움의 원인일 것이다. 폭력은 명예, 재산, 여성, 친족에게 해를 끼치는 복수를 끌어냈다. 목숨을 뺏으면 복수는 절정으로 치달았고, 흔히 죽음이 다시 죽음을 부르는 악순환으로 이어졌다.

가장 만연하고 위험하며 흔히 피를 부르는 이 행위 패턴을 어떻게 설명할까? 진화론적 관점에서 복수는 적을 파멸시키기 위한, 또는 적은 물론 제3자까지 억지하기 위한 의도적인 보복이다. 이는 물리적·폭력적인 행동은 물론 비물리적·비폭력적 행동에도 적용된다. 만약 누군가 피해를 입었는데 응수하지 않는다면 그는 나약함의 표상이 되어 애초의 가해자뿐 아니라 다른 이들로부터 또다른 피해를 입을 수 있다. 피해자화victimization 과정이 만들어질 수 있는 것이다.[13] 물론 힘센 사람이 주는 피해를 조용히 감내하고 지위 축소의 결과를 받아들이는 경우도 똑같이 흔하다. 이 두 가지 전략은 당사자가 이해관계와 상대적 힘의 균형을 전반적으로 어떻게 평가하느냐에 따라 달라진다. 이 원리는 보호를 의탁할 만한 더 높은 권위자가 없는 곳—다시 말해 토머스 홉스가 처음으로 묘사했던 이른바 무정부 체제—에서는 어디서든 적용된다. 따라서 국가나 여타 권력 기관이 개입하지 않는 오늘날 사회관계의 광범위한 영역들에도 적용된다. 그러나 국가 이전 사회에서 이 원리는 목숨, 재산, 그리고 훗날 국가가 지배하게 된 것들까지 보호하는 데 훨씬 폭넓게 적용되었다. 자신을 보호하기 위해 의지할 곳은 자기 자신과 자신의 친족, 동맹뿐이었다. 해를 입었을 때 앙갚음—다시 말해 '복수'—하는 것은 가해자를 절멸시키거나 억지력을 재확립하는 주된 방법이었다.

그러나 복수를 이렇게 설명하는 건 너무 분석적이고 심지어 너무 단순한 생각이 아닐까? 사람들은 계산이 아닌 맹목적인 분노에 의해 복수에 나서는 게 아닐까? 또한 복수는 단순히 정의를 집행하는 주요 방법이 아닐까? 따라서 안전과 억지 이론의 영역보다는 도덕의 영역에서 생각해야 하는 게 아닐까? 이렇게 전형적인 질문을 하는 이유는 다만 진화론과 관련해 너무 자주 잘못 해석되어온 점들을 다시 한번 짚고 넘어가기 위함이다. 기본적인 감정들은 진화했고, 아주 오랜 기간의 선택 압력에 반응하여 지금의 상태로 조율되었다. 그것들은 신체와 번식의 목적에 이바지하는 근사적 메커니즘이다. 그런 감정들은 굳이 의식하지 않아도 작용한다. 어쩌면 그런 감정들이 작용하는 데는 의식하지 않는 편이 더 나으며, 실제로 그런 감정 대부분은 의식되지 않는다. 동물은 물론 인간도 그렇다. 이것은 달리 설명할 수 없고 임의적인 것 같고 심지어 반反직관적이며, 심리학과 사회과학의 많은 이론에서 사용하는 개념인 무의식적 동기를 이해하는 데 매우 중요한 단서이다. 결국 반격하려는 본능적 욕구는 하나의 기본적인 감정 반응으로서, 반격─물론 앞에서 말한 한계 내에서─하는 자가 적을 파멸시킴으로써, 혹은 적을 포함해 관련된 사람들까지 억지시킴으로써 대체로 자신을 더욱 성공적으로 보호했기 때문에 진화한 것이다. 인간의 기억은 동물보다 훨씬 오래 지속된다. 따라서 자신에게 해를 가한 사람들에게 사회적으로 셈을 치르는 복수는 기억력과 함께 완전히 새로운 차원을 띠게 된다.

정의와 도덕 관념도 마찬가지이다. 인간에게서 그런 관념의 진화론적 토대─엄청난 문화적 정교화의 과정을 거친 것이 분명한─는 '상호 이타주의'와 '간접적' 혹은 '일반화된 상호 이타주의'라는 원리이며, 이는 혜택과 제재의 체계로 서로에게 이로운 협력을 조성하기 위한 것이었다. 게임 이론에서 잘 알려진 컴퓨터 게임이 증명한바 '선수'가 채택할 수 있는 최고의 효과적 전략은 눈에는 눈, 즉 '맞대응'이었다. 선수는 서로에게 유익한 협조를 위해 긍정적인 행동에 화답해야 하고, 파트너가 기대를 저버리면 그냥 넘어갈 수 없다고 납득시키기 위해서 보복을 한다.[14] 물론 컴퓨터 게임들은 지나치게 단순하다. 그렇지만 바로 그 이유 때문에 때로는 기본적이고 근원적인 패턴을 조명하는 데 도움이 되기도 한다.

'맞대응' 전략은 한 가지 문제를 제기한다. 가해자가 반드시 제거된다는 법은 없다는 것이다. 더욱이 그 가해자에게 다시 나에게 복수할 친족이 있다면, 그들까지 제거하기란 더욱 어려운 일이다. 가장 좋은 건 한 명도 놓치지 않고 죽이는 것이지만, 스트렐로가 오스트레일리아 원주민들의 분쟁을 묘사했던 것처럼, 그리고 버치Burch와 코럴Correll이 알래스카 에스키모에 관해 아래와 같이 썼던 것처럼 그렇게 되는 경우는 아주 드물다.

북부 알래스카에서 전쟁의 목적은 적의 성원들을, 남자와 여자와 아이까지 절멸시키는 것이었다…… 완전히 성공한 전쟁은 한 집단 전체를 제거함으로써 지역 내 관계를 완전히 종결시켰다. 그러나 결과는 대개 부분적인 성공에 그쳐서, 양쪽 집단의 일부 성원이 죽고 나머지는 살아남는 식이었다. 결국 생존자들은 복수해야 한다는 도덕적 의무를 늘 지고 있었으므로, 전쟁은 지역 내의 적대감을 영속시키는 경향이 있었다.[15]

결국 많은 경우 '맞대응'은 벗어나기가 아주 힘든 보복과 재보복의 악순환이 되어버린다. 최초의 공격 한 번이 오래 지속될 전쟁 패턴을 만들 수 있다. 특히 '혈수'는 하나의 사건에서 시작되어 오랜 기간, 많은 세대에 걸쳐 수많은 목숨을 앗아가기도 한다. 그러므로 보복은 적을 절멸하고 억지시키기보다는 단계적 확대로 이어진다. 싸움은 '애초의' 원인과는 전혀 상응하지 않는 수준까지 확대되면서 그 자체를 먹고 자라서 영속되는 것 같다. 몰록Molok 신神과 비슷하게, 싸움은 그 자체의 생명을 가진 것처럼 보인다. 사람들은 바람과는 반대로 분쟁에 '갇히게' 되고, 결국 분쟁이 그들 최고의 관심사처럼 보일 것이다. 처음에 죽은 한 사람의 원수를 갚기 위해 복수에 복수를 되풀이하면서 수많은 친족을 잃는 일이 어떻게 유익하단 말인가? 바로 이 요인이 항상 전쟁에 불합리한 외형, 순전히 공리주의적인 설명을 허용하지 않는 것처럼 보이는 외형을 부여해왔다. 전쟁은 역병이나 기근처럼 인간 생명을 앗아가는 커다란 재앙으로 보이곤 했지만, 역설적이게도 인간 스스로 야기한 것이었다.

이 수수께끼를 어떻게 설명할까? 우선 최초의 공격과 보복이 인간끼리의 경쟁이라는 근본 상태에서 빚어진다는 점, 그리고 그런 상태는 분쟁의 잠재성을 품고 있고 결국 만연한 의심과 불안을 만든다는 점을 다시 강조해야 할 것이다. 신체 및 번식 경쟁과 잠재적 분쟁을 야기하는 이 근본 상태만 아니라면 보복이 하나의 행위 패턴으로까지 진화하진 않았을 것이다. 사실 복수는 더 근본적인 이유를 둘러싼 분쟁의 구실에 지나지 않을 때가 있다.[16] 그러나 우리가 본 것처럼 이는 보복의 근본 원인을 설명해주기는 하지만, 보복이 일종의 자멸적인 순환으로 점차 확대되는 대부분의 경우까지 설명해주지는 않는다. 이것에 대해서는 추가 설명이 있어야 한다.

이번에도 게임 이론이 도움이 된다. 합리성을 연구하는 이 부문에서 유명한, 어쩌면 가장 유명한 게임은 이른바 '죄수의 딜레마'이다. 이것은 특정 조건에 있는 사람들이 바로 그런 조건 때문에 자신에게 가장 유리하지는 않은 전략을 합리적으로 채택할 수밖에 없는 과정을 보여준다. 나는 기질이나 관점 때문에 수학이나 모델링 앞에서는 주눅이 들지만, 나와 비슷한 성향의 독자들에게도 '죄수의 딜레마' 논리는 이해할 가치가 있다고 충고할 수 있다. 이야기는 다음과 같다. 죄수 두 명이 공범으로 몰려서 따로 심문을 받는다. 한 명이 다른 사람에게 죄를 덮어씌울 경우, 그 용의자는 풀려나게 되지만 침묵을 지킨 다른 친구는 무거운 형을 선고받게 된다. 두 사람 다 상대방을 고자질할 경우, 두 사람 모두 중형을 선고받지만 그래도 당국에 자진하여 협조했으므로 어느 정도는 감형을 받는다. 두 용의자 모두 침묵할 경우, 당국은 이들에게 불리한 증거를 거의 확보하지 못했기 때문에 두 사람 모두 가벼운 형을 선고받게 된다. 이런 상황에서 각기 다른 방에 있는 두 죄수가 채택할 합리적인 전략은 무엇일까? 합리적으로는 둘 다 '배신'을 선택해야 한다. 왜냐하면 상대방과의 협조를 보장받을 수 없으므로, 다른 한 명이 어떤 선택을 하든 상관없이 그 선택이 최선이기 때문이다. 합리적으로는 두 죄수 모두 배신할 수밖에 없고 결국 둘 다 중형을 선고받게 되지만, 만약 이들이 확실하게 서로 협조할 수 있었다면 두 사람 모두 이득을 보았을 것이다. 결국 고립된 조건에서 이들이 내린 합리적 선택은, 두 사람 간에 확실한 협조가 가능했을 때의 최적 선택보다 못하다.

모든 게임이 그렇지만 '죄수의 딜레마'도 주어진 가정에 입각한 것이다. 이것은 매우 유용하다고 입증되었는데, 실생활에서 많은 상황에 '죄수의 딜레마' 요소가 있기 때문이다. 예를 들어 사람들이 세금을 내지 않아도 무사하다고 믿을 때 세제의 존재가 모두에게 이로운데도 왜 사람들이 납세를 피하려 하는 것이 합리적인지, 또는 지나친 방목이 공유지를 완전히 파괴하게 되어 모두가 손해를 볼 것이 뻔한데도 왜 사람들이 지나치게 방목된 공유지에 가축을 데려가는지 등을 이 딜레마가 설명해준다. 이와 비슷하게, 서로에게 이로운 상호협조를 강제하거나 적어도 사람들의 손해를 최소화할 수 있는 권력이 존재하지 않는다면 대개 그들의 유일한 합리적 선택은 보복의 순환뿐이다. 보복하지 않는다면 새로운 피해를 초래할 수 있다. 그러나 아무리 합리적인 방책이라 해도, 보복은 최적의 선택이 아닌 경우가 많다. 보복은 매우 무거운 비용 부담을 주기도 한다. 그럼에도 보복은 계속될 것이다. '죄수의 딜레마'에서처럼, 무엇보다도 적과의 의사소통이 없거나 잘못되면—적대자 사이에 흔한 악의와 두려움을 감안하면 자연스러운 일이다—보복의 순환을 끝낼 거래가 불가능해지기 때문이다.

사실 한쪽이 패배로 몰리지 않는 이상 어떻게 그 순환이 끝난단 말인가? 국가 이전의 모든 사회에서는 똑같은 메커니즘이 작용한다. 조만간 제삼자가 나서서 중재자 역할을 하고 의사소통 문제에 다리를 놓아주면, 피멍이 든 당사자들은 휴전하거나 화해를 받아들이고 각자 과거의 피해를 묻어버린다. 그들은 보복의 균형이 평형하다고 인정하거나, 또는 그 평형을 이루기 위해 상대방이 해줄 일종의 보상을 명기한다.[17] 물론 휴전이나 화해가 오래가지 않을지도 모른다. 적의와 폭력의 순환은 둘 중 어느 한쪽의 해묵은 원한이나 근본적인 경쟁 상태 때문에, 또는 두 가지가 결합되어 다시 불타오를 수 있다. 결국 이런 요인들은 늘 존재하는 상호의심을 낳고 또 그것에 의해 강화된다.

분명히 '죄수의 딜레마'는 전쟁 콤플렉스를 전반적으로 설명하는 데 매우 적절하다. 그저 복수와 보복의 순환만이 아니라 적의와 전쟁의 순환까지 설명해준다. 이 주제는 나중에 다시 다루겠지만, 우선 주의할 점을 말해두고 싶다. 모든 폭력 분쟁이나 보복 행동이 '죄수의 딜레마'라는 특수한 관점에 맞아떨어지지는 않는다는 것이다. 근본적인 자원 희소성의 맥락에서는, 적을 제거하고 결정적으로 약화시키거나 굴복시켜 그로 인한 이익을 대부분 차지할 수 있다면 그 결과가 타협보다 훨씬 유리하다. '죄수의 딜레마'에 명시된 조건들이 작용할 때는 그와 같은 결정적인 결과를 얻을 수 없을 때, 또는 엄청난 비용을 치러야 그런 결과를 얻을 수 있을 때뿐이다. 이런 조건하에서는 경쟁 당사자들이 모두에게 큰 손실을 주는 싸움 속에 갇히게 되며, 더 나은 해결책으로 탈출할 수 있는 메커니즘은 존재하지 않는다.

힘과 '안보 딜레마'

복수 또는 보복은 가해에 대한 적극적 반응으로, 경쟁적이고 따라서 잠재적으로 충돌하는 관계의 기본 상태에서 일어난다. 지금까지 본 것처럼 상황에 따라서는 일종의 굴복과 같은 형태의 소극적 반응도 가능한데, 현실에서는 두 가지 반응이 모두 나타나고 서로 섞이기도 한다. 그렇지만 홉스가 훌륭하게 인식한 대로(『리바이어던』 13장), 고질적인 의심과 불안을 일으키는 경쟁 및 잠재적 분쟁의 기본 조건이 반발성 선제 반응을 초래하고, 이 선제 반응은 다시 서로의 의심과 불안감을 부풀린다. 여기서 잠재적 분쟁의 근원은 이번에도 '2차' 원인임을 강조해야 할 것이다. 이 원인은 반드시 신체 및 번식을 위한 자원 자체를 둘러싼 실제 분쟁에서 직접 생겨나는 건 아니며, 분쟁의 '1차' 원인들이 가지는 잠재성에서 파생된 두려움, 의심, 불안감에서 생겨나기도 한다.[18] 따라서 잠재적 분쟁은 분쟁을 낳을 수 있다. '타자'를 잠재적인 적으로 여길 수밖에 없다면 언제 갑자기 그가 공격해올지 모르므로 그의 존재 자체가 위협이 된다. 이를테면 길을 잘못 든 이방인이 평화로운 교역 원정에 나선 사람인지 아니면 여자를 훔치러 나선 사람인지 어떻게 알 수 있단 말인가? 아메리카 대평원 인디언들과 관련해 이 문제를 설명한 존 이워John Ewer의 글은, 그가 언급하는 '1차 수준' 과 '2차 수준'의 원인들을 별개로 보지 않고 인과관계 속에서 이해한다면 시사하는 바가 크다.

> 이 지역에서 부족 간 전쟁의 근원은 부족주의 자체의 속성에서 찾아볼 수 있다. 각 부족 성원은 공통적으로 **자기** 부족을 '사람들'로 여기고 외부인에 대해선 의심의 눈초리로 쳐다보는 경향이 있기 때문이다. 부족 간 분쟁에서 나머지 명확한 원인들—사냥터 선택, 여성이나 말 또는 무생물 자산의 소유를 둘러싼 경쟁, 전쟁 영예를 얻음으로써 인정과 지위를 차지하려는 개인적인 욕망 등—이 존재한다는 사실을 부정하려는 것은 아니다. 그러나 부족 간 불신이 팽배한 분위기에서는 외부인의 아주 사소한 무례 하나도 상대 부족의 나머지 성원들에 대한 보복으로 이어질 수 있었다…… 전쟁을 시작하기는 전쟁을 끝내기보다 훨씬 더 쉬운 일이었다.[19]

이처럼 근본적인 불안 상태에서는 무엇보다도, 있을지 모를 공격을 경계하면서 가능한 한 힘을 키워야 한다. 이를테면 자기 거주지를 자연적·인위적 수단으로 방어하거나 숨겨야 한다. 또 잠재적인 적으로부터 안전한 거리를 유지하고 항상 망을 보며 그에 맞서 동맹을 형성해야 한다. 그러나 상대편도 비슷한 안보 문제에 직면하고 비슷한 경계심을 갖는다. 두려움, 의심, 불안은 상대방의 구체적인 적의가 어느 정도 있을 때는 물론이고 적의가 없을 때조차도 서로 간의 자연스러운 감정이다.

상황은 예방과 방어 조치에서 멈추지 않는다. 왜냐하면 대개 그런 조치들은 직간접적으로 원래 어느 정도 공격적 잠재력을 갖기 때문이다. 간접적으로 근거지 방어는 역습에 대한 큰 부담 없이 얼마든지 공격 행동에 나서게 하는 효과를 발휘할 수 있다. 달리 말하면 상호 억지력이 감소한다. 직접적으로는 방어적 동맹이 공격적 동맹으로 해석될 수 있고, 이런 전망은 상대편에게 우려스럽게 비치기 마련이다. 전쟁 대비 집중 훈련, 일부 전진 기지 주둔, 정찰대 운용 등은 설령 방어적인 의도를 갖고 있다 하더라도 공격 능력을 강화할 수 있으며, 당연히 상대편에게는 그렇게 비친다. 이 모든 것의 결과로 불안한 세계에서 자신의 안보를 강화하기 위한 조치는 비록 의도하지 않았다 해도 대개 상대방의 안보를 약화하게 되며 그 역도 마찬가지이다. 한쪽의 강함은 다른 쪽의 약함이다.

이와 같은 이른바 안보 딜레마는 어떤 결과를 빚어낼까?[20] 우선은 '군비 경쟁'을 가속화하는 경향이 있다. 경쟁자들 사이의 군비 경쟁은 자연 전반에서 일어난다. 군비 경쟁은 진화 과정이 나타나는 한 가지 방식이다.[21] 그것은 자연선택을 통해 더 빠른 치타와 가젤, 더 질긴 기생충과 바이러스, 면역력이 더 강한 '숙주', 서로 싸우기 위해 뿔이 더 길어진 사슴 등을 만들어낸다. 대개 군비 경쟁은 유기체에 매우 무거운 비용을 안기는데, 경쟁이 없었다면 그럴 필요도 없었을 것이다. 이를테면 나무가 줄기를 갖게 된 것도 경쟁 때문이다. 나무가 줄기를 키워가는 데 엄청난 비용을 들이는 것은 가능하면 다른 나무들보다 높이 자라서 햇빛을 받으려는 필사적인 투쟁 때문이다. 인간도 그렇지만, 더 많은 경쟁자가 가담할 수 있고 더 많은 자원이 축적된 풍부한 환경에서 경쟁이 가장 치열해지는 명백한 역설이 빚어진다. 그래서 물이 풍부한 열대와 온대의 밀림에서 나무들이 가장 높게 자란다.

군비 경쟁은 참으로 역설적인 결과를 낳는 경우도 많다. 경쟁자를 앞서기 위해 단계적으로 세력을 계속 확대해나가는 노력이 성공을 거둘 수도 있다. 이 경우 상대방은 파멸하거나 크게 약해지고 승자는 이익을 챙긴다. 그러나 많은 경우 한쪽이 한 걸음 나아가면 상대편이 한 걸음 따라잡는다. 결과적으로 그 분쟁에서 서로가 더 많은 자원을 투자함에도 불구하고 아무도 이익을 얻지 못한다. 이는 루이스 캐럴의 『거울 나라의 앨리스 Through the Looking-Glass』에서 앨리스가 겪은 사건의 이름을 따서 '붉은 여왕 효과Red Queen effect'라고 불린다. 양쪽 모두 더 빨리 달려봐도 결국은 서로가 한자리에 머물러 있음을 깨닫는다는 것이다. 따라서 군비 경쟁은 '죄수의 딜레마'가 될 수도 있다. 만약 양쪽이 상대를 앞질러서 경쟁에서 이기려는 희망을 접는다면, 적어도 그들은 어차피 서로 상쇄되어버리는 막대한 비용 발생을 피할 수 있을 것이다. 그렇지만 대개는 그 경쟁을 멈추지 못한다. 의심과 불완전한 의사소통 때문에, 그리고 상대방이 정확히 무얼 하고 있는지 확인할 수 없기 때문이다. 적어도 이런 전제조건의 일부나마 극복되어야만 군비 경쟁은 중단되거나 제한되거나 느려질 수 있다.

앞에서도 말했지만, 군비 경쟁은 대개 경쟁의 자연스러운 결과이다. 안보 딜레마로 인한 군비 경쟁의 특징은 양쪽 모두의 근본 동기가 방어적이라는 것이다. 양쪽 모두 상대를 두려워하지만, 한쪽이 안보를 강화하려고 내딛는 한 발짝 한 발짝이 상대를 겁주어 비슷하게 나아가게 만들고, 다시 그 역이 성립하면서 상승하는 나선형을 그린다. 다시 한번 이것은 서로에 대한 의심을 연료로 삼는 '죄수의 딜레마'이기도 하다. 그 나선을 중단시키는 한 가지 방법은 이번에도 서로의 의심을 줄일 방법을 찾는 것이다. 혼인 연대는 이 목표를 이루기 위해서 모든 전근대 사회에서 사용한 고전적인 방법이었다. 상호 우호적인 방문과 의례적 연회를 통해 친근함을 북돋고 호의를 보이는 것은 또하나의 중요한 보편적 조치였다. 그렇더라도 앞에서 말한 이유들로 인해 의심과 불안을 극복하기는 힘들다. 나중에 보겠지만, 사실 겉으로 우호적인 연회라 해도 결국 기만적인 경우도 있다. 그렇지만 불안을 줄일 방법이 또 한 가지 있다. 안보 딜레마에서 양쪽 모두 방어를 우려하여 움직이기는 하지만, 적극적으로 선수를 칠 수도 있는 것이다. 다시 말해서 방어적 경계를 취하는 데 그치지 않고 잠재적 적으로서의 상대를 제거하거나 심각하게 약화시킬 목적으로 공격하는 것이다. 사실 이 방법 자체는 상대를 더욱 불안하게 만들어 안보 딜레마를 심화한다. 따라서 전쟁은 자기충족적인 예언이 된다. 전쟁에 대한 공포가 전쟁을 낳는다. 완전한 안보를 이루기가 어렵기 때문에 끊임없는 전쟁이 벌어지고 정복이 요원해지고 권력이 축적되며, 이 모든 대응을 일으키는 진짜 동기는 안보 우려—다시 말해 '방어를 위해서'다. 물론 현실에서는 동기들이 흔히 혼합되어 안보 동기는 나머지 동기들과 공존한다.

결론을 말하자면, 우리가 '명예'나 '복수'와 관련해 보았듯 인간 사이의 경쟁과 잠재적 분쟁이라는 기본 조건은 '1차 수준'의 전쟁 원인들에서 비롯되는 '2차 수준'의 원인들을 만들어낸다. 이 말은 안보 딜레마가 불타오르는 특정한 경우마다 신체 및 번식 자원을 둘러싼 실질적 경쟁이 존재해야 한다는 뜻이 아니다. 그러나 상호 불안의 이면에는 바로 그와 같은 경쟁의 전망이 있으며, 경쟁과 잠재적 분쟁이 치열해질수록 안보 딜레마는 커질 것이다. 그러므로 분쟁의 조건은 그 자체를 먹고 자라면서 '죄수의 딜레마'를 통해 당사자들의 바람과 최대 이익에 반해 그들에게 강요되는 듯한 충돌로 이어질 수 있으며, 거기에 들어가는 비용이 양쪽이 싸워서 얻으려는 보상보다 더 클 수도 있다. 야노마모족의 경우에도 안보는 전쟁 동기 복합체에서 유일한 동기인데, 이들은 다음과 같은 불평으로 그 딜레마를 멋지게 표현했다. "우리는 싸우느라 지쳤어요. 더이상은 서로 죽이고 싶지 않아요. 하지만 상대는 배신을 잘하니 믿을 수가 없어요."[22]

이처럼 역설적인 상태가 어떻게 가능할까? 그 이유는 자연선택이 개별적 경쟁 원칙에 따라 작용하기 때문이다. 경쟁을 규제하고 '죄수의 딜레마'나 '시장의 실패'를 막을 더 높은 권력('대자연')은 존재하지 않는다. 유기체들은 생존과 번식을 최대화하기 위해 서로 협력하거나 경쟁할 수도, 서로 싸울 수도 있다. 때로는 싸움이 적어도 한쪽에게는 가장 가망 있는 선택이 되기도 한다. 그러나 그렇지 않을 때 싸움은 그들에게 합리적인 선택이라곤 해도 최적의 선택은 아니다. 정보 부족과 잘못된 의사소통, 상대방이 약속을 지키도록 강제하지 못하는 무능력 등의 조건하에서는 어쩔 수 없이 싸움으로 빠져들 수 있으며, 서로에게 이익이 되는 협력을 위한 거래는 보장되지 않는다. 이런 경우에 분쟁은 그 자신의 생명을 앗아가는 것처럼 보인다. 마치 몰록처럼, 분쟁은 싸우는 당사자들의 진정한 소망이나 관심에 상관없이 그 불길에 붙들린 당사자들을 태워버린다.[23]

세계관과 초자연적인 것

나는 인류학 문헌에서 자주 인용된 수렵채집인들의 전쟁 동기들을 체계적으로 개관하면서, 어떻게 이 모든 동기들이 진화상 형성된 '1차 수준' 또는 '2차 수준'의 근사적 메커니즘을 통해 직간접적으로 신체 및 번식 분쟁까지 거슬러올라갈 수 있는지를 보여주고자 했다. 그렇지만 이게 전부일까? 이런 해석이 결국은 '조야한 유물론'이 되는 건 아닐까? 어쨌거나 호모 사피엔스 사피엔스 종의 성원으로서 우리를 가장 뚜렷하게 특징짓는 문화라는 세계는 어떨까? 역사를 통해 우리는 사람들이 이념과 이상을 위해서 죽이고 죽임을 당한다는 것을 배우지 않았던가? 인류학자들은 하나같이 원시농경민 간의 전쟁은 물론이고 수렵채집인들 사이의 전쟁에서도 가장 두드러진 원인들 중에 '영적인' 요인이 있다고 보고했다. 바로 주술에 대한 두려움과 비난이었다. 실로 하나같이 초자연적인 믿음, 성스러운 숭배와 의례, 마법 행위에 젖어 영적인 삶을 사는 사회에서 주술은 강력한 힘이었다. 모든 인간 사회가 그렇듯, 알려진 모든 수렵채집인 사회는 우주를 정돈하고 조종하려는 인간의 보편적인 욕구를 보인다.

물론 내가 여기서 전쟁보다 더 복잡하기로 유명한 이 주제를 공정하게 다룰 수 있다고 생각하지는 않는다. 그렇지만 앞에서 말했듯, 우주를 정돈하려는 인간의 욕구는 아마도 호모 사피엔스 사피엔스에게서 크게 확장된 지적 능력과 상상력의 산물일 것이다. 인간은 자신의 환경을 극복하기 위해 환경 안팎에서 작용하는 힘을 규정하고 이해하고 설명하려고 하며, 최소한 그 힘과 효과를 예측하여 가능하면 자신에게 유리하게 이용하려고 애쓴다. 인간은 그런 힘들이 존재한다고 가정하는 성질이 있다. 인간은 자연적·인위적 환경과 관련해 이런 방법론을 사용하여 인상적인 성공을 거두었다. 따라서 이해하려는 탐색은 인간의 근본 특질로 진화했다. 인간은 자신을 둘러싼 세계의 이유와 방향에 대해 답을 가져야만 한다. 이런 능력을 최대로 키우는 가운데, 인간은 세계의 다양한 요소들을 설명하고 연관 짓고 세계와 세계 속 자신의 존재에 의미를 부여해줄 일련의 해석적인 '이야기', 즉 포괄적인 해석의 틀을 가지려는 깊은 감정적 욕구를 갖게 되었다. 인간은 우주 인식의 지도와 우주 조종 지침서를 필요로 한다. 그것들이 미지의 영역을 축소시켜 일종의 안정감을 심어주고 두려움을 조절하고 완화해주며 고통과 고민을 덜어준다고 보기 때문이다. 그 답이 자신의 지평을 넘어서거나 경험을 초월할 때면, 인간은 사색이나 '신화화'로 틈새를 메운다.[24]

나는 '신화화'라는 단어를 사용하긴 했지만 썩 내키지는 않는다. 어떤 힘과 효과가 실질적인지, 어떤 해석이 타당한지, 어떤 조종 방식이 효과적인지 판단하기가 늘 쉽지는 않기 때문이다. 이론과 신화, 자연적인 것과 초자연적인 것, 과학과 마법 등은 훗날 인간의 추론에 의해 형성된 이분법이다. 사실 그 모든 것은 현상 이면의 근원적인 힘들에 대한 탐색, 그리고 그 힘들을 자기편에 두려는 노력에 뿌리를 두고 있다. 19세기 오귀스트 콩트Auguste Comte의 유명한 정식화에 따르면, 인간의 사상이 '신학적' 단계에서 '형이상학적' 단계를 거쳐 '과학적' 단계로 발전한 주된 이유는 갈수록 권위적인 전통을 거부하고 자유사상에 전념했을 뿐 아니라, 점점 더 엄격한 경험적 절차로 가설을 입증한 학문들을 채택했기 때문이다.[25] 나의 논의를 이렇게 한정하면, 우주를 정돈하려는 인간의 탐색에서 남는 문제는 지식과 조종에 대한 욕구와 의미·조화·안보·위안에 대한 욕구 사이의 긴장이다. 전자는 시행착오를 통해 검증하기가 더 쉬운 반면에 후자는 대체로 증거에 완강히 저항한다—실은 반경험주의와 가당찮은 사례를 먹고 공공연히 번성하기도 한다. 바로 이 둘째 요소가 신성함의 영역을 형성한다. 이런 해석에 따르면 호모 사피엔스 사피엔스의 크게 팽창한 지적 능력은 부산물이나 '프로그램'의 '버그'를 낳았다. 바로 불안과 지적 관심, 그리고 거의 '중독'될 만큼 감정을 쏟게 하는, 전체를 아우르는 특정한 관념들에 매우 취약한 감정적 욕구가 그것이다.

수렵채집인들은 자신들 세계의 구성 방식에 관해 사색했고 그것을 통제할 기술을 발달시켰다. 때로 그 사색은 일부 타당했지만 기술은 그렇지 못했고, 때로는 그 반대였으며, 때로는 사색과 기술 모두 타당했거나 또 둘 다 그렇지 못할 때도 있었다. 일부 관념과 실천은 생존에 적응적이었지만 다른 일부는 부적응적이거나 아무런 적응적 차이를 만들지 못했다. 적응적 가치는 의도했던 목적에 의해서는 물론 의도하지 않았던 역효과나 부산물에 의해서 결정되는 경우도 많았다. 따라서 앞에서도 말한 것처럼 이런 부산물, 또는 굴드Gould와 르원틴Lewontin의 용어를 빌리면 '스팬드럴 spandrel'은 '숙주'를 희생시키며 독립적으로 번성하는 '바이러스'처럼, 혹은 숙주에 의해 유익하게 사용되는 우호적인 '박테리아'처럼 기능하거나, 또는 둘 다처럼 기능할 수 있었다.[26] 그렇다면 우리가 물어야 할 질문은 수렵채집인들의 '형이상학'이 그들의 전쟁에 어떤 식으로 영향을 주었는가 하는 것이다.

가능한 영향 하나는 앞에서 이야기했다. 뒤르켐과 그 제자들이 강조했듯이, 공동의 초자연적 신앙, 신화, 숭배, 의례는 집단 정체성을 강화하고 따라서 결속을 강화했던 것으로 보인다.[27] 시간과 자원 면에서 이것들의 직접적인 비용이 얼마가 됐든, 그 비용은 간접적이되 매우 적응적인 '방어 비용'으로 여길 수 있다. 더욱이 신앙, 숭배, 의례는 언어를 비롯한 문화—또는 인간의 '상징적 우주'—의 나머지 요소들과 비슷해서, 어릴 때 사회적 학습으로 내면화된 후에는 바꾸기가 매우 힘들다. 사람들은 인지적으로 또는 감정적으로 그것들에 많은 투자를 한다. 누군가의 '정신적 풍경'을 바꾸는 데는 어쩌면 '신체적 풍경'을 바꾸는 경우보다 더 많은 비용이 들고, 때로는 엄두를 못 낼 만큼 비용이 엄청날 수도 있다. 이 요인 또한 집단 내 이해관계를 공고히 하는 한편 '타자'의 '타자성'을 강화한다.[28]

그러나 분쟁이나 전쟁과 관련해 수렵채집인들의 세계관, 초자연적인 믿음과 관습이 어떻게 사회적 결속에, 그리고 우리가 이 장에서 다루는 분쟁과 전쟁 자체의 이유에 영향을 주었을까? 나는 전반적으로 보아 그런 것들이 우리가 이미 밝혔던 이유들에 덧붙여졌고 때로는 그런 이유들을 강조했다고 주장하고자 한다. 여기서 인류학적 설명에 대한 증거로 돌아가면, 수렵채집인 문화들 전반에 걸쳐 이야기는 놀랍도록 비슷하다. 수렵채집인들의 전쟁 이유에서 선교는커녕 우리에게 너무도 익숙한 신들의 영광이나 신들을 달래야 할 필요성 따위는 결코 등장하지 않는다. 이런 이유들은 나중에야 등장하는데, 적절한 때에 논의할 것이다. 전쟁처럼 종교도 문화의 진화와 함께 변한다. 애니미즘적 정령, 토템, 샤머니즘을 특징으로 하는 수렵채집인들의 세계에서 전쟁의 원인으로 언급된 초자연적인 이유들은 다른 것이다.

전쟁의 이유로서 가장 주기적으로 언급되는 것이 주술에 대한 두려움과 비난이란 사실은 앞에서도 말했다. 그렇지만 그런 두려움과 비난이 아무 때나 생기지 않았다는 데 주목할 필요가 있다. 대개는 주술로 피해를 입었다고 느끼는 사람이 남들이 자신을 해하려는 이유가 있다고 느낄 때 그 사람들에 대해 그런 감정이 일어난다. 물론 다른 사람들이 진짜로 꼭 그랬다는 뜻은 아니다. 그 사람들이 실제 주술로 피해자에게 해를 가했다는 의미가 아니라는 건 분명하다. 사실 그 의미는 경쟁, 잠재적 분쟁, 적의, 의심 등이 주술에 대한 두려움과 비난을 부채질했다는 것이다. 더 명확히 말하자면, 이런 '상상의' 두려움과 비난이 그 밑에 깔린 '실질적' 원인 또는 잠재적인 '실질적' 원인 이상으로 치명적인 폭력 발생을 늘릴 수도 있다는 얘기다. 분명히 그렇다. 그렇지만 그 망상증은 안보 딜레마 이상으로, 실질적이거나 잠재적으로 실질적인 두려움과 불안의 진폭을 반영하고, 따라서 전쟁 콤플렉스를 더 한층 악화시키고 가중시킨다. 야노마모족에 관한 섀그넌의 서술은 상호 의심과 불안이 주술에 대한 비난과 밀접하게 연관된 방식을 멋지게 포착한다.

연회와 동맹은 독립적인 마을들 사이에 안정되고 우호적인 관계를 구축할 수 있지만 종종 실패하기도 한다. 실패할 경우 집단들은 당분간 어떤 노골적인 적의도 표현하지 않은 채 공존한다. 그러나 이는 불안정한 상황이며, 두 마을이 서로 편안히 걸어갈 만한 거리에 있다면 그런 관계는 결코 무한정 지속되지 않는다. 그들은 동맹이 되어야 하는데, 그러지 않으면 서로 적의를 키울 가능성이 높다. 무관심은 무시나 의심으로 이어지고 이는 곧 주술에 대한 비난으로 이어진다. 일단 관계가 이렇게 되면, 그들 마을에서 어느 한 사람이 죽었을 때 그 죽음은 다른 마을의 샤먼이 보낸 사악한 헤쿠라hekura 탓으로 돌려지고, 결국 두 마을 사이에 습격이 일어난다.[29]

초자연적 요소가 두려움이나 불안이 아닌 나머지 전쟁 동기와 뒤얽혀 작용할 때도 있었다—앞에서 본 것처럼 무단침입은 대개 한 집단이 신성시하는 영토에 대한 공격으로 간주되었다. 한편 씨족의 토템에 대한 신성 모독 행위는 그 씨족 자체에 대한 모욕으로 여겨졌다. 뒤르켐은 오스트레일리아 원주민에 기반한 방대한 종교 연구에서 이런 종류의 상징적 투사投射를 강조했다. 이 두 경우에서 초자연적 요소는 신성한 승인이자 보다 현실적인 재화인 자원과 명예의 상징으로서 기능했다. 결국 토템은 문장紋章이나 기旗와 비슷했다. 물론 초자연적 동기가 그저 다른 이유에 대한 구실로 등장할 때도 있었다. 그러나 그런 경우에도, 이런 동기는 기존의 동기에 영적이고 신성하고 정당한 영역이라는 새로운 차원을 덧붙여주었다.

예를 들어 뉴기니 고지대에서 돼지, 여자, 땅을 놓고 싸웠던 두굼 다니 Dugum Dani족은 '영적 복수'를 자신들의 전쟁 동기와 불가분한 것으로 보았다. 만약 두굼 다니족 내에서 한 사람이 죽었을 때 복수하지 않는다면 그들은 자신들에게 화를 내는 귀신들을 진정시켜야 했다.

적이 그들 부족 중 한 사람을 죽인 경우, 귀신이 위협하기 시작한다. 그 위협을 크게 느낄수록 적을 죽이려는 사람들이 많아지는데, 그런 행위만으로도 위협은 줄어들곤 한다.[30]

이와 비슷하게, 뉴기니 저지대의 게부시Gebush족은 어느 곳보다 높은 살인율을 보였다. 그 많은 살인에 붙여진 이유는 주술에 대한 보복이었으나, 인류학자 브루스 크노프트Bruce Knauft('사회생물학자'가 아닌)는 다음과 같이 결론을 내렸다.

[그 이유는] 더욱 깊은 일상적 메커니즘, 여성을 둘러싼 남성들의 싸움…… 등에 따른 것이었다…… 게부시 사회에서 살인을 주술의 탓으로 돌리는 것과 누이 교환 혼인에서 실현되지 않은 상호이익 사이에는 놀랄 만한 상관관계가 존재한다…… 게부시족이 주술을 탓하는 것은 곧 해결되지 않은, 심지어 인정조차 하지 않은 혼인 교환 균형의 부적합성 때문이었다.[31]

수렵채집인들의 전쟁에서 초자연적인 것의 역할을 이렇게 해석하는 것이 '환원주의'는 아닐까? 내가 이해하는 한 그렇지는 않다. 우선, 초자연적인 요소들은 안보 딜레마와 비슷하게 '나름의 생명'을 갖고서 '애초의' 동기를 넘어서 분쟁과 폭력을 단계적으로 확대시키는 것처럼 보인다. 여기서 나아가 나는 '하부구조'와 '상부구조' 사이의 섣부른 구분이 초점을 놓친다고 주장하고 싶다. 오히려 진화적으로 형성된 '인간의 자연 상태'에서 수렵채집인들 전쟁의 모든 요소―'신체적인' 것과 '영적인' 것―는 전반적인 생활방식의 여러 측면이며, 대체로 모든 요소는 그 삶의 방식에 맞추어 조율되어 있었다고 봐야 한다.

혼합 동기들: 카니발리즘

카니발리즘은 많은 원시사회―수렵채집인들을 포함한―에서 존재했지만, 이는 대개 낯선 부족의 특징으로 여겨진 부정적 관습의 하나이기 때문에 훨씬 더 광범하게 보고되었다. 메깃이 쓰고 있듯이 오스트레일리아 중부 사막의 수렵채집인들은 이질적인 부족들이 이방인을 죽이고 먹는다고 믿었다(메깃에 따르면 그렇게 믿을 근거는 거의 없었다).[32] 그런 믿음은 부족사회 사이에 가장 흔했다. 확실히 그런 믿음은 주로 근본적인 경쟁과 적대 관계에서 생겨나 그 관계를 강화하는 두려움과 불안, 잘못된 정보의 악순환에서 자라났다. 주술에 대한 비난과 비슷하게, 카니발리즘의 공포는 이런 식으로 안보의 딜레마를 강조하는 효과가 있었다. 겁에 질린 상상이 카니발리즘에 대한 비난으로 나타났던 경우가 너무도 많았기 때문에, 인류학자 윌리엄 애런스William Arens는 『신화를 먹는 인간The Man Eating Myth』(1979)이란 책에서 카니발리즘이 사회적 관습으로서 어떤 식으로든 유의미한 방식으로 존재했던 경우는 결코 없다고 주장했다. 그러나 나머지 인류학자들이 반발했던 것처럼, 카니발리즘이 완전히 상상만은 아니었다. 그 존재는 아메리카와 태평양의 많은 부족사회에서, 그리고 그보다는 덜하지만 근대 유럽인들이 도착했던 아프리카의 경우에도 충분히 기록되어 있다. 네안데르탈인의 유적을 포함해 선사시대 현장에서도 카니발리즘이 존재했다는 분명한 흔적이 발견되었다.[33] 무엇이 그런 결과를 낳았을까?

인류학자들은 이렇게 결론을 내린다. 다른 모든 복합적인 인간 행위 패턴—전쟁 자체 같은—과 마찬가지로, 카니발리즘은 다양하고 대개 혼합된 동기들에 의해 일어났다고 말이다.[34] 이 현상이 전쟁의 경우처럼 복잡하기는 했지만, 그 복잡성 자체는 더 단순하고 더 근본적인 인간적 동기들의 상호작용에서 비롯되었다.[35] 일부 경우 카니발리즘은 대중적인 이미지와 상통하게 고기를 얻기 위해 행해졌으며 포로들을 요리해서 먹는 것으로 이어졌다. 심지어 몇몇 부족사회에서는 인육에 대한 취향을 발전시켰다는 보고도 있다. 이런 형태의 카니발리즘은 다른 사람을 먹이로—다시 말해 자원 자체로—삼은 자원 분쟁이었다. 이런 카니발리즘 가운데 가장 잘 기록된 것이 남아메리카 북부, 동남아시아와 태평양 섬들—즉 파푸아뉴기니, 보르네오, 수마트라, 자바, 피지 등지—의 대규모 원시부족 보호구역의 사례이다.

그러나 대체로 자원 카니발리즘 혹은 '요리' 카니발리즘은 널리 퍼져 있지는 않았다. 왜 그럴까? 여기서 다시 나머지 동물들을 살펴보자. 동물에게도 카니발리즘은 존재하지만 비율로 따지면 정상적인 먹이를 먹는 것과는 비교가 되지 않는다. 앞에서도 보았지만 같은 종을 먹는 행위는 위험하기 때문이다. 그러나 그 종이 아니라 그 개체에 위험한데, 같은 종의 다른 개체는 보통 그 개체와 힘이 같기 때문이다—그래서 싸움과 카니발리즘은 모두 '금지'된다. 실제로 포식동물이 다른 포식동물이나 코끼리, 코뿔소, 하마 등 위험한 도구를 갖춘 힘센 초식동물을 먹는 일도 매우 드물다. 정상적인 먹잇감은 흔히 자기보다 약하고 자기 종보다 덜 위험한 종이다. (겉보기와는 달리, 가젤을 사냥하는 표범만이 아니라 코끼리를 사냥하는 인간에게도 이것이 적용된다.) 같은 종의 동물과 나머지 포식자들은 정상적인 포식 행위를 순조롭게 하기 위해 겁을 주어 쫓아내거나, 때로 싸워야 할 상대이다. 사냥이 훨씬 더 일반적인 행동이며, 사냥에 비하면 싸움은 드물다.

'요리' 카니발리즘은 어쩌다 일어난다 하더라도 극히 드물고, 기록된 대부분의 카니발리즘을 설명해주지도 않는다. 인류학자들은 대개 카니발리즘이 정교한 의례 및 주술적 행위와 관련해 포괄적인 상징 및 신화 체계의 맥락에서 행해진다고 보고 있다. 사실 대부분의 카니발리즘에서는 희생자의 신체 가운데 (영양학적으로) 중요하지 않은 한 부분만 실제로 소모된다. 이 의례적인 카니발리즘의 목적은 무엇일까? 윌리엄 버클리는 반평생을 같이 살았던 오스트레일리아 원주민들에 관해 이렇게 보고한다. "나는 그들이 전투에서 살해된 적의 인육 일부를 먹는 장면을 보곤 했다. 그들이 인육을 특별히 좋아해서가 아니라, 원수의 살을 먹음으로써 스스로 더 훌륭한 전사가 될 거라는 느낌 때문에 그렇게 하는 것 같았다." 그는 또 그런 관습의 다른 동기들도 다양하게 열거했다.[36] 실제로, 원시사회를 연구해온 인류학자들이 기록하는 것처럼 적의 인육을 먹는 일은 패자에 대한 복수와 우월함을 의미했다. 그것은 피해자의 비밀스러운 힘과 그의 영혼, 폴리네시아에서 말하는 유명한 마나mana를 이어받을 수 있게 해주는 행위였다. 또한 남자다움, 사나움, 용기 그리고 일상적 한계를 초월했음을 보여주는 행위였고, 따라서 집단 내에서는 하나의 정치적 제스처처럼 기능했다. 요약하면 하나의 현상으로서, 그리고 전쟁의 한 원인으로서 카니발리즘은 인간의 동기 복합체에서 이미 검토한 요소들이 다양하게 혼합되어 나타난 것이다.

이런 동기들이 혼합된 방식이 가장 섬뜩하게 나타난 곳은 카니발리즘이 상당한 정도로 행해졌다고 알려진 유일한 문명인 아스텍 제국이었다. 아스텍족에게 인신공희를 목적으로 한 포로 포획은 전쟁의 주요 동기 중 하나로서 대규모로 행해졌다. 아스텍 전사들은 포로를 죽이기보다는 생포하도록 훈련을 받았고, 정복된 사람들은 신에게 바쳐지는 인간 제물이 되어야 했다. 수천 명에 이르는 희생자가 아스텍 제국의 수도인 테노치티틀란의 신전에서 신들에게 바쳐졌다. 아스텍 종교는 태양이 계속 돌아가려면, 따라서 지상에서 생명이 지속되려면 인간의 피가 필요하다고 처방했기 때문이다. 그러나 신들에게는 희생자의 심장만 바쳤다. 공희가 끝나면 사제들과 전사들은 도시 전체에서 벌어진 의례적 연회에서 희생자의 살을 먹었다. 이 때문에 문화유물론 인류학자인 마빈 해리스와 마이클 하너 Michael Harner는 아스텍의 인신공희, 그리고 전쟁 동기의 진짜 이유는 고기 부족 때문이라고 주장했다. 중앙아메리카에는 고기를 공급해줄 가축화된 초식동물이 전혀 없었다. 그들이 사는 멕시코 계곡은 인구 밀도가 높았다. 따라서 인간의 살은 없어서는 안 될 단백질 공급원이 되었다.[37] 대부분의 문화유물론적 설명이 그렇듯 이런 해석은 어느 정도 진실을 담고 있을 테고 유혹적일 만큼 단순하지만, 한편으론 크게 과장되어 있고 편파적이다. 아스텍 이전의 3000년 동안 멕시코 계곡의 대규모 도시 문명을 포함해 주요 문명들이 중앙아메리카에 존재했고 인신공희와 일부 의례적 카니발리즘을 실행하기는 했어도, 우리가 아는 어느 문명도 그렇게 대규모로 이 관습을 실행하지는 않았다. 아스텍족의 경우에도 의례적 맥락을 벗어나서—이를테면 전장에서—인육을 먹었다는 사실은 보고된 바가 없다. 유독 아스텍의 경우에 영양학적 요소가 있었다고 해도, 그것은 통합적인 문화적 관습 안에서 초자연적-의례적 요소와 결합되어 있었다. 어느 요소가 '주된' 것이었는지는 가려내기가 불가능하고, 그런 질문 자체도 거의 무의미해 보인다.

아스텍족에게 전쟁의 동기가 전적으로 또는 대부분 종교적이었다는 가정도 똑같이 잘못일 것이다. 나중에 보겠지만, 아스텍의 통치자들과 백성들이 전쟁을 했던 이유는 중앙아메리카에서든 다른 어느 곳에서든 항상 국가와 제국을 전쟁으로 몰아가는 다양한 동기들 때문이었다. 다시 말해 자원, 위신, 권력, 방어는 물론 초자연적인 요소, 그리고 앞에서 우리가 논의했던 나머지 동기들 때문이었던 것이다.[38] 인신공희와 일부 카니발리즘은 인간의 동기 복합체 속의 다양한 동기들에 뿌리를 두고, 그 동기들과 상호작용하는 관습이었다.

아스텍 문명은 '인간의 자연 상태'에 관한 우리의 현재 논의와는 동떨어진 사례다. 그렇다 해도 카니발리즘—그것이 의례적이든 '요리'적이든—이 일반적으로 문명과 함께 사라진 이유는 무엇일까? 포로에게서 최대의 이익을 얻기 위해 학살과 카니발리즘 대신에 노예화가 자리잡았다는 유물론자들의 주장은 타당하다.[39] 그러나 이런 발전은 진화에서 모든 종에게 깊이 배어든 성향, 즉 평범한 행위로서 같은 종을 먹기를 꺼리는 모든 종의 성향—그 근원에 대해선 앞에서 살펴보았다—과 관련해 일어났다는 사실을 덧붙여야 할 것이다. 해리스의 견해와는 반대로, 카니발리즘은 결코 평범한 고기 섭취 방법으로 여겨지지 않았다.[40]

놀이, 모험심, 사디즘, 황홀경

우리는 지금까지 진화 과정에서 형성된 전쟁의 동기를 살펴보았지만, 인간은 아무런 특별한 목적 없이 그냥 재미삼아 일종의 스포츠 같은 활동으로, 하나의 게임이자 모험으로, 순전한 '호전성'에서 비롯되는 '자기 표출적 전투'의 배출구로서 싸우기도 하는 건 아닐까?

놀이와 스포츠는 흔히 '목적 없는', '자기 표출적인', '오직 재미를 위한' 활동으로 여겨지기—실제로 그렇게 규정되고 있다—때문에,[41] 우선은 그 성격부터 살펴보자. 놀이가 인간에게 고유한 것은 결코 아니며 모든 포유류에게 나타나는 특징임을 기억할 필요가 있다. 놀이의 진화론적 논리는 무엇일까? 어쨌거나 있는 그대로 말하자면 놀이는 뚜렷한 소득도 없이 상당량의 에너지를 소모하는 활동이다. 사실 놀이의 목적은 신체 운동이며, 사냥, 포식자와 자연적인 위험 피하기, 싸움, 영양 섭취, 그리고 이 모든 것을 할 때의 사회적 협력 등 삶의 여러 과제를 수행하기 위한 행위 훈련이다. 그렇기 때문에 종을 막론하고 모든 포유류는 성숙하고 노련한 개체에 비해 어린것들이 가장 활동적이고 열띤 놀이 행동을 보인다.[42] 스포츠는 경쟁 요소가 더 뚜렷이 강조될 뿐 놀이와 똑같다. 스포츠는 훈련의 의미도 있지만 유능한 개체들에게 우월한 능력을 과시할 수 있고 따라서 집단 성원들의 평판을 얻을 기회를 준다. 모험심에도 진화론적 원리가 숨어 있다. 모험이란 고위험/고수익의 탐구 행위이다. 모험심 또한 삶에서 아직

자기 위치를 찾아야 하는 어린것들에게서 가장 흔히 나타난다. 적응적 행위는 보통 감정적 만족에 의해 부추겨지기 때문에, 놀이나 스포츠, 일부 모험 등은 대체로 즐거운 일이 된다.[43]

게임과 스포츠에는 다른 기능도 많지만 싸움에 대한 준비의 측면이 있다. 이런 관점에서 보면 더욱 진지한 싸움에 대비한 장난스러운 훈련으로서 싸움을 벌이는 경우도 드물게 있을 것이다. 그러나 우리가 고려해야 할 문제의 범위는 더욱 넓다. 싸움은 때때로 어떤 목적이 있어서가 아니라 지루함을 없애기 위한 모험으로서, 놀이나 스포츠 행위와 연관된 일종의 감정적 만족을 위해 행해지는 것은 아닐까? 앞에서 감정적 만족이 자연에서 진화상의 목표 달성을 위한 근사적·매개적 메커니즘 역할을 하며 이것이 싸움이라는 행동에도 적용된다는 것을 보았다. 그러나 싸움 자체는 위험성이 높은 전술이기 때문에, 긍정적인 감정 반응은 물론이고 매우 부정적인 감정 반응도 일으키며, 그리하여 싸움이 조절되고 싸움 스위치가 켜지고 꺼진다는 점에도 주목했다. 대개의 경우가 그렇듯 이런 반응이 진화상의 비용 편익 계산과 밀접하게 관련되는 한, 특별히 논의할 점은 없다. 그러나 때로 감정적인 만족은 나머지 행동은 물론이고 싸움을 할 때에도 독자적인 생명을 갖는 것은 아닐까? 나는 그렇다고 주장하는데, 이는 진화론적 논리를 부정하는 결과가 아니라 그 논리가 지나치게 확장된 결과다.

첫째로 명심해야 할 것은, 전적으로 장난스럽거나 '자기 표출적인' 싸움 행위라 하더라도 어디까지나 전반적인 진화론적 맥락 안에 존재했다는 사실이다. 그 맥락에서는 분쟁이 정상적이며 싸움은 뚜렷한 가능성이고 따라서 뿌리 깊은 행위 패턴이다. 그런 점에서 완전히 '목적 없는' 폭력은 진화상 형성된 '정상적인' 행동이 '엉뚱하게' 또는 '잘못 활성화'되어 표출되는 것이다. 이 얘기는 잠시 후에 하기로 하자. 둘째로 주목해야 할 점은, 주술에 대한 비난이 그렇듯 겉보기에 '목적 없는' 폭력도 완전히 무작위적이지는 않다는 것이다. 오스트레일리아 중부 사막에서 왈비리족과 와라뭉가족 사이의 충돌에 관한 메깃의 서술에서 보았듯, 이런 폭력은 서로 알아보는 친구보다는 외부인이나 경쟁자를 향하는 경우가 훨씬 많다.[44] 따라서 이것 역시 경쟁과 잠재적 분쟁 상태의 연장, 혹은 그에 대한 '과잉반응'일 때가 많다.

그러나 더러 '목적 없는', '자기 표출적인' 폭력이 조금이나마 존재한다는 것을 인정한다 해도 그것을 '엉뚱하고' '잘못 활성화'된 것으로, 심지어는 '일탈적'이거나 '비정상적'인 폭력으로 묘사한다는 것은 무슨 뜻일까? 도덕적인 판단, 혹은 다른 어떤 가치 판단을 뜻하는 것은 분명히 아니다. 내가 계속 주장해왔듯이, 우리의 목적은 오직 우리 자신의 근본 충동과 감정 메커니즘을 포함해 모든 생물의 행동을 형성해온 진화적 맥락에서 이 행동을 이해하려는 것뿐이다. 이 맥락에서 '엉뚱한' 또는 '잘못 활성화된' 행위란 무엇을 뜻할까? 진화에 뿌리박고 있으면서도 진화상 '설계된' 맥락을 벗어난, 그래서 대개 부적응적 방식으로 표출되는 행위를 뜻한다. 만약 폭력적인 공격이 진화상의 이점을 안겨준다면 엄밀히 말해 목적 없는 것으로 볼 수는 없다. 반대로 정말로 목적이 없는 공격은 그 폭력 행동이 초래하는 심각한 위험 때문에 부적응적이 될 가능성이 아주 높다. 여기서 또하나의 의문이 떠오른다. 만약 어떤 행동이 진화상 형성된 맥락을 벗어나 활성화되었는데 부적응적이라면 어떻게 도태되지 않고 존속하는 것일까?

실제로 부적응적 특질은 끊임없이 선택에서 제외된다. 그렇기 때문에 그것이 우세한 경우는 별로 없다. 그러나 존재하기는 한다. 자연선택이 오랜 지질학적 시간대 동안 그런 특질을 제거해왔는데도 어째서 여전히 그런 특질이 발생하는 것일까? 몇 가지 이유가 있다. 자연선택이 끊임없이 계속되는 이유는, 새로운 개체가 생길 때마다 일어나는 독특한 유전자 재조합인 돌연변이와 변화하는 환경조건 때문만은 아니다. 더 중요한 이유는, 인간에 의해 목적적으로 설계되었든 자연선택에 의해 맹목적으로 설계되었든 간에 완벽하고 100퍼센트 효율적인, 다시 말해 완전히 조율된 메커니즘이 없기 때문이다. 모든 설계가 그렇듯 자연선택의 산물들도 온갖 경이로움과 각양각색의 정교함을 지니고 있음에도 불구하고 저마다 한계와 결함, '버그'를 가지고 있다. 그리고 근사적 방식으로만 작용할 수 있으며 따라서 최적과는 거리가 멀고 종종 '잘못된' 선택을 하기도 한다. 자연선택의 산물들이 충족시켜야 하는 유일한 요구란 주어진 환경에서, 주어진 경쟁적 도전에 맞서서 생존할 수 있을 정도면 된다는—그들이 생존하는 한—것이다.

우리의 주제로 돌아가면, 폭력을 조절하는 감정 메커니즘은 위에서 이야기한 모든 한계를 갖는다. 무엇보다도 일부 상황과 개체에서는 다른 경우보다도 더 많이 촉발되거나 '잘못 활성화'되어 '목적 없는', '표출적인', '즉흥적인', 또는 '엉뚱한 방향의' 폭력을 부를 수 있다. 이런 일은 분명히 일어나므로 고려해야 할 것이다. 그렇지만 이는 과식이나 불면—더욱 친숙한 예를 들자면—처럼, 진화적으로 형성된 표준을 벗어난 일탈의 범위로서 이해되어야 할 것이다. 순수하게 '자기 표출적'이거나 '목적 없는' 폭력이 일어나기는 하지만, 어디까지나 주변적이며, 진화 과정에서 형성된 공격 메커니즘과 행동으로부터 '일탈'한 것이다.

사디즘을 예로 들어보자. 사디즘은 가학적인 감정적 만족 이외의 다른 목적이 전혀 없는 온갖 유형의 행동—싸움을 포함해—을 낳을 수 있다. 하지만 그런 형태의 사디즘은 비교적 드물며 진화에 근거한 감정으로부터의 일탈로서 생겨난다. 그것은 애초부터 '정상적' 잔인성에서 벗어나 있지만 그 진화론적 원리는 명백하다. 잔인함은 상대방에게 고통을 주려는 감정적 자극이며, 물론 전체적인 행동 계산의 범위 내에서 대개 다른 행동

자극과 고려에 의해 조절되고 밀려나는 충동이다. 오해의 소지를 없애기 위해 말하자면, '정상적' 잔인함도 소름끼치는 방식으로 표출된다. 요는 그 것이 진화상 형성된, 잠재적으로 적응적인 행위일 뿐이라는 것이다. 사디 즘은 잔인성 말고도 또다른 뿌리를 가지고 있다. 우리가 본 것처럼, 사디 즘은 남보다 우월해지고 싶다는 진화 과정의 욕구에서 파생된 것이자 그 욕구에서의 일탈이다.

또다른 예로 황홀경 행위가 있다. 황홀경은 아드레날린, 세로토닌, 도 파민 같은 호르몬의 증가로 빚어지는 고양과 초월의 감정이다. 황홀경은 고통과 피로에 대한 신체 감응도를 떨어뜨리고 에너지를 높은 수준까지 끌어올리며 평소의 억지력을 저하시킨다. 자연에서 황홀경 행위는 대개 격투나 싸움과 관련된 격한 신체 활동중에 일어날 수 있다. 그러나 인간 은 기분 좋은 효과 자체를 위해 '인위적으로' 황홀경을 일으키는 방법들을 일찌감치 발견했다. 이를테면 율동감 있는 춤과 노래, 또는 마약성 물질을 통한 황홀경이다. 인류학자들은 선사시대 사회에서 전쟁을 포함한 여러 경우에 마약성 물질이 광범위하게 사용되었다는 사실을 점차 인정하게 되 었다.[45] 일부 경우에는 싸움을 하기 전, 싸움을 준비할 때 마약성 물질을 사용했다. 얼마 전까지만 해도 대부분의 군대에서는 근접전을 앞두고 약 간의 알코올을 섭취하는 것이 일상적인 관습이었다. 그러나 다른 경우 황 홀경 상태 자체가 폭력을 낳을 수 있다. 또한 많은 사회에서 술에 취한 상 태는 폭력 발생의 주요 원인이거나 큰 요인이 되고 있다. 더욱이 일부 경우 에는 그 순서가 완전히 뒤바뀔 수도 있으며, 황홀경의 기분을 내기 위해 서—젊은이들의 모험심을 자극하는 것에는 돈, 여자, 사회적 명망 등등 앞에서 말한 것과 같은 '평범한' 동기도 있지만, 이 동기가 큰 역할을 한 다—젊은이들이 흔히 음주 상태로 '목적 없는' 폭력을 저지르면서 패싸움 을 벌이기도 한다. 이 마지막 두 범주 역시 대부분 부적응적 파생물이자 진화상 형성된 행위 패턴으로부터의 일탈이다.

요약하면 '목적 없는', '자기 표출적인', '장난스러운' 싸움은 전쟁의 동기 복합체 내에 존재한다. 그러나 그런 싸움은 진화의 원리와 공존하는 듯 보이는 '독립적'이고 '예외적'인 요소로서 일어나지는 않으며, 진화상 형성된 행동 표준에 비하면 상대적으로 미미하고, 적응적 논리에서 벗어났을 때조차도 그 논리를 통해 설명된다.

결론

인류학은 대대로, '원시전쟁' 이면의 적응적 논리를 이해하는 데 실패해 왔다. 그런데 여기서도 진화론적 원리의 흥미로운 반전이 일어나, 일부 인류학자들은 인간의 자연 상태에서 전쟁은 근본적으로 비적응적인 특질이었으며 농업과 국가의 등장으로 비로소 이 특질이 '청산'되기 시작했다고 믿고 있다. 이 전통을 대표하는 학자 C .R. 홀파이크Hallpike는 이렇게 쓴다.

> 결국 원시전쟁이 적응적이지 않다면 어째서 그렇게 흔히 나타날까? 답은 분명히, 전쟁으로 이끄는 매우 광범위한 요인들이 많다는 것이다. 젊은 남자들의 공격적 성향, 지도자가 없는 사회에서의 효과적인 사회 통제 부재, 서로 다른 집단 간의 상호 의심, 복수, 사회체제의 자기 유지 성질, 중재 제도를 발전시키는 일의 애로점, 전쟁의 성공과 전반적인 활력의 종교적 연관성 등이 그런 요인들이다.[46]

그렇지만 왜 젊은 남자들이 그런 공격적 성향을 갖는 걸까? 근본적인 분쟁이 존재하지 않는다면 왜 사회적 통제와 중재 제도의 부재가 전쟁으로 이어질까? 왜 이런 상황에서 상호간에 의심이 생길 수밖에 없는 걸까?

맨 처음 복수에 불을 댕기는 것은 무엇일까? 왜 종교와 활력은 전쟁을 통해 성공적으로 결합되는 걸까? 마지막으로, 동물들 사이에서 흔히 벌어지는 같은 종끼리의 싸움 또한 비적응적인 행동으로 보아야 하는 걸까? 이런 질문들의 대답은 고사하고 아예 질문 자체조차 제기되지 않았다. 그저 경쟁이 심한 진화적 자연 상태에서 싸움은 '의례적'이고 '표출적'이며 목적이 없는 행동으로서, 삶의 실질적 조건에 기반하지 않은 '심리적' 욕구를 만족시키기 위해 '그냥 그렇게' 일어났다는 옹호하기 어려운 인식이 널리 통용되어왔다.

홀파이크가 나머지 학자들처럼 스스로 이 이상한 매듭에 묶여버린 한 가지 이유는, 원시사회에서는 싸울 거리가 거의 없었을 뿐 아니라 원시사회의 싸움이 정복이나 몰살로 이어진 경우는 없었으므로 경쟁의 표출로서는 어쨌든 지극히 비효과적이었다는 잘못된 믿음 때문이었다.[47] 이 주제에 관한 왜곡된 인식에는 역시나 '의례적 싸움'이라는 개념이 큰 몫을 해왔다. 인간의 진화적 자연 상태에서의 싸움 패턴을 검토하면서 이 문제를 좀 더 알아보기로 하자.

제6장

/

'원시전쟁' : 어떻게 치러졌는가

싸움을 할 것인가 말 것인가 하는 결정은 진화상 형성된 비용 편익 계
산을 토대로, 위험 대비 잠재적 이익에 대한 평가에 따른다. 지금까지 나
는 자연 상태에서 인간은 무엇을 위해 싸우는지, 신체 및 번식 동기로 귀
착되는 것은 대체로 어떤 것들인지, 신체 및 번식 동기를 기반으로 하는
파생적이고 근사적인 동기들은 무엇인지 등등 인간의 편익 측면을 체계적
으로 고찰해왔다. 이제 비용 측면을 살펴볼 차례인데, 여기서도 나는 역시
'인간의 자연 상태'가 사실상 전반적인 자연 상태와 크게 다르지 않다고
주장하는 바이다.

1960년대부터 1970년대 초까지는 원주민 인간에 대해서나 나머지 동
물 종에 대해서 사라지지 않는 오해가 만연해 있었다. 콘라트 로렌츠에 의
해 조장되었던 그것은 같은 종끼리의 싸움이 '의례화'된 것이라는 오해였
다. 다시 말해 종내 싸움은 주로 과시를 위한 것이며 어떤 경우든 죽음과
연관되는 경우는 드물었다는 것이다. 물론 인간과 동물에 대한 이런 오해

는 훗날의 연구를 통해 종내 살해가 여러 종에서 상당히 많이 발견되면서 사라지고 있다. 애초에 그런 오해가 생긴 것은 싸움 당사자가 해를 입을 전망이 최소화된 조건에서만 심각한 폭력이 시작되기 때문이었다. 그러므로 덜 두드러지는 나머지 종내 살해의 형태들과는 대비되는, 자연에서 인간이나 동물끼리 벌이는 심각한 '공개 전투'—우리가 흔히 생각하는 수준의 싸움—는 상대적으로 드물다. 폭력은 자신이 큰 비용을 치를 위험이 낮을수록 더욱 매력적이 된다. 결국 치명적 폭력의 원칙은 승산이 매우 높을 때에만 약자를 상대로 싸우는 것—비대칭 싸움—이다.[1]

다 자란 두 동물 사이에 일어나는 폭력적 충돌의 패턴은 다음과 같다. 그런 충돌은 대부분 자기가 힘이 세고 사납다는 인상을 상대에게 심어주어 싸움을 단념시키려는 과시 형태로 나타난다. 단순한 과시만으로 충분하지 않으면 더러 그것을 증명하는 정도까지 심각한 싸움이 일어나게 된다. 이렇게 싸우다가 심각한, 종종 치명적인 부상을 입기도 한다. 그렇지만 일단 한쪽이 패배를 인정하고 물러나면 대부분의 경우 (전부는 아니지만) 승자는 상대를 끝장내려고 고집하지 않는다. 같은 종으로서의 자비심 때문은 아니며, 특히나 상호협조로 이익을 보는 가까운 혈족이나 같은 집단 성원이 싸움에 포함되지 않았다면 더더욱 그러하다. 동물은 대체로 다른 종의 경쟁자와도 끝장을 보는 싸움은 피하곤 한다. 패자라고 해도 필사적이며, 여전히 중무장한 패자와 계속 싸우다간 자신도 심각하게 다칠 위험이 있기 때문이다. 그런 부상은 승자 자신에게도 위험하며, 먹이 획득 능력을 떨어뜨리고, 승자의 곤경으로 유리해질 다른 경쟁 상대에 비해 약해질 수 있기 때문이다. 자연에는 어떤 사회적 안전장치도 없으므로, 심각한 부상은 곧 굶주림을 뜻할 수도 있다. 따라서 경쟁 상대의 패배와 후퇴로 싸움의 목적을 일단 달성했다면 대부분의 경우 비용 편익 계산의 결과는 싸움이 계속될수록 불리해진다. 사실 동물은 다른 경쟁 종은 물론 같은 종이라 해도 자기보다 훨씬 약하고 힘없는 상대를 아무렇지 않게 죽이는 것에 전혀 가책을 느끼지 않는다. 앞에서도 말했지만 종내 살해는 대부분 자기 자식이 아닌 무기력한 새끼를 상대로, 번식을 위해 또는 미래의 먹이 경쟁자를 제거하기 위해 저질러진다.

'인간의 자연 상태'에서도 심각한 살해 시도와 살해는 대부분 피해자가 무기력하고 상대적으로 방어력이 없을 때, 무엇보다도 공격자를 실질적으로 해할 능력이 거의 없을 때 저질러진다. 이런 이유로 이른바 원시전쟁의 패턴은 놀랍도록 균일하며, 연구된 모든 수렵채집인 및 원시 농경민 사회에서 주기적으로 나타난다. 특히 인류학계에서는 최근에 연구되고 널리 발표된 사례들이 당대의 학술적 관심을 지배하는 경향이 있다. 그 결과 서로 다른 사회를 관찰했던 다양한 학자들은 세대가 바뀔 때마다, 뭔가 차이가 있다 해도 별로 없는 '원시전쟁'의 패턴을 '재발견'하곤 했다. 가장 주목할 만한 예는 북아메리카 인디언, 알래스카 에스키모, 오스트레일리아 원주민, 파푸아뉴기니 고지대인들, 그리고 야노마모족의 사례들이다. 사실 이들의 전쟁 패턴은 인류학자들이 발견하기 전부터, 미국 서부의 발견과 확장 시기의 유럽인들도 많이 알고 있었다. 애덤 퍼거슨Adam Ferguson 은 『시민사회 역사론An Essay on the History of Civil Society』(1767)에서 '아메리카의 졸렬한 민족들'에 관해 이렇게 썼다.

그들이 전쟁을 하는 흔한 방법은 매복이다. 그들은 최소의 위험으로 최대의 살육을 저지르거나 또는 최대 다수의 포로들을 얻기 위해서 적을 속일 방법을 찾는다. 그들은 적을 기습할 때 자기편 사람들을 드러내는 것을 어리석은 짓으로 여기며, 자기편의 피로 얼룩진 승리에는 기뻐하지 않는다. 그들은 유럽인과는 달리 동등한 조건에서 적에게 도전하는 것을 가치 있게 여기지 않는다.[2]

이제 '원시전쟁' 패턴의 윤곽을 그려보기로 하자. 앞에서 그랬듯 나는 주로 수렵채집인들의 전쟁에서 나온 증거를 살펴볼 것이다. 그것이 진화상 형성된 '인간의 자연 상태'가 지속된 방대한 시간대를 반영하기 때문이다. 원시 농경민들의 비슷한 증거는 부차적으로만 언급할 텐데, 특히 이 문제와 관련해서 그들이 수렵채집인들과 이렇다 할 차이를 보이지 않기 때문이다.

전투, 매복, 기습

1930년에 W. 로이드 워너는 오스트레일리아 노던 준주의 아넘랜드 원주민인 먼진 수렵채집인들을 연구하면서 '원시전쟁'의 패턴을 완전하게 그려냈다. 그의 설명이 워낙 탁월했기 때문에 이 주제와 관련해 덧붙여진 중요한 사항은 거의 없다. 워너는 개인 간의 대결부터 소집단과 씨족, 몇몇 씨족(부족) 간의 분쟁까지 포괄하는 광범위한 폭력 분쟁들을 묘사했다. 그의 발견을 요약하면, 규모가 어떻든 전쟁 패턴은 똑같았다는 것이다. 정면 대결은 대개 과시적인 성격이었고 사상자가 별로 없었지만, 대량 살해는 불시에 주로 일방적인 공격에서 자행되었다.

정면대결부터 이야기해보자. 대개 친족의 지원을 받은 개인끼리의 대결은 앞서 논한 이유들 때문에 빈번히 일어났고, 대부분 여성과 관계되어 있었다. 양측은 무장을 한 채 강한 언사를 주고받았고 흔히 곤봉을 휘두르거나 창을 던졌다. 그러나 두 당사자는 각자의 친족과 친구들에게 제지를 당하기 때문에 드잡이하거나 서로 심각하게 해치는 사고는 예방되었다. 실례를 보자.

싸움 당사자는 보통 이들의 제지에 의존하며, 무제한의 행동이 허용되리라고 예상할 때보다 훨씬 더 '심한 말dal'을 상대에게 퍼붓는다⋯⋯ 그들은 친구들에게 항변하고 그들의 제지를 벗어나려고 몸부림치면서 분노의 감정을 배출할 수 있고, 불상사를 막으려는 지대한 노력을 기울이지 않고도 누구도 자신들의 권리를 침해할 수 없다는 사실을 공동체에 보여줄 수 있다. 확실히 일부 경우 당사자들의 행위에는 어느 정도 허세가 있는 것으로 보이며⋯⋯ 살인으로 이어지는 경우는 극히 드물다.[3]

씨족이나 부족끼리의 분쟁에서도 정면대결이나 전투를 할 수 있었는데, 시간과 장소는 사전에 합의하는 것이 보통이었다. 이 경우에도 싸움 당사자들은 좀처럼 서로 가까이 접근하는 법이 없었다. 적대하는 두 편은 창이 날아갈 거리인 15미터 정도 떨어져서 횡대로 줄지어 선 채 서로에게 창을 던지고 적의 창을 피하곤 했다. 일부 경우에는 분쟁을 끝내기 위해 사전에 이런 전투를 모의했고, 따라서 창던지기를 자제하고 의식적인ceremonial 춤이 혼합된 진정 '의식적인' 싸움을 하기도 했다. 일단 피를 본 후에는, 심지어 그러기 전에도 불만이 해소된 걸로 여겨져 전투가 종결되었다. 그렇지만 때로는 이런 의식적인 싸움도 충돌의 열기 속에 우연히, 또는 배신 때문에 진짜 전투로 확대되었다. 그 외의 진짜 전투는 대부분 처음부터 의도된 것이었다. 그럼에도 교전 당사자들이 서로 안전거리를 유지했기 때문에 진짜 전투에서도 사상자는 많지 않았다. 속임수가 사용되면 예외가 생기기도 했다. 이를테면 한쪽이 전사 집단을 따로 숨겨두었다가 측면이나 후방에서 상대에게 매복공격을 하는 때였다. 그렇게 되면 많은 사상자가 났다.

그러나 무엇보다 치명적이고 흔한 교전 형태는 불시에, 대부분 밤에 벌어지는 기습이었다. 기습은 개인이나 소집단이 특정한 적이나 특정 가족

성원들을 살해할 의도를 가지고, 보통은 피해자들이 밤에 야영지에서 잠자는 동안 이루어졌다. 이런 기습은 소규모였음에도 대개 사상자가 나왔다. 또한 전체 씨족이나 부족이 대규모로 기습을 감행할 수도 있었다. 그런 경우엔 공격하는 상대 진영을 포위하고서, 미처 대비를 못하고 잠들어 있던 상대 주민들을 무차별 학살하곤 했다(납치할 수 있는 여성들을 제외하고). '원시전쟁'에서 살인이 단연 많이 기록된 경우가 바로 이런 대규모 기습이었다. 워너의 연구를 보면 대규모 기습에서 살해된 사람은 35명, 소규모 기습에서는 27명, 매복이 이루어진 대규모 전투에서는 29명, 그리고 평범한 전투에서는 3명, 개인적인 정면대결에서는 2명이었다.[4] 전투나 기습 모두 사전에 모의하고 준비했으며 정교한 의례와 주술 행위로 끝을 맺었다. 그리고 이런 행동의 일부이자 적을 겁주기 위한 목적으로 몸에 전투색을 칠했다.

워너의 포괄적인 연구는 전쟁만을 따로 다루었다는 점에서 독보적이지만, 오스트레일리아 원주민에 관한 나머지 연구에서 나온 증거들은 워너가 묘사한 패턴이 물이 풍부한 환경과 건조한 환경을 막론하고 오스트레일리아 전역에 적용된다는 것을 보여주었다.[5] 그 예로 윌리엄 버클리는 1803~35년에 같이 지낸 원주민 부족들 사이에서 벌어진 수많은 기습과 매복 사건 외에도 열댓 건의 정면대결을 묘사하였다. 이런 싸움에서는 주로 창이나 부메랑을 던지곤 했고, 대결이 몇 시간 동안 이어지기는 했지만 보통 한 명에서 세 명 정도의 사망자가 나왔다. 한쪽 진영 전체가 당하지 않는 한, 기습에서 발생한 사상자 수도 비슷했다.

질롱의 와투롱가족과 야라 강의 와로롱스족 사이의 싸움은 격렬하고 피로 얼룩졌다. 나는 전자가 후자를 공격할 때 동행했었다. 그들은 밤중에 급작스레 적들을 덮치면서 남자와 여자, 아이들을 무자비하게 죽였다.[6]

물론 부족 이름이 달라지고 인류학자들의 서술 범주도 약간씩 달라질 수 있겠지만(나는 워너의 원래 설명 역시 고수하지 않는다), '원시전쟁'의 패턴은 어디서나 뚜렷하게 드러난다. 오스트레일리아 원주민들과 세계의 다른 부족들 사이에 큰 차이점이 있다면 후자에게는 활이 있었다는 것인데, 활의 효과는 교전의 범위를 크게 넓혀준 것뿐이었다. 수렵채집인에 대한 또하나의 '순수한' 대규모 실험실인 아메리카 북서해안 역시 중요한 예가 된다. 여기서는 카누가 이동수단으로서 중요한 구실을 했고 원주민 마을이 보다 영구적이며 요새화되었다는 차이점은 있지만, 전반적인 전쟁 패턴은 똑같았다. 그 밖에 나머지 면에서 매우 비슷한 북서해안의 전쟁에 관해 몇 가지 예를 인용해보자. 독일인 지리학자이자 민족지학자인 아우렐Aurel과 아르투어 크라우제Arthur Krause 형제는 1878~79년에 "부족과 씨족은 물론 개인 간의 거의 무한한 적의"에 주목했다. 이들 형제는 "틀링깃Tlingit족에겐 분명한 위험에 맞설 개인적인 용기가 없다"고 관찰했다. 따라서 "공개 전쟁은 대개 피하지만, 한 부족이 다른 부족을 상대로 전쟁을 일으킬 때에는 대부분 매복이나 야간 기습을 계획했다." 때로는 분쟁을 끝내기 위해 '의식적인' 전투를 벌이기로 합의하기도 했다.[7] 한편 프란츠 보아스는 이렇게 말했다. "인디언들은 공개 전쟁을 회피했지만, 무력하거나 방심해서 비무장 상태에 있는 상대는 기습하려고 했다…… 개인들 역시 공개 전투가 아닌 매복으로써 적을 공격했다." 전쟁의 주요 형태는 적의 마을에 대한 기습이었고, 이런 기습은 요새화되었던 마을까지 쑥대밭으로 만들곤 했다.

　　적은 꼭두새벽에, 아직 어두운 시간에 공격을 받았다…… 공격하는 쪽이 저항에 부딪히는 일은 드물었는데, 항상 적이 잠든 사이에 기습을 시도했기 때문이다…… 그들은 남자를 죽였을 때면 전투 도끼로 머리를 베었다. 그들은 마을을 불태웠다. 전사들은 맘에 드는 여자들과 아이들을 노예로 삼았다.[8]

필립 드러커Philip Drucker 역시 "반목과 전쟁에서 무기, 전술, 전리품, 그 외에도 나머지 세부 사항들은 비슷했다"는 점에 주목했다. "즐겨 쓰는 전술은 익히 아는 아메리카 인디언들의 야간 기습이었다." 정면 공격은 필요할 때에만, 기습하는 쪽이 오히려 역습을 당해 사면초가에 몰린 나머지 후퇴할 여지가 거의 없을 때에만 행해졌다.

이보다 성공적인 나머지 전술은 포위 테마의 변주곡들이었다…… 또다른 유형의 전술은 철저한 배신이었다…… 이 수법은 대개 평화를 제의하고 새로운 평안을 공고히 다지기 위한 혼인을 제안하는 것이었다. 축제의 어느 단계에 이르면 음모자들은 적들 사이에 자기편 사람들을 분산시켜 놓는데, 저마다 꾀를 써서 목표한 피해자의 오른편에 자리를 잡고는 전쟁의 지휘자가 특정 신호를 보내면 단검이나 곤봉을 휘둘러 적을 쓰러뜨리는 식이다.

드러커는 다음과 같이 결론을 내린다.

만약 우리가 효율성의 관점에서 누트카Nootka족의 전쟁을 평가한다면, 상당히 효율적이라고 해야 할 것이다. 히사우이슈트Hisau'ishth족과 오초사트Otsosat족은 최근에 멸족했다. 무찰라트 강 지류에 살던 이들 집단은 수백 명에 이르던 수가 40명 미만으로 감소했고, 나머지 집단은 오래전에 완전히 절멸했다고들 한다. 모두가 앞서 묘사한 것과 같은 유형의 전쟁

때문이었다.[9]

알래스카 해안에 사는 에스키모의 전쟁도 비슷한 패턴을 따르는데, E. W. 넬슨Nelson은 다음과 같이 말한다.

베링 해의 알래스카 해안에 러시아인들이 도착하기 전까지 에스키모들은 부족끼리 거의 계속해서 전쟁을 벌이고 있었다. 동시에 내륙의 티네Tinné족과 접촉하는 과정에서도 격렬한 반목이 항상 존재했다. 해안의 사람들은…… 티네족 호전파에 의해 파괴된 많은 마을의 이야기를 잘 알고 있었다…… 몇몇 티네족은 말레무트족에 의해서, 두 부족이 각각 점유하던 구역 사이의 사람이 살지 않는 좁은 툰드라 지대에서 순록을 사냥하다가 살해되었다.

……그들끼리의 해묵은 전쟁을 수행할 때 즐겨 사용하는 방식은 매복이었다. 그들은 밤이 될 때까지 마을 근처에 매복해 있다가 카심[kashim: 에스키모가 공동체 모임 장소로 쓰는 건물—옮긴이]으로 향하는 통로에 몰래 다가간 뒤 카심 내의 남자들로 공격 대상을 한정하고, 이후 지붕의 연기 구멍을 통해 그들에게 화살을 쏘았다. 때로 여성들이 죽임을 당할 때도 있었고, 승자들의 집으로 끌려오기도 했다. 그러나 남자와 소년들은 항상 죽임을 당했다.

일반적으로 남자들은 "적을 기습하기 위해 밤중에 은밀히 출발하곤 했다. 만약 이것이 실패하면 공개 전투로 이어졌다."[10]

오스왈트Oswalt의 묘사도 이와 비슷하며,[11] 버치 또한 "전쟁의 일반적인 패턴은 알래스카 북서부 전역에 걸쳐 똑같다"고 썼다.[12] 여기서도 기습이 으뜸가는 전쟁 방법이었다. 공개적인 정면대결은 확실하게 우세한 조건에서만, 또는 양측이 습격에 나섰다가 우연히 서로 맞닥뜨렸을 경우에만 벌어졌다. 그럴 때면 작은 전쟁이 시작되었다는 데에는 넬슨과 버치 모두 동의한다. "이런 대면의 초기 단계는 약간은 의례적 행사의 성격을 띠는데, 남자들은 벌거벗고 뛰어다니며 상대방을 조롱하고 화살을 시위에 메겨 발사할 자세를 취했다."[13] 이 단계는 이따금 도중에 막간을 선언하고 휴식을 취하면서 몇 시간씩 계속되기도 했다. 버치에 따르면 그런 다음에 양쪽이 서로 접근해서 싸울 수도 있었지만, 실제로 이 단계에서 싸움이 얼마나 심각해졌는가에 관해서는 버치와 원주민 정보제공자들 사이에 약간의 이견이 있는 것 같다. 버치는 정보제공자들이 자기네 조상은 이런 전투에서 타격 전술보다는 사격을 훨씬 선호했다고 말했다는 것을 분명하게 인정했다. 그러나 그 자신은 이 접근 단계에서 곤봉과 그 비슷한 무기가 동원되어 결국 심각한 살해에 이르는 근접전이 '틀림없이' 포함되었을 거라고 생각한다. 반면에 넬슨은 거의 완전히 활쏘기만을 통한 전투에 관해 쓰고 있다. 넬슨의 묘사는 때로 상당한 사상자가 나왔다는 인상을 주기는 하지만, 그가 구체적으로 그렇게 말한 적은 없다. 로버트 스펜서에 따르면 "그런 '전투'는 항상 결말이 흐지부지되었던 것으로 보인다."[14]

말[馬]을 채택하기 이전과 이후 아메리카 대평원 인디언들이 구사했던 비슷한 전술적 방법은 세계적으로 유명한 민담이 될 정도로 광범위하게 기록되어 있다. 메리언 스미스는 이렇게 말한다. "교전 당사자가 전사 한 명이든, 또는 한 남성과 그와 친한 한두 명으로 구성되었든, 또는 백에서 사백 명의 전사나 심지어 부족 전체로 구성되었든 간에, 그 목적과 과정의 전반적 형태는 변하지 않았다." 야간 기습과 새벽 공격이 표준이었다. "대평원 싸움의 사망률은 준비되지 않은 적을 공격할 때 가장 높았다…… 이런 경우 약한 집단은 완전히 궤멸되곤 했다. 치열한 전투는 흔히들 생각하는 것보다 훨씬 자주 벌어졌지만, 이때의 사망률은 그보다 크게 낮았다." 그 이유는 "불필요하게 생명을 위태롭게 하는 일은…… 피했"기 때문이다.[15] 로버트 미슈킨Robert Mishkin에 따르면, "대평원에서 선호되었던 전쟁 형태는 기습이었다…… 그런 기습은…… 일치단결된 방어를 허용하지 않았다…… 한쪽이 몰래 공격했다면 나머지 한쪽은 어느 정도 어쩔 수 없이 그 공격을 감내했고, 만약 가능하다면 나중에 승자들이 방심하고 무방비로 있을 때 보복할 수밖에 없었다."[16] 존 유어스John Ewers는 서구와 접촉하기 전 대평원 인디언들의 전쟁에 관한 역사적·고고학적 증거를 명확히 기록하면서 이렇게 썼다.

> 가장 큰 피해는 대규모 전투조가 작은 사냥 야영지를 불시에 공격해서 휩쓸어버렸을 때 일어났다…… 엇비슷한 수의 전사들끼리는 치열한 전투가 벌어져도 사상자가 별로 없었다. 이런 대형 전투에서는 절대 근접전이 일어나지 않았다. 두 병력은 화살이 간신히 닿는 범위 안에서 서로 마주보고 대열을 형성했다. 그들은 커다란 생가죽 방패를 앞세워 몸을 보호하고 기다란 활로 화살을 쏘았다. 뿐만 아니라 생가죽 몇 장 두께의 갑옷도 입고 있었다…… 대체로 어둠이 내리면 전투를 끝냈다.[17]

프랭크 세코이Frank Secoy는 한 탁월한 연구에서 말과 총이 도입되기 전에 벌어졌던 똑같은 전투 패턴을 묘사한다. 일반적으로 파괴적인 기습이 선호되었고, 전투는 두 단계를 거쳤다. 첫 단계에서는 양측이 길게 두 열로 나란히 서서 몇 시간 동안 대면한 채 방패로 몸을 보호하면서 화살을 쏘았다. 그런 다음 근접전을 펼치기도 했다. 버치의 경우처럼, 그다음 일에 관해서는 세코이와 정보원 사이에 견해가 일치하지 않는다. 세코이는 보통 잠시 동안 유혈 육박전이 벌어졌다고 주장한다. 그러나 그의 유일한 정보 제공자로 75세에서 80세쯤 되는 노인인 블랙풋 사우카마피가 1787~88년

배신을 둘러싼 몽둥이 싸움. 머리에 부상을 입고 피 흘리는 모습이 뚜렷이 보인다.

에 했던 유명한 증언은 다르다.

양측에서 몇 명이 부상을 입기는 했으나 바닥에 쓰러진 이는 아무도 없었다. 그리고 밤이 되면 어느 쪽이건 상대의 머리가죽을 벗기는 일 없이 전투가 끝났는데, 당시에는 한쪽이 다른 쪽보다 수가 많지 않다면 결과는 대개 그런 식이었다. 지금도 그렇지만, 전쟁의 커다란 불상사는 열 개에서 서른 개의 텐트로 이루어진 작은 야영지를 공격하고 파괴할 때 벌어졌다.[18]

습격조가 모여 있다. 부족사회에서 거의 보편적으로 나타나는 전투용 보디페인팅에 주목하라.

나폴리언 섀그넌은 야노마모족에 대한 고전적인 연구에서 '원시전쟁'의 패턴에 큰 관심을 쏟았다. 야노마모족은 순수한 수렵채집인이라기보다는 수렵인 겸 원예민이었지만 이들의 전쟁 방식도 크게 다르지 않았다. 섀그넌이 이들을 '사나운 부족'이라 부르기는 했지만, 그리고 이들이 끊임없는 전쟁의 위협 속에서 살았고 폭력에 의한 사망률도 매우 높기는 했지만, 사실 이들의 전쟁 패턴—적어도 섀그넌이 그들과 머무는 동안 묘사한 바로는—은 그 어느 곳보다 규모가 작았다. 수식어가 무색하게도, 이 '사나운 부족'은 위험에 노출되기를 매우 꺼렸다.[19] 정면대결은 엄격히 통제되어, 치명적인 부상을 최대한 피하기 위한 토너먼트 형식으로 이루어졌다. 개인이든 집단이든 분쟁 당사자들이 서로 마주보고서 타격을 주고받았다. 타격의 형태는 대결의 불씨가 된 불만의 경중에 따라서 확대되었다. 가장 가벼운 형태는 맨손으로 상대의 가슴을 치는 것이었는데, 맞수들은 번갈아 서로에게 타격을 주었다. 그다음이 옆구리를 때리는 것이었는데 역시 맨손을 썼다. 다음이 몽둥이 싸움인데 확실히 훨씬 심한 부상을 입히기는 했지만 죽음에 이르는 경우는 드물었다. 마지막 단계가 공식적이고 사전에 협의된 창던지기 전투였는데, 활쏘기가 포함된 전투는 고사하고 이것부터가 매우 드물었다.

이 경우에도 정면대결에서 야노마모족을 억지시킨 것은 남을 살해하는 두려움보다는 자신이 살해될 거라는 두려움이었다. 살해는 주로 은밀히 행해졌다. 섀그넌이 기록했듯이 기습은 '정규 전쟁'으로, 대부분 밤중에 감행되어 새벽에 끝났다.[20] 다른 곳에서 보았듯 야영지 한 곳이나 마을 하나를 포위해 궤멸시키는 대규모 기습은 섀그넌의 서술에는 나오지 않는다. 대신에 야노마모족은 끊임없는 기습과 역습을 벌였는데, 이 경우 상당수의 전사들이 참가한다고 해도 보통은 습격조가 적의 진영 밖으로 나온 한 명이나 몇 명을 살해하거나, 적의 진영에 화살을 쏜 뒤 서둘러 후퇴하는 것으로 끝났다. 그러나 각각의 기습에서 살해는 얼마 안 되었다 해도 그 수치는 빠르게 누적되었다. 섀그넌이 말했듯 그가 머물던 마을은 "내가 현장연구를 하던 동안 서로 다른 십여 개 집단의 적극적인 기습을 당하고 있었는데, 15개월 동안 습격이 약 25차례 일어났다."[21] 때로 전쟁과 살상 압력 때문에 마을 주민들은 어쩔 수 없이 살던 곳을 떠나 다른 마을에서 피난처를 찾아야 했다(분명히 상당한 대가를 치르고서). 그러면 적은 그들의 집과 마당을 파괴했다. 마지막으로, 앞에서 본 것과 같은 '배신의 연회'에서 광범위한 살해가 일어날 수도 있었다.[22]

세계에서 원시 농경민이 가장 고립된 상태로 가장 많이 집중되어 남아 있는 곳은 뉴기니 고지대이다. 이곳 원주민들은 20세기 중반까지, 심지어 그후에도 유럽인을 포함해 어떤 외부인과도 접촉한 적이 없었다. 따라서 이들은 인류학적으로 큰 관심을 끌었다. 이들은 수백 명의 씨족이나 수천 명의 씨족 군집을 이루어 험준하고 울창한 산악으로 서로 분리된 계곡 마을들에 살았으며 서로 다른 700여 개 언어를 사용했다(이 언어들은 세계에서 자취를 감춘 약 5000개 언어에 포함된다). 이들은 끊임없이 전쟁 위협이나 실제 전쟁에 직면해야 했으며, 서구인과 접촉할 때까지도 전쟁은 계속 일어나고 있었다. 실제로 이들이 계속되는 불안과 대비 속에서 살아갔던 이유는 이따금 일어나는 전쟁이 아니라 끊임없는 전쟁의 위험 때문이었다. 여기서도 전쟁은 우리가 익히 아는 형태, 야노마모족을 연구한 섀그넌과 대체로 동시대에 활동한 많은 인류학자들이 저마다 묘사했던 바로 그 형태를 띠었다.[23]

공동체 사이에 사전 협의된 익숙하고 공식적인 전투는 전투원들이 커다란 방패를 들고 방어하면서 서로 멀리서 화살을 쏘거나 창을 던지는 것이었다. 고지대 부족 중 하나인 마링Maring족이 '작은 싸움' 또는 '아무것도 아닌 싸움'이라고 부른 이런 전투들은 떠들썩했고 며칠이나 때로 몇 주간 지속되었지만 '토너먼트'와 같았고 "사망이나 심각한 부상을 입는 경우는 드물었다."[24] '아무것도 아닌 싸움'이 이따금 창과 도끼 같은 근접전 무기를 사용하는 '진짜 싸움'으로 확대될 수도 있었다. 그럴 때에도 전사들이 혼전 속에서 격투를 벌일 만큼 가까이 접근하는 적은 거의 없었다. 전투는 여전히 정적이어서 양측이 방패를 들고 공방전을 벌일 때에도 거리를 두었고, 방패 밖으로 몸을 드러내거나 고립되어 혼자 붙잡히지 않도록 조심했다. 따라서 전쟁은 많은 사상자 없이 몇 주나 심지어 몇 달간 계속될 수도 있었다. 비가 내리거나 휴식이 필요하다고 느낄 때면 전투를 그만두기도 했다. 전투는 대개 불만의 배출구였고, 사람들을 전장에 집중시켜 언어적 의사소통을 가능하게 함으로써 휴전의 길을 터주기도 했다. 오스트레일리아의 경우가 그렇듯, 많은 사상자가 나올 때는 적이 매복을 하거나 동맹과 접촉해 기습을 하는 비교적 드문 경우뿐이었다. 그럴 때는 전사들과 가족들이 마을을 버리고 떠나는 '패주'가 일어나기도 했고, 그런 뒤엔 마을이 승자에 의해 파괴되곤 했다.

그러나 뉴기니 고지대에서도 가장 치명적인 전쟁 형태는 역시 기습이었다. 기습을 벌이는 당사자는 '사적인 문제'를 해결하려는 개인, 소집단, 또는 씨족 전체일 수도 있었다. 대부분 밤중에 감행되어 새벽에 최고조에 이르는 기습에서, 습격자들은 잠든 적을 붙잡아 남자는 물론 여자나 아이들까지 가능한 한 많은 수를 죽이려 했다. 대부분의 경우, 기습조의 규모가 크지 않을 때는 적이 전열을 정비해 역습하기 전에 재빨리 후퇴했다. 그렇지만 이런 전술이 때로는 한 번의 타격으로 "적 씨족 전체의 인력을 궤멸"시켜서, 말 그대로 상대 씨족을 멸족시킬 수도 있었다.[25] 아메리카 북서해안에서도 그랬듯 뉴기니 고지대의 많은 마을은 방어를 위한 울짱이나 장애물로 둘러싸여 있었고, 일부 경우에는 망루도 있었다. 마을 터로는 접근하기 힘든 곳이 선호되었다. 이방인은 두려움과 의심의 대상이었고, 공동체 사이의 무단침입은 죽음의 위험을 동반하기 때문에 대체로 기피했다. 방문중일 때 배신하는 일도 있어서 많은 사상자가 나오기도 했다. 파괴적인 기습이 일어났을 때 패배해서 고향 마을에서 쫓겨나 '패주'한 쪽이 조만간 힘을 되찾아 동맹군의 지원을 업고 돌아올 수도 있었으나 아마도 얼마간의 땅을 잃었을 것이며, 때로는 승자들에게 땅이 병합되는 바람에 영원히 땅을 포기하기도 했을 것이다.

나이지리아와 카메룬 국경의 히기Higi족과 몬테네그로족 등 나머지 '부족' 사회에 대한 연구들도 놀랍도록 비슷한 구도를 보여준다.[26] 기술된 모

뉴기니의 전투 장면. 가장 전형적인 이 사진들은 아마 세계적으로 증명된 사건들을 보여주는 유일한 현존 기록일 것이며, 이 지역에 국가의 통치가 아직 명목상으로만 존재하던 1960년대 초에 찍은 것이다. 이런 정면대결에서는 양측이 서로 거리를 유지했기 때문에 사망률이 매우 낮았다. 그러나 기습과 매복에서는 많은 사망자가 나왔다.

이웃 집단이 있는 방향을 감시하는 망루. 국가 이전 사회에서는 분쟁과 폭력에 의한 사망이 빈발했으므로, 불안은 일상생활의 모든 측면에 영향을 미치는 일반적 요소였다.

든 사례와 나머지 지역의 사례에서도 오스트레일리아 원주민의 경우처럼 정교한 의례적 행위가 전쟁 전후에, 그리고 종종 전쟁중에 벌어졌다. 초자연적인 지원을 끌어들이기 위해서, 적에게 복수하고 있다는 걸 죽은 자들에게 알리기 위해서, 또 죽임을 당한 전사들을 정화하기 위해서였다. 사람들은 전쟁을 위해 몸에 색칠을 하고 종종 특별히 장식된 전쟁 의복을 입었다.

비대칭 선제공격

'인간의 자연 상태'에서의 싸움 패턴은 전반적인 자연 상태에서의 싸움 패턴과 대체로 비슷하다는 것이 확인되어왔다. 인간과 동물을 막론하고, 심각하고 치명적인 정면대결은 드물었다. 같은 종끼리의 자비심 때문이 아니라 자기 자신 및 가까운 혈족에게 닥칠 위험을 피하기 위해서였다. 폭력적인 모험이 필요할 때에는 주로 가까운 친족의 합류에 의존했다. 종내 살해가 제법 벌어지기는 했지만, 어디까지나 상대가 효과적인 반격을 할 수 없을 만큼 약하고 무방비일 때 일어났다. 따라서 치명적인 싸움은 으레 비대칭 싸움이었고 피해는 주로 당하는 쪽에 집중되었다. 그런데 이 대목에서 인간과 나머지 동물의 차이점이 나타난다. 동물의 종내 살해에서 당하는 쪽은 대부분 어린것들이다. 반면에 성체들은—싸우다가 치명적으로 다칠 때가 가끔 있지만—비교적 안전하다. 이와는 대조적으로 인간의 경우 여성과 아이들이 살해되는 경우가 종종 있기는 해도, 사상자 대부분은 주로 전투원 자신인 남성들이다. 치명적인 싸움은 인간의 경우에도 비대칭인데, 대부분 기습을 받아 무력하고 반격할 수 없는 조건에서 벌어진다는 의미에서 그렇다. 그러나 인간들 사이에서 이 비대칭은 당하는 쪽과 가하는 쪽이 주기적으로 바뀐다. 오늘의 기습에 무력하게 당한 피해자는 내일의 공격자였다. 따라서 양쪽이 동시에 당하는 게 아니라 번갈아 당하게 되는 그 차례가 왔을 때, 성인 전투원들은 예봉을 정면으로 맞았다. 인간과 나머지 동물들 사이에 나타나는 이런 차이는 어디서 오는 것일까?

상호억지는 성체 동물들 사이에서는 효과적이지만, 위와 같은 특정 상황의 인간에게는 통하지 않는다. 무엇보다도 상호억지를 위협하는 선제공격 능력 때문이다. 왜 인간은 그런 능력을 나머지 동물보다 훨씬 많이 가지고 있을까? 인간에게는 가장 두드러진 능력, 바로 도구 제작 능력이 있기 때문이다. 이 능력이 발달할수록 인간은 더욱 치명적이 되며, 도구가 근육과 뼈, 치아를 대신하기 때문에 체격이 더욱 호리호리해진다. 호모 사피엔스 사피엔스는 네안데르탈인이나 호모 에렉투스보다 몸이 더 가냘프며, 네안데르탈인과 호모 에렉투스 또한 대형 유인원들보다 근육이 적다. 한마디로, 인간 공격력의 성장은 자연적 방어력의 꾸준한 쇠퇴와 연관되어 있었다.

일부 학자들은 이미 인간의 종내 살해와 고유한 도구 제작 능력 사이의 관계를 파헤쳐왔다. 하지만 처음에는 엉뚱한 길을 걸었다. 그 예로, 로렌츠와 데스먼드 모리스는 인간의 진화에서 아주 급속하게 이루어진 무기 개발이 종내 살해에 대한 정상적인 억지력을 능가했다고 주장했다.[27] 그러나 첫째로, 인간은 어떤 진화적 적응이든 일어나고도 남을 수백만 년이라는 시간 동안 도구를 무기로 사용해왔으며 그 시간 동안 극적으로 변화해왔다. 둘째로, 자연에는 종내 살해에 대한 억지력, 로렌츠와 모리스가 가정하는 유형의 그 어떤 힘도 사실상 존재하지 않는다. 셋째로, 자연 상태의 인간은 무기를 가지고 있음에도 동물이 그러듯 줄곧 심각한 정면대결을 피해왔다. 따라서 일부 학자들이 주장하는 것처럼 안전거리에서 싸울 수 있는 능력이 상황을 바꾼 것은 아니었다. 정면대결에서의 상호억지는 동물들의 경우처럼 계속 효과적으로 작용했으며, 전투원들의 상대적인 안전을 확보하기 위해 적과의 거리는 멀어졌다.

인간에게 특수한 종내 취약성이 주로 드러나는 것은 기습이 일어날 때였다. 이는 동물들의 일반적인 상황과는 매우 달랐다. 동물은 대부분 인간보다 감각이 훨씬 예민하기 때문에 상대에게 들키지 않고 접근하기가 힘들 뿐 아니라, 무엇보다 기습에 성공했다 하더라도 한 번의 타격으로 같은 종을 죽이기가 더욱 힘들다. 앞에서 말했듯이 동물은 몸이 곧 무기이기 때문에 인간보다 몸이 더 강하다. 더욱이 그들의 무기는 '몸 자체에' 있기에 언제든 사용할 준비가 되어 있다. 반면 인간은 비무장으로 붙잡히면 엄청나게 불리해지고 매우 취약한 조건에 놓인다. 따라서 인간은 본질적으로 선제공격을 하는 존재가 되었다. 동물과 마찬가지로, 인간은 사방이 트인 전장에서는 자신이 다칠 것을 염려하여 같은 종과는 대체로 심각하게 싸우지 않았다. 그러나 동물과 달리 인간은 적이 비무장이고 취약할 때면 기습으로써 같은 종의 성인을 죽일 수 있었다.[28]

실제로 인간은 같은 종의 성인을 죽였다. 자연 상태의 인간들도 종내 폭력으로 인한 사망률은 다른 동물들처럼 상당히 높았다. 차이점이라면 성인 전투원 자신이 목숨을 잃는 경우가 더 많았다는 것이다. 국가 권력이 등장하기 이전 수렵채집인들의 싸움 중 사망률은 미미했을 것으로 추정된다. 그러나 그 수치는 저마다 완전히 독립적으로 추산되었다고 하더라도 놀랍도록 서로 일치하는데, 이 사실로 추산치들을 총합한 누적 값은 크게 올라간다. 우리는 이미 여러 대목에서 관련된 자료들을 보아왔다. 아넘랜드의 먼진족의 경우, 워너는 20년 동안 남녀를 합친 총 인구 3000명 가운데 그 수를 200명으로 추산했다. 남성이 대략 700명이었으므로 남성의 약 30퍼센트가 넘는 수치이다. 여성과 아이들의 폭력적 사망 비율은 언급되지 않았다. 필링은 10년 동안 티위족 가운데 적어도 10퍼센트가 죽임을 당했다고 추산했는데, 그 수치 역시 같은 범위 안에 있다. 한편 킴버는 전체 인구의 전반적 사망률과 관련한 폭력적 사망 비율을 언급하면서 한 세대 동안의 폭력적 사망 비율을 건조지역에서는 5퍼센트, 물이 풍부한 지역에서는 약 6.5퍼센트로 잡았다. 이 또한 폭력적 사망 비율이 매우 높음을 보여준다.[29] 아메리카 대평원 인디언의 경우, 1805년 블랙풋 부족에서는 남성의 50퍼센트가 목숨을 잃었고 1858년에는 33퍼센트가 사라졌다.[30] 심지어 집단 전쟁을 벌이지 않는 캐나다 북극권 중부의 에스키모들 사이에서도 이른바 혈수나 살인의 형태로 폭력적 사망이 발생했는데, 한 권위자에 의하면 매년 1000명 당 한 명으로 추산되었다. 이는 1990년 최고를 기록했던 미국의 폭력적 사망 비율의 열 배에 해당한다. 진 브리그스 Jean Briggs는 의미심장하게 다음과 같이 썼다. "캐나다 이누이트 민족지들, 특히 내가 쓴 『분노는 없다Never in Anger』(1970)를 읽은 독자들은 이누이트들이 어디서나 항상 평온하다는 결론을 내리기도 한다. 그건 사실과 완전히 거리가 멀다."[31] '무해한 사람들'로 유명한 칼라하리 사막 !쿵 부시먼들의 폭력적 사망 비율은 매년 1000명당 0.29명이었고, 확고한 국가 권력이 들어서기 전에는 0.42명이었다.[32]

원시 농경민을 조사한 이보다 나은 자료들도 기본적인 사정은 수렵채집인들의 경우와 똑같다는 것을 보여준다. 앞에서 말한 것처럼 야노마모족 성인의 약 15퍼센트가 집단 간 또는 집단 내의 폭력으로 죽었는데 남성의 24퍼센트, 여성의 7퍼센트였다.[33] 에콰도르령 아마존에 사는 와오라니 Waorani족(아우카Auca족)은 생존 패턴이나 싸움의 원인과 방식이 야노마모족과 비슷한데, 이들은 세계 기록을 보유하고 있다. 5세대 동안 성인 사망 사건의 60퍼센트 이상이 반목과 전쟁으로 인한 것이었다.[34] 파푸아뉴기니 고지대에서 따로따로 추정한 수치들 역시 매우 비슷하다. 다니Dani족은 남성의 28.5퍼센트, 여성의 2.4퍼센트가 폭력으로 사망했다고 추산되었다.[35] 엥가족은 남성의 34.8퍼센트가 같은 운명을 맞았다고 추산되고 있으며,

50년 동안 이들 사이에 34차례의 전쟁이 있었다고 메깃은 기록했다.[36] 헤와Hewa족의 경우 살해로 인한 사망은 매년 1000명 중 7.78명으로 추산되었다.[37] 총 인구가 150명이 넘을까 말까 한 고이알라족의 경우 35년 동안 29명(대부분 남성)이 살해되었다.[38] 저지대의 게부시족은 남성 사망자의 35.2퍼센트, 여성 사망자의 29.3퍼센트가 살인으로 희생되었다. 여기서 여성의 비율이 높은 것은, 살해 사건이 주로 누이 교환 혼인에서 불균형하게 주고받은 이익과 관련하여 일어났다는 사실로 설명할 수 있을 것이다.[39] 20세기 초 몬테네그로 부족민의 폭력적 사망 비율은 25퍼센트로 추산되었다.[40] 고고학자들도 비슷한 발견을 하곤 한다. 오하이오 주 매디슨빌의 선사시대 말기 원주민 유적에서 발굴된 남성 머리뼈 중 22퍼센트는 상처가 있었으며 8퍼센트는 부서져 있었다.[41] 일리노이 주의 한 선사시대 묘지에 묻힌 유골들의 16퍼센트는 폭력적 죽음을 맞은 경우였다.[42]

이 모든 것은 자연 상태의 성인들 가운데 폭력적 사망 비율이 평균 약 15퍼센트(남성의 경우 25퍼센트)였음을 암시한다. 자원이 매우 빈약한 곳에서 인구가 매우 희박한 경우는 아마도 이 범위의 낮은 단계에 머물렀겠지만, 차이는 그다지 크지 않았을 것이다. 더욱이 오스트레일리아 원주민 및 뉴기니 고지대의 엥가족과 관련해 메깃이 관찰했듯이 대부분의 남성에겐 상처와 흉터가 있었고, 그들은 그것을 당연하게 여기고 있었다.[43] 섀그넌도 야노마모족에 관해 똑같은 이야기를 전하고 있다. 적어도 이 점에서, 인간의 자연 상태에 관해서는 루소보다 홉스가 더 진실에 가까웠다.

그렇다면 국가의 등장으로 폭력적 사망 비율이 떨어졌을까? 루소파 인류학자들의 상상과는 반대로, 일부 인류학자들은 현대 전쟁이 막대한 사망자를 내기는 했지만 전반적으로 인구 감소 효과는 국가 이전의 싸움보다 훨씬 적었다고 주장해왔다.[44] 나중에 설명하겠지만 국가 전쟁은 여러 가지 방식으로 싸움 패턴을 바꾸었고, 적어도 집단 내 폭력—다시 말해

'혈수'와 '살인'—을 크게 줄임으로써 전반적인 폭력적 사망 비율도 감소시켜왔던 것으로 보인다. 인구통계학적 비교는 역시나 매우 빈약하다. 그러나 중요한 요인은 (남성의) 직접적 참가와 비전투원에 대한 폭력 두 가지 중 어느 하나에 의해 전쟁에 노출되는 인구의 수준일 것이다. 따라서 폭력적 사망 비율은 전쟁 사망률 총계의 한 요인이 되어왔다. 국가 전쟁의 총 횟수가 많을수록 전쟁 사망률은 국가 이전의 치사율에 가까워진다.

제2차 포에니 전쟁(기원전 218~202)은 고대 로마에서 가장 파괴적인 분쟁으로서, 그에 대해서는 비교적 훌륭한 인구 조사 및 여러 인구통계가 남아 있다. 최소한으로 낮춰 잡은 한 수치에 따르면, 로마(그리고 이탈리아)의 성인 남성 가운데 20퍼센트 이상은 아니어도 적어도 17퍼센트가 목숨을 잃었다고 한다.[45] 그러나 그처럼 엄청난 참사는 예외적이었다. 30년 전쟁(1618~48) 중 독일의 일부 지역에서는 심지어 그보다 더 큰 인구손실을 기록했다고 추정된다. 전체 사망률과 관련해 유럽에서 가장 호전적인 국가 중 하나였던 프랑스의 전쟁중 사망률은 17세기에는 1.1퍼센트, 18세기에는 2.7퍼센트, 19세기에는 3퍼센트, 그리고 20세기의 첫 30년 동안에는 6.3퍼센트였던 것으로 추산된다.[46] 남북 전쟁 때에는 미국 인구의 1.3퍼센트가 죽거나 부상당했다. 제1차세계대전 때에는 프랑스와 독일 모두 인구의 3퍼센트가 사망했으며 성인 남자의 15퍼센트 정도가 목숨을 잃었다. 제2차세계대전에서는 소련 인구의 15퍼센트 이상이 목숨을 잃었고 독일에서는 5퍼센트 정도가 사망했다. 하지만 시대를 통틀어 평균을 내보면, 이런 재앙 수준의 사건으로 인한 참혹한 수치들조차 원시사회의 수치에는 훨씬 못 미친다.

만약에 실제로 국가 전쟁이 국가 이전 사회의 싸움보다 전반적으로 덜 치명적이라면, 일부 대표적인 권위자들이 관찰했던 대로, 인간의 종내 살해가 그동안 연구된 여느 포유류의 경우보다 훨씬 적다는 사실을 설명하는 데 도움이 될지도 모른다.[47] 그러나 이들이 언급하는 것은 근대 사회들의 폭력적 사망 비율이다. 인간과 나머지 동물의 차이는 '인간의 자연 상태'로 돌아가면 확실하게 좁혀진다. 전반적인 자연 상태가 그렇듯, 어쨌거나 '인간의 자연 상태'는 실로 매우 불안했으며 폭력적 죽음이 만연했다.

또한 지금까지 본 것처럼, 독특한 종내 선제공격 능력(이 능력에 내재하는 불안정성은 핵 시대에 큰 관심을 끌고 있다)을 지닌 성인 전투원들은 자연에서는 대체로 비대칭인 살해의 저울 위에서 당하는 쪽과 가하는 쪽을 번갈아 오갔다. 이들은 많은 사망자를 내는 은밀한 전쟁에 가담했고, 그런 전쟁에서 오늘의 살해자는 내일의 피해자가 될 수 있었다. 실제로 선제공격 능력에 있어서는 먼저 공격하는 쪽이 엄청나게 유리하므로, 이론상으로는 누구든 먼저 상대를 쳐야 하는 입장에 놓인다. 상위 권력의 통제와 같은 안보 메커니즘이 없는 상태에서 당사자들은 다시금 '죄수의 딜레마'의 변형인 '안보 딜레마'에 빠지기 때문이다. 한쪽이 자제한다고 하더라도 상대편이 먼저 치지 않는다고는 누구도 장담할 수 없다. 실제로 적을 전멸시키거나 적의 세력을 크게 줄일 수 있다면, 그쪽이 훨씬 낫다. 하지만 그렇지 않다면, 상호 억지력이 새로이 구축되고 합의를 통해 살해가 멈출 때까지 맞대응 전술을 따르게 될 것이다. 그런 살해는 종종 무분별해 보인다. 그러나 우리가 보았듯이, 분쟁 상황 자체가 적대자들로 하여금 원래의 경쟁 동기를 넘어서 주기적으로 분쟁을 확대할 수밖에 없도록 몰아간다.

제7장

결론: 진화적 자연 상태에서의 싸움

1부에서 검토한 인간의 자연 상태는 17세기와 18세기의 개념과는 크게 다르다. 옛 개념은 '원시전쟁'의 인류학적 논의를 여전히 강조하기 때문에 국가 이전의 인간들을 언급하고, 따라서 수렵채집인들과 국가 이전 농경민들을 한덩어리로 다룬다. 그러나 지난 100여 년 사이 고인류학, 원시고고학, 진화론 등은 이 두 범주를 그렇게 무차별하게 다룰 순 없다는 것을 밝혀왔다. 물론 수렵채집인의 생활방식 또한 호모 속의 200만 년 역사의 99.5퍼센트를 차지하는 기간 동안 크게 진화했다. 이 기간은 호모 사피엔스 사피엔스 종의 역사 중 90퍼센트 이상을 포괄하는데, 각 집단이 농업을 채택한 시기에 따라 그 범위가 달라진다. 물론 일부 집단에서는 그런 발전이 아예 일어나지 않기도 했다. 농업은 최근의 문화적 발명품으로, 겨우 1만 년 전 우리 종 가운데 가장 앞서갔던 집단 내에서 시작되었고 인간 생물학에는 거의 영향을 끼치지 않았다. 따라서 현대의 과학적 관점에서 볼 때, 인간의 자연 상태에 관해 유의미하게 말하려면 생물학적 유전에 영향을 주는 자연 서식지에 인간이 어떻게 적응했는지에 초점을 맞춰야 한다. 그러므로 우리의 개념은 진화적 인간의 자연 상태이다. 특히 수렵채집인들과 비슷한 원시 농경민들은 비교적 소규모의 분산된 집단을 이루어 살았으며, 사냥에 생존을 크게 의존했고, 경작지 부족이라는 압박을 실제로 겪지도 않아 수렵채집인의 생활방식과 상당한 연속성을 보였을 것이다. 따라서 수렵채집인의 생활방식은 인간의 자연 상태 연구에 여러모로 유용할 수 있다. 다만 그런 확대 해석은 분별 있게 해야 하며, 그 유사성을 자동적으로 가정해서도 안 될 것이다.

인간의 자연 상태는 전반적인 자연 상태와 근본적으로 다르지 않다. 그렇지만 그 두 가지 상태가 정확히 어떠한지는 상당한 논쟁거리가 되어 왔다. 전반적인 자연 상태와 관련해서, 콘라트 로렌츠는 종내 싸움이 대체로 과시적이며 살해에 이르기 전 중단된다고 주장했다. 그는 이것이 종의 보존을 위한 종내 억지의 결과라고 생각했으며, 이 관점이 1960~70년대의 상당 기간을 지배했다. 그러나 이후 동물학적 관찰과 진화론은 그의 논점에 등을 돌렸다. 종내 살해는 자연에 널리 퍼져 있지만, 대부분은 반격할 능력이 없고 약한 어린것을 대상으로 한다는 것이 밝혀졌다. 같은 종의 성원들은 사실 서로의 주요 경쟁자로서 같은 짝, 같은 자원을 놓고 겨룬다. 하지만 같은 종의 성체들은 대체로 힘이 비슷하기 때문에 특히 서로에게 위험하다. 싸움은 보통 한쪽이 양보할 때 끝나는데, 자기 보존 욕구가 승자로 하여금 자제하도록 만들기 때문이다. 자연에서 살해는 보통 무방비한 상대에게, 승산이 아주 높고 위험이 거의 없을 때 저질러진다.

인간의 자연 상태에 관한 논쟁은 훨씬 오래된 것으로, 홉스와 루소의 이론과 같은 방식으로 정식화되었다. 최근까지 존재해온 수렵채집인들의 방대하고 순수한 두 '보호구역'—농경민, 문명, 서구인과의 '접촉의 역설'을 실질적으로 배제할 수 있는 오스트레일리아 대륙과 아메리카 북서해안—을 집중적으로 살펴보면서, 우리는 홉스가 진실에 더 가깝다는 사실을 확인했다. 인간은 다른 동물들과 마찬가지로 자연 상태에서 주기적으로 저희들끼리 싸웠다. 따라서 전쟁의 장을 연 것은 농업이나 문명의 등장이 아니었다. 구석기시대 동안 수렵채집인들은 세계에서 생태학적으로 가장 풍부한 틈새에 살았으며, 오늘날 주변으로 밀려난 일부 수렵채집인들처럼 서로의 접촉이 최소화될 만큼 드문드문 흩어져 살지는 않았다. 그들은 결코 방대한 '공유지'를 자유롭게 돌아다닌 집단이 아니라 태어난 땅을 지키며 그 안에서 돌아다닌 유동민이었다. 그들은 대가족부터 그보다 큰 지역 집단(부족)에 이르는 소규모 친족 집단을 이루어 살았다.

친족 관계는 대인 공격의 방향성을 결정하는 사안에서 영향력을 발휘했다. '포괄적응' 또는 '친족 선택'의 원칙으로 짐작할 수 있듯이, 사람들은 먼 친족보다는 가까운 친족의 편을 드는 경향이 있으며 친족이 위험에 처하면 그들의 촌수 및 수와 정비례해 기꺼이 목숨의 위험을 감수하고자 한다. 사람들은 같이 성장하고 같이 지냄으로써, 친족에 관해 주변으로부터 얘기를 들음으로써, 그리고 자신과 공유하는 온갖 신체적·행동적 유사성을 통해 친족을 알아본다. 따라서 적당한 조건만 주어지면 반‡친족 집단 유대는 다양하게 활성화되어 쉽게 자기복제를 한다. 이를테면 소규모 전사 집단에서 형성된 일명 '사나이의 유대'는 오랫동안 군대의 응집력 및 투지의 근간으로 규정되어왔다. 그것이 구석기시대 사냥꾼들에게 필요했던 소집단의 결속력에 뿌리를 두고 있다는 일부 학자들의 진화론적인 지적은 옳다. 여기에 덧붙여야 할 한 가지는 구석기시대의 이들 남성 집단이 가까운 친족으로 구성되어 있었다는 사실뿐이다. 실제로 국지 집단은 말 그대로 형제들로 구성되었다. 사회학과 인류학에서 쓰는 표현을 빌리면 그들은 '형제 이해 집단fraternal interest groups'이었다.[1] 이는 집중적으로 또 포괄적으로 일상생활을 공유하는 소규모 비친족(또는 먼 친족) 집단에서 인위적으로 재창조할 수 있는 일종의 형제애와 같다.

실제로 진화상 형성된 친족 인식 메커니즘은 다른 '인위적' 상황에서도 잘못 흘러가기 쉽다는 것이 확인되고 있다. 인류학 문헌에서 종종 인용되는 분명한 예 하나는 이스라엘 키부츠의 동일 집단 아이들이다. 이 공동체의 아이들은 날 때부터 각자의 가정이 아닌 공동 탁아소에서 키워진다. 적어도 이 아이들이 자라서 서로 결혼하는 경우가 드물다는 의미에서 서로를 같은 핏줄처럼 여긴다는 사실이 확인되었다. 결코 그것이 요구되지 않았던 환경에서도 그들은 생물학적으로 비롯된 보편적 근친상간의 금기를 유사 친족에게 본능적으로 적용했던 것이다.[2] 친족 유대가 전이되는 중요한 경우가 또 있다. 예를 들어 스포츠 팀은 강렬한 동일시 감정을 자아내는데, 이는 집단의 외부인을 상대로 투쟁하면서 생겨난 감정과 비슷하다. 스포츠 경기는 근본적으로 모의 전투와 같은 기능을 한다.[3]

약 500명으로 구성된 수렵채집인 지역 집단에서 공유 문화는 친족을 나타내는 뚜렷한 표지이자 사회적 협력을 위한 탄탄한 토대였다. 이는 종족중심주의, 외국인혐오증, 애국심, 민족주의에 깊이 배어든 진화적 뿌리이다.[4] 농업과 문명, 근대성의 도입으로 공유 문화 공동체가 천 배, 심지어 백만 배로 확대되면서 친족 연대는 원래의 진화적 배경과 범위를 훨씬 넘어서까지 확장되었다. 나의 종족 또는 민족—유전자를 나눈 문화적 지역 집단이 확장된 형태—은 그 성원들이 실제 유전적으로 어떤 관계에 있는가(놀라운 유전자-문화 일치성에도 불구하고 현대 민족들 사이에서 저마다 다르게 나타나는 특징[5])와는 무관하게 막대한 헌신을, 사실상 **모국** 또는 **조국**(이 단어들 자체가 함축적이다) 안에서의 **형제애**를 불러일으킬 수 있다. 이처럼 큰 공유 문화, 반半친족 집단, 유사 혹은 '상상의' 친족 집단을 위해서 개인들은 진정으로 위험을 무릅쓰고 스스로를 희생—강압에 못 이겨서뿐 아니라 자발적으로도—할 각오가 되어 있다. 유전자를 같이 나눈 상징적 공동체의 개념이 넓어질수록 자기희생을 통해 실제로 이 공동체의 생존에 미칠 수 있는 영향력은 줄어듦에도 불구하고 그렇게 된다. 소집단에서 나타나는 친족 선택의 진화론적 논리가 애초의 적용 가능성을 넘어서 부풀려져온 것이다.

거리가 멀어 보이는 원인 때문에 기꺼이 죽이거나 죽임을 당하는 사람들의 행동을 설명하기 위해, 당황한 현대 학자들이 모호하게 환기시키곤 했던 것이 바로 이 '격세유전적atavistic' 요소이다. 이것은 이를테면 일체의 공리주의적 사고를 넘어서서, 프랑스인이나 독일인이 왜 자신의 일상생활과 실질적으로 아무 관련이 없는 땅인 알자스로렌의 영유권을 위해서 죽을 각오를 했는지 이해하는 데 없어서는 안 될 단서를 제공해주었다. 근대적 조건으로 문화 집단과 의식의 경계가 크게 확장된 가운데, 그들은 그 지역을 자기와 직접 관련된 가까운 친족 집단의 고향과 같은 땅이라고 인식할 수 있었다. 자연 상태에서 이 요소는 목숨의 위험을 무릅쓸 만큼 진화론적으로 중요한 본질적 가치를 지니고 있었다.

이처럼 진화 과정에서 형성된 행동이 근본적으로 달라진 문화적 배경 속에서 존속하고 전이된다는 것이 인류사 발전의 핵심이다. 원래의 조건이 더는 적용되지 않는다는 사실을 알고 있더라도, 진화 과정에서 형성되어 깊이 배인 근사적 자극에 의해 결정되는 행동 패턴에 그 인식은 거의 영향을 끼치지 못하는 경우가 많다. 간단한 예를 하나 더 들어보자. 사람들은 항상 달콤한 음식을 무척 선호한다. 오늘날의 단맛이 과일의 성숙도와 주된 영양 가치를 가리킨다기보다 '인공적'으로 첨가된 맛이며 인체에 해롭다고 해도, 과거 우리의 진화적 배경에서 그랬던 것처럼 단맛 선호는 여전하다. 비교적 최근에 일어난 문화적 도약과 더욱 빨라지는 인류 발전 속도는 우리의 생물학적 유전이 따라잡을 시간을 좀처럼 주지 않는다. 그렇다고 해서 진화 과정에서 형성된 맥락에서 떼어놓고 볼 때 전쟁이 꼭 부적응적인 것이 된다는 뜻은 아니다. 나중에 보겠지만, 자연과 문화는 인류 역사 내내 복잡한 상호작용 속에서 혼합되어 있었다. 그럼에도 인류가 진화적인 자연 상태에서 벗어나면서, 싸움을 비롯해 자연 상태에서 형성된 온갖 유형의 행동은 진화 과정에서 형성된 그 행동의 원래 원리와 도저히 들어맞지 않는 새로운 의미와 역할을 띠게 되었다.

인간의 자연 상태에서 일어나는 분쟁과 싸움은, 전반적인 자연 상태에서 그렇듯 근본적으로 경쟁에 의해 빚어진 것이었다. 폭력은 강력한 감정적 자극(다른 자극처럼 때로는 전달될 수 있는)에 의해 유발되고 또 억지되지만, 가장 중요하고 '억누를 수 없는' 충동은 아니다. 폭력 충동은 진화상 형성된 선천적이면서도 선택적인 전술들에 맞추어 잘 조율되어 있으며, 생존과 번식의 계산법에 따라 변화에 반응하며 켜지거나 꺼진다. 지극히 경쟁적인 진화적 자연 상태에서 싸움이 '심리적' 욕구—본질적으로 비적응적이며 농업 및 국가의 등장과 함께 비로소 '청산'되기 시작했다는—를 만족시키기 위해 '그냥 그렇게' 일어났다는 통념은 진화론적 원리를 이상하게 뒤집어 거의 부조리하게 만들어버린다. 유기체는 자원이 풍부할 때면 급속히 번식하는 경향이 있어서, 자연에서는 희소성과 경쟁이 표준이다. 협력, 평화로운 경쟁, 폭력 분쟁 등은—상황과 성공 가능성에 따라—다양하게 사용되고 혼합됨으로써, 애초에 '포괄적응'을 위한 투쟁에 의해 형성된 욕망들을 충족시킨다. 자주 제기되는 수수께끼인 '인간은 왜 싸우는가?'에 답한다면, 인간 욕망 일반의 대상이 되는 바로 그것들을 얻기 위해서 싸운다는 것이다. 인간의 자연 상태를 포함한 자연 전반에서, 욕망의 대상들은 공급이 달리면서도 생존에 필수적이다. 사람들이 싸움에 목숨을 거는—풍족한 우리 사회에서는 대체로 당혹스러운 주제이지만—이유는 간단히 말해 그들과 친족의 생존 및 번식의 성공을 좌우하는 유무형의 재화를 얻고 잃는 문제가 싸움의 위험성보다 중할 수 있기 때문이다.

폭력 분쟁은 부족한 자원을 둘러싼 경쟁에 의해 활성화되기도 한다. 특정 사회에 부족해서 압박의 원인이 되는 자원은 다양하지만, 대개는 영양가 높은 고기와 관련이 있다. 치명적 폭력은 여성을 둘러싼 경쟁 속에서 활성화되기도 한다. 인간 남성은 다른 동물에 비해 일부다처제를 덜 채택하지만, 여전히 소유할 수 있는 여성의 질과 수를 놓고 경쟁한다. 여성 납치, 강간, 간통 비난, 파혼 등은 번식 분쟁에서 흔한 직접 원인이며, 더 많은 여성과 아이를 먹이기 위한 자원 경쟁은 직접 원인이자 간접 원인이다. 현대 진화론의 원로인 W. D. 해밀턴Hamilton이 이해한 대로, "수렵채집인들은…… 한 집단 내에서 평균 적합도를 높이기 위해 새로운 영토든 외부의 배우자든 간에 어떻게든 손에 넣어야 한다."[6] 때로 분쟁의 결과 여성이나 생존 자원, 또는 둘 다 얻는 상당한 순이익을 거둘 수도 있다. 종종 간과되는 점이지만 사망률이 매우 높은 집단 간 분쟁에서는 진화의 작용으로 꼭 순이익을 얻게 되는 것은 아닌데, 두 집단 모두에서 몇몇 성원들이 죽으면 집단 내에서 생존자들에 대한 자원 압박이 줄어들어 집단 간 분쟁이 집단 내 선택으로 귀결될 수도 있기 때문이다.

'1차 수준'에 있는 신체 및 번식의 목표에서 근사적·파생적인 '2차' 목표가 생겨난다. 최고의 부양자만이 아니라 자기 지위를 이용해 신체 및 번식 이점을 차지할 수 있는 사회적 중재자도 남보다 잘살고 아내와 아이를 더 많이 둘 수 있다. 그러므로 근사적 재화로서 평판·위신·권력·지도력 등을 얻기 위한 경쟁은 1차 경쟁 자체처럼 폭력 분쟁의 형태를 띨 수 있다. 이 폭력 역시 직접적이거나 간접적일 수 있는데, 간접적 폭력은 평판·위신·권력·지도력을 주는 상징적 혹은 물질적 재화를 얻기 위한 것이다. 이런 경쟁과 폭력은 매우 복잡한 상호작용을 포함하지만, 원론적으로 말해 그 바탕에 깔린 진화론적 원리는 단순하다.

경쟁 및 잠재적 폭력 분쟁이라는 근본 상태는 분쟁의 부가적 원인을 낳는다. 거듭되는 모욕과 부상이 희생자화 패턴이 되지 않도록 대개 그에 대한 보복도 일어난다. 보복 혹은 '복수'에는 경쟁 상대를 제거하려는 의도나, 자신이 무력하지 않으며 반격 수단을 가지고 있음을 과시함으로써 적수를 비롯한 나머지 상대들에 대한 억지력을 회복하려는 의도가 있다. 균형이 이루어지면 맞대응이 끝나기도 하지만, 반대로 점차 확대되어 타격과 반격의 자기영속적 순환으로 이어지기도 한다. 그렇게 되면 양쪽의 손실이 쌓이고 때로는 애초에 분쟁을 일으킨 최초 피해와는 비교도 안 될 만큼 큰 손실을 보기도 한다. 그럼에도 당사자들은 협상 타결을 어렵게 만드는 온갖 의사소통 문제 때문에, 또는 상대의 약속 이행을 확실히 보장받을 수 없어서 흔히 분쟁에 갇히고 만다. 이런 상황에서 그들의 합리적 선택지인 일종의 '죄수의 딜레마'는 최적 선택보다 훨씬 못할 때가 많다.

이와 비슷하게, 잠재적 분쟁 상태에서는 안보 대책이 필요한데 이는 방어적인 동시에 공격적인, 혹은 선제적인 성격을 띠기도 한다. '죄수의 딜레마'의 변형인 이 '안보 딜레마'의 의미는 상대가 실제로 공격을 원하건 원하지 않건, 상대방의 공격 능력 자체가 이쪽에게 어쩔 수 없이 행동하게 만드는 위협이 될 수도 있다는 뜻이다. 강력한 중앙권위가 없는 상태에서 상대에 관한 정보 부족, 상호 안보 합의를 보장받지 못하는 무능력은 대개 의심과 적대감을 낳으며, '그들의 바람'과 최선의 이익에 반해 당사자에게 '부과된' 것처럼 보이는 분쟁으로 이어지는 경우도 많다. 상대보다 앞서거나 뒤지지 않으려는 서로의 욕망이 낳은 군비 경쟁은 한쪽을 유리하게 만들 수도 있지만, 대개 '붉은 여왕 효과'를 낳을 뿐이다. 양쪽 모두 계속 자원을 투자해도 결국 서로에 대해서는 똑같은 위치에 있게 되는 것이다. 통제되지 않는 경쟁이라는 현실 때문에, 경쟁자들은 나무가 줄기를 키워가듯 막대한 투자를 해야 하는 것이다.

결국 원론적으로, 폭력 분쟁의 발생 가능성에는 두 가지 주요 요인이 밀접하게 관련된다. 첫째는 희소성이다. 신체 압박과 번식 기회의 박탈은 폭력처럼 더욱 필사적이고 위험을 감수하는 행동을 유발하게 된다. 배고 픈 늑대가 배부른 개를 이긴다는 속담이 바로 이런 뜻이다. 우리가 본 것 처럼 희소성은 분명 어떤 점에선 상대적이다. 경쟁—그리고 폭력 분쟁— 은 기회와 부가 늘어난 곳에서 강화되기도 한다. 따라서 둘째 요인이 중요 하다. 비폭력적 수단의 범위 내에 경쟁을 붙잡아두려는 사회적 규제 메커 니즘의 존재 말이다. 폭력적 행동은 선천적 잠재성이지만 사회적으로 학 습된 것이기도 하므로, 호전성이나 평화주의는 경험을 통해 습관화될 수 있다. 무정부적 체제—사회 내부의 체제든 사회 간의 체제든—는 폭력 적 성향이 더 강하고 폭력 사용에 더 익숙해지곤 한다. 이 역시 배고픈 늑 대가 가축화된 개를 이기는 이유와 같다.

이제 자연 상태 인간의 삶에서 경쟁과 잠재적 분쟁의 효과를 더욱 신 중하게 규정할 수 있다. 우리가 본 것처럼 싸움은 수시로 발생했고, 높게 는 성인 남자 중 25~30퍼센트라는 높은 사망률의 원인이 되었다. 그렇다 고 해서 모든 수렵채집인 사회가 똑같이 호전적이었다는 얘기는 아니다. 그 점에서는 훗날의 국가들 사이에서도 차이가 있듯이 그들 사이에서도 달랐다. 그러나 역사시대의 국가들과 마찬가지로 경쟁과 많은 수라는 근 본 조건으로 인해 싸움은 그들의 특정 성향과는 상관없이 극소수 공동체 만이 피할 수 있는, 또는 거의 모든 공동체가 대비하는 하나의 표준이 되 었다. '끊임없는' 혹은 '고질적인' 싸움이라는 인식은 정당화되기도 하지만 얼마간 잘못 이해되기도 한다. 사실 적극적인 실제 싸움은 드물었다. 그러 나 바로 그런 싸움의 위험이 사람들의 삶을 지배했다. 홉스가 지적했던 (『리바이어던』 13장) 이 개념을 현대 인류학자들도 감지해왔다.[7] 섀그넌은 『야노마모족: 사나운 사람들』 개정판에서 나중의 생각을 이렇게 덧붙였다.

무엇보다도 야노마모족은 돌아다니는 시간의 전부나 상당 부분을 이웃과 전쟁하면서 보내지는 않는다…… 둘째로 야노마모족 사이에서 전쟁은 지역에 따라서, 또 시기에 따라서 다르다. 특정 시기 일부 지역에서는 전쟁이 매우 극렬하지만 나머지 지역에서는 아예 없다. 가장 '호전적인' 마을들조차 오랜 기간 상대적으로 평화롭게 지내며 조용하고 행복한 일상생활을 한다…… 반면 가장 덜 호전적인 마을들도 갑자기 격렬한 전쟁에 휘말리기도 하며, 일시적인 고요한 평화가 뜻밖의 습격으로 산산조각 나는 일도 있다.[8]

자연 상태의 인간으로 사는 세계 곳곳의 수렵채집인에게서 우리가 마주치게 되는 모습은 대체로 이렇다. 사람들은 이웃과 평화롭게 지내기도 하고, 분쟁에 휩쓸리기도 한다. 경쟁은 어디에나 만연하지만 그 표현과 강도는 크게 다르다. 경쟁이 있을 때 그것은 은밀하거나 노골적인 상호 억지를 바탕으로 다소간 우호적인 타협으로 이어지기도 한다. 타협이 원만하거나 견고하지 못할 때, 아예 이루어지지 않을 때에는 폭력이 일어날 수 있다. 따라서 실제 싸움 못지않게 폭력 분쟁의 위협도 자연 상태의 인간 생활을 구성한다. 두려움, 상호 억지, 불안은 사람들을 저마다의 태생 영역과 종족에 결속시키고 예방책을 채택하게 만들고 경계를 완전히 풀지 못하게 만든다. 현장 관찰과 실험실 테스트에 따르면, 유인원과 인간을 가릴 것 없이 낯선 자는 우선 강한 경계와 의심, 불안, 공격성의 반응을 촉발하는 것으로 드러났다.[9] 이방인을, 나아가 짙고 위협적인 색으로 몸을 칠한 적을 뚜렷하게 정형화하는 것은 인간에게는 너무도 익숙하고 기본적인 반응이다. 인간은 최악의 의도를 가정하고 엄청난 방어적 감정을 동원한다. 경쟁과 잠재적 분쟁이라는 조건에서 보면 진화 과정에서 형성된 반응은 '유비무환'이다. 당연히 상대방도 비슷하게 반응하기 때문에, 최악의 경우를 고려한 분석은 자기실현적인 경향이 있다. 얼마 후 이방인이 공격적이지 않거나, 자원을 공유하겠다고 강하게 주장하지 않거나, 비용이 적게 드는 타협과 공존, 심지어 협력(교환)을 할 준비가 되어 있다는 의미에서 위협적이지 않다고 관찰될 경우 경계와 의심, 불안, 공격성은 줄어든다. 그러나 어느 정도의 소원함과 이방인혐오증은 남는다.

우리는 경쟁과 분쟁이라는 현실이 또다른 경쟁과 분쟁을 낳는 걸 보아왔다. 경쟁과 분쟁은 희소성이라는 근본 상태에서 자라나지만 그 다음부터는 그 자체가 빚어내는 의심, 불안, 권력욕 때문에 스스로를 먹고 자라며 나름의 생명을 갖는다. 자원을 더욱 효율적으로 이용하면 경쟁에 이길 수 있지만, 역설적으로 경쟁에 자원을 더 많이 투자해서 이길 수도 있다. 줄기를 키우는 나무나 커다란 근육질 몸집이 그런 것처럼, 경쟁은 애초에 목적이었던 자원을 상당량 소비할 수도 있다. 따라서 적어도 어느 정도는 경쟁이 희소성을 증대시키고 경쟁 자체를 강화하기도 한다. 특히 분쟁에 대비한 방어비용 또는 분쟁비용은 전부는 아닐지라도 대부분을 사실상 공급에 직접 투자할 수 있는 시간과 자원에서 지출된다. 나중에 보겠지만 농업과 축적 자원이 등장한 이후로는 양측 모두 상대의 자산을 파괴한 탓에 분쟁이 자원을 직접적으로 감소시키기도 했다. 그러나 자연 상태에서도 상대를 패배시키지 못하면 '붉은 여왕 효과'가 나타날 수 있으며, 그렇게 되면 양쪽 모두 경쟁/분쟁으로 손해를 보기도 한다. 그러므로 분쟁을 일종의 '제로섬 게임', 즉 한쪽의 손실분을 다른 한쪽이 얻고 그 역도 성립하는 경쟁으로 볼 수는 없다. 양쪽 모두 잃는 경우도 가능하기 때문이다. 진화와 번식의 측면에서 이는 대개 친족의 죽음, 살아 있는 자들의 생존과 번식 기회의 축소를 뜻한다. 그러나 분쟁을 포기하면 한쪽만 일방적으로 더욱 심한 손실을 입을 수 있고, 따라서 양쪽 모두 통제되지 않은 경쟁/분쟁 상황에 갇혀서 적대를 종료하기 위한 합의에 이를 때까지 억지를 부릴 수도 있다. 사람들이 항상 막연하게 느끼고 당혹스러워했듯이, 분쟁이 애초에 그것을 발생시킨 대상물에 한정되거나 그것에 의해 조절되는 경우는 드물다.

결국 경쟁과 분쟁은 진화상 형성된 자기증식 유기체들이 겪는 진짜 결핍에서 빚어지며, 생명 유지와 관련해 한쪽이 얻고 한쪽이 잃는 것으로 끝날 수 있다는 점에서 '실질적'이다. 그런 동시에 '죄수의 딜레마'와 '시장의 실패'를 벗어날 탈출구가 아예 없이 무정부적이고 통제되지 않는 환경에서 분쟁 자체가 당사자들에게 부과하는 논리 때문에, 경쟁과 분쟁은 어느 정도 자기영속적이고 서로에게 피해를 주는 수준까지 '부풀려지기'도 하며, 양쪽 모두에게 순손실을 의미할 수도 있다. 어떤 면에서 이것은 전쟁에 대해 널리 인정되는 두 가지 양극화된 태도, 즉 전쟁이 진지한 목적을 위한 진지한 사업이라고 보는 태도와 그 부조리에 충격을 받는 태도 모두를 정당화한다.

마지막으로, 자연 상태의 인간에 대한 우리 연구의 바탕인 진화론적 관점에 관해 몇 가지 결론적인 말을 덧붙이고자 한다. 지금까지 내 글에서 자연을 이해하기 위한 주요 열쇠인 진화론이 인간의 자연 상태, 자연 상태에서의 싸움, 인간 본성 전반을 이해하는 데 필수불가결하다는 사실이 논증되었기를 바란다. 그렇지만 확신이 없는 독자들까지 설득해냈다는 환상은 갖지 않는다. 진화론은 여러 이유로 항상 반대자들을 격렬하게 뒤흔들었지만, 항상 그들에게 정확하게 전달된 것은 아니었다. 오늘날 진화론은 인간과학의 위대한 부흥에 영향을 끼치고 있지만, 또 그만큼 다른 분과들에서 훈련받은 사람들에게는 종종 이질적인 것으로 받아들여지며, 그중 일부에서는 다른 견해들, 심지어 모순적인 견해들에 학문적으로나 감정적으로 굉장한 투자가 이루어지고 있다. 대중 저널리즘에서 보게 되는 '사회생물학'의 공상적이고 선정적인 메아리 또한 진화론의 목표에 도움이 되지 않을 때가 많다.

진화론은 자연을 이해하기 위한 하나뿐인 과학적 거대이론으로서 정
신분석학 이론들, '유물론', 또는 '기능주의' 같은 학문적 구성물과 '경쟁'하
지 않는다. 오히려 진화론은 그것들의 주요 통찰력 일부를 폭넓은 해석적
틀 속에서 아우를 수 있을 것이다.[10] 이를테면 우리는 인간의 행동—성,
창의력, 의미 추구, 우월성의 욕구—을 이해하기 위한 근본적인 조절 원
리로서 프로이트, 융, 아들러 등이 가정했던 서로 다른 기초적 충동들이
어떻게 진화론의 틀 속에서 통합되어 상호작용을 하는지, 그리고 수수께
끼로 남았을 그 충동들의 기원을 진화론이 어떻게 설명하는지 보아왔다.
또한 진화론은 인간과 그 밖의 유기체들이 어떻게 물적 재화에 대한 욕구
에 의해 동기화되는지 설명해주지만, 이 동기를 포괄적인 신체 및 번식 원
리에 의해 형성된 나머지 동기들과 따로 다루기보다는 함께 다룬다. 진화
론은 오랫동안 싸움의 동기로 거론되었던 것들—섬너가 말한 굶주림, 사
랑, 허영심, 우월한 힘에 대한 두려움 같은—이 어떻게 생겨났고 어떻게
한덩어리로 서로 연결되는지를 설명해준다.

'기능주의'는 한때 사회과학에서 인기 있는 접근법이었지만 최근에 와
서는 비판을 받고 있다. 그것은 진화론과 거의 똑같은 질문을 던지며 진
화론과 거의 똑같은 답을 내놓는다. 기능주의는 사회 현상을 체계가 계속
작동하는 데 기여하는 적응적 조절 메커니즘으로 설명하고자 한다. 그러
나 이 접근법에는 서로 관련된 일련의 문제들이 있다. 기능주의는 그런
'메커니즘들'이 어떻게 생겨났는지, 또는 어떻게 진화했는지 설명하지 않고
그런 메커니즘들이 그저 있다고 상정한다. 그런 기능을 누가 부여했는지
분명히 밝히지 않은 채 사회 현상의 기능을 말하는 것이다. 그런 기능은
신적인 질서에서 생겨났을까, 아니면 자연이나 심지어 사회에도 존재한다
고 가정되는 초월적 조화 같은 '하늘의 갈고리들' 속에 들어 있는 것일까?

더욱이 사회 체계, 사회 현상, 사회적 기능에 왜 평형의 욕구가 스며들어 있어야 하는가? 기능주의는 변화를 다루기 어려워하고 현실을 정적으로 이해하려는 경향이 있다. 따라서 기능주의는 사태를 뒤집어 생각하거나 잘못된 방향에서 접근한다. 전반적인 사회 현상과 관계를 설명할 때 살아 있는 동인들의 상호작용이라는 맥락에서 아래부터 위로 설명하기보다는 사회적 추상, 특히 '안정성'에 대한 추상으로 개별 행동을 설명하고자 한다.[11]

우리의 주제와 관련해 마빈 해리스 같은 문화유물론자들과 앤드루 바이다Andrew Vayda 같은 문화생태학자들은 기능주의적 맥락에서, 싸움은 자원 압박은 물론 여성 대비 남성의 과잉으로도 촉발되는 인구통계학적 메커니즘이라고 주장해왔다. 우리가 본 것처럼 사실 두 가지 요인—신체와 번식—은 모두 싸움을 설명하는 중추적 요인이며, 따라서 그들의 해석은 매우 올바른 방향을 가리키고 있다. 그러나 여기서 오류는 답이 아니라 기능주의적인 추론이다. 싸움은 인구과잉에 맞서기 위한 자연이나 사회의 조절 메커니즘이 아니다. 오히려 싸움은 인간과 그 밖의 유기체들이 개체 수 증가로 심화된 경쟁에서 우세를 점하기 위해 사용하는 전략 중 하나이다. 덧붙여 말하자면, 맬서스가 과잉인구를 억제하는 또다른 긍정적 요인으로 꼽은 기근과 역병도 마찬가지이다. 이것들은 자연의 설계 속에 끼워진 '조절 메커니즘들'이 아니다. 오히려 기근은 생계수단 이상으로 수가 불어난 인구에게 일어난다. 마찬가지로, 밀집된 인구는 기생충과 병원균의 전파에 더 취약할 수밖에 없다. 유기체는 스스로의 수를 늘리기 '원한다'고 말할 때처럼 기능주의적 추론이 그저 상투어라면, 혹은 '약어'로 받아들여진다면 분명 아무런 문제가 없을 것이다. 하지만 기능주의자들에게 기능이란 상투어라기보다는 진정한 설명으로 여겨진다.[12]

일부 독자는 인구 압박에 대한 진화론적 해석이 기능주의적 해석보다 낫다는 걸 이해하지 못할 수도 있다. 아니, 여기서 진화론을 왜 인간의 자연 상태를 연구하는 나머지 학술적 접근법과 다르며 우월한 것으로 제시하는지 이해하지 못할지도 모른다. 진화론이 자연 연구에서 지배적인 이론이기 때문일까? 만약 그렇다면, 이런 주장은 이론 자체의 장점이 아닌 권위에서 나온 것이 아닌가? 그러나 진화론이 자연과학에서 압도적인 위치를 차지하게 된 이유는 바로 그것이 하나의 인위적인 분석적 구성물이 아니라 자연에 내재하는 원리로 인정되어왔기 때문이라는 것이 나의 주장이다. 실제로 진화론은 19세기부터 생명의 복잡한 설계를 설명하는 유일한 비초월적 메커니즘으로 이해되어왔다. 다시 말해 각각의 단계에서 생존과 번식에 가장 적합한 자질을 지닌 것들만 남게 되는 맹목적인 자연선택 메커니즘이라는 말이다. 그들이 남은 이유로는 그들이 결국 생존투쟁에서 가장 성공적이었다는 것 말고 다른 이유는 없다. 따라서 '성공'은 어떤 초월적 척도에 의해서가 아니라 진화 과정의 내재적 논리에 의해 규정된다.

이 점은 인간사에 진화론을 적용하는 것과 관련해 종종 들려오는 우려를 진정시키기 위해서라도 강조할 필요가 있다. 진화론적 논리 자체에는 어떤 규범적 함의도 없다. 그것은 우리에게 인간의 자연적 성질을 알려줄 수 있다. 자주 무시되는 그 성질의 효과들을 고려하는 것이 현명한 일이겠지만, 그것들은 변덕스럽고 심지어 모순적이기까지 하다. (19세기와 20세기 초의 사회적 다윈주의자들과 '빈 서판' 자유주의자들은 바로 이 점에서 서로 반대되는 두 방향의 오류를 저질렀다.) 우리는 그 성질을 따르기로, 또는 대항하기로 선택할 수 있다. 적자適者가 생존을 최대화한다는 사실에는 신성한 측면도, 도덕적으로 강제되는 측면도 전혀 없다. 그것은 그저 자연적 '설계'의 맹목적이고 알고리즘적인 메커니즘일 뿐이다. 인간의 두뇌—그 자체가 진화의 산물로서 맹목적 설계가 아니라 의식적·목적적·미래지향적인 설계의 강력한 도구인—는 아마 더욱 만족스러운 방식을 제시할 수도 있을 것이다.

이는 '사회생물학'에 반감을 갖게 되는 또하나의 흔한 이유와 연결된다. 반대자들은 사회생물학이 인간 문화—인간과 인간의 업적을 지금의 모습으로 만든 비非생물학적 요소—에 의해 특징적으로 결정되는 사회라는 주제에서 생물학적 결정론을 옹호한다고 믿는다. 그런 이유로 다윈주의는 자연을 이해하기 위한 열쇠일 수는 있어도 문화에 의해 형성된 인간 사회를 이해하는 데는 대체로 부적절하다고 여기기도 한다. 그러나 사실 역사학자들과 사회과학자들은 진화론 지지자들이 문화를 무시하는 것보다 훨씬 더, 인간 문화 속의 생물학적 요소를 무시하는 경향이 강하다. 진화론 지지자들은 결단코 생물학적 결정론을 믿지 않는다. 그들은 진화 과정에서 형성된 우리의 선천적인 유전적 유산을 조명하는 한편, 유전자-문화의 상호작용을 설명하기 위한 해석적 통찰력을 제시해왔다. 인간은 일단 농업을 진화시키고 나자 연쇄적인 발전을 시작했고 기존 수렵채집인의 자연적 생활방식으로부터 멀리, 더 멀리 나아갔다. 인류사회는 근본적으로 변모했고 놀랄 만큼 다양해졌다. 본래 진화 과정에서 형성된 인간의 선천적인 욕구, 욕망, 근사적 행동 및 감정 메커니즘들은 이제 철저하게 바뀌어버린 '인위적인' 조건, 그것들이 진화해나온 조건과는 아주 달라진 조건에서 스스로를 표현하게 되었다. 결코 사라지지 않는 이 과정에서 그것들은 크게 변형되어 새롭고 다채로운 외양을 입게 되었다. 유전자-문화의 이런 상호작용이 바로 싸움의 역사를 비롯하여 인류의 역사를 만들어온 재료다. 그렇게 인류가 진화상 형성되었던 자연 상태에서 벗어나면서 이제부터 살펴볼 문화적 진화와 유전자-문화 상호작용의 진화가 펼쳐졌다.

제2부

농업, 문명, 전쟁

제8장

/

도입: 진화하는 문화적 복잡성

1부에서 우리는 널리 인정되는 루소파의 믿음과는 반대로, 인류의 싸움이 농업의 등장 및 이후의 국가와 문명의 등장과 함께 본격적으로 시작된, 혹은 심각해진 최근의 '문화적 발명품'이 아니라는 것을 알았다. 그러나 인간의 생활방식을 혁신한 이런 획기적인 문화적 발전이 전쟁에 막대한 영향을 끼쳤다는 데는 의심의 여지가 없다. 이제 나는 인류의 문화적 진화에서 일어난 주요 발전과 관련해 전쟁의 변화를 검토해보고자 한다. 그에 앞서 문화적 진화라는 개념 자체와 이 책에서 이 용어를 사용하는 방식에 관해 몇 가지를 말하고 넘어가겠다.

문화적 진화 개념은 생물학적 진화 개념보다 더 오래된 것이다. 이 개념은 18세기의 '진보'라는 관념과 19세기의 헤겔, 마르크스, 그리고 실증주의 철학과 함께 대두했다. 허버트 스펜서, 에드워드 타일러Edward Tylor, 루이스 헨리 모건Lewis Henry Morgan 같은 사회학과 인류학의 창시자들은 이 개념을 비중 있게 옹호했다. 그후에 반작용이 일어났다. 19세기의 위대한 진화론적 '체계들'은 추상적이고, 역사적 현실의 '난잡함'에 무감하고, 사변적·형이상학적·신학적이며, '역사'를 '진보'하며 나아가는 것으로 상정한다는 비판을 받았다. 애덤 퍼거슨이 도입하고 모건과 고든 차일드Gordon Childe가 확장한, 인류가 '야만'에서 '미개'를 거쳐 '문명'으로 이동해왔다는 개념조차 더는 옳게 들리지 않았다. 프란츠 보아스는 알려지지 않은 기원과 진화에 관한 모든 추론을 거부하는 대신 현존 사회에 대한 경험적 연구에 집중함으로써 인류학의 연구 방향을 바꾸었다. 그러나 고고학 연구가 과거에 대한 우리의 지식을 점점 더 확장함에 따라, 인류 문화에 대한 진화론적 접근법은 고고학자와 인류학자들 사이에서 계속 지지자를 확보했다. 그러면서도 이들은 선배들의 업적을 깎아내렸던 비경험적 측면들을 피하고자 애써왔다. 이런 전통 속에서 대부분의 문화적 진화론자들은 보아스의 맥락을 따라 생물학적 진화와 문화적 진화를 예리하게 구분하면서 생물학적 진화는 인간사에서 설령 의미가 있다 해도 아주 사소한 의미밖에 없다고 주장하고 인간사의 가변성은 거의 무한하다고 가정해왔다.[1]

그렇다면 먼저 분명히 해두어야 할 것은 문화적 진화와 생물학적 진화 사이의 관계이다. 둘 사이의 유사점은 늘 인정되어왔다. 우선 두 가지 모두 복제 형태들─생물학적이든 문화적이든─의 계속적이고 반복적인 번식을 다루는데, 그 형태들 중에는 어느 정도 온갖 선택 압력에 좌우되는 우발적 변이도 있다. 생물학에서 복제자는 유전자로, 세포핵 안에 저장되어 다음 세대로 전달된다. 문화에서 복제자는 행위와 관념─리처드 도킨스의 탁월한 용어로는 '밈meme'─으로, 살아 있는 두뇌에 축적되며 학습을 통해 두뇌에서 두뇌로 전달된다. 이제 생물학적 진화와 문화적 진화의 주요 차이점 하나가 분명해진다. 전자는 자녀에게만 전해지는 '선천적' 복제자와 관련이 있지만, 후자는 원론상 어떤 두뇌에도 '수평적으로' 복제될 수 있는 획득 형질과 관련이 있다는 것이다. 획득 형질 유전은 다윈의 선구자 라마르크가 세운 가설로 라마르크설이라고 하지만, 다윈은 이를 생물학에서 배제했다. 획득 형질 유전은 문화적 진화의 속도를 무한정 빠르게 만든다. 그러나 문화적 진화에서도 복제자는 내구성이 매우 강하다. 언어나 관습처럼 세대에서 세대로 전해지면서 재생산되는 상징과 관행의 체계는 특히나 변화가 더디다. 그렇다 해도 그것들은 변한다—무작위적 '부동浮動'과 '돌연변이'에 의해, 목적적인 적응에 의해, 또는 외래 '밈'의 영향에 의해서 여하튼 변화한다.[2]

그러나 생물학적 진화와 문화적 진화에는 유사성을 넘어선 관계가 있다. 이 두 가지는 인류 진화—실은 진화 일반—에서 단절이 아닌 연속을 나타낸다. 무엇보다, 문화적 진화는 생물학적 진화에서 유래했다. 문화적 진화가 도약했던 근본적 이유는 생물학적 진화의 최신 기교 가운데 하나가, 다름아닌 크게 향상된 교습과 학습 능력이 완성되었기 때문이다. 이 능력이 상징을 조작하고 소통하는 호모 사피엔스 사피엔스의 향상된 두뇌 능력과 함께 출현한 것은 아니다. 더 크고 더 유연한 '열린' 두뇌 설계—살아가는 동안 경험과 학습을 통해 환경과 상호작용함으로써 어느 정도 형성할 수 있는—는 조류, 대형 포유류, 영장류, 유인원, 고인류 같은 진화적 '군비 경쟁'의 후기 산물들 사이에서 점점 발전했던 장비였다. 그러나 성장 일로의 이 능력은 호모 사피엔스 사피엔스와 함께 임계점을 넘었다. 유전적으로 구축된 우리의 '하드웨어'는 생애 동안 (특히 초년기에) 외부 자극에 반응하면서 상당 부분 재구성될 수 있으며, 전례가 없는 다양한 '소프트웨어'를 탑재할 수 있다. 그리하여 놀랍도록 다양한 '응용 프로그램들'을 생성할 수 있다. 이는 후기 구석기시대의 '문화 폭발'을 비롯해 그후로도 뚜렷이 확인된다. 문화적 진화는 실로 폭발적인 잠재력이었다. 이후 인류의 진화는 생물학적이라기보다 압도적으로 문화적인 것이 되었다.[3]

그러나 문화적 진화가 아무것도 없는 빈 서판 위에서 작용해온 것은 아니다. 문화적 진화는 생물학적 진화에서 하나의 능력으로서 기원했을 뿐 아니라, 오래도록 진화한 선천적 성질이 깊이 새겨져 있는 인류의 생리학적·심리학적 '풍경' 위에서 작용해왔다. 인류의 문화적 형태의 엄청난 다양성, 문화적 진화의 놀라운 궤도를 근거로 들어 19세기와 20세기의 일부 역사주의 사상가들은 인류의 독특한 특질은 바로 '본능' 따위가 없다는 점이라고 주장했다. 인류는 곧 '모든 역사'라는—다시 말해 온전히 문화적으로 결정되었다는—것이었다. 문화적 진화론자들은 올바른 사회화를 전제한다면 인간은 사실상 어떠한 행위도 포용할 수 있다고 가정하는 경향이 있다. 그러나 1950년대 이래 언어학에서 노엄 촘스키Noam Chomsky가 일으킨 혁명은 옛것을 새롭게 조명하는 모델을 인문학과 사회과학에 제시했고, 인간 정신이 '빈 서판'이라는 20세기 중반의 지배적 견해가 쇠퇴할 것을 예고했다. 촘스키와 그 제자들은 오늘날 알려진 언어가 수천 개나 되지만 과거에는 알려지지 않은 훨씬 더 많은 언어가 쓰였으며, 인간의 모든 언어는 일련의 공통된 '심층적' 통사 패턴들을 공유한다고 주장했다. 이 패턴들은 우리가 언어를 너무도 쉽고 자연스럽게 사용하도록 해주는 선천적인 언어 처리 메커니즘을 반영하는 것으로 보인다. 따라서 인간은 원칙적으로 가상의 어떤 언어라도 생성해낼 능력이 있지만, 어디까지나 그 언어의 '메타 구조meta-structure'가 이 심층적인 공통 패턴을 따르는 한에서 그렇다.[4] 이로 인해 언어의 다양성은 무한한 동시에 매우 제한된다.

문화적 형태의 정수로서 언어는 인간의 정신구조 전반을 밝혀주는 모델임이 증명되어왔다. 대부분의 문화적 진화론자는 본성－양육이라는 잘못된 이분법의 한 면만을 받아들이는 오류를 저질러왔다. 실제로 문화적 형태는 엄청나게 다양하고 문화적 '탄력성'도 대단하지만, 어떤 형태든 가능한 것은 아니다. 문화적 선택과 선호는 단순히 생물학으로부터 '인계'받은 것이 아니다. 오히려 문화적 형태의 풍부한 다양성은 진화상 형성된 선천적인 성향, 욕구, 욕망—궁극적 목적, 근사적 메커니즘, 파생적인 부산물 등—이라는 상당 부분 식별 가능한 심층 핵과 그 주변에서 건설되어 왔으며, 앞으로 보겠지만 때로는 분명 그것들에 반항하면서, 또는 그것들 간의 갈등의 한 표현으로서 끊임없이 그것들과 상호작용하며 구축되었다. 문화적 진화와 더불어 생물학적 도박이 완전히 중단되는 것도 아니다. 제한될 뿐이다. 생물학과 문화는 상호작용하며 공진화하는 통합적 합성물이다. 그것은 놀랍도록 복잡하지만 '임의적'인 구성물과는 거리가 먼 것으로 이해하는 편이 좋다. 우리의 생물학적 성질 때문에 우리의 문화적 선택은 몹시 편향된다. 일부 연구에서 증명되었듯 거꾸로 우리의 문화적 선택이 일부 생물학적 특질을 선택하기도 한다. 문화적 특질 또한 선택 압력을 받는다. 때로는 문화적 특질이 그것과 결부된 집단의 생존과 번식에 직접적으로 영향을 주기도 한다. 그런가 하면 인간 집단 자체의 생존에 영향을 주지는 않더라도, 일부 '밈'이 집단 내의 나머지 밈을 몰아내고 대체함에 따라 관념과 관행으로 이루어진 밈 '인구'의 생존에 영향을 주기도 한다. 그런 특질이 반드시 더 나은 적응적 가치를 지닌 것은 아니다. 일부 문화적 특질은 대체로 특정 생물문화적 환경에서 그저 '중독성'이 더 강할 뿐이며, 생물학적 집단 내에서 바이러스나 기생충이 퍼지는 것과 똑같은 방식으로 번져나가기도 한다. 그 특질은 심지어 그것이 '감염'시킨 집단의 생존 및 번식 성공을 해칠 수도 있지만, 나머지 집단에게도 충분히 빠른 속도로 확산되기 때문에 그 자체가 멸절하지는 않는다. 생물문화적 합성물의 요소들을 연결해주는 '긴 가죽끈'이 있지만, 어쨌거나 그것은 속박의 가죽끈이다.[5] 변화하는 문화적 조건 아래서 지속되고 변화하는 인간의 동기들과 성질들—싸움과 관련한—은 이 책의 남은 지면에서 내가 주로 다룰 관심사 중 하나이다.

사실 생물학적 진화와 문화적 진화 사이에는 또다른 연속성의 요소가 있다. 끊임없는 진화적 '군비 경쟁'에서 주로 선택에 의해 가동되는 두 진화 형태 모두 시간이 흐를수록 더 복잡한 '설계'를 산출하는 경향이 있다. 앞에서 말했듯이 학습과 문화 생성 능력은 그 자체가 생물학적 진화에서 가장 최근에 일어난 '혁신' 중 하나다. 그후 문화적 진화는 온갖 유형의 복제자들이 번식하고 증식하는 과정에서 생기는 경쟁의 영향력 때문에 더욱 복잡해지면서 생물학적 진화를 계속해왔다. 참여자들이 경쟁에 더욱 능해지고 더욱 '전문적'이 됨에 따라 전체 경쟁은 갈수록 가속화되고 치열해진다. 그들의 적응뿐 아니라 적응 가능성까지 향상되는 것이다. 약 40억 년 전 비교적 단순한 박테리아에서 시작된 자연선택이, 대략 15억 년 전까지 최초의 다세포 유기체를 진화시켰던 것도 같은 이유 때문이다. 그후 더욱 다각화되고 상호협력하는 전문적인 기관들을 지닌 더 큰 다세포 유기체들이 등장했고, 다시 더욱 큰 유기체들이 점점 빠른 속도로 진화했다. 4억 년 전쯤에는 관다발 식물이 진화했다. 양서류, 파충류, 포유류 등은 4억 년에서 2억 5000만 년 전 사이에 진화했다. 최초의 조류는 1억 3500만 년 전에 등장했다. 육지에 이어서 하늘이, 비교적 최근인 그 시기에 식민화되기 시작했다.[6]

복잡성을 규정하는 것은 서로 다른 부분들, 즉 기능적 위계구조 안에 통합되어 있는, 전문적·상호의존적인 부분들의 수와 다양성이다. 스펜서는 20세기에 외면당했지만 원래 그는 진화—생물학적 진화와 문화적 진화—작용을 '연속하는 분화와 통합을 통해 일관성 없는 동질성에서 일관성 있는 이질성으로' 나아가며 복잡성이 증가하는 과정으로 묘사했다. 그런데 복잡성의 증가라는 우리의 개념은 진화를 '진보'로 보는 19세기 목적론적 관점으로의 회귀가 아닐까? 이 중요한 논점은 신중하게 이해해야 한다. 앞에서 기술한 과정은 그 어떤 평가적 의미에서든 '진보'가 아니며, 반드시 '행복의 증가', '복지', 또는 그 어떤 '목표'로 이어지지도 않는다. 타고난 성향이라는 강한 요소가 있는 곳에는, 복제자들이 되풀이해 번식하고 증식하면서 경쟁적 환경에 대처하는 데 적합한 설계를 (경쟁과 선택을 통해) 진화시키는 '내재적'(이 단어는 초월적이지 않다는 의미로 이해해야 한다) 경향이 있다. (확실히 효율성이 높다는 건 때로 복잡성의 증가보다 단순화를 뜻하기도 하지만, 대부분의 경우 그 반대가 옳다.) 진화에 더 큰 복잡성으로 나아가는 내재적 경향이 있다고 해서 그 과정이 꼭 '불가피성'을 띠지는 않는다. 진화적 형태가 아주 오랫동안 거의 변화 없이 유지될 수도 있다. 또한 퇴행할 수도 있고, '막다른 골목'으로 진화하거나 자연적으로 또는 외부적 요인으로 환경이 급격히 불리하게 변화하면 멸종할 수도 있다. 우리는 자연적 진화에서 몇 차례 파국으로 치달은 대멸종 사례를 알고 있으며, 이를테면 우주적 충돌이 일어나 근본적으로 지구의 모든 생명, 아니 지구 자체가 파멸할 수도 있다. 그 과정은 '예정'되어 있지 않다. 그러나 경쟁하며 증식하는 모든 복제자들이 존재하는 곳에서는, 그리고 존재하는 한, 그것들에 내재한 일반적인 역학은 진화적 경쟁에서 더 나아지도록 진화한다는 것이다. 따라서 진화의 역사는 단순한 연쇄 이상이다. 그것은 대체로 더 복잡하게 진화하는 경향이 있다는 점에서 방향성을 갖는다. 이 과정은 점진적이며, 그 속에서 복잡성이 커져가는 모든 단계는 꼭 있어야 할 전제조건인 덜 복잡한 단계 위에 세워져야 한다.

단순한 상호작용을 일으키는 단순한 요소들로부터 정연한 복잡성, 또는 자기조직화가 '자연발생적'으로 진화하는 방식은 현대 과학 연구의 첨단에서 가장 뜨거운 주제 가운데 하나이다.[7] 이 과정의 흥미로운 특징 하나는 이번에도 그것이 완전히 '임의적'이지는 않다는 것이다. 다시 말해 아무 형태나 발생할 수는 없다. 복잡성의 발생은 그 과정의 점진적 성격에 의해 제한받기도 하지만, '설계 공간'—물리적, 화학적, 유기적, 또는 문화적인—내에서 구할 수 있는 재료의 성향에 의해서도 제한받는다. 따라서 각기 다른 수많은 세계가 진화할 수 있음에도(그리고 지구의 자연사와 문화사 동안 서로 다른 시간과 장소에서 수많은 세계가 진화해왔음에도), 비슷한 '제약'으로 인해 서로 다른 시간과 장소에서 비슷한 구조들이 독립적으로 등장해왔다. 자연적 진화를 예로 들면, 햇빛에서 에너지를 얻는 광합성은 서로 다른 많은 박테리아에 의해 여러 번 발명되었다. 날개 비행은 곤충, 익룡, 박쥐, 새, 다양한 물고기들에 의해 독립적으로 여러 번 진화했다. 유성생식 역시 독립적으로 여러 번 진화했다.[8] 그런 다음 이들 각각의 '메커니즘들'은 처음 등장했던 장소에서 확산되었다. 역사나 문화적 진화에서도 서로 다른 시대와 장소에서 적당한 조건이 주어졌을 때 비슷한 주요 구조들이 저마다 독립적으로 등장했다. 인간은 서로 독립적인 적어도 네 군데 주요 장소에서 농업을 진화시켰다. 어쩌면 그 수는 두 배가 될 수도 있었을 것이다. 나중에는 서로 다른 시기에 대체로 비슷한 수의 독립적인 장소에서 국가와 문명이 등장했다. 그런 뒤에야 문화적으로 진화한 이런 구조들은 막강한 선택적 이점 덕택에 처음 위치에서 세계 곳곳으로 확산되었다.[9]

　이 책에서 사용한 전략은 서구의 특정 역사에서 임의적으로 도출한 관습적인 고정 연대기가 아니라 인류의 생활방식에서 일어난 이런 주요 변혁들의 상대적 연대기와 관련지어 전쟁의 발전을 추적하는 것이다. 따라서 여러 면에서 세련되고 웅장했던 콜럼버스 이전의 중앙아메리카와 페루 문명은 여기서는 석기시대 후기 또는 청동기시대의 국가와 제국으로 다룬다. 이들 신세계 문명을 바라보는 가장 유익한 관점은 기원전 2500년경까지 이미 그 수준에 이르렀던 구세계 초기 메소포타미아와 이집트 문명에 '상응'하는 문명으로 여기는 것이다.[10] 이렇게 사실상 관련이 없는 별개의 세계들이 서로 다른 절대적 시간 속에서 독립적으로 진화했다. 물론 이들 신-구 세계의 문명들은 여느 문명들처럼 상당한 지역적 차이를 분명히 보여주지만, 석기시대 후기와 청동기시대의 하부구조는 그것들을 유의미하게 묶어서 연구할 만큼 충분히 비슷했다. 앞에서도 주목했지만, 유럽인의 아메리카 발견의 '과학소설'적 특성은 그것이 공간을 가로지른 항해일 뿐 아니라 상대적 시간을 가로지른 항해이기도 했다는 것이다.

같은 맥락에서, 이 책에서 유럽의 중세는 그 이름처럼 서구의 직선적 발전에서 고대와 근대 사이의 '중간' 국면으로 다루어지지는 않는다. 중세 전반기인 '암흑기'는 고전 시대 지중해 세계와 관련해서는 한 문명의 '붕괴'로, 로마 세계를 덮쳤던 종족들의 역사와 관련해서는 북유럽 철기시대의 연장선으로 보는 편이 더 낫다. 중세 암흑기는 문명 이전의 모든 특징들을 재차 보여주었다. 다시 말해 읽고 쓰는 능력, 도시, 대규모 경제가 모두 사라져버렸다. 상대적인 시간대에서 중세 암흑기는 그리스-로마 세계의 뒤에 온다기보다는 사실상 선행하며, 선사시대 다른 철기사회들과 비교하는 관점에서 연구하는 편이 가장 유익하다. 한편 중세 후반기는 도시화, 글쓰기, 화폐경제가 부활하면서 변형된 유럽 혹은 그리스도교 '문명'의 재등장이라는 맥락에서 보는 편이 가장 좋다. 물론 이런 재등장은 아무것도 없는 빈 서판에서 일어난 것이 아니라, 고전 문명의 유산과 주로 무슬림 문명과 중국 문명을 통한 문화적 확산에 시공간적으로 강한 영향을 받은 것이었다.

이렇게 상대적인 비교 접근법과 앞에 인용한 예들은 고고학자들 사이에서는 흔하지만 특정 사회의 특정 '이전'과 '이후'를 주로 다루는 역사학자들에게서는 보기 드물다. 역사학자들이 문화적 '단계'라는 개념과 무감각한 교차문화적 비교를 미심쩍어하는 것도 당연하다. 그런 만큼 이 책의 근간을 이루는 진화론적·비교적 틀의 유연성과 비非교조적 성격을 강조하는 것이 중요하다. 비슷한 생물문화-환경의 '제약'의 결과로서, 비슷한 문화의 형태들이 서로 다르고 관련 없는 사회들에서 '평행하는' 또는 '수렴하는' 경로들을 따라 독립적으로 진화해왔다. 문화적 확산은 분명 사회들이 접촉하는 곳에서 유사성을 강화한다. 그런 유사성은 가능한 한 추적할 가치가 있다. 그러나 서로 다른 특수한 지역 조건과 순전한 우연은 서로 다른 발전사, 즉 '다선형성'으로 귀결되어 문화적 형태의 끝없는 다양성을 만들어내기도 한다. 인류사에서 중요한 유사성들과 몇 가지 두드러진 변이들, 이 두 가지 모두를 여기서는 인간의 무장 분쟁 발달에 관한 우리 연구의 틀로서 개괄한다. 인간의 이해력은 일반화와 특수화라는 상보적인 이중 과정을 통해 작동한다.

이 책에 사용한 상대적 시계와 유연한 잣대는 시간과 공간 모두에 걸친 변화를 측정하기 위한 것이다. 따라서 이 책의 1부는 범위를 매우 넓게 잡아서 '지난 200만 년' 동안 서서히 진화하는 인류의 싸움을 다루었다. 그러나 인류의 문화적 진화는 역사를 거치며 가속화되고 다변화되기 때문에 앞으로 우리가 다루는 '시대들'은 수천 년, 수백 년으로 점점 단축될 것이다. 이번 2부에서는 인류의 문화적 진화에서 일어난 두 가지 주요한 '도약'이 전쟁에 미친 영향을 차례로 검토할 것이다. 바로 농업과 목축의 등장, 그리고 국가와 문명의 성장이다. 우선은 싸움과 관련해 구조인류학–사회학–역사학적으로 이 과정을 서술하면서 시작하려 한다. 결론을 이야기하는 장에서는 폭력 분쟁의 원인과 형태에서 계속 이어지는 선과 변화하는 선을 제시하면서 1부와 2부에서의 발견을 더욱 체계적으로 묶어볼 것이다. 인류는 '진화적 자연 상태'에서 계속 멀어지면서 문화적 진화라는 대변혁을 겪었기 때문이다.

제9장

농경사회와 목축사회의 부족 전쟁

농업의 등장과 전파

약 1만 년 전인 기원전 8000년경 서남아시아(근동) 사람들은 농업을 개척했고, 그로부터 1000~1500년 후에는 가축 사육을 시작했다. 그들은 밀, 보리, 콩류에 이어 과일과 채소를 재배했으며 양과 염소, 나중엔 돼지와 소를 키웠다. 그리고 2000~4000년 후에는 동아시아(기장, 돼지, 닭, 나중에는 쌀, 대두, 과일)와 중앙아메리카(옥수수, 콩, 호박, 후추, 아보카도), 안데스 산맥(콩, 칠리, 곡물, 카사바, 땅콩, 감자, 면화)에서도 각각 비슷한 발전이 일어났다. 또한 멜라네시아, 적도 인근 아프리카, 북아메리카 동부에서도 부차적이고 반半독립적인 작물화·가축화 중심지가 생겨났다.[1] 농업은 이런 발생의 중심지들에서 농업에 적합한 많은 지역으로 퍼져나갔다. 그 효과는 엄청났다. 가장 중요한 결과는 농업이 등장한 지 5000년 만에―주목할 만한 동시성을 보이면서―최초의 농업 중심지마다 독립적으로 국가와 문명이 등장했다는 사실일 것이다. 우선은 농업의 등장과 전파를 간략

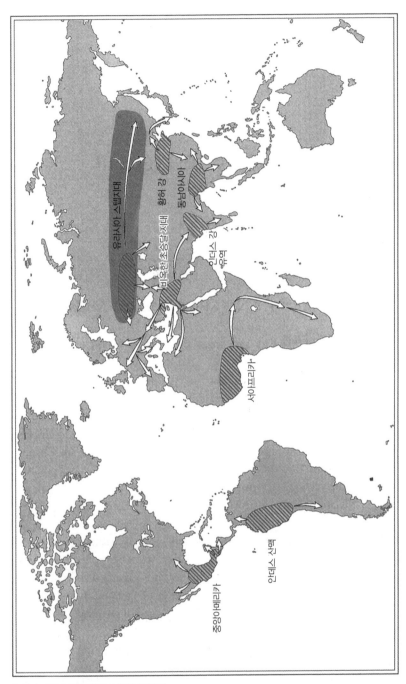

유라시아 스텝지대

황허 강

동남아시아

(비옥한초승달지대

인더스 강 유역

서아프리카

인더스 산맥

중앙아메리카

농업의 기원과 전파 및 국가 (주요 중심지)

히 설명하고 이어서 농업이 전쟁에 미친 효과와 농업과 전쟁의 관계를 평가해보자.

사람들이 왜 농업을 채택했을까 하는 질문에 답하기는 생각만큼 쉽지 않다. '진보'라는 관념이 번성하던 18세기와 19세기에는 그 답이 자명해 보였다. 농업은 인류의 식생활, 생활방식, 자연 통제 면에서 명백한 향상으로 여겨졌다. 따라서 인류가 계속 향상하는 과정에서 농업이라는 아이디어가 떠올랐고 그냥 그것을 받아들였던 것으로 여겨졌다. 그러나 20세기에는 대체로 '진보' 관념에 대한 확신이 떨어졌고, 고고학과 인류학에서는 바람직한 향상으로서의 농업이라는 기존 견해에 배치되는 발견이 이루어졌다. 무엇보다 인류학자들은 수렵채집인이 농경민보다 일은 훨씬 덜하고 여가는 더 많이 즐겼다는 사실에 주목했다. 농업으로 전환하면서 인류는 서서히 중노동의 굴레로 들어갔다. 그 전환은 인류를 에덴동산에서 쫓아낸 성서 속 저주에 신화적으로 반영되었다. "이마에 땀을 흘려야 낟알을 얻어먹으리라"(창세기 3.19). 그런 이유에서 역사적으로 수렵채집인들은 농사를 짓는 이웃들이 있었을 때에도 농업을 수용하길 주저하곤 했다. 결국 문제는 농사를 모르는 것이 아니었다. 농업 이전 자연 속에서 살던 호모 사피엔스 사피엔스는 능동적 경작이라는 가능성을 모르진 않았으나, 오랫동안 농업을 하지 않는 편을 선택해왔다. 고고학자들과 인류학자들은 나아가 수렵채집인이 농경민보다 전반적으로 더 건강했음을 밝혀왔다. 우리에게 익숙한 많은 전염병들, 이를테면 홍역, 천연두, 독감, 디프테리아, 결핵 등은 분명 가축화된 동물에게서 인간에게 옮은 것이었다. 밀집한 정주 집단 속에서 인간 및 동물의 배설물 근처에서 지내는 생활이 병원균과 기생충에 의한 감염을 크게 증가시켰다. 마지막으로, 먹는 음식의 다양성은 농업으로의 이행과 함께 시간이 흐르면서 실제로 감소했다. 대부분의 인류는 가짓수가 적은, 쉽게 기를 수 있는 주요 식재료를 기초로 하는 불균형

한 식생활에 의존하게 되었다.[2]

그렇다면 어째서 세계의 서로 다른 지역들에서 거의 비슷한 시기에 갑자기 작물을 재배하고 동물을 키우게 되었을까? 학자들은 여전히 이 문제로 논쟁하고 있는데, 내가 선호하는 종합은 이렇다. 기본 동력은 아마도 인구 성장이었을 것이다. 그 이전 10만 년 사이 호모 사피엔스 사피엔스의 등장과 함께 인구 증가가 특히 두드러졌다. 이런 인구 성장을 자극하고 지속시켰던 것은 이주와 기술 혁신이라는 두 가지 메커니즘이었다. 호모 사피엔스 사피엔스는 구세계 전역으로 퍼지면서 고인류를 대체했다. 이어서 호모 사피엔스 사피엔스 집단들은 인류가 살지 않던 아메리카(와 오세아니아)를 발견했고 빠르게 정착했다. 아울러 우리 종이 지닌 효율적인 사냥 및 낚시 도구와 기법 덕택에 후기 구석기시대에는 인구 밀도가 더욱 높아졌다. 늘어난 인구가 대형 사냥감을 지나치게 많이 죽인 결과 야생 식량자원의 스펙트럼을 더욱 넓히고 다각화하게 되었다. 새로 확장할 커다란 공간이 줄어들고 더 효과적인 생존술을 습득하고 인구가 더 조밀해짐에 따라 인간 집단들은 비옥한 환경에서 정주성을 높여갔다. 그런 환경에서는 더이상 예전처럼 많이 돌아다닐 필요도 없었고, 전처럼 돌아다닐 수 있는 큰 영역을 소유하지도 못했다. 고고학자들이 밝혀낸 바에 따르면, 어디서든 정착생활이 원시농업의 선결조건이었지 그 반대가 아니었다. 구석기시대 말인 1만 5000년 전과 중석기시대에 들어서자, 세계 여러 곳에서 인류의 정착은 더욱 정주적이고 자원집약적인 형태를 띠게 되었다. 높아진 인구 밀도, 정착생활 증가, 농업 등장 등 세계 곳곳에서 거의 동시에 나란히 발전한, 달리 보면 영문을 모를 사태를 설명해주는 것은 바로 세계적인 인구 성장이다.

발굴된 유골들을 보면, 농업과 동물 사육을 시작한, 정주성이 더 강하고 인구 밀도가 더 높은 지역들에 살던 사람들이 특별히 자원 압박을 겪지는 않았음을 알 수 있다. 인구 성장은 더 미묘한 방식으로 농업 채택을 유도하는 촉매제 역할을 했다. 유목생활을 했을 때보다 정착생활을 할 때 경작을 더 자연스럽게 선택한 이유는 이미 정착생활로 자리를 잡았기 때문이었을 것이다. 계절 변화가 식량 획득에 뚜렷한 영향을 미치는 곳(반건조기후에서처럼)과 번식시키기에 적절한 야생동물이 다양하게 존재하는 곳에서는 이런 요인들 역시 촉매제로 작용했다.3 새로운 과정이 시작되었다.

이제 우리는 이 변화가 얼마나 서서히 일어났는지 깨닫고 있다. 이른바 신석기시대 혁명—실로 혁명적이었던—은 수천 년이 걸려서 이루어진 이행 또는 전환이라는 견해가 오늘날 늘어나고 있다. 무엇보다 인간이 야생 종들을 선택하여 통제하기 쉽게 길들이고 생산성을 키우는—즉 순화하는—데에는 수천 년이 걸렸다. 아울러 인간이 선호하는 야생종을 보호하고 경쟁 종을 제거하고 확산을 지원하며 보살피던 방식이 직접적이고 목적적인 재배로 진화했다.4 이어서 재배기술 자체의 효율성이 계속 높아짐에 따라 이동하는 '화전식' 원예에서 시작해 관개를 포함하는 더 집약적 형태의 원예를 거쳐, 경작을 비롯한 여러 형태의 농업이 출현했다. 그에 따라 인간의 수요를 충족시키는 재배의 역할은 점점 커져간 반면 오랫동안 원예와 나란히 이루어졌던 수렵과 채집의 비중은 점점 줄어들었다.

이는 또다른 진전을 위한 전제조건을 계속 재생산하는 자기강화 과정이었으며, 후퇴하기 점점 힘들어지는 일방통행로가 되었다. 더욱 생산적인 재배는 더욱 가치 있는 활동이 되었다. 재배의 생산성이 높아질수록 더 조밀한 인구를 부양할 수 있었다. 인구가 조밀해지고 재배가 집약적으로 변할수록 인간이 사냥하는 야생동물이, 결과적으로는 인간의 수렵채집 활동이 축소되었다. 인구가 조밀해지면서 1인당 경작지는 더 작아졌고, 그 땅에서 식량을 거둬들이기 위해 재배의 집약도를 높여야 했다. 정주생활은 더욱 광범위한 물질적 소유를 가능하게 했고 엄청난 경제적·사회적·

문화적 다양화와 정교화를 위한 토대를 서서히 다져갔다. 그렇지만 농업 집약화 과정이 산업화 전야까지 제 갈 길을 가는 동안, 세계 인구의 80~90퍼센트는 중노동, 질병, 영양실조, 높은 사망률에 시달리면서 집약적 재배가 이루어지는 조그만 땅에서 빈약한 생계수단을 뽑아내기 위해 싸워야 했다. 어떻게 이런 역설적인 결과가 나올 수 있었을까?

이번에도 개괄적인 답은 인구 성장, 그것도 극적인 인구 성장이다. 농업으로의 이행은 인간 사망률을 높여온 (그리고 일반적으로 인류 건강을 해쳐온) 것으로 보이지만 출산율을 큰 폭으로 높이기도 했다. 여성의 실질 생식력이 증대한 것은 영구적인 가정 기반, 짧아진 수유 기간(포유동물의 수유는 자연적인 피임 기능을 한다), 열량 섭취 증가(주로 체지방으로 저장된 탄수화물), 들판과 가정에서의 노동 수요 증가 등의 요인이 함께 작용한 결과였다. 수렵채집인과 농경민의 출산율을 보면, 여성 한 명당 출산 횟수가 각각 4~5회와 6~8회로 거의 두 배 차이였다.[5] 작물과 동물을 기르면서 주어진 공간에서 훨씬 많은 식량을 생산할 수 있었으니 더 많은 아기들을 먹일 수 있었다. 그 결과는 계속적인 인구 폭발이었다. 재배와 사육으로 인해 크게 향상된 생산성은 1인당 복지의 증대로 이어지기보다는 계속 늘어나는 인구—계속 높아지는 집약도를 요하는—로 이어졌다. 이는 달아나는 '붉은 여왕 효과'였다.[6]

신석기시대 초기인 약 1만 년 전 농경 시대의 세계 인구는 어림짐작할 수밖에 없다. 고고학 현장의 밀집도와 최근까지 존재했던 수렵채집인들의 인구 밀도를 바탕으로 볼 때, 당시 세계 인구는 500만에서 1500만 정도로 추산된다. 재배와 사육이 등장한 이후 첫 5000년 사이에 세계 인구는 10배 증가한 것으로 보이며, 다시 5000년 후 산업혁명 전야까지 100배 증가한 것으로 여겨진다. 이 경우에도 인구 성장은 두 가지 요인에 의존하고 있었다. 농업 기술과 농사법 혁신으로 인한 기존 경작지의 농업 집약화,

그리고 경작지로 바꿀 수 있는 땅의 획득이었다. 집약화와 경작지 확대라는 두 가지 선택지는 시간이 지나면서 나란히 생겨났다. 풍부한 환경이라 하더라도 제곱킬로미터당 먹여 살릴 수 있는 수렵채집인은 몇 명에 불과했던 반면 농경지는 같은 면적에서 수십 명의 농민을 먹여 살릴 수 있었고, 집약적인 관개 체계가 진화한 곳에서는 수백 명을 먹여 살릴 수 있었다. 생산성이 덜한 환경에서도, 비록 그 수는 적을지라도 수렵채집인과 농경민 사이의 밀도 비율은 거의 그대로 유지되었다.[7] 동시에 재배와 사육은 최초의 중심지들로부터 계속 전파되었다. 이런 전파는 세 가지 방식으로 일어났다. 최초의 농경민 수가 계속 불어나 비경작지로 퍼져가면서 원주민인 수렵채집인을 순전히 숫자로 밀어내거나 어느 정도 그들과 혼합되는 것이 한 가지 방식이었다. 둘째는 농경민의 이웃에 있던 수렵채집인 사회가 문화 모방을 통해 농업을 받아들이는 것이었다—농경민이 아닌 농업이 전파되는 경우이다. 셋째로 두 가지 과정이 결합될 수도 있었다. (선사시대의) 역사적 현실에서는 분명 세 과정 모두가 일어났을 것이다.

이 주제에 관한 학술 논쟁은 얼추 다음과 같이 귀결되는 것으로 보인다. 농업 식민자들의 재배는 단순 수렵채집인들이 드문드문 거주하던 지역으로 확산되는데, 원주민인 수렵채집인들은 거의 효과적으로 저항하지 못했다. 반면에 인구 밀도가 높고 정주성이 강한 수렵채집인 사회가 있는 곳에는 농업 식민자들이 좀처럼 진출할 수 없었는데, 이런 수렵채집인들은 결국 문화 모방을 통해 스스로 농업을 채택했다.[8] 첫째 모델의 두드러진 예는 반투어를 사용하는 농경민들의 확산으로, 상대적으로 늦게 일어난 이 사건은 특히나 뚜렷한 자취를 남겼다. 기원전 제1천년기부터 서아프리카로부터 퍼져나간 이들은 천 년에 걸쳐 서서히 아프리카 중부와 동남부로 이주했다. 그 과정에서 이들은 더 일찍 동아프리카의 북부에서 남부까지 전역에 거주했던 것으로 보이는 수렵채집인 코이산족(오늘날의 부시먼과 서남아프리카의 코이코이족[호텐토트족])을 밀어냈고 인구를 크게 감소시켰다. 반투어족의 존재 덕분에 오래전부터 입증되었던 이 변화는 고고학자들에 의해 기록되었으며, 더욱 최근에는 집단유전학이라는 새로운 방법으로 뒷받침되고 있다. 이 경우 농업 전파는 최초 농경민의 전파를 뜻하며, 그들의 언어가 인구가 희박한 수렵채집인 집단의 다른 언어를 대체했다.

가장 오래되고 영향력 있던 근동의 중심지에서 시작된 농업의 전파는 특히 흥미롭지만, 그 증거는 과거 속 더 깊이 묻혀 있고 훨씬 복잡하다. 근동 농업의 한 갈래는 유럽으로 전파되었다. 고고학 기록에 따르면 농업은 아나톨리아에서부터 북서 방향으로 1년에 1킬로미터의 미미한 속도로 확산되었으며, 지역적 편차가 '전진의 물결'에 영향을 끼치기는 했지만 기원전 제5천년기까지 멀게는 유럽 대륙의 대서양 연안에 도착했다. 대부분의 고고학자는 적어도 발칸 반도와 중부유럽에는 근동에서 이주한 이들에 의해 농업이 도입되었다는 데 동의한다. 중부유럽에서 농업의 시작은 하나의 균일한 고고학적 문화LSB와 관련이 있는데, 이는 뚜렷한 토착 기원이 없이 완전한 형태로 등장했다. 그전까지 드문드문 흩어져 살던 단순 수렵채집인들은 대부분 새로 온 이주자들에게 쫓겨났고 일부는 동화되었던 것으로 보인다. 그러나 이베리아 반도부터 발트 해까지 자원이 풍부했던 유럽 북서해안에는 중석기의 복합 수렵채집인들이 더 많이 조밀하게 모여 살고 있었다. 고고학적 기록은 이들 사회가 굳건히 유지되었음을 암시한다. 이 경우 농업은 문화의 나머지 요소가 그렇듯 교역, 혼인, 그리고 고고학이 기록하는 여러 접촉 형태—전쟁을 포함하여—를 통해 농업 변경 너머로 확산되었을 것이다. 반투어를 쓰던 아프리카 농업 이주자들의 경우처럼, 선사시대의 이런 발전을 뒷받침하는 집단 유전학적 증거는 '화석화'된 우리의 과거를 조명하는 새롭고 깊은 통찰을 제공한다. 현대 유럽의 인구

지도에서 가장 중요한 유전적 경사는, 남동부에서 북서부로 나아가면서 신석기시대 농경민의 이주 방향을 물결 모양으로 기록하고 있다.

유럽은 신석기시대 근동의 농업과 농경민이 확장해갔던 방향 중 하나일 뿐이다. 이주나 확산을 통해, 또는 둘 다를 통해 농업은 동쪽으로 이란 고원을 거쳐 인도 아대륙까지, 남서쪽으로 나일 강 유역과 북아프리카까지 전파되었던 것으로 보인다. 이런 전개는 신석기시대 발굴 현장의 분포에 의해, 그리고 그런 현장에서 발견되는 근동 기원의 가축 품종 등에 의해 입증되고 있다. 아프리카에서의 반투어 사용자들의 이주에서 보았듯이, 언어는 과거라는 두터운 어둠의 베일을 뚫고 종족공동체의 발달과 분기를 추적하게 해주는 또하나의 수단이다. 일부 이론은 세계 3대 어족이 신석기시대 근동의 식민화와 동화에서 비롯되어 이 사실을 '화석화'했다고 주장한다. 근동에서 동쪽 방향으로는 엘람-드라비다어족이 있는데, 그 가운데 문자로 기록된 최초의 언어인 엘람어는 이란 남서부에서 기원전 제3천년기에 발생한 것으로 알려져 있다. 드라비다어의 후손 언어들은 지금도 남인도에서 사용되고 있고, 파키스탄어에도 그 자취가 일부 남아 있다. 나중에 인도유럽어 사용자들의 진출로 후퇴하긴 했지만, 엘람-드라비다어족은 한때 티그리스 강 유역에서 인도양까지 계속 뻗어나갔던 것으로 보인다. 또한 신석기시대 근동 농경민과 농업의 남서방향 확산 흔적은 아프로-아시아(함-셈)어족에 반영되어 있다고 추정된다. 이 가운데 가장 먼저 문자로 기록된 대표적인 언어가 고대 이집트어와 아카드어인데 기원전 제3천년기부터 알려져 있었다. 이 어족의 나머지 많은 언어들—몇 가지만 언급하더라도 아시리아어, 아람어, 페니키아어, 가나안어, 히브리어, 아랍어, 그리고 에티오피아의 암하라어부터 북아프리카의 베르베르어까지 모두—도 고대부터 잘 알려져 있었다. 마지막으로, 고고학자 콜린 렌프루Colin Renfrew는 아나톨리아에서 유럽 방향으로 이루어진 신석기시대인들의 식민화가 인도유럽어족의 기원이라는 논쟁적인 주장을 했다.[9] 여타 농업 중심지에서도 동아시아와 동남아시아 어족의 확산을 설명하는 비슷한 모델이 제시되었다. 중국-티베트어족, 타이-오스트로네시아(-) 오스트로-아시아어족 등도 기원전 5000년경부터 최초의 재배자들(북부에서는 기장, 남부에서는 쌀)에 의해 각각 여러 방향으로 전파된 것으로 여겨진다.[10]

확실히 이런 대규모 어족들 모두가 어떤 전파의 메커니즘 없이 우연히 생겨날 수는 없었을 것이다. 언어학자들이 동의하는 것처럼 인구 이동으로 인한 부분적인, 또는 전면적인 문화통합 과정에서 생겨났음이 틀림없다. 알려진 언어 변이 속도는 이런 어족들을 탄생시킨 과정이 수천 년을 넘을 수는 없다는 것을 말해주는데, 그보다 오래 걸렸다면 각 어족 내의 다양한 언어들이 서로 너무 달라져 식별할 만한 유사성을 잃게 되기 때문이다. 1만 년 전부터 시작된 농업 전파는 이런 식의 언어/종족 확산을 초래했을 수 있는 가장 중요한 동인이지만, 유일하게 가능한 동인은 아니다. 나중에 보겠지만 이후의 역사에도 언어 통합의 다른 주요 동인들이 존재했다. 확실히 이 과정은 역사적으로 복잡하고 '난잡'하고 다층적이며, 그 세부는 대체로 선사시대 증거를 토대로 복구할 수 없거니와, 완전한 재구성이 가능할 것 같지도 않다. 이 과정이 우리의 관심을 끄는 건 어디까지나 농업 전파와 전쟁 사이에 존재했던 상호관계를 조명하는 데 도움이 될 수 있기 때문이다. 그렇다면 우선, 그 과정은 얼마나 폭력적이었을까?

농업 전파 과정에서의 무장 분쟁

이미 말한 것처럼, 고고학은 과거를 발굴하는 작업에서는 둘도 없는 역할을 해내지만 그것이 선사시대를 비추는 빛은 희미할 수밖에 없다. 사

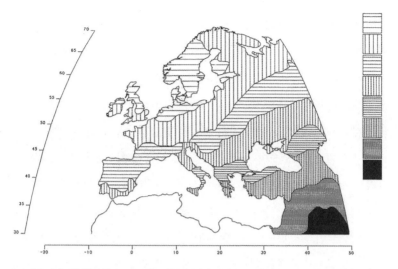

유럽의 유전자 지도(첫번째 주요 요소): 근동 농경민의 전파인가? (출처: L. L. 카발리-스포르차, P. 메노치, A. 피아차, 『인류 유전자의 역사와 지리The History and Geography of Human Genes』, Princeton, 1994; 프린스턴 대학교 출판부 제공)

건, 종족성, 언어를 포함해 비물질적 문화의 많은 부분은 인간의 목소리가 들어 있지 않은 기록에서는 특히나 그 흔적이 흐릿하다. 그러나 역사적인 언어 분포, 그리고 최근의 유전자 표지는 선사시대를 바라보는 시야를 밝혀주었다. 전자는 언어(문화에서 가장 느리게 변이하는 형태임에도) 진화의 비교적 빠른 속도 때문에 되짚을 수 있는 시간이 수천 년에 불과하다. 반면에 후자는 훨씬 더 많이, 잠재적으로는 점점 더 깊이 파고들 수 있다. 그렇지만 1부에서 보았듯이, 고고학적 발견이라는 뼈에 생명을 불어넣고 사회적인 세부를 주입하기 위해서는, 문자를 가진 문화와 접촉했고 그 문화에 의해 기록되었던 선사시대 농경민에 대한 민족지학에서 신중하게 끌어낸 유추를 대신할 만한 것이 없다. 나는 고고학 증거와 민족지학 증거 두 가지를 모두 끌어내어 결합하고자 한다.

전쟁과 관련해 수렵채집인과 농경민 사이에는 제법 조절된 관계가 존재해왔던 것으로 보인다. 농경민은 수렵채집인보다 인구가 조밀하고 사회 단위가 컸기 때문에 수적으로 유리했다. 반면에 그들은 정착생활을 했으며, 작물과 가축은 인간의 야만적 파괴행위에는 물론 약탈적 습격에도 매우 취약했다.[11] 수렵채집인에게는 그런 유혹이 강했고, 압박의 시기에는 특히 심했다. 중요한 재산이랄 것이 없었던 방랑자들은 습격 시기를 주도적으로 선택할 수 있었으며, 보복성 반격에 시달릴 가능성도 별로 없었다. 따라서 서로가 상대방의 생활방식이 매우 이질적이며 열등하다고 여기던 두 유형의 인구 집단 사이에는 평화로운 관계 및 교환과 습격 및 폭력이 주기적으로 번갈아 나타났다. 수렵채집인이 드문드문 사는 경작하기 좋은 땅으로 농경민이 세력을 확장할 때 가장 중요했던 것은 직접적인 무장 대결도, 심지어 수적 우위에 의한 억지도 아니고 농경 식민자들이 수 세대 수 세기 동안 현지에서 만들었던 정착지와 인구통계적·생태학적 사실들이었다. 그것은 침입이라기보다 본래부터 더딘 과정—사람들이 평생 겨우 느낄까 말까 한—이었고, 이따금 농업생산물을 노리고 일어났을 수렵채집인들의 습격도 그 과정을 근본적으로 바꾸지는 못했다. 확장의 과정은 수렵채집인 집단이 점차 감소하여 재배에 적합하지 않은 지역으로 서서히 쫓겨나간 뒤에야 비로소 끝났고, 수렵채집인들은 거기서 또다시 농경민 이웃을 습격하곤 했다. 물론 앞에서 말한 것처럼 수렵채집인들 자신이 농업을 받아들이고 이주자들을 모방하여 부분적으로 혼합되는 경우도 더러 있었다. 아울러 농업은 문화 모방을 통해 비교적 조밀한 복합 수렵채집인 사회로도, 즉 농경 식민자들이 본격적으로 진출하지 못하고 습격을 견뎌야만 했던 수렵채집인들의 영역으로도 확산되었다.

수렵채집인들의 습격은 대부분 치고 빠지는 식이었고, 십중팔구 소규모 절도사건이었으며, 특히 농경민이 가축을 소유했던 곳에서는 '무장 강도'의 성격을 띠었을 것이다. 가축들이 있는 곳에서 가축은 거의 예외 없이 주요 목표물이자, 방목지나 우리에서 쉽게 데리고 갈 수 있는 최고의 영양 농축물이었다. 반투 고고학 발굴 현장을 보면 가축은 마을 한가운데 있는 우리에 가두어져 있었는데[12] 이는 분명—포식동물로부터, 어쩌면 다른 농경민과 무엇보다도 수렵채집인들로부터—가축을 보호하기 위한 것이었다. 남아프리카에서 유럽인들이 이들과 접촉한 후 남긴 기록이나 초기 암각화에 묘사된 바에 따르면, 산족 부시먼들은 이따금 이웃한 반투 농경민과 코이코이 목축민을 상대로 습격에 나섰고 이것이 종종 전쟁으로 이어졌다.[13] 유럽 북서해안에 밀집되어 있던 중석기 수렵채집인들과 근동에서 왔을 중부유럽의 신석기 농경민들 사이의 전선에서는 격렬한 충돌을 말해주는 고고학적 흔적들이 발견된다. 이 두 집단 사이에는 무인지대가 있었다. 농경민 정착지 안의 담장을 두른 땅은 가축 보호를 위해 사용되었을 것이다. 적어도 일부 정착지는 방책과 도랑으로 방어되었으며 정착지가 불에 타고 머리가죽을 벗긴 흔적이 있었다. 마을 요새화의 증거는 농업이 지중해를 거쳐 그리스와 이탈리아로 확산된 얼마 후에도 비슷하게 나타나는데, 이 또한 그 지역에 밀집해 있던 중석기 수렵채집인 원주민의 습격을 암시하는 것으로 보인다.[14]

농작물은 수렵채집인이 농경민을 습격하는 또다른 목적이었지만, 무력으로 대량의 농작물을 뺏는 것은 가축을 뺏기보다 훨씬 힘들었다. 들판에서 작물을 훔치기도 했으나 운반수단의 문제 때문에 그 양은 얼마 되지 않았다. 많이 훔치려면 농경민 정착지 안의 농작물 저장고를 습격해야 했다. 더구나 가축을 습격할 때와 달리—대량의 농작물은 쉽게 옮길 수 없었고 재빨리 옮기는 건 확실히 불가능했으므로—농경민이 풍부하게 쌓아놓은 식량자원을 손에 넣으려면 그들을 죽여야 했을 것이다.

역사시대에 아메리카 대평원 반건조지역의 아파치족과 나바호족 수렵채집인들은 미국 남서부에 살던 이웃 푸에블로족 농경민을 주기적으로 약탈했다. 보통 이런 습격은 개인들이나 소집단이 소규모로 저질렀다. 주요 목표는 가축이었고 대체로 마을은 건드리지 않았지만 종종 집에 침입하기도 했다.[15] 그러나 유럽인과의 접촉 후 기록된 시기에 들어서면 대평원의 수렵채집인은 이미 유럽인에게서 말을, 푸에블로 농경민들은 가축을 획득한 후였다. 이런 수입품들은 두 사회의 기존 생활 패턴을 크게 바꾸어놓았다. 구세계와 반대로 유럽인과의 접촉 이전 아메리카에는 가축이 거의 존재하지 않았는데, 가축화되기에 적절한 야생동물들, 특히 소, 염소, 말 등이 없었던 것이 한 가지 이유였다. 개와 지역 특성에 따른 몇몇 동물들—칠면조, 기니피그, 소형 단봉낙타(라마, 알파카)—을 제외하면 아메리카에서 농업은 주로 농경을 뜻했다.[16] 또한 북부에 살던 나데네 아타파스카어Na-Dene Athapaska 사용자인 아파치족과 나바호족이 늦어도 서기 1500년까지는 남서부 지역에 도착했으리라는 점에도 주목해야 한다.

그래도 푸에블로 농경민들은 선사시대부터 그들의 식량과 주거를 방어할 방법을 알고 있었다. 이 지역에서 농업과 정착생활은 (원래 멕시코에서 확산된 가축 품종을 가지고) 서기 500년 이전에 시작되었으므로, 정착지 주변을 둘렀던 방책의 흔적이 발견되었다. "다른 현장에도 방책이 있었겠지만 발굴자들은 그것을 찾을 생각을 하지 않았다."[17] 대체로 같은 시기의 미시시피—미주리 농경민들도 비슷하게 울짱, 해자, 도랑 등으로 마을을 둘러쌌는데, 대평원을 떠도는 수렵채집인 이웃을 막기 위한 것이 분명하다. 다시 남서부의 푸에블로족으로 돌아가면, 서기 1000년경 선진 차코 캐니언 문화의 대규모 정착지들—수천 명의 농경민과 의례, 공예, 무역의 중심지—이 유명한 닫힌 말굽 패턴으로 건설되었다. 푸에블로 보니토Pueblo Bonito에 있는 정착지를 예로 들면, 주거지와 창고 방들이 밖에서 볼 때 하나의 폐쇄된 벽을 이루면서 높게는 4층이나 5층까지 형성되어 있었다. 얼마 후에는 웅장한 메사베르데Mesa Verde 푸에블로 주거지가 절벽으로 보호

메사베르데의 '절벽 궁전'. 12세기 콜로라도에 번성했던 이 푸에블로 정착지에는 200개가 넘는 방이 있고 400여 명이 살았던 것으로 보인다. 이곳은 절벽에 에워싸여 있으며, 연속되는 집들이 앞쪽으로 길게 하나의 벽을 이루어 사다리를 치우면 접근할 수 없었다.

되는 골짜기 높은 곳에 지어졌다. 집들은 다닥다닥 붙어서 마을 안으로의 접근을 차단하는 기다란 벽을 형성했다. 마을마다 세워진 탑은 정찰과 피난에 사용되었던 것으로 여겨진다.

이런 방어 조치들은 적어도 부분적으로는 다른 농경 공동체를 막기 위해 취해졌을 것이다. 나중에 보겠지만 농경민들 사이에는 종종 적대감이 폭발했다. 그렇지만 특히나 이런 반건조 스텝지대 변두리에 있는 오아시스 사회에서는 약탈을 일삼는 수렵채집인 집단이 가장 큰 위협이었을 것이다. 푸에블로식의 난공불락 군집주거지(발굴자들에 따르면 방어 목적으로 설계된 것이 분명한) 가운데 알려진 최초 형태이자 대규모 농업, 공예, 무역 정착지로서도 가장 오래된 장소는 서남아시아의 고대 농업 중심지에서 발굴되었는데, 기원전 제7천년기 중반 아나톨리아의 차탈휘위크Çatal-Hüyük다. 아메리카 푸에블로족과는 시공간적으로 멀리 떨어져 있지만, '상대적

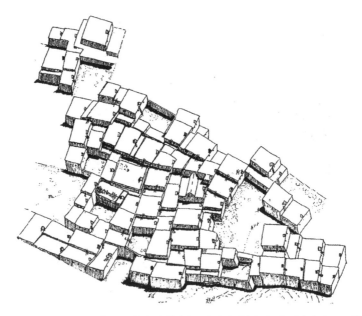

아나톨리아 차탈휘위크의 복원도. 기원전 제7천년기 중반에 번성했던 이곳은 알려진 대규모 정착지 가운데 가장 초기의 것에 속한다. 이 푸에블로식 난공불락 군집주거지는 사다리로 접근하게 되어 있었다. 루소파의 믿음과는 반대로, 요새화는 농업 때문에 필요해진 것이 아니라 그저 정착생활과 함께 가능해진 것이다.

시간'과 농경 사회의 연대기와 발전 측면에서는 그다지 멀지 않다.[18] 차탈휘위크 거주민들은 이미 소를 가지고 있었던 것으로 인정된다. 그렇지만 특정 수렵채집인이 작물 재배 농경민에 가한 위협을 보여주는 극명한 증거는 훨씬 더 오래된, 사실상 가장 오래된 정착지에서 나온 것이리라. 그곳이 바로 예리코다.

요르단 강 유역의 예리코는 농업의 원시 요람으로서 알려진 최초의 농업 정착지로 기원전 제9천년기 말에 형성되었다. 동물이 가축화되지도 않았던 초기 신석기시대(토기 이전 신석기 A 즉 PPNA)인 기원전 제8천년기의 예리코에는 10에이커 면적에 2000~3000명(요즘에는 이 수치를 내려잡는 경향이 있다)이 살았다고 추정되는데 그때에 이미 높이 약 4미터, 폭 1~2미

예리코. 지금까지 알려진 가장 오래된 방벽 정착지. 기원전 제8천년기에 만들어진 독립 구조의 석벽과 해자의 모습.

터, 길이 600미터인 독립 구조의 석축이 이곳을 에워싸고 있었다. 그 벽 아래에는 암반을 파서 만든 커다란 해자가 있었고, 벽 뒤쪽에서는 높이 8.5미터의 돌탑이 발견되었다. 1950년대에 이 현장을 발굴했던 캐슬린 케니언Kathleen Kenyon은 그 옛날 예리코가 독특한 곳은 아니었으며 그런 대규모 정착지들이 인근에서도 발견될 거라고 믿었다. 그래서 그녀는 그런 석축을 세운 목적이 약탈을 일삼는 수렵채집인들보다도 다른 농업 정착지의 공격에 대비하기 위해서였고, 현장에서 발견된 나중 시기(토기 이전 신석기 B 즉 PPNB)의 요새 정착지는 사실상 외부 정착민들이 그곳을 점령했음을 말해준다고 주장했다. 또다른 학자들은 예리코가 사해에서 나는 광물이 거래되는 주요 무역 중심지로서 많이들 노리는 곳이었을 거라고 추측했다.[19] 그러나 수십 년 동안 고고학 조사가 계속 이루어졌지만, 신석기시대 초기 예리코에 견줄 만큼 큰 정착지는 없었다는 사실이 분명해졌다 ― 예리코는 실로 당시에도 독특했다는 것이다. 더욱이 현장의 첫째 층과 둘째 층 사이에는 뚜렷한 시간차가 있기 때문에, 사실상 다른 정착 사회가 강제로 점령했을 가능성은 없었다. 광물 가공과 무역 또는 광물과 관련된 물질적 부의 증거도 지금껏 발견되지 않았다. 결국 고고학자 제임스 멜라트 James Mellaart가 결론을 내린 대로 예리코의 저장 작물, 가축, 그리고 둘도 없는 비옥한 땅에 대한 수렵채집 집단의 심각한 약탈 위협이 주요 요인으로 작용한 결과, 이 초기 농업 오아시스의 주민들이 한데 모여 살게 되었으며 거대한 방어구조물을 쌓는 과업을 수행했던 것으로 보인다.[20]

요약하면, 작물은 가축보다 힘으로 빼앗기가 훨씬 더 어렵고 위험했을 것이다. 작물을 약탈하려면 습격자들이 정착지를 점령하고 주민들을 죽이는 폭력 행위가 필요했고, 따라서 대규모의 협력 작전이 있어야 했다. 그런 일은 가축 약탈만큼 빈번하지는 않아도 훨씬 심각하게 여겨졌을 것이다. 그러나 기근이 닥치면 습격자들은 커다란 유혹을 느꼈을 것이며, 달아

날 수 없는 농경민들 입장에서 작물을 잃는 것은 곧 굶주림을 뜻했으리라
는 건 말할 필요도 없다. 나바호족과 아파치족의 예를 보면 농경민 정착지
를 약탈할 때는 여자들을 사로잡아 데려갔다. 습격자들이 죽임을 당하면,
때로는 200명에 이르는 전사들이 다시 복수의 습격을 벌여 적의와 보복의
악순환에 불을 붙였다. 전사들은 머리가죽 벗기기를 일삼았다.[21]

어쨌든 간에 세월이 흐르면서 전 세계의 수렵채집인은 축소되었고 분
쟁은 주로 농경민 사이에 일어나게 되었다. 예리코의 두 가지 시초—농업
과 석벽—을 통해 매우 극적으로 예시된 방어시설의 등장에 대해 루소파
는 폭력 분쟁이 농업과 함께 등장했음을, 또는 진정으로 도약했음을 보여
준다고 해석했다. 어쨌거나 방어시설은 고고학이 사용할 수 있는 도구로
감지할 수 있는 최초의 명백한 전쟁 관련 징표이다. 그러나 앞에서 보았듯
이 그 상호관계가 반드시 성립되지는 않으며 오해의 소지도 매우 많다. 방
어시설은 실로 새로운 현상이었지만, 폭력 분쟁만을 대비한다기보다 주로
정착생활의 한 기능이었다. 아메리카 북서해안의 경우에서 보듯, 자원이
풍부한 환경에 사는 정주성 수렵채집인들도 방어시설로 자신들의 정착지
를 보호했다. 그보다 단순한 수렵채집인은 그렇게 하지 않았다 해도 그것
은 그들이 이동생활을 했기 때문인데, 이는 똑같이 폭력과 폭력적 죽음에
많이 노출되었음에도 방어시설을 세우려 하지 않았던 후대의 목축민들도
마찬가지였다.

사실 재배가 등장했다고 해서 모든 곳에서 예리코처럼 곧바로 방어시
설이 건설된 것도 아니었다. 농업이 등장하고 도시화가 시작되기 전인 기
원전 제8천년기부터 제5천년기까지를 보면 근동의 일부 정착지에서 방어
시설의 증거가 발굴되기는 했지만 대부분의 정착지에서는 방어시설의 흔
적이 전혀 발견된 적이 없는데, 방어시설이 존재하지 않았기 때문일 것이
다.[22] 마찬가지로 세계의 여러 지역에서 방어시설이 등장하고 증가하기까

지는 오랜 시간이 걸렸다. 일부 학자들은 이에 대해, 농업이 확산되던 중에는 이동해갈 빈 공간과 임자 없는 땅이 아직 많았으며 따라서 폭력 분쟁이 있었다 해도 중요한 요인은 되지 못했기 때문이라고 해석한다.[23] 그러나 설령 이 주장에 타당성이 있다고 해도 매우 제한적이다. 인간이 싸우는 목적은 경작지에 틀어박히기 위한 것과는 거리가 멀었다. 우리가 본 것처럼 어디에서나 여성을 얻기 위한 거센 경쟁(그리고 습격)은 치열했고, 종종 그것이 폭력 분쟁에 불을 질렀다. 사냥 영역은 줄곧 매우 중요했는데, 사냥이 주요 영양공급원으로서 원예와 가축 사육의 부족분을 아주 오랫동안 보충해주었기 때문이다. 번갈아가며 살해하는 행위는 보복과 앙갚음의 돌고 도는 순환으로 이어졌다. 더욱이 농업이 등장하고 나자 이제 가축과 작물까지 가져갈 수 있었다. 우리가 역사적 원예민에 관해 민족지학적으로 아는 것은 그들의 선사시대 조상들의 삶이 불안정했고 폭력적 죽음이 만연해 있었다는 것이 전부이다.

그렇다면 왜 방어시설은 모든 곳에서 농업과 나란히 등장하지 않았던 걸까? 이는 복합적인 요인으로 설명된다. 우선 아주 오랜 기간 동안 농업은 매우 집약적인 이동식 원예를 뜻했다. 땅의 생산력이 고갈되면 몇 년마다 논밭을 버리고 새로운 장소로 정착지를 옮겨야 했다. 주거와 방어물은 초보적이었다. 이동하는 원예민은 실제로 아메리카 북서해안의 집약적인 수렵-채집-어업민들보다 정주성이 덜했다. 더욱이 선사시대 말까지 온화한 유럽 중부와 북부를 비롯해 세계 많은 지역의 정착지들은 기름진 땅에 드문드문 산재하는 가족농장('자작농장')과 작은 부락 같은 형태였다. 이는 건조한 근동의 정착 패턴과는 매우 달랐다. 예리코처럼 수원이 있고, 자연이 알아서 관개를 하고, 자연발생적으로 비옥한 충적선상지가 있고, 따뜻하고, 작물이 자랄 수 있는 겨울 기후와 풍부한 야생동물이 있던 사막의 오아시스는 더더욱 말할 것도 없다. 이 모든 것이 처음부터 진정으로 정주하는 조밀한 농경민 정착지의 매력이었고, 예리코를 시대에 훨씬 앞선 곳이자 어느 정도는 학문적인 수수께끼로 만들었던 것이다.[24] 앞에서도 말했지만 요새화된 마을의 흔적은 농업이 시작되고 얼마 후 그리스와 이탈리아에서 나타나며 나중에는 중부유럽에서도 뚜렷해진다.[25] 그러나 북유럽에는 기원전 제1천년기까지 큰 마을이 하나도 없었고 더 북쪽에는 한참 나중에도 없었다. 널리 흩어진 가족농장과 소부락에 살던 사람들에겐 이렇다 할 방벽을 세울 수단이 없었고, 더 중요하게는 계속 방벽을 지킬 인력이 없었다. (시공을 뛰어넘어 유사점을 끌어낸다면, 이 점에서 이들은 미국 '개척시대'의 유럽인 '자작농' 정착민들과 전혀 다를 바가 없었다.) 단순 농경민들 사이의 폭력 분쟁은 어쨌거나 주로 씨족 간의 (다시 말해 '내부적') 분쟁이었고 주로 소규모로 갑작스럽게 일어났다. 어느 권위자가 썼듯이, "민족지학은 방어시설이 보급되기 전 선사시대 유럽의 많은 농경 사회들 사이에 전쟁이 만연해 있었을 가능성을 제시한다."[26]

실제로 기존의 고고학적·역사적 자료에서 끌어내어 연관지을 수 있는 사례들을 통해 전체적인 그림을 충분히 뚜렷하게 그려볼 수 있다. 기원전 12세기부터 8세기까지 암흑시대 그리스인, 기원전 4세기와 3세기 북부 이탈리아의 켈트족, 서력기원 초기의 게르만족, 늦게는 서기 500년경 노르웨이와 스웨덴의 고대 스칸디나비아인, 그리고 중세 말까지 고지 스코틀랜드인은 모두 대체로 요새화되지 않은 가족농장과 소부락에 살면서 불안하고 대개 폭력적이며 심지어 호전적인 생활을 하고 있었다. 그리스 역사가 폴리비오스Polybios가 썼듯이 켈트족은 "방벽이 없는 마을에 살았고⋯⋯ 오직 전쟁과 농업에만 종사했다."[27] 더욱 최근의 예로, 성인 남성의 25퍼센트가 폭력적 사망을 한다고 추정되었던 19세기의 몬테네그로족도 집에 창문을 작게 내고 벽을 두껍게 지으면서도 특수화된 공동 방어시설은 전혀 세우지 않았다. 폭력 분쟁은 농경민들이 마을 안에 무리지어 살도록 영향을 미친 몇몇 요인 중 하나에 지나지 않았고, 요새화 역시 마을이 있어야 가능한 일이었다. 그 밖에 요새화와 관련된 요인으로는 공간 내의 불균등한 자원 분포(기름진 땅과 물), 농업 집약도 증대, 점점 조밀해지는 인구, 점점 줄어드는 땅, 그리고 대규모 공동 전쟁으로 더욱 친밀해진 사회적 네트워크 등이 있다.

민족지학이 제시하는 유익한 사례들도 있다. 이미 본 것처럼, 고질적이고 치명적이되 유달리 규모가 작은 적대행위를 경험했던 야노마모족 원예민과 사냥꾼들은 가장 원시적인 울짱으로 둘러친 마을에 살았다. 이들보다 집약적인 원예민이던 뉴기니 고지인들—역시나 대규모 야간 기습을 포함해 끊임없는 무장 충돌을 겪었던—은 더러는 요새화된 정착지에, 더러는 흩어진 자작농장에 살았다. 남성의 폭력적 사망률이 거의 35퍼센트에 이르렀던 마에 엥가족은 씨족 자작농장—'말 그대로 최후의 구석까지 방어되는'—에 살았지만, 요새화된 마을은 없었다.[28]

섬이 많은 폴리네시아 사회는 국가 이전 농업공동체 연구를 위한 또하나의 매우 다양한 실험실이면서도 아직까지 이 책에서 검토하지 않은 곳이다. 태평양의 이 섬들은 유럽인이 도착했던 18세기 후반부터 소박하고 순수하며 행복하고 부패하지 않은 문명 이전의 평화로운 사람들, 풍부한 자연과 자유로운 사랑이라는 루소식 세계관의 진수를 즐기는 사람들의 모습으로 유럽인의 상상력에 불을 지폈다. 그러나 폭력 분쟁에 관한 한 (그리고 나머지 많은 면에서도) 현실은 그와 너무도 거리가 멀었다. 방대하게 흩어진 이 군도의 사회들은 폭력이 난무하기로 악명이 높았다. 그중 18개 섬—환초로 된 가장 작은 섬에는 2000명 남짓한 주민들이 있었고 가장 큰 섬에는 수십만 명이 살았다—에 대한 주요 연구에 따르면, 고질적 전쟁이 없는 곳은 한 군데도 없었다. 또다른 권위자는 이렇게 썼다. "전쟁은…… 폴리네시아 어디에나 있었다." 그것은 최근의 현상도 아니었다. 왜냐하면 토아toa, 즉 전사라는 단어의 파생어들이 폴리네시아의 다양한 언어에서 공유되고 있었으므로, 그 단어는 그들이 대양을 항해해 방대하게 분산되기 이전부터 존재한 것으로 보이기 때문이다.[29] 그러나 여러 곳에서 방어시설이 두드러지긴 했어도 모든 곳에서 확연했다거나 전쟁의 강도와 연관성이 있다고 할 수는 없었다. "뉴질랜드 또는 폴리네시아 남부의 라파와 매우 대조적으로 하와이 제도—선사시대 말경 하와이 문화를 특징짓는 고질적 전쟁에도 불구하고—에는 요새화된 장소가 거의 없었다."[30]

결국, 민족지학적 증거들은 국가 이전 농경사회에서 폭력 분쟁의 빈도는 매우 높았지만 그것이 항상 방어시설 건설로 나타난 것은 아니었음을 말해준다. 따라서 방어시설은 적극적으로 건설한 경우에만 폭력 분쟁의 징표가 될 수 있다.[31]

이제 한 걸음 더 나아가, 이들 단순 농경사회의 성격을 검토하고 그들이 벌였던 폭력 분쟁의 유형을 알아보자.

부족사회

민족지학 기록은 고고학이 좀처럼 감지하지 못하는 어떤 것을 드러낸다. 사람들—수렵채집인이든 단순 농경민이든—이 가족 집단이나 마을 집단 안에 그냥 분포되어 살지는 않는다(또는 폭넓은 고고학적 도구 '문화'를 그냥 공유하지는 않는다)는 것이다. 어느 지역에서나 사람들은 사회적 유대에 참여하고 그 유대로 연결되어 있으며, 그 유대에서 친족과 문화는 결정적인 역할을 한다. 확실히 1960년대부터 인류학자들은 '부족' 개념에 대해 예전만큼 자신 있게 말하지 못하게 되었고, 그 유동성과 다양성을 더 많이 생각하게 되었다. 그런데 똑같은 의구심이 국가, 사회, 인간 등 완벽하게 유의미한 다른 개념에도 적용되었다. 부족 네트워크 및 제휴는 도시와 국가 이전의 단순 농경 사회에서는 대개—거의 태생적으로—느슨하지만, 그래도 존재한다. 영향력 있는 회의론적 인류학자 모턴 프리드Morton Fried 는 부족이란 더욱 복잡한 사회적 실체(국가)의 영향 아래서, 아마도 주로 분쟁의 형태로 생겨났을 '부차적 현상'이라고까지 말한다.[32] 그러나 부족 간 분쟁은 국가보다 먼저 있었고 부족을 형성한 강력한 힘이었다.

훨씬 증가한 생산성, 아울러 훨씬 증가한(그리고 계속 증가하는) 인구 밀 도는 곧 농경 부족이 수렵채집 부족 즉 '지역 집단'보다 훨씬 컸음을 뜻한 다. 이것은 접촉 거리 내에서 더 많은 사람이 교류하고 상호작용하고 있었 기 때문이다. 이제는 더 넓은 범위의 친족집단이 예전보다 더 가까이 모여 살았다. 우리는 아메리카 북서해안에 밀집된 수렵채집인의 대규모 지역 집 단들에서 이를 확인했다. 평균 500명 규모인 단순 수렵채집인 집단에 비 해 이들의 인구는 최대 2000명에 이르렀다. 그러나 농경 부족이 수렵채집 인 집단보다 크다고 해도 여전히 2000명에서 수만 명 사이의 인구로 구성 된 상대적으로 작은 사회였다. 이웃한 부족들 사이에 종족ethnic과 언어가 반드시 다르지는 않았지만, 방언의 차이는 흔했다. 별개의 부족들은 더욱 큰, 때로는 훨씬 더 큰 종족 집단과 부차집단 내에 존재했다. 같은 종족 집단 내에서 부족들은 평화적이거나 적대적인 관계였으며, 대부분 두 가 지 관계가 번갈아 나타났다. 이들 넓은 범위의 종족 집단과 부차집단은 흔히 'people' 또는 'nation'으로 일컬어지지만, 그리스어의 'ethnos' 또는 프랑스어의 'ethnie'가 더욱 적절한 단어다.[33] 이들은 종족 문화의 특징을 공유하지만, 부족과 달리 이들을 하나의 **사회적** 실체로 만들어줄 유대는 전혀 없거나 거의 없다.

종족공동체ethnie와 부족은 시간이 흐른 뒤에도 상당한 문화적·종족적 지속성을 보여주었지만 결코 '본원적'이지는 않았다. 다시 말해서 정적이지 않았다. 원래의 종족이나 부족이 일정 규모 이상으로 성장해 더 큰 공간으로, 새로운 지역으로 퍼져나가면서 새로운 종족공동체들과 부족들이 분기했고 별개의 존재로 진화해나갔다. 부족들 또한 내분으로 분열되었고 외부 부족이나 종족공동체에 의해 분산, 제거되거나 흡수되기도 했다. 특정 종족(가끔 외래 부족 요소들을 포함한)에 속한 몇몇 부족은 다양한 자극—아마도 무장 분쟁이 주요 요인이었을 것이다—에 반응해 부족 연합으로 묶이기도 했다. 한 예로 고대 부족사회에 관한 현존하는 가장 완전한 개관서 중 하나로 1세기에 타키투스Tacitus가 쓴 귀중한 『게르마니아Germania』에 소개되는 부족들 가운데 일부에 대한 기록은 그후에도, 그리고 5세기의 게르만족 이동 당시에도 찾아볼 수 없다. 반면에 후기 게르만 부족 집단 가운데 두 부족인 프랑크족과 알라만족은 3세기에야 비로소 등장하는데, 아마도 그 전의 로마 제국 변경에서 알려져 있던 부족들의 연합 및 합병 과정에서 출현한 것으로 보인다. 알라만(모든 사람들을 뜻함)이라는 이름은 그런 과정을 암시한다.

또하나의 유명한 사례는 아메리카 북동부의 이로쿼이족이다. 루이스 모건의 『고대 사회Ancient Society』(1877)에서 이들은 부족사회 일반의 전형적인 예로 제시되는데, 프리드리히 엥겔스Friedrich Engels도 이를 온전히 받아들였다. 이로쿼이 연맹은 오늘날 뉴욕 주 북부에 거주했던 다섯 부족—모호크족, 오네이다족, 오논다가족, 카유가족, 세네카족—으로 구성되어 있었고, 17세기에 권력과 무역을 둘러싼 식민지 전쟁과 원주민 전쟁에서 그 사나움과 군사적 용맹으로 유명해졌다. 그러나 이 연맹은 네덜란드인, 프랑스인, 영국인이 북아메리카에 도착하기 전부터 존재하고 있었다. 정확히 언제 결성되었는지는 알려지지 않았지만, 강력한 토착 전통을 바탕으로 1500년 전후에 생겼다는 것이 일반적 견해이다. 더욱이 이 연맹은 그때까지 제각각 고질적이고 극심한 내부 전쟁을 겪으며 지내던 부족들 사이의 평화동맹으로서 성립된 것이었다. 고고학적 증거는 그 지역에 몇 세기 전부터 식민화되어 드문드문 흩어져 있던 농경지들이 서기 1000년 이후 요새화된 큰 마을들로 묶이게 되었음을 보여준다. 이렇게 요새화된 마을들은 식민지 시대까지도 전형적인 정착 패턴으로 남아 유럽인들에 의해 세세하게 묘사되었다. 이로쿼이 부족연맹에 이로쿼이 방언을 쓰는 모든 부족이 들어 있지는 않았다. 이를테면 이들의 북서쪽에는 다섯 부족으로 이루어진 휴런 연합Huron Confederacy이 있었다. 이로쿼이 부족연맹은 휴런 연합과 여러 차례 전쟁을 치렀는데, 결국 휴런 연합은 쫓겨나고 일부는 멸족했다. 유럽의 전염병이 북아메리카 인디언들을 덮쳤기 때문에 인구통계 수치는 빈약하다. 그러나 17세기 전반기에 이로쿼이어 사용자는 모두 9만 명으로 추산되는 반면 이로쿼이 연맹의 구성원은 2만~3만 정도였던 것으로 보인다. 각 부족의 인구는 2000에서 7000명 사이였고, 동원 가능한 전사의 수는 수백 명에서 많아야 1000~1500명을 넘지 않았다.[34]

이번에도 인구통계 비교 자료는 부족사회의 전형적인 크기와 구성에 대해 뚜렷한 그림을 보여준다. 유럽인 접촉 당시 휴런 연합은 인구가 2만 1000명, 버지니아의 포하탄 연합은 1만 5000~2만 명이었고, 남동부의 체로키족도 그와 비슷했던 것으로 추산된다.[35] 멕시코 만의 크리크 연합은 6개 부족으로 구성되었고, 다코타(수Sioux) '민족'은 12개 부족으로 구성되었다. 대평원에는 27개의 부족 및 부족 연합이 있었다. 북부 평원을 지배했던 4개 부족 연합(다코타, 블랙풋, 크리, 만단-히다차)은 각각 1만 5000~2만 5000명으로 구성되어 있었다. 이들의 남쪽에 거주했던 파우니 연합은 7000~1만 명에 이르렀으며, 다시 4개 부족 집단으로 나뉘었다.[36] 남부 평원의 키오와족은 2000명을 넘었던 적이 없는 것으로 보인다.[37] 한편 중앙아메리카의 아스텍족은 북쪽에서 멕시코 계곡으로 이주했던 나와틀어 사용자 7개 부족 중 하나였다. 이와 같은 애초의 부족 구성은 14세기와 15세기에 이 부족이 국가로, 나중에는 제국으로 성장하면서 건설했던 도시 테노치티틀란의 내부 구역에서도 뚜렷이 나타났다.

기록된 역사에서 켈트족이 처음으로 중요하게 등장했던 기원전 4세기와 3세기에 지중해 세계를 침략하는 동안 이탈리아에는 이름을 가진 6개 부족(또는 부족의 일부)이 정착했고 소아시아에는 3개 부족이 정착했는데, 후자의 경우는 모두 합쳐 2만 명 정도였다.[38] 기원전 1세기 중반 율리우스 카이사르Julius Caesar는 켈트족의 중심 근거지인 갈리아를 정복하면서, 이미 도시화가 시작되어 부족주의의 전환을 겪고 있던 100여 개 대규모 켈트족 부족 공동체들(키비타스civitas 또는 포풀루스populus)에 관해 언급한다.[39] 1세기에 로마인들이 정복할 당시 브리튼 섬에는 주요 부족 연합체가 30여 개 있던 것으로 파악되었다.[40] 타키투스의 『게르마니아』에는 약 50개(그는 중요한 부족의 이름만 밝힌다고 적었다) 부족 집단이 언급되는 반면, 2세기의 지리학자인 프톨레마이오스는 69개 부족을 기록하였다.[41] 나중에 등장한 게르만족 연합 가운데 하나인 프랑크족은 라인 강 하류에 살던 8개 부족으로 구성되었던 것으로 보인다.[42] 고전기 자료들은 트라키아(대체로 오늘날 불가리아에 해당한다)의 부족들로 50~100개 집단을 언급하였다.[43] 아스텍족의 테노치티틀란과 비슷하게, 아테네는 4개 이오니아 부족으로 구성된 연합체에서 생겨났고 스파르타는 3개 도리스 부족 집단에서, 로마는 3개 라틴 부족 집단에서 유래했다. 모건이 깨달았던 것처럼—그는 애덤 퍼거슨의 저서 『시민사회 역사론』의 궤적을 따랐고, 이 견해를 다시 엥겔스가 채택하였다—실제로 근대 유럽인들이 '대항해 시대'에 마주쳤던 부족사회와 서구 고전 교육을 통해 친숙했던 부족사회인 고대 그리스인과 로마인, 그리고 후대의 북유럽인 사이에는 뚜렷이 닮은 점이 있었다. 부족의 역사는 고정된 연대기에서는 길지만 상대적인 시간 속에서는 비교적 짧은 여정이었다. 유럽 최후의 부족사회라고 할 몬테네그로는 총기 시대에 들어와서도 존속했으며 19세기 말에도 남아 있었다. 몬테네그로에서는 각각

2000명 정도로 구성된 30여 부족이 튀르크족의 점령에 맞선 격렬한 투쟁과, 끝없는 씨족 및 부족 간 폭력에 휘말렸다.[44]

폴리네시아에서는 한 부족에 수천 명 정도가 표준이었던 반면에 하와이, 통가, 사모아 등지의 부족들은 많게는 수만 명에 이를 만큼 막강했다.[45] 뉴질랜드에서는 수십만 명에 이르는 총인구가 40개 정도의, 종종 서로 싸우는 부족들로 나뉘어 있었다.[46]

아프리카에서 20세기 전반기에 행해진 국가 이전 종족공동체들에 대한 연구는 다음과 같은 결과를 보여주었다. 수단 남부의 딩카Dinka족은 약 90만 명으로 매우 다양한 규모의 25개 주요 부족 집단으로 나뉘어 있었는데, 단연 큰 집단은 다시 '아족亞族'으로 나뉘었다. 그와 이웃한 누에르Nuer족은 모두 30만 명이었고, 부족의 크기는 수천 명에서 4만 5000명까지로 역시 매우 다양했다. 케냐 서부의 로골리Logoli족과 부구수 반투Vugusu Bantu족은 30만 명이 20개 부족을 이루고 있었다. 토고 북부의 콩콤바Konkomba족 4만 5000명은 몇 개 부족으로 나뉘어 있었다. 우간다와 자이레의 루그바라Lugbara족은 25만 명으로, 평균 4000명인 60여 개 부족으로 나뉘었다. 같은 지역의 브왐바Bwamba족은 대략 3만 명 정도였다. 골드코스트의 탈렌시Tallensi족은 모두 3만 5000명 정도였고, 보다 큰 17만 명 정도의 언어·종족 연합체에 속해 있었다. 수십만 명 규모의 줄루 '민족'은 각각 수천 명 정도의 여러 독립 부족이 19세기 초에 통합된 것이었다.[47]

이 모든 소규모 사회들은 확장되고 서로 맞물린 친족 집단들에 기초를 두고 있었으며, 1부에서 보았듯 이런 친족 집단들은 공통의 지역성과 문화로 강하게 연관되어 있었다. 핵가족들이 모여 대가족이 되었고, 대가족은 씨족 내의 나머지 친척 가족들과 연관되어 있었다. 부족사회에서 사회적 상호작용의 중심체인 씨족은 사실상 같은 시조의 자손이거나 그렇게 여겨졌고, 그 시조는 대개 초자연적이고 영웅적인 태생이라 믿어졌다. 친척 씨족들은 보통 부족 내 가장 높은 하부단위인 포족胞族, phratry으로 묶였다. 연속적인 이런 하부단위들은 인류학 연구마다, 그리고 사회마다 다른 이름으로 불리지만 전반적 구조는 매우 비슷하다. 사회의 구성 요소가 되는 친족 관계를 토대로 많은 세대를 거슬러올라가는 가계와 계보가 구술로 기록되었다. 씨족 간의 폭력 분쟁이 적어도 대규모 분쟁만큼 흔했기 때문에, 충성심은 무엇보다 가족과 씨족으로 확장되었다. 흔히 이런 사회구조를 설명하는 데 '환절環節 사회segmentary society'라는 용어가 사용되는 것도 그런 이유에서다. 씨족과 포족은 무장동맹을 구성해 외부 위협에 맞설 수 있었다. 부족 연합을 구성하는 전체 부족들의 협력도 마찬가지였다. 이모든 경우 지원을 끌어내기 위해 으레 친족과 조상의 언어가 동원되었다. 조상, 혼인, 지역, 언어가 만들어낸 연대는 그 밖의 공통된 문화적 특질, 특히 의례적 네트워크와 인보동맹 같은 특질에 의해 강화되었다.

부족사회에서 지위상의 차이는 극도로 중요했다. 일부 학자들은 인류학에서 대부분의 수렵채집인 사회와 많은 원예민 사회에 흔히 적용하는 '평등주의 사회'라는 용어가 상대적이라고 일찍부터 지적해왔다. 우리가 본 것처럼, 재산이 없다시피 한 곳에서조차 지위와 위신은 예를 들어 혼인의 기회에 매우 중요했다. 지위와 위신은 개인마다 달랐고 서로 시샘하며 추구하고 지켰다. 이런 사회의 느슨하고 조각난 위계구조를 가리키는 데도 역시 '평등주의'보다 '환절'이란 용어가 낫다고 제시되어왔다.[48] 재산이 그다지 유의미하지 않았던 매우 단순한 원예민 사회(야노마모족 같은)에서도 사정은 마찬가지였다. 그러나 재산이 사회적 관계를 점점 더 지배함에 따라 수완과 친족에 근거한 지위와 명망의 차이는 꾸준히 커지고 확대되었다. 원주민들이 누리던 상대적인 인간적 평등은 그들의 상대적 가난 때문이었다. 왜냐하면 수렵채집인들은 자연으로부터 직접 먹고살 수 있었으므로 이동생활에 거치적거리는 것을 거의 소유하지 않았기 때문이다. 정착생활이나 동물 사육이, 또는 두 가지 모두 시작된 후부터 재산과 그에 따른 사회적 권력이 축적될 수 있었다.

아직 경작지 부족을 거의 겪지 않았던 단순 농경 사회에서 가축은 재산 축적의 첫째이자 가장 중요한 형태였다. 지금도 그렇지만 보편적으로 소(그리고 양)는 그 동물을 소유했던 모든 단순 농경 사회에서 부의 척도였고 사실상 통화의 한 형태였다. 그렇기 때문에 타키투스의 『게르마니아』(5장)에서는 물론 20세기 아프리카에서도 사람들은 자신이 소유한 동물의 질보다는 양에 더 신경을 썼다. 뉴기니 고지대에서는 돼지가 그 역할을 했다. 가축화된 말과 낙타는 나중에, 도입되는 즉시 모든 곳에서 이 목록에 추가되었다. 가축은 신부를 데려오기 위해 치르는 신붓값으로 쓰이면서 신체−번식 복합체의 다양한 요소들의 밀접한 상관관계를 보여주었다. 특히 아프리카 부족사회에서는 여성을 둘러싼 경쟁이 부와 연령대를 따라 심하게 기울어 있어서 그야말로 세대 간 분쟁을 빚어냈다. 오스트레일리아 수렵채집인 집단의 장로들이 젊은 남자들을 희생시키고 자기들끼리 혼인을 독점하는 것과 같은 방식으로, 아프리카의 많은 부족사회 장로들은 가족과 씨족의 가축 통제권을 꽉 틀어쥐고 늙어서도 계속 혼인하며 일부다처제를 유지했다. 따라서 여자들은 결혼적령기에 혼인했지만 남자들은 30대가 될 때까지 혼인을 미루어야 했다. 추정치들을 보면 일부 지역에서 많게는 여성의 3분의 2가 일부다처 혼인을 했던 반면 성인 남성의 절반 정도는 항상 미혼이었음을 알 수 있다. 젊은 남성들 사이에서 여성 납치, 동반 도주, 폭력이 만연했던 것도 결코 놀랄 일이 아니었다.

가정생활이 미루어졌던 것은 아프리카에 널리 퍼져 있던 연령집단 제도 탓이 컸다. 가정을 꾸리지 못한 젊은 미혼 남성들은 전사 집단에서 함께 모여 살았다. 이런 불안 요소는 대체로 사회에서 가장 호전적인 부분이었다. "젊은 남성은 아름다움, 의복, 장식, 남성성, 불손함, 공격성을 강조하는 뚜렷한 하위문화를 발전시키곤 한다."[49] 타키투스에 따르면 게르만족은 "야만인 중에는 거의 유일하게 한 명당 한 아내로 만족"했으며, 높은 출산율을 보이는 종족 가운데 "매우 드문 예외"였다. 초기 게르만 사회에 대한 근대의 한 연구는 이렇게 밝혔다. "많은 자료에서는 자원 일부다처제로 알려진 일부다처제 형태를 언급하고 있다. 여유가 있는 사람들은 한 명 이상의 아내를 둘 수 있었다." 고대 스칸디나비아에서도 마찬가지였다. 상대적으로 가난했던 게르만 사회와 북유럽 사회에서는 역시 가축이 부의 주요 척도였고 신붓값으로 치러졌다. 비록 아프리카의 젊은 남성들만큼 불행하지는 않았을지라도, 젊은 미혼 남성은 자신의 부를 찾아 탁월한 전쟁 지도자 주변에 무리 지어 모이는 경향이 있었다.[50]

가축이 있으면 진귀한 물품과 장식품·위신재·이국품·사치품을 살 수도 있었다. 1부에서 언급했던 이들 상품에 곧이어 고운 옷감이 추가되었고 나중에는 구리에 이어 은, 금이 추가되었다. 이 세 가지 금속—구리는 정주성 농경 사회에서 제련되었다—은 노골적으로 부와 사회적 지위를 내보이는, 거의 순전히 장식적·과시적 가치밖에 없었다. 겹겹이 몸에 두르는 각종 고리 형태의 구리 장식은 최근까지 세계 곳곳에 존재하던 여러 단순 농경 사회에서도 부의 징표였다. 그리스와 로마 작가들은 켈트족 남성들이 고전 시대 취향으로 보기에는 사치스럽고 과시적인 금붙이 장신구들을 좋아한다는 점을 언급했다. 마지막으로, 인구가 성장하면서 경작 가능한 땅이 갈수록 경쟁의 대상이 되었다. 처음부터 땅은 비옥함과 접근성이 각기 달랐기 때문에 점점 희소해지는 (그리고 더욱 집약적으로 경작되는) 자원이 되었다.[51] 부자들은 들판과 가정에서 일할 노예들을 얻었다. 대부분은 외부 일족을 습격해서 얻었지만, 나중에는 가난한 사람들이 스스로를 팔아 노예가 되기도 했다.

재산 차이와 사회 계층화의 심화는 점진적이었다. 사회마다 다양한 요인들이 상호작용하면서 그 형태와 속도를 결정했지만, 대체로 경제 요소와 사회 요소는 밀접하게 연관되어 있었다. 많은 부족사회(특히 '더 가난한' 부족사회)는 경제적으로 평등한 만큼 사회적으로도, 물론 상대적으로 말해서 '평등주의적'이었다. 씨족의 장로들은 특히 영향력이 강했고, 집단적인 결정은 자유인 남성들만으로 구성된 부족 회의를 통해 내려졌다. 켈트족과 게르만족에 대한 고전 시대 작가들의 묘사와 아메리카, 태평양, 아프리카에서 근대 유럽인들이 보았던 부족사회의 모습은 놀랄 만큼 비슷하다. 때로는 주요 남성 계보 내의 실질적 또는 허구적 순위에 따라 씨족들이 계통적으로 등급화되기도 했다. 전부는 아니지만 많은 부족사회에서 두 가지 뚜렷한 유형의 지위가 등장했다. 폴리네시아에 대한 대표적인 연구에서 이 두 유형은 '족장chief'과 '빅맨big man'으로 이름 붙여졌다.[52]

족장 '직책'이 있는(없는 곳이 다수였지만) 부족사회에서 족장은 대개 매우 제한된 권위를 누렸다. 족장은 공개적으로 선출되거나 또는 더 흔하게는 상급 씨족 내에서 대물림되는 직책이었다. 그러나 반드시 아버지에서 아들로 이어지지는 않았고 대개 선거로 정해졌다. 족장은 때때로 전쟁에서 지도자였지만 항상 그렇지는 않았다. 족장은 사회적 활동을 조직했고 사회적 분쟁에서 조정자 역할을 했다. 의례적 기능도 수행했다. 이 모든 활동에서 족장이 강압적 권력을 휘두르는 일은 거의 없었다. 족장의 권위는 직책의 정당성, 연장자의 위치, 설득, 동의에 의존하고 있었다. 반면에 '빅맨'에게는 아무런 직책이 없었다. 빅맨은 사회적 기민함과 '기업가적' 정신, 카리스마, 용맹함, 재산을 능숙하게 사용함으로써 지위를 다졌다. 빅맨은 자기 씨족 출신뿐 아니라 종종 다른 씨족 출신까지 포함하는 추종자 집단과 복잡한 사회적 관계를 맺었는데, 압박이 심한 시기에는 그 집단에 후원과 보호, 경제적 지원을 제공했고, 분배할 것을 구할 수 있다면 대체로 혜택을 주었다. 물론 그 대가로 빅맨은 추종자들에게서 복종과 지원을 얻었고, 이것이 다시 그의 지위와 재산을 강화하고 더 많은 결혼을 성사시키는 데 활용되었다. 빅맨의 사회적 지위는 양방향 관계, 그러나 뚜렷하게 불평등한 주고받기 관계에 의지했다.[53]

폴리네시아 사회보다 경제적으로 어느 정도 앞섰던 곳에서도 똑같은 패턴이 지배했다. 폴리비오스(2.17)는 기원전 3세기와 2세기 북부 이탈리아 켈트족에 관해 이렇게 썼다. "그들의 소유물은 소와 금이었다…… 그들 가운데 가장 두려움을 사고 가장 힘이 강한 자는 곧 가장 많은 수하와 협력자를 거느린 사람으로 여겨졌다." 아프리카에서 남자들의 이상은 "여자들과 소, 그리고 남자들에 대한 지배력"을 가지는 것이었고, 그것은 "저장된 곡물, 소, 금, 그리고 무엇보다 노동력과 권력, 안전을 제공해줄 사람들을 풍족하게 지니고…… 여러 명의 아내들, 결혼하거나 결혼하지 않은 아들들, 동생들, 가난한 친척들, 식솔들, 우글거리는 자식들로 둘러싸인 빅맨의 이미지로 구체화"되었다.[54]

이처럼 부족사회에서 전쟁을 포함한 사회적 활동의 바탕에는 친족에 기반한 느슨한 사회 조직과, 물질 자원이 증가하는 조건에서 내부의 지위를 차지하려는 경쟁이 있었다.

부족 전쟁

중세 초의 아일랜드 군사사에 대한 한 연구는 모든 부족사회에 적용되는 말로 그 주제에 접근했다. "오늘날의 관점에서 보면 당시 전쟁은 거의 없었지만 폭력은 많았다." 국가가 조직한 중앙집중적인 대규모 군대가 수행하는 형태의, 우리에게 익숙한 전쟁은 거의 없었지만, 폭력적인 무장 분쟁과 위협은 만연했다. 외부 전쟁과 내부 평화를 가르는 우리의 국가 기반 구분은 거의 의미가 없었다.[55] 세계 각지 부족사회의 폭력 분쟁에 관한 각각의 기록에서 나타나는 놀라운 유사성은 아래와 같이 종합된다(물론 약간의 차이점도 주목할 만하다). 관련된 개별 연구에 대해서는 부득이하게 인용을 생략하고 특정 사실들만 언급할 것이다.

부족사회 내의 폭력의 가장 낮은 수준에는 텃밭, 들판, 가축, 여성, 지위와 명예, 주술을 사용한 저주 등을 둘러싼 빈번한 씨족 간의 '혈수'가 있었으며, 이는 흔히 적의와 보복의 악순환으로 발전했다. 우리는 뉴기니 원주민을 통해 이를 살펴보았지만 여타 부족사회의 사정도 똑같았다. 사회적 중재는 반목을 해결할 중앙권위의 부재를 일부밖에 채워줄 수 없었고, 더 큰 사회집단끼리 분쟁이 일어나면 더더욱 억지책이 없었다. 다른 부족의 영토와 주거지에 대한 습격이 전쟁의 가장 흔한 형태였으며, 우리가 1부에서 보았던 것에서 거의 변한 게 없었다. 그 규모는 몇 사람이 가담하는 사건부터 수십 수백 명이 동원되는 사건까지 다양했다. 참가는 자발적이었다(사회적 압력을 고려하지 않는다면). 습격을 발의하는 사람은 족장, '빅맨', 또는 탁월한 전사였다. 이들이 남성 전사 모임에서 사안을 제안하고 가담 의사가 있는 사람들을 이끌었는데, 대개는 그의 씨족과 친척 씨족이 가담했다. 군사 지휘권은 최소한이어서 적대행위가 지속되는 동안에만 힘을 발휘했고 징계권은 전혀 없었으며, 가장 초보적인 전술을 지휘했다.

이미 이야기했듯이 사람들은 서로 관련된 온갖 이유로 습격에 가담했으며, 성격과 의미가 약간 변형된 물질적 요소를 추구했다. 자연(주로 사냥) 자원부터 재배하고 생산하고 축적한 자원까지 그 요소에 포함되었다. 가축이 있는 곳에서는 거의 항상 가축이 주요 전리품이 되었다. 이는 암흑기의 그리스인, 켈트족, 게르만족, 중세 초의 아일랜드인, 18세기까지의 스코틀랜드 고지인 사이에서는 물론 이후의 아프리카 부족 사이에서도 충분히 기록된 바와 같다. 부족 농경 사회에서 가축 전리품은 한 사람의 물질적 지위를 크게 바꿀 수 있었다. 나머지 영양가 있는 산물도 표적이었다. 예를 들어 폴리네시아의 작은 통가레바 섬에서는 코코넛 나무 때문에 전쟁이 벌어졌다.[56] 습격—그리고 전사의 평판—은 지도자에게나 부하에게나 계층 이동의 주요 수단이었다. 적의 머리를 차지하는 것—전사의 용맹의 징표—은 중부유럽과 북유럽의 야만적 이웃들을 보면서 공포에 질렸던 고대 그리스인과 로마인들에 의해 보고되었다. 19세기 몬테네그로인들은 집이나 마을 앞에 적의 머리를 전시해 외부인들에게 충격을 주었고, 17세기 이로쿼이족도 마찬가지였으며, 20세기 아마존 부족들은 지금도 그렇게 한다. 여성은 늘 그렇듯 강간당하고 납치되었다. 성인 남성 포로를 데려가는 일은 별로 없었다. 남성이 끌려간 경우에는 끔찍한 고문과 때로는 의례적 카니발리즘이 포함되는 희생제를 통해 죽임을 당했다. 일부 포로들, 특히 젊은 사람은 노예가 되었다. 그게 아니면 이로쿼이족의 경우처럼 포로들을 강제로 사회 성원으로 받아들여 (호된 시련을 겪게 한 뒤) 이 호전적 부족에서 감소된 전사의 수를 채우도록 했다. 초기 로마에서도 역시 패배한 외국인들을 기꺼이 받아들이는 흔치 않은 태도로 태동기 로마의 사회적 서열을 확대했다. 힘과 자립자조가 곧 법이고, 전사의 위신이 사회적 이점이며, 명예가 곧 밤낮으로 지켜야 할 사회적 통화였던 매우 불안정한 세계에서 많은 부족사회는 전사 사회가 되는 경향이 있었다. 농업은 대개 여성들의 몫이었다. 전쟁, 영웅, 모험(그리고 신들)에 관한 구전 서사시들은 어디에서나 주요 문학 형식이었다.

그러면서도 친족 기반 지원자들로 구성된 습격대는 최대한 피해를 입지 않으려고 했다. 요새화된 마을을 포함해 적의 정착지에 대한 기습은 주민들이 잠든 새벽에 벌어졌다. 요새화된 휴런족 마을에 대한 이로쿼이족의 기습과 뉴질랜드 마오리족 상호 간의 파(pa, 요새화된 마을)에 대한 기습은 역사적으로 가장 잘 기록된 사례들이다.[57] 기습에 실패하면 공격자들은 철수하는 것이 보통이었다. 포위는 극히 드물었고 비효율적이었다. '배신의 연회'도 보편적으로 입증되었다. 그러나 습격이 다시 적의 매복으로 이어질 수도 있고 뜻하지 않게 도중에 정면으로 마주칠 수도 있었으므로(그리고 역습을 초래할 수도 있었으므로) 습격대 전원이 심각한 부상을 당하기도 했다. 공개 전투는 대개 과시적이었고, 피를 보기보다는 소음을 만들었다.[58] 춤, 구호, 시끄러운 음악, 적에 대한 조롱, 개인적인 과시와 허세— 로마인들은 이런 행위에 겁을 먹거나 어리둥절하거나 재미있어하며 보고했는데, 이것을 야만적이고 유치하며 기괴하다고 여겼다—등이 그런 소음을 일으켰다. 지도자나 빼어난 전사들은 자기 집단의 대의를 위해 지위를 걸고 적군의 상대방과 일대일로 싸웠으며, 그러는 동안 무장한 양측 무리가 그 광경을 지켜보았다. 이런 관습은 초기 그리스나 로마의 서사시를 통해 아주 잘 알려져 있으며, 로마 시대 일부 정무관들은 기원전 4세기와 3세기에도 여전히 이 전통을 받아들여 켈트족 족장들과 대면했다. 그러나 후기 로마인들은 점점 이 관습을 원시적이고 구시대적인 것으로 여기게 되었다.[59]

부족 전쟁에 쓰인 병기는 개인이 소유한 것이었는데, 대체로 보잘것없었다. 이미 본 것처럼 석기시대 사회의 병기는 주로 창(도끼, 곤봉, 칼과 함께), 활과 화살, 그 밖의 발사체, 방패, 때로는 가죽 갑옷, 더 드물게는 뿔 달린 투구 등이었다. 무기의 재료를 금속으로 바꾸면서 효과가 크게 높아졌지만, 놀랍게도 무기의 유형에는 거의 변화가 없었다. 값비싼 청동은 쓸모가 많은 최초의 금속으로 기원전 제3천년기부터 생산되긴 했지만 주로 기원전 제2천년기에 제작되었는데(유라시아의 경우에 해당하며 아메리카, 아프리카, 태평양 지역은 아니었다) 군사적 가치는 물론 품위도 있었으며 엘리트들만 사용했다. 철기시대에도 철의 쓰임은 주로 창촉, 도끼머리, 화살촉으로 제한되었다. 철로 된 투구, 갑옷, 나아가 칼은 재료가 많이 들고 값이 훨씬 비쌌기 때문에 한참 후에도 귀했으며 엘리트들만 가지고 있었다. 따라서 전사들은 맨몸으로 또는 반半맨몸으로 패기만 갖고 싸우곤 했다(비록 가죽 보호장구는 사용되었지만). 보디페인팅은 보편적이었다. 가축화된 말이 유라시아에 퍼진 후 일부 부족 농경 사회의 엘리트들은 전차를 타고, 나중에는 말을 타고 싸웠다. 그러나 절대다수의 전사는 두 발로 서서 싸웠다.

곧이어 포진 전투가 더욱 중요해졌고, 전투는 단순 부족 농경 사회 때보다 더욱 참혹해졌다. 이 과정은 몇 가지 요인으로 설명할 수 있다. 서서히 농업 집약도와 인구 밀도가 증가했다. 무장한 전사들의 기습은 더 격하고도 오래도록 지속되었다. 가담한 무리가 클수록 전투 범위는 더 커졌다. 그리고 마을에 주민이 많을수록 기습으로 효과를 보거나 비밀 작전을 펼칠 가능성은 낮아졌다. 얻게 될 전리품이 더 많고 중요할수록 양측 모두는 그것을 지키기 위해 공개 전투를 벌이며 목숨을 걸 각오가 되어 있었다. 땅 자체가 걸렸을 때에 그럴 가능성이 가장 높았을 것이다. 가장 중요한 사례들은 확실히 인구 이동과 관련되어 있었다. 1960년대에 이른바 신고고학New Archaeology은 '부족침입'과 정복으로 점철된 역사를 낭만적으로 보던 이전 역사관에 마땅히 반발하면서, 선사시대의 인구 이동을 대수롭지 않게 여기는 대신에 자생적이고 과정적인 발전을 강조했다. 그러나 그러는 사이 추는 다시 뒤로 돌아갔다. 부족 이동에 관한 역사적 기록은 물론, 선사시대 인구 이동에 대한 고고학 증거는 압도적으로 많다.[60] 부족 분파들, 부족들, 부족 연합들—그에 딸린 가족 및 소유물과 함께—이 때로 다른 영역으로 이주했던 것이다. 이런 이주의 이유는 모호하게 기록되어 있지만 내부 분열, 인구 압박/땅 부족, 지력 고갈, 자연적 재해와 압박 등이 포함되었다. 이런 이동이 다시 연쇄 반응이나 파급효과를 부를 수 있었는데, 압박을 받아 자기 땅에서 밀려나게 된 부족이 다른 부족을 압박하곤 했기 때문이다. 이런 집단 이동에서는 땅은 물론 모든 소유물과 가족까지 노출되므로 양측 모두 죽을 때까지 방어하기 마련이었다.

그런 부족 이동의 예는 켈트족과 게르만족에게서 가장 잘 기록되어 있다. 이들의 이동은 기원전 4세기부터 시작되어 기원후 4세기와 5세기 훈족의 압박을 받은 게르만족 대이동으로 절정에 올랐다. 그러나 켈트족과 게르만족의 세계 내부, 역사의 빛이 훨씬 희미한 곳에서도 그런 움직임은 일어나고 있었다. 그 예로, 원래 마른 강과 모젤 강 사이에 살던 켈트족이 기원전 5세기부터 중부유럽과 서유럽으로 진출했는데, 이 사실은 언어학적으로 또 고고학적으로 기록되어 있다(라텐La Tène 문화). 비슷한 이동은 다른 부족사회들에서도 뚜렷이 나타난다. 부족─문명 전선과 관련한 지중해와 북유럽의 경우처럼 금이나 공예품, 그 밖의 사치품(포도주), 풍부한 농업 전리품 등은 집단 이동에 새로운 자극('견인차')을 더했다. 그에 따라 국가─문명 세계의 훈련된 군대를 포진 전투에 동원할 필요성이 커져갔다.

본격적인 공개 전투가 도입된 곳에서는 이따금 매복이나 계략을 사용할 때를 제외하고는 부족 집단끼리 통솔 대형이나 전술적 지휘를 동원하지 않는 경우가 거의 없었다. 지휘자들은 대개 솔선수범하며 병력을 영웅적으로 이끌었다. 전쟁 지도자가 선두에 서고 부하들이 뒤를 따르는 게르만족의 유명한 '쐐기' 대형은 이런 영웅 유형 지도력의 표현일 것이다. 그렇지 않은 경우 무력 충돌은 개인들이나 소집단 위주로 전선 전체에 걸쳐 난투극 형태로 일어났다. 방패들로 벽을 친 조야한 팔랑크스[밀집방진]phalanx 대형은 북유럽 전역에서 다양하게 보고되었으나, 대부분은 후대의 것이다. 유럽의 부족 전사들은 남쪽 문명인들과의 충돌이 치열해지면서 장검을 사용했는데, 이 무기는 난투극 형태의 전쟁을 대표하는 특징이다. 장검은 밀집대형의 근접전에 적합한 고전 시대 지중해 군대의 단검과는 대조적이었다. 켈트족과 게르만족은 그리스와 로마에 맞서, 군사적·호전적 사회에서 성장한(그리고 체격이 우월한) 무시무시한 전사들의 맹공격에 의존했는데, 그리스 로마 군대에게 이 전사들은 두렵고 대적하기 힘든 상대였다. 기원전 387년 알리아부터 기원전 225년 텔라몬까지 켈트족을 상대로 한 전투에서, 그리고 기원전 2세기 말 킴브리족과 테우토네스족의 침입부터 아드리아노플 전투와 게르만족의 이동까지 게르만족을 상대로 한 전투에서, 로마군은 거의 승리한 횟수만큼 많이 패배했다. 그러나 일단 초기 야만인들의 맹습을 견디고 나면 국가 군대의 일사불란하고 응집력 있는 대형, 더 나은 전술 통제, 근접전에서 유리한 무기와 갑옷 등이 대체로 유리했다. 고전 시대 그리스인과 로마인들이 보기에, 북방의 이웃은 차분함과 끈기가 부족했고 사납게 날뛰다가도 금세 풀이 죽어 낙심하는 사람들이었다.

더욱이 고대 자료의 상투적인 과장과 그로 인한 근대의 이미지와는 달리 켈트족과 게르만족 무리들은 부족과 부족 연합이 가족, 수레, 가축 등을 모두 데리고서 집단으로 이동할 때에도 총 인원이 수만을 넘는 경우가 거의 없었고, 전사는 많아야 2만 명 정도였다. 물론 고전 시대 지중해 정치체들의 규모에 견주면 막강한 수이기는 했다. 그러나 로마군은 잇달아 전투에 패하고도 훨씬 거대한 인적 자원으로 새로운 군대를 편성해 다시 전장에 나갈 수 있었는데, 로마가 이탈리아를 지배하게 된 기원전 3세기에 이미 그들의 인적 자원은 야만인들보다 훨씬 더 많았다. 반대로 켈트족과 게르만족 무리들은 단번에 패할 수 있었다. 역사에서 가공할 만한 행진을 했을지라도 그들의 부족사회는 성격상 상대적으로 소규모였다. 몇 세기 동안 야만인들을 물리쳐왔던 로마 제국이 결국 그들에게 무릎을 꿇은 것은 여러 가지 뒤얽힌 이유 때문이었다. 우선 4세기 말과 5세기 초 라인 강과 다뉴브 강 전선에서 일어난 게르만족의 대이동—훈족의 압박에 쫓긴—은 종전의 개별 부족 습격에 비해 지리적으로나 인구수로나 훨씬 전면적이었다. 그리고 어느 정도는 로마와의 접촉에서 영향을 받아 게르만족의 부족들이 한데 묶여 더 큰 집단을 형성했다. 로마 제국은 경쟁하는 장군들과 황제들 사이의 고질적 내전으로 만신창이가 되어 있었다. 이들 황제와 장군들은 부족 전사들을 자기 군대로 편입시키고자 했는데, 처음엔 개인 단위로 받아들였지만 나중에는 위험하게도 제국 내에 정착한 부족 집단(동맹foederati) 단위로 받아들였다. 그러나 그후에도 반달족과 알란족, 그리고 그들의 동맹은 428년 에스파냐에서 아프리카로 건너가기 전에 모두 합쳐 8만 정도였으니, 그 가운데 무기를 들 수 있었던 사람은 많아야 2만 명이었을 것이다. 그리고 서고트족과 동고트족의 잡다한 부족 무리들은 각각 그보다 조금 큰 규모였다고 추정되고 있다.[61]

문명화된 중앙집권 국가는 분명 자신에게 유리하게 부족사회를 마음대로 조종하고 덜 위험하게 부릴 다양한 수단들을 가지고 있었다. 더욱이 부족사회 자체도 내부 과정을 거치면서, 또 국가 및 문명과의 접촉을 통해 변모했다. 그렇지만 이들 부족사회의 변모를 검토하기에 앞서 신석기시대 혁명의 새 얼굴, 농경민보다 약간 늦게 등장했던 목축 부족사회를 먼저 검토해보자.

목축 부족의 전쟁

농업 확산으로 수렵채집인이 꾸준히 축소되던 단계는 이제, 경작에 부적절하더라도 가축을 사육할 수 있는 주변부의 땅을 언제 어디서든 목축민이 차지하는 새로운 국면으로 들어섰다. 이처럼 신석기시대인들 내에서—농경민과 목축민 사이에—처음 일어난 중요한 경제 다각화로 인해 농경 사회에는 새로운 유형의 이동성 반半유목민 이웃이 생겼는데, 이들은 군사를 비롯해 모든 면에서 수렵채집인들보다 훨씬 중요했다.

앞에서 언급했듯이 서남아시아에서 동물 사육은 농업이 등장한 이후

머지않아 시작되었다. 기원전 제7천년기부터 이 지역의 초기 농업공동체는 재배와 동물 사육을 모두 포함하는 혼합 농업을 하고 있었다. 이런 농업 형태가 유럽으로 전파되어 수천 년 동안 지속되었다. 카이사르에 따르면(『갈리아 전쟁기』 4.1, 5.14, 6.21) 그가 마주쳤던 북유럽 부족민들—내륙 브리튼족과 게르만족—은 원시적이고 호전적일수록 농업보다 소 사육에 더 크게 의존하고 있었다. 그러나 서남아시아(그리고 북아프리카)에서는 비옥한 지역과 반건조 지역의 차이가 유럽보다 훨씬 커서 서서히 더욱 뚜렷한 분화 과정이 일어났다. 동유럽과 서아시아 스텝지대도 마찬가지였다. 기원전 제5천년기와 제4천년기부터는 이런 경제적 틈새를 이용하려는 집단들이 이주해와서 농경 사회의 주변지역에는 목축 생활방식이 갈수록 형성되고 있었다.[62] 이들은 양과 염소를, 초원이 더 풍요로운 스텝지대에서는 소(그리고 말)까지 키웠고 고기보다는 주로 유제품(그리고 살아 있는 동물의 피)을 먹고살았다. 그러나 농경민과 목축민의 분화는 뚜렷하지 않고 점진적이었다. 농경민은 계속 가축을 키웠고, 목축민은 농업을 완전히 포기하지 않은 채 계절 작물을 심어 식량을 보충했고, 기동성도 저마다 달랐다. 나중에 보겠지만 순수한 유목은 기원전 제1천년기에 말타기가 발달하면서 비로소, 그것도 특화된 일부 환경에서만 등장했다.

목축민 역시 부족과 혈연 기반 네트워크를 가지고 있었다.[63] 그들은 아주 넓은 땅을 사용하긴 했으나 수렵채집인들보다 훨씬 더 경제적으로 효율성 있게 사용했다. 이런 이유로 목축민들의 인구 밀도와 절대 수는 농경민들보다 훨씬 낮았음에도,[64] 개별 사회집단—농경민보다 더 넓게 흩어져 살면서도 훨씬 뛰어난 기동성으로 계속 접촉하던—의 크기는 농경민 집단과 대체로 같았다. 이번에도 민족지학적 기록이 그것을 증명한다. 예를 들어 12세기 중반 동아프리카의 목축민인 다토가Datoga족의 수는 3만 명으로 몇몇 부족과 아부족으로 나뉘어 있었다. 유명한 마사이족은 모두

25만 명이었는데, 각각 수천 명에서 수만 명에 이르는 17개 부족으로 구성되어 있었다.[65] 도도트Dodoth족은 2만 명이었다.[66] 카리모종Karimojong 부족 공동체 역시 2만 명이었다.[67] 반半목축민인 딩카족과 누에르족은 앞에서 이야기한 바 있다. 이란 남부의 바세리Basseri족은 약 1만 6000명이었고, 그 아래의 12개 하부 집단은 다시 대규모 확대가족으로 나뉘어 있었다. 그 지역 목축민 인구는 총 수십만에 이르렀다.[68] 유프라테스 강 중류와 시리아 북부의 목축민인 베두인Bedouin족은 12세기 초에 수천 개의 '천막'을 치고 지냈고, 이들의 부족 연합은 최대 1만을 기록했다.[69]

같은 지역에 있던 마리Mari 왕국에서 발굴된 기원전 19세기와 18세기의 기록물들은 고대 비옥한 초승달 지대의 목축민에 관해 우리가 아는 가장 큰 그림을 보여준다. 마리 왕국 내에 있던 대표적인 아모리 목축민 부족 연합 셋만 언급하더라도 열 개 하네아족, 다섯 개 베냐민족, 세 개 수테아족이 있었다. 그 밖에도 작은 부족 집단들이 있었으며 이들 부족은 다시 친족별로 나뉘어 있었다.[70] 역사(선사 또는 원사시대)에서 고대 이스라엘 민족의 존재가 등장하는 것은 이들이 내부 씨족 분파를 둔 채 서로 긴밀한 관계를 유지하는 크고 작은 12개 부족 연합을 결성―이 과정의 기원은 대체로 모호하다―하면서부터였다. 적어도 여기서 핵심 요소는 이들이 정착 과정에 있는 목축민 부족 집단들이었고 비슷한 방언(이 역시 가나안 및 인접 지역 이웃들의 언어와 다르지 않았다)을 쓰고 있었으며, 하나의 느슨한 군사적 인보동맹을 맺고 있었다는 것이다. 고고학 연구로 본 초기 이스라엘 민족의 인구 추정치는 현재 크게 축소 수정되어서 10만 명에 훨씬 못 미친다.[71] 플리니우스(『자연사Historia naturals』 5.4.29~30)에 따르면 반半떠돌이 목축 부족이 살던 주요 지역인 로마령 북아프리카에는 53개의 도시 집단을 포함해 516개 거주 집단populi이 있었다고 한다. 그는 그 가운데 25개 부족 이름만 언급했는데, 고대 자료를 근거로 오늘날 작성한 부족 목록은

130개에 못 미친다.[72]

목축 부족도 친족과 씨족 중심이었다. 족장(상위 씨족 출신이며 앞에서 본 것처럼 권력은 대체로 제한적이었다)이 따로 있는 부족도 있었고 그렇지 않은 데도 있었다. 물질적·사회적 지위는 단연 최고의 소유물인 가축의 수에 따라 씨족·가족·개인 간에 큰 차이를 보이기도 했다. 가족(천막)마다 평균 소 십여 마리나 작은 동물 100마리 정도를 키웠지만 부자들은 수백 마리의 동물을 소유했다.[73] 가축을 거래하고 다른 사람 대신 유통시키는 능력은 사회적 지위에서 중요한 몫을 했다. 물론 거래되는 가축 대부분은 신붓값이었는데, 상당수의 가축을 대가로 치르는 경우가 다반사였다. 한 예로 동아프리카 도도트족의 영향력 있는 한 '백만장자'는 조사 당시 아내 10명(그중 8명은 그때까지도 살아 있었다)과 아들 15명, 딸 23명, 사위 10명, 며느리 9명, 그리고 손자 25명을 소유(이 단어가 적절하다)하고 있었다. 이들 가족은 그 남자의 수많은 가축과 드넓은 계절 경작지를 돌보고 사회적 거래에서 그를 지원하고 있었는데, 이 역시 신체적·번식적·지위적 성공이 서로를 어떻게 강화하는지 확실하게 보여준다.[74] 이와 비슷하게 르완다 투치족의 부유한 가축 주인들도 아내를 여러 명 두었고, '경제적 자산'인 아내들이 농장 여러 군데를 관리하고 있었다. 여기서도 '자녀와 소'가 '권력과 명성'을 강화해주었으며, 그 역도 마찬가지였다. "권력의 관점에서 볼 때 자녀의 의미는 소, 그리고 연줄을 제공한다는 것이었다."[75]

아프리카에서 씨족과 가족 가부장의 여성 독점에 관해선 앞에서도 이야기했지만, 장로들이 가축을 통제했던 아프리카 목축민 사이에서 특히 두드러졌다. 이와 관련된 미혼 남성 전사의 연령 제도는 목축민들 사이에서 특히 뚜렷하게 나타났고, 젊은 성원들은 호전성으로 유명했다. 아프리카 목축민들은 다른 부족의 가축을 예사로 습격하고 종종 여성을 납치하여 전사로서 특별한 명성을 얻었다.[76] 씨족 간 반목은 더욱 잦았다. 소를 노린 기습은 밤에는 정착지 주변의 동물 우리를, 낮에는 방목지를 겨냥했다. 그런 다음 습격자들은 상대방이 전열을 갖추어 쫓아오기 전에 재빨리 전리품을 가지고 퇴각했다.[77] 건조한 지역에서 물이 분쟁의 원인이듯, 방목지는 폭력 분쟁의 또다른 주요 원인이었다. 적어도 분쟁에 관한 한 목축사회는 축복받은 평온이라는 낭만적 이미지와 매우 거리가 멀었다.

목축민들이 저희들끼리 끊임없는 분쟁에 휩싸여 있었다고는 하나, 그들은 농경민들에게 훨씬 큰 위협이었다. 현존하는 사회에 대한 오늘날의 연구는 목축민-농경민 상호작용의 복잡한 성격을 조명해왔는데, 여기에는 적대감, 상호 경멸, 분쟁(이 세 가지 모두가 존재한다)보다 훨씬 더 많은 것이 함축되어 있다. 변화하는 기회에 반응해 두 집단은 두 가지 '순수한' 형태 사이에 놓인 방대한 스펙트럼 위를 오갔고, 두 가지 생존 양식은 항상 공생관계에 있었다. 어느 지역에 살든 목축민은 작물과 다양한 수공예품을 농경민에게서 얻는 대신 동물의 고기, 가죽, 털, 유제품으로 값을 치렀다. 그럼에도 폭력은 여전히 목축민에게는 큰 유혹으로 남아 있었다. 우선 농경민은 습격당할 수 있는 가축을 가지고 있었다. 둘째로 농경민의 땅에는 풍부한 목초지와 물이 있었기 때문에, 반건조지역에서나 비상시에는 유혹이 더욱 컸다. 목축민의 농경지 침입은 예사로운 일이었고, 그들의 토지 보유 개념은 농경민의 그것과 확실히 달랐다. 셋째로 농경민이 생산한 것을 물물교환으로 얻기보다 훔치고 강탈할 수만 있다면 더욱 좋은 일이었다. 마지막으로, 목축민은 농경민과의 분쟁에서 예전 수렵채집인의 상당한 이점을 누리면서도 수적으로 그들보다 훨씬 더 많았다는 것이다. 그들은 기동성이 있어 웬만해선 잡히지 않았고, 덕분에 주도권을 잡을 수 있었으며, 역습에도 어느 정도 안전했다. 반대로 농경민은 손쉬운 표적이었고 야만적인 파괴 행위에 매우 취약했다. 더욱이 야생에서의 이동생활 덕에 목축민이 싸움에서 대체로 더 유능했다.[78]

농경 사회에 대한 목축 부족의 습격은 중요한 역사적 의미를 지닌 사건들만큼이나 학자들에게 널리 주목받아왔다. 그러나 관심의 초점은 주로 유라시아 스텝지대에서 가축화된 말이 전차를 끄는 데 처음 사용된 이후, 그리고 나중에 군대에서 말이 사용된 이후의 사건에 맞춰져 있었다. 말의 가축화는 목축민의 떠돌이 생활방식에 변화를 주고 큰 활력을 불어넣는 동시에 그들의 세력을 크게 강화해주었다. 더욱이 이 과정의 대부분이 역사시대에 일어났는데, 어디까지나 그때까지 발전했던 문자를 가진 문명과 국가에 의해, 그리고 더욱 강해지고 때론 파괴적인 목축민들의 위협과 싸워야 했던 이들에 의해 그 효과가 기록되었다는 의미에서 그렇다. 그렇지만 목축민은 말이 가축화되어 광범위하게 사용되기 전부터 존재했다. 완전히 유목을 했던 것은 아니고 말을 가졌을 때보다 기동성이 떨어졌지만, 그래도 농경민보다는 훨씬 유동적이고 기동성이 있었다. 그들은 이웃한 농업 공동체들과 어떻게 싸웠을까?

이 질문에 답하려 할 때, 목축 사회의 진화에서 서로 다른 '양상' 또는 '단계'를 보여주는 지역들이 세계 곳곳에 있다는 것은 행운이다. 목축이 시작된 곳은 서남아시아였다. 이후 동유럽과 서아시아 스텝지대에서, 아마도 지금의 우크라이나 지역에 살던 목축민들에 의해 말이 가축화되었을 것이다. 바퀴의 발달은 위의 두 곳 중 한 곳에서 또는 두 곳이 겹치는 곳에서 일어났다. 이 모든 발달이 유라시아에서 일어나 대륙 전체로 확산되었다. 그러나 지리적 장애와 생태적 제약으로 인해 아메리카나 오세아니아에는 둘 중 무엇도 전파되지 못했으며 그것들이 독립적으로 등장하지도 않았다(안데스 산맥의 라마와 알파카 사육은 고지대에 한정되어 있었고 목축 생활방식으로 진화하지 않았다). 그 결과 두 지역에서는 목부, 말, 바퀴가 없는 사회가 등장했다. 한편 목축민이 없다보니 아메리카 변경지역에는 상당수의 수렵채집인이 남게 되었다. 반면에 사하라 이남 아프리카, 특히 동아프리카는 말 이전의 초기 목축 사회 서남아시아와 더 비슷한 '중간' 사례를 보여준다. 가축화된 동물들이 신석기시대 초기부터, 심지어 사하라가 건조해지기 전부터 북쪽에서 전파되어 들어온 후 천 년 동안 목축이 존재했다. 그러나 말을 비롯해 나중에 들어온 가축은 서기 1500년대까지 사하라 사막 너머 서아프리카로 전파되지 않았고, 동아프리카에는 근대까지도 전파되지 않았다. 동아프리카에는 말과 바퀴가 없는 목축 부족사회가 20세기까지 존재했다. 이들과 농경민 이웃과의 관계 패턴—당시 도착한 유럽인들이 널리 목격했던—에서는 주로 목축민이 농경민을 약탈하는 경향이 두드러졌다. 가장 주목할 만한 것은 나일어를 쓰는 목축민들이 지난 천 년에 걸쳐 수단 남부에서 에티오피아 서남부, 케냐, 탄자니아, 우간다, 르완다–부룬디로 계속 확장하면서 반투어를 쓰는 지역 농경민들을(그리고 서로 간에도) 괴롭히고 때로는 쫓아버리거나 지배했다는 것이다.

일부 경우에는 이 패턴이 철저히 정치적인 지배가 되었다. 유명한 예가 우간다의 앙콜레Ankole족, 니오로Nyoro족, 바간다Baganda족, 부니오로Bunyoro족의 경우였는데, 아마도 가장 유명한 것은 르완다와 부룬디의 후투Hutu족에 대한 투치족의 지배일 것이다. 이 다양한 사회를 지배하는 목축 엘리트는 인구의 10~15퍼센트 정도에 지나지 않았다. 일부 학자들은 목축민이 지배하게 된 것은 이들의 경제 성장 잠재력이 더 크고 위계적 사회 구조를 가지고 있기 때문이라고—1960년대의 관점에 따라—설명했다.[79] 그러나 대부분의 학자들은 이런 지배의 바탕에 무력 사용과 위협이 있었음을 거의 의심하지 않는다. 목축민의 지배는 특권적 토지 이용, 농경민으로부터의 농산물 공물 징수, 목축민의 전사–통치 엘리트 집단 구성으로 나타났다. 엘리트 집단과 농경민의 관계는 다양한 정도의 상호 동화와 통합을 동반할 수도 있었지만 보통은 후견인–피후견인 관계, 때로는 별개의 카스트 구조로까지 진화하는 불평등 관계였다. (여타 지역의 이런 카스트

제도로는 인도를 침입한 아리안어족 목축민의 경우가 가장 유명하다.) 시간이 흐르면서 아프리카든 다른 곳에서든 거의 하나같이, 목축민 침입자들 스스로가 기름진 농경지에 정착해 더욱 혼합된 정주성 생활방식을 택했고 그러는 과정에서 변모했다. 정복자와 피정복자가 혼합된 정치체가 등장하기도 했다. "더욱 기동성 있고 호전적인 목축민 엘리트들이 정착 경작민을 지배하면서 정치 체제는 더욱 중앙집중화되는 경향이 있었다."[80]

동아프리카에서 나타난 민족지학적 유사성은 말이 가축화되기 이전 목축의 요람인 근동의 선사시대 말기와 원사시대의 목축민-농경민 관계를 조명하는 데 도움이 될 수 있다. 이 주제는 그 폭력적 측면을 포함해 학술적 관심과 논쟁의 초점이 되어왔다. 기원전 제3천년기까지 비옥한 초승달 지대의 농경 공동체에는 소국가와 도시국가, 국가가 진화해 있었다. 그러나 제3천년기 말에 이 지역 전역의 도시 공동체가 위기를 맞았다. 주로 그 동쪽 부분이던 메소포타미아 문명의 문자 기록이 남아 있다. 이곳에서 기원전 24세기에, "천막에 살았던 선조의 후손"인 셈족 아카드의 사르곤Sargon of Akkad이 수메르인들의 오랜 영역을 다스리게 되었다. 그가 건설한 제국은 그 후계자들의 시대에 구티Guti족 목축민들에 의해 파괴되었다. 더욱이 제3천년기가 막을 내릴 때 (그리고 현존하는 문자 기록들이 더 자세해졌을 때) 메소포타미아 문명은 북부 시리아에서 온 서부 셈족 목축민들의 대규모 침입과 괴롭힘에 끊임없이 시달렸다. 메소포타미아 사람들은 이 목축민들을 수메르어로 마르투Martu, 아카드어로는 아무루Amurru—다시 말해 '서쪽 사람들'—이라 불렀다. 이들이 바로 구약성서에 나오는 아모리인이었다. 당시 지배권력이던 우르 제3왕조의 왕들은 이들에 대한 원정을 감행했고, 나아가 이들 목축민의 습격을 막기 위해 티그리스 강과 유프라테스 강을 잇는 280킬로미터의 긴 방벽을 건설했다. 이는 문명국가가 이웃 목축민에 맞서 건설한 최초의 방벽으로, 유명한 중국의 만리장성보다 거의 2000년 앞선 것이다. 후대의 그런 건조물들과 마찬가지로 이 방벽의 효과 또한 제한적이었다. 우르 제3왕조가 분열되면서 아모리인의 침입은 더욱 잦아졌고 결과적으로 왕조의 분열을 더욱 재촉했다. 이후에 벌어진 대파괴에서 아모리인 부족 집단과 지도자들은 습격자·약탈자·침입자로서, 현지 도시국가의 통치자를 위한 용병으로서, 그리고 찬탈자로서 크게 활약했다. 기원전 제2천년기가 시작될 무렵 아모리인의 지배 왕조와 엘리트들은 라르사, 바빌론(유명한 함무라비의), 마라드, 시파르, 키시, 마리, 아시리아 등 그 지역 전역에 자신들의 국가를 세웠다. 이 통치자들 역시 "천막에 살던 선조들의 후손"임을 자랑했다.[81]

비옥한 초승달 지대에서 그보다 서쪽 지역인 레반트, 특히 그 남부 지역에서 벌어진 비슷한 사건들에 관해서는 문자 기록이 거의 없다시피 하므로, 주로 고고학적 발견에 의존해야 한다. 기원전 2350년경부터 기원전 1950년경까지 훗날의 시리아, 이스라엘, 트랜스요르단에 해당하는 지역에서 초기 청동기시대(제3기)의 거대한 요새화 도시 정착지들이 갑자기 쇠퇴했다. 파괴되거나 새로운 지배 엘리트들에게 점령된 곳들도 있었지만 대부분은 버려졌다. 이 지역에서 선구적으로 조사를 벌였던 고고학자와 역사학자들은 이 격변을 메소포타미아 텍스트를 통해 알려진 아모리 목축민의 침입과 연관시킨다. 성서에서도 천 년 후 이스라엘 민족이 정착하는 동안 아모리인이 트랜스요르단의 변경 지역과 가나안의 중앙 구릉지를 차지했다고 전한다. 그러나 최근에 학자들은 아모리인의 본고장인 레반트에서 (메소포타미아와는 반대로) 아모리인(그리고 기원전 제2천년기 말의 아람인과 이스라엘인)이 외부인이자 종족 면에서 다른 침입 부족 '사람들'이었다는 견해를 거부하고 있다. 이 학자들은 현존 사회의 연구를 통해 이 지역에서 목축민과 농경민이 공생적이면서 변화하는 관계에 있음을 알았다. 그들이 해석한 고대 텍스트에서 아무루Amurru족과 그 부류는 사실상 외부인들이라기보다 같은 '사회적 공간' 내의 주변적 성원을 가리켰다. 이제 군사적 침입이라는 그림이 밀려나고, 대신에 '동종이형同種異形' 목축 – 농경 사회 내의 '과정적인' 내부 경제와 사회 변화라는 그림이 등장했다. 또다른 학자들은 농경민과 목축민의 분쟁보다는 지역 농경민과 목축민이 있는 시골 지역을 지배하고자 했던 도시와 국가 통치 엘리트층 사이의 분쟁을 강조해왔다. 레반트의 도시 중심지들이 쇠퇴한 원인으로는 이런 긴장과 관련한 내부적인 '체제 붕괴', 국제 무역의 쇠퇴, 그리고 이집트 문자 기록에 일부 증거가 남은 이집트인들의 습격 등이 추정되지만, 아직 우리에게 알려지지 않은 이유 때문일 수도 있다.[82]

이 모든 점은 매우 중요하다. 그러나 여기에서도 추가 너무 멀리까지 움직였을지 모르며, 아마도 많은 주장이 현실보다 더 그럴싸한 추정인 것으로 보인다. 모든 점을 종합하면 다음과 같을 것이다. 목축 부족이 완전 유목생활을 하지는 않았으며(기마 유목민이 없었다는 건 분명하다) 19세기에 비롯된 구식 관점이 주장하듯 그들이 시리아나 아랍의 '사막'에서 온 것도 아니라는 건 이제 확실해졌다. 기원전 제1천년기 중반에 유라시아 스텝지대에서 말이, 아라비아에서 낙타가 충분히 가축화된 이후에야 목축은 유라시아 스텝지대에서 완전한 유목이 될 수 있었으며, 아라비아에서 채택되었다. 말과 낙타가 가축화되기 전까지 목축 부족민들은 농경 사회 언저리 안팎에 살고 있었다. 이런 지역은 물 공급이 부족하거나 불규칙해서(연간 강우량 100~400밀리미터) 또는 지형이 험해서 재배에 부적합한 변경지였다. 그들은 다양한 정도로 유목을 하면서 적어도 계절 곡물을 재배했으며, 농경민들과는 교환도 하고 주로 기습 형태로 분쟁도 일으키면서 광범위한 상호작용을 했다. 그들은 완전 유목민은 아니었지만 농경민보다 훨씬 기동성이 뛰어났고, 틈만 나면 공격적으로 나왔다.

농경민과 목축민의 종족적·사회적 관계라는 문제는 실상을 호도할 여지가 있다. 기원전 제3천년기와 제2천년기의 근동에서는 정치·사회·종족의 경계가 너무 모호하고 흐릿했으며 공동체들이 너무 작은데다 친족 중심이었고 서로 나란히 자리잡고 있었기 때문에, 농업 공동체들 사이에, 또 그 변경지에 살던 목축 부족의 요소들이 진정 사회 내적인 것이나 엄격히 외부적인 것일 수는 없었다. 그 스펙트럼의 전체 범위는 아마도 상황마다 다르게 확연히 드러났을 것이다.[83] 메소포타미아에서 아모리 목축민들은 확실히 외부에서 들어왔고 다른 말을 썼으며 관습적인 모든 기준에서 종족적으로나 사회적으로 달랐으나 서서히 동화되었다. 레반트에서 목축민과 농경민의 지리적·종족적 차이는 더욱 작았을 수도 있고 그렇지 않았을 수도 있으며, 아모리인·아람인·이스라엘인의 경우가 서로 똑같지는 않았을 것이다. 유념할 점은, 19세기와 20세기까지도 중동에서 베두인 목축 부족과 소농(팔라인falahin) 공동체들은 관련 (아랍어) 방언을 썼음에도 불구하고 종족이 달랐으며 서로에 대해 이질적이었다는 것이다. 여기서 근대 민족주의의 범주들은 사실을 호도하는데, 요즘 유행하는 한 주장을 예로 들면 고대 히브리인이 쓰던 방언이 이웃 도시 주민들이나 평원 농경민들이 쓰던 방언과 비슷했다는 이유로 그들이 실은 가나안인이라는 것이 그렇다.

더욱 세세한 고고학 연구들—이를테면 초기 청동기시대 3기에서 4기로의 이행기에 도시들이 쇠퇴할 때의 차이와 연속성에 관한 연구—은 그 자체로 매우 소중하지만, 보다 나은 문자 기록이 없는 한 종족과 관련된 의문을 진정으로 해소할 수는 없다. 뿐만 아니라 목축민들—아모리인이나 그 밖의 종족들—이 도시 쇠퇴를 불러왔는지 확실히 판단할 수도 없다. 레반트에서의 도시 쇠퇴가 이집트의 공격 때문일 수 있다는 가설도 가능하지만, 약간의 문자 기록이 남아 있는 메소포타미아에서 그랬듯 이집트도 당시 동쪽에서 나일 강 삼각주로 침투하던 셈족 목축민들을 상대해야 했다는 사실은 변하지 않는다. 기원전 제3천년기에서 제2천년기로 접어들 무렵 비옥한 초승달 지대의 나머지 모든 곳에서와 마찬가지로, 목축민의 침투는 위기와 연관되었다. 침입자들은 분명 이집트 고왕국의 몰락과 제1중간기의 혼란을 불러오는 역할을 했을 것이다. 이집트에서도 새로 들어온 자들은 분명 외부인이었다.

반면 목축민들의 행위는 '침략의 물결'이라는 오랜 이미지와는 대체로 들어맞지 않았다. 이번에도 투치족의 유입을 예로 들어보자. 이들은 자기들보다 훨씬 인구가 많고 저지에 거주하는 후투족 농경 사회와 정치체들 사이의 고지 목초지로 침투했다. 투치족은 고지부터 시작해 후투족과 주변 지역에 대한 지배권을 손에 넣었다. 어찌 보면 이 과정은 가나안의 구릉지에 드문드문 흩어져 살다가 서서히 인구가 밀집한 평원으로 지배력을 확대해나갔던 이스라엘 정착지에 관한 최근의 고고학적 발견과 부합한다. 이스라엘인의 경우는 고고학과 문서 기록이 서로를 증명해준다. 고고학으로 밝혀진바 오랜 시간에 걸쳐 조금씩 진행된 이 과정은 제각기 따로 이동하던 부족 무리들에 의해 이루어진 것으로 보이는데, 이는 여호수아기에 묘사된, 훗날 국가 시대의 이데올로기를 표현하는 통일된 침입보다는 판관기에 묘사된 초기 전통에 더 들어맞는다.[84]

동아프리카에서 나타나는 유사성은, 말을 가지지 않은 (즉 말 이전의) 목축민들이 후대의 기마 목축민들처럼 군사적으로 농업 공동체(그리고 소국가)보다 조금이라도 우세했는가 하는 의문을 없애는 데 도움이 될 수 있다.[85] 기원전 제4천년기 메소포타미아에서 성곽 도시 안에 집단 주거지가 형성된 것은 무엇보다도 대규모로 밀집되어 서서히 중앙집중화 과정을 겪던 농경 및 무역 공동체들 사이에 벌어진 분쟁의 결과였을 것이다. 그러나 기원전 제3천년기 전반기에 그보다 사회적·정치적으로 미숙한 초기 청동기시대에 있던 남부 레반트에서 인구 밀집과 성곽 정착지가 등장한 것은 정착 농업 공동체끼리의 분쟁보다는 목축민들의 위협이 증가했음을 암시하는 것일 수 있다.[86] 메소포타미아의 기록이 보여주듯 목축민들은 어느 정도는 평화롭게 새로운 지역으로 진입했지만, 기회가 생기고 약점이 감지되면 언제든 기습을 벌이기도 했다. 취약함은 더욱 야심적인 탈취를 부추겼다. 이 지역에서 권한이 더 강력했던 정주 공동체들은 목축 부족민을 통제하고 지배하기 위한 수단으로 도시와 국가 조직을 갖추었다.[87] 기억해야 할 것은 세계 나머지 지역의 경우와는 달리, 우리가 고대의 비옥한 초승달 지대에서 다루는 것이 단지 농경민과 목축민 사이의 부족-부족 관계만은 아니라는 것이다. 그럼에도 목축 부족의 요소는 농업 정치체가 쇠퇴하고 있을 때 확장했을 수도 있지만, 그런 쇠퇴 자체를 초래했을 가능성도 상당히 높다.

지배권을 잡기 위해 목축 부족이 굳이 요새화된 도시를 향해 돌격할 필요는 없었고, 그들도 그것이 힘들다는 사실은 알고 있었을 것이다. 메소포타미아에서 그랬듯, 일부 발달한 도심지에서는 그런 세력 변화가 때로는 용병 목축민 지도자에 의해 일어날 수도 있었다. 전사로서 목축민의 높은 명성 덕에 지역 통치자에게 고용되었던 용병 지도자가 그 주인으로부터 권력을 넘겨받곤 했다. 고용된 외부 종족 전사들의 그런 행위는 역사에서 표준으로 자리잡게 된다. 그러나 목축민의 지배를 가능하게 했던 경로는 또 있다. 그들은 허약한 도시경제의 기반을 이루던 취약한 농경 배후지를 야금야금 잠식함으로써 도시를 상당히 빠르게 쇠퇴와 몰락으로 몰아넣을 수 있었고, 그럼으로써 '과정주의자'들이 이야기하는 일종의 '체제 붕괴'를 일으키는 일상적 메커니즘을 제공했다. 외부 목축민의 점령이라는 낡은 관점을 누구보다 주도적으로 비판한 한 학자는 이렇게 썼다. "그 넓은 시골 지역을 부족민들이 차지하게 되자 식량 공급이 달리고 상거래가 감소하면서, 도시들은 위축되고 척박한 가난으로 빠져드는 경향이 있었다." 또다른 학자는 메소포타미아에 관해 이렇게 썼다. "아모리인은 요새화된 도시의 바깥 공간을 점령해 도시들을 서로 고립시켰다. 밭을 돌보는 사람이 없으니 보리 가격이 치솟아 평소 가격의 60배로 뛰었다."[88]

이전의 관점에 대한 반발로 최근 레반트 고고학에서는 도시 붕괴가 반드시 심각한 인구감소를 의미하지는 않으며, 다만 농촌과 목축민 정착지는 고고학으로 감지하기가 더 어려울 뿐이라는 주장이 나오고 있다. 그렇지만 '암흑시대'에는 원거리 교역과 규모의 경제가 붕괴되기 때문에, 불안이 증폭되기 때문에, 목축생활이 농경생활보다 훨씬 광범위하기 때문에 대체로 인구가 감소하는 특징을 보인다. 시간이 흐르면서 농업 공동체는 다양한 형태로 목축 집단과 혼합되었고, 목축 집단 일부는 정주성 생활방식을 받아들여 변경지를 떠나면서 그곳에 새로운 목축 집단이 형성될 여지를 남겼다. 기원전 제2천년기 말의 아람인과 이스라엘인은 천 년 전의 아모리인 목축 집단 일부가 정착하고 난 후, 그 변경지에서 그렇게 후대의 목축민이 되었을 것이다.[89]

동아프리카에서 목축민의 지배는 나일어의 엄청난 확산으로 이어졌다. 고대 근동에서도 셈어의 전파는 비옥한 초승달 지대의 '안쪽 면'에서 목축민이 등장해 확산된 것과 연관이 있다고 짐작되고 있다. 이런 이중의 과정은 기원전 제4천년기와 제3천년기 내내 계속된 것으로 여겨지는데 고대 아카드어, 아모리어, 그 밖에도 알려진 후대의 셈어 분파들이 이를 입증한다.[90] 이런 언어들은 아마도 문명의 요람에서 기록된 예들과 마찬가지로 농경민 공동체의 원래 언어들을 대체했을 것이다. 수메르어는 실제로 아카드어에 밀려났는데, 그래도 이미 문자로 기록되어 있었고 제의적 기능을 갖고 있었기 때문에 살아남았다. 고대 레반트의 지명 대부분은 셈어에서 기원한 것이 아니다—그 지역에 더 이른 언어의 층들이 존재했음을 말해주는 확실한 언어학적 징표이다. 기원전 제3천년기 말과 제2천년기부터 알려진 초기 셈어들은 서로 매우 비슷해서 그 언어들의 전파와 분화가 훨씬 이전부터 시작되었을 리는 없음을 암시한다. 인구 대체는 다양한 정도로 일어났겠지만, 이런 식의 언어 대체가 곧 인구 대체를 뜻하지는 않는다. 언어의 변화는 주로 목축민이 지배적인 사회적 위치를 차지하면서 일어났을 것이다.

셈계 언어에 관한 한 이런 과정은 불가피하게 추측에 많이 의존하지만, 이후 역사에는 그런 과정이 광범위하게 기록되어 있다. 알타이어가 튀르크족과 몽골족에 의해 중앙아시아와 서아시아 전역으로 전파된 것이나 아랍어가 중동과 북아프리카로 전파된 것, 우랄어를 쓰는 헝가리인이 중부유럽으로 이주한 것 등이 그런 예다. 이 가운데 앞의 두 경우는 방대한 확장을 동반했고, 세 경우 모두 서기 500년부터 1500년 사이의 비교적 짧은 기간에 말을 타는 (아랍의 경우 낙타도 타는) 목축민들에 의해 이루어졌다. 하지만 나일어의 예에서, 어쩌면 셈어에서도 보듯이, 말을 타지 않았던 목축민도 기마 유목민보다 기동성은 떨어진다 해도 덜 극적일지언정 비슷한 영향을 미칠 수 있었을 것이다. 땅에 묶인 농경민보다 훨씬 넓은 지역을 누비면서, 기회가 있을 때마다 공격적으로 변하는 목축 사회야말로 이른바 엘리트 지배를 통한 언어 전파에는 이상적인 수단이었다.

실제로 목축은 유라시아에서 몇몇 큰 어족이 탄생할 수 있게 해준 두 번째 동력(농업 대신에)으로 제시되어왔다. 가축화된 동물의 역할이 미미하고 목축 사회가 존재하지 않았던 콜럼버스 이전의 아메리카는 언어학적으로 심하게 파편화되어 있었으며, 언어의 수는 유라시아의 네 배를 넘었다.[91] 북아메리카에만 23개의 어족과 375개의 언어가 있었다(남북 아메리카 전체로는 무려 2000개였다). 혼합 농경은 언어 전파에 더욱 큰 역할을 했다고 보이는데 이는 아프리카에서 반투어의 확산으로 입증된 바와 같고, 어쩌면 앞에서도 말한 신석기시대 근동 농경민의 확산으로도 입증될 수 있다. 그러나 몇몇 언어군—하티어, 후르리어, 우라르트어, 수메르어—은 셈어족과 인도유럽어족이 기원전 제2천년기 말에 두 어족 사이의 거의 모든 언어를 대체하기 전에 이미 고대 근동의 북쪽 변두리에서 문자로 기록되었다. 이는 고대 근동의 언어적 이질성이 훨씬 더 오래된(신석기시대부터?) 것임을 암시하는지도 모른다. 따라서 말이 등장하기 이전이었다 해도, 대규모 확장과 군사-정치적 지배를 동반하는 과정에서는 혼합 농경보다 목축이 훨씬 효과적인 언어 전파 동인이었을 것이다. 노르만족 지배하의 잉글랜드에서 정복자들이 결국 현지 게르만어를—약간은 바꿔서—채택했듯이, 지배자인 목축 엘리트가 훨씬 많은 농업 인구가 쓰던 현지의 언어를 채택한 경우도 확실히 있었다. 그 예로 우간다와 르완다에서는 반투어가 쓰이고 있으며, 알타이어를 쓰던 불가리아의 기마 목축민들은 자신들이 8세기에 정복했던 슬라브 농경 공동체의 언어를 채택했다.

원시 기마 목축민들

이들 목축민의 확장을 따라가다보면, 더 크고 가장 광범위하게 논의된 또다른 목축 중심지에 이른다. 신석기시대와 초기 청동기시대의 동유럽-서아시아 스텝지대다. 여기서는 널리 알려진, 어쩌면 관련이 있을 수 있는 두 가지 문제에 초점이 맞춰져왔다. 바로 말의 가축화와 다양한 이용, 그리고 인도유럽어족의 기원과 전파다.

야생마는 적어도 신석기시대 말까지 유럽 전역에 있었는데, 이들이 큰 무리를 이루어 번성했던 곳이 바로 스텝지대였다. 기원전 제4천년기에 현지 거주민들은 야생마를 대거 사냥하고 또한 가축화하고 있었다. 이 작고 보잘것없는(키 1.3~1.4미터) 조랑말 같은 동물에 무슨 쓰임새가 있었을까? 이 문제는 뜨거운 논쟁거리였다. 대체로 합의된 견해는 애초에, 그리고 아주 오랜 기간 동안 야생마는 주로 고기(그리고 유제품)를 얻는 용도였다는 것이다. 도살 흔적과 패턴이 이를 증명한다. 이런 면에서 야생마는 아메리카 원주민에게 경제적 기능을 가졌던 들소와 다르지 않았지만, 일단 가축화된 말은 나머지 군집 동물—소, 염소, 또는 북부의 순록—과 같아서 말 주변의 다양한 생태적 틈새에서 목축 사회가 진화했다. 그러나 말이 다른 목적—다시 말해 운송—에도 쓰였을까, 그랬다면 언제부터일까? 말의 재갈 부속물로 보이는 가지뿔 유물, 그리고 최근에 특정한 말(다른 말들과 달리) 유골에서 발견된 어금니의 특징적인 마모 흔적은 이르게는 기원전 제4천년기부터 우크라이나 스텝지대에서 재갈을 사용했음을 말해주는 증거일 수 있다.[92] 이는 분명히 말이 짐을 나르는 데 쓰였으며, 어쩌면 가벼운 것(썰매)을 끌거나 사람을 태우기도 했음을 뜻한다. 근동에서는 당나귀와, 그보다는 덜 성공적이지만 야생당나귀(또는 야생당나귀와 당나귀의 잡종) 등의 동물이 대체로 같은 시기에 가축화되어 그런 목적에 쓰였다.

북방에서 가장 비슷한 역할을 한 동물은 순록이었을 것이다. 사람들은 순록을 사냥하고 길들였고 먹기도 했다. 순록은 짐을 나르거나 썰매를 끌었으며 더러는 사람을 태우기도 했다.[93] 그러나 말 재갈이 발견되자, 일부 학자들 사이에서는 기원전 제1천년기에야 널리 나타났던 완전한 기마 목축의 시작을 기원전 제4천년기와 제3천년기로 올려 잡는 경향이 생겼다. 몇몇 대중 저술가들은 성급하게도 유라시아를 떠돌던 후대의 모델을 바탕으로 초기의 기마 목축 – 전사 무리를 상상하기도 했다.[94] 이 이미지는 인도유럽조어PIE—모든 어족이 갈라져 나온 모체—가 원래 남동유럽과 서아시아에 걸친 스텝지대 목축민들의 언어로서 목축민의 이주와 군사적 확장을 통해 퍼져나갔다는 이론과 결합되어왔다.[95]

초기의 말타기에 관한 이런 해석에는 중대한 결함이 있다. 우선 고고학 증거들은 말타기가 군사적으로 널리 이용되기 시작한 것이 기원전 제

1천년기부터임을 보여준다. 기원전 제2천년기에 말이 끄는 전차가 유라시아 전역의 전쟁을 주도했으나, 보편적으로 기마병이 전차를 대신하게 된 것은 기원전 제1천년기에 들어와서였다.[96] 여기서 또다른 의문들이 생겨나지만, 놀랍게도 그런 의문들은 지금까지 제기된 바가 없다. 확실히 전쟁에서 말타기는 이전의 전차보다 군사적으로 효과가 뛰어나다. 그렇다면 기원전 제2천년기 초에 발명된 전차가 그보다 오래되었다고 하는 말타기를 대신하여 도처에서 전쟁터를 지배했던 이유가 무엇일까? 이 수수께끼 같은 문제에 답하기 위해, 전차가 고대 근동, 에게 해, 중국 등지의 문명에서 지배적인 병기로 계속 쓰였던 것은 엘리트의 과시욕과 고급 전차에 결부된 사회적 규범 때문이었다는 주장이 종종 제시되었다.[97] 그러나 이런 주장은 얼토당토않은 가정에 기대고 있다. 군마처럼 이미 존재했다고 추정되는 더욱 효과적인 도구가 거대 세력들이 투쟁하는 지극히 경쟁적인 세계 전역에서 천 년 넘도록 사용이 미루어졌다는 가정 말이다.

더욱 설명하기 어려운 의문이 있다. 만약에 스텝지대 목축민들이 더 나은 대안인 말타기에 매우 익숙했다면 기원전 제2천년기 이란 고원으로부터 인도와 비옥한 초승달 지대 북부로의 확장 당시에(이때 전차가 처음으로 기록되었다) 왜 말이 끄는 전차를 탔을까?[98] 더욱이 기원전 제4천년기와 제3천년기에 중부유럽과 아나톨리아로 인도유럽어를 전파했다는 스텝지대 목축민들이 그 당시 군마라는 이점을 이용하여 팽창했다면, 왜 다른 곳에서나 유럽에서는 그 우월한 무기를 버리고 기원전 제2천년기와 제1천년기 초까지 전차를 사용했을까? 그리고 만약 기원전 제4천년기와 제3천년기에 기마 목축민들이 존재했다면, 어째서 기원전 제1천년기부터 문명 세계 전역에 파괴적 명성을 떨쳤던 기마 유목민들처럼 비옥한 초승달 지대 문명에 자신들의 존재를 각인시키지 않았을까? 마지막으로, 북아프리카의 반半유목 목축민들은 왜 기원전 제1천년기 중반까지 말을 타지 않고 전차를 탔을까?[99]

전파 속도가 느렸다는 식의 해석은 전혀 설득력이 없다. 우리는 동시대의 비슷한 발명품들, 이를테면 기원전 제4천년기 말에 발명된 무거운 2륜과 5륜 원판바퀴 우차나, 기원전 제3천년기 말에 발명된 가볍고 빠른 살바퀴 말 전차가 폭발적으로 전파되었다는 사실을 알고 있다. 둘 다 대서양에서 우랄 산맥에 이르는 지역 전체에 등장하기까지 500년밖에 걸리지 않았다.[100] 말이 끄는 전차는 다시 500년 만에 유라시아 스텝지대에서 중국까지 도달했다.[101] 만약 군마의 기원이 정말 기원전 제4천년기와 제3천년기로 거슬러올라간다면 어째서 유독 이 경우만 다른 것일까? 어쨌든 아메리카 원주민들은 유럽인들이 말을 들여온 후 불과 한 세기 만에 대평원을 가득 채운 본격 기마전사 사회를 진화시켰는데 말이다.

이전 세대 학자들은 어느 정도 답을 알고 있었다. 그들은 초기에 가축화된 말들이 여러 가지 이유에서 효과적으로 사람을 태우기에 적합하지 않았고, 전차가 개발되었을 때는 겨우 전차를 끌 수 있는 상태였다고 믿었다. 그런데 최근에, 사실상 이르게는 기원전 제4천년기에 말을 탔다는 고고학 흔적이 발견되면서 이 문제가 혼선을 빚게 된 것이다. 이 곤혹스런 문제를 해소하려면 말타기가 모 아니면 도의 문제가 아님을, 가축화가 하나의 사건이라기보다 지난한 과정이었음을 깨닫는 것이 중요하다. 앞에서 작물화와 가축화 전반과 관련해 이야기했듯이, 말의 생물학적 민감성을 인간의 필요에 맞추기 위해서는 천 년에 걸친 점진적인 선택 교배 과정이 필요했다. 아울러 시간이 흐르면서 방법론과 하드웨어의 문화적 혁신이 일어나면서 가축화된 종을 더욱 효과적으로 사용할 수 있게 되었다. 그렇다면 말타기가 아주 일찍 시작된 것 같다는 점은 문제가 아니다. 그보다는 **효과적인** 말타기, 그리고 군사적 목적의 말타기가 문제이다. 이 관점에서 보면 군마의 진화는 수천 년 동안 점진적인 여러 단계를 거쳤다.[102] 이 과정의 마지막 주요 발전 가운데 하나—서기 500년경부터 시작된 등자의 발명과 확산—가 군사 기마술을 완성해냈다는 점은 널리 인정받고 있다.[103] 요컨대 말타기는 시기적으로 앞서고 널리 알려진 발전이라도 꼭 당면 문제에 적절한 것으로 완전히 인정받진 않는다는 것을 보여주는 흥미로운 사례다.

사람들이 말을 탄 것은 기원전 제4천년기와 제3천년기부터인 것으로 보인다. 하지만 당나귀도, 나중에는 순록도 타곤 했다. 심지어 고대 암각화에는 사냥하는 궁수를 태운 순록도 그려져 있다. 그러나 당나귀와 순록은 효과적인 전쟁에 적합하게 여겨지지 않았다. 키가 1.3미터밖에 안 되는 말을 탈 수는 있어도 그 말로 빨리 달릴 수는 없었다. 초기의 말타기는 곧장 등에 타는 식이 아니라 당나귀를 탈 때처럼, 또는 바빌로니아·이집트·미케네인이 기원전 제2천년기 중반에 그린 기마 그림들이 암시하듯 엉덩이에 타는 식이었을 것이다.[104] 당나귀에 익숙했던 고대 근동 문명에서 천 년 동안 말 타는 법을 몰랐다는 주장은 이치에 맞지 않는다.[105] 근동 문명의 크고 작은 국가들은 기원전 제2천년기의 대부분에 걸쳐 말을 키웠고 (전차 때문에), 그 엘리트들은 완벽한 마술馬術을 자랑했으며 말에 대해 속속들이 알고 있었다. 만에 하나 그들 자신이 '올바른' 말타기의 비법을 발견하지 못했더라도 이웃 유목민들이 곧 그들에게 가르쳐주었을 것이다. 말의 사용이 제한된 것은 사회적 관습 때문이 아니라 생물학과 기술 때문이었음이 분명하다. 따라서 군사적 목적에 효과적인 말 이용은 기원전 2000년경, 한 조의 말들이 일정 시간 동안 날렵하게 끌 수 있는 가벼운 살바퀴 전차가 발명되고 나서야 가능해졌다. 키 1.4~1.5미터의 보다 크고 강한 말 품종(오늘날의 중간 크기 말)은 기원전 제1천년기 초에 비로소 사육되었다고 알려져 있는데, 마음대로 부리고 빠르고 오래 달릴 수 있는 이 말들 덕에 효과적인 기마 전투가 가능해졌다. 실제로 군사적 목적의 기마가 시작되자 이 역시 불과 500년 만에 유라시아 전역과 북아프리카로 전파되었다. 안장, 편자, 등자 등 일련의 혁신이 이어졌고, 그 발전을 토대로 다음 천 년 동안 기마 전투의 효과가 더욱 높아졌다.

그렇다면 기원전 제4천년기와 제3천년기 당시 군사적으로 우월했던 기마 목축민이 존재했고 그들이 다른 목축민을 쫓아냄으로써 인도유럽어가 확산되었다는 이론은 밑바닥부터 흔들리는 건 아닐까?[106] 하지만 꼭 그렇지는 않다. 우리가 본 것처럼, 말을 비롯한 동물의 목축은 농경 사회가 그랬듯이 역사에서 점진적으로 나타난 현상이다. 남동유럽 스텝지대의 초기 목축민들은 이 발전의 한 '국면'을 대표한다. 이들에게는 걸어서 이동하는 목축민들보다 쉽게 가족과 소지품을 옮길 수 있는 4륜·2륜 소달구지가 있었다. 설령 이들의 말이 기마전에 효과적이지 않았다 해도, 목축민 전사들을 한 곳에서 다른 곳으로 이동시키는 데에는—다시 말해 '전략적 기동성'을 강화하는 데에는—보다 효과적이었을 것이다. 동아프리카와 고대 근동의 경우처럼 보행 목축민이 농경 공동체나 작은 정치체들보다 군사적으로 유리했다면, 우차를 가진 원시 기마 목축민은 선사시대 유럽에서 훨씬 더 큰 이점을 누렸을 것이다. 한편 고대 근동과는 달리 중부유럽의 목축민 부족은 국가가 아닌 농경 공동체를 상대했고, 말을 소유한—설령 그것이 곧바로 본격적 기마 전투를 의미하진 않았다고 해도—덕분에 그들은 훨씬 더 유리했을 것이다. 이렇게 이주와 확산에 대해 추측할 수는 있지만, 문제는 가장 극적인 사건조차도 가장 희미한 메아리밖에 들을 수 없는 선사시대의 짙은 어둠 속에서 일어났다는 사실이다. 그럼에도 고고학자들은 그간의 증거들이 기원전 제4천년기와 제3천년기 동유럽 스텝지대 유목민들이 우차, 말, 전형적인 구덩묘竪穴墓와 함께 다뉴브 화랑지대를 거쳐 중부유럽과 발칸 반도, 아나톨리아로 확장했음을 말해준다는 데 대체로 동의한다.[107] 이들 지역에서 정착지가 군집되어 있었고 요새화가 확대되었다는 사실도 감지할 수 있다.

이 최초의 확장에서(그리고 나중에 훈족과 아바르족부터 마자르족까지 모든 목축민들의 유입에서) 서쪽 끝에 있었던 헝가리 평원을 깊이 연구한 한 학자는 이렇게 썼다.

이 시기에 이루어진 중요한 발전 하나는 수많은 무덤의 등장이었다······ 폰투스 스텝이나 저지低地 다뉴브로 알려진 지역에서 나타난 예들과 매우 흡사하다. 그 무덤들은 이런 곳에 유입된 스텝지대 주민들이 원주민 집단과 나란히 문화적 차별성을 유지하고 있었음을 말해주는 증거로 타당하게 해석되어왔다······ 기원전 2800년까지는 이들 집단이 융합되었다······ 이 시기의 혁신 가운데에는······ 대규모 말 사육이 있었다. 금속 제품 교역, 그리고 전쟁이 크게 증가했다······ 이 시기의 현장들은······ 이제 요새화된 특징을 띠었고······ 높이 짓는 것이 더 유리했다······ 따라서 동쪽에서 온 소집단들이 동부 카르파티아 분지에 살던 기존 집단의 주변 및 내부에 침투했던 것으로 보인다. 두 집단 분포의 공간적 배타성은 이런 해석을 더욱 뒷받침한다. 사실이 그렇다면, 무덤을 만드는 집단들은 상대적으로 개방된 땅(아마도 가축을 키우기 위한)을 추구했던 것으로 보인다.[108]

그보다 포괄적인 한 연구는 이렇게 기록했다.

고고학자들은 기원전 제4천년기에 남동유럽의 상당 부분에서 사회 구조가 재편되었음을 감지한다. 수천 년 동안 번성했던 고대 유적지의 방기, 동쪽을 제외하고 거의 전방향에서 일어난 이전 문화의 대체, 섬과 동굴 같은 변경지 또는 요새화가 쉬운 언덕 꼭대기로의 이주 등이 그 중거다…… 이런 방기와 이주는 종종 이웃 문화들을 서로 몰아대었는데, 여기에는 우사토보Usatovo와 체르나보다 제1문화Cernavoda I 같은 스텝지대 문화와의 교류는 물론, 계속적으로 유입되던 이동 목축민들과의 교류라는, 흔적을 찾기가 힘든 배경이 있었다…… 이 시기보다 나중으로 오면 북서 폰투스, 서부 아나톨리아를 포함해 동유럽 전역의 문화를 통합한 새로운 문화적 지평이 등장한다…… 유럽 남동부의 이런 문화 통합은 스텝 지역으로부터 더 많은 인구가 계속 유입되던 배경 속에서 일어났다. 기원전 3000년 이전에는 간헐적으로 증거를 남기던 이주 흐름이 제3천년기에 크게 불어났고, 폰투스-카스피 해 스텝지대로부터 발칸 반도로 인구가 이동했다는 뚜렷한 증거를 남겼다…… 폰투스-카스피 해 주민의 서부 이동에 대한 증거는 다뉴브 강 유역에만 한정되지 않는다. 쿠르간 분묘는 현재 루마니아, 불가리아, 유고슬라비아, 서쪽으로는 헝가리의 티서 강 유역에서도 나타난다.[109]

앞에서 말했듯 유럽의 유전자 지도가 남동에서 북서 방향으로 뚜렷한 경사를 보이는 것은 아마도 신석기시대 농경민들이 원래 아나톨리아에서 중부유럽으로 이주했음을 가리키는 것이겠지만, 동에서 서로도 뚜렷한 경사가 나타난다. 이는 스텝지대 목축민들이 잇달아 유럽으로 이주했던 흔적으로 해석된다. 그 일부는 역사시대에 알려졌지만 일부는 아마 선사시대 인도유럽조어 사용자들의 최초 확산과 관련이 있을 것이며, 그들이야말로 유라시아 스텝지대의 초기 목축민들이었을 것이다.[110]

만약에 목축민들이 인도유럽어 확산의 숨은 동력이었다면, 말을 가축화하고 사용하는 과정이 오래 걸리고 점진적이었다는 사실은, 그 언어가 방대한 지역에 확산되기까지 필요했던 시간의 폭과도 들어맞을 것이다. 우차를 사용하던 원시 기마 목축민은 기원전 제4천년기와 제3천년기에 스텝

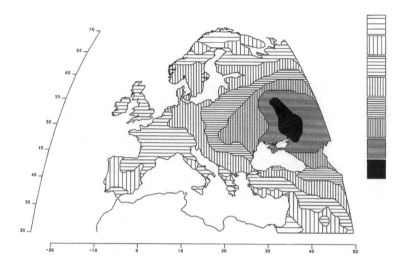

유럽의 유전자 지도(세번째 주요 요소): 스텝지대로부터의 침입인가? (출처: L. L. 카발리−스포르차, P. 메노치, A. 피아차, 『인류 유전자의 역사와 지리』, Princeton, 1994; 프린스턴 대학교 출판부 제공)

지대에서부터 중부유럽, 발칸 반도, 아나톨리아 등지로 퍼지기 시작했을 것이다. 기원전 제3천년기에는 중부유럽의 인도유럽어 집단이 계속해서 북쪽으로 확장한 것으로 보이는데, 이런 이동과 함께 목축 전사들이 사용했던 선무늬 토기/무기용 도끼 문화가 북유럽 전역에 확산된 것으로 보인다. 아울러 대부분의 학자들은 인도유럽어를 쓰던 히타이트인과 그리스인의 조상들이 기원전 제3천년기까지는 역사적으로 알려진 그들 지역에 어느 정도 이미 들어와 있었다고 믿는다. 이들이 히타이트와 그리스로 이주한 사건은 기원전 2700~2600년경 서부 아나톨리아에서 초기 청동기 제2기의 요새화된 현장 100여 곳이 붕괴된 일, 그리고 기원전 2200년경 그리스의 초기 헬라도스 2기 문화가 파괴된 일과 연관지어진다. 이후 기원전 제2천년기에 전차가 등장하자 히타이트인과 그리스인은 전차를 채택했다. 비옥한 초승달 지대 북부(미탄니), 이란 고원, 나아가 인도까지 계속 확장해갔던 동부의 인도유럽어 스텝지대 목축민들도 전차를 채택했다.[111] 이와 비슷하게 유럽 중부와 북부의 인도유럽어 사용자들(이때쯤 전차를 가진 스텝지대 목축민들의 압박을 받던)도 아직은 대체로 모호한 과정을 통해 더 서쪽과 남쪽으로 확장하는 데 전차를 사용했을 수 있는데, 이것이 기원전 제1천년기 전반 할슈타트와 라텐 지역의 전차 문화 확산으로 이어진 것으로 보인다. 인도유럽어를 쓰던 원사시대 켈트이베리아인들의 경우, 기원전 500년경에야 이베리아 반도로 진출하면서 현지의 비인도유럽어 사용자인 이베리아인, 타르테시오인, 바스크인을 부분적으로 대체했다.[112] 언어학자들이 늘 지적하는 것처럼, 인도유럽어의 확산은 다층적이고 난삽한 과정을 겪었음이 분명하다.

19세기와 20세기 초의 (대개 인종주의적이던) 이론가들이 주장했던 것처럼, 인도유럽어 확산이 곧 특정 집단 또는 인종이 나머지를 대체했음을 뜻하지 않는다는 사실은 다시 한번 강조해야 할 것이다. 비록 최초의 인도유럽조어 사용자들이 일종의 종족이었을지 몰라도, 그리고 유전자 흐름에서 일정 정도는 어쩌면 인도유럽어가 더디게 다층적으로 확산되는 나중의 모든 단계와 관련이 있다고 해도, 이 언어 확산에서 상당 부분은, 아니 대부분은 토착 집단에 대한 엘리트의 지배를 통해 이루어졌을 것이다. 역사적으로 알려진 인도유럽어 사용자들은 그 어떤 유전적 공동체도 아니다. 19세기 이론가들이 금발의 아리아인을 찾아 인도에 갔다가 실망스럽게 발견한 점이 그것이었다. 또한 목축, 말, 전차에서 비롯된 부수적인 군사적 이점과 별개로, 인도유럽조어 사용자들에게 그런 확산을 가능하게 해준 특별한 '재주'가 있었던 것도 아니다. 아나톨리아에서 튀르크어가 퍼지고 중동 및 북아프리카에서 아랍어가 퍼진 경우도 물론 마찬가지다. 이들 지역에 있던 매우 큰 토착 집단들은 상대적으로 작은 기마 목축민 집단 엘리트의 지배를 받으면서 언어를 바꾸었다.

말의 등장으로 어디서나 목축민들이 유리해진 건 아니었다. 일부 지역에서는 도시와 농업 공동체가 먼저 말을 채택했다. 성서와 고고학적 증거로 확실하게 알 수 있듯, 기원전 제2천년기 말 이스라엘 초기 부족 목축민들에게는 아직 말이 없었다. 기원전 12세기와 10세기에 계속해서 아시리아와 바빌론을 습격했던 시리아 북부의 아람 목축민들도 마찬가지였던 것 같다. 그러나 이 무렵 비옥한 초승달 전역에는 북쪽으로부터 말이 끄는 전차가 도입되어 농경 사회 도시 엘리트의 무기가 되어 있었다.[113] 따라서 목축민과 정착민 사이 힘의 균형은 예전 아모리인의 침입 때 보였던, 또는 훗날 동아프리카를 지배하게 된 힘의 균형과는 매우 달랐다. 실제로 이스라엘인은 오랫동안 구릉지에서 거주했던 반면 가나안의 도시국가들은 비옥한 평원을 지배했다. 나중에 보겠지만, 기원전 제2천년기 말 시리아와 가나안의 목축민들은 제3자인 '바다 사람들Sea Peoples'에 의해 도시 정치체들이 파괴된 기회를 활용했던 것으로 보인다.

말이 없는 목축민과 원시 기마 목축민에 관한 연구는 인류 진화에서 우연이 작용한 부분을 분명히 상기시켜준다. 아메리카나 오세아니아처럼 가축화에 적절한 야생 군집 동물이 존재하지 않았던 곳이나, 그런 동물이 존재하더라도 유라시아 땅덩어리와 별 연관이 없었던 곳에서는 목축 부족 사회가 등장하지 않았다.[114] 비슷한 이유로, 말은 없었지만 다른 군집 동물을 가축화할 수 있었던 사하라 이남 아프리카 같은 곳에서는 보행 목축이 지금도 지속되고 있다. 말 자체의 가축화—인류 역사의 중요한 요인—는 인간의 육종育種을 거쳐 유도 진화를 계속할 수 있는 말의 생물학적 잠재력 때문이었다. 이 우연성과 변이는 약간의 제한된 비교를 허락한다. 예를 들어 농경민과 목축민들이 키우던 가축이 과연 전쟁의 실질적이고 '심각한' 기폭제였을까? 가축이 존재했던 곳에서는 확실히 가축이 주요 원인이었다. 그러나 아메리카와 뉴질랜드(이곳의 마오리 지역민들에게는 동남아시아와 오세아니아의 나머지 지역에 있었던 돼지조차 없었다)에서도 사람들은 치열하게 싸웠다.

이 대목에서 일부 주장들을 설명하면서 되짚어보는 일이 쓸데없는 짓은 아닐 것이다. 인류의 호전성에 관한 나의 논의는 모든 부족사회, 아니 모든 인간이 똑같이 호전적이라고 가정하지는 않는다. 사회들 사이에는 언제나 저마다의 복잡한 조건 때문에 엄청난 편차가 존재해왔다. 그렇지만 정도의 차는 있어도 사실상 모든 사회가 폭력 분쟁의 가능성과 씨름하고, 분쟁을 준비하거나 때로 가담해야 했다. 극단적인 호전성은 양날의 칼이어서 일부 사회를 확장하고 나머지 사회를 파괴로 이끌었을 테지만, '부족 지대'에서 철저한 평화주의가 복속과 파멸로 가는 확실한 티켓이었다는 건 분명하다. 절대적·상대적 결핍이 만연하고 통제되지 않는 세계에서, 모든 인간 사회는 어느 정도 '게임'을 할 수밖에 없었다. 아울러 부족사회 사람들이 비록 안팎의 불안과 잠재적·현실적 폭력이 상존하는 체제—전사의 가치를 주입시키는 데 종종 도움이 되는—에서 사회화된 결과 확실히 위협적이긴 했지만, 온갖 행동과 감정을 표출할 능력도 있었다는 점을 언급할 필요가 있을 것이다. 스트라본Strabon이 무시무시한 켈트족 전사 사회에 관해 쓰면서(『지리지Geographia』 4.4.2), 고전 시대 지중해 세계에서 문명화된 그의 독자들에게 이렇게 장담했던 것처럼 말이다. "그 인종 전체가…… 광분한 듯 전쟁을 좋아하고 전투에서는 사기가 높고 날렵하지만, 그러지 않을 때면 솔직하며 악한 성격이 아니다."[115]

이를 인정하더라도, 목축 사회는 대체로 우리가 검토했던 이유들로 인해 농경민으로부터 위협을 받기보다 농경민을 위협하는 경향이 있었다. 기마 목축과 기마 전투의 진화는 목축민의 위협을 크게 증대시켰다. 그러나 기마 목축 사회가 진화할 때쯤에는 농경 사회의 상황도 전과 같지는 않았다. 부족들과 작은 정치체들이 사라지고 국가와 거대 제국이 들어서고 있었기 때문이다.

무장 종사단: 부족으로부터의 이행기에 등장한 부와 무력

신석기 혁명의 점진적 결과인 자원의 생산과 축적이 사회 분화나 폭력 분쟁을 개시했던 것은 아니다. 하지만 사회 분화를 크게 확대시켰고 폭력 분쟁에 막대한 영향을 준 것은 사실이다. 경작지, 목초지, 물, 원료 등은 여전히 치열한 경쟁의 대상이었지만, 집단 간 자원 분쟁은 이제 자연자원을 활용하는 문제에 국한되지 않았다. 그것은 다른 이들이 생산한 자원을 직접 획득하는 문제이기도 했다. 이런 경우 약탈과 공물을 통해 자원을 얻기도 했고, 때로는 다른 사람들 자체를 노예로 획득하여 자원을 생산하도록 통제하기도 했다. 이와 비슷하게 권력은 사회 내부에 축적된 자원에 접근하는 탄탄대로가 되었다. 부는 사회적 거래에서 부를 쥔 사람에게 힘을 주었고, 양성 되먹임positive feedback을 통해 그 역도 성립했다. 이 과정을 처음 조명했던 루소는 권력 문제와 관련해 원주민을 순수하게 묘사할 때보다 훨씬 더 탄탄한 근거를 가지고 있었다. 사회가 풍족해질수록 권력관계는 부자와 힘 있는 자들에게 더 유리하게 기울었다. 그들은 더 많은 자원을 끌어모을 수 있었으며, 그러면서 권력, 부, 위신과 그에 따르는 온갖 이익을 얻기 위해 저희들끼리 냉혹하게—때로는 폭력적으로—경쟁했다. 사회 내의 관계에서나 사회 간의 관계에서나 '포식적' 또는 '기생적' 생활이 이제 하나의 선택지가 되어 있었다. 이 말은 가치 평가의 의미가 아니라, 생산 활동을 위해 땅에서 경쟁자를 몰아내기보다 권력, 무력, 강압을 직접 활용해 생산물을 착복할 수 있게 되었다는 의미이다. 대체로 강압적 관계와 생산적 관계가 뒤섞여 있긴 했지만, 이젠 포식 전문화가 확실하게 눈에 띄었다.

부의 축적, 사회 분화, 외부와의 분쟁은 온갖 복잡한 방식으로 서로 뒤얽혀 영향을 주고받는 과정들이었고, 이들 과정에서 족장과 '빅맨'의 중요성이 커져갔다. 습격으로 얻은 전리품은 '1차' 자원 축적과 사회 분화를 위한 중요한 수단이 되었다. 성공적인 전쟁 지도자는 이제 부족 회의에서 요청한 특정 기습을 위해 임시로, 나아가 지속적으로 추종자들을 끌어들였다. 그는 자신과 부하들을 위해 더 많은 자원을 창출하리라 예상하며 자기 자원을 끌어다 부하들을 먹이고 부양할 수 있었다(전리품의 균등 분배라는 전통적인 원칙은 흔들리고 있었다). 전쟁은 전쟁의 대가를 치러야 했다. 전사 집단을 계속 지도자 곁에 남겨두기 위해 끊임없이 습격을 해야 전체 체제가 유지되었다. 기습이 성공하면 지도자는 소와 귀금속, 노예, 밭, 부하, 무장한 남자들을 얻었고, 그 덕분에 그의 사회적 지위는 더욱 높아졌다. 씨족 간에 번갈아가며 땅을 차지하던 부족과 씨족의 토지 공동소유—마르크스의 '원시 공산주의'—는 점차 사적 소유의 형태에 길을 내주었다. 축적 재산은 지위의 차이를 '객관화'하면서 '서열' 사회를 '계층' 사회로, 족장과 '빅맨'을 맹아적 귀족으로 만들었다. 이제 그저 진취적이거나 유명한 전사는 '빅맨'이나 전쟁 지도자가 될 수 없었다. 처음부터 폭넓은 경제적·사회적 기반이 있어야 그런 지위를 가질 수 있었고 따라서 엘리트의 지도력은 더욱 공고하게 제도화되었다. 그럼에도 사회적 포상이 커진 만큼 포상을 얻기 위한 경쟁은 치열해졌는데, 성공적인 전사로서의 경력은 계급 이동의 주요 수단이었기 때문이다. 행운을 바라는 젊은 전사들은 유명한 전쟁 지도자 밑으로 들어갔다. 그들은 지도자 주변에 '종사단從士團' 또는 '동지' 전사 집단을 형성하고 포식적 존재를 표방하며 전쟁을 직업으로 삼았다. 그들은 함께 살고 함께 먹었다. 지도자의 식탁에서 열리는 공동 연회와 술자리는 그들 생활의 중심 부분이었다.

이런 과정이 일어나는 곳에서는 어김없이 부족사회가 변화를 겪었다.

권력과 권력 관계는 더이상 친족 관계에만 기반하지 않았다. 새로운 요소가 도입되었다. 족장과 '빅맨'은 이제 무장 종사, 종속민, 피호민을 이용해 사회적 거래에 영향력을 행사할 수 있었다. 이들은 대개 지도자의 씨족이나 친척 씨족 출신이었지만 다른 씨족, 심지어 완전한 외부인일 수도 있었으며, 후원자와는 혈연을 능가하는 경제적·사회적 이익과 의무로 묶여 있었다. 엘리트 간의 유대도 부족과 혈연관계에 영향을 미쳤다. 서로 다른 부족 공동체의 족장들과 '빅맨'들은 서로를 습격하기도 했지만 귀한 물건과 굳건한 동맹, 신성한 우정을 교환하면서 제삼자에 맞서기도 했고, 종종 '부족의 이익'을 배반하면서까지 서로를 지원해 자기 부족 내의 경쟁자와 적수에 맞서기도 했다. 엘리트 사이에 상호 환대, 선물, 필요할 때의 지원은 관습, 명예, 이기심에 의해 보장되었다.[116]

켈트족과 게르만족 사회에 대한 율리우스 카이사르의 관찰, 그리고 한 세기 후 『게르마니아』에서 타키투스의 관찰은 부족사회의 변모를 가장 일찍, 그리고 가장 분명하게 인류학적으로 설명한 예이다. 앞에서도 말했지만, 기원전 3세기와 2세기 중반의 초기 켈트족 사회는 폴리비오스(『역사』 2.17)가 묘사한 것처럼 "전쟁과 농업 외에는 어떤 일도" 몰랐다. 족장, 전쟁 지도자, '빅맨'의 지위는 대체로 피호민과 '동지' 전사로 이루어진 측근들의 규모로 결정되었다. 동지들은 함께 만찬을 들었고 치열한 경쟁으로 결정된 전사 등급에 따라 자리가 정해져 있었다. 포틀래치 연회는 아낌없이 부를—족장과 '빅맨'이 소비하고 선물로 나누어주고 거덜내며—과시하는 행사였다.[117] 지위를 강화하기 위한 이런 '투자'는 결과적으로 전사─습격 경제에서 전쟁 지도자들에게 더 많은 자원을 안겨줄 것으로 기대되었다. 시간이 흐르면서 켈트족 사회의 계층화는 심해졌다. 카이사르가 묘사하는 갈리아족은 이미 부족사회에서 맹아적 국가로 한참 이행해간 상태였는데, 이 과정은 부분적으로 로마 세계와의 교역과 여러 형태의 왕래를 통해 시작된 것이었다. 기원전 1세기까지 도시 중심지나 성읍(오피둠oppidum)들이 갈리아에 처음 등장했다. 사회는 고도로 계층화되었고 족장들과 '빅맨'들은 막강한 귀족으로 변모했다.

카이사르의 글에는 켈트족 사회의 변화에 대한 정확한 관찰이 많다(『갈리아 전쟁기』 특히 6,11~15). 옛 부족 회의의 중요성은 감소했고 평범한 남자들은 발언권을 거의 상실했다. 가난한 사람들 다수는 귀족 가문의 피호민이 된 반면, 젊은 전사는 귀족의 종사가 되어 카이사르에 따르면 해마다 기습과 역습에 가담했다. 거느린 종사와 피호민의 수는 "그들 사이의 영향력과 권력의 한 형태"였다. 그 예로 카이사르는 헬베티아인 가운데 가장 막강한 남자에 관해 썼는데, 절대 권력을 차지할 음모를 꾸민 혐의로 재판정에 소환당한 그 남자는 "무려 1만 명에 이르는 종사를 모두 데리고 나왔고, 또한 자신의 모든 피호민과 채무자를 그곳에 소집했으니 그들의 수도 매우 많았다. 이런 방법으로 그는 재판을 피해갔다"(1,4). 카이사르는 또 "족장이 막강할수록, 그리고 **사람을 고용할 수단**을 많이 가지고 있을수록, 스스로 왕이 되고자 하는 경우가 흔했다"(2,1, 강조는 인용자)고 썼다.

이런 상황은 이미 옛 부족사회를 벗어나고 있던 사회의 특징이었고, 카이사르는 그런 특징을 잘 이해하고 있었다. 그는 더욱 원시적이며 평등한 오랜 부족사회가 아직 많았던 당대의 게르만족과 갈리아족을 비교했다(6,21~6). 그러나 타키투스의 시대에 와서는 게르만족 사회 역시 크게 변해 있었는데, 이 또한 계속 확장중이던 로마 세계와의 접촉이 부분적인 원인이었다. 이 시기 게르만족 사회는 기원전 1세기의 갈리아족보다 덜 발달해서 한두 세기 전 폴리비오스가 묘사했던 켈트족 사회에 더 가까웠다. 게르만족의 도시 정착지는 『게르마니아』에 일체 등장하지 않으며, 제1천년기 말에야 겨우 등장한다. 하지만 카이사르 시대의 게르만족 전쟁 지도자는 부족 회의에서 선출되어 전쟁중에만 지위를 갖는 임시직이었던 반면,

이제 족장들과 '빅맨'들은 젊은 전사들을 수행원으로 끌어들이면서 자기 주변에 영구적이고 초부족적인 권력의 중심을 만들고 있었다. 전리품이 그 존재이유였던 이들 '동지(코미테스comites)' 종사(코미타투스comitatus)에 관한 타키투스의 설명은 역사상 가장 많이 인용되는 고전 텍스트로 꼽힌다.

> 누가 가장 지위가 높은 족장을 섬길지를 놓고 종사들 사이에, 그리고 누가 가장 크고 민첩한 종사를 차지할지를 놓고 족장들 사이에 치열한 경쟁이 벌어진다. 이것은 서열과 힘을 의미한다…… 고귀한 태생의 많은 청년들은 현재 전쟁을 벌이고 있는 부족들을 자발적으로 찾아간다. 왜냐하면…… 그들은 불확실성 속에서 기꺼이 공을 세우기 때문이다. 더욱이 전쟁과 폭력이 아니고서는 위대한 종사의 자리를 유지할 수가 없는데, 왜냐하면 그들에게 필요한 영예로운 군마와 능란하게 사람을 죽이는 창은 지도자의 하사금에서 나오기 때문이다. 연회와, 조잡하지만 사치스러운 의복은 급여와 마찬가지다…… 전쟁에 나가지 않을 때면 그들은…… 동물처럼 먹고 자고 빈둥거리면서 많은 시간을 보낸다— 가장 뛰어나고 용감한 전사들이 자신의 가정과 가사, 농지 관리를 여자와 노인 등 가족 중 가장 약한 성원들에게 맡긴 채 아무것도 하지 않는다.[118]

고전 시대 그리스와 로마의 저자들은 부족의 제도와 직위를 자기네 문명의 상응하는 용어(물론 그들 문명에는 없었던)로 정확하게 옮기느라 애를 먹었다. 이 때문에 현대 학자들도 상당한 어려움을 겪고 있는데, 인류학적으로 보고된 비교 연구에서 종종 지침을 구하기도 한다. 제도와 직위 역시 모든 부족사회에서 주목할 만한 유사성을 보이기 때문이다. 가장 가까이서 가장 예리하게, 상상할 수 있는 가장 큰 권위를 가지고 관찰했던 카이사르는 갈리아 족장들과 맹아적 귀족들을 일관되게 프린키페principe라고 부르는데, 적절하고 무리 없는 번역이었다(이 단어는 영어의 'prince'보다도 파생 형용사/명사인 'principal' 또는 'chief'와 비슷하다). 작은 귀족과 '빅맨'의 경우에는 로마 신분에서 따와 에퀴테equite―기병cavalry―로 옮겼는데, 여느 고대 사회가 그렇듯 처음에는 엘리트가 곧 기병이었기 때문이다. 그러나 에퀴테를 '기사knight'라고 하는 전통적인 영어 번역은 혼동을 안겨줄 수 있다.

타키투스 역시 종사들을 거느린 게르만족 권력자들을 프린키페라고 불렀다. 그러나 다른 곳(『게르마니아』 7장)에서 전통적인 부족 직위를 묘사할 때는 라틴식 칭호를 사용해 왕rex, rege, 전쟁 지도자dux, duce 등으로 불렀다―전자는 고귀한 혈통을 타고나서 지명된 경우이고 후자는 용맹성을 인정받은 경우였다. 'dux'는 전쟁 지도자를 가리키는 중립적인 번역어였지만(이후 유럽의 'duke'와 달리 타키투스 시대 로마에서는 공식적인 칭호가 아니었다) 'rex'는 문제의 소지가 좀 있었다. 타키투스는 두 직위 모두 권한이 매우 제한적이었으며 징계권은 그보다 더 제한적이었고, 부족사회에서 흔히 그렇듯 주로 명성과 솔선수범을 통해 그 지위가 유지되었다는 점을 분명히 밝혔다. 그럼에도 부족사회와 접촉하던 국가사회 사람들이 부족의 족장과 국가의 왕을 혼동하는 것은 흔한 일이었다. 이런 혼동은 이질적인 제도에 친숙한 어휘를 적용하는 수준을 곧잘 넘어섰다. 다시 말해 문명국가의 관찰자나 침입자들은 원래 부족 족장들이 가지고 있지 않았던 힘과 권한을 가정했다. 나중에 보겠지만, 실제로 로마 시대부터 근대까지 수많은 식민지에서, 중앙집중화된 예속 당국과 일하기를 선호했던 식민지 권력은 사실상 족장들을 왕으로 바꾸면서, 예전에 그들에게 없던 권력과 권한을 부여했다.

흥미롭게도, 고전 시대 그리스와 로마의 저자들은 물론이고 근대 학자들도 겪었던 이해와 용어상의 문제점들은 비단 북유럽 부족 지역과 관련해서만 나타나는 게 아니다. 그 문제는 그리스와 로마 자체의 국가 이전 시기, 즉 역사시대의 신화나 서사시와 전통에 희미하게 남은 기억 속의 과거로까지 연장된다. 이는 초기 그리스와 로마 사람들이 북방의 이웃들과 다를 게 거의 없었기 때문인데, 그들은 다만 문명의 요람인 고대 근동과 더 가까웠고 따라서 순서상 문명의 영향을 일찍 받았을 뿐이다. 기원전 제2천년기 중반 미케네 정치체들이 등장하기 전에 그리스인들은 분명 부족민이었던 것으로 보이지만, 이런 초기의 이야기를 들려줄 고고학 증거는 존재하지 않는다. 하지만 절정에 이르렀던 미케네의 엘리트 문명이 기원전 1200년경에 몰락하면서 그리스인들은 부족과 친족 기반 사회로 돌아갔고, 혼란스럽고 물질적·문화적으로 빈곤했던 기원전 12~8세기의 암흑시대 동안 주로 목축 경제와 원시 농업경제를 유지했다. 이때를 암흑시대라고 부르는 또하나의 이유는 이 시기에 글이 사라지고 문자 기록이 전혀 생산되지 않았기 때문이다. 구전 전승으로 명맥을 잇던 역사의 메아리는 기원전 8세기 중반에 그리스에서 다시 글과 문명 생활이 나타나며 문자로 기록되었다. 이런 과거에 대한 최고의 문헌 자료—고대 그리스인들에게는 물론 우리에게도—는 물론 호메로스의 서사시들이다. 『일리아스』는 수 세기에 걸친 암흑시대 동안 음유시인들이 노래하고 근대 고고학이 발굴했던 미케네 세계의 영광에 대한 기억을 희미하게 간직하고 있다. 그러나 학자들은 이 서사시에서, 그리고 특히 이것과 쌍둥이 작품인 오디세우스의 세계에서 많은 부분이 사실 『일리아스』가 쓰인 시점에서 멀지 않은 암흑시대 말의 사회제도와 생활상을 반영한다는 데 동의한다.[119]

우리가 희미하게나마 암흑시대 그리스 부족들의 존재를 알고 있는 건 역사시대와 폴리스에 그 흔적이 남아 있기 때문이다. '오디세우스의 세계'에서 부족사회는 여러 부분으로 나뉘어 고도로 계층화되어 있었으며, 종사와 피호민을 거느린 부유한 지역 족장들과 '빅맨'의 가문들이 지배하고 있었다. 이 세계는 힘 있는 자들이 습격을 주요 생업이자 생활방식으로 삼던 매우 불안정한 곳이었다. 앞에서도 말했듯 기원전 9세기와 심지어 8세기까지도 널리 흩어진 인구와 농지를 보호하기 위한 성곽 도시는 존재하지 않았다.[120] 여기에서도 소, 귀금속, 노예—주로 여성과 아이—는 주요 전리품이었으며 성인 남성은 집단 학살되거나 쫓겨났다. 서사시들이 보여주듯, 젊고 아름다운 여성 포로들은 그들 주인의 잠자리 상대로서 가장 탐내던 대상이었다. 이런 영웅 사회에서도 역시 종사들이 전리품을 차지했고, 전사의 기풍이 팽배했으며, 권력과 부는 떼려야 뗄 수 없는 관계에 있었다. 친족 네트워크는 변질되어서, 가족 영지(오이코스oikos)의 막강한 수장들이 자기 피호민과 부하들의 씨족까지 모두 자기 씨족(제노스genos)이라고 부를 정도로까지 확대되었다. 이제 중요한 것은 오직 그들의 씨족 이름과 계보뿐이었고, 그들만이 스스로 신과 반半전설적인 영웅의 후손이라고 주장했다.[121]

암흑시대에 이들 수장을 가리키던 바실레우스basileus라는 칭호는 암흑시대로부터의 이행기와 고전 시대에 뜻하던 것으로 추정되는 의미—왕—보다는, 그 이전의 미케네 기록에 엄연히 쓰여 있는 것처럼 상대적으로 낮은 직위인 마을 수장을 의미한다고 볼 때 더 잘 이해된다. 호메로스는 트로이의 프리아모스나 제우스 같은 진짜 왕을 가리킬 때 아낙스anax란 용어를 사용했는데, 발굴된 석판에서 드러나듯 '미케네의 왕들wanax'을 일컫는 칭호였다. 바실레우스들은 태생과 부 덕택에 세습 지위를 누린 막강한 부족 및 지역 족장들과 '빅맨'들이었다. 이들은 분절된 부족사회에서 군사 지휘권은 물론 공동체의 의례와 사법 기능을 갖고 있었다.[122] 여느 곳과 마찬가지로, 이들은 직위를 그냥 아버지에게서 물려받은 아들이 아니라 주도적인 씨족에서 선출된 것으로 보인다. 대중적인 부족 회의는 비중이 축소되었던 반면, '빅맨'과 종사들만이 추구한 '사적'인 모험에 반대되는 어떤 일반적인 조치에는 주요 장로들의 조언과 지원이 필요했다. 우리가 아는 것은 비참할 만큼 제한적이지만, 폴리스polis가 처음 진화하던 원사시대까지 일부 바실레우스들은 다른 문명에서 그랬듯 제한적이던 수장 지위를 보다 집중된 권력(족장국가chiefdom)과 진정한 왕권으로까지 강화했던 것 같다. 그러나 역사시대에 스파르타를 공동 통치했던 두 왕의 제한적 권력은 나중에 생긴 입헌적 제약이라기보다 종전 부족 제도의 잔재로 보인다. 일부 학자들의 지적처럼, 독재 권력이 처음 행사되었던 것은 폴리스가 등장했던 기원전 7세기와 6세기의 참주(tyrant, 초기 그리스에서는 중립적인 말이었다)에 이르러서였다.

모건(엥겔스가 그의 후계자였다)은 그리스의 바실레우스와 초기 로마의 렉스와 관련해서 부족사회를 조사한 선구적인 연구에서 이 모든 점을 처음으로 지적했다. 로마 최초의 반半전설적인 렉스(rex, 복수형은 reges)라는 직위는 전통적으로 기원전 8세기로 거슬러올라가며, 본질적으로 전쟁 지도자 겸 고위 사제 역할을 했던 연합 수장을 뜻했다. 똑같은 최고 수장 칭호는 국가 이전의 다른 초기 인도유럽어에도 보존되어 있다. 산스크리트어의 'raj', 고대 갈리아어의 'rix', 고대 아일랜드어의 'ri', 트라키아어의 'Rhesos', 그리스어의 'aregon/archon', 고트어의 'reiks'이다.[123] 오늘날 우리가 이해하는 진정한 왕권은 이후 기원전 6세기 에트루리아의 지배하에 국가가 등장하고 도시화가 시작되면서 최후의 렉스들이 시도했던 것으로 보인다. 그 결과 기원전 510~509년에 이미 맹아적 귀족이 된 예전의 부족 실력자들에 의해 '오만한' 최후의 렉스가 로마에서 추방된 유명한 사건이 벌어졌다.

후대 로마인들은 이 초기 시기에 관해 신화의 장막 너머로 희미하게만 알고 있었다. 로마인에게는 『일리아스』와 『오디세이아』 같은 그 시대에 관한 서사시 자료조차 없었다. 그러나 로마에서도 이들 귀족 가문은 역사시대까지 줄곧 가신, 피호민, 식솔을 통해 사회를 지배했는데, 이런 자들은 그 씨족gens의 이름으로 불렸다. 귀족들은 신과 영웅의 후예라고 주장했으며 권세를 놓고 치열하게 경쟁했다. 왕권을 폐지한 뒤 이 귀족들이 세운 공화정은 나머지 사람들에 대한 지배를 성공적으로 제도화하는 동시에 자기들끼리의 내부 경쟁을 조절하기 위한 수단이었다. 그때까지 전해지던 로마 초기의 일부 전통에는 이 초보적 국가 시기에 대한 기억이 남아 있었다. 이를테면 기원전 479년 당시 로마 씨족들 가운데 가장 막강했던 파비우스 가문은 에트루리아의 도시 베이Veii에 대한 전쟁을 "마치 우리 가문의 싸움인 것처럼" 떠맡았다. 기원전 1세기의 역사가 리비우스Titus Livius에 따르면(『로마 건국사』 2.48~9), 어느 가문은 이 전쟁에 씨족 성원 306명이 여러 친족cognati과 친구들sodales과 함께 참여했다고 전한다. 동시대를 살았던 할리카르나소스의 디오니시오스Dionysius of Halicarnassus는 전체 친족과 피호민pelatai이 모두 4000명이었다고 전한다(9.15).

역사—문자 시대 사람들이 국가 이전의 아득한 과거를 어떻게 바라보았는지 살펴보는 일은 이쯤 해두고, 이제 다시 그들이 동시대 부족민들을 어떻게 관찰했는지 살펴보자. 이 대목에서 우리는 부족민들의 습격이 육지뿐 아니라 바다로부터도 벌어졌다는 사실을 덧붙일 수 있을 것이다. 해상 전투에서도 족장들과 '빅맨'들은 부를 좇아 합류하려는 모든 이들로 공격대를 꾸리는 데 중요한 역할을 했다. 보트와 선박을 마련하고, 원정을 이끌고, 적당한 상황을 살피고, 외국 땅에 정착하는 데서도 마찬가지였다. 이런 식의 해상 습격은 항해만큼 오래된 것으로 보이는데(아메리카 북서해안이 그 예다), 멀게는 신석기시대로 거슬러올라간다. 습격과 해적질은 늦어도 기원전 제2천년기에는 지중해 양쪽 모두에서 자리를 잡았다고 알려져 있다. '오디세우스의 세계'에서 습격과 해적질은 중요한 부분이었다.

로마 제국이 관련되었던 곳에 대한 자료는 훨씬 낫다. 대서양 연안을 오가고 영국 해협을 오가는 해상 무역과 기습은 켈트족 시기에 이미 충분히 발달해 있었다. 카이사르는 대서양의 파도와 바람에 잘 적응할 만큼 발달한 대규모 켈트족 선단에 감명을 받았다. 더욱이 근대 학자들은 비참할 만큼 정보가 부족함에도 불구하고 누군가 켈트족의 언어를 영국 제도에 들여갔다는 데 대체로 동의하는데, 적어도 이것은 대륙으로부터 일정 규모의 이주가 없었다면 불가능한 과정이다. 카이사르에 따르면 브리튼 원정 도중에 그가 만난 해안 주민들은 벨기에 부족들의 이름과 관습을 가지고 있었는데, "침략해서 전리품을 얻으려고" 벨기에에서 건너온 사람들이었다.

프리슬란트인들, 나중에는 프랑크족까지 바다를 통해 로마령 갈리아를 침략하면서 끊임없이 로마 제국을 위협했다. 3세기 중반부터는 가장 동쪽의 게르만족, 즉 발트 해에서 건너와 흑해 연안에 정착했던 고트족이 바다와 육지에서 로마 제국의 반대쪽을 공격했다. 고트족 족장과 전쟁 지도자들이 조직하고 이끄는 전사들은 해상 원정으로 발칸 반도와 소아시아의 부유한 해안 속주들을 습격해서 약탈했고 심지어 지중해로 침투해 콘스탄티노플까지도 위협했다.[124] 제1천년기 중반 대서양 연안에서는 더 북쪽에서 온 게르만족인 앵글족, 색슨족, 유트족 등이 영국 해협 양쪽에서 해상 공격을 펼쳤다. 그 세세한 내용은 대체로 원사시대 속에 흐릿하게 남아 있지만, 이 과정에서 전사들―지역 통치자를 위해 간헐적으로 습격자 겸 용병 역할을 했던―을 이끌던 족장들과 전쟁 지도자들이 점차 브리튼 섬에 정착하고 내지로 확장할 기회가 생기자 바다 건너에서 가족들을 데려왔다는 것은 잘 알려져 있다.

큰 성과를 거둔 해상 습격자들에 관해선 어느 정도 정보가 있으며 더 북쪽, 사실상 가장 북쪽인 스칸디나비아 출신 게르만족(이른바 바이킹으로 알려진)에 관해서는 더 많은 정보가 있다. 이들의 해상 위업은 여러모로 예외적이지만, 그 점을 제외하면 과정 자체는 우리가 계속 보아왔던 사례들과 놀랍도록 비슷하다. 바이킹족은 지리적 위치 때문에 지중해에서 북서방향으로 확장되던 문명의 궤도에 마지막으로 흡수되고 반응했던 이들이다. 9세기와 10세기에 습격을 펼칠 당시 바이킹족은 아직 국가로의 이행기에 있었다—주로 로마 제국 내로 이주하면서 그 과정을 겪었던 남쪽의 이웃들보다 약간 늦었다. 고대 스칸디나비아 사회의 전통적 특징과 부족적 과거는 여러모로 아직 뚜렷이 남아 있었다. 1세기 말에 타키투스는 스칸디나비아에 관해 말하면서 오늘날 중부 스웨덴 지역—프톨레마이오스가 말한 스칸디아 '섬'으로, 그는 또한 몇몇 부족의 이름도 언급했다—의 최고 세력이었던 스베아(스베아르 또는 스웨드) 같은 부족 집단들을 이야기했다. 6세기 요르다네스Jordanes의 『게티카Getica』에는 더 많은 부족 이름이 언급되고 있는데, 그 이름들의 흔적은 스칸디나비아의 옛 지명에 남아 있다. 오늘날 스웨덴의 경우 할린족(Hallin, 할란드Halland), 리오티다족(Liothida, 뤼우트구드Lyuthgud, 지금의 루구데Luggude), 베리오(Bergio, 비에레Bjäre), 가우티고스(예탈란드Götaland), 수에티디/스웨드족 등이, 노르웨이에서는 그린란드의 그란니족Granni, 아그데르Agder의 아우간지족Augandzi, 호르달란드Hordaland의 하로티족Harothi, 로갈란드의 루기족Rugi 등이 지명과 관련이 있다. 마지막으로 덴마크의 데인족도 있다. 이들은 오늘날 덴마크 지역에 먼저 살았던 게르만 부족민들이 남쪽으로 이주하자 해안의 여러 섬에서 본토로 들어왔다.[125] 북쪽과 동쪽의 라프족Lapps과 핀족Finns은 예외였다. 이들 부족의 형성은 종족적으로 밀접하게 관련되어 있었고, 남쪽에서 사용되던 나머지 북게르만 방언들과 막 분화되고 있던 고대 노르웨이어를 사용했다.

제1천년기 후반에 고대 스칸디나비아 사회에서는 계층화가 심해지고 있었다. 특히 유럽의 나머지 지역과 더 가깝고 더 많이 연관되었던 덴마크에서는 소도시들이 생겨나기 시작했다. 여전히 지역 혈연 네트워크에 기반을 둔 사회에서는 지역 권력자들이 힘을 키워갔다. 전체가 자유인으로 구성된 부족 민병대와 부족 회의는 여전히 중요한 역할을 했지만, 족장들과 '빅맨'들―이들을 가리키는 이름은 고다르godar, 야를(jarl, 백작들earls), 헤르사르(hersar, herr는 전쟁 무리), 하울다르 외에도 매우 다양했다―은 이제 전쟁의 지휘는 물론 지역의 후원과 안전도 제공했다. 여기서도 그들은 소와 노예를 많이 가진 부자였는데, 소는 일부를, 노예는 대부분을 습격을 통해 획득했다. 또한 그들은 피호민과 식솔의 수를 늘려나갔고, 자기들끼리 거칠고 심하게 경쟁하며 초자연적 존재의 후손임을 주장했고, 권력과 전리품을 좇으면서 젊은 종사들을 끌어들였다.[126]

9세기 무렵 고대 스칸디나비아인들이 서유럽을 습격하기 시작하면서 두 가지 중요한 발전이 일어났다. 첫째로 노 젓는 배밖에 없었던 그들이 남쪽의 이웃들에게서 돛을 얻었다는 것이 고고학으로 밝혀졌다. 둘째로 왕권이 진화하기 시작해 서서히 지역 권력자들을 중앙권위 아래 두고 강제로 종속적인 귀족으로 만들었다. 그러나 스칸디나비아의 초기 왕권에 관한 지식은 연대기를 포함해 극도로 제한되어 있는데, 역설적이게도 본 고장의 그들 모습에 관해 우리가 아는 것은 외국에서 피해자들이 기록했던 그들의 모습보다 훨씬 적기 때문이다. 중요한 예외는 유명한 구전 서사인 사가saga인데, 훨씬 나중인 12세기부터 아이슬란드에서 기록되기 시작했다. 왕권 진화에서도 덴마크가 제1천년기 중반 이후 어느 시점부터 앞섰던 것은 분명해 보이며 그 뒤를 스웨덴이 따랐다. 노르웨이에서는 가장 늦게 왕권이 등장하고 확장되었다. 따라서 9세기 말부터 노르웨이인들이 식민화해 살기 시작했던 아이슬란드에서는 고대 스칸디나비아 사회의 구조와 제도가 잘 보존되어 자유인들의 부족 회의, 치열하게 경쟁하던 '빅맨'들이 존재했다. 어떤 경우든, 바이킹의 습격이 시작되었을 때는 여전히 '빅맨'이 조직한 무리들이 이런 모험(노르웨이인의 영국 제도 북부 습격으로 가장 잘 알려진)을 대부분 수행했다. 일부 경우에는 이런 '빅맨'이 본고장에서의 변화와 왕권 확장을 피해온 도망자였다. 스칸디나비아의 왕들은 바이킹 시대 말기에 이르러서야 비로소 서유럽 해상 원정에 적극적으로 나섰고, 노르웨이의 왕들은 맨 나중에 11세기가 되어서야 해상 원정에 나섰다.

따라서 서유럽 주민들을 공포로 몰아넣었던 습격대는 비교적 작은 규모로, 겨우 선박 몇 척에서 수십 척 정도였고 원정 지도자를 따라 나선 전사의 수도 수백 명이 고작이었다.[127] 권한이 제한되어 있던 이런 지도자 밑에서 전사들은 대체로 평등주의적인 '동지들'로 구성된 '형제들'이었다. 이들의 힘은 바다와 강을 항행하는 수상 기동성에서 나왔다. 따라서 이들은 예상 못했던 기습을 가할 수 있었고 피해자들은 더 우세한 병력을 집합시킬 기회마저 거의 없었다. 이들의 전쟁 양상 역시 잠행을 기반으로 야간 공격과 매복, 숲이나 늪지에 숨기, 책략, 신속한 퇴각 등에 의존했다. 이들은 급조한 야전 방어시설을 능숙하게 사용했다. 그러나 사태가 심각한 전투로 커질 경우에도, 더 큰 병력이 협동 작전으로 이들을 묶어두지 않는 한, 단순하고 통제되지 않은 사회의 산물인 이 전사 집단은 길들여진 남부 주민들보다 유리했다. 그들은 이런 식으로 약탈하고 강간하고 불태우고 죽이고 갈취하면서 지역 주민들을 쫓아내 당시 서유럽 전역에 세워지던 요새화된 정착지로 피신하게 만들었다. 서유럽의 파편화된 국가 권력은 이들에게 맞서 해군과 육군 자원을 조직하고 방어시설을 건설하려 했고, 그러지 않으면 뇌물을 주어 돌려보내거나 정착하고 다스릴 지역을 내어줌으로써 평화를 샀다. 프랑스의 노르망디는 그렇게 하여 이들이 정착하게 된 첫번째 주요 정착지였고, 영국 제도의 북부 및 동부 해안에도 노르웨이인과 데인족 정착지가 속속 생겨났다―앞선 켈트족과 앵글로색슨족의 이주 물결과 사실상 다를 게 없었다. 데인족 출신의 왕을 필두로 스칸디나비아 왕들이 이 상황에 끼어들어 서서히 '빅맨'과 그 전사 집단을 대신함에 따라 원정대 규모가 수백 척의 선박과 수천 명의 전사로 커졌고, 정착과 외국 지배가 강화되었다.

우리가 선택한 이 모든 사례들이 부족사회와 접촉하고 그 경험을 글로 기록할 수 있었던 사람들에게 크게 의존하고 있다는 것은 분명하다. 우리의 증거 대부분이 불가피하게 그렇지만, 원사시대의 조각들을 엮은 이야기라 해도 아예 없는 것보다는 훨씬 낫다. 예를 들어 바이킹의 위업은 기원전 13세기와 12세기 초 이집트·히타이트·우가리트 왕실의 기록에 간략하지만 극적으로 서술된 '바다 사람들'의 위업과 어느 정도 유사점이 있을 것이다. 성서에 나오는 펠리시테(블레셋) 사람들로 가장 잘 알려진 이 바다 사람들에 관해서 안타깝게도 우리가 아는 것은 거의 없다. 아마 '바다 사람들' 대부분은 에게 해 문화권 출신이었을 것이다. 에게 해의 여러 섬과, 인도유럽어인 루위어를 주로 사용하는 아나톨리아 해안 지방인 리키아·카리아·킬리키아, 그리고 그리스 본토 출신도 있었을 것이다. 이들의 구성은 아마 이동중인 부족 집단들(이집트의 부조에는 소가 끄는 수레를 탄 여자들

해전에서 람세스 3세에게 패배한 바다 사람들. 기원전 12세기 초. 메디나트 하부에 있는 부조.

과 아이들이 묘사되어 있다), 습격과 해적질과 용병 활동을 하던 전사 집단들 다수, 외부 침입과 떠오르는 국가 권력을 피해온 도망자 등 다양했을 것이다. 이들의 활동은 더 큰 규모의 집단 이동과 어느 정도 관련이 있었으며, 무엇보다도 아나톨리아의 히타이트 제국을 파괴하고 어쩌면 미케네 문명까지 파괴했을 기원전 1200년경 동부 지중해의 전반적인 격동과도 관련이 있었다. 바다 사람들의 습격은 키프로스와 레반트 해안을 황폐화시켰고, 그 결과로 우가리트의 주요 상업도시를 포함한 많은 대도시가 약탈과 파괴에 휩쓸리면서 그리스에서처럼 수백 년간 지속된 암흑시대에 접어들었다. 몇몇 경우 이 바다 사람들은—단독으로 그리고 다른 세력의 용병으로서—이집트를 침략했으나, 대규모 지상전과 해전에서 파라오 메르넵타Merneptah와 람세스 3세Ramesses III에게 격퇴당했다. 유명한 블레셋인을 포함한 일부 바다 사람들은 그후 이집트인들에 의해 진압되었고, 나중에는 가나안 남부의 해안 평원을 지배했다.[128] 이것이 우리가 가진 자료를 통해 바다 사람들 가운데 일부 부족과 집단의 배경에 관해 추론할 수 있는 최선이라 할 것이다. 이들의 초기 정치체에 관해서는 앵글족, 색슨족, 유트족, 고대 스칸디나비아인, 또는 여기서 언급했던 나머지 부족사회와 함께 다음 장에서 더 자세히 논의하기로 하자.

족장사회

부족사회에서 정치체로 가는 길은 진화의 길이었다. 부가 축적되고 사회 분화가 심해지고 족장 및 '빅맨'의 종사들이 성장하면서, 족장의 권력은 사회 내부의 지배 세력을 넘어 사회를 지배할 정도로까지 성장하곤 했다. 족장들, 또는 족장이 된 전쟁 지도자나 '빅맨'(족장 씨족들 내부와 서로 간의 폭력적 권력 찬탈은 다반사였고 살인을 불렀다)은 종사들 세력을 바탕으로 단순 부족사회에서는 갖지 못했던 일종의 권위와 통제력을 확립할 수 있었다.

이 과정에서 권력과 부는 또 한번 밀접하게 서로 얽혔다. 타키투스가 『게르마니아』(15장)에서 쓴 것처럼, 부족민들은 소나 작물로 "칭송의 헌납"을 하면 족장과 '빅맨'이 기뻐한다는 사실을 이해하게 되었다. 헤시오도스 역시 기원전 700년경에 "뇌물을 먹는 바실레우스들"(『일과 날』 37~39장)에 관해 쓰면서, 그것을 이들의 중재와 사법적 지위의 맥락에서 언급했다. 이런 기부와 선물은 족장이 무장 종사단을 보유하게 해주고 그 성장에 밑거름이 되어, 족장의 권력과 부를 더욱 공고히 하는 나선형 상승 과정을 만들었다. 이웃 공동체들도 비슷하게 호의를 얻기 위해 '선물'을 보낼 것을 권유받았다. 명백한 '보호세'였다. 실제로 시칠리아의 전통적인 마피아 두목들은 국가 권위가 약한 사회에서 번성하는 비슷한 부류의 지역 권력자였다. 족장의 권력이 집중화된 곳에서는 더욱 공식적인 공물 및 세금 수취 체계가 도입되었다. 시골을 감독할 심복이 고용되었고, 하위 군소 족장을 통해 권한이 행사되었으며, 가족과 마을의 수장이 공식적으로 제도화되었다. 친족과 부족의 형제애라는 외형이 유지되었고 주로 무장 종사 동료들끼리의 평등주의적인 옛 관습이 상당 부분 보존되고는 있었지만, 중앙 집중화되고 다층화된 '복합' 족장 체제, 이른바 족장사회chiefdoms는 보통의 부족사회나 족장사회보다 훨씬 위계적이고 권위적이었다. 사회권력은 친족 관계에서 더욱 멀어지고 있었다.[129]

근대 유럽에서도 고전적이면서 가장 잘 기록된 족장국가의 한 예가 야생적이고 다루기 힘들었던 스코틀랜드의 고지와 여러 섬에 존속했는데, 이는 한때 영국 제도의 서쪽 변경 전역을 지배했던 켈트족 족장사회의 잔재였다. 스코틀랜드 왕들과 그 뒤를 이은 영국 왕들은 1746년 컬로든 전투 이후 국가 권력이 씨족 체계를 무너뜨릴 때까지, 이 험준하고 가난한 지역에 국가 통치를 확장하는 것은 고단하면서도 가치가 미심쩍은 과업이라고 여겼다. 이 지역의 강한 족장들은 자기 씨족의 이름―매클라우드, 맥도널드, 클랜래널드, 캠벨, 맥그리거―을 주민들에게로 확장하여, 가까운 친족 관계라는 외피를 입혀 통치했다. 그 관계는 광범한 계보로 기록되었고, 필요할 경우 허구로 확대되었다. 가짜 부계 이데올로기가 굳게 뿌리내리고 배양되면서 족장은 씨족의 아버지이자 후원자 역할을 했다. 씨족 성원들은 족장에게 주로 먹을 것, 술, 옷 등의 형태로 공물을 바쳐야 했지만, 족장은―마피아 두목이 그러듯―피호민이 궁핍하거나 힘들 때 돕는 식으로 아량을 과시했기 때문에 그 공물의 일부를 돌려받기도 했다. 가문의 무장 종사와 심복 부하들은 공물로 유지되었으며, 적절한 때 다른 족장들이나 고관들을 접대하면서 부와 권력을 호화롭게 과시하는 연회가 열리면 족장의 식탁에서 함께 식사를 했다. 개인 장식품, 무기, 그 밖의 귀중품은 족장들끼리, 그리고 그들과 바깥 세계 사이에 선물이나 상품으로서 교환되었다. 족장들은 "망신스러운 짓과 악행을 통해" 서로에게 충성을 맹세하면서 동지적 우정의 형태로 전략적 동맹을 맺었다. 다른 곳과 비슷하게 스코틀랜드에서도 많은 족장들이 동맹을 다지기 위해 어느 정도 계산된 결혼으로 "일생 동안 두세 명의 아내를 두고…… 많은 자식을 낳았다." 소를 훔치고 곡물 창고에 불을 지르는 식의 이웃 씨족과의 반목과 습격은 끊이지 않았다. 1609년에는 족장들 사이에 "반목의 해결"이 선언되었는데, 이는 모든 "친족, 친구, 수행원tennentis, 주인의 부하와 하인"에게도 확장되었으며 과거의 모든 "살인, 세습, 물품 약탈, 서로의 부하들이 저지른 방화"도 해결되었다.[130]

종교 또한 많은 사람들을 하나의 '족장사회'로 통합하는 데 한몫을 했다. 그리스도교 이전 아일랜드의 켈트족 '족장사회들'이 그런 예였다. 족장들은 부족사회에서 이미 가지고 있던 의례적 기능을 확장하고 더욱 강하게 움켜쥐려 했을 뿐 아니라, 자신들의 이데올로기적 정당성과 족장사회의 결속력을 다지기 위해 공동의 전례를 중앙집중화하고 강화하려는 경향이 있었다. 이런 의례적 기능과 전례 권한이 족장사회의 탄생 과정에서 얼마나 지배적 역할을 했는지는 논쟁의 여지가 있다. 문제는 이보다 뚜렷한 '신성한' 족장사회에 관한 증거의 대부분이 문자가 아닌 고고학 기록이라는 것이다. 그러나 역사상 기록된 관찰(중세 초 아일랜드 족장사회의 경우처럼[131])들을 볼 때, 사회적·경제적·군사적·종교적 권력—종사들과 심복 부하들을 통해 키운—은 서로 연관되어 있었던 것 같다. 부족사회에서 권력의 중앙집중화라는 진지한 과정에는 상당한 정도의 강제력이 반드시 필요했다.

넓게 흩어져 있는 폴리네시아 섬 사회들의 부족 체계는 비교적 평등한 체계부터 두드러지게 위계적인 체계까지 다양하기 때문에, 이런 상호작용 과정들과 상호강화 요인들을 보여주는 최고의 민족지학적 기록을 제공한다. 특히 통가, 소시에테 제도, 타히티, 가장 유명한 하와이의 예를 보면 사회들이 매우 계층화되어 있었고, 일부에선 수만 명의 주민이 '최고 권력자'를 정점으로 피라미드식 등급을 이룬 여러 족장의 지배를 받고 있었다. 평민과 족장 사이에는 엄청난 차이가 있었다. 이들 '족장사회' 가운데 가장 중앙집중적이고 복합적인 사회들은 서로 부족 형태와 규모만 달랐을 뿐 국가 바로 직전 단계에 있었다. 족장은 부족의 숭배와 의례를 관리했다. 그들은 공물을 걷고 부역을 할당했을 뿐 아니라 공동 생산물을 대규모로 조직했다. 이전 세대의 '기능주의적' 인류학자들은 '재분배' 족장 경제, 즉 생산물을 나중에 주민들에게 다시 배급하기로 하고 족장의 중앙 창고에 쌓아두는 경제를 언급하곤 했다. 그러나 생산물이 족장 엘리트와 측근의 사치에 쓰이는 등 그 흐름이 뚜렷하게 불평등했다는 것이 후대에 인정되었다.[132] '족장사회들' 사이의 전쟁과 습격은 끊이지 않았고, 전사의 힘은 외부적으로나 내부적으로 똑같이 중요했다. 따라서 족장 개인은 신성했고 종종 금기시되었으며 정교한 의례에서 찬양되었음에도 불구하고 "걸출한 전사들과 특히 통치중인 족장의 방계 부하들의 권력 찬탈은 폴리네시아의 정치 전통에서 되풀이되는 주제다…… 하와이인들은 '모든 왕은 취임할 때 정복자로서 행동한다'고 말한다. 설령 그가 실제로 선왕을 죽이지 않았더라도 보통 선왕을 독살했다고 간주되기 때문이다." 공공연한 폭력과 은밀한 폭력이 의례적·경제적·군사적 족장사회의 외교와 사회, 엘리트 관계를 지배하고 있었다.[133]

식민화 이전 아프리카에도 광범한 지리적·생태적 지역에 걸쳐서 '평등주의적' 부족사회와 계층화된 부족사회 그리고 국가와 나란히 매우 다양한 족장사회들이 존재했다. 그러나 그 패턴은 눈에 띄게 유사하다. "귀족들은 평민보다 잘 먹었다…… 그들은 진귀한 모피를 입고 구리나 기타 재료로 된 장신구를 한껏 걸쳤다. 통치자들은 더 큰 집에 살았고 더 잘생긴 소를 더 많이 가지고 있었다. 남들보다 소가 많았으므로 아내와 아이들도 더 많았다…… 습격은 그들이 사용하는 방법 중 하나일 뿐이었다." 그들은 "다양한 방법으로 권력을 구축했다. 기근이 들면 피호민을 끌어들이거나 부족한 자원을 통제했고…… 권력을 다지기 위해 다양한 형태의 신성한 권위를 사용했다."[134] 14세기 말리의 "기본 정치 단위는 식민 개척자의 후손이 수장이 되고 군사 귀족이 평민과 노예를 지배하는 지역 족장사회였다." 서부 사바나 지역에서 "파마fama는 땅의 주인이자 한 카푸kafu의 정치적 수장이었다." 19세기의 한 여행가는 이 작은 정치체를 이렇게 묘사했다. "숲속 한가운데에 직경 몇 킬로미터에 이르는 커다란 빈터가 있다. 그 중심에는 저마다 요새화된 마을이 7개, 8개, 10개, 종종 15개까지도 무리지어 있다."[135] 족장 가족 내에서 직위를 둘러싼 투쟁은 공동체 사이의 분쟁만큼이나 고질적이고 폭력적이었다.

지금까지 문자 기록을 통해 '족장사회'로의 이행과정에 있었던 많은 부족사회를 검토했으니, 마침내 선사시대의 그런 사회의 증거를 살펴볼 준비가 되었을 것이다. 여기서 우리는 개인이나 공동체의 이름, 서사시 전통, 어떤 유형의 서사적 이야기도 없는 세계로 들어가게 된다. 문제의 과정에 관한 고고학 기록에는 두 가지 주요 지표가 있다. 첫째이자 보편적인 것이 족장의 무덤이다. 공동의 노동으로 세워진 이런 대형 무덤들은 때로는 거대하며, 무기를 포함해 죽은 자의 부와 지위를 증언해줄 귀중품으로 가득하다. 둘째로, 무덤보다는 모호하지만, 요새화된 장소가 때로는 중앙집중화된 족장사회에서 발달한 족장 지위를 암시해주기도 한다. 앞에서 보았지만, 고질적인 폭력이 있었다고 알려진 곳에서 요새화된 유적이 늘 뚜렷하게 나타나는 것은 아니다. 뚜렷한 요새화는 요새화된 마을이나 언덕 꼭대기 피난처에 자리잡은 평범한 부족사회 형태를 띠기도 하는데(뉴질랜드 마오리족의 파pa가 그런 예이다), 이런 곳에서는 족장의 권한이 존재했다고 하더라도 뚜렷이 제한되어 있었다. 그러나 이따금 발굴된 현장의 배치가 첨예했던 사회적 분화를 알려주기도 한다. 예를 들어 족장의 집터나 호화로운 무덤이 그 징표가 된다. 그렇게 요새화된 족장의 집터나 무덤은 '평범한' 부족사회 족장의 것이 아니라 족장사회—그것을 건설할 권한을 행사했던—와 관련이 있다고밖에 볼 수 없을 것이다.

앞에서도 말했듯이, 선사시대 유럽의 요새화된 장소는 신석기시대 이후 지중해 지역과 발칸 반도에서 나타난다. 그리고 후기 청동기시대와 특히 철기시대부터는 중서부유럽 곳곳에서 등장한다. 세계에서 가장 많은 발굴 작업이 이루어진 대륙치고는 놀랍게도, 고립된 수많은 현장들이 제대로 발굴되지 않았다. 그 현장들이 요새화된 마을이었는지, 흩어진 부족 공동체들의 피난처였는지, 아니면 족장이나 그 종사들을 위한 요새화된 근거지였는지는 확인되지 않은 채로 남아 있다. 그러나 일부 경우, 특히 철기시대 말기에는 하나의 중심 현장 주변으로 다양한 크기의 언덕 꼭대기 요새들에서 위계적인 공간 배치, 매우 크고 호화로운 족장 전사의 무덤

봉분, 귀중품의 생산과 교역 독점 등의 증거들이 보인다. 이 모든 것들은 최고 족장이 예속적인 하위 족장들과 지역 족장들을 통해 시골을 지배하던, 중앙집중화되고 심지어 복잡하기까지 한 '족장사회'의 존재를 증언해준다.[136] 유럽 남동부의 스텝지대에서도 발견되는 요새화된 중심지와 사치스러운 족장 전사의 무덤은 청동기시대에 반¼유목생활을 하면서 '원시말'과 전차를 가지고 있던 목축민에게도 강력한 엘리트— 적어도 가끔은 '족장사회'를 거느린—가 있었음을 말해준다.[137]

고고학자들은 후기 신석기시대에 잉글랜드('스톤헨지 시기')와 북아메리카 중서부 삼림지(아데나 문화와 호프웰 문화)에도 '종교적인' '신성한' 족장사회가 있었다고 추정한다. '군사적' 건축물이라기보다 제의적 매장지로 보이는 공동체의 기념비적인 봉분들이 발굴되었기 때문이다. 이들 공동체는 선사시대에 존재했고 순전히 고고학 증거밖에 남은 게 없기 때문에 이런 족장사회의 형성에 폭력적인 측면이 있었는지, 그랬다면 어느 정도였는지 판단하기는 불가능하다. 앞에서 본 것처럼, 역사적으로 알려진 하와이 족장사회들의 경우 폭력 분쟁이 고질적이었음에도 요새보다는 성소 같은 신성한 장소가 건설되었다. 후기 호프웰 유적의 일부(예를 들면 오하이오 주의 포트힐과 포트에인션트)에는 전쟁과 요새화의 증거인 듯 보이는 표지가 있고, 나중의 더욱 복잡한 미시시피 문화에도 공동체 간의 대규모 폭력을 말해주는 광범위한 흔적이 있다. 미시시피 문화에서는 마을은 물론이고 거대한 제의적 봉분 유적도 울타리로 둘러싸여 있었다. 최근의 한 연구는 이렇게 결론을 내렸다. "적대 행위로 인해 일부 지역의 사람들은 주거지를 방벽으로 에워싸 스스로를 보호해야 했던 것이 분명하다. 조화로운 선사시대라는 이미지가 아직도 이상할 만큼 끈질기게 남아 있지만, 원주민들 스스로를 보호할 특별한 조치를 요하는 전쟁은 유럽인들이 북아메리카 동부에 대거 도착하기 오래전부터 흔한 일이었다."[138] 이와 비슷한 종교—

폴란드 비스쿠핀의 초기 철기시대 정착지에 복원된 라우지츠 문화의 방책. 서로 다른 환경에 있던 국가 이전 사회들에서는 각각의 지역에 풍부한 재료를 활용해 나무, 흙, 진흙, 돌 등으로 방책을 세웠다.

경제-군사 '족장사회'는 중앙아메리카 전역에 존재했으며, 그중 일부가 마야족 정치체들을 탄생시켰다.[139]

전반적으로 경제·종교·군사적 측면은 각각의 사회와 상황마다 다양하게 나타나기는 했지만, 족장사회 형성 과정에서 대부분 서로 얽혀 있었고 대개 불가분의 관계에 있었다.[140] 한 예로, 고대 근동에서 기원전 제5천년기 아나톨리아와 시리아 북부(예를 들면 메르신)의 요새화된 일부 유적들은 족장사회/소국가 수장들과 그 전사 집단의 본거지였던 것으로 해석된다. 반면에 수메르의 도시 유적들은 종교-경제를 지배하던 족장-사제 중심지(우바이드)에서 진화한 것으로 여겨진다. 이 경우는 역사시대와 마찬가지로, 인구가 군집하고 도시와 성벽이 등장하면서 비로소 전사 지도자들이 수메르의 정치체들을 지배하게 된 것으로 보인다.[141] 고고학 증거와 민족지

잉글랜드 도체스터 근처의 메이든 성. 이 철기시대 유적에는 여러 겹의 거대한 토성이 있는데, 세계 여러 곳에서 이와 비슷한 패턴이 발견된다. 이 토성의 정교한 출입구는 전차를 비롯해 바퀴 달린 수레들이 오가도록 더욱 특화되어 만들어진 것이다.

학 기록은 한정되어 있지만, 그렇더라도 선사시대 수메르에서의 초기 권력 집중이 종교−경제적 요인에만 의존했을 가능성은 없음을 암시한다.

부족−친족 사회의 변천에서 중요한 역할을 했던 족장과 '빅맨'의 종사단 규모는 얼마나 됐을까? 적절한 자료는 드물지만, 수치를 파악할 수 있는 곳에서는 200명 정도가 가장 흔했고 가장 큰 규모라 해도 무장 종사는 수백 명 정도였던 것으로 보인다.[142] 그보다 작은 종사단은 수십 명 정도의 무장한 남성들로 구성되었다. 그렇지만 보잘것없어 보이는 이 숫자가 부족

사회의 맥락에서는 결코 적은 것이 아니며, 실제로 눈덩이 효과를 낼 수도 있었다는 사실을 유념해야 한다. 사업에서 돈을 가진 자가 더 많은 돈을 벌 수단을 가지는 것과 같다. 중앙집중화된 권위도 상비군도 없는 사회에서, 한 사람에게만 충성의 의무가 있는 '직업' 전사들인 무장 종사단은 다른 족장이나 '빅맨' 휘하의 또다른 무장 종사단이 아니고서는 제대로 맞붙을 수 없는 상대였다. 그 결과로 우리가 보았듯이 지역 권력자는 부와 권력, 피호민의 수를 더욱 늘릴 수 있었다. 이들의 무장 병력은 양파 같은 구조였다. 언제든 사용할 수 있었던 가장 안쪽의 핵심적인 상비 병력은 많게는 수백 명의 '직업' 전사들로 이루어져 있었다. 그러나 필요할 때면 피호민들도 지원병으로 소집할 수 있었다. 막강한 권력자란 곧 그들의 적만 막강한 것이 아니라, 친구와 동맹 또한 막강하다는 뜻이었다. 초기 로마의 파비우스 가문이나 카이사르의 갈리아 원정에서 본 것처럼, 모두 합치면 무장 지원군의 수는 수천 명까지 늘어나기도 했다. 더욱이 족장들이 무장 종사단을 이용해 더욱 중앙집중적이고 독점적인 지배권을 다지면서 부족 사회를 '족장사회'로 만들었던 곳에서는, 종전에는 부족 회의에서 선포한 무장 원정에 자유롭게 참가했던 부족 전체의 인력까지 소집해 가담시킬 수 있었다. 또한 이제 적어도 어느 정도까지는 강제와 징계를 동원해서 부족 및 지역 '민병대'의 남성들을 불러모을 수 있었다. 스코틀랜드의 '씨족' 족장사회와 하와이 족장사회는 이렇게 족장이 강제로 군대를 소집했던 예를 보여준다. 또한 대규모 습격을 벌이고 땅까지 점령한 성공적 전쟁 지도자에게는 아주 먼 곳에서부터 패기만만한 전사들이 찾아오면서 종사단이 수천 명으로 불어났는데, 이런 전사들은 그 지도자가 지배하는 새롭고 독립된 부족 집단의 중핵이 될 수도 있었다.

그 결과 이행기 부족사회의 전사들 사이에는 질적 분화가 일어났다. 전쟁을 직업으로 삼는 젊은 전사들로 이루어진 상비 종사단은 엘리트 병력이었다. 또한 사회 계층화가 심화되면서 전통적인 부족사회—사실상 여러 면에서 과거의 부족사회—의 기둥이었던 이른바 자유민 농민전사들에게 영향을 미쳤다. (많은 언어에서 사람들을 뜻하는 단어 자체에는 원래, 적어도 무장 집단에 대한 암시가 종종 담겨 있었다—고대 독일어의 heri, folk, liuti, 고대 그리스어의 laos.[143]) 이보다 잘살았던 '자영농'들은 어느 정도 군사적 역할을 맡았다. 그러나 점점 재산과 독립성을 잃고 권력자와의 관계에서 피호민의 지위를 갖게 된 사람들은 주인이 지지기반을 확장하려는 시기에 소집된다 하더라도 기대할 것이 별로 없었다. 사회에서, 또 분쟁의 이익에서 차지하는 몫이 적을수록 전사로서의 동기도 약했다. 더욱이 가난한 전사들은 대체로 평생 지속되는 예속 관습에 묶여야 했다. 계층화가 심화되고 족장 및 '빅맨'들의 권력이 성장하면서 부족사회가 변화할수록, 단순하고 제멋대로이고 '평등주의적'이던 전사의 용맹성은 사라져갔다. 다른 한편, 더욱 중앙집권화된 정치체는 권력의 도구로 가능하면서 전보다 권위적인 형태의 동원과 명령으로, 그리고 더 커진 규모로 그 빈자리를 메울 수 있었다.

제10장

국가의 등장과 무장 세력

초기 국가는 깜박 속을 만큼 익숙한 현상이다. 문자를 읽고 쓰는 능력—이를 위해서는 국가가 (충분조건은 아니지만) 필요조건이다—덕에 구할 수 있는 정보의 질과 양은 인류 발전의 초기 국면에 비교하면 획기적으로 많아졌다. 그러나 역사의 빛은 속담에 나오는 가로등처럼 그것이 비추는 범위 안에 있는 동전만 반짝거리게 한다. 대부분의 사람들은 지난 수천 년—우리 과거의 한 조각에 불과한—동안의 상대적으로 '견고한' 현실이 곧 우리의 과거라고 생각한다. 더욱이 그 그림 속에서 국가는 처음부터 거의 활짝 핀 모습으로 등장한다. 다른 사회 제도와 마찬가지로 점진적으로 진화했던 국가의 성장은 어쩔 수 없이 선사시대와 원사시대 속에 가려져 있는데, 앞에서 말했듯 읽고 쓰는 능력 자체가 국가사회와 함께 비로소 시작되었고 따라서 국가 형성 이후 발달했기 때문이다. 그렇다면 이번 장에서 제기할 질문은 국가가 어떻게 진화했으며, 그 과정에서 폭력 분쟁은 어떤 역할을 했는가 하는 것이다.

이 질문에 접근하면서 내가 사용한 자료와 방법은 이 책의 앞에서 사용한 것과 대체로 비슷하다. 고고학 증거는 물론, 국가로 이행하는 중이던 후진 사회와 접촉한 문자문화의 기록에서 끌어낸 증거들이다. 아울러 국가 이전과 초기 국가의 구전 전승은 나중에 국가가 발전한 후 글로 기록된 덕에 널리 구할 수 있는 중요한 자료가 되었는데, 대체로 국가의 성장을 선사시대보다는 원사시대의 과정으로 보게 만든다. 이번 장에서도 세계 곳곳에서 '상대적' 시간대에 매우 다양하게 진화하던 국가들로부터 증거들을 끌어내 비교 검토할 것이다. 내가 지금껏 보여주려 했듯이, 든든히 의지할 자료가 거의 없는 단순한 사회를 연구할 때 들리곤 하는 선사시대와 원사시대의 희미한 메아리도, 비슷한 증거가 반복적으로 나오면서 민족지학적 기록으로 자체 보강될 때면 훨씬 뚜렷한 패턴이 되기도 한다. '통합된 역사'에 따르면 국가─도시 및 문자 문명을 수반하는─는 약 5000년 전 수메르와 이집트에서 등장했다. 그러나 이 책에서 사용한 상대적인 틀 안에서 국가는 계층화된 족장/부족사회─국가 시기의 상호 연관된 표지들을 모두 지닌─에서 탄생했고, 다양하게 연결된 세계 여러 지역들에서 최근까지 거의 계속 등장하고 있었다. 이 말은 진화하는 모든 국가가 똑같았다는 주장이 아니며, 오히려 그와는 거리가 멀다. 국가들은 저마다 서로 다른 생태학적 틈새와 사회 상황에서 진화하며 조금씩 다른 길을 걸었다. 그럼에도 환경적 제약과 인간의 성향으로 인해 국가들의 다양성은 근본적으로 제한되었고 상당한 유사성이 나타나게 되었다. 나는 다양성과 유사성을 모두 고려할 것이다.

물론 절대 연대에서 어느 국가가 처음 등장했는가 하는 문제는, 더 일찍 등장한 국가가 주변에 또다른 국가를 만들어냈다는 점에서 중요하다. 국가의 탄생 과정에는 내부적 진화와 외부적 영향이 모두 중요하기 때문이다. 내부적으로 볼 때 국가의 진화는 농업으로의 이행과 농업 성장으로 촉진된 과정에 따른 거의 '필연적인' 정점이자 결실이었다 ─ 적어도 적당한 조건이 주어진 곳에서는 그랬다. 이는 지구상에서 국가가 처음 등장했던 네 곳인 근동, 중국 북부, 중앙아메리카, 안데스 산맥이 하나같이 농업 혁명의 중심지였다는 사실로 명백하게 증명된다. 이들 농업 중심지에서 절대적 시간대로는 수천 년의 간격을 두고 독립적으로, 그러나 놀랄 만큼 비슷한 궤도를 그리면서 농업과 농경 사회는 약 5000년 동안 진화한 끝에 국가 구조를 등장시켰다. 아시아의 양쪽 끝에 자리했던 두 중심지 사이에, 또는 중앙아메리카와 남아메리카에 있었던 두 중심지 사이에 중요한 연관성이 조금이라도 있었다는 증거는 없다. 구대륙과 신대륙 사이의 의미 있는 연관성을 주장하는 것은 더더욱 어불성설이다. 따라서 국가 형성 과정은 이 별개의 '실험실들'에서 독립적으로 일어나고 있었고 비슷한 과정에 의해 자연발생적으로 촉진되었지만, 상대적 시간대의 서로 다른 시계로 측정된다.

농경 부족사회의 내부적 진화 과정은 나머지 모든 국가의 등장에서도 가장 중요한 요인이었다. 그러나 나머지 국가들은 더 일찍 형성되어 확산되고 퍼져갔던 다른 국가로부터 크고 작은 영향을 받았다. 과연 이 영향이 이른바 1차 국가와는 전혀 별개의 범주, 일부 학자들이 믿는 것처럼 발달사가 다른 '2차' 국가를 만든 것일까?[1] 이 질문에 대한 나의 관점은 유연하다. '최초의' 네 곳이 아닌 지역에서 등장한 일부 국가들도 그 자체로 1차 국가 또는 준1차 국가로 볼 수 있을 만큼 충분히 고립되어 있었다. 그리고 기존 국가에 크게 영향을 받으면서 형성되었지만 성장 과정과 궤도가 어느 정도 달라진 국가들도 있었다. 그 사이에 어느 쪽도 아닌 국가들이 또 있었다. '2차'라는 명칭은 지나치게 날카로운 이분법으로 이 모든 국가들을 뭉뚱그린다. 뿐만 아니라 나는 '1차'라는 명칭 자체도 오해의 소지가 있다고 주장하는 바이다. 국가 형성이 가장 빨랐던 지역에조차, 다른 국가와의 상호작용이 전혀 없이 등장했다고 가정하는 기존 의미의 진정한 '1차' 국가는 결코 없었다. 모든 '1차' 중심지―수메르, 이집트, 중국 북부, 중앙아메리카(올멕), 안데스 산맥―에서도 국가는 지역 국가 체계의 일부로서 등장했고, 이 체계 안에서 나머지 맹아적 국가들과 상호작용하면서 함께 진화했다.[2] 이런 관점으로 모든 편차를 고려한다면, 공간과 상대적 시간에 걸친 증거들은 국가 형성의 다양한 역사적인 예를 상당수 제공해 준다.

국가를 탄생시킨 작용, 그 내적인 힘과 외적인 힘은 무엇이었을까? 이 주제와 관련해 인류학 문헌에서 충분히 재탕된 많은 논쟁들을 검토하지는 않겠다. 왜냐하면 이런 논쟁은 대부분 약간 힘이 빠진 상태이고, 최근의 전반적인 추세는 종합과 여러 변수를 고려하는 설명을 지향해왔기 때문이다.[3] 위로부터 작용한 엘리트의 강압이든, 아래로부터 작용한 복합 사회의 사회적·경제적 요구든 어느 하나만 국가 형성의 메커니즘이라고 여겨지지는 않을 것이다. 오히려 두 요인이 국가의 형성에 함께 작용했다고 여겨질 것이다. 또한 그 자체로 국가 형성에 큰 역할을 했다고 할 만한 어떤 단일 요인―'원동력'―을 믿는 사람도 별로 없다. 그 단일 요인이 전쟁이건 종교건 관개농업이건 교역이건 마찬가지다. 국가 권력 구조가 등장할 토대를 형성한 것은 계층화된 족장/부족사회에서 진행된 복합적인 권력 축적의 과정들이다. 9장에서 설명했듯 서로 연관된 이 과정들에는 다음 사항들이 포함된다. 농업의 집약화, 인구 성장, 경제적·사회적 계층화의 심화, 피호민과 무장한 남자들로 이루어진 종사단에게 의존하고 주로 습격에서 얻은 전리품을 바탕으로 공동체의 (점점 중앙집중화된) 의례와 숭배와 주술을 지배하던 '빅맨'과 족장들의 커진 권력 등이다.

각각의 사회에서 권력 축적으로 가는 길에는 이런 요인들이 다양하게 혼합되어 있었지만 그중 어느 하나라도 빠진 경우는 거의 없었다. 예를 들어 일부 지역의 정치체 진화에서는 사제 유형의 리더십과 함께 주산물 경제가 더 두드러졌고, 다른 곳에서는 엘리트가 이끄는 전사 집단이 더 두드러졌을 것으로 추측된다.[4] 권력의 고고학에서 전자의 경우는 제의적 구조물에, 후자의 경우는 군사적 구조물에 뚜렷하게—각각 신전과 성으로—반영되어 있는데, 둘 다 기념비적인 규모로 진화하기도 했다. 그러나 이런 구분이 현실에 굳건히 토대를 두고 있긴 해도, 문자 기록이 남아 순전히 물질적인 발견을 보완해주는 곳에서는 더욱 복잡한 상호관계가 드러난다. 권력 형태들은 서로를 향해 흐르고 서로 전환된다. 쉽게 말해서 권력을 가진 자는 권력을 확장하고 지키기 위해 무엇보다 다양한 권력 수단을 차지하고 단단히 틀어쥐려 한다. 견고한 무력 기반 없이 외부 세력에 맞서 영토의 유지·통제·방어를 꾀하거나 권력 찬탈을 막을 수 있는 효과적인 국가는 없다. 우리는 앞서 족장사회를 논의하면서 중요한 사례인 폴리네시아 섬의 다양한 사회들에서 이 점을 이미 확인했다. 그 모든 사회에서 싸움은 고질적이었다. 이들 사회 중에서 가장 복합적이고 위계적이었던 하와이는 관개-주산물 경제 및 종교적 족장사회/맹아적 국가의 모델이었다. 그러나 고고학 유적에는 종교 구조물만 있을 뿐 군사 구조물은 찾아볼 수 없었음에도, 서구와의 접촉 이전과 도중에는 정치체 간의 싸움, 사회적 강압, 폭력적 권력 찬탈이 표준이었다. 나중에 보겠지만, 예전엔 흔히 평화로웠다고 믿었던 고고학상의 이른바 '사제' 정치체 내에서 다른 곳 못지않게 폭력적인 구도를 보여주는 증거들이 많이 나타났다.

국가로 인정하기 위한 몇 가지 형식적 기준은 관례적으로 제시된다. 일반적으로 받아들여지는 기준은, 국가 이전 사회에 견주어 국가는 새로운 단계의 강압적 중앙권력을 사용하여 복종을 명령하고 사회를 조직하며 자원을 동원한다는 것이다. 이것이 가능해진 이유는 친족 기반 관계가 사회권력의 여러 수단으로 보강되었기 때문이다. 대체로 위계적인 권력 관계와 이익 배당에 기반을 두는 다층적인 국가 기구가 공공 영역을 지배하게 되었다. 이런 견해가 널리 받아들여지고는 있지만, 국가 체제에서도 여전히 친족 관계가 사회적 네트워크와 충성과 행위의 중심이었다는 점은 강조되어야 할 것이다. 통치 엘리트층 내에서, 사회적 네트워크 전체에서, 그리고 종족성의 구성 요소로서 친족 관계는 여전히 중요했다. 게다가 친족을 초월한 이 새로운 국가 권력은 어느 날 갑자기 '이상적인 형태'로 등장한 것이 아니라 국가 이전의 과정과 구조 속에서 성장한 것이었다. 초기 국가가 완전하고 뚜렷한 형태로 등장하진 않았다는 사실은 어떤 형식적 기준이나 '정의'로도 흐려서는 안 될 것이다. 국가의 형성은 일회적 사건이 아니라 하나의 과정으로서 보통 몇 세대, 몇 세기에 걸쳐서 이루어졌다.

이 과정에서 권력은 제도화되어 새로운 수준에 오르게 될 때까지 축적되고 집중되었다. 대체로 엘리트층 내부의 경쟁자들에 비해 우위를 차지했던 지도자 개인과 그 추종자들에 의해 권력의 축적과 집중이 진행된 것으로 보이지만, 때로는 엘리트 집단에 의해 이루어지기도 했을 것이다. 그 같은 국가 권력의 구심점이 등장한 곳마다, 권력 효과가 크게 높아지면서 선순환 메커니즘으로 스스로를 살찌워나갔다. 사적인 종사들은 국가 통치 가문의 병력이자 핵심 상비군이 되었다. 자유롭게 소집되던 부족 및 지역 민병대는 강제 소집과 징집의 대상이 되어갔다. 군사 지도자는 무장 집단에 규율을 강요할 수 있었다. '선물'과 족장 및 '빅맨'에 대한 봉사는 주기적인 세금과 부역이 되어가고 있었다. 결국 이 모든 수단을 동원해 정복한 땅과 늘어난 전리품은 대부분 통치자들의 수중으로 들어가 그들의 권력을 더욱 강화해주었다. 이렇게 해서 환절 사회 내의 독립적인 권력의 구심점들이 종속으로 내몰렸고, 같은 종족 내의 이질적인 부족 단위들이 통합되고 융합되었으며, 외부 부족들과 종족공동체들이 동화될 수 있었다. '국가 건설'의 과정이 일어난 것이다.

이 같은 국가 성장과 확장의 과정은 처음부터 하나의 패턴을 따르는 경향이 있었다. 매 단계마다 지배는 우선 패권적 통치 혹은 '종주권'을 통해 확대되다가 점차 더욱 통일적이고 직접적이며 관료적인 구조로 바뀌어 갔다. 현실에 깊이 뿌리박은 인과적 메커니즘은 이 반복 패턴을 설명해준다. 지배 세력은 주변부의 엘리트들을 우세한 무력으로 위협하는 한편 그들의 지역 지배를 유지하게 해주겠다고 약속함으로써 정치적 중심에 복종시켰다. 여기엔 강압과 포섭이라는 두 가지 방법이 모두 쓰였다. 마찬가지로 지역 엘리트들의 중재를 통한 통치는 현지의 정통성을 이용하는 한편, 최소한의 행정 기구만을 두면 되는 가장 간단한 중앙 지배 방법이었다. 내부를 통합하는 가운데 더 정교한 중앙 행정을 발전시켜 보다 통일된 정치체를 형성하기까지는 시간이 걸렸다. 이렇게 패권적 종주권에서 보다 직접적인 통치로 발전하는 반복 패턴은 특정 정치체들에 관한 연구에서 널리 언급되어왔고 제국의 발달과 관련해서도 충분히 주목받고 있지만, 초기 국가를 다룬 학계의 문헌에서는 아직 충분히 인정되지 않고 있다.[5] 그 이유는 이번에도, 국가 진화의 초기 단계가 선사시대와 원사시대의 안개에 가려진 채, 그것을 기록할 수 있는 문자가 발달하기 전에 형성되고 있었기 때문이다.

새로이 출현하는 국가 구조의 핵은 부족/족장사회에서 국가 확장의 주요 촉매제로 작용했으며, 어느 정도 비슷한 시기에 복수의 핵들이 서로 뒤얽히며 진화한 경우에는 다른 핵들과 경쟁하기도 했다. 이번 장에서는 선사시대와 원사시대의 여러 사례에 나타난 단편적인 증거들을 비교해보면서, 다양한 유형으로 진화해가는 초기 국가 구조와 관련해 무장 세력의 역할과 특징을 재구성하려고 한다.

농촌 소국가 및 국가 형성기의 전쟁

부족 지대에서의 국가 탄생

19세기 초 샤카Shaka의 지휘 아래 줄루 왕국이 탄생했다. 훗날 남아프리카의 줄루란드와 나탈로 알려지게 된 이 왕국의 형성은 국가의 등장과 관련해 인기 있는 연구 사례이다.[6] 줄루족 국가의 탄생은 절대적 시간대로는 매우 뒤늦은 일―우리가 검토하는 가장 최근 사례―이었으므로 그 직후 도착했던 유럽인들에 의해 잘 기록되었다. 그러나 이 사건은 유럽인들과 본격적으로 접촉하기 이전 부족/족장 지대에서 외부 영향이 거의 없이 일어났다. 따라서 상대적 시간대에서는 매우 앞쪽에 위치하는 거의 1차 사례가 된다. 더욱이 이 초기 국가의 형성은 기념비적인 구조물 같은 고고학적 징표를 사실상 남기지 않았다. 결국 줄루 왕국은 그와 비슷하며 추정은 가능하지만 기록은 없는 선사시대 농경 부족/족장 지대에서 주로 군사적 성격의 초기 국가가 형성된 전형으로 볼 수 있다. 쉽게 말해, 줄루 왕국의 사례는 국가 형성에 관해 지금까지 알려진 많은 사례에서 발견되는 특징들을 두루 보이고 있다.

줄루 왕국은 하나의 종족 혈통, 다시 말해 종족ethnos 범위 안에서 생겨났다. 그들은 응구니어를 쓰는 반투족으로 소를 키우며 이동식 농업을 했다. 9장에서 말했다시피 종족은 하나의 정치적 실체가 아니다. 18세기 말까지 응구니족은 여러 부족과 아亞부족들을 포함하는 '정치적으로' 분리된 많은 족장사회들 사이에 분산되어 있었다. 지배적인 사회 단위는 씨족이었으며 족장의 종사들은 대개 수십 명을 넘지 않았다. 족장이 죽으면 그 가족 내에서 상속을 둘러싼 폭력 분쟁이 자주 일어났다. 족장사회끼리의 전쟁은 습격―주요 재산이자 부의 척도인 소를 주로 노리는―이나 사상자가 적은 창던지기 전투라는 두 가지 형태로 흔히 일어났는데, 어느 쪽이든 양편에 가담한 전사는 수백 명을 넘지 않았다. 친족 관계에 기반한 소규모 족장사회 구조 탓에 병합 전쟁은 불가능했다. 그러나 19세기 벽두에 딩기스와요Dingiswayo라는 족장이 친족 관계의 제약을 깨고 왕권을 구축하는 데 성공했다. 딩기스와요는 온건책과 무력을 겸용하며 다른 족장사회들에 대한 지배를 점차 확장해나갔는데, 각각의 통치 씨족을 존속시키되 대개 그 씨족의 젊은 성원으로 이전 족장을 대체했고, 그로써 새 족장은 자신의 지위를 딩기스와요에게 빚지게 되었다. 또한 씨족 기반의 옛 민병대를 해산했으며 그 대신 여러 지역 출신을 섞어 상설적인 연령대별 집단을 만들고 지휘 장교를 임명했다. 전리품으로 유지되는 이 초부족적 전사 부대들은 이후 계속된 정복과 권력 축적의 토대가 되었다. 무려 30개 부족이 딩기스와요의 종주권 아래로 들어왔다. 왕국이 성장해갈 앞길을 닦아준 수단이 전쟁이긴 했지만, 최고 통치자가 최고 재판관 역할을 하는 왕국 내에서는 평화가 공포되었다.

1817년에 딩기스와요가 살해당한 뒤 맹아적 왕국은 권력 다툼을 겪었고, 탁월한 군 지휘관 중 하나였던 줄루 씨족의 샤카가 권력을 차지하면서 이 새로운 왕국은 줄루 왕국으로 불리게 되었다. 샤카는 딩기스와요의 방법을 이어갔으며, 전설적인 잔인성과 새로운 전투 전술로 그 방법을 보완했을 뿐이다—이 두 요소는 전혀 무관한 것이 아니었다. 샤카는 전사들에게 전통적인 투창 대신 새로 찌르는 창을 사용하여 근접 공격을 하도록 했다. 이렇게 해서 세계사에서 흔히 전쟁과 동일시되지만 실은 세계 어디에서나 부족 지대에서 처음 등장한 유혈 전면전이 줄루란드에서 시작되었고, 샤카의 적수들을 공포로 몰아넣었다. 수많은 난민들이 남아프리카 전역을 떠돌았다. 샤카의 무장 세력은 수만 명 규모로 성장했고 그중 다수는 줄루 왕국의 경계선을 넘는 기습에 상시 고용되었다. 그들은 각자의 출신 부족에서 거리가 먼 왕국 곳곳의 '막사'에 배치되었으므로 고향 부족민들의 저항에 동참할 수 없었다. 샤카의 왕국은 크게는 20만 제곱킬로미터—대략 잉글랜드에 맞먹는 크기—까지 확장되었던 것으로 보이며, 인구는 낮춰 잡아도 수십만 명이었다. 샤카가 왕국 통합을 위해 사용했던 방법 중에는 그가 관여하거나 주재하는 공동 의례가 있었는데, 이는 전통적인 조상 숭배와 마을의 제의를 보완해주었다.

샤카의 공포정치는 1828년 그가 이복동생에게 암살되면서 막을 내렸고, 그 이복동생도 공포정치를 펴다가 1840년에 더 어린 이복동생 음판데에게 쫓겨났다. 보다 온건한 통치자였던 음판데는 왕국을 다지는 작업을 계속해나갔다. 부족 소유지들을 국가 행정구역으로 전환시켰고, 여러 아내에게서 얻은 여러 아들을 중요한 행정직에 배치했다. 동시에 딸들을 실력자들과 지역 족장들에게 시집보내고 자신은 그들의 딸과 결혼함으로써 왕좌를 둘러싼 통치 친족 네트워크를 촘촘히 다졌다. 줄루 왕국의 정체성과 통일성이 점점 강하게 벼려져 서서히 형체를 드러내고 있었다. 한편 줄루 왕국의 경계지역에서는 어느 정도 그 영향을 받은 나머지 아프리카 국가들이 등장했다. 더욱이 1830년대 중반부터는 남아프리카 태생 백인들이 케이프에서 나탈로 대이주를 시작하면서 줄루 왕국과의 유혈 충돌이 일어났다. 음판데 통치 시기에는 일종의 공존이 이루어졌지만, 1872년에 그가 죽고 얼마 후 영국이 통제권을 확립하자 줄루 왕국의 독립은 막을 내렸다. 무시무시한 줄루족의 대규모 돌격이 서구의 화력 앞에 무너진 전투는 유명하다.

영국의 한 장교는 줄루 민족과 국가에 대해 "다소간 자율적이면서 다소간 불만스러워하는 부족들의 집합체로, 응집력이라고는 줄루족 통치 가문의 존재와 상비군에 대한 명령밖에 없는 썩은 동아줄"이라고 다소 편파적으로 묘사했다.[7] 이 말에 중요한 진실이 들어 있기는 했지만, 현실은 그보다 더 복잡했다. 앞에서도 말했지만 무장 세력은 국가 형성과 관련해 반복해서 등장하는 모든 특징들을 빚어내는 힘이었다. 독립적이던 예전의 족장들을 강압과 영입을 통해 하나의 종주 체제에 통합함으로써 국가의 중핵을 확대하고, 새로운 범凡엘리트 내의 친족 유대 및 친족을 초월한 제도라는 두 가지 장치로 국가 통치를 강화하고, 종주가 군대·사법·종교의 최고 권한을 장악하고, 시간이 흐르면서 관료제화와 문화 융합, 공동의 정체성 형성을 통한 영토의 통합에 의해 더욱 통일된 국가로 바꾸는 일은 모두 무장 세력의 힘이 있었기에 가능했던 것이다.

이 모든 과정은 동아프리카 부족국가들(오늘날의 우간다 같은)에서도 뚜렷하게 나타난다. 초기 국가 형성과 관련하여 또하나의 좋은 예인 동아프리카 부족국가들은 충분히 고립되어 있었으면서도 역사시대와 원사시대의 자료를 통해 조명되는 경우이다. 1862년에 처음 이 지역에 도착했던 유럽인들은 부간다, 앙콜레, 부뇨로, 토로 등의 국가를 발견했다. 이 국가들은 저마다 규모와 권력이 달랐지만 모두 수만 제곱킬로미터가 넘는 면적에 걸쳐 있었고 인구도 수십만에 이르렀다. 구전 전승과 왕의 계보—왕묘와 성소 등의 고고학 증거로 뒷받침되는—는 이 지역 국가의 역사가 대략 500년은 되었음을 보여준다. 9장에서 보았듯이, 북쪽에서 계속 유입된 목축민 이주 집단이 이들 국가 최초의 통치 엘리트가 되었을 것이다. 국가와 제국 건설은 신흥 왕족 씨족들이 지역 족장들을 강압하고 흡수해 국가 구조에 통합시키면서 이루어졌다. 왕궁 안에서 족장들은 세금과 공물을 징수했고 혼인 유대, 이익 배분, 관리로서의 진급 전망 등이 촉진한 미묘한 균형을 유지했다. 왕실 캠프 자체는 관리들과 거대한 왕실 하렘과 함께 이곳저곳으로 자주 이동했다. 거룩하고 성스러운 왕이 정교한 국가 의례를 관장했다. 영토 전역에서 소집된 청년들은 왕궁 주변에서 훈련받고 임명 장교 휘하의 지방 주둔군으로 파견되었다. 전시에는 지역 민병대가 소집되었는데 전쟁은 소떼 습격, 공물 갈취, 정복, 주변 정치체를 종속적 위성 조직으로 전환시키기 등을 위한 것이었다. 죽은 왕의 아들들을 포함해 왕족 성원 간에 벌어지던 계승권 투쟁은 살인적이고 거의 고질적이었다.[8] 줄루 왕국에서 그랬듯 무력은 동아프리카 국가 형성에서 모든 측면의 핵심이었다. 군사력은 팽창 일변도의 선순환 과정에서 성장하며 규모가 커졌다. 아울러 각 부족의 무장 세력이 중앙화되고 조직화되면서 병력이 증가했는데, 부족 병력은 국가 병력을 더 쉽게 보강했고 국가가 결정하는 다양한 상황에서 국가의 통제를 받았다.

국가가 부족사회보다 권력에서 유리한 점은 주로 이런 요인들에 있다. 일대일로 보면 부족 전사가 국가가 징집한 전사보다 나았고, 많은 부족 영토—인구 밀도는 국가-문명 지대만큼 높지는 않았지만—는 잠재적으로 많은 전사를 배출할 수 있었다. 그래도 부족사회는 소규모였고 부족끼리 분열되어 있었으며 성원에 대한 강제력도 거의 없었다. 적의 침입이나 부족 이주같이 절박하고 긴급한 상황에서는 모두가 전쟁에 참여하도록 강제할 수 있었지만 그렇게 일치된 노력이 오래 지속되기는 힘들었고, 나머지 상황에서는 이기심과 자기 보호 때문에 공동의 노력을 '이반'하는 일이 잦았다. 국가는 무엇보다도 성원들의 협력을 강제함으로써 '속임수'를 크게 줄이고 '무임승객'을 제거했고, 그 결과 성원들이 '진정한' 이익을 보고 '죄수의 딜레마'에서 해방되거나, 지배자가 이익을 보거나, 또는 그 두 가지가 결합되는 효과가 있었다.

성서의 원사시대 전승에 따르면 이는 이스라엘 국가를 건설한 사울 왕이 채택한 중요한 조치였다. 사울은 이스라엘 경계지역에서 점점 강해지는 외국인 국가의 권력에 맞서 이질적인 떠돌이 부족 지파들을 통일하기 위해 선출된 왕이었다. 암몬족이 요르단 강 동쪽 지역을 공격해왔을 때 예전 같으면 그 지역 부족들만 싸웠겠지만, "사울은 겨릿소 한 쌍을 끌어다가 각을 떠 이스라엘 전 지역에 보내면서 '누구든지 사울과 사무엘을 따라 나서지 않는 자는 이 모양이 되리라'는 말을 전하게 하였다. 그러자 백성들은 주를 두려워하며 일제히 따라 나섰다"(사무엘상 11.7). 승리를 거둔 사울은 동아프리카의 농촌 부족 왕국들을 연상시키는 형성기 국가에서 새로 주둔군 3000명을 편성했고, 그 힘을 빌려 부족사회에 자신의 권위를 내세우고 부족 군대에 대한 통제권을 강화할 수 있었다(사무엘상 13.2).

더욱 견고한 역사적 배경으로 옮겨가도 부족사회가 가지고 있던 똑같은 약점이 분명히 나타난다. 카이사르가 갈리아를 정복했을 때, 인구 500만 명의 갈리아는 기껏 8만 명(8개 군단과 보조군)에 불과한 로마군에게 항복했다.[9] 카이사르 원정 말기에 로마에 맞섰던 대반란의 지도자 베르킨게토릭스Vercingetorix가 고치려 했던 것도 바로 이런 약점이었다. 그는 각 부족에 병사와 병기 할당량을 정하고 샤카처럼 국가 비슷한 규율 수단을 강요하고자 했다. 카이사르는 베르킨게토릭스에 관해 이렇게 기록했다(『갈리아 전쟁기』 7.4).

그는 극도의 관리에 극도로 엄격한 명령을 덧붙이면서, 머뭇거리는 자들에게는 가혹한 벌을 내렸다. 명령을 실로 심각하게 위반한 중죄인에게는 화형이나 온갖 고문을 가했다. 가볍게 위반했을 경우 귀를 자르거나 한쪽 눈을 도려내고 집으로 보내, 가혹한 형벌로써 나머지 사람들에게 교훈을 강조하고 겁을 주었다.

카이사르의 글을 읽으면서 무자비한—더욱 통제된—규율 수단이 로마의 국가 군제의 핵심이었음을 알기란 쉽지 않다.

카이사르에 따르면 베르킨게토릭스의 아버지는 갈리아에서 왕권을 염원하던 중요한 족장이었고 그 때문에 처형당했다. 이미 보았듯이 계층화가 심화되던 갈리아 사회에서는 "막강한 족장일수록, 그리고 사람을 고용할 수단이 많은 족장일수록 흔히 스스로 왕이 되고자 열망했다"(『갈리아 전쟁기』 2.1). 카이사르가 자신에게 저항하던 야만인 지도자들의 이런 동기를 탓하면서 왕권에 대한 로마인들의 혐오감을 활용했는지 몰라도, 그의 말이 단순한 수사는 아니었다. 성공적인 전쟁에서 군사 지휘권은 왕권으로 이어지는 탄탄대로였다. 성공한 전쟁 지도자를 부유하게 만들고 동료와 경쟁자, 다른 부족 권력자보다 많은 종사와 피호민을 끌어들이게 해주었기 때문이다. 그리고 덕분에 위신이 높아지고 부족 내에서 대중의 지지와 정당성을 얻을 수 있었으므로, 역시 같은 결과를 얻을 수 있었다. 또한 먼 곳에서도 많은 전사들을 끌어들임으로써, 자기 부족의 범위를 넘어서 독립적인 권력 기반을 만들 수도 있었다.

이렇게 군사 지도력을 통해 다양하게 연결되는 부족 안팎 권력 축적의 정치학은 베르킨게토릭스의 경우에도 찾아볼 수 있다. 그는 자신의 아르베르니족Arverni 내에서 자유의 기치를 내걸고 무장 집단을 소집해 로마의 통치에 맞서 반란을 꾀하기 시작했다. 이런 수단으로 그는 아르베르니족 엘리트 맞수들을 쫓아냈다(『갈리아 전쟁기』 7.4). 갈리아를 대규모로 침략함으로써 카이사르에게 처음 개입의 빌미를 제공했던 헬베티족 귀족인 오르게토릭스Orgetorix의 경우도 부족의 왕이 되려는 욕망이 작용했던 것이라고 카이사르는 추측했다(『갈리아 전쟁기』 1.2~4). 한편 카이사르가 갈리아를 향해 남쪽에서 진군하던 사이, 전사 지도자 아리오비스투스Ariovistus는 갈리아 북동부를 침략해 서부 게르마니아 전역에서 무장 전사들과 일부 부족들을 끌어들이면서 게르만 원생 왕국을 만들고 있었다(1.31, 1.51). 그의 맹아적 국가 건설과 현지 켈트 부족 정복은 결국 카이사르의 대규모 원정과 전투 한 번에 막을 내렸고, 패배한 게르만족은 라인 강 너머로 쫓겨났다.

아리오비스투스는 로마인의 기록을 통해 역사적으로 처음 조명된 경우지만, 확장되던 게르만족의 영역에서 그보다 앞서 왕으로 커가던 전사가 또 있었는지는 알 수 없다. 그 답은 선사시대의 안개 속에 가려져 있다.[10] 그러나 그 이후 로마인에 의해 기록되었던 나머지 지도자들은 아리오비스투스와는 달리 성장하던 로마로부터 더 많은 영향을 받았다. 아리오비스투스 이후 머잖아 권력을 잡게 된 마르코만니족Marcomanni의 마로보두스Maroboduus는 초기 게르만족 전사—왕의 새로운 권위를 가장 잘 보여주는 예이다. 역사학자 E. A. 톰슨Thompson은 그 과정을 인류학적으로 매우 예리하게 분석했다.

> 마르코만니족 지도자인 마로보두스는 게르만족 중에서는 처음으로, 부족민들의 호의에 의존하는 연합 족장에서 신민들에게 자기 의지를 강요할 수 있는 군주로 변모했다고 알려져 있다. 서력기원을 앞둔 어느 해에 로마군이 서부 게르마니아로 진군해오자 마로보두스는 마인 강 유역의 마르코만니족을 철수시켜 보헤미아의 새로운 터전으로 이끌었다…… 보헤미아에서 그는 자기 부족의 요새와 가까운 곳에, 그러나 뚜렷하게 구분되는 '궁전'을 지었다…… 우리는 그가 어떻게 전제 권력을 얻었는지, 거기서 그의 종사들은 어떤 역할을 했는지 정확히 알지 못한다.[11]

그렇지만 다른 곳에서처럼, 부족 자유민 민병대—느슨한 대형으로 싸우면서 영웅적 전사의 솔선수범만으로 지휘되는—의 변신이 마로보두스의 과업에서 중요하게 작용했다는 건 분명해 보인다.

> 국가 군대 비슷한 것을 채택하려면 국가와 비슷한 사회조직이 이미 씨족 기반 조직을 대신하고 있어야 했다…… 이와 같은 군대 성격의 변화는…… 게르마니아의 나머지 모든 곳에 존재하던 것보다 더 높은 수준의 강제력을 전제로 한다.[12]

줄루 왕국과 동아프리카의 경우처럼 자체 군대를 갖춘, 친족을 넘어서는 국가 기구가 탄생하면서 외부로의 지속적인 팽창이 가능해졌고, 그 역 또한 가능해졌다.

> 따라서 마로보두스의 이름이 게르만 역사에서 또하나의 혁신과도 연관되는 건 우연이 아니다. 일반적으로 게르만계 부족끼리 치렀던 전쟁은…… 분쟁지의 소유, 소, 위신 등등의 문제 때문에 일어났다. 극단적인 경우 그런 전쟁은 약한 쪽이 이주하면서 끝이 났고…… 심지어 한 부족의 절멸 같은 사건으로 끝나기도 했다. 그러나 서력기원 초에 새로운 유형의 전쟁이 등장하기 시작한다…… 이것은 패한 쪽이 복속되고 정복자의 신민으로서 지위가 격하됨으로써 끝나는 전쟁이었다.[13]

그전까지 "공물과 세금, 그 비슷한 것을 징수하기 위한 행정 기구는 전혀 없었다." 그러나 마로보두스의 국가 기구가 아무리 초보적일지언정, 이제 전리품은 "궁전과 그 주변 요새"에 보관되었다.[14] 마로보두스는 보헤미아의 형성기 국가에서 "새로운 이웃들과 일련의 전쟁을 벌였고…… 그 전쟁들로 이웃들을 그의 통치에 복속시켰다. 그리고 그는 이웃 전사들에게 자신의 원정에 동참해 자신을 위해 싸우라고 강요했다."[15] 눈덩이 효과가 생겼다. "실로 그의 제국은 굉장히 컸다. 그는 보헤미아에 있는 근거지에서 당시 엘베 강 유역의 하류에 산 것으로 추정되는 롬바르디아인들까지 통치했다."[16]

마로보두스가 아리오비스투스의 맹아적 국가 건설을 더 큰 규모로 재연하고 있던 사이 서부 게르마니아에서는 케루스키족Cherusci의 젊은 귀족이자 전쟁 지도자인 아르미니우스Arminius가 로마에 맞서 전면적 반란을 일으키는 동시에 민족과 국가를 건설하려던 베르킨게토릭스의 시도를 재개하여 더 큰 성공을 거두고 있었다. 적어도 첫 단계만큼은 훨씬 더 성공적이었다. 서기 9년 늦지대인 토이토부르거발트에서 벌어진 매복전에서 로마의 3개 군단을 패배시킨 유명한 전투는 아우구스투스 치세 동안 계속된 로마인들의 게르마니아 복속 시도를 사실상 종결지었다. 그 결과는 확실히 극적이었지만, 그 원인은 그렇지 않았다. 로마의 대패는 예외적인 사건이었다. 그 전후의 여러 해 동안 로마군은 게르마니아 전역에서 승리를 거듭했다. 서기 16년 게르마니아 정복을 포기한다는 티베리우스 황제의 역사적인 결정은 도시들(오피다oppida) 너머의 외지고 황량하고 가난한 변방에서 도망다니는 부족민을 계속 굴복시키기는 힘들며, 거기서 얻을 게 무엇이든 간에 그렇게 애쓸 가치는 없다는 사실을 인정한 것에 지나지 않았다. 대신 로마인들은 부족 엘리트를 통한 간접통제와 분할통치 정책을 선택했으며, 선물이나 황제의 명예와 위신, 로마식 교육과 억지책으로 부족 엘리트를 뒤흔들고 조종했다—이후 몇 세기 동안 대체로 로마인들이 사용할 정책이었다.

그러나 여기서 우리의 관심을 끄는 것은 로마인들이 아니라, 이런 부족 환경 내에서 아르미니우스가 했던 행동이다. 그는 로마와 싸우는 동안 부족 집단에 잘 짜인 규율과 체계적인 전쟁 방식을 도입하려 애썼고, 동요하는 자나 적에게 협력하는 자를 탄압하려 했다. 그럼에도 계속해서 그는 부족 제도와 부족 전통의 한계 내에서 움직여야 했고, 노골적으로 반대하진 않더라도 그의 계획을 종종 거부하는 부족 권력자들과 경쟁해야 했다. 베르킨게토릭스의 경우가 그랬듯이 이런 반대자들 중에는 아르미니우스와 가장 가까운 친척 지도자들도 있었는데, 그들은 다른 정책을 옹호했고 나름의 야심도 가지고 있었다. 그러나 베르킨게토릭스와 달리 전쟁중에 아르미니우스는 그들을 억압할 만큼 왕권에 가까운 권력을 키우지 못했다. 그럼에도 전쟁 이후에는 자신의 동시대인이자 맞수인 마로보두스를 모방하여 종사단을 동원해 부족민에 대한 전제적 통치를 확립하려고 애썼다. 결국 그는 자기 친척에게 배신당해 살해되었다.[17] 마로보두스도 결국에는 마르코만니족 엘리트와 부족민에게 쫓겨났고, 그의 맹아적 국가는 분해되었다.

게르만족의 땅에서 들려오는 이런 초기 왕권의 메아리들은 초기 국가 구조가 얼마나 허약하고 분해되기 쉬운지 잘 보여준다. 그러나 그 대부분은 선사시대와 원사시대에 반쯤 감춰진 채 남아 있기 때문에 역시나 학계의 관심을 거의 끌지 못했다. 과거의 자유를 빼앗긴 민중과 특히 엘리트들이 저항했고, 여기에 발달된 국가 기구를 지탱할 수 있는 사회경제적 하부구조까지 빈약했으므로 초기 국가들은 보잘것없는 조직에 불과했다. 국가들의 점진적인 등장과 공고화—국가들이 더욱 오래 유지되고 내적·외적 무대를 모두 지배할 만큼 성장했다는 사실—는 상호의존적이고 상호보완적인 수많은 과정들과 뒤얽혀 있었다. 심화되는 사회 계층화와 경제의 복잡성은 결국 사회의 구성 요소로서 친족 네트워크의 우위를 잠식했고, 국가 구조 및 기구의 강화, 국가 규모의 확대, 전반적인 국가 체제 확장을 용이하게 했다. 국가의 전반적인 역사적 흐름은 이런 방향으로 흘러갔다.[18]

소국가에서 국가로: 북유럽 실험실

일부 경우에는 부족/족장 공간에서 국가 구조가 상당히 빠르게 확장되는 국가의 공고화 과정을 단일한 핵이 좌우했다. 그러나 다른 경우, 어쩌면 대부분의 경우에 국가 공고화는 서로 경쟁하는 몇몇 핵에 의해 동시적으로 진행되어 훨씬 작은 초기 국가 단위들이 만들어졌다. 이들 '잃어버린 고리'인 소국가는 초기 국가의 진화를 다룬 학계 문헌에서 또하나의 공백으로 남아 있다. '제후국princely state', 공국 또는 후국Fürstentum, '소국Kleinstaat',

심지어 '초소국micro-state'은 물론 대왕Grosskönig에 반대되는 의미로서 소왕 Kleinkönig에 대한 언급은 많지만, 국가의 성장에서 소국가 '국면'이 얼마나 일반적이었는지에 대한 체계적인 인식은 없다.

이런 공백의 원인은 선사시대와 원사시대가 불분명한 것과 똑같은 문제 때문이다. 실제로 널리 인정되는 유형의 소국가는 도시국가가 유일한데, 도시국가는 발달된 도시문화와 문자문화 덕택에 역사의 빛 안으로 확실히 들어와 있기 때문이다. 이번 장의 두번째 부분에서 논의하겠지만, 도시국가는 소국가의 한 형태이자 하나의 발달 경로에 지나지 않는다. 일부 학자들은 이 책에서 농촌 소국가라고 부를 형태와 도시국가를 뭉뚱그리기도 한다. 나머지 학자들은 초기 국가의 두 유형으로 도시국가와 '촌락village' 국가, '영역territorial' 국가, 또는 '영토country' 국가를 제시하면서, 후자가 처음부터 지리상 큰 규모로 등장했다고 가정한다.[19] 실제로는 대규모의 '영역' 국가, '촌락' 국가, '영토' 국가 역시 소국가 체제를 시작으로 서서히 진화한 경우가 많다. 이 과정에서는 부족들과 족장사회들보다는 농촌 소국가들이 합쳐졌다.

여기서 다시 게르만족 왕권의 성장을 살펴보자. 게르만족 사회는 서력 기원 초기 수백 년간 서로 연관된 수많은 과정들을 겪었다. 교역, 기습, 전쟁, 정치적 의존, 용병 용역 등을 통해 로마 제국과의 상호작용이 늘어났다. 농업이 집약되고 인구가 증가했으며 사회 계층화가 일어났다. 프랑크족, 알라만족, 작센족처럼 대규모 부족 연합이 구성되었다. 그리고 3세기부터 일부 게르만족에서는 '소왕'들이 점점 두각을 나타냈다. 로마인들의 기록과 요새화된 중심지의 고고학 증거들로 볼 때, 4세기에 고트족 사이에서는 다양한 부류의 개별 부족 집단들을 지배하던 독립 왕국 비슷한 것이 많게는 6개 등장했다고 짐작된다.[20] 3세기에 알라만족의 소왕/족장은 주로 로마 제국과의 전쟁과 관련하여 때때로 전쟁을 수행하는 왕이 되곤 했다.[21] 4세기와 5세기 프랑크족 사이에선 별개의 부족 집단을 다스리는 소왕들reguli이 동시에 여럿 존재하고 있었다. 이 모든 경우에 종사들은 왕권의 확립과 행사에서 중요한 역할을 했으며, 어느 경우에나 중앙집권화된 '족장사회'와 맹아적 왕권을 잇는 선은 가늘고 다소 임의적이었으며 가장 정확히 말하면 진화중이었다.

실제로 '본격적인' 게르만 왕권과 원시적이나마 더욱 견고한 국가 구조는 로마 제국으로의 대이동이 일어났던 일부 게르만족 집단에서만 형성되었다. 성공적인 대규모 군사 지휘권은 왕의 권위와 부, 권력을 증대시켰다. 낯선 땅과 사람들을 정복하게 되면서 침입자들 내부의 오랜 친족 유대는 약화되고 새로 탄생한 혼합 사회/정치체 내에 포섭되었다. 남아 있던 로마식 행정과 징세 제도는 새로 등장한 국가가 접수했다. 그 결과 새로운 '민족의' 왕을 중심으로 서고트족, 동고트족, 부르군트족, 반달족, 랑고바르드족 국가들이 탄생했고, 반면에 부족/족장 제도를 유지한 채 통일된 왕권 국가로 발전하지 못했던 알라만족 같은 경우는 불리한 입장이 되었다. 5세기 말과 6세기 초에는 프랑크족 클로비스 왕이 자신과 혈연관계에 있는 많은 이들을 포함해 프랑크족의 나머지 '소왕'들을, 때로는 직접 잔인하게 배신하고 죽여 모두 제거해버렸다. 그는 불과 400~500명으로 추정되는 종사단에서 시작하여, 패배한 소왕들의 종사들을 속속 포섭했다.[22] 그렇게 갈리아 북부에 이어 남부까지 프랑크족의 통치권을 뻗친 클로비스는 성공적인 전쟁을 통해 프랑크족 내의 정치체들 사이에서 자신의 지배력을 강화했다. 결과적으로 그가 세운 국가와 민족은 프랑크족을 더 강하게 만들었고 외부로의 팽창에서도 더 성공할 수 있게 해주었다.

몇 세기에 걸쳐 서서히 국가가 등장하고 공고해지고 팽창하는 이 상호 연관된 과정들은 게르만계 앵글로색슨족이 지배하던 잉글랜드에서도 어느 정도 비슷하게 나타났다. 앵글족, 색슨족, 유트족은 5세기부터 습격자로서, 용병으로서, 지역 권력의 찬탈자로서, 그리고 나중에는 이주 정착민으로서 브리튼 섬에 도착했다. 각각의 전쟁 지도자와 종사단을 중심으로 많은 소왕국이 등장했으나, 어느 역사가가 말한 '때려눕히기 경쟁knock-out competition'을 벌이며 몇 세기가 지나는 사이 그 수는 점차 줄어들었다. 선사시대의 베일이 막 걷히기 시작한 7세기에는, 남아 있던 소국가들—켄트, 웨스트색슨, 사우스색슨, 이스트색슨, 이스트앵글, 머시아, 노섬벌랜드—이 폭력이나 강압, 포섭을 통해 그중 한 국가의 '종주권' 아래 병합되었다가도 성공적인 종주가 죽으면 다시 각 부분으로 해체되기를 반복하고 있었다. 8세기 말에 이르러서야 머시아(1만 2000가구로 추정되는 이 왕국의 인구는 이들 소국가의 규모를 단적으로 말해준다)의 왕들이 남부의 모든 소국가와 북부의 일부 소국가를 종주권 아래에 보다 안정적으로 통일하는 데 성공했다. 한 세기 후 머시아가 바이킹족에게 멸망한 뒤에는 웨식스의 왕들이 종주권을 확립했다. '통일된' 앵글로색슨 왕국은 그렇게 탄생하고 있었다.[23] 켈트족이 살던 아일랜드와 웨일스에서도 5세기부터 12세기까지 소왕들이 지역 족장들을 지배하고 제각기 면적 1500제곱킬로미터 안팎의 국가를 만들어 패권과 전리품(주로 소)을 차지하기 위해 끊임없이 서로 싸우고 습격했다. 시간이 흐르면서 이들 소국가의 수는 줄어들었는데, 일부는 더 넓은 지역으로 계속 지배권을 확장해나갔던 '상위 왕들ruiri'과 '상위 왕들의 왕들ri ruirech'의 왕국에 흡수되었기 때문이다.[24]

영국 제도의 암흑시대에 관한 증거는 빈약하게나마 존재하지만, 스칸디나비아와 관련된 증거는 거의 없다. 그러나 국가 발전의 윤곽은 비슷했다. 덴마크에서 왕은 6세기—스웨덴에는 이 무렵에 이미 왕이 존재했다고 알려져 있다—무렵 등장했고, 노르웨이에서는 9세기 말에 등장했다. 다른 지역에서 그랬듯, 이 왕들은 훗날의 덴마크와 노르웨이의 왕이라기보다 그 지역 안에 있던 왕이었다. 왕들의 수가 얼마나 되었고 그 계보가 얼마나 안정적이었는지는 알려지지 않는다. 나중의 바이킹 시기와 관련된 유익한 추정치에 따르면, 노르웨이 왕들은 3분의 1 이상이 전투중에 죽었으며 또 3분의 1은 추방되었다. 어쨌든 이들 국가 핵의 통치자들은 다음 몇 세기 동안 조금씩 영토를 확장하면서 맞수인 국가 핵들을 멸망시키고 지역 권력자들에 대한 종주권을 확대해갔다. 피로 얼룩진 이 과정에서 그들은 자신에게 굴복한 이들에게 독립 대신에 백작 지위를 주거나, 혹은 왕자신의 친족이나 추종자들로 그들을 대체했다.[25]

이 모든 경우에서 같은 특징들이 뚜렷이 나타난다. 왕권의 핵심은 왕의 '일가'가 된 종사들이나 원시적 직업군인들이었다. 일부 경우에는 진정한 용병부대가 고용되었는데, 주로 사나운 전사의 명성을 지닌 외부 종족 병력이 개입된 곳(이를테면 아일랜드의 바이킹족)에서 고용되었지만 그렇지 않은 곳도 있었다. 한 예로 미에스코 왕은 10세기 한 폴란드 국가의 왕으로 갑자기 역사의 빛 속에 등장했다. 이 나라는 슬라브 부족체들(폴란드라는 이름의 시조가 된 폴라니에족을 포함하여)과 소국가들(훗날의 크라쿠프 주변에 형성되었던 '비스툴라족'의 소국가 같은)이 통합되는 불분명한 시기 이후에 건설되었다. 미에스코는 급여를 받는 무장 종사를 3000명 거느렸다.[26] 권력의 양파 모델 또는 눈덩이 모델 속에서, 지역 권력자들은 부상하는 종주에게 복종함으로써 자신과 반+상설 용역/무장 수행원들을 국가 무장세력의 두번째 중요한 부분으로 묶었다. 결국 종주와 지역 지도자들은 비상시에 전체 소집되고 경미한 사안에는 선택적으로 소집되는 지역 민병대를 통제했다.[27] 그리스도교로 개종하기 전까지, 앞서 언급한 국가들의 왕은 모두 신성한 혈통을 주장했으며 전례적—마법적 기능을 수행했다.[28]

국가 형성에서 중요한 역할을 했던 종사들은 부족/계층 사회 내의 성원일 수도 있었지만, 외부 출신일 수도 있었다. 오늘날의 러시아와 우크라이나 지역 최초의 국가였던 루시는 서기 750년경에 등장했는데, 정확한 세부사항은—국가의 형성이 으레 그렇듯—흐릿한 원사시대 속에 감춰져 있지만 주목할 만한 사례다. 루시의 탄생은 12세기에 키예프의 『원초 연대기Primary Chronicle』로 정리된 구전 전승을 바탕으로 고고학의 도움을 받아 재구성해야 한다. 루시는 사실 서부 핀족과 에스토니아인이 스베아족을 일컫던 이름이었다. 노르웨이와 덴마크의 이웃들이 서쪽을 항해하던 시기에 스베아족은 동쪽의 발트 해 동부와 볼가 강 및 드네프르 강의 지류를 항해했고, 모피·노예·은 등으로 동로마 제국, 이슬람 칼리프국과, 그리고 볼가 강 하류까지 가서 튀르크계 카자르족Kazars이나 불가르족과 교역을 했다. 서부의 이웃들과 비슷하게 한 명의 전쟁 지도자를 중심으로 하는 반半평등주의 무장 집단이었던 이들은 틈나는 대로 교역과 습격, 해적질, 약탈, 공물 강탈, 납치와 강간을 저질렀다. 고고학 증거는 이들 사이에서도 치명적인 폭력과 반목이 만연했음을 말해준다. 이들은 강 교통로를 따라 정착지/교역소를 세웠고 일부를 요새화했는데, 처음에는 라도가 호와 일멘 호 주변(이 가운데 노브고로트가 훗날 가장 유명해졌다)에 건설되었고, 9세기 말부터는 더 남쪽에도 생겼는데 그 가운데 가장 유명한 곳이 키예프였다. 이런 정착지를 거점으로, 이들은 초보적인 물질문화만 누리며 발트어와 슬라브어를 쓰는 느슨한 조직체였던 주변 지역 부족들을 하나씩 지배해나갔다.

이 과정의 정확한 메커니즘에 관해서는 정보가 거의 없지만, 일종의 '보호'—다시 말해 남쪽의 스텝지대 유목민인 카자르족과 불가르족, 그리고 사실상 북방인들로부터 방어해주는 대가로 받는 공물—와 함께 새로 온 이방인에게 혼인할 여자를 내주곤 했던 지역 씨족 수장들과의 교역이 포함되어 있었다. 이런 신흥 소규모 정치체들이 족장사회에서 요새화된 성읍과 시골의 소국가로 진화했고, 각각의 우두머리는 지도자 겸 모험가에서 카간(Khagan, 수장)이 되었으며 이어서 공公이 되었다. 스칸디나비아 출신의 이 습격자 겸 교역상 엘리트 집단은 현지인이 쓰는 동슬라브어를 채택했고, 그리스도교를 채택하기 전까지 이교와 샤머니즘을 융합했다. 10세기 말부터 11세기 중반까지 키예프 공들은 우크라이나와 그 북쪽으로 종주권을 확장했고, 멀리 발칸 반도까지 습격과 원정을 나갔다. 그후 키예프 영토는 다시 독립적인 소국가들로 분리되어 서로 자주 싸웠는데, 각 소국가의 공들은 무장 종사단, 지역 민병대, 때로는 용병대를 수백 명씩 거느렸다.[29]

루시의 뿌리인 스칸디나비아의 상황은 더욱 모험적이고 호전적이었지만, 스베아족이 건너가 지배했던 발트족이나 슬라브족에 비해 정치적으로 조금 더 조직되어 있을 뿐이었다. 그러나 다른 지역들에서는 발달한 이웃 국가에서 지도자와 그 수행원들이 들어왔고, 심지어 외부 국가 권력의 도전에 맞서기 위해 부족/족장사회에서 먼저 외국인 지도자를 초빙하기도 했다. 예를 들어 초기 로마의 마지막 세 왕은 에트루리아식 이름을 가지고 있었다. 고고학자들의 추정에 따르면 로마 전통에서 초기 왕들/동맹 전쟁 지도자들은 단순 농촌 부족사회에 속해 있었던 반면, 에트루리아 왕들의 통치 시기는 기원전 7세기와 6세기에 에트루리아와 로마에서 도시생활양식과 국가가 성장한 시기와 일치한다. 한때 학자들은 에트루리아인들의 점령이 로마의 변화를 초래했다고 믿었다. 하지만 로마인들의 문헌에는 그런 점령에 대한 언급이 전혀 없으며, 에트루리아인들 자신도 서로 반목하는 도시국가들로 분열되어 통일 제국을 이루지 못하고 있었다. 그보다는 에트루리아인 전사 집단 지도자가 로마의 국가 지도력을 차지했거나 지도자로 환영받았을 가능성이 높다. 여러모로 로마 국가와 군대의 실질적 창시자였을 기원전 6세기 중반의 세르비우스 툴리우스Servius Tullius 왕이 그런 성격의 인물로 지목되어왔다.[30]

그런 식의 지도력 획득에는 약간의 강압이 개입되었을 가능성이 있지만, 사실 외부 출신 통치자는 얼핏 생각할 때보다 훨씬 매력적인 제안이었을 것이다. 지도력, 권력, 위신 등을 놓고 서로 치열하게 경쟁하는 부족 권력자들은 자기들 중 한 명을 선출하는 것보다 외래 통치자를 종종 더 선호했다. 한 예로 아스텍족은 멕시코 계곡으로 들어갔던 14세기 초 당시 가난하고 낙후된 부족사회로, 그 지역에서 발달한 도시국가들 주변에 정착해 그들로부터 무자비한 지배를 받았다. 이에 대응해 아스텍족은 최고 전쟁 지도자 대신 어엿한 왕위(틀라코치칼카틀tlacochcalcatl)를 만들고, 그 자리에 도시국가 콜우아칸 출신의 외래 귀족 아카마피치틀리Acamapichtli를 초빙했다. 새 왕은 20개 씨족(칼폴리calpolli) 수장들의 딸들과 결혼했고, 그렇게 씨족장들은 새로운 체제와 연결되어 자신들의 이익을 챙겼다.

로마와 그리스도교의 문자 기록 덕분에, 흐릿했을 북유럽—줄루 왕국과 비슷했던—의 국가 형성 과정에 대한 단편적이지만 조금 더 나은 증거가 확인된다. 그렇기는 해도 북유럽의 경우는 확실히 지중해 문명과의 상호작용이 결정적이었다. 그런 이유와 함께 북유럽 사회의 후진성 때문에, 약탈자 성향의 전사 집단은 이들 사회가 국가로 발전하는 과정에서 권력 축적의 주요 수단으로 기능했다. 그러나 이런(그리고 아스텍족의) 예들은 본질적인 '2차' 국가의 형성을 대표하지 않을까? 어떤 경우든 마르크스와 엥겔스, 그리고 이후의 학자들이 말했던 것처럼 '게르만 국가'와 그 형성은 '아시아 국가'로 가장 잘 대표되는 나머지 경우들과 근본적으로 다르지 않았을까?

확실히 성서 전승은 이스라엘 왕권 형성에서도 무장 종사들이 중요한 역할을 했음을 말해준다. 일찍이 아비멜렉은 짧게나마 왕권을 세우려고 시도했다. 그는 세겜 사람들이 지역 신전에서 내어준 돈으로 소규모 전사 집단을 고용해 그들의 힘으로 중앙 에브라임 구릉지에 왕권을 세웠다(판관기 9). 나중에는 400~600명의 집단과 블레셋 용병의 우두머리인 다윗이

유다 지역의 남부 부족들을 다스리는 왕으로 추대되었다(사무엘상 22~30, 사무엘하 2). 그후 다윗은 이 소규모 부족 왕국을 이스라엘 통일국가 창조를 위한 권력 기반으로 삼았다. 그의 정예 집단은 '영웅 동지' 수행원/군 지도자(전통적으로 37명)와 외부에서 온 블레셋 바다 사람들인 그렛, 벨렛, 갓 등의 용병 600명을 포함하는 정규군으로 바뀌었다. 이들 군대는 부족 민병대에 대한 왕의 지배를 공고히 해주었다(사무엘하 15, 20, 23). 그러나 성서 전승에 분명히 나타났듯 기원전 1000년경 고대 히브리인들의 초기 국가 역시 '2차' 국가로, 이전에 생긴 이웃 국가들, 특히 블레셋과 새로 떠오른 트랜스요르단 왕국의 군사적 압박에 대응해 형성된 것이었다. 만약 국가로 나아가는 또다른 더욱 '1차적'인 길이 있었다면 거기에서 무장 세력과 폭력은 어떤 역할을 했을까? 이 문제에 답하기 위해, 이제 절대적 시간을 더욱 거슬러올라가 가장 초기의 국가들을 살펴볼 때가 되었다.

소국가에서 국가로: 가장 초기의 예들

최초의 국가들은 집약적 관개농업 환경에서 등장하는 경향이 있었다.[31] 이 말은 국가 출현의 '수력' 이론과는 반대로, 국가가 다른 생태적 조건에서는 독립적으로 등장할 수 없었다거나 등장하지 않았다는 의미가 아니다. 다만 농업 혁명으로 시작된 과정이 인구 밀도와 사회적 복잡성의 조건을 창출했고, 농업이 가장 먼저 집약화된 곳에서 그 조건이 가장 빠르게 마련되었다는 뜻일 뿐이다.[32] 절대적 시간대에서 수메르와 이집트는 가장 이른 초기 국가이자 문명으로 유명한데, 기원전 3000년 이전에 이미 등장하고 있었다. 일부 메소포타미아인들이 아주 일찍부터 나일 강 유역에서 상호 교류했음을 보여주는 듯한 단편적인 증거가 있기는 하지만, 지리적 거리와 고고학상의 문화적 차별성으로 보아 이집트인들의 국가 형성이 근본적으로 자생적이었다는 데는 거의 의심의 여지가 없다.

우선 우리의 관심을 끄는 것은 일찍 통일된 거대 왕국이라는 이집트의 독보적인 모델이다. 이 왕국에 관한 모든 것은 처음부터 규모가 컸던 것처럼 보인다. 역사의 무대에 이집트가 등장하는 순간부터, 우리가 아는 이집트의 이미지를 대표하는 것은 아비도스와 사카라에 있는 통일국가 초기 왕조Early Dynastic의 기념비적인 왕묘들, 고왕국 통치자들의 독재 권력을 상징하는 피라미드로 한층 진화한 왕묘들이다. 대략 기원전 3100~2100년의 천 년에 걸친 이 초기 왕조와 고왕국 시대는 상대적으로 평화로웠던 시기이기도 했다. 이집트는 사막과 바다로 보호받고 있었으므로, 대부분 부족사회였던 누비아, 리비아, (부분적으로 도시였던) 레반트 남부의 이웃들을 방어하기 위한 제국주의적 선제 조치는 대체로 보아 이집트 국가에 그리 중요하지 않았다.

그러나 이미지는 속기 쉬운 법이다. 문자와 역사의 빛 아래 들어온 모습이 이집트의 전모는 아니었다. 이집트는 전승과 고고학 증거 속에 희미하게 기록된 원사시대의 과정을 거치며 다양한 군소 정치체들로부터 창조되고 '통일'되어야 했는데, 여기서 전쟁이 중추적 역할을 했다.[33] 우리 연구에서 이 단계까지의 상호연관된 과정들은 놀랍도록 비슷하게 나타나곤 한다. 고고학 기록은 기원전 제4천년기에 나일 강 유역의 농경 부족/족장사회들이 소규모 지역 정치체들을 중심으로 합쳐졌음을 보여준다. 이집트 학자들은 후기 이집트의 행정구역인 약 40개의 노메nome들이 잉글랜드나 유럽 대륙의 군이나 지구의 이름들과 마찬가지로 이런 독립 군소 정치체의 원래 윤곽을 보존하고 있었다고 믿는다. 선왕조 후기 또는 초기 왕조의 벽두(기원전 3100년경)의 유물이며 '타운스 팔레트Towns' Palette'로 알려진 제의용 팔레트에는 정연하게 구획된 성벽이 있는 여러 요새화된 정착지의 모습이 새겨져 있다. 각각의 요새화된 정착지 안팎에 보이는 상징적 동물 형상들은 흔히 방어자들과 공격자들의 지배 씨족이 섬기던 토템으로 해석된다. 시간이 흐르면서 통일 과정이 일어났다. 고고학 증거는 남쪽과 북쪽 즉 상이집트와 나일 강 삼각주에서 하나씩, 두 개의 문화권이 형성되었음을 말해준다. 전자에는 더욱 중앙집중적이고 위계적인 국가가 있었던 것으로 보이는데, 이 국가의 성벽을 두른 국가-종교적 도시 중심지는 히에라콘폴리스에 있었다. 북쪽 삼각주 국가—만약 지금의 삼각주가 옛날과 같다면 그 가능성은 더욱 높을 것으로 보이는데—의 중심지는 현재 발굴중인 부토Buto에 있었을 것이다.

원사시대—이집트를 포함하여—에 관한 모든 서술은 어느 정도는 추측이지만, 후대 이집트인들의 기록에 나타난 국가 기원의 대략적 윤곽은 고고학 발견으로 점점 확인되어가고 있다. 이에 따르면 나일 강 유역은 하이집트를 점령했던 상이집트의 왕 메네스에 의해 통일되었다. 다양한 장식 팔레트에 가장 뚜렷이 남은 고고학 증거들은 족히 200년은 걸렸을 이 과정을 보여주는 것 같다. 저마다 상징이나 이름—카, 이리호르, '전갈', 나르메르(메네스?)—으로 기록된 상이집트의 전사 통치자들은 전투, 승리, 복속 등을 미화하는 장면에서 적을 무찌르고 적군 지도자와 전사의 머리를 베는 모습으로 나타난다. 사람을 제물로 바친 증거도 발견되었는데, 이 관습은 통일 후 곧 사라졌다. 비옥한 범람원의 길고 좁은 농경지 사이를 흐르는 나일 강은 통일 과정에서 군대를 배로 실어나르는 고속도로 역할을 했다.

이 점진적인 국가 형성 구도에서 지금껏 인정되지 않았던 한 가지 요소를 지적할 필요가 있다. 이미 이야기했지만 흔한 선입견과는 반대로, 이 '1차' 국가의 핵인 나일 강 유역에서조차 국가는 나머지 모든 국가들과 별개로 진화하지는 않았다는 것이다. 통일된 이집트 왕국이라는 후대의 이미지는 이 경우에도 오해의 소지가 있다. 나일 강 유역의 정치체들이 진화하던 모든 단계에서 국가들은 서로 상호작용하면서, 서로 반응을 주고받

'타운스 팔레트'. 동물 형상은 각각 포위한 쪽과 포위당한 쪽을 상징하는 것으로 보인다. 선왕조 후기에서 제1왕조 사이 기원전 3100년경.

으면서 공진화했다. 나일 강 유역 외부와의 상호작용—상업적이든 뭐든—은 말할 것도 없고, '이집트' '내부의' 정치체나 국가들의 관계도 처음부터 이러했다. 어느 한곳에 등장한 정치체는 나일 강 유역 이웃들의 나란한 발전을 초래했고, 이웃 정치체의 발전이 다시 그 과정을 강화했다. 겉보기에 '1차적'인 경우에도 내적 과정과 외적 자극이 모두 관련되어 상호작용을 하고 있었다.[34]

일단 통일이 되자, 이집트는 독특한 지리적 고립 덕택에 외부인들로부터 통일을 지켜낼 수 있었다. 국가 건설과 역사상 최초의 민족 건설은[35] 몇 세기 안에 순조롭게 이루어졌다. 새 수도는 예전의 상이집트와 하이집트

적을 죽이는 나르메르 왕. 제1왕조 초기인 기원전 3100년경. 히에라콘폴리스.

경계에 있던 멤피스에 건설되었다. 권력의 상징—칭호, 왕관, 그리고 이전 왕국들의 왕실 도상—들이 결합되었다. 지역 신들의 종교적 융합이 위로부터 시작되어 신성한 왕을 그 중심에 놓는 국가 종교가 탄생했다. 지역 방언들은 공식적인 (상이집트의) 국어 아래 포섭되었다(신석기시대 나일 강 유역의 종족들이 얼마나 많았는지는 알려져 있지 않다). 내부 평화가 강요되었다. 왕실의 행정, 징세, 경제, 사법, 군제가 적용되었다. 기념비적인 국가 구조물, 국가 예술, 광범위한 국정을 기록하고 운영할 국가 문자 체계가 빠르게 진화했다.

소국가에서 지배력 확장을 통해 더 큰 정치체로 나아가는 정치적 진화 패턴—다른 권력 공고화 수단들과 함께 무력이 개입된 패턴—은 이집트와 무관한 배경에서의 패턴과 여러모로 놀랄 만큼 비슷했다. 그러나 그 패턴들은 서로 크게 다르기도 한데, 환경과 생활양식과 사회적 조건의 차이는 곧 모든 문화가 서로 다른 형태로 고유하게 결정된다는 뜻이었기 때문이다. 따라서 아시아 대륙 저쪽 중국에서의 국가 출현은 이집트 모델과 비슷하다고도, 또 상당히 다르다고도 볼 수 있다. 이집트가 그랬듯 '중국'—널리 인식되는 하나의 거대한 민족-국가-제국, 그리고 문명이라는 훗날의 이미지—은 '원시시대부터' 거기 그렇게 있었던 것이 아니라 서서히 생겨난 것이며, 진화하는 국가 핵을 중심으로 한 국가와 민족의 건설 과정에서 '창조'된 것이다. 이집트처럼 이곳에서도 형성적 진화의 무대는 오늘날 중국 북부에 해당하는 장강 황허 유역의 비옥한 충적토 범람원이었고, 이곳에서 나는 기장, 밀/호밀, 채소, 가축은 경제의 토대가 되었다. 그 과정의 시작과 결실 모두 절대 연대에서는 아시아 서쪽 끝보다 대략 천 년 늦어서, 신석기시대 수천 년에 걸쳐 농업이 집약화된 끝에 황허 강 유역에 발달된 촌락 사회가 탄생한 것이 기원전 제4천년기쯤이었고, 계층화된 '족장사회'는 기원전 제3천년기에 등장했다(룽산 문화). 정착지 주변 해자와 울타리의 흔적은 신석기시대 초부터 있었던 것으로 보이지만, 이동식 화전 농업 대신 정착촌이 생겨나고 있었으므로 마을과 읍성 주변에 밟아다진 토성과 해자, 불에 타버린 흔적, 훼손된 유골 같은 고고학 증거가 더 뚜렷하게 남아 있다.[36] 기원전 2000년경부터 황허 강 유역에 원사시대가 시작되면서 적어도 수백 개의 소국가들이 등장하는데, 전형적으로는 지배 씨족의 근거지인 성곽 읍성이나 요새화된 궁전 주변에 건설되었다. 그러나 이곳에서도 이런 초기 국가 체제들 중 일부는 다른 국가에 흡수되고 있었으므로, 독립적 정치체의 수는 계속 줄어들었다.[37]

자생적인 문자 체계는 황허 강 유역에서 국가와 함께 기원전 제2천년기에 진화한 것으로 보이지만, 비슷한 문명들에서 그렇듯이 기록 자료는 현존하지 않는다. 주로 나무, 대나무, 비단처럼 썩기 쉬운 재료에 기록되었던 중국 문자는 이집트의 낮은 습도나 메소포타미아의 내구성이 뛰어난 점토판 같은 이점을 누리지 못했다. 기원전 1200년경부터 보다 내구성 있는 재료―주로 청동 유물과 갑골 및 조개―에 쓰였던 일부 문자가 제법 남아 있을 뿐이다. 이 문자 정보와 여타 고고학 유물들은 중국에서의 국가 출현과 관련한 후대 중국의 전승 및 역사의 기본 윤곽과 대체로 일치한다. 역사적 전승은 기원전 2000년대 초에 시작되는 하夏, 상商, 주周 등 세 왕조의 연대기를 전하고 있다. 하 왕조에 대해서는 가능성 있는 증거가 늘어나고 있음에도 아직까지 확실한 고고학적 판정이 불가능한 반면,[38] 대략 기원전 18세기부터 12세기 또는 11세기까지 통치했던 상 왕조의 경우 현대 고고학의 힘으로 유적과 문자 자료들, 유물들을 통해 명확하게 밝혀져왔다. 상 왕조는 하 왕조의 지배권을 넘겨받아 계속해서 통치체제를 확장해나간 것으로 보인다.

상나라의 영토는 황허 강 유역 너머로 확장되어, 마침내 남쪽으로는 중국에서 두번째로 큰 강인 양쯔 강의 벼 재배지까지 이르렀던 것 같다. 상나라의 느슨한 구조는 이 나라가 어느 단계에 있었는지 암시해준다. 그것은 왕가 출신의 왕이 정치적·종교적 수도(일곱 개의 순차적인 수도가 확인되었다)에서 지역 엘리트 씨족들—저마다 자기네 소유지의 중심 성곽도시에 거주하는—의 네트워크를 통해 종주권을 행사하는 형태였다. 상이라는 이름 자체는 그들이 처음 권력을 잡았던 원래 제후국의 이름을 딴 것이다. 그들의 종주권은 처음부터(하의 발자취를 따라) 정복, 강압, 포섭이 뒤섞여 만들어졌고 친족 관계로 묶여 있었다. 왕실과 지역 엘리트 씨족 간의 동맹은 상호 간의 꾸준한 일부다처제 혼인으로 다져졌다. 공석이 되었거나 새로 생긴 지역의 제후 자리는 상 왕실의 씨족 성원에게 할당되었다. 상 왕실을 정점으로, 씨족 엘리트들은 국가 중심의 의례를 제도화하고 국가 대사를 앞둔 복서卜筮의 독점권을 확립했다. 이 영토 내의 종족 및 언어 분화는 아직 분명히 밝혀지지 않았다. 그러나 적어도 엘리트와 상당수의 인구가 쓰던 언어는 고대 중국어였다. 고대 중국어는 황허 신석기시대 확장기의 언어와 방언들 중 하나에서 생겨났지만, 어쨌든 그렇게 국가 언어로서 확산되기 시작하면서 외래 요소들을 흡수한 것으로 보인다.

시간이 지나면서 왕실 행정이 크게 성장했음에도 상나라 영토의 사법·조세·군사 구조는 대체로 여전히 지방분권적이었고, 재화는 지역 중심지와 왕실 중심지를 향해 위쪽으로 흘러들었다. 몇 세기 만에 이루어진 이집트의 빠른 진화 속도에 비해, '중국'이 하나의 종주국에서 중앙집권화된 관료국가로 본격 진화하기까지는 훨씬 오랜 시간이 걸렸다. 상의 무장 병력은 주로 왕실이나 지역 엘리트 씨족의 가내 종사들을 중심으로 구성되었고, 그 수장들이 다시 지역 농민 민중을 집결시키고 이끌었다. 이집트를 비롯한 비슷한 사회에서 그렇듯 이들 민중은 평화시에는 부역과 정규 수비대로, 전시에는 더욱 전면적인 징병으로 징집되었다. 복종과 규율을 강제하기 위한 처벌이 가혹할 때도 있었지만 체제는 전반적으로 느슨했다. 그 정도는 지역 통치자의 직접적인 이익과 상나라 왕의 권한에 따라 달랐는데, 왕은 자기 영토를 돌아다니면서 끊임없는 의례 행위와 군사 원정으로 직접 권력을 행사했다. 전쟁은 대개 수천 명으로 치러지는 소규모 전쟁이었다—가장 큰 경우가 1만 3000명으로 기록되어 있다. 이집트와 마찬가지로 이는 국가 전체 인구에서는 높지 않은 비율이었지만, 그럼에도 적과 비교하면 막강했다. 반항적인 가신들, 상의 주변부에서 떠오르던 다른 국가들과 그 영향을 받는 국가들, 이웃 부족들과 싸우느라 전쟁은 시종 국가의 중대사였다. 전쟁의 형태는 주로 기습과 약탈 원정이었다. 권력, 패권, 공물, 귀중한 원재료, 교역, 포로를 노리고 반복되는 소모전을 통해 승패를 가리려 했고, 이 모든 것의 이면에서 안보를 추구했다. 생필품과 함께 청동, 조개껍데기, 옥, 비단 등 돈이 되는 귀중품이 우선적인 전리품이었다. 제의적인 포로 인신공희는 광범위하게 행해졌으며 전쟁 행위의 중심이었다.[39]

절대 연대로 볼 때 일본 열도에서의 정치적 진화는 중국보다 2000년 넘게 뒤처졌다. 대륙에서 이루어진 발전의 영향을 중요한 고비마다 점점 더 많이 받았기 때문에, 일반적으로 일본은 전형적인 '2차' 국가로서 다루어진다. 그렇지만 이미 언급했다시피, 그리고 중국의 경우가 보여주듯이 '1차'와 '2차' 국가 형성의 뚜렷한 구분은 크게 과장된 경우가 많다. 정치적 진화는 공진화하는 국가들의 체계 내에서 다른 정치체와의 상호작용을 통해 어디에서나 일어나고 있으며 따라서 서로 간의 내적·외적 자극에 의해 추동된다. 기원전 7500년경(조몬 시대)부터 일본을 지배해왔던 수렵채집 및 원시경작 경제는 기원전 300년경부터 대륙에서 수도작水稻作과 철 생산이 도입되며 변화를 겪었다. 그 뒤를 이어 기원전 3세기부터 서기 3세기까지(야요이 시대) 농업의 집약화, 인구 성장, 사회적 분화가 급격하게 일어났다. 요새화된 정착촌이 등장했으며, 거대한 분묘 형태의 고고학적 징표를 남긴 족장 권력이 성장했다. 무기와 귀중품이 가득한 이런 무덤으로 보아, 족장들이 대륙에서 수입한 품목을 비롯해 사치스러운 교역 물품을 두고 경쟁했으며 의례-주술적 행위와 고질적인 전쟁에 참여했다는 것을 알 수 있다. 실제로 야요이 문화의 고고학적 유물들은 대륙에서 나온 희귀한 '스냅사진' 몇 장에 의해 조명되고 있다. 전한 시대(기원전 2세기와 1세기) 중국의 한 역사 기록은 중국인들이 접촉했던 '섬나라 왜'의 남부에 정치체(족장사회)가 100여 개 있었다고 전한다. 몇 세기 후인 서기 240년, 중국 황제는 야마타이국邪馬臺國이 두각을 나타내던 일본으로 처음 공식 사절을 보냈다. 당시 여왕 겸 최고 제사장이 '탑과 방책들'로 요새화된 궁에 거주하면서 다스리던 이 초기 국가는 무장 세력과 제사장 권한을 결합함으로써 일본 열도 남부의 22개 '소국들'로 종주권을 확대했다.

이어서 3세기부터는 야마토국大和國이 정치적 '연합' 과정을 계속 밟아나갔다. 영토는 나라-오사카 평원의 중심지에서부터 점차 확장되는 동시에 공고화되었다. 야마토국의 자칭 '전사 대왕' 즉 '진무텐노神武天皇'는 각 지역 엘리트 씨족의 군소 통치자들에 대한 종주권을 확대했는데, 엘리트 씨족들 다수는 지위와 예전 영토의 통제권을 보유한 채 중앙에 복종하며 국가 이익을 공유했다. 다른 곳에서 그랬듯 군사를 포함한 국가 행정의 대부분은 대체로 이들 지역 족장의 손에 남아 있었다. 이들은 자신의 종사단과 지역 농민 민병대를 이끌고 국가 군대의 주축을 이루었다. 6세기 말에 이르러서야, 점진적인 농업 집약화가 이루어지고 중국의 영향과 위협이 커지면서 중국을 모델로 한 종교와 문자, 건축, 도시생활양식, 중앙집권 관료제를 갖춘 국가가 일본 역사시대의 막을 열었다. 징집 농민들로 구성된 국가 군대는 부역과 수비대 복무에 배치되었는가 하면 서부 및 북동부 변방에서 군사작전을 벌였고, 진화중인 일본인들의 국가는 그곳으로 계속 확장하면서 외부 부족의 땅을 흡수해나갔다.[40]

아시아 대륙의 반대편으로 눈길을 돌리면, 비록 강 유역 문명은 아니지만 초기 아나톨리아가 중국 북부의 정치적 진화와 비슷한 특징을 보인다. 기원전 제3천년기 말부터 이 지역의 '족장사회'들은 요새화된 궁전—도시로 발전하고 있었던—을 중심지로 삼아(트로이 2기층이 유명하다) 소국가로 진화하기 시작했다. 이들 소국가의 존재는 유적 발굴 증거와 그 지역에서 발견된 최초의 문자 기록으로 입증되었는데, 기원전 제2천년기 초 아시리아 상인 식민자들이 남긴 기록이다. 소국들 간에 전쟁이 만연했고, 일부 왕족은 나머지 씨족에 대한 지배권을 성공적으로 획득하고 있었다. 기원전 7세기부터 하투사의 성채궁전에 거점을 둔 왕조가 중부 아나톨리아의 여타 권력자들에 대한 종주권을 확장하면서 탄생한 것이 오늘날 흔히 히타이트 왕국으로 불리는 국가이다. 히타이트 종족이라는 실체나 사람들이 없다는 의미에서, 히타이트 왕국이라는 이름에는 오해의 소지가 있다. 하투사의 통치자들은 종족별로 나뉘어 있던 영토를 다스렸는데, 하티어를 쓰는 초기 아나톨리아인들과 인도유럽어인 네시트어Nesite, 루비아어, 팔라어를 쓰는 사람들이 공존하고 있었다. 여기서도 우리는 지금까지 보았던 모든 특징을 확인할 수 있다. 우선 '대왕'이 최고 군사권력 및 종교권력을 쥐고 있었다는 것, 이전의 소국 통치자들은 전쟁과 강압, 일부다처제 혼인을 통한 통치 가문과의 씨족 관계, 국가의 혜택 등을 통해 지방 대공이나 제후로 지위가 강등되었다는 것, 그리고 대왕은 영토의 창출·확장·보호와 공물 징발을 위해 주요 임무로서 전쟁을 계속했다는 것이다.

히타이트 왕국이 확장되고 통합됨에 따라 왕실의 군사 행정은 더욱 관료제적이 되었다. 무장 병력의 중심에는 엘리트 왕실 근위대라는 소규모의 정예 상근 부대가 있었는데, 확인 가능한 증거에 따르면 겨우 수백 명에 불과했다. 변경 거점에 배치된 수비대는 복무의 대가로 땅/배급품을 받는 반半상근 군사 식민자들로 구성되었던 것으로 보인다. 잦은 군사작전으로 징집이 필요할 때에는 대왕 및 제후들 휘하의 병사들이 소집되었다—국가 시기로 들어가면 이들은 나중에 상나라에서 그랬듯 새로 도입된 말이 끄는 전차를 탔다. 영토의 농민 인구 다수도 부역 외에 이런 군사작전에 소집되었다. 전반적인 군사 규모는 대체로 추측만 가능하다. 초기 전쟁에서는 많아야 수천 명 정도였을 것이다. 후기 왕국에서는 야전군이 1만명, 중요한 군사작전에서는 그보다 많아 최대 보병 수만 명과 전차병 수천명에 이르렀을 것으로 보인다.[41]

에게 해 문화권의 맞은편인 그리스에서, 미케네 정치체와 문명의 등장은 여러모로 아나톨리아와 비슷하며 국가 진화의 초기 단계에 대한 독특한 통찰을 제공한다. 구전 전승을 통해 희미하고 아득하며 왜곡된 역사적 메아리로 전해지다가 기원전 8세기 호메로스의 작품으로 집대성되어 유명해진 미케네 세계에 대한 고고학 발굴은 19세기 말 이후 이루어졌다. 1950년대에 해독된 선형문자 B는 미케네 정치체 일부의 행정 기록들을 부분부분 스냅사진처럼 보여준다. 그 기록들은 기원전 1200년경 미케네 문명이 멸망한 시점에 문서보관소의 점토판들이 대화재로 구워진 것이다. 현장의 고고학 발굴을 통해 기원전 17세기 말부터 줄곧 미케네 정치체들이 복합 '족장사회'에서 관료제적 소국가로 서서히 발전했다는 것이 드러났다. 크레타와 지중해 동부 문명의 영향에 자극받아 섬세한 공예품과 직물을 생산하고, 사치스러운 물품을 거래하고, 광범한 해상 교역을 하며 번성하는 중앙집중적 소국가 경제가 꽃을 피웠다. 미케네, 티린스, 아테네의 아크로폴리스, 테베, 보이오티아의 글라에서처럼 커다란 돌로 '거석' 성벽을 쌓은 거대한 성채궁전이 건설된 것은 미케네 역사의 후기인 기원전 14세기와 13세기의 일이었다. 필로스의 '네스토르의 왕궁' 같은 후기의 다른 왕궁들은 요새화되지 않았던 것으로 보인다.

선사시대의 암흑 속에서 씨름하는 일부 학자들은 이런 초대형 방어시설이 나중에야 등장한 이유에 대해 미케네 역사에서 이 후기 단계에 전쟁 횟수와 격렬함이 증가했기 때문이며, 이런 방어시설이 파멸 이전의 '혼란기'를 말해준다고 설명해왔다.[42] 그러나 미케네 역사 초기의 것으로 밝혀진 유적들은 이 해석이 빗나갔음을 암시한다. 발굴된 유적들은 대체로 엘리트 전사의 무덤인데, 초기 미케네 전사들을 묘사한 그림들이 눈에 띈다. 이런 무덤에는 금속 생산 이전의 뿔 달린 투구부터 초기 청동기시대의 투구, 흉갑, 창, 검, 단검까지 무기가 가득하다.[43] 전쟁은 십중팔구 비교적 소규모였을 것이며, 전면적인 침략과 정복 전쟁이라기보다는 우리가 익히 아는 습격과 엘리트의 일대일 결투 형태였을 것이다. 이미 본 것처럼 그런 사회에서는 가축과 여성 포로가 주요 전리품이었다. 습격으로 데려온 여성 포로에게 직물을 짜게 했다는 것은 후기의 점토판에 기록되어 있지만, 통제가 어려운 남성들은 초기 문명에서 흔히 그랬듯 그 자리에서 죽임을 당했다.[44] 미케네 초기의 고고학 기록들은 다음과 같은 사실을 보여준다. "대부분의 정착지는 방어가 가능한 언덕 꼭대기 주변에 자리잡고 있었다……불행히도 후대의 건설 계획들 탓에 사실상 모든 곳에서 초기 건물과 성벽이 없어지거나 감추어졌다."[45] 실제로 예전의 족장들이 사라지고 그보다 더 막강하고 부유하고, 점토판에서 묘사된 것과 같은 관료제적 소국을 지배하면서 상당히 조직화된 군대를 거느린 군주wanax가 등장하고서야 비로소, 왕의 권력 근거지를 지키고 금은보화를 축적하기 위해 후기와 같은 막강한 성채궁전을 건설하는 것이 가능해졌으며 또 더욱 필요해졌다. 우리가 이미 보았고 앞으로도 계속 논의하게 되겠지만, 방어시설의 진화는 보기보다 훨씬 복잡한 주제이다.

마침내 필로스—미케네의 주요 소국 중 하나이자 점토판에 비교적 잘 기록되어 있는—는 약 5만 명으로 추정되는 인구를 갖게 되었고[46] 그 면적은 수천 제곱킬로미터에 달했다. 점토판에는 왕 외에도 여러 궁전, 고위 행정관과 지역 고관이 언급되어 있다. 이들은 군주를 둘러싼 핵심적인 무장 '동지들'과 '수하들'로, 나중에 국가 시대에는 전차를 타고 싸웠다. 가장 강력했던 미케네 소국 한두 곳에서 수백 대의 전차가 언급되었지만, 나머지 소국들은 수십 대 정도밖에 보유하지 않았던 것으로 보인다. 아울러 농민 민중은 필요할 때마다 복무해야 하는 일반 의무가 있었던 것으로 보이며, 후기에 들어서는 외국인이 일부 포함된 직업군인 보병들로 이루어진 소규모 파견대도 동원할 수 있었던 것 같다.[47] 『일리아스』는 미케네 왕을 트로이에 맞선 동맹군의 수장, 동급자 중 첫째, 심지어는 그 이상으로 제시하고 있다. 미케네 왕은 주변 정치체들에 대한 종주권을 쥐고 있었을 것이며, 그 너머—해상을 포함한—에서는 일종의 패권을 휘둘렀을 것이다. 하투사에서 발굴된 점토판에는 서부의 아히야와Ahhiyawa 대왕에 관한 언급이 있는데, 당시 아히야와라는 외교 용어는 이집트, 바빌로니아, 히타이트 등지의 대왕과 동급이었다. 아히야와를 아카이아인으로 볼 수 있는지, 그리고 아히야와 대왕이 곧 미케네 왕인지 하는 문제는 오랜 논란거리였지만 그러했을 가능성이 높아 보인다.[48] 어쨌든 미케네의 소국들과 국가 간 체계가 어떤 방향으로든 더 진화하기 전인 기원전 1200년경 갑작스럽고 폭력적인 파괴가 발생하는데, 이 사건은 장차 그리스에 4세기에 걸친 암흑시대를 불러와 국가 이전, 문자 이전의 상태로 되돌리게 된다.

이 갑작스런 파괴와 몰락의 원인은 여전히 알려지지 않았으며, 문자 증거가 부족하다는 점에서 추측은 제한적일 수밖에 없다. 그리스 외부에서 온 도리스인 침략자들이 파괴했다는 한때의 통설은 고고학적·언어학적 근거로 그 신빙성을 잃었다. 민중 봉기(알려진 역사에서 효과적인 민중 봉기는 거의 없었다) 이론이나, 요즘 유행하는 '체제 붕괴'와 자연재해 이론도 신빙성이 없기는 마찬가지다.[49] 대체로 학자들은 이미 9장에서 출현한 바 있는, 가장 많이 기록된 용의자를 다시 지목한다. 바로 문명화 지대의 주변부에서 온 이질적 일족들과 무장 집단들이 기원전 1200년경에 에게 해와 동부 지중해 전역에서 대이동한 사건이다. 이집트 자료에 '바다 사람들'로

미케네 병사들. 전사 항아리, 미케네, 기원전 12세기.

지칭된 이들은 그리스와 레반트 해안—히타이트의 수도 하투사와 히타이트 제국을 포함해—에 있던 요새화된 권력 중심지들을 뭍과 바다에서 공격해왔고 풍부한 보물을 약탈하면서 동시적이고 갑작스런 파멸을 불러왔다. 시리아의 우가리트에서 그랬듯, 필로스에서 최후로 남겨진 기록은 해안 경계와 해군의 준비 태세를 언급하고 있다.[50] 펠로폰네소스 반도와 그리스 본토를 잇는 코린토스 지협에 황급히 건설되었던 성벽의 잔해도 발굴되었다.

　미케네 문명은 처음에 기원전 제2천년기 초부터 번성했던 크레타의 이른바 미노스 문명에 영향을 받았다가, 기원전 1500년 이후로는 거꾸로 미노스 문명을 장악했다. 미케네 선형문자 B는 크레타 선형문자 A를 그리스어에 맞게 적용한 것이다. 그러나 크레타의 언어는 알려져 있지 않으며 확실히 그리스어는 아니기 때문에, 선형문자 A 자체는 해독되지 않고 있다. 결국 놀랍도록 아름답고 세련된 미노스 궁전 사회에 관해 그 역사의 대부분, 즉 미케네인에게 점령되기 이전의 역사를 증언해줄 기록은 없는 셈이다. 전성기의 미노스 궁전들이 요새화되지 않았던데다 미노스 예술에 전쟁 장면이 거의 없는 까닭에 평화의 황금시대 혹은 실낙원을 꿈꾸는 낭만

기원전 16세기의 미노스 군대. 창과 검, 멧돼지 이빨을 단 투구, 방패 등으로 무장했다. 갤리선과 풍부
하고 우아한 배경을 주목하자. 아크로티리에서 발굴된 행렬 프리즈.

적·목가적 상상이 초기 학자들을 쉽사리 사로잡았다. 그러나 이후 학자
들의 견해는 바뀌어왔다. 물론 크레타는 섬이기 때문에 외부의 침략으로
부터 비교적 안전하다. 그렇다 해도, 내부 평화—크레타에 그런 평화가
존재했다면—를 유지하기 위한 유일한 메커니즘은 크노소스의 왕들이 보
다 작은 궁전의 군소 통치자들을 장악하는 일종의 패권적 종주권이었을
것이다. 이런 권력 구조는 미노스 왕과 관련해, 또 『일리아스』의 '선박 목
록'(2.645~652)을 통해 실제로 그리스인들의 역사적 기억에 반영되어 있다.
『일리아스』에서 이도메네오스 왕은 크레타 섬의 '백 개 폴리스'의 우두머리
로 나온다. 대부분의 학자들은 크노소스의 패권이 고고학 증거에도 나타
난다고 믿는다. 실제로 언덕 꼭대기와 궁전의 방어시설, 기원전 제2천년기
초의 전쟁중에 파괴된 궁전 등은 크레타 섬에서 패권적 통치가 확립되기

전까지 내부 전쟁이 있었음을 암시한다. 결국, 고압적이고 사치스러운 궁전 경제와 궁전의 부유한 거주민들에게 민중을 복종시키는 유일한 방법은 모든 측면을 엘리트가 지배하는 것이었다.

미노스 문명이 국외에서 무역과 시장에 대한 해상 지배권―제해권tha-lassocracy이란 단어는 '바다의 주인'을 뜻하는 그리스어에서 나왔다―을 장악했던 것은 막강한 해군력이 뒷받침되었기 때문이다. 투키디데스(『펠로폰네소스 전쟁사』 1.4)에 따르면 "미노스 왕은 전승傳承에서 알려진바 누구보다 먼저 해군을 보유했다. 그는 오늘날 헬레네 해라고 불리는 지역의 대부분을 차지한 주인이 되었으며, 키클라데스 군도의 지배자이자 그 대부분의 섬을 최초로 식민화한 사람으로, 카리아인들을 몰아내고 자기 아들들을 그곳의 통치자로 앉혔다." 헤로도토스 역시(『역사』 1.171, 173) 미노스 왕의 치세 때 요청이 있을 때면 그의 선박에 승선해야 했던 섬사람들을 언급하고 있다. 미노스 문명이 키클라데스 군도를 식민화했다고 인정하는 고고학자들은 점점 늘어나고 있다. 이들 섬의 요새화는 미노스의 식민자들이 현지 주민들을 막기 위한 것이라거나 그 역으로도 해석할 수 있지만, 어느 경우든 분쟁이 있었음을 말해준다. 실제로 미노스의 세력권이었던 테라(산토리니) 섬에서 발견된 섬세한 벽화에는 갤리선과 전사들, 해상 작전 장면이 세세하게 묘사되어 있다. 끝으로 중요한 사실은, 크레타의 몇몇 지역에서 인신공희로 희생된 이들의 유골이 발굴됨으로써 미노스 종교에 대한 예전의 밝은 이미지에 어두운 그림자가 드리워졌다는 것이다. 훗날 테세우스에 관한 그리스 신화에 따르면 미노스 왕은 해마다 미노타우루스에게 바치기 위해 아테네 청년과 처녀 일곱 명을 보내도록 강요했는데, 이는 섬뜩한 현실을 희미하게 반영한 것일지도 모른다. 신화에서 테세우스는 미노타우루스를 죽인다. 이 역시 역사적 사건을 환기시키는 것일 수 있는데, 기원전 15세기 중반에 본토에서 건너간 미케네 전사들이 크노소스 궁전과 군소 왕궁들을 점령하고 크레타 섬의 통치권을 확립했기 때문이다. 한편 기원전 1500년경에 테라 섬의 중심을 통째로 날려버렸고 기록에도 남은 엄청난 화산 폭발에 의해 미노스 궁전과 선박들이 파괴된 일이 있었는데, 미노스의 패배는 그 일과 연관이 있을 수도 혹은 없을 수도 있다.[51]

지금까지 국가의 형성이 부족/계층/족장사회와 농촌 소국가에서 출발해 패권적 종주국을 거쳐 더 큰 국가로의 진화 과정을 거쳤다는 증거를 살펴본바, 그것이 '1차' 진화든 '2차' 진화든 간에 무장 세력은 주요 요인이었으며, 때로는 포섭을 비롯해 권력을 축적하는 다른 모든 경제적·종교적 수단과 나란히, 그리고 함께 작용한 유일한 주요 요인이었음을 알 수 있다. 이 점이 널리 관찰됨에도 불구하고 결코 일반적 사실로 인정되지 못하는 이유는 거의 자명할 만큼 단순하며 이미 앞에서 언급했다. 다시 말해 은밀하든 노골적이든 더 우월한 강압적 세력의 지지를 받지 못하면, 정치권력 축적과 그에 따르는 모든 이익은 그 권력에 의해 패자가 되는 나머지의 저항 앞에서는 확보할 수 없고, 또 일단 권력을 얻은 뒤에는 권력을 찬탈하여 이득을 볼 실권자들로부터 안전할 수가 없기 때문이다. 탈레랑Talleyrand이 말했던 것처럼, 총검 위에 앉기는 불가능한 법이다. 그러나 어떤 쿠션이 필요하든 간에 그 쿠션을 떠받치는 도구는 반드시 날카로워야 한다. 모든 유형의 정당성은 매우 중요하지만, 그 자체로는 유지되지 못한다.

이 점에서 일본의 신성시된 왕권은 시사하는 바가 크다. 우리가 본 것처럼 3세기 중반 처음으로 일본에 파견된 중국 사절은 야마타이국의 여왕 겸 사제가 왕궁 겸 성에 은거하며 주술을 행한다는 걸 알았다. 그러나 주술적 카리스마만으로 권력이 현실 세계에서 행사되는 것은 아니었다. 사실상 실질적인 권력은 세속적인 수단으로 영토를 통치하는 여왕의 남동생에게 있었다.[52] 7세기부터 일본 천황들은 종종 어리석은 현세에서 물러나 종교적인 사색에 빠지는 경향이 있었으므로, 가까운 친척이 권력을 쥐는 똑같은 패턴이 반복되었다. 사실 신성한 군주들의 일본 왕조가 그후로도 그럭저럭 유지되어온 유일한 이유는 12세기부터 계속 형식적·상징적 권력만을 쥐고 있었기 때문이다. 실질적인 정치─군사─경제적 통치와 그에 따르는 모든 것은 '군사 지배자', 즉 쇼군이 쥐고 있었다. 당연한 일이지만 쇼군 가문들은 무장 경쟁과 치열한 찬탈을 통해 끊임없이 뜨고 졌다. 최고 종교권위는 으레 정치권력의 중심 측면이자 정당성의 주요 근원이었지만, 족장사회에서든 족장사회가 진화한 국가에서든 종교권위는 결코 국가의 유일한, 심지어 중요한 대들보조차 될 수 없었다. 우리가 검토했던 농촌 소국가의 모든 통치자와 종주는 혼합된─세속적이면서 종교적인─권력을 행사했다.

일단 권력이 축적되면 그것이 디딤돌 역할을 하면서 더 큰 권력을 축적하는 수단이 됨으로써, '때려눕히기 모델knock-out model'에 따라 군소 경쟁자들─부족/족장사회든 소국가든─을 더 큰 패권 국가 구조 아래로 끌어와 점차 제거해나갔다. 오랜 기간에 걸쳐 패권 국가는 문화와 종족을 융합하는 이른바 '민족 건설' 과정을 시작할 수 있었고, 이질적인 패권 통치를 대체할 국가 관료제를 발전시킬 수 있었다. 앞으로 보겠지만 그 결과 더욱 중앙집권적인 국가 군대가 탄생했다.

부족과 국가에 소속되지 않은 무장 집단들

진화하는 국가 체제에서 조직된 전투 병력을 보유했던 것은 소국가와 국가들만이 아니었다. 무장 종사단이 국가 탄생에서 지배적인 역할을 했다는 것은 이미 확인했지만, 무장 집단은 국가 구조 밖에서도 계속 중요했다. 일단 '국가 구조' 자체가 매우 느슨한 개념이었으므로, 지역 권력자들은 자기 수하들과 지역 주민에 대한 통제권을 갖고 있었다. 이들은 어느 정도 정당한 실권자로 여겨졌다. 더욱이 소국가와 패권적인 종주국뿐만 아니라 새로 등장하던 국가 간의 체계 자체도 실상은 대체로 작고 분열되어 있어서, 국가들 주변과 사이에는 많은 '변경지'가 있었다. 부족/야만인 경계지 외에도, 국가 영토 안팎의 무인지대에서는 특정 부족이나 국가에 소속되지 않은 무장 집단이 형성되었다. 이들은 법이나 피의 복수를 피해 달아난 탈주자, 폐적되거나 버려진 서출, 장자가 아닌 아들, 망명한 귀족, 채무자, 도망 노예, 또는 단순히 노략질과 모험적인 생계방식을 택한 빈농들로 잡다하게 구성되었다. 소국가는 작았고 큰 국가의 경우에도 권력이 분산되어 있었으므로, 이런 무장 집단—수백 명에 이르는—은 규모가 클수록 지배 권력에 심각한 도전이 될 수 있었다.

사실 이런 집단과 국가 세력은 별 차이가 없었을 것이다. 전자가 대개 쫓겨난 자들로 사회의 밑바닥에서 수하들을 모집했던 반면, 후자는 시간과 권력에 의해 정당화되었다는 것이 차이라면 차이였다. 이 '자유 동지들'은 국가와 매우 비슷하게도 농민들을 '보호'해주는 대가로 공물을 챙겼다. 더욱이 이들 산적, 도적, 해적들은 종종 정당성의 선을 드나들며 국가에 복무하거나 그들 자신이 국가가 되었다. 그들이 국가 환경 안에서 복무했다는 것은 부족 지대에서든 국가 영토에서든 전사 집단을 특히 비상시에, 아울러 더 영속적인 토대를 바탕으로 고용할 돈이 국가에 있었다는 뜻이다. 이들 집단은 특히나 혼란기를 틈타 소국가에서, 심지어 큰 국가에서도 권력을 쥐었다. 파편화된 정치적·종족적 배경 속에서 이들은 때로 귀족 종사단과 부족 집단 같은 나머지 비국가 집단과 협력하며 흔들리는 국가 권력을 잠식할 수 있는 세력에 힘을 보탰다.

비적 집단에 대한 언급은 초기 메소포타미아에서 가장 일찍 등장한 국가 체제까지 거슬러올라간다. 북쪽의 마리부터 남쪽의 가나안까지, 그런 기록이 언제 어디서 발견되었든 간에 기원전 제2천년기에 정치적으로 조각나 있던 레반트 지역 소국들에 관한 기록에서 특히 많이 언급되고 중요하게 다루어진다는 것은 당연한 일이다.[53] 가나안에서 사회 주변부에 있던 이들 비적 집단은 하비루habiru 또는 아피루apiru라고 불렸는데, 예전 학자들은 이 단어가 초기 히브리인을 가리킨다고 보는 경향이 있었으나 지금은 더욱 포괄적인 총칭으로 이해되고 있으며, 당시 형성중이던 히브리 종족의 이름이 이 단어에서 비롯된 것으로 보인다. 형성중인 종족은 대개 이웃의 발달된 사회에 의해 경멸적인 이름이 붙여지곤 했다. 한 성서 전승에는 입다Jephthah가 이끌던 그런 비적 집단의 이야기가 나온다. 매춘부의 아들로 아버지의 가문에서 폐적되어 쫓겨난 입다는 혼란기에 암몬족으로부터 길르앗을 구해달라는 길르앗 장로들의 요청을 받았다. 입다는 승리를 거둔 후 길르앗과 그 주변 부족의 지도자가 되었다(판관기 11~12). 앞에서 우리는 다윗이 이끌던 또다른 비적 집단이 나중에 이스라엘 국가의 등장 과정에서 했던 역할을 이야기한 바 있다. 사울 왕 밑에서 도망친 다윗과 그 부하들은 유다 지방의 변경 사람들로부터 공물을 받아냈고 블레셋 지방의 갓으로 가서 아기스 왕에게 고용되었으며, 이후 돌아와 유다에서 권력을 잡고 나중에 사울이 전투에서 패해 죽은 뒤에는 이스라엘에서도 권력을 잡았다.

물론 히브리인들은 레반트의 한 소집단에 지나지 않았는데, 이들의 전승이 상대적으로 잘 보존된 이유는 훗날 그 부족 종교가 걸어온 보기 드문 이력 덕택이다. 반대로, 이집트인들의 기록에서 '여러 외국의 우두머리'로 지칭된 힉소스인들에 관해서 우리가 아는 건 거의 없다. 이들은 기원전 17세기 중반부터 16세기 중반 사이에 이집트의 중앙권력이 쇠락한 틈을 타 나일 강 삼각주와 이집트의 나머지 대부분에서 종주권을 확립했다. 기록에 남은 개인 이름들과 그 밖의 증거는 이들이 주로 남부 레반트의 가나안-아모리족 출신의 셈족 계열이었음을 말해준다. 여전히 대중적인 이미지와는 반대로, 이들이 신무기인 전차를 타고 와서 이집트를 강습할 수 있었던 것은 아니다. 고대 근동에서 서서히 전파되던 전차는 이들의 치세 후반에야 이집트에 도착했다. 힉소스인들은 아시아 계열 족장의 병력, 귀족 수행원, 용병, 비적 무리 등으로 다양하게 구성되어 있었을 것이며, 이집트를 차지하는 과정에서 삼각주로 이주해 살고 있던 셈족 도시민들 및 목축민들과 협력했을 것이다.[54]

얼마 후 기원전 16세기 후반부터, 비옥한 초승달 지대 북부에서 온 후르리인과 카시트인들의 족장·부족·비적 전사 집단들이 부를 찾아 근동 전역으로 침투했다. 그리고 마침내 주로 에게 해와 아나톨리아 출신으로 구성된 바다 사람들이 등장해 기원전 1200년경 레반트 해안을 초토화하고 이집트를 침략했다. 이들에 관한 정보 역시 매우 개략적이지만 전쟁 집단, 도망자, 다양한 종족의 이주민 등 이질적인 무리였던 것으로 보이며, 약탈을 하거나 외국 권력자에게 용병으로 고용되었고(이집트 파라오에게, 그리고 이집트를 침략하는 리비아 족장들에게도 고용된 것을 포함해) 직접 더욱 큰 군사 원정을 감행하기도 했다. 이집트에 대한 공격이 실패로 돌아간 뒤, 성서의 블레셋인들을 포함해 이들 중 일부는 이집트인들에 의해 가나안 해안 평원에 용병 수비대로 정착하게 되었다. 기원전 12세기 중반 이집트 중앙정부가 다시 약해지자, 이들은 블레셋인들과 함께 주둔지의 지배권을 차지했으며 그 예로 남부 평원에 다섯 개의 연합 정치체를 건설했다. 또다른 바다 사람들인 티예커Tjekker족은 가나안 북부 해안 평원을 장악했다. 에게 해 출신인 이들 통치 전사 집단의 특성은 이들의 초기 발굴 현장에 잘 보존되어 있지만, 현지 가나안 문화와 언어에 금세 동화되었다.[55]

7세기부터 중앙아메리카 고전 시대 말과 후기 고전 시대의 호전적 상황에서 비적 전사들이 활동했다는 증거는 상당히 많은데, 여기서도 이들은 독립적으로 또 용병으로 다양하게 행동했다. 어느 역사학자의 표현대로, 이들 '신세계 용병단New World Condottieri'은 대부분 멕시코 중부와 유카탄 반도—멕시코 만 연안과 그 북쪽—의 테오티우아칸 및 마야 문명 변경지 출신이었다. 이들은 두 문명의 통치자들을 위해 용병으로 복무했고, 각각 서기 650년과 850년경에 있었던 그 문명들의 몰락에 일조했을 가능성이 아주 높으며, 그후의 대혼란에서 중심적 역할을 했다.[56] 이들 가운데 일부는 후기 고전 시대에 등장한 정치체의 엘리트 전사 통치자가 되었다. 중앙아메리카의 가장 유명한 서사시 전승에는 톨텍족의 툴라를 다스리던 지도자 케찰코아틀Quetzalcoatl이 권력 투쟁에서 패해 부하들과 동쪽으로 도주했다는 이야기가 있다. 이 서사시에는 역사적 사실의 알맹이가 들어 있는 것으로 보이는데, 툴라에서 동쪽으로 1000킬로미터 이상 떨어진 지역에 있었던 후기 고전 시대 저지低地 마야 소국들의 전승과 고고학에 따르면, 쿠쿨칸(Kukulcan, 깃털 달린 뱀: 마야어로 케찰코아틀)이 이끄는 톨텍족 전사 무리가 등장했다고 증언하기 때문이다. 쿠쿨칸은 서기 987년에 마야 지역의 소국가들을 장악하면서 뚜렷한 미술, 건축, 종교적 상징을 도입했다. 이들은 수도인 치첸이트사에서 무려 200년 동안 유카탄 반도 북부를 다스렸다.

물론 나머지 소국들에도 그런 예는 많다. 이미 말한 것처럼 에트루리아 도시국가 내에서 활동하던 독립적인 무장 집단과 모험가 지도자들도 있었다. 약 2000년 후 백년전쟁을 치르는 혼란기 프랑스에서 구성된 다민족 '용병대'는 약탈을 일삼으며 기승을 부리다가 정치적으로 분열된 이탈리아에서 특히 성공적인 경력을 쌓았다. 이들은 서로 적대적인 이탈리아 도시국가들에 틈틈이 용병 용역을 제공했고, 주민들을 약탈하며 조직을 꾸려가거나 지역민까지 용병대에 가담하도록 부추기곤 했다. 다만 발전하던 용병 시장에서 활동한 비적 무장 집단의 이런저런 사례는 도시국가와 관련해서 더 자세히 알아보기로 하자.

시간이 흐르면서 궁전/사원/요새화된 중심지를 갖춘 농촌 정치체 안에서 도시들이 진화했다. 확대되는 규모, 중앙집권화된 국가 정부와 관료제, 다양해지고 복잡해진 국가 경제, 공물, 그 밖의 전리품 등은 모두 우리가 검토했던 신생 국가에서 도시의 진화를 불러왔다. 이집트와 중국의 왕실 수도는 국가 주도로 성장한 거대도시의 예이다. 일본에서도 8세기에 새로운 관료제 국가가 나라 지역에 중국식 왕실 수도를 건설했다. 히타이트에서는 왕국의 크기와 세력, 부가 커지면서 예전의 하투사 성채 주변으로 도시가 계속 성장했다. 미노스의 궁전들 주변에도 더욱 큰 정착지가 형성되었고, 특히 크노소스에서는 궁전 주변으로 수만 명이 살았던 것으로 추정된다. 미케네의 궁전들/성채들 주변에서는 작은 정착지들이 수천 군데 생기기 시작했으나, 나중에 함께 불에 타고 파괴되었다.

이 모든 경우에서, 도시의 성장은 국가의 진화 및 공고화 과정과 밀접한 연관이 있었지만, 대체로 이 과정에 뒤이어 전개된 '2차' 과정이었다. 도시는 소국가 수준을 넘어선 후에야 비로소 진화했다. 그렇지만 일부 도시는 소국가 수준에서 국가가 형성되는 과정과 나란히 성장했고, 그 과정에서 중추적 역할을 했다. 그 특별한 성격—군사적 성격을 포함한—과 역사적 중요성을 고려한다면, 소국 가운데 이런 변종 도시국가는 따로 논의할 가치가 있다.

도시국가의 성쇠와 전쟁

도시국가 형성기의 방어

소국의 변종인 도시국가—알려진 대로 세련된 도시 생활의 근거지—는 절정기에 문자를 가지고 있었고 따라서 역사시대에 포함된다. 그러나 이처럼 익숙하고 때로 유명하기까지 한 도시국가의 절정기에서 조금만 뒤로 거슬러올라가면, 여기서도 역사적 현실은 거의 곧바로 깜깜한 어둠 속으로 사라지고 신화·전승·고고학을 통해서만 희미하게 겨우 밝혀질 뿐이다. 이번에도 많은 사례를 다루면서 빈약한 증거를 비교 연구하는 것이 보다 나은 통찰을 얻을 방법일 것이다. 예를 들어, 도시국가가 보통 족장/숭배의 중심지 주변에서 등장했고 그런 중심지는 자기강화 과정을 통해 지역 시장이 되었으며 교역 상인들과 장인들을 끌어들이면서 더 많은 인구의 피신처 역할을 했다는 사실은 그런 방법을 통해 밝혀진다.

족장사회의 중심지 일부는 사원들을 중심으로 진화하며 종교적·경제적 성격을 띠었던 반면 나머지 중심지는 거점이나 성 주변에서 성장해 '세속적'·군사적 성격이 강했다는 것이 종전의 통념이었고, 지금도 널리 그렇게 받아들여진다. 종교-경제 유형의 대표적인 예는 이집트와 함께 (약간 앞서) 세계 최초의 문자 문명을 이룩했던 수메르인들의 도시국가로 여겨진다. 고고학에서는 수메르인들의 도시국가들이 기원전 제4천년기 말과 제3천년기 초에, 오늘날 이라크 남부에 해당하는 유프라테스 강과 티그리스 강 하류의 비옥한 충적토 분지에서 우바이드 시기 초기에 성장한 사원 현장을 중심으로 진화했다고 알려져 있다. 초기 왕들의 칭호는 역사시대까지 전해졌는데, 처음에는 엔en이었다가 나중에 '(사원의) 토대를 놓은 사제'를 뜻하는 엔시ensi로 바뀌었다. 이 칭호는 초기 왕조 시대(기원전 29~24세기)에 들어와 루갈(lugal, 문자 그대로 '빅맨'을 뜻함)로 바뀌었는데, 이 칭호로 짐작하건대 전쟁이 더 심해졌을 것으로 생각되지만 그렇다고 "이전 시기의 주민들이 그보다 덜 호전적이지는 않았을 것이다."[57] 그 예로, 기원전 6000~4500년경의 것으로 밝혀진 텔 에스-사완Tell es-Sawwan 마을 유적은 깊고 넓은 방어용 해자와 출입로를 정교하게 방어하는 방벽으로 둘러싸여 있었다. 동시대의 초가 마미Choga Mami 마을에서도 비슷한 방어시설이 마을의 유일한 출입로를 지키고 있었다.[58] 후대로 넘어오면, 원사시대 우루크Uruk의 것으로 보이는 발굴된 원통형 인장에는 묶인 포로와 쓰러진 적들이 묘사되어 있다.[59] 사실, 이런 발견의 다소 우연적인 성격은 국가 이전 사회 및 원시 국가 사회의 전쟁을 가리키는 고고학적 표지의 본원적인 모호성을 다시금 떠올리게 한다. 이 문제를 극복하기는 힘들지만 유사성을 살펴보는 건 도움이 될 것이다.

가장 울림이 있는 교훈은 유카탄 반도의 마야 유물에서 나온다. 오늘날의 멕시코 남부, 과테말라, 온두라스, 벨리즈, 엘살바도르에 해당하는 이 지역에서는 기원전 1500년경부터 진화한 촌락 사회 안에서 성장하던 기존의 제의/숭배 중심지 주변에서, 3세기에 도시국가가 등장하기 시작했다. 이 책 1장에서 아메리카의 초기 국가들은 거의 다루지 않았는데, 이곳에는 발달된 문자 체계가 대체로 없었고 따라서 어떤 이야기체 역사도 존재하지 않기 때문이다. 우리는 그들이 스스로를 부르던 이름조차 모르기 때문에, 그 국가들은 에스파냐인들이나 현대 고고학자들이 유적에 붙인 이름으로 불린다. 다만 마야 제국은 예외인데, 이들의 상형문자는 1950년대부터 대거 해석되었다. 마야 제국을 그려낸 학술적 그림에서 문자 판독은 중요한 분수령이었다. 마야 텍스트를 해독할 수 없었을 때는 평화로운 사제 사회였다는 것이 일반적인 추측이었다. 스스로 거둔 산물을 사제 엘리트의 중재를 통해 기꺼이 신께 바치는 행복한 농경 사회라는 전형적인 목가-신화적 이미지—그 반대의 이미지와 함께 우리 정신 속 깊이 뿌리박힌—가 자유롭게 나돌았다. 전쟁을 암시할지도 모르는 모든 징표는 다르게 해석되었다. 그러나 일단 마야 텍스트를 읽게 되자 완전히 다른 그림이 나타났다. 고위 사제는 사실 마야 왕들의 중요한 역할 중 하나로, 왕은 엄격한 의전과 의례 활동—인신공희를 포함하는—을 주재했고 거기에 매여 있었으며, 그 모든 활동의 목적은 세계가 제대로 돌아가도록 보장하고 공동체의 안녕을 지키는 것이었다. 하지만 동시에 마야 왕들은 다양한 도시국가들 사이에서 고질적으로 일어나는 전쟁의 군사 지도자이기도 했다. 그들이 도시 중심 광장의 사원과 기념비에 새겨넣었던 것은 무엇보다 전쟁에서 승리했다는 주장과 영광의 기록들이었다. 그들은 세속적·군사적 지도자인 동시에 종교적 지도자였고, 오늘날 대부분의 학자들은 마야 족장사회와 사원/시민 생활 중심지가 진화한 국가 이전 시기부터 그래왔다고 생각하고 있다.[60]

증거들은 아메리카의 나머지 맹아적 족장 겸 사제 정치체들도 모두 똑같았다는 것을 암시한다. 이 대목에서 하나만 더 예를 들자면, 오늘날 일리노이에 해당하는 미시시피 강 유역에 있었던 카호키아Cahokia가 그렇다. 온대성 북아메리카에는 가장 발달된 정치체들이 존재했지만, 그들은 절대 연대로는 중앙아메리카 문화권보다 2000년 늦게(아마도 그 영향을 받아서) 등장했다. 이전 몇 세기 동안 그 지역에서 진화하며 패권을 차지하기 위해 서로 경쟁하고 대체하던 크고 작은 족장사회들로부터 ˙성장한 카호키아는 11세기에서 14세기 사이에 맹아적 국가로 떠올랐다.[61] 미시시피 문화가 더 발전할 시간이 없이 유럽인들이 도착했기 때문에 그 유적에는 후기 문명의 층이 덧씌워지지 않았고, 따라서 이들의 맹아적 국가 형태는 고스란히 보존되었다. 카호키아 주변으로 인구 수만 명의 도시 하나가 성장했으며, 카호키아 정치체의 중심에는 넓은 의식용 광장과 통치자의 거처가 있었다. 그 유적에는 거대한 흙 둔덕—어디서나 돌/벽돌 피라미드 진화의 첫 단계—이 있었고 그 위에 성소와 제단들이 있었다. 발굴 결과, 광장은 통나무 울타리로 둘러싸여 있었음이 밝혀졌다. 물론 울타리 벽에는 여러 가지 목적이 있었겠지만, 순찰로를 갖춘 흉벽과 탑형 능보가 있었던 그 벽의 기능은 거의 분명하다. 능보는 20미터마다 하나씩 세워졌고, 출입문은 정교하게 보호되었으며, 마지막으로 벽 주변에서 수많은 화살촉이 발견되었다.[62] 카호키아 권력자의 거처는 공격을 당하던 방어용 성벽 안에 있었다.

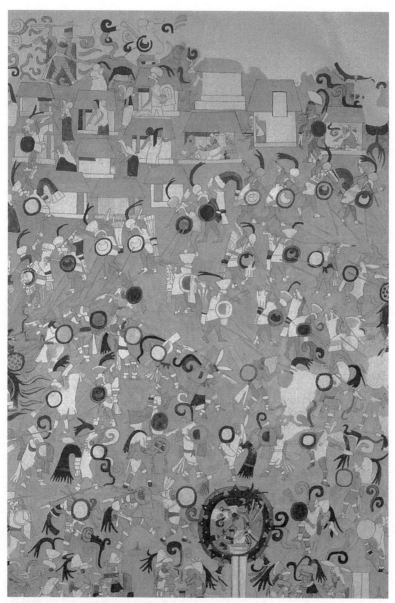

마야의 전투 장면. 치첸이트사 재규어 제1신전 남쪽 벽의 벽화.

인도 아대륙의 인더스 문명은 또하나의 대표적인 경우이다. 세계 최초이자 가장 위대한 문명 가운데 하나로, 완전히 잊혔다가 1920년대에 재조명되기 시작한 인더스 문명은 기원전 제3천년기 중반 이전의 농업 공동체와 읍성에서 출발해 크고 세련되고 체계적으로 계획된 도시로, 자생적으로 진화한 것으로 보인다. 인더스인들(드라비다족?)의 언어와 문자가 해독되지 않았기 때문에, 이 문명에 관해 물질적 유물을 넘어선 지식은 지극히 모호하게 남아 있다. 이곳 도시 정치체들에서 공예와 교역이 중요했던 것은 분명하며, 독재적 지배의 증거가 없기 때문에 사제/상업 형태의 정부였다고 추측되고 있다. 처음엔 인더스 문명이 평화로웠을 거라는 일부 목소리도 있었으나 고고학 유물이 발견된 이후 잠잠해졌다. 도시들에는 요새화된 중심 언덕이 있었고, 능보와 견고한 문이 있는 길고 거대한 성벽이 도시를 에워싸고 있었다. 반복된 파괴와 대화재의 증거도 여러 유적에서 발견되고 있다. 기원전 제4천년기부터 생긴 이전의 읍성 요새들은 인더스 문명의 진화에서 처음부터 무장 분쟁이 중요한 요인이었음을 분명히 보여준다.[63] 인더스 문명과 도시들은 기원전 1700년경에 수수께끼처럼 몰락했다. 이것이 그 무렵 인도유럽어족 아리안계 목축민들이 북서쪽으로부터 인도 아대륙에 도착한 사건과 어떤 관련이 있는지는 명확하지 않다. 전차를 몰고 검은 피부의 토착민들과 싸우며 도시 거점들을 정복해나간 새 이주민들의 호전적인 무훈은 인도에서 가장 오래된 산스크리트어 텍스트로 알려진 서사시 『리그베다Rigveda』에서 찬양되었다.

결국 족장사회나 농촌 소국과 관련해 살펴보았던 것과 마찬가지로, 이 모든 것에서 끌어낼 수 있는 전반적인 결론은 '종교/경제적' 통치와 '세속/군사적' 통치가 뚜렷이 구분되어 있었다는 것은 상식으로나 충분한 경험적 증거로나 모두 허위임이 드러났다는 것이다. 언제든 진정한 종교/경제적·정치적 권력—다시 말해 사람들과 축적된 자원에 대한 명령권—을 성취하더라도 안팎의 무력 찬탈에 흔들리지 않은 채 남을 가능성은 거의 없을 뿐 아니라, 실은 강압적 힘이라는 다른 근원의 뒷받침 없이는 애초에 그 권력이 확립될 가능성도 없다.[64] 정치권력으로 가는 길은 다양하다 해도 이 근본적인 점에서는 크게 다르지 않았고 어쨌든 모든 길이 계속 뚜렷하게 수렴했는데, 공식적이고 진부한 표현을 사용하자면 '정치의 매체는 권력'이기 때문이었다. 우리가 검토한 사례들이 보여주듯, 이 근본적인 현실은 설령 상당한 편차가 있을지라도 도시국가가 출현한 족장/시정/제의 중심지들에도 적용된다. 그런 곳들은 모두 여러 기능을 통합하고 있었다.

예를 들어, 미케네 정치체들의 몰락에 이은 암흑시대 이후 기원전 8세기부터 시작된 그리스 도시국가의 성장에 대해서 우리가 아는 건 별로 없다. 그러나 대부분의 경우 도시국가는 방어 울타리—때로는 최고 수장의 거처—주변에서 성장했던 것으로 보이며, 이런 울타리 안쪽에는 주민과 가축을 위한 피난 거점이자 점점 커지고 집중화되는 사당과 사원이 있었다. 실제로 제의 중심지까지 방어하는 거점 요새였던 것이다.[65] 그리스어에서 도시를 뜻하는 단어 폴리스polis는 요새화된 구역을 가리키는 인도유럽어에서 왔는데(산스크리트어 pur, 리투아니아어 pilis)[66] 그 주변에서 도시국가가 성장했고, 고전 시대에는 그런 곳이 대개 주변보다 높았기 때문에 아크로폴리스 또는 '높은 도시Upper City'로 알려져 있었다. 히타이트족의 하투사와 아나톨리아의 나머지 요새화된 중심지들, 로마의 팔라티누스와 카피톨리누스 언덕, 갈리아의 오피다 등은 똑같이 제의 중심지와 피난 거점을 겸한 언덕 꼭대기의 족장/왕실 근거지 주변에서 성장한 도시의 예이다. 도시를 가리키는 또다른 단어들인 슬라브어의 고로드gorod와 게르만어의 부르그burgh 역시 요새화된 구역이라는 의미로, 훗날 그 주변으로 도시가 형성되었다. 선구적인 역사학자 앙리 피렌Henri Pirenne이 추측했고 아프리카 도시생활양식을 연구한 그의 제자들이 주장했듯이, 아프리카 남동부와 줄루족 지역에서 목축민과 농민들이 쓰는 크랄Kraal이란 말도 비슷하게 방어 시설을 갖춘 족장 및 종교 구역과 발생기 상업 중심지를 가리킨다.[67] 동아 프리카 부간다의 왕실 수도였던 일련의 요새화된 언덕 꼭대기 방벽 구획 인 키부가kibuga에서도 똑같은 기능들이 뚜렷이 확인된다.[68] 상고 시대에는 수메르인들의 도시 우루크를 가리켜 '우르크-(양들의)-울타리'라는 표현을 곧잘 썼는데, 이 구절이 그 역사적 도시의 영광과 어떤 관련이 있는지 이 해하기 힘들었던 번역자들은 계속 문제를 제기해왔다. 최근의 한 번역자 의 말이 대표적이다. "나는 약자들을 위한 슬기로운 피난처라는 개념으로 '우루크-천국'으로 번역하는 걸 선호한다."[69] 그러나 문자 그대로의 의미가 원래 뜻이었을 것이다.

이 통찰은 우리를 문제의 핵심으로 데려간다. 방어라는 최우선 과제가 없었다면 중앙집중화된 제의/숭배/시정 중심지, 시장, 공방 등은 도시국가 의 발전에서 거의 의미가 없었을 것이다. 이런 막연한 단언의 근거는 무엇 일까? 도시국가에서 놀라운 점은 도시가 주변 시골 인구의 많은 부분, 아 니 대부분을 융합하고 그 핵이 되었다는 것이다. 이것이 사실상 도시국가 를 탄생시킨 과정이다. 수메르인 도시국가 인구 가운데 무려 80~90퍼센 트가 도시들 안에 살았다고 추정되는데, 이들 도시를 그렇게 만든 것은 기원전 제4천년기 말과 제3천년기 초에 있었던 시골에서 도시로의 인구 이동이었다.[70] 이 특이한 데이터의 의미를 이해하려면 산업사회 이전 사회 의 경제는 정확히 그 반대였다는 사실을 기억해야 한다. 다시 말해 인구의 80~90퍼센트가 식량을 생산하는 농민들이었다. 그러나 일부 도시국가가 시골에서 노동력을 끌어들이는 공예 및 원거리 무역 중심지가 되었을 때 에도 인구 대다수는 농업에 종사했다. 도시 인구 대부분이 농민으로서 날 마다 가축을 끌고 들판과 농장을 오갔던 것이다.

인더스 도시국가에 관한 지식은 이보다 훨씬 빈약하지만, 여기서도 똑같은 논리가 적용되었던 것으로 보인다. 식민지 이전 아프리카는 초기 도시에 대한 증거의 역사적 사실성과 관련해 가장 유익한 실험실일 것이다. 비록 산업 부문의 비중이 크기는 했지만 "아프리카 도시와 소도시들은 기본적으로 농업적이었다. 적어도 남성 주민의 70퍼센트가 주기적으로 외곽 농장에 통근했다."[71] 나이지리아 서부의 요루바족은 식민지 이전 시기에 '모든 아프리카 종족 가운데 단연 가장 도시적'이었음에도, 그들의 대도시들은 '산업화보다는 농업에 기반을 두고' 있었다. 보통 아프리카 역사학자들은 이 점에서 아프리카가 특별하다고 생각하지만, 사실 그렇지 않았다. 농민의 도시생활양식이라는 역설이 생긴 이유는 방어적인 제휴 때문이었다. 요루바족에 관한 역사적 기록은 유럽인들이 계속해서 도착하던 19세기에 더욱 풍부해졌는데, 북쪽에서 말 탄 풀라니족 목부들이 맹렬히 습격해왔는가 하면 도시 간에 고질적인 전쟁이 벌어졌다고 한다. 광범위한 도시 방어시설의 형태로 남은 고고학 증거들은 그보다도 몇 세기 전의 것들이다.[72]

그리스 상고 시대인 기원전 750~500년경에 폴리스의 도시화, 실은 형성은 더디고 점진적인 과정이었다는 것이 점점 분명해지고 있다.[73] 고전 시대까지 그리스 폴리스들의 도시생활양식 비율은 매우 혼란스러운 주제로 남아 있다.[74] 늘 그렇듯 가장 잘 기록된 경우는 아테네다. 투키디데스(『펠로폰네소스 전쟁사』 2.14, 16)에 따르면, 아티카 사람들은 대부분 시골에 살다가 펠로폰네소스 전쟁(기원전 431년)이 시작되면서 아테네로 들어왔다. 고고학적 추정은 이를 뒷받침한다.[75] 그러나 아테네는 기록이 가장 잘 남아있는 그리스 폴리스(두번째로 유명한 폴리스인 스파르타와 함께)인 동시에 가장 특이한 폴리스이기도 하다. 투키디데스(2.15)가 썼듯이, 시골 생활은 그리스의 여느 곳보다 아테네에서 특히 두드러진 특징이었다. 아테네를 독특하게 만든 중요한 측면이 바로 거대함이었기 때문이다. 고전 시대 그리스 기준으로 볼 때 아테네의 영토는 방대해 실제로 아티카 지역 전체를 아우르고 있었다. 아테네 폴리스가 이 넓은 지역을 포괄했다는 것은 설령 농민들이 원했더라도(실제로는 원하지 않았다) 어쨌거나 농민 인구 대부분이 도시 안에 살기는 불가능했다는 얘기인데, 농민들이 도시에 살았다면 일터인 밭과의 거리가 너무 멀어졌을 것이기 때문이다. 아테네 농민 대부분은 시골khora 즉 마을과 읍성komai에 거주했는데, 그중 일부에는 성벽이 있었다. 한편 아티카는 북쪽으로만 육지와 연결된 고립된 반도 지역으로, 북쪽의 대부분은 아테네 도시 자체로 막혀 있었기 때문에 기원전 5세기 페르시아와 스파르타의 대규모 침입을 제외하면 사실상 위협을 받지 않았다. 그러나 영토가 좁고 노출되어 있는 나머지 대부분 폴리스의 상황은 달랐다―이는 뚜렷한 지역적 차이라고 인정된다.

불행히도 아테네를 제외한 폴리스에 대한 우리의 지식은 훨씬 빈약하다. 우리가 가진 자료 한 조각은 보이오티아의 도시 플라타이아와 관련된 것이다. 오랜 원수인 테베와 겨우 13킬로미터 떨어져 있던 플라타이아는 펠로폰네소스 전쟁 초기에 테베의 기습을 받았다. 그 결과, 투키디데스 (2.5)에 따르면 들판에서agroi 일부 플라타이아인들이 붙잡히고 일부 재산kataskeue이 넘어갔다. 이 설명으로 짐작건대, 전형적인 크기였던 이 폴리스의 농민 다수는 도시 안에 살았으며, 거기서 몇 킬로미터밖에 떨어지지 않은 들판으로 일하러 나갔던 것으로 보인다. 실제로 플라타이아의 성인 남성 시민은 약 1000명이었는데, 대부분 농민인 이 적은 인구의 태반(그리고 그 가족)이 '도시' 안에 살지 않았다면, 투키디데스가 묘사한 것처럼 성벽에 싸인 거주지에 들어맞는 도시는 없었을 것이다.[76] 폴리스가 농촌 주민들의 중심이었다는 걸 보여주기 위해, 역사학자 빅터 핸슨Victor Hanson은 펠로폰네소스 전쟁중 스파르타의 브라시다스가 트라키아 해안의 암피폴리스 외곽에 거주하는 농촌 주민들을 기습했던 사건(『펠로폰네소스 전쟁사』

4.102~4)을 인용한다.[77] 그러나 암피폴리스는 본토 그리스의 끝자락에 있었을 뿐 아니라 도시 외곽 '양쪽으로 스트리몬 강이 흐르'기 때문에 자연적으로 보호되는 '섬'이었다. 브리시다스는 다리를 확보하고 나서야 기습을 개시할 수 있었다. 실제로, 투키디데스가 암피폴리스 주민 일부는 시골에 흩어져 살았음을 특별히 언급할 필요성을 느꼈다는 사실에서, 이것이 다른 폴리스에서는 표준이 아니었음을 추론할 수 있을 것이다.

이 주제와 관련해 고대 자료(크세노폰, 『헬레니카Hellinica』 5.2.6~8)에 등장하는 또하나의 예는 기원전 385년 스파르타와 그 동맹에 함락되었던 펠로폰네소스 반도의 도시 만티네아와 관련된 것이다. 스파르타가 제시한 평화협정 조건에 따라 "성벽은 무너졌고, 만티네아는 고대인이 살았던 것과 같이 네 개 마을로 분리되었다." 최초의 충격이 가시고 나자 지주들은 농장과 가까이서 살 수 있어 오히려 이 방식을 편리하게 여겼다고 크세노폰은 쓰고 있다. 그러나 기원전 371년에 만티네아가 다시 독립을 획득하자, 독립 폴리스의 자기방어에 필수 조건인 도시로의 융합이 재개되었다(『헬레니카』 6.5.3~5).

그리스 여러 지역에 대한 고고학자들의 정착지 조사는 도시생활양식 문제와 관련해 새롭고 매우 중요한 정보들을 알려준다. 케아 섬 조사는 적어도 인구의 75퍼센트가 (그 이상은 아니더라도) 도시 정착지에 살았음을 말해준다. 남부 아르골리드에서는 기원전 4세기 중반에 인구의 60퍼센트 정도가 '도시' 정착지에 살았던 반면, 36퍼센트는 마을에 살았고 약 5퍼센트는 농장에 살았던 것으로 추정된다. 보이오티아의 조사는 계속되고 있지만 이 문제를 직접 다루지는 않는다. 그러나 학자들은 보이오티아 인구 가운데 대략 3분의 1이 '도시'에 살았고 위성 '소도시들'까지 합치면 도시 인구의 비율이 40퍼센트까지 올라간다고 추정한다. 아티카와 관련해 보았듯이, 이 모든 추정에서 역설적인 듯한 결론은 폴리스가 작을수록 더 도시

적인 경향이 있었다는 것이다.[78]

그렇다면 이들 소국의 농민은 왜 도시 안에서 같이 살았을까? 도시 생활과 떼어놓을 수 없는 혼잡한 생활 조건, 좋지 않은 위생, 전염병 유행 가능성, 들판까지 오가는 긴 시간 등의 불리한 측면을 도시의 화려함이 모두 보상해주었을 리는 없다. 여러 도시국가 문명을 연구했던 학자들이 다양하게 깨달았던 것처럼 중요한 동기는 방어였지만, 이 사실은 좀처럼 널리 인정되지 않았다. 도시국가가 그토록 결정적으로, 그리고 유달리 도시적이었던 것은 산업과 상업의 대집중 때문이 아니었다. 산업화 이전 사회의 식량 생산과 운송 현실의 결과로 일어나는 이런 집중은 특히 바다를 접하고 있었던 몇몇 눈에 띄는 역사적 도시에만 존재했다. 도시국가가 그런 환경을 갖추게 된 것은 겨우 몇 킬로미터 떨어진 다른 도시국가의 존재가 위협이 되었기 때문이다. 이는 도시국가가 거의 항상 수십 또는 수백 개씩 무리지어 나타났다는 사실이 매우 두드러짐에도 불구하고 좀처럼 주목받지 않는 이유를 설명해준다. 그리스에는 폴리스가 1200~1500군데 있었고 중세 이탈리아 북부에는 수백 개, 메소포타미아에는 약 30개, 그리고 접촉 이전 멕시코 계곡에는 40~50개의 도시국가가 있었다. 두말할 필요도 없이, 이런 체계에서 매우 특화된 상업경제가 있었던 도시국가는 극소수였다. 5세기의 아테네는 결코 전형적인 폴리스가 아니었으며 베네치아, 밀라노, 피렌체, 제노바 등도 중세 이탈리아의 평균적인 도시국가의 모습과는 거리가 멀었다. 도시국가는 정치적 진화에서 대규모 영토 통합이 일찍 이루어지지 않았던 곳에서 등장했다. 사실, 달리 설명할 수 없는 수많은 도시 핵들의 형성은 바로 대규모의 정치적 통일이 없었기 때문이다. 적대적인 작은 정치 단위들이 공간을 나눠가졌다는 것은 곧 가까운 이웃으로부터의 위협이 빈번했고, 아울러 농민들은 도시 안에 살면서 도시 밖 겨우 몇 킬로미터 거리에서 일함으로써 피난처를 찾을 수 있었다는 것을 의미했다. 학자들이 '도시'라는 개념, 심지어 '도시생활양식'이라는 개념을 이런 아주 작은 '성읍' 정치체에 적용하면서 자주 문제에 부딪쳤다는 것은 놀랄 일이 아니다. 그런 정치체는 인구가 조밀하고 중심에 핵이 형성된 소국가로 묘사하는 편이 오히려 더 적절했을 것이다. 학자들의 가정과는 반대로, 도시국가에서 농촌/도시라는 거주지 분할이 농업/상업 겸 제조업이라는 직업 분할과 겹치는 건 아니었다.

따라서 도시국가 역시—고립이 아니라—정치체 간 체계 내의 상호작용과 공진화를 통해서 등장하였다. 이른바 '1차' 국가이자 최초의 문명인 메소포타미아의 도시국가들도 예외가 아니었다.[79] 도시국가는 전쟁의 산물이었다. 실제로, 통일되고 안정된 이집트 왕국처럼 방어 동기가 존재하지 않는 곳에서는 농민들이 계속 시골이나 성벽이 없는 시장 소도시 주변에서 살았으며, 대도시는 극소수였고 진정한 거대 행정 및 상업 중심으로 기능했다.[80]

요새화의 수수께끼

이 문제는 초기 도시의 요새화, 또는 그것의 흐릿함—커다란 혼란의 원인—이라는 골치 아픈 문제로 이어진다. 원시농경민 부족사회와 관련한 요새화 문제는 앞에서 이야기한 바 있다. 그런 사회에서는 이동식 재배대 정주, 산재한 자원 대 집중된 자원 등이 정착 패턴을 결정하는, 따라서 요새의 존재를 결정하는 주요 요인이었다. 이런 사회에 요새가 없다고 해서 그 자체로 전쟁이 없었다는 뜻은 아님을 역사적·민족지학적으로 알려진 사례들이 보여주고 있지만, 많은 고고학자들은 이 사실을 인정하지 못하고 있다. 비슷한 문제가 초기 도시의 요새화와 관련해서도 분명히 나타나는데, 콜럼버스 이전 아메리카만큼 그 문제가 곤혹스러운 곳도 없다. 우선 마야 문자를 해독하기 전까지 학자들이 이들 도시 주변에 성벽이 확실히 없고 다른 유형의 요새들도 처음에는 눈에 띄지 않았다는 근거로 마야 정치체들이 평화로운 성향이었다고 믿었기 때문이다. 대체로 콜럼버스 이전 아메리카 전역의 도시에는 구세계처럼 도시를 에두른 익숙한 패턴과 조금이라도 비슷한 성벽이 없었다. 그럼에도 마야는 물론이고 멕시코 중부의 경우를 비롯해 유럽인과 접촉할 당시의 증거들은 지역 도시국가들이 주기적으로 서로 전쟁을 했음을 분명히 보여주고 있었다. 이 같은 구세계와 신세계의 확연한 차이는 그동안 수수께끼였다.

그러나 사실 구세계와 신세계의 차이는 별로 없는데, 왜냐하면 모든 곳에서 도시 요새는 도시의 진화와 함께 단계적으로 진화했고 몇 세기 동안 진화를 거친 후에야 비로소 도시를 에두르는 돌벽 형태를 띠기 때문이다. 우리가 구세계의 후기 발전에 익숙한 탓에, 그 발전을 가능하게 한 진화 과정에 대한 우리의 인식이 왜곡되어버린 것이다. 예를 들어 학자들은 수메르의 경우, 우루크와 초기 왕조 시기의 선사시대 및 원사시대 도시의 등장을 원형 성벽 축조와 밀접하게 연관시키는 경향이 있다. 하지만 수메르에서도 에워싸인 도시 구역이 아주 크다는 것은 최초의 도시 진화가 상당히 진행된 후에 성벽이 건설되었음을 말해준다. 선사시대와 원사시대, 그리고 기원전 3000년에도 몇 세기는 상당한 시간이었음을 잊어서는 안 될 것이다. 초기 왕조 시기에 세워진 유명한 우루크 성벽은 길이 9킬로미터로, 최소 4만 명이 살던 400헥타르의 면적을 에워싸고 있었다.[81] 이 정도라면 어떤 기준에서 보든 이미 크게 발전한 도시였다.

인더스 문명에서도, 크고 인구가 많고 놀랄 만큼 잘 계획된 도시 공간을 에워싼 거대한 성벽은 도시 발전이 상당히 이루어진 후 나중에 생긴 구조물임을 암시한다. 이보다 작은 도시들의 경우 중심 언덕만 요새화된 반면 지대가 낮은 시내는 성벽이 없는 채 남아 있어,[82] 전반적인 도시 요새 발전의 초기 단계를 강하게 시사한다. 약 천 년 후인 기원전 550년경부터 역사시대 초기 인도의 도시생활양식은 갠지스 강 유역에서 서서히 다시 활기를 띠었는데, 식별 가능한 진화의 뚜렷한 순서는 성읍과 흙·진흙·목제 요새 구조물이 규칙적으로 구획되고 성벽을 두른 형태로부터 일부에서는 돌벽을 두른 도시로 변해가는 것이었다.[83]

나이지리아 서부 요루바의 도시들에서 발굴된 요새는 도시가 성장하면서 단계적으로 세워진 여러 개의 동심원 윤곽을 보여준다. 그러나 요루바 고대 도시 이페의 둘레 5킬로미터가 넘는 가장 초기의 원형 요새는 그 요새가 건설되기 전에 큰 도시가 있었음을 말해준다. 한편 거대한 흙 둔덕과 해자로 베닌 시를 에워싼 원형 요새의 경우 둘레가 11.6킬로미터나 된다. 해자와 방책에서 진흙 누벽과 더 튼튼한 벽으로의 변화는 보편적으로 식별할 수 있는 경향이다.[84]

그리스 도시국가의 경우 이오니아와 이탈리아 반도 남부에서는 기원전 6세기까지 도시를 에워싼 성벽이 없었고, 그리스 본토에서는 도시가 성장하고 몇 세기가 지난 기원전 5세기까지도 성벽이 없었다고 하면 대부분의 사람들이 놀랄 것이다.[85] 그리스에서 가장 큰 폴리스였던 아테네가 기원전 480년 페르시아의 공격을 받았을 때, 주민들이 저항 없이 철수하고 도시가 불에 탔던 이유는 그때도 아크로폴리스 성벽밖에 없었기 때문이다. 아마도 중심지의 보다 큰 공공구역을 에워싼 요새는 당시 막 세우기 시작했을 것이다.[86] 아테네의 유명한 도시 성벽은 페르시아 전쟁 이후에 세워졌으나, 스파르타인들은 그 새로운 문물을 반대했다. 펠로폰네소스 전쟁이 일어날 때쯤에는 그리스 대부분의 도시국가에 도시를 에워싼 성벽이 세워져 있었으나, 성벽이 없는 스파르타는 초기를 떠올리게 하는 예외로 남아 있었다. 기원전 4세기 후반에도 아리스토텔레스는 "성채(즉 아크로폴리스)는 과두정과 왕정에 어울리고 평지는 민주정에 어울린다"고 쓰면서, 폴리스가 요새화된 성벽을 갖는 게 좋은지 따지는 논의가 유의미하다고 생각

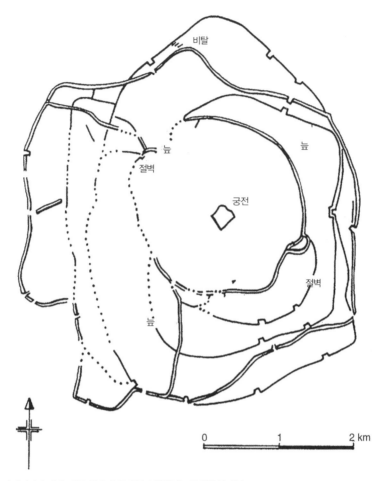

비탈

늪

늪

절벽

궁전

절벽

늪

0   1   2 km

나이지리아 이페. 최초의 요새 경계선과 확장되는 요새의 경계선.

하였다(『정치학』 7.11.5~12). 같은 시기 이탈리아 반도의 도시국가들도 비슷한 패턴을 따랐다.[87] 발굴 결과 로마를 둘러싼 돌벽은 기원전 390년이나 387년 갈리아족의 약탈 이후에야 건설된 것으로 나타났는데, 로마가 완전히 요새화되었다면 갈리아족이 침략하지는 못했을 것이다. 아마도 로마 주변의 노출된 구간만 불연속적인 해자와 토루土壘, ager로 보호되고 있었던 것으로 보인다. 당시 로마인들은 일종의 요새로 보강된 천연 보루였던 카피톨리누스 언덕으로 피신했다.

게르만족의 이동 이후 유럽이 암흑기를 맞고 도시가 쇠퇴한 이후, 10세기경부터 이탈리아, 독일, 플랑드르 곳곳에서 성장하던 중세 도시국가에도 똑같은 패턴이 적용되었다. 피난처 역할을 했던 성이나 요새화된 수도원/주교좌 교구 주변에서 도시국가들이 등장했는데, 일부 도시국가는 옛 로마의 요새castra에 의존했다. 11세기에는 많은 초기 도시의 옛 거점 주변에 시장과 주요 공공건물이 들어선 더욱 큰 도심이 요새화되었다. 요새화된 도시 핵의 부속물로서 계속 성장한 교외의 거주지faubourg, suburbium, portus는 있으나마나 한 단순한 목재 울타리나 흙 둔덕으로 보호되었다. 도시를 완전히 에워싼 성벽은 11세기 말에야 지어지기 시작했고 대부분은 12세기에, 도시가 진화한 지 200년 후에야 지어졌다.[88]

마지막으로 콜럼버스 이전 시대 아메리카로 돌아가면, 그곳에서도 요새화는 도시 진화와 보조를 맞추어 진화했으며 도시를 에워싼 성벽은 몇 세기에 걸쳐 서서히 등장했다. 마야 유적에서 계속되는 발굴 작업은 이전 연구자들이 알기 힘들었던 순차적인 사건들을 밝혀준다. 가장 오래된 발견물은 처음엔 배수 체계로 여겨졌지만, 이제 엄청난 흙 요새였음이 분명히 확인되고 있다. 예를 들어 온두라스의 로스나란호스에서는 늪과 호수를 잇는 '해자와 둑으로 만들어진 1300여 미터 길이의 토루'가 발견되었다. 이는 국가가 등장하기 한참 전, 이르게는 기원전 800~400년에 주요 지역에 대한 접근을 막아주던 것이었다. 길이가 그 두 배를 넘는 토루는 고전 시대인 서기 400~550년경에 세워진 것으로 보인다. 과테말라 엘미라도르의 선先고전 시대 유적에서는 600미터 길이의 벽이 발견되었다. 과테말라 티칼의 거대한 유적에는 해자, 흙벽, 문이 있고 흙과 자갈로 된 보루가 9.5킬로미터에 걸쳐 늪에서 늪으로 뻗어 북쪽으로부터의 접근을 막

아주고 있었다. 이 보루는 티칼 대광장에서 4.5킬로미터 거리에 세워져 있는데, 가장 가까운 이웃 대도시인 우악삭툰Uaxactun과는 걸어서 네 시간 거리였다. 이 보루 체계는 고전 시대 초기에 등장해 고전 시대 중기와 후기에 절정에 이르렀던 것으로 보인다. 마야의 에즈나 '성채'는 심지어 고전 시대 이전에도 물을 채운 해자로 둘러싸여 있었다. 마야의 베칸은 해자와 흙벽으로 완전히 둘러싸인 것으로는 현재까지 알려진 최초의 대규모 유적이며, 이르게는 선先고전 시대와 고전 시대 초기(서기 100~450년)의 것이다. 이곳의 해자는 '평균 너비 16미터, 깊이 5.3미터에 둘레가 1.9킬로미터' 였다. 해자 뒤쪽 흙벽은 높이가 5미터였다. 고전 시대 다양한 시기의 요새화 현장들도 확인되고 있으며, 아직 발굴되지 않은 곳도 많다.

고전 시대 말에서 후기 고전 시대까지, 특히 북부 저지대를 비롯한 많은 곳에서 도시를 에워싼 성벽이 발달했다. 요새화된 이런 현장 가운데 일부는 중심 제의/시정/피난 영역에 불과했지만, 나머지 성벽들은 훨씬 큰 도심을 둘러싸고 있었다. 마야판Mayapan은 가장 나중에 생긴 가장 큰 도시로 4.2제곱킬로미터 면적을 에워싼 9킬로미터 길이의 외벽이 있었고, 내벽(이전의 것?)은 그 도시의 제의−시정 중심지를 감싸고 있었다. 툴룸과 이치 파툰에는 돌로 된 사각형 성벽이 있었다. 일부 현장에서는 돌벽 위에 목재 방책이 있기도 했다. 모든 곳에서 요새는 언덕, 늪, 바다 같은 자연 방어 지형에 크게 의존했다. 후기 고전 시대에는 마야 고지대의 가파른 비탈 위에 도심으로의 접근을 강력히 차단하는 불연속적 방어물이 세워졌다.[89]

멕시코 중부의 거대 도시국가 테오티우아칸은 고전 시대에 중앙아메리카 전역에 영향력을 미치며 그 지역 전체를 지배했다. 전성기의 테오티우아칸에는 에워싸는 형태는 아니지만 거대한 성벽이 있었는데 일부 구간은 높이가 5미터, 기단부의 너비가 3.5미터에 이르렀다. 벽으로 방비되지 않는 구간에는 미로 같은 운하, 습지대, 선인장 밀집지대가 있었고, 한편

마야 문명의 요새인 툴룸. 도심 성채와 주변 성벽.

으로 도시 안 건물군의 엄청난 크기만으로도 '천연 요새' 기능을 할 수 있었다.[90] 어쨌거나 테오티우아칸의 전성기에는 막강한 적수도 거의 없었을 것이다. 서기 650년경 알려지지 않은 요인에 의해 이 도시가 파괴된 후에야 상황은 훨씬 더 경쟁적이 되어, 고전 시대 말과 후기 고전 시대에 멕시코 중부에 서로 대립하는 도시국가들이 다수 등장했다. 여기서 주도적인 도시들에는 요새화된 도심 언덕이 있었던 반면, 소치칼코와 카칵스틀라 같은 나머지 도시들은 보통 튼튼한 자연적 방어물을 사용해 에워싸는 방어 체계를 진화시키고 있었다. 예를 들어 소치칼코의 중심 언덕 꼭대기에 있는 종교-시정 구역은 벽으로 둘러싸여 있었지만, 언덕 주변의 넓은 지역은 가파른 비탈 사이의 빈틈을 막는 불연속적인 누벽과 해자로 방어되었다. 에스파냐인들이 도착할 당시 일부 도시에는 에워싼 성벽이 있었지

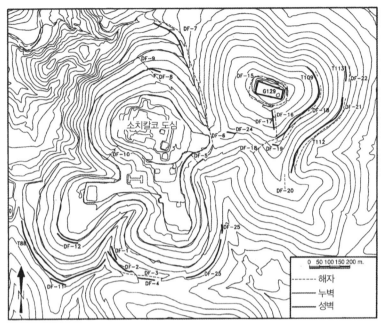

소치칼코 도심

DF-7
DF-9
F-8
DF-15
G129
T109
T113
DF-22
DF-17
DF-16
DF-18
DF-21
DF-24
DF-6
DF-5
DF-18
DF-19
T112
DF-10
DF-20
DF-25
T88
DF-12
DF-1
DF-2
DF-3
DF-25
DF-11
DF-4

0 50 100 150 200 m.

------- 해자
───── 누벽
───── 성벽

소치칼코. 도시의 자연적 방어를 불연속적인 누벽과 해자로 보강했다. 이러한 배치는 구세계의 여러 도시 유적에서도 잘 드러난다.

만, 나머지 도시―호수 한가운데에 있는 아스텍의 수도 테노치티틀란 같은―의 경우 막강한 자연적 지형에 인간이 만든 구조물을 보강한 식이었다. 더 남쪽으로 가면, 선先고전 시대 말과 고전 시대(제1시기부터 제3시기까지, 대체로 제1천년기 전반기)에 오악사카 계곡에서 번성하던 도시 몬테알반은 언덕 꼭대기의 막강한 지역에 자리잡고 몇 킬로미터 길이의 불연속적인 요새 성벽을 보강하여 방비되었다. 오악사카 계곡에는 언덕 꼭대기의 요새 피난처 유적이 많았다.[91] 지금까지의 이야기를 결론짓자면, 절대 연대―상대 연대가 훨씬 더 적절할 때 사용된―의 자칫 오도되기 쉬운 관점이 콜럼버스 이전 시대의 아메리카가 구세계와 근본적으로 달랐다는 착시를 일으킨다는 것이다.

그러나 이 모든 것도 수수께끼를 더 확대할 뿐이다. 만약 예전의 주장처럼 도시국가가 성장하면서 특징적으로 나타나는 시골 주민들의 융합 및 정착지 핵 형성의 주요 동기가 방어였다면, 구세계에서나 아메리카에서나, 왜 처음부터 벽돌이나 돌로 도시국가를 완전히 에워싸는 성벽을 짓지 않았을까? 실제로 그런 성벽이 없었을 때 집성 정착지에서는 어떤 방어 수단이 있었을까?

이번에도 이 수수께끼 밑에는 국가 이전과 원생국가proto-state들에서 나타난 일반적으로 익숙하지 않은 전쟁 패턴이 있는데, 바로 이것이 역사적으로 형성된 전쟁 개념의 변화를 말해준다. 국가 이전과 원생국가에서 전쟁은 주로 전쟁 당사자들의 습격 형태였다. 시골 정착지에 흩어져 있던 사람들과 그들의 재산은 대부분 위험에 처해 있었다. 그러나 중심 근거지 주변에 모이면 비상시에 목숨과 소중한 동산動産—주로 가축—을 구할 피난처를 찾을 수 있었을 뿐 아니라 습격자들의 표적이 되기 십상인 취약하고 고립된 처지를 벗어날 수 있었다. 야생동물, 물고기, 새가 그렇듯 사람도 무리를 지으면 숫자상 더욱 안전했다. 도시들은 모든 방어 수단 외에 크기로도 보호를 받았다. 규모가 제법 큰 정착지는 야간 기습에도 쉽게 파괴되지 않았다. 주민들은 상당한 무력을 가졌고 잠에서 깨어 저항할 시간이 있었다. 사실 도시 공격은 매우 치열하고 오래가며 위험한 성격의 직접 전투를 뜻했다. 집에서 집으로 모든 건물 꼭대기가 잠재적으로 작은 거점이 될 수 있었다. 이런 것은 국가 이전과 원생국가의 '자원병' 전사들이 피하곤 했던 바로 그런 유형의 싸움이었다.

이는 단순한 추측이 아니다. 상고 시대 그리스와 유럽인 접촉 이전의 후기 멕시코(그리고 식민지 이전 아프리카)에서 나온 증거들이 이 추측을 뒷받침한다. 상고 시대 그리스 도시국가에서 전쟁은 시골 습격, 또는 상대가 밭과 과수원을 지키려 나올 경우 격렬하지만 짧은 정면 교전을 의미했다.

이런 교전은 대부분 공격자들의 후퇴로 끝났던 것으로 보이지만, 방어자들이 철수하면 약탈이 재개되곤 했다. 도시 자체는 확실히 공격당하는 경우가 드물었던 것으로 보인다. 그리스 전쟁 전문가들은 다른 도시국가에 대한 무력 점령이란 한마디로 기원전 7세기나 6세기 폴리스의 능력을 넘어서는 것이었다고 인정해왔다. 그 이유는 대체로 기원전 5세기 말 이전의 포위술이 초보적이었고 민병대의 지구력이 짧았기 때문이라고 여겨져왔는데, 두 가지 요인 모두 기원전 5세기에는 타당했다. 그러나 상고 시대 폴리스를 에두른 성벽이 없었다는 사실은 이상하게도 충분히 이해되지 못했다.[92]

그렇다면 어째서 당시 도시들은 좀처럼 정복당하지 않았을까? 밀집 방진으로 싸웠던 중장보병들은 정면 전투를 수용하고 견디어낸 독특한 용맹성으로 마땅히 찬양받는다. 그러나 평평한 평원에서 조건이 대등할 때는 그렇게 싸웠지만, 주변보다 높은 유리한 위치를 차지한 적군을 상대할 때는 공격을 피했다. 대등하지 않은 순전한 시가전은 더욱 피했던 것이 분명하다. 포위전이 이미 보편화되었던 기원전 371년 레욱트라에서 스파르타군에 압도적 승리를 거둔 테베가 그 이후 동맹군과 함께 펠로폰네소스와 라코니아를 침략했을 때 여전히 성벽이 없던 스파르타를 공격할 기회가 있었음에도 두 번이나 물러섰던 건 바로 그런 이유 때문이었다(크세노폰, 『헬레니카』 6.5.27·31, 7.5.11~14). 따라서 그리스 초기의 '군사작전'은 짧았지만—하루나 며칠을 넘기지 않는 경우가 다반사였다—충돌은 기본적으로 결판을 내지 못하고 늘어졌다. 오늘날 우리에게 너무도 낯선 이런 유형의 전쟁은 사람들의 자기보호 욕구, 아울러 강압적인 중앙 지휘권 및 조직적 지구력이 없었던 초기 도시국가의 성격 때문이었다. 상고 시대 그리스, 중앙아메리카, 또는 우리가 보았던 국가 이전 사회의 수수께끼를 설명하기 위해 학자들이 흔히 주장해온 '의례화된' 전쟁과 관습적인 억지라는 생각은 현실적으로 거의 근거가 없다. 초기 그리스와 중앙아메리카의 도시국

가 간 전쟁에서는 억지력도 거의 없었으며 광포함과 잔인함이 난무했다.[93]

실제로 마야인들 사이에서도 귀족이 이끄는 습격(그리고 귀족의 일대일 결투)이 전쟁의 주요 형태였는데, 그래서 마야 역사의 대부분 동안 전쟁은 결판을 내지 못하고 연장되곤 했다.[94] 그리고 아스텍인들의 전쟁이 잔인하기로 유명했음에도 불구하고 '꽃의 전쟁'—'의례화된 전투'의 연장—은 중요한 전쟁 형태로 남아 있었다. 아스텍의 대규모 황폐화 습격은 적의 순종을 얻어내는 주요 수단이었다. 약한 피해자는 압력에 굴복했고, 아스텍인들의 패권적 제국과 군대가 성장함에 따라 그 적들의 도시와 중심적 제의/시정 근거지들은 습격이나 습격의 위협에 더욱 취약해졌다. 그러나 학자들이 최근에 인정하다시피 70여 년의 적대관계에도 불구하고 아스텍인들이 철천지원수인 틀락스칼라와 그 동맹인 푸에블라 계곡의 도시들을 실제로 정복하지는 못했다는 사실은 매우 주목할 만하다. 이 도시들은 천연 방어물로 보호되고 경계지 요새와 피난 거점으로 보강되기는 했지만 아직 성벽으로 에워싸여 있지는 않았다.[95] 스파르타 역시 상고 시대 이후 숙적인 아르고스를 점령하지 못했다. 나이지리아 서부의 요루바족 사이에서도 도시 간 전쟁은 습격과 작은 접전 위주로 벌어졌다.[96]

좋지 않은 상황이 최악의 상황이 되고 적군이 초기의 도시 안으로 침입하는 예외적인 경우에 주민들은 중심적 제의/시정 거점으로 철수하곤 했다. 이 거점이 언덕 꼭대기의 폐쇄된 공간(또는 작은 반도)에 있을 경우, 천연 방어물은 해자나 흙과 목재로 지은 누벽같이 가장 단순한 형태의 방어시설로 보강되기도 했다. 흙과 목재는 가장 쉽게 구하고 다룰 수 있는 재료여서 모든 곳의 성벽에 사용되었다. 벽돌과 돌 구조물은 나중에야 널리 퍼졌지만, 돌과 진흙이 풍부한 반면 목재가 귀하거나 심지어 흙이 귀한 환경에서는 일찍 사용되기도 했다. 메소포타미아 그리고 정도는 덜하지만 마야 저지대가 그런 경우였는데, 마야 저지대는 평평한 지형 때문에 제의/

시정 거점에 위압적인 높이의 천연 방어물이 없었다. 중앙아메리카의 광범위한 증거들이 보여주는 것처럼, 그런 곳에서는 벽돌이나 돌 구조물이 거점 역할을 했다. 기념비적인 건물들 자체는 최후의 방어선이 되었는데, 영구적이거나 급조한 해자와 누벽으로 둘러싸여 서로 연결되어 있었다. 선사시대 남아메리카의 안데스 문명에서도 곳곳에 있는 언덕 꼭대기의 피난 거점들과 산악 정치체의 성채들, 해안 평원의 요새화된 도시 제의/시정 거점들은 똑같은 이야기를 들려준다.[97] 실제로 구세계와 신세계를 막론하고 궁극적인 승리는 도시국가의 피난/제의 거점을 점령하고 불로 파괴하는 것이었다. 도시 주민에게는 그곳이 최후이자 중요한 주요 거점이었기 때문에, 일부 학자들의 주장처럼 그곳을 점령하는 것은 단지 상징적 승리였던 것이 아니라 실질적 승리였다.

대체로 도시 요새 진화의 순서는 전 세계에서 거의 다음과 같이 나타난다(일본은 또하나의 시사적인 예이다). 흙과 자갈과 목재 구조물에서 시작해서, 갈리아 도시들에서 보듯 돌 외장을 덧붙인 '중간적 형태'를 거쳐 벽돌과 돌 구조물로, 그리고 마침내 순전한 돌 구조물로 진화했다. 이와 나란히 방어용 울타리를 두른 도심 공간은 대개 요새화된 큰 시민 중심지를 거쳐 완전히 에두른 성벽으로 진화했다.[98]

그렇다면 이런 진화적 연쇄를 촉진하고, 우리에게 친숙한 벽돌과 돌로 된 원형 도시 성벽을 탄생시킨 요인들은 무엇이었을까? 이번에도 광범위하게 상호연관된 과정들이 대규모 도시 사회/정치체의 통합과 관련되어 작용했다. 도시국가가 확장되어 조직화되고 자원이 풍부해지고 적의 영토에서 장기간 군사작전을 지속할 능력이 커지자(그리스에서는 기원전 5세기에야 이렇게 되었다) 공성무기를 사용한 도시 공격을 벌일 수 있었으며, 적의 도시를 점령한 후 실제로 계속 장악할 능력도 커졌다. 그러나 공격력과 위협을 키워준 발전은 동시에 수비력도 키워주었다. 능력과 필요성이 함께

모체 문명의 전투 장면. 모체 정치체들은 서기 100~800년 페루 북부에서 번성했다.

성장한 것이다. 한 가지 예를 들면 그리스, 로마, 중세 이탈리아 도시국가에서 장기간 원정 병사에게 급여를 지급하는 제도—공격에서 중대한 개선점—는 모두 도시를 에두르는 성벽이 세워진 시기와 비슷한 시기에 도입되었다. 이 두 가지 비용을 위한 세금도 대체로 같은 시기에 부과되었다.[99] 마을과 피난 거점 주변에 해자와 흙–목재 울타리만 있던, 기껏해야 돌로 쌓은 성채가 있던 곳들에, 이제 몇 킬로미터 길이로 도시를 에워싼 벽돌–돌 성벽이 모습을 드러냈다. 이것은 투자와 정치적 협력이 필요한 대공사였다. 종전의 느슨한 농촌 겸 맹아적 도시의 친족–부족사회를 통합하는 국가 권력의 성장은 이 모든 과정의 원인이면서 동시에 결과였다.[100]

수메르 서사 전승에서 우루크의 도시를 에워싼 성벽 건설은 강력한 왕인 길가메시의 지배(기원전 2700년과 2500년 사이 언제쯤)와 연관되어 있었다. 길가메시의 권력 성장은 또다른 도시국가의 막강한 왕이던 키시의 아가Agga of Kish가 펼친 패권 지배에 저항한 결과였다.[101] 공격력과 방어력, 정치권력의 성장은 서로 얽혀 있었고 자기강화적인 과정이었다. 서아프리카에서 "카노 최초의 성벽은 사르키(Sarki, 왕) 기진마수(Gijinmasu, 1095?~1134?)가 세우기 시작했고 그 아들이 완성했다…… 1440년경 베닌 왕국의 통치자인 에와레Eware 대왕은 베닌 시 주변으로 높은 성벽과 깊은 참호를 건설했다."[102] 마야 문명에도 에워싼 돌벽을 비롯해 더욱 정교한 방어물들은 더욱 큰 지역 도시국가 정치체들, 용병, 더욱 체계적인 국가 전투, 정복 전쟁의 성장과 맞물려 진화했다.[103] 그리스 세계에서 앞서간 주변부였던 이오니아(아나톨리아 해안)와 마그나그라이키아(이탈리아 남부)에서 도시 요새화는 기원전 6세기에 참주의 새로운 전제권력과 함께, 그리고 동쪽의 리디아와 페르시아, 서쪽의 카르타고 등 강대국의 직업군대라는 위협 아래 등장했다.[104]

그러나 국가 권력이 항상 무조건 전제적 형태로 등장한 것은 아니었다. 아테네에 성벽이 세워질 때쯤 참주 페이시스트라토스의 개혁은 민주적 개혁가인 클레이스테네스가 이어받아 계속 추진하고 있었는데, 그는 이전 아테네 정치체의 친족 기반 구조를 영토 중심 정치 구조로 대체했다. 이와 비슷하게 로마에서도 고고학 증거로 뒷받침되지는 않지만 세르비우스 툴리우스 왕이 성벽을 세웠다는 전승이 있는데, 흥미롭게도 바로 이 왕이 친족 기반에서 영토 기반으로 로마 국가를 재편하고 로마 군단을 설립했다고 전해진다. 아마도 학자들이 믿는 것처럼, 왕정과 초기 공화정 200여 년에 걸쳐 로마의 국가 형성 과정에서 일어난 일련의 정치적·군사적 개혁이 후대에 로마 전승으로 압축되었고, 그 첫번째 단계를 시작했을 원사시대 왕에게 개혁의 공을 돌린 것 같다.[105] 중세 코뮌에서도 지역 대주교/군주의 축출과 조직화된 시민 자치 공동체로서의 코뮌 설립은 12세기 외곽 성벽의 건설과 맞물려 일어났다.

도시국가의 등장: 귀족 전사에서 시민병으로

도시국가는 족장과 빅맨의 무장 종사들이 지배하는 계층화된 농촌 사회에서 진화했다. 따라서 도시국가의 등장은 귀족 전사 권력에 맞선 성공적인 투쟁과 떼려야 뗄 수 없이 얽혀 있었다. 이는 특정한 역사적 사례에 대한 연구에서는 충분히 인정되었지만 일반적으로 받아들여진 적은 없었다. 역사적으로 친숙한 도시국가의 등장 사례에서 귀족 종사들의 권력은 말[馬]과 밀접하게 연관되어 있었다. 그러나 역사적으로 친숙한 사례들은 사실상 모두 말이 이미 도입되어 있던 사회였기 때문에 표본은 편향적이다. 값비싼 말은 의심의 여지 없이 부유한 엘리트의 전투력을 강화했지만, 초기 메소포타미아와 중앙아메리카 같은 말 이전의 또는 말이 없던 문화에서 도시국가가 등장할 때에도 도시 민중과 빅맨 종사들 사이에 전투가 있었는지 알아본다면 흥미로울 것이다. 하지만 증거는 거의 없다시피 하고, 얼마 되지 않는 증거도 나중의 것이다. 이런 이유로 세부는 원사시대 속에서 사라졌지만 희미하게나마 윤곽을 알아볼 수 있는 최초의 사례인 상고 시대 그리스의 신생 도시국가들에서 시작하려 한다.

암흑시대 후기인 기원전 9세기와 8세기 상고 시대 그리스의 전쟁은 큰 영지oikoi를 가진 귀족 수장과 그 종사들이 주도했는데, 대체로 이들이 사회의 지배층이었다. 귀족들은 말을 탔다. 당시 동부 지중해 문명에는 큰 말과 기마가 도입되어 있었다. 그러나 그리스의 험준한 지형 때문에 기마 전사들은 주로 이동이나 '전략적' 기동성을 위해 말을 이용했고, 보통은 말에서 내려 땅에서 싸웠다.[106] 농민들은 이런 귀족 전사나 종사의 상대가 되지 못했다. 귀족 전사와 종사들은 자기네 농민을 강압적으로 복종시켰고 외부의 농민을 괴롭혔다. 사적인 반목에서든 지역 무리를 이끌고 싸우는 일반적인 분쟁에서든 귀족 전사들은 종종 호메로스가 묘사한 '영웅적' 방식으로 서로 싸웠는데, 때로는 단 한 번의 전투만 치렀고 투창이 주요 무기였다.

학자들은 보병 병력과 대규모 보병 전투가 『일리아스』에서 두드러지게 나타나며, 따라서 암흑시대 후기 호메로스 시대의 익숙한 특징이었을 거라고 지적해왔다. 나아가 일부 학자는 사실상 이런 장면은 팔랑크스와 비슷한 대형을 펼친 당대의 대규모 보병대가 후대에 나타난 대규모 보병대와 전혀 다르지 않음을 보여준다는 논쟁적인 주장까지 펼친다.[107] 그러나 이런 주장은 당시의 사회적 맥락과 군사적 현실을 잘못 해석한 것으로 보인다. 산개해서 흐트러진 대형으로 싸우거나 나중에 북유럽의 '야만적인' 사회들에서 사용했다고 하는 조잡한 '방패벽' 대형을 채택했다면, 이 보병 집단 자체는 아직 효과적인 팔랑크스를 준비한 것이 아니다. 더욱이 암흑시대 보병 집단을 구성하던 것이 귀족 종사든 현지 농민군이든 또는 둘 다이든 간에, 중세 초기의 유럽 사회와 비슷했다는 것은 이들 집단이 대체로 귀족 전사들에게 복종했고 대개 그들의 보조 역할을 했음을 암시한다. 그러나 기원전 7세기부터 극적인 변화가 일어나고 있었다. 그림이나 문학적 단편들이 보여주듯[108] 그리스의 맹아적 도시국가에서 시민인 농민과 직공 보병들의 밀집방진인 팔랑크스가 모양새를 갖추기 시작해 기마 귀족과 그 종사들을 대신하였고, 뒤이어 그리스 전투를 지배했다. 다만 지형이 평평하고 정치적으로 뒤처져 폴리스가 뿌리를 내리지 못했던 테살리아에서는 한 영지 기마 귀족이 고전 시대의 낡은 모델에 따른 사회적·군사적 패권을 쥐고 있었다. '중장보병 혁명'과 폴리스 등장 사이의 이런 상관관계, 그리고 이런 발전의 민중적 측면은 학자들이 강조해온 것들이다.

초기 그리스의 귀족 기마전사에 관한 정보는 후기 그리스 도시국가의 대규모 보병대에 관한 정보에 비해 훨씬 적은 반면, 중세 유럽사에는 귀족 기마전사에 관한 정보가 보병대에 관한 정보보다 훨씬 많다. 그러나 두 사회에서 일어난 과정은 여러모로 두드러지게 유사했다. 대이동 이후 암흑기 유럽에서는 사회가 계층화될수록 지역 귀족 엘리트와 그 무장 종사들의 지배가 강화되었다. 유럽 서부와 중부에서 8세기부터 이들 귀족 엘리트는 말을 더 많이 사용했고 공식적인 직책도 더 많이 맡았다. 국가 권력이

그리스 팔랑크스를 묘사한 것으로 알려진 최초의 그림. 기원전 7세기 후반 코린토스 항아리.

미약하고 대개 없는 것이나 다름없던 농촌 중심 유럽 사회에서 이들의 군사적 지배는, 유럽 사회 자체가 상호연관된 과정들에 따라 변화할 때까지 수 세기 동안 계속되었다. 이 과정 가운데 하나가 도시와 도시국가의 등장이었다. 어디서 등장했든 간에 맹아적 도시국가—흔히 말하는 코뮌—는 지역 귀족의 지배를 뒤흔들려고 했고, 어디서든 그렇게 하기 위한 수단은 시민들, 주로 지역·자치구·길드에서 조직되고 직공과 농민으로 구성된 대규모 보병대였다.

대체로 도시국가들은 유럽 전역에서 분명한 패턴을 보이며 압도적인 성공을 거두었다. 이탈리아 북부의 신생 도시국가 정치체들—비록 개별적으로 행동하고 서로 경쟁하는 관계이긴 했지만—마다 대규모 보병대는 지역 귀족을 쫓아냈고, 도시에 이어서 시골에서도 그들의 근거지를 차지하는 데 성공했다. 나중에 밀라노가 이끄는 롬바르디아 동맹에 가담한 도시국가들의 연합 시민군은 레냐노 전투(1176년)에서 봉건 권력인 신성 로마 제국 황제 프리드리히 1세의 군대에 승리를 거두었다. 플랑드르에서는 각 코뮌—역시 서로 개별적으로 행동하던—의 시민군이 각각 주변 지역의 귀족 권력에 맞서 일련의 비슷한 승리를 거두었다. 나아가 쿠르트레 전투(1302년)에서 코뮌 연합의 시민 보병대는 8열 밀집대형을 이용해 프랑스 왕의 기병대를 대파했다. 그후 수십 년 동안 훗날 스위스가 될 지역에서는 산악과 산림 지대의 세 개 주 농민 공동체가 자신들을 예속시키려던 독일 귀족을 물리쳤는데, 물론 자연 지형의 이점을 활용한 성과였다. 당시 산악 지역 사람들은 평원의 도시국가와 연합했고, 밀집대형으로 싸운 스위스 대규모 보병대는 트인 평야에서 맞붙은 기사 병력을 모조리 물리쳤다. 15세기 말과 16세기 초에 이 보병대는 최고의 보병이자 유럽 전장에서 공포의 대상으로 떠오르게 된다.[109]

물론 다양한 시기, 지역, 문화의 도시국가 정치체들 사이에는 매우 큰 차이점이 있었다. 그 차이는 논의를 진행하면서 더 자세히 설명할 것이다. 중대한 차이 중 하나는, 중세 유럽의 코뮌들이 앞서 설명했던 대부분의 도시국가들처럼 국가가 없는 환경에서 등장한 것이 아니라 덩치는 크지만 분절되고 허약했던 봉건국가가 이미 지배하던 정치 환경에서 등장했다는 사실에 있다. 봉건국가는 11장에서 논의하겠지만, 우선 여기서는 다음 사실에 주목해야 할 것이다. 허약한 중앙권력은 봉건 유럽에서 도시국가가 성장하는 데 필수적인 조건이기는 했지만, 그럼에도 그 권력의 존재가 코뮌이 가질 수 있는 자치권의 범위를 다양하게 제한했다는 사실이다. 이탈리아와 대조적으로 국가의 중앙권력이 상대적으로 강했던 플랑드르(프랑스)와 독일에서는 특히 그랬다.[110] 국가 권력의 존재는 코뮌의 성장 패턴에도 영향을 미쳤다. 이는 널리 언급된 것처럼 중세 코뮌이 여타 도시국가들과 달리 도시 핵에서부터 바깥으로 정치적으로 확장되었던 현상을 설명해준다. 코뮌은 성장하면서 꾸준히 시골 주민들을 흡수하기는 했지만, 권력을 키우고 나서야 비로소 시골과 그 농민 인구(콘타도contado)를 지배할 수

롬바르디아 동맹으로 신성 로마 제국의 프리드리히 1세에게 레냐노 전투에서 승리를 거두고 개선하는 밀라노 군대.

있었다. 요컨대 농민 병사의 수와 강인함 때문에 적어도 일부나마 그들을 끌어들여야 했지만, 중세 코뮌에서는 장인 길드와 자치구가 정치적·군사적으로 더 중대한 역할을 했다.

이 모든 차이점에도 불구하고, 대규모 시민 보병대—대개 매우 효과적인—는 도시국가의 등장과 밀접한 관계가 있었다. 이미 말했듯 메소포타미아의 국가 이전과 원생국가 시기 전쟁 패턴에 관한 증거는 없다. 그러나 국가 시기 자체와 관련해서 보면, 라가시와 움마 사이의 전쟁(기원전 2450년경)을 기념한 독수리 비석은 방패로 둘러막고 창을 겨눈 채 6열 팔랑크스와 비슷한 밀집대형을 이룬 병사들의 모습을 보여주어 발굴 당시 현대 학자들을 놀라게 했다. 그때까지 이런 패턴은 거의 2000년 후에야 그리스의 폴리스에서 등장했다고 여겨졌기 때문이다. 실제로 빽빽이 밀집한 보병 대형은 그리스에 고유한 것이라기보다는 여러 시대에 걸쳐, 주로 도시국가들이 독립적으로 고안해낸 것이었다. 아라비아에서 온 초기 무슬림 군대가 대표적인 경우로, 대중적인 이미지와는 반대의 모습을 보여준다. 후기 무슬림 군대라고 하면 훌륭한 말을 연상시키지만, 사실 무슬림이 말을 채택한 것은 중동과 북아프리카를 정복한 후의 일이었다. 건조한 아라비아에서 기병대는 실용성이 없었다. 초기 이슬람 군대의 근간을 이루었던 것은 메카, 메디나, 그리고 아라비아 반도 남서부의 대상隊商 도시국가 주민들로 꾸린 견고한 보병대였다. 동맹 부족 남자들은 경무장을 했으나 말은 북부에서만 탔다. 탈것으로 이용된 주된 동물은 낙타였다. 낙타는 장거리에서 전략적 기동성을 제공했지만, 병사들은 낙타에서 내려 땅에서 싸웠다. 각각 비잔티움과 페르시아 제국을 상대로 트랜스요르단의 야르무크(서기 636년)와 이라크의 알카디시야(서기 637년)에서 벌어진 중요한 전투에서 침략군인 무슬림은 우세한 방어 지점을 차지했고, 병사들은 창과 방패로 빽빽한 대형을 이루고 벽을 쌓음으로써 적 기병대의 돌격을 물리치고 궁극적으로 궤멸시켰다.[111]

이보다 친숙한 예로 돌아가면 중세 유럽의 남부와 북부인, 이탈리아와 플랑드르에서 코뮌의 시민 보병대는 적어도 보호용 갑옷을 입었고 창, 장창, 석궁으로 무장했다. 이 두 지역과는 독립적으로, 중세에 가장 막강하며 고슴도치처럼 빽빽한 팔랑크스식 대형을 이루었던 스위스 보병대는 장창병과 미늘창병으로 구성되었다. 마지막으로 주목할 만한 사실은 나이지리아 서부의 요루바족도 비슷한 과정을 겪고 있었다는 것이다. 16세기 서아프리카에 말이 도입된 후 족장의 기병 종사들은 옛 오요 제국 군사력의 중추를 이루었다. 그러나 18세기 말에 제국은 해체되었고 신생 독립 도시국가들이 전쟁을 치렀는데, 도시국가는 그들의 보병대로 풀라니 기마 목축민들을 패배시켰다. 이들 보병대는 19세기 중반에 화기가 널리 보급될 때까지 장검과 활을 사용했다.[112] 그렇다면, 이전에 전쟁을 지배했던 지역 귀족 전사들—대개 말을 탄—과 그 무장 종사들을 상대로 모든 곳에서 도시국가의 민병대가 우세를 점하기 시작한 거의 보편적인 이 현상은 어떻게 설명할 수 있을까?

보병과 기병의 서로에 대한 상대적 장점은 11장에서 특별히 따로 다룰 것이다. 이 질문에 대한 기술에 근거한 설명은 지금 당장은 기껏해야 부차적 의미밖에 없으므로 제쳐둬야 할 것이다. 한 예로, 상고 시대 폴리스의

독수리 비석, 기원전 2450년경. 팔랑크스와 비슷한 대형을 이끄는 라가시의 왕. 양손에 들린 채 앞줄에서 튀어나온 창이 6열 대형임을 말해준다.

무장 보병대 구성을 가능하게 함으로써 귀족의 군사적 지배를 물리치게 해준 것은 다름아닌 기원전 제1천년기 동안 훨씬 저렴해져 이전의 값비싼 청동무기를 대체하게 된 철기시대 무기라는 것이 비전문가들의 주된 주장이었다.[113] 그러나 상고 시대와 고전 시대 그리스 중장보병의 육중한 장비들—투구, 흉갑, 정강이받이, 방패의 금속 부분—은 여전히 주조하기 쉬운 청동으로 만들어져 있었다는 데 유의해야 한다. 철은 주로 검과 창촉에 사용되었다. 따라서 갑옷은 종전과 마찬가지로 비쌌다. 사실 중장보병 군대의 구성원들은 종전의 귀족 종사보다는 훨씬 민중적이었지만, 그래도 여전히 폴리스 주민 가운데 갑옷을 살 만큼 재산이 있는 농민과 직공이었다—건장한 성인 남성 인구 가운데 대략 3분의 1에서 2분의 1 정도였다고 추정된다(내 견해로는 2분의 1에 가까울 것이다). 게다가 무거운 방호 장비는 기병을 물리치는 용도보다 서로 맞선 두 보병 대형의 근접전 용도에 요긴했다. 보병들은 창끝을 제외하면 금속 무장을 전혀 갖추지 못했지만, 견고한 대형을 이루기만 하면 기병과 맞서 싸울 수 있었다. 유명한 마케도니아 팔랑크스 보병대와 훗날 스위스의 팔랑크스식 보병대 모두 금속 갑

헨트의 코뮌 군대. 1346년경.

옷을 전혀 걸치지 않았다. 사실 고전 시대 그리스에서도 중장보병들은 기원전 5세기 말부터 흔히 무겁고 비싼 청동 갑옷을 포기하고 그 대신 리넨을 단단하게 굳힌 간편한 갑옷, 즉 피부 보호용 싸개를 입었다. 팔랑크스 개념에서 금속 갑옷은 필수품이 아니었다.

유럽 중세와 관련해서 똑같은 질문에 대한 학술적 논의는 고대와의 비교 연구가 거의 없이 이루어져왔다. 이 논의가 역사학에서 별개의 분야와 관련되기 때문이기도 하고, 개선된 기병 장비—안장, 편자, 무엇보다 등자의 잇따른 도입—로 인해 말을 타고 싸우는 것이 고대보다 중세 시대에 훨씬 더 효과적이었다고 널리 추측되기 때문이기도 하다. 등자 덕분에 8세기부터 유럽에서 기사의 기마술이 우세를 점했다고 여겨지곤 했다. 그러나 우리가 보았듯이 중세 말까지(그리고 흔히들 기사의 종말과 연관짓는 야전 화기가 등장하기 전에) 장비를 한껏 갖춘 기병 엘리트는 영국의 장궁 같은 신무기에는 물론이고 되살아난 밀집대형 보병대에도 대개 크게 패배했으

모라 전투(1476년). 스위스 장창병이 플랑드르 용담공 샤를의 창기병을 패배시켰다.

며, 유명한 스위스 군대의 사례에서 보듯이 일부 경우에는 가장 기초적인 무기로 무장한 보병대에게도 패했다. 그렇다면 문제의 핵심은 전장에 보병

현존하는 가장 오래된 중장보병의 청동 흉갑과 투구. 기원전 8세기 아르고스의 전사 무덤에서 발견되었다.

대를 결속력 있는 밀집대형으로 배치하는 데 있었다. 단순해 보이는 이 조치를 그렇게 어려운 과제로 만든 건 무엇이었을까? 그 답은 기술적인 요인보다도 사회 구성과 정치적 진화에 더 크게 관련되어 있었다.

9장에서 보았듯이, '평등주의적' 부족사회—자신과 친족의 대개 폭력적인 자립자조를 근간으로 하던—는 대체로 전사 정신을 기르는 데 도움이 되었다. 그러나 이런 사회에는 조직화된 대규모 전쟁을 위해 부족 인력을 동원하고 조직할 강압적인 중앙권위가 없었다. 농업이 집약적으로 발달하고 사회가 더욱 계층화되면서 족장과 빅맨의 종사들은 상대적으로 소규모였음에도 지배 세력이 되었는데, 그 사회에서 조직화된 세력은 이들뿐이었고 그런 부류의 다른 세력에 의해서만 견제될 수 있었기 때문이다. 그 결과 이들의 지배력은 사회를 더욱 계층화하면서 눈덩이가 커지듯 강화되는 경향이 있었다. 점점 종속되어가던 민중은 이 과정에 효과적으로 저항하지 못했다. 그들은 시골 곳곳의 농장과 작은 마을들에 흩어져 있었기 때문에 효과적인 의사소통과 협력이 힘들었고 저마다 공격에 취약했다. 어디에서나 농촌 사회가 무장 엘리트의 지배를 받을 수밖에 없었던 것은 무엇보다 이런 '객관적 조건'이 있었기 때문이고, 실제로 이는 다수가 극소수에게 어떻게 그토록 가혹하게 착취당할 수 있었는지를 설명해준다. 그에 따라 지역 민병대의 중요성은 점점 감소했다. 엘리트도 어느 정도는 민병대가 잠재적으로 위험하다고 여겼다. 더욱 중요한 점은, 사회적·정치적 사안에 아무 이해관계가 없고 전투의 결실에도 별 관심이 없었던 종속적이고 고립된 농민들이 대체로 부실한 전사가 되었다는 것이다. 이들은 종속적일수록 전장에서 더욱 '쓸모없는' 전사로 판명났고, 심지어 귀족 전사와 그 종사들을 증원하기 위해 무리지어 소집될 때에도 쓸모없기는 마찬가지였다.

그러나 도시국가의 등장은 민중 권력의 급격한 역전과 맞물려 있었는데, 민중은 어느 정도는 '도시의 공기가 인간을 자유롭게 한다'는 중세의 속담에 사로잡혀 있었다. 민중의 많은 수는 곧 권력을(그리고 공격에 취약하게 노출될 가능성의 감소를) 의미했고, 도시로 밀집한 민중은 의사소통과 정치적 조직화를 쉽고도 효과적으로 할 수 있었다. 고대 그리스를 연구하는 학자들은 폴리스 혁명이 도시국가의 탄생보다도 '시민국가'의 탄생에 있었다고 주장한다.[114] 그러나 두 가지 발전은 분명히 관련되어 있었다. 이 경우에도 모든 것은 하나의 사건이라기보다는 과정으로서, 귀족 종사들의 권력이 후퇴하고, 농노제를 비롯한 전통적인 구속이 납세와 군역으로 대체되고, 자치도시 제도가 마련되고, 도시 집중이 탄력을 받고, 농민과 직공들이 자신감을 키우고 공동체의 일에 관심을 갖고 자기네 사안을 스스로 처리하는 데 익숙해진 것과 관련이 있었다. 그 결과 도시국가 사회는 자유민 시민들이 대규모 보병대를 구성하는 동시에 정치적으로 조직되어 적어도 초보적인 중앙 동원, 통제, 지휘를 받는 독특한 조합을 탄생시켰다.

도시국가들 사이의 아주 가까운 거리와 작은 영토, 단기 군사작전 등으로 인해 인력 동원은 전에 없이 쉬워졌다.[115] 국가 이전의 부족사회, 족장사회, 계층화된 환절 사회나 여타 정치체의 경우와 달리 가까이 있는 작은 밭, 과수원, 목초지—모두 도시 근방에 있는—를 지키기 위한 집단 협력은 확실히 사리 추구의 성격이 강했고, '무임승차'와 수동적인 '이반' 형태를 강력하게 좌절시키는 집단 제재를 통해 친밀한 도시국가 공동체 안에서 협력을 유지할 수 있었다. 적의 무리가 도시국가 영역 안으로 들어오는 것이 목격되면, 그 즉시 도시의 남자들에게 무기를 들라고 알려서—개개인이 뒷짐지고 있지 않도록 이웃끼리 감시하고 정치적·군사적 관리들을 동원해서—적에 맞서고 약탈을 중단시키기 위해 진군할 수 있었다.

고전 시대 그리스인들이 잘 알고 있었듯이, 이것은 잘되기만 한다면 이기는 수였다. 그들은 페르시아 제국에 승리한 이유를 자기들은 집단 이익을 위해 싸우는 자유민인 반면 페르시아 제국의 징집병들은 '노예'였기 때문이라고 여겼다. 노예는 전장에 끌려오기는 해도 직접 심각하게 무기를 부딪치는 싸움에서는 좀처럼 목숨의 위험을 무릅쓰지 않았다는 것이다. 실제로 경쟁하는 도시국가 사이의 가까운 거리, 인력의 집중, 더욱 포괄적인 사회정치적 조직화, 밭과 과수원에 대한 농업 투자 증대와 높은 의존도 (이전의 목축-이동-농업-약탈 경제와는 대조적인) 등은 국가 이전에 인구가 희박하고 농경지가 산재되어 있던 황량한 풍경에서 통하던 은밀한 전술이 변화했음을 의미했다. 사람들이 고정된 농업 자산, 과일나무, 작물 등 생계 가 달린 것들을 방어하면서 집단적인 대면 접촉이 중요해졌다.[116]

전투의 중요성이 커지고 결판이 나지 않는 원거리 교전이 근거리에서 위험하게 무기를 부딪치는 양상으로 바뀜에 따라, 각 군대의 전사들은 더 욱 가까이 접근해서 팔랑크스 또는 여러 이름으로 알려진 단순한 밀집대 형을 이루어 충격 효과와 상호 보호를 증대하려고 했다. 더 좁은 장소에 서 더 밀집하여 벌이는 전투에서 충격 무기—찌르는 창, 검, 미늘창—가 점점 우세해지면서, 예전의 원거리 전투에서 쓰이던 투창과 활 등의 투척 무기를 크게 대체하게 되었다. (어쨌든 궁술은 자연 속에서의 생활에서만 배울 수 있는 기술이었고, 작동이 간편한 석궁이 도입될 때까지 도시 시민들은 대체로 익 히기 어려웠다.) 그렇게 해서 역사적으로 친숙한, 위험하게 서로 부딪치는 근거리 전투가 전쟁의 정점이자 전쟁을 결정짓는 사건으로서의 지위를 확 보했다. 고전 시대 전문 역사학자 빅터 핸슨은 그리스 폴리스의 성장과 관 련해 이 과정을 훌륭하게 묘사했다.[117] 핸슨이 주장했듯이 근접 보병전이 더욱 특징적으로 유럽 또는 '서구'의 전쟁과 연관되었던 이유는 11장에서 검토할 것이다. 그러나 수메르인들의 팔랑크스, 초기 무슬림 군대, 요루바 보병대가 보여주듯 그 과정은 도시국가들에서 두루 나타났다..

이제 도시국가의 '민중적'·'포용적'·'공동체적'·'자치적' 성격이나 도시국 가의 시민군이라는 말이 민주정부를 함의하지는 않는다는 점을 분명히 할 때가 되었다. 민중적 이미지에서 그리스의 폴리스를 대표하는 기원전 5세기와 4세기의 민주적인 아테네는 실은 매우 예외적인 경우였다. 도시 국가들—아테네를 포함하여—은 사회적·경제적으로 평등하지 않았다.

도시국가 형성에 불가결한 민중적·포용적·공동체적 성격은 전형적으로 민주정보다는 두 가지 정체 중 하나로, 즉 민중적 독재정 아니면 귀족—민중 혼성 정체인 공화정으로 나타났다.

한 명의 통치자와 도시 민중은 귀족의 지배를 막기 위해 종종 동맹을 맺었는데, 다른 시기에도 그랬지만 특히 도시국가 형성기에 자주 제휴했다. 초기 수메르 도시국가와 관련한 역사적 증거는 실로 매우 적다. 그러나 학자들은 우루크의 초기 왕 길가메시에 관한 서사시에 그 도시의 형성에 있어 중요했던 사회 제도들의 흔적이 남아 있다고 생각한다. 이들 제도에서 주목을 끈 것은 두 가지다. 우선 초기 왕조 시대에 왕권이 이전의 통치자—사제인 엔$_{en}$의 권력에 비해 성장한 것으로 보인다. 하지만 민회의 권력도 같이 성장했기 때문에, 고대 근동의 전제적 정체들에 익숙했던 학자들은 초기 수메르 도시국가의 '민주적' 특징을 언급하게 되었다. 이 서사시는 이런 과정들 사이의 관계를 드러내는 것으로 보인다. 길가메시 왕은 전쟁을 하자고 제안했다가 귀족 장로회의의 반대에 부딪히자 도시의 젊은이들로 구성된 민회, 사실상 이 도시국가의 전사 민병대에 안건을 내놓아 승인을 받아낸다.[118]

초기 그리스와 관련한 증거는 좀더 찾기 쉽다. 기원전 7세기와 6세기 폴리스의 등장은 참주—독재적 통치자로, 더욱 제한된 권한을 지녔던 이전의 족장 지도자 즉 바실레우스와 구분된다—들이 그리스를 지배한 첫 번째 시기와 맞물려 있었다. 이들 참주는 귀족들 위에서 통치했기 때문에 귀족들의 반감을 샀지만 대체로 민중에게는 지지를 받았던 것으로 보인다. 실제로 바로 이 시기에 민중에 더욱 의존하는 팔랑크스 대형이 등장해 귀족 기마전사들을 대체했다. 팔랑크스의 등장이 기원전 7세기 코린토스의 킵셀루스, 시키온의 오르타고라스와 클레스테네스 같은 참주들의 권력 장악과 직접 연관되었을지 모른다고 암시하는 증거들도 있다. 아리스토텔레스(『정치학』 5.10.5~6)에 따르면 독재적인 권력을 노리고 바실레우스의 전통적인 권력의 한계를 무시했다고 하는 아르고스의 왕 파이돈은 더욱 확실한 예일 것이다. 기원전 6세기 초 아테네에서 귀족과 민중 사이의 내전이 벌어지기 직전에 솔론은 순수 귀족 통치를 대신할 자산 – 군사 계급을 도입했고 이들이 팔랑크스 군대의 기반이 되었다. 솔론은 참주직을 제안받고 거절했지만, 그의 작업은 참주 페이시스트라토스와 민주적 개혁가 클레이스테네스로 이어졌다. 학자들이 널리 인정하듯, 이 모든 과정은 서로 밀접하게 얽혀 있었던 것으로 보인다. 폴리스의 등장과 맞물려 성장한 민중 권력은 성공적인 지도자와 연합하여 귀족정에 맞서 공동 전선을 폈다.[119]

로마의 왕 세르비우스 툴리우스는 왕의 지위와 권력의 이런 변천을 대표하는 것으로 보인다. 그는 막강한 귀족들의 정치적 친족 기반을 약화시키고, 군단에 시민 팔랑크스 부대를 만들고, 시민 중장보병 민회인 코미티아 켄투리아타comitia centuriata를 설립했다고 일컬어진다.[120] 바로 이 무렵인 기원전 6세기 후반 카르타고 마고 왕조의 왕들(그리고 만약 실존인물이었다면, 실패한 말쿠스Malchus 역시)은 과두정 대신 군주의 독재권을 키우기 위해 군대와 민중의 지지에 의존했던 것으로 보인다.[121] 중세 이탈리아와 플랑드르에서도 거의 똑같은 과정이 일어났다. 떠오르는 코뮨 세력이 지역 귀족을 몰아내는 동안, 가장 부유한 상인 가문들이 코뮨 정치를 지배하는 귀족이 되어가고 있었다. 이들은 권력과 위신을 놓고서 끊임없이 서로 경쟁했는데, 그 경쟁은 걸핏하면 격해졌고 결국 무장 종사들끼리 거의 고질적인 내전을 벌이는 지경에 이르곤 했다. 이에 대응해 도시 민중과 민병대는 대大가문에 대한 국가 통제력을 강화하기 위한 단계를 밟아나갔다. 나아가 특히 이탈리아에서는 귀족 세력을 억지하고 코뮨을 참주정signoria으로 만들기 위해 시장capitano populi 또는 포데스타podesta가 민중 기반의 법을 제정하는 경우가 많아졌다.[122]

독재적 통치는 '도를 넘기' 십상이었고, 초기의 많은 도시국가에서 귀족들은 독재정을 폐지하는 데 성공했다. 그러나 귀족 세력이 여전히 지배적이던 모든 맹아적 도시국가에서는 민중과 일종의 화합을 하고 포용적 유형의 정체를 확립할 필요가 있었다. 사실 이것이 바로 아리스토텔레스가 폴리테이아politeia라고 이름 붙이고 로마인들이 레스 푸블리카res publica라고 불렀던 것이다. 앞에서 말했듯이 국내에서 무시할 수 없었던 것은 결집된 민중의 강한 세력만이 아니었다. 일단 이웃 도시국가에서 민중 기반의 대규모 보병대가 등장하자, 귀족이 이끄는 군소 정치체들은 이런저런 형태로 민중을 포섭해 군대로 끌어들이지 못하면, 그래서 불가피하게도 정치적 사회를 만들지 않으면 국가 간 분쟁에서 생존하기 힘들었다. 따라서 도시국가 형성은 다시 자기강화와 확장—'전염'—과정을 걸으면서 정치체 내부와 정치체 간의 상호작용을 일으켰다. 그 예로 상고 시대 그리스에서 귀족 전사의 종사단이 쇠퇴한 것은 저마다 부상하던 폴리스 내부의 개별적 발전 사례는 물론이고, 일부 핵심 지역에서 이미 확립되어 모방의 물결을 일으키던 민중 기반의 중장보병 팔랑크스라는 외부의 군사적 압력에 영향을 받은 것이었다.[123] 아르고스 방패와 코린토스 투구가 중장보병의 갑주를 특징짓는 방어구였다는 사실로 짐작해보건대, 그 핵심 지역은 동부 펠로폰네소스의 아르고스와 코린토스 주변에 있었던 것으로 보인다.

이런 유형의 발전 모델 가운데 가장 뚜렷하고 더 잘 기록된 것이 초기 로마였다. 그리스 식민 도시국가들에 의해 이탈리아 반도에 도입된 시민군 팔랑크스 대형은 빠르게 확산되었다. 진화중이던 에트루리아 도시국가들이 채택한 이 대형은 철기시대 빌라노바 문화[Villanova Culture: 기원전 7세기경 이탈리아 북부의 초창기 철기 문화—옮긴이] 이후 이 지역을 지배하던 귀족 전사 종사들의 전차와 기마전을 대체했다. 그러나 에트루리아 사회가 고도로 계층화된 채 남아 있었고, 팔랑크스 대형이 진정한 대규모 시민군의 토대가 되었다기보다는 귀족 종사들에 의해 채택되었음을 보여주는 징표들이 있다.[124] 실제로 상황이 그랬다면, 이는 에트루리아 군대가 쇠퇴한 이유를 설명해줄 수 있을 것이다. 이와는 반대로 세르비우스 툴리우스 치하의 로마는 팔랑크스 교전으로 필요해진 시민-군대 개혁을 온전히 수용했다. 그리고 기원전 510년 로마의 왕이 쫓겨났을 때 귀족들은 민중populus과 일련의 기나긴 타협을 하고 나서야 권력을 잡을 수 있었고, 이 과정을 거쳐 로마는 귀족-민중 혼합 공화정이 되었다. 이 투쟁에서 민중은 직접 대립하기보다 단순한 무기를 사용했다. 다름아닌 팔랑크스 군단으로 싸워야 하는 전쟁에 징집되기를 거부함으로써 지배층 귀족 씨족들에게 양보 외에는 선택의 여지를 주지 않았던 것이다.

중앙아메리카와 관련된 증거는 매우 흐릿하다. 그러나 학자들이 믿듯 마야 도시국가들의 전쟁에서는 여전히 귀족 전사들이 가장 중요했던 반면 고전 시대 이후 멕시코 중부의 도시국가 정치체들은 더 폭넓은 민중 기반의 군사조직을 발전시킨 것이 사실이라면, 이는 서기 1000년경 한 톨텍족이 북부 저지대의 마야 정치체들을 장악한 증거를 설명해줄 수 있을 것이며, 어쩌면 9세기에 고전 시대 마야가 수수께끼처럼 몰락하는 데 중부 멕시코인들이 한몫했다는 점까지 설명 가능할 것이다.[125] 19세기 서부 나이지리아의 요루바족은 혼합 정치체가 시민군의 등장과 관련하여 형성되었음을 보여주는 주목할 만한 증거를 추가로 제시하는데, 이는 역사적으로 익숙한 고대의 초기 도시국가들을 떠올리게 한다. 실제로 영국의 한 장교는 이렇게 보고했다(1861년).

……호전적 능력 덕에 사회 여론을 발판으로 선출된 족장은 호의적 여론을 얻기 위해…… '오보니스Obonis' 즉 장로회의를 소집하여 상황을 진술한다…… 이들은 물러나서 심사숙고한 뒤 돌아와 자신들이 내린

결정을 족장에게 알려준다……

그런 형태의 정부에는 상비군이 존재하지 않는다. 전쟁의 문제는 일반적으로 '오이오Oio' 즉 여론을 구하고 그에 따라 특정 포고령을 통과시키기 위한 목적으로 공개된 장소에서 열리는 비상회의에서 공적으로 결정된다……

……극소수 무기 보유자들을 제외하면…… 부족의 나머지는 거의 예외 없이 농민이거나 평화로운 직업에 종사하는 사람들이다. 이들은 온순하고 명령에 복종하며, 엄청난 신체적 피로를 견디며 하루 60킬로미터를 쉽게 행군할 수 있다…… 아베오쿠타 군대는 지원입대 체계로 소집되지만 종종 극단적인 방법에 의존하기도 하는데, 현재 벌어지는 전쟁의 경우엔 앞서 언급했던 '오이오'에서 당장 전쟁에 나가지 않는 사람이 있으면 누구든 심장을 도려내야 한다는 포고령이 통과되었다.[126]

귀족—민중의 혼합 도시국가에서 정치·사회·경제의 지도적 위치를 보유한 구舊개혁 귀족이나 신흥 귀족은 도시국가 군대에 지도력을 제공했다. 세력이 전보다 축소되기는 했지만, 이 귀족들은 부대 내에서도 엘리트 위치를 차지했다. 귀족만 살 수 있는 귀한 말이 있는 곳에서는 귀족들이 늘 대규모 보병대와 별도로 전체 병력의 약 10퍼센트를 이루는 소규모 기병대를 형성했다. 그러나 말 이전이나 말이 없는 사회에서도 귀족들은 스스로 엘리트 지위를 차지했다. 예를 들어 중부 멕시코의 테오티우아칸부터 톨텍족과 아스텍족에 이르기까지, 군대 내의 엘리트 세력은 주로 귀족 청년들로 구성된 재규어 부대와 독수리 부대였다. 탁월한 용맹을 보인 예외적인 평민들도 성과에 따라 이런 부대와 귀족 신분으로 상승 이동할 수 있었다.

중상주의, 해상 세력, 용병, 그리고 콘도티에리의 통치

도시국가는 등장하고 나서도 변모를 거듭하는 역동적이고 진화하는 현상이었다. 정치체들 내부와 사이의 과정들이 다음 단계의 발전을 위한 전제조건을 계속 만들어나갔기 때문이다. 절정기 도시국가의 지배적인 이미지는 이 지속적인 진화를 가리는 경향이 있다. 이런 발전 과정에서는 다양한 요소들이 상호작용했는데, 명확하게 짚어보기 위해 그중 일부—그리고 그것들의 군사적 측면—를 여기서 차례차례 다루어보겠다.

일부 도시국가에서는 중상주의가 도시 자체와 나란히 성장했다. 도시 집중화 과정에서 시장·공방·상업의 배아기 핵이 생겨나고 있었으며, 그 핵은 스스로를 강화하고 확장하는 성격이 있었다. 앞에서 언급했지만, 중세 코뮌이 시골을 지배했던 봉건국가 체제 내에서 성장했다는 것은 코뮌 안에서 제조업과 상업에 주력했던 이유를 설명해준다. 대부분의 다른 지역에서는 농업과 농민이 도시국가 등장에서 두드러진 역할을 했지만, 도시에서는 수공업과 무역 또한 다양하게 발달했다.[127] 따라서 일부 도시국가들—레반트 해안에 있던 페니키아의 도시들과 카르타고를 비롯한 그 식민지들, 중세의 여러 코뮌, 어쩌면 인더스 문명의 가장 큰 도시국가들과 멕시코 계곡의 테오티우아칸까지—은 일찍부터 수공업과 무역 중심지로 성장했고, 시간이 흐르면서 그 성격이 더욱 강화되었던 것으로 보인다. 다른 곳들—메소포타미아의 도시국가들과 이오니아의 그리스 폴리스들, 본토의 코린토스와 특히 아테네, 이탈리아 반도 남부 마그나그라이키아의 일부 폴리스들—에서는 아주 초기부터 수공업과 무역이 경제의 중요한 측면이었고 계속하여 한층 상업적인 방향으로 발전했다. 상업적 도시국가 가운데 테오티우아칸, 초기의 아슈르, 피렌체, 밀라노, 남부 독일의 중세 도시국가들 같은 경우는 육지에 둘러싸여 있었다. 일부—메소포타미아 저지의 도시국가들, 그리스의 여러 폴리스, 중세 플랑드르의 코뮌들 같은—는 해안이나 해안 가까이 있었기 때문에 전쟁 패턴이나 제도에서 드러나듯 해상-(하상)-육상의 혼합 지향성을 발전시켰다. 특히 지리적·정치적 요인으로 인해 (또는 육지 변경이 전혀 없었기 때문에) 든든한 농업 배후지가 없던 도시국가들—페니키아의 도시국가, 에게 해 제도의 그리스 폴리스, 중세 이탈리아의 해상 코뮌, 한자 동맹의 코뮌—은 주로 해양 지향적이었다.

앞에서 보았지만, 대규모 상업주의는 각각의 도시국가 체계에 속한 수십 수백 개 도시국가 중에서도 몇몇 곳에서만 일어났다. 이런 도시국가, 특히 상업-해양 도시국가의 인구 구성과 직업 구조—전시 편제는 물론—는 지금까지 본 것과 크게 다르다. 이런 도시국가들이 국제적 해상 무역국으로 발돋움하면서 그 경제는 웬만한 도시국가의 경제보다 더욱 특화되었다. 이런 곳에서 자유농은 수가 적고 미약했으며, 독립적인 소규모 직공도 상대적으로 설 자리를 잃어갔다. 이런 도시가 만들어내고 끌어들인 프롤레타리아들은 점점 늘어나, 항구와 조선소, 선상, 그리고 대규모 수공업에서 일자리를 구했다. 그 결과 이런 도시국가는 막강한 해상 세력이 되었고, 방대한 상선 선단과 함께 무역 경로, 교역소, 상업 이익을 보호하고 확장하기 위해 국가가 통제하는 특수 노도 전함, 즉 갤리선을 수십 수백 척 보유하게 되었다. 한편 이런 도시와 해상 프롤레타리아는 육군 복무에 비효과적이었고, 자영농의 공동체적 응집력이나 팔랑크스 시민군에 중요한 자유와 자립 정신이 없었다. 따라서 특화된 상업-해양 도시국가들은 지상전을 불편하게 여기는 경향이 있었는데, 심지어 그 가운데 일부—카르타고와 베네치아—는 부와 권력을 얻고 여러 가지 이유로 농업 배후지와 대륙 영역을 발전시킨 후에도 마찬가지였다.

비슷한 과정은 점점 시장을 지향하던 내륙의 도시국가들에서도 일어났다. 성장하는 부는 경제적·사회적 계층화를 크게 가속화했다. 여기에서도 도시 산업의 대규모 제조업자들과 상업적 기업가들이 많은 일꾼을 고용함에 따라 자영 직공과 소고용 직공에 비해 점점 더 중요해졌다. 농촌에서도 상업 지향적인 대규모 지주들은 노예 노동력이나 임금 노동자를 고용하면서 소규모 자영농의 기반을 약화시켰고, 그에 따라 군복무에 대한 헌신성도 약해졌다. 엘리트 성원은 자기 사업과 안락한 생활을 떠나기를 꺼렸다. 자영농과 자영 직공은 그 수와 중요성이 줄어들고 있었고, 도시와 농촌을 막론하고 프롤레타리아에게는 시민군의 효과를 높여주는 동기와 자신감, 사회 내 지분이 없었다.

제국에서 유입되는 부도 어느 정도 같은 효과를 냈다.[128] 시민의 평등한 토지 소유를 바탕으로 전통적이고 신성한 '리쿠르고스' 법을 탄생시킨 모범 사회로 일컬어지는 스파르타에서조차, 제국에서 나오는 돈은 귀족들이 땅을 축적하는 데 사용되었다. 기원전 4세기가 되자 스파르타에서 완전한 시민권과 상근 군복무 자격이 있는 자영농의 수는 최고 5000여 명이던 것이 1500~2000명으로 크게 줄었고 나중에는 더 적어졌다.[129] 비슷한 과정이 기원전 2세기 로마에서도 심지어 더 큰 규모로 일어났다. 그리스인들과 로마인들 자신이 처음 환기시켰듯 부가 군사적 덕목에 부정적 영향을 미친다는 관념은 실제 경제적·사회적 과정에서 입증되었다.

그러나 상업적 도시국가 사회의 시민군이 결여하거나 잃어버린 것은 그 능력을 구매함으로써 부분적으로 보완할 수 있었다. 수요와 공급은 나란히 높아졌다. 병사를 고용할 돈이 있는 곳에는 용병 용역으로 더 나은 전망을 찾는 가난한 농민들이 있었다. 그리고 그들을 이끌 노련한 지휘관—대체로 가난하거나 추방되었거나 야심 있는 귀족이 직업 장군이 되었다—이 있었다. 앞에서 말했듯이 초기 도시국가 체계들은 용병을 겸하는 자유민 무리를 이미 보조군으로 고용한 바 있었다. 진화하는 시장경제 속에서 이들은 더욱 비중이 커졌고 심지어 전투력의 주축이 되었다. 도시국가 체계에서 전쟁의 발발은 변동성이 컸으므로, 이들 용병 무리는 여타 용역 제공자들과 비슷하게 수요를 따라 이곳저곳으로 옮겨다녔다.

기원전 4세기부터 그리스 전쟁에서 용병의 역할은 더욱 커졌다. 펠로폰네소스 반도에서 분쟁이 계속되는 가운데, 전쟁 경험이 많고 전쟁이 습관이 된 병사들과 장군들은 민간인으로 돌아가느니 직업군인으로 남는 편을 택했다. 이들은 외국 군대, 주로 페르시아 대왕 군대에서 복무했지만, 페르시아 안팎에 있는 대왕의 적수들에게도 용역을 제공했다. 그리스 중장보병 용병은 페르시아 태수들 또는 키루스 왕자 같은 왕위 도전자들에게 수요가 많았다. 키루스 왕자는 기원전 401년에 유명한 그리스 용병 1만 명을 이끌고 제국 내 바빌론까지 진군했다. 헤로도토스(『역사』 2.152~4)에 따르면 그리스 용병에 대한 수요는 이르게는 기원전 7세기 중반부터 이집트에서도 있었으며, 파라오 프삼티크 1세는 아시리아에 맞선 반란에서 카리아와 이오니아의 중장보병을 고용했다. 기원전 4세기와 3세기에 그리스 용병은 나머지 여러 민족의 용병과 함께, 전쟁에서 시민군의 역할이 축소되고 있던 카르타고에도 고용되었다.

본토 그리스의 전쟁에서도 그리스 용병의 역할은 중요해졌다. 상업화된 번영하는 도시국가로 불과 50년 전만 해도 무장한 시민군이 자부심을 갖고 전쟁을 치렀던 아테네에서는 기원전 4세기가 되자 시민들이 징집을 꺼리고 있었다. 이소크라테스의 맹비난에도 불구하고, 아테네는 다른 폴리스들처럼 용병에 크게 의존했다. 그런 폴리스들 중에는 제국주의적 야심과 수입을 가지고 있던 가장 큰 폴리스 스파르타도 있었다.[130] 같은 세기에 에트루리아 도시국가들은 주로 켈트족 집단의 힘을 빌려 떠오르는 로마 세력에 맞선 최후의 싸움을 치르고 있었다. 이탈리아 코뮨들도 13세기부터 용병대에 의존해 전쟁을 치르는 경우가 늘어났고 나중에는 대부분 용병대로 싸웠다. 이들 용병대는 콘도티에리condottieri라고 불렸는데 계약을 뜻하는 단어 'condotte'에서 나온 말이었다. 시민들은 더이상 입대할 마음이 없었다.[131] 앞에서 얘기한 것처럼 잉글랜드와 프랑스의 백년전쟁 때부터 실직 상태인 외국 무장 세력이 유입되면서 이 추세는 더 강화되었다. 마키아벨리를 비롯한 여러 인문주의자들의 비판에도 불구하고, 도시 시민군은 부활하지 못할 운명이었다.

용병은 애국주의적 헌신성을 결여하고 있었고 때로는 불충했으며 말할 것도 없이 비용이 들었다. 그러나 시민군이 아직 도시국가 군대의 대부분을 구성하고 있어도 전시 군사력을 크게 확대해야 하거나, 아예 시민군이 비효과적일 수 있는 전쟁을 치러야 할 때는 용병 고용이 한 방편이었다. 물론 이것은 자기강화 과정이었는데, 도시국가가 용병에 의존할수록 시민군의 복무 습관과 관행은 침식되어갔기 때문이다. 용병 직업 병사는 미숙한 단기 신병보다 대체로 훨씬 정교한 전술을 수행할 수 있었다. 직업 장군들 역시, 직업적이지 않고 경험이 부족하며 매년 선발되어 전통적으로 도시국가 군대를 이끌던 시정—군사 정무관보다 훨씬 능숙한 사령관인 경우가 많았다. 기원전 4세기에 이르면, 집에 돌아가 일하고 싶은 생각이 간절한 중장보병들이 실제로 대면해서 타작하듯 싸우던 조야한 팔랑크스 전술은 크게 다양화되어 있었다. 전략적·전술적 기동, 계략, 중장보병끼리의 병과 간 협력, 척후병peltasts, 궁수, 기병 등의 중요성이 커졌다. 체계적인 포위술도 발달했다. 이 모든 새로운 전쟁 방식에서는 직업 장군이 탁월했다.[132] 한 세기 후, 피로스와 카르타고에서 복무했던 스파르타 용병 크산티포스—물론 포에니 전쟁의 한니발도—같은 그리스의 직업 장군들은 로마 집정관 군대를 패배시킴으로써 그 탁월함을 보여주었다. 그럼에도 이 모든 충돌에서 로마가 궁극적으로 승리할 수 있었던 것은 시민군의 규모와 완강함 덕분이었다.

시민군의 쇠퇴와 용병의 부상에는 상업주의의 성장 외에도 중요한 요인들이 작용했다. 그러나 우선은 이런 발전이 어떻게 도시국가 정치에 지대한 영향을 미쳤는지 좀더 알아보기로 하자. 이는 용병대 지휘를 통해 갑자기 권력을 잡게 된 새로운 유형의 독재자들이 등장할 것을 예고했다. 이런 통치자 중 일부는 민중의 지지를 추구하고 또 누렸으며 귀족의 지배에 맞섰다. 그러나 초기 도시국가의 독재자들과 달리, 이 새로운 독재자들은 대체로 현지 민병대의 지지에 의존하지 않았고 대개 외국인 용병의 총검에 의지하며 노골적인 무력을 수단으로 삼아 권력을 유지했다. 아카드의 사르곤은 기원전 제3천년기 후반부터 메소포타미아의 도시국가들에서 권력을 잡았던 많은 독재적 군사 통치자들 중에서도 가장 대표적인 예이다. 기원전 6세기 후반 아테네에서 인기 있었던 참주 페이시스트라토스는 귀족들에 의해 쫓겨났다가 트라키아인 용병대의 힘을 업고 다시 권력을 잡았다. 용병의 시대였던 기원전 4세기에는, 용병대의 지원을 받는 용병 장군이나 지역 지도자들이 권력을 잡으면서 그리스 세계 전역에서 (시라쿠사에서는 그전부터) 참주들의 두번째 시대가 시작되었다.[133] 스파르타의 경우 평등주의 공동체 생활과 시민들의 상근 복무를 규정했던 유명한 고대 헌법을 갖고 있었다. 그러나 시민층이 오래전부터 붕괴되고 있었기 때문에, 기원전 3세기 말에는 스파르타에서마저 나비스라는 참주가 용병을 등에 업고 권력을 잡았다.[134] 중세 말 이탈리아에서는 원래 외국에서 벌어지는 전쟁을 치르기 위해 코뮌에 고용되었던 용병대들이 대부분의 코뮌에서 권력을 장악했다. 밀라노의 비스콘티와 이후의 스포르차는 개중에 잘 알려진 예에 불과하다.

흥미롭게도, 해상 상업의 성격이 강했던 도시국가들은 군사적 참주정에 더욱 강한 저항력을 보여주었다. 이름을 알 수 없지만 그의 주장(그리고 아리스토텔레스의 주장, 『정치학』 5.4.8, 6.7.2)을 받아들인 현대 학자들이 '노령 과두정 지지자old oligarch'라고 부르는 아테네의 한 논평가는, 아테네의 해상 및 상업 활동 증가와 이에 종사하는 도시 프롤레타리아의 성장이 아테네의 계속 심화되는 민주화 과정을 뒷받침했다고 주장했다. 그러나 이 점에서도 아테네는 예외였다. 대부분의 상업-해양 도시국가에서는 주도적인 상인 가문의 과두정이 지배력을 장악했기 때문에, 성장하던 프롤레타리아는 갈수록 시민권을 박탈당했다. 과두정 세력은 도시 프롤레타리아의 지지를 받는 용병대 지휘관들이 권력을 잡는 걸 막으려고 특별히 경계했다. 기원전 4세기와 3세기 카르타고에서 왕권 통치가 끝나고 두 명의 수페테(suffete, '집정관')와 과두정 협의회가 들어선 후, 장군들은 도시 정부로부터 끊임없는 의심과 엄중한 감시를 받았다. 그러나 제2차 포에니 전쟁 이전과 도중에, 바르카 가문의 성공적인 장군인 하밀카르와 한니발은 직업군인과 민중 양측에서 모두 지지를 받으면서 에스파냐에서 사실상 자치령을 수립하는 한편 카르타고 정치를 지배했다는 사실에 유의해야 할 것이다. 가장 극단적인 예인 베네치아는 지배 과두정에 의해 사실상 전체주의 국가가 되었고, 국가안보위원회와 비밀경찰이 쿠데타를 막기 위해 국내 첩자를 대거 고용하고 가혹한 조치를 폈다.

도시국가의 확장, 세력 한계, 그리고 종말

성장하는 상업주의는 도시국가와 그 군대를 변모시킨 한 가지 요인일 뿐이었다. 상업주의 자체는 도시국가가 소국 형태에서 더 큰 정치 구조로 확장되는 데 영향을 주었고 또 그 영향을 받고 있었다. 농촌 소국 체계와 비슷하게, 도시국가 체계는 권력정치의 중력을 받으며 더 적은 수의 더 큰 정치 복합체로 융합되는 경향이 있었기 때문이다. 도시국가들이 성장하면서, 개중에 큰 도시국가는 직접 병합을 통해 바로 인근의 약한 국가를 집어삼키고 보다 먼 주변부의 국가에는 패권적인 '동맹' 지배를 확립하는 경향이 있었다. 그 결과 지역 도시국가가 등장했다. 어떤 경우에는 더욱 크고 제국주의적인 '슈퍼' 도시국가가 등장했다. 경쟁하는 정치 환경 속에서 규모에는 선택적 이점이 있었다. 도시국가는 이렇게 심해지는 경쟁 속에서 오래 버틸 수 없었고, 따라서 이는 정치체의 진화에서 특히나 일시적인 현상이었다. 도시국가 전성기의 광휘 때문에 도시국가가 어디에서도 수백 년 이상 유지된 예가 없다는 사실은 가려지는 경향이 있다.[135] 궁극적으로 도시국가 체계는 그 성원 중 한 국가, 또는 외부의 국가에 의해 사라졌다.

수메르의 초기 왕조 시대에는 약 30개의 엇비슷한 독립 도시국가들이 있었으나, 기원전 제3천년기 중반으로 접어드는 동안 한 시기에 하나씩 지배적인 국가—우르, 라가시, 키시, 움마-우루크—가 나머지 국가들에 대한 패권적 종주권을 잡으면서 도시국가 시대의 막을 내리고 있었다. 그러다가 기원전 24세기에 아카드의 사르곤이 처음으로 이른바 '국가'를 통일하면서 메소포타미아 전역을 아우르는 제국을 건설했다. 그 제국이 무너진 후에는 지역 도시국가 왕국들—우르 제3왕조, 이신-라르사, 함무라비의 바빌론과 카시트인들의 바빌론, 마리, 아슈르, 알레포 같은—이 지배했고 다른 도시국가들을 병합하기도 했으며, 일부는 단기간이나마 더 큰 제국을 건설하기도 했다. 비슷한 과정은 인더스 강 유역의 도시국가들에서도 일어났던 것으로 보인다. 인더스 문자가 아직 판독되지 않았기 때문에, 고고학자들은 하라파와 모헨조다로 두 도시가 두드러지게 성장함으로써 후기 인더스 문명 동안 거대한 통일 국가의 중심지가 되었을 거라고 추측할 뿐이다.[136] 기원전 제1천년기에 초기 역사시대 인도에서도 역시 수많은 신흥 읍성-시골 소국들janapadas이 등장했다가 점차 몇몇 국가에 통합되었고, 그렇게 강력해진 국가들이 그 과정에서 지역 국가들maha-jana-padas과 '슈퍼' 지역 국가들로 변모했다.[137] 17세기와 18세기 나이지리아 서부에서는 옛 오요 제국이 나머지 요루바의 도시국가들에 대해 제국주의적 패권을 잡았다.

마야를 연구하는 학자들은 각각 약 2500제곱킬로미터 면적의 도시국가 60여 개가 있었는지, 아니면 몇 세기 동안 패권적 종주권을 유지했던 평균 면적 3만 제곱킬로미터의 독립적인 지역 도시국가 8개가 있었는지를 두고 의견이 분분하다.[138] 그러나 마야의 정치적 진화와 관련된 증거를 보면, 시간이 흘러 고전 시대 말까지는 티칼, 코판, 팔렝케, 카라콜 같은 보다 강한 몇몇 마야 도시국가들이 무력 확장을 통해 지역 도시국가가 되었다고 가정하는 것이 타당할 것이다. 그 예로 북부의 우악삭툰에서 티칼로의 접근을 막기 위한 기다란 방어선이 고전 시대 말에 부분적으로 파괴되었는데, 발굴자들은 이에 대해 두 적대국 중 하나가 승리를 거두고 두 도시 모두에 걸쳐 통일된 지역 지배권을 확립했을 수 있다고 해석한다.[139] 어쨌든 간에, 저지대 마야 문명이 알 수 없는 이유로 몰락할 때까지 마야의 어떤 도시국가도 최고의 패권을 손에 넣지 못했다. 중부 멕시코와 관련해서는 테오티우아칸이 1세기에 광범위한 지배권을 확립하기 전에 도시국가 체계가 존재했는지, 존재했다면 어떤 체계였는지 논쟁이 있다. 테오티우아칸이 몰락한 후 수백 년 동안 계속된 매우 경쟁적인 체계에서 패권을 장악한 도시국가는 없었지만, 10세기부터 12세기까지는 툴라가 주도적 위치를 확보했던 것 같다. 그러나 14세기부터는 새로 설립된 아스텍 도시국가인 테노치티틀란이 멕시코 계곡의 40여 도시국가에 대한 패권적 지배를 확립했고, 더욱 확장한 끝에 중부 멕시코 전역을 포괄하는 패권 제국을 이룩했다.[140]

그리스에서는 상고 시대 초기부터 아테네가 아티카 전역을 포괄하는 유달리 큰 정치체로 등장한다. 스파르타는 더 특이해서 기원전 8세기 말이나 7세기부터 라코니아와 메세니아의 외국인 헤일로타이(노예)들을 군사적으로 점령하고 있었고, 그 결과 반란을 예방하고 진압하기 위해 **지배민족** Herrenvolk을 상시 동원하는 전사 사회가 되었다. 스파르타는 기원전 6세기 후반에 결성된 펠로폰네소스 동맹을 통해 그 지역과 그리스의 정치를 지배했다. 테베는 보이오티아 동맹을 통해 자기보다 작은 이웃 폴리스들에 대한 패권적 지배를 확립했다. 기원전 5세기부터 4세기 중반까지, 이 막강한 도시국가들은 저마다 그 주변으로 더 큰 패권적 제국 건설을 시도했고 또 성공했다.¹⁴¹ 비슷하게 시라쿠사도 시칠리아에서 지배적인 폴리스가 되었다. 작고 독립적인 수백 개 폴리스의 시대는 막을 내렸다.

기원전 4세기까지, 로마는 이미 작은 라틴족 도시국가들 일부를 직접 병합하고 나머지에 대해서는 더욱 엄격한 '동맹' 패권을 확립함으로써 종전의 패권적 지역 동맹을 변화시키고 있었다. 북아프리카, 에스파냐, 시칠리아, 사르데냐에서는 카르타고가 페니키아인들의 도시국가 수십 개에 대한 패권적 종주권을 확립하고 지중해 서부에서도 상업적·정치적 통제를 확장해나갔다. 중세 이탈리아와 플랑드르에서도 수많은 독립 도시국가들(이탈리아에는 수백 개, 플랑드르에는 수십 개)이 200년 사이에 계속해서 대폭 줄어들었다. 13세기부터 15세기까지 피렌체, 밀라노, 베네치아, 제노바 등은 서서히 나머지 북부 이탈리아 도시국가 대부분에 대한 지배권을 어느 정도 확립하면서 저마다 최고의 지역 도시국가가 되어가고 있었다.¹⁴² 브뤼헤, 헨트, 이프르는 플랑드르에서 비슷한 과정을 밟았다.

규모 확장을 향한 이 진화적 경쟁에서 도시국가는 거의 필연적인 곤경에 처하게 되었다. 성장은 도시 중심의 친밀한 시민 공동체로서 도시국가의 근본이 되는 사회적·정치적 특징을 희석시켰다. 큰 국가의 형태로 외부 위협이 다가올 때, 도시국가가 시민의 독립을 완전히 잃지 않고 스스로를 지키기 위해 할 수 있는 유일한 대응은 동맹, 나아가 외교 정책을 조율하고 전쟁 자원을 같이 끌어내기 위한 연합이었다. 국가 이전 사회나 국가사회와 비교해 도시국가의 동원력이 매우 높다는 것을 고려하면, 내부 분열이 없는 한, 혹은 내부 성원이나 아주 강력한 국가의 지배에 굴복하지 않는 한, 이런 구조는 대개 매우 효과적—특히 방어에—임이 증명되었다.

예를 들어, 기원전 480~479년 페르시아가 그리스를 침략했을 때 그리스 도시국가들은 연합해 페르시아를 격퇴시켰다. 그중 많은 수가 변절하여 페르시아에 협력하고 느슨한 동맹을 맺었음에도 불구하고 말이다. 이러한 동맹의 느슨함은 궁극적으로 적의 영토로 진격해 공격적으로 돌파하려는 페르시아측의 시도를 무산시켰다. 반면에 그리스 폴리스들은 필리포스 2세와 알렉산드로스의 떠오르는 마케도니아 국가를 상대로는 저항하지 못하고 패배했다. 한편 기원전 3세기에 아이톨리아 동맹과 아카이아 동맹은 마케도니아인들로부터 독립을 지키는 데 보다 성공적이었지만 결국 로마에게 굴복하고 말았다. 이미 말했듯이 12세기에 롬바르디아 동맹으로 연합했던 북부 이탈리아의 코뮌들은 그들을 보다 확실하게 지배하려던 신성 로마 제국 황제 프리드리히 1세의 시도를 성공적으로 물리쳤던 반면, 플랑드르의 코뮌들이 자신들의 군주와 프랑스 왕권에 맞섰던 14세기 투쟁에서는 결과가 일정하지 않았다. 스위스 연방과 북독일 한자 동맹도 비슷한 목적으로 결성된 것이었다.

그럼에도, 훨씬 강하며 점점 통일되고 중앙집권화된 근대 초기 '민족'국가가 약한 봉건국가를 대체하기 시작하자 유럽에서의 균형이 바뀌었다. 심지어 연합한 도시국가들도 버티지 못했는데, 서로 심하게 적대하면서 프랑스와 에스파냐의 국가 권력에 맞서 뭉치기보다 분열된 채로 남아 있던 이탈리아의 지역 도시국가들은 말할 것도 없었다. 네덜란드의 반+자치적 상업도시 연합인 네덜란드 연방은 에스파냐와 프랑스에 맞서 자유를 획득하고 수호한 예외였다. 그러나 이들이 거둔 성공의 상당 부분은 물의 방벽 뒤로 대피할 수 있었기 때문이다. 스위스 산악 요새 또한 지정학적 이유로 인해 성공적으로 생존한 또다른 예였다. 이 과정에서 두 연방은 더욱 통일된 국가 형태를 띠어갔다.

지역 국가로 성장한 일부 도시국가들도 확장되는 영토를 통합해 하나의 민족 – 국가가 되었다. 남부 메소포타미아에서는 이 과정이 어느 정도 우르 3왕조와 바빌론 치하에서 일어났으나, 가장 두드러진 예는 아시리아일 것이다.[143] 아시리아는 기원전 제3천년기 말 도시국가 아슈르에서 출발해서, 기원전 제2천년기 초에 그리고 다시 제2천년기 말에 티그리스 강 상류 지역 대부분을 지배했다. 후자의 시기에 민족 – 국가가 된 아시리아는 기원전 제1천년기에 근동 전역의 국가와 지역 도시국가 체계를 정복하고 영구적으로 제거해나갔다. 아시리아는 서서히 직접적이고 통일된 관료제적 제국 지배를 확립했으며, 따라서 근동에서는 이것이 거의 표준이 되어 현대까지도 제국적 통치권이 한 사람에게서 다른 사람에게로 승계되었다.

그러나 도시국가 체계가 그 내부의 한 성원에 의해 제거된 경우, 대부분 그 주도 국가의 제국적 기획은 도시국가 구조를 미처 벗어버리지 못한 채 달성되었다. 이러한 제국 건설 과정이 진행되려면 제국적 도시국가는 전형적인 도시국가보다 훨씬 큰 인구 기반이 있어야 했고, 실제 제국으로 성장하면서 인구 기반을 더욱 확장해야 했으며, 따라서 도시국가의 본질적으로 한정된 자원 기반에서 서서히 벗어나야 했다. 그렇게 점점 늘어나는 국내 인력을 토대로 패권국이 되면 나머지 도시국가들의 전투 잠재력을 이용하여 꾸준히 팽창하는 제국 체계를 만들 수 있었다.

테오티우아칸과 아스텍의 거대도시 테노치티틀란은 각각 패권적 제국이 확장함에 따라 수십만 배로 부풀어갔다. 아스텍 제국의 총 가동 인력은 전사 수십만 명에 이르렀을 것이다.[144] 평균적인 그리스 폴리스의 인구는 겨우 2500~4500명이었던 것으로 보인다. 그에 비해 아테네는 처음부터 거대했고, 기원전 5세기에는 제국적 번영을 누리면서 이민자들을 더

끌어들였다. 아테네 인구는 약 20만 명으로 늘어났고 그 가운데 4만 명은 군복무를 할 수 있었다.[145] 아테네 동맹국들은 중장보병과 선박을 제공했고, 아테네가 패권적 동맹에 대한 통제권을 강화함에 따라 점점 더 많은 돈을 지불해야 했다. 아테네의 제국적 권력을 파괴한 것은 스파르타와 펠로폰네소스 동맹이 주도한 반反아테네 연합체였다. 그러나 제국을 향한 스파르타의 걸음은 소규모인데다 폐쇄적이고 수가 줄고 있던 그 자체의 시민들 때문에 결국 좌절되었다. 스파르타는 전성기에도 전사가 1만 명을 넘지 않았다. 보이오티아에서 테베의 권력 기반은 그리스인의 관점에서 보기엔 상당했지만, 역시 제국을 지속하기엔 너무 제한되어 있었다. 카르타고는 인구 수십만 명의 거대 상업도시로 발전하면서 페니키아의 나머지 도시국가들과 북아프리카 및 서부 지중해의 부족들에 대해서도 지배력을 확장해나갔다. 중세 유럽의 주도적 코뮌들은 지역 정치체들로 세력을 확장하면서 인구가 수만 명, 심지어는 10만을 넘기도 했다. 예를 들어 피렌체—밀라노, 그리고 이탈리아 최대의 코뮌인 베네치아와 함께 토스카나 대부분으로 확장해가던—의 인구는 1200년 약 5만에서 1330년 흑사병이 덮치기 전까지 12만으로 늘었다. 공작령과 국가 환경 속에서 성장에 더 제약을 받은 헨트나 브뤼헤의 전성기 인구는 각각 4만에서 5만으로 추정된다.[146]

물론 가장 성공적인 제국적 도시국가는 고대 로마였다. 그 성공은 주로 국내 인력을 기반으로 한 진정 주목할 만한 확장과 연관되어 있었다.[147] 이 사실은 학자들에게는 충분히 인정받고 있지만 비전문가들에게는 잘 알려지지 않았다. 로마는 기원전 218년부터 기원전 168년까지 50년 동안 나머지 모든 지중해 강국들을 상대로 신속하게, 그리고 대체로 쉽게 일련의 승리를 거두면서(제2차 포에니 전쟁은 예외다) 역사가 폴리비오스 같은 당대의 목격자들을 놀라게 했다. 그러나 이런 위업이 가능했던 것은, 로마가 이미 이전 300년 동안 이탈리아 반도에서 패권적 지배를 확장하며 다져온 하부구조가 있었기 때문이다. 다만 처음 확장하던 시기에 탁월한 지휘력의 사례가 보이지 않는 점이 눈에 띄는데, 이는 로마의 정치 체제가 국가 시정—군사 정무관인 집정관의 임기를 1년 단임으로 제한함으로써 사실상 노련하고 성공적인 장군의 성장을 확실하게 방지했기 때문이다. 유명한 로마 군단도 성공의 부분적 요인이라고 할 수 있다. 몇 세기에 걸쳐 중부 이탈리아 고지대 주민과 갈리아인에 맞서 험준한 지형에서 장기전을 벌이면서, 로마 군단은 단순한 팔랑크스—평평하고 트인 땅에서 싸울 때에나 유리한—에서 시작해 서서히 무척 유연하고 다방면에 효과적인 전술적 대형을 진화시켰기 때문이다. 그러나 성장하던 로마 세력의 진짜 비밀은 무엇보다도 시민 군단과 동맹 병력의 잠재적이고 실질적인 수에 있었고, 따라서 시민권과 패권적 제국 구조의 확장에 있었다.

중부 이탈리아에서 로마의 지배력 확장은 세 가지 경로로 군사 인력을 증가시켰다. 첫째로, 외부 공동체 전체를 로마 시민층에 통합하는 방법으로 직접 병합했다. 초기부터 로마는 외부 요소를 포용하는 남다른 개방성을 자랑했다. 라티움 지역 내에서 통합된 라틴 공동체들은 어쨌든 로마와 같은 종족에 속했다. 라티움 바깥의 이탈리아 공동체들은 몇 세기 후에 동화되어 라틴화되었다. 둘째로, 패했으되 병합되지 않은 공동체들은 보통 땅의 일부를 로마와 라틴 동맹에 양도해야 했다. 이런 땅이 로마인의 정착지가 된 덕에 로마 내부에서 시민층 인구가 꾸준히 증가할 수 있었다. 셋째로, 독립된 정치적 지위를 보유한 모든 공동체는 로마와 동맹 조약을 맺어야 했다. 이들은 공물을 전혀 바치지 않았고 명목상 독립을 유지했지만, 외교 정책은 '동맹'—다시 말해 로마—에 의해 결정되었고 '공동의 노력'을 위한 요구가 있을 때마다 명시된 수의 병사를 공급할 의무가 있었다. 이들은 또한 전리품과 몰수한 토지를 나누어 가졌다.

기원전 4세기 중반부터 3세기 말까지 로마의 세력이 북부와 남부 이탈리아로 확장되면서 똑같은 정책이 더욱 확산되었다. 이 단계에서 로마는 몇몇 공동체는 직접 병합했지만 몰수한 토지에 로마인과 라틴인의 식민지를 체계적으로 건설했고, 로마의 세력권 안에 있는 모든 공동체는 패배한 후든 또는 '자유로운' 합의에 의해서든 동맹에 가담했다. 로마의 훌륭한 군용 도로는 아주 먼 거리와 험한 지형에서도 군대를 신속하게 이동시켰다. 도로와 식민지의 망은 전체 영토에 대한 로마의 통치를 공고히 했다. 로마가 이탈리아 전역으로 확장하기까지 몇 세기가 걸렸기 때문에, 로마의 세력권이라는 동심원이 확대되는 단계마다 내부 공동체들이 점차 독립 시기의 습성을 잃고 '평화화'되어 체제로 통합될 시간은 충분했다. 특히 지역 엘리트들이 흡수되었는데, 충성하지 않으면 잃을 것이 가장 많은 이들이었다. 반란에 대한 형벌은 매우 가혹했다. 주동자는 처형되었고 주민들은 노예로 팔렸다. 반란은 거듭해서 일어났고, 독립을 잃은 후의 첫 단계에서는 특히나 잦았다. 그럼에도 타협하지 않고 결연하게 이런 정책을 고집하는 로마의 명성은 테러를 강력하게 억지하여 체제를 안정시켰다. 몇 세기에 걸쳐 서서히 형성된 로마 체제는 놀랍도록 지속력이 강했다.

이 체제에서 가장 결정적이고 특이한 요소는 그것이 창조해낸 거대한 시민층이었다. 로마 국가 자체의 면적과 시민 인구는 꾸준히 불어났다. 기원전 495년 공화정이 시작될 때는 면적 900제곱킬로미터에 인구 2만 5000~4만 명, 라티움 전쟁 후인 기원전 338년경에는 5500제곱킬로미터에 인구 35만 명, 제1차 포에니 전쟁이 일어난 기원전 264년에는 면적 2만 6000제곱킬로미터에 인구는 약 90만 명이었던 것으로 추정된다. 로마 시대 이탈리아 면적의 20퍼센트, 전체 인구의 30퍼센트에 이르는 수치였다.[148] 로마 인구는 그리스에서 단연 최대의 폴리스였던 아테네보다 4~5배 정도 많았고, 중세 이탈리아 최대의 여느 지역 코뮌보다도 많았다. 국내

시민 인력의 규모와 패권으로 동원할 수 있는 종속적 '동맹'의 인구 규모에는 뚜렷한 관계가 있었으므로, 로마의 방대한 시민층은 거꾸로 반도 전체를 아우르는 패권 영역을 구축할 수 있게 해주었다.

기원전 225년에 켈트족의 대규모 침입에 대비하여 이탈리아의 인력에 대한 인구조사가 이루어졌다. 폴리비오스가 인용한 수치는 로마의 패권 영역에서 군복무에 동원할 수 있는 남성이 75만, 그 가운데 약 3분의 1이 로마 시민이었음을 보여준다(『역사』 2.24). 야전에 배치되는 17~46세로 이루어진 대대들, 즉 유니오레스juniores의 인원수는 각각 50만과 17만 5000이었다. 이 모든 수치의 정확한 해석에 대해서는 논쟁의 여지가 있지만, 로마 시민들을 대상으로 정기적으로 실시한 인구조사 결과도 같은 범위 내에 있다. 경제 및 병참상의 이유로 인해, 이 거대한 인력 풀에서 통상 매년 시행하던 모병 규모는 상대적으로 적었다. 공화정 중기의 로마군은 보통 각각 2개 군단(군단 하나에 시민 병사 5000명 정도)을 둔 2개의 집정관 군대, 그리고 그와 비슷하거나 약간 많은 동맹군 보충군으로 구성되어 모두 합해 약 2만 명의 시민군과 2~3만의 동맹군이 있었다. 이는 징병 적령기의 로마 시민 4~6명 가운데 한 명에 해당한다는 합당한 추정치이다.[149] 한 번 인력을 동원할 때 이처럼 인력 가운데 상당하지만 한정된 일부만 동원함으로써 로마는 몇 년씩이고 전쟁을 지속하면서 적을 지치게 만들어 쓰러뜨릴 수 있었고, 군사적 역전을 당하거나 재난이 닥쳤을 때마다 새로 모병할 수 있는 엄청난 인력 자원에 늘 의존할 수 있었다.

로마가 전쟁에서 발휘한 전설적인 끈기의 물리적 하부구조가 바로 여기에 있었다. 실제로 한니발이 이탈리아를 침략하여 로마군에게 잇달아 엄청난 패배를 안기고 나아가 로마 동맹을 분열시키려 했을 때처럼 로마 역사에서 중대한 위기가 닥치면, 가동 가능한 인력 전체가 전쟁에 동원되었다. 심지어 그것이 농민 병사에게 경제적 파멸을 뜻할지라도, 로마는 몇 년 동안 결코 무기를 놓지 않았다. 제2차 포에니 전쟁(기원전 218~202)의 처참했던 첫 3년 동안 절반이 시민으로 구성된 병사들을 무려 10만이나 잃은 뒤, 로마는 서부 지중해 전역에서 벌어진 다양한 전쟁의 무대에서 총 25개 군단의 병력을 동원하고 활용했다. 로마 시민 절반에 동맹국 보충군까지 합한 이들 병사와 선원의 수는 무려 25만에 이르렀을 것이다. 10년 넘게 계속되는 소모전에서 한니발과 그 동맹군은 지쳐갔다. 동부 지중해의 헬레니즘 왕국들이 로마의 상대가 되지 못한 이유를 설명하는 주된 요인은, 팔랑크스에 대한 로마 군단의 공인된 강점이라기보다는 역시 로마의 거대한 인력 기반이었다. 마케도니아 민족-국가의 총동원 야전군 병력은 많아야 3~4만이었다. 다민족으로 구성되어 시리아와 아시아에 걸쳐 있던 셀레우코스 제국—오직 마케도니아인과 그리스인만 지배층이었던—의 병력은 프톨레마이오스 왕조의 이집트와 비슷해서 그 두 배 정도였다.[150] 마케도니아에 대한 두 차례의 전쟁(기원전 200~197년과 171~168년), 그리고 시리아에 대한 전쟁(기원전 192~188년)이 로마에 유리하게 결정되기까지는 단 한 차례의 승리면 충분했다.

위성국의 군사 인력에 의존하는 패권적 도시국가 제국은 그 무기가 자신을 향할 때면 위험에 처했다. 여기에는 앞에서 언급했던 여러 요인들에 의존하는 미묘한 균형이 있었다. 그 요인들은 패권국의 자원과 제국 전체의 자원 사이의 적절한 비율, 행동을 효과적으로 통일하고 협력하고 조율할 수 없는 개별 위성국의 내재적인 무능함(이는 모든 제국의 바탕이 되는, 실은 조직화된 극소수가 분열된 다수를 지배하는 억압적 정치 지배의 바탕이 되는 무능함이다), 이탈자와 반란자에 대한 패권국의 보복 위협, 종속국의 엘리트와 민중 모두에게 주어지는 제국의 전반적 혜택 등이었다. 그러나 이런 미묘한 균형은 성공적인 도전자가 패권국 영토 안에 들어오게 되면 크게 바뀌었다. 제국적 도시국가들이 역설적으로 자기 영토 내에서 가장 취약했던 이유가 바로 그것이었다. 방어가 공격보다 강하다는─여하튼 일반 법칙으로서는 의심스러운─클라우제비츠의 격언은 이 경우에는 적용되지 않았다.[151]

그리하여 아테네 제국은 일단 한 번의 패배로 해군력의 우위를 잃게 되자 스파르타와 펠로폰네소스 동맹에 맞선 싸움에서 무너졌다. 아테네가 보복할 거라는 두려움이 약해지자 아테네의 위성 도시국가들은 자유를 되돌려주겠다는 도전자의 약속을 받아들였고, 도미노 효과가 일어났다. 스파르타 역시 그들의 영토 내에서 가장 취약했다. 전쟁 초기에 아테네는 펠로폰네소스 반도 해안에 요새화된 거점을 성공적으로 구축했는데, 그곳은 스파르타에서 도주해 저항하는 노예들의 집결지로 쓰였다. 50년 후, 테베의 장군 에파메이논다스는 전장에서 스파르타군을 격퇴시킨 후 펠로폰네소스를 침략해 메세니아 노예들을 해방시킴으로써 스파르타 세력을 무너뜨렸다.

가장 두드러진 예는 역시 제2차 포에니 전쟁인데, 이 경우 로마와 카르타고 모두 체제 외부에서는 가장 성공을 거두면서도 내부에서는 가장 취약했다. 기원전 218년 전쟁이 발발했을 때는 양측 모두 공세를 취할 준비가 되어 있었다. 로마군은 에스파냐와 아프리카로 양면 공격을 계획했지만, 한니발의 이탈리아 반도 침공으로 사전에 저지당했다. 기원전 218~216년에 한니발이 큰 타격을 주며 승리를 거두고 이탈리아 민족들을 해방시키겠다고 약속하자 로마 위성국의 절반 정도, 특히 가장 마지막에 로마의 세력권으로 들어갔던 남부 이탈리아의 국가들이 변절했다. 앞에서도 언급했듯이, 지배권에 가장 중대한 위기를 맞은 로마는 남은 인력 자원을 총동원하고 한니발의 새 동맹에 대한 끝없는 소모전을 통해서 겨우 난국을 극복했다. 그러나 가장 신속하고 가장 극적인 결과는 해외에서 달성한 것이었다. 에스파냐에서, 그리고 나중에 아프리카에서 스키피오가 초반에 성공을 거두자 카르타고의 위성국 주민들 모두 열성적으로 로마의 편에 서려 했다. 포에니 전쟁 최후의 자마 전투(기원전 202년)에서, 본국으로 불려갔던 한니발은 그때까지 자신의 전술에서 비장의 무기였던 최고의 누미디아 기병대가 이제는 로마 편에 섰음을 알게 되었다. 천 년 후, 에스파냐의 수백 명 정복자들conquistadors보다 먼저 막강한 아스텍 패권 제국의 몰락을 부른 주요 요인 하나는 그 적들(주로 틀락스칼라)과, 나중에는 지긋지긋한 아스텍의 지배에서 해방되기 위해 침입자들과 결탁한 일부 위성국들이었다.[152] 물론, 위에 든 사례들 대부분에서 도전자들은 자유를 약속했다가 나중에는 그 자신의 제국적 지배를 확립하려 시도했다. 더욱 큰 정치복합체의 세계에서 독립 소국가들의 시대는 막을 내렸다.

제국적인 지역 도시국가 정치체는 성장을 통해 스스로 변모했다. 군사적으로 더 큰 범위, 더 먼 거리, 광범위한 이해관계, 외국 영토와 외국 정치체에 대한 상시 점령은 불가피하게 도시국가의 전쟁 방식에 영향을 주었다. 전쟁은 더이상 수확 후 짧은 휴가를 가듯 각자의 농장과 공방을 떠난 민병대가 주로 시골에서 먹을 것을 해결하면서 하루, 며칠, 또는 몇 주 동안 자기 도시 주변에서 군사작전을 수행하는 형태가 아니었다.[153] 도시국가로 하여금 예외적일 만큼 높은 수준의 인력 동원을 할 수 있게 해주었던 요인들은 허물어지고 있었다. 오랜 군사작전, 장기간의 포위, 수비대 복무—모두 소규모 자영농이나 직공에게는 경제적으로 큰 타격을 주는—가 표준이 되어가고 있었다. 큰 도시국가는 복잡해진 투입 수요에 대처하기 위해 다양한 조치를 채택했다. 병참, 재정, 조직—모두 도시국가의 전성기에는 존재하지 않았거나 초보적이었거나 또는 시민 병사들이 개인적으로 책임졌던—은 이제 훨씬 복잡한 국가의 일이 되었다. 국가는 시민 징집병의 일당을 정했고 용병을 고용했으며, 제국이 아닌 국가는 이 두 가지에 자금을 대기 위해 세금을 부과했다. 예전에는 어느 정도 자급적이었

던 전쟁이 단연 많은 비용이 드는 국가 활동이 되었다.[154]

그러나 로마는 거대한 시민층이 있었고 유급 복무 시장까지 포괄하는 권력을 독점하고 있었기 때문에 외국 용병에 의존하지 않았다. 지중해 제국으로서 방대한 투입 인력을 갖게 된 로마는 기원전 2세기 말부터 자국 시민 일부를 장기간 복무하는 유급 정규군 병사로 고용하기 시작했다. 이들 정규군은 주로 가난한 농촌 프롤레타리아 출신으로 그때까지 군단에 징집되지 않았고 정치적 권리가 거의 없었다. 공화정 때까지는 직업군인의 연금 체계가 제대로 정착되지 않았기 때문에, 군단 병사들은 퇴역 후 땅을 주겠다고 약속하는 장군, 로마로 행군하는 성공적인 장군을 따르라는 설득에 쉽게 넘어갔다.[155] 실제로 장군 직책 자체가 제국의 성장과 함께 불가피하게 바뀌었다. 우선, 앞에서 말한 것처럼 이탈리아 반도에서 엉성하게 조직된 적수들과 싸운 초기의 계절적 군사작전을 이끌었던 1년 임기의 정무관들은, 로마가 나중에 확장하면서 마주친 더욱 세련된 군대의 직업 장군들에게 상대가 되지 않았다. 더욱이 로마의 신병들 또한 그랬듯, 정무관-장군들이 먼 해외의 전장에 도착해 낯선 적과 지리에 채 익숙해지기도 전에 다시 고국으로 돌아가는 것은 무의미했다. 일급 장군들을 상대하는 오랜 해외 원정이 표준이 되었던 제2차 포에니 전쟁 때부터, 로마군에서 가장 훌륭하고 노련하며 전쟁을 통해 입증된 지도자들은 재임 기간이 끝난 뒤에도 더 오래 지휘권을 보유했다. 기원전 1세기가 되자 야심 있는 정치가 겸 직업 장군들이 이끄는 무산자 직업군인들이 공화정을 무너뜨렸다.

물론 제국적 도시국가의 정치적 변화는 로마에 국한되지 않았다. 모든 곳(아테네를 제외하고)에서 제국은 곧 민중 세력의 쇠퇴를 의미했다. 제국의 자원과 방대한 규모는 시민 공동체의 소규모 친밀감을 희석시켰다. 권좌 근처에 집중된 대도시 프롤레타리아는 여전히 조심해서 다뤄야 할 문제의 근원일 수 있었지만, 그들의 군사적 역할이 감소하고 국가의 크기가 커지고 부의 분배 격차가 벌어짐에 따라 그들의 정치적 중요성도 줄어들었다. 귀족은 이 과정에서 때로는 이익을 보기도 했고 때로는 손해를 보기도 했다. 독재 권력은 거의 항상 제국과 함께 등장했고, 제국이 클수록 더욱 독재적으로 되는 경향이 있었다.

그 예로 아스텍인들은 겨우 14세기와 15세기의 200년 만에 가난하고 뒤처진 부족사회에서 시작해 도시국가를 만들고, 이어서 막강한 패권적 제국을 만들었다. 에스파냐인들이 도착할 때까지도 이들은 여전히 징집된 시민군으로 전쟁을 치렀고, 전쟁을 선포하기 위해서는 여전히 민중의 승인이 필요했다. 그러나 전쟁 약탈품이 불균등하게 분배되면서 민중의 힘은 쇠퇴한 반면, 귀족과 군주정의 힘은 가파르게 강해지고 있었다. 군주정이 처음 설립된 것은 14세기 초에 아스텍인들이 멕시코 계곡으로 이주해왔을 때 경쟁적인 국가 환경에 대처할 효과적인 군사 지도력을 제공하기 위해서였다. 제국이 성장하면서 에스파냐인들이 황제라고 불렀던 군주 틀라코치칼카틀은 어마어마하게 부유하고 막강해졌지만, 중요한 결정을 할 때는 여전히 귀족 대표들과 상의해야 했다. 로마 귀족들처럼 아스텍 귀족들은 정복한 '공공'의 땅에서 가장 좋은 몫을 차지하고 피호민과 소작인을 두어 그 땅을 경작했다. 이들은 점점 스스로를 평민 위의 상층 계급으로 구분지었다.[156] 이 과정이 어디까지 이어졌을지는 알 수 없는데, 에스파냐인들의 정복으로 도중에 중단되었기 때문이다.

메소포타미아의 정치체들은 이보다 역사가 길었다. 앞서 말했듯이 초기 왕조 시대에는 도시국가의 군주 세력이 민회의 세력과 함께 강해졌던 것으로 보인다. 그러나 아카드의 사르곤, 우르 제3왕조의 왕들, 바빌로니아의 함무라비, 그 밖의 지역 도시국가 통치자들에 의해 제국이 형성되면서 민회는 도시의 행정·사법 기구로 축소된 반면, 왕은 전제 권력을 행사했다. 전리품과 제국의 공물은 우선적으로 왕의 금고로 들어가 옛 도시국가 제도를 넘어설 수 있는 자원을 왕에게 주었다. 직업 군대—사르곤의 정예부대 5400명으로 시작된—는 왕에게 복종했다.[157] 북부 메소포타미아의 도시국가 아슈르에 남은 현존 기록은 비록 매우 단편적이지만 대부분의 기록보다 낫다. 이 기록을 보면, 기원전 제2천년기 초에 아슈르에서는 주도적인 상인 가문의 원로들이 지배하는 도시 민회가 활발히 활동하며 그 영향력으로 왕의 권력을 제한했던 것으로 보인다. 왕은 중요한 결정을 내릴 때 민회의 동의를 얻어야 했다. 그러나 제2천년기 말과 제1천년기에 들어 아시리아 군사 제국이 등장한 뒤로 도시국가 민회에 관한 이야기는 들리지 않는다. 우리에게 익숙한 동양적 전제의 제도가 본격 궤도에 올랐던 것이다.[158]

기원전 제3천년기 후반 인더스 문명에서 남긴 고고학적 증거들은 사제와 상인들의 시민 통치가 이루어졌던 것으로 해석되며, 서력기원을 앞둔 수백 년간 재등장한 인도 역사시대의 도시국가들에서는 귀족적 공화정과 시민적 제도들이 기록되었다. 그러나 인도에서도 더 큰 국가와 제국이 등장하면서 전제적 지배가 시작되었다.[159] 이와 비슷하게, 11세기부터 13세기까지 루시의 읍성–시골 소국가들 중에 큰 도시 중심지와 공국 중심지에서는 민회가 중요한 역할을 했다. 이 같은 자유가 후기 러시아 역사에서 실종된 이유는 파괴적인 몽골인의 점령 탓이라는 게 전통적 의견이었다. 그러나 그 요인이 내부에서 발생했든 외부에서 가해졌든 간에, 무엇보다 국가의 거대한 규모는 민중의 참여에 불리하게 작용했다.

제국 논리는 서구에서도 비슷했다. 로마 공화정을 대체한 독재적 프린키파투스[원수정]는 자유로운 제도의 껍데기나마 보존했던 반면, 이후 3세기 말부터의 도미나투스[전제군주정]는 그마저 없애버렸다. 재위한 황제들은 이제 동양에서처럼 사후에는 신을 자처하게 되었다. 근대 이전 세계—

인쇄물 소통 기술과 대의 정치가 없던—에서 제국은 전제적 지배를 의미했다. 도시국가에 의해 탄생했던 제국이 도시국가의 시민적 제도를 쇠퇴시키고 도시국가를 궁극적으로 변모시켰다. 실제로 기원전 1세기가 되자 이탈리아 반도의 로마화와 문화적·사회적 통합이 많이 진행되어, 동맹국들이 로마 시민권을 요구해서 받아내면서 기존의 정치적 정체성을 포기하고 사실상 로마화된 하나의 이탈리아 민족을 형성하는 단계에 이르렀다. 3세기 초에는 이 과정이 제국 전역으로 확산되었고, 모든 인민이 로마 시민권을 받아 서서히 더욱 광범위한 하나의 공화국, 문화적으로 서쪽은 로마화되고 동쪽은 그리스화된 공화국의 구성원이 되어갔다. 이런 관점에서 보더라도, 도시국가의 시민적 정치 제도는 제국이 창조한 새로운 대규모 정치적·문화적·(그리고 사실상의) 민족적 실체를 통치하는 데는 맞지 않았다.

제11장

유라시아의 선봉: 동부, 서부, 스텝지대

10장에서는 세계 각지에서 초기 국가가 출현한 과정과 무장 세력의 관계를 다루었으며, 이 관계의 근간을 이루는 유사성은 물론 다양성에도 주목했다. 이 장에서는 국가의 권력과 복잡성, 국가 간 체계, 문명—문명과 전쟁의 관계—이라는 관점에서 세계 최대 땅덩이인 유라시아에 초점을 맞추어 그 이후의 진화를 추적한다. 이처럼 지리 영역의 초점을 좁히는 것이 전 세계를 다루는 이 연구의 진화적·비교적 시각에서 벗어나는 것은 아니다. 유라시아에 집중하는 이유는 이 책의 관점 때문이다. 복잡성은 체계들 내부에서, 특히 체계들 사이에서 차등적으로 진화할 공산이 크며, 복잡성이 진화할수록 덜 복잡한 형태와 더 복잡한 형태 사이의 격차가 더 크게 벌어진다. 농업, 국가, 문명은 다른 어떤 대륙보다 유라시아에서 먼저 도약하여 더 가파른 궤도를 그리며 발전했다. 그 결과 10장에서 개관한 발전을 넘어서는 인간 제도의 주요한 발전—전쟁을 포함해—은 주로 유라시아 대륙에서 이루어졌고, 그후에 다른 대륙들로 전해져 이들 대륙의 독립적이거나 준독립적인 궤도를 교란했다.

유라시아의 인간 사회들이 여타 대륙의 사회들보다 두드러지게 앞서 나간 이유는 재레드 다이아몬드가 『총, 균, 쇠Guns, Germs, and Steel: The fates of human societies』(1997)에서 훌륭하게 제시했다. 무엇보다 신석기시대 유라시아 사람들에게는 가장 효과적인 농경수단 일습이 있었다. 그들은 특히 성공적인 곡류 식물 작물종들을 갖고 있었을뿐더러, 동물성 단백질과 노동력을 주는 가축화된 대형 짐승들을 거의 독점했다. 대형 동물들은 결과적으로 유라시아의 또다른 독점물인 바퀴의 발달을 촉진했다. 가축화된 대형 동물들 중에서 말—바퀴와 비슷하게 서기 1500년경까지 수천 년간 유라시아의 독점물이었다—은 가장 중요하고도 직접적인 군사적 영향을 끼쳤을 것이다. 더구나 특히 효과적인 농경수단 일습(그리고 다른 요인들)의 자극을 받아 제일 먼저 정주 생활방식으로 이행하기 시작한 유라시아 사회들은 동(유라시아 밖에서는 4000여 년이 지나서야 잉카에서 등장하기 시작했다)과 철(유라시아에서 아프리카로만 전해졌다) 같은 다용도 금속들까지 맨 먼저 능숙하게 이용했다. 유라시아의 이런 하부구조 위에 세계에서 단연 가장 크고 강력한 국가들과 제국들, 가장 앞선 문자문명들이 건설되었다. 수치만 보더라도, 유라시아는 (남극대륙을 뺀) 세계 지표면의 약 40퍼센트만 차지함에도 불구하고 서기 1500년의 시점에 세계 인구의 약 80퍼센트의 거주지였다. 이들은 대부분 유라시아의 남쪽 연안지대, 즉 일본과 중국부터 동남아시아와 인도, 서남아시아를 거쳐 지중해와 유럽에 이르는 비옥한 지대에서 살았다.[1]

유라시아의 이런 이점들은 순전한 우연의 산물이 아니라 뿌리 깊은 지리·생태 요인들에서 비롯된 것이다. 대륙들이 생태적·문화적 상호작용의 경계를 이룬다는 관점에서 지리를 생각하지 않으면, 대륙들 자체는 별다른 의미가 없다. (예를 들어 생태적·인구적·문화적 확산과 관련하여 사하라 이북아프리카는 육지와 지중해로 연결되어 유라시아 대륙의 일부였던 반면, 이곳과 사하라 이남 아프리카, 즉 '검은 아프리카'의 상호작용은 가공할 장애물인 사막에 가로막혀 훨씬 변변찮았다.) 유라시아는 무엇보다도 그 크기 덕분에 빠르게 진화하기에 한결 유리했다. 더 크다는 것은 (생태적 쾌적함 같은 다른 요인들이 같을 경우) 진화할 생태적 틈새가 더 많다는 것, 성공적인 품종이 이런 틈새에서 인접한 틈새로 나아갈 때 선택 경쟁이 더 치열하다는 것을 의미한다. 아울러 크기의 이점과 경쟁 수준은 대륙을 통해 얼마나 수월하게 소통할 수 있느냐는 문제에도 달려 있다(소통이 지나치게 수월하지 않는 한에서 말이다. 그렇다면 다양성이 사라질 것이다). '다른 것들' 역시 동일하지 않았고 뚜렷이 유라시아에 유리했다. 다이아몬드가 지적한 대로, 아메리카와 아프리카에는 남북 '축'이 있는 반면 유라시아에는 동서 '축'이 있다. 이 덕분에 유라시아에서는 엇비슷한 위도와 얼추 유사한 기후대를 따라 작물종과 가축종(그리고 야생종)이 대륙을 가로질러 훨씬 쉽게 확산되었다. 이에 반해 여러 위도와 기후대를 종단해야 했을 아메리카 대륙에서는 생물종의 확산이 거의 불가능했다. 이런 이유로 유라시아 사람들은 자연에서 작물화하고 가축화할 가능성이 있는 극히 제한된 종들(작물화하고 가축화했거나 앞으로 할 수 있는 야생종은 수백 종에 불과하다) 가운데 더 풍족하고 다양한 종들을 가지고 시작했으며, 일단 작물화되고 가축화된 종들은 대륙을 가로질러 더 쉽게 확산되었다. 이 모든 요인에 힘입어 유라시아 사회들은 상당히 유리하게 출발했고, 더 유익한 품종들을 확보했으며, 문화적으로 더 빠르게 진화했다.

유라시아에서 한층 전면적인 진화 패턴이 나타났다는 것은 두드러진 유사성으로 확인할 수 있다. 유라시아에서는 인간의 문화만 더욱 강력한 형태로 진화한 것이 아니었다. '유럽의 대항해 시대'에 아메리카와 오스트레일리아, 오세아니아에 침투한 유라시아산 야생종들은 거의 예외 없이 현지종들을 주변부로 몰아내거나 멸종시켰다. 더 큰 크기와 더 수월한 내부 전달이라는 유라시아의 이점은 더 치열한 선택 경쟁으로 귀결되었고, 크기가 더 작고 제약을 더 많이 받은 다른 대륙 체계들보다 유라시아에서 (외관상 무관해 보였을지라도) 야생의 진화와 문화의 진화를 훨씬 촉진했다.[2] 두말할 나위 없이, 이 모든 서술은 아메리카 문화보다 유라시아 문화의 가치가, 또는 오스트레일리아 유대류보다 유라시아 포유류의 가치가 선호된다는 의미가 아니다. 다만 분리되어 있던 이 체계들이 갑자기 접촉했을 때 유라시아인들이 우세했던 이유를 설명할 뿐이다.

이후 시대로 나아가면서 우리의 주제는 점점 역사적으로 변해간다. 다시 말해 문자 기록으로 얼마간 분명하게 밝혀진다. 문자 기록은 확실히 엄청난 도움을 주지만, 나는 구세계의 역사와 그 이후 서구의 역사에서 '빌어먹을 사실들을 차례로' 나열하는 '사건사'로 책이 바뀌어버리는(개괄적인 성격의 저작에서 자주 발견되는) '함정'에 빠지지 않고자 한다. 앞서 밝혔듯이, 이 장에서는 우연적 측면을 부인하지도 구체화하지도 않는 가운데 경험적 측면을 면밀히 추적할 것이다. 더 넓은 패턴들과 주요한 진화 경로들, 나아가 전쟁과 문명의 공진화에 근간이 되는 인과관계를 이끌어내기 위해서다. 나의 출발점은 이 장에서 내내 울려퍼질 한 가지 중요한 우연성이다. 그 우연성이란 앞서 언급했듯이 유라시아의 독점물 가운데 무엇보다 중대한 군사적 영향을 미친 요인, 유라시아 문명들의 성장 과정에서 양날의 역할—생산적이면서도 파괴적인 역할—을 수행한 요인, 바로 말[馬]이다.

왕의 기병: 말, 보병, 그리고 시공간의 정치사회들

장차 가축화될 말이 유라시아 스텝지대에만 잔존하고 북아메리카에서는 빙하기와 인간의 정착으로 말미암아 절멸한 것은 생태적으로 강요된 우연성이었다. 그러나 이 사실의 결과는 숙명적이었다.

9장에서 이미 말의 초기 가축화 단계들을 개관한 바 있다. 이 주제에 관한 정보는 극히 드물어서 많은 부분을 추측해야만 한다. 다시 짧게 요약하자면, 말은 기원전 4000년에서 3000년 사이 오늘날의 우크라이나에서 가축화되었다. 처음에 말은 다른 군집 동물과 마찬가지로 주로 고기와 유제품을 얻기 위해 사육되었다. 그렇지만 고고학적 조사로 발견된 희귀한 파편들과 흔적들은 아주 이른 시기부터 인간이 말을 탔다는 것을 시사한다. 입수 가능한 모든 증거로 볼 때, 말의 크기가 작았던 시기에는 군사 용도나 기타 용도로 꾸준히 말을 타는 것이 별반 중요하지 않았던 듯하다. 그러다가 기원전 2000년경 유럽과 아시아의 경계를 이루는 스텝지대에서 한 조의 말들로 끌 수 있는 가벼운 살바퀴 전차가 발명된 것이 확실하다. 이곳 사람들은 일찍이 기원전 제3천년기에 무거운 소달구지와 수레를 이용한 바 있었다.

이보다 남쪽인 메소포타미아에서는, 이 지역에서 가축화된 말과科 동물인 오나거[onager: 아시아야생당나귀의 아종—옮긴이]가 끄는 다양한 종류의 원판바퀴 '전투차량'을 기원전 2500년경부터 사용했다. 이 전차는 대부분 엘리트의 이동수단이나 이동식 전투사령부로 쓰였을 테지만, 전사 고관들은 전차에서 무기를 발사하거나 내려서 싸울 수도 있었다.[3] 한결 날쌔고 조종하기 쉬운 살바퀴 전차가 기원전 1800년경 고대 근동에 출현하자 야전에 일대 혁신이 일어났고, 기원전 17세기 중엽부터 전차가 야전을 완전히 장악해갔다. 500년 후인 기원전 1200년경 전차는 스텝지대를 통해 동쪽의 중국에 전해져 비슷한 결과를 초래했다. 같은 시기에 전차는 인도와 유럽에도 침투했다.

말의 이력에서 셋째 단계는, 서아시아부터 동남유럽에 이르는 지역에서 더 큰 말을 사육한 시기인 기원전 제2천년기 후반에 시작되었다. 대형

전쟁 공예품 〈우르의 깃발The Standard of Ur〉[고대 수메르 문명의 도시 우르에서 이 공예품을 처음 발견한 사람이 '깃발'로 해석했으나 실은 패널화이며, 본래 용도는 불분명하다―옮긴이], 기원전 제3천년기. 오나거에 마구를 채워 연결한 사륜 원판바퀴 '전투차량'에 주목하라.

마 덕분에 말을 꾸준히 효과적으로 탈 수 있게 되자 기원전 900년경 이 지역 전역에서 기병이 등장했다. 이 발전도 다시 500여 년이 걸려서 기원전 4세기에야 중국에 도달했다. 그때부터 말의 크기와 기마 기술―안장과 등자, 편자의 발전을 포함해―양면에서 잇따라 진화가 이루어지며 군마의 효과가 꾸준히 증대했다.

물론 말이 끄는 전차와 기병 사이에는 눈에 띄는 차이점들이 있었다. 이 대목에서는 결정적인 차이점 하나만 언급하겠다. 전차는 분명 스텝지대에서 발명되긴 했지만, 이 지역의 부유한 엘리트층을 제외하고 빈곤한 사람들 사이에서 진가를 발휘하기에는 지나치게 복잡하고 비싸고 전문적이며 부서지기 쉬운 도구였다. 사실상 부족의 성인 남성 전체를 포괄하는 스텝지대 기마부대는 말타기가 충분히 발전하고 그 결과 유목-기마 경제와 생활방식이 발전한 뒤에야 등장할 수 있었다. 이 주제는 나중에 다시 다룰 것이다. 우선은 전차전과 기마전을 다루면서 이것들의 일반적인 군사적 특징과 더 넓은 사회적·정치적 의의에 초점을 맞추겠다. 주요한 발전들이 이루어졌음에도, 기원전 1500년부터 서기 1500년까지 전차전과 기마전은 두드러진 연속성을 보여준다.

기병과 관련하여 실상을 가장 호도하는 흔한 오해는 기병이 시종일관, 또는 적어도 역사에서 이따금(예컨대 제1천년기 중엽부터 유라시아 곳곳에 등자가 도입된 이후) 보병보다 군사적으로 우세했다는 견해일 것이다. 나는 10장에서 전혀 그렇지 않았다는 것을 보여줄 기회가 있었다. 이 주제에 익숙한 모두가 알고 있고 마키아벨리가 『전술론On the Art of War』[1521](2장)에서 날카롭게 지적했듯이, 말은 예민하고 대단히 취약한 동물이다. 따라서 단순하지만 필수적인 유형의 무기(주로 단창이나 장창)를 든 보병들이 단결하여 사기를 지키면서 밀집해 있을 경우—이것이 중요한 조건이다—기병들은 보병들과의 정면 충돌을 거의 견뎌내지 못했다. 오히려 기병의 주된 강점은 기동성, 특히 개활지에서의 기동성이었다. 대체로 보병과 기병 사이 힘의 방정식은 갖가지 특수한 환경에서 이런 변수들의 균형이 어떠하느냐에 따라 달라졌다.

최대한 간명하게 말하자면, 보병을 상대하는 기병은 다음과 같은 조건에서 유리했다.

- 지형이 평평할수록 기병은 험한 지대—이를테면 산악지대, 삼림지대, 늪지대—의 장애물에 방해받지 않으면서 전술과 전략을 날렵하게 수행할 수 있었다.
- 작전지역이 넓고 군사행동 거리가 멀수록 기병의 훨씬 뛰어난 전략적

기동성이 효과를 발휘할 수 있었다.

- 인구가 덜 조밀한 시골에서 기병이 유리했는데, 집약농업은 말을 기를 목초지가 더 적다는 뜻이었기 때문이다. 반면에 인구가 더 많고 요새화된 도시 정착지를 차지하려면 포위전을 벌여야 할 때가 더 많았고, 이 경우 기마전사는 쓸모가 없었다.

이 요인들은 기병과 보병 사이 힘의 균형뿐 아니라 기병 자체의 무장에도 영향을 미쳤다. '닫힌' 작전지역일수록 기병은 말에서 내린 채로 싸우는 경향이 있었으며, 말은 대체로 전장까지 더 빨리 도착할 수 있는 간편한 이동수단으로만 이용했다. 또한 개활지에서 경무장한 채 치고 빠지는 투척 전술을 수행할 때와 반대로, 작전지역이 '닫혀' 있을수록 기병은 (말을 타든 안 타든) 근접전에 대비해 더 중무장하곤 했다.

군마의 지리와 생태는 이렇게 요약된다. 그러나 지리와 생태가 중요하긴 해도 사회·경제·정치 구조 역시 그 못지않게 중요했다. 계층화와 엘리트층의 지배는 말 이전의 농경 사회들에서도, 이를테면 기원전 1500년 이전 유라시아 사회들과 아메리카와 아프리카, 오세아니아 사회들에서도 대단히 발달했다. 그렇지만 말이 도입되자 엘리트층의 패권에 새로운 차원이 더해졌다. 정주 사회에서 말은 경제적 효용가치가 별로 없었다는 데 주의해야 한다. 말의 가슴과 어깨에 거는 마구가 동물의 목과 복부에 걸어서 숨통을 조이는 단점이 있던 고대의 비효율적인 마구를 대체하며 제1천년기 동안 유라시아를 통해 퍼져나가기 전까지만 해도, 수레와 쟁기를 끄는 일은 황소의 몫이었다. 게다가 말을 먹이는 것은 전문적이고 값비싼 일이었다. 따라서 정주 사회에서 말은 엘리트의 소유물이었다. 말은 실용적이기보다 비싸고 사치스러운 소유물이었고, 그런 이유로 위신을 높여주었기 때문이다. 요컨대 말의 군사적 역할—실제로 말의 주요한 실용적 기능―은 각각의 특수한 사회에서 엘리트층과 민중 사이에 우세했던 지배관계·권력관계 패턴과 불가분하게 얽혀 있었다. 지리, 생태, 정치사회, 말은 유라시아 각지에서 역사 내내 가변적인 관계였고 서로 영향을 주고받았다.

정주 '계급' 사회에서 '빅맨'들과 그 종사들의 사회적 지배력이 강할수록 대규모 민병대의 중요성과 군사적 효과가 떨어졌다는 점은 10장에서 이미 지적했다. 이것은 양방향 과정이었다. 민중이 억압을 당하면 당할수록 엘리트층은 민중이 무기를 소유하고 무기 사용에 익숙해지는 것을 좌시하지 않으려 했다. 사회 안에서 민중이 윗사람들에게 무기를 휘두를 수도 있었기 때문이다. 빈곤하고 권리를 박탈당하고 굽실거리고 의기소침한 다수의 농민들, 사회에서 지분이 아주 적고 전쟁의 결실을 별로 얻지 못한 그들은 군인다운 자질을 좀처럼 드러내지 않았다. 말은 이 추세를 강화했다―사회 안에서 강화했고, 따라서 외세와 전쟁할 때도 강화했다. 더 넓고 더 좋은 세력권을 확보한 기마 엘리트들은 시골에 흩어져 사는 농민층을 더욱 강하게 지배할 수 있었다. 세력권 안에서 농민층을 복종시킨 그들은 세력권 밖에서도 농민층을 수탈했는데, 여기서 그들이 대면했을 공산이 큰 상대는 그들과 같은 기마 귀족이었을 것이다.

우리는 이런 일이 예를 들어 그리스의 암흑시대 후반(대략 기원전 8세기)에 국가 이전 환절 사회와 원생국가의 환절 사회에서, 그리고 같은 시기 이탈리아 북부의 빌라노바 문화에서 일어났음을 확인했다. 그리스 반도와 이탈리아 반도의 험한 지형과 여타 지정학적 요인들로 인해, 이들 사회를 지배하던 기마 엘리트층은 도시국가들(그리고 훗날 국가들)의 정치적으로 조직된 보병대에 결국 밀려났을 것이다. 그렇지만 이런 발전에서 예외인 중요한 사례들이 두 반도의 평원에서 발견되었다. 이를테면 그리스의 테살리아에서는 폴리스가 발전하는 가운데 기마술, 엘리트의 지배, 정치적 지체 현상이 서로를 강화했고, 이탈리아 중부 캄파니아에서는 기마 엘리트층이 시골과 도시에서 계속 지배적인 세력이었다. 요루바족의 사례가 보여주었듯이, 15세기에 사하라 사막을 넘어 서아프리카에 말이 도입되자 이 지역에서도 엇비슷한 생태적·정치적 분할이 나타났다. 기병들은 더 건조하고 인구가 덜 조밀한 북쪽을 지배했지만, 남쪽에서는 도시국가와 국가의 보병대에 저지당했다.[4]

국가 이전이나 원생국가의 계층사회와 도시국가뿐 아니라 큰 국가에서도, 기병의 군사적·정치적 역할은 생태지리와 정치사회의 상호작용에 따라 조절되었다. 정치적 요인의 핵심은 다음과 같은 중앙권위에 대한 가장 중대한 물음이었다. 국가는 어떻게 통치하고 재정을 마련했는가? 국가는 어떤 방법으로 자원을 징수하고 군대를 육성했는가? 보통 국가의 통치자들은 왕실 영지의 형태로 단연 가장 많은 재산을 보유하고 있었다. 그들은 방대한 사유지를 소유하고 관리했으며 거기서 직접 세금을 징수했다. 중앙권위를 극대화하기 위해, 국가 통치자들은 이상적으로는 전 영역을 거의 똑같은 방식으로 다루고, 직접 과세를 집행하고, 노동력을 징발하고자 했을 것이다.[5] 이와 유사하게 군대도 중앙에서 직접 징집하거나 세수로 급료를 지불하고자 했을 것이다. 그렇지만 중앙집권을 달성하려면 두 가지 전제조건이 필요했다. 제일 중요한 첫번째 전제조건은 선진적인 경제·운송·관료제 하부구조가 있어야 했다는 것이다. 다시 말해 현물과 현금 세수를 산정하고 징수해서 중앙권력까지 운송하고 저장하고 재분배하는 일 모두를 급료(또는 배급)를 받는 국가의 대리인들이 관리해야 했다. 이와 유사하게 징집병과 전문인력—민간 업무와 군사 업무를 수행할 인력—도 관리해야 했다. 첫번째와 연관된 두번째 전제조건은 지역의 실권자들을 속박해야 했다는 것이다.

관료제를 갖춘 중앙집권국가에 필요한 이 만만찮은 전제조건들이 실현된 사례는 거의 없었다. 이미 살펴보았듯이, 더 큰 국가들은 전형적으로 종주국overlordship으로서 등장했으며 영역을 통치하기 위해 지역의 귀족 실권자들에게 계속 드리없이 의지했다. 중앙권위가 발전한 관료기구를 갖추지 못했을 뿐 아니라, 지역 귀족이 중앙을 상대로 사회적·정치적 지위를 유지할 만큼 강력했기 때문이다. 마력馬力은 나머지 사람들과 비교해 귀족의 군사력을 강화하고 귀족을 정예 기마병력으로 바꿈으로써, 국가 중앙권위와의 관계에서도 엘리트층의 입지를 강화했다. 귀족은 말을 가진 사회에서만 특수부대로서 나머지 인구와 구분되었다. 중앙 관료제화가 반대쪽 극단으로 흐를 경우 지역 지도자들이 권력을 위임받고 전유하여 결국 권력이 조각나기도 했고, 더 나아가 중앙의 권위가 사실상 무너지기도 했다. 마력은 이런 중앙집중화─파편화 긴장관계에 새로운 차원을 더했다.

큰 국가와 제국은 이따금 말과 무관하게 조각나거나 해체되었다. 예를 들어 지역 세력이나 지방의 국가 관료가 정치권력을 찬탈해 실효적 자치권을 확립하거나, 나아가 중앙의 권위로부터 공식적으로 독립하는 경우에 그러했다. 지정학적 환경에 따라 그런 파편화와 해체는 비교적 단기간에 그치기도 했다. 중국과 고대 이집트의 역사에서 그런 짧은 분열기는 더 오랫동안 지속된 전국 통일기들 사이에 낀 '중간기'라 불린다. 반대로 인도 제국들의 폐허에서 국가들이 등장한 경우처럼 파편화와 해체가 우세할 수도 있었다. 그렇지만 국가가 정치적으로 조각나고 해체됨에 따라 자립적 통치자로 변모한 지방 총독이나 장군이 민간·군사 관료기구를 국가로부터 분리하고 작은 규모에 맞추어 변형한 사례, 나아가 지역 귀족이 최고 권력자가 된 사례를 그런 파편화와 해체의 범주에 속하는 특수한 유형의 체제인 봉건제와 동일시해서는 안 된다. 더 명확하게 말하자면, 봉건제에는 말의 군사적 쓰임에서 직접 유래한, 지주─군사 계층의 비관료제적 통치가 있었다.

봉건제란 무엇인가

봉건제 개념의 의미와 적용 범위는 규정하기 어렵기로 악명 높다. 역사가들은 특정한 역사적 환경에서, 주로 중부유럽에서 봉건제의 발전을 추적하고 이에 대해 논쟁해왔다. 그러나 이 지역과 시대를 연구하는 역사가들은 설령 봉건제를 일반화하는 논의 구도를 극히 미심쩍게 여기지 않는다 해도, 전문적인 성향 탓에 다른 시공간에서의 봉건제에는 피상적인 관심밖에 없다. 몽테스키외부터 마르크스와 베버에 이르기까지, 사회이론의 거장들은 봉건제 개념을 유럽 외부에 적용할 수 있는지를 두고 입장이 갈렸다. 더 근래에는 전통적으로 유럽의 봉건제와 연관되어온 주요 특징들이 뒤늦게 결정화結晶化되고 형식화되었다고 주장하며 유럽 자체와 관련해서도 봉건제 개념에 의문을 제기한 이들이 있었다.[6] 이런 분위기에서 봉건제 개념을 옹호할 수 없다는 견해—실은 '봉건제'가 결코 없었다는 견해—가 거의 유행이 되었다. 이 극단적인 주장에 동의를 하든 안 하든, 오늘날 많은 학자들은 단순히 안전한 쪽에 있기 위해 그저 봉건제 개념을 사용하지 않으려 한다.

위험을 무릅쓰고 봉건제에 대한 이해에 무언가를 보태려 한다면, 분명 넓은 비교적 시각과 이 책의 탐구를 인도하는 물음들을 통해 봉건제에 접근해야 한다. 학자들은 주로 봉건제의 사회적·정치적·경제적·법률적·기술적·군사적 특징들을 열거하는 식으로 봉건제란 무엇이냐는 주제를 제기해왔다. 그렇지만 봉건제를 낳은 조건, 다른 역사적·사회적·군사적 체제들과 봉건제의 관계를 더욱 깊게 전반적으로 이해하려는 시도는 좀처럼 없었다. 봉건제가 실재했다고 가정할 때, 봉건제는 한때 유럽에만 존재한 특색이었는가 아니면 다른 사회들에서도 확인할 수 있는 더 넓은 사회적 범주였는가? 전자가 참이라면, 어째서 봉건제는 중세 유럽에만 있었는가? 그렇지 않았다면, 우리가 찾아야 하는 봉건적 현상은 무엇이었는가?

봉건제와 관련해 무엇보다 유의할 점은 봉건제가 한결같이 국가 구조의 산물이었다는 것, 그리고 국가의 완전한 해체로 귀결되지 않는 한 분절적 형태로나마 국가 구조의 한 형태로 남았다는 것이다. 봉건제는 완전히 지역화된, 친족에 기반하는 족장사회와는 융합하지 않는다.[7] 오히려 봉건제는 큰 국가들에서 특징적으로 진화했다.[8] 전근대 국가사회들에서 통칙이나 마찬가지였던 귀족의 시골 지배와 봉건제를 동일시할 수 없다는 점도 유의해야 한다. 이 사회들이 계층화될수록 토지귀족의 영향력—사회적·경제적·정치적·군사적 영향력—은 증대했다. 토지귀족의 영향력이 컸던 이유는 그들이 부유하고 강력했으며, 법적으로 자유로운 주민들이 지위와 계급 서열에 따라 위계구조를 이루는 사회 환경에서 가신과 노예를 다수 소유했기 때문이다. 이런 사회들은 중세 초기 메로빙거 왕조의 프랑크 왕국과 앵글로색슨 시대 잉글랜드에 있었지만, 다른 시공간에도 숱하게 많았다. 이 사회들은 서로 다른 경로로 봉건제를 발전시킬 잠재력을 품고 있었을지 모른다.[9] 봉건 영주—장원 경제의 후진적 성격을 강조한 학자들의 지적은 옳지만, 전근대의 대다수 자연경제는 봉건제의 독특한 경제적·정치적·법률적 예속 형태를 발전시키지 않았다. 지방 귀족이 지배하는 조각난 국가들 부류에서 봉건제의 특별한 점은, 봉건제가 군사적 목표를 위한 정예 기마 군제로서 등장했고 중앙의 정치권력을 찬탈하면서, 그리고 시골 지역의 인구를 그저 복종시키는 데 그치지 않고 노예/농노 처지로 전락시키면서 스스로를 영속화했다는 것이다.

봉건제에 대한 모든 표준적 정의들은 무엇보다 토지 수여를 바탕으로 존속하는 전문화된 전사 계급의 우위를 포함한다. 그렇지만 이런 정의들은 모두 이 전사들의 결정적인 특성, 사실상 봉건제와 동의어인 특성을 무시한다. 그 특성이란 이들이 한결같이 기병이었다는 것이다.[10] 이해할 만한 일이지만, 학자들은 말이라는 동물이 얼마나 중요했건 간에 다면적인 사회 체제 전체를 동물 하나 탓으로 돌리기를 꺼렸다. 유럽 봉건제가 군사 기마술과 완전히 동일시되었음에도, 심지어 일부 역사가들이 그런 식으로 풀어낸 설명들이 잘 알려졌음에도[11] 그들은 요지부동이었다. 봉건제에 대한 나의 잠정적 정의는 다음과 같다. 봉건제는 중앙권위로부터 토지 수여를 바탕으로 존속하는 기마전사들과 영주들 쪽으로 지역–지방의 정치권력과 사법권력을 끌어당기는 중력이었다. 봉건제는 다음 조건에서만 등장할 수 있었다.

- 말을 소유한 사회에서
- 전쟁 도구로서 말을 선호한 환경에서
- 가장 기초적인 소규모 농업경제를 가진 큰 국가에서. 다시 말해 탐나지만 값비싼 기마부대를 지원하고 관리할 경제·관료제 하부구조를 결여한 까닭에 군역의 대가로 토지를 수여하고 '조세' 대신 '지대'를 받아야 했던 국가에서.[12]

봉건제가 진화하려면 이 세 가지 전제조건이 있어야 했다.

여기서 핵심적이지만 충분히 인정되지 않는 요인은 모든 전근대 국가의 예산에서 단연 가장 큰 비중을 차지한 항목, 흔히 예산을 대부분 차지한 항목이 군사비였으며 기병이 가장 비싼 병과였다는 것이다. 기병이 가장 중요했던 곳에서는 국가의 운영과 기병을 육성하고 유지하는 능력이 거의 같은 의미일 정도였다. 이 엄청난 과제가 봉건제를 낳았다. 열악한 행정기구와 기초적인 소규모 경제를 가진 국가들은 이 과제에 대처하기 위해 보통 분산식 위탁에 의존했다. 지역의 관직 보유자와 실권자는 각자의 구역에서 기병을 육성하고 지도하는 과제를 책임지는 영주가 되었다. 이들은 다시 토지 수여를 통해 이 과제를 수하에 위탁했다. 일부 봉건제(가장 두드러진 사례는 일본이다)에서는, 이 구조의 가장 낮은 층에서만 영주가 토지를 수여하지 않고 배급과 기타 현물 급여를 바탕으로 자신의 전사들을 보유할 수 있을 만큼 인맥 규모가 작아졌다. 그렇지만 대부분의 경우 기병들 역시 수입을 낳는 재산, 십중팔구 토지를 하사받아서 생계를 꾸렸다. 이 원리는 충분히 권장할 만한 것이었다. 전사들(그리고 나머지 봉사 제공자들)을 수입원에 직접 연결함으로써, 국가는 행정 관료제라는 복잡하고 비싸고 번거로운 중간 매개를 통해 수입을 순환시킬 필요성을 낮추거나 아예 없앨 수 있었다. 더욱이 봉신들은 수여받은 자원을 경영하는 계층처럼 기능했다. 그러므로 전근대 사회들이 이 원리를 두루 받아들였던 것은 놀랄 일이 아니다.

근래 들어 역사학계는 전통적으로 유럽 봉건제 형성의 근간이라고 여겨져 온 핵심 특징들에 문제를 제기했다. 9세기와 10세기에 기마전사를 유지할 목적으로 고관들에게 수여한 토지는 대부분은 아닐지라도 상당 부분 주군과 봉신의 봉토관계를 수반하지 않았다는 주장이 제기되고 있다. 아울러 군사적 의무는 봉토 특유의 어떤 특수한 계약에 따른 의무가 아니라 토지 소유 일반에서 비롯되었다는 주장도 제기되고 있다. 주군과 봉신의 계약관계와 봉토의 의무에 토대를 둔 제도는 11세기와 12세기에야 구체적으로 형식화된 것으로 보이는데, 이 시기에 왕들과 제후들은 자신의 통제를 벗어난 파편화된 땅에서 권위를 재확립하려 했다.[13] 이 중요한(그리고 여전히 논쟁중인) 통찰이 봉건제의 전환에 대한 전통적인 이해를 상당히 수정하고는 있지만, 적어도 이 책에서 제시한 봉건제의 원칙은 거의 바꾸지 못하고 있다.

토지 수여 — 수여하는 사람의 법적 신분이 정확히 어떠했든 간에 — 의 문제는 지급수단을 중앙의 통제하에 남겨두지 않고 봉사 제공자의 손에 쥐여주었다는 것이다. 따라서 국가는 봉신과의 관계를 끝내고 싶거나 봉신의 의무 수행이 만족스럽지 않을 때에도 그가 이익을 얻지 못하게 막을 수 없었다. 개인의 충성 서약이 특히 11세기 이래 유럽 봉건 체제의 그토록 현저한 특징이 된 까닭은, 다른 방도로는 봉사 제공을 보장받기가 어려웠기 때문이다. 유의미하지만 문제가 많았던 단 하나의 봉사 보장책은 주군과 봉신 간의 권력 균형과 봉토를 몰수하겠다는 궁극적인 위협이었다.[14] 지급수단을 깔고앉은 채로 무력을 독점하고 있던 지주-기사 엘리트 층은 시간이 흐름에 따라 토지 소유를 세습할 권리를 얻어냈는가 하면, 자신이 노예/농노로 전락시킨 주변 시골 지역 농민들에 대한 정치적·사법적 권위까지 전유할 수 있었다. 그들은 거주지를 요새화하고 성주(castellan, 프랑크 왕국에서 이렇게 불렸다)가 되어 상위 권위자와 지역 주민들을 상대로 입지를 대폭 강화했다.

이것은 봉건제의 악순환이었다. 중앙의 관료제-행정 기구를 통해 수입을 징수하고 다시 분배할 필요성을 줄이려는 국가의 시도가 기껏해야 불충분한 성과만 거두는 가운데, 시골 지역의 수입원에 직결된 기병들은 이 수입원을 통제해 국가의 소득원을 한층 고갈시키고 중앙 행정체계를 지탱하는 국가의 능력을 약화시키기만 했다.[15] 마지막으로, 국가를 위해 전문 전사 병력을 손쉽게 확보하려던 이 제도의 논리를 완전히 뒤엎은 왜곡이 있었다. 갈수록 권력을 키워가던 지주 기마전사들은 대개 주군을 위해 군역에 임하는 기간을 제한할 수 있었다. 예를 들어 봉건시대 유럽에서는 군역이 40일로 제한되었다.

일찍이 고대 메소포타미아와 고대 이집트 이래 많은 국가사회들에서도 보병 전사를 유지하기 위해 중앙권위가 토지를 수여한 것은 사실이다. 그렇지만 말[馬] 봉건제 외에 다른 봉건제는 존재하지 않았는데, 지주 기병들만이 미개발 농경 사회에서 봉건제를 낳을 잠재력을 품고 있었기 때문이다. 다시 말해 그들만이 국가의 중앙권위자들이 행사하는 정치권력 및 사법권력과 씨름하며 자기 지역을 통제할 만큼 성장할 수 있었다. 여기에는 동물학적 이유가 아닌 사회경제적 이유가 있었다. 기병─특히 중기병─을 유지하려면 보병을 유지할 때보다 비용이 훨씬 많이 들었고, 따라서 상당한 가치가 있는 부동산이나 '직할지'를 훨씬 많이 수여할 수밖에 없었다. 관련 기록이 남아 있는 사회들에서 기병은 일반적으로 보병보다 토지를 적어도 2배에서 최대 15배 많이 소유하거나 수여받았다. 이 서열에서 최상위를 차지하는 완전히 중무장한 정예 기병대의 일원은 교체할 말 여러 마리와 무장 수행원 몇 명을 필요로 했다. 다양한 사회들에 관한 자료는 흔히 모호하고 엇갈린 해석들을 낳지만, 전반적인 구도는 충분히 분명하다. 솔론의 4계급 분류에서 기병은 황소 두 마리를 가진 유복한 농민층, 즉 중장보병대의 중추를 이룬 이들보다 수입이 거의 2배 많았다.[16] 고대 로마에서 식민지를 개척한 기병은 보병보다 토지를 평균 2배 많이 수여받았으며, 공화정 후기의 인구조사에 따르면 수입이 10배 많았다고 한다.[17] 비잔티움에서 기병은 보병보다 토지를 4배 많이 수여받고 특별한 중기병은 16배 많이 수여받은 것으로 추정된다.[18] 중세 카롤링거 왕조의 영역에서 재산 자격제한은 보병이 10~18헥타르 이상, 기병이 120~216헥타르였고, 헨리 2세 시대 잉글랜드군에서 기사는 중보병보다 재산이 2.5~4배 많았으며, 백년전쟁 전야에 기사는 궁수보다 재산이 5배 많았다.[19]

요컨대 기병은 군사적 지위를 차치하더라도 지역에서 경제적·사회적 지위가 높았다. 농경 사회에서 원래 부유하고 강력했던 이들이 기사 군사 계급이 되었든 아니면 국가로부터 말을 기를 사유지를 수여받은 전사들이 기병이 되었든(두 과정은 다양한 방식으로 뒤섞였다), 지주 기병들은 지역에서 부유하고 강력한 존재가 된 반면 지주 보병 전사들은 그러지 못했다. 이런 이유로 학자들이 인정하는 모든 역사적 사례에서 전자만이 봉건화 과정의 동인이 될 수 있었다. 토지를 소유한 모든 부류의 전사들까지 포괄해 봉건제 개념을 확장했던 막스 베버는 보병의 봉토와 관련해 다음을 인정한다. "마지막에 언급한 사례들은 기능적으로 보나 법적으로 보나 봉토 자체와 동일하진 않아도 유사한데, 특권을 가진 농민들은 사회적으로 말해 농민으로, 또는 어쨌거나 '보통사람'으로 머무르기 때문이다."[20]

전통적으로 학자들은 오직 세 가지 역사적 사례와 관련해서만 봉건제라는 명칭을 사용하는 데 대체로 동의했다. 이 가운데 절대 연대를 기준으로 가장 이른 사례는 기원전 1200년경 유라시아 스텝지대로부터 말과 전차(그리고 바퀴)가 들어온 이후 등장한 중국의 봉건제다. 이미 우리는 이 시기 중국이 종주국이었고, 권력을 나누어 가진 각 지역의 제후들과 그 종사들이 요새화된 거처나 '성읍'에 거주하며 현지 농민층을 지배했음을 살펴보았다. 전차는 종주와 농민층 모두와 관련해 지역 제후들의 권력을 더욱 강화하는 결과를 낳았다. 처음에 전차의 수는 적었다. 상왕조 후기의 고고학 증거는 전차가 주로 왕의 이동이나 의례 활동을 위해 쓰였음을 보여준다. 서주西周왕조는 적어도 어느 정도는 우세한 전차에 힘입어 기원전 1050년경 종주로서 상왕조를 전복하고 대체했지만, 정복하는 동안 그들이 소유한 전차는 고작 300여 대에 불과했다고 한다. 그렇지만 새로운 종주들은 손쉽게 동원할 수 있고 방대한 영역을 가로질러 재빨리 운용할 수 있는 기마 병과에 의존했다. 지방의 유서 깊은 귀족들은 전차로 갈아 탔고, 주왕조는 새로운 영토를 지배할 방안으로 새로운 직할지를 광범하게 수여해 제후국들을 만들어냈다. 기마 귀족이 군사적·사회적으로 부상하면서 기존 징집 보병대의 비중은 줄어들었다. 봉건제라는 눈덩이에 탄력이 붙고 있었다. 후대 동주東周왕조(기원전 842년부터) 시대에 군주의 실질적 권력은 왕실 영지에 한정되었다. 이른바 춘추시대(기원전 722~481년)에 왕조의 영역은 사실상 자치를 하는 수백 개의 정치체로 해체되었고, 이들 정치체의 통치자나 '공公'은 자신이 충성을 맹세한 주왕조의 종주에게 봉신으로서 복종하는 시늉만 했다. 그로 인한 난세 속에서 지방의 귀족 전차전사(사士)들은 중국의 고질적인 전쟁에 뛰어들어 기사 특유의 전사 윤리를 함양했다.[21]

더 많이 알려진 다른 두 사례는 일본과 유럽의 봉건제다. 두 경우 8세기 이래 봉건제가 등장한 환경과 봉건제의 궤도가 놀랍도록 엇비슷했다. 일본과 카롤링거 왕조의 프랑크 왕국 두 곳에서 사회는 사실상 비도시적·비상업적이며 주민 절대다수가 문맹인 소규모 농경 사회였다. 통신 역시 열악했다. 유럽에서 로마 문명의 유산은 제국이 몰락한 이후 모든 농촌에서 급속히 소실되었다. 일본의 경우 중국 문명에서 넘어온 문화 수입품이 무척 중요하기는 했지만 중심부에 국한되었고 시골 지역과 사회에 깊이 침투하지 못했다. 겨우 얼마 전에야 대규모 국가 형태로 성장한 터였던 일본국과 카롤링거 왕국은 방대한 영토의 행정조직, 군사조직과 씨름할 하부구조를 제대로 갖추고 있지 못했다. 더욱이 두 나라 모두 당시까지는 주로 단기간 복무하는 농민 민병대를 이용해 전쟁을 치렀고, 이 방법이 멀리 떨어진 변경에서의 새로운 전쟁엔 썩 적합하지 않다는 것을 알아차렸다. 일본국은 야만스러운 부족들이 거주하는 북동부 변경에서 궁기병에 크게 의존하는 이들의 고질적인 습격과 반습격, 인간 사냥 작전에 대항하려면, 다루기 어려운데다 싸울 동기마저 별로 없는 농민 징집병들보다 지방의 유력자들과 대규모 직할지(장원) 소유자들의 상설 기병 종사단이 훨씬 효과적임을 깨달았다. 이와 비슷하게 카롤링거 통치자들—멀리 떨어진 변경지대에서 에스파냐 무슬림들과 헝가리인들의 기병 습격 외에 북부 노르만족의 바다와 강을 통한 습격을 주된 군사적 곤경으로 여긴—도 손쉽게 동원할 수 있고 빠르게 이동하는 기병대를 가장 효과적인 군사력으로 꼽곤 했다. 이런 이유로 일본과 프랑크 왕국은 토지를 수여해 유지하는 기마부대에 서서히, 그러나 점점 더 의존하면서 농민 보병대와 징집군은 쇠퇴하도록 방치했다. 일본에서는 서기 792년 공식적으로 징집이 폐지되었고, 카롤링거 통치자들은 800년경부터 지역 영주들이 지휘할 기병 동원을 공공연히 선호했다.

정확한 궤도는 여전히 논쟁거리이지만, 일본과 유럽에서 봉건화 과정은 그후로도 수 세기 동안 지속되었다. 봉건 영주(다이묘大名)가 기마전사에게 보수를 주는 일이 유럽보다 흔했던 일본에서는 전사가 통제하는 토지 규모가 훨씬 작았고, 충성서약이 덜 중요했으며, 영주와 기사 간의 격차가 더 컸고, 전사가 한 봉건 주군에서 다른 주군에게로 옮기는 일도 더 잦았다.[22] 오랫동안 주목받았으나 별반 설명되지 않은 일본 봉건제와 유럽 봉건제의 이런 차이점들은 서로 밀접히 연관되어 있었다. 이 차이점들 때문에 유럽에서는 일본보다 토지 소유와 그에 따른 정치적·사법적 권위가 봉건 위계구조에서 아래쪽으로 더 많이 양도되었다. 그러나 봉건제의 원리는 동일했다. 지역 영주들과 기마전사들은 차츰 자신의 토지에 대한 세습권을 얻어냈고, 시골 지역에서 사회적·정치적·경제적·사법적 지배권을 확대했으며, 자유로운 농민을 노예 처지로 전락시켰고, 폐쇄적인 기사도적 귀족(사무라이)이 되었다.[23] 중앙권력은 상당히 약화되었고, 일부 지역에서는 유명무실해졌다.

일본과 유럽에서 봉건제는 대체로 비슷한 노선(주나라에서도 나타난 노선)을 따라 진화했을 뿐 아니라 얼추 같은 기간에 진화하기도 했다. 토지 수여를 통해 유지되는 기마전사는 8세기에 시골 지역에서 그 중요성이 커지기 시작했고, 체제가 봉건화함에 따라 서유럽에서는 11세기부터 12세기까지, 일본에서는 14세기부터 16세기까지 정점에 도달했다. 이런 유사성의 원인으로는 일본과 유럽에서 우세했던 전반적인 환경이 비슷했다는 사실뿐 아니라, 유라시아를 통해 새로운 발명품인 등자가 동시에 전파되었다는 사실도 꼽을 수 있다. 등자의 확산은 유라시아 양쪽 끝에서 대략 같은 시기에 감지되었다. 기술사가 린 화이트Lynn White는 탁월한 저술을 통해, 기병이 등자 덕분에 안정적인 기마자세를 유지하게 되어 겨드랑이에 창을 고정한 채로 충돌하는 전술이 강화되고 기병의 효과가 커졌다고 주장했다. 화이트에 따르면 이 발전은 서유럽에서(아울러 일본 같은 다른 곳에서도) 봉건제가 성장하는 토대가 되었다.[24] 실제로 기병의 강화된 권력이 봉건제만이 아니라 중세 전반의 막을 열었다고 확신하는 이들이 많이 있다.

그렇지만 등자가 반론할 여지가 없을 만큼 기병의 효과를 강화하고 기병의 우위에 적어도 얼마간 기여한 것이 사실이라 해도, 그동안 등자의 효과는 대단히 과대평가되어왔다. 흔한 믿음과 반대로, 마력은 로마 제국의 몰락과 큰 관련이 없었고 (서기 500년 이후에야 확산된) 등자는 이 몰락과 전혀 무관했다. 이런 오해의 책임은 대체로 아드리아노플 전투(서기 378년)에 있다. 로마 군단들이 고트족의 보병대와 마차 진지를 공격하고 있을 때 고트족 기병대가 로마군의 측면을 기습해 섬멸한 이 전투는 마치 '기병의 시대'를 열어젖힌 전투인 양 간주되어왔다.[25] 실은 고대의 꽤나 많은 전투들이 이와 비슷한 기병대의 '망치와 모루' 작전[보병대가 적군을 붙들고 있는 사이에 기병대가 다른 방향에서 적군을 공격하는 작전—옮긴이]에 의해 결정되었다(널리 알려진 사례를 몇 가지만 꼽아보자면 알렉산드로스의 전투, 로마가 치른 칸나이 전투와 자마 전투가 있다). 더욱이 아드리아노플 전투는 트라우마를 남겼을지라도 로마의 멸망에서 하나의 에피소드일 뿐이었다. 우크라이나 스텝지대에서 쳐들어온 고트족이 강한 기병대를 보유했던 것은 사실이지만, 5세기에 서로마 제국을 침공해 무너뜨린 게르만족은 대부분 부족 보병들로 이루어져 있었다. 오히려 고트족의 기병 의존은 그들이 결국 프랑

돌격하는 중기병. 서기 925년경. 등자에 주목하라(상대편 대형에는 등자가 없다).

크족의 보병에 패한 한 가지 이유였다.[26]

봉건제의 발흥과 관련해 학자들은 프랑크 왕국에서 등자의 확산 속도가 화이트가 말한 것보다 상당히 느렸음을 입증했다. 등자는 8세기 중엽 카를 마르텔Karl Martell이 기병에게 토지를 수여하기 시작한 이후 9세기와 10세기에 점차 확산되었다. 높은 안장을 채택하고 충돌 전술을 위해 겨드랑이에 고정하는 창을 사용하기 시작한 것은 훨씬 후대인 12세기의 일이었다.[27] 일본에서 떠오른 기마전사들은 어쨌든 창기병이 아닌 궁기병이었다. 더욱이 10장에서 이미 살펴보았고 뒤에서 다시 살펴볼 것처럼, 중세 후기 유럽에서 기마 엘리트는 오래되고 단순한 고대의 밀집 전술을 그대로 구사하는 보병대에 패할 터였다. 따라서 마르텔의 조치와 기병의 우위, 봉건제의 부상은 등자의 확산에 따른 결과가 아니라 앞서 명시한 특수한 경제적·사회적·정치적·전략적 요인들, 즉 중세 유럽과 일본에서 우세했던 요인들과 관련이 있었던 것으로 보인다. 유라시아 대륙을 통틀어 유럽과 일본에서만 봉건제가 체제로서 만개했다는 것은 주목할 만한 사실이다. 이는 두 지역의 유사성을 가리키는 동시에, 세계의 다른 지역들 가운데 일본에만 유럽의 자의적인 시대 구분에 따른 중세라는 명칭을 확대해 적용하는 것을 정당화해준다. 다른 지역들에서는 발전한 도시 문명이 그 이전과 별반 다르지 않게 존속했기 때문이다.

그렇다면 대다수 학자들이 얼추 동의하듯이 역사상 두세 경우에만 봉건 체제가 훨씬 발달한 형태로 나타난 이유는 무엇인가? 선행한 논증에 따르면, 앞서 언급한 필수적인 전제조건들 전체가 보기 드물게 결합했기 때문이다. 이 결합은 봉건제의 분포와 봉건제가 비교적 드문 이유를 설명해준다. 말을 가진 다른 모든 국가-사회에서 봉건제가 만개하지 않은 이유는 다음과 같다.

- 전략적 조건이 기병에 유리하지 않았다. 그리고/또는
- 시골이나 도시의 민중이 기마 엘리트를 상대로 그들의 사회적·군사적 지위를 지킬 수 있었다. 그리고/또는
- 경제와 통신, 도시생활양식, 문해력 면에서 사회가 충분히 발전한 결과 생겨난 하부구조 덕에 국가의 중앙권위가 세수와 관료제에 직접 의존하여 군대를 유지하고 관리할 수 있었다.

이런 이유로 다른 국가-사회들은 중앙권위에 몹시 해로운, 군사력과 경제력의 외부 위탁과 정치적 파편화라는 미끄러운 경사면을 따라 하강하

는 사태를 피할 수 있었다.

봉건제에 필요한 전제조건들의 근본적인 중요성은 봉건적 또는 '반半봉
건적' 특성을 포함했던 국가-사회들로 입증되는데, 이들 사회는 주왕조
시대 중국과 중세 유럽, 중세 일본에서 나타난 봉건제의 '순수형pure model'
에는 도달하지 못했다. 이 '반半봉건적' 사회들로 인해, 봉건제를 더 넓게
적용할 수 있느냐는 문제에 관한 학계의 토론이 때때로 혼란에 빠졌다. 그
결과 봉건제에 대한 좁은 정의와 넓은 정의가 등장했다. 몽테스키외에서
유래한 가장 좁은 정의는 봉건제 개념을 유럽에 국한했다. 마르크스와
대다수 현대 학자들은 여기에 '순수형' 사례를 한두 가지 더했고, '순수형'
에 근접한 사례가 몇 가지 더 있을 가능성을 내비쳤다.[28] 이에 반해 볼테
르에서 유래하고 베버와 다수의 마르크스주의자들이 발전시킨 더 넓은
봉건제 개념은 토지-군사 귀족의 지배라는 더 넓은 범주를 '반半봉건적'
사례에 포함하기 위해 더 느슨한 얼개를 사용했다.[29] 그러나 이런 봉건적
'점진론'은 봉건적 현상의 더 깊은 원인에 대한 우리의 이해를 얼마나 저해
하는가?

지금까지 따라온 설명 노선에 따르면 봉건적 특성, 나아가 '반半봉건적'
체제는 봉건제의 전제조건들이 일부만 실현된 곳에 존재했다. 부분적으
로 봉건적인 국가들은 십중팔구 기병을 유지하기 위해 지주 엘리트층에
의존하거나 실제로 체계적인 토지 수여 정책을 시작했다. 체제의 경제가
단순했고, 그리고/또는 중앙권위가 지방의 실권자들과 타협하고 그들의
요구에 부응해야 했기 때문이다. 그렇지만 부분적으로 봉건적인 국가들은
'순수형' 특유의 사회보다 한층 발전한, 문해력을 갖춘 상업적·도시적 사
회를 통솔했다. 그 결과 이들 국가의 중앙권위는 관료제와 징세제도를 바
탕으로 자체 세수에 의존하고, 봉건적 수입원이 아닌 다른 수입원으로 병
력을 육성할 수 있었다. 게다가 중앙권위는 토지에 기반한 봉건적 위계질

서에 의존하지 않고도 자신의 지휘권과 행정 구조를 이용해 지주 기병들을 직접 관리할 수도 있었다. 이런 이유로 기병 육성을 위한 토지 수여라는 경제-행정의 원리와 더불어 정치권력의 찬탈과 파편화를 수반한 봉건제는 국가를 완전히 대체하지 못했다. 오히려 이 원리와 그에 따른 봉건적 경향성은 병력에 자금을 대고 병력을 육성하기 위해 사용한 다른 방법들과 균형을 이루었고, 그 방법들에 의해 제약되었다. 그 결과물은 더 많은 요인들이 뒤섞인 사회적·정치적·군사적 평형 상태, 요컨대 더 중앙집권적인 국가였다. 지주 기병들은 대개 자신의 토지에 대한 세습권과 시골 지역에 대한 지배권을 웬만큼 확보했을 정도로 분명 군사적으로 보나 사회적으로 보나 강력했지만, 정치적·사법적 권위를 전유해 중앙국가를 사실상 조각내는 일에는 덜 성공적이었다.[30]

이렇게 해서 봉건제는 비용이 많이 드는 기마 병과를 육성하고 유지하는 과제─가장 중요한 군사적·경제적·행정적 과제─에 대처하기 위해 큰 국가들이 고를 수 있었던 선택지들 가운데 하나에서 생겨났다는 것, '소박한' 선택지, 즉 경제-관료제 하부구조가 발전하지 못한 상황에서 기병을 시골 지역의 수입원에 직결하는 선택지의 결과였다는 것이 드러난다. 『공산당 선언』의 단순한 마르크스주의 모델이 함축하는 것과 달리, 봉건제는 세계사에서 고대 사회와 비교해 '더 높은' 진화 단계를 나타내지 않는다. 중세 유럽과 일본에서 봉건제가 '고대' 이후에 등장한 것은 사실이다(그리고 뒤따른 자본주의의 성장을 증진했을 수도 있고 안 했을 수도 있다). 그러나 유럽에서 봉건제는 고전 시대 지중해에서 문해력을 갖춘 부유한 도시적·관료제적 선진 사회들이 붕괴하고 수 세기가 지난 뒤에야, 이 붕괴와 무관하게 게르만족의 후진 국가─사회들에서 진화했다. 그리고 일본의 경우 (중국에서) 수입한 기본적인 문명이 있기는 했으나 경제적으로 보든 사회적으로 보든 뒤이어 등장한 봉건 사회와 엇비슷하게 미발전 상태였던, 새로 건국된 커다란 중앙집권 국가를 희생양으로 삼아 봉건제가 힘을 얻었다.

당면한 쟁점과 관련해 중국은 유익한 사례인데, 춘추시대(기원전 722~481년)에 봉건제가 '올바른 순서'로 진화했기 때문이다. 다시 말해 일본과 카롤링거 왕조의 영역에서처럼 상고시대의 제국적 종주국(상나라/주나라)에서 봉건제가 진화했지만, 그 시기는 장차 이 봉건제를 대체할 고전시대 중국의 부유한 중앙집권적-관료제적-도시적 국가들이 등장하기 이전이었다.[31] 이후의 중국사에서, 심지어 제국의 분열과 정치적 파편화가 진행되는 동안에도, 봉건제는 '순수형'에 가까운 무언가로는 결코 재등장하지 않았다. 중세 유럽과 달리, 분열기에도 중국에서는 도시생활양식과 상업주의, 문해력이 존속되어 개별 국가들과 지역 군벌들은 관료-행정-급여 체계를 유지할 수 있었다.[32]

반半봉건적 군제와 중앙집권적-관료제적 군제

이처럼 봉건제는 국가 구조와 군 조직의 중앙집중화-파편화 연속체라는 더 일반적인 주제, 즉 반봉건적 체제 유형과 완전한 관료제적 체제 유형까지 포괄하는 연속체를 잘 보여준다. 이 연속체는 기원전 17세기 중엽 전차가 도입된 시기에 존재한 고대 근동의 문명들이 예증한다. 훗날 주나라에서 그랬듯이 전차가 도입되어 군사軍事 전반에 일대 혁명이 일어나자 이 지역의 다양한 정치체들은 각자의 특수한 환경에 따라 갖가지 정치-행정-군사 체제를 만들어냈다.[33]

정보는 고르지 않으며 띄엄띄엄 존재한다. 일례로 우리는 (기원전 16세기 후반부터 14세기 후반까지) 아나톨리아 동부와 메소포타미아 북부에서 강력했던 미탄니 제국의 내부 구조를 거의 모른다. 이란을 통해 북쪽에서 도착한 것으로 보이는 아리아인 기마 엘리트층이 고대 근동에 전차를 소개한 세력이었을 가능성이 있다. 증거에 따르면 이 왕국의 엘리트 전차전 사들(마리야누mariyannu)은 토지재산을 바탕으로 존속했고 군주는 주로 군사적 종주로서 기능했던 듯하다. 그러나 지주 기마 엘리트층과 사회의 나머지 부류의 관계가 어떠했는지, 체제가 얼마만큼 봉건적이었는지는 여전히 불분명하다.[34]

비옥한 초승달 지대 북부에서 미탄니 제국을 계승한 우세한 세력이었던 신히타이트 제국(기원전 1420년경부터 1200년경까지)에 관한 정보는 한결 많다. 10장에서 우리는 히타이트 제국이 종주국으로 등장했고 대체로 종주국으로 머물렀음을 살펴보았다. 그럼에도 히타이트의 대왕들은 충분히 발전한 관료기구와 더불어, 공물과 전리품뿐 아니라 과세로도 얻은 막대한 보물을 가지고 있었다. 따라서 그들은 제국의 영역에서 우위를 지키고 지역의 귀족 실권자들을 억지할 수 있었다. 이집트 신왕국 시대[기원전 1570년경~1070년경—옮긴이]에는 히타이트의 군사작전 거리가 점점 멀어지고 시리아와 메소포타미아 북부 평원을 겨냥한 까닭에, 기마 병과의 힘과 중요성이 갈수록 커지고 전차가 수백 대에서 수천 대로 늘었다. 이집트 기록에 따르면 히타이트와 그 동맹군의 전차 3500대가 파라오 람세스 2세에 맞서 카데시 전투(기원전 1285년 또는 1274년)에 참전했다.[35] 그렇지만 히타이트 왕은 반봉건적인 귀족 봉신 기사들과 그들의 종사들에 더해 왕실 근위대 형태의 정규군 병력까지 직접 지휘했고, 용병들에게 현금과 현물(배급)을 지급했다. 또한 왕은 토지 수여 제도와 배급 제도 둘 다를 통해, 또는 둘 중 하나를 통해 변경 수비대를 지원하고 유지했다. 아울러 농민층의 노동과 민병대 복무를 통제했다. 상술한 모든 내용을 고려하면 농민층은 사회적으로 복종적이었고 아마도 군사적 중요성을 잃고 있었을 테지만, 결코 귀족의 노예로는 전락하지 않았다. 중앙권위가 우위를 지키는 가운데 히타이트의 국가 구조 내에서 반봉건적 요소와 관료제적 요소, 금

전 요소, 징집 요소는 서로 뒤섞이고 균형을 이루었다.[36]

전차 시대의 세번째 강대국으로서 레반트 지역의 지배권을 두고 미탄니 제국, 히타이트 왕국과 잇따라 경쟁한 이집트 신왕국의 국가 구조는 한층 중앙집권적이었다. 이집트에는 통신용 고속도로인 나일 강이 가로지르는 비교적 균질하고 고립된 영토, 문해력을 갖춘 발전한 관료제, 강력한 군주정이 있었으며, 전통적으로 이 요소들은 서로를 강화하며 고도로 중앙집권적인 국가를 만들어냈다. 이런 이집트에서 신왕국은 중앙에 집중된 전차 병력을 편성했다. 이집트 역시 다른 강대국과 투쟁하기 위해 레반트로 향하는 원거리 군사작전, 전차 운용, 유급 수비대와 용병대, 농민 징집병들을 필요로 했기 때문이다. 이집트에서도 전차 병력은 엘리트 부대였으며, 기원전 15세기부터 13세기까지 수천 명으로 늘어났다. 그렇지만 이집트에서 전차를 탄 전사들은 국가의 시설과 조정에서 복무하는 봉직 엘리트였다. 모든 농경 사회와 마찬가지로 이집트에서도 이 기마전사 엘리트에게 보수를 지급하는 주된 방도는 물론 토지 수여였지만, 현금과 현물로 보수를 지급하는 다른 방도도 쓰였다. 기마전사는 자기 전차와 동행했지만, 말을 위한 대다수 시설은 중앙이 단호한 지휘권을 행사하는 왕가의 단일한 마구간 체계에 집중되어 있었다.[37]

레반트와 에게 해의 주요한 '궁전'도시 소국들에서 전차 병력은 이집트와 비슷한 수준으로, 또는 그 이상으로 중앙에 집중되었다. 상업을 중시하고 부유하고 영토가 작았던 이 정치체들은 고도로 중앙집권적이었고, 관료제적으로 운영되었다. 대체로 이들 국가에서 기마전사 엘리트(후르리인의 용어 '마리야누'를 레반트 전역에서 차용했다)는 중앙의 기구가 세세히 감독하는 국가 소유의 전차를 탔다. 중세 후기 유럽에서처럼 귀족 기병들은 다양한 지위에서, 직접 지급과 토지 수여를 포함하는 다양한 방식으로 보수를 받으며 존속한 것으로 보인다. 소국들의 무기고에는 전차가 수십 대부터 수백 대까지 있었는데, 레반트의 우가리트와 하조르, 에게 해의 미케네와 크노소스처럼 가장 강력한 지역 패권국들은 수백 대씩 가지고 있었다. 파라오 투트모세 3세는 메기도 전투(기원전 1468년 또는 1457년)에서 레반트 연합군으로부터 전차 894대를 빼앗았다고 자랑했고, 그의 후계자 아메노피스 2세는 두 차례의 레반트 군사작전에서 전차 730대와 1092대를 노획했다고 주장했다.[38]

전차에서 군사적 목적의 말타기(초기 수 세기 동안 어디서나 공존한, 말을 부리는 두 가지 형태)로의 이행은 국가 구조의 파편화 – 중앙집중화 연속체의 요인들에 거의 영향을 미치지 않았다. 이 연속체는 값비싼 기마 병과를 유지하기 위한 '순수' 봉건제라는 비교적 드문 사례들에서 반봉건적 체제들로, 그리고 더 고도로 발전한 정치체들의 더 완전한 관료제로 확대되었다. 고대 근동의 문명들에서 군사용 말타기는 기원전 9세기 동안 처음 도입되었는데, 북쪽의 우크라이나나 서부 아시아 스텝지대로부터 전해진 것으로 보인다. 군사용 말타기는 당대에 가장 막강했던 세력인 아시리아 제국에서 꽤나 중앙집권적 – 관료제적 형태로 군대에 도입되었다. 다른 곳과 마찬가지로 아시리아에서도 귀족은 주로 말을 부리는 전사로서 처음에는 전차를 탔고 나중에는 말을 탔다. 그렇지만 왕실 권력은 때때로 약해지기는 했어도 왕국의 봉건화를 저지할 만큼은 강했다. 더욱이 아시리아는 이미 공물을 징수하는 거대한 장치였고, 제국 후기(기원전 8세기 중엽부터 7세기까지)에 기병 대다수는 유급 직업군인/용병이었다. 군대에 필요한 수만 마리 말을 조달하고 사육하는 거대한 농장들은 고도로 발전한 국가기구가 관료제적으로 운영하는 주요한 국영산업이 되었다.[39]

이에 반해 아시리아의 경계지역에 자리잡은 정치적·경제적으로 덜 발전한 국가들에서는 군대를 육성하기 위한 국가중심적 수단 및 방법들과 봉건적 형태들이 다양하게 뒤섞였다. 우리는 부유한 리디아 제국에 관해

아는 것이 너무 적어서 이 제국의 사회·정치·군사 구조를 조금도 상세히 확정하지 못한다. 리디아 제국은 기원전 7세기부터 창기병의 힘을 바탕으로 아나톨리아 서부를 지배했으나 6세기 중엽 페르시아의 키루스 대제에게 정복당했다(헤로도토스, 『역사』 1.79). 그렇지만 우리는 잇따라 등장한 이란인의 강대국들에 관해서는 웬만큼 알고 있다.

그중에서 메디아라는 국가가 제일 먼저 출현했다. 메디아는 여섯 부족과 성읍 중심인 소국 수십 개가 아시리아의 오랜 압력에 대응해 기원전 673년 종주국을 결성한 결과 탄생했다. 칼데아인의 바빌론과 동맹을 맺은 메디아는 7세기 말에 마침내 아시리아를 쳐부숨으로써 이란의 다양한 일족들과 아나톨리아 동부까지 종주권을 확대했다. 이 지역의 모든 강국들과 마찬가지로 메디아도 아시리아의 군제를 모방해 충격보병과 사격보병, 기병, 포위부대와 공병부대를 단합시키려 분투했다. 모든 자유민은 군역 의무가 있었고, 왕은 전리품과 공물, 과세를 통해 모은 부로 몇몇 상비 근위대와 수비대에 보수를 지급할 수 있었던 듯하다. 따라서 기병 대다수와 군 지휘부의 상당수를 담당한 토지귀족과 그 종사단의 권력은 '혼합' 국가 구조 안에서 제약되었던 것으로 보인다. 그렇다 해도 귀족은 줄곧 아주 강력했고, 어쩌면 제국과 함께 엄청난 부를 축적하며 힘을 키워나갔을 것이다. 실제로 메디아의 귀족들은 그들의 권력에 고삐를 채우려 시도한 군주 아스티아게스에게 불만을 쌓아가다가 아케메네스 왕조 페르시아의 키루스로 동맹 상대를 바꾸었다. 그때까지 메디아에 의존해온 이웃국가이며 인도–이란계 종족과 가까웠던 페르시아는, 키루스가 페르시아와 메디아를 합병한 제국의 왕좌에 앉을 수 있도록 지원했다(기원전 550년).[40]

키루스와 그 계승자들 치하에서 페르시아 제국은 고대 근동 전역으로 세력을 확장해 이곳의 커다란 문명 중심지들을 제국에 편입시켰다. 그러나 다리우스 1세(기원전 522~486년)는 어마어마한 부, 주요 도심지의 상업

자원과 글을 아는 인적 자원, 국가가 건설한 선진 도로망을 관장하는 위치에 오르자 귀족의 권력을 억누르며 제국을 점점 관료제적으로 바꾸어 갔다. 주로 고대 그리스에서 나온 자료들에 따르면 대략 기병 1만 명과 보병 1만 명으로 이루어진 중앙 상비군이 창설되었을 뿐 아니라, 제국 전역의 요충지들에 외국 용병을 일부 포함하는 수비대가 배치되었다. 현금 지급과 더불어 토지 배당도 특히 지방에서 모든 병과의 반半상비 병력을 지원하는 방법으로 쓰였다. 대규모 군사작전을 전개하거나 비상사태가 발생했을 때는 상비군을 증강하기 위해 징집병을 소집하기도 했다. 왕은 총신들에게 계속 대규모 직할지를 하사했고, 페르시아-메디아의 기마 토지귀족은 일반적으로 줄곧 부유하고 영향력이 있었다. 그렇지만 귀족은 국가 기구 안에서, 제국의 왕궁과 수도에서, 또는 지방을 통치하는 위치에서 봉직 엘리트로 자리매김했다.[41]

뒤이은 이란 역사에서 때때로 재등장한 제국들은 메디아와 아케메네스 왕조 초기의 선조들과 엇비슷한 특징을 드러냈다. 파르티아 제국과 사산조 페르시아 제국(각각 기원전 247~서기 224년, 서기 224~651년)에서, 권세를 누리는 토지귀족과 그들의 기마 종사단은 국가의 정예 전투병력으로서 중앙권력과 껄끄러운 균형을 유지했다. 자유민들 중에서 소집한 보병들은 기마 귀족에게 복종하는 부차적인 병력이었다. 이 제국들이 이란 고원 너머로 세력을 확장해 (주로 그리스 문화권과 메소포타미아 문화권의) 중요한 도심지들을 포섭할수록, 그리고 왕들이 토지와 교역에 물리는 조세에 의존해 근위대를 육성하고 외국 용병을 고용할수록 반봉건적 국가의 권력 균형은 중앙 왕실에 유리하게 기울었다.[42] 훗날 사파비 왕조(서기 1501~1736년)의 튀르크-이란계 제국에서 샤[shar: 이란에서 군주를 나타내는 칭호—옮긴이]들도 부족적-봉건적 귀족의 권력을 억지하기 위해 비슷한 조치를 취했다.[43]

예상할 수 있듯이, 고대 근동에서 문명과 도시생활양식의 중심지들에서는 권력 균형이 국가의 중앙권위에 훨씬 유리하게 기울어 있었다. 기병을 유지하기 위한 봉토 제도는 널리 이용되었고, 몇몇 시대와 지역에서 봉건화 과정을 촉발하기도 했다. 그렇지만 전반적으로 근동 국가들은 더 발전한 경제·행정 하부구조를 통제했던 까닭에, 봉토 제도를 더 효과적으로 억제할 수 있었다. 심지어 유럽 자연경제의 봉토에 비해 선진적인 재정 수단—대개 상업활동과 산업활동에서 얻는 수입으로 이루어진—이 은대지 자체에 포함되기까지 했다(비잔티움의 프로노이아pronoia 제도, 아랍의 이크타iqta 제도, 튀르크의 티마르timar 제도).[44]

예를 들어 비잔티움 제국은 보병과 기병 모두에게 토지를 배분하는 제도에 폭넓게 의존했다. 이 제도에 따라 유지비가 많이 드는 기병은 보병보다 5배 큰 농장을 받았다. 그렇지만 부유한 제국은 강력한 중앙군(천 년 역사 동안 제국의 성쇠에 따라 확대되거나 축소되었다)과 외국 용병에게도 대가를 지급했고 고도로 관료제적이었다. 따라서 비교적 풍족한 기병 봉토 보유자들이 봉건적 실세로 성장할 여지는 전혀 없었다.[45] 7세기에 이슬람이 아랍을 정복한 이후, 이슬람의 땅은 수비대가 주둔하는 도시를 거점으로 삼는 유목민 부족의 엘리트층과 유급 전사들이 통치했다. 그렇지만 훗날 봉토 제도가 두루 시행되자 통치자의 근위대와 유급 용병대로는 권력의 균형을 맞추기에 역부족이었다. 그 결과 곳곳에서 중앙권력의 쇠퇴와 봉건화 과정이 함께 진행되었다.[46]

15세기 후반기부터 전 지역으로 팽창한 오스만 제국 또한 기마전사들(시파히sipahi)을 유지하기 위해 광범한 봉토 수여에 의존했다. 시파히는 전성기인 16세기에 10~12만 명에 달했다. 그러나 술탄들은 모두 제국의 어마어마한 부를 바탕으로 유지되는 중앙의 강력한 상비 보병대(예니체리janis-sary), 지방 수비대, 충분히 발전한 전문 관료층을 보유하고 있었다. 더욱이

헝가리 시게트바르에서 군사작전중인 술레이만의 군대. 기병 시파히와 보병 예니체리가 보인다 (1566년).

술탄들은 제국을 통치하는 행정기구를 창설하기 위해 오스만에 종속된 지방의 인적 자원까지 활용할 수 있었다. 시파히는 제국의 쇠락기에만 세습권과 자기 지역에 대한 더 강한 지배권을 쟁취할 수 있었고, 이는 봉건화 과정의 심화로 귀결되었다. 또한 그들은 갈수록 군역을 회피했다.[47] 인도 아대륙에서 제국 정치체들의 구조와 발전은 오스만 제국의 경우와 상당히 유사했다.[48]

이 모든 사례들의 궤도 또한 봉건제의 본보기인 유럽 봉건제의 궤도와 일치한다. 기병의 군사적 수요가 높아지자 프랑크 왕국에서는 경제·봉건제 하부구조의 상대적 후진성 때문에 봉건화 과정이 시작된 데 반해, 유럽의 새로운 군주국들에서는 바로 그 하부구조가 발달한 까닭에 봉건제가 점차 퇴보했다. 봉건제의 쇠퇴를 초래한 것은 외부 요인이나 내부 요인 때문에 영주 – 장원 '생산양식' 안에서 발생한 특수한 경제 위기가 아니라, 바로 이 하부구조의 발달이었다.[49] 11세기와 12세기에 봉건제가 절정에 이르는 동안, 도시가 성장하고 교역이 되살아나면서 통치자들은 수입원을 얻고 행정술을 익히기 시작했다. 이런 이유로 처음에는 영주들이, 중세 후기에는 군주들이 근위대(갈수록 봉급을 바탕으로 유지되었다)를 확대하고, 외국 용병을 고용하고, 현금 지급을 바탕으로 봉건적 소집군을 더 오랫동안 유지하고, 자유민들로 이루어진 민중 보병대를 도시와 시골에서 되살릴 수 있었다. 그들은 이 모든 일을 감독할 목적으로 행정기구를 확대하고 조세를 점점 많이 부과했을 뿐 아니라, 시장 원리에 따라 민간 사업가들까지 고용했다.[50] 그들은 봉건화만큼이나 자기강화적인 과정을 따라 봉건 귀족을 상대로 꾸준히 권력을 키웠다. 그 결과 13세기부터 유럽의 체제는 더는 '순수' 봉건제 모델에 가깝지 않게 되었고 '준봉건제' 모델이나 국가적 영역통일체corporate state 모델로 전환되었다. 다시 말해 강한 봉건적 특징 및 요소들과 더불어, 병력을 육성하고 나라를 통치하기 위해 다른 방법들—

도시적·금전적·중앙집권적-관료제적 방법들—도 받아들였다. 근대 초기에 이런 과정이 진행됨에 따라, 옛 봉건 귀족은 관료제와 군대에서 국가 기구의 상층부를 담당하는 봉직 귀족으로 점점 변모할 터였다. 따라서 유럽의 봉건제 자체와 유사하게 유럽의 '순수 봉건제'의 쇠퇴 과정도 따로 떼어서 보아서는 안 되고, 훨씬 넓은 비교적 맥락에서 봉건제를 낳은 근본적인 전제조건들을 감안하여 고찰해야 한다.

마지막으로 가장 중앙집권적-관료제적인 정치-군사 체제들이 있었다. 예를 들어 중국에서는 중세 후기 유럽에서의 전개 과정과 여러 면에서 흡사한 체제의 완전한 봉건화 및 파편화 과정이 춘추시대(기원전 722~481년) 동안 진행되었지만, 전국戰國시대(기원전 5세기부터 221년까지) 동안 이 과정의 방향이 뒤집혔다. 전국시대에 국가들의 중앙권위는 막 출현하고 있던 도시생활양식의 경제자원과 인적 자원에 크게 의존해 중국 전역을 소수의 국가들—갈수록 중앙집권적·관료제적으로 운영된—로 통합해갔다. 그중 제일 큰 국가는 전차가 수천 대에 달했고(고대 근동의 강대국들에 필적하는 규모), 중앙 행정기관을 통해 전차 병력에 대한 통제를 강화해나갔다. 가장 중앙집권적인 진나라가 중국을 통일한 이후, 진왕조(기원전 221~206년)와 한왕조(기원전 206년부터)의 새로운 제국은 공고한 관료제를 갖춘 체제를 창설했다. 새로운 제국의 징집군 중에서 기병(전차병을 대체한)은 그저 또다른 병과일 뿐이었고, 아시리아의 경우처럼 특별한 관료제가 거대한 국영 농장들에서 군마 수천 마리를 조달하고 사육하는 일을 책임졌다.[51]

이미 살펴보았듯이 도시국가들 간의 전투에서, 험한 지형에서, 비교적 근거리에서는 기병이 무용武勇을 떨칠 여지가 줄기는 했지만, 로마에서도 공화정 시대의 상당한 기간 동안 귀족이 기병대를 이루었다. 그럼에도 공화정 후기와 제국 시대에 로마군이 직업화되면서 기병은 제정 중국에서와 마찬가지로 그저 또하나의 병과가 되었다. 중앙집권적 관료제화가 진행된 이 두 경우에 귀족의 사회적 우위와 기마 병과는 대체로 보아 서로 무관해질 터였다. 기마 병과는 온갖 칭호를 가진 온갖 종류의 기사와 기병으로 이루어진 병과가 아니라, 그저 기병대가 될 터였다.

국가가 조직한 보병대와 기사 권력의 쇠퇴

적절한 사회정치적 조건과 전략적 수요가 있을 때, 충분히 강력한 국가의 중앙권위는 효과적인 대규모 보병대 또한 창설할 수 있었다. 이미 보았듯이, 민중의 문제는 시골 지역에 넓게 흩어져 있었다는 것이다. 그래서 귀족의 지배권에 맞서 협력할 여지가 거의 없는 상황에서 민중은 귀족에 쉽사리 복종했다. 이런 이유로 비교적 평등주의적인 소규모 부족사회나 도시국가에서, 즉 인구가 도시에 몰려 있어 민중이 귀족을 상대할 수 있는 정치체에서 강력한 보병대가 출현할 가능성이 가장 높았다. 그렇지만 전쟁을 위한 민중의 정치 조직화는 소규모 정치체에서 아래로부터는 물론, 대규모 '영토' 국가에서 위로부터 달성할 수도 있었다. 큰 국가의 중앙권력은 기마 귀족의 권력을 억지하고 대규모 보병대를 육성해 대외 전쟁에 활용함으로써, 군주-귀족-민중이라는 역동적인 권력 삼각관계에서 첫번째와 세번째 요소를 강화했다.

앞서 언급했듯이, 보병에 적합한 지면에서 적절한 전술에 따라 싸울 경우 보병대가 기병대보다 한 수 위였다. 더욱이 보병대는 유지비가 훨씬 덜 들었고, 따라서 일제히 동원할 수 있었다. 유지비가 많이 드는 기병들—그중에서도 특히 기사 유형—은 소규모 엘리트 병력으로 구성할 수밖에 없었다. 다양한 역사적 사례들의 추정치에 따르면 사회에서 500~1000명당 기사 한 명이 있었고(인구의 0.1~0.2퍼센트), 기사마다 무장한 수행원을 평균 두세 명 두었다. 개별 추정치들은 따로따로 보면 빈약하지만 종합하면 수렴하는 경향이 있다. 서기 981년 '독일 제국'[후대의 신성로마 제국―옮긴이]에는 대략 인구 1000만 명에 기사가 9000여 명(약 0.1퍼센트) 있었고,[52] 1166년에 유난히 중앙집권적이던 잉글랜드에는 인구 250만 명에 기사가 5000~6000명(약 0.2퍼센트) 있었다.[53] 1300년에 프랑스 인구 약 1600만 명은 대략 1만 6000~3만 2000명의 기사를 지탱할 수 있었을 텐데, 이 수치는 우세한 추정치들과 일치한다. 12세기 예루살렘의 십자군 왕국에서는 50만 명 이하인 인구가 기사 약 600명(0.15퍼센트)을 유지했다. 그뿐 아니라 수입 대부분을 외국에서 얻은 기사단 겸 수도회들에 비슷한 수의 기사들이 속해 있었다.[54] 1200년경 일본에는 인구 약 750만 명에 사무라이가 대략 5000~6000명(0.1퍼센트 이하) 있었다.[55] 고도로 봉건적인 유럽이나 일본보다 경제가 더 부유하고 십중팔구 더 효율적이었을 1600년경의 오스만 제국에서는 인구 약 2800만 명이 시파히 약 10~12만 명(0.35~0.4퍼센트)을 지탱했다.[56] 비슷한 비율이 전차에도 적용되었던 것으로 보인다. 이처럼 소규모인 엘리트 병력은 효과적인 보병대에 직면했을 때 대단히 취약해질 수 있었다.

기원전 1200년경 청동기시대 후기에 지중해 동부 전역에서 미케네 문명의 소국들과 히타이트 제국, 레반트의 도시국가들 같은 전차 정치체들을 무너뜨린 것이 정확히 무엇인지 학자들은 확신하지 못하고 있다. 자료는 그것이 바다 사람들―에게 해 지역과 아나톨리아 문명권의 경계지역 출신인 부족 무리들과 전사단들을 가리키는 총칭―의 소행이었음을 강하게 시사한다. 이집트의 부조浮彫는 이들이 보병이었음을 보여준다. 한 이론에 따르면 당대 정치체들은 그들의 엘리트 전차 병력에 갈수록 과하게 의존하다가 붕괴했는데, 습격을 일삼은 무리들은 이 병력을 무력화하고 쳐부술 수 있었다.[57] 우리는 이집트의 문헌 기록을 바탕으로 '뛰는 자들'이

라 불린 바다 사람들이 검을 빠르게 휘두르고 창을 던지면서 소규모 접전
을 벌였고 적군의 전차 병력을 교란하려는 목적으로 전장에 전차를 가져
왔다는 것, 그들의 전사단들이 뛰어났다는 것을 알고 있다. 그들은 때때
로 파라오의 군대에 용병으로 고용되기도 했다. 지중해 동부의 강국들 가
운데 바다 사람들의 맹공을 받고도 살아남은 것은 이집트 하나뿐이었는
데, 이집트 군대도 확실히 엘리트 귀족의 전차 병력이 주력을 이루긴 했지
만 그들에게 완전히 의존하진 않았을 것이다. 침략자들을 물리친 지상과
나일 강 삼각주에서의 두 차례 대전투에서 이집트의 토착 궁수들은 주역
을 맡아 승패를 가르는 활약을 했던 것으로 보인다.

그렇지만 이집트 농민들은 지나치게 복종―귀족은 아니라도 국가
에―한 탓에 일류 보병이 되기 어려웠다. 뒤이은 시기에 자유민 인구를
군역에 동원하는 데 가장 성공한 나라는 군주국 아시리아였다. 그 결과
아시리아는 잘 조직된 대규모 병과혼성 병력 내에 전차와 기병을 보완하
는, 대단히 효과적인 대규모 보병대를 창설해 고대 근동 전역에서 전례 없

바다 사람들에 맞선 람세스 3세의 지상전. 기원전 12세기 초. 바다 사람들의 가족들을 태운 원판바퀴
소달구지와 이에 대한 이집트 보병의 역할에 주목하라. 메디나트 하부의 부조.

는 우위를 점할 수 있었다. 이것은 아시리아에서 건지농업을 하는 자영농이 고도로 계층화된 사회에서 국가의 지시에 복종하며 살면서도, 이 지역 다른 정치체들의 농민보다 사회적 지위가 높았음을 뜻한다. 직업군인이 갈수록 중요해지고 아시리아로 유입되는 어마어마한 부가 사회 계층화를 심화한 제국 시대에 이르러서야, 이 자영농 계급은 점차 약해지고 기반을 잃어갔다.[58]

전국시대 중국에서 세력을 키워가던 중앙집권적－관료제적 군주국들 또한 징집된 농민들을 조직해 국가의 명령을 받는 보병대를 창설했다. 이와 더불어 농민들은 귀족에 복종하는 처지에서 벗어나고 토지의 사적 소유를 허가받았다. 이는 봉건제가 분쇄되고 대규모 병과혼성 국군이 창설된 과정에서 핵심 요소였다. 패권을 다투는 군주국들의 경쟁은, 이 과정을 가장 멀리까지 밀고 나아간 진나라가 다른 나라들을 모두 정복하고 중국을 통일할 때까지 계속되었다. 진은 지극히 무자비하고 전제적인 국가였다. 그러나 진왕조의 통치자들과 이후의 더 온건하고 계몽적인 한왕조의 통치자들은 소농 계급을 국가 경제와 군사의 중추로 여기고 그들을 보호하는 데 각별히 신경썼다. 후한後漢 시대에 이르러서야 토지가 대규모 사유지로 집적됨에 따라 소농층이 쇠퇴했고, 이는 다시 민병군의 쇠퇴를 촉진했다.[59]

유럽 최초의 민족－국가 마케도니아는 논지에 잘 들어맞는 또다른 사례다. 마케도니아는 그리스 세계의 반쯤 미개한 경계지역에서 목축민과 농민으로 이루어진 희박한 인구의 부족 왕국으로 출발했으며, 기원전 5세기와 4세기 전반기 동안 군주들은 전형적인 국가·민족 건설 과정에 따라 마케도니아를 통합했다. 이에 앞서 6세기 말과 5세기 초 페르시아에 종속된 것, 아테네인이 지배하는 에게 해 연안에서 군사적 마찰을 일으킨 것을 비롯해 남쪽의 그리스인과 정치적·경제적으로 접촉하고 그들의 문화

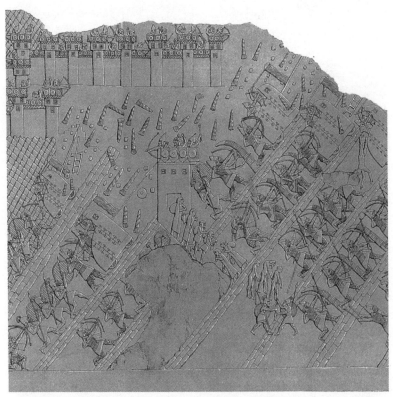

유대의 도시 라키시를 포위공격하는 센나케리브 왕의 군대(기원전 701년). 아시리아의 경무장하거나 중무장한 사격보병과 충격보병. 포위 경사면과 공성퇴, 정복당한 성을 버리고 망명을 떠나는 주민들, 창에 찔린 희생자들에 주목하라.

를 수입한 것, 북쪽의 트라키아와 일리리아 지방에서 부족의 전쟁 무리들의 습격에 맞서 고질적인 전투를 치른 것 등이 마케도니아의 성장을 촉진했다. 이 모든 요인은 마케도니아 군주의 권력을 강화했다. 전통적으로 마케도니아의 전쟁 무리는 주로 부족의 기마 귀족과 그 종사들로 이루어졌으며, 이들은 드문드문 작물을 경작하는 이곳 개활지에서 고도로 발달한 기마술을 익히고 있었다. 그렇지만 기원전 4세기경 이 나라 남부에서 정주성에 더 가까운 농업이 뿌리를 내렸고, 군주의 적극적인 지원을 받으며

중국 시황제의 능 안에 있는 수천 개의 도용陶俑으로 장대하게 표현한 진의 대규모 보병대(그리고 기병대).

소도시들이 성장하고 팽창했다. 테베에서 교육받은 필리포스 2세는 이 자원을 이용해 자금을 마련하고 사실상 맨땅에서 농민과 도시민 징집병으로 이루어진 팔랑크스 군대를 창설했으며, 이 군대는 왕과 함께 끊임없이 전쟁을 치르면서 꾸준히 경험을 쌓고 자신감을 키웠다. 필리포스는 왕국의 그다지 많지 않은 자원을 살뜰히 절약해가며 인접한 부족들과 그리스인들을 향해 영역을 넓혀 새로운 신민들과 종속적 동맹국들을 얻었다. 필리포스의 권력이 증대함에 따라 마케도니아 귀족은 궁정에 더 바짝 붙었다. 그들은 자식을 궁정에 보내 그곳에서 교육받게 했고, 새로운 대규모 팔랑크스 보병대와 더불어 필리포스와 알렉산드로스의 전쟁기구에서 주력이 되었던 정예 '동지companion' 기병대를 형성했다. 이 나라의 부족 시절 흔적인 마케도니아인 농민 병사들의 자유는 국가의 권력과 군주의 권위에 의해 강화되었고, 또한 그 권력과 권위의 초석이 되었다. 따라서 왕은 귀족 '동지들'의 바람뿐 아니라 병사들의 집회에도 신경을 써야 했다. 이런 상황은 알렉산드로스와 그 계승자들이 동방에서 획득한 황제의 권력과 막대한 자원에 힘입어 더 전제적이며 두 집단의 바람에 덜 의존하는 마케도니아-헬레니즘 군주가 될 때까지 계속되었다.[60]

마지막으로, 중세 후기 유럽의 새로운 군주국들에서 얼추 비슷하게 왕실의 중앙권위가 부상한 과정을 확인할 수 있다. 가장 눈에 띄는 사례는 잉글랜드일 것이다. 헨리 2세 시대부터 잉글랜드의 왕들은, 봉건제와 더불어 자유를 누렸던 도시민과 자영농인 요먼yeoman에게 보병으로 민병대에 복무하는 전통적인 의무를 다시 부과했다. 스코틀랜드와 웨일스에서 치른 전쟁의 경험을 고려하여 이 병력은 13세기 말부터 주로 장궁을 가지고 훈련을 받았다. 백년전쟁에서 프랑스의 기사 부대를 몇 번이고 확실하게 격퇴한 것은 잉글랜드 왕국의 봉건적 기병대가 아니라 바로 이 장궁 부대였다. 지난하게 싸우는 동안 잉글랜드의 봉건적 징집병과 요먼 민병대는 직업군인화되었다. 다시 말해 급납, 전리품, 정복한 영토에서 약탈한 자원을 비롯한 더 영속적인 토대를 바탕으로 국가가 그들의 생계를 책임졌다.

프랑스 군주정이 잉글랜드에 대응하여 고통스럽게 병력을 정비하는 동안 샤를 7세는 보병 8000명으로 이루어진 국군을 창설했고(1448년), 이후 루이 11세가 이를 확대했다. 그러나 이 중요한 사회군사적 개혁은 한 세대 만에 퇴보했다. 이미 언급했듯이 사회적으로 복종적인 민병군은 군사적 가치가 미심쩍었거니와, 귀족은 민병군을 자기들에 대한 위협으로 여겼다―복종의 악순환은 왕실의 강력한 조치로만 깨뜨릴 수 있었을 것이다. 게다가 부르고뉴 공작 용담공 샤를의 군대와 기사도적인 기병대를 분쇄한, 자유민 농민들로 이루어진 스위스 보병대의 불굴의 투지와 치명적인 효과에 감명을 받은 프랑스의 왕들은 더 쉽고 짐작건대 더 나은 해결책, 즉 스위스인을 다수 고용해 프랑스의 주력 보병대로 복무시키는 편을 선택했다.[61]

설령 중앙권위가 귀족 권력을 억지하기 위해 자유민 민중과 때때로 동맹을 맺었다 할지라도, 그것이 섬세한 균형잡기였다는 데 주의해야 한다. 민중을 그들의 위치에 묶어두기 위해 중앙권위가 귀족과 공동전선을 펼친 경우가 훨씬 많았기 때문이다. 대다수 사회에서 귀족은 가장 중요한 군사적 역할을 수행했으며 공물을 바치는 농업생산자 민중의 복종에 토대를 둔 사회정치 체제에서 상층계급이었으므로, 국가는 귀족이 불가결하다고 생각했다.[62] 이와 관련해 일본은 특히 흥미로운 사례. 유럽에서처럼 일본의 봉건제도 15세기와 16세기에 탈바꿈했다. 이 시기에 넓은 땅을 가진 영주(다이묘)들은 장창과 미늘창, 석궁, 그리고 1540년대부터는 머스킷으로 무장한 강력한 평민 보병대를 육성했다. 이 보병대는 사무라이의 군사적 우위를 퇴색시키며 전장을 지배해갔다. 그렇지만 도쿠가와 막부(1600~1868년)의 강력한 중앙정부가 이 방법으로 일본을 통일한 후 새로 수립된 절대주의적—봉건적 혼합 체제는 지역 제후들을 빈틈없이 억지하는 한편 사무라이의 수중에 있던 군사력을 독점했고, 막 싹트기 시작한 지방자치를 폐지했으며, 민중의 무장을 완전히 해제했다.[63] 일본은 나머지 세계로부터 고립되었고 그 결과 봉건시대 유럽에서 전환을 촉진한 권력정치의 제약에서 자유로웠던 까닭에, 귀족—전사의 통치가 근대에 들어서도 한참 동안 존속할 수 있었다.

요컨대 국가와 제국의 군제에서 봉건 징집군과 국가 징집군은 외국 용병대, 직업군인 상비군과 군사적 역할을 교대로 수행했고 또 그들과 뒤섞였다. 지금까지 유라시아의 정주 국가들에서 군사적 기마술이 출현한 과정에 초점을 맞추었으니—이 과정의 사회적·정치적 차원을 검토하면서—이제 얼개를 확장해 국가들의 군제를 형성한 요인들을 더 폭넓게 고찰하겠다.

제국들의 성장과 쇠퇴

큰 국가, 제국군

사회학자 찰스 틸리Charles Tilly는 근대 유럽 국가의 부상을 개관하면서, 더욱 일반적으로 적용할 수 있는 표현으로 그 과정을 요약했다. "전쟁이 국가를 만들었고, 국가가 전쟁을 만들었다."[64] 앞서 보았듯이 국가란 무엇보다도 힘의 집중, 즉 사회에 명령을 내리는 위치까지 올라간 제도화된 힘, 따라서 과세와 요역, 군역을 통해 권력과 자원을 더욱 많이 동원할 수 있는 힘의 집중이었다. 더욱이 비교적 작고 긴밀한 공동체들에서 다른 어떤(경제적이거나 사회적이거나 종교적인) 메커니즘이 국가 권위의 형성에 기여했든 간에, 판이한 공동체들, 서로 별개인 사회·종족·문화·정치체들을 접합한 큰 국가들의 형성 과정을 지배한 것은 군사력과 전쟁이었다. 그렇게 팽창하는 동안 국가는 더더욱 권력의 수단으로서 기능했으며, 적어도 사람들을 결속하는 다른 유대가 진화하기 전까지는 정복과 예속, 강압을 통해 통치했다. 국가의 권력 확장은 국가 기구, 국가 종교와 언어, 통신 개선, 문화적 확산, 엘리트 통합, 인구 이동, 대규모 경제, 군복무 등을 통해 사람들의 접촉을 늘리고 통합을 강화했으며, 그리하여 때가 되면 국가의 영역을 통일하는 효과를 거두었기 때문이다.[65] 이를테면 국가의 팽창은 같은 종족ethnos 안에서 부족과 지역의 경계를 점차 축소하는 효과, 다종족 국가와 제국에서 개별 종족공동체들ethnies의 차이를 줄이는 효과, 그들을 초종족적 정체성으로 포괄하는 효과를 거두었고, 나아가 새롭게 탈바꿈한 더 넓은 종족 정체성을 만들어내는 효과까지 거두었다. 그러므로 틸리의 언명은 다른 언명과 짝을 이룬다. "종족이 국가를 만들었고, 국가가 종족을 만들었다."[66]

분명 이 과정은 전개되는 데 몇 세기가 걸렸고 지역 다양성을 결코 근절하지 못했으며, 큰 국가와 제국이 작은 정치 단위들로 해체되고 통합 수준이 내려감에 따라 때때로 퇴보했다. 그럼에도 문명의 전반적인 진화는 시간이 흐르면서 이 방향으로 나아갔다. 그리고 유라시아는 문명이 가장 먼저, 가장 빠르게 성장한 곳이었기에 폭발적인 문화 다양성과 가장 큰 정치 단위들을 만들어냈으며, 이 단위들은 문화적·종족적 융합 과정을 수반했다. 물론 언어는 문화적 확산의 가장 뚜렷한 표지 중 하나다. 아프리카와 아메리카 두 대륙과 비교해 유라시아의 언어 다양성은 4분의 1 수준이다.[67] 이미 살펴보았듯이 많은 변수들이 언어 동질성을 높이며, 그중 특히 중요한 변수로는 개활 지형, 초목이 덜 무성한 서식지, 원시 농업의 확대, 목축의 확대, 엘리트층의 지배가 있다. 이제 거기에 국가의 권위와 팽창을 추가할 수 있으며, 이 변수는 특히 문자문명이 존재한 지역에서 중요했다. 멕시코 중부에서 성장한 아스텍 제국의 경우 짧은 역사, 통일적이기보다 헤게모니적인 구조, 주민들의 문맹 때문에 토착어인 나와틀어가 여러 방언과 언어 중 하나에 불과했고 미처 제국의 공용어로 발전하지 못했다. 잉카 제국은 지역 엘리트층에 크게 의존하면서도 좀더 직접 통치를 지향하기는 했지만, 상황은 안데스 지방에서도 비슷했다. 정치적으로 파편화된 마야 영역에서는 사람들이 공유한 문화와 문자가 있었음에도, 마야 어족에 속하는 약 30가지 언어가 명맥을 이어갔다.

반면에 유라시아에서는 이집트 군주정이 천 년하고도 수백 년 동안 민족-국가 건설을 통해 나일 강 유역을 문화적으로 통일했다. 방대하고 훨씬 더 파편화된 고대 근동에서는, 문명이 2000년 넘게 이어진 이후 아시리아 제국이 이 지역 사람들에게 처음으로 전면적인 문화 통일을 강요했다. 그 과정에서 티글라트 필레세르 3세(기원전 744~727년)는 공물을 바치는 종속국들에 대한 패권적 지배를 제국의 관료제 행정을 통한 직접 통치로 대체했다. 또한 그는 피정복민을 대규모로 강제 이주시키는 방식으로 근동 전역에서 종족들을 뒤섞었다.[68] 중간중간 짧은 퇴보기를 빼면, 아시리아 시대부터 20세기까지 근동을 통치하는 제국 권력이 교체될 때마다 각 지역의 문화적 상부구조 위에 제국이 권장하는 문화적 상부구조가 구축되었다. 그 결과 예를 들면 아람어(아시리아, 바빌로니아, 페르시아 제국 시기), 그리스어, 아랍어가 차례로 근동의 공용어가 되어 지역어 및 방언들과 공존하거나 이 언어들을 대체했다. 이와 비슷하게 '중국'에서는 제국이 2000년 넘게 통일을 추구했음에도 방언들이 여전히 쓰이고는 있지만, 북방어인 만다린이 표준 중국어로서 한족이 쓰는 서로 연관된 7가지 언어(그리고 한족이 아닌 소수집단들의 130여 가지 언어)에 대해 우위를 점하고 있다.[69] 로마의 통치가 이탈리아의 다양한 종족들—이탈리아어파에 속하는 수십 가지 언어를 사용해오던 이들—을 라틴화해서 사실상 단일한 이탈리아 민족을 만들어내기까지는 수백 년이 걸렸다. 그 이후 지중해 서부부터 유럽 남서부에 이르는 지역을 라틴화해서 다종족적이지만 라틴화된 국가를 형성하기까지 다시 수백 년이 걸렸다. (이 대목을 쓴 뒤 기쁘게도 에드워드 기번이 『로마 제국 쇠망사』 2장에서 나와 같은 견해를 표명한 것을 발견했다.) 이 과정은 로마 제국이 붕괴하자 비로소 멈추었다. 그러나 로마는 장차 다양한 경로로 진화할 라틴어족 언어들과 고전-그리스도교 문화 유산을 남겼다. 로마의 과정과 유사한 작은 규모의 무수히 많은 과정들, 즉 국가와 민족 건설을 통한 종족-문화-언어 융합 과정들은 유라시아 역사에서 시종일관 진행되었다.

크기 덕분에 권력 우위를 점한 큰 국가와 제국들은 소국들을 집어삼켰으며, 그 과정에서 종주권은 직접 통치로 대체되고 민중과 귀족의 권력은 전제정과의 관계에서 기반을 잃는 경향이 있었다. 전근대 세계에서 부족사회와 도시국가는 민주적이거나 공화적일 수 있었지만(심지어 도시국가가 제국적으로 변한 시점까지도), 인쇄물 통신과 대의제 통치가 도래하기 전까지는 어떤 큰 국가도 민주적이거나 공화적이지 않았고 사실 그럴 수도 없었다. 큰 국가들은 하나같이 전제적이었다. 그렇지만 더 큰 크기가 더 큰 권력을 의미하면서도 동시에 나름의 약점들—군사적 약점을 포함하고 반영한—을 수반했다는 데 유의해야 한다.

10장에서 우리는 소국들이 전쟁을 위해 대규모 인력을 동원할 수 있었음을 확인했다. 소국은 크기가 작고 군사활동 장소와 거주지가 가까웠기 때문에 군복무가 단기간에 끝나고 계절을 고려해 이루어졌으며 사람들의 민간활동, 그중에서도 농업생산의 리듬과 조화를 이룰 수 있었다. 추수를 마치고 거주지에서 가까운 곳에서 단기간 군사작전에 참여할 경우 병참 역시 간단해졌는데, 민병들이 며칠 동안 각자 식량을 조달하거나 적의 땅에 의지해 생활했기 때문이다. 소국들의 큰 동원 잠재력이 어느 정도까지 현실화되었고 동원된 무리가 얼마나 효과적이었는지는 국가와 국민들의 통합 수준에 달린 또다른 문제였다. 소규모 정치체 가운데 그 전성기에 민중을 동원하는 데 가장 성공한 정치체는 대개 농업 도시국가들이었는데, 이들은 성인 자유민의 상당수, 또는 총 인구의 5분의 1을 포함하는 결집력 있는 민병군을 육성했다.

국가의 크기가 클수록, 대규모 민병군은 무엇보다도 먼 거리 때문에 실용성이 떨어졌다. 이 점은 앞서 제국적 도시국가들과 관련해 확인했다. 인구 중 다수는 멀리 떨어진 전장의 전투에 참전할 수 없었는데, 참전할 경우 감당 못할 정도로 오랫동안 생계원을 방치해야 했기 때문이다. 국가 당국이 면밀히 준비해야 하는 병참 역시 복잡해졌고, 군대의 규모와 작전 범위에 가장 중요한 제약으로 작용했다.[70] 이런 이유로 절대적 수치를 보면 국가의 크기가 클수록 현역군과 예비군이 더 많았지만—그래서 큰 국가들이 작은 국가들보다 힘에서 우세했지만—상대적으로 보면 작은 국가들이 병력을 더 철저하게 동원할 수 있었다. 더 큰 크기는 현역군을 육성하는 한계능력marginal capacity을 약화시켰다. 국군을 줄곧 유지하고 전쟁을 치러 수지를 맞추는 일은 연이어 군사적 성공을 거두고 팽창해나가는 극적이고 짧고 보기 드문 기간에만 가능했으며, 그런 기간은 급속한 제국 형성기에 특징적으로 나타났다. 고도로 발달한 약탈·강탈 기계였던 아시리아는 대체로 직업화된 징집 민병대를 전장에서 더 오랫동안 유지할 수 있었고, 티글라트 필레세르 3세 이래로는 전원 직업군인으로 이루어진 상비병력으로 민병대를 지원할 수 있었다. 영원하고 무자비한 순환 속에서 아시리아는 전쟁을 치러 전쟁 비용을 충당했다. 그렇지만 대부분의 경우 제국들은 팽창 가능한 경계선에 도달하고 나면 종전보다 평화롭게 존속하며 더 경제적인 군제를 고안할 수밖에 없었다.

그렇다면 큰 국가들은 거리가 동원 능력을 제약하는 상황에서 어떻게 군제를 구축할 수 있었을까? 한 가지 방법은 전시에 국가 인력의 일부만 장기 민병대 복무를 위해 징집하는 것이었다. 공동체와 대가족에게 징병 연령대의 남성 5명, 10명, 20명당 전사 1명을 보내도록 요구한다면, 나머지 사람들은 농장이나 기타 다양한 직종에서 그의 역할을 대신하거나 아니면 그저 그가 군사작전에 참여하는 동안 그를 부양할 비용을 지불할 수 있었을 것이다. 큰 국가들은 이 방법으로 상당히 많은 전사들을 불러모았다. 고왕국 시대와 그 이후 이집트는 전시에 지역 관료들에게 징집 인원을 할당했다. 더 실질적인 직업군인 병력을 유지한 신왕국 시대에도, 강대국들이 투쟁하는 무대인 레반트까지 파견된 파라오 군대의 상당수는 징집된 이집트인 병력이었던 것으로 보인다.[71] 이 원정군 중 최대 규모는 약 2만 명으로 기원전 제2천년기 당시에는 아주 강력한 병력이었지만, 원칙상 징집할 수 있었던 남성 전체를 포함해 당시 이집트의 총 추정 인구 약 300만 명 중에서는 작은 부분에 지나지 않았다.

훗날 몇몇 국가들의 군제는 높아지는 군사적 수요에 대응해 더 많은 인원을 한층 엄격하게 규제하고 동원할 수 있었다. 중국 전국시대(기원전 5세기부터 221년까지)의 국가들은 권력 투쟁을 멈추지 않았다. 이 국가들―가장 큰 국가의 인구는 수백만 명을 헤아렸다―은 농민 인구에 군역을 부과하는 방식으로 군복무에 적합한 남성 수십만 명 가운데 수만 명부터 최대 10만 명에 달하는 전사들을 차출해 군대를 육성했다. 천황제 초기에 일본에서도 서기 689년의 법률과 702년의 법률은 모든 가구의 남성 3~4명당 1명에게 징집 의무가 있다고 규정했다.[72] 앞서 보았듯이 이미 이탈리아 반도 전역(과 그 너머)에 군사적으로 개입하는 제국적 도시국가였던 공화정 중기의 로마는 시민 2만 명과 적어도 2만 명은 되는 동맹군 병사들로 이루어진, 집정관이 지휘하는 두 개의 야전군에 복무할 남성을 매년 정기적으로 소집했다. 이를 위해 야전 복무에 적합한 자유민 성인 남성 4~6명당 1명꼴로 소집되었을 것으로 추정된다.[73] 카롤링거 제국과 노르만족이 침입하기 이전 앵글로색슨 국가는 민병대에 복무할 의무가 있는 자유민 남성 가운데 로마와 비슷하거나 더 낮은 비율로 전시 원거리 군사작전에 참여할 '선발 소집대select ban'나 '선발 퓌르드select fyrd'를 불러모았다.[74] 민병대를 동원하기 위한 대안 또는 보완 전략은 특정한 시기에 특정한 전장에 더 가까운 지역에서 병력을 소집하는 것이었다. 이 전략은 주로 방어를 목표로 자주 채택되었다. 그렇지만 군복무 관습은 주민들이 주기적으로 교전에 동원되거나 참전해야만 유지될 수 있었고, 이 관습이 자취를 감춘 지역에서는 민병대가 쇠퇴하곤 했다.

한왕조 치하 통일중국의 민병제는 한걸음 더 나아가 23세인 모든 남성을 현역으로 징집했다. 징집병들은 출생 지역에서 1년간 보병이나 기병, 수병으로 훈련받은 뒤 수비대나 변경의 군대, 수군에서 다시 1년을 보냈다. 그후 징집이 해제되고 나면 65세까지(훗날 56세로 연령이 낮아졌다) 여덟 달마다 소집되어 훈련을 받았다.[75] 이 제도는 순전한 민병대보다 장점이 많았다. 젊은 남자들 전원을 단기간 현역으로 소집함으로써 군사행동에 손쉽게 투입할 수 있는 상비 병력을 창출했고, 전쟁에 대비해 제국의 성인 남성 전원을 체계적으로 훈련시켰으며, 경제생활과 가정생활의 혼란을 줄였다. 중국은 두드러진 강국 가운데 유일하게 19세기 이전에 이런 제도를 채택한 나라였다. 그러나 선진적인 징집 민병제마저 중국을 비롯한 큰 국가와 제국들에서 문제를 드러냈다.

제국들은 반란을 진압하고 방대한 영토의 변경에서 복무할 상비군을 필요로 했다. 민병들의 순환 복무뿐 아니라 단기 징집마저 몇 가지 이유로 인해 이 전략적 필요에 부적합했다. 지정된 주둔지들에 병력을 순환 복무시키는 제도는 징집된 민병들에게 지역과 군사적 직무에 익숙해질 시간을 거의 주지 않아서 실질적 복무는 단기간에 그치는 결과를 낳았다. 더욱이 군대의 대다수 인원이 기초 훈련중이거나 이제 막 훈련받은, 군사적 경험이 턱없이 부족한 풋내기 신병들로 구성될 터였다. 여기에 크고 특색 없고 전제적-관료제적인 제국 안에서 거주지로부터 까마득히 먼 지역에서 강제로 복무할 경우 한결같이 낮은 사기 문제가 더해졌다. 이 모든 요인은 전투력이 의심스러운 병력으로 귀결될 터였다. 따라서 신병들의 주기적인 단기 순환 복무는 적어도 제국의 전시 편제에 필요한 영속적인 요소를 제공하기에는 비효율적이고 소모적인 제도였다. 상비 병력의 경우 직업군인이 더 돈값을 했다.

이런 이유로 제국들은 직업군인 병력과 반직업군인 병력, 민병 병력을 다양하게 혼합하는 편을 선택했다. 아우구스투스부터 디오클레티아누스까지 서기 첫 3세기 동안 로마 제국군은 상근하는 유급 직업군인들로만 구성되었다는 점에서 유일무이했다. 근대까지 다른 어떤 강대국도 이와 비슷한 제도를 수용하지 않았다는 사실에 주목한 사람은 지금껏 거의 없었다.[76] 아우구스투스 이후로 실질적인 영토 팽창을 단념하기는 했지만,

25~28개 군단—상근하는 직업군인 (비시민) 보조군을 포함해 총 25~30만 명—은 아주 오랫동안 내부와 외부의 위협으로부터 제국을 성공적으로 보호했다. 팽창을 멈춘 탓에 로마 제국의 금고를 가득 채울 전리품과 노예를 더이상 얻지 못한 것이 제국 쇠퇴의 원인이라는 주장도 있다. 그렇지만 이 주장은 다음과 같은 이유로 말이 안 된다. 직접 통치하는 속주들에서 체계적으로 과세하는 것이 무자비하게 약탈하는 것보다 훨씬 효율적이었다. 또한 로마는 아우구스투스의 치세가 끝나고 두 세기가 지난 3세기까지 번영과 안전을 누렸다. 아우구스투스가 창설하고 거대한 지중해 제국 전역의 둘레를 따라 퍼져나간 직업군인 군대는, 제국 내부에서 발생한 민중 반란을 진압하고 경계지역에서 사분오열된 야만족의 습격을 물리치기에 충분한 것으로 판명되었다.

앞에서 보았듯이 로마 제국의 진짜 문제는, 제국의 존재가 경계지역에서 부족들이 더 큰 규모로 응집하는 과정을 자극하며 그 결과 그들이 제국의 변경을 더 강하게 압박한다는 것이었다. 3세기 말 디오클레티아누스 황제는 제국군을 거의 두 배로 확대해야 한다고 판단해, 그때부터 약 45~60만 명으로 증원했다. 그렇지만 아우구스투스의 25만 명은 임의로 결정한 숫자가 아니라 제국이 무리하지 않고 급료를 지불할 수 있는 상한치였다. 역사의 철칙에 따르면—이 역시 애덤 스미스가 이미 주목했지만[77] 그 외에 거의 아무도 인식하지 못했다—전원 직업군인으로 이루어진 상비 병력이 국가 인구의 1퍼센트 이상(보통 1퍼센트 이하다)일 경우 국가는 그들을 경제적으로 지탱하지 못했다. 로마 제국의 인구가 서기 200년경 약 4600만 명[78]으로 정점을 찍은 이후 감소하던 상황에서, 디오클레티아누스의 병력 급증 조치는 제국의 예산에 심각한 부담이 되었다. 더욱이 3세기 후반기에 내전이 벌어지는 동안 제위를 두고 경쟁하던 이들 중 최고액 입찰자에게 충성을 판매한 직업군인 병력은 임금을 대폭 인상하고 다른 형태의 보상금까지 챙기는 데 성공했다. 황제들은 추가 비용을 충당하기 위해 과세액을 인상했을뿐더러, 예전 조치를 보완하기 위해 군대를 새롭게 편제하는 조치를 취해야 했다.

디오클레티아누스의 뒤를 이은 콘스탄티누스 1세 재위기부터 로마 제국군은 별개의 두 범주로 나뉘었다. 코미타텐세스comitatenses는 중앙의 예비군 또는 기동 야전군으로 편성되었고 옛 원칙에 따라 전원 급료를 받았다. 제국이 급료를 지급하기가 점점 어려워지면서 이 병력은 나머지 군대, 즉 인원이 두 배인 리미타네이limitanei 또는 변경 병력에 비례해 규모가 줄었다. 변경을 따라 각자의 구역에 거의 주둔시킬 의도로 리미타네이를 편성한 로마는 다른 제국들이 오랫동안 이용해온 원칙을 도입했다. 리미타네이는 국가로부터 경작지를 받아 사실상 비상근 군인 겸 농민으로 변모했다.[79] 군인이라는 직업이 경제적으로 비생산적인데다가 전시에 대비하고 전쟁을 억지하는 기간이 길며 이따금씩만 군사행동에 나섰기 때문에, 제국들은 오래전부터 수비대와 변경 병력이 직접 농사를 지어서 생계를 꾸리는 이 군인 겸 식민자 원칙에 의존했다. 공화정 중기에 로마인들은 최근 정복한 이탈리아 영토 한가운데에 시민을 정착시키고 농업과 군사의 거점으로 쓰일 라틴 식민지들을 건설하기 위해 실제로 이 원칙에 의존한 바 있었다. 따라서 제국 후기에 로마가 변경에서 식민자 겸 군인 제도를 채택한 것은, 일부 학자들이 논쟁한 것처럼 중앙집중적 기동 방어냐 아니면 변경의 전진 방어냐 하는 전략적 이유보다도 경제적 이유 때문이었다.[80] 더 정확하게 말하면, 병력에 대한 수요가 증가하는 상황에서 이 경제적 편법 덕분에 변경 방어에 필요한 전략적 운용을 할 수 있었다. 그러나 군사적 효과에 있어서 이 편법은 중요한 타협을 내포하는 것이었다.

무엇보다도 변경의 군인 겸 농민들은, 과거의 군단과 새로운 기동 야전군을 구성한 전원 직업군인으로 이루어진 정예 병력보다 열등한 이류 병력으로 변모할 수밖에 없었다. 또다른 결과도 초래되었다. 아우구스투스가 전원 직업군인 군대를 편성한 이래 로마 제국에는 민병대가 전혀 없었다. 군생활과 민간생활은 전혀 별개였고, 제국의 민간인 인구는 전쟁 습성을 완전히 잃어버렸다.[81] 뒤에서 보겠지만, 그런 평화화化 과정은 모든 제국에서 나타났다. 야만족의 압력이 점차 강해지고 있었으나 로마 제국은 민병대가 전무하고 상비군은 대체로 변경에 묶여 있었으며, 갖가지 위협에 대항할 동부나 서부의 기동 야전군 병력은 약 10만 명에 불과했다. 그래도 이 병력은 여전히 만만찮은 인원이었고, 제국군이 감당하지 못할 최악의 시나리오가 구현되지 않았더라면 이 정도로도 충분했을 것이다—실제로 5세기까지는 온갖 사태에도 불구하고 충분했다.

앞서 언급했듯이, 억압적인 큰 권력은 상급 권위를 결여한 다수의 적과 그 종속세력이 서로 분열되어 있고 좀처럼 효과적으로 협력하지 못한다는 사실에 의존한다. 이 말은 로마의 변경과 관련해서도 사실이었는데, 타키투스가 목격했듯이(『아그리콜라Agricola』 12장) 제국의 야만족 이웃들은 더 큰 연합을 이루면서도 부족 연맹들 내부와 사이에서 속절없이 분열되었다. 이런 이유로 로마는 그들을 쉽사리 조종하거나, 설령 그들 중 하나와 전쟁하게 되더라도 거의 제국군의 힘으로 물리칠 수 있었다. 20세기로 접어들 무렵 모든 노동자의 '총파업'이 원리적으로 자본주의를 무너뜨릴 확실한 비책처럼 보였으나 그들을 결집하고 그처럼 원대한 움직임을 강요할 수 있는 중앙권위가 없었던 까닭에 그 비책을 결코 실현하지 못했던 것과 마찬가지로, 로마의 야만족 이웃들은 지역 수준을 넘어서면 일치된 행동을 위해 연합하는 데 결코 성공하지 못했다. 그들이 갑작스레 로마로 들이닥치게 된 건 오히려 외부 세력에 밀려서였다.

유라시아 스텝지대에서 유럽 남동부와 중부에 도착한 훈족 기마유목민은 겁에 질린 게르만족을 한꺼번에 로마 제국으로 몰아넣었다. 서기

376년 고트족은 변경의 다뉴브 강을 건너 발칸 반도로 이주했고, 406년 새해 전야에 반달족과 알란족, 수에비족은 더 큰 규모로 얼어붙은 라인 강을 건너 갈리아 지역으로 이주했으며, 부르군트족이 그 뒤를 따랐다. 로마의 상비군, 특히 기동 야전군은 파죽지세로 몰려오는 이런 대규모 이주를 제국의 변경 전역에서 격퇴하기에는 규모가 너무 작았으므로, 뒤이어 도미노 효과가 나타났다.[82] 부족 연맹들의 막대한 총 인구는 대략 100만 명이었을 테지만, 각 부족 연맹의 침략 무리는 여전히 1만 5000명~2만 5000명을 넘지 않는 전사들로 이루어져 있었다는 데 유념해야 한다. 이에 비해 인구 밀도가 높은 로마 제국의 경우 서부에만 주민이 1600만 명 있었고 이 가운데 수백만 명은 원칙적으로 싸울 수 있었다. 철저히 로마화된 이 인구는 제국이 존속하기를 바랐다. 5세기에 황제들은 특히 새로 세운 성벽에 배치할 도시 인구를 동원하라는 칙령을 내리는 등 이 방대한 인력 저수지를 재활성화하기 위해 필사적으로 애를 썼다. 중앙권위가 통제력을 잃어감에 따라 속주의 총독과 명사, 귀족은 지역 방어를 위해 도시와 시골의 주민들을 조직했다. 그럼에도 팍스 로마나pax Romana 아래 너무나 오랫동안 평화로웠고 너무나 오랫동안 국가에 일절 관여하지 않은 제국의 막대한 인구는 대체로 계속 수동적이었고 침략자들에게 거의 저항하지 않았다.[83] 동로마 또는 비잔티움 제국의 경우에도, 변경의 성벽을 돌파하고 쳐들어온 아라비아의 변변찮은 무슬림 병력을 상대할 것은 규모는 크지만 한정된 중앙 야전군뿐이었다(동원 가능한 인원은 기껏해야 수만 명이었다). 이 군대가 패하자(서기 636년) 아나톨리아를 제외한 제국 동부의 속주들이 대부분 침략자들의 수중에 들어갔지만, 일찍이 무장을 해제했던 민간인 인구 대다수는 이번에도 수동적인 자세로 일관했다.[84]

다른 제국들의 군제가 로마의 군제보다 뛰어났다거나 나름의 약점과 딜레마를 더 성공적으로 모면했다는 뜻은 아니다. 당연히 그 반대가 옳다.

대다수 제국의 군대는 세 층으로 이루어져 있었다.[85] 첫째 층은 전원 직업 군인으로 이루어진 비교적 규모가 작은 중핵으로서, 주로 중앙군 겸 황실 근위대였다. 이미 언급했듯이 아케메네스 왕조 페르시아 제국에서 이 중앙 상비군은 총원 약 2만 명에 절반은 기병, 절반은 보병이었던 것으로 보인다. 헤로도토스는 그들이 '불멸자들'이라 불렸다고 썼지만 이는 '동지들'을 뜻하는 비슷한 페르시아어 낱말과 혼동한 것으로 보이며, '동지들' 쪽이 훨씬 말이 된다. 페르시아의 중앙군과 규모가 엇비슷했던 한나라 중앙의 직업군인 상비군은 수도 주변에 주둔하면서 민중 징집군을 지원했다.

둘째 층은 지방과 변경 수비대로, 제국들은 군인 겸 식민자 원칙을 이들에게 두루 적용했다. 반半직업적 군복무의 대가로 토지를 배당하는 제도는 대부분의 변경 지방에서 시행되었으나 제국의 심장부에서도 다양하게 시행되었는데, 이 제도의 수혜자들이 평범한 징집병들보다 실제로 조금 더 싸움에 헌신하는 것으로 드러났기 때문이다. 이 제도는 히타이트 제국뿐 아니라 일찍이 아카드와 그 이후 기원전 18세기에 함무라비의 바빌로니아에서도 시행된 것으로 입증되었다. 아시리아인과 칼데아인 시대에 메소포타미아에서 계속 시행되었고, 페르시아 제국도 채택했으며, 훗날 헬레니즘 왕국들에서 주로 그리스인과 마케도니아인으로 이루어진 식민자 겸 군인들을 유지하기 위해 이용되었다. 동일한 원칙이 중국에서도 널리 이용되었고, 후한後漢 시대에는 쇠퇴하던 징집 민병군에 반비례해 한층 중요해졌다. 수·당 왕조 시대(서기 581~907년)에 민병군으로 회귀한 이후, 후당後唐은 군인 식민자 및 군인 가족 제도를 되살려 약 60만 명에 달하는 혼합 병력을 확보했다. 뒤이은 중국의 모든 왕조는 어느 정도 비슷한 군 구조를 유지했는데, 이전 시대에 민병대에 불리하게 작용했던 바로 그 이유들 때문이었다.[86] 인도의 국가들에서도 군인 봉토 보유자들—카우틸랴Kautilya가 『아르타샤스트라Arthasastra』(9.2)에서 말한 '세습 병력'일 가능성이

있는 이들—은 고용되거나 징집된 병력보다 믿음직한 부대로서 왕실 친위대를 지원했다.[87]

대규모 군사작전과 비상시에 필요했던 셋째 층인 징집 병력은 군대에서 다수를 점하곤 했다. 제국의 핵심 종족에서 징집한 토착민 병사들은 사회적·지리−전략적 환경에 따라 적어도 웬만큼 군사적 가치가 있었지만, 그럼에도 제국의 직업군인과 반직업군인 병력에 비하면 부차적인 역할을 했다. 다종족 제국의 신민들 중에서 소집한 단기 징집병들은 대개 군사적 가치가 아주 적은 것으로 드러났다. 전투로 떠밀었을 때 그들이 진지하게 싸우리라고는 전혀 기대할 수 없었다. 유라시아에는 시공간을 통틀어 그런 사례가 부지기수로 많지만, 그중에서도 아케메네스 왕조 페르시아에서 "채찍질을 당하며 전장으로 내몰린" 다민족 대군은 그런 무리의 전형으로서 역사에 기록되었다. 그들의 이미지가 살아남은 까닭은 그리스 역사가들이 기록을 남겼고, 또한 그리스 문헌에서 군대의 규모가 몹시 과장되기는 했으나 페르시아 제국과 그 군대가 실제로 대규모였기 때문이다. 전근대 저자들은 한결같이 적군의 수를 과장했는데, 정확한 정보가 없었고 애국적으로 편향되었기 때문이다.

기원전 480~79년에 그리스를 침략한 크세르크세스 군대의 규모—헤로도토스(『역사』 7.60~99)에 따르면 수백만 명—나 이수스(기원전 333년)와 가우가멜라(기원전 331년)에서 알렉산드로스에 대항한 다리우스 3세 군대의 규모—그리스 문헌들에 따르면 각각 30~60만 명과 20~100만 명으로 추정—를 확정할 방법이 우리에게는 없다. 도무지 납득하기 어려운 이 숫자를 해명하기 위해 학자들은 많은 글을 썼다. 인구학 및 병참학 연구와의 비교 추론을 고려한 나의 견해는 크세르크세스의 군대가 10만 명에서 20만 명 사이였으리라는 것이다. 이미 설명한 이유들 때문에, 이 제국군의 숫자는 자기네 거주지에서 싸우는 그리스의 민병 연합군을 압도할 만큼 많지는 않았다. 물론 그리스의 폴리스들이 너무도 익숙한 방식으로 심각한 내분을 일으키고 그 결과 상당수 폴리스들이 침략군과 동맹을 맺지 않을 경우에 말이다. 기병 수만 명을 포함한 다리우스 3세의 군대는 크세르크세스의 군대와 규모가 엇비슷했을 것이다. 대체로 보아 그리스군의 수가 다종족으로 이루어진 페르시아군의 수보다 많았으리라고 인정되지는 않는다. 그렇긴 해도, 제국의 거대한 다종족 징집군 가운데 비교적 소규모인 페르시아인과 메디아인 상비군이 기병과 보병을 모두 징집한 이란인 파견대와 함께 전투를 대부분 떠맡았다. 여기에 더 믿음직한 부대들이 추가되었는데, 크세르크세스의 군대와 동맹을 맺은 그리스인 병사들과 이후 다리우스 3세의 군대를 포함해 페르시아 군대에 고용된 그리스인 용병들—제국군의 중보병에서 이들의 비중은 점점 높아졌다—이었다.[88]

10장에서 살펴봤듯이 직업군인의 일부는 외부에서, 즉 국가들 사이에서 활동하는 병력을 거래하는 국가 외부의 시장이나 패권국의 경계지역에서 모병할 수 있었다. 특히 개인이 아니라 독립적인 무리를 국가의 부대로 일괄 고용할 경우, 이런 외국인 직업군인들을 일반적으로 용병이라 일컫는다. 이따금 외국인 병력은 국내 정치와 사회 통제를 위한 도구로 고용되어, 사회와 분리된 채로 급여를 주는 사람에게만 충성했다. 그러나 외국인을 모병하는 데는 군사적 이유도 두 가지 있었다. 첫째, 외국인 모병을 통해 전시에 직업군인 병력을 빠르게 증원할 수 있었다. 게다가 평시에는 이 병력을 유지할 필요가 없었으므로 외국인 모병은 경제적으로 합리적이었다. 둘째, 외국인 중에 특수한 무기를 탁월하게 다루거나 특수한 병과로서 탁월한 종족 병력 그리고/또는 호전적이고 맹렬하게 싸우는 종족 병력이 있을 경우, 그들을 상시 고용하는 것마저도 납득할 만한 일이었다. 시간이 흐를수록 제국들은 외국인 용병들을 자국 상비군의 중요한 부대로서 통합하는 경향을 보였다. 야만적이거나 반쯤 문명화된 경계지역, 제멋대로 구는 불안정한 부족사회나 대단히 적대적인 소국 환경 출신인 외국인 병력은 오랫동안 평화로웠던 제국 인구보다 교전에 훨씬 적합했다.

이슬람의 땅 도처에서 이른바 노예군인, 즉 맘루크mamluk는 외국인 모병의 독특한 형태였다. 이 엘리트 병력은 이슬람 경계지역에서 국가가 구입한 어린이들—튀르크족이든 캅카스인이든 발칸인이든 아프리카인이든 상관없었다—로 구성되었고, 그들이 법적으로 국가의 재산이라는 의미에서만 노예였다. 학자들은 이 제도가 이슬람의 독특한 제도였다고 지적했는데, 이슬람이 무슬림 간의 전쟁에 단호히 반대하며 사회 동원의 가능성을 제한하는 종교였기 때문이다.[89] 그렇다 해도 노예 병력은 외국인 모병의 장점을 최고의 전문성과 결합한 것이었다. 병영에서 성장하고, 어려서부터 군인으로 훈련받고, 이슬람의 열성을 주입받은 그들은 사나운 전투부대가 되었다. 보통 통치자의 호위대/근위대의 일부에서 유래한 노예 병사들은 훗날 숫자가 늘어나고 군사적 역할이 커져 맘루크 왕조의 이집트에서 뛰어난 기병으로 활약했고, 주로 기병으로 이루어진 오스만 제국 군대에서 엘리트 직업군인 보병, 즉 예니체리를 구성했다. 노예 병력은 사회에서 정상적으로 뿌리를 내리지 못하기 때문에 오로지 통치자에게 충성할 것으로 가정되었다. 그렇지만 현실에서 그들은 곧잘 특권층을 형성했고, 특히 주민들이 완전히 무장 해제되고 정치적으로 배제된 곳에서 호기를 노려 이따금 통치자의 권력을 찬탈했다. 뒤에서 살펴보겠지만, 제국은 으레 내부의 역학과 전환을 경험하는 가운데 군사 문제와 군사조직에 영향을 미치는 동시에 그로부터 영향을 받았기 때문이다.

제국들의 순환

제국과 왕조의 흥망성쇠 순환 혹은 성장과 쇠퇴 순환은, 적어도 플라톤과 로마의 도덕론자들 이래(이보다 더 거슬러올라가지는 않더라도) 역사와 정치를 숙고한 사상가 및 논자들이 줄기차게 언급해온 주제다. 이슬람권 북아프리카에서 『역사서설Prolegomena to History』(1377)을 쓴 이븐 할둔Ibn Khaldun도 이 주제를 강조했다. 그렇지만 오늘날 학계의 토론에서 이 주제는 변두리로 밀려난 신세다. 이 주제는 역사가들의 타당한 연구 소재가 되기 어려운 거창하고 결정론적인 추상화로 의심받고 있다. 게다가 역사사회학자들, 즉 전통적인 통찰과 도덕론적인 관념을 경험에 근거한 사회적·경제적·정치적 과정이라는 한결 현대적인 언어로 번역할 법한 이들마저 이 주제를 경시하고 있다.[90] 통치자와 피치자 모두에게 다양하게 적용된 이 과정은 다음과 같이 약술할 수 있을 것이다.

아마도 당연한 일이겠지만, 왕조의 창건자들은 역량과 기운이 특출하고 인생살이 경험이 풍부하며 권력과 그에 수반된 모든 것을 갈망하는 벼락출세자였다. 그들의 후계자 중에 그들에 필적하는 자질을 보인 이는 거의 없었는데, 생물학적 유전의 우연성 때문만은 아니었다. 긍정적인 면을 보자면, 때로 후계자들은 어려서부터 통치 훈련에 더욱 전념하는 혜택을 누릴 수 있었다. 그렇지만 특히 크고 전제적인(이 두 특징은 밀접히 연관되었다) 제국의 궁정생활에는 통치자에게 대단히 해로운 요인들이 붙박이로 박혀 있다시피 했다. 전제군주들은 보통 안전 문제는 말할 것도 없고 신에 준하는 지위—종교 관례와 궁정 의전을 통해 신성시된—때문에 주변으로부터 격리되었다. 바깥세상과 직접 접촉할 기회가 거의 없었던 그들은 선별된 정보를 접했고 아첨에 휘둘리기 십상이었다. 더욱이 그들은 곧잘 궁전과 하렘의 쾌락에 빠져들어 쉽사리 벗어나지 못하고 그저 자기를 가만히 내버려두기만을 바라곤 했다. 그러면 그들의 많은 부인들과 첩들, 수많은 자녀들은 왕위 계승 문제를 둘러싸고 하렘을 음모가 난무하는 벌집으로 바꿔놓았다. 이런 상황은 흔히 왕위 계승기 동안 궁전 내의 암살과 유혈극으로 귀결되었다. 장자 계승 원칙이 없었던 전제정에서(실제로 대다수 전제정에 이 원칙이 없었다) 이는 또한 왕위 계승자가 언제나 사전에 통치 훈련을 받을 수는 없었다는 것을 뜻한다.[91] 이 모든 요인이 왕조의 통치를 약화시키고 왕조를 권력 찬탈에 취약하게 만들곤 했다.

그렇지만 왕조의 쇠퇴는 문제의 일부분에 지나지 않았다. 예를 들어 제정 로마는 그 역사의 상당 기간 동안 제위에 있는 황제가 제국의 가장 뛰어난 장군과 행정관 가운데 자신의 계승자를 선택해 훈련시키는 능력주의 제도를 채택했다. 그러나 왕위 계승은 논외로 치더라도, 시간이 흐르면서 제국의 행정 자체가 제국의 숨통을 조이곤 했다. 행정이 관료제적·중앙집권적·개입주의적으로 변해가면서 지역과 개인이 재량권을 행사할 여지를 점점 줄이는 경향이 나타났기 때문이다. 그 과정에서 관료들은 수가 급증했고 더욱 단단히 자리를 잡았으며 어떤 반대세력에 의해서도, 심지어 전제군주에 의해서도 거의 제지받지 않았다. 그에 따라 조세 부담은 한 방향으로만, 즉 증가하는 방향으로만 변동하곤 했다. 조세 인상은 틀림없이 이 관료들과 통치자의 과시적 소비를 지탱하기 위한 조치였지만, 무엇보다도 국가의 지출에서 여하튼 언제나 가장 큰 비중(흔히 절반 이상)을 차지하며 점점 늘어나던 군사비를 충당하기 위한 조치이기도 했다. 로마의 국가 소득을 추정한 수치들은 군대가 지출의 40~70퍼센트를 잡아먹었고, 로마의 예산―엄청난 규모의 공공건설에 자금을 댔고, 곡물과 곡예단 공연을 보조했다―에서 민간인이 부담하는 몫이 특히 컸다는 것을 시사한다.[92] 게다가 앞서 보았듯이 군대는 증대하는 위협에 대항하기 위해 숫자만 늘어난 것이 아니라, 무력을 독점한 채로 흔히 국가로부터 어떻게든 급료를 더 많이 얻어내기까지 했다. 예컨대 로마 제국과 당나라에서는 이처럼 급증하는 비용과, 이 비용 탓에 경제와 사회에 일어난 연쇄반응이 국가의 쇠퇴를 가속화했다. 당나라에서는 민병대를 직업군인과 반직업군인 병력으로 전환하고 군인의 급료를 인상함에 따라 714년부터 741년까지

제국 변경의 방위비가 5배 증가했고, 742년부터 755년까지 다시 40~50퍼센트 증가했다.[93]

이 모든 사태는 귀족 엘리트층에도 영향을 미쳤다. 왕조의 중앙권력이 약화되는 상황을 이용해 지방에 대한 통제권을 차지하여 황제의 권력을 조각내지 않았을 경우(이런 일이 흔했다), 귀족들은 제국의 팽창하는 관료제로 인해 전통적인 지역 지도층 역할을 점점 빼앗기곤 했다. 훈련된 직업 군인들이 군복무를 포함하는 공무에서 귀족의 자리를 차지함에 따라, 귀족은 사치스러운 사생활로 물러나 국무에서 점차 손을 떼곤 했다. 그 결과 마키아벨리가 인식했듯이(『군주론』 4장), 국가의 중앙기구가 어떤 권력에든 굴복하고 나면 제국이 놀랍도록 빠르게 무너질 가능성이 있었는데, 계속 저항할 수 있는 의욕적이고 무장을 갖춘 지역 실권자 계층이 없을 것이었기 때문이다. 봉건제에 관한 나의 논의에 균형을 맞추기 위해 말하자면, 특히 귀족과 밀접한 관련이 있을 때면 중앙집권화가 언제나 국가 권력을 강화한 것은 아니었다는 데 유의해야 한다.

민중이 조금이나마 국정에 참여한 곳에서도, 귀족의 경제적 패권과 전제군주의 중앙집권화가 압력으로 작용하여 그들의 참여를 억누르는 경향이 있었다. 귀족의 사유지 확대는 시골과 도시에서 소규모 자영농의 숫자를 줄이고 지위를 낮추는 한편 의존적이고 굽실거리는 노동자 계층을 늘리는 결과를 가져왔다. 자신의 인생길에 미치는 개인과 공동체의 영향력을 박탈당하고 무거운 과세와 노역에 시달린 시골 민중은 점차 먼 곳에 있고 이름 모를 제국의 권위자들로부터 소외되고 그들에게 냉담해졌으며, 어쨌거나 수동성에 익숙해졌다. 제국의 주요 도시들에 거주하던 여러 종족이 뒤섞인 뿌리 뽑힌 인구는 사실상 군사적 가치가 없었다. 10장에서 보았듯이 비슷한 과정이 작은 정치체들에서도 전개될 수 있었지만, 큰 국가들과 제국들에서 훨씬 큰 규모로 전개되었다. 게다가 큰 제국들이 확립한 내부의 평화는 불완전한 평화였을지는 몰라도 전쟁을 위한 사회화, 그리고 전리품과 공동체 방어라는 동기—호전적인 소규모 부족 공동체와 시민 공동체에서는 둘 다 중요한 동기였다—가 거의 사라졌음을 뜻했다. 예를 들어 로마 제국 후기에 이탈리아인들은 군단 입대를 거의 중단했다. 로마 군단은 제국 외부 출신인 야만족에 의존하게 되기 전에 이미 더 호전적인 지방들에서 모병을 했다.

이 과정에서 제국의 호전적인 활동과 군대의 성격이 점차 변모하는 경향이 나타났다. 팽창하는 동안 제국은 주로 다른 국가들과 싸워 그들을 정복하고 종속시키고 적절한 시기에 통일된 영역으로 병합하곤 했다. 독립을 되찾으려는 피정복민의 되풀이되는 반란을 진압하는 것—'평화화'라고 완곡하게 표현한 피투성이 과정—이 오랫동안 제국군의 주된 기능 중 하나였다. 그렇지만 보통 수 세기 동안 제국의 직접 통치를 받고 나면 전국적 반란은 거의 예외 없이 자취를 감추었는데, 독립 시절의 관습과 기억이 희미해지고 엘리트층과 민중 모두 제국의 문화에 적응하고 통합되었기 때문이다. 그럴 때 제국의 안보를 흔드는 주된 위협과 도전은 다른 원인에서 비롯되었다.

국내에서 전국적 반란은 두 종류의 내전에 자리를 내주었다. 첫째, 시골에서 농민/농노/노예가 일으키는 봉기 그리고/또는 도시에서 프롤레타리아트가 일으키는 폭동에 경제적·사회적으로 뿌리박은 위험이 있었으며, 특히 시골의 봉기는 참혹한 재앙으로 불타오를 가능성이 있었다. 둘째, 왕위 계승과 찬탈을 둘러싼 고질적인 투쟁이 있었다. 수도에서 흔히 황실 근위대가 관여하는 궁중과 조신들의 음모로 국한되지 않을 경우, 이 투쟁 역시 제국의 전 영역을 집어삼킬 수 있었다. 권력을 노리는 이런 투쟁은 장차 왕관을 차지하기 위해 경쟁할, 대개 형제자매 사이인 왕가의 일원들 사이에서 벌어질 수도 있었다. 또는 지방 총독들과 군 장군들, 다시 말해 어느 정도는 개인의 능력에 힘입어, 그렇지만 무엇보다 보상을 약속함으로써 직업군인 병력의 지지를 모으는 데 성공한 이들이 권력 투쟁을 주도하기도 했다. 나라 한가운데서 전투와 살인, 약탈, 철저한 파괴가 휘몰아치는 내전은 가장 파괴적이고 치명적인 전쟁 형태로 유명했다. 국가 구조까지 흔들릴 경우 내전은 전제군주의 실각이나 통치 왕조의 몰락으로 귀결될 수도 있었지만, 무정부 상태나 적어도 일시적인 국가의 파편화로 이어질 수도 있었다. 더욱이 내전은 외부의 위협에 쏟아야 할 주의와 노력을 흐트러뜨렸다. 로마 제국 후기에 왕조의 정당성과 연속성 결핍이 초래한 손실 하나는 제위를 노리는 대규모 직업군인 군대의 장군들이 일으킨 고질적인 내전이었다. 이런 전쟁은 로마 제국이 게르만족의 침입에 제대로 대응하지 못한 주된 이유였다. 왕위 계승 내전은 제국이 외세에 의해 멸망한 대다수의 다른 경우에도 그 멸망의 한 원인이었다.

국외에서 제국은 때때로 인접한 다른 제국과의 투쟁에 말려들었으며, 그 결과는 동적 평형 상태이거나 심할 경우 한 제국에 의한 다른 제국의 멸망이었다. 그러나 설령 그런 제국 경쟁자가 없었더라도, 제국들은 한때 지배하고 공포에 떨게 했던 경계지역에서 자기보다 훨씬 작고 반半야만적인 국가나 야만적인 부족 연맹의 먹잇감이 되기 쉬웠다.[94] 액면 그대로 보면 이는 호기심을 자아내는 현상이다. 국가가 자기보다 큰 국가와 제국의 우세한 힘에 패하고 제국이 같은 부류에 속하는 다른 세력에 굴복하는 것은 정상적으로 보이지만, 큰 제국이 훨씬 작은 경쟁자에게 항복하는 것은 이상해 보이기 때문이다. 그 이유를 이해하려면 제국 엘리트층과 민중의 평화화를 포함하는 제국의 약점과 역학으로 되돌아가야 한다. 물론 평화화의 의미는 국가와 그 엘리트층이 덜 호전적이거나 덜 잔혹하게 변했다는 것이 아니다. 비교적 드문 경우에도, 이를테면 제정 중국에서처럼 다양한 왕조의 조신들과 통치 엘리트층이 결국에는 무장을 해제한 민간인의 성격과 전망을 갖게 되고, 전쟁이란 분열을 부르는 혐오스럽고 비문명적인 것이라며 갈수록 경멸하게 된 경우에도, 여전히 그들은 영역을 통제하고 방어하기 위해 필요악으로나마 전쟁을 수행해야 하고 적절한 군사기구를 유지해야 한다고 생각했다. 그렇지만 이 기구에 배치되어 임무를 수행할 병력은 갈수록 외국인 군인들로 채워졌다.

국가 군인들이 부족 전사들보다 원래부터 열등한 것은 결코 아니었으며, 흔히 그 반대였음을 명확히 지적해야겠다. 제멋대로 구는 불안정한 친족 기반 사회 출신인 부족 전사들은 그들의 난폭함과 흉포함을 키운 바로 그 이유들 때문에 규율과 응집력, 지구력을 결여하고 있었다. 반면에 국가의 병력은 한층 질서 잡힌 사회에서 생활하며 주입받은, 대규모 사회구성체에서 복종하고 인내하는 태도, 협력하는 습성을 지니고 있었다. 그럼에도 제국의 순환에서 하강기에는 국가 군인들과 부족 전사들 간의 균형이 흔들렸다.

경계지역에서 야만적이거나 반半야만적인 전사들을 입대⟨…⟩제국들이 도저히 놓치기 어려운, 너무도 자연스러운 선택지였다. 제국 내에서 군에 복무할 동기와 전사정신이 약해지던 때에 경계지역은 손쉽게 동원할 수 있는 호전적인 신병들의 공급처였다. 이 방식은 많은 제국들에서 오랫동안 잘 작동했지만 눈덩이 효과를 일으키기 십상이었다. 외국인 병력에 의존할 경우 제국 인구의 평화화가 심화되곤 했다. 더욱이 용병으로 복무한 야만족 신병들은 제국에서 더 강한 규율과 질서를 주입받은 채 자기 거주지로 돌아가곤 했다. 제국 입장에서 보면 이는 부분적으로 유익한 과정이었는데, 문명의 영향권에 속하는 경계지역을 길들이는 데 이바지했기 때문이다. 그러나 동시에 이 과정은 경계지역에서 장차 제국의 위험한 적이 될 더 크고 더 질서 잡힌 정치구성체가 성장하는 데에도 이바지하곤 했다. 또한 이 과정을 통해 외국인들과 그 지도자들은 제국의 강점과 약점을 속속들이 알게 되고 그것을 활용할 수 있었다.

　외국인 전사 신병들은 자기네 지도자들과 함께 왔다. 이 지도자들은 제국군의 조직 내에서 승진하기도 했는데, 제국에는 토착민 신병이 부족한 바로 그 이유로 토착민 지휘관도 부족했기 때문이다. 또는 부족의 전쟁 무리 전원이 제국에서 복무할 수 있을 때 그들의 지도자로서 들어오기도 했다. 내리막길을 걷는 제국은 갈수록 궁여지책에 매달렸다. 제국의 안보가 흔들리는 상황에서 야만족 무리를 고용하는 것은, 야만족의 위협을 돈으로 막기 위해 제국이 널리 동원한 뇌물의 한 형태이기도 했다. 제국 안에서 복무하고 경우에 따라서는 수도에서 황실 근위대로까지 복무한 독립적인 외국인 야만족 병력과 그 지도자들은 곤경과 무정부 상태, 대혼란의 시기를 활용하는 동시에 조장함으로써, 제국의 대문을 열어 제국 붕괴를 초래하거나 직접 권력을 잡을 수 있었다.

　역사의 초창기부터 제국은 흔히 예전에 고용했던 용병대가 관여한 일련의 사태로 인해 경계지역에서부터 전복되곤 했다. 아카드의 사르곤이 세운 '최초의 제국'(기원전 23세기부터 22세기까지)은 그 계승자들의 재위기에 메소포타미아 북동부의 야만적인 경계지역 출신인 구티족에 의해 파괴되었다. 훗날 아모리족, 카시트족, 칼데아족의 경계지역 부족민들과 족장들은 잇따라 바빌로니아에 대한 통제권을 손에 넣었다. 이집트에서도 힉소스족, 리비아족, 누비아족(수단족)이 통제권 장악에 성공했고, 바다 사람들 또한 거의 성공할 뻔했다. 왕국 후기(기원전 1069년 이후)의 이집트는 대부분 외국인들이 통치했다. 중국 최초의 기록된 제국인 상나라는 서쪽의 반(半)야만적인 경계지역에서 기원한 주나라에 의해 멸망했으며, 다른 나라들을 모두 물리치고 기원전 221년 중국을 통일한 반야만적인 진나라도 서부 출신이었다. 중국이 (티베트를 뺀) 서부 경계지역을 대부분 통합한 이후에는 반(半)야만적인 만주족이 북동부 경계지역에서 침입해 왕조를 서너 차례 멸망시켰다. 왕국 후기의 이집트와 유사하게 중국은 서기 906년 당왕조가 몰락한 이후 대부분 외국인들에 의해 통치되었다. 멸망한 제국들의 목록에서 익숙한 사례를 꼽아보자면, 로마 제국을 침입한 게르만족, 비잔티움을 침입한 불가르족, 슬라브족, 아랍인, 그리고 중국부터 이란과 근동, 인도에 이르기까지 아시아 도처를 휩쓴 튀르크족 등이 있다.

제국들은 침입자들에 의해 대체될 수도 있었고, 그저 장악될 수도 있었으며, 조각날 수도 있었다. 대체는 침입자들이 자기네 나름대로 강한 정치적·문화적 기반을 가지고 있을 때 일어났다. 피정복민들의 제국 구조와 더불어 불가피하게 그들의 문화적 유산까지 일부 넘겨받으면서도, 침입자들은 정치적·문화적으로 뚜렷이 다른 정체성을 형성했다. 그리스인들의 페르시아 제국 정복과 아랍계 무슬림들의 비잔티움 동부(페르시아는 불포함) 정복은 그런 대체의 두드러진 사례다. 그렇지만 대부분의 경우 경계지역에서 들어온 야만적이거나 반#야만적인 전쟁 무리들은 제국의 부와 화려함을 경외하며 바라보았고, 그저 제국의 통치자 지위를 차지해 현존하는 국가기구를 최대한 전용할 수 있기를 열망했으며, 피정복민들의 문화에 대체로 동화되었다. 일반적으로 제국의 인구에게 이런 사태는 왕조가 바뀌고 사회 엘리트층 일부가 대체되는 일에 지나지 않았다. 이런 사태는 시골에서 농민 민중의 인생살이와 의무에 거의 영향을 미치지 않았을 것이다. 그러나 새로운 통치자가 외국인이라는 데 대한 감정은 충분히 강했으며, 이를 간과해서는 안 된다. '외국인 침입자들'을 실각시키는 위치까지 올라갈 가능성이 있었던 실권자들은 애국심을 이끌어내기 위해 이런 감정을 이용했다. 실권자에 의해 외국인 통치자가 실각하는 일은 때때로 왕조의 제국 통치가 순환을 마친 이후에, 또는 외국인 통치자와 엘리트층이 문명의 편의시설과 권력 안에서 야만적인 활력을 잃어버린 이후에 일어났다. 마지막으로, 야만적이거나 반#야만적인 정복자들이 제국 구조 전체를 넘겨받아 보존하지 못할 만큼 약하다면 제국이 조각나고 해체될 수도 있었다. 이런 일은 로마 제국에서 되돌릴 수 없을 정도로 일어났고, 중국에서도 항상 단기간에 그치기는 했으나 거듭 일어났다.

정주와 반半정주 경계지역이 제국의 안보에 끊임없이 도전했고 이따금 제국을 탈취하기는 했지만, 훨씬 큰 규모의 습격과 자릿수가 전혀 다른 체계적인 강탈이 일어난 곳은 스텝지대 변경이었다. 널리 채택된 말타기는 유라시아의 정주 문명권보다 유라시아의 광대한 스텝지대를 훨씬 크게 탈바꿈시켰고 갈수록 유목 − 목축 − 약탈 생활방식을 가능하게 해주었다. 유라시아의 심장부 전역을 따라 뻗은 스텝지대와 이곳 사람들은 동쪽과 서쪽의 문명들에 결정적인, 그러나 각기 다른 영향을 미쳤다.

말 탄 습격자들과 스텝지대의 제국들

초원의 바다인 유라시아 스텝지대는 우크라이나부터 몽골 평원까지 7000킬로미터 길이로 뻗어 있고 남에서 북까지 1500킬로미터에 달한다. 위도와 혹독한 대륙성 기후 탓에 강수량이 적은 이 광대한 서식지의 대부분에서는 나무가 거의 자라지 못한다. 스텝지대 너머 북쪽의 삼림과 타이가에서는 더욱 희박한 인구가 신석기시대 이전의 수렵인 − 채집인 − 고기잡이 − 덫사냥꾼 생활방식을 고수했다. 그렇지만 스텝지대에서는 남쪽의 농경 사회들에서 전해진 신석기 도구 일습이 경제와 인구를 탈바꿈시켰다. 강이 흐르는 골짜기에서는 매년 곡물을 재배했고 인구가 조금 더 조밀해졌다. 하지만 양떼와 소떼 목축이 훨씬 더 중요했고, 이것이 스텝지대를 넘어 널리 확산되어 목축과 농업을 혼합한 반유목 − 반정주 경제에서 곡물 재배와 원예를 보완했다. 여기에 일찍이 기원전 제4천년기에 이 지역에서 가축화된 동물인 말이 추가되었다.

이미 살펴본 대로, 완숙한 지속적인 말타기는 신장이 손바닥 14~15개 높이(140~150센티미터)인 더 큰 말의 사육과 분명히 관련이 있었다. 이런 말은 기원전 제2천년기 후반에야 스텝지대 서부에서, 아마도 카스피 해와 아랄 해 인근 지역에서 유래한 것으로 보인다. 이 말의 등장은 역사시대에, 즉 기원전 초기 수백 년간 페르시아인과 중국인이 중앙아시아의 커다란 '천마天馬'를 갈망한 사실과 관련이 있을지도 모른다. 말타기의 발달은 경제와 인구, 군사에 압도적인 영향을 미쳤다. 말타기 덕분에 가축 떼를 데리고 목초지와 물을 찾아 훨씬 먼 거리를 이동해서 스텝지대 깊숙한 곳까지 들어갈 수 있었다. 그 결과 스텝지대의 강변과 오아시스 주변에서 반정주—반목축 생활방식에 따라 거주한 인구와 구분되는, 줄곧 이동하며 생활한 완전 유목민 집단이 등장했다—말 이전의 목축민과 다른 새로운 부류였다. 그렇다고 해서 이 집단이 농사를 짓는 이웃들과 관계를 완전히 끊었던 것은 아니다. 오히려 완전 유목민은 처음부터 농산물—무엇보다도 곡물—과 기타 물품을 얻기 위해 정주 인구와의 교환을 필요로 하는 공생적 존재였다. 앞서 말이 없었던 목축민과 관련해 확인했듯이, 사실 대가를 지불하지 않고 필요한 재화를 무력으로 빼앗을 수 있다면 훨씬 더 좋았다.

말을 가진 목축민은 그 생활방식 덕분에 말이 없는 목축민보다, 심지어 스텝지대의 전차병보다도 군사적으로 유리했다. 전차는 기원전 제2천년기에 스텝지대에서 발명된 것으로 보이며, 스텝지대 부족의 전쟁 무리들은 전차를 이용해 이란을 넘어 메소포타미아 북부(미탄니 제국)와 인도 북부를 정복하고 지배할 수 있었다. 그럼에도 전차는 엘리트의 무기였다. 전문적이고 복잡한 기구인 전차는 만들고 유지하는 데 품과 비용이 많이 들었다. 부족의 엘리트만 소유했던 전차는 일단 문명권에 도입되고 나면 거기서 한층 성공적으로 이용되었는데, 조직된 정주 사회가 전차를 제작하고 유지하기에 더 나은 하부구조를 갖추고 있었기 때문이다. 반면에 말타기에는 전문적 장비가 필요하지 않았고, 목축-유목 경제와 생활방식의 근간을 이루는 바로 그 말을 비할 바 없는 전쟁 수단으로 겸용할 수도 있었다. 따라서 승용마乘用馬는 스텝지대와 농경지대 간 세력 균형을 근본적으로 바꾸어놓았다. 광대한 목초지에서 유목생활을 하는 사회에서는 모든 구성원이 말을 다수 이용할 수 있었고, 사실상 부족의 성인 남성 전원을 포함하는 기마 군단을 창설할 수 있었다. 반면에 정주 문명권에서 말은 엘리트의 전유물이었고 사치품으로만 기를 수 있었다.

군단이라는 용어는 그릇된 인상을 주기 십상이다. 고대 저자들이 터무니없이 과장하기는 했지만, 기마 목축민들은 정주 사회들과 비교하기 어려울 정도로 인구가 적었다. 농업 생활양식이 훨씬 더 집약적이고 수십 배나 더 조밀한 인구를 산출하기 때문이다. 부족 무리들의 성인 남성 수는 수백 명에서 2000명 사이였고, 정말로 대규모인 부족 연맹들조차 보유한 기병이 수천 명에 불과했다. 역사상 가장 막강했던 스텝지대 부족 복합체, 즉 몽골의 모든 부족을 망라한 칭기즈 칸의 복합체에는 남성 전사가 1206년에 9만 5000명, 1227년에 12만 9000명밖에 없었다. 이 수치들은 이른바 『몽골비사』와 기타 당대 문헌들에 기록되어 있는데, 유목민으로는 대단히 드물게도 몽골족이 정주 문자문명들을 정복했고 그 덕에 믿을 만한 수치들을 포함하는 자기네 역사를 문헌으로 남길 수 있었기 때문이다.[95] 중국의 인구는 칭기즈 칸의 유목민들보다 약 100배 많았다. 그럼에도 스텝지대와 농경지대의 인구를 절대수치로 비교하는 것은 별 의미가 없다. 실권을 쥔 쪽은 기마 유목민들이었기 때문이다.

개활지에서 장거리를 이동하는 유목생활과 무리를 이루어 사냥하는 활동은 실제 군사작전과 가장 흡사한 모의 훈련이었다. 더욱이 유목생활을 하는 부족 무리들은 목초지와 물, 가축을 차지하기 위해 빈번히 분쟁하면서 평생 교전하는 습관을 들였다. 정주하는 이웃을 상대할 경우 유목민 무리는 월등한 기동성을 이용해 시골에 흩어져 있는 농업 정착지들을 습격하고, 장소에 따라 끊임없이 작전을 바꾸고, 하루에 70킬로미터를 가뿐히 이동할 수 있었다. 적진인 농촌 지역에서 빠르게 이동하고 작전을 계속 바꾼다는 것은 병참이 무척 유연하다는 뜻이기도 했는데, 말과 인간 모두 현지에서 식량을 자급했기 때문이다. 농경 사회들은 힘을 모아 반격에 나섰더라도 숫자가 더 많고 이동이 느린 보병 전사들을 집결시킬 시간이 없었을 것이고, 어쨌거나 기마 유목민들이 그들과 싸워주지 않았을 것이다. 기병대만이 습격자들을 따라잡을 수 있었지만, 정주 사회가 엄청난 대가를 치르고서야 유지할 수 있었던 한정된 수의 기병대는 기마 유목민들에 비해 수적 우위를 누리지 못했거니와 그들보다 군사적으로 열등했거나 적어도 그들과 싸우기에 부적합했다. 말을 타고 생활하는 유목민들은 기마술에서 타의 추종을 불허했다. 게다가 그들의 주요 무기는 동물의 힘줄과 뿔, 나무를 공들여 가공하고 접착해 만든 작고 강력한 복합궁이었다. 어려서부터 훈련을 받은 그들은 싸우는 동안 전속력으로 달리면서도, 심지어 뒤를 돌아보는 자세로도 활을 무섭도록 빠르고 정확하게 쏠 수 있었다. 정주 사회의 기병대는 돌격하기 위해 더 무겁게 무장했으나 좀체 유목민들을 싸움에 끌어들이지 못했다.

문제의 핵심은, 스텝지대의 경무장 기병들은 굳게 지킬 것이 없었기 때문에 자기네 교전 방식을 계속 고수하고 원할 경우 정면 대결을 피할 수 있었다는 것이다. 정주 사회의 입장에서 보면, 침입자들을 섬멸하거나 억지하기 위해 효과적으로 반격할 만한 대상이 없었던 것이다. 기마 목축민의 가족과 가축 떼는 사정거리 밖에 있었고, 거의 유목 전사만큼이나 기동성이 좋고 붙잡기가 어려웠다. 기마 유목민 일부는 말타기가 완전히 발달하기 이전 시대에 스텝지대 목축민이 사용했던 무거운 소달구지마저 포기했다. 정주하는 이웃을 향한 유목민의 극악무도한 행동—역사상 가장 참혹한 페이지의 일부를 채우는—은 이 모든 요인의 결과였다. 두 가지 이질적인 생활방식의 주창자들은 서로를 멸시하기만 한 것이 아니었다. 유목민들은 정주 생활의 근간인 재산과 고된 노동에 공감하지 못했을 뿐 아니라, 정주 사회들과 목축 사회들의 관계에서 주된 구속력이었던 앙갚음을 두려워할 이유마저 거의 없었다. 더욱이 유목민들은 수가 워낙 적어서 완전한 공포 말고는 정주 사회를 위압하거나 제압할 방도가 없었다. 그리고 대부분 약탈에 적합하도록 훈련받은 그들은 '평범한' 침략자들—정복하기 위해 온 자들—에 비하면 영속적인 전리품인 토지와 인구를 온전히 남겨두는 데 관심이 없었다. 요약하자면, 유라시아의 전체 인구에서 고작 몇 퍼센트를 차지할 뿐이었음에도 기마 유목민들은 말타기를 채택함으로써 자기네보다 수가 엄청나게 많았던 이 대륙 정주 사회들의 역사에 결정적인 영향을 미친 중대한 세력으로 변모했다.

비옥한 초승달 지대의 가장자리부터 중국의 성문까지

유라시아 스텝지대의 서부, 그러니까 더 큰 승용마를 최초로 사육한 트란스옥시아나부터 우크라이나에 이르는 지역에는 이란어파의 언어로 말한 일족들, 그중에서도 특히 스키타이족(인도유럽어의 어원에 따르면 사수 射手라는 뜻. 동부에서는 '사카Saka'라고 불렸다)이 거주했다. 이 일족들이 남쪽에서 이름을 떨치며 고대 근동의 문명들에 중압을 가하기까지는 수백 년밖에 걸리지 않았다. 이 기간 동안 승용마가 확산되고, 완전한 이동형 유목 경제가 진화하고, 스텝지대의 인구가 늘었다. 승용마와 기병은 기원전 9세기에 스텝지대로부터 아시리아 군대에 도입되어 근동 도처로 퍼져나간 것으로 보인다. 여기에 더해 기원전 8세기 말과 7세기 전반기 동안 킴메르족(알려진 바가 거의 없다)이 크림 반도에서 캅카스 산맥을 넘어와 아시리아의 북쪽 숙적이었던 우라르투에게 참패를 안겨준 것으로 보인다. 그런 다음 킴메르족은 아나톨리아에 정착하는 과정에서 프리기아 왕국을 파괴했다. 사방을 습격한 그들은 이오니아의 그리스인과 리디아를 무겁게 억누르고 아시리아를 괴롭혔다.[96] 그 뒤를 이어 기원전 7세기 초에는 스키타이족이 캅카스 산맥 동쪽의 카스피 해 연안을 따라 남하해 아나톨리아 동부와 이란 고원을 습격했다. 스키타이족은 먼저 아시리아에 맞서 신흥 메디아 연합과 동맹을 맺은 다음 다시 아시리아와 동맹을 맺었고, 한동안 메디아에 대한 종주권까지 확립했으며(기원전 653~624년), 기원전 7세기에는 이 두 강국과 고대 근동 전역을 습격했다.[97] 그렇지만 이처럼 한 세기 동안 근동의 권력정치에서 중요한 요인으로 작용한 뒤, 기마 유목민의 위협은 사그라졌다. 덥고 건조하고 부분부분 산악지대이고 인구가 조밀한 근동에는 그들의 말을 먹일 목초지가 부족했다. 북쪽 스텝지대의 그들 거주지에서 근동에 접근하는 길에는 제약이 많았는데, 흑해와 카스피 해가 좌우를 가로막고 있어서 캅카스 산맥의 좁고 긴 지형을 통과해야 했다.

기마 유목민들이 쉽게 접근할 수 있었던 지역은 이란뿐이었으나 이 고장 사람들, 특히 건조한 북부와 동부의 사람들은 어느 정도 목축민이었고 승용마를 광범하게 채택하고 있었다. 메디아와 그 이후 페르시아는 동쪽의 박트리아 지방을 포함해 이란 전역에서, 그리고 이란의 북부 스텝지대 변경을 따라 부족 단위로 습격을 가하며 제국을 끊임없이 괴롭힌 스키타이족/사카족 사이에서 강한 기병대를 모집해 운용했다. 키루스 대제는 트란스옥시아나에서 유목민과 전투하다가 전사했다고 전해진다(헤로도토스, 『역사』 1.214, 기원전 530년). 다리우스 1세는 동쪽에서 사카족과 싸워 그들의 족장/왕을 생포하는 등 더 성공적이었다. 그러나 기원전 514년 혹은 512년 다리우스 1세가 대군으로 스키타이(우크라이나)를 침공했다가 실패한 사건은 유목민을 종속시키거나 토벌하려는 어떤 진지한 시도도 헛수고

나 마찬가지임을 입증했다. 헤로도토스의 서술은 유목민의 전형적인 전략을 보여준다(『역사』4.120, 121, 127, 128). 스키타이족은 "정면 대결을 피하고 퇴각하되 물러나는 도중에 우물과 샘을 모두 메우고 땅에 난 풀을 훼손하기로 작전을 짰다…… 처자식들이 기거하는 수레들은 모두 앞쪽으로 보내고 북쪽으로 계속 이동하라고 일렀다…… 스키타이족에게는 도시도 경작지도 없었기 때문이다." 그들은 정면 대결을 피하며 멀리 떨어져서 페르시아인을 따라갔고 "그들이 식량을 구하러 나올 때마다 기습하기로 마음먹었다…… 스키타이족 기병대는 언제나 페르시아 기병대를 패주시켰다…… 스키타이족은 적의 보병대가 두려워 말머리를 돌리곤 했다. 스키타이족의 이런 공격은 낮은 물론 밤에도 되풀이되었다." 적국 깊숙한 곳까지 진군하고도 유의미한 타격을 전혀 입히지 못한 페르시아군은 굶주림에 대한 두려움과 본거지와의 통신이 차단될 위험 때문에 서둘러 후퇴할 수밖에 없었다.

스텝지대에 대한 이 첫번째 대규모 군사작전의 결과는 뒤이은 수많은 시도들, 그중에서도 광대한 스텝지대 변경을 따라 침공한 중국의 시도를 예시豫示하는 것이었다. 그러나 유라시아 스텝지대의 반대편으로 관심을 돌리기에 앞서, 알렉산드로스가 페르시아 제국을 파괴하고 그의 셀레우코스 왕조 계승자들이 시리아를 중심으로 통치한 이후에는 근동의 탁 트인 스텝지대 측면을 차단한 강대국이 이란에 존재하지 않았다는 사실을 덧붙여 말해야겠다. 그 결과 이란어를 쓰는 다른 유목 궁기병들이 북쪽에서 내려와 재빨리 이 공백을 메웠다. 그들은 남쪽으로 이동해 이란의 산악지대 고원과 메소포타미아의 일부 지역들을 통치한 파르티아족이었다. 기원전 247년부터 서기 224년까지 스텝지대와 농경지대 사이 혼합 지역을 통치한 이 과도기적 파르티아 제국은 지중해 제국들—먼저 셀레우코스 제국, 그다음으로 로마 제국—에 맞서 세력 균형을 맞추었고, 로마 제국과

완전한 기병대를 묘사한 초창기 이미지. 기원전 9세기 전반기 아시리아의 기병대. 안장 없이 말을 타는 기병들이 두 명씩 짝을 지어 작전을 수행하고 있다. 한 명은 말 두 마리의 고삐를 쥐었고 다른 한 명은 활을 쏘고 있다. "전차 없는 전차 팀과 비슷하다." 님루드에 있는 아슈르나시르팔 2세의 궁전.

자웅을 겨루어 살아남은 유일한 강대국이었다.

그렇지만 맨 처음 말이 가축화되고 전차가 발달하고 승용마가 사육된 곳이 유라시아 스텝지대의 서부―선사시대의 장막이 걷힌 무렵 이란어파 언어를 말한 사람들이 거주한 곳―였다고는 해도, 중요한 점은 가장 막강한 기마 유목민들이 거듭 등장한 곳이 유라시아 스텝지대의 동부였다는 사실이다. 역사시대에 알타이어족 언어―튀르크어와 몽골어―를 쓴 그들은 말이 끄는 전차와 승용마를 서부에서 처음으로 받아들였던 게 분명하다. 이 두 가지 수입품은 서부에서 기원하여 약 500년이 지난 후 스텝지대를 넘어 동부에 잇따라 도착했다. 이처럼 선사시대에 전차와 말이 동쪽으로 확산된 흔적이 중국 북서부 변경의 고립된 인구 사이에 남아 있었던 것으로 보이는데, 그들은 1세기의 3분기까지도 학자들이 토카라어라고 명명한 인도유럽어족 언어로 글을 썼다. 중국 기록에서 말하는 월지月氏족인 듯한 그들의 뚜렷한 캅카스인의 특징―붉은 머리칼과 파란 눈 같은―은 고대의 예술적 재현물과 발굴된 그들의 미라를 통해 드러난다.[98] 그러나 알타이어족 언어를 사용한 그들이 일단 유목생활을 받아들이고 나자 이주의 물결은 반대 방향으로만 거듭 휘몰아치기 시작했다. 다시 말해 이주 물결은 동부에서 스텝지대를 넘어 서아시아와 동유럽으로만 흘러갔다.

왜 이렇게 되었을까? 튀르크족과 몽골족이 스텝지대에서 우위를 점하고 유라시아의 정주 문명들에 압도적인 충격을 준 이유는 무엇일까? 이 물음을 이처럼 폭넓게 제기한 사람은 없었던 듯하다.[99] 물론 선천적 자질은 관련이 없었다. 차이를 빚은 것은 이번에도 지리와 생태였다. 완전한 유목형 기마 목축생활이 최초로 등장한 곳은 유라시아 스텝지대의 서부였지만, 이 지역 거주자들이 모두 순수한 유목민이었던 것은 아니다. 예컨대 스키타이족 중에서 일부 부족들—헤로도토스가 말한 유목 스키타이족(『역사』 4.18~20)—만이 완전 유목생활을 했고 나머지, 특히 강 골짜기와 비가 더 많이 내린 서쪽의 주민들은 반+유목생활을 하면서 목축과 농경을 병행했다. 식사와 안락함을 모두 고려하면, 어쨌든 혼합 생활방식이 더 만족스러웠다. 농경을 방해하는 생태적 조건은 개활 스텝지대에서 완전 유목생활이라는 더 혹독한 선택지를 강요한 요인이었다. 그렇지만 이 선택지가 가장 순수한 형태의 기마 유목민에게 군사적 강점을 선사했다는 것이 중요하다. 요컨대 군사적 우위는 더 혹독하고 더 빈곤한 생활방식에 달려 있었다. 이런 이유로 유목형 스키타이족은 정주형에 더 가까운 스키타이족을 지배했다. 이와 유사하게 돈 강 동쪽의 더 건조한 스텝지대 출신인 사르마트족은 기원전 3세기부터 스키타이를 장악했다.

유라시아 스텝지대 동부, 알타이 산맥 기슭, 고비 사막 인근, 몽골 평원은 서부보다 강수량이 적고 강 골짜기가 드물었다. 그 결과 토착 인구는 목축-유목에 가까워지고 농경-정주에서 멀어졌으며, 그런 생활방식이 수반하는 모든 군사적 강점을 누렸다. 따라서 그들은 농산물과 여타 물품을 얻기 위해 중국의 정주하는 이웃들에게 훨씬 더 의존하게 되었다. 더

육이 고대 근동과 달리 중국의 북부 스텝지대 변경은 긴데다가 활짝 열려 있었고, 광대한 내해 같은 지리적 장애물로 막혀 있지 않았다. 마지막으로, 유목민에게 서남아시아로 가는 주된 경로인 동시에 반목축 완충지대였던 이란과 달리 중국에서는 스텝지대부터 황허 강 유역의 인구 조밀 농경지대까지 가는 경로에 장애물이 훨씬 적었다. 양쪽 측면, 특히 동쪽의 만주에는 목축과 농경이 섞인 지대가 있긴 했지만, 중국 문명 심장부의 맞은편에 있는 훨씬 덜 중요한 지대였다. 이런 요인들이 모두 작용하여, 중국의 스텝지대 변경에 살던 기마 유목민을 막강한 세계사적 세력으로 바꾸어놓았다.

서남아시아가 습격을 당하고 400년이 지난 기원전 4세기에 이르러서야 전국시대 중국은 북쪽에서 온 신흥 기마 유목민의 습격을 받는 가운데 기병을 받아들였다. 그 결과 진나라(기원전 221~206년)의 뒤를 이어 한나라(기원전 206년~서기 220년)가 중국을 통일한 무렵, 북부 변경에서 스텝지대 제국—중국 사료에 흉노라고 기록된 거대한 부족 연합—이 형성되었다. 이 제국은 캅카스적 요소들도 포함했을지 모르지만, 사람들이 (원)튀르크어를 말했는지 (원)몽골어를 말했는지 아니면 둘 다 말했는지는 밝혀지지 않았다. 그때부터 중국과 스텝지대는 마치 공생하는 샴쌍둥이처럼 불가분하게 얽힌 채로 정치적 발전을 이루었다. 중국 역사상 가장 강력했던 왕조들은 맞은편에서 자기네 못지않게 막강한 스텝지대 제국들이 출현하는 광경을 목도했다. 한나라와 흉노의 해체기 이후에 중국에서는 수왕조와 당왕조가 차례로 등장했고, 스텝지대에서는 광대한 튀르크족 제국들이 출현했다.

역사인류학자 토머스 바필드Thomas Barfield가 지적했듯이, 스텝지대에서 국가들과 제국들은 그저 문명의 경계지역에서 국가의 형성을 자극한 일반적인 요인들—전쟁을 포함해—때문에 출현한 것이 아니라 정주 제국들과 대결할 수 있는 더욱 커다란 강탈 연합체로서 출현했다.[100] 칭기즈 칸과 그 계승자들의 몽골 제국에 대해 흔히 알려진 것과 달리, 스텝지대 유목민들은 보통 정주 문명권을 정복하고 통치하려 시도하지 않았다. 그런 시도는 그들에게 도무지 적합하지 않거나 그들이 여간해서 떠맡지 않으려 했던 책무와, 스텝지대 목축 생활방식의 포기까지는 아니더라도 변형을 뜻했을 것이다. 오히려 그들의 목적은 약탈이었고, 가급적이면 강탈하고자(아울러 교역권을 얻어내고자) 했다. 그들의 이상은 정주권의 국가 당국을 협박해 자기네를 위해 일하게 만드는 것, 이를테면 '보호비' 명목으로 스텝지대로 수송될 막대한 양의 농산물과 사치품을 교섭하고 마련하도록 강요하여 양쪽이 곤경과 죽음, 유린, 주기적인 습격에 따른 참상을 겪지 않게 하는 것이었다. 제국 당국이 과중한 조공을 바치지 않기로 결정한다면, 그 결정을 재고하도록 강요하기 위해 대규모 습격이 재개될 터였다. 이 모든 점에서 스텝지대 유목민은 직접 통치를 확립하기보다 적진을 습격하고 조공을 강탈한 국가 이전/국가 초기의 약탈 사회와 사실상 전혀 다르지 않았다.

그런데 중국의 강력하고 오만한 황제들은 어째서 스텝지대 유목민들에게 강탈당하는 데 동의했을까? 중국이 천 년하고도 수백 년간 목이 졸리면서도 스텝지대와 공생·기생 관계를 유지한 까닭은 무엇이었을까? 물론, 중국의 곤경을 해소할 만한 뚜렷한 군사적 해결책이 사실상 없었다는 것 외에 다른 이유는 없었다. 두 가지 전략—방어 전략과 공격 전략—은 맨 처음부터 교대로 또는 동시에 시도되었다. 방어 전략을 보면, 전국시대에 스텝지대와 국경을 접한 국가들은 유목민의 습격으로부터 영토를 보호하기 위해 중국식 흙벽을 세웠다. 중국 시황제(기원전 221~210년)는 이 방어시설들을 유명한 만리장성으로 연결했으며, 장성은 후대에 거듭 개축되었다.[101] 그렇지만 수천 킬로미터나 뻗어 있던 만리장성도 기동성 좋은 대규모 기마 군단의 습격을 완전히 막아내지는 못했다.

　중국이 시도한 기동-공격 전략은, 스텝지대 기병들을 매복 공격하고 가로막고 추적하기 위해 그들의 무장과 전술을 모방하는 경기병 대군을 고용하는 것이었다. 이 전략 역시 전국시대에 조나라의 무령왕武靈王이 처음으로 채택했다(기원전 307년). 이 변화는 중국 내의 국가 간 전쟁에도 영향을 주어 전차가 갈수록 기병으로 대체되었다.102 200년 후, 흉노의 요구 수위가 지나치게 높아지고 조공과 교역으로도 그들의 습격을 완전히 막지 못한 상황에서 한나라 황제들은 이 전략을 되살리고 한걸음 더 나아갔다. 기원전 129년부터 그들은 부족민들과 가축 떼를 추적하고 붙잡기 위해 스텝지대를 대규모로 침공하기 시작했다. 그렇지만 이 전략은 가장 성공한 경우에도 효과가 제한적이었고 막대한 비용이 들었다. 이미 언급한 대로 유목 부족들은 붙잡기가 무척 어려웠다. 중국 입장에서, 대규모 기병대를 육성하고 국영 농장에서 말 수십만 마리를 사육하는 것은 어마어마한 병참과 재정 지출을 수반하면서도 군사적 가치 외에 다른 가치는 없는 일이었다. 건조한 스텝지대에서 광범위한 군사작전을 전개하는 데 필요한 막대한 비용과 복잡한 병참 역시 유목민의 자족적이고 유연한 병참과 극명히 대비되는, 상상을 넘어설 정도로 어려운 문제였다. 이런 이유로, 역사 내내 중국의 권위자들은 유목민에게 적정한 조공을 바치기로 합의하는 것이 비용이 더 적게 드는 차악次惡이 아닐까 고심하지 않을 수 없었다.103

　유목민이 거의 끊임없이 위협을 가해오는 현실에서 중국이 감내해야 했던 것이 바로 이 만성적이고 값비싼 딜레마였다. 유목민들이 내분을 일으키고 그들의 중앙권위가 약해지는 때에만 중국은 비교적 성공적으로 그들을 상대할 수 있었다. 그럴 때면 중국의 제국 정책은 이런 사태를 활용해 파벌들끼리 반목하게 만들고, 보상과 외교와 군사적 지원을 이용해 동맹을 맺은 유목민 부족의 협력을 얻어낼 수 있었다. 이보다 한층 성공적인 결과는 스텝지대 일부를 중국-스텝지대 연합 제국에 통합하는 것으로, 특히 반유목-반정주 생활을 하던 만주 출신 황제들이 중국 북동부 경계 지역에서 이런 시도를 했다. 몽골의 완전한 유목형 기마 목축민들과 달리, 만주족은 중국 왕조의 쇠락기나 제국의 무정부 시기에 중국 전체나 일부를 장악하려 시도했고 이따금 성공을 거뒀다. 가장 성공한 경우는 탁발족의 북위(北魏, 서기 386~556년), 거란족의 요나라와 여진족의 금나라(서기 907~1234년), 만주족의 청나라(서기 1616~1912)였다.[104] 이란에서 그랬듯, 그 결과로 출현한 목축-정주 혼합 정치체는 농경에 집중하는 중국 본토보다 스텝지대 기마 유목민을 더 많이 품을 수 있었다.

중국을 실제로 정복하고 직접 통치하려 시도해 성공을 거둔 스텝지대 유목 제국은 칭기즈 칸과 그 계승자들의 몽골 제국이 유일했다. 부족장의 아들로 태어났으나 힘겨운 어린 시절을 보낸 테무진은 장장 20년간 끊임 없는 전쟁을 통해 통치 영역을 계속 넓힘으로써 스텝지대 부족들을 어렵사리 통일했다. 서기 1206년 몽골 스텝지대의 모든 몽골족과 튀르크족 부족들의 대칸大汗임을 선포한 뒤, 칭기즈 칸은 중국 변경의 중국화된 반유목 국가들을 자신의 종주권 아래로 편입시켰다. 초기만 해도 칭기즈 칸의 야망은 스텝지대에서 통일 제국을 창건하고 중국에 조공을 다시 강요한다는 전통적인 목적에서 벗어나지 않았던 것으로 보인다. 1211~14년 중국에서 처음 군사작전을 수행할 때 그는 이 목적을 염두에 두고 있었다. 그렇지만 외부 상황과 유목민 정치체 내부의 혁신으로 인해 그의 정책 방향은 새롭게 바뀌었다. 외부 상황을 보면, 격렬하게 싸우고 대규모로 유린당한 북중국의 통치자들이 1214년 몽골에 항복하고 조약을 맺었다. 그렇지만 이후로 그들은 스텝지대 변경에서 먼 곳으로 수도를 옮겼으며, 칭기즈 칸은 이 천도를 저항을 재개하겠다는 신호로 해석했다. 이 무렵 몽골족은 서쪽에서도 의도치 않게 대규모 보복전을 개시했다. 트란스옥시아나에 자리잡은 강력한 국가인 호라즘의 샤 무함마드가 대칸의 사신단을 살해하자 몽골군은 이 나라를 침공해 파괴했다(1219~20년).

이런 상황에서, 스텝지대의 예전 유목 제국들보다 중앙집권적이고 질서정연했던 칭기즈 칸의 제국은 내부의 힘의 원천을 외부에 적용할 수 있었다. 칭기즈 칸은 부족 무리에 의존하기보다 스텝지대 군대를 위계적인 십진제 단위로, 즉 전사 10명, 100명, 1000명, 1만으로 이루어진 단위로 편성했다. 그는 이 단위들을 통솔하는 자리에 천거받은 지휘관들을 앉혔고, 그들이 전장에서 분별력과 대칸에 대한 충성심을 입증하고 나면 공적에 따라 임명과 승진을 진행했다. 그 결과 스텝지대 기병들 특유의 군사적 자질이 현저한 질서와 규율, 조직적인 단위로 보완되었다. 이 군사 지휘체계는 분명 복잡한 정주 사회를 자력으로 통치할 수는 없었지만, 민간 통치기구에 권한을 추가 위임하는 방식으로 중앙집권적이고 영속적인 국가 구조를 만들어냈다.

정복 초기만 해도 몽골족은 북중국을 말과 가축 떼를 먹일 목초지로 바꿀 속셈으로 이 지역의 '인구 줄이기'를 고려했다. 고위 관료를 지낸 거란족 사람으로 당시 대칸을 섬기고 있던 야율초재耶律楚材는 자신에게 나라를 평화롭게 운영하는 일을 맡겨준다면 해마다 은 50만 온스, 곡물 40만 자루, 비단 8만 필을 조달할 수 있을 것이라고 새로운 통치자들에게 설명함으로써 재앙을 미연에 막았다고 전해진다.[105] 몽골족은 옛 제국의 관료기구를 통해 중국을 통치하는 방안을 받아들였다. 또한 중국 정복을 수행하는 동안 몽골군의 자체 스텝지대 기병이 6만 5000명을 넘은 적이 없었음에도, 몽골족은 토착 중국인들을 폭넓게 모집해 주로 보병으로, 그리고 포위작전과 기타 기술직을 위해 고용했다. 칭기즈 칸의 손자인 쿠빌라이 칸(1260~94년)의 통치기부터 몽골 제국의 중국 일부가 중국화되었는데, 몽골족의 통치·군사 엘리트들이 점차 스텝지대로부터 멀어지고 중국 문화에 동화되었기 때문이다. 국호를 원元으로 정한 몽골족은 다시 한 세기 동안 중국을 통치했으나 쇠락하고 통제권을 상실하는 시기를 겪은 이후 1368년 명왕조에 의해 중국에서 내몰렸다.

칭기즈 칸과 그 계승자들의 군대는 서쪽 방향도 휩쓸었다. 진군하는 도중 스텝지대 토착 유목민들을 통합한 몽골군은 양 갈래 공격을 개시했다. 한 갈래는 서남아시아를 침공해 이란을 정복하고 바그다드에서 칼리프가 다스리는 무슬림 국가를 파괴했다. 다른 갈래는 동유럽을 침공해 우크라이나와 러시아에서 키예프 대공국을 완파하고 종속시킨 뒤 계속 서진해 폴란드와 헝가리에서 지역 통치자들을 물리쳤다. 몽골 제국과 이를 계승한 국가들은 인도 북부를 포함하는 역사상 가장 큰 제국을 통치했다.

유럽의 관문

그렇지만 칭기즈 칸의 군대는, 그 이전 천 년간 서쪽으로 이동하며 이란어를 쓰는 목축민들로부터 스텝지대 서부를 빼앗고 서남아시아와 유럽의 문명들을 무겁게 짓누른 일련의 튀르크족-몽골족 무리에서 선두보다 후미에 더 가까웠다. 완전한 유목형 기마 목축민 생활방식이 스텝지대 서부에서 동부까지 도달하는 데 500여 년이 걸렸듯이, 스텝지대 동부에서 기마 목축생활이 서쪽으로 향하는 이주의 물결을 거듭 일으키는 수준에 도달하는 데에도 다시 500년이 걸렸다. 지속적인 이주 흐름의 첫 물결, 즉 서기 370년대 초에 훈족이 우크라이나에 돌연 출현한 사건이 서양사에서 그 이전이 아니라 그 특정한 시점에 일어난 이유, 그리고 그때부터 거의 맥박처럼 규칙적으로 침략이 잇따른 이유를 설명해주는 것은 이러한 시간 순서—새로운 생활방식이 스텝지대 극동에 도착해 뿌리를 내린 다음 퍼져나간 순서—다. 이로써 서양사에는 새로운 요소가 도입되었다.

중국의 변경에서처럼 극동 출신 기마 유목민들은 유라시아 서부에서 스텝지대와 문명 간의 세력 균형을 근본적으로 바꾸어놓았다. 지역적이고 기동성이 떨어졌으며 경제적으로 더 혼성이고 이란어를 썼던 킴메르족, 스키타이족, 사르마트족, 알란족의 기마 목축민보다 그들이 훨씬 더 위협적이고 파괴적인 세력이었다. 중국 스텝지대 변경의 흉노와 비슷하게 훈족의 언어도 알려져 있지 않은데, 그들과 대립한 문명들이 문헌 기록을 남기지 않았기 때문이다. 학자들은 훈족이 흉노 제국의 파편화에 뒤이은 권력 투쟁기 동안 서쪽으로 이동한, 이 제국의 세력권에서 기원한 부족 집단인지 아닌지 확정하지 못하고 있다.[106] 그렇지만 가장 타당한 추정은 훈족이 그런 부족 집단이었고 흉노와 훈족 모두 튀르크어족 언어를 말했다는 것이다.

전사 수가 5만 명을 밑돌았을 훈족 무리가 우크라이나에서 이란어를 쓰는 현지인들과 게르만족의 일파인 고트족을 습격하여 물리치자 다급해진 그들은 겁에 질려 서쪽으로, 로마 제국 안으로 도망쳤다. 계속 서진해 중부유럽을 습격한 훈족은 두려움에 벌벌 떠는 게르만족을 모조리 서로마 제국으로 밀어넣었다. 이런 의미에서 말이 서로마 제국을 멸망시켰다고 말할 수 있다. 기병이 로마 보병보다 우월하다는 점이 갑자기 입증된 것은 아니었다. 오히려 스텝지대 기병의 도래는 로마의 야만족 경계지역에 거주하던 게르만족 사이에서 광범한 연쇄반응을 일으켰다. 다시 말해 게르만족의 이주와 정착, 그리고 대부분 보병인 군대가 궁극적으로 서로마 제국을 파괴하는 사태를 촉발했다. 극서 지역에 간접적으로, 그렇지만 아주 결정적으로 영향을 미친 것은 저 멀리 스텝지대에서 천 년에 걸쳐 부상한 기마 유목민 생활방식이었다.

훈족의 직접 행동은 게르만족과 단판이었다. 로마 제국과의 접촉은 중국의 스텝지대 변경에서 거듭 일어난 과정과 비슷한 과정을 훈족 사이에서 촉발했다. 아틸라가 통일한 훈족 사회는 (서기 440년대부터 453년까지) 스텝지대와 중부유럽의 이란어와 게르만어를 쓰는 종속민들까지 포함하는 제국이 되었다. 훈족은 사산조 페르시아뿐 아니라 동로마 제국도 거듭 습격했다. 당시 아틸라는 다른 사회의 자원을 강탈할 수 있는 권력을 전례 없는 규모로 쥐고 있었다. 흔히 알려진 것과 반대로, 아틸라는 동로마나 서로마 제국을 정복하려 시도하지 않았다. 아틸라는 대규모 기병대를 이끌고서 로마 제국, 특히 더 부유한 동로마 제국을 거듭 습격해 약탈과 파괴를 자행했고, 조공 명목으로 제국 통치자들로부터 어마어마한 액수를 받아냈다.

아틸라 사후에 그의 제국은 계승자들 간의 권력 투쟁과 종속민들의 반란으로 인해 해체되었다. 그러나 튀르크계 집단들이 알타이 산맥을 떠나 잇따라 이주해왔다. 유럽에는 6세기 중엽 아바르족(중국 변경에 거주했던 유연柔然족과 동일한 집단일 가능성이 있다)과 7세기 초 불가르족이 도착했다. 그다음으로 9세기에 우랄 산맥으로부터 헝가리 마자르족이 도착했다. 이들은 알타이-튀르크계 부족보다 핀-우그리아계에 더 가까웠다. 그렇지만 스텝지대 북쪽 가장자리에 살던 이들은 기마 목축민 생활방식을 받아들였고, 중북아시아를 지배한 튀르크계 이웃인 불가르족, 하자르족, 페체네그족에 의해 서쪽으로 밀려났다. 중남아시아에서는 기원전 1세기에 월지족(캅카스계 '토하리족'을 포함하는)이 중국 경계지역에서 트란스옥시아나로 이동했고, 1세기부터 5세기까지 아프가니스탄과 북인도에 쿠샨 제국을 건설했다. 쿠샨 제국은 4세기부터 6세기까지 이 지역에 도착해 이란과 북인도를 습격하고 침공한 에프탈족 또는 백색 훈족에 의해 파괴되었다. 8세기 중엽부터는 튀르크계 부족들이 북동쪽에서 이란과 메소포타미아, 아나톨리아의 이슬람 세계로 잇따라 이동했다. 그들은 처음에는 현지 통치자들의 용병으로 복무했으나 곧 이 지역 전역을 장악했으며, 그중 가장 두드러진 사례는 셀주크 튀르크족이었다.[107]

그럼에도 기마 유목민이 여러 가지 유의미한 방식으로 서유럽에 미친 충격은 그들이 동아시아, 서남아시아, 남아시아, 그리고 동유럽에 미친 충격보다는 덜 중대했다. 스텝지대 유목민은 서유럽을 정복하기는커녕 지배한 적도 없다. 이유는 간단하다. 앞서 언급한 다른 지역들과 비교해 닫혀 있고 바위투성이인 서유럽의 지형에는 유목민의 말과 가축을 먹일 넓고 탁 트인 목초지, 즉 그들의 특수한 존속양식과 생활방식의 토대가 없었다. 스텝지대 유목민이 이주할 수 있는 최서단 경계는 언제나 헝가리 평원이었고, 여기서 그들은 중부유럽과 서유럽을 습격해 공포로 몰아넣을 수 있었다. 그러나 정말로 대규모인 기마 목축민의 거주지가 되기에 헝가리 평원은 너무 좁았다. 아틸라의 훈족, 아바르족, 헝가리 마자르족 모두와 관련해 헝가리 평원의 한정된 목초지는 시간이 흐름에 따라 기마 유목민의 위협이 약해진 주요한 이유였다. 게다가 유목민 부족들은 정주형에 가까워질수록 전리품을 운반하기 위해 수레와 달구지에 더욱 의존했고, 그 결과 약탈 역량은 극대화되었지만 기동성은 떨어졌거니와, 적군에 가로막혀 꼼짝 못할 위험성이 커졌다. 다시 이 과정은 아틸라의 훈족, 마자르족, 크림반도의 타타르족에게 차례로 영향을 미쳤고, 궁극적으로 그들의 군사적 우위를 깨뜨렸다. 오스만 튀르크족은 아나톨리아 서부와 발칸 반도의 정주 사회들을 점점 더 직접 통치하게 되었고, 그 과정에서 다른 무엇보다도 효과적인 보병대와 공성병기를 만들어내는 한편 부족과 유목생활의 유산을 대부분 포기했다.[108]

유목민이 뿌리내릴 수 있었던 곳은 유럽 동남부의 광대한 스텝지대뿐이었다. 이 지역에서 칭기즈 칸의 제국을 계승한 킵차크 칸국은 제1천년기 말 이래 동유럽에서 출현한 농경 국가사회들을 지배했고 그들의 조공에 의존해 살았으며, 그들 덕분에 광활한 스텝지대의 제국 연합체로서 존속할 수 있었다. 15세기 말 킵차크 칸국이 해체된 이후 그 분파들, 즉 크림 반도, 카잔, 아스트라한의 칸국汗國들은 수 세기 동안 폴란드-리투아니아와 모스크바 공국의 스텝지대 변경을 계속 습격해 황폐화하고 걸핏하면 다량의 전리품과 다수의 포로—남쪽의 정주 사회들, 그중에서도 주로 오스만 제국에 노예로 팔릴—를 가져갈 터였다. 근대 초에 점점 더 강해진 동유럽 국가들은 너무도 익숙한 방식으로, 즉 변경 정착지들을 요새화하고 일군의 요새를 건설하는 방식으로 대응했다. 이런 요새에서는 고용된 스텝지대 유목민들을 일부 포함하는 경기병대가 습격자들을 매복 공격하고 추격하고 가로막으려 했다. 그렇지만 엄청난 규모의 농촌 황폐화와 인간적 비탄이 만연한 스텝지대 변경의 문제를 해결할 방법은 근대 들어 한참 후까지도 딱히 없었다.[109] 천 년 전에 중국의 스텝지대 변경에서 확립된 기본 규칙들은 그때 이후에야 비로소 바뀌었다.

서양 대 동양

목축민이 서유럽에 충격을 덜 미친 점은, 이 지역의 특수한 생태와 자연지리가 낳은 결과들 중 하나일 뿐이었다. 이 생태와 지리는 서유럽을 유라시아의 다른 주요 문명권들로부터 갈라놓음으로써, 유럽/서양과 아시아/동양을 구분하는 유명하지만 당혹스러운 결과도 낳았다. 확실히 이 모든 용어는 따옴표 안에 있는 것처럼, 가장 넓은 의미의 정치문화적 범주로서 읽어야 한다. 실제로 대다수 역사가들은 이처럼 거창하고 추상적인 관념들, 즉 십중팔구 조야하게 고안되고 대개 완고한 편견을 감추고 있는 관념들을 매우 의심스러워한다. 또한 그들은 지리적-생태적 설명에 적대적이며, 그런 설명이 결정론적이고 우연적·문화역사적 과정을 무시한다고 비판한다—그러나 그런 과정을 맥락화하는 것은 실은 그들이다. 이런 태도를 완강히 고수하는 역사가들은, 아날Annales이라 알려진 역사서술 학파의 저술을 대할 때면 불가해하게도 일종의 학문적 이중인격을 보이면서 그들의 작업을 대단히 존중하는 태도로 돌변한다. 이 학파는 상이한 사회들의 특수한 역사를 장기간에 걸쳐 설명하기 위해 지역별 지리·기후·생태 요인들을 폭넓게 환기시킨다. 아날 학파는 20세기 프랑스에서 등장했으나 이 학파의 접근법 자체는 뿌리가 훨씬 깊다. 그 뿌리는 근대 초와 계몽주의 시대까지 거슬러올라가며, 몽테스키외에게서 절정에 이르렀다. 이 시기에 탐험과 영토 확장, 인쇄술에 힘입어 지구적 시각을 갖춘 유럽인들은 세계의 다른 사회들에 관한 정보를 꾸준히 쌓아가는 한편 그 사회들의 고유한 특징과 차이점을 더 깊이 이해했다. 몽테스키외 이래 모든 중요한 역사·사회 사상가—볼테르, 흄, 애덤 스미스, 헤르더, 헤겔, 마르크스, 베버는 그들 중 거인일 뿐이다—는 동양과 서양의 차이점들, 즉 교육받은 대중이라면 설령 적절히 규정하고 설명하지는 못했을지라도 대부분 인식하고 있었던 차이점들을 상정했고, 다양한 방식으로 설명하고자 했다.

근래 들어 이 사상가들의 다양한 관찰은 이른바 근대 유럽의 기적 또는 '서양의 발흥'이 일어난 이유, 즉 16세기부터 유럽이 과학·기술·경제·권력에서 비길 데 없는 우위를 누린 이유에 대한 더 면밀한 연구들로 보완되었다.[110] 이 문제는 유럽의 다른 '기적', 그러니까 2000년 전 고대 그리스인들과 관련된 '기적' 및 '서양의 발흥'과는 으레 별개로 다루어진다. 그런데 이 두 가지 유럽의 발전은 서로 무관했는가, 아니면 중요한 무언가를 공유했는가? 후자가 참이라면 두 발전의 유사점들을 어떻게 설명할 수 있는가? 이것은 그저 고대부터 근대까지 문화적 연속과 전달의 문제인가, 아니면 유럽사의 근간을 이루고 유럽사의 전반적인 윤곽에 영향을 미치는 하부구조적 요인들과 관련하여 이해해야 하는 문제인가?[111]

모든 지역과 시기, 문화는 명백히 유일무이하다. 유럽의 역사와 마찬가지로 중국과 인도, 서남아시아의 역사는 각각의 시공간에 따라 엄청난 다양성을 드러냈지만, 그럼에도 유럽의 역사 못지않게 독특하고 유일무이한 역사다. 그러므로 물어야 하는 질문은 동양사와 서양사를 구분하는 각각의 '유일무이한 특징'이 무엇이었냐는 것이다. 이 질문 역시 이 책의 전반적인 주제라는 맥락에서 다루어야 한다. 전쟁과 군사력은 동서양에서 특수한 환경·경제·사회·정치 요인들에 영향을 미치고 그로부터 영향을 받는 가운데 어떤 식으로 상이하게, 그리고 다양하게 조절되었는가? 이 장에서 지금까지 나는 유라시아의 문화적 진화를 나머지 세계와 구분하는 유라시아의 공통 요소들에 초점을 맞추었고, 이 대륙 전역의 전쟁과 군사제도를 일반화해서 다루었다. 이제부터는 유라시아의 주요한 지역별 편차를 일부 고찰할 것이다.[112]

유라시아에서 인구가 조밀한 다른 주요 정주 문명권 세 곳과 비교할 때, 유럽사의 뚜렷한 특징들은 제국의 통일과 관련이 있다. 아시아의 양 끝—근동과 중국—에서는 농경지대 거의 전체를 병합한 제국의 대규모 통일이 이들 지역의 역사 초기에 이루어졌으며, 그후부터는 통일 상태가 표준이었고 분열기는 비교적 단기간에 그쳤다. 인도에서도 남단을 뺀 아대륙 거의 전역을 포괄한 제국들—마우리아 왕조, 굽타 왕조, 델리 술탄조, 무굴 왕조의 제국들을 포함해—이 격렬한 파편화 시기를 사이에 두고 차례로 등장했다(마지막 두 제국은 아프가니스탄과 내륙아시아 출신인 튀르크계와 몽골계 왕조의 기병대가 창건했다). 이에 반해 눈에 아주 잘 띄지만 좀처럼 주목받지 못하는 유럽사의 사실 하나는, 유럽이 모든 지역들 가운데 유일하게 내부 세력에 의해 통일되거나 외부 세력에 의해 정복된 적이 없다는 것이다. 논쟁할 여지가 있는 유일한 예외인 로마는 유럽 제국이라기보다 남유럽만을 병합한 지중해 제국이었고, 수 세기 동안 존속하며 막대한 영향을 미쳤으나 유럽사의 일부분에 지나지 않았다. 통일을 시도한 다른 모든 제국—카롤링거, 오스만, 합스부르크, 나폴레옹 제국—은 지리적으로 훨씬 더 한정되었고 단명했다.

몽테스키외는 유럽의 이 유일무이한 특징을 제일 먼저, 제일 분명하게 규정했거니와 이 특징의 근간인 지리와 생태 요인들까지 포착해냈다.

> 아시아에는 언제나 대제국들이 있었다. 유럽에서 대제국들은 결코 계속 존재할 수 없었다. 그 이유는 알다시피 아시아에 더 넓은 평원이 있고, 아시아가 바다들에 의해 더 큰 지역들로 나뉘며, 아시아의 물줄기들이 남쪽으로 갈수록 더 쉽게 마르고 산들이 눈에 덜 덮여 있고 더 작은 강들이 더 허술한 장벽을 이루기 때문이다. 그러므로 아시아에서 강국은 언제나 전제적이다……유럽에서는 자연적 경계가 중간 크기 국가들을 다수 형성하며, 이들 국가에서 법치는 국가의 존속과 양립 불가능하지 않다……이것이 자유에 유리한 풍조를 형성했고, 이 풍조로 인해 각 지역을 종속시켜 외세하에 두기가 아주 어렵다.[113]

인도 아대륙뿐 아니라 서남아시아와 동아시아 역시 병력의 빠른 이동과 제국 내의 빠른 통신을 촉진한 커다란 개활 평원들을 포함하고 있다. 이에 반해 남유럽과 서유럽, 중부유럽은 산맥과 바다에 의해 잘게 쪼개져 있다. 이 같은 장애물의 보호를 받으며 저마다 바다에 접근할 수 있었던 다수의 작은 정치 단위들, 이처럼 조각난 지형에서 등장한 그 단위들은 아시아의 단위들보다 훨씬 성공적으로 독립을 지킬 수 있었다.

이 점에서 전형적인 사례는 그리스이다. 그리스는 고대 근동에서 점차 밖으로 확산된 농업과 문명을 유럽에서 맨 처음 받아들인 지역이었다. 산과 바다가 종횡으로 교차해 유럽에서도 가장 조각난 반도인 그리스 지역은, 울퉁불퉁한 반도형 대륙인 유럽 전역의 정치적 파편화를 축소판으로 예시豫示했다. 그리스인과 유럽사를 연결하는 것은 우연의 일치, 기억, 문화적 전승만이 아니었다. 그렇지만 그리스를 비롯한 지중해의 정치체들을 보호해주고 외부에 접근하게 해주었던 바로 그 바다가 장차 제해권을 장악할 지상제국들을 위해 통신용 고속도로—아시아의 개활 평원에 비견할 만한—로 기능할 수도 있었다는 데 유의해야 한다. 로마는 이탈리아 반도를 정복하고 카르타고와 충돌한 이후인 기원전 3세기 중엽부터 지중해 제해권을 확립했다. 이런 의미에서 우리는 로마를 지중해 제국이라 불러왔는데, 로마인들이 '우리의 바다'라고 부른 지중해라는 통신용·병참용 고속도로 덕분에 로마 제국이 규모를 키울 수 있었기 때문이다. 비판에 대비하여 이 모든 서술은 유럽이 내부 세력에 의해 통일되거나 외부 세력에 의해 정복되는 일이 도저히 불가능했다는 의미가 아니라는 것, 또는 이런 일이 어쨌든 '결정론적으로 예정되었다'는 의미가 아니라는 것을 서둘러 강조해두어야겠다. 나의 서술은 유럽사의 이 같은 사실이 전적인 우연이 아니라, 이 대륙에서 커다란 정치 단위들의 합병을 훨씬 어렵게 만든 물리적·생태적 조건에 달려 있었음을 의미할 뿐이다.

이미 지적했듯이 정치적으로 작은 규모는 귀족과 민중의 희생을 바탕으로 전제군주에게 권력을 집중하는 과정에 보통은 도움이 되지 않았는데, 아시아에서는 광대한 제국들이 형성된 이후 이런 과정이 표준—이른바 동양적 전제—이 되었다. 에드워드 기번이 분명하게 지적했듯이, 전제적으로 변해간 후기 로마 제국은 유럽 역시 이런 과정에 면역되어 있지 않았음을 예증한다.[114] 유럽의 정치적 파편화와 더 높은 수준의 권력 분배에 이바지한 지리-생태 요인들은 조각난 지형 말고도 있었다. 앞서 언급한 대로, 서유럽은 중국이나 북인도와 달리 목축생활을 하는 광대한 스텝지대 변경에 노출되지 않았다. 역사 내내 목축민의 습격과 장악이 문명의 두드러진 특징이었던 서남아시아와 달리, 서유럽은 경작지대와 더 건조한 목축지대로 나뉘지도 않았다. 거의 어디서나 농사짓기에 충분한 비가 내리고 온난한 유럽에는 가축을 쳐서 존속하는 독립적인 경제와 사회가 거의 존재하지 않았다. 오히려 가축 치기는 보통 경작과 목축을 혼합한 농업의 일환으로 행해졌다. 물론 지역별 편차는 있었다.

더욱이 유럽의 강우 패턴 또한 집약적 관개농업이 아닌 건지농업이 표준이 되고, 정착지가 강 골짜기에 조밀하게 집중되지 않고 얼마간 고르게 확산되는 데 결정적인 영향을 미쳤다. 다양한 추산에 따르면, 이것은 유럽의 인구 밀도가 강 골짜기 문명권 인구 밀도의 3분의 1에 지나지 않았고 강 골짜기 자체의 인구 밀도에 비해서는 대략 10분의 1에 불과했음을 의미한다.[115] 이런 생계-정착 패턴은 정치적 결과를 낳았다. 몽테스키외와 베버를 비롯한 이들이 말했듯이 전제적 통치에는 관개농업이 더 유리했다.[116] 첫째, 대규모 관개시설에는 공동체 조직과 건설 공사가 필수였던 반면에 건지농업 종사자들은 더 독립적이었다. 둘째, 관개농업 경작자들은 관개시설을 방해할 수 있는 세력에 의한 생계수단 파괴에 훨씬 더 취약했다. 셋째, 작은 관개지를 매우 집약적으로 경작할 경우 건지농업을 할 경우보다 다른 활동—전쟁을 포함해—에 쏟을 시간이 부족했다. 이 모든 이유로 인해 관개농업 경작자들은 대체로 건지농업 종사자들보다 고분고분했다. 남쪽에서 관개농업을 했던 바빌로니아나 이집트가 아니라 주로 건지농업에 기반을 둔 메소포타미아 북부 아시리아의 농민 경제가 고대 근동에서 가장 효과적인 보병을 배출했다는 점은 우연이 아닐 것이다.

이런 이유로 아시아 문명들과 비교할 때 유럽의 지리적 파편화와 강우 패턴은 남유럽·중부유럽·서유럽의 국가 간 체계를 더욱 파편화하는 데, 그리고 국가-사회들을 더 작게 만들고 계급과 재산에 따른 양극화와 억압을 완화하는 데 기여했다. 전근대 및 근대 유럽의 여러 시기와 지역을 규정한 엄청난 사회적·경제적 격차와 강력한 억압을 감안하면 이런 서술을 선뜻 받아들이기 어려울지도 모르겠다. 그러나 오늘날 역사가들과 사회과학자들의 연구는 몽테스키외와 애덤 스미스 이래 유럽의 선대 학자들이 언제나 감지했던 것, 즉 상대적으로 아시아 사회들이 제국 통치에 더 취약했고 더 전제적이었으며 사회적·경제적 양극화가 더 심했다는 것을 확증한다.[117]

이 모든 사실들은 동양과 대비되는 서양의 전쟁 발발 패턴 및 군사조직과 밀접히 상호작용했다. 먼저 이미 보았듯이 더 작은 규모는 상대적으로 더 높은 동원 수준을 의미했는데, 거주지에 더 가까운 곳에서 군사작전을 펼쳤고 경제 및 병참과 관련한 복잡한 문제가 더 적었기 때문이다. 그리고 정치체들이 더 작고 더 많다는 것, 거주지 인근에서 군사작전을 전개하고 동원 수준이 더 높다는 것은 남자들과 인구 전체가 대제국의 경우보다 전쟁에 훨씬 많이 노출되었다는 뜻이다. 바로 이 사실 때문에 유럽은 끊임없는 전쟁터라는 평판을 얻었고, 일종의 군사 야영지가 되었다. 이와 달리 아시아 제국들의 인구, 또는 '팍스 로마나'의 인구는 대체로 평화화되었다. 더구나 바위투성이 지형, 한정된 목초지, 더 가까운 군사작전 거리, 도시에 집중된 방어시설, 더 높은 동원 수준 등으로 말미암아 유럽에서는 보병이 우세해졌고, 그 결과 사회 내에서 민중의 교섭력이 강해졌다.

유럽에서도 사회의 근간인 이런 조건이 힘을 잃을 때마다 기병에 비해 보병이 확연히 약해졌다. 로마 제국 후기—등자가 쓰이기 한참 전—에 기병은 특히 동부 속주들에서 갈수록 중요해졌다. 우크라이나 스텝지대에서 오는 고트족과 훈족 기병들의 습격을 기다란 다뉴브 강 변경에서 미연에 막으려면 기동성이 더 좋은 부대가 필요했다. 근동의 길게 뻗은 국경선에서는, 사막에서 오는 유목민의 습격을 가로막기 위해서뿐만 아니라 사산조 페르시아 제국의 대규모 기병대를 격퇴하기 위해서도 기동 기마부대가 절실히 필요했다. 앞서 확인했듯이 8세기부터 서유럽에서는 기마전이 갈수록 중요해졌는데, 광대한 프랑크 왕국의 변경에서 원거리 군사작전을 전개하고 사방에서 들이닥치는 기동성 뛰어난 습격자들을 물리치려면 재빨리 대응할 기동 기마부대가 필요했기 때문이다. 원시적·환절적 농경 사회에서 기마전사들은 권력을 잡을 수 있었고, 봉건제의 절정기인 11세기와 12세기에 사회—군사적 우위를 지킬 수 있었다. 유럽사에서 으레 그랬듯이, 이후로는 아직 화기火器 사용 이전이었음에도 보병이 다시 주요 병과가 되었다.

게다가 유럽의 보병은 특수한 종류의 보병, 우리가 이미 도시국가와 관련해 살펴보기 시작한 현상이었다. 근접 충격 전술은 유럽 문명사의 대부분 동안 전투의 표준이었다. 거기에는 다음과 같은 서로 연관된 이유들이 있었다. 보병은 전투를 지원하기보다 주도하는 역할을 맡았다. 목축생활이나 이동생활을 하는 무리들보다 정착한 농업·도시 공동체들이 우위를 점했고, 가까운 거리와 한층 고르게 확산된 인구로 인해 기습 전술로 효과를 보기가 훨씬 어려웠다. 그리고 사회와 국가 내의 사람들이 더 강하게 통합되고 위치가 더 탄탄하고 자기 몫이 더 많았으므로 적과 맞서 싸울 동기가 더 강했다. 바로 여기에 독특한 '서양식 전쟁 방식', 그리스인들이 처음 선보였고 여러 지역과 시대를 거치며 유럽사를 줄곧 특징지은 전쟁 방식의 구조적 기반이 있었다. 이렇게 교전한 것은 단순히 관습이나 전통, 문화적 전승 때문이 아니라(이것들 모두 이따금은 강한 영향을 미쳤을지도 모르지만) 서양의 '객관적' 조건 때문이었다.[118]

조건 면에서 방금 말한 유럽의 정반대에 가까웠던 아시아의 국가 및 제국들에서는, 근접 격돌전이 일반적이지 않았고 오히려 원거리 발사 전술이 표준이나 마찬가지였다. 아시리아의 보병 가운데 방어용 갑옷을 입고 전투 태세를 갖춘 중보병들조차 팔랑크스와 비슷한 밀집대형으로 싸우거나 전장에서 결정적인 역할을 수행하지는 않았던 것으로 보인다. 서남아시아의 광대한 개활지에서는 기마 병과—전차와 기병—가 우위를 점했다. 포위전과 여타 특수임무에서 발군이었던 보병대는 주로 발사 무기를 이용해 적군을 약화시키고, 적군의 전열을 흐트러뜨리고, 기병들이 결정타를 날릴 여지를 만들어내기 위해 전투에 고용되었다. 창병의 주된 기능은 궁수를 보호하는 것이었다. 헤로도토스가 기술한 대로, 아케메네스 왕조 페르시아의 군대는 이런 전투 방식의 계승자였다.[119] 구체적인 정보가 없기는 하지만 전국시대 중국과 고대 인도의 보병대도 엇비슷했던 것으로 보인다. 다만 고대 인도에서는 전투 코끼리가 갈수록 결정적인 역할을 하면서 기병을 두번째 자리로 밀어냈다.[120]

기원전 480~79년 페르시아가 침공했을 때 크세르크세스의 제국군에 맞서 그리스 도시국가들이 승리할 수 있었던 것은, 거주지에서 가까운 전장에 보병을 대규모로 동원할 수 있는 역량 덕분이었다(물론 해군의 우위도 이 못지않게 중요했을 것이다). 그리스인들은 중보병에 특히 적합했던 까닭에 훗날 이 역할로 페르시아군에 고용되기도 했다. 필리포스 2세와 알렉산드로스의 국가 중앙권력이 더 트여 있는 지형인 북부—마케도니아, 테살리아, 트라키아—의 충격기병과 그리스의 충격보병 전술을 결합한 이후, 서양식 전쟁 방식은 적어도 한동안은 동양에서도 승리할 수 있었다. 서양에서는 기병 역시 동양의 경무장 사격 전술과 반대로 중무장 충격 전술로 기울었는데, 그 이유는 앞서 보병과 관련하여 언급한 이유와 거의 같았다. 닫힌 지형과 가까운 군사작전 거리, 고르게 분포한 정착 거주지를 포함하는 반면 이동생활 인구와 넓은 개활지가 없는 조건에서는 치고 빠지기, 사격, 경기병 전술을 실행할 여지가 훨씬 적었다. 이런 조건에서 중무장한 충격기병 병력은 더 가볍게 무장한 적군을 훨씬 쉽게 따라잡고 격파할 수 있었다.

일찍이 전차—물론 유럽의 바위투성이 지형 때문에 기병보다 작전 수행에 제약이 훨씬 많았다—시대에도 전형적인 전차 교전은 동양과 서양

아시리아의 창병을 묘사한 드문 이미지. 개활지에서 창병들이 열을 이루고 있다. 센나케리브 왕의 재위기.

에서 현저히 달랐다. 고대 근동의 평원에서 표준이었던 재빠른 전술적 조종과 원거리 화살 사격은 유럽에서 실행하기 훨씬 어려웠다. 전차는 전략적 기동성(아울러 엘리트를 위한 더 간편하고 위신이 서는 이동수단)을 제공했지만, 전장에서 전차전사들은 대개 전차에서 내려 무거운 무기를 들고 걸으면서 싸웠다. 미케네인(아카이아인)이 이런 방식으로 싸웠다는 호메로스의 묘사는 일부 현대 학자들의 비판을 받았다. 그들은 이미 오래전 사라진 전차 교전에 생소했을 호메로스가 자기 시대 기병 교전의 패턴을 시대착오적으로 과거에 투영했다고 주장했다. 우리와 마찬가지로 미케네인의 전차 교전 패턴에 관한 직접적인 증거가 없었던 이 학자들은 근동의 증거만이 타당한 유추의 근거라고 주장했다. 그러나 다른 학자들이 깨달았듯이, 그리스의 바위투성이 지형에서 기병들이 곧잘 말에서 내릴 필요가 있었다면 전차전사들은 분명 더욱 수시로 전차에서 내렸을 것이다. 전차로 효과적인 작전 수행을 하려면 기병과는 비교가 불가할 만큼 평원과 평지가 중요했기 때문이다.[121] 역사 내내 동양과 서양의 기병 교전 방식에 뚜렷한 차이가 있었던 마당에, 전차 교전 방식은 서로 같았을 거라고 가정하는 근거는 무엇인가?

유럽의 바위투성이 지형에서 전차 교전에 관한 단 하나의 분명한 증거, 호메로스 비판자들이 간과한 그 증거를 직접 제시하는 인물은 역대 최고의 군사軍事 권위자 중 한 사람인 율리우스 카이사르다. 고립된 변방 브리타니아를 침공하는 동안(기원전 54년) 카이사르는 엘리트 전차 병력과 맞닥뜨렸다. 유럽 전역에서처럼 브리타니아에서도 아직 기병이 전차를 대체하기 전이었다. 카이사르는 호메로스와 흡사하게 전차 교전을 묘사한다(『갈리아 전쟁기』 4.33).

먼저 그들은 사방으로 전차를 몰면서 무기를 던진다…… 기병 부대들 사이를 헤치고 들어갔을 때는 전차에서 뛰어내려 걸으며 싸운다. 그동안 전차 조종사들은 전장에서 서서히 물러나 전차를 세우고 기다리기 때문에, 전사들은 적군 무리의 압력이 거세지면 자기네 편으로 쉽사리 퇴각할 수 있다. 이런 이유로 그들은 전투중에 기병의 기동성과 보병의 안정성을 보여준다.

동양에도 파르티아와 사산조 페르시아의 귀족 사이에서 육성된 완전무장 창기병(카타프락트cataphract) 같은 중무장 충격기병이 있었고, 물론 서양에도 사격 경기병이 있었다. 그러나 상이한 조건으로 인해 서양에서는 중세의 기사騎士로 정점을 찍은 중무장 충격기병이 우세했다. 그렇다 해도 중무장 충격기병은 유럽사의 대부분 동안 중무장 충격보병을 보조하는 역할을 했다. 반면에 동양에서는 경기병, 그중에도 특히 궁기병이 우위를 점했다.

아케메네스 왕조 페르시아의 팽창은 그리스에서 한계에 도달한 반면, 알렉산드로스는 레반트 해안 동쪽을 정복하자마자 기병이 대세였던 이란인들을 향해 진군했다. 로마의 메소포타미아 변경은 셀레우코스 제국의 변경보다 훨씬 서쪽에 있었다. 기원전 53년 로마와 파르티아가 처음으로 심각하게 충돌했을 때, 기병 1만 명으로만 구성되었고 그중 9000명이 궁기병이었던 파르티아군은 시리아 북부 평원의 개활 전장인 카르하이에서 크라수스 휘하 로마 군단을 섬멸했다. 로마 군단의 병사들은 적군을 건드릴 수도 없었고 적군의 원거리 사격에 대응할 방도도 없었다. 로마는 두 강국 중에서도 더 강했고 이후로 거의 수 세기 내내 파르티아를 압박했지만, 메소포타미아 북부에서 두 나라 간의 국경선은 크게 바뀌지 않았다. 마르쿠스 안토니우스와 일군의 로마 황제들(그리고 훗날의 사산조 페르시아)의 파르티아 침공은 거듭 실패했는데, 이는 결국 이란 기병들의 발을 묶은 뒤에 전투를 벌이지 못했기 때문이다. 앞서 말했듯이, 로마 제국 역시 동부 속주들에서는 훗날 이 지역의 모든 강대국이 그러했듯 갈수록 기병을 우세한 병과로 채택했다.

나는 3부에서 근대와 전쟁을 논하는 가운데 서구의 독특한 진화 궤도를 다시 검토할 것이다. 그러나 우선은 2부에서 검토한 농경 채택에 따른 인류의 전환과 무력의 상관관계, 그리고 국가 및 문명의 성장과 무력의 상관관계를 더욱 분석적으로 요약할 것이다. 또한 이 문화적 전환이 진화 과정에서 형성된 인간의 선천적 성질들—1부에서 검토한 폭력적 행동과 관련이 있는—과 어떻게 연관되었는지 고찰할 것이다.

제12장

결론: 전쟁, 리바이어던, 문명의 쾌락과 고통

인류가 농업과 축산으로 점차 옮겨간 과정은 인간 싸움의 막을 열지는 않았지만, 인간 싸움—그리고 인간 생활 일반—을 근본적으로 변형함으로써 문화적 진화를 엄청나게 가속화했다. 기본적으로 생산성과 인구가 꾸준히 늘어 근대 직전까지 100배 가까이 증가했다. 인구 팽창과 생산성 증대 사이에는 얼마간 상관관계가 있었으므로 잉여 식량은 크게 늘지 않았고, 절대다수의 사람들은 계속 식량생산자로서 최저 생활수준 근처에서 위태롭게 살아갔다. 그렇지만 갈수록 조밀해지는 정주 인구와 고정된 생산수단, 축적된 자산 덕분에 이제 잉여물의 차등 집중과 전유가 가능해졌다. 루소가 맨 처음 개관한 이 과정에서, 사람들 사이에 존재하는 자연적 차이는 축적된 자원으로 인해 어마어마하게 커지고 객관화되었다.

권력과 자원 축적이 선순환 메커니즘에 따라 서로를 강화하는 가운데, 대규모 사회적 권력 구조들이 출현했다. 누군가 자원을 통제했다는 것은, 남에게 의존하는 일군의 사람들이 비대칭 관계에서 부자들과 권력자들에게 예속되었다는 뜻이다. 이는 매우 차등적인 이익 분배나 제재에 대한 두려움 때문에, 또는 둘 다 때문에, 부자들과 권력자들이 경제적 기회를 이용하고 다른 이들을 착취하고 감취함으로써 부와 권력을 증대할 때, 예속민들이 그들을 지원했다는 뜻이다. 이처럼 위계적인 권력 집중을 바탕으로 사회생활을 지배한 부자들과 권력자들은 자기들끼리 동맹을 맺으면서도 서로 맹렬히 경쟁했다. 국가의 출현은 이 과정의 정점이었다. 다시 말해 국가는 단일한 권력 핵이 대개 폭력적인 사회 내 경쟁에서 다른 세력들을 전부 물리쳤을 때, 또는 권력 핵들이 자기들 사이의 경쟁을 규제하기 위해 한데 뭉쳤을 때 출현했다. 어느 쪽이든, 하나의 권력 구조가 확립되어 주민들에게 명령을 내리고, 권력을 제도화하고, 다른 사회권력 핵들을 복종시키고, 나아가 전례 없는 수준의 위계적 조직화와 강압, 체계적 자원 징수, 병력 동원을 도입하는 한편 인접한 국가 구조들과 경쟁했다. 이렇듯 국가 구조는 국내의 '계급사회'가 성장해서, 또는 외국의 압력을 받아서, 또는 이 두 가지가 모두 작용하여 등장했다.

강압적 구조와 기하급수적 성장

사회 내부와 상위에서 권력 겸 자원의 집중이 진화한 과정은 문명의 성장을 촉진하는 힘이었다. 정치사회들은 덩치를 키우는 가운데 규모의 경제를 창출하고, 자원과 인간의 활동을 결집해 목적에 맞게 이용하고, 사회생활을 규제했다. 기념비적인 건축물과 문해력, 순수예술을 비롯한 여타 모든 것은 이 과정의 결과였다. 규모와 강압적 구조화가 전체 과정의 핵심 요소들이었다. 경쟁하고 분쟁하는 상황에서 이 요소들에 힘입어 권력 우위를 점한 사회들은 진화 경주에 나섰다. 이따금 붕괴하고 퇴보하는 일도 있었지만, 이 경주는 자기강화적인 과정을 따라 계속해서 상향 나선을 그렸다. 자원 기반이 넓을수록 사회 내부와 사회들 사이에서 자원과 권력을 더 많이 결집할 수 있었다. 이런 이유로 인해 '평등주의적' 사회들은 갈수록 계층화되었다. 환절 사회들은 국가사회로 변모했고, 친족관계망 위에 위계적인 기구가 중첩되었고, 시골과 도시(농민들은 전쟁을 피해 도시의 집촌에서 안전을 구했다) 소국가들은 점차 한 나라의 지배를 받고 연맹체와 패권국, 더 큰 국가로 통합되었다. 제국(시간이 지날수록 일반적으로 아주 큰 국가 그리고/또는 보통 한 종족이 우위를 점하는 다종족 국가를 뜻하게 된 용어) 내 국가들은 삼켜졌고, 종주권은 더 직접적인 통치와 더 통일된 정치체들로 대체되었다. 정치체들의 규모가 커지면서 각 정치체의 인구는 수천에서 수만, 수십만, 수백만으로 증가했다. 국가들의 관계망이 확장되고 복잡해질수록 국가들 전체가 완전히 붕괴할 가능성은 낮아졌는데, 초기의 한층 고립된 문명들과 비교해 상호작용과 공진화가 국가들 사이에 더욱 넓게 스며들었기 때문이다.[1]

정치적 합병이라는 부단한 과정을 달성하기 위한 주요 수단은 무력 사용과 위협이었다. 농경의 비중이 압도적으로 높고 따라서 근본적으로 자급자족하는 지역 사회들에서 이 과정을 실현하는 데 단연 중요했던 것은 장거리 교역도 종교적 권위도 아닌 무력의 축적이었다. 오히려 교역과 종교적 권위는 정치적 통일의 원인 못지않게 그 결과였다.[2] 종족 역시 다른 요인들과 상호작용하기는 했지만, 정치적 팽창을 결정하는 데 더 강한 영향을 주었다. 일부 유행하는 이론들이 주장하는 것과 반대로, 종족의 유대—친족의 결속에 토대를 둔—는 완전히 '발명'된 것도, 중첩된 정치권력 구조로 완전히 대체된 것도 아니었다. 대규모 종족은 국가가 출현하기 이전에 형성되었으며, 그중에서도 원시적인 농업 확대나 목축민의 장악을 경험한 지역에서 형성되었다.[3] 그런 종족의 공간과 경계는 정치적 경계를 확정할 때 다른 무엇보다 중요했다. 무력으로 통일한 정치체는 시간이 흐름에 따라 영역 내부를 더 큰 종족 정체성으로 통합하고, 그리고/또는 현존하는 종족적–문화적 유대의 상위에 초종족적–문화적 유대를 구축함으로써 부족 및 종족들 간의 차이를 약화시켰다.

지리적·생태적 틈새와 불연속성은 종족적·정치적 경계를 결정한 또다른 주요 요인이었다. 정치 단위들의 영토 팽창은 무한정 계속되지 않았는데, 어느 시점에 이르면 더 큰 크기가 수반하는 권력의 이점이 종족적·지리적·생태적 요인들에 의해 상쇄되었기 때문이다. 그 결과 팽창은 평형을 이루는 크기에서 안정되었다. 물론 이 크기는 시공간에 따른 특수한 조건에 달려 있었다. 접근성을 제약한 다른 요인들뿐 아니라 거리 자체도 국가의 크기에 한계를 설정했다. 거리가 멀수록 통신과 효과적인 통제, 무력 집중에 불리하고 외부로부터의 잠식과 내부의 분열에 취약했기 때문이다.[4]

국가 내부와 국가들 사이에서 권력을 차지하려는 투쟁, 그리고 권력이 수반하는 이익을 차지하려는 투쟁은 (다소 다르기는 했으나) 동시에, 그리고 불가분하게 일어났다. 국가란 다른 국가에 맞서 국민과 자원을 동원하는 기본적이며 아마도 응집력 있는 전쟁 단위라는 인식이 그동안 너무 만연했다. 확실히 인구와 사회 내부의 모든 권력 결집체에 명령하는 위치―국가 지위의 본질이자, 국가의 유일무이한 조직력과 강압력의 원인이고 결과―를 확보하는 것은 사회권력의 비약적인 증대나 마찬가지였다. 이 위치는 국가의 관할영역 안에서, '국내'로 정한 영역에서 게임의 규칙을 크게 바꾸어놓았다. 강한 국가일수록 사회를 규제하고 홉스가 말한 전반적인 무정부 상태의 불안정성, '만인 대 만인의 전쟁'을 내부의 평화로 대체하는 데 더욱 성공을 거두었다. 그럼에도 국가는 국내의 폭력적인 권력 경쟁을 완전히 제거하진 못했고, 오히려 그 경쟁을 얼마간 한정하고 억압한 쪽에 더 가까웠다. 막스 베버의 정의에 따르면 국가는 정당한 물리력을 독점할 권리를 성공적으로 보유한다.[5] 그렇지만 정당한 물리력 독점을 주장한 국가는 설령 성공적인 경우에도 실제로는 결코 국가 독점에 이르지 못했고, 정당한 물리력조차 독점하지 못했다. 리바이어던의 주위와 내부에는 수많은 정어리만이 아니라 다수의 상어와 꼬치고기도 있었다.

무엇보다 국가는 사회 내부의 권력 핵들, 웬만큼 제압했으나 제거하지는 못한 그 핵들과 권력을 나누어야만 했다. 제거하는 것은 국가의 능력 밖에 있는 일이었기 때문이다. 또한 국가는 영역을 통치하기 위해 권력 핵들을 흡수해야 했고, (귀족정의 경우처럼) 권력 핵들이 사실상 국가를 구성했기 때문이며, 이런 요인들이 어떤 식으로든 결합했기 때문이다. 귀족 계급과 귀족 개개인은 주요한, 대개 하나뿐인 주요한 비중앙권력 결집체였다. 국가와 귀족 사이의 역동적인 권력 균형은 이익을 나눔으로써 유지되었지만, 다른 한편으로는 상호억지를 통해 유지되었다. 본질적으로 껄끄러운 이 관계는 이따금 제한된 무장 대립으로 격화되었다. 관료제가 더 강한 국가에서 지역 귀족은 흔히 국가기구의 상층부를 담당하면서도 권력을 대부분 빼앗기고 대체로 무장이 해제되었다. 그런데 그러고 나면 이 기구 내부의 권력 결집체들이 국가의 주된 위협이 되었다. 지역의 자원을 활용하는 지방 총독, 수하들을 거느린 군 사령관은 지역 주권을 확립하거나 수도를 향해 행군하려는 목적으로 이따금 반란을 일으켰다. 그들은 직업 군인들의 지원을 확보하기 위해 나라의 자원을 썼으며, 군인들은 최고액 입찰자에 합류해 급여 인상과 특별수당을 얻어냈다. 특히 왕실 호위대는 국가 통치자들을 보호하고자 전략적으로 수도 주위에 머물렀고, 반독점적 권력을 이용해 이익에 특권적으로 접근했다(물론 지휘체계에 따라 차등적으로 접근했다). 이따금 호위대는 특히 통치자들이 권력 투쟁을 벌이는 시기에 국왕을 옹립하는 역할을 맡기도 했다. 이런 투쟁은 왕위 계승기에 두드러지게 나타났고, 대개 친족과 형제들 간의 대결을 수반했다.

이와 달리, 사회 내부의 비적과 해적은 폭력적·강압적 무력을 갖춘 비국가 결집체였다. 정치적 해체기 동안 그들은 국가 권위가 쇠퇴하는 상황을 이용해 권력을 키웠으며, 때로는 지방에서 권력을 장악하고 수도로 진군해 그들 스스로 국가가 되기까지 했다. 마지막으로, 높은 조세를 비롯해 국가와 사회 엘리트층의 착취에 시달리는 시골이나 도시의 민중이 (특히 경제적 곤경을 겪는 시기에) 간혹 반란이나 폭동을 일으켜 사회권력을 가진 계층들 전체를 위협하곤 했다. 더욱이 국가의 법과 제재가 공공의 안전을 훨씬 더 보장하기는 했으나, 국가가 민초의 지역성에 침투하는 정도는 국가마다 시대마다 각양각색이었다. 개인, 친족 집단, 공동체의 자활과 상호 지원은 폭력적 압력(이따금 불화와 유혈 복수, 사적 정의 집행으로 확대되었다)을 억지하거나 견뎌내거나 선동할 때 줄곧 중요한 요인으로 작용했다.

이처럼 국가 내부의 권력정치와 외부의 권력정치는 서로 영향을 주고받았다. 외세에 대항하기 위해 병력을 육성하는 국가는 (귀족이나 민중, 직업군인으로 이루어진) 이 병력이 국내 권력정치의 행위자가 될 가능성을 고려해야 했다. 더욱이 국내 지배의 성패는 외세를 상대하는 국가의 능력에 영향을 미쳤고, 국외에서의 성과는 국내에서 국가의 정치적 입지에 큰 영향을 미쳤다. 이 주제에 관해 쓰인 모든 글에도 불구하고, 이 두 영역—국외 정치와 국내 정치—중에 무엇이 더 중요하다고 일반화하는 것은 어느 쪽 손 때문에 박수소리가 나는지 확정하는 것만큼이나 어려운 일이다. 오히려 이 상호의존성은 목적을 위해 조작될 수 있었다. 한 영역에서의 효과를 노리고 다른 영역에서 행동할 수도 있었기 때문이다. 예를 들어 국가의 통치자는 갑자기 사람들을 '깃발 주위에 모이게' 해서 자신의 국내 입지를 공고히 하려는 목적으로 전쟁을 개시할 수 있었고, 군 사령관 역시 성공적인 왕위 찬탈에 필요한 자원과 명망을 얻기 위해 전쟁을 일으킬 수 있었다. 이것은 안쪽과 바깥쪽 모두 폭력을 수반할 가능성이 있는 '양면 게임'이었다.[6]

국내에서도 공공연한 폭력은 때때로 국가의 외피를 깨뜨렸다. 리바이어던에 대한 성공적인 도전이나 국가 수뇌부의 분열은 이따금 국내에서 무력 분쟁으로, 적어도 중앙권위의 일시적인 붕괴로 귀결되었다. 그런 분쟁의 대부분은 주로 직접 관여한 한정된 집단들에게만 영향을 미치는 소규모 궁정 사건으로 머물렀다. 그렇지만 사회를 집어삼킨 분쟁들도 있었다. 대규모 민중 봉기는 때때로 참혹한 피바다로 귀결되었으며, 엘리트층 내부의 폭력 투쟁마저도 동원, 자원 갈취, 경제 파탄, 황폐화, 집단 살해라는 측면에서 사회 전체에 막대한 피해를 입힐 수 있었다. 그런 '내전'이 '자연 상태'로의 완전한 회귀로 귀결되지는 않았지만, 거주지 인근에서 전개되고 무정부 상태가 확산될 경우에는 때때로 홉스가 말한 '전쟁', 즉 '평범한' 대외 전쟁을 무색케 할 정도로 파괴적이고 치명적인 사태로 악화되었다.

폭력 분쟁이라는 가능성이 국외뿐 아니라 국내에서도 국가의 존속을 좌우하기는 했지만, '평범한' 시기에 국가의 지위는 두 영역에서 명확히 구분되었다. 그 결과 한쪽의 살인 및 불화와 다른 쪽의 전쟁 사이에—이를테면 홉스의 '전쟁'과 일반적인 전쟁 사이에—간극이 생겨났다. 우리가 당연하게 받아들이는 이 구분은 사실 국가 자체만큼이나 근래에 이루어진 역사적 발전의 소산이다. 우리는 국가의 역사가 약 5000년이라고 생각하곤 하지만, 이는 메소포타미아와 이집트의 초창기 국가들에만 적용된다. (현재 가장 선진적인 지역들을 포함해) 세계의 다른 지역들에서 국가는 훨씬 나중에야 진화했다. 예를 들어 북유럽과 일본에서 국가는 제1천년기 후반에 들어서야 등장했고, 세계의 몇몇 다른 지역에서는 이보다도 늦게 등장했다. 그런데 5000년은 현생 인류인 호모 사피엔스 사피엔스의 역사에서 5퍼센트밖에 되지 않고(게다가 호모 속屬의 역사는 현생 인류 역사의 20배다), 1500년은 1.5퍼센트에 불과하다. 그럼에도 국가가 존재해온 이 빙산의 일각에 지나지 않는 기간이 인간의 싸움, 나아가 인류에 대한 우리의 인식을 지배하고 있다. 국가 이전에도 내집단 살해와 외집단 살해는 사뭇 달랐다. 소규모 구석기 사회에서 내집단 살해는 지역 집단(수백 명에서 최대 수천 명으로 이루어진) 규모까지 연속적으로 확대되는 동시에 응집력이 약해지는 친족 동심원들에 의해 조절되었다. 무정부 상태와 자발적 참여, 적은 인원이 계속해서 내부 싸움과 외부 싸움 양쪽 모두를 좌우하기는 했지만, 농업 부족사회에서 이 양파 구조 같은 친족 동심원들은 더 확대되었다. 그렇지만 정치적 조직화가 이루어지면서 두 가지 싸움 '형태들' 간의 차이가 엄청나게 커졌고, 외부 싸움—전쟁—이 국가의 가장 특징적인 속성이 되어갔다.

이처럼 사람과 자원을 강압적으로 동원하고 규모를 확대한 결과, 싸움 무리의 크기가 꾸준히 커지고 완전히 새로운 수준의 병력 편성이 이루어졌다. 규율을 강요하면서 싸움 참여의 성격이 자발적에서 의무적으로 변했고, 군대의 규모가 남성 전사 수십 수백 명에서 수천 수만 수십만 명으로 엄청나게 증가했으며, 군사작전을 수행하는 개별 군대의 인원이 가장 큰 국가들의 상한선인 10만여 명까지 증가했고, 전사들이 군인이 되었으며, 친족에 기반한 조직되지 않은 무리들이 질서정연한 전투대형(그렇지만 여전히 친족-공동체-종족 유대에 크게 의존했다)에 밀려났고, 더욱 엄격한 위계적 명령이 솔선수범을 대체했다. 정주 정착지 및 자원 축적과 더불어, 국가 권력이 진화함에 따라 점차 기념비적인 건축물이 되어간 방어시설이 등장했다. 그러자 대규모 건축에 필요한 자원과 노동을 통제하는 국가의 능력은 체계적인 포위작전을 장기간 수행하는 국가의 역량이 성장하도록 자극하는 동시에 이 역량으로부터 자극을 받았다. 방어시설, 더 조밀한 정주 정착지, 더 먼 거리는 습격—국가 이전 사회에서 지배적이고 가장 치명적이었던 비대칭 교전 형태—의 중요성을 낮추었다. 적 공동체 전체를 깜짝 놀라게 하기가 한층 어려워졌기 때문이다. 포위와 전투는 거의 전쟁의 동의어가 되었다.

그에 따라 사상자가 적고 '의례적'인 원거리 전투, 양편이 손실을 최소화하기 위해 서로 거리를 유지하는 전투에 일대 변혁이 일어났다. 침공 선택지가 적을수록, 걸린 판돈이 많고 동기가 강할수록, 국가의 강압적 규율이 엄격할수록 병사들은 정면충돌의 격통과 이런 전투 형태가 수반하는 더 많은 사상자를 더 쉽사리 받아들였다. 복잡한 병참을 요하는 대규모 원거리 군사작전은 국가-사회들과 연관된 또다른 근본적인 변화였다. 국가는 조직적인 기구를 이용해 평시와 전시에 더 크고 더 영속적인 군대를 지원하며 유지하고, 필수적인 관료제를 확립하고, 자금을 확보하고, 군수품 획득과 징발을 감독했다. 또한 국가기구 덕분에 다른 일족(들)을 상시 정복하고 직접 통치하는 것도 가능해졌다. 이것은 국가의 지속적인 규모 증대와 직결된, 전쟁이라는 활동의 새롭고도 중대한 국면이었다.

이 모든 것을 고려해 전쟁은 관습적으로 국가 및 정치와 동일시된다—프로이센의 전쟁철학자 카를 폰 클라우제비츠Carl von Clausewitz가 19세기 초에『전쟁론』에서 말한 유명한 정의대로, 전쟁은 "국가 정책의 연속"으로 간주된다. 실제로 대규모 '전쟁'은 국가가 고유하게 조직하는 '정치적' 활동이다. 그러나 이 형식적인 전쟁 개념이 변경 불가능하고 뚜렷한 어떤 '본질'을 나타낸다고 이해한다면 실상을 오해할 여지가 있다. 클라우제비츠의 견해는 유럽 국가 체계와 국가가 수행하는 전쟁이 절정에 이른 시기의 주관적인 역사적 지평으로 인해 제약되었다.[7] 그렇지만 국가와 '정치'뿐아니라 대규모 '전쟁'까지 모두 역사적으로 형성된, 공진화한 현상들이다. 많은 이들이 수수께끼로 여기는 인간 전쟁과 동물 종내 폭력의 차이 또한 이 공진화의 성격을 인식하고 이 공진화가 비교적 근래에 이루어졌다는 사실을 인식하면 해소된다. 소규모 인간 사회의 경우와 마찬가지로 사회적 동물 사이에서도 곧잘 집단 싸움과 살해가 발생하며, 부상을 피하기 위해 살해는 대부분 비대칭적으로 이루어진다. 역사시대들을 거치며 강압적인 정치 조직화를 통해 인간 집단이 대폭 성장한 과정(다시 말해 아리스토텔레스가 인류의 본성이라고 믿은 대규모 정치의 진화)만이 규모와 복잡성 면에서 인간 집단 간 싸움의 중대한 성장을 수반했다. 집단 싸움의 규모는 인간 집단들 자체의 크기와 더불어 증대했다.

이 모든 과정의 근간을 이룬 추세가 증대하는 규모였음에도, 국가가 성장하고 '홉스적 전쟁'에서 일반적인 전쟁으로 이행함에 따라 전반적으로 폭력적 죽음의 비율은 분명히 낮아졌다. 이 점은 이미 6장에서 논했다. 국가가 내부 평화—제한적이고 깨지기 쉽고 흔들리는 평화이기는 했지만—를 강요하는 데 성공한 것이 폭력적 죽음이 줄어든 주된 이유였을 것이다. 그런데 일반적인 직관과 완전히 상충하지는 않더라도 이제껏 덜 인식된 또다른 관련 요인이 있었다. 국가의 크기가 증대함에 따라 민간인 인구가 싸움에 덜 노출되었고, 성인 남성의 군 입대율이 낮아졌다(정주 사회든 정치적으로 조직된 사회든, 소규모 사회들과 비교했을 때). 이런 이유로 군대와 전쟁의 규모, 개별 전투에서 살해의 규모가 모두 두드러지게 증가했음에도, 남성의 폭력적 죽음 비율은 국가의 전쟁이 특히 재앙처럼 빈발할 때에만 25퍼센트 근처까지 올라갔다. 반면에 집단 간 폭력과 집단 내 폭력에 끊임없이 노출된 소규모 환절 사회에서는 이 정도 비율을 기록하는 사건이 예사로 일어났다. 인구 성장의 주된 동력은 농업생산성 향상이었는데, 규모의 경제와 더 큰 정치 체제 안에서 더 빠르게 확산된 기술 혁신이 농업생산성 향상을 촉진했다. 그렇지만 크고 강력한 국가에서 내부가 훨씬 더 안정되고 외부의 살해에 덜 노출되는 상황 역시 농업생산성 향상 못지않게 인구가 꾸준히 증가하는 데 이바지했을 것이다. 오랫동안 이어지는 내전의 발발과 무정부 상태, 그리고/또는 유달리 극심한 외부의 침공 때문에 이런 추세가 이따금 역전되기도 했다. 그런 위기시에 실제로 싸우다 죽는 사람의 수는, 농경생활의 혼란으로 발생하는 기근과 이동하는 군대가 퍼뜨리고 영양실조로 허약해진 인구에 더욱 치명적으로 작용하는 전염병 때문에 한층 늘어났다.

리바이어던 치하에서 폭력적 죽음의 비율이 낮아진다는 것—홉스가 처음으로 지적했다—은 싸움의 책임을 국가에 돌리는 견해와 상충한다. 국가는 내부와 외부의 폭력으로부터 보호해줄 것을 약속하는 대신 무력을 독점하고 자신의 이익을 위해 사회 자원을 강제로 징발한다는 의미에서 적절하게도 조직범죄에 비유되어왔다.[8] 일각에서는 이 비유를 확장해 두 유형의 폭력이라는 주된 위협이 국가 자체에서 비롯되었다고, 국가가 자신이 만들어낸 문제에 대한 해결책을 제공했다고 주장할 것이다. 그렇지만 이제껏 살펴본 것을 고려하면, 적어도 두번째 결론은 조심스럽게 판단해야 한다. 국가 이전의 폭력—이를테면 '일상 범죄'—은 국가의 폭력보다 더 만연했고 더 치명적이었다. 조직범죄로서의 국가 치하에서 폭력이 더 큰 규모로 자행되고 더 극적이긴 했지만, 사실 사상자는 더 적게 야기했다. 국가의 체계적인 '강탈'은 '홉스적 전쟁'보다는 경제에 지장을 덜 주었다. 또한 국가는 보호를 더 많이 제공했다. 그렇지만 '보호비'가 위쪽으로 흘러갔다는 점, 그리고 강압적 조직화의 기간이 길어질수록 보상의 분배가 더욱 위계적이고 차등적이었다는 점은 명백하다.

누가 이득을 보는가: 물질적 요소

1부에서 살펴보았듯이, 싸움을 유발하는 동기들은 근본적으로 인간의 동기체계 일반에서 비롯된다. 클라우제비츠의 정의를 바꾸어 말하면, 싸움이란 인간 목적의 연속이자 폭력적 수단으로 목적을 달성하고자 하는 행위다. 그리고 이제는 점점 더 큰 규모로, 주로 국가와 연관된 팽창하는 조직을 동원해 목적을 달성하고자 하는 행위다. 그렇다면 경작과 축적된 자원, 계층화, 강압적 구조화, 증대하는 규모 ― 농업으로 이행하고 국가가 부상한 시기에 서로를 강화한 특징들 ― 는 싸움을 유발하는 동기체계에 어떻게 영향을 미쳤는가?

먹이를 찾고 사냥을 하던 땅 대신에 재배용(그리고 목축용) 땅이 경쟁 대상이 되었다. 전자와 후자 모두 자연에 접근할 권리를 둘러싼 경쟁을 수반하긴 했지만, 재배의 진정 새로운 점은 인간 노동을 직접 착취하는 결과를 불러왔다는 것이다. 이는 전에 없던 새로운 현상이었다. 재배와 더불어 비로소 타인의 노동으로 먹고사는 일이 가능해졌다. 축적된 식량 형태의 농작물은 약탈해 전유할 수 있었다. 단순한 농경사회가 가진 것들 중에 특히 먼 거리를 이동할 수 있는 가축은 주된 전리품이었다. 직물과 도구, 금속(도구와 주괴 둘 다)처럼 신체에 유용한 물건들 또한 탐나는 표적이었다. 어떤 물건들은 순전히 유용하기만 했지만, 다른 물건들은 유용성 외에 장식을 해주고 지위와 위신을 높여주는 가치도 있었다. 화폐 역할을 하는 귀중한 물건들, 그중에서도 귀금속은 가장 값진 전리품이 되었다. 원재료의 원천과 재화의 순환(교역) 또한 줄곧 경쟁의 원인이었는데, 다만 이제 이런 경쟁은 훨씬 큰 규모로 이루어졌다. 게다가 생산물뿐 아니라 생산자 또한 노예로 부려먹을 요량으로 생포해 끌고 갈 수 있었다. 처음에는 주로 여자와 어린이가 노예가 되고 생포된 남자들은 학살을 당했다. 남자들은 제지하기가 훨씬 더 어렵고 노예 신분에서 벗어날 공산이 더 컸기 때문이다. 그러나 정치사회와 영토의 크기가 커지고 훨씬 먼 거리를 넘어 군사작전과 습격을 수행함에 따라 전쟁 포로의 노예화는 더욱 널리 행해졌고 그 자체가 목적이 되었다. 이제 노예가 탈출해 고향으로 돌아가기가 한층 어려워졌기 때문이다.

약탈은 조공 징수로, 즉 정치적 종속을 통해 노동과 자원을 더 체계적으로 전유하는 방식으로 진일보할 수 있었다. 이 경우 조공을 바치는 이들은 계속 자치를 하거나 직접 통치를 받았다. 다양한 역사적 사례와 관련하여, 학자들은 제국이 팽창을 멈추자 전쟁에서 얻는 이익이 감소한 현상에 관해 자주 서술한다. 그렇지만 일반적으로 조공 징수가 약탈보다 훨씬 효율적인 착취제도였다는 데 유념해야 한다. 약탈은 불가피하게 마구잡이로 행해졌고 심대한 파괴와 낭비, 생산활동의 차질을 수반했기 때문이다. 그 결과 약탈을 하고 나면 피정복민이 입는 손실이 승리자가 얻는 이득보다 훨씬 컸다. 이는 승리자가 잠재적으로 얻어낼 수 있었던 것보다 사실상 훨씬 적게 얻었음을 뜻한다. 이런 근본적인 현실은 정복 초기에 가져갈 수 있었던 눈부신 이득에 가려 잘 보이지 않는다. 승리자는 오랜 세월 동안 여러 세대에 걸쳐 막대한 보화를 차지하고 사원과 궁전에 축적하고 비축했기 때문이다. 그렇지만 이런 보화는 본래 한번 얻으면 끝인 이득이었다. 그 이후의 무분별한 노예화와 약탈은 황금알을 낳는 거위를 죽이는 셈이었다. 수익성 있는 사업을 할 때와 마찬가지로, 효율적으로 착취하려면 착취하는 자원을 신중하게 관리할 필요가 있었다. 조공 징수를 규제한 체제에는 분명히 상당한 간접비가 필요했을 텐데, 승리자는 정복한 땅에서 행정·군사 책무를 떠맡았기 때문이다. 일부 환경에서는 늘어나는 간접비와 추가 책무를 감당하지 못하기도 했다. 그럼에도 가장 부유한 제국들은 규제를 받는 조공 징수에 토대를 두고 있었다. 제국 내부에서도 이에 상응하는 변화가 일어났다. 제국을 수호하는 군인들에게 봉급을 주는 형태로 이익 배분을 조정하는 제도가, 승리자들에게 전리품과 정복한 땅을 직접 나누어주는 제도를 대체하거나 보완했기 때문이다.

이 문제에서 가장 복잡하고 흥미로운 점은 손실과 이득의 균형이다. 1부에서 밝혔듯이, 수렵채집인들은 자연의 모든 유기체와 비슷하게 규제받지 않는 경쟁과 분쟁이라는 현실로 인해 경쟁과 분쟁 자체에 에너지를, 따라서 자원을 투자할 수밖에 없었다. 이 투자는 승자에게 긍정적인 보답과 순이익을 가져다줄 수 있었다. 이런 결과의 이면에서 작동하는 논리는 명백해 보인다. 그렇지만 적을 능가하거나 적에 맞서 안전성을 확보하려는 바람에 의해 추동되는 군비 경쟁('안보 딜레마')이 적대관계인 이들의 부담만 늘리고 다른 이들보다 전혀 우세하게 해주지 않을 때는 '붉은 여왕 효과'가 발생할 수도 있다. 규제받지 않는 경쟁은 이처럼 겉보기에 역설적인 결과를 낳을 가능성이 있다. 그 이유는 간단한데, 어떤 행위자든 의존할 수 있는 선택지로서 분쟁이 존재하며 그 결과 다른 모든 행위자가 분쟁에 대비해야 하기 때문이다. 따라서 규제받지 않는 경쟁 체계의 논리에 따르면, 한 행위자가 경쟁과 분쟁에 자원을 '낭비'하더라도 상대적인 손익이 경쟁을 지속할 수 있는 수준이라면 그 자원은 그에게 가치 있는 것이다. 예를 들자면, 모든 행위자가 경쟁에서 얻는 것보다 쓰는 것이 더 많더라도—그들 모두가 손해를 볼 수도 있다—그들의 상대적인 손실이 감당 못할 정도가 아닌 한 계속 경쟁에 매달리며 생존할 수도 있다는 의미이다.

싸움의 물질적 대가는 재배로 인해 엄청나게 증가했다. 수렵채집인들 (그리고 동물들)의 싸움이 초래하는 손실로는 죽음, 신체와 생식의 전망을 어둡게 하는 부상, 힘을 기르고 싸우는 데 소모하는 에너지, 적의 위협에 따른 제약과 실제 싸움에서 스스로를 보호하기 위해 소비해야 하는 시간 때문에 감소하는 신체활동의 효율성 등이 있었다. 이 모든 손실은 경쟁자들과 그들의 생산활동에만 해를 입혔지 (대수롭지 않은 예외를 빼면) 자원 자체에는 거의 해를 입히지 않았다. 그렇지만 재배와 더불어 자원과 여타 신체적·노동집약적 하드웨어에 직접 손실을 입히는 능력이 추가되었다. 적대관계인 이들은 상대를 약화시키고 그리고/또는 상대가 유발한 전쟁의 비용을 높이기 위해 곧잘 농작물과 가축, 생산도구, 정착지를 파괴했다. 더욱이 정치 단위가 팽창하고 기술이 발달한다는 것은 이제 더는 농한기에 거주지 근처에서 단순한 무기와 임시변통한 병참에 의존해 싸울 수 없다는 뜻이었다. 금속제 무기와 방어시설, 말, 선박, 장기 복무하는 군인들의 급료, 식량 등을 마련하기 위해 막대한 자원이 소비되었다. 정확한 자료는 극히 드물지만, 군비가 대개 국가의 지출 항목 중 단연 최대 항목이었고 대다수 국가의 지출이 대부분 군비에 투입되었다는 것은 분명하다. 가장 효율적인 징세제도를 시행한 국가들에서는 세수가 국민생산의 최대 10퍼센트에 달했을 것이다.[9] 생산적 노동의 손실이라는 면에서 추가 부담으로 작용한 징집—이 역시 국가의 동원제도의 효율성에 달려 있었다—을 포함해 군비 지출은 국민생산의 10퍼센트까지 집어삼켰을 것이고, 비상시에는 이 비율이 더욱 올라갔을 것이다. 영양실조가 예사였고 언제든지 굶주릴 가능성이 있었던 전근대 생존경제에서, 이 정도면 말 그대로 사람들의 입에서 빵을 빼앗는 부담이었다.

이처럼 전쟁으로 파괴되는 자원과 전쟁에 투입되는 자원은 싸움에 추가된 새롭고도 막대한 비용이었다. 자원을 둘러싼 수렵채집인들의 싸움은 거의 제로섬 게임이었으며, 이 게임에서 자원의 양은 대개 싸움의 영향을 받지 않았고 한쪽의 이득은 반대쪽의 손실이었다. 하지만 이제 싸움은 적어도 싸움이 계속되는 한 언제나 자원 총량의 감소로 귀결되었다. 이렇게 줄어든 자원이 차등적으로 분배되고 나아가 자원이 산출할 이익의 주인이 바뀐 경우에만, 한쪽의 손실이 반대쪽의 순이익으로 귀결되었을 것이다.

그런데 그 '한쪽'은 누구였던가? 경쟁에서 계산의 실질적인 행위자나 단위로 간주된 것은 인류 전체도, 심지어 개별 사회도 아니었다. 불평등한 분배는 경쟁하는 '편들' 사이만이 아니라 한편의 내부에서도 통칙이었다. 족장들과 그들의 전쟁 무리는 습격을 통해 부를 축적했을 테지만 나머지 부족민들은 적의 보복과 역습, 유린 같은 결과로 고생했을 것이다. 성공을 거듭하고 부와 권력을 축적하면서 성장한 습격자 무리 내부에서도 족장과 그의 부관들, 전사들 사이에서 차등적 이익 분배가 발달했다. 실은 국가 자체가 대체로 이런 과정의 부산물이었다. 권력은 부를 낳았으며, 부는 갈수록 위계화되는 사회 피라미드의 아랫사람들에게 이익 가운데 점점 더 적은 몫을 받으면서도 윗사람들을 추종하도록 강요하는 방식으로 자기강화적 나선을 그리며 사회 내 권력관계를 심화했다. 이런 이유로 사람들은 기대되는 이익(스스로를 지키는 것을 포함해)을 위해서만이 아니라 강압 때문에, 심지어 오로지 강압 때문에 싸우기도 했다. 다시 말해 윗사람들이 가할 처벌이 싸움 자체가 초래할지 모르는 손실보다 두렵기 때문에 싸우기도 했다. 대개 사람들은 대단히 차등적인 이익 배분 제도에 따라 그들이 감수하는 위험과 손실에 비해 적은 보상을 주는 활동에 가담하도록 강요당했다. 이익을 전혀 주지 않는 순전한 강압은 사람들을 싸우게 하는데 비효과적인 방식이었다. 그럼에도 이제 목표 달성을 위한 다양한 수준의 이익 분배에 강압이 추가되었다.

다시 말하자면 이 모든 사태의 핵심은 재배와 자원 축적, 그리고 국가로 인해 타인의 노동 결실에 의존하는 포식·'기생' 생활이 최초로 가능해졌다는 것이다. 생산성과 연관된 경쟁은 보통 생산의 효율을 높이는 반면, 포식−기생 경쟁은 생산 효율은 낮추고 포식−기생의 효율은 높인다. 그렇다 해도 누군가는 포식 경쟁에서 유능하기 때문에 생산의 이익을 확보할 수 있었다. 실제로 무정부적 체계에서 누구라도 포식 경쟁이라는 선택지에 의존하기 시작하면, 나머지 모두는 자원을 넘겨주든지 아니면 방어를 위해서라도 폭력적 경쟁에 뛰어들든지 둘 중 하나를 택할 수밖에 없다.

이 대목에서 강조해야 할 중요한 점은, 보통 전쟁을 치르는 가운데 자원이 전반적으로 줄었음에도 길게 보면 권력 경쟁에서 생산적인 순이익이

'파생'될 수도 있었다―그리고 실제로 **파생되었다**―는 것이다. 야금술과 공학, 말 사육, 조선술, 보급과 관련한 군사적 혁신 등이 사회에 얼마만큼 실질적이고 독립적인 '파생' 효과를 미쳤는지 확정하기는 어려운 일이다. 그러나 가장 유의미한 파생 효과는 국가 자체였던 것으로 보인다. 권력은 폭력을 동원해 영토나 사회에 대한 권위를 확립함으로써 내부 평화를 증진했고, 공동 노력―적어도 일부는 공동선을 위한 노력이었다―을 조정했으며, '무임승차'를 줄여 사람들을 '죄수의 딜레마' 상황에서 구했다. 이미 언급했듯이 큰 국가들은 규모의 경제를 도입했으며, 경제를 독점하는 큰 국가가 되어 간접비를 감당하지 못하는 상황에 처하지 않는 한 대체로 비군사적 성격의 혁신들을 일으키고 가속화했다.[10] 사회에 참견하는 착취적 엘리트층에 의해 위로부터 국가가 생겨난 것인지, 아니면 사회적 규제와 여타 사회복지를 바라는 아래로부터의 요구에 부응하여 복잡한 사회가 출현한 것인지는 오랫동안 논쟁거리였다.[11] 이 두 과정은 서로를 배척하기보다 다양하게 결합했던 것으로 보인다.

전사들과 주민들은 대체로 성공적인 전쟁 수행의 이익을 공유했을 것이다. 더욱이 비교적 안정적인 큰 국가들―예컨대 이집트와 로마, 중국―을 통합한 성공적인 군사적 팽창은 안보를 대폭 강화해 번영과 인구 성장에 이바지했다. 이 정도면 과하게 지출한 군사비를 가치 있는 할증금으로 여길 만한 결과였을 것이다. 그렇지만 성공적인 전쟁과 팽창의 결과로 민중 수가 늘어났다 해도 민중 개개인의 형편은 보통 거의 나아지지 않았던 반면, 엘리트들은 엄청난 부를 축적할 가능성이 있었다(이 경우에도 위계적 피라미드에 따라 차등적으로 축적했다). 실제로 정복한 영역이 넓을수록 엘리트층이 이익을 얻어낼 수 있는 지휘 범위와 자원 기반이 더 넓었다. 규제받는 조공 징수가 약탈보다 이롭다는 내 주장의 연장선상에서 말하자면, 일단 영역을 통합하고 나면 군대에 대한 과중한 투자가 반드시 직접적인 보상으로—즉 대외 전쟁에서 얻는 이익으로—돌아오지는 않았지만(대부분 그렇지 않았다), 막대한 세금을 내는 내부 관할권의 방어 안보라는 간접적인 보상으로 돌아왔다. 이번에도 전쟁은 안팎의 권력관계, 안팎의 이익 징수와 연관된 '양면 게임'이었다.

성과 하렘

남성 싸움의 관점에서 본 인간 경쟁의 또다른 주요 원천—성적인 것—에도 동일한 논리가 적용된다. 이 장에서 지금까지 나는 '이익'이라는 말을 주로 물질적 자원이라는 의미로 썼다. 그런데 자원 축적과 질서 잡힌 국가사회가 발달함에 따라 '원시전쟁'에서 두드러진 역할을 했던 성적 경쟁이 싸움의 동기로서 덜 중요해졌는가? 겉보기에는 그러했던 듯하다. 분명 클라우제비츠는 전쟁이라는 '진지한 수단'을 사용하는 '정치'의 '진지한 목적들' 가운데 하나로 성적 이익을 떠올리지 않았다(『전쟁론』 1.1.23). 인간 동기체계의 다양한 요소들을 연결하는 근저의 고리들은 대부분 시야에서 사라졌다.[12]

이런 맹점의 한 가지 이유는 침묵이다. 성의 일부 측면들은 인간에 관한 담론에서 가장 찬양받는 측면에 속하지만, 다른 측면들은 가장 덜 알려지고 그 담론에 관여하는 이들 모두가 가장 감추는 측면에 속한다. 그럼에도 증거는 압도적이고 명백하며, 근래에 보스니아와 르완다, 수단에서 벌어진 전쟁과 관련한 수많은 문서 증거가 머리기사로 다시 보도되어 서구 대중에게 충격을 주기도 했다. 역사를 통틀어 병사들의 광범한 강간은 군사작전의 불가분한 요소로서 약탈과 짝을 이루었다. 우호적인 지역과 이미 점령하여 질서를 잡은 지역에서는 무거운 처벌이 강간과 약탈을 억지했는데, 이 방법은 한창 싸우는 시기에 강간과 약탈을 후일로 미루게 하는 데에도 어느 정도 효과가 있었다. 그렇지만 적지에서는 강간과 약탈 둘 다 고질적이었고, 적이 저항하는 곳에서는 예사로 자행되었으며, 싸움 직후—특히 방어중인 정착지를 급습한 이후—에는 무제한 자유가 주어졌다. 그럴 때 강간과 약탈은 전사들이 획득한 권리이자 그들의 위험과 용맹에 주는 보상으로 간주되었다. 약탈할 전망뿐 아니라 성적 모험을 경험할 전망 또한 호전적인 작전의 주된 유인, 작전에 참여할 동기를 남자들에게 부여한 유인이었다. 젊고 아름다운 여성 포로들은 귀중한 상이었고, 다른 모든 전리품과 마찬가지로 지도자들이 먼저 선택할 권리를 누렸다. 반¾야만 사회의 『일리아스』 같은 영웅담들은 이런 상의 성적인 가치를 좀처럼 감추지 않았다. 이 관행은 한결 문명화된 사회의 군대에서도 공공연하게든 더 은밀하게든 과거 못지않게 행해졌다. 오늘날의 담론에서 폭넓은 지지를 얻은 견해에 따르면 강간은 성행위라기보다 폭력 행위, 욕보이는 행위, 지배하는 행위다. 그렇지만 이 그릇된 이분법은 실상을 호도할 여지가 다분하다. 강간은 바로 폭력적으로 강요하는 성행위이기 때문이다. 강간 시에 가해자가 피해자—여성 개인이든 적 일반이든—를 지배하고 욕보이려는 욕구도 함께 분출할 정도로, 강간의 동기들은 상충하기보다 결합되어 있다.[13]

승리자와 희생자 양편의 침묵 외에도 싸움의 잠재적 이익으로서 성을 간과한 주된 이유는, 대규모 문명사회에서 축적된 부—인생에서 성 외에 다른 좋은 것들 대다수와 교환할 수 있는 보편적인 통화通貨로 기능한—가 기하급수적으로 증가했다는 것이다. 이미 살펴보았듯이 수렵채집인들과 원예민들 사이에서 싸움은 번식 성공에 직접적으로 이바지할 수 있었는데, 싸우는 가운데 여자들이 강간과 납치를 당했기 때문이다. 그리고 간접적으로도 번식 성공에 이바지할 수 있었는데, 싸워서 얻은 자원과 지위가 사회 내 경쟁에서 여자들—더 많은 여자들과 '자질'이 더 좋은 여자들—을 획득하고 가정에서 부양하는 데 도움을 주었기 때문이다. 이제 성적인 성공을 거두는 이 간접적인 방안 앞에서 직접적인 방안은 대체로 빛을 잃게 되었다. 전쟁은 부와 지위 외에 다른 무엇보다도 가정에서 성적인 성공을 가져다줄 수 있었다. 거꾸로, 이제 평화적인 방법으로 부와 지위를 얻었다 해도 무장 방어가 필요했다. 사회 내에서 성적인 기회와 성공의 양극화는 권력 분배와 재산 보유에 있어 격차가 점점 벌어지는 과정과 나란히 진행되었다. 이 둘은 밀접한 관계였다. 대체로 보아 권력, 부, 성적인 기회는 서로 중첩되었으며 위계적인 피라미드들을 서로 연결했다.

우선 일부다처를 허용한 사회에서 부자와 권력자는 아내를 더 많이 얻었고, 젊고 아름답고 그 밖에 다른 가치가 있는(다산에 유리한 특징, 좋은 부모와 배우자가 될 잠재력 등) 여자들을 선택하는 두드러진 이점을 누렸다. 여성의 경우에도 높은 지위는 그런 자질들 중 가장 귀하거나 다른 자질을 충분히 대체할 수 있는 귀한 자원이었다. 높은 지위가 많은 지참금과 강력한 결혼 동맹을 수반했기 때문이다. 여러 사회에서 아내들과 별도로 공식적인 첩을 두는 것을 허용했으며, 그중에는 복수複數 결혼을 허용하지 않은 사회도 있었다. 첩은 대개 아래 계층 출신이었고 본처보다 지위가 낮은 소실로 간주되었다.[14] 이런 식으로 공식적인 첩을 두는 관습이 없던 사회에는 당연히 비공식적인 첩이나 정부가 있었다. 성적 기회에 접근하는 또다른 길은 가정 내에 여자들을 두는 것이었다. 그중 일부는 전쟁과 습격 와중에 잡아온 노예 소녀였으며, 이런 이유로 미모가 빼어난 노예 소녀들은 시장에서 비싼 값에 팔렸다. 마지막으로 성매매 자체가 있었다. 이 업종을 대표하는 가장 능숙하고 우아한 여자들 역시 아주 비싼 값을 요구할 수 있었다. 일부 문화에는 세련된 여인들, 즉 엘리트층의 사교생활에서 두드러진 역할을 한 고급 매춘부들이 있었다.

성적인 기회의 근간에는 자원은 물론 권력의 상대적 집중과 분배도 있었다는 데 유의해야 한다. 다른 문명권에 비해 서양에서는 사회 전체를 보나 엘리트층 내부를 보나 권력과 자산 면에서 사람들 간의 격차가 더 좁았는데, 이 점이 서양의 체제들이 덜 전제적이었고 아울러 서양에서 성적 이익을 더 평등하게 분배했다는 사실과 연관되었던 것은 결코 우연이 아니다. 이는 다른 식으로는 설명하지 못할 눈에 띄는 사실, 즉 공식적인 일부일처제가 서양에서 규준이 되고 결국에는 왕에게까지 적용된 사실을 설명해준다. 서양의 뚜렷한 특성들—비교적 작은 국가 크기, 국내 권력의 더욱 다원적인 분배, 더 좁은 자산 격차, 공식적인 일부일처제—은 모두 밀접하게 연관되었다. 분명 서양에서도 통치자와 엘리트는 권력과 부가 많을수록 더 나은 성적 기회를 누렸고, 공중의 민감한 반응에 덜 주의하고 체면을 덜 차려도 무방했다. 관습만이 아니라 과시적인 소비, 성적인 '방종'이나 '과잉' 같은 개념들까지도 상대적이었다. 다시 말해 규범 자체도 대체로 사회권력의 분배에 의해, 따라서 권력에 대한 사회적 제약에 의해 형성된 사회적 구성물이었다. 크고 전제적인 제국들에서 최상층은 야단스럽게 처신했고, 사회적 규범은 그런 현실에 맞게 조정되었다.

권력, 부, 성적 기회의 상호 연관성은 위계적인 피라미드의 꼭대기에서 가장 뚜렷하게 입증되었고, 그중에서도 이른바 동양적 전제군주라는 인물 유형—콜럼버스 이전 아메리카의 제국들에도 이런 인물 유형이 있었다—으로 가장 두드러지게 나타났다. 앞서 살펴본 대로 국가 이전 사회에서, 특히 더 풍족하고 계층화된 사회에서 족장은 평민보다 번식에 훨씬 더 성공하여 수십 명의 아내와 수많은 자녀를 두었다. 이보다 큰 규모의 권력 축적을 감독한 국가의 통치자들은 더욱 많은 것을 얻을 수 있었다. 고대 근동의 큰 제국들에서 통치자들은 하나같이 커다란 하렘을 소유했다. 하렘은 그 정의상 사적인 공간으로서 외부인에게 닫혀 있었다. 하렘이라는 낱말 자체가 금지된 것을 뜻하는 셈어의 어근에서 파생되었다. 하렘에서는 여자들과 환관들만이 가사를 돌보고 통치자를 호위했다. 하렘 생활에 관한 내부 정보는 드물고 대부분 우연히 알려진 것이다. 예를 들어 그리스 저자들에 따르면 마케도니아의 알렉산드로스는 이수스 전투(기원전 333년) 이후 다리우스 3세의 첩 329명을 차지했다. 인생의 쾌락에서 좀처럼 빠져 나오지 못했고 군사작전중에도 사치스럽게 이동한 후대의 아케메네스 왕조 통치자들은 하렘에서 선발한 파견단을 전장까지 데려갔다. 여자들은 폐쇄된 마차를 타고 이동했고 환관들의 호위를 받았다.[15] 이로부터 얼마 지나지 않은 시점에 인도의 고관이었던 것이 분명한 카우틸랴가 쓴 국정 운영에 관한 고전적인 내부 서술 『아르타샤스트라Arthasastra』(1.20, 1.27)는 하렘의 구성과 절차, 아울러 궁정으로 초청받은 매춘부들의 행렬을 감독한 관료기구에 관해 상세히 기술한다.

거의 남지 않은 하렘 생활에 관한 증거의 빈틈을 언제나 공상이 채워 오기는 했지만, 가장 믿을 만한 사료는 잔존하는 관료 기록이며 이로부터 검증된 숫자를 얻을 수 있다. (히브리 왕 솔로몬이 여자 1000명을 거느렸다는 묘사는 그에 관한 다른 대다수 세부묘사와 마찬가지로 그의 치세 수백 년 뒤에 지어낸 이야기다.) 어쨌든 여자들과 그 자녀들은 국고로 생계를 꾸려야 했다. 역대 가장 관료제적이고 가장 장대했던 제국은 물론 중국이다. 국가 기록에 따르면, 전한(기원전 2세기와 1세기)의 하렘에는 여자가 2000~3000명 있었고 후한(1세기와 2세기)의 하렘에는 5000~6000명 있었다. 여자들은 공식 지위를 부여받고 관료제 직급에 따라 보수를 받았다.[16] 한정된 자원으로 일부가 풍족하게 지낸다는 것은 당연히 다른 이들의 궁핍을 뜻했다. 제국 하렘의 여자들 수천 명은 중국에서 배우자감으로 적합한 남녀의 비율에 까지 영향을 미치지는 않았지만 사회에 만연한 부자들의 일부다처제에는 영향을 미쳤고, 특히 중국을 비롯한 산업화 이전 사회에서 예사였던 광범한 여아 살해로 상황은 더 악화되었다. 불가피하게 가난한 남성들이 여성 부족으로 가장 고통받았다. 증거가 남아 있는 후대에는 중국의 지방에서 남성의 약 5분의 1이 미혼으로 지낸 것으로 추정된다. 젊고 가난한 미혼 남자들, 중국어로 '벌거벗은 몽둥이'(광곤光棍: 남성 성기를 가리키는 은어)라 불린 남자들이 비적 무리의 주축이었고 온갖 범죄 가운데 무엇보다도 폭력적인 성범죄를 자행했으며, 제국 당국이 이들을 매우 우려했다고 학자들은 지적했다.[17]

하렘의 규모는 중국이 단연 최대였던 것으로 보인다. 중국의 하렘은 수 세기 동안 유럽을 사로잡은 이야기와 공상의 원천이었던 오스만 술탄의 하렘과 비교할 수 있다. 오스만의 내탕금에 관한 기록은, 하렘의 절정기였던 17세기 전반기 동안 하렘에 여자가 약 400명 있었고 '퇴역 명단'에 오른 다른 여자들 400명(대부분 이전 통치자의 아내와 첩이었다)으로 이루어진 별도의 하렘이 있었다고 전한다.[18] 주목할 점은 제국의 권력이 이미 이울기 시작한 이후에 하렘이 절정에 달했다는 것이다―오스만 제국에서도, 중국에서도, 다른 어디서도 마찬가지였다. 어쨌거나 흠뻑 빠져들 인생의 쾌락을 이미 다 가진 마당에, 위험하고 지루한 군사적 위업을 세울 그 어떤 동기가 제국 통치자들에게 있었겠는가? 실제로 제국 통치자는 대개 자신의 궁전과 하렘에서 반쯤 황금우리에 갇힌 죄수가 되어 정사를 온갖 부류의 제국 관료들에게 맡기곤 했으며, 관료들은 통치자가 이런 노선을 고수하도록 최대한 부추겼다. 왕위를 찬탈하는 벼락출세자만이 이 안락한 상황을 박살내고 순환하는 게임 전체를 새롭게 시작할 수 있었고, 그렇게 할 공산이 컸다.

쾌락의 정원과 불칼을 든 문간의 케룹들

이 모든 요소들을 이국적이고 흥미진진한 일화, 실질적인 통치 업무에 비해 지엽적인 무언가로 간주해서는 안 된다. 흔히들 그렇게 간주하지만 오히려 정반대다. 인간 동기체계의 다른 요소들에 대해서와 마찬가지로, 사람들은 쾌락의 정원에 명령을 내리는 최고의 위치에 오르려 하고 이 위치를 차지하기 위해 싸웠으며, 이 위치를 지키려고 살해하거나 살해당했다. 이븐 할둔은 이렇게 썼다. "왕권은 고귀하고 즐거운 지위다. 왕권은 세상의 온갖 좋은 것들과 신체의 쾌락과 정신의 즐거움으로 이루어진다. 그런 까닭에 보통 왕권을 둘러싸고 치열한 경쟁이 벌어진다. (자진해서) 왕권을 넘겨주는 경우는 거의 없고 오히려 빼앗긴다. 따라서 불화가 뒤따른다. 불화는 전쟁과 싸움으로 이어진다."[19] 다모클레스의 검에 관한 고대 그리스의 현명한 이야기는 이와 동일한 현실을 생생하게 포착한다. 이 이야기에 따르면 통치자는 기쁨을 주고 욕구의 대상인 세상의 온갖 물건들로 가득한 탁자에 앉아 있었지만, 그의 머리 위에는 언제 떨어져 그를 죽일지 모르는 검이 말총에 매달려 있었다.[20] 통치는 걸린 판돈이 많은 고위험─고수익 업무였다.

폭력적 죽음을 맞은 왕들의 비율은 아직까지 면밀히 연구된 사례가 없으며, 시공간에 따라 변동했던 것이 분명하다. 그럼에도 일부 자료는 요점을 밝혀줄 수 있을지 모른다. 앞서 보았듯이

걸출한 전사들과 특히 통치중인 족장의 방계 부하들의 권력 찬탈은 폴리네시아의 정치 전통에서 되풀이되는 주제다…… 하와이인들은 "모든 왕은 취임할 때 정복자로서 행동한다"고 말한다. 설령 그가 실제로 선왕을 죽이지 않았더라도 보통 선왕을 독살했다고 간주되기 때문이다.[21]

다른 연구는 바이킹 시대 후기에 노르웨이 왕들 3분의 1 이상은 전투중 사망했고, 또다른 3분의 1은 추방당했다고 잠정 추산한다.[22] 7세기 노

섬브리아의 왕 8명 중 6명은 전쟁중에 사망했다.[23] 이와 유사하게, 성서 기록에 따르면 이스라엘의 왕 19명 중 9명만이 자연사했다(유다에서 다윗 가문이 누렸던 정통성에 비해 이스라엘 군주의 정통성은 덜 견고했다). 나머지 가운데 7명은 반란자들에게 살해되었고, 1명은 똑같은 운명을 피하려고 자살했으며, 1명은 아시리아인들에게 추방당했다. 아케메네스 왕조 페르시아의 왕 13명 중 4명이나 5명은 암살당했고 1명은 전쟁에서 살해당한 것으로 보인다.[24] 알렉산드로스의 정복 이후 서남아시아를 통치한 아케메네스 왕조를 대체하고 헬레니즘 문화를 계승한 셀레우코스 왕조의 마지막 세기(기원전 162~63년) 동안, 사실상 제위에 오른 군주 19명 전원이 통치 가문의 두 분파가 일으킨 무자비한 전쟁으로 인해 (스스로 가해자가 된 후) 왕위 찬탈과 폭력적 죽음의 희생양이 되었다.

로마의 첫 제국 왕조인 율리우스-클라우디우스 왕조의 비교적 안정적인 통치기에도 가문의 통치자 6명 중 3명—율리우스 카이사르 본인, 칼리굴라, 네로—이 폭력적 죽음을 맞았다. 다른 3명—아우구스투스, 티베리우스, 클라우디우스—도 살해당했다는 소문이 계속 나돌았지만(클라우디우스 경우는 소문이 사실일 근거가 있어 보인다) 입증할 수는 없다. 네로 이후 '네 황제의 해'(서기 68~69년) 동안 내전에서 잇따라 권력을 잡은 세 장군인 갈바, 오토, 비텔리우스는 급속히 몰락하고 사망했다. 네번째로 권력을 잡은 베스파시아누스 장군은 안정적인 왕조를 확립했다. 그러나 그의 아들 이후 두번째 계승자 도미티아누스가 암살을 당해(서기 96년) 왕조가 끊겼다. 이후로 이른바 오현제가 통치하는 로마 제국의 가장 안정적인 기간이 이어졌다. 그렇지만 뒤이은 무정부 상태 세기(서기 192~284년) 동안 모든 기록이 깨졌다. 연달아 서로를 대체한 황제 37명 중 24명은 암살당했고, 6명은 전투중 사망했고, 2명은 (처음 두 가지 선택지를 피하기 위해) 자살했으며, 1명은 적군에 억류된 채로 죽었고, 단 4명만이 자연적 원인으로 죽었다(이 가운데 3명은 아주 짧은 재위기 이후에 죽었으므로 폭력적 죽음을 맞을 시간이 없었다). 이후로 서기 284년부터 서로마 제국이 멸망한 476년까지, 로마 제국과 서로마 제국을 통치한 황제 30명 중 12명만이 왕좌에서 비폭력적으로 사망했다.[25] 이는 로마 제국 500년 동안 통치자들 가운데 대략 70퍼센트가 폭력적 죽음을 맞았음을 뜻한다. 왕관을 써보지도 못하고 살해당한 수많은 경쟁자들은 말할 나위도 없다. 동로마 제국 또는 비잔티움의 역사 동안(서기 395~1453년) 황제 107명 중 64명, 즉 60퍼센트 이상이 폐위 그리고/또는 살해를 당했다.[26]

오스만 제국은 대다수 국가와 제국에서 왕위를 두고 겨룬 이들이 재위 가문의 일원으로 보통 형제 또는 이복형제 사이였다는 사실을 가장 소름끼치게 상기시키는 사례다. 오스만 제국의 전성기(15세기부터 16세기까지)에는 명확한 왕위 계승 규칙이 없었고, 술탄들이 하렘의 숱한 여자들로부터 자식을 보았다. 이 시기에 아버지 사후 권력을 얻는 데 성공한 아들은 형제들과 조카들을 모조리 죽였거나, 적어도 왕위에 오를 자격을 박탈하기 위해 그들의 신체를 심각하게 훼손해 불구자(맹인)로 만들었다. 권력을 둘러싸고 부자지간에도 살인이 일어났다. 17세기 초에 가문 내에서 장자 계승이 확립되고 나서야 권력을 노리는 이 끔찍한 전투가 끝났다. 이 전투가 궁정과 왕가의 일상생활에 항상 미쳤을 영향은 상상만 할 수 있을 따름이다. 술탄의 모든 아들들에게 권력 투쟁은 그야말로 생존 투쟁을 의미했다. 설령 다른 동기가 없더라도, '안보 딜레마'—순전한 자기 방어—때문에 그들 모두가 최대한 악랄하게 투쟁할 수밖에 없었다.[27]

이 모든 것들은 정치권력 꼭대기의 불안정과 폭력 투쟁, 유혈극에 관한 수많은 비슷한 이야기 중에서 추린 사례에 지나지 않는다. 폭력 찬탈은 통치자나 경쟁자만이 아니라 그들의 가문과 추종자들, 그리고 투쟁이 전면적인 내전으로 확대될 경우 다수의 군인과 민간인까지 사망하는 결과를 불러왔다. 왕위 찬탈이 상존하는 위협이었던 까닭에 통치자는 끊임없이 불안해하고 의심하는 가운데 철저한 보안으로 자신을 에워쌌고, 이 때문에 거동을 비롯해 많은 활동을 자유롭게 하기가 어려웠다. 어디서나 그랬듯이 국왕 시해와 폭력 찬탈이 예사로 일어난 아시리아에서 훗날 위대한 왕이 된 아슈르바니팔(기원전 668~627년)은 젊은 시절 내부의 현실에 관한 심정을 이렇게 토로했다.

> ……수염 기른 족장들과 왕의 동지들, 왕 자신의 형제나 아버지의 형
> 제들, 왕가의 일원들이 그를 위험에 몰아넣을 여지가 있다. 그는 자신의
> 전차 운전수와 전차 수행원, 야간 경비원, 왕실 전령들과 경호원, 궁전
> 과 변방의 장교들, 식료품 담당자와 제빵사의 충성심을 의심한다. 그는
> 자기가 먹는 것과 마시는 것을 낮이고 밤이고 두려워한다. 그의 의지에
> 반해 반란이 일어날 위험이 없는 도시에서도 그렇다.[28]

카우틸랴는 『아르타샤스트라』(1.20~21)에서 인도 군주들을 보호하기 위해 취한 보안 예방조치의 내막을 있는 그대로, 비할 바 없이 알려준다. 왕의 영광에 관해 생각할 때 우리는 이런 측면을 좀처럼 고려하지 않는다. 그럼에도 이 고위험-고수익 게임에 지원하는 이들은 결코 부족하지 않았다. 자신이 이 게임을 시작하기 적합한 위치에 있고 성공할 가망이 있다고 느끼면 그들은 경쟁에 뛰어들었다.

그 이유는 무엇일까? 그 게임은 '그만한 가치가 있는' 일이었을까? 어떤 의미에서 그랬을까? 1부에서 밝혔듯이, 우리의 동기체계는 사람들이 지질학적인 기간 동안 소규모 친족사회에서 수렵채집인으로 살면서 경험한 신체·생식 압력에 의해 진화적으로 형성되었고 그 압력에 맞추어 미세하게 조정되었다. 궁극적인 번식 성공이라는 면에서 적응적인 진화론적

계산은 유전자 풀을 정돈함으로써, 덜 추상적으로 말하면 사람들을 정돈 함으로써 인간 행위를 끊임없이 정돈했다. 그렇다면 지난 수천 년(많은 사 회들은 겨우 수백 년) 동안 인간 사회의 팽창, 부와 위계구조와 복잡성의 증 대는 진화 과정에서 형성된 인간의 동기체계와 재정의된 적응적 행위에 어떻게 영향을 미쳐왔는가? 물론 이것은 인류의 놀라운 본성-문화 공진 화와 관련해 가장 흥미로운 물음들 중 하나다. 의심할 나위 없이 문화적 진화는 인간 행위를 극적으로 바꾸고 다양화해왔다. 그러나 이미 언급했 듯이, 그리고 여전히 널리 받아들여지는 견해와 반대로 문화적 진화는 '빈 서판'에 작용하지 않았거니와 그저 '무엇이든' 산출할 수도 없다. 문화적 진 화의 다채롭고 다양한 형태들은 인간이 타고나는 성향들과 성질들의 중 핵deep core, 명확히 인식할 수 있는 중핵 위에 건설되어왔다. 이런 성향과 성질은 진화 과정에서 형성된 기본적 욕구와 이를 충족하도록 '설계된' 근 사적 감정 메커니즘을 나타낸다. 문화적 진화와 더불어 이 모든 성향과 성 질은 백지 상태로 돌아가는 것이 아니라 속박당한다. 그렇다고 한다면, 진 화 과정에서 형성된 우리의 행위는 크게 바뀐 '인공적'·문화적 조건, 인간 의 성질이 형성된 '진화적 자연 상태'의 조건과는 너무나 다른 조건에서도 궁극적인 번식 성공이라는 본래의 의미에서 계속 적응적이었는가?

이 물음의 답은 대단히 긍정적이다. 1부에서 개관했듯이 근본적으로 달라진 다양한 조건에서도 사람들은 계속 아이를 낳아 돌보았고, 상술한 과정에서 유래한 일련의 번식활동과 신체활동, 그리고 이와 연관된 갖가 지 파생 활동들을 계속했다. 실제로 인구는 신석기시대의 문화적 도약 이 래로 1000배 증가했다. 그러나 **요약하자면** 이런 성장은 경이로운 번식 성공 을 의미하지만, 근본적으로 달라진 조건에서 일련의 특정한 행위들 전체 가 적응적 미세조정을 계속해왔음을 뜻하지는 않는다. 문화적 도약은 아 주 최근에 일어난 까닭에 선택압을 통해 인간생물학에 어떤 유의미한 영향도 미치지 못했다는 데 유의해야 한다. 생물학적으로 보아 우리는 석기 시대 선조들과 사실상 동일하고, 동일한 성질을 물려받는다. 오늘날 인공적으로 생산하는 몸에 해로운 단맛—과일이 충분히 익었고 영양가가 많다는 것을 가리키는 맛이 아니라—에 대한 사람들의 욕구는 달라진 문화적 조건에서 본래의 적응적 성향이 혼란에 빠졌음을 보여주는 사례다. 음식이 부족한 환경에서 적응에 이로웠던 식욕을 음식이 풍족한 사회에서 마음껏 채울 때 나타나는 비만은 또다른 사례다.

인간 행위를 추동하는 것은 진화적 목표 자체가 아니라 근사적 메커니즘, 즉 본래 신체적·번식적 목표를 달성하기 위한 수단으로 진화한, 감정적 만족을 수반하는 행위다. 근본적으로 새로운 조건 때문에 근사적 메커니즘과 그것의 본래 진화적 목표 간에 연결고리가 끊어진 곳에서, 강한 감정적 자극으로 사람들을 속박하는 것은 진화적 목표가 아니라 근사적 메커니즘이다. 사람들의 행위를 인도하는 것은 번식 성공 계산법이 아니라 감정적 만족 계산법이며, 설령 후자가 어느 정도 전자에서 갈라져 나왔다 해도 마찬가지다. 또다른 사례를 들자면, 사람들은 로맨틱한 성적 만족을 위해 끊임없이 성교를 한다. 효과적인 피임법 때문에 이 강박적인 활동의 절대다수가 번식 성공과 무관한데도 말이다.

그렇다면 고수익—고비용 게임인 사회 내부—사회들 사이의 '양면' 권력투쟁에 참여한 이들은 궁극적으로 번식 성공—진화 과정에서 형성된 그들의 욕구와 추구의 원천—의 확률을 높였던가? 이 물음의 답은 계산하기가 매우 어려워 보인다. 한편으로 통치자에게는 번식 기회가 훨씬 많았고, 전제군주의 하렘은 그 절정이었다. 그렇지만 다른 한편으로 왕위 경쟁자들과 심지어 재위중인 통치자까지도 그들 자신과 가문을 위해 몹시 위험한 게임을 했다. 이 물음에 약간의 빛을 비춰주는 것은 중국부터 카스피 해까지 동아시아와 중앙아시아의 Y(남성) 염색체를 조사한 근래의 주목할 만한 연구다. 이 연구는 위대한 통치자 한 명이 번식 이점을 얼마나 누릴 수 있었는지를 입증한다. 이 연구에 따르면 이 지역 인구 중 약 8퍼센트(세계 인구의 0.5퍼센트)의 Y 염색체가 동일하다. 이 사실의 유일한 의미는 그들이 단 한 남성의 후손들이라는 것이다. 또한 생화학적 패턴은 이 남성이 약 천 년 전에 몽골에서 살았음을 보여준다. 이 남성일 법한 유일한 후보자가 칭기즈 칸임을 확인하는 것은 어렵지 않은 일이었다─칭기즈 칸의 후손으로 알려진 생존자들의 Y 유전자를 조사해 확증했다. 물론 이것은 칭기즈 칸만이 수많은 여자들로부터 무수히 많은 자식들을 보았음을 뜻하지 않는다. 이런 일은 설령 칭기즈 칸이 군사 정복을 완전히 그만두었다 해도 분명히 불가능했다. 칭기즈 칸의 Y 염색체가 어마어마하게 퍼져나간 것은, 중앙아시아와 동아시아에서 수 세기 동안 통치 가문의 수장으로서 그를 계승한 아들들이 모두 경이로운 성적 기회를 누렸다는 사실의 결과다.[29]

분명 칭기즈 칸은 역사상 가장 위대한 군사 지도자 중 한 명이었고, 그의 왕조는 가장 성공한 왕조일 것이다. 반면에 권력을 노리다가 실패해서 혈통이 끊긴 수많은 사람들은 틀림없이 번식 성공률이 낮아졌을 것이다. 그러나 급속한 문화적 진화로 인해 생겨난 새로운 '인공적' 조건에서 누군가의 행위를 설명하기 위해 전반적인 번식 이득을 가정할 필요는 없다. 사람들의 행위를 지배하고 그들을 권력정치 게임으로─그것이 여전히 그들에게 '적응적' 게임이든 아니든 간에─몰아간 것은 근사적 메커니즘, 인간의 욕구였기 때문이다.[30] 사회 피라미드의 꼭대기가 사람들에게 그토록 강력한 유인이었던 까닭은 거기서 욕구를 마음껏 분출하고 어마어마한 규모로 욕구를 채울 수 있었기 때문이다. 이 궁극적인 상을 노리는 숱한 경쟁자들은 복권 게임에서 대박을 터뜨리려는 상습 도박꾼에 비유할 수 있을 것이다. 분명히 그런 게임에서 도박꾼은 언제나 승산이 낮고, 상습 도박꾼은 실제로 상당한 손해를 볼 것이다. 그럼에도 그런 부류는 결코 부족하지 않다. 인지심리학이 알려주듯이 인간의 인지 왜곡 가운데 가장 흔한 확률 평가의 오류 때문이기도 하고, 상의 매력이 강박적—중독적 도박 행위를 유발해 비용—효과를 평가하는 우리 정신 메커니즘의 기능을 교란하기 때문이기도 하다. 물론 그렇다고 해서 꼭대기에서 치명적인 권력투쟁을 벌이는 경쟁자들 모두가 '기대 효용'—상을 얻을 확률을 고려해 상의 가치를 가늠하는 게임 이론의 개념—에 반해 행동했다는 뜻은 아니다. 그렇지만 그들 다수는 명백히 그렇게 행동했다. 정도가 덜하기는 했지만, 이와 동일한 고찰은 사회 위계구조의 더 아래쪽에서도 참이었다.

권력과 영광의 추구

기하급수적 성장과 위계적 구조화는 1부에서 검토한 인간 동기체계의 다른 모든 '파생' 요소들에도 영향을 미쳤다. 진화적 자연 상태에서 지위와 지도력, 권력을 추구한 까닭은 신체 자원과 번식 자원에 접근하는 데 이로웠기 때문이다. 자원 축적 및 위계적 조직화와 더불어 강압적 사회권력의 범위와 중요성이 급증했다. 게다가 서로 긴밀히 얽혀 있고 또 교환할 수 있는 자원과 권력을 당시까지 상상할 수도 없었던 규모로 축적하고 확대할 수 있게 되었던 까닭에, 권력은 돈과 유사하게 원하는 대상들을 대부분 획득할 수 있는 보편적인 통화가 되었다. 권력은 다른 모든 것을 전달하는 매개체가 되었고, 따라서 권력 추구는 다른 모든 것을 의미하게 되었다. 이런 이유로 권력 추구는 그 자체의 생명을 얻은 것처럼 보였고 그 자체를 위해 추구되었다.

사람들이 반드시 권력을 적극적으로 원했던 것은 아니다. '안보 딜레마' 자체가 권력을 키우도록 사람들과 정치공동체들을 추동했다. 경쟁에서 삼켜지느니 삼키는 편이 나았기 때문이다. 규모와 권력을 키우는 것은 다른 무엇보다 방어적 조치, 억지하고 협상하고 비슷한 세력과 실제로 힘을 겨룰 때 결정적으로 중요한 조치였다. 이와 동시에, 안보를 위해 축적한 강한 힘을 이용해 상대편의 비용으로 긍정적인 목적을 달성하고 그리하여 상대편을 불리한 입장에 서게 할 수도 있었다. 이와 동일한 논리가 다른 모든 행위자에게도 적용되었으므로, 끊임없는 권력투쟁이 뒤따랐다. 이 투쟁은 경쟁에 연료를 다시 공급했고, 따라서 대체로 보아 연료를 스스로 조달했다. 강한 안보 압력은 아시리아와 로마를 비롯하여 가장 막강했던 제국들 일부의 형성과 군사화, 팽창과 관련이 있었다. 학자들은 국가의 팽창을 추동한 예상 이익을 언급하면서 방어적 동기에 관한 언명을 의심하는 경향이 있지만, 안보에 대한 고려와 예상 이익은 대립하지 않았고 오히려 뒤섞였다.

지위, 권력과 유사하고 이 둘과 밀접한 관계인 명예와 위신 추구는 본래 신체 자원과 번식 자원에 더 수월하게 접근하기 위해 '설계'되었다. 그런 까닭에 명예와 위신 추구 역시 강한 감정적 만족—겉보기에는 이런 추구에 독립적인 생명을 부여하는 듯한—에 의해 촉진된다. 대규모 사회에서는 이런 명예와 위신 추구를 성취할 가능성 또한 기하급수적으로 커졌다. 특히 대규모 사회의 꼭대기에서 사람들은 본래 이 갈망이 생겨난 진화적 자연 상태에서는 꿈에도 생각지 못한 규모로 이 갈망을 충족할 수 있었다. 사실 이런 갈망 충족은 그 자체로 권력의 주된 유인 중 하나다. 통치자들(그리고 물론 다른 이들)은 자신의 권력과 그것이 수반하는 모든 것에 대한 장악력을 강화하는 방편으로서 영광—대규모 사회에서만 생겨날 수 있었던 무언가—을 추구했지만, 감정적 만족의 독립적 원천이자 가장 강력한 원천으로서 추구하기도 했다. 전제군주가 자신의 업적을 초인적인 이미지로 찬양한 석비石碑를 학자들은 왕의 선전수단으로 해석하지만, 석

비란 그 못지않게 무한한 영광과 절대적 지배권에 대한 갈망의 충족을 최대로 추구하겠다는 의중을 표현한 것이기도 하다. 예컨대 가장 막강한 제국의 통치자들은 자신의 지배권을 '세계의 네 모서리'와 '태양 아래 모든 것'으로 넓힐 수 있다고 큰소리쳤다. 이런 욕구 충족은, 따라서 행동의 동기는 국내에서든 국외에서든 자신의 지배권을 최대한 확장하려는—사실상 자기 발 아래에 두려는—목표에서 파생되었다. 그러나 이런 욕구 충족과 행동의 동기는 손에 잡히는 이득과 관련이 있으면서도 그런 이득과 구분되었다.

이제까지 몇 쪽에 걸쳐 전제적 통치자들이 즐겼던 사치스러운 욕구 탐닉의 가능성에 더 집중하기는 했지만, 위에서 말한 모든 내용이 개인과 정치공동체 일반에도 적용되었음을 강조해야겠다. 공동체의 성원들은 집단의 영광에 둘러싸여 있었고, 그 영광을 키우고 보호하기 위해서라면 기꺼이 대가를 치르고자 했다. 이런 태도 역시 권력과 억지, 국가 간 협상이라는 관점에서 판단한 명예와 영광의 전환 가치에서 파생되었다. 개인과 정치공동체는 자신들의 명예를 빈틈없이 수호했고, 명예가 조금만 훼손되어도 단호히 대응했다. 명예 훼손이 수반하는 사소한 문제 때문이 아니라, 그들의 약함을 드러내고 그들을 희생양으로 종속시킬 수도 있는 훨씬 심각한 문제 때문이었다. 윈스턴 처칠Winston Churchill의 말을 바꾸어 표현하자면, 전쟁이 아닌 수치를 선택할 경우 수치를 당하고 뒤이어 전쟁을 치를 공산이 대단히 크다. 적절한 대응 없이 당하는 명예 훼손은 위신과 입지를 약화해 한층 더 심각한 명예 훼손을 불러올 뿐이었다. 오랜 진화의 역사를 거치면서 명예 훼손에 예민하게 반응하는 민감성이 인간의 마음에 깊이 각인된 까닭에 명예는 거의 그 자체로 목표가 되었다. 더욱이 적대관계에 있는 이들은 보복이 더 큰 보복을 부르는 상황에 말려들 수도 있었다. 그럴 경우 실제로는 아무도 원하지 않더라도, 양쪽 모두 애초에 분쟁을 유발한 동기를 넘어서 불화의 원인보다 훨씬 큰 대가를 지불하곤 했다.

마지막으로, 1부에서 이미 밝혔듯이 강한 감정적 자극은 다른 모든 필수적인 추구와 더불어 싸움 활동 자체를 촉발하고 지속하는 토대다. 특히 젊은 층에게 강한 영향을 미치는 그런 자극으로는 육체적·정신적·지적 능력을 경쟁적으로 쾌활하게 발휘하는 활동과 연관된 의기양양하고 들뜬 기분, 황홀한 폭력적 광란, 고위험-고수익 모험주의와 탐험—이제는 지역 공동체의 속박과 따분한 일상에서 벗어난다는 의미도 있었다—이 주는 전율 등이 있다. 개중에는 세상을 구경하려고 입대하는 이들도 있을 것이다. 이를테면 이득을 기대할 뿐 아니라 싸움 활동 자체를 즐기는 이들이 있을 것이고, 따라서 '순전히' 싸움 자체를 추구하는 이들도 있을 것이다.

칭기즈 칸의 다음과 같은 단언은, 앞서 언급한 인간 동기체계의 요소들이 결합되어 있음을 드러낸다. "한 인간이 알 수 있는 가장 큰 즐거움은 적들을 정복하고 그들을 자기 앞에서 내쫓는 것이다. 그들의 말을 타고 그들의 소유물을 가로채는 것이다. 그들에게 소중한 이들의 얼굴이 눈물로 젖는 모습을 보는 것, 그들의 아내와 딸을 껴안는 것이다."[31] 앞서 밝혔듯이, 오늘날 우리는 칭기즈 칸이 마지막 구절로 뜻한 바를 알려주는 놀라운 통계 증거를 가지고 있다.

친족관계, 문화, 이념, 이상

이 모든 서술은 충분히 참인 것처럼 들린다. 그런데 과연 전적으로 참인가? 심지어 인류가 극적인 문화적 도약을 한 이후에도, 사람들은 이런 조야한 물질주의적 목표들에만 관심을 쏟는가? 궁극적으로는 진화 과정에서 형성된 원천에서 파생된 것으로 보이는 이런 목표들에만? 사람들은 칭기즈 칸이 말한 것보다 고결한 이념과 이상을 위해서도 살고 죽지 않는가? 의심할 나위 없이 그러하지만, 이미 1부에서 밝혔듯이 그럴 때에도 사람들은 앞서 말한 목표들을 부정하는 것이 아니라 계속해서 추구하는 것이다. 자연적인 것과 문화적인 것을 연결하는 중간면은 대단히 복잡하게 얽혀 있다. 분명한 것은, 여기서는 우리의 특정한 주제인 인간의 싸움에 국한하여 이 복잡한 실타래 가운데 중요한 가닥들만 풀어볼 수 있다는 것이다.

우선 정체성 요인을 살펴보자. 사람들은 진화에 따라 '낯선 사람'보다 친족을 두드러지게 선호하도록 형성된 선천적 성질—다시 말해 자신과 유전자를 더 많이 공유하는 이들을 선호하는 성질—을 확연히 드러낸다는 것은 이미 확인했다. 친족관계는 동심원들을 이루며 확대되고 축소된다. 그 귀결인 친족 이타주의의 계산법과 경쟁은 여기서 다시 다루지 않겠다. 그렇지만 대강 말하자면, 요점은 어떤 친족 동심원에서든 사람들은 한층 더 가까운 친족(그들 자신과 그 자손들로 끝나는)의 이해관계를 위해 투쟁하면서 동시에 더 먼 동심원들에 맞서 협력하는 경향이 있다는 것이다. 이 쉴새없는 다면 게임에서 공동체가 외부의 위협에 직면할 때면 내부의 협력은 굳건해지고 경쟁은 드리없이 약해지는 경향이 있다. 그러나 내부 경쟁이 완전히 사라지는 것은 결코 아니다(애국자들은 이런 경쟁이 자멸을 초래할 정도로 내부를 약화시킨다며 탄식하곤 한다). 하지만 스펙트럼의 극단에 있는 사람들은 형제와의 투쟁에서 승리하기 위해 외부인들과 동맹을 맺을 수도 있다. 그런 행동은 공동체에서 극히 부정적인 감정을 두루 불러일으키고 도덕적 낙인이 찍힌다. 물론 상호 이익을 위한 비친족 협력과 동맹—친족 이해관계에서 벗어나지 않는—도 흔하다는 것을 덧붙여 말해야 한다. 이런 협력과 동맹은 조직된 대규모 사회가 성장할수록 더욱 흔해지기만 한다.

친족 협력에서 대단히 중요한 상한上限을 언제나 유념해야 하지만, 대규모 국가사회에서 친족 친연성과 친족 유대의 범위는 이제껏 우리가 살펴본 수많은 다른 것들과 똑같이 극적으로 팽창했다. 제일 큰 수렵채집인 친족 집단은 수백 명, 기껏해야 수천 명으로 이루어졌다. 친족 집단이 생겨나고 특히 농경이 확장되는 곳마다 종족공동체들이 생겨났다. 이런 종족공동체는 대개 수십만 명을 망라했으나 서로 경쟁하고 대개 적대하는 부족들과 부족 연맹들로 나뉘었고, 후대에는 소국가들로 나뉘었다. 한 종족은 통일체가 아니라 엄청나게 다양한 조각들로 이루어진 모자이크였음을 다시 한번 강조해야겠다. 사람들이 다른 무엇보다도 지역의 부족이나 정치체(그리고 그 내부의 씨족)에 헌신하는 데 애착을 보였던 까닭에 종족 내부에서 강력한 원심력들이 생겨났으며, 종족이 온갖 공동체들로 쪼개지고 공동체들이 서로의 숨통을 조이는 사태가 곧잘 일어났다. 한편으로, 더 큰 국가들이 다른 어떤 곳보다도 바로 그런 종족 공간에서 등장하고 팽창했다는 점은 충분히 인식되지 않고 있다. 그런 공간에서 종족성이 비슷한 사람들은 서로 공유하는 종족중심적 특성과 유대를 바탕으로 한결 쉽게 연합하고 또 연합을 유지할 수 있었기 때문이다. 실제로 국가와 제국은 다른 종족들에게로 통치를 확장할 때 충성스러운 토착 종족의 핵심 집단에 주로 의존했다. 따라서 널리 받아들이는 견해와 반대로, 정치적 경계를 결정하는 문제에서 종족은 근대에 들어서야 중요해진 것이 아니라 맨 처음부터 대단히 중요했다.

1980년대 이래로 종족과 민족주의는 순전히 '발명된' 것이라는 주장, 그리고 대다수 일족들이 받아들이는 깊은 정서—그들 각자가 공통 혈통이나 조상을 공유한다는—는 순전히 신화라는 주장이 유행해왔다. 종족이 국가와 엘리트에 의해 '구성'되고 조작되고 신화화되었다는 이 견해는 민족주의와 인종주의의 과격하고 끔찍한 징후들에 고상하게 맞서면서 성큼성큼 전진해왔다. 그 이유는 분명히 이 견해에 상당한 진실이 담겨 있기 때문일 것이다. 그럼에도 그 진실은 불완전한 진실일 뿐이다. 이 견해를 옹호하는 이들은 종족이란 유전적 현상이 아닌 문화적 현상이라고 역설한다. 그렇지만 이 그릇된 이분법은 훨씬 더 복잡다단한 현실을 놓치고 있다. 우선 이미 살펴본 대로 여러 연구에 따르면, 특히 역사시대에 일어난 엘리트층의 권력 탈취와 대규모 이주를 고려할 때, 세계의 더 넓은 문화적 (언어적) 경계와 유전적 경계가 전반적으로 놀라우리만치 일치한다는 것을 알 수 있다.[32] 대다수 종족들은 근대 민족주의가 등장하기 오래전부터 존재했고, 자기 주위로 형성된 근대 민족주의의 핵을 이루었다.[33] 애초에 별개 집단들이 뭉쳐서 형성된 종족이라 해도(대개 종족은 이렇게 형성되었다), 충분한 시간 동안 두루 통혼하고 나면 새로운 유전적 표지들을 공유하게 되었다.[34]

종족을 구분하는 데 압도적으로 중요한 것은 분명 유전적 차이가 아닌 문화적 특징이다. 오해를 피하기 위해, 유전적 차이점들은 대부분 무시해도 무방하며 인간 문화와 무관하다고 얼른 덧붙여 말해야겠다. 앞서 살펴보았듯이 요점은 이와 전혀 다르다. 소규모 수렵채집인 집단에서처럼 친족관계는 문화와 중첩되었으며, 유사한 표현형(비슷한 육체적 외형)뿐만 아니라 사람들이 공유하는 문화적 특성 또한 친족관계임을 알리는 신호로 기능했을뿐더러 실질적으로 협력하기 위해 반드시 필요하기도 했다. 이런 이유로, 민족적 공동체들은 유전적으로 연관이 있든 없든(대부분 연관이 있다) 그들이 공유하는 문화적 특성 때문에 서로 연관이 있는 것처럼 느끼고 기능한다. 집단정체성을 형성하는 이런 복잡한 정신적 메커니즘의 원천과 작동을 외면할 경우, 인류 역사를 형성하는 가장 강한 유대의 일부를 필연적으로 오해하게 된다.

바로 이런 정신적 메커니즘이, 격세유전된 본성인 것이 분명한 종족중심주의—자기 동족과의 깊은 동일시, 그들을 위한 헌신과 기꺼운 희생—

를 설명해준다. 종족중심주의는 근대의 사회사상가와 역사가, 논자들을 거듭 혼란과 충격에 빠뜨렸고, 그들이 받아들인 분석 범주들을 흰히 드러냈다. 3장에서 논했듯이 구석기시대의 수백 명으로 이루어진 지역 집단의 원래 경계를 넘어 수천 명, 수백만 명을 포괄할 정도로 팽창한 친족 이타주의는 애초에 이런 성질을 형성한 진화론적 원리를 지나치게 확장한 것이었다. 한 개인이 신체적·문화적 표현형을 자신과 공유한다는 이유 때문에 자신의 동족으로 간주하는 훨씬 큰 집단은 과거의 지역 집단만큼 그와 밀접한 관계가 아니다. 더욱이 개인의 운명과 그 동족의 운명이 밀접한 관계이기는 해도, 개인이 자기 희생을 통해 동족의 운명에 영향을 미칠 수 있는 능력은 무시해도 좋을 정도다. 그럼에도 사람들의 행위를 지배하는 것은 여전히 근사적 메커니즘이다. 이 메커니즘을 형성한 원래 조건이 변했음에도 말이다. 개인은 동족의 이해관계를 자기 자신이나 자신과 가까운 친족의 이해관계와 비교하면서도, 동족의 번영에 감정적으로 신경을 곤두세운다. 강압을 통해 개인에게 집단행동을 강제하는 주역은 명백히 국가와 공동체이지만, 방금 말한 이유로 개인은 신병 모집에 기꺼이 응하기도 한다.

사람들은 외세의 지배로부터 독립하는 것이 동족의 번영에 결정적이라고 인식해왔고, 동족을 방어할 때면 함께 헌신하겠다는 결의를 필사적으로 표출하곤 했다. 외세에 종속된다는 것은 외국인의 수중으로 자원이 흘러간다는 것만이 아니라 공동체가 공유하는 문화의 통합성이 위협받는다는 것까지 함축했다. 이 함축은 우리의 시야를 넓혀준다. 사람들은 어째서 그들이 공유하는 문화에 그토록 강한 애착을 보이고 그 문화가 위태로워 보일 때면 심각한 위협을 느끼는가? 한 가지 이유는 방금 언급했다. 사람들은 서로 협력하는 친족 공동체임을 드러내는 행위와 관점, 외양을 무한히, 미묘하게, 뚜렷하게 표명하는 활동에 대단히 동조하며 또 그런 활동을 소중히 여기는 성질이 있다. 공유하는 문화에 대한 위협은 공동체의 통합성에 대한 위협을 동반한다. 더욱이 어린 시절 오랜 사회화 과정을 통해 획득한 문화적 형태는 대체하기가 극히 어렵다. 뇌 구조가 굳은 성인들은 학습을 통해 뇌 구조를 재배열하는 어린 시절의 유연한 능력을 대부분 상실한 상태다. 이런 이유로 자기가 가장 잘 알고 성공리에 대체하기 어려운 것들―언어, 행위와 신념 패턴, 사회 규약―은 사람들에게 대체로 더 나은 선택지가 된다. 무척 친숙하고 그 때문에 사람들의 의식에 각인된 고국의 풍경은 강한 애착과 헌신을 자아내며, 사람들은 그 풍경을 경솔하게 상실하지 않으려 한다. 두말할 필요 없이 이런 애착과 헌신은 '맹목적 본능'이 아니라 고도로 조정된 뿌리 깊은 성질로서, 대체로 상황에 맞추어 특수하게 표출된다. 분명히 사람들은 자신에게 이롭고 또 감당할 수 있다고 판단할 때면 외국의 문화적 형태를 곧잘, 때로는 열렬히 채택할 뿐 아니라, 고국(조건이 열악한 곳일 수 있다)에서 타국으로 이주하기까지 한다.

그렇지만 이게 전부는 아니다. 우리는 이념의 힘이 훨씬 멀리까지 미친다는 것을 알고 있다. 사람들은 어디서나 친족관계와 무관하게 국가를 가리지 않고 이념 때문에 서로 죽이고 죽임을 당한다. 이렇게 하는 이유는 무엇일까? 이 고결한 영역―대개 지극히 추상적인 형이상학적 이념들이며, 사실상 터무니없어 보이는 관념들인 경우도 숱하게 많은―은 인생의 실제적인 일들과 얼마나 관련이 있을까? 이 의문을 이해하는 열쇠는 우리 종의 강한 성향이다. 다시 말해, 마음의 눈으로 주변 환경을 최대한 깊고 넓게 탐색해서 그 비밀을 해독하고 위험과 기회에 대처하는 데 가장 유용할 정신의 지도를 그리는 인간의 성향이다. 나는 숙고한 끝에 '성향propensity'이라는 낱말을 사용한다. 다른 용어로는 설명할 수 없는 것들을 설명하기 위해 너무 쉽게 성향을 들먹인다고 진즉부터 의심하고 있는 사람들이 나를 불신하게 될 공산이 큰데도 말이다. 그럼에도 나의 주장은 바로 호모 사피엔스 사피엔스가 진화를 통해 형성된 선천적이고 보편적인 성질, 즉 세계를 정돈하는 성질을 가지고 있다는 것이다. 인간은 다른 무엇보다도 이 성질을 확장해 신화와 형이상학, 학문의 토대를 구축한다. 다른 모든 적응적 성질과 마찬가지로, 세계를 해석하는 정신적 얼개를 구축하려는 이 성향은 인간이 표현하지 않으려야 않을 수 없는 강력한 충동, 심원한 감정적 욕구다. 우리는 강박적인 의미 탐색자다. 우리 종의 두드러진 이력의 원천은 이 성향—상징적 표상의 진화, 그리고 일반화된 개념적 사유의 진화와 얽혀 있는 성향—인 것이다.

고고학과 현존하는 수렵채집인 사회들은 구조를 찾고 부여하는 선천적 성향이 우리 종의 두드러진 특징임을 드러낸다.[35] 1부에서 살펴본 대로 이 사회들의 우주는 인간이 대처하고 조화를 이루어야 하는 의미와 의도로 충만한 우주였다. 기술 진보와 모든 종류의 원형학문—천문학, 형이상학, 생물학, 지리학, 역사학, 사회학의 원형—은 해석을 두고 시행착오를 거듭하는 이 영구적인 과정을 끝까지 밀어붙인 결과였다. 이 모든 원형학문과 온갖 '초자연적'인 것들—마법, 신화, 미신—을 구분하는 것은 가느다란 선뿐이었다. 널리 퍼져 있는 인식과 반대로, 초자연적인 것은 원형학문과 나뉘지 않고 오히려 일치했다. 검증 절차가 발달하지 않은 당시에는 특정한 해석적 서사와 조작 기법이 타당한지 여부를 쉽게 확정할 수 없었기 때문이다. 그렇지만 바로 이 이유를 들어 사람들이 내면 깊숙이 간직한 공상과 무척 소중히 여기는 환상을, 정교하고 대단히 민감한 인간의 지적 소프트웨어에 존재하는 '버그'나 '바이러스', '활성화 오류'에 빗대어 적어도 어느 정도는 설명할 수 있다. 이 소프트웨어는 질서와 통제, 안심을 원하는 우리의 만족할 줄 모르고 끊임이 없는 욕구에 의해 추동될 뿐 아니라, 이 욕구로 인해 걸핏하면 혼란에 빠지고 이 욕구에 중독되기도 한다.[36]

이런 이유로 우주의 근본적인 구조 및 작동과 관련된 일련의 이념들, 우주의 자애로운 작용을 보장받는 데 필요한 수단과 관행은 대체로 극히 중요한 실제적 문제, 다른 주요한 실제적 문제들과 마찬가지로 행동—폭력을 포함해—에 필요한 강한 감정과 동기를 불러일으키는 문제로 인식되었다.[37] 나아가 이 문제는 그 어떤 평범한 실제적 문제보다도 강한 반응을 이끌어낼 수 있었다. 이 문제와 연관된 지고한 힘이 다른 무엇보다도 강력하고 '신성한 공포'로 둘러싸인 힘으로 인식될 수 있었기 때문이다. 초창기의 가장 단순한 사회들 이후로 줄곧 이 문제는 올바른 관행을 채택하는 일이나 올바른 관행을 충분히 이행하는 일과 관련해 의견이 분분한 모든 사회에서 분쟁을 유발할 여지가 있었다. 그 이후 사회의 극적인 팽창, 사회적·경제적 복잡성과 다양성의 증대, 권력의 집중화·제도화·형식화는 모두 신성한 것, 우주적인 것, 정신적인 것의 공적 영역에 반영되었다.[38] 무엇보다도 제도화된 대규모 종교들이 생겨났다.

당연히 통치자들은 사회권력의 주요한 요소인 정신적인 것을 더 확고히 장악하고자 했다. 지역의 신과 의례, 신념체계들은 통일된 영역에서 국가에 의해 융화되었고, 제재를 가하고 이득을 주는 국가의 체제를 통해 제도화되고 강요되었다. 그 과정에서 제도화된 형태의 자원 징수를 바탕으로 존속하는 전문화된 전업 성직자들이 급증하고 더 단단히 자리를 잡았으며, 기득권을 가진 이익집단이자 반半자치를 누리는 사회권력의 중심점이 되어 걸핏하면 통치자와 분쟁을 일으키곤 했다.[39] 신념과 의례의 세계는 권력정치를 두고 투쟁하는 무대였다. 우선 정신 통제가 권력의 한 측면을 이루었기 때문이고, 그런 까닭에 인간 동기체계에서 다른 모든 이익의 획득과 불가분하게 연결되었기 때문이며, 다른 주요한 문화적 차이들과 마찬가지로 공동체와 종교 분파, 교파 사이의 신앙 차이는 분열과 분쟁으로 이어질 수 있었던 데 반해 신앙의 통일은 정치적 통일을 촉진했기 때문이다.[40] 따라서 신앙과 의례의 문제는 그 자체로 정치적 쟁점이었다. 그렇지만 이것이 복잡다단한 양방향 관계였다는 데 주의해야 한다. 신념과 의례의 영역에 대한 조작의 근간에는, 우주의 심원한 작동에 관한 이념과 이 이념을 통제하는 데 필요한 관행이 사람들에게 중요했다는 사회적 사실이 있었다. 보통 이런 이념과 관행은 '조작'에 관여한 실권자와 통치자, 사제 본인에게도 중요했다. 18세기 이래 계몽주의 사상가들이 옹호한 견해와 반대로, 이렇게 조작에 관여한 실권자들은 단순히 냉소적인 사기꾼이었던 것이 아니라 관습에 따라 감정적으로나 지적으로나 신념의 세계에 열중한 편에 더 가까웠다. 계몽주의 전통의 표현 방식대로 말하자면, 그들은 '미신에 홀린 사기꾼'이었고 그들 자신이 '대중의 아편'에 중독되어 있었다.

전시에 신과 신전, 제의는 도움을 호소할 수 있는 실체이자, 공동체를 쉽게 고무할 수 있는 방어와 영광을 공유하는 문화의 신성한 부분이자, 인신 제물과 같은 신의 특별한 요구를 충족시키기 위해 일으키는 전쟁의 반#독립적인 원천이기도 했다. 따라서 공동체를 강하게 투영한 초자연적인 것들은 손에 잡히는 요인이나 상징적인 요인—더 '현실적'인 요인—못지않게 전쟁의 유력한 수단이자 동기였다. 다른 한편, 흔히들 주장하는 것과 달리 초자연적인 것 자체는 결코 전쟁의 독립적인 원천이 아니었다. 일례로 아스텍 엘리트층은 실제로 전형적인 '미신적 조작자'로서 행동했고, 정복하고 종속시키고 조공을 징수하려는 그들의 충동은 인간의 피를 바라는 신들의 갈망과 불가분하게 얽히게 되었다. 통상 아스텍의 전쟁에서는 의례용 제물로 쓰기 위해 사람들을 포로로 붙잡기보다 집단학살과 무자비한 착취를 자행했다.[41] 여하튼 모든 문화에서 지상의 전쟁은 관습적으로 천상의 전쟁이나 천상에서 비롯된 전쟁과 나란히 진행되었고, 적에 대항하는 공동체와 동족은 자기네 신들에게 지원을 요청했다. 신들은 우세하고 변덕스러운 동맹과 비슷해서, 신들이 분노해 공동체의 대의를 저버리거나 심지어 방해하는 사태를 예방하려면 끊임없이 떠받들고 달래고 도움을 간청해야 했다.

이 패턴은 지구 어디서나 나타난다. 그렇지만 문명이 더 진화한 유라시아에서는 신념의 영역과 정신적인 것 또한 더욱 발전했다. 유라시아에서만 형성된 선진 문자문화는 이런 발전의 이면에서 작용한 단연 중요한 요인일 것이다.[42] 유라시아의 문자문화는 막대한 양의 정보와 사상을 전례 없이 정확하고 복잡하고 상세하게 축적하고 저장하고 전달하는 일을 가능하게 해주었다. 문인들—성직자, 관료, 사회 엘리트층의 성원뿐 아니라 평민도 있었다—은 텍스트라는 매체에 기반한 정보망에 참여했고, 이제 이 매체를 통해 포괄적인 세계관을 명확하게 표현하고, 전달하고, 국가로부터 조금 더 자유로운 세계관을 간직할 수 있게 되었다.

유라시아의 문자문명에서 우후죽순처럼 싹튼 이 새로운 이데올로기들—신념과 윤리, 행위의 체계—이 다룬 것은 인간과 우주적·초자연적인 것의 관계, 신들을 달래는 일만이 아니었다. 새로운 이데올로기들의 가르침에서 이런 측면이 여전히 근본적이었고, 대개 이런 측면만이 근본적이기는 했지만 말이다. 새로운 이데올로기들은 이런 측면과 더불어 제각각 사회 개선과 개인의 구원에 관한 특정한 비전도 고무했다. 이 정신적 이데올로기들 자체만큼이나 서로 딴판이었던 그 비전들은 한결같이 인생의 문제들(죽음, 고통, 온갖 결핍)을 완화하거나 해결하거나 초월할 수 있는 방법에 관한, 모든 것을 아우르는 청사진을 제시했다. 그 비전들은 '호혜적 이타주의'와 '일반화된 호혜적 이타주의' 원리, 앞서 보았듯이 자연에서 사회적 협력의 기반을 이루는 이 원리를 높은 수준으로 끌어올려 윤리적인 사법체계로 성문화했다. 복잡하며 인간을 '소외시키는' 큰 사회들—특히 대도시와 국제도시의 사회들—이나 친밀성을 잃어버린 세계는 이런 포괄적

인 사회적·정신적 해결책을 명료하게 표현하도록 자극했다.[43]

이 독트린들은 추종자들을 위해 가장 실제적인 문제들, 다시 말해 현세 그리고/또는 내세에서 개인과 공동체와 우주의 구원을 좌우하는 문제들, 가장 헌신할 만하고 목숨까지 바칠 가치가 있는 문제들을 다루었다. 이 문제들이 인간의 존속에 **실제적**으로 대단히 중요했다는 인식은 마땅히 강조해야 한다. 개인과 공동체의 구원을 약속하며 다수에게 호소한 형이상학적·윤리적 독트린들만이 행동을 결집할 수 있었다는 데 유의해야 한다. 이 깊은 근원을 건드리는 데 실패한 순전히 학문적인 형이상학적·과학적인 독트린은 결코 열렬한 반응을 이끌어내지 못했다.

이런 종교적(나중에는 세속적) 구원 – 정의 이데올로기들은 곧잘 등장했고 때로는 특정한 집단 내에 머물렀지만, 국경을 넘어가는 보편적인 메시지를 동반하는 경우도 잦았다. 이 이데올로기들은 비친족 협업과 비슷하게 집단의 구분선을 넘어갈 수 있는 신앙과 행위의 공동체를 낳았다. 애국적 대의는 여전히 우주적인 것에 자주 호소했지만, 이제 (변덕스럽게 호소할지언정) 자동으로 호소하지는 않게 되었다. 더구나 새로운 보편종교적 이데올로기들과 전쟁의 관계는 복잡하고 다면적이었으며 상황에 따라 달랐다. '정당한 전쟁'이라는 의무는 이미 과거의 많은 종교들이 표명한 바 있었다. 이 의무는 생물사회학적 원리인 호혜성에 내포된 '타자'에 대한 정의라는 관념을 사람들이 감지하고 있었다는 것, 전쟁을 승인받기 위해서는 그 정의 관념으로 국내의 공중뿐 아니라 세상사에 초연한 듯한, 인간을 투영한 신들까지도 만족시켜야 했다는 것을 입증한다. (공중과 신들이 보통 쉽게 만족했다는 사실은 이 같은 정의 관념이 자아 쪽으로 얼마나 편향되어 있었는지도 입증한다.) 새로운 보편종교적 이데올로기들로 인해 '정당한 전쟁' 의무는 강화되었고, 신자들 간의 호전성은 더욱 엄격히 금지되었다.

다른 한편으로 일부 신생 구원 이데올로기들은 비신자를 겨냥한 신성한 호전성으로 변모할 수도 있는 강한 전도 열의를 받아들였다. 게다가 호전적인 구원 이데올로기들은 성스러운 전사 무리가 무시무시한 행동을 하도록 자극했다. 세계의 구원이 참된 신앙의 승리에 달려 있었기 때문이다. 이 이데올로기들은 신자 공동체 안에서 협력과 이타주의를 보편적으로 설교했고, 엄청난 세속적 보상과 비세속적 보상을 약속함으로써 그런 협력과 이타주의를 다양한 정도로 촉진할 수 있었다. 외부 관찰자들이 보기에 비세속적 보상은 상상 속에나 있는 것이었지만, 신자들이 보기에는 대개 다른 무엇보다 현실적인 것이었다.[44] 이런 구원 이데올로기들이 제공하는 현실적인 보상, 그리고 상상된 것이지만 인식할 수 있고 현실적으로 기능하는 보상은 인간 동기체계의 다른 싸움 동기들—세속적·비세속적 보상과 언제나 맞물려 있는—과 더불어 리처드 도킨스가 다음과 같이 선언한 이유를 설명해준다. "얼마나 강력한 무기인가! 신앙은 전쟁 기술 연감에서 한 장章을 차지할 자격이 있다."[45]

사랑과 연민, 비폭력의 종교로 시작한 그리스도교는 훗날 비신자와 이단자를 잔혹하고도 호전적으로 상대하는 면모를 발달시켰으며, 이 면모는 교리와 관습에 있어 정반대인 그리스도교의 다른 면모와 계속 거북스럽게 공존했다. 신자 간의 관계를 대하는 그리스도교의 입장은 줄곧 더욱 평화주의적이었다. 이슬람은 비신자에 대한 성전聖戰을 처음부터 교리의 필수적인 부분으로 받아들였으면서도 신자에게는 통일과 비호전성을 설교했다. 종교적 비난에도 불구하고 그리스도교와 이슬람 내부에서 싸움이 그치지 않았다는 명백한 사실은, 종교적 이데올로기가 아주 강력한 힘이었음에도 불구하고 전쟁을 낳는 동기와 현실을 근절하는 데에는 사실상 무력했음을 보여줄 뿐이다.

그리스도교와 이슬람보다 한층 분쟁을 꺼린 유라시아 동부의 정신적 이데올로기들도 무력하기는 마찬가지였다. 유라시아 서부에서 두 가지 주요한 보편종교적 이데올로기는 완강하고 전투적인 전도와 배타주의적인 면모를 받아들인 반면, 유라시아 동부의 보편적 우주론과 윤리론—불교와 유교 같은—은 전도를 하면서도 교리가 배타주의적이지 않았고 강제 개종을 옹호하지도 않았다. 유라시아 서부와 동부가 이처럼 다른 이유는 설명하기가 쉽지 않으며, 여하튼 여기서 나의 관심사는 아니다. 이 차이는 분명 일신교와 밀접한 관련이 있다. 유라시아 서부의 새로운 종교들은 다른 모든 신을 맹렬히 거부한 일신교라는 점에서 극동의 교리들만이 아니라 유라시아 서부의 더 오래되고 비교적 관대한 다신교들과도 구분되었다.46 유라시아 동부에서도 정신적 이데올로기는 사회들을 갈라놓는 문화적 차이의 일부였고 애국적 대의를 위해 곧잘 초자연적인 것에 호소했지만, 그리고 거의 유라시아 서부만큼 동부에서도 전쟁이 만연했지만, 초월론적 의미의 의견 전쟁—현세, 내세와 연관된 신념체계와 행위체계를 포함하는—은 동부보다 서부에서 훨씬 두드러지게 나타났다.

이처럼 유라시아의 우주적·윤리적 이데올로기 체계 중 일부는 신앙 공동체에 통일의 정신과 맹렬한 열의를 불어넣었고, 개인과 공동체의 구원과 비세속적 보상을 약속함으로써 이 정신을 고무했다. 동일한 이유로, 이 체계 중 일부는 평화와 정의에 대한 선호만 표현하는 데 그치지 않았다. 그밖에 부와 성교, 명예 같은 세속적인 목표들과 진화 과정에서 형성된 인간 동기체계의 다른 모든 요소들, 요컨대 사람들을 분쟁으로 몰아가는 목표들에 대한 추구를 본질적으로 혼란스럽고 끝이 없는 시시포스적 추구로 여기며 갈수록 멀리하고 거부하는 입장 또한 표현했다. 뒤에서 다시 짧게 다루겠지만, 사회적 정서의 이런 부분은 전쟁이란 전부 무익하고 무분별한 일이 아닌가 하는 의구심과 절망이라는 더 일반적인 감정의 한 측면일 뿐이었다.

전쟁: 진지한 목표를 위한 진지한 문제인가,
무분별한 일인가

전쟁의 결실을 최고의 즐거움으로 꼽은, 앞서 인용한 칭기즈 칸의 단언은 의심할 나위 없이 인간의 진실한 감회를 표현한 것이었다. 그러나 이미 지적했듯이 칭기즈 칸은 역사상 가장 성공한 군사 지도자 중 한 사람이었고, 누구든 그처럼 장대한 규모로 승리하고 나면 자연히 승리에 열광하기 마련이다. 그렇지만 그런 성공 언저리라도 가본 사람은 극소수였다. 이 사실 하나만으로도 전쟁에 대한 찬양 못지않게 전쟁에 대한 의혹이 만연했던 이유를 알 수 있다.

앞서 보았듯이, 싸움의 잠재적 이익이 사람들을 싸우도록 유인한 것 못지않게 싸움의 잠재적 위험과 손실은 (모든 동물과 마찬가지로) 사람들을 싸우지 않도록 억지했다. 그 결과 싸움은 상충하는 두 가지 감정적 메커니즘―싸움 스위치를 켜는 메커니즘과 끄는 메커니즘―이라는 면에서 인간의 가장 양극화된 활동 중 하나가 되었다. 개인과 집단에 닥치기 십상이었던 죽음과 신체 절단, 물질적 손실, 곤궁은 엄청난 고통과 두려움, 공포, 비애, 고뇌, 무기력, 절망을 초래했다. 압승을 거둔 곳에서는 거의 의문이 제기되지 않았다. 그러나 겉보기와 달리 역사에서 결정적 승리는 예사가 아니라 예외였다. 군비 경쟁이 대대로 이어졌지만 많은 경우 양쪽 모두 뚜렷한 이득을 얻지 못했다. 막대한 인명 손실, 투입된 자원, 파괴된 부가 아무 결실도 없이 블랙홀로 빨려들어가는 것처럼 보였다. 승리를 거둔다 해도 피정복민들이 균형 회복을 천명하고 나서면 대개 이전 상황으로 되돌아갔다. '죄수의 딜레마', 군비 경쟁의 '붉은 여왕' 역설, 보복의 덫, 단계적 확전의 순환(5장 참조)―적대자들이 규제받지 않는 경쟁 체제에 갇히는 상황―같은 이론적 도구들을 개념화하지는 못했지만, 사람들은 그런 상황을 날카롭게 의식했고 절망과 깊은 무력감을 느꼈다. 전쟁이란 하늘에서 내리는 저주, 사람들의 진실한 소망에 반해 그들을 집어삼키는 천벌, 기근 및 역병과 더불어 인류를 혹독하게 괴롭히는, 자연처럼 파멸적이고 이질적인 힘 중 하나라는 게 통념이 되었다.

농경이 출현하고 재산이 축적되기 시작한 이래, 전쟁은 전반적으로 보면 거의 언제나 자원의 순손실을 뜻했다(어느 한쪽이 순이익—때로는 막대한 이익—을 얻을 수는 있었다). 전쟁을 더 짧고 즐겁게 끝낼 수 있을수록 승리를 거두기가 더 쉬웠고, 이익을 더 확실하게 얻을 수 있었으며, 인간 마음의 표층에서 아주 가까운 열정의 원천에 불을 붙이기가 더 쉬웠다. 이와 유사하게 자신과 친족, 재산, 공동체의 정체성을 지키는 일도 강렬한 감정—대개 열광적이기보다는 필사적인 감정—을 불러일으킬 수 있었다. 설령 전쟁을 치러서 이득을 얻을 전망이 전혀 없다 해도, 사람들은 대개 단호한 마음과 절박하고 당황스러운 마음이 뒤섞인 상태로 전쟁을 고수했다. 다른 모든 선택지는 단기적으로든 장기적으로든 훨씬 나쁜 결과를 불러올 것처럼 보였기 때문이다.

고대 그리스인들은 에페이로스의 왕 피로스의 벗이었던 철학자 키네아스의 입을 빌려 전쟁의 이익에 대한 회의적이고 역설적인 견해를 표명했다. 피로스는 유명하지만 궁극적으로는 성공하지 못한 장군이자 승부사로서, 혼자 힘으로 헬레니즘 제국을 건설하기 위해 서쪽에서 로마 그리고 카르타고와 싸웠다(기원전 281~274년). 피로스는 앞서 언급한 것 같은, 대박을 노리는 상습 도박꾼의 전형으로 여겨져왔다. 고대인들도 이 점을 날카롭게 감지했다. "그는 헛된 희망에 빠져 자신의 위업으로 얻은 것을 잃었는데, 언제나 자기가 갖지 못한 것을 열렬히 바라다가 자기가 가진 것을 안전하게 지키는 데 실패했기 때문이다. 이런 이유로 안티고노스는 그를 주사위를 잘 던지면서도 그 솜씨를 어떻게 발휘해야 할지 모르는 사람에 비유하곤 했다."[47] '피로스의 승리'—손실이 커서 패전이나 다름없는 승전—라는 개념은 피로스에게 군사적으로만이 아니라 정치적으로도 적용되었다.

키네아스는 왕과 대화하면서 바로 이 점과 또다른 점 하나를 주장하려 했다. 키네아스는 로마인들에게 승리한다면 그 승리를 어떻게 이용할 생각이냐고 피로스에게 물었다. 피로스는 답하면서 이탈리아의 크기와 부유함, 중요성에 대해 말했다. 키네아스는 그다음엔 그것들로 무얼 할 생각이냐고 압박했다. 피로스는 시칠리아 땅과 더불어 그곳의 부와 사람들까지 전부 차지할 수 있을 거라고 대꾸했다. 철학자가 다시 한번 캐묻자, 왕은 이런 초기의 승리들에 힘입어 카르타고와 북아프리카를 정복하고 그렇게 축적한 힘을 바탕으로 마케도니아와 그리스를 차지할 수 있을 거라고 말했다. 키네아스가 계속해서 그다음엔 무얼 할 거냐고 묻자 피로스는 미소를 지으며 말했다. "우리는 느긋하게 쉬고, 날이면 날마다 잔뜩 퍼마시고, 벗이여, 내밀한 이야기로 서로의 마음을 기쁘게 해줄 걸세." 대화 내내 이 결론을 예상했던 철학자는, 왕이 말한 여유로운 활동을 즐기는 데 필요한 것들을 이미 전부 가지고 있는 마당에 지금 당장 즐기지 않고 온갖 곤경과 위험, 고통, 장기전의 유혈극을 겪을 이유가 뭐냐고 쏘아붙였다.[48]

이런 견해를 표명한 쪽은 분명히 왕이자 장군이 아니라 철학자였고, 둘 사이의 기질과 직업적 관점의 차이를 차치하더라도, 승리를 거둘 경우 성공의 열매를 탐닉할 수 있는 쪽은 명백히 철학자보다는 왕이었다. 그런데 전쟁의 비용과 손실을 고려할 때, 그 탐닉이라는 보상은 어느 시점부터 줄어들기 시작했을까? 자원을 더 많이 차지하려는 사람들의 충동은 여러 면에서 만족을 모르고 끝이 없지만, 동시에 다른 사람들이 가진 것에 따라 상대적이기도 하고 잠재적 손실과 비교되기도 한다. 동료들보다 지위가 높은 상황에서 추가 이익이 심각한 위험을 수반한다면, 사람들은 이미 가진 것을 지키는 더 보수적인 전략을 추구하는 경향이 있다. 게다가 키네아스가 시사했듯이, 누군가 계속 더 많은 것을 열망한다 해도 일정한 수준을 넘어가면 가장 호사스러운 사치품일지라도 과연 얼마나 더 소비할 수 있겠는가? 이런 이유로, 가장 심각한 위험을 기꺼이 감수하는 부류는 주로 야위고 배고픈 벼락출세자들이다. 성적 만족도 마찬가지다. 특히 남성의 성욕은 여러 면에서 끝이 없다. 그러나 일정한(높은) 수준을 넘어가면 이 욕구도 사실상 제한된다. 적어도 이 측면에서는 전제군주의 극치였던 한나라 황제들을 생각해보자. 그들이 하렘의 아름다운 여성 2000~6000명 전원을 실제로 상대할 수 있었겠는가? 성적 만족 역시 일정 수준을 넘어가면 더 많이 얻는 일보다 가진 것을 지키는 일이 훨씬 중요해진다. 명예를 비롯한 인간 동기체계의 다른 요소들도 마찬가지다.

앞서 언급했듯이, 여기에 더해 유라시아의 선진 문자문명들과 대규모 사회들에서는 인간의 동기 부여와 관련해 훨씬 더 급진적인 태도가 나타났다. 우리의 욕구체계는 진화가 우리에게 '부과'해온 것이다. 그렇지만 다른 동물들과 달리 우리는 엄청나게 향상된 지력과 상상력, 세대 간에 공유하는 지혜를 통해 세속적인 욕구 추구로는 결코 채울 수 없고 본질적으로 좌절을 안겨주는 시시포스적인 측면, 즉 고통과 고난과 최후의 죽음을 감지한다. 이런 이유로 사람들은 불안과 허무, 혐오감을 두루 공유하게 된다. 이런 감정은 특히 복잡한 대규모 사회에서 제일 두드러지게 나타날 것이다. 거기서는 유혹뿐 아니라 좌절감 역시 널리 퍼지고, 공동체가 덜 친밀하며 구성원을 덜 지원한다. 게다가 텍스트의 왕국이 이런 상황을 표현하거니와, 사람들이 관여하고 자신을 숨기고 위로할 수 있는, 세속적 욕구를 '승화'할 수 있는 상상의 세계—허구적·비허구적 세계—까지 만들어낸다.

자살을 빼면, 진화 과정에서 형성된 우리의 동기체계에 내재하는 고통과 좌절에 대응하는 가장 극단적인 방법은 감각적 욕구 및 이와 관련된 모든 활동을 외면하고, 초월하고, 욕구를 충족하려는 부단한 경쟁을 삼가면서 감각의 부정에서 마음의 평화를 찾는 금욕 추구다.

기원전 500년경 인도 북부에 살았던 것으로 추정되는 젊은 왕자 싯다르타 고타마(미래의 붓다)의 이야기는 이런 경향을 예증한다. 어느 날 누구든 고통과 질병, 신체의 쇠약, 죽음에 직면할 수밖에 없음을 깨달은 싯다르타는 모든 것을 버리고 세속적·감각적인 것을 일체 삼가면서 구도에 몰두하기 시작했다. 남아시아와 동아시아에서 수많은 이들이 싯다르타의 가르침에 공감했고, 그중 일부는 그를 본받아 불교 승려가 되었다. 그리고 일본의 적잖은 천황들도 궁정에서 물러나 절로 들어갔다. 일부는 타의로 물러났으나 나머지는 자의로 물러났으며, 그들 대부분이 인생에서 가장 열정적인 나이를 지난 뒤에 퇴위했을 것이다. 신화에 따르면 처첩 1000명뿐 아니라 다른 모든 사치까지 누렸다고 하는 성서 속의 왕 솔로몬이 환멸을 느끼고 "세상만사 헛되다"(전도서 1.2)라고 말한 것도 신체가 쇠퇴한 이후인 노년의 일이었다.

다양한 종류의 금욕주의는 유라시아 서부에서도 등장했다. 이번에도 그리스인들은 유명한 허구적 이야기에서 모든 종류의 사치를 멀리한 견유(犬儒, 문자 그대로 '개와 같은') 학파의 철학자 디오게네스의 입을 빌려 왕과 장군, 정복자 중에서도 가장 위대한 알렉산드로스에 반대했다. 통 속에 사는 디오게네스를 보러 온 알렉산드로스가 무얼 해주면 좋겠냐고 묻자, 이 철학자는 햇빛이나 막지 말고 비켜달라고 대꾸했다. 그러자 왕은 자신이 알렉산드로스가 아니라면 디오게네스가 되기를 바랄 것이라 말했다고 한다.[49] 감각적 만족-좌절이라는 딜레마에 대처하는 두 가지 상충된 전략을 대표하는 철학 학파는, 세계주의적이었으나 갈수록 쪼그라든 헬레니즘 세계와 후기 로마 세계의 에피쿠로스 학파와 스토아 학파다. 에피쿠로스 학파는 추측하건대 쾌락과 감각적 충족을 찬양한 반면, 스토아 학파는 세속적 욕구를 절제하라고 가르쳤다. 금욕주의는 그리스도교에 스며들었고, 은둔자와 수도회들은 금욕주의를 적극 실천했다.

그렇다면 우리의 전반적인 얼개 안에서 금욕주의를 어떻게 이해해야 할까? 금욕주의는 인간 싸움에 어떤 영향을 미쳐왔을까? 금욕주의는 평범하게 욕구와 욕구를 견주거나 욕구와 잠재적 비용을 견주지 않고, 오히려 욕구를 철저히 억지하려 시도하며 진화 과정에서 형성된 인간 동기체계에 저항한다. 금욕주의가 인간 사회에서 줄곧 주변부에 머물렀던 이유는 이처럼 가장 깊숙이 뿌리박은 우리의 선천적 성질에 반하기 때문이다. 극소수만이 금욕주의를 진지하게 시도했으며, 절대다수 사이에서 욕구를 충족하지 못해 괴로워한 사람들에게 금욕주의는 대개 실현하지 못한 선택지나 영적 갈망, 신조, 또는 기껏해야 행위를 제약하는 규율 요인으로 기능했다.

이제 금욕주의가 싸움에 미치는 영향을 따져보자. 분쟁의 원인에 대한 불교의 뛰어난 분석은 으레 평화주의로 귀결된다. "분쟁은 대개 쾌락이나 재산, 땅, 부, 경제적 지배, 정치적 우위 같은 물질적인 것에 대한 집착에서 비롯된다. 『중아함경』(1.86~87)에서 붓다는, 감각─쾌락은 더 많은 감각─쾌락에 대한 욕구로 이어지고 이는 통치자들을 포함해 온갖 부류의 사람들 간의 갈등으로 이어지며, 따라서 반목과 전쟁으로 이어진다고 말한다."⁵⁰ 그러나 금욕주의와 심지어 비세속성─궁극적인 보상의 희망을 다른 세계에 투영하는 것─마저도 평화주의뿐 아니라 호전성까지 표현해 왔다. 앞서 살펴봤듯이 일부 영적 운동은 물리력을 동원해 신조를 퍼뜨리는 것을 승인했고, 대의를 위해 기꺼이 목숨을 바친 이들은 세속적 보상보다 크고 순수한 보상을 약속받았으며, 감각을 극기하는 태도는 흔히 극단적인 난폭성과 외곬로 변모했기 때문이다. 역사 내내 금욕적인 열성자는 최고의 전사였고, 그리스도교와 이슬람, 힌두교(요기), 심지어 불교에서

도 전사 겸 수도승들은 오늘날 대중의 높은 관심을 받는 주제가 되었다.[51]

욕구를 극기하는 태도뿐 아니라, 욕구를 전반적으로 절제하는 태도 역시 욕구를 실컷 충족하고 탐닉하는 태도보다 상술한 효과를 거두고 행동의 동기가 될 잠재력이 훨씬 컸다. 호전성을 좀먹은 것은 금욕주의의 엄격함이 아니라 오히려 정주 문명의 편의시설과 여타 특성이었다. 규율과 대규모 협력을 지속하는 습관을 제도화하는 가운데 질서 잡힌 사회와 국가 권위는 상대적인 내부의 평화 또한 도입했다. 부족사회, 질서가 덜 잡힌 사회와 비교해 정주 문명 사람들은 일상의 폭력을 훨씬 자제하는 방향으로 사회화되었다―그들은 '길들여졌고', 이런 변화는 필연적으로 그들의 호전적인 기질에 반영되었다.[52] 더욱이 국가가 크고 외부의 적이 멀리 있을수록 사람들은 상존하는 외세의 위협에서 비롯될 전쟁에 덜 대비했고, 그런 위협을 자신의 문제로 여기지 않았다. 게다가 민중은 억압당하고 배제되고 소외될수록 싸울 동기가 약해졌고 싸우는 습관을 덜 들이게 되었다. 이와 동시에 통치자와 엘리트층은 사회 위계구조에서 지위가 높을수록, 국내에서 창출하는 부가 많을수록, 경계지역이 가난할수록, 부와 쾌락을 실컷 누릴수록 전쟁의 시련을 감수하고 견뎌낼 준비가 덜 되어 있었다. 국가는 경제적·행정적 하부구조 덕분에 대규모 군대를 유지할 수 있었지만 군복무는 직업군인들과 경계지역 주민들의 몫으로 넘어갔으며, 그러고 나면 이들이 권력을 잡을 수도 있었다.

국내와 국외에서 무력의 은밀하고 공공연한 사용과 이익 획득 사이에 직접적인 연관성이 존재하는 한, 이익을 거두는 일에서 무력은 생산성만큼이나 본질적―더욱 본질적―이었기 때문이다. 특히 정주 사회 간의 싸움은 생산성의 파괴와 상실을 수반했으므로 전반적으로 보면 보통 가담자들의 순손실로 귀결되었지만, 승자에게 상당히 유리하게 이익을 재분배하는 결과로 이어질 수도 있었다. 다시 말해 물리력으로 승리한 쪽이 큰 이익을 얻을 수도 있었다. 분명히 말해두지만, 때로는 물리력이 큰 이익을 가져왔다. 따라서 이득을 얻기 바라며 기꺼이 폭력 게임에 가담함으로써—경쟁 상황에서 분쟁 선택지를 옹호함으로써—게임 참가를 꺼리는 상대에게 게임을 강요한 이들이 언제나 있었다. 이런 이유로 누구든 적어도 분쟁에 대비는 해야 했다. 십중팔구 이런 게임은 가담자 모두가 '죄수의 딜레마'에 갇히고 '붉은 여왕 효과'를 경험하는 사태, 즉 모두가 전쟁을 치르고 전쟁에 대비하기 위해 자원을 계속 소모하는 가운데 그 누구도 경쟁자보다 우위에 서지 못하고 어떤 이득도 얻지 못하는 사태를 의미했다. 다시 말해, 그들 모두 분쟁하지 않았다면 입지 않았을 손실을 분쟁을 해서 입곤 했다. 요컨대 전쟁에 대한 '현실주의적' 태도와 '이상주의적' 태도는 서로 배타적이었던 것이 아니라 둘 다 심원한 진실을 건드리고 있었다. 폭력 분쟁은 그것이 선택지로서 존재한다는 사실 때문에 '진지한 목적을 위한 진지한 수단'인 동시에 놀랍도록 터무니없는 일이었고, 일부에게 매우 이로운 일인 동시에 전반적으로 끔찍할 만큼 소모적인 일, 때로는 모두에게 소모적인 일이었다. 또한 이상주의적 견해로 무시해버릴 수 없는 불가피한 일인 동시에, 마치 기이한 힘인 양 대개 적대자들의 '의지에 반해' 그들 모두에게 부과된 일이었다.

물리력과 부의 획득을 묶고 있던 끈은, 근대성—또한 근대성과 나란히 증대하는 생산성에 발맞추어 기하급수적으로 성장한, 물리력을 낳는 능력—과 더불어 비로소 헐거워지기 시작했다.

제3부

근대성
: 야누스의 두 얼굴

제13장

도입: 부와 권력의 폭발

관습적으로 꼽는 근대성의 도약 시점은 15세기 후반까지 거슬러올라 간다. 세계가 새로운 시대, 과거의 어떤 시대보다도 앞선 시대에 접어들었다는 생각이 통념이 되기까지는 다시 한 세기 반이 걸렸다. 프랜시스 베이컨의 유명한 언명(1620년)에 따르면 근대성을 열어젖힌 것은 세 가지 새로운 발명품인 화약, 대양 항해, 인쇄기였다. 이 가운데 전쟁과 직결된 것은 화약이었지만, 대양 항해와 인쇄기도 화약 못지않게 결정적인 영향을 미쳤다.

물론 베이컨이 말한 세 가지 발명품은 고립되어 있지 않았다. 이것들은 유라시아에서 더 폭넓게, 더 전반적이고 누적적으로 진화해온 기술적 하부구조와 사회조직의 산물이었다. 이 진화는 이따금 원래대로 돌아가거나 퇴보하기도 했으나 수백, 수천 년 동안 꾸준히 이루어졌다. 일부 학자들은 근대에 들어 엄청나게 빨라진 변화 속도를 잣대로 삼아 전근대 산업화 이전 문명—간혹 '농업시대agraria'라고 부르는—이 정체되고 변하지 않으며 사회적·기술적으로 동결된 문명이었다고 판단했지만, 실상은 그와 거리가 멀었다.[1] 기술사가와 경제사가들은 농법, 마구馬具, 철제품, 채굴이 꾸준히 개선되고 물레방아와 풍차, 나침반, 삼각돛, 삼각측량 항법이 도입되어 확산되었으며 댐과 운하의 건설이 발달해왔음을 밝혔다―이런 발전은 유라시아 도처에서 생산성과 인구의 지속적인 증대로 귀결되었다.

더구나 이런 '수직적'―즉 사회 내부의―성장은 외부를 향한 문명의 지속적인 팽창과 불가분하게 얽혀 있었다. 이 공간적·'수평적' 확장은 중대한 결과를 낳았다. 문명에 병합된 새로운 생태 지역들은 현지의 특용작물과 동물 품종, 기술적 도구, 원료를 제공하여 체제 전체를 다변화했다. 문명의 오래된 중심지들의 가장자리나 그 사이에 자리잡은 경계지역이 문명권 안으로 포섭됨에 따라 그때까지 단절되어 있던 통신망과 교환망이 연결되었으며, 네트워크 전체가 끊임없이 확대되어 발명품이 유라시아의 한 지역에서 다른 지역으로 더욱 빠르게 전파되었다. 무엇보다도 이런 '체제효과'는 지역들의 퇴보와 붕괴를 막았는데, 내부의 발전뿐 아니라 외부의 강력한 자극 또한 지역들이 '암흑시대'(유럽의 암흑시대는 역사적 사례 중 하나에 지나지 않았다)로부터 회복하는 데 크게 이바지했기 때문이다.

근대성은 기술과 사회조직의 점진적 진화를 토대로 발전하기는 했지만, 동시에 문턱을 넘어가기도 했다. 1만 년 전 신석기시대에 이루어진 농경으로의 이행/혁명과 마찬가지로, 느리고 누적적인 과정이 도약 지점에 도달하자 전면적인 전환이 폭발적으로 일어나고 변화의 속도가 엄청나게 빨라졌다. 근대 초기부터 유럽을 중심으로 세계 무역 체제와 상업 자본주의가 밀접한 관계를 맺으며 성장하여 겨우 몇 세기 만에 장차 산업화를 촉발할 연쇄반응을 일으켰고, 그 과정에서 부와 권력 모두 유례가 없는 수준까지 기하급수적으로 급증했다. 3부 내내 우리가 다른 무엇보다도 관심을 기울일 주제는, 근대적 형태와 규모를 갖춘 부와 권력의 상호작용 및 효과다.

이 도입부에서는 그 상호작용의 두 가지 측면에만 초점을 맞출 것이다. 첫째로, 이제 생산능력과 군사력의 관계가 긴밀해졌다. 이 상관관계는 폴 케네디Paul Kennedy의 저작 『강대국의 흥망The Rise and Fall of the Great Powers: Economic change and military conflict from 1500 to 2000』(1988)의 주된 논제다. 그런데 이 상관관계가 근대성의 성장과 더불어 1500년 이후에만 직접적이고도 명백한 관계가 되었다는 데 유의해야 한다. 이 시점부터 군사적 하드웨어—특히 화기—가 전쟁의 성패를 결정적으로 좌우하기 시작했다. 그리고 군사적 하드웨어를 생산하려면 발달한 기술적 하부구조가, 효율적으로 운용하려면 고도로 조직된 사회정치적 하부구조가 필요하게 되었다. 근대성 이전에도 부유한 문명은 보통 경계지역의 가난한 이웃보다 더 규모가 크고 장비를 잘 갖춘 군대를 유지할 수 있었다. 그러나 이것은 양면을 지닌 강점이었다. 앞서 살펴보았듯이, 적의 땅에 기대어 살아가는 경계지역 주민들이 더 사나운 성격과 임시변통한 병참을 바탕으로 걸핏하면 가난을 상쇄하려 했기 때문이다. 문명의 영원한 순환 속에서 그들은 이울어가는 최고로 부유한 국가와 제국을 거듭 장악했다. 1526년 아프가니스탄 출신 무굴 왕조가 북인도를 정복한 사건과 1644년 만주족이 중국을 정복한 사건은 경계지역 출신이 거듭 문명을 장악한 사례들 중 마지막이라고 할 수 있다. 인도에서는 침입자들만이 화기를 효율적으로 운용한 반면, 중국에서는 침입자들이 성공에 이르는 도중 화기를 채택했다. 그렇지만 에드워드 기번과 애덤 스미스가 관찰했듯이, 그 이후로는 문명인과 야만인의 균형이 근본적으로 바뀌었다.[2]

시대의 현자들과 스미스의 친구 애덤 퍼거슨Adam Ferguson,[3] 그리고 이후로 미국 대통령 리처드 닉슨Richard Nixon에 이르기까지 역사적 경험에서 추론을 이끌어낸 많은 이들은 문명사회의 증대하는 부와 번영이 시민적·군사적 덕목을 좀먹고 '유약함'과 퇴폐를 낳으며 궁극적인 몰락의 징조가 된다며 두려워했다. 그러나 스미스와 기번은 근대 문명사회들이 더 많은 부와 더 앞선 하부구조에 힘입어 과거의 문명들에 출몰했던 유령, 즉 유라시아 역사에 결정적인 영향을 미친 기마 유목민의 침공을 비롯해 경계지역 출신 세력의 군사적 장악이라는 유령에서 벗어났다고 보았다. 부, 기술 발전, 군사력은 불가분한 관계가 되었다. 양면적 관계, 실은 자기파괴적 순환이 존재했던 곳에서 부와 무력의 양성 되먹임 메커니즘이 거의 끊임없이 작동하는 가운데, 역사상 처음으로 부자만이 위력자 집단에 들어갈 자격을 얻었다.

여기서 주목할, 근대적 형태를 갖춘 부와 권력의 둘째 측면은 둘 다 극히 효과적인 복제기로서 모든 것을 정복하며 끊임없이 퍼져나갔다는 것이다. 잘 알려졌듯이 마르크스는 이것이 자본주의의 성장과 팽창에 내재하는 요소, 시장을 지향하는 경제생활의 대규모 적응과 합리화라고 강조했다. 다시 말해 자본주의는 저가 상품을 대량 생산함으로써 구식 경제조직들을 점차 파괴하고 대체하여 결국 경쟁에서 밀어냈다. 마르크스는 기억에 남을 은유를 구사했다. "[자본주의의] 낮은 상품 가격은 모든 만리장성을 무너뜨리고 미개인들의 완고한 외국인 혐오를 굴복시키는 대포⋯⋯ 부르주아 계급은 이른바 문명을 받아들일 것을 강요한다."[4] 그리고 이 은유가 함축하듯이 근대식 육군과 해군 모두 과거의 어떤 군사조직보다 우월한 것으로 판명되었고, 구식 군대에 변화와 적응을 강요하거나 구식 군대를 멸종시켰다. 이 두 과정은 밀접히 연관되었다. 자본주의 상품은 자본주의 사회의 선진 육군과 해군이 만리장성을 무너뜨린 뒤에야 제 역할을 해낼 수 있었고, 전면적인 침공을 당한 사회는 국내에서 경제적-사회적-정치적 근대화에 착수하고 나서야 효과적인 군사 저항력을 키울 수 있었다. 근대식 부의 창출과 전쟁 수행은 긴밀한 관계를 맺으며 서로를 강화하는 가운데 급속히 팽창하고 진화했으며, 서로 순위를 다투는 치열한 경주가 이 과정을 촉진했다.

유럽 국가들은 갈수록 공고해지는 경쟁 우위, 자본주의와 근대식 군대의 지속적인 팽창에 힘입어—이런 과정이 가장 성공적으로 전개된 지역은 유럽이었다—나머지 세계에 대한 지배권을 계속 강화해갔다. 이런 이유로 3부에서 우리가 초점을 맞추는 범위는 유라시아에서 유럽으로, 그리고 유럽과 나머지 세계의 관계—'서양과 나머지'—로 다시 한번 좁아지는 것처럼 보인다. 그렇지만 더 정확히 말하면 3부에서는 서양에서 진화한, 부와 권력을 가장 효과적으로 창출하는 복제기들이 어떻게 퍼져나가 그 이전의 사회문화 형태들을 전 세계적 규모로 대체했는지를 검토한다. 이 복제기들은 대규모 수렴 효과를 발휘하여 그때까지 연관성이 아예 없었거나 별로 없었던 인간 공동체 간의 접촉과 상호작용, 유사성을 꾸준히 증진했다. 그렇지만 다른 한편으로 심대한 차이점들은 사라지지 않았고, 폭발적으로 증대하는 부와 권력의 이익은 고르게 확산되지 않았다. 이 과정 자체가 폭력과 분쟁으로 물들었으며, 그 충격파가 세계 전역으로 퍼져나갔다.

근대, 유럽의 발전, 나아가 서양과 나머지 세계의 관계까지도 역사학과 사회학에서 가장 집중적으로 연구하는 분야일 것이다. 그러나 나는 가장 귀중한 이 학식에 토대를 두되 익숙한 이야기를 되풀이하지도, 서양의 전쟁과 군사제도에 대한 일반적인 역사적 서사를 하나 더 보태지도 않으려 한다. 오히려 철저히 사실에 입각하고 다양성을 고려하려 노력하는 가운데 1부, 2부와 유사하게 3부에서도 전쟁의 가장 깊은 근원에, 그리고 근대성이 강력하게 야기한 인간 삶의 문화적 전환과 전쟁의 상관관계에 초점을 맞추고자 한다.

제14장

총포와 시장: 유럽의 신흥 국가들과 지구적 세계

근대성은 유럽에서 도약했다. 유럽에서는 다른 무엇보다 베이컨이 말한 세 가지 혁명적 혁신인 화기, 대양 항해, 인쇄술(이 가운데 유럽에서 기원한 것은 없다)이 훨씬 더 발전했다. 불과 수백 년 만에 유럽은 놀랄 만한 전환을 이루어내며 점차 세계에서 우위를 점하고 뒤이어 세계를 전환시켰다. 이 혁명적 분출, 이른바 유럽의 기적과 나머지 세계 위로 떠오른 서양의 발흥을 어떻게 설명해야 할까? 근대에 초점을 맞춘 학자들은 이 물음에 상당한 관심을 보여왔다. 그렇지만 서양은 11장의 마지막 절에서 개관한 이유들 때문에, 근대성이 출현하기 오래전부터 몇 가지 중요한 측면에서 유라시아의 여타 위대한 문명들과는 다른 방향으로 나아갔다.

역시 11장에서 설명한 이유들 때문에, 역사적으로 세계에서 가장 앞선 문명들은 유라시아의 동·남·서부에 걸쳐 일본부터 유럽까지 거의 끊이지 않고 이어지는 초승달 모양 지대를 따라 등장했다. 이 지대는 서기 1500년에 세계 인구의 약 70퍼센트가 거주한 인구 조밀 농경 사회들을 낳을 만큼 기온이 높고 수량이 풍부했다. 결정적인 요인은 이 지대가 대양 및 내해들과 경계를 이루는 유라시아의 가장자리에 있었다는 사실이다. 덕분에 이 지대는 기후 조건이 양호했고 장거리 화물 운송에 유리했다. 산업화 이전 사회들은 화물을 멀리까지 운송할 때 주로 수로를 이용했기 때문이다. 유라시아 지대에서는 서남아시아, 인도, 중국의 문명이 유럽의 문명보다 훨씬 먼저 등장했다. 한때 미개했던 북유럽과 고전적—그리스도교적인 지중해 문명의 더 오래된 지역들이 융합하여 제1천년기 후반에야 등장한 유럽 문명은 상대적으로 신생 문명이었다—융합하기에 앞서 지중해 문명 역시 야만족의 침략을 받은 이후 도시생활양식, 교역, 경제적 복잡성, 문해력 면에서 급격한 퇴보를 경험했다. 실제로 근대의 전야에는 유라시아의 다른 위대한 문명들이 제국의 권력과 장려함, 생산품의 다양성, 정교한 수공예 면에서 유럽보다 우위에 있는 것처럼 보였다.

'것처럼 보였다'라고 쓴 이유는, 이따금 접하는 묘사와 달리 서기 1000년경부터 되살아나 급부상한 유럽 문명이 거대한 유라시아 대륙에 부록처럼 붙은 작고 낙후되고 외진 문명은 아니었기 때문이다. 사실 아시아의 대부분은 건조하거나 제법 건조한 스텝지대였다. 이런 이유로, 크기로 보나 인구로 보나 (러시아를 뺀) 유럽은 평균적으로 서남아시아를 능가했고 인도에 아주 조금 못 미쳤으며 중국의 거의 절반 수준이었다. 기후가 더 온화하고 강우 패턴이 더 규칙적인 유럽에서 사람들은 더 고르게 퍼져 살았고 일찍이 서기 1400년부터 1인당 재산, 특히 가축이 더 많았다.[1] 물론 유럽 대륙 곳곳을 갈라놓는 높은 산맥과 어디서나 지역들 사이로 깊숙이 침투하는 바다에 둘러싸여 있었던 까닭에, 다른 문명 중심지들의 경우와 달리 유럽의 공간과 인구는 제국의 거대한 대륙 블록 안에서 통일되지 않고 다수의 정치 단위들로 쪼개져 있었다. 그러나 학자들이 지적해왔듯이 이 정치적 분열이야말로 유럽이 누린 경쟁 우위의 근원이었다.

커다란 정치 블록은 경제적 복잡성과 기술 혁신을 촉진하는 등 의심할 나위 없이 몇 가지 이점이 있었지만, 이런 이점은 독점적·전제적인 중앙권위와 숨 막힐 듯한 제국 행정으로 인해 상쇄되었다.[2] 예를 들어 제정 중국의 눈부신 성취와 지속적인 성장에도 불구하고, 맹렬히 경쟁하는 '전국戰國'들로 국토가 쪼개졌던 시기(기원전 5세기부터 221년까지)에 중국의 문화적 유산이 대부분 형성되고 진화와 기술 혁신이 가장 빠르게 이루어졌던 것은 우연이 아니다. 유럽의 경우에는 정치적으로 분열된데다가 다양한 국가들 사이에 권력이 더 고르게 분산되었던 까닭에 혁신을 정치적으로 억압하기가 더 어려웠다. 더욱이 정치체들 간의 격렬한 정치적·경제적 경쟁이 만연한 유럽의 체제에서 혁신을 받아들인 정치체는 유리한 위치에 설수 있었던 반면 혁신을 억압한 정치체는 불리한 위치에 설 공산이 컸다. 이처럼 경쟁이 치열한 환경에서는 어떠한 상대적 비효율성이든 불리하게 작용하기 십상이었다. 이런 경쟁은 진화의 속도를 크게 높인 요인이었다.

유럽의 '전쟁하는 국가들'의 출현

일반적으로 유럽의 발흥과 연관된 요인으로 꼽혀온 것은 중세 후기부터 이른바 민족국가national state가 유럽 정치조직의 지배적 형태로서 점차 입지를 강화한 과정과, 그 결과 형성된 경쟁하는 민족국가들의 체제다. 일반적으로 이 초기 민족-'영역'-'영토' 국가는 역사상 선례가 없는 유럽의 독특한 발전으로 간주된다. 그러나 이렇게 된 이유—실제로 그랬다면 말이지만—에 대한 물음은 거의 제기되지 않았다. 새로운 유럽식 국가 형성의 근간을 이룬 환경은 세계의 다른 부분들, 또는 지중해 유럽의 고전 시대를 포함해 다른 시대들과 엄밀하게 비교되지 않았다.

사실 민족-'영역'-'영토' 국가는 새로운 유럽 문명과 더불어 생겨난 것이 아니다. 그저 다른 문명 중심지들이 지리와 생태 면에서 더 작거나 더 큰 정치조직 형태, 즉 도시 소국가와 제국에 더 적합한 것으로 판명되었을 뿐이다. 예를 들어 고대 근동에서 민족-'영역'-'영토' 국가들은 이전 부족들의 공간에서 출현했거나 소국가들을 통일하여 출현하곤 했다. 앞서 보았듯이 이집트와 아시리아 중기 제국뿐 아니라 우라르투, 엘람, 페르시아, 그리고 어쩌면 카시트 왕조와 칼데아 왕조의 바빌로니아까지도 그렇게 출현한 국가의 사례에 포함될 것이다. 기원전 제1천년기 초기에 레반트 남부에서는 이스라엘인, 암몬인, 모아브인, 에돔인의 작은 민족-영역 국가들이 발전한 반면 북부에서는 규모가 더 큰 아람계 종족이 몇몇 국가로 줄곧 갈라져 있었다. 그러다가 기원전 7세기경 근동 도처의 다른 정치체 유형들뿐 아니라 신흥 민족국가들까지 아시리아 제국에 정복당했다. 하지만 아시리아는 이후로 12세기까지 서남아시아의 개활 평지를 거의 끊임없이 휩쓸며 통치하는 가운데 다양한 종족을 제국 구조 안으로 포섭한 여러 제국들 가운데 첫번째에 지나지 않는다.[3]

이에 반해 유럽에서 고대의 근동에 가장 가깝고, 그리하여 농업과 뒤이어 문명을 제일 먼저 전달받은 지역은―순전히 지리적 우연 때문에―가장 험준한 반도이자 다도해 지역인 그리스였다. 그리고 근동에서 두번째로 가까운 지역이자 그리스에서 문명을 전달받은 유럽 지역은 두번째로 험준한 반도이자 다도해 지역인 이탈리아였다. 그런 결과 역시 그리스만큼은 아닐지라도 우연이었다. (노르웨이를 제외하는 이유는 그곳이 근동에서 가장 먼 지역이고, 그리하여 점차 북서쪽으로 전파된 문명이 가장 늦게 당도한 지역이기 때문이다). 이미 살펴보았듯이, 산과 바다에 의해 조각난 그리스 반도와 이탈리아 반도에서는 다수의 도시국가들이 파편화된 풍경을 지배했다. (이탈리아는 아니지만) 그리스는 스스로를 단일 종족으로 여기는 사람들이 거주하는 곳이었음에도 이처럼 분열되어 있었다.

그렇지만 유럽에서 농업과 문명이 점차 북서쪽으로 전파된 과정은 알프스 산맥 사이와 이북에 자리잡은 더 평평하고 트인 지형으로 나아간 과정이기도 했다. 게다가 이곳의 지형은 설령 바다와 맞닿는다 해도 그리스와 이탈리아에 비하면 전체 둘레에서 그런 부분이 훨씬 적었다. 유럽 최초의 민족국가가 중세 후기나 근대 초기가 아니라 실은 고대 마케도니아에서 등장했다는 점은 이제껏 거의 주목받지 않았다. 이미 살펴보았듯이, 기원전 5세기와 4세기에 마케도니아 왕가는 그리스 북쪽과 지중해 연안 북쪽의 더 트여 있고 덜 갈라진 지형에서 국가와 민족을 성공적으로 건설했다. 이곳에서 마케도니아 왕가는 종족적으로 관계가 있는 마케도니아의 부족들뿐 아니라 트라키아인, 일리리아인, 테살리아인과 그리스의 일부 폴리스까지 결속했다. 이후로 마케도니아는 우월한 크기와 권력에 힘입어 그리스를 (통일하지는 못했으나) 정복하고 지배했으며 나아가 거대한 페르시아 제국까지 정복했다. 그렇지만 그 이후에는, 막강한 제국적 도시국가이자 훗날 지중해 일대를 아우르는 통일 제국으로 변모한 로마의 먹잇감으로 전락했다.

그럼에도 후대의 발전은 부족 – 종족의 공간을 파편화된 도시국가 체제가 아닌 민족 – 영토 국가로 결속한 마케도니아의 진화 경로가 전무후무한 사례가 아님을 보여주었다. 그리스와 이탈리아의 험준한 반도 북쪽과 서쪽에서는 광대한 야만권이 점차 문명과 접촉하고 뒤이어 이 접촉이 경제적·사회적·정치적 전환을 촉발하는 것이 더 일반적인 사례였다. 예컨대 1세기에 다뉴브 강 하류의 평원인 다키아 지역은 로마와 접촉하고 자극을 받아 민족 – 영토 국가로 결속했다. 로마는 이 국가를 정복하고 파괴했을 뿐 아니라, 북쪽의 야만족 변경에서 큰 국가를 건설하려던 다른 시도들까지 방해했다. 그러나 로마가 몰락하자 유럽 전역에서 민족 – 영토 국가들이 우후죽순 생겨나기 시작했다. 이런 추이는 로마 제국의 옛 변경 안쪽에서 형성된 게르만족의 후속 국가들, 이를테면 정복민과 피정복민을 종족 모자이크처럼 뒤섞고 로마의 속주 하부구조에 의존한 서고트족의 국가와 메로빙거 왕조 프랑크 왕국에 적용될 뿐 아니라, 그 이후 수백 년간 로마의 옛 변경 바깥쪽에서 생겨난 민족 – 영토 국가들, 이를테면 앵글로색슨 족의 잉글랜드, 스칸디나비아 국가들, 폴란드, 헝가리, 모라비아, 보헤미아, 불가리아, 세르비아, 스코틀랜드에 더 두드러지게 적용된다(독일 민족의 '제국'은 조금 더 양면적인 경우였다). 여러 지역 소국들을 결속하는 짧은 이행기를 거쳤든 부족 공간을 곧장 결속했든, 이 모든 사례의 현저한 특징은 실질적인 영역 국가들이 종족적 연관이 있는 인구 주위에 건설되었다는 것이다.[4]

이처럼 유럽 대륙 서쪽부터 동쪽까지 곳곳에서 민족국가가 우후죽순처럼 '자연발생적으로' 등장한 사태—말할 필요도 없이 국가 건설이라는 몹시 폭력적인 과정을 거치며 외부로부터의 중압과 자극을 받은—를 우연으로 간주하기는 어렵다. 이 사태는 서유럽과 중부유럽, 북유럽의 특징적인 풍광에서, 특히 인구 밀도가 높아지고 더욱 집약적인 농업이 꾸준히 성장한 이후에 민족 – 영토 국가가 '자연적으로' 생겨났음을 뜻한다. 한편 서유럽과 중부유럽, 북유럽은 그리스와 이탈리아만큼 산과 바다로 갈라지진 않았지만 아시아의 거대 문명권들에 비하면 지리적으로 더 쪼개져 있었다. 이런 이유로 카롤링거 왕조가 건설하려던 유럽 제국은 순식간에 해체되었고, 후속 시도들도 거듭 실패했다.

이번에도 유럽 문명을 다른 문명들과 비교함으로써 유럽에서 나타난 민족 – 영역 국가들을 더욱 균형 있게 바라볼 수 있다. 서남아시아의 다종족 제국들과 달리, 제정 중국은 두 개의 커다란 강 골짜기 주위를 통일한 이후 사실상 하나의 거대한 민족국가가 되었다. 내부에 '소수집단'이 여럿 있기는 했지만, 중국 인구의 절대다수는 한족이었다. 중국은 동아시아의 대륙 농경지대 전역을 거의 독점한 민족국가이기도 했다. 또한 유목민들을 빼면 자신보다 규모가 훨씬 작은 이웃에게만 둘러싸인 패권국이었다. 이웃 중 일부는 한반도와 만주, 인도차이나에서 민족-영역 국가를 발전시켰지만, 유럽과 비슷한 경쟁적 국가 체제는 동아시아에 존재한 적이 없었다. 일본에서도 제1천년기 중엽에 통일이 이루어져 중간 크기 민족국가가 등장했다. 이 민족국가는 때때로 파편화되었고 내전에 시달렸다. 사면을 둘러싼 바다의 보호를 받은 일본은 이따금 타국을 급습하기는 했으나 격렬하게 경쟁하는 국가 간 체제에 참여하지는 않았다. 아프리카에서 민족국가는 제1천년기 후반에 등장했다(줄루국은 식민 지배 이전에 뒤늦게 등장한 사례였다). 그러나 앞서 살펴본 대로 아프리카는 사하라 사막 이남에 비교적 고립되어 있었던 까닭에 유라시아에 비하면 발전이 느렸다. 이 모든 사실은 널리 받아들여지는 견해와 반대로, 중세 후기부터 근대 초기까지 유럽에서만 민족-영역 국가가 생겨났다는 주장이 실상과 거리가 멀다는 것을 입증한다. 그렇지만 다른 한편으로 다수의 중간 크기 민족-영역 국가들이 유럽에서 국가의 표준이 된 것은 서유럽과 중부유럽, 북유럽의 특별하고 대단히 우연적인 지리적·생태적 배치 때문이었다.

민족-영역 국가의 성장에 관한 학자들의 인식을 왜곡한 유럽 특유의 또다른 현상은 봉건제다. 앞서 지적한 대로 서유럽·중부유럽·북유럽의 민족-영역 국가들은 제1천년기 후반에 이 지역이 문명권으로 들어서자마자 곳곳에서 등장했지만, 중기병에 대한 선호와 부실한 국가 하부구조가 결합한 결과, 훗날 이들 국가의 중앙 정치권위는 봉건적 해체로 귀결되었다. 이처럼 중앙권위의 공백기가 있었던 까닭에 학자들은 1200년경부터 국왕의 권력이 부활하고 서로 비슷하게 기능하는 국가들이 등장한 현상을 완전히 새로운 무언가의 시작으로 해석했고, 13세기에 민족-영토 국가가 탄생했다고 추정했다.

민족─영토 국가가 실은 유럽에서 나타난 새로운 발전이 아니라 1200년경 유럽에서 재등장한 발전이었음을 감안하면, 민족─영토 국가가 진화한 원인으로 훗날 나타난 근대성의 새로운 요소들, 이를테면 베이컨이 말한 세 가지를 꼽아서는 안 된다. 널리 퍼진 믿음과 반대로, 제후의 성채를 파괴하고 봉건 귀족의 콧대를 꺾은 것은 대포가 아니었다. 존엄왕 필리프[필리프 2세─옮긴이] 이래로 프랑스 군주들, 즉 13세기에 새로운 프랑스 국가를 만들어낸 왕들은 대포를 사용하기 한참 전에 이 일을 해냈고, 얼추 같은 시기에 유럽의 다른 신생 군주국들에서도 이와 유사한 과정이 진행되었다. 화기가 출현하기 천 년 전, 중국이 '춘추'시대(기원전 722~481년)의 파편화된 봉건제에서 갈수록 중앙집권적─관료제적으로 변해간 '전국戰國'들과 통일 국가로 이행하는 동안에도 유사한 과정이 진행되었다. 11장에서 보았듯이 왕의 중앙권위가 갈수록 상업화되고 도시화되는 사회의 재정 자원과 행정 자원에 의존할 수 있었을 때, 그 자원을 이용해 지방의 전사 엘리트층에게 자신의 권리를 다시 주장했을 때, 중세 후기 유럽뿐 아니라 다른 시공간에서도 봉건제는 뒷걸음질을 쳤다.

　　이와 비슷하게, 새로운 유럽 국가의 성장은 유럽에서 도시국가가 소멸하는 결과를 불러왔다. 이렇게 된 이유 가운데 근대에만 속하는 이유는 거의 없었다. 우리가 이미 확인한 대로, 도시국가 체제들은 수 세기 동안 존속하고 나면 그들 사이나 경계지역에서 발전한 더 큰 권력 결집체들에 어김없이 굴복했다. 제대로 경쟁하기에는 도시국가들이 그저 너무 작았다. 앞서 개관한 지정학적 논리를 여실히 입증하는 사실은, 유럽의 중세 내내 산악형 반도인 이탈리아에서만 민족─영역 국가 체제가 아니라 완전히 독립적인 도시국가 체제가 출현했다는 것이다. 그렇지만 일단 이탈리아 도시국가들의 경계지역에 커다란 신생 국가들이 등장하자, 제아무리 재정적·상업적 부가 많고 장려한 도시국가라도 소멸을 앞둔 처지가 되었다.

이들 도시국가의 몰락 역시 화력과는 거의 무관했다. 오히려 이런 몰락은 그중 가장 크고 부유한 도시국가, 이를테면 제국적 도시국가로서 최대 150만 명까지 통치했을 베네치아의 인구마저도 프랑스 인구의 10분의 1 미만, 에스파냐 또는 에스파냐 제국 인구의 5분의 1에서 8분의 1(이탈리아 전역의 인구는 에스파냐의 인구보다 많았다)이었다는 사실의 직접적인 귀결이 었다. 16세기경 프랑스와 에스파냐의 예산은 베네치아 예산의 10배, 이탈리아의 여타 대규모 지역 도시국가들 예산의 50배, 북유럽의 도시 코뮌들 예산의 수백 배였다.[5] 비슷한 이유로 독일 북부의 한자 동맹 도시들은 덴마크와 스웨덴의 성장에 반비례해 쇠퇴했다.

이전에 반$^{\pm}$자치를 누렸던 도시 코뮌들 가운데 오직 두 무리만이 동맹을 결성함으로써, 그리고 공격을 피하기에 최적인 지리적 입지 덕분에 독립을 유지할 수 있었다. 그런 입지로는 산성山城을 두른 스위스와 제방 뒤편의 네덜란드가 있었다. 그 과정에서 스위스 동맹과 네덜란드 동맹 둘 다 점차 국가로 변모했다. 크기가 클수록 유리했던 격렬한 권력 경쟁의 결과, 작은 정치 단위들이 큰 단위들에게 패하고 삼켜짐에 따라 근대 동안 유럽에서 정치 단위의 수가 약 500개에서 25개로 급감했다고 학자들은 지적했다.[6] 그렇지만 이 과정의 '희생자들'이 사실상 전부 유력자의 반독립적인 소유지, 자치 도시 코뮌, 독립적인 도시국가였다는 것을 덧붙여 말해야 한다. 민족-영역 국가들은 크든 작든 간에, 뒤에서 논할 이유들로 인해 놀라운 회복력을 보여주었다.

유럽의 새로운 민족-영역 국가들은 근대의 고유한 발전이 도래하기 이전에, 이 발전과 무관한 이유들로 성장하기 시작했음을 지금까지 논증했다. 그렇다 해도 근대의 새로운 요소들은 공교롭게도 이 과정이 시작된 후 오래지 않아 등장했고, 이 과정과 불가분하게 얽히게 되었으며, 이 과정에 심대한 영향을 미쳤다. 이제부터는 베이컨이 말한 세 요소와 같은 근대의 특징적인 혁신들이 전쟁에 미치는 영향, 이 혁신들과 전쟁의 상관관계를 살펴보고자 한다.

무엇이 '군사혁명'을 구성했는가

유럽은 이른바 군사혁명을 경험했다. 화기가 야전과 포위전을 탈바꿈시켰고, 육군이 엄청나게 확대되고 더 영속적인 조직이 되었으며, 갈수록 강력해지는 국가의 중앙권위가 점차 육군에 보수를 지급하고 육군을 관리하고 지휘하게 되었다. 비슷한 과정이 해군에도 영향을 미쳤고, 유럽인들은 해군을 이용해 제해권을 장악했다. 여기까지는 학자들이 두루 동의하는 서술이다. 그러나 '혁명'의 기간, '혁명'의 다양한 요소 간의 인과관계를 두고 학자들은 여전히 논쟁중이며, 이 쟁점 전체를 재평가할 필요가 있다.

첫번째로 제기할 물음은 '군사혁명'이 정확히 언제 일어났느냐는 문제와 관련이 있다. 이 표현을 만들어낸 마이클 로버츠Michael Roberts는 북유럽을 연구한 역사가였으므로, 그가 이 과정의 결정적인 단계를 찾다가 북유럽의 위대한 시기(1560~1600년)까지 거슬러올라간 것이 놀랄 일은 아닐 것이다. 후배 학자들은 저명한 역사가이자 개척자인 로버츠를 정중히 대해왔다. 하지만 로버츠의 전반적인 추론, 특히 이 과정의 원인들에 관한 추론은 참일 공산이 적어 보이거니와 여기서 직접 참조할 필요도 별로 없다.[7] 이 주제에 도전해 주제를 발전시키고 자기 것으로 만든 역사가는 제프리 파커Geoffrey Parker다.

16세기 유럽 최강국인 에스파냐 제국의 군사 발전에 관한 연구를 선도한 파커는, 로버츠가 기술한 과정이 실은 16세기 초부터 에스파냐 육군에서 활발히 진행되었다고 지적했다. 파커는 전반적인 변화를 조감하며 이렇게 썼다. "1530년부터 1710년까지 유럽의 주요 국가들로부터 급료를 받은 육군의 총인원과 유럽의 주요 전투들에 관여한 총인원이 10배 증가했다."[8] 전자는 수만 명에서 수십만 명으로, 후자는 수천 명에서 수만 명으로 증가했다. 그리고 같은 기간 동안 유럽의 전체 인구는 50퍼센트 늘어나는 데 그쳤다. 절대수치에 대한 기록은 당연히 유럽 최강국들의 기록이었다. 에스파냐 제국은 1550년대에 군인 15만 명, 1590년대에 20만 명, 1630년대에 30만 명에게 급료를 지급했다. 에스파냐에 이어 17세기에 유럽 최강국이 된 프랑스는 1550년대에 5만 명, 1630년대에 15만 명, 1700년대에 40만 명에게 급료를 지급했다.[9] (두 국가에서 실제로 복무한 남성의 수는 이 수치보다 조금 적었다.[10])

파커의 추론이 보여주는 대로, 로버츠가 설정한 '혁명'의 기간은 시작점이 너무 늦을 뿐 아니라 종착점도 너무 이르다. 파커는 '혁명'의 시작점을 앞당기는 데 집중해온 반면, 17세기 후반과 18세기의 유럽을 연구하는 이들은 유럽의 육군이 꾸준히 성장하고 한층 영속적인 조직으로 자리매김한 1660~1720년에 주목해왔다.[11] 프랑스는 거의 18세기 내내 1700년대의 소모적인 기록에 다시는 도달하지 못했지만, 다른 국가들의 육군은 계속 확대되었다는 사실을 덧붙일 수도 있을 것이다. 이제 유럽 최대의 육군만이 아니라 다른 강대국들의 육군도 전시 병력이 수만 명으로 늘어났기 때문이다. 게다가 어째서 논쟁자들이 그래왔듯이 18세기까지만 고찰해야 하는가? 산업화 이후에 수백만 명 규모로 확대된 육군은 말할 것도 없고, 18세기 막바지의 프랑스 혁명군만 해도 75만 명이었다. 그리고 이 과정의 시작점에 대해 다시 말하자면, 중세 후기 유럽을 연구하는 한 역사가는 이 시작점을 더 앞당겼다.[12] 백년전쟁 기간에 장기 복무하는 유급 군인들이 흔해졌고, 이 전쟁이 끝날 무렵에는 프랑스의 칙령대Compagnie d'ordonnance 같은 영속적 국군의 토대가 놓였다.

이처럼 이른바 군사혁명은 수백 년간 진행되었다. 여기서 내가 주장하는 바는 이 기간 동안 군사혁명이 유럽을 휩쓴 더 광범한 전환과 나란히 진행되었고 이 전환과 밀접한 관계였다는 것, 실은 초기 근대화의 한 '측면'이었다는 것이다.[13] 그렇다면 '혁명'을 구성한 것은 무엇이었고, '혁명'과 유럽의 전반적인 전환은 어떻게 상호작용했는가? 파커가 지적한 대로 '군사혁명'의 한 가지 중요한 요소, 육군 규모의 확대에도 이바지한 요소는 보병의 부활과 급증이었다. 대다수 육군들의 절대적 규모가 커진 것은 비용이 기병의 절반밖에 들지 않는 보병 때문이었다. 2부에서 설명했듯이 이 과정 역시 1500년경에야 널리 쓰인 보병 화기가 사용되기 한참 전부터, 그런 화기와 무관하게 활발히 진행되었다. 이 점을 입증하는 가장 두드러진 사례는 14세기와 15세기에 기병대에 맞서 압승을 거둔 잉글랜드의 장궁 대형과 스위스의 장창 대형이었다. 야전에 도입된 화기가 기병 소멸의 원인이라고 믿는 이들이 많지만, 사실 화기는 오히려 기병을 부활시켰다. 화승총의 느린 발사 속도—대략 1분에 한 발—때문에, 16세기와 17세기 동안 아퀴버스[arquebus: 화승총의 일종—옮긴이] 총병과 머스킷 총병은 창병의 보호를 받아야 했다. 이렇게 총기와 장창을 결합한 대형은 번거로웠으며, 종전의 막강한 스위스식 팔랑크스에 비해 보병의 전술적 유연성과 기동성, 충격 효과를 떨어뜨리는 대형이었다. 그런 이유로 이 대형은 갈수록 야전 방어시설 뒤에서 싸우려고 하는 보병의 경향에 일조했다. 충격 무기를 피스톨로 보완한 기병은 개활지에서 다시 한번 주요한 공격 병과가 되었고, 이 위치를 유럽 안팎에서 다음 두 세기 내내 유지했다. 더 싸고 더 다목적으로 운용할 수 있는 보병이 급증했고 화기를 점점 더 채택하기는 했지만, 육군의 기병 비율은 여전히 높아서 보통 4분의 1에서 2분의 1 사이였고 때로는 그 이상이었다.[14]

따라서 보병의 부상浮上은 육군의 규모가 커지고 정규 복무를 더 많이 채택한 이유의 일부만을 설명할 수 있다. 보병의 수가 늘고 상대적인 비중이 높아지기는 했으나, 이는 기병도 마찬가지였기 때문이다. 육군의 규모는 전반적으로 커졌다. 파커에 따르면, 이 확대를 주로 설명할 수 있는 것은 '군사혁명'의 또다른 주요 요소인 화기 방어시설의 도래다. 화기가 야전뿐 아니라 포위전의 양상까지 바꾸어놓았기 때문이다. 신석기시대의 예리코부터 역사시대 내내, 방어시설(기본 건축술은 놀라울 정도로 거의 변하지 않았다)의 정점은 적의 습격을 물리적으로 저지하는 높은 장막벽curtain wall이었다. 화력은 이런 유형의 방어시설에 종지부를 찍었다.

이 대목에서 화약의 초기 역사를 최대한 간결하게 요약하겠다. 화약과 화포 둘 다 명백히 중국에서 개척되었다. 일찍이 9세기에 발명된 화약은 11세기부터 군사적 용도로 쓰이기 시작했고, 뒤이어 화포는 13세기, 혹은 어쩌면 12세기부터 쓰이기 시작했다. 몽골족이 동서양을 연결하고 있었던 까닭에 둘 다 아주 빠르게 퍼져나갔다. 대포는 1320년대나 1330년대부터 유럽의 기록에 등장했고 14세기 후반기에는 오스만의 영토에, 15세기에는 인도에 도달했다. 이 무렵부터 서유럽이 화포 발달을 선도하기 시작했다. 서유럽의 분열되고 적대적인 정치 체제는 화포 발달을 촉진했으며, 풍부한 광산 자원과 번창하는 야금업 또한 이 발달에 이바지했다. 게다가 역사가 케네스 체이스Kenneth Chase가 최근 저작에서 탁월하게 설명하듯이, 화기는 스텝지대와 경계를 접하는 정주 국가사회들보다 유럽인에게 더 유용했다. 이 사회들의 주된 안보 문제는 기마 유목민이었다. 기마 유목민은 적군에 돌파당할 성벽을 두른 정착지가 없었거니와 발을 묶을 수도 없었으므로, 이들을 상대로 보병은 비효과적이었다.[15]

15세기 중엽 기술 개선이 연달아 이루어진 이후 유럽인들이 제작한 철포, 즉 '소금에 절인' 화약을 사용하고 석제 포탄을 발사하는 철포는 높은 성벽을 두른 방어시설을 무력화할 정도로 강력해졌다. 백년전쟁 막바지에

화약 무기를 묘사한 초창기 이미지. 중국, 1128년경. 유럽의 '사석포'를 묘사한 초창기 이미지
(1327년)와 놀랄 만큼 흡사하다.

노르망디와 귀옌에서 프랑스의 사석포는 잉글랜드 근거지들의 방어시설에
구멍을 냈다(1449~53년). 같은 시기에 오스만의 술탄 메메드 2세는 헝가리
인 화포 장인이 만든 초대형 사석포를 이용해 유라시아 서부에서 가장 막
강했던 콘스탄티노플의 거대한 성벽을 박살냈다(1453년). 1470년대 프랑스
와 부르고뉴 공국의 권력 경쟁도 화포의 발달을 촉진했다. 프랑스 왕 샤를

8세는 공성포―청동으로 주조했고 바퀴 달린 포차로 운반할 수 있었으며 철제 포탄을 발사했다―를 이용하여 1494~95년 이탈리아 원정중에 마주친 모든 요새 도시의 성문을 쉽게 열어젖혀 세상을 놀라게 했다.

이런 이유로 잠시 동안 공성포가 전장을 장악했다. 그러나 수십 년 내로 성숙기에 도달할 적응 과정이 거의 동시에 진행되고 있었다. 불행히도 이탈리아는 합스부르크 제국과 프랑스가 50년간 유럽의 패권을 두고 벌인 투쟁의 무대가 되고 유럽의 건축술을 선도하기도 했는데, 한편에서는 군사공학자들이 공성포에 대항할 방안을 강구했다. 그들은 누벽을 더 두껍고 낮게 지어서 화포에 공격당할 표적의 크기를 줄였다. 또한 누벽 전방의 참호를 넓혀서 적의 강습을 저지하는 한편 화력으로 미연에 차단하려 했다. 적을 교란하는 새로운 유형의 각진 구조물인 능보는 과거의 사각형과 원형 탑을 대체했고, 화포를 이용해 적을 원거리에 묶어두고 측면에서 참호를 향해 교차 포격을 퍼부을 수 있는 넓은 포대를 제공했다. 이처럼 화기 방어시설은 공성포에 대항하기 위해 개발되었다. 구식 방어시설은 적군이 뚫고 들어오는 것을 효과적으로 저지하면서도 성벽까지 진격하는 것은 막지 못했던 반면, 화기 방어시설은 물리적 장애물을 덜 갖추었으나 적군이 방어시설에 접근하는 것을 저지했다. 이제 공격군은 포격을 피하기 위해 방어시설 쪽으로 고생스럽게 굴을 파야 했다. 그렇게 해서 방어시설 코앞까지 전진한 뒤에는 폭약을 터뜨리거나 지근거리에서 포격을 해서 방어시설에 구멍을 낸 다음 안으로 들이닥치려 했다.[16]

그다음 수 세기 동안 화기 방어시설과 포위술 모두 한층 개선되었고, 갈수록 정교해지고 체계화되면서 기하학자와 공학자의 소관이 되었다. 그럼에도 1520년대와 1530년대부터 포위하는 쪽과 포위당하는 쪽의 균형은 거의 화포가 도래하기 이전 상태로 되돌아갔다. 널리 퍼진 견해와 반대로, 성채에 대한 공성포의 우위는 짧고 일시적이었다. 포위는 그 이전 역사 내

다르다넬레스 포. 1464년, 오스만 제국. 청동으로 포신과 포미 두 부분을 주조했고 무게는 총 16톤이다. 300킬로그램짜리 석제 포탄을 1.5킬로미터 이상 날려보냈다. 1453년 콘스탄티노플 성벽에 구멍을 낸 대형 사석포와 크게 다르지 않을 것이다.

내 그러했듯이 또다시 느리고 고생스러운 과정이 되었다. 적어도 유럽에서는 전장으로 퍼져나간 새로운 기술과 기법을 양편 모두 이용할 수 있었던 까닭에, 요새화된 장소를 둘러싼 공격과 수비의 개량점들이 '붉은 여왕 효과'로 거의 상쇄되었다.

그렇다면 신형 방어시설과 포위술의 도래라는 혁명적 사건은 육군의 확대와 어떻게 연관되었는가? 파커는 이 두 가지가 연관되었다고 생각한다. 파커가 옳게 지적한 대로, 이탈리아에서 나머지 서유럽으로 퍼져나간 새로운 양식의 방어시설(트라스 이탈리엔trace italienne으로 알려진)은 전쟁을 지배하게 되었을 정도로 성공적이었다. 새로운 양식으로 요새화한 장소들이 급증해 화력으로는 도무지 정복하기 어려운 방어시설이 되었다. 전술적

사석포와 아퀴버스 총병들(1483년경). 15세기 후반 유럽에서 보병 화기는 실용적인 무기가 되었다.

기습에 성공하거나 반역이 일어나지 않는 한 포위가 몇 달간 이어졌고, 간혹 몇 년간이나 계속되기도 했다.[17] 전투는 드물어졌다. 육군은 주로 포위와 습격에 관여했다. 여기까지는 논박할 여지가 없다. 그렇지만 파커에 따르면 이렇게 요새의 수가 늘어나자 이전보다 수비대 병력이 더 많이 필요해졌다. 더구나 요새가 커지고 주변 수백 미터를 화력으로 지배했으므로, 요새를 둘러싸고 포위하려면 병력이 더 많이 필요했다. 유럽 육군들의 확

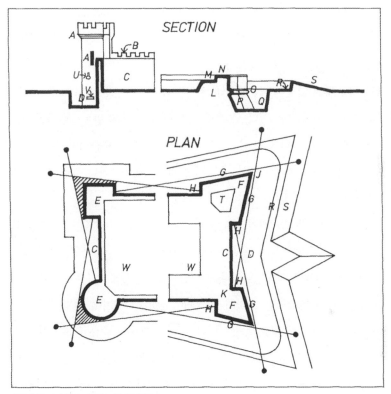

전근대 방어시설(좌)과 화포 방어시설(우).

대에 관한 이 설명은 여러 역사책에 실렸다. 그러나 일부 학자들은 이 설명에 동의하지 않는다. 당대의 자료를 검토한 존 린John Lynn은 수비군이든 공격군이든 새로운 요새 때문에 병력을 늘리지는 않았고, 따라서 새로운 요새는 유럽에서 군대를 확대한 이유가 아니었다고 결론지었다.[18] 해군의 확대는 '군사혁명'의 필수적 부분으로서 육군의 확대와 나란히 진행되었으나, 분명히 새로운 요새로는 이를 설명하지 못한다고 덧붙여 말할 수도 있겠다.[19]

나는 린의 견해에 동의하며 이 논증을 확장하고자 한다. 앞서 밝혔듯이, 1450년부터 1520년까지의 짧은 이행기를 빼면 포위술과 방어시설에 도입된 화포는 심대한 변화를 일으키기는 했지만, 그 이전 시기와 비교하여 화포로 인해 이 양자의 균형, 그리고 포위전과 야전의 균형이 근본적으로 바뀌지는 않았다. 역사 내내 포위는 성공리에 끝마치기까지 수 개월이 걸리는 지난한 일이었다. 요새화된 도시와 요새가 수두룩한 지역에서는 전쟁이 거의 포위를 중심으로 돌아갔다. 유럽의 육군들은 훗날 근대 초와 마찬가지로, 대개 해마다 군사작전의 목표물을 하나 정하고 거기에 집중했다.

이런 사례들은 열거하기 진부할 정도로 역사에 허다하다. 초창기 사례는 고대 근동의 제국들과 통일 이전 중국의 제국들이 수행한, 다른 정치체를 종속시키는 군사작전이었다. 로마 군단은 전장에서의 작전 수행으로 유명하지만, 전문가들은 로마가 이탈리아에서 수 세기에 걸쳐 팽창하는 동안 포위전이 야전 못지않게(야전 이상은 아닐지라도) 중요했다는 것을 잘 알고 있다. 이와 유사하게 한니발 전쟁은 트레비아(기원전 218년), 트라시메누스(217년), 칸나이(216년), 자마(202년)에서의 궤멸적인 전투로 기억된다. 그러나 한니발을 무너뜨린 것은 끝날 기미도 없이 해마다 되풀이된 소모적인 포위전이었다. 한 번에 주요 목표물 하나에만 집중한 로마군은 2년간 포위한 끝에 시라쿠사(기원전 212년)를, 다시 2년간 포위한 끝에 카푸아(기원전 211년)를, 그리고 자신들을 배반한 도시 타렌툼(기원전 209년)을 정복했다. 이들 도시는 로마가 정복한 가장 큰 도시들에 지나지 않았다. 로마군이 포위작전의 명수였음에도, 3차 포에니 전쟁에서 카르타고 자체를 무너뜨린 포위전은 무려 3년 이상(기원전 149~146년)이나 계속되었다. 로마가 장기간에 걸쳐 에스파냐를 '평화화'하고 지중해 전역을 종속시킨 과정을 좌우한 것은 포위전이었다. 그리고 끊임없는 습격과 몇 차례 대규모 침공을 빼면, 수 세기 동안 이어진 로마와 파르티아, 사산조 페르시아의 분쟁은 메소포타미아와 아나톨리아 접경지대에 자리잡은 일군의 요새화된 성곽 도시 중 하나에 대한 포위작전을 중심으로 돌아갔다.

화포가 도래하기 이전 중세 유럽에서는 제후와 왕의 요새화된 근거지들을 잇는 긴밀한 네트워크가 전쟁을 좌우했다는 것 역시 학자들은 잘 알고 있다. 이 네트워크는 근대 초기와 거의 같은 방식으로 전쟁 패턴에 영향을 미쳤다. 전투는 드물었고, 습격을 빼면 전쟁은 주로 매년 군사작전중 요새화된 핵심 근거지를 차지하려는 거의 일관된 노력으로 이루어졌다. 프랑스에서 잉글랜드-앙주 제국을 축소하려던 프랑스 왕들의 군사적 충동인 백년전쟁, 그리고 에스파냐와 성지聖地에서 그리스도교도와 무슬림 간의 투쟁을 규정한 것이 바로 이 패턴이었다.[20]

상술한 사례들은 모두 오랫동안 계속된—대개 수 년, 수십 년, 수 세기 동안 질질 끈—소모적인 투쟁이었다. 16세기와 17세기에 격렬한 전쟁을 벌였고 그 결과 새로운 화기 방어시설이 급증한 지역인 이탈리아 북부, 저지대 국가들, 라인란트의 투쟁도 마찬가지였다. 파커는 화기 방어시설들이 그 이전의 방어시설들보다 규모가 컸다고 주장하지만, 중세 초기만 해도 변변찮았으나 중세 후기와 근대 초기에 크게 팽창한 것은 사실 성읍과 도시 자체였다. 그 결과 성읍과 도시의 요새화된 면적 또한 확대되었다. (중세 도시들이 로마 제국의 파괴된 성벽들 주위를 가득 채우는 데에는 오랜 시간이 걸렸다.) 고대 근동, 고대 그리스와 로마, 비잔티움, 이슬람, 중국의 큰 도시에 있었던 화포 이전 방어시설들은 근대의 방어시설들만큼이나 거대했다. 기원전 제3천년기 중엽에 우루크의 성벽은 9킬로미터에 달했고, 고대 아테네의 긴 성벽은 35킬로미터, 카르타고 방어시설의 삼중 성벽은 34킬로미터, 시라쿠사의 성벽은 27킬로미터, 당나라 수도 장안의 성벽은 35킬로미터, 명나라 남경의 성벽은 39킬로미터였다. 물론 이들은 거대한 도시에 속했지만, 전근대의 도시 방어시설들은 보통 둘레가 수 킬로미터를 헤아렸고 때로는 성벽이 2중이나 3중이었으며, 근대 초기의 어떤 도시 방어시설 못지않게 길고 정교했다.

근대 초기에 요새의 누벽과 화력으로부터 수백 미터 거리를 두기 위해 포위군이 포위선을 연장해야 했다는 파커의 주장은 옳지만, 이는 그가 생각하는 만큼 중요한 변화가 아니었다. 근대 이전에도 큰 도시들을 포위한 군대는 수 킬로미터, 심지어 수십 킬로미터에 달하는 포위선을 지켜야 했기 때문이다. 로마군은 앞서 언급한 대규모 포위를 할 때마다 안쪽의 포위당한 도시와 바깥쪽의 구원군을 향해 수만 명이 2중으로 길게 포위선을 형성했다. 갈리아족의 커다란 근거지인 알레시아를 봉쇄했을 때(기원전 52년), 율리우스 카이사르의 8개 군단(이론상 보조군을 포함해 8만 명에 근접한)은 약 17킬로미터 길이인 안쪽 포위망과 22킬로미터 길이인 바깥쪽 포위망을 구축했다. 여기에 더해 화기 방어시설로 인해 포위망이 넓어졌다 해도, 포위군 병력을 반드시 증원할 필요는 없었다는 데 유의해야 한다. 화기를 채택한 육군은 전장과 봉쇄선에서 그 이전보다 얇은 대형도 채택했기 때문이다.

파커는 거대한 신형 방어시설들에 비용이 아주 많이 들었다고 주장하기도 했다. 신형 방어시설이 자원을 워낙 많이 소모한 까닭에, 병력이 꾸준히 늘었다 해도 야전군은 복잡하게 얽힌 방어시설의 망을 이겨낼 만큼 증대되지 못했다는 것이다. 그 결과 전쟁은 질질 늘어지고 본질적으로 결판을 내기 어려운 싸움이 되었다. 파커의 이 주장 또한 많은 역사가들의 호응을 받아왔다. 그들은 강국들의 전반적인 군사비 지출이라는 맥락에서 말하기는 하지만, 방어시설들이 저마다 소비한 인상적인 거액을 인용한다. 그렇지만 사실 유럽 도처의 다양한 개별 사례들에서 얻은 통계자료는 방어시설이 군사비 총액 가운데 아주 작은 부분만을 소비했다는 것을 일관되게 보여준다. 이탈리아 본토와 해외의 제국 양쪽을 고도로 요새화했던 베네치아에서 16세기와 17세기 초에 방어시설은 방위비 총액의 약 5~10퍼센트만을 소비했다. 에스파냐 자료도 비슷해서 약 5~10퍼센트이고, 5퍼센트 쪽에 더 가깝다. 군 원수 보방Vauban이 루이 14세를 위해 정교하고 이례적으로 비용이 많이 들어간 요새 건설 계획을 실행한 시기의 프랑스에서, 방위비는 가장 많이 지출한 기간(1682~83년)에도 군사비 총액의 약 17퍼센트에 불과했고, 17세기 내내 평균적인 연간 방위비는 훨씬 더 적었다.[21]

나와 주고받은 서한에서 파커는 상대적으로 많지 않은 이런 액수들이 실상을 호도한다고 주장했는데, 방어시설이 소비한 비용 대부분을 지역 당국과 인구가 부담했고 그 비용은 국가 예산에 포함되지 않았기 때문이다. 그러나 사실 이는 방어시설 외에 군사비의 다른 주요 항목들도 마찬가지였다. 그런 항목으로는 예컨대 군인들의 숙박과 식사 비용, 비非유급 군 복무 비용, 요역 비용 등이 있었다. 따라서 지역별 분담액 때문에 군사비 총액 가운데 방어시설에 할당하는 지출액의 비율이 유의미하게 바뀌지는 않았을 것이다. 더구나 방어시설 비용을 포함해 전비戰費의 일부는 언제나 지역에서 지출했다. 군사혁명을 설명할 수 있는 근본적인 변화가 근대 초기에는 없었다. 설령 있었다 해도, 뒤에서 살펴볼 것처럼 그 변화는 정반대 방향으로 나아갔다.

더욱이 널리 퍼진 가정과 반대로, 이 주제에 관한 다수의 전문 연구는 새로운 양식의 방어시설이 옛 방어시설보다 결코 더 비싸지 않았다고 지적해왔다(그러나 좀처럼 받아들여지지 못했다). 넓고 낮은 신형 누벽은 참호에서 파낸 흙과 쇄석으로 건설했는데, 돌이나 벽돌보다 포격을 잘 흡수했다. 따라서 신형 방어시설은 과거의 석제 방어시설보다 훨씬 짧은 시간에 한결 쉽게 건설할 수 있었다. 이따금 석공술과 벽돌을 이용했지만, 악천후에 지면이 빠르게 침식되는 것을 막기 위해 외부를 마감하는 용도로만 이용했다. 이전과 마찬가지로 대부분의 경우 미숙련 노동을 위해 차출된 지역 주민들이 건설을 대부분 수행했고, 여기에 보수를 받는 소수의 숙련공들이 보충되었다.[22] 학자들은 주목하지 않았으나, 새로운 양식의 주된 경제적 문제는 실은 변화의 격변적인 성격이었다. 다시 말해 단기간에 퍼져나간 새로운 양식을 접한 유럽의 지역들은 저마다 재정 지출을 집중해 옛 방어시설을 수십 년, 심하면 수년 내에 새로 지어야 했다. 그러나 방어시설에 할당한 비용을 포함해 군사비가 근대 초기 동안 **전반적으로** 극적인 증가세를 보였다 해도, 군사비에서 신형 방어시설의 비율은 화포 이전 방어시설의 비율과 줄곧 거의 같았던 것으로 보인다. 잔존하는 드문 기록들에서 일관되게 나타나는 것으로 보이는 옛 비율은 10퍼센트였다.[23]

설령 화포 방어시설 자체는 옛 방어시설보다 비싸지 않았다 해도, 방어시설에 설치하는 화포와 저장하는 화약 및 포탄에 들어가는 비용 때문에 실제로는 새 방어시설이 더 비싸지 않았을까? 모든 나라에서 절대다수의 지상포와 보충용 탄약은 야전군이 아니라 요새화된 장소에 배치되었다. 대체로 학자들은 화포가 막대한 재정 지출을 의미했다고 가정하지만, 근대 초기 내내 (프랑스, 베네치아, 에스파냐, 러시아를 포함하는) 다양한 강국들 각각의 자료는 방어시설과 마찬가지로 화포도 유럽 국가들의 전체 군사비에서 낮은 비율을, 대략 4~8퍼센트를 차지했다는 것을 일관되게 보여준다.[24] 대단히 고가였던 중세의 방어용·공격용 철제 무기와 석궁보다 총기가 근본적으로 더 비쌌던 것도 아니다.

이 자료들은 다른 중요한 문제들과도 관련이 있다. 예를 들어 신화와 달리 유력자들의 독립적인 권력이 쇠퇴한 까닭은 그들의 성을 파괴한 공성포나 새로운 양식에 맞추어 성을 개조하는 데 들어간 비용, 화포와 기타 화기를 유지하는 데 필요한 비용 때문이 아니었다. 유력자들과 도시국가들 모두 화포를 획득하고 능보 방어시설을 지었다.[25] 이미 언급했듯이

공중에서 본 네덜란드의 나르던.

그들의 문제—화약이 도래하기 전부터 나타난 문제—는 신기술을 채택하지 못한 것이 아니라(실제로 채택했다), 갈수록 관료제적-재정적으로 변해가는 커다란 민족-영역 국가들을 상대하기에 너무 작았다는 것이다.

방어시설, 화포, 기타 화기의 비용은 군사 예산 일반의 구조를 나타낸다. 군사용 하드웨어와 자본재는 재정상 중요하긴 했으나 강국들의 전체 군사비에서는 작은 부분만을 차지했다. 군에서 가장 자본집약적인 부문인 해군은 이 통칙을 가장 두드러지게 입증한다. 이탈리아의 으뜸가는 해상 강국이었던 베네치아마저도 16세기 내내 해군보다 육군에 비용을 많이 들였고, 때로는 2배까지 들였다.[26] 17세기 전반기를 선도한 해상 강국 네덜란드 공화국도 베네치아처럼 대규모 육군을 유지해야 했고, 해군보다 육군에 비용을 2배 이상 들였다.[27] 18세기를 선도한 해상 강국이자 섬나라인 영국에서도 육군 비용과 해군 비용은 앞서거니 뒤서거니 했다.[28] 더욱 중요한 점은 전함 자체의 가격이 해군의 전체 예산 중 작은 부분에 지나지 않았다는 것이다. 전함의 주요 원재료인 재목材木은 적어도 16세기에는 비싸지 않았고(17세기에는 비싸졌지만), 아직은 모든 강국이 충분히 사용할 만큼 지역별로 많이 있었다. 군함 건조에 고용된 노동력에 관해 말하자면, 1인당 비용이 많이 들기는 했으나 군에서 복무하는 병력에 비하면 규모가 훨씬 작았다.[29] 16세기 중엽 지중해에서 노 달린 전함의 표준이었으며 수십 년까지는 아니라도 보통 수년 동안 사용한 갤리선을 유지하려면 매년 "처음 건조하는 데 드는 비용과 같은 약 6000두카트"와, 보급품 중에서는 화기의 2배 비용을 잡아먹은 식량이 필요했다.[30]

오스만 제국이 레판토 해전(1571년)에서 베네치아, 에스파냐, 교황 및 그 동맹들의 연합 함대와 싸워서 자국의 함대와 갤리선 200여 척을 잃은 뒤에 엄청난 재건 계획을 가동해 1년 안에 (비록 인력은 복구하지 못했으나) 군수물자를 복구할 수 있었던 것은, 해군의 주된 비용이 함선 비용이 아

오스만 제국과 그리스도교 연합군이 충돌한 레판토 해전(1571년). 총인원 약 17만 명에 양편이 각각 갤리선 200척 이상을 동원한, 노 달린 함선들이 지중해에서 벌인 마지막 대전투. 갤리선은 화포 탑재에 맞추어 개조되기는 했으나 화포와 범선의 결합으로 인해 쇠퇴하고 있었다.

니라 급료와 보급품 비용이었기 때문이다.[31] (지중해 갤리선 함대의 경제는 시대가 바뀌어도 거의 변하지 않았다. 오스만 제국과 비슷하게 로마 역시 제1차 포에니 전쟁에서 주로 폭풍우 때문에 5단 노선의 대형 갤리선을 500척 넘게 잃는 재앙에 가까운 손실을 입고 나서 몇 달 만에 함대를 복구하는 위업을 달성한 적이 있다.[32]) 비록 전함마다 어떤 야전군보다도 많은 최대 100문에 달하는 중포를 탑재하기는 했지만, 17세기와 18세기 동안 범주帆走 전함의 비용도 동일한 패턴을 따랐다. 즉 범주 전함의 연간 유지비로 거의 전함 가격과 맞먹는 비용이 들었던 것이다.[33]

소수의 학자들만이 이 모든 통계자료 이면의 간단한 사실에 주목했다. 바로 모든 종류의 하드웨어가 비싸기는 했지만, 국가의 육해군 군사비 중에서 단연 최대 항목, 군사비를 대부분 잡아먹은 항목은 육해군 병사들에게 지급한 급료와 물품이었다는 사실이다.[34] 앞서 언급했듯이 근대 초기에 하드웨어는 승리의 결정적인 요인이 되었고, 하드웨어를 효과적으로 생산하고 운용하려면 선진적이고 정교한 기술적·사회적 하부구조가 필요했다. 그럼에도 '군사혁명'의 주된 비용은 대부분 육군에 고용된 병력과 해군에 고용된 이보다 적은 병력, 나아가 갈수록 수가 늘어나고 영속적인 조직이 되어간 병력에 급료와 물품을 지급하는 데 들어갔다.[35] 전쟁이 정적이고 비결정적인 성격으로 변한 까닭은 방어시설이 비싸서가 아니라, 오히려 그 이전 역사에서처럼 방어시설이 가치는 더 높으면서도 병력보다 훨씬 싸게 먹혔기 때문이다. "길게 보면 요새에 자본을 투자하고 그 안에 소규모 수비대를 주둔시키는 것이 다수의 병사들이라는 감당 못할 부담에 거듭 대처하는 것보다 훨씬 싸게 먹혔다."[36]

이제 방어시설의 영향은 제쳐놓고 더 일반적인 논점으로 넘어가자. 근대 초기에 엄청나게 늘어난 병력과 군사비를 점점 높아지는 필요성이나 불가피성—방어시설이 야기했든, 다른 어떤 요인이 야기했든—에 근거하여 설명하는 것은 근본적으로 잘못이다. 분명히 높은 수준의 분쟁은 전쟁에 동원하고 할당하는 자원을 늘린다. 그러나 중요한 이권, 특히 가장 중요한 이권을 둘러싼 투쟁에 휘말리거나 군비 경쟁에 갇혔을 때, 적대하는 세력들은 대체로 무력을 최대한 동원하려 분투하고 으레 자기 역량의 한계를 넓힌다. 서로를 능가해야 하는 그들의 상호적 '필요성'은 방어시설이 중요한 역할을 하든 안 하든 간에 더 많은 투자, 무엇보다 더 큰 군대에 대한 투자로 나타난다. 역사를 통틀어 분쟁 수준이 높을 때면 언제나 이런 일이 일어났다. 이 점에서 근대 초기는 특별하지 않았다.[37] 그런데 필요성은 무한할지라도 자원은 그렇지가 않다. 근대 초기 유럽 육·해군의 규모와 전비가 꾸준히 증대했다 해도, 그것은 '필요성'—성격이 어떻든, 얼마나 절박하든—때문이 아니라 강국들이 이전보다 자원을 더 많이 동원할 수 있었고 그 결과 군비 경쟁이 단계적으로 확대되었기 때문이다. 공급과 수요는 밀접한 관계에 있지만 우리는 주로 공급 쪽에, 유럽의 전반적인 자원과 이 자원을 이용하는 국가들의 능력에 집중해야 한다.

국가와 군대

유럽에서 동원하는 자원이 증가한 과정과 중앙국가가 부상한 과정이 밀접히 연관된, 서로를 강화한 두 과정이었다는 점은 널리 인정받고 있다.[38] "전쟁이 국가를 만들었고 국가가 전쟁을 만들었다."[39] 13세기부터 유럽의 많은 통치자들은 국가 전쟁에 들어가는 고비용을 충당할 의도로, 내키지 않아 하는 대의기관으로부터 과세 동의를 얻어내는 데 점점 더 성공했다. 정치적으로 파편화된 고중세 유럽에서 두드러졌던 고질적인 소규모 전쟁과 달리, 국가 전쟁의 진짜 경제적 문제는 국가가 전비를 직접 지불해야 한다는 것이었기 때문이다. 이미 10장과 11장에서 살펴보았듯이 큰 국가는 원거리 전쟁을 뜻했고, 원거리는 시간을 뜻했으며, 시간은 돈을 뜻했다. 거주지로부터 먼 곳에서 오랫동안 군사작전을 펼치려면 특별하고 값비싼 병참 준비가 필요했고, 지역의 비상근 군인들에 의존하기보다 장기간 복무하는 전사들에게 보수를 지급해야 했다. 정주 국가에서 이는 전국 규모의 자원 징수 체계를 전제했다(이런 체계가 약할 경우 중세 초기의 국가처럼 봉건적 협정을 받아들여야만 했다). 파커의 추론과 반대로, 방어시설과 관련해서도 경제적 부담이라는 면에서 진정 중요한 변화는 이제 갈수록 지역 제후가 아닌 국가가 방어시설을 건설했다는 것이다. 여전히 대체로 지역의 요역과 자원에 의존해 방어시설을 건설하기는 했지만 중앙의 지갑에서 나온 할당액이 방어시설에 투입되었고, 이런 일은 국가와 주고받는 자원의 순환을 전제했다. 몇 세기 동안 꾸준히 확대될 과정, 즉 국가가 의결에 근거해 병사에게 보수를 지급하는 과정이 시작되었다. 이 과정은 국가의 중앙권력을 강화했고, 정당한 물리력에 대한 독점권을 점차 국가에 넘겨주었다. 전쟁을 더욱더 국가의 일로 만들었으며, 그리하여 과세와 행정을 주관하고 명령하는 국가의 권력을 한층 강화했다. '조세 국가'가 점차 봉건적 '강역 국가'를 대체했고[40] 유급 군인들이 봉건 징집군을 대체했다.

그렇다면 유럽의 경험을 다시 한번 지구적 관점에서 보면 어떨까? 근대 초기 유럽의 새로운 국가는 역사에 등장한 다른 대규모 중앙집권 국가들과 어떻게 대비되는가? 한마디로, 이 국가는 서유럽에는 새로운 경험이었으나 다른 지역과 시대에는 전혀 새로운 경험이 아니었다. 새로운 유럽 국가는 이를테면 황금기의 제정 로마와 제정 중국에 비해 사실 덜 중앙집권적—관료제적이었다. 학자들은 근대 초기 국가의 부상을 강조하다가 국가 권력의 한계 또한 훨씬 더 의식하게 되었다. 이 국가는 지역의 권력·특권·제도와 타협하고, 독립과 지위를 침해하는 국가에 맞서 거듭 내전으로 불타오른 지역의 저항과 타협해야 했다. 조세 면제와 불공평한 조세 부담으로 귀결된 이 타협으로 인해 국가의 현금 조달 체계는 몹시 비효율적인 체계가 되었다. 특히 국가는 옛 특권들 일부를 포기하는 대신 다른 특권들을 얻은 귀족과 타협했다. 이른바 절대주의 국가는 실은 지역들과 특권들로 이루어진 이질적인 혼합체였으며, 귀족은 국가 구조의 고위직 관료 계층으로서 그 혼합체에 편입되었다.[41] 이렇듯 국가가 지역의 귀족 권력을 위압하지 못한 까닭에 국가 행정의 침투는 제한되었다. 또한 행정이 제한된 까닭에 국가는 통치를 중재하는 귀족에 의존했다.

국가가 점점 더 통제의 고삐를 조이기는 했지만, 국가의 활동과 지출 가운데 단연 최대 요소였던 전쟁과 군대의 행정은 다른 모든 분야처럼 이런 구조적 패턴을 드러냈다. 충분히 발달한 관료제 기구를 결여한 국가는 신병 모집과 군대 행정, 그리고 부분적으로 군대의 자금을 조달하는 일까지 다른 대리인들에게 위임했다. 르네상스 시대에 용병대장들은 기성품 같은 병사들을 국가에 공급하고서 합의한 금액을 받았다. 그들 중 일부는 대규모 사업가와 금융업자로 성장했지만, 여기에도 위험이 도사리고 있었다. 독립적인 용병대장들은 돈이 바닥난 국가로서는 도무지 신뢰하지 못할 부류였다. 더구나 역사 속 다른 용병들과 마찬가지로, 용병대장들은 국가보다 강력해져서 통치자로서 국가를 탈취할 수도 있었다. 용병대장들은 이탈리아 도시국가들에서 때때로 그렇게 했고, 30년 전쟁 기간에 신성 로마 제국 황제를 위해 10만 명이 넘는 병사를 모집한, 가장 성공한 용병대장 알브레히트 폰 발렌슈타인Albrecht von Wallenstein은 강력한 고용주에게도 위협이 되었다.[42]

상술한 이유들 때문에, 국가는 군대의 조직과 지휘를 통제하는 최상위 권력을 차지할 수 있었다. 17세기 후반부터(에스파냐 제국에서는 한 세기 전부터) 국가는 발전하는 관료제 기구를 통해 군대를 직접 관리했다. 그렇지만 그후로도 더 낮은 수준의 병력을 조직하는 일은 대개 지역 고관으로 사업가 기질이 다분한 개인들에게 계속 맡겼다. 국가에 의해 대령으로 임명된 그들은 표준 보수를 일시불로 받는 대가로 연대를 육성하고 통솔하는 한편, 도급 계약을 맺고서 중대를 조직하는 일을 대위들에게 맡겼다.[43] 일례로 프랑스에서 국가는 7년 전쟁이 끝난 뒤 대혁명 전야에야 비로소 이 기능을 넘겨받았다. 비슷한 과정이 해군에도 영향을 미쳤다. 해군은 16세기까지도 군사작전을 위해 취역시키거나 징발한 개인 소유 함선들에 주로 의존했다. 국가의 허가를 받고서 적의 무역을 교란한 '사략선'은 18세기까지 중요한 역할을 했다.

이제 '군사혁명'의 중심 요소인 대규모 상비군의 확대를 검토하고 비교적 관점에서 고찰해보자. 이미 언급했듯이 큰 국가의 규모는 일반적으로 상비군에 유리했다. 유럽의 경험에는 특별한 사례가 전혀 없다. 핵심 요인은 거리였다.[44] 유럽에서 육군들이 갈수록 영속적인 조직으로 성장한 주된 이유는 새로운 큰 국가들이 멀리 떨어진 작전 구역에서 지구전을 치렀기 때문이다. 통치자들이 훨씬 값싼 민병대를 한껏 장려하기는 했지만, 민병대는 줄곧 대수롭지 않은 병력이었다. 오랫동안 멀리 떨어진 타지에서 복무하기를 꺼리는 민병대를 현역으로 고용하는 일은 언제나 가시밭길이었기 때문이다.[45]

육군의 규모에 관해 말하자면, 이미 11장에서 역사적으로 유지 가능한 순수한 직업군인 병력의 상한선이 인구의 1퍼센트였음을 지적했다. 아우구스투스가 고정한 원수정 로마의 비율, 즉 제국 인구 4000만 명 이상에 정규 군인 약 25~30만 명은 이 황금률을 예증한다. 제국 후기에 불가피하게 군인 수를 대폭 늘리자 로마는 경제적–군사적 악순환에 갇혀버렸다. 이 점에서는 유럽의 새로운 국가들도 역사적 표준에서 크게 벗어나지 않았다.[46] 농업생산성이 향상된 결과 특히 북유럽에서 새로운 국가들의 인구 밀도는 고대 유럽의 인구 밀도보다 높아졌다. 기번은 고대 로마 제국의 속주에 불과했던 프랑스(고대의 갈리아)가 루이 14세 시대에 제정 로마의 육군만큼 규모가 큰 육군을 보유하였다고 지적했다.[47] 그렇지만 당시 프랑스 인구 2000만 명은 로마 시대 갈리아 인구의 4배였고, 로마 제국 전체 인구의 대략 절반이었다. 더구나 루이 14세의 재위 후기인 1700년경 프랑스가 전시에 인구의 거의 2퍼센트인 35~40만 명까지 증원한 병력은, 로마가 삼두정치 시기와 3세기의 내전기, 제국 후기 동안 아우구스투스가 정했던 비율의 2배까지 증원한 병력 못지않게 유지가 불가능했다. 규모가 유별나게 큰 프랑스 육군은 긴박한 군사적 상황에서 고작 몇 년 동안 유지되었고, 자원을 고갈시켜 프랑스의 패배에 일조했으며, 평시 편제에서 인구의 1퍼센트 미만인 약 15만 명으로 줄어들었다.

그 이전에 유럽에서 인구 약 1200~1300만 명을 거느린 에스파냐 제국은 1555년에 병력이 인구의 1퍼센트 선을 넘었고 1630년대에 2퍼센트 선을 넘었다. 그렇지만 에스파냐령 아메리카에서 유입된 은괴, 즉 16세기 후반에 국가 소득의 거의 4분의 1에 달한 은괴에서 병력 증원에 필요한 자금을 일부 조달했음에도,[48] 그런 병력 수준은 유지가 불가능했을뿐더러 에스파냐의 파산과 강국 지위 상실을 촉진한 원인이기도 했다. 유럽에서 인구 150만 명을 거느린 네덜란드는 1630년대에 이례적으로 인구의 3퍼센트인 육군 5만 명을(아울러 강력한 해군도) 지탱할 수 있었지만, 루이 14세를 상대로 전쟁을 치른 17세기의 마지막 30년 동안 여전히 200만 명에 못 미치는 인구 중에서 최대 10만 명을 무장시키기 위해 과중한 조세를 부과해야 했다. 구스타부스 아돌푸스와 그의 계승자들이 통치한 17세기 스웨덴의 경우 스웨덴과 핀란드 본토의 인구는 50만 명 이하였고, '제국'의 인구를 셈에 넣으면 2배인 100만 명이었을 것이다. 17세기에 스웨덴은 이따금 10만 명이 넘는 육군을 유지했다(최대치는 인구의 6퍼센트인 18만 명이었다). 그러나 스웨덴은 이렇게 하기 위해 독일과 발트 해 연안에서 군사작전에 나서 이웃들을 유달리 효과적으로 약탈하는 방식으로 외국 영토에 의존해 살아가야만 했다. (보통 성공적인 육군들은 징발과 배상금을 통해 자기네 비용의 약 4분의 1을 적의 영토에서 짜낼 수 있었던 것으로 보인다.) 게다가 스웨덴은 30년 전쟁 기간에 프랑스로부터 보조금까지 잔뜩 받았다. 이런 조치를 가능하게 해준 군사적 우위를 상실하자, 스웨덴 육군은 급속히 자연스러운 규모로 축소되었다.[49] '대제' 프리드리히 2세 재위기의 프로이센, 즉 7년 전쟁(1756~63년) 기간에 인구 약 500만 가운데 25만 명(5퍼센트)을 병사로 무장시키고 평시에는 15만 명(3퍼센트)을 무장시킨 프로이센도 스웨덴과 비슷한 방법을 사용했다.[50] 게다가 프로이센은 이웃 국가들보다 더 효율적으로 운영되었고 군대에 전념했으며, (스웨덴의 칼 12세와 비슷하게) 연중 일정한 시기에 장기간 농사 휴가를 주는 반#직업군인 제도를 바탕으로 병사 중 일부를 유지하는 원칙(주별 연대 제도canton system[주canton마다 신병들을 모집해 연대를 구성하는 제도로, 1733년부터 1813년까지 프로이센에서 실행되었다―옮긴이])을 되살렸고, 7년 전쟁 기간에 동맹국 영국으로부터 보조금을 많이 받았다. 미라보 백작이 다음과 같은 유명한 말을 했을 정도로, 프로이센은 군사에 극도로 집중했다. "다른 국가들은 군대를 보유하고 있다. 프로이센은 국가를 보유한 군대다."

18세기 초입에 본국 인구가 900만 명(이 세기 후반에 급증하기 시작했다)이었던 영국은 유럽에 관여한 첫번째 중요한 사건인 9년 전쟁(1688~97년) 기간에 육군과 해군을 인구의 1퍼센트인 10만 명 이상으로 확대했다. 영국은 7년 전쟁과 미국 독립 전쟁 기간에 2퍼센트인 20만 명에 근접했다. 그렇지만 이 수치는 전시의 최대치였고 평시 편제의 규모는 최대치의 절반 이하였다. 한편 영국의 해군과 육군은 전 세계에 관여했기 때문에 유지비가 특히 많이 들었다. 더구나 영국이 전시에 동맹국들에 지급한 보조금은 영국 방위비 총액의 5분의 1에서 4분의 1 사이였다. 예컨대 7년 전쟁 기간에 영국은 병사 10만 명(대부분 프로이센 병사)에게 급료를 지급했다. 나폴레옹 전쟁 기간에 비용과 인력 수치는 꾸준히 증가했고, 영국은 급속히 진행되는 산업화에 힘입어 혁명과 제정기의 프랑스 위력에 대항할 수 있었다. 예를 들어 1809년 영국은 육군과 해군에 약 37만 5000명을 고용하고 있었다. 이 수치는 영국 인구 1200만 명에 아일랜드 인구 500만 명을 더한 1700만 명의 2퍼센트 이상이었다. 마지막 군사작전 기간(1812~15년)에 영국이 대륙 동맹국들에 지급한 보조금은 대폭 늘어난 영국의 방위비 중에서 예전과 마찬가지로 5분의 1에서 4분의 1 사이였고, 이번에는 대부분 러시아, 프로이센, 오스트리아 병사들 거의 50만 명에게 지급되었다.[51] 그렇지만 이 수치 역시 전쟁에 총력을 기울이던 시기의 최대치로서, 무한정 지속될 수도 없었고 지속되지도 않았다.

따라서 학자들이 많이 논의한 주제, 즉 근대 초기 유럽 육군들의 규모가 겉보기에 급격히 확대된 것은, 굉장한 확대이기는 했지만 역사적으로 큰 국가에서 상비군을 동원하던 수준을 넘어서진 않았던 것으로 보인다. 더 넓은 비교적 관점에서 검토하면 유럽의 확대는 사실 새로운 현상이 아니었다. 으레 그렇듯이 유럽의 현상은 시각적 왜곡을 수반한다. 근대 초기 유럽의 몇몇 변화는 혁명적으로 보이는데, 정치적 집중이나 도시생활양식, 상업성 면에서 아주 낮은 수준에 머물렀던 유럽 문명이 겨우 몇 세기 만에 비상하게 상승했기 때문이다. 이에 반해 문화적·정치적 연속성을 더 오랫동안 유지하고 유럽의 암흑시대 같은 극심한 퇴행기를 거치지 않은 다른 문명들에서는 그런 상승이 점진적으로 이루어졌다.

이와 마찬가지로, 역사적 기준으로 볼 때 근대 초기 유럽의 강국들이 유달리 호전적이었다는 일반적인 가정 역시 전혀 확실하지가 않다. 1500년부터 1750년까지, 유럽의 강대국들은 저마다 이 기간의 절반 이상을 전쟁에 관여했다.[52] 그렇지만 이미 지적했듯이 유럽의 다원적 정치 체제는 언제나 무척 경쟁적이었다. 고대에 정치체 내부의 격렬한 분쟁을 완화한 것은 '팍스 로마나'뿐이었다. 그리고 중세의 파편화는 국가 전쟁에 더해 지역 수준에서 그야말로 끊임없는 폭력을 야기했다. 더구나 근동, 인도, 중국, 일본에 있던 여타 큰 문명 중심지들이 유럽보다 덜 호전적이었다는 주장도 확실하지 않다. 이 중심지들의 호전성 역시 각 체제의 요동치는 경쟁 정도와 제국적 패권국의 공격성, 내전의 빈도에 달린 문제였다. 또한 근대 초기 유럽에서 중앙권력이 동원하는 자원이 급증한 것은 분명하지만, 아시아의 대다수 강국들은 그전부터 상당한 자원 동원 역량을 갖추고 있었다.

이 서술을 화기의 도래에도 거의 그대로 적용할 수 있다. 화기가 유럽은 물론 유라시아의 다른 곳에서도—적어도 18세기 이전에—사회와 국가를 전환시켰다는 말은 대개 과장된 것이다. 체이스가 아주 잘 보여주었듯이 화기는 중서유럽 사람들에게 가장 유용했는데, 지리로 인해 이 지역

의 주된 군사적 난제는 스텝지대의 미꾸라지 같은 경기병이 아니라 회전會
戰과 포위전이었기 때문이다. 발칸 반도에서 유럽인들과 맞서 싸운 오스만
인들은 적군 못지않게 성공적으로 화기를 채택했다. 그러나 다른 경제적·
사회적·정치적 발전의 주요 원인은 중세 후기부터, 때로는 그 이전부터 진
행된 유럽 국가 체제의 전환이었다. 그리고 오스만 제국과 유라시아의 다
른 문명에서 화기가 옛 무기를 대체하고 전술과 포위술의 양상을 바꾸기
는 했으나, 이 변화를 빼면 이미 발전한 상태였던 국가의 육군은 별로 변
하지 않았다. 화포와 보병 화기를 받아들이기는 했지만, 육군과 국가의 구
조, 조직, 사회적 구성 면에서 오스만인과 그들의 튀르크족·이란인 선조
또는 맘루크 왕조와 사파비 왕조의 동시대인 사이에, 무굴 제국과 그 이전
델리 술탄 왕조 사이에, 명·청 왕조와 그 이전 중국의 선조 사이에 근본적
인 변화는 별로 없었다. 줄잡아 말해도 이들 강국 가운데 유럽보다 군사
력이 약한 나라는 없었다. 유일하게 유럽과 경계를 맞댄 오스만인들은 수
세기 동안 유럽에 묵직한 군사적 압력을 가했다. 이처럼 역사적 관점에서
보면, 많이 쓰이는 개념인 '화약 제국들'[gunpowder empires: 오스만 제국,
사파비 왕국, 무굴 제국이 화기를 이용해 제국을 창설했다는 의미로 사용하는 개
념—옮긴이]은 흔히들 생각하는 것보다 훨씬 부적합한 개념이다.

　　화기의 도입은 의심할 나위 없이 역사상 획기적인 사건이었다. 화기는
야전과 포위전의 양상을 바꾸어놓았으며, 정주권 내부의 정복 전쟁에서
군사적으로 뒤처지지 않으려면 화기가 필수적이었다. 이집트와 시리아를
통치한 맘루크 왕조가 1516~17년에 오스만인들에게 굴복한 이유는 화기
를 뒤늦게 채택했기 때문이다. 이란의 사파비 왕조가 비슷한 운명을 모면
할 수 있었던 유일한 이유는 그들의 경기병이 전술에 적응했거니와 광대
하고 척박한 그들의 고국에서, 그리고 그들과 오스만인들을 갈라놓은 변
경에서 기동성이 워낙 좋은 경기병을 적군이 묶어둘 수 없었기 때문이다.

중국을 정복하는 동안 명나라의 화포와 머스킷 총병을 압도하는 만주족 기병들.

나가시노 전투(1575년). 일본의 재통일로 귀결될 이 내전에서 오다 노부나가의 보병들이 미리 준비해
둔 장애물 뒤에서 화기를 발사해 다케다의 기병대를 무찌르고 있다.

1526년 델리의 술탄 왕조가 무굴 제국을 창건한 바부르에게 항복한 주된 이유는 후자가 화기를 월등하게 사용했기 때문이다. 포르투갈이 일본에 화기를 소개한 1543년 이후 다이묘 오다 노부나가는 나가시노 전투(1575년)에서 머스킷 총을 사용해 적에게 결정적인 타격을 입혔고, 통일로 귀결된 내전기 동안 일본에서 화력의 중요성은 계속 커졌다. 체이스를 다시 한번 인용하자면, 서유럽과 비슷하게 스텝지대 유목민의 공격을 받을 염려가 없었던 일본에서는 동아시아의 어떤 곳보다도 내부 전쟁에서 화기가 유용했다. 그렇지만 유럽의 새로운 군주국들의 통일과 마찬가지로 오래 걸린 일본의 통일—훨씬 깊은 사회정치적 과정에 의해 추동된—에 화기가 얼마나 결정적으로 기여했느냐는 것은, 적어도 내가 보기에는 또다른 문제다. 여하튼 화기의 발달은 훗날 도쿠가와 시대 일본에서 정체되었는데, 섬에 고립된 이 통일 왕국이 더이상 심각한 군사적 도전에 직면하지 않았기 때문이다.[53]

따라서 이 간략한 개관은 다음과 같이 요약할 수 있다. 화기 보유에 결정적인 **불균형**이 없는 곳에서는 화기가 군사軍事에, 그리고 군사를 통해 사회와 국가—유럽과 그 밖에 다른 곳에서—에 미치는 영향이 그리 혁명적이지 않았다. 학자들이 인정했듯이, 화약은 베이컨이 말한 근대성의 세 요소 중 둘째 요소인 대양 항해와 결합해 바다에서 훨씬 더 혁명적인 영향을 미쳤다.[54]

제해권과 상업-재정 혁명

1500년 이후 역사상 처음으로 전 지구를 포괄하고 대양을 통해 대륙들을 연결한 유럽 무역 체제의 확립은 근대성의 형성에서 단연 중요한 요인이자 '유럽의 기적'의 진짜 엔진이었다. 이 무역 체제는 유럽의 사회와 경제, 국가를 전환시켰다. 시장은 유럽의 일부 국가들에게 다른 국가들보다 더 많은 자원을 주고, 그리하여 더 많은 권력을 주는 동시에 세계의 다른 부분들에 비해 유럽 전체를 갈수록 부유하고 강력하게 만드는 등 전례가 없는 역할을 했다. 궁극적으로 보아 지구적 무역 체제는 산업화를 자극했고, 또 부와 권력이 비약적으로 증대하도록 자극했다. 근래에 일부 학자들의 도전을 받기는 했으나, 애덤 스미스와 마르크스에서 유래하는 이 그림은 내가 보기에 여전히 대체로 타당하다.[55]

나는 이제껏 많이 논의된 흥미로운 물음을 간략하게 제기할 수 있을 뿐이다. 그 물음이란 어째서 유라시아의 다른 문명들이 아니라 유럽이, 꾸준히 팽창하던 지역 간 무역 체제들('세계 체제들'이라 불리지만 이는 실상을 호도할 여지가 있는 표현이다)을 최초의 지구적 체제로 연결했느냐는 것이다.[56] 1500년경 돌연 성숙한 이 과정 역시 그 이전에 유라시아 도처에서 오랫동안 진행된 과정이었다. 중세 후기 동안 유럽을 에워싼 지중해, 대서양, 북해, 발트 해를 연결하는 역동적인 무역망이 유럽 자체에서 발달했다. 고대 로마의 지중해 일대는 기후와 생태의 다양성이 낮았던 까닭에 농산물과 제조품을 생산하는 조건이 평준화되어 교환이 제한되었지만, 유럽 북부와 남부의 현저히 다른 조건은 사치품 무역뿐 아니라 주요 생산물의 대량 무역까지 자극했다.[57] 인도양에서 기원한 삼각돛 항해는 중세 초기에 아랍인들을 통해 지중해 유럽에 도달했다. 11세기에 중국인들이 항해를 위해 두루 사용한 나침반은 12세기 후반에 유럽에 도착했다.

다른 지역들의 무역망도 유럽의 무역망 이상은 아닐지라도 그 못지않게 발달해 있었다. 아랍인과 무슬림 상인들은 인도양과 그 주변 국가들을 지배했다. 15세기 초기(1405~33년) 환관 제독 정화鄭和는 유럽이 17세기까지 편성한 그 어떤 함대보다도 규모가 큰, 돛대가 여럿인 거대한 범선들로 이루어진 명나라의 대함대를 이끌고서 위대한 해군 원정길에 올라 저 멀리 동아프리카까지 항해했다.[58] 그럼에도 세계의 바다를 완전히 장악하고 동양에 도착한 쪽은 유럽인들이었지 그 반대가 아니었다. 포르투갈은 서아프리카의 황금 및 노예 관련 이해관계를 더욱 강화하고 베네치아와 맘루크 왕조가 이집트를 통해 유럽의 향신료 무역을 독점하던 상황을 타파할 길을 찾는 가운데, 아프리카 일주에 반드시 필요한 항해술과 범선을 완벽하게 다듬었다.[59] 유럽의 위치는 어쨌거나 유라시아의 극단이었으므로, 이 항로를 택할 경우 유럽인들은 남아시아와 동아시아의 무역 상대를 만나기 위해 뱃길로 훨씬 멀리까지 이동해야 했다.

아시아인들은 그런 장거리 항해에 나설 이유가 적었다. 지리적으로 한결 편안한 위치에 있었고 유럽의 보잘것없는 시장에 유인이 거의 없었기 때문이다. 따라서 유럽의 불리한 처지는 확실히 난관이었다. 유라시아의 다른 극단인 중국의 지도자들은 자기네가 이미 필요한 모든 것을 가진 부유하고 정교한 문명이라고 생각할 타당한 근거가 있었다. 1433년 정화가 동아프리카에서 돌아온 이후, 명조는 원양 항해용 정크선들로 이루어진 자국의 선진 함대를 해체하고 장거리 항해를 금지하기로 결정했다. 국가가 자금을 대는 이런 항해에는 비용이 많이 들었으나 그 보상은 미심쩍었다. 중국 북쪽에서 다시 위협을 가하기 시작한 유목민들은 제국 정부의 주의와 자원을 다른 곳으로 돌려놓았다. 민간 선박을 이용해 이윤이 더 많이 나는 항로를 따라 장거리 항해에 나서는 것도 허용되지 않았다. 전제적인 국가와 유학자 고관들의 관료제가 무역과 무역상, 독립적인 자본을 싫어하고 의심했기 때문이다. 이런 이유로 바스코 다 가마가 인도양에 느닷없이 나타났을 때(1498년) 포르투갈인들은 바다에서 실질적인 저항에 별로 부딪히지 않았다. 그리고 에스파냐 군주들에게 고용된 콜럼버스가 대서양을 건너 동아시아로 가는 도중에 우연히 아메리카에 상륙했을 때(1492년), 토착민들은 육지에서 실질적인 저항을 거의 하지 못했다. 그리하여 유럽은 원양 항해 능력을 갖춘 결과, 뜻밖에도 막대한 부상副賞을 얻었다. 몇 년 만에 세계가 유럽의 탐험과 이윤을 향해 활짝 열렸다.

학자들이 철저히 연구한 이 탐험의 군사적 측면을 여기서 짧게 요약할 수 있다. 아메리카 대륙에서 제일 앞선 토착 문명들—강력한 정치 구조, 수백만 명을 헤아리는 인구, 커다란 도심지를 가진—은, 그럼에도 기술 진화의 도정에서 유럽인 신참자들보다 천 년 뒤진 석기시대와 청동기시대 초기 기술에 기반을 두고 있었다. 철제 무기와 말과 화기로 무장하고, 놀라움과 문화적 충격이라는 요소의 도움을 받고, 지역 동맹들의 지원을 받은 에스파냐의 콘퀴스타도르[conquistador: 에스파냐어로 '정복자'를 뜻하며 16세기에 신대륙을 정복한 유럽인들을 가리킨다—옮긴이]에게 토착민은 손쉬운 먹잇감이었다. 콘퀴스타도르들이 신대륙에 도착하기 전부터, 그리고 신대륙에 머무는 동안 구세계의 전염병들은 토착민을 무참히 파괴했고, 채 한 세기도 지나기 전에 아메리카 대륙 인구 가운데 대략 90퍼센트의 목숨을 앗아갔다. 토착민에게 이 전염병들에 대한 면역력이 없었다는 사실은, 침략자에 맞서 옛 권리를 되찾으려 할 때 적어도 기술적 열세 못지않게(그 이상은 아닐지라도) 불리하게 작용했다. 토착민 인구가 더 흩어져 있고 발전한 정치 구조가 없는 신대륙의 다른 곳에서 궁극적으로 토지를 정복한 것은 우리가 최초의 농업 팽창과 관련해 살펴본 것과 흡사한 과정, 즉 수 세기에 걸친 유럽인의 대량 이주와 농업 정착이었다.[60]

이와 반대로 남아시아와 동아시아에 등장한 처음 두 세기 동안 유럽인들은 막강한 제국들에 도전하기에는 너무 약한 존재였고, 이들 제국의 변두리에서 활동을 조금 용인받는 정도였다. 그렇지만 이 제국들은 분명히 내향적인 대륙 제국으로서 바다에 별로 관심을 보이지 않았다. 오만부터 말레이 반도까지, 해상 무역에 관여한 더 작은 국가와 항구도시들의 지역 통치자와 상인들은 유럽인들보다 약한 것으로 판명되었다. 여기에 더해 순

헨리 8세의 전함 메리 로즈Mary Rose 호(1545년경)는 새로운 범주 전함의 포문과 전반적인 구조를 보여준다.

전히 역사의 우연으로, 화포 덕분에 전통적 상선인 범선이 영국 해협에서 해전을 지배했던 노잡이 갤리선보다 뛰어난 전함이 되어가고 있었다.[61] 16세기 초부터, 갑판을 따라 탑재한 화포로 중무장하고 배의 측면에 일렬로 뚫린 포문을 통해 포탄을 발사하는 유럽식 범선이 남아시아 및 동아시아의 바다와 이 일대의 무역 대부분을 주름잡기 시작했다.[62]

　화력이 유럽의 새로운 지구적 성공에 기여한 중요한 요인이기는 했지만, 그 성공의 이득을 유럽인들 가운데 누가 수확—경제적으로, 따라서 동시에 정치적·군사적으로—할 것인지를 정하는 데 더욱 결정적으로 작용한 것은 다른 요인들이었다. 이미 보았듯이 유럽의 다원적인 국가 체제는 아시아의 경우와 달리 경쟁이 치열했기 때문이다. 산업화 이전만 해도 유럽의 경제는 대체로 줄곧 농업경제였지만, 이제 지구적 규모의 시장과 성장하는 제조업 부문에 대한 장악력이 아주 중요한 부의 원천(예전보다 유동적인 원천)이 되었고, 거꾸로 그 장악력 덕분에 시장과 제조업이 번영했다. 이런 이유로 지구적 무역 체제의 등장은 유럽에서 자본주의 형성의 중요한 촉매가 되었다.[63] 전례가 없는 막대한 규모의 지구적 무역 체제는 과거의 어떤 상업적 우위보다도 유럽 사회 내부와 사회들 간의 권력관계를 바꾸어놓았다. 지구적 무역을 지배하는 경쟁에서 승리한 국가들은 자원을 확보해 유럽의 권력투쟁에서 강자가 되었다. 그리고 지구적 무역 경쟁에서 승리할 준비를 제일 잘 갖춘 부류는 무역상의 국가들이었다.[64]

과거에는 권력이 부를 가져오지만 부에서 권력으로의 변환은 불분명했던 데 반해, 이제 점점 더 부와 권력의 교환이 가능해지고 있었다. 이제 가난하고 강한 권력 같은 것은 없었다. 그 결과 생존을 위해 권력은 생산하고 무역하는 경제의 이해관계에 이바지해야 했고, 더 많이 이바지할수록 더 많은 권력이 산출되었다. 사회적 부의 창출을 구속하는 정치·군사 엘리트층의 모든 조치는 다른 국가들과의 경쟁에서 그 엘리트층의 권력을 좀먹기만 했다. 역사상 처음으로, 기생적인 전사 국가들과 전사 엘리트들이 권력 면에서 경제적으로 생산적인 국가들과 엘리트들에 뒤처졌다. 경제적 성과가 권력의 관건이 되어갔고, 무역하고 제조하는 자본주의 경제가 갈수록 경제적 성과를 선도했다.

이제 '군사혁명'으로 돌아가자. 나는 새로운 유럽 상비군들의 규모에 역사적·비교적 관점에서 근본적인 새로움은 없던 것으로 보인다고 주장했다. 그렇다 해도 여타 큰 국가들의 군대와 비교해 유럽의 육군과 해군이 조금 더 증대되었고 총포를 비롯한 하드웨어가 미미하게나마 전비를 끌어올렸다면, 그런 증대를 가능하게 해준 세 가지 주요 원천이 있었다. 첫째, 고대 이래 1인당 농업생산성이 향상되어 유럽의 잉여물이 미미하게나마 증가했던 것으로 보인다. 둘째, 유럽이 외부에서 벌어들이는 수입, 이를테면 에스파냐의 국고로 흘러든 아메리카의 은괴(이익이기도 했지만, 한편으로 '지대 의존 국가'인 에스파냐의 경제적 지체를 심화하는 타격이기도 했다)와, 네덜란드와 잉글랜드가 대부분 가져간 지구적 무역과 번창하는 제조업의 이익이 있었다. 셋째, 근대 초기 국가는 역사상 전례 없는 수준으로 적자재정을 발전시켰다. 이 세 가지 원천은 불가분하게 얽혀 있었다. 유럽 국가들이 이것들을 이용하는 효율은 각각 달랐고, 따라서 강대국 간의 투쟁에서 성공하는 정도도 제각각이었다.

우선 국가들은 과세 능력이 제각각이었다. 국가가 클수록 세수 총액이 더 많았지만, 근대 초기 유럽에서 크기는 불이익이기도 했다. 이미 지적했듯이, 영토 면에서 '혼합적'이고 또 '절대주의적'이었던 유럽의 새로운 국가는 예컨대 로마 제국보다 과세 효율이 낮았을 것이다. 에스파냐 제국에서 조세 부담은 주로 카스티야가 짊어졌으며, 제국 전역에서 과세를 평준화하려던 모든 시도(에스파냐의 쇠퇴기 동안 왕의 총신인 올라바레스 백작 겸 공작[가스파르 데 구스만Gaspar de Guzmán - 옮긴이]이 제일 엄격하게 밀어붙였다)는 지극히 제한된 성공만을 거두었고, 저지대 국가들, 카탈루냐, 나폴리, 시칠리아, 포르투갈에서 반란을 촉발하여 저지대 국가들과 포르투갈을 상실하는 결과를 가져왔다. 프랑스에서도 지역 의회들이 방어한 지역 특권이 거의 똑같이 굳건하게 유지되었다. 그리고 18세기에 영토 면에서 '혼합적'이었던 오스트리아 제국은 프랑스보다 과세에 훨씬 난항을 겪었다. 더 작고 균질한 국가들, 이를테면 잉글랜드, 네덜란드 공화국, 프로이센은 궁극적으로 더 균등하게 과세할 수 있었다. 그러나 잉글랜드 역시 과세 부담을 제국 주변부까지 확대하려 시도했을 때 아메리카 식민지를 잃었다. 따라서 해외 식민지 현지에서의 민병대 복무, 그리고 18세기 중엽부터 인도에서의 정규 세포이 복무를 빼면, 유럽 강국들의 지배를 받은 비유럽인구는 이 강국들의 상비군 구성 비율을 계산할 때 집계에 넣지 않아도 무방하다.

지구적 무역 장악과 번창하는 제조업 부문은 다양한 방식으로 과세

효율을 높인 다른 두 가지 요인이었다. 두 요인은 국부에 직접 기여하기도 했지만, 그보다 국부에 더해준 간접 편익이 더 많았다. 18세기에 맞서 싸운 영국과 프랑스의 국부를 비교해보면, 프랑스 인구가 영국 인구보다 대략 3배 많았고 여전히 경제에서 농업이 최대 부문이었기 때문에 프랑스 경제가 영국 경제의 2배 이상 규모였다.[65] 그럼에도 영국이 우월한 재정 역량에 힘입어 해군-군사 경쟁에서 승리했다는 데 학자들은 동의하고 있다. 성공의 관건은, 훨씬 더 상업화된 영국 경제의 더욱 유동적인 재정 자원이었다.[66]

더욱이 무역 국가들은 새로운 금융시장에서 저금리 차관을 조달하고 대규모 국채의 이자를 성공적으로 지불하는 등 적자재정 정책을 펼치는 일에서 앞섰다. 전쟁을 위해 사회 자원을 활용하는 국가의 능력을 신장한 이 중요한 변화는 과거의 전통적인 수단을 보완했다. 전쟁이 불규칙하게 연장되고 막대한 비용을 수반하곤 했으므로, 역사 내내 국가들은 전비를 마련하기 위해 특별 조치에 의존했다. 몇 가지 선택지가 국가들에 열려 있었다. 국가들은 전시에는 잉여 소득에 더 무겁게 과세했다. 이를테면 13세기부터 새로운 유럽 국가들은 대의기관의 승인을 받아 '임시' 조세를 부과했다. 여기에 더해 적대관계인 국가들은 역사 내내 서로를 앞지르기 위해 전시에 잉여금 외에도 공적·사적 저금과 축적된 자본까지 이용하려 했다. 국가는 공공자산, 특히 토지를 팔고 국가와 사원이 보유중인 돈을 지출할 수도 있었다. 또한 얼마간 독단적으로 개인이 소유한 자본을 쥐어짤 수도 있었다.

잠재적 자금원이 풍부하고 취약할수록 유혹은 더 커졌다. 전제적인 동양에서 더욱 무방비 상태이긴 했지만, 상인들은 어디서나 처분 가능한 자본의 명백한 원천이었다. 중세 유럽에서 유대인은 특히 손쉬운 표적이었고, 국가는 전비를 마련하기 위해 그들을 쥐어짤 대로 쥐어짠 다음 추방해버렸다. 종교기관이 보유한 돈을 이용할 때면 국가는 흔히 민족과 종교의 구원이라는 목표를 위해 종교기관의 동의를 얻어 행동하곤 했다. 그러나 통상적인 신앙심 또는 신앙심의 외피가 필요하지 않거나, 표적으로 삼은 종교기관과 신앙심을 대립시킬 수 있는 곳에서는 돈을 강제로 몰수하기도 했다. 귀족의 부는 훨씬 더 어려운 표적이었는데, 귀족이 강력했을뿐더러 국가 통치 엘리트층의 일부였기 때문이다. 보통 귀족의 부는 내전기에만, 다시 말해 경쟁자들이 법적 보호의 박탈과 몰수에 노출되고 서로 다투는 군 지휘관들의 적나라한 무력이 통칙이 되는 시절에만 취약해졌다.

그러나 자본 몰수는 심지어 전제 권력을 가진 통치자가 자본을 마음대로 몰수할 수 있는 곳에서도 불이익을 수반했다. 예를 들어 상인들에 대한 무거운 과세는 황금알을 낳는 거위를 죽이는 자충수가 될 수도 있었다. 상인들은 몰락할 수도, 외국인에게 사업을 빼앗길 수도, 다른 곳으로 이주해 사업할 수도 있었다. 더구나 독단적 몰수라는 상존하는 위협으로부터 재산권이 보호되지 않은 곳에서는 경제활동이 저해되었고 사람들이 돈을 숨기고 쌓아두며 유통하지 않았다. 이처럼 사람들의 주머니를 축내는 무제한 권력은 거의 저항하기 어려운 유혹이기 때문에 너무나 손쉬운 선택지인 것으로 판명되었다. 공적 지출—주로 전쟁에—을 위해 축적된 '사유' 자본을 이용하는 다른 방안, 즉 차입이 등장한 곳은 정치권력이 제한된 국가들, 특히 부자들 자신이 국가를 통치하거나 국가 안에서 재산권을 보호할 정도로 강력한 국가들이었다.[67]

로마 공화정은 아주 적절한 예를 제공한다. 질질 늘어지고 파멸적이었던 제1차와 제2차 포에니 전쟁을 치르는 동안 로마는 대규모 동원으로 국고를 탕진했다. 로마는 전비를 마련하기 위해 시민들에게 부과하는 '임시' 재산세tributum를 두 배 세 배로 늘리고, 공유지를 팔고, 신성한 비상용 보물을 사용했다. 여기에 더해, 대부분 국가를 이끄는 원로원 계급에 속했을 부유한 시민들로부터 돈을 빌렸다.[68] 제1차 포에니 전쟁 막바지에 양편 모두 기진맥진할 때 한걸음 더 나아가도록 로마를 밀어준 이들, 또다시 대규모 전쟁 함대를 건조할 수 있도록 돈을 빌려준(카르타고측에서 화평을 청하게 만든 것은 바로 이 함대의 등장이었다) 이들은 부유한 시민들이었다.[69] 물론 로마 엘리트층은 자기네 돈을 돌려받았을 뿐 아니라 역사상 전쟁을 일으켜서 가장 성공한 축에 드는 국가, 전쟁을 통해 부를 계속 불려간 국가에서 전쟁으로 거둔 결실의 직접적인 수혜자이기도 했다. 요컨대 로마의 전쟁은 탁월한 투자였다. 그에 반해 르네상스 시대 이탈리아와 독일의 상업적·공화주의적 도시 코뮌들에서는 상황이 더 양면적이었다. 재정에서 앞선 이 코뮌들은 공채를 이용하고 나중에 이자를 붙여 돌려줄 채권을 발행함으로써 막대한 '임시' 전비를 평시에 분산하는 제도를 크게 발전시켰다. 그렇지만 자본을 빌리는 전략(자본 일부는 빌려주도록 강제했고, 일부는 자진해서 빌려주었다)은 조세를 대부분 짊어질 부자들과 조세 납부를 꺼리는 도시 엘리트층에게 직접 과세하는 대신에 의존한 방안이었다. 이처럼 허술한 조세 기반은 서로 연관된 다음과 같은 결과들을 낳았다. 공채가 꾸준히 증가했고, 매년 도시 지출액에서 이자 지불액이 상당한 비중을 차지했다. 도시들은 세수가 부족해서 갈수록 이자를 지불하기 어려워졌으며 그 결과 이따금 이자 지불을 정지하는 방편에 의존했다. 발흥하는 영역 국가들과의 투쟁에서 도시들이 밀리고 있어서 재정 부담이 가중되었던 만큼, 이 제도는 무너진 것이나 마찬가지였다.[70]

왜냐하면 차입 역시 그 자체로 새로운 유럽 민족국가들이 피하지 못했던 위험한 유혹을 내포하는 미끄러운 길이었기 때문이다. 국가 통치자들은 13세기부터 전쟁에 자금을 대기 위해 신용거래에 의존했는데 여기에는 두 가지 주요 원천이 있었다. 하나는 유럽의 커다란 무역 도시들에 축적된 막대한 자본이었다. 국가 통치자들은 전제 권력이 없었고 여하튼 무역과 은행업 중심지 일부는 그들의 국경 바깥에 있었으므로, 유럽 전체를 아우르는 금융 시장에 의존했다. 이 시장은 처음에는 이탈리아(그리고 플랑드르) 도시들이 지배했고 16세기경에는 아우크스부르크, 제노바, 안트베르펜, 리용이 그 중심지였다. 국제 차관에 의존하는 선택지는 국제 시장에서 군인을 고용하는 선택지와 마찬가지로, 전쟁을 위해 외국의 자원을 이용할 수 있다는 추가 장점이 있었다. 통치자들은 매년 이자를 지불하고 차입금을 갚기 위해, 융자를 받을 때마다 특별 전쟁세를 부과했다. 그러나 돈을 빌려주는 은행가들이 대체로 외국인이었거나 여하튼 국가와 별개였기 때문에, 이를테면 전비가 급증하는 어려운 시기에는 국가 지출을 줄이고 정치적·군사적 손실을 감수하느니 차라리 채무를 불이행하려는 유혹이 대단히 강했다. 예를 들어 에스파냐 왕들은 수차례, 즉 1557년, 1560년, 1575년, 1596년, 1607년, 1627년, 1647년, 1652년, 1660년, 1662년에 채무를 불이행해서 당시 세계에서 최고로 부유했던 아우크스부르크의 은행업 가문 푸거 가와 그 밖의 많은 은행가들을 파산시킨 것으로 유명하다. 프랑스 군주정도 1558년, 1564년, 1598년, 1648년, 1661년에 똑같이 채무를 불이행했다. 그렇지만 채무 불이행은 은행가들만이 아니라 국가의 신용 또한 파산시키는 등 몰수 이상은 아닐지라도 몰수 못지않은 역효과를 불러왔다. 융자는 예전보다 드물어졌고, 높아진 위험을 상쇄하기 위해 이자율이 올라갔다. 악순환이 생겨난 것이다.

근대 초기 유럽 국가는 부유한 엘리트층 개개인에 기반을 두는, 신용 거래의 다른 원천에도 의존했다. 국가는 주로 민간과 군대의 직위를 팔아서 이 자원을 이용했다. 현금을 투자해 직위를 구매한 개인들은 다년간 때마다 국가 급여를 받는 방법뿐 아니라 이익을 얻을 기회를 이용하는 방법으로, 이를테면 국가가 연대와 중대 병사들에게 급여와 물품을 지급하라며 할당한 금액과 같은 공금을 횡령하는 방법으로 자신의 투자금을 환수했다. 여기서도 신용거래라는 손쉬운 유혹은 비용의 악순환을 낳고 비효율성을 배가했다. 현금을 마련해야 하는 국가의 필요성 때문에 행정기구가 부패했을 뿐 아니라 '매수 가능한' 직위를 점점 많이 판매함에 따라 직위 보유자 수까지 늘어났다. (최악의 사례인) 프랑스에서는 직위 보유자 수가 1515년 5000명에서 1665년 5만 명으로 늘었다. 1787년까지 프랑스군 장교의 수는 현역 군인의 약 3분의 1인 3만 6000명으로 불어났고, 이들 모두가 급여를 받았다. 군 장성이 프로이센에는 80명 조금 넘게, 오스트리아에는 350명 있었던 데 반해 프랑스에는 1171명이나 있었다. 장교들의 급여로 프랑스 군 예산의 절반이 소비되었다. 눈덩이처럼 불어난 모든 신용 대출금과 마찬가지로, 궁극적으로 보아 막대한 상환 비용은 봉급이라는 형태로 체제의 수익을 집어삼키고 체제에 만연한 부정적 유산만을 남겼다.[71]

일반적으로 신용거래는 책임감 있게 의존하는 경우, 수입·지출과 적절한 균형을 유지하는 경우, 무엇보다도 신용거래가 가져오는 이익이 궁극적으로 차입 비용보다 많은 경우에만 수익을 낼 수 있다. 이 섬세한 균형 잡기에서 17세기 에스파냐와 18세기 프랑스는 결국 패하는 쪽에 있었고, 갚을 수 없이 늘기만 하는 빚에 짓눌려 갈수록 절망적인 궁지로 내몰렸다. 그에 반해 17세기 네덜란드와 18세기 영국에서는 적자재정이 승리를 안겨준 수단들 중 하나였다. 이미 앞서 시사했듯이 번영하는 무역이 핵심 차이였다. 네덜란드와 뒤이어 영국에서 무역은 엄청난 재정적 부와 정교한 금융시장을 창출했다. 이 시장에서는 주식 거래와 국립은행 같은 새로운 도구들이 엄청난 규모의 융자를 받기 위해 쓰였고, 시장 원리에 따라 국내외의 다양한 일반 투자자들이 참여했다. 국가의 차입에 매기는 금리는 최저 2.5~4퍼센트까지 떨어졌는데, 이 수치는 프랑스가 채권자들에게 지불한 이자율의 대략 절반이었고, 역사적으로 국가들이 신용거래 대가로 지불한 이자율 평균치의 3분의 1에서 6분의 1이었을 것이다.[72] 그렇지만 이 이야기에는 더 많은 것들이 담겨 있었다.

시장 체제와 군사 능력

부유한 시장과 정교한 재정 도구는 더 폭넓은 정치경제 체제의 한 요소일 뿐이었다. 네덜란드와 영국의 높은 재정 신용도는 채무를 불이행할 위험과 이자율을 낮추었고, 더 낮은 이자율은 이 국가들의 신용도를 높였다. 그러나 높은 신용도의 근간을 이룬 사실은, 국가가 이질적인 조직으로 머무르지 않고 상업경제의 이해관계에 이바지했고 실제로 국가의 강력한 대의기관을 지배한 상인 계급이 국가를 대체로 통제했다는 것이다. 17세기 네덜란드와 18세기 영국에서는 강력한 대의제 정부가 채무 이행을 더 확실하게 보장했을 뿐 아니라, 엘리트 대표들 또한 자신들의 이해관계에 이바지하는 전쟁에 자금을 대기 위해 기꺼이 조세를 더 많이 납부했다. 네덜란드에서 전쟁은 초기에는 독립을 지켰고 나중에는 무역 장악을 촉진했으며, 명예혁명(1688년) 이후 영국에서 전쟁은 퇴위당한 스튜어트 왕조의 동맹들에 맞서 새로운 대의제 체제를 방어했고 나중에는 급성장하는 무역 제국을 뒷받침했다. 조세 기반이 넓어지고 소득이 늘어난 결과, 네덜란드와 영국은 융자를 더 많이 받을 수 있었고 또 이자와 원금을 더 쉽게 지불하고 상환할 수 있었다.

이제까지 역사를 통해 살펴보았듯이 사회집단은 국가에 강하게 통합될수록, 자신의 몫이 클수록 국가에 더 헌신했다. 국가의 목표와 국가 자체가 서로 이질적일수록 사회집단의 자발적인 지지는 기대하기가 더 어려워졌다. 몽테스키외는 『법의 정신』(2부 13편, 특히 12장)에서 국가가 자유로울수록 조세를 더 많이 부과할 수 있다고 보았다. 네덜란드와 영국은 가장 무겁게 과세한 반면 귀족의 조세를 면제해준 절대왕정기 프랑스는 크기에 비해 세수가 적었고, 전제적이던 오스만 제국은 가장 가볍게 과세했다. 이전 세대 역사가들은 파편적인 봉건제에 비해 새로운 중앙집권적 절대왕정 국가의 과세권이 더 강했다고 강조했다. 그러나 근래에는 대의적·포용적 국가 체제들이 전제적 절대왕정으로 보이는 국가들보다 더욱 강했으며 사회 자원이나 '하부구조적 권력infrastructural power'을 더 많이 창출하고 이용할 수 있었다고 인정하고 있다. 추정하건대 근대 초기의 유럽 국가들이 국민소득의 5~15퍼센트를 과세했다면, 18세기 영국에서 전시 과세율은 20퍼센트 이상이었다. 즉 프랑스 1인당 과세율의 2~3배, 1688년 명예혁명 이전 영국 과세율의 4배였다.[73] 네덜란드 공화국의 경우와 마찬가지로, 이는 어느 정도 영국의 우세한 상업적 부의 결과였다. 그러나 대표 없이 (무거운) 과세 없다는 말은 북아메리카 혁명의 구호에 그쳤던 것이 아니라 더 일반적인 현실이기도 했다.

중세 후기 유럽에서 등장한 대의기관은 우리가 그 이전 역사에서 확인했던 규칙, 즉 작은 정치체만이 자유를 성취할 수 있고 큰 국가는 전제적일 수밖에 없다는 규칙을 깨뜨렸다.[74] 본래 대의기관은 봉건 유럽이라는 특수한 환경에서, 다시 말해 성장중이지만 아직은 파편화된 정치 지형에 제한된 권위만을 행사하던 군주정이 조세를 부과하기 위해 귀족과 도시민의 동의를 필요로 했던 환경에서 등장했다. 일부 국가의 군주정은 힘을 키워가면서 대의기관의 권력을 축소하는 데 성공했다. 다시 말해 더욱 전제적인 군주정이 되었다(그러나 중서유럽에서는 사회권력이 더 분산되었고 그에 따라 나타난 전통들이 있었기 때문에, 이 지역 군주정의 독단적인 권력은 결코 아시아 국가의 수준에 도달하진 못했다). 그렇지만 유럽의 일부 다른 국가에서 국회는 스스로를 지키며 성장하여 국가를 지배하게 되었다. 예컨대 이런 국가들은 도시국가 같은 작은 정치체의 자유와 참여를 영토 국가의 큰 규모와 결합했다.[75] 대표자들이 국정에 참여한다는 것은, 국가가 독재적인 통치자의 야망에 봉사하기보다 대표자들의 바람 및 이해관계에 훨씬 더 맞추어야 한다는 뜻이었다. 대표자들은 실질적인 통치자가 되었으며, 국가의 일이 그들 자신의 일이 되고 그들 자신의 일이 국가의 일이 되었다. 그렇다면 중대한 물음은 대표자들이 누구였냐는 것이다.

예를 들어 폴란드에서 세임[seym: 폴란드 의회—옮긴이]은 귀족만을 대표했고 도시민은 배제되었다. 군주를 선출하게 된 이 귀족적 '공화국'에서는 토지귀족의 사회적 지배권과 지역 자치권이 최우선 고려사항이었다. 이런 이유로 대의제는 권력을 극단적으로 분권화해 결국 한때 강력했던 나라를 이웃들의 손쉬운 먹잇감으로 전락시켰다. 이에 반해 사실상 연합한 도시 코뮌들과 그에 딸린 시골 지역으로 이루어졌던 연합주[United Provinces: 오늘날 네덜란드의 전신(1581~1795)—옮긴이]에서는 도시의 상업적 과두정(특히 홀란드의 과두정과 암스테르담)이 의회를 지배했고, 오라녜 공公인 총독들과 상당한 알력 다툼을 벌이면서도 협력했다. 제도적으로 연합주는 결코 중앙집권 국가가 아니었지만 연합주의 무역 중심지들은 부를 창출하고 따라서 권력도 창출하는 곳이었으며, 연합주의 상업 엘리트들은 공동 방위와 번영에 거액을 투자하는 이해관계를 공유했다.

잉글랜드는 가장 흥미로운 사례다. 귀족과 상인층 어느 쪽도 단독으로 지배하지 않았던 나라이기 때문이다. 다른 큰 '영토' 국가들에서 그랬듯 귀족과 부르주아지 둘 다 국민을 대표하는 회합, 즉 의회에 참석했다. 그렇지만 잉글랜드에서 이 두 계층의 이해관계는 다른 유럽 국가들의 일반적인 경우보다 덜 상충했는데, 그 이전 세계사에서 부를 획득하는 두 가지 주된 방법—강제 징수와 생산적 창출로, 보통 후자가 우세했다—에 만연했던 관계를 바꾸어놓은 중대한 전환이 이루어진 나라였기 때문이다. 분명히 잉글랜드의 사회적−정치적−군사적 귀족은 권력을 포기하지 않았고, 오히려 엄청나게 팽창하는 시장의 강력한 유인에 대응하여 변모했다. 애덤 스미스가 관찰했듯이 이 역사적 전환은 중세 후기부터, 즉 잉글랜드의 영주들이 농노들(생산성 향상을 저해한)로부터 지대를 징수해 살아가는 것보다 전국과 서유럽 규모로 급성장하는 제조업·무역 도시 시장을 만들어내는 편이 더 이익임을 알아차린 때부터 일어났다.[76] 그 이후 그들은 전 세계로 팽창하는 시장에 직접 참여했다. 이미 지적했듯이 그 과정의 핵심은 규모였다. 시장경제는 규모를 키울수록 근본적으로 자급자족하는 소규모 농업 영지보다 더 수익성이 높아졌고, 귀족 엘리트를 더 강하게 유혹했다. 예로부터 귀족과 상인을 갈라놓은 선을 넘어선 귀족들은 지대 징수자에서 완숙한 상업적 기업가로 탈바꿈했다.

이렇게 해서 잉글랜드의 엘리트층은 다른 누구 못지않게, 실은 다른 누구보다도 자국 상업의 번영에 관심을 두게 되었고 그 번영에 군사적으로 투자할 용의가 있었다. 바로 이런 과정이 잉글랜드를 유럽의 선도적인 무역 국가이자 근대화의 선봉으로 만들었다. 마르크스가 지적했듯이, 새로운 경제-사회-정치 체제는 여전히 상업화된 귀족-부르주아 엘리트층의 대규모 강압에 토대를 두고 있었다. 그들은 국가와 법을 통해 자기네 대표자가 없는 민중에게 체제를 강요했다. 그럼에도 마르크스는 자본주의 시장경제가 생산에 맞추어 조정된다는 점에서, 그리고 그 징수 메커니즘이 폭력의 직접 사용이나 위협을 기반으로 하기보다 주로 경제적인 것이었다는 점에서 과거의 사회조직 형태들과 다르다고 주장했다.

그러나 유럽의 일부 국가 엘리트층에게 부를 얻는 방안으로 상업적 폭리 획득이 강제 징수보다 갈수록 유망해졌다 해도, 그리고 국가 리바이어던이 전 영역에서 평화로운 자유무역을 보호할 수 있었다 해도, 국가들 사이의 관계에서는 줄곧 폭력 분쟁이 경제적 경쟁과 마구 뒤섞였다. 역사를 통틀어, 무역상들은 그들이 충분히 강하기만 하면 자원 및 시장을 공개 경쟁하여 다른 이들과 공유하는 대신 물리력으로 독점하려고 분투했다. 그렇지만 이제 게임은 지구적 차원에서 벌어지게 되었다. 경쟁자들은 규제와 관세 때문에 타국의 국내시장에 접근할 수 없었으며, 그들에게 상업적 양보를 강요하고 그들을 약화시키고 식민지와 외국시장에서 몰아내려는 의도로 벌어지는 전쟁의 압력을 직접적으로 받았다. 중상주의라는 딱지가 붙은 이 상업-군사 복합체는 17세기와 18세기에 대서양과 북해, 발트 해 연안에 자리잡은 강국들 사이에 끊임없이 벌어진 전쟁 이면에서 작동한 주요 추동력이었다.[77] 이런 전쟁들은 유럽과 해외에서 동시에 일어났고 해외에서는 특히 동남아시아와 인도, 카리브 해, 북아메리카에서 일어났다. 이 전쟁들의 역사적 전기轉機는 아주 익숙한 사건이다. 17세기에 네덜란드는 유럽 근해에서 화물 무역 통제권을 확대했을 뿐 아니라 동양에서 포르투갈의 무역 제국을 탈취하기도 했다.[78] 그렇지만 17세기 후반 네덜란드의 무역 패권은 훨씬 더 크고 강력한 프랑스와 잉글랜드가 육군과 해군을 이용해 가하는 무거운 압력을 받게 되었다. 네덜란드의 힘으로는 감당하기 어려운 압력이었다. 18세기에 영국은 캐나다와 인도에서 프랑스를 몰아내고 으뜸가는 해군·무역 국가의 지위를 확립하는 등 프랑스와의 경쟁에서 승리를 거두었다.[79]

그렇지만 여기서 우리의 관심사는 이런 역사적 발전의 더 일반적인 측면이다. '군사혁명'이 유럽의 상업혁명 및 재정혁명과 밀접히 연관되었던 까닭은 유럽이 지구적 식민·무역 체제의 허브로 변모하면서 막대한 자본을 집중적으로 축적했고, 그 자본이 해마다 멀리 떨어진 전장에서 더 큰 규모의 상비 육군과 해군을 유지한 강대국들의 경쟁에 연료를 공급했기 때문이다. 앞서 보았듯이, 전쟁을 위해 이처럼 막대한 자본 축적을 이용하는 한 가지 방법은 고도로 전개된 적자재정 정책이었다. 몰수나 과세와 달리 이 방법은 부자와 사회 유력자들이 자본을 감추거나 다른 곳으로 옮기도록 몰아가지 않았고, 오히려 자발적으로 투자한 민간 자본을 국가가 손쉽게 이용할 수 있게 해주었다. 게다가 외국의 자원까지 유인했다. 그렇지만 쉽게 빌린 돈을 지금 이용하려면 미래를 저당잡혀야만 했다. 이것은 미래에 대한 어느 정도 신중한 투자였고, '자본 차입'에 기초한 모든 투자와 마찬가지로 고위험-고수익 투자였다. 신용 대부를 받으려는 다원주의적 경쟁이 점점 더 강국들의 군비 경쟁을 지배했다. 모든 강국이 한계와 그 너머까지 돈을 빌려 막대한 빚을 졌다.

에스파냐의 빚은 꾸준히 늘어 1623년에는 왕가의 10년치 수입에 이르렀다.[80] 에스파냐처럼 신용 상태가 악화된 강국들은 결국 벗어날 길 없는 재정 혼란에 휘말려 경쟁에서 밀려났다. 프랑스의 경우 그런 혼란 탓에 군주정과 구체제가 무너진 것으로 유명하다. 프랑스는 절대적으로 보면 빚이 영국의 약 60퍼센트에 불과했음에도 위기의 희생양이 되었다. 상대적으로 보면 프랑스의 빚 부담은 더 적었는데, 프랑스의 빚은 GNP(국민총생산)의 절반을 조금 넘었던 데 반해 영국의 빚은 GNP의 거의 2배였기 때문이다.[81] 영국의 국채는 18세기 동안 전쟁을 치를 때마다 급증했고, 미국 독립전쟁 이후에는 연간 평균 세수의 20배라는 충격적인 수준까지 치솟았다. 영국 세수에서 2분의 1 내지 3분의 2는 매년 채무 상환을 위해 (저리) 이자를 지불하는 데 쓰였는데, 전시에는 그 액수가 영국 지출의 30~40퍼센트를 차지했다. 중요한 사실은 영국이 국채의 대략 20퍼센트를 국외에 투자했다는 것이다.[82] 영국이 '자본 차입' 경쟁에서 최후의 승자가 된 유일한 이유는 승리를 거두어 식민 제국과 지구적 무역을 주도하는 위치를 차지했고, 이로써 경제가 크게 팽창하는 시기에 국내 경제 또한 부양했기 때문이다. 부는 전쟁에 자금을 댔고, 전쟁은 더 많은 부를 창출할 토대를 놓았다. 경쟁에서 승리한 쪽은 부유하고 경제적으로 더 효율적인 국가였다.

군비 면에서 보면 육군과 해군의 경쟁은 분명히 막심한 낭비였다. 엄청난 황폐화와 생산성 손실 말고도, 전쟁 자체와 전쟁이 초래하는 채무 상환은 근대 초기 동안 국가 지출 중 가장 큰 단일 항목으로서 평시에는 대략 40퍼센트, 전쟁이 빈발하는 기간에는 80~90퍼센트를 차지했다. 그리고 이미 지적했듯이, 1500년부터 1750년 사이에 유럽 강대국들은 저마다 이 기간의 절반 이상 동안 전쟁에 관여했다.[83] 학자들은 이런 '낭비'가 야금학, 광업, 조선업, 병참에 투자하는 큰 국가의 경제를 발전시키는 파생효과를 일으켜 결국에는 경제적으로 이로웠는지 여부를 두고 논쟁을 벌여왔다.[84] 그러나 더 중요한 사실은 생산성이 높은 시장경제가 전통적인 경제−정치 체제들에 승리한 역사적 과정에서 전쟁이 필수적인 일부분이었다는 점일 것이다. 시장경제가 유럽과 전 세계에 침투할 수 있었던 이유, 그리고 침투 속도를 대폭 높일 수 있었던 이유는 경제적 성공과 군사적 우위가 긴밀히 상호작용했기 때문이다. 그렇다고 한다면 근대 초기의 전쟁은 경제 발전이라는 면에서 막대한 배당금을 수반했던 것이다. 부와 권력 사이에 강한 상호작용이 존재했기 때문에 국가는 강대국들의 경주에서 경쟁력을 유지하기 위해 경제적 생산성을 높여야 했고, 또 이 못지않게 경제적 생산성을 높이기 위해 경주에서 경쟁력을 유지해야 했다. 이 목표를 위해 국가들은 경제·사회·정치 개혁에 착수했다.[85] 요컨대 전쟁은 근대화 과정 전반을 추동하는 중심적 역할을 했다.

시장경제가 대의제 정부, 정치적 자유주의와 함께 나아간 것으로 유명한 서유럽의 사례들은 이미 인용했다. 네덜란드와 잉글랜드에서 이루어진 발전은 프랑스의 발전을 촉발했다. 프랑스에서는 한편의 성장하는 시장경제와 내부적 사회 진화, 다른 한편의 해결할 수 없는 전시 재정과 채무 위기가 결합해 결국 대혁명을 야기했다. 그렇지만 서유럽의 중상주의 경쟁에만 초점을 맞추면 지리를 보는 시야가 한정되어 진보주의적인 '휘그'식 태도로 편향된 결론을 내리게 된다고 주장할 수도 있다. 여하튼 중부유럽과 동유럽에서 등장한 새로운 강국들―프로이센과 러시아―은 선진 금융시장을 가진 지구적 해상 무역국도, 대의제-자유주의 체제도 아니었다. 두 나라 모두 중앙집권화를 강요하고 조세를 부과하고 대규모 육군을 육성하는 등 전제적으로, 흔히 무자비하게 통치한 독재국가였다. 두 나라의 근대화 초기 단계는 실은 더 심한 강압, 집회 탄압, 절대주의적·(신)봉건적 신분-직능 국가 내에서 농노화의 심화를 수반했다.[86]

그러나 러시아와 프로이센에서도 경제 근대화와 그에 따른 사회·정치 근대화는 권력에 반드시 필요한 전제조건이었다. 약간 단순화해서 말하자면 이렇다. 잉글랜드에서는 경제 근대화와 국력 신장의 동인이 부를 추구하는 상업화된 사회 엘리트층이었던 데 반해, 상업화된 사회 엘리트층이 없거나 약해서 국가가 이들을 만들어내야 했던 러시아와 프로이센에서는 이런 과정의 동인이 권력을 추구하는 독재적인 국가 통치자들이었다. 두 국가의 '계몽된' 통치자들은 강대국 대열에 들어갈 자격을 안겨줄 조세 기반과 제조업 하부구조를 창출하기 위해 자국을 근대화―산업과 여타 모험적인 사업을 육성하고, 국가 관료제를 확립하고, 외국의 전문지식과 자본에 의존하여―로 이끌어야 했다. 그 이후 수 세기 동안 속절없이 뒤처지지 않으려면 개혁의 물결을 새로 일으키라며 두 국가를 몇 번이고 다그친 것은 무엇보다도 강대국들의 투쟁이었다. 경제·사회 근대화는 두 국가가 자진해서 창출한 것이 아니라, 전쟁이라는 매개를 통해 두 국가에 강요된 것이었다. 근대화가 고조됨에 따라 러시아와 프로이센은 국내에서 제어하기 어려운 긴장과 모순 상황으로 나아갈 수밖에 없었다. 다시 말해 사회를 통치하는 독재적 체제 및 전통적 농업 엘리트층의 권위와 충돌하고 이 권위의 기반을 약화시키는 방향으로 나아갈 수밖에 없었다. 근대화는 경제와 군사를 둘러싼 경쟁에서 이기기 위해 사회의 분절된 부분들을 국가에 더 많이 통합하는 방안을 러시아와 프로이센에 강요했다. 당시에도 그 이후에도 시장 체제는 경제적 개념에 그쳤던 것이 아니라 사회적 - 정치적 개념이기도 했고, 실은 군사적 개념이기도 했다.

이런 이유로 프로이센에서는 호엔촐레른 가가 시작하고 러시아에서는 표트르 대제와 그의 전임자 및 후임자들이 시작한 근대화 개혁은 프로이센이 나폴레옹의 국민개병군에 패한(1806년) 이후에, 그리고 러시아가 크림 전쟁(1853~56년)에서 영국과 프랑스의 산업적 - 군사적 위력에 패배한 뒤에, 대단히 독재적인 체포와 방해 운동에도 불구하고 계속 추진되었다. 곧이어 동일한 과정이 중국과 일본에 영향을 미치기 시작할 터였다.[87] 일부 사회에서 발전한 자본주의 시장경제와 국민 참여는 다른 사회들을 직접적으로 전환시키기는 했지만, 국가 간 권력정치가 처음에는 유럽에서 나중에는 세계 도처에서 중재하지 않았더라면 자본주의와 외세를 차단하기 위해 건설된 '모든 만리장성을 무너뜨린' 전면적 성공을 결코 거두지 못했을 것이다. 시장 체제 자체는 우세한 물리력을 함께 창출하지 못했다면 널리 퍼질 수 없었다. 부와 권력의 교환이 가능해짐에 따라, 근대성의 가장 성공적인 두 가지 복제기인 자본주의 경제와 선진 군대는 나란히 확산되었다.

인쇄기, 민족, 대군

국가의 중앙기구(군사 부문 포함), 대규모 국민 경제(그리고 국제 경제), 갈수록 늘어나는 정치 참여, 이 세 가지의 통합 효과는 베이컨의 목록에서 세번째 위대한 발명품인 인쇄기와 결합하여 근대 초기 유럽에서 민족주의를 낳았다.

나는 근대 초기 민족주의임을 강조하고자 한다. 이 책에서 거듭 지적했듯이, 그리고 유행하는 견해와 반대로 민족주의는 18세기나 19세기 또는 이보다 얼마간 앞선 시기에 유럽에서 창안된 완전히 새로운 '발명품'과는 거리가 멀었기 때문이다(민족주의에 접근하는 다양한 길들이 있다).[88] 인간의 타고난 성질과 변화하는 문화적-역사적 조건이 상호작용하는 여타 사회 현상과 마찬가지로, 민족주의는 그 이전의 종족중심주의와 전근대 민족주의 형태에서 진화했고 그후로도 변화에 영향을 받으며 근대 내내 진화했다. 이미 살펴보았듯이, 통합 효과를 발휘하는 국가 구조의 얼개에 포함된 부족적 종족공동체들tribal ethnies은 일찍이 역사의 초창기부터 동족으로서의 정체성과 결속이라는 강한 친족 유대를 발전시켰다. 가장 이른 시기부터 정치적 충성심과 경계를 형성한 이 감정의 엄청난 잠재력을 인식하지 못하는 것은 근래 학문 추세의 미스터리 중 하나다. 북유럽의 특별한 지정학적 조건에 놓인 사람들과 국가들은, 중세에 이 지역에서 정치적 합병이 시작된 이래 대개 전근대 민족국가들로 수렴했다. 그렇지만 인쇄술의 도입은 (앞서 언급한 다른 요인들에 더해) 국가 정체성을 대폭 강화한 새롭고—진정 근대적인—아주 중요한 요인이었다.

근대 민족주의의 형성을 포함해, 인쇄술이 유럽 사회에 미친 엄청난 영향을 학자들은 매우 강조해왔다. 인쇄술은 사회사가 베네딕트 앤더슨Benedict Anderson이 '상상의 공동체'라 부른 것, 즉 작고 전통적인 공동체에서 얼굴을 마주보며 상호작용하지는 않더라도 문화와 이념을 공유하는 세계에 참여하고, 예전보다 대폭 강화되었고 계속 강화되는 정보망—책·팸플릿·잡지·신문 같은 인쇄 매체가 형성하는—으로 연결되는 사람들의 대규모 집합체를 만들어냈다.[89] 물론 인쇄 이전에 사람들이 공유했던 문화의 중요성, 가족과 지역 공동체를 넘어 결속했던 민족적 유대의 중요성을 과소평가해서는 안 된다. 그럼에도 인쇄기로 인해 도입된, 문화를 전달하고 소통하기에 훨씬 좋은 수단들은 국가 정체성과 국가 규모로 협력할 수 있는 잠재력을 크게 강화했다. 로마가 몰락한 이후 서양에는 패권을 장악하고 공용어를 강요하는 초종족적 제국이 등장하지 않았으므로, 중세 후기부터 민족국가가 등장하면서 토착어들(문화적으로 그리고/또는 정치적으로 각 언어권에서 지배적인 방언들)이 점차 문어文語로서 라틴어를 대체해갔다. 그 결과 언어적·문화적·정치적 경계들이 갈수록 수렴해간 유럽에서 민족국가의 힘은 한층 강해졌다.

패권 제국이 이따금 등장했던 다른 문명들은 이 경우에도 유익한 비교와 대조 사례들을 제공한다. 종이와 목판인쇄 둘 다 중국에서 발명되었으나, 중국에는 소수의 문자로 이루어진 알파벳 표기체계가 없었던 까닭에 가동可動 인쇄의 발달이 지체되었다. 더구나 중국의 통치자들과 기득권을 가진 고관들(그리고 도쿠가와 시대 일본의 관료들)은 이념의 대규모 확산을 촉진하는 일에 별로 관심이 없었다. 오스만 통치자들이 인쇄술을 금지한 이슬람 세계도 사정은 마찬가지였다.[90] 이와 관련해서도 유럽은 정치적 파편화 때문에 새로운 발명을 차단하고 그 산물을 검열하는 일을 유라시아의 다른 곳만큼 포괄적이고 유효하게 할 수 없었다. 유럽은 다른 어떤 문명도 경험하지 않은 격렬한 지적 소란을 겪었다. 마르틴 루터는 인쇄된 토착어를 이용해 자신의 전복적인 사상을 '독일 민족'에게 널리 전달했고, 다른 나라들에서도 비슷한 수단을 통해 종교개혁이 일어났다. 종교개혁 못지않게 과학혁명의 확산도 인쇄술과 밀접히 연관되었다. 그리고 계몽주의라 알려진 사상—국가와 교회 둘 다 전복하려는 사상—풍조 역시 동일한 매체를 통해 유럽의 식자층 사이에 확산되었다.

인쇄술을 통해 상상 속의 대규모 문화·언어·정보 공동체에 연결된 이들, 각국에서 근대 초기 민족주의의 동인이 된 이들은 주로 식자들이었다. 까막눈 농민들은 방언과 지역성 면에서 비교적 가까운 사람들마저도 줄곧 편협한 눈길로 바라보았고, 이방인 혐오와 같은 태도로 그들을 대했다. 물론 그들도 인근 지역민과 완전한 외국인은 아주 잘 구별했지만 말이다. 그에 반해 시골 젠트리들, 도시와 지방 소도시 시민들은 이제 고대와 근대의 책이라는 공통 양식을 섭취하고 있었다. 또한 그들은 점점 두꺼워지는 팸플릿(16세기부터)과 뉴스북(17세기부터), 잡지와 신문(18세기부터)을 읽으면서 갈수록 국내 시사에 밝아졌다. 바로 이런 사람들이 영국 혁명, 미국 혁명, 프랑스 혁명의 선봉이었다.[91] 근대 영토 국가에서 정치 참여의 폭이 넓어진 것은 지방에서 수도로 이동한 대표들 덕분이기도 했지만, 반대 방향으로 즉 수도에서 지방으로 흘러간 정보를 훨씬 많이 접할 수 있었기 때문이기도 했다.

근대 초기 민족주의는 몇몇 나라에서 더 일찍 형성되었다. 당연히 단일 독립국가에 통합되고 종족 면에서 더 균질한 사람들 사이에서 민족주의가 더 일찍 등장했다. 예를 들어 잉글랜드의 강한 국가 정체성은 일찍이 14세기에 확연히 드러났고 16세기까지 더욱 굳건해졌다. 동일한 현상이 16세기까지 스코틀랜드와 덴마크, 스웨덴, 폴란드, 포르투갈에서 일어났고, 이 가운데 몇몇 국가에서는 더 일찍 일어났다.[92] 민족주의를 논할 때 대체로 프랑스를 전형적인 사례로 간주하지만, 프랑스는 이 주제에 관한 시각을 왜곡하곤 하는 더 복잡한 사례다. 중세에 프랑스 왕들이 종주권을 행사한 널찍한 땅은 온갖 지역 정체성과 로망스어 방언의 모자이크였다. 북부 프랑스어(랑그도일)와 남부 오크어(랑그도크)는 서로 알아들을 수 없었고, 여기에 더해 브르타뉴어·바스크어·카탈루냐어·독일어·플라망어까지 쓰였다. 프랑스의 국가 정체성은 1200년경부터 왕들이 영토에 미치는 통제권을 더 단단히 틀어쥐는 데 성공함에 따라 북부에서 나타나기 시작했고, 15세기까지 갈수록 분명해졌다. 뒤이은 수 세기 동안 국가가 영향을 미치고 파리 일대 방언의 지위가 정부의 공식 프랑스어 겸 인쇄용 공용어로 점차 높아지는 가운데, 프랑스의 국가 정체성은 국토 전역에서, 특히 식자층 사이에서 확산되었다. 그럼에도 대혁명 무렵까지 프랑스 사람

들 대다수는 프랑스어를 말하지 못했다.[93]

그런데 프랑스의 경우 종족 면에서 더 균질한 일부 유럽 민족국가보다 국가 정체성이 뒤늦게 그리고 불완전하게 확산되었음에도 불구하고, 민족주의 이념과 대규모 국군은 대혁명 기간 프랑스에서 가장 현저하게 나타났다. 이렇게 된 이유는 무엇일까? 분명 국민과 국가의 합치 외에 다른 요인들이 있었다. 국민이 사회와 국가에 포함된 과정, 그리고 국가가 수행한 전쟁의 유형이 중요한 역할을 했다. 역사 내내 그러했듯이, 부와 권력과 지위에 있어 사회 양극화가 덜할수록 그리고 국가가 국민을 통합할수록 국민은 국가의 전쟁과 자신들의 이해관계를 동일시하고 국기 아래 뭉쳐 싸우는 데 헌신했기 때문이다. 과세와 징집—사회적 헌신의 두 가지 주된 표현—은 동일한 규칙을 따랐다. 다른 지역뿐 아니라 유럽에서도 국군—민족국가의 영역 전역에서 모집해 애국심을 주입한 대군—은 근대에 완전히 새로 등장한 것이 아니라 민족국가 자체만큼이나 오래된 것이었다. 근대 유럽의 국군은 유럽 최초의 민족국가인 고대 마케도니아에서 필리포스 2세가 편성한 군대와 거의 같았다. 중세 초기에는 프랑크족의 반ban과 앵글로색슨족의 퓌르드fyrd처럼 비슷한 군대들이 북유럽 전역에 있었다. 그렇지만 이미 보았듯이 이런 사회들에서 심화된 사회 양극화는 훗날 대규모 국군을 좀먹었으며, 원거리 군사작전을 전개할 필요성은 엘리트 상비군의 성장을 촉진하여 봉건화로 이어졌다.

봉건제 안에서 자영농 또는 요먼yeoman 신분이 자신의 위치를 지켜낸 나라인 잉글랜드는 백년전쟁이 발발할 무렵 국군을 창설할 수 있었고, 튜더 왕조 치하에서는 강한 애국심을 주입받은 국가 민병대가 있었다. 그러나 잉글랜드 왕들은 고국으로부터 먼 곳에서 전쟁을 일으켰고, 그런 전쟁에 필요한 복무 유형에 민병대는 부적합했다. 그들은 그런 교전 유형에 필요한 직업군인을 모집하기 위해 갈수록 봉건적 징집병 대신 시장 원리에 의존했다. 그들은 토착민 신병을 모집했을 뿐 아니라, 전쟁 발발 시점에 손쉽게 고용하고 전쟁이 끝나는 시점에 손쉽게 해고할 수 있는 용병이 거래되던 유럽의 성장하는 용병 시장에도 의존했다. 15세기 후반부터 17세기 후반까지 외국 영토에 대한 잉글랜드의 군사적 개입은 급격히 줄었다. 17세기 중엽 내전기 동안에만 전국 규모의 신병 모집이 이루어졌고, 이때 의회와 크롬웰은 종교적·시민적·애국적 열의로 충만한 강한 국군을 창설했다.

새로운 의회 체제이자 무역 제국인 잉글랜드의 전쟁을 외국 용병들과 함께 수행할 토착민 직업군대는 17세기 후반에 생겨났다. 이들은 군사 원정을 수행하는 정규군이기도 했다. 그러나 젠트리 엘리트층을 국가에 끌어들인 의회제 잉글랜드는 여전히 고도로 계층화된 사회, 민중이 선거권 없이 억압당하는 사회였다. 그 결과, 민족 감정과 자긍심이 결코 없진 않았음에도 사회적으로 하층민이고 풀이 죽은 정규병들―이들과 함께 나폴레옹을 물리친 웰링턴 공은 무례하게도 이들을 가리켜 '인간 쓰레기'라고 말했다―은 싸우려는 의욕이 별로 없었다. 구체제의 다른 군대들과 마찬가지로, 이 정규병들을 군대와 전선에 묶어두기 위해 엄한 규율과 체형이 마련되었다. 탈영은 군대의 골칫거리로, 질병에 걸려 결국 전사상자가 되는 인력을 빼면 군대의 인력이 가장 많이 유출되는 원인이었다. 독일처럼 정치적 경계가 분산된 곳에서는 탈영이 훨씬 더 만연했다.

물론 '독일'은 프랑스와 반대로, 중세 후기에 다양한 '공국들'이 중앙의 국가―제국을 상대로 승리를 거두어 정치적으로 해체된 지역을 가리키는 느슨한 종족적―문화적 명칭이었다. 다양한 지역 국가들에 외국인을 혐오하는 뚜렷한 토착민 정체성 의식이 존재하기는 했지만, 게르만족, 마자르족, 다양한 슬라브족, 플라망족, 왈론족, 이탈리아인 등 다종족으로 이루어진 합스부르크―오스트리아 제국과 절대주의적―봉건적 독일 공국들은 자기네 신병들의 민족 감정에 거의 의존할 수 없었다. 더구나 독일의 정치 질서가 느슨했던 까닭에 국경을 넘나들며 신병을 모집하는 것이 흔한 관행이었고, 독일과 여타 강국 모두가 15세기 후반부터 이 관행에 두루 의존했다.[94] 독일 인근의 연합주는 16세기 후반에 반란을 시작할 때부터 독일의 대규모 병력 시장에 크게 의존했는데, 네덜란드가 에스파냐와 프랑스에 맞서 지구전을 치르는 동안 다양한 민병대들이 도시 방어와 수비대 의무에 참여하기는 했지만, 대규모 상업도시들의 주민은 결코 야전 복무에 가장 적합한 인재가 아니었으며 자기들을 위해 싸워줄 다른 이들을 고용하는 편을 선호했기 때문이다.[95] 네덜란드의 국가 정체성 의식은 본래 반란을 위해 한데 뭉쳤던 다양한 주의 이질적인 주민들 사이에서 서서히 발달했다는 점에도 유의해야 한다.

근대 초기 유럽에서 국군의 가장 두드러진 사례는 1630년 구스타부스 아돌푸스와 함께 독일에 상륙한 스웨덴군이었다. 스웨덴은 명확히 규정된 국가였을 뿐 아니라, 유럽에서 계층화가 가장 덜한 사회 중 하나이자 국민 참여도가 가장 높은 국가이기도 했기 때문이다. 스웨덴은 봉건제가 거의 자리잡지 못한 나라이자 국회Riksdag에 농민 대표가 있는 유일한 나라였다. 각 지역 공동체에 인원을 할당해 징집한 스웨덴의 병력은 강한 민족적(그리고 종교적) 정신을 주입받았고, 다른 군대들의 '자원한' 직업군인들보다 훨씬 의욕적이었다. 유일한 문제는 스웨덴의 인구가 아주 적었던데다 스웨덴이 영광을 누리던 17세기에 외국과 지구전을 치르면서 심각한 병력 손실을 입었다는 것이었다. 그 결과 스웨덴 군주들은 병사를 늘리기 위해 갈수록 용병에 의존해야 했는데, 이들 역시 용병 대다수를 독일의 병력 시장에서 고용했다.[96]

북아메리카의 영국 식민지들은 또다른 흥미로운 사례를 제공한다. 영국 군주에 대항하는 반란이 전면적인 독립 전쟁으로 변모함에 따라, 식민지들을 갈라놓았던 깊은 분열에 가교를 놓는 새로운 아메리카의 국가 정체성이 형성되기 시작했다. 식민지를 대표하는 대륙회의는 조지 워싱턴 George Washington이 지휘하는 대륙군을 창설했고, 지역에서는 민병대가 활동했다. 식민지에서 전쟁의 영향이 피부로 느껴지고 새로운 공화국에 대한 사회적 관심이 고조되는 가운데, 민중이 애국적 전쟁에 참여하는 것이 승리에 중요한 요인이 되었다. 이 반란을 상징하는 인물 중 한 명은 인쇄업자이자 신문 발행인, 계몽주의자인 벤저민 프랭클린Benjamin Franklin이었다. 식민지의 마을 사람들에게 진행중인 사건을 알리고 정치적 쟁점을 두고 논쟁한 새로운 언론은 미국인들의 국가 정체성 형성에 중요한 촉매로 기능했다. 더구나 공화국의 건국자들은 계몽주의 이데올로기를 주입받은 이들이었다. 16세기와 17세기의 전쟁에 활기를 불어넣었던 종교적 이데올로기들과 마찬가지로, 계몽주의 이데올로기는 책이라는 공통 양식을 통해 퍼져나갔다.

상술한 모든 요인과 과정은 혁명기 프랑스에서 절정에 이르렀다. 혁명기의 국가는 프랑스 국민 말고는 어떠한 정당성의 원천도, 내부의 어떠한 경계나 특권도, 프랑스 시민 말고는 어떠한 지위도 인정하지 않았기 때문이다. 그리고 이 원칙은 대중의 지지를 받은 제국이 혁명 공화국을 대체한 이후에도 유효했다. 프랑스 국가는 에스파냐 이상으로, 가지각색인 지역 정체성들을 프랑스 국기 아래 포괄하는 데 성공했다. 이 과정은 군주정 시절에 시작되어 대혁명을 거치면서 엄청나게 가속되었다. 당시까지 도시 국가와 결부되던 참여적 시민의 에토스를 영토 국가의 큰 규모와 결합함으로써, 혁명기 프랑스는 민족적-애국적 에너지를 불러일으키고 자원을 모으고 대규모 시민군을 동원할 수 있었다. 1793년에 국민개병을 선포한 국가는 몇 년 만에 프랑스인을 100만 명 가까이 징집했다. 초기 혁명군은 급조된 탓에 경험이 부족하고 장비가 부실하며 병참이 열악했지만 조직화의 천재 라자르 카르노Lazare Carnot 덕에 질서가 잡혔고, 구체제 강국들의 연합군만큼이나 규모가 커졌다. 사회의 모든 계급에서 군인을 차출해 구성한 혁명군은 수와 사기의 우세로 결점을 보완했다.[97] 혁명군은 더 유연하고 공격적인 충격 전술을 채택했으며, 구체제 군대들보다 탈영 문제를 덜 겪었기에(여전히 심각하긴 했지만) 시골에서 군인들을 멀리까지 보내 식량을 구하는 임시변통 병참에 의존할 수 있었다. 게다가 쉽게 대체할 수 있는 많은 신병들이 공격적이고 전투 지향적인 전략에 투입되었다. 바로 이들이 당통Danton의 구호 '대담하게, 더욱 대담하게, 항상 대담하게'를 지탱한 물질적 토대였으며, 훗날 나폴레옹의 돌파 전략을 통해 궁극적으로 완성되었다. 나폴레옹이 메테르니히Metternich에게 매달 프랑스 병력 3만 명을 상실할 여력이 있다고 한 말은 과장이었다. 그럼에도 인력을 대폭 늘린 결과 사상자의 가격은 혁명기 프랑스 국가에서 역설적으로 어떤 군사적 하드웨어의 가격보다, 구체제 적국들이 고용한 교체하기 어려운 직업군인의 가격보다 낮아졌다. 프랑스는 국민징병제를 이용해 병력을 쉽게 충원할 수 있었다.

그렇지만 학자들이 널리 받아들인 견해와 반대로, 혁명기 프랑스는 인구의 1퍼센트 이상을 장기간 무장 상태로 유지할 수 없었다는 점에서 그 이전 국가들보다 나을 것이 없었다. 이 점에 유의해야 한다. 기적은 일어나지 않았다. 약 2500만 인구를 보유한 프랑스의 병력은 경제적 대혼란을 대가로 치른 뒤에야 1794년 최대치인 군인 75만 명에 도달했고, 이듬해에 40만여 명으로 떨어져 1800년 전까지 이 수준으로 유지되었다. 전비는 귀족과 교회로부터 몰수한 토지를 매각하고, 통화 팽창을 이용하고, 광범하게 약탈을 해서 마련했다. 프랑스군은 침공군을 격퇴하고 외국 영토를 무대로 전쟁을 수행하는 과정에서 식량을 마련하고 국고를 지탱하기 위해 광범한 징발에 의존했다. 그리고 이런 방식은 제국 치하에서 체계화되었다. 병합의 결과로 프랑스 인구가 거의 3000만 명까지 늘어난 1805년에 프랑스군의 병력은 약 30만 명에 불과했다. 그러나 그 이후 전쟁과 정복이 잇따라 확대되었다. 1800~15년에 프랑스인 200만 명이 징집되었고, 최대 60만 명(1813년)이 현역으로 복무했다. 더구나 일군의 위성국가들이 자비로 제국군에 병력을 공급하여 나폴레옹 제국의 절정기에 프랑스군의 규모를 2배로 늘렸을 뿐 아니라, 프랑스 병력이 자기네 영토에 주둔하는 데 필요한 비용까지 지불했다. 패전국들은 거액의 전쟁배상금을 물었다. 이렇게 해서 중서유럽 전체가 제정 프랑스의 군사력을 지원하는 데 이용되었다. 나폴레옹은 비상시에 민간 은행가와 금융업자로부터 융자를 받기도 했다.[98]

나폴레옹은 다음과 같은 이유로 몰락했다. 1) 영국과 러시아, 즉 각각 바다 너머에 있어서, 광대한 면적 덕분에 안전했던 두 나라는 나폴레옹의 세력권 밖에 있었으며, 프랑스의 지배에 대한 저항을 결집하는 중심이 되었다. 2) 나폴레옹이 유럽의 질서에 너무나 무거운 압력을 가한 탓에 다른 강국들—압력이 없었다면 자기네끼리 깊이 분열되었을 나라들—은 궁극적으로 그에 맞서 끝까지 협력하고 싸워야 했다. 3) 그 강국들—그중에서도 제일 심하게 격파당하고 굴욕을 맛본 프로이센—은 '불에는 불로 맞서야' 했다. 강국들은 대규모 군대를 육성하고 혁명기 프랑스를 강하게 만들어준 민중의 참여를 유도하기 위해 사회 개혁을 시작했다. 전쟁의 압력은 근대성을 촉진하는 과정에서도 핵심적 역할을 했다.

근대의 전쟁—근대의 평화

이제 논쟁이 분분한 '군사혁명' 개념으로 돌아가 이것을 어떻게 이해할지 살펴볼 시간이다. 이 혁명의 기간과 구성요소들에 대한 규정은 이 사태를 좁은 군사적 관점이 아니라 서양의 전체적—연속적·전면적—전환의 한 '측면'으로, 상호작용하는 한 성분으로 보아야만 이해할 수 있다.

이 전환은 1200년경부터 재개되었다. 도시생활양식과 화폐경제, 중앙집권적인 대규모 영토 국가들이 부활하고 성장하는 가운데 더 크고 더 중앙집권적이고 더 영속적인, 보병이 더 두드러진 역할을 하는 국군이 만들어졌다. 이 모든 변화는 근대성을 열어젖힌 베이컨의 세 요소, 즉 화약, 대양 항해, 인쇄기의 광범한 영향으로 인해 15세기 후반부터 훨씬 빠르게 진행되었다. 화기의 도입은 포위전과 야전의 양상을 바꾸어놓았지만, 보병과 기병의 경우처럼 방어시설과 포위술의 평형 상태—과거의 평형 상태들과 거의 다르지 않은—는 빠르게 회복되었다. 유럽이 조각났던 중세의 동원 수준에 비하면, 육군들의 엄청난 규모 확대는 유럽의 관점에서 보면 정녕 혁명적이었다. 그렇지만 무엇보다도 유럽에서 진행된 국가의 중앙집권화 과정에 기인한 새롭고 거대하고 영속적인 육군들은 역사적·비교적 관점에서 보면 혁명적인 것과는 거리가 멀었다. 과거 역사에서 잘 조직된 크고 관료제적인 국가들이 도달했던 유지 가능한 동원 수준—인구의 최대 1퍼센트—을 근대 초기 유럽은 꽤 오랫동안 유의미하게 끌어올리지 못했다. 이런 발전이 베이컨이 말한 근대의 다른 두 가지 혁신과 상호작용하고서야 비로소 유럽은 진정으로 새로운 길—과거와 비교해서, 그리고 당대 아시아의 위대한 문명들의 기록과 비교해서—을 개척할 수 있었다.

실제로 18세기까지 유럽인들은 권력과 부 양면에서 유라시아의 다른 모든 문명을 앞질렀다. 이미 언급했듯이, 유라시아 전역의 제국들은 적어도 처음에는 전통적인 사회적·제도적 얼개 안에 화기를 받아들였다—오스만인들은 거의 유럽인들 못지않게 철저히 받아들였다. 오스만군은 빈을 처음 포위한 지 한 세기 반이 지난 1683년까지도 이 도시를 여전히 포위할 수 있었다. 그러나 이 포위전은 오스만의 군사력이 활약한 마지막 전쟁이었다. 오스만 제국은 전성기에도 중서유럽에 실질적인 정복 위협을 가한 적이 없었다. 오스만 제국은 다뉴브 평원 너머로 권력을 확장할 수 없었다. 여기서 오스만군은 강을 통해 보급을 받을 수 있었고, 봉건적 기병대인 시파히는 말에게 풀을 먹이고 전술적 우위를 누릴 수 있었다. 또한 오스만군에게 이곳은 참전할 의무가 있는 여름 군사작전 기간이 끝난 이후 고국으로 돌아가기에 너무 멀지 않은 곳이었다.[99] 그렇지만 1683년 이후 그때까지 오스만인들이 누렸던 군사적 우위는 갈수록 유럽인들에게 넘어갔고, 유럽에서 오스만의 변경은 후퇴하기 시작했다.

이처럼 세력 균형이 변한 까닭은 베이컨의 세 가지 혁신이 효과를 발휘했기 때문이다. 첫째, 기병과의 전투와 백병전에서 창병이 화승식 아퀴버스 총병과 머스킷 총병을 보호해야 하는 한, 보병의 전술적 유연성과 공격적 역할은 심각한 제약을 받았다. 16세기와 17세기 동안 기병은 유럽의 육군에서 기동작전을 수행하는 주요한 병과로서 줄곧 숫자가 많았다. 그렇지만 머스킷의 총구에 부착하는 총검이 발달하면서 이제 창을 포기할 수 있게 되었다. 거의 같은 시기에 수석총[燧石銃: 부싯돌이 강철판에 부딪혀 불꽃을 일으키는 방식으로 발사하는 총―옮긴이]이 화승총을 대체했고, 그리하여 머스킷의 신뢰도와 효과가 한층 높아졌다.[100] 그제서야 머스킷 총병으로만 편성된 보병대가 유럽과 해외에서 '전장의 여왕'이 되었다. 유럽의 보병은 지정학적 이유로 예로부터 다른 병과들보다 우세했던 까닭에, 이 변화의 주된 수혜자는 유럽이었다. 반면에 오스만의 정예 보병대인 예니체리는 이제 규모가 너무 작은 병력이 되었고, 대규모 기병대―결국에는 궁기병까지―는 시대에 뒤진 병력이 되었다.[101]

그렇지만 유럽의 발전에서 결정적인 요인, 최초의 지구적 무역 체제를 만들어내고 유럽에서 자본주의의 등장을 촉발한 요인은 (해군의 화력에 힘입은) 유럽의 제해권이었다. 그리고 화기는 대체로 전통적인 사회들에 흡수될 수 있었던 데 반해, 고도로 발달한 시장경제는 그럴 수 없었다. 18세기까지, 심지어 산업화 이전에도 유럽인의 1인당 부는 아시아 동시대인의 최대 2배 수준까지 증대했을 것이다.[102] 이런 부의 증대는 꾸준히 규모를 키우고 영속적인 조직이 되어간 육군과 해군을 유지하는 데 필요한 자원과 재정제도, (이를테면 유럽의 화포를 다른 화포들보다 우월한 무기로 만들어준) 역량과 정교한 기술을 갖춘 생산 하부구조를 유럽에 제공하는 데 그치지 않았다. 시장경제의 팽창은 유럽의 사회와 정치 또한 전환시켰다. 자원을 징수하던 옛 군사-농업 엘리트층은 점차 시장에 끌려들어가거나, 부상하는 상업 부르주아와 권력을 공유해야 했다. 독재적 권력은 초기에는 이런 과정에서 이익을 얻고 그 과정을 강화했지만, 이내 어디서나 경제적·사회적으로 강력한 계급들의 이해관계에 자신을 맞추고 그들을 국가에 끌어들이거나 아니면 그들에게 권력을 넘겨주어야 하는 처지가 되었다.

인쇄물을 이용한 통신에 힘입어, 정치 참여도를 높여가던 시민적 민족국가는 고대 로마적 의미의 '공화국res publica'으로 변모했다. 여기서 국가 권력은 '비인격적' 권력이 되었고, 공공자원은 지도자의 사적인 부와 분리되어 더 면밀히 감시되었으며, 법치가 국가의 자의적인 행동을 막았다. 독재적 통치, '가산제적家産制的' 정치권력은 더이상 부를 얻는 주된 길이 아니었다.[103] 그 이전 역사의 국가들은 대부분 통치자가 자의적 권력을 행사하고 약간의 공공서비스를 제공하는 수단이었던 데 반해, 근대 국가는 갈수록 전자의 측면을 상실하고 후자의 측면과 동일시되었다. 그때까지 자원을 징수하는 정치권력에 종속되었던 부의 창출이 갈수록 정치권력을 지배했고, 그럼으로써 훨씬 강한 권력을 낳았다.

이런 발전은 '전제적 권력'을 약화시켰지만, 다른 무엇보다 사회적 동원을 심화함으로써 국가의 '하부구조적 권력'은 크게 강화했다. 더욱이 체제의 공적 정당성이 높아지고, 체제를 지탱하는 사회 기반이 크게 넓어지고,

통치기구를 바꾸기 위해 합법적·평화적인 수단을 이용할 수 있게 되면서, 폭력적 권력 찬탈이 줄어들고 국내의 정치적 안정성이 높아졌다. 아울러 이런 변화에는 일찍이 아리스토텔레스와 그의 제자들이 지적했고 이제 대의제와 인쇄술을 통해 전국 규모로 확대된 '혼합정체'의 오랜 덕목들이 반영되어 있었다. 유럽 국가들은 전통적인 독재 국가에 출몰해 때때로 대혼란기나 무력기를 초래했던 유령, 즉 국왕 시해와 멍청한 세습 통치자라는 유령에서 갈수록 벗어났다. 전근대 권력의 특징이었던 타락과 쇠퇴의 순환은 근대 사회들에서 깨졌다. 이제 생산적 부의 증대와 기술 전진이 이전보다 훨씬 직접적으로 권력 강화로 이어졌다. 기존 엘리트층 일부는 여전히 사치와 안락에 이끌려 활동적 삶에서 멀어졌지만, 엘리트층으로 진입해 주도권을 잡은 경제적·정치적 벼락출세자들이 항상 있었다. 이렇게 해서 유럽은 산업화 이전에 이미 유라시아의 다른 문명들과 비교해 뚜렷한 재정적·기술적 우위를 점했고, 한층 효과적인 사회정치 구조 덕분에 우위를 더욱 공고히 할 수 있었다.

실제로 18세기까지 오스만 제국뿐 아니라 아시아의 다른 제국들도 국내와 왕조의 쇠퇴를 겪는 가운데 부와 권력 면에서 유럽에 뒤처졌다. 인도에서는 18세기 초에 막강한 무굴 제국이 쇠락하고 분열된 결과, 벼락출세한 장교들과 장군들을 고용하는 효율적인 자본주의 조직, 즉 국가와 흡사한 영국 동인도회사가 새로운 종주로서 권력을 탈취할 수 있었다. (대체로 인도 현지에서 얻어낸) 막대한 부를 활용해 토착민 병사들을 고용한 동인도회사는 인도에서 사회권력과 군사권력의 대들보였던 반半봉건적인 기병대에 대한 유럽식 머스킷−총검 보병대와 야포의 새로운 우위를 기반으로 삼기도 했다. 18세기 말과 19세기 초에 인도의 토후국들은 동인도회사에 대응해 유럽인을 성공적으로 모방하고, 유럽인 장교를 고용하고, 선진 포를 채택하고 제조하며 근대식 보병대를 육성했다. 그럼에도 모든 저항 시도는 결국 실패했다. 인도인 세포이는 유럽인 농노만큼 효과적인 보병이 될 수 있었지만, 인도 토후국들은 유럽이 18세기까지 획득한 무력 독점권과 사회적 응집 수준을 누릴 수 없었기 때문이다.[104]

중국에서 만주족 왕조는 무굴 제국이 쇠락하고 한 세기가 지난 뒤에야 쇠락했고, 유럽인들은 19세기 들어서도 한참 동안이나 중국에 침입할 힘이 없었다. 그러나 서양 열강을 상대로 중국(그리고 일본)을 무력하게 만든 결정적인 전진이 19세기 동안 이루어진 유럽의 산업화였다는 지적이 옳기는 해도, 산업화 이전 나폴레옹 시대에 유럽의 국군들은 이미 유럽 외부의 어떤 군대보다도 강했다. 1798~99년 나폴레옹이 레반트에서 군사작전을 전개하는 동안 맘루크 왕조와 오스만 제국의 병력은 그의 원정군에 대적하지 못했다. 이 시기 이후 단기간 동안 중국(그리고 일본)에 대한 유럽의 개입을 막아준 것은 먼 거리, 전력 투사에 따르는 문제들과 더불어 중국의 거대한 크기뿐이었다.

요약하자면, 유럽에 지구적 우위를 안겨준 이른바 군사혁명은 머스킷과 교련에서 비롯된 것도, 화포 방어시설에서 비롯된 것도 아니다. 다른 어떤 전술적 발전에서 비롯된 것도 아니다. 오히려 군사혁명은 수 세기 동안 유럽의 경제와 사회, 국가와 더불어 군사와 전쟁까지 전환시킨 전반적인 근대화 과정의 한 요소였다. 그리고 베이컨이 말한 근대의 세 요소는 잠재력을 펼치고 상호작용하면서 근대화 과정을 힘껏 밀어주었다.

그러나 상업주의와 국민의 정치 참여는 한편으로 유럽 국가들로 하여금 전쟁을 갈수록 강력하고 성공적으로 수행하게 해주었지만, 적어도 잠재적으로는 이런 특성에 불리하게 작용하기도 했다. 상업경제가 크게 팽창하고 지구적 시장이 형성되어 엄청난 부를 얻을 기회가 생긴 만큼 사회 유력자들과 국가 둘 다 국내에서 시장의 힘에 개입하기보다 내버려두고 편승하는 편이 더 이익이기는 했지만, 원리상 동일한 논리가 국제적으로 두루 관철될 것이 분명했기 때문이다. 계몽주의 시대에 갈수록 통념이 되어 간 이 논리는 18세기의 중상주의 경주에서 참패한 국가인 프랑스에서 중농주의 경제 이론가들이 표명했지만, 이 경주의 최대 승자인 영국에서 활동한 애덤 스미스가 완성했다.105 시장경제 이론가 스미스가 『국부론』 ([1776], 4.7~8)에서 주장했듯이, '중상주의'는 다른 나라들보다 더 강력한 나라들에 상대적인 경제적 이점을 안겨줄 수야 있었지만, 정치 노선을 따라 국제 무역을 분할함으로써 전체 부를 줄이고 주도적인 중상주의 나라들 자체의 절대적 번영을 저해했다. 중상주의는 더 높은 효율성과 생산성, 혁신의 진정한 엔진인 경제적 경쟁력을 약화시키고 국제적 경제 전문화와 교환의 규모를 축소시켰다. 스미스의 자유무역 독트린은 데이비드 리카도 David Ricardo가 이론적으로 정교하게 다듬었고, 19세기에 맨체스터 학파가 지지했으며, 그때 이후로 번영과 평화 모두를 위한 비책으로서 경제적 자유주의자들이 옹호해오고 있다.

그런데 이 자유무역 논리 또한 국제 무대에 만연한 무정부적 현실이라는 바위에 부딪혀 산산이 부서지지 않았던가? 국내 영역과 달리 국제 영역에는 권력을 독점하고 경쟁의 규칙을 보호할 수 있는 주권자, 폭력—분쟁 선택지에 의존할 수도 있는 참가자로부터 다른 참가자를 지켜주고 '죄수의 딜레마'에서 벗어나게 해주는 주권자가 없다. 중상주의의 논리는 권력이 부를 낳고 부가 권력을 낳는다는 것이었다. 폭력이 선택지로 남아 있는 한, 어떻게 누군가 이 논리에서 벗어나 경계를 풀겠는가? 스미스 본인이 세력의 균형을 고려해 자유무역을 정당하게 제약할 수도 있음을 인정했다. "방어가…… 풍요보다 훨씬 중요하기"(4.2.23) 때문이다. 우리가 시장을 독점해서 스미스가 말한 '상대적 이점'을 얻는다 할지라도, 다른 이들이 시장에서 우리보다 부유해질 수 있고 그런 후 그들의 '상대적 이점'을 이용해 우리를 파멸시킬 수도 있는 위험을 감수해야 한다면, 어떻게 감히 전체적·절대적 부를 늘리기 위해 모두에게 시장을 개방하려 들겠는가?[106]

18세기에 중상주의적 경제−해군−제국 지도자가 된 영국은 실제로 이와 비슷한 사태를 경험했다. 19세기까지 산업화를 통해 상대적인 경제적 이점을 더욱 늘린 영국은 중상주의를 철회했고, 자국 시장을 외국인과 외국 상품에 개방했고, 해외 투자와 기술 판매에 대한 제약을 해제했다. 19세기 중엽 영국은 보호주의적인 관세와 항해법을 전부 폐지하고 자유무역 국가가 되었다. 이로써 영국은 자국의 성장을 크게 가속화하는 한편 나머지 세계의 성장까지 부채질했다. 그럼에도 상대적으로 보면 이런 개방 정책으로 인해 다른 국가들—특히 미국과 독일—이 마침내 영국을 경제적으로 따라잡고 결국 세계를 주도하는 영국의 지위에 도전하기가 쉬워졌다. 자유무역이 경제적 기회에 접근하기 위해 물리력을 축적하고 사용할 동기를 약화시킬 수는 있다. 그러나 경제적 기회는 다른 국가들이 경제적 목표와 여타 목표들을 위해 물리력에 의존하지 않으리라는 것을 상당히 자신하는 경우에만 안전하게 행사할 수 있다. 그런데 경제적 기회를 규제하는 우월한 주권자의 물리력이 없는 홉스적·무정부적인 국제 체제에서 그런 자신감이 대체 어디서 생겨날 수 있겠는가?

18세기 동안 계몽주의 사상가들은 무정부 상태와 근대 세계의 문제들을 붙들고 씨름하는 가운데 전쟁을 어떻게 제거할 수 있느냐는 물음을 제기했다. 『영원한 평화 기획Projet de la paix perpetuelle』(1713)에서 생피에르St. Pierre는 유럽 통치자들 전체의 동맹을 제안했다. 그들은 동맹을 어기겠다고 위협하는 통치자를 억지하고 처벌함으로써 공동으로 전면적인 평화를 강요할 것이었다. 그렇지만 생피에르는 문제의 핵심을 건드리지 못했다. 평화를 위한 모든 국가의 협력이, 일부 국가가 물리력을 행사해 호기를 잡고 그 결과 서로를 불신하는 사태('안보 딜레마')—즉 이탈의 유혹과 두려움—를 어떻게 압도하겠는가? 루소는 생피에르의 기획을 평가하면서, 독재적 통치자들이 평화를 위해 협력하리라고는 믿을 수 없다고 주장했다. 설령 냉정하게 고찰할 때 그들이 성공할 확률은 희박한 반면 실패의 대가는 크다는 것이 입증된다고 해도, 그들은 자기 주권의 일부나 외국을 향해 권력을 확대할 가능성을 박탈당할 마음이 결코 없을 것이었기 때문이다. 군주들로부터 권력을 빼앗는 혁명만이 그러한 평화 기획에 희망을 줄 수 있을 터였다.[107]

이런 사상의 성장세를 표명한 이들 중에는 프랑스의 마르퀴 드 콩도르세Marquis de Condorcet와 미국의 토머스 페인Thomas Paine처럼 계몽주의를 지지한 공화주의자들이 있었다. 페인은 『인간의 권리The Rights of Man』(1791~92)에서 이렇게 말했다.

세계적인 평화와 문명, 상업이 인간의 행운이라 할지라도, 그 행운은 정부 체제에 혁명이 일어나야만 성취할 수 있다. 군주국은 모두 호전적이다. 전쟁이 그들의 무역이고, 약탈과 수익이 그들의 목표다. 그러한 정부가 존속하는 한, 평화는 단 하루도 절대적으로 안전하지 못하다.[108] 국가와 별개의 이익을 허용하지 않는 정부의 성격 때문이 아니라면, 공화국들이 전쟁에 뛰어들지 않는 이유가 무엇이겠는가?

그러므로

유럽의 모든 정부가 대의제를 바탕으로 수립될 때, 국가들은 서로 친숙해질 것이고 궁정의 음모와 계략이 조장하는 악의와 편견은 멈출 것이다.[109]

더욱이 국내와 국외에서의 약탈을 기반으로 하는 군주국들은 상업에

간섭한다. 상업은

> 평화로운 체제로서, 제도들은 물론이고 국가들까지 서로 이롭게 만듦으
> 로써 인류의 화목을 증진한다…… 전 세계적 규모로 작용할 수 있다면,
> 상업은 전쟁 체제를 근절할 것이다.[110]

임마누엘 칸트Immanuel Kant는 『영원한 평화Zum ewigen Frieden』(1795)에서 이
와 흡사한 계몽주의적 이념을 표명했다. 칸트 역시 국가들이 입헌-공화
주의 체제를 발전시킴에 따라 평화 기획을 실현할 수 있다고 말했다. 사람
들은 전쟁에 찬성하지 않는 경향을 보일 텐데, 그들 스스로 전쟁의 대가
를 짊어지고 지불해야 하기 때문이다. 이 경향에 토대를 두는 입헌-공화
주의 국가들은 서로의 차이를 평화롭게 해결하기 위해 연맹을 맺고서, 사
회 안에서 개인들이 무정부적 상황에서 벗어난 것과 같은 방식으로 무정
부적 상황에서 벗어나야 한다. 평화를 보장할 수 있는 주권자의 물리력이
없기는 했지만, 칸트의 비전은 입헌-공화주의 국가들 자체가 내부의 전
쟁 혐오를 이용해 평화 보장과 비슷한 결과를 성취할 것이라는 생각에 입
각하고 있었다.[111]

칸트는 유럽의 지식인들이 프랑스 혁명에 전반적으로 열광했던 (짧게
끝난) 기간에 이 책을 썼다. 그러나 칸트가(그리고 페인도) 역사를 훑어보았
다면, 계몽주의적 견해와 반대로 참여적 공화국들이 역사상 가장 호전적
이고 군사적으로 성공한 축에 드는 국가들임을 알아챘을 것이다. 이 점은
(고대 아테네와 같은) 직접민주정들―칸트는 직접민주정들이 입헌적 제약
을 결여했고 다수의 폭정을 휘둘렀다고 믿었다―뿐 아니라 그리스와 르
네상스 시대의 도시국가 공화정들도 마찬가지였다. 그리고 무엇보다도 혼
합정체였던 로마 공화정이 그러했다. 이 모든 국가의 사람은 정치권력을

더 많이 차지하고 전리품을 더 많이 공유할수록 전쟁과 제국주의를 더 열렬히 지지하고 더 완강히 싸웠다. 더욱이 칸트가 이 책을 저술할 무렵 프랑스 혁명 전쟁은 구체제 강국들이 프랑스가 새로 얻은 자유의 싹을 잘라 버리기 위해 프랑스에 강요하는 방어 전쟁으로 보였다. 그렇지만 머지않아 혁명기 프랑스는 공세로 전환했고, 프랑스의 대규모 시민군은 유럽 각지를 휩쓸고 유럽을 프랑스의 제국적 지배 아래 종속시켰다.

스미스와 페인, 칸트는 새로운 시대가 시작되기 직전에, 깃털이 다 난 근대성이 날아오르기 직전에 글을 썼다. 뒤이은 수 세기 동안 산업화는 프로메테우스적 규모로 자원과 에너지를 창출했고, 사회를 근본적으로 전환하는 과정을 촉발했다. 그리하여 꿈에도 생각지 못한 파괴력을 전쟁에 도입하고 '총력'전을 조장했다. 이렇게 볼 때, 상술한 사상가들의 예측과 처방은 얼마나 큰 착각이었던가? 그리고 그들이 뭔가를 놓쳤던 거라면, 인과적 연쇄에서 어떤 고리를 놓쳤던 것일까?

제15장

/

풀려난 프로메테우스와 결박된
프로메테우스: 기계화 시대의 전쟁

산업혁명은 인류의 문화적 진화에서 일대 도약이었다. 산업혁명에 비
견할 만한 도약은 수천 년 전에 농업과 축산을 도입한 사건밖에 없다. 신
석기 혁명과 마찬가지로, 이 변화 또한 더 오랜 축적 과정에 뒤이어 일어났
고 전개되는 데 제법 시간이 걸렸다. 이런 이유로 신석기 혁명과 산업혁명
을 가리키는 용어로서 각각 '이행'과 '산업화'가 선호되기도 한다. 그러나
의미론을 차치하면, 두 전환은 그 이전의 발전과 비교하여 어마어마한 가
속을 의미했다. 두 전환은 인류의 실존이 수천 년(신석기)과 수백 년(산업
화) 만에 근본적으로 새로운 수준으로 '비약'했음을 뜻했다─'중단'된 것
은 평형 상태가 아니라 기존의 훨씬 느린 변화의 속도였다. 경제와 사회,
그리고 전쟁은 진화의 새로운 단계로 날아올랐다. 무엇이 그 단계를 구성
했을까?

새로운 단계를 구성한 첫째 요소는 기계를 작동하기 위해 대규모로 이
용한 비동물 에너지─인간과 가축화된 동물의 제한된 근력 이외의 에너

지─였다. 무척 흥미롭게도 이 방향에서 (거의 주목받지 않은) 첫번째 중요한 약진은 산업혁명 한참 전에, 화학에너지를 이용하는 화기의 도입과 더불어 전장에서 이루어졌다. 이미 파괴력을 개척한 혁명은 수 세기가 지난 뒤에야 생산 영역에 도달해, 에너지를 추출하는 다른 방법으로 훨씬 더 근본적인 일대 변혁을 일으키는 동시에 파괴력을 더욱 혁신했다. 생산에서의 이런 혁명이 18세기 후반 영국에서 일어났다는 것은 잘 알려진 사실이다. 당시 영국은 시장경제가 가장 발달한 나라, 제조업을 선도하는 나라, 유럽과 전 세계 상업의 허브였고 여기에 더해 매장량이 막대한 석탄과 철을 이미 이용하고 있었다. 혁명의 원동력은 증기기관이었다. 광산에서 물을 빼내기 위해 개발된 증기기관은 곧이어 면공업의 신형 방적기와 직조기에 동력을 공급하는 데 이용되어 면공업의 생산성을 수백 배나 높여주었다. 증기기관─사실상 19세기 말까지 존재한 유일한 엔진─은 점점 늘어나는 제조업 부문들에서 다른 모든 종류의 기계를 돌리기 위해 차츰 개조될 수 있었고 실제로 개조되었다. 물론 제조업에만 쓰이지는 않았다. 증기기관은 직물산업과 야금산업을 변혁했고 그 뒤엔 무엇보다도 모든 운송수단을 변혁했다. 선로 위를 달리는 바퀴 달린 객차들로 이루어진 열차를 끄는 데 이용된 증기기관은 1820년대부터 육상 운송수단을 변혁해 처음으로 해상 운송수단과 대등한 위치에 올려놓았고, 세계에서 가장 큰 땅덩이의 내륙을 열어젖혔다. 바다에서 증기기관의 기술적 잠재력은 일찍이 1807년에 입증되었지만, 기계화 이전 시대에 기술의 정점 가운데 하나였던 대형 범선은 19세기의 마지막 30년 동안에야 비로소 더욱 발달한 증기 추진력에 자리를 내주었다.

이 모든 서술은 수없이 되풀이된 복잡한 이야기를 요약하기 위한 것이 아니다. (근대와 관련해 구할 수 있는 자료가 무궁무진하기 때문에, 이제까지와는 달리 이 책의 나머지 부분에서는 문헌 또한 최소한으로만 참조할 것이다.) 여기서

나의 목적은 18세기 영국에서 시작되어 줄곧 진행되어온 거대한 전환의 핵심을 드러내는 것이다. 운송수단의 변혁이 입증하듯이, 혁명은 결코 산업 분야에 국한되지 않았기 때문이다. 혁명이 기계학에 국한되었던 것도 아니다. 1837년 이래 전신電信의 발달, 19세기 후반 이래 전기와 화학물질의 발달, 한 세기 뒤에 전자공학이 주도한 변혁이 그 증거다. 프로메테우스처럼 비동물 에너지원을 인간이 만든 기계에 이용함으로써 오래된 속박에서 벗어난 것은 기술 발전 일반의 속도, 혁신 자체의 속도였다. 그 과정에서 혁신은 갈수록 체계화될 수 있었고, 무엇보다도 과학적으로 변했다. 진화하는 체제들에 내재하는 경향에 발맞추어 문화적 진화 자체도 가속화되었으며, 사람들은 혁신에 훨씬 능숙해졌다. 나는 이 장에서 '산업혁명'과 '산업화'를 일반적으로 받아들여지는 간단한 용어로서 계속 사용할 테지만, 내가 이들 용어로 말하려는 바는 더 넓다.

혁명이 야기한 인간 실존의 주된 변화는 1인당 생산량의 가파르고 지속적인 증가세였다. 이는 그때까지 인류의 역사를 규정했던 '맬서스의 덫'에서 극적으로 빠져나온 사건이었다. 앞서 보았듯이 신석기로의 이행 이래 농업과 축산을 도입하고 강화한 결과, 인류의 생산성은 수렵채집인 생활 방식과 비교해 100배까지 증가했다. 그러나 전 세계에서 비슷한 비율로 증가한 인구가 이런 생산 증가분을 대부분 흡수했다. 사회 엘리트층은 잉여물을 징수하여 생활수준을 상당히—때로는 터무니없이—끌어올렸지만, 절대다수는 계속 최저 생계수준 정도로 지독히 궁핍하게 지냈다. 수천 년간 더디게 증가한 생산성이 인구 증가에 의한 '붉은 여왕 효과'로 상쇄되었기 때문에 1인당 소비량은 거의 정체되었다.

그렇지만 산업-기술 혁명이 일어난 이래 이 모든 것이 바뀌었다. 18세기 이래 전 세계의 성장에 관한 평균 데이터는 충분히 인상적이지만, 자칫 변화의 전모에 대한 그릇된 인상을 심어줄 여지가 있다. 나라와 지역마다 혁명이 도달한 시기가 달랐기 때문이다. 많은 지역들은 최근에야 혁명의 영향을 받았고, 여전히 전환의 초기 단계나 중간 단계를 지나는 중이다. 그러므로 변화의 정도를 정확하게 알려주는 것은 선진국들이다. 이 나라들의 생산량은 산업화 이전부터 현재까지 50~120배 증가했다. 제조업 생산량은 이 수치의 최대 2배까지 증가했다. 인구는 평균 4~5배 증가하는데 그쳤으므로(유럽처럼 인구가 더 조밀한 지역에서 다른 지역으로 떠난 대규모 이주를 반영할 때) 1인당 생산량은 15~30배 증가한 셈이다. 15~30배는 오늘날 제일 뒤처진 나라들(그중 일부는 실제로 18세기 서유럽보다 가난하다)과 선진국들 사이의 격차와 거의 같다. 산업화 이전과 비교해 상대적으로 부유한 나라들과 가난한 나라들 사이의 격차는 10배 더 벌어졌다. 더 느리거나 빠르게 성장한 기간이 있기는 했지만, 산업화가 진행중인 세계와 산업세계는 산업화 이전보다 평균 약 10배 더 빠르게 성장했고, 사상 처음으로 1인당 생산량의 실질적·지속적 증가율이 연평균 1.5~2퍼센트를 기록했다.[1] 알고리즘으로 표현하지 않을 경우(심지어 표현할 경우에도) 이 가파른 성장세는 도표에서 어김없이 급격히 꺾이는 곡선으로, 인류 역사에서 시종일관 바닥 근처를 기다가 마지막 두 세기 동안 돌연 위로 치솟는 곡선으로 나타난다.

기술의 폭발적 발달과 권력의 하부구조

기술 발달이 생산량의 폭발적 증가를 유발하자 그에 비례해 군사력 또한 폭발적으로 강화되었다. 생산력과 군사력이 사실상 불가분한 관계가 되었기 때문이다. 경제를 선도하는 나라들이 군사 역시 선도함에 따라 군사력 역량은 기하급수적으로 강화되었다. 따라서 폴 케네디가 솜씨 좋게 입증했듯이, 산업시대 강대국들이 충돌할 때 생산 역량의 우위와 군사적 승리 사이에는 분명한 상관관계가 있었다. 산업이 더 강한 쪽이 거의 언제나 승리했다.[2] 케네디는 주로 폴 베로슈Paul Bairoch가 제공한 일군의 비교역사적 경제통계에 의존했는데, 베로슈에 따르면 GNP 자체는 한 나라의 경제력을 측정하는 적절한 척도가 아니었다. 자급농업에 종사한 농민 수천만 명, 수억 명은 GNP에서 상당한 비중을 차지했을지 몰라도 최저 생계 수준을 넘어서지 못했기 때문이다. 19세기 중국과, 그보다 정도는 덜하지만 러시아는 산업화 이전에 경제의 후진성과 더불어 군사적 약점과 강대국 지위로부터 곤두박질치는 상태가 극명하게 드러났을 때에도 GNP 면에서는 대국이었다. 베로슈는 경제력을 더 적절히 나타내는 지표로서 국가별 제조업 생산액의 규모를 제안했는데, 이는 산업시대 경제의 아주 중요하고도 선진적인 요소를 반영하는 척도였다.[3] 케네디가 받아들인 이 척도 역시 역사적 경험에서 드러난 대로 강대국들의 상대적인 잠재 전력戰力을 아주 잘 나타내는 것으로 입증되었다.

나는 케네디의 역사적 분석을 대부분 받아들이지만 조금은 의견이 다르다.[4] 또한 나는 산업화가 시작된 이래 선진국 사이에서 나타난 권력의 상대적 변화보다 하부구조적 권력의 기하급수적 증대 전반에 관심이 더 많다. 두 가지 변화를 개관하기 위해, 나는 지난 두 세기 동안 아주 중요했던 역사의 교차점을 몇 군데 정하고 선별한 강대국들에 베로슈의 척도를 그대로 적용할 것이다. 국력을 측정하는 다른 몇몇 척도들은 문제가 더 많다고 판단했으므로, 나는 한 나라의 GDP(국내총생산)와 1인당 GDP를 혼합한 나 자신의 척도로 베로슈의 척도를 보완했다. 1인당 GDP는 경제적 전진을 나타내는 가장 명확하고도 일반화된 지표다. (다른 척도들의 문제는 주를 참조하라.[5])

통계를 검토하기에 앞서 관례적인 주의사항을 살펴보자. 데이터는 본래 조잡하고 부정확하다. 데이터는 어느 정도 정확한 추정치에 근거하며 때로는, 특히 미개발국들 —오늘날이든 과거든— 과 관련해서는 어림짐작이나 마찬가지인 추정치에 근거한다. 그리고 데이터는 특히 경계와 시대를 넘어 비교할 때면 체계적으로 왜곡된다. 여기서 사용한 것과 다른 데이터 집합을 사용하면 얼마간 다른 결과를 얻을 수도 있고 또 실제로 얻게 된다. 게다가 경제력 외에 많은 요인들, 이를테면 정치 제도와 지도력, 사회적 응집, 경제적 자립, 군대에 대한 투자, 군사적 효과, 지리, 여타 물질적·비물질적 요인들(이 가운데 일부는 경제 지표들과 가변적으로 연관된다) 등이 전쟁의 결과를 결정하는 과정에서 제각기 역할을 해왔다. 이 요인들 대다수는 나중에 다룰 것이다. 그럼에도 산업-기술 시대에 국가 권력의 경제적 하부구조에 관한 데이터는 우리에게 알려주는 바가 많다.

아래 표들을 간략하게 검토하면서, 산업-기술 혁명이 초래한 하부구조적 권력의 급증을 평가하고 그 귀결인 지구적 세력 균형의 변화를 개관해보자.

산업화 전야에 (이미 왕조와 정치의 쇠퇴를 겪기 시작한) 중국은 여전히 단연 가장 큰 경제였고, 아마 가장 강한 국가였을 것이다. 그렇지만 유럽이 세계 무역의 허브인 상황에서 서유럽 강국들의 인구 대비 부와 생산성은 저마다 중국의 약 2배였다. 1820년 세계 상업의 선두주자이자 이미 산업화 초기에 있던 영국은 1인당 생산성이 중국의 3배였고, 중국의 20분의 1에 불과한 인구로 중국의 4분의 1에서 5분의 1에 달하는 잠재력을 지니고 있었으며, 권력을 빠르게 키워가고 있었다. 영국은 이미 유럽에서 제일 강력한 나라였다. 그렇지만 영국보다 인구가 1.5배 많은 프랑스의 위치는 변함이 없었고, 영국보다 인구가 2.5배 많은 러시아는 위치가 별로 하락하지 않아 중부유럽에서 경찰 노릇을 할 수 있었다. 독일과 이탈리아 모두 통일되기 전이었다(프로이센 관련 데이터는 얻지 못했다). 인도는 중국과 비슷하게 이미 발전 면에서 유럽에 뒤떨어져 있었지만 여전히 대국이었고 잠재적으로는 영국보다 2배 강했다(18세기 초엽에는 영국보다 약 6~7배 강했다). 이 사실은 학자들이 받아들인 견해, 즉 무굴 제국이 붕괴한 이후 인도가 분열되지 않았다면 영국이 그렇게 이른 시기에 인도를 통치할 수 없었을 것이라는 견해를 뒷받침하곤 한다. 익히 알려져 있듯이, 실제로 영국 동인도회사는 인도 현지의 금융 및 인력 자원을 이용해 분열된 아대륙을 정복했다.

〈표 1〉 1820년부터 1913년까지 GDP(그리고 세계 점유율), 인구, 1인당 GDP, 하부구조적 권력(그리고 1위 나라에 대한 비율)[6]

	1820년	1870년	1913년
영국	362억 3200만$(5.2%) 2100만 명/1707$ 1.4/2.3(25~20%)	1001억 7900만$(9.1%) 3100만 명/3191$ 5.6/7.5(100%)	2246억 1800만$(8.3%) 4500만 명/4921$ 15.7/18.7(40%)
독일	263억 4900만$(5.5%) 2400만 명/1058$ 0.8/1.5(15~12%)	714억 2900만$(6.5%) 3900만 명/1821$ 3.0/4.6(53~61%)	2373억 3200만$(8.8%) 6500만 명/3648$ 14.3/18.4(37~40%)
프랑스	384억 3400만$(5.5%) 3100만 명/1230$ 1.3/2.2(23~19%)	721억$(6.5%) 3800만 명/1876$ 3.1/4.7(55~62%)	1444억 8900만$(5.3%) 4100만 명/3485$ 8.5/11.0(19~25%)
이탈리아	225억 3500만$(3.2%) 2000만 명/1117$ 0.7/1.2(13~10%)	418억 1400만$(3.8%) 2700만 명/1499$ 1.5/2.5(26~33%)	954억 8700만$(3.5%) 3700만 명/2564$ 4.8/6.7(12~15%)
러시아	377억 1000만$(5.4%) 5400만 명/689$ 0.9/1.9(16~15%)	836억 4600만$(7.6%) 8800만 명/943$ 2.5/4.5(44~60%)	2323억 5100만$(8.6%) 1억 5600만 명/1488$ 8.9/14.4(23~31%)
미국	125억 4800만$(1.8%) 1000만 명/1257$ 0.4/0.7(7~6%)	983억 7400만$(8.9%) 4000만 명/2445$ 4.9/6.8(85~90%)	5173억 8300만$(19.1%) 9700만 명/5301$ 37.6/44.1(100%)
중국	2292억 3700만$(32.9%) 3억 8200만 명/600$ 5.6/11.3(100%)	1893억 4900만$(17.2%) 3억 5700만 명/530$ 4.3/9.0(76~120%)	2410억 8400만$(8.9%) 4억 3600만 명/552$ 5.6/11.7(14~26%)
인도	1114억 8300만$(16%) 2억 900만 명/533$ 2.5/5.3(44%)		
일본	209억 300만$(3%) 3100만 명/669$ 0.5/1.0(9~8%)	253억 1900만$(2.3%) 3400만 명/737$ 0.6/1.3(10~17%)	633억 200만$(2.3%) 4500만 명/1387$ 2.3/3.8(6~8%)

1990년 국제 달러화(구매력평가 반영).

<표 2> 1938년부터 1998년까지 GDP(그리고 세계 점유율), 인구, 1인당 GDP, 하부구조적 권력(그리고 1위 나라에 대한 비율)

	1938년	1973년	1998년
미국	8003억$ 1억 3000만 명/6134$ 62/71(100%)	3조 5366억 2200만$(22%) 2억 1200만 명/16689$ 457/402(100%)	7조 3945억 9800만$(21.9%) 2억 7000만 명/27331$ 1222/950(100%)
러시아	3590억$ 1억 6700만 명/2150$ 16/24(26-34%)	1조 5130억 7000만$(9.4%) 2억 5000만 명/6058$ 117/133(25-33%)	6644억 9500만$(3.4%) 1억 4700만 명/4523$ 44/54(3-5%)
독일	3514억$ 6800만 명/5126$ 25/30(40-42%)	9447억 5500만$(5.9%) 7900만 명/11966$ 동·서독 103/98(22-24%)	1조 4600억 6900만$(4.3%) 8200만 명/17799$ 194/168(15-17%)
영국	2842억$ 4700만 명/5983$ 22/25(35%)	6759억 4100만$ 5600만 명/12022$ 74/70(16-17%)	1조 1085억 6800만$(3.3%) 5900만 명/18714$ 151/129(12-13%)
프랑스	1856억$ 4200만 명/4424$ 12/15(19-21%)	6839억 6500만$(4.3%) 5200만 명/13123$ 78/73(17-18%)	1조 1500억 8000만$(3.4%) 5800만 명/19558$ 160/135(13-14%)
이탈리아	1408억$(3.2%) 4300만 명/3244$ 8/11(13-15%)	5827억 1300만$(3.6%) 5400만 명/10643$ 60/59(13-14%)	1조 227억 7600만$(3%) 5700만 명/17759$ 136/117(11-12%)
서유럽		4조 1337억 8000$(25.7%) 3억 5800만 명/11534$ 444/428(97-106%)	6조 9606억 1600만$(20.6%) 3억 8800만 명/17921$ 931/805(76-84%)
중국	3205억$ 4억 1100만 명/778$ 9/17(14-24%)	7365억 8800만$(4.6%) 8억 7700만 명/839$ 21/39(4-10%)	3조 8830억 800만$(11.5%) 12억 4500만 명/3117$ 266/290(21-30%)
인도		5017억 8000만$(3.1%) 5억 8800만 명/853$ 14/27(3-6%)	1조 6882억 6400만$(5%) 9억 6600만 명/1746$ 70/109(5-11%)
일본	1694억$ 7200만 명/2356$ 8/12(13-17%)	1조 2329억 8500만$(7.7%) 1억 700만 명/11439$ 131/127(28-31%)	2조 5820억$(7.7%) 1억 2600만 명/20413$ 360/308(30-32%)

1990년 국제 달러화(구매력평가 반영).

〈표 3〉 1830년부터 1973년까지 제조업 생산량(그리고 세계 점유율)[7]

	1830년	1860-80년	1913년	1938년	1973년
영국	17.5(9.5)	45-73(19.9-22.9)	127(13.6)	181(10.7)	462(9.5)
프랑스	9.5(5.2)	18-25(7.9-7.8)	57(6.1)	74(4.4)	328(3.3)
독일	6.5(3.5)	11-27(4.9-8.5)	137(14.8)	214(12.7)	550(5.9)
오스트리아	5.8(3.2)	9.5-14(4.2-4.4)	40(4.4)		
이탈리아	4.6(2.4)	5.7-8(2.5-2.5)	22(2.4)	46(2.8)	258(2.9)
러시아	10.3(5.6)	16-24(7-7.6)	76(8.2)	152(9)	1345(14.4)
미국	4.6(2.4)	16-47(7.2-14.7)	298(32)	528(31.4)	3089(33)
중국	54.9(29.8)	44-40(19.7-12.5)	33(3.6)	52(3.1)	369(3.9)
인도	32.5(17.6)				194(2.1)
일본	5.2(2.8)	5.8-7.6(2.6-2.4)	25(2.7)	88(5.2)	819(8.8)

1900년 영국의 생산량을 100으로 상정.

1820년 이래 권력이 서너 배 증대한 영국은 팍스 브리타니카pax Britannica의 절정기였던 1860년경 중국을 따라잡고 세계에서 제일 강력한 국가가 되었다. 이 기간에 중국의 하부구조적 권력은 절대적 수치만이 아니라 상대적 수치로 봐도 약해졌다. 더욱이 중국의 왕조가 급속히 쇠락하고 정치가 허약해진 탓에, 이미 영국은 일찍이 1839~42년 제1차 아편 전쟁에서 중국을 욕보이고 1856~60년 제2차 아편 전쟁에서 중국에 다시 한번 굴욕을 안겨준 터였다. 중국의 해안과 수로를 따라 작전을 펼친 해군—서양의 기술적 우위를 반영하는 영국의 주요 군종—이 승리의 핵심 요인이었다. 러시아가 산업화 면에서 서유럽에 뒤떨어졌다는 사실은 크림 전쟁(1854~56년)에서 영국과 프랑스를 상대하며 굴욕적으로 드러났다. 1870년 이후로 러시아는 통일 후 빠르게 산업화중이던 독일에 갈수록 압도당했다. 1870년까지 프로이센과 독일 동맹국들은 하부구조적 권력에 있어 프랑스와 대등해졌다(그후로는 앞서 나갔다). 프랑스 – 프로이센 전쟁 (1870~71년)에서 독일이 승리한 것은 오로지 훨씬 우세한 군사 동원력과 전반적으로 더 효과적인 군제 덕분이었다. 미국은 대규모 이주와 산업의 도약에 힘입어 가장 놀라운 성장세를 보여주었다. 1820년과 비교해 미국의 권력은 1860년까지 5배, 1880년까지 15배 증대했을 것이다. 1820년만 해도 권력 면에서 영국의 3분의 1에도 미치지 못했던 미국은 1880년에 이르러 영국을 따라잡았다. 강국들 가운데 말단에 있던 미국은 3분의 2세기 만에 꼭대기까지 올라갔다. 미국은 1820년까지도 일본보다 조금 약했으나 한 세기 뒤에는 경제적 하부구조 면에서 일본보다 3배 강했다. 이 우위를 바탕으로 미국은 1853~54년에 일본의 문호를 강제로 개방할 수 있었고, 이로써 일본의 고립에 종지부를 찍고 일본을 정치 개혁과 산업화의 도정에 올려놓았다.

산업이 더 성숙한 영국에서도 1870년부터 1913년까지 하부구조적 권력이 거의 3배 증대하기는 했지만, 빠르게 산업화중이던 미국과 독일에서는 같은 기간에 각각 7~10배와 5~6배 증대했다(두 나라는 영국과 비교해 약간의 구조적 우위 또한 보여주었다). 이처럼 미국은 대규모 이민을 계속 흡수하면서 세계 2위보다도 2배 이상 강한 초강대국이 되어가고 있었던 데 반해, 영국은 독일과 2위나 3위를 공유하되 줄곧 약세를 보이면서 '쇠퇴를 관리'하고 있었다. 독일은 러시아와 프랑스의 권력을 합한 수준에 필적할 정도로 성장한 터였다(러시아에서 시작된 산업의 도약이 우려되기는 했지만). 영국은 제1차세계대전에서 독일의 반대편에 가담했을 때도 대륙의 열강과 달리 징집군이 없었던 까닭에 병력을 동원하기까지 몇 년이나 걸렸다. 그동안 독일은 나머지 세계와 경제적으로 차단되어 있으면서도 산업적으로 중요한 벨기에와 룩셈부르크, 프랑스 북부를 점령했으며, 그런 다음 러시

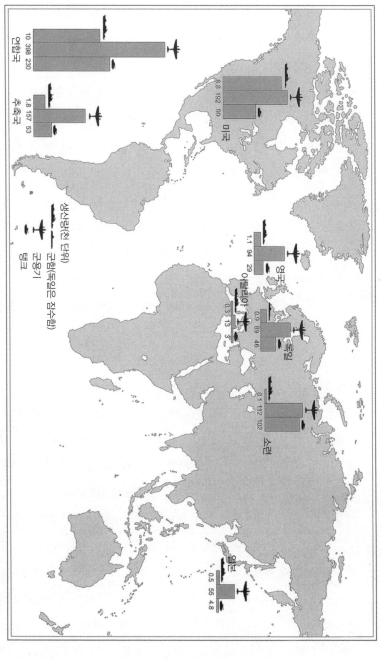

전시 세계 생산량: 제2차세계대전. (출처: 마크 해리슨, 『제2차세계대전의 경제학The Economics of World War II』, Cambridge University Press, 1998, pp. 15~6)

연합국
10 398 230

추축국
1.8 157 53

미국
8.8 192 99

영국
1.1 94 29

이탈리아
0.3 13 3

독일
0.9 89 46

소련
0.1 112 102

일본
0.5 55 4.8

생산량(천 단위)
군함(독일은 잠수함)
군용기
탱크

아를 전쟁에서 이탈시키고 동쪽으로 진군했다. 미국이 참전하고 나서야 독일을 패배시킬 수 있었다. 1870년에도 여전히 대국이었던 비산업화된 중국은 절대적 수치로 보면 정체 상태였지만, 상대적 수치로 보면 대다수의 유럽 열강보다 하부구조적 권력 면에서 뒤진 채 빠르게 수축하고 있었다. 이런 현실과 중국 체제의 총체적인 쇠퇴가 맞물려 '중국 쟁탈전'이 벌어졌고, 1890년대 말에는 중국이 분해되기 직전까지 갔다. 서구 열강 못지 않게 빠르게 산업화하고 있었지만 더 낮은 시작점에서 뒤늦게 시작한 일본은 여전히 그들 대다수보다 약한 상태였다. 그럼에도 일본은 효율성과 대단한 결의, 그리고 한편으로는 유럽에서 동아시아까지 대륙과 대양을 넘어 전력을 투사하는 데 수반되는 엄청난 병참 문제 덕분에, 서구 열강에 맞서 자기 위치를 지키고 1904~5년에 러시아를 물리칠 수 있었다.

그 이전 전쟁과 비교해 동-서가 뒤바뀐 제2차세계대전 기간에, 독일은 영국이 천천히 병력을 동원하면서 잠재력을 완전히 현실화하기 전에 프랑스를 무찔렀다. 그러나 독일은 소비에트 러시아를 쓰러뜨리는 데에는 실패했다. 러시아는 1930년대에 엄청난 규모의 산업화를 거쳤고, 독일의 치명적인 일격을 흡수할 광대한 영토를 가지고 있었으며, 체제의 압제를 통해 자원을 무자비하게 동원했다. 그나마 연합국측에 승리를 약속한 것은 미국의 참전뿐이었다. 당시 미국은 전 세계 하부구조적 권력의 절반 이상을 차지하고 있었던 데 반해 추축국은 약 20퍼센트를 차지하고 있었다 (이것은 1938년 당시의 국경 안에서 측정한 수치다. 추축국이 국경을 넓힌 1942년에는 잠재적 권력─현실적 권력은 아닐지라도─의 불균형이 완화되어 연합국이 3대 2로 유리했을 것이다.[8]) 일본은 1913년 이래 세계에서 가장 빠르게 성장하기는 했으나 미국이 가진 힘의 6분의 1밖에 가지지 못했고(경제적 자급자족 역시 못하고 있었다), 미국의 동원으로 패배가 확실시되었다. 산업화를 시작하여 한 세기 만에 처음으로 성장을 재개한 중국은 여전히 정치적 불안정과 분열로 고통받고 있었다. 이탈리아는 1차대전 때와 마찬가지로 열강 중 제일 약했고, 동맹국들에 별반 도움이 되지 못했다.

뒤에서 보겠지만, 몇몇 측면을 빼면 핵무기는 분명히 종래의 권력 방정식을 크게 바꾸어놓았다. 그렇다 해도 제2차세계대전 이후에, 즉 1914년부터 1945년까지 전쟁과 불황이라는 세계적 위기 속에서 성장이 둔화된 이후에 세계는 역사상 가장 빠른 성장을 경험했다. 1938년부터 1973년까지 하부구조적 권력을 6~7배 증대한 미국은 1913년 이래 변하지 않은 자국의 세계 권력 점유율을 바탕으로 지배적인 지위를 계속 유지했다. 미국을 뺀 나머지 세계의 산업사회들이 폐허가 되었던 2차대전 직후의 최고치와 비교해 미국의 점유율이 낮아졌다는 견해는 20세기의 전반적인 추세를 놓치고 있다. 소련은 1938년부터 1973년까지 7~9배 성장하는 가운데 2차대전의 참화에서 회복했고, 1938년만 해도 중간 정도였던 산업화 수준을 대폭 끌어올렸다. 그 결과 여전히 미국보다 한참 뒤지기는 했으나 2위로 올라섰다. 소련이 군사력을 유지할 수 있었던 것은 오로지 엄격히 통제된 사회와 경제 덕분이었다. 그러나 산업화를 추진하다가 국고가 고갈되고 나자 구조적인 문제들이 속속 드러났고, 결국 소련의 인구 대비 경제력은 자본주의 경쟁국들보다 낮은 수준으로 떨어졌다. 더욱이 대규모 산업생산이 정보경제에 밀려나기 시작하면서 소련은 특히 껄끄럽고 불리한 입장이 되었다. 소련과 비슷하게 1938년만 해도 중간 정도였던 산업화 수준을 끌어올리는 가운데 전쟁의 참화에서 회복한 일본은 하부구조적 권력을 데이터에 따라 6배에서 9배까지 증대했고, 다른 면에서는 밀렸지만 하부구조적 권력에 있어서는 소련에 필적하기 시작했다. 일본이 막강한 군사 강국이 되지 못한 것은 오로지 미국의 군사적 보호 아래 무장을 해제했기 때문이다. 1938년보다 고작 3배 성장한 영국이 상대적으로 보아 급격히 쇠퇴하기는 했지만, 서유럽 전체는 일본과 비슷하게 전쟁에서 회복하고 연합하기 시작하면서 하부구조적 권력 면에서 소련을 훌쩍 앞질렀다. 유럽이 자력으로 소련에 맞설 수 있는 존재가 되지 않은 유일한 이유는 군사적 부담을 짊어지기를 꺼렸고 미국에 의존했기 때문이다. 중국의 경우 산업화는 계속했으나 인구 대비 하부구조적 권력은 줄곧 그리 강하지 않았다. 그렇지만 과거와 달리 이제 어떤 나라도 중국에 함부로 개입하려 들지 않았다. 공산주의 중국은 자원을 고도로 동원하는 강한 체제를 갖추고 있었고, 1940년대 후반과 1950년대에 소련의 선진 군사 기술을 이전받는 혜택을 누렸으며, 1964년에 핵보유국이 되었기 때문이다.

마지막으로 오늘날의 세계를 간략하게 살펴보자. 1973년부터 1998년까지 하부구조적 권력이 3배 증대한 미국은 지배적인 위치와 세계 점유율을 계속 유지하고 있다. 미국은 선진 세계에서 생산성이 가장 빠르게 증대한 축에 드는 데 그치지 않았다. 인구 밀도가 유럽연합의 4분의 1, 중국의 4분의 1, 일본과 인도의 10분의 1에 불과한 이민자 나라인 미국에서는 인구 또한 상당히 증가했다. 이런 이유로 미국은 연합중인 유럽보다 빠르게, 그리고 일본만큼이나 빠르게 성장했다. 과거 1980년대의 평가와 달리, 일본은 산업화 면에서 앞선 국가들을 따라잡는 가운데 누렸던 경쟁 우위를 소진한 뒤로는 성장세가 급격히 둔화되었다. 소비에트 블록과 소련이 해체된 결과, 러시아의 권력은 곤두박질쳤다. 그렇지만 〈표 2〉에서 1998년 수치는 체제 변경에 따른 극심한 경제 혼란 때문에 실제보다 한참 낮게 왜곡되어 있다. 러시아와 달리 중국은 성공리에 시장 체제로 전환했다. 여전히 미국에 한참 뒤져 있기는 해도, 중국은 지금까지는 정치적 안정을 유지하는 가운데 하부구조적 권력—1973년부터 1998년까지 12배 증대—면에서 세계에서 가장 빠르게 성장해왔다. 방대한 인구와 여전히 낮은 발전 수준을 감안하면, 중국은 역사적 우위를 되찾는 방향으로 성장하면서 전 세계의 권력관계를 바꾸어놓을 가장 극적인 잠재력을 품고 있다. 분명 그 과정은 국내외 양면에서 정치적 격변을 극도로 조장하거니와 그런 격변에 취약하다. 게다가 중국의 높은 성장률이 오랫동안 유지되고 다방면에서 예측하는 것처럼 중국의 GDP가 2020년대까지 미국의 그것을 뛰어넘는다고 가정할지라도, 중국의 1인당 부는 미국의 3분의 1을 가까스로 넘을 것이며 따라서 중국의 하부구조적 권력은 미국에 비하면 상당히 약할 것이다(나의 척도를 사용한 추정치는 미국의 2분의 1에서 4분의 3 사이다). 격차를 좁히기가 훨씬 더 어려운 첨단기술 분야에서 중국이 선진국들과의 격차를 줄이려면 중국에서 경제적 – 정치적 전환이 대단히 순조롭게 이루어질 것이라 가정해야 하며, 설령 이 가정이 사실로 입증된다 해도 격차를 좁히는 데에는 수십 년이 더 걸릴 것이다. 따라서 GDP만을 토대로 중국의 미래 경제력과 군사력을 추정한 수치들은 널리 인용되고는 있지만 실상을 호도하는 것이고, 정책 결정에 악영향을 미칠 수도 있다.[9] 중국보다 느리기는 해도 인도 또한 자국의 엄청난 잠재력을 현실화하기 시작했다.

전반적으로 보면 두 세기 전에 산업 – 기술 혁명이 시작된 이래로 선진국들 사이의 평균적인 하부구조적 권력—그리고 잠재적 전력—은 120~250배 증대했고,[10] 한편으로 비판자들이 지적하듯이 성장을 계산할 때 기술의 진보를 저평가한 것이 사실이라면, 이보다 큰 수치마저도 너무 작은 추정치일지도 모른다.

부, 기술, 군사적 하드웨어

폭발적으로 강화되는 경제적 역량과 군사적 잠재력 사이의 이런 긴밀한 연관은 정확히 무엇을 의미하는가? 무엇보다 경제적 부가 급증함에 따라 분명히 군사비 지출 역량이 강화되었다. 게다가 이제 정부들은 전시에 이미 증가한 GNP 가운데 더 높은 비율을 끌어다가 전쟁과 관련된 목표에

지출할 수 있었다.[11]

18세기 동안 영국의 국가 예산—유럽에서 가장 규모가 컸다—은 평시에는 GNP의 약 10퍼센트를 차지했고, 전시에는 그 2배인 20퍼센트에 이르렀으며 대부분이 군사비로 사용되었다. 나폴레옹 전쟁 기간에는 정부 지출이 더욱 늘어 GNP의 30~40퍼센트를 차지했다. 가장 평화로웠던 19세기(1815~1914년)에 공공 지출은 GNP의 10퍼센트를 조금 넘는 수준까지 다시 감소했고, 군사비는 그 절반 이하로 떨어졌다. 대략 18세기의 평시 군사비와 엇비슷한 수준이었다. 다른 유럽 강대국들의 지출 패턴도 얼추 비슷했다. 제1차세계대전 이전 10년 동안 유럽 열강이 이른바 '군비 경쟁'을 벌이는 와중에도, 군사비는 조금 증가하기는 했지만 이처럼 적당한 수준으로 유지되었다. 미국의 군사비는 남북 전쟁 기간을 빼면 유럽보다 훨씬 적었다. 더 산업화된 북부는 전쟁 수행에 GNP의 18퍼센트를 지출한 것으로 추정되는 반면, 남부는 이보다 많은 무려 25퍼센트를 지출한 것으로 추정된다. 남북 전쟁기의 이런 군사비 수준은 그에 앞서 18세기에 영국이 군사비를 늘린 것과 비슷한 증가세를 나타내지만, 양차 대전의 수준보다는 훨씬 낮다. 따라서 남북 전쟁이 최초의 '총력전'이었는지를 둘러싼 아직 해결되지 않은 논쟁의 명확한 답은, 그 전쟁이 '총력전' 방향으로 반쯤 들어섰다는 것이다.[12]

20세기 동안 선진국들의 공공 지출은 GNP의 30~50퍼센트까지 꾸준히 증가했고 주로 확대중인 사회복지에 투입되었다. 군사비는 국제적 긴장 수준과 열강 각각의 특수한 환경에 따라 크게 요동쳤다. 평시(20세기는 모든 강대국에게 대체로 평시였다) 군사비는 대체로 이전 세기들의 수준과 같았으며 놀라울 정도로 그 수준으로 되돌아갔다. 이를테면 냉전 기간에 미국의 군사비는 GNP의 5퍼센트 이상이었고, 유럽 국가들은 대략 3퍼센트였다. 따라서 자주 표출된 우려와 달리 군사비는 '급증'하지 않았고, 일반적으로 GNP의 전반적인 증가세와 보조를 맞추었다. 그렇지만 양차 대전 기간에 교전하던 강대국들의 군사비는 18세기의 전시와 마찬가지로 지나치게 늘린 공공 지출의 약 80~90퍼센트까지 급증했고, GNP의 절반이나 때로는 그 이상을 차지했다. 이처럼 전시에 GNP 중 군사비의 비율은 18세기 선두주자(영국)의 약 15퍼센트(역사적으로는 이미 높은 비율이었다)에서 20세기의 약 50퍼센트로 3배 증가했다. 그동안 GNP가 어마어마하게 증가했는데도 말이다. 파이의 전체 크기만 극적으로 커진 것이 아니라 전시에 군사비로 할당하는 조각 또한 커졌다. 절대수치를 전반적으로 살펴보면, 선진 열강의 전시 군사비 또한 산업화 이전과 비교해 150~360배 증가했다.

국가의 징수 역량이 강화된 것은 한편으로는 관료제 기구의 권한과 국가의 정당성이 강화된 결과였고, 다른 한편으로는 산업화 이전보다 훨씬 빠르게 최저 생계수준 이상으로 가처분 잉여물이 증가한 결과였다. 그렇지만 가처분 잉여물과 정부의 징수 역량이 1인당 소득과 같은 속도로 증대하지 않았다는 데 유의해야 한다. 예를 들어 제2차세계대전 기간에 소련과 일본은 1인당 GNP가 대다수 선진 열강의 절반 정도에 불과했음에도 그들 못지않게 큰 부분을, 즉 GNP의 약 50퍼센트나 심지어 그 이상을 전쟁 수행에 지출할 수 있었다. 일본은 대규모 적자재정(영국은 적자재정에 가장 많이 의존한 시기에 정부 지출의 절반 이상을 적자재정으로 충당했다)을 활용할 수 없었지만, 1944년 일본의 전비는 GNP의 4분의 3에 달했다.[13] 소련과 일본의 경우처럼 강력한 국가 당국은 더 낮은 생존수준에 익숙한 사회에서 높은 징수율을 달성할 수 있지만, 과거보다 발전한 경제에서 1인당 소비액 증가라는 문제에 부딪히기도 한다―이런 소비액 증가의 한 원인은 더 선진적이고 더 복잡한 체제의 늘어난 운영비, 이를테면 운송과 교육 비용이다. 더구나 경제가 덜 발전할수록 인력 비용이 더 적게 든다.

이 마지막 요인은, 군사비가 어마어마하게 증가한 사례들이 대부분 산업-기술 시대에 몰려 있는 까닭을 설명하는 데 도움을 준다. 산업-기술 시대에 군사 인력의 절대수치는 상당히 증가했으나 늘어나는 인구 대비 증가율(사회적 참여율)은 불분명했다. 앞서 군사비 전반과 관련해 살펴보았던 전시 증가와 평시 증가의 차이가 이 시대에도 나타났다. 평시에 전체 인구에서 군대 인력의 비율은 그 이전 역사에서와 비슷하게 인구의 약 1퍼센트나 그 이하였는데, 한 가지 이유는 인력이 과거와 마찬가지로 고비용이었던데다가 생산성이 급증하면서 임금이 증가했기 때문이다. 그에 반해 양차 대전 기간의 전시 동원율은 최대 13퍼센트까지 높아졌다. 전시 생산에도 인력이 필요해서 이 비율은 약 8~9퍼센트로 낮아지기도 했지만, 13퍼센트에는 기본적으로 신체 건강한 모든 남자(그리고 일부 여자)가 포함되었다.[14] 전시의 이런 동원 수준은 14장에서 살펴본 근대 초기 유럽 국가들의 동원 수준보다 훨씬 높았다―그렇지만 옛 국가들에는 징병제가 없었다. 또한 징병제를 시행한 혁명기와 나폴레옹 시대 프랑스가 달성한 동원 수준보다도 훨씬 높았다. 훗날 19세기에 프로이센과 그 동맹들은 프랑스와의 전쟁(1870~71년)에서 인구 약 3900만 명 가운데 150만 명(3.8퍼센트) 가까이를 징집병으로 소집했고, 이들은 적어도 한동안 복무했다. 프랑스에서 싸운 독일군은 어떤 시점에도 100만 명을 넘지 않았다.[15] 미국 남북 전쟁(1861~65년)은 훨씬 오랫동안 이어졌던 까닭에 양측 모두 자원을 이용할 시간이 있었다. 200만 명 이상이 북부의 깃발 아래 싸웠다. 병력이 가장 많았던 전쟁 막바지에는 최대 100만여 명, 즉 북부 인구의 5퍼센트가 현역으로 복무했다. 산업화가 훨씬 덜 된 남부에서는 85~90만 명이 종군한 것으로 추정된다. 병력이 가장 많았던 시기에는 이 가운데 절반가량이, 즉 노예 인구를 포함하면 거의 5퍼센트, 노예 인구를 빼면 8퍼센트가 현역으로 복무했다.[16]

남북 전쟁의 높은 동원율을 근대성의 증진을 나타내는 징후로 인용할 수 있을지도 모르지만, 남부의 사례는 아주 높은 동원율이 산업적인 '총력'전에서만 나타나는 현상이 아님을 일깨워준다. 산업화 이전에도 징병제와 응집력을 갖춘 대규모 사회는 비슷한 동원 수준을 기록했다. 제2차 포에니 전쟁 절정기의 로마, 제1차세계대전 당시의 세르비아와 몬테네그로가 그런 사례였다. 세르비아와 몬테네그로는 산업 발전 면에서 후미에 있었음에도 모든 교전국 가운데 군사 인력 동원 수준이 가장 높아 인구의 6분의 1 내지 5분의 1을 동원했다.[17] 무엇이 '총력전'을 구성했으며 이런 전쟁의 새로운 점이 정확히 무엇이었느냐는 문제를 두고 학자들은 폭넓게 논쟁을 벌였지만, 명확한 요소들과 수량화 가능한 기준을 내놓지는 못했다. 여기서 분명해졌겠지만, 근대의 전쟁들은 (인구와 부 대비) 사상자와 물리적 파괴의 규모가 컸다는 점에서도, 전투원과 비전투원의 구분(실은 근대적인 구분)을 허물고 배후의 민간인을 노출시켰다는 점에서도, 인력 동원 수준이 높았다는 점에서도 역사적으로 유일무이하지 않았다. 양차 대전은 주로 GNP에서 군사비 비율의 현저한 증가와 높은 동원율을 결합했다는 의미에서 유일무이하게 '총력적'이었다. 그렇게 늘어난 군사비는 대부분 군사적 하드웨어를 산업적으로 대량 생산하는 데 투입되었다. 1차대전 기간에 군사적 하드웨어란 처음에는 속사와 장거리포에 쓰이는 탄약을 뜻했고, 나중에는 기술적으로 앞선 전쟁 기계를 뜻했다.

군사력은 무엇보다도 기계-기술 하드웨어 부문에서 기하급수적으로 증대했다—결국 하드웨어의 급성장이 산업-기술 혁명 일반의 본질이었다. 경제가 폭발적으로 성장한 결과 인력 비용을 포함해 군사비가 꾸준히 증가하기는 했지만, 군사비 가운데 하드웨어 비용의 비율 또한 증가했다.[18] 우리는 근대 초기에 육군뿐 아니라 자본 집약적인 해군에서도 군사적 하드웨어보다 급여와 보급에 훨씬 많은 비용이 들었음을 확인했다. 그렇지만 군대가 갈수록 기계화되고 하드웨어에 의존하면서 두 비용 간의 균형은 반대 방향으로 기울었다. 제일 먼저 집중적으로 기계화된 군종軍種인 해군에서 (급여, 보급품, 의복을 포함하는) 인력 비용은 19세기 마지막 10년간 해군 예산의 약 40퍼센트로 감소했고, 20세기 첫 10년간 약 30퍼센트로 더욱 감소했다. 그와 동시에 전함 건조 비용은 해군 예산의 3분의 1 이상으로 증가했고, 거의 엇비슷한 추가 비용이 전함 수리와 유지, 탄약에 들어갔다. 그 결과 재료 비용과 인력 비용의 비율은 2 대 1이 되었다.[19] 한 세기 후인 21세기 첫 10년간 미국 해군의 예산을 보면 인력 비용, 군수품 조달과 연구개발 비용, 작전과 유지 비용 각각의 비율은 얼추 그대로다.[20] 그렇지만 1945년 이후 몇몇 해에는 인력 비용이 최저 25퍼센트까지 떨어지기도 했다.

1900년경까지도 각국의 육군은 해군보다 기계화가 훨씬 덜 되어 있었다. 데이터를 인용할 수는 없지만, 인력 비용(징집과 관련된 직간접 비용)은 의심할 나위 없이 모든 강대국의 육군 지출에서 여전히 최대 항목이었다. 그럼에도 이런 그림은 실상을 호도하는데, 군사력의 주요 요소 중 하나가 동원과 전략적 기동성, 병참을 위한 철도 체계였기 때문이다. 그리고 민간적 성격이 강한 이 체계의 하부구조 비용(그리고 다른 비용들)은 군사 예산에 포함되지 않았기 때문이다. 그렇지만 제1차세계대전 시기부터 육군은 갈수록 기계화되었다. 그 결과 예컨대 미국 육군에서 인력 비용은 21세기 첫 10년간 육군 예산의 약 40퍼센트까지 떨어졌고, 1945년 이후 몇몇 해에는 육군 예산의 3분의 1까지 떨어졌다. (건설을 뺀) 재료 비용이 예산의 절반가량을 차지했고, 작전과 유지 비용이 새로운 군수품 조달과 연구개발 비용의 최대 2배에 달했다.[21] 육군은 여전히 가장 노동 집약적인 군종인 데 반해, 1차대전 이전과 도중에 생겨난 공군은 가장 자본 집약적인 군사조직이다. 21세기 첫 10년간 미국 공군의 예산에서 인력 비용은 20퍼센트에 불과했고, 작전과 유지, 군수품 조달, 연구개발에 들어가는 비용이

독일 대양함대의 군함들. 최초의 자본 집약적 군비 경쟁은 제1차세계대전 이전 영국과 독일 사이에 벌어졌다.

예산의 약 4분의 3을 차지했다.[22]

　군사비 일반이 그러했듯, 무기 체계 비용 역시 통념과 달리 세대가 바뀔 때마다 제어하지 못할 만큼 증가하지도 않았고 감당 못할 만큼 비싸지지도 않았다. GNP 중 군사 예산의 비율이 거의 변하지 않은 가운데, 일부 무기 체계의 증가한 비용은 인원 감소나 군수품 조달의 균형 변화―둘다 비용-효과 문제다―로 간단히 상쇄되었다. 14장에서 이미 지적했듯이 군사비는 무기의 '유동하는' 비용과 더불어 그저 상승하는 것이 아니라 언제나 경제 역량과 우선순위, 적의 지출에 따라 제약되며, 적의 군사비도 마찬가지다. 그렇지만 산업-기술 시대에 군사비 중 하드웨어의 비율이 증가한 것은 사실이다. 대처해야 할(그리고 균형을 유지해야 할) 문제는 동원 가능한(그리고 궁극적으로 제한된) 인력을 어떻게 더 비싸고 더 앞선 군사적 하드웨어로 더 많이 무장시키느냐는 것이었다.

　물론 산업-기술 혁명이 시작된 이래 하드웨어의 양뿐 아니라 효과 역시 기하급수적으로 증대했다. 정확히 측정하기는 어렵지만, 그 기간에 무기 체계들의 효과는 기술적 생산성 일반과 같은 속도로 증대했을 것이다.

다시 말해 수백 배 증대했을 것이다. 군사 기술이 혁신되는 속도는 산업화 이전 시기와 비교해 극적으로 빨라졌다. 역사적으로 산업화 이전 문명(그리고 스텝지대)에서 군사 장비는 수천 년에 걸쳐 느리게 개량되었으므로 철기시대의 육군들은 서로 별반 다르지 않았으며, 화약 도입 이전인 근대 전야에는 적수에 대항할 수 있었을 것이다. 화기는 한결 빠르게 개량되었는데, 근대 초기 유럽에서 전반적인 혁신 속도가 빨라졌기 때문이다. 그럼에도 화기의 발달에서 중요한 '급변기들' 사이를 채웠던 것은 대개 수백 년간 이어진 일종의 군사적 평형 상태였다. 주요한 보병 무기인 머스킷은 1690년부터 1820년까지 별로 바뀌지 않았다. 하지만 군사이론가 J. F. C. 풀러Fuller가 관찰했듯이, 산업-기술 시대가 시작된 이후로는 기술 혁신의 속도가 엄청나게 빨라진 까닭에, 한 세대에서 최고의 무력이라 해도 다음 세대의 중무장한 무력과 정면으로 대결하기란 불가능하게 되었다.

역시 풀러가 관찰한 대로 군사 기술의 발전은 민간의 발전과 밀접히 연관되었으며, 두 발전 모두 일정한 시기마다 기술의 최전선을 넘어가는 식으로 얼마간 고르게 이루어졌던 것이 아니라 주로 특정한 시기에 몇몇 부문에서 연달아 나타난 약진을 중심으로 이루어졌고, 그런 약진이 다른 모든 부문에 다양하게 영향을 미쳤다.[23] 이런 약진은 수십 년이 지나고 나면 다른 부문들에서 이루어진 다른 약진에 밀려났다. 불가피하게 어느 정도 단순화하기는 했으나, 풀러는 19세기와 20세기에 나타난 민간-군사 기술 변화의 세 가지 주요한 혁명적 물결을 올바르게 지적했다.

대략 한 세기가 걸린 이른바 1차 산업혁명을 이끈 것은 증기기관, 그리고 야금학과 공작기계 분야에서 이루어진 주요한 진전이었다. 이미 확인했듯이 증기기관은 여러 공정에 적용되어 각각의 공정을 혁신했다. 군사 분야에서 철도는 육군의 전략적 기동성과 병참 역량을 수백 배 높였다. 증기선이 범선을 대체하고도 해군의 기동성은 고작 두세 배 높아지는 데 그

메스 주변 전투 장면. 프랑스-프로이센 전쟁, 1870년. 보통 평행하게 뻗었던 철도와 전신선에 주목하라. 이 두 가지가 전략을 크게 바꾸어놓았다.

쳤지만, 해군의 용적 톤수는 네다섯 배 증가했고 (철강) 전함의 크기—그리고 위력—는 10배 이상 증가했다.[24] 여기에 정보통신 혁명이 추가되었다. 과거에는 통신하는 데 몇 주, 몇 달, 몇 년이 걸렸지만, 이제 국가들 너머의 육군만이 아니라 대양과 대륙 너머의 해군 기지까지 전선으로 연결되어 실시간 전신 통신이 가능해졌다. 이와 동시에 19세기에 일어난 야금학(먼저 철鐵, 뒤이어 강鋼)과 공작기계의 혁명은 화기와 전술의 혁명을 일으켰다. 획기적인 강선腔線과 후장식後裝式은 1840년대에 보병 화기 분야에서, 1850년대와 1860년대에 포 분야에서 개발되었다. 탄창식 라이플, 즉 '연발총'은 1860년대와 1870년대에 개발되었고, 포의 반동을 흡수하기 위해 유압식 주퇴기駐退機를 이용하는 속사포는 1880년대와 1890년대에 개발되었다. 그 결과 사정거리, 명중률, 발사 속도 모두 60년 내에 10배가량 높아졌다.[25] 이는 1880년대부터 개발되어 화력을 더욱 배가한 자동 기관총을 고려하지 않은 수치다. 해군의 포 역시 비슷하게 발전했고, 1870년대부터 어뢰가 추가되었다.

그렇지만 이 모든 혁명은 한쪽으로 치우쳐 있었고, 특히 육지에서 더욱 그랬다. 경제 분야에서 그랬듯 군사 분야에서도, 증기기관을 이용할 수 없는 활동 영역은 육체를 필요로 했으며 혁명의 영향을 받지 않았다. 이런 이유로 육군은 전장까지 기차를 타고 이동하고 전신을 통해 쉽게 통제받으면서도, 일단 전장에 도착하고 나면 첨단 통신이라는 정점에서 (알렉산드로스 시대까진 아니라도) 나폴레옹 시대로까지 추락했다. 육군의 군사작전과 전술적 기동성은 여전히 인간 근육의 제약을 받았고, 육군의 포와 보급품은 말이 끌었다. 제1차세계대전 기간에 강대국들의 육군에는 말이 수만, 수십만 마리씩 있었다(그리고 독일을 비롯해 일부 국가의 육군에는 2차대전 기간에도 말이 있었다). 미리 전신선을 설치할 수 없는 야전에서 지휘와 통제는 걷거나 말을 타는 전령병을 이용하는 수준으로 떨어졌다. 게다가 화력은 10배 이상 증대한 반면, 병사들은 개활 전장에서 산개하여 은폐하는 동안 강철 폭풍을 막아낼 방편으로 여전히 자기 피부 외에는 다른 수단이 없었다. 그 결과, 1차대전 기간에 서부 전선은 살인적인 교착 상태—전술과 작전 양면에서—로 빠져들었다. 보병들이 막대한 대가를 치르며 공격해 근소한 우위를 점한다 해도, 전술적 우세를 확대하려고 분투하다가 철도로 부리나케 병력을 증원한 적군의 반격에 몰살당해 전세가 역전되곤 했기 때문이다.

그러나 1880년대부터 산업 기술의 새로운 혁명적 물결, 이른바 2차 산업혁명이 민간생활에서 일어나기 시작하여 1차 산업혁명 못지않게 군사 분야에 심대한 영향을 미쳤다. 이 두번째 혁명의 물결을 지배한 것은 화학

파괴된 탱크 한 대가 처박힌 황폐화된 전장. 1918년 이프르. 군수품들의 대격돌이었던 제1차세계대전을 지배한 것은 처음에는 포와 소화기의 화력, 나중에는 공중과 지상에서 구현된 기계화였다.

물질과 전력電力, 내연기관이었다. 화학산업은 새로운 폭발물들을 개발하는 데 기여하고 오래지 않아 화학전을 야기했으며, 전기 또한 무선통신을 비롯한 다양한 군사적 용도로 사용되었다. 그러나 가장 결정적인 영향을 미친 것은 내연기관이었다. 증기기관보다 가볍고 유연한 내연기관은 철도에서 멀리 떨어진 개활지에서 기동성을 발휘하게 해주었다. 인원 및 물자 운송용 자동차(그리고 트랙터)는 1895년과 1905년 사이에 진화해 육상에서의 기동성을 수십 배 높여주었다. 1차대전에서 선보인 탱크—무장한 장갑 트랙터—는 기계화된 기동성과 장갑 방호를 전장에 도입함으로써 증기가 초래한 극심한 불균형을 바로잡았다. 무선통신은 내연기관과 비슷하게 고정된 전신선에서 멀리 떨어진 전장까지 실시간 정보통신을 확대했고,

육군을 통제하는 데 이용되었다. 선로와 바퀴를 이용해 이동하는 기계화된 육군은, 그런 기계화를 가능하게 해준 기술들이 개발된 지 반세기가 지나서 발발한 2차대전을 거치며 완숙 단계에 도달했다.[26]

한편 내연기관은 기계화된 공중전도 가능하게 해주었다. 대규모 공군은 1903년 최초의 공중전을 계기로 육군과 놀랄 만큼 흡사한 경로를 거쳐 제1차세계대전 도중에 빠르게 등장했고, 제2차세계대전을 거치며 더욱 발전했다. 내연기관은 이미 증기력을 이용하고 있던 장갑 군함에는 그리 극적인 영향을 미치지 못했지만, 그럼에도 해전 일반에 혁명을 일으켰다. 전기를 이용하는 내연기관의 이중 추진 덕분에 1900년 최초로 운용 가능한 잠수함이 등장했고, 반면 포를 탑재한 전함은 항공기 출현 이후 자취를 감추었다. 잠수함과 항공기 역시 1차대전 기간에 군사적 데뷔를 하여 2차대전 기간에는 해전을 완전히 지배했다.

내연기관의 기술적 잠재력은 제2차세계대전을 거치며 완숙한 단계에 이르렀다(제트 추진이 개발되어 항공기가 더욱 발전하기는 했지만). 그렇지만 이제 다른 부문들, 그중에도 특히 전자공학 분야에서 새로운 기술적 도약이 이루어지는 가운데 이른바 3차 산업혁명 또는 정보혁명이 민간생활과 전쟁을 다시 한번 혁신하고 있었다. 1930년대 후반에 개발된 레이더는 그 이후 수십 년간 공중전, 공중-지상전, 해전에 심대한 영향을 미쳤다. 1970년 무렵부터는 전자광학을 이용한 텔레비전과 레이저 유도 미사일을 갖춘 무기 체계가 공중-지상전과 지상전을 혁신하기 시작했다. 그 이후로 빠르게 개량되는 온갖 감지기들과 18개월마다 대략 갑절로 증대하는 전자계산 능력으로 말미암아, 대다수 하드웨어 표적을 식별하고 포착하고 파괴하는 일은 거의 사정거리와 무관하게 미리 정해진 결론이 되었다. 수그러들 기미를 좀처럼 보이지 않는 전자혁명은 오늘날 자동화 수준을 높이고 있다. 풀러는 일찍이 1928년에 전자로봇 전쟁이 기계화 이후 세번째

거대한 물결이 되리라는 선구적인 예측을 했다.[27]

이렇게 해서 기술 시대의 군비 경쟁은 완전히 새로운 중요성을 획득했다. 특히 한쪽이 방어선을 돌파하는 무기 체계를 획득하고 흡수해 결정적인 우위를 점하는 데 성공할 경우, 전장에서 일방적인 결과를 초래할 수 있는 '전력 승수 요인force multiplier'을 얻을 수도 있었다. 그런 요인으로는 1866년 오스트리아와의 전쟁에서 프로이센이 사용한 후장식 라이플, 제2차세계대전 초반 독일의 기계화 병력, 그리고 1990년대와 2000년대 초반에 이라크와 예전 유고슬라비아, 아프가니스탄에서 미국이 사용한 전자무기 체계 등이 있다. 그렇지만 경쟁국들이 새로운 무기 체계를 개발하고 흡수해 격차를 줄여감에 따라 불균형이 상쇄되는 '붉은 여왕 효과'가 나타나기도 했다. 또한 기술이 이전되어—판매되거나 증여되어—어느 정도 선진적인 경쟁국 간의 전력 격차가 이따금 좁혀지기도 했다. 어느 정도 선진적인 경쟁국 간의 격차는 가장 하드웨어 집약적인 전투, (무장한 인간이 아닌) 무기 체계로만 수행하는 전투의 무대인 바다와 공중에서 줄곧 가장 컸다.

산업-기술 시대에 수백 배 증대한 무기의 효과를 정확히 무엇으로 가늠해야 할까? 파괴력이나 치사력이 쟁점으로 보일지도 모르겠다. 전쟁에서 관건은 파괴하고 죽이는 일이기 때문이다. 그렇지만 앞서 개관하면서 입증했듯이, 군사 기술의 발전은 곧 방호력의 기하급수적인 증대—예를 들면 바다와 지상에서 기계화된 방어용 장갑을 통해, 더욱 빨라지고 때로는 문자 그대로 로켓처럼 날아가는 신속성과 민첩성을 통해, 그리고 전자전電子戰을 통해—이기도 했다. 널리 퍼진 가정과 반대로, 군인과 민간인 사상자 수를 집계한 전쟁의 치사력에 관한 연구들을 종합해보면 19세기와 20세기 동안 인구 대비 전쟁의 치사력이 그 이전 역사시대들과 비교해 크게 높아지지 않았음을 알 수 있다. 뒤에서 확인할 테지만 분명히 전쟁은 더 드물어졌고, 일단 발발한 전쟁들의 강도와 치사력, 특히 양차 대전과 무엇보다 제2차세계대전의 강도와 치사력은 인구 규모를 고려하더라도 시간 단위당 사망률 면에서 크게 증가한 것으로 보인다. 그렇다 해도 이런 증가세는 방호력을 능가하는 군사 기술의 치사력보다는 교전국들의 인력 동원 수준이 높아진 것과 더 관계가 있을 것이다.[28] 군대의 사망률은 높아지지 않았다. 사실 이와 비슷하거나 더 높은 전투 사망률—25~30퍼센트—은 가장 원시적인 군사 기술을 이용했던 국가 이전의 소규모 사회들에서 흔하게 나타났다. 더구나 2차대전 기간에 독일에 의해 살해된 비전투원 가운데 절대다수—소비에트 전쟁 포로, 민간인, 유대인(각각 수백만 명)—는 정교한 군사 기술이 아니라 의도적인 굶김과 질병, 대량학살의 희생양이었다는 사실이 너무나 자주 망각되곤 한다. 대체로 보아 20세기의 대량학살 사례들은 그 이전 역사의 사례들과 마찬가지로 가장 단순한 기술을 사용했다.

독자들은 이 개관에서 아직까지 한 가지 기술적 약진—단연코 가장 파괴적인—이 언급되지 않았음을 눈치챘을 것이다. 바로 원자력과 핵무기의 도입이다. 어떤 면에서 핵무기는 새롭고 훨씬 높은 전력 수준으로 도약한, 산업-기술 혁명의 정점이다. 게다가 다른 많은 군사 기술들과 달리, 핵폭발의 압도적인 파괴력은 방어력을 아무리 증강해도 상쇄할 수 없다. 핵무기는 필요한 양을 비축하기만 하면 적수를, 나아가 세계를 철저히 파괴할 능력을 확실하게 주는 궁극적인 무기, 지구를 멸망시키는 기계다. 나는 16장에서 이 주제로 돌아갈 것이다. 그에 앞서 산업-기술 혁명이 야기한 더 넓은 사회적·정치적 전환과 전쟁의 관계를 탐구해보자.

강대국 간의 전쟁과 국가 간의 전쟁

산업-기술 혁명, 부의 기하급수적 증가, 그리고 이런 발전이 야기한 사회와 정치의 근본적인 전환은, 곧이어 잠재적 전력을 어마어마하게 증대했을 뿐 아니라 다른 중요한 방식으로도 전쟁에 심대한 영향을 미쳤다. 우선 강대국들 사이에서, 그리고 전반적으로 보아 경제 선진국들 사이에서 전쟁—가장 강한 국가들의 전쟁과 가장 파괴적인 국가 간 전쟁—의 횟수와 햇수가 극적으로 줄었다. 1815년 이후 한 세기 동안 전쟁의 빈도는 그 이전 세기와 비교해 3분의 1 정도로 감소했고, 심지어 그 이전 시기와 비교해도 빈도가 더 낮았다. 20세기에 발발한 주요 전쟁들에서 자원과 인력 동원력이 증가하고 따라서 전쟁의 강도와 시간 단위당 치사력이 덩달아 증가했음에도—역시 양차 대전에서 가장 두드러지게 증가했다—이 빈도는 20세기 동안 그대로 유지되었다.[29] 이 변화를 어떻게 설명해야 할까? 통계가 거짓말을 하는 것이 아니라면, 반드시 통계를 적절하게 해석하고 맥락화해야 한다.

전쟁의 경제적·인적 비용과 강도가 증가한 것이 그 자체로 선진 사회 사이에 전쟁의 횟수와 햇수가 감소한 것을 설명해주는가? 국가들은 다시 참전할 수 있을 만큼 회복하기까지 시간이 더 필요했을 것이다. 따라서 전쟁의 강도와 빈도 사이에 균형이 존재한다고, 다시 말해 빈도가 낮은 큰 전쟁들이 빈도가 높은 작은 전쟁들을 대체한다고 볼 수도 있다. 실제로 18세기 유럽에서 그런 추세를 찾아볼 수 있다. 18세기 유럽은 대단히 호전적이었고 예전보다 높은 자원과 인력 동원 수준을 보여주었음에도, 유럽의 강대국들이 서로 싸운 햇수는 이 세기에 이미 약간 줄었다. 그렇지만 이 가설은 19세기에는 적용하기가 어렵다. 1815년부터 1914년까지 (1800년부터 1900년까지로 설정해도 된다) 전반적으로 보아 강대국 간 전쟁과 선진국 간 전쟁의 횟수와 햇수가 급감했음에도, 인구와 부에 대비해 전쟁 비용은 유의미하게 증가하지 않았다. 워털루 전투 이후 39년 동안—그때까지 유럽사에서 가장 오랫동안 평화로운 시절이었다—강대국 간에 전쟁이 발발하지 않은 사실은, 유럽 통치자들이 저마다 사회 내부에서 강해지는 혁명의 힘을 억누르려 애쓰는 가운데 서로를 동맹으로 여겼다는 사실로 설명할 수 있다. 왕정 복고기 이른바 유럽 협조 체제의 이런 측면은 자주 잊히곤 하지만, 혁명이라는 더 강한 위협에 대항하는 구체제의 협력에 국가 간 권력정치가 종속되었음을 뜻한다. 그렇지만 보수적인 협력은 결코 사라지진 않았어도 1848~49년 이후로는 가장 중요한 요인이 아니었으며, 1871년부터 1914년까지 43년간 이어진 유럽 강대국들의 평화로운 시절—새로운 최장 평시 기록—을 설명하지 못한다.

19세기의 평시와 달리 양차 대전—유럽 근대사에서 가장 강도 높고 파괴적인 전쟁들—사이의 21년에 불과했던 20세기의 평시 또한 전쟁 강도와 빈도의 반비례 관계를 뒷받침하지 않는다. 실제로 이 주제에 관한 전문적인 통계 연구들은 모두 그런 반비례 관계를 부인했다.[30] 강대국 간에 전쟁이 발발했을 때 교전국들이 자원을 훨씬 많이 투입할 수 있었다는 것은 분명하다. 그러나 동시에 강대국들은 그런 전쟁을 먼저 일으키기를 꺼렸다. 결국 양차 대전이 끝나자 세번째의 최장 기록이 나타났다. 다시 말해 경제 선진국들은 현재까지 60년간 서로 전쟁을 벌이지 않고 있다. 이 '긴 평화'의 원인으로 흔히 핵 요인—틀림없이 결정적인 요인이다—을 꼽지만, 평시가 길어지는 추세는 핵무기가 도입되기 오래전부터 뚜렷했다.

그렇다면 경제 선진국들이 서로 전쟁을 일으키는 빈도가 급감한 사실을 산업-기술 시대의 고유한 특징들로 어떻게 설명할 수 있을까? 학자들은 19세기 무렵부터 시기별로 이 물음—그리고 이 물음을 해명하는 주요한 답변들—에 어느 정도 회의적인 태도로 접근했지만, 만족스러운 포괄적 설명을 내놓은 사람은 없다. 하지만 다시 한번 설명하려 시도해볼 수는 있을 것이다.

앞서 살펴보았듯이, 산업-기술 시대의 근본적인 발전과 새로운 점은 실질적 부가 빠르고 꾸준하게 증가했다는 것이다. 부가 근본적으로 한정되었던 이전 시대에는 부를 어떻게 나누어 갖느냐는 것이 관건이었지만, 산업-기술 시대의 부는 더이상 그렇지 않았다. 그 결과 부의 획득은, 한 참가자가 손해를 봐야만 다른 참가자가 이득을 얻는 제로섬 게임에서 점차 멀어졌다. 선진국에서 경제활동은 단연코 부를 얻는 주된 길이 되었다 (가난한 나라들은 너무 약해져 선진국을 정복할 수 없었다). 게다가 이제 국민경제들은 압도적으로 자급자족하며 서로 별반 영향을 미치지 않는 관계가 아니었다. 갈수록 강화되고 확산되는 전문화와 교환의 네트워크 안에서, 빈번히 찬양받는 시장과 경제의 '지구화' 안에서 국민경제들은 점점 더 연결되었다. 외국의 황폐화는 잠재적으로 체제 전체를 침체시키고 그리하여 자국의 안녕에도 해로웠으므로, 외국의 번영과 자국의 번영이 밀접히 연관되었다. 존 스튜어트 밀을 비롯한 당대인들은 이런 상황의 근본적으로 새로운 점을 분명히 인식했다.

……상업은 우선 국가들에게 서로의 부와 번영을 호의적으로 바라보라고 가르쳤다. 예전에 애국자는, 세계를 자국으로 여길 만큼 문화적으로 진보한 사람이 아닌 이상 자국 외의 모든 나라가 약하고 궁핍하고 형편없이 통치되기를 바랐다. 이제 그는 타국의 부와 진보를 자국의 부와 진보의 직접적인 원천으로 여긴다. 전쟁을 빠르게 무용지물로 만들고 있는 것은 상업이다.[31]

물론 이 점이 반드시 화합으로 이어지진 않았다. 경제 관계는 여전히 경쟁적이었다—사실 경쟁은 한층 치열해졌다. 그럼에도 경쟁적 경제 협력을 통해 얻는 이익이 늘어날수록 분쟁의 비생산성이 높아지고 매력이 떨어졌다. 영향력 있는 사회사상가 오귀스트 콩트는 인간의 발전에서 전사 사회가 산업 단계에 밀려난 과정을 개념화하면서 (스승 생시몽Saint-Simon과 마찬가지로) 19세기 전반기의 이런 분위기를 표현했다.³²

이 이론은 적어도 19세기 진보주의자들에겐 대체로 받아들여졌으며, 유럽의 경제 선진국 간에 전쟁 빈도가 줄어든 명백한 사실을 설명해주는 것처럼 보였다. 1870년대 말 보호주의가 부활하기 전까지 19세기 중엽을 지배했던 자유무역론을 주창한 것은 맨체스터 자유주의자들이었지만, 그렇다고 해서 이 이론이 그들만의 전유물은 아니었다. 자유무역은 이 이론이 작동하기 위한 최적조건이었지 필요조건은 아니었다. 다른 사람도 아니고 장차 프로이센 참모들의 수장이 되어 이름을 떨칠 헬무트 폰 몰트케 Helmuth von Moltke 본인이 1841년에 이렇게 썼다.

우리는 수없이 조롱당한 유럽의 전반적인 평화라는 생각을 믿는다고 솔직하게 고백한다. 앞으로도 피투성이 장기전이 없지는 않겠지만……엄청나게 증가하는 비용 때문에 전쟁은 갈수록 드물어질 것이다. 직접적으로는 실제 비용 때문이고, 간접적으로는 필연적으로 노동을 경시하게 되기 때문이다. 훌륭하고 현명한 행정 아래 평화로운 25년간 프로이센의 인구는 4분의 1이 증가하지 않았는가? 그리고 오늘날 프로이센 주민 1500만 명은 과거의 1100만 명보다 잘 먹고 잘 입고 잘 교육받지 않는가? 이런 결과는 군사작전의 승리나 한 지역의 정복에 필적하면서도, 다른 국가들의 비용 지불이나 전쟁이 요구하는 막대한 수의 희생자들 없이 성취한 결과라는 점에서 크게 다르지 않은가?³³

몰트케는 훗날 마음을 돌려 프로이센의 전투적 민족주의의 본보기가 되었다. 다른 많은 이들도 19세기 말과 20세기 초에 비슷한 노선을 택했다. 그리고 20세기의 양차 대전과 여타 대변동으로 인해, 19세기의 낙관적인 경제적 평화주의는 그 확실성을 거의 잃어버렸다. 그렇다면 그 이론의 결점은 무엇이었을까? 전반적으로 타당한 경제적 논리는 어디서 결함을 드러냈을까?

비교적 평화로웠던 19세기를 어지럽힌 강대국 간의 전쟁들부터 검토하는 편이 좋겠다. 이 전쟁들의 발발 원인은 무엇이었는가? 뒤에서 논의하겠지만 안보를 이유로 일어난 크림 전쟁(1854~56년)을 빼면, 이 전쟁들은 이탈리아의 통일로 귀결된 1859년 전쟁, 미국 남북 전쟁(1861~65년), 독일 통일 전쟁(1864년, 1866년, 1870~71년)이었다. 분명 이 전쟁들 모두 다양한 동기들로 인해 일어났지만, 가장 깊고 가장 격앙된 동기는 무엇보다도 민족 통일, 민족 독립, 민족 자결, 민족 정체성 같은 쟁점이었다. 유럽 전역의 일반적인 군사적 분쟁도 마찬가지였다.[34] 폭력 분쟁이 빈발한 지역들의 특징은 어느 정도 성공을 거두는 민족적 봉기가 되풀이되었다는 것이다. 그런 지역으로는 정복당해 분할된 폴란드, 외세의 지배를 받은 파편화된 이탈리아, 분열된 독일, 잠시 네덜란드에 속했던 훗날 벨기에의 영토, 억압당한 아일랜드, 합스부르크 제국에 편입된 헝가리, 오스만 제국이 장악한 발칸 반도 등이 있었다. 다종족-다민족으로 구성된 오스만 제국과 역시 다종족-다민족으로 구성된 합스부르크 제국에서의 분열 압력은 남동유럽에서 극심한 권력 불안정의 근원이 되었다. 1871년 독일에 병합되었으나 프랑스와 친밀한 민족적 감정을 간직했던 알자스로렌 지역 역시 서유럽에서 극심한 긴장의 근원이 되어 프랑스와 독일이 진정으로 화해할 가능성을 차단했다.

그러므로 경제가 전부는 아니었다. 다른 강력한 동기들이 인간의 행위를 결정했다. 19세기 동안 유럽을 집어삼킨 근대 민족주의의 밀물은 민족성 문제가 충분히 심각했던 모든 곳에서 새로운 경제적 현실의 논리를 압도했다. 비판자들은 이미 이 점이 마르크스의 예측이 빗나간 주된 이유 중 하나라고 지적했다. 보편주의를 표방하는 사회주의자 및 자유주의자들은 대부분 민족적 현상의 더 깊은 본질을 파악하는 데 실패해왔다. 그들 중 일부에게 민족주의는 전적으로 근대의 역사적 발전에 따른 산물, 이를테면 산업화와 도시화의 산물이었다. 또다른 일부는 민족주의가 근대에 뒤늦게 출현했다는 데 동의하면서도, 민족주의란 국가 엘리트층이 조작한 인위적인 '발명품'에 불과하며 대중에게 그런 신조를 주입하기 위해 보편적인 학제學制와 국민개병제 같은 새로운 도구가 사용되었다고 여겼다.[35] 언제나 국가의 권위를 의심하거나 그것에 냉담했고 대체로 그런 입장을 견지하던 인구의 내면에서, 어떻게 그런 인위적인 발명품이 가장 강력하고도 격렬한 감정을 일깨울 수 있었을까? 종래의 국가 엘리트층은 사실 새로운 민족주의 조류를 두려워하지 않았던가? 그들은 민족주의를 막으려 시도했고 민족주의와 어쩔 수 없이 타협했으며 종종 민족주의 때문에 몰락하지 않았던가? 민족주의가 그처럼 맘대로 주무를 수 있는 인위적 발명품이었다면 제국의 권위자가 각양각색 인구를 응집력 있는 근대 민족으로 바꾸기 위해 민족주의의 지지를 얻고 민족주의를 '조작'하지 않았던 이유, 오히려 민족주의가 다종족 제국을 줄곧 갈가리 찢어놓은 이유는 무엇이었을까? 참 이상하게도 '도구주의적' 민족주의 이론가들은 이런 질문을 떠올리지 않는 듯하다.

이미 지적했듯이, 근래에 여러 역사가·사회과학자·철학자를 비롯한 지식인들에게 민족주의는 꾸준한(대개 충격적인) 수수께끼였다. 그들은 인간의 다양한 동기들과 그 동기들이 서로 연결되는 방식을 설명하는 (진화론적) 얼개를 갖고 있지 못했다. 진화론적 계산법에 따르면, 자기 자신에게서 가까운 가족, 먼 가족, 부족, 동족으로 확대되면서 결속력이 약해지는 동심원들에서 비친족보다 친족이 선호된다. 동포는 은유적 의미 이상으로 형제 사이다. 문화적 유사성이 흔히 비친족을 결속하기는 하지만 그런 결속은 대체로 친족관계를 암시함으로써 이루어지며, 어쨌든 대다수 종족 집단, 동족, 민족의 성원들은 유전적으로 관계가 있다. 따라서 비록 물질적 안녕이 가장 중요하다 해도, 이 안녕은 친족 집단으로 간주되는 사람들 쪽으로 편향되며 그들 전체의 번영에서 한 가지 요소일 뿐이다. 그렇다면 제기해야 할 진짜 문제는, 더 오래된 친족 편향적 정체성들과 전근대의 민족주의를 포함하는 종족중심주의 형태들이 근대의 새로운 조건에서 어떻게 전환되어 근대 민족주의를 낳았느냐는 것이다.

앞서 우리는 이것이 중요한 역사적 발전들이 '단속적'으로 잇따른 과정이었음을 살펴보았다. 중세 후기 유럽에서 민족국가는 흔히 생각하는 것보다 훨씬 더 널리 퍼져 있었다. 근대 초기부터 인쇄술은 기존의 민족성들과 종족-언어 집단들을 더 강하게 결속해 식자들 사이에 '상상의 공동체'를 만들어냈다. 덩치를 키운 중앙집권 국가들은 자본주의 경제를 확장하고 도시생활양식을 강화하는 가운데 국경 안에서, 그리고 국경을 넘어 다양한 방식으로 이 추세를 촉진했다. 민족주의는 산업화 한참 전인 프랑스 혁명 무렵 이미 유럽에서 강력한 힘이었지만, 산업화는 근대 민족주의의 형성 과정에 가장 강력하게 작용한 또하나의 요인이었다. 철도가 뻗어나가자 고향 마을을 떠나본 적이 거의 없던 시골 사람들이 처음으로 연결되었다. 게다가 대규모 인구 이동은 이제 시골에서 산업도시로 향했다.[36] 산업화 이전 사회에서는 인구의 약 80~90퍼센트가 시골에서 살았던 데 반해, 1850년경 영국과 1890년경 독일에서는 인구의 절반 이상이 도시민이었다. 그렇지만 프랑스를 비롯한 다른 선진국들은 1930년에야 이 수준에 도달했다. 전체 인구에서 거대 도시 주민의 비율은 계속 올라갔다.[37] 이제 대중은 시골 곳곳에 흩어져 있지 않고 도시에서 북적거리고 있었다.

이런 전환은 정체성에 다방면으로 영향을 미쳤다. 종족적으로 연관된 인구가 서로 만나는 과정에서 기존의 다양한 지역별 방언과 관습이 상당 부분 근절되었다. 긴밀한 소규모 마을 공동체 역시 근절되어 유동적이고 '원자적'이고 익명적인 새로운 대중사회로 대체되었다. 공동사회Gemeinschaft 가 이익사회Gesellschaft로 대체됨에 따라 가까운 가족과 민족 사이에 있었던 주요한 정체성의 중심점들이 약해지거나 아예 사라졌다. 이런 이유로 살던 곳에서 쫓겨나거나 방향을 상실한 사람들에게, 민족은 핵가족을 넘어서는 친족 동일시의 주된 목표가 되었다. 그리고 대중은 이제 예전과 달리 시골 곳곳에 무력하게 흩어져 있지 않고 권력과 정치적 권위의 중심에 가까운 도시에 몰려 있었던 까닭에, 자신들의 목소리를 들려주기에 좋은 위치에 있었다. 그 결과 민족과 국가가 어느 정도 겹친 곳에서 국가는 기존의 국가 엘리트층이 깊이 우려했음에도 민족적 조류에 올라타 이 조류를 강화할 수 있었고, 그리하여 힘을 크게 키울 수 있었다. 그에 반해 민족의 경계와 국가의 경계가 상충한 곳에서는 (국가가 학제學制를 통해 민족주의를 심어주지 않았고 도리어 민족주의를 억누르려 고투했음에도) 민족주의의 새로운 힘으로 인해 다종족 국가들이 해체되곤 했다. 유행하는 이론들과 반대로, 산업화 이전 다종족 국가와 제국에서 종족성은 대단히 중요했다. 그러나 대다수 사람들의 삶은 그들이 당면한 지역에 국한되었고 그들의 견해와 감정은 거의 문제가 되지 않았다. 문해력과 발달한 통신, 도시생활양식과 더불어 이 모든 것이 바뀌었다.

　그 결과 19세기 말과 20세기 초까지 북유럽과 서유럽, 중부유럽에서는 주민들이 도시에 살고 거의 모두가 읽고 쓸 줄 아는 대중사회가 등장해 갈수록 정치를 형성해갔다.[38] 민족-국가에서 확산된 학제와 강제 병역은 (이런 제도를 시행한 국가에서) 민족 사회화의 주요한 동인으로 기능하고 민족의 에토스를 촉진함으로써 이런 추세를 강화했다. 모든 국가—민족-국가든 종족적으로 파편화된 국가든—에서 국민들은 대중언론 매체를 읽고 있었는데, 새로운 대량판매 시장을 개척한 이 언론은 실은 주로 민족주의·쇼비니즘 노선—국가의 권위를 지지하기도 했고 반대하기도 했다—으로 그들의 입맛에 부응했다. 민족의 명예와 세력 증강 같은 문제들은 기존의 국가 엘리트층보다도 이 변덕스러운 대중의 감정을 더욱 강렬하게 자극하여 엘리트층이 무시할 수 없는 새로운 압력을 창출했다. 프로이센과 독일의 참모총장을 지낸 몰트케는 이렇게 선언했다. "요즘 전쟁과 평화, 민족들의 관계는 더는 내각의 문제가 아니다. 여러 나라에서 국민들 자신이 내각을 좌우하는 까닭에 예측 불가능한 요소가 정치에 유입되고 있다."[39] "연설과 언론에 의해 엇나간 민중의 열정, 당 지도자들의 야심, 여론은…… 통치하는 이들의 의지보다 강할지도 모르는 요소들이다."[40] 그 결과는 이러했다. "내각 전쟁의 시절은 지나갔고, 이제 우리에게는 국민들의 전쟁밖에 없다." 1890년에 몰트케는 일단 전쟁이 발발하면 7년 혹은 30년 동안이나 이어질 수 있다는 유명한 예측을 내놓았다.[41]

제국의 전쟁

민족주의는 민족의 독립과 통일, 정체성 같은 문제가 관건인 곳만이 아니라, 폭력 분쟁을 낳는 다른 잠재적 원인들이 있는 곳에서도 매개 요인으로서 전쟁 발발에 한몫했다. 산업 후진 지역에서 강대국 제국주의는 제1차세계대전 이전 한 세대 동안 열강 간에 분쟁을 일으키고 국제적 긴장을 고조한 주요 원인 중 하나, 어쩌면 단 하나의 주요 원인이었으며 양차 대전이 발발한 데에도 큰 책임이 있었다. 게다가 제국주의는 산업 선진 세계와 후진 세계의 관계, 식민 전쟁을 여러 차례 치른 양자 간의 관계에서 중추적 역할을 했다. 제국주의의 두 측면—선진 세계 내부의 관계에 미친 영향과, 선진국들과 후진국들의 관계에 미친 영향—은 뒤에서 산업-기술 시대의 변화하는 전쟁 패턴을 설명하며 함께 검토할 것이다. 19세기 동안, 특히 1878~1920년에 유럽 열강은 자기들끼리 아프리카를 분할했다. 유럽 열강은 일본, 미국과 함께 동남아시아와 동아시아에서 계속 팽창했고 그 와중에 중국의 일부를 차지했다. 19세기 말엽 중국은 분할되기 직전처럼 보였다. 또한 유럽 열강은 오스만 제국이 무너지기 전에, 그리고 제1차세계대전 도중 오스만 제국이 무너진 후에 이 제국의 넓은 지역들을 탈취했다. 1800년에 이미 식민지들과 종전 식민지들을 포함해 세계 지표면의 35퍼센트를 통제한 유럽인들은 이 비율을 1878년 67퍼센트, 1914년 84퍼센트로 끌어올렸다. 유럽에서 가장 큰 열강이었던 영 제국은 1800년에 면적 400만 제곱킬로미터의 토지와 인구 2000만 명을 보유하였고, 19세기 동안 더욱 팽창해서 면적을 7배, 인구를 20배로 늘렸다. 제1차세계대전 이후 또다시 팽창한 영국은 세계 지표면의 23.9퍼센트를 자국의 통제 아래 두었다.[42]

1880년대부터 탄력이 붙은 제국 팽창의 새로운 단계를 어떻게 설명해야 하며, 앞서 기술한 경제적 논리와 이 팽창은 어떤 관계였을까? 이는 이제껏 정치평론가와 이데올로그, 학자들이 열띤 논쟁을 벌여온 논제다. 물론 여기서 나의 의도는 수없이 되풀이된 그 논쟁을 요약하는 것이 아니라 그것을 근대 세계의 전쟁, 그리고 전쟁의 전환과 연결짓는 것이다. 모든 역사적 현상을 논할 때와 마찬가지로, 학자들은 제국 팽창의 새로운 물결에 다양한 요인들이 이바지했다는 데 동의한다. 그런 요인 중에는 이미 침투하고 있었던 서구의 선교사와 사업가, 정착자를 보호하기 위해 식민지 관료와 본국의 당국이 점점 깊숙이 관여한 '요동치는 변경'의 '흡수' 효과가 있었다. 그렇지만 이 요인과 여타 다양한 요인들은 근대성의 근간을 이루는 두 가지 전반적인 발전이라는 맥락(그리고 이 맥락에 대한 나의 논의)에서 가장 잘 이해할 수 있다. 그 두 가지 발전이란 서구가 지배하는 세계 산업 경제의 부상, 그리고 그에 상응해 급등한 서구의 기술력과 군사력—부와 권력의 폭발—이다.

예전에 제국주의 연구자들은 뒤에서 살펴볼 첫번째 발전에 집중했지만, 최근 연구는 제국주의를 창출하는 데 두번째 발전도 첫번째 발전 못지않게 중요했음을 지적해왔다. 『제국의 도구들: 19세기 기술과 유럽 제국주의The Tools of Empire: Technology and European Imperialism in the Nineteenth Century』 (1981)에서 대니얼 헤드릭Daniel Headrick은, 제국주의는 다른 어떤 요인들이 작용했든 간에 어느 정도는 단지 그것이 아주 쉬워졌기 때문에 진행되었다고 주장했다. 19세기에 이루어진 기술 혁신들 덕분에 선진 세계의 열강은 그전까지 접근하지 못했던 땅을 훨씬 쉽게 침투하고 군사적으로 지배할 수 있었다. 증기선은 육지에 둘러싸인 나라와 대륙의 깊숙한 곳까지 강을 거슬러올라갈 수 있었다. 영국이 중국을 급습한 1841~42년 이래 서구 열강은 이 나라의 심장부, 즉 중국 남부를 북부 및 수도 베이징과 연결하는 대운하에 출현해 서구의 포砲로 무력 시위를 벌였다. 이와 비슷하게 강 증기선은 프랑스가 인도차이나에서 식민지를 넓힐 길을 닦았다. 인도차이나와 아프리카에서는 대단히 치명적인 말라리아를 예방하는 키니네quinine의 도입 덕에 증기선이 더욱 널리 쓰이게 되었다. 이 두 가지 혁신에 힘입어 유럽인들은 그전까지 우림과 질병 때문에 접근할 수 없었던 열대 아프리카의 깊숙한 곳까지 침투할 수 있었다. 뒤이어 강선을 새긴 후장식과 탄창식 보병총이 도입되어, 후진 세계의 주민들을 상대하는 서구인들에게 전례 없는 화력의 우위를 선사했다. 철도와 전신은 광대한 점령지들을 연결하여 한결 통제하기 쉽게 해주었다. 이런 사정은 아시아와 아프리카만이 아니라, 서구가 방금 언급한 화기와 통신 기술 덕분에 점령할 수 있었던 북아메리카에서도 마찬가지였다. 요컨대 19세기 후반 서구의 식민 정복에 엄청난 가속이 붙은 주된 이유는 근대 기술이 정복을 훨씬 쉽게 해주었기 때문이다. 자연 장애물은 극복되었고, 토착민의 저항은 무장 대립에 더욱 노출되었거니와 그런 대립에 맞서기가 더욱 어려워졌다. 활강滑腔 머스킷 기술은 더이상 아무나 웬만큼 이용할 수 있는 표준 기술이 아니었다. 선진 지역과 후진 지역의 기술-산업 격차가 벌어짐에 따라 앞서 논한 권력의 불평등도 심화되었다.

식민 팽창과 정복이 한결 쉬워진 새로운 단계는 근대의 전쟁들을 가르는 주요한 구분선이다. 산업-기술 시대에 전반적으로 급감한 것은 강대국이나 경제 선진국 간에 벌어진 전쟁의 횟수와 햇수뿐이기 때문이다. 선진 열강과 후진 세계의 적국 간의 전쟁 횟수는 줄어들지 않고 되레 늘었다. 종합해볼 때 전반적인 전쟁 횟수와 햇수는, 특히 프랑스와 영국—호전성이 프로이센-독일과 오스트리아보다 훨씬 강했던 것으로 보인다—같은 식민 열강의 경우 거의 변하지 않았다. 그렇다 해도 이런 데이터는 호전성에 관한 연구에서 모호하게 처리하기 일쑤인 심대한 전환을 감추고 있다.[43] 이제 발발 빈도가 급감한 강대국 간의 전쟁은 역사상 가장 규모가 크고 가장 힘겹고 가장 파괴적인 국가 간 전쟁이었다. 그에 반해 선진국과 후진국 간 무력 분쟁의 빈도는 변하지 않았다(식민 시대에는 도리어 높아졌다). 그 이유는 선진국이 적어도 초기에는 비용을 적게 들이고도 쉽사리 승리하게 되었기 때문이다. 손쉽게 승리를 거둘수록, 열강이 무력 분쟁에 이끌리지 못하게 막는 장애물은 줄어들었다.

그렇다 해도 열강이 도대체 무슨 이유로 침공했느냐는 물음은 남는다. 물론 제국주의는 세계사에서나 유럽사에서나 새로운 현상이 아니었다. 그렇다면 산업 시대에 나타난 제국 팽창의 새로운 물결은, 그 이전의 제국 건설과 만약 달랐다면 얼마나 달랐는가? 역사적으로 농업시대 어디서든 제국 팽창의 주된 물질적 보상은 공물—다른 집단들의 노동 결실을 전리품과 전쟁배상금, 과세의 형태로 징발하는 것—이었다. 경우에 따라 공동체의 농업 정착을 위해 토지를 획득하는 것이 또다른 중요한 물질적 보상이었다. 이 두 가지에 비하면 훨씬 덜 중요했던 세번째 보상은 무역 거점을 확보하고 무역을 독점하는 것으로, 상업적인 도시국가들이 건설한 비교적 소수의 무역 제국들에서 가장 두드러지게 나타났다.

근대 초기 유럽은 팽창기 동안 이 모든 물질적 목표—공물 징수, 농업 식민화, 무역 독점—를 계속 추구했다. 그렇지만 국제 무역이 유럽에서 부를 늘리는 동력이 되어감에 따라 무역 거점과 독점이 갈수록 중요해졌다. 포르투갈과 네덜란드의 무역 제국에 뒤이어, 18세기 영국은 전례 없는 무역 독점권을 얻었다. 애덤 스미스가 보호주의적 독점과 식민주의의 경제적 논리를 거부하기는 했지만, 영국은 산업 시대에 이르러서야 비로소 자유무역을 받아들였다.

산업 시대에 들어서 무역의 자유 증진은 선진 경제에 훨씬 더 매력적인 것이 되었다. 그 이유는 간단했는데, 산업화 이전 경제에서는 가족 생산자들이 자기네 생산물을 직접 소비했지만, 이제는 빠르게 증가하며 다양해지는 생산물 중 압도적인 비율을 시장에 내다팔았기 때문이다. 정치적 경계를 넘나드는 전문화와 교환의 네트워크가 갈수록 복잡해지고 심화되는 가운데 상품의 흐름을 가로막는 장벽이 낮아짐에 따라, 폭발적으로 성장하는 시장경제의 효율성이 한층 높아졌다.[44] 산업화가 진행되는 동안 유럽 열강의 대외 무역은 각국의 GNP보다 2배 빠르게 증가했고, 그 결과 19세기 말과 20세기 초에 수출액과 수입액을 더한 총액이 영국과 프랑스에서는 GNP의 절반 정도까지, 독일에서는 GNP의 3분의 1 이상까지, 이탈리아(와 일본)에서는 GNP의 3분의 1 정도까지 증가했다.[45] 간명하게 말하자면 무역의 자유가 늘어난 것은, 산업 시대에 사람들이 자기 노동의 산물 대부분을 직접 소비하지 않고 거래함에 따라 엄청나게 팽창한 시장

경제의 당연한 귀결이었다. 뒤에서 살펴보겠지만 일찍이 19세기 경제학자들이 간파했듯이 변화의 근간을 이룬 이 논리를 제약한 주된 요인들, 무역의 자유화를 중단시키고 나아가 역행시키기까지 한 요인들이 여럿 있었다. 그러나 세계 산업의 선두주자 영국이 자국의 전성기였던 빅토리아 시대 중기에 여하튼 제품을 가지고 어떤 경쟁에서도 승리할 공산이 컸다는 것은 확실하다. 자유무역 경제 이론에 따르면 식민지는 기껏해야 부의 획득과 무관하거나 오히려 부의 획득에 걸림돌이 될 때가 더 많은데, 식민지로 인해 시장의 작동에 정치적으로 개입하게 되기 때문이다. 나라의 전체크기는, 즉 제국의 영토는 자유무역이 우세하다면 경제적으로 중요하지 않다. 사람들의 (1인당) 부는 각국의 크기와 별반 관계가 없다.

그렇지만 이 모든 주장은 자유무역이 우세해야만 성립한다. 이런 이유로 자유무역은, 큰 영향을 미친 존 갤러거John Gallagher와 로널드 로빈슨Ronald Robinson의 논쟁적인 논문 제목처럼, 제국주의를 제거하기는커녕 되레 '자유무역 제국주의'를 창출했다. 19세기 영국의 대외 정책은 세계의 공장이 되어가는 제1산업국의 대량생산 제조업을 위해 전 세계에 접근할 권리를 최대한 확보하는 과제에 매진했다. 영국은 자유무역을 보장받거나 적어도 영국산 상품에 대한 관세 장벽을 낮추기 위해서 경제력과 군사력을 이용해 외국의 정치 당국을 압박했다. 다른 열강에 비해 특혜를 요구하지는 않지만, 당연히 영국은 무역에 대한 제약을 없앨 경우 이익을 가장 많이 얻을 위치에 있었다. 영국은 이따금 이 목표를 달성하기 위해 세계 도처에서 포함砲艦 외교를 이용했다. 요컨대 군사적 강압—암시적 또는 실제적 강압—은 시장을 열거나 열어두려는 영국 정책의 일부였다. 이미 살펴보았듯이, 부와 권력이 밀접히 연관된 근대와 더욱 밀접히 연관된 산업 시대에 화포는 자본주의 저가 상품의 잠식을 방해하는 정치적 '장벽'을 허무는 데 이용되었다. 갤러거와 로빈슨에 따르면, 이렇게 해서 이른바 비공식 영 제국이 남아메리카·중동·동아시아·아프리카의 몇몇 지역에서 탄생했다. 이들 지역에서는 아직까지 주변부—경제적·정치적 주변부—를 다양한 방식으로 지배하던 주권자가 영국의 경제적 이윤은 최대로 늘리고 개입과 충돌, 직접 통치의 비용은 최소로 줄여주었다. 영국은 불필요한 직접 통치의 부담을 가능한 한 피했다.[46] 이처럼 19세기에 영국이 지배한 전 세계의 경제-정치 영역은, 제2차세계대전 이후 주로 미국과 연관된 '자유무역 제국주의' 일반의 원형이 되었다.

갤러거와 로빈슨의 '비공식 제국'을 더욱 넓은 역사적 관점에 집어넣으려면, 거의 어디서나 제국 발전의 첫 단계는 패권적 제국이었음을 기억해야 한다. 역사 내내 제국적 패권국들은, 초기에는 토착민 정치 지도자를 권좌에 그대로 두고서 그를 이용해 공물을 징수하고 무역을 독점하는 편을 선호했다. 토착민의 통치가 실패하거나 협력이 중단된 뒤에야 비로소 제국 권력은 직접 통치를 위한 도구를 개발하거나 직접 통치의 부담을 짊어지고서 '공식' 영역 제국을 만들어냈다. 갤러거와 로빈슨에 따르면 이런 일은 자유무역 제국주의 시대에도 일어났다. 다시 말해서, 공식 제국은 비공식적인 패권적 제국주의가 실패하고 나서야 최후의 수단으로서 등장했다.

갤러거와 로빈슨의 논지는 엄청난 비판에 시달렸다. 비판자들은 다른 무엇보다도 영국 정부가 외국의 내정에 관여하기를 무척 꺼렸을 뿐 아니라 외국의 일에 대한 영국의 영향력이 매우 제한적이었음을 강조하면서, 정치적 지배와 '비공식 제국'이라는 개념이 과연 적합한지 의문을 제기했다.[47] 그렇지만 19세기 중엽 영국이 자유무역을 받아들임에 따라, 독점적 무역과 독점적 제국의 시대와는 다른 방식으로 강압적 권력을 사용했다는 데에는 비판자들도 동의한다. "무역을 확실히 보장받기 위한 최고 권력의 사용을 기꺼이 제한하는 것은, 정치적 소유를 통해 상업적 패권과 독점권을 얻으려는 중상주의적 권력 사용과 대비되는, 19세기 영국의 자유무역 제국주의의 뚜렷한 특징이다."[48]

이에 더해 자유무역 제국주의는 적어도 이론상으로는 징수가 아니라 **모두를 위해** 더 많은 부와 온갖 부수적인 이익을 창출하는, 서로에게 이로운 무역에 기반했다는 점에서 옛 공물 제국주의(이 제국주의의 요소들은 분명히 오랫동안 살아남았지만)와 달랐다는 데에도 유념해야 한다. 역사적으로 공물 제국들 또한 신민들에게 평화와 안정, 문명의 축복을 가져다주겠노라고 자주 공언했고 때로는 실제로 가져다주었지만, 비공식적인 자유주의적 제국주의는 근대의 도약 자체가 근본적인 이탈이었던 것 못지않게 과거로부터의 근본적인 이탈이었다. 물론 그 과정은 결코 이상적이지 않았다. 그 과정에서 나타난 여러 폐해 가운데 명백한 사례를 하나 꼽자면, 영국의 마약을 수입하도록 중국을 강제로 개방한 아편 전쟁(1839~42년)이 있다. 더욱이 조지프 슘페터Joseph Schumpeter가 말한 자본주의의 '창조적 파괴'는 으레 고통스러운 전환과 혼란을 수반했고, 아직 산업화되지 않았던 전통 사회들은 더더욱 고통을 겪었다. 그렇다 해도 산업화 이전 국가들이 꾸준히 실질 성장을 하고 농경시대의 물질적 궁핍과 침체, 제로섬 경쟁, 높은 사망률에서 벗어날 유일한 방도는 세계 경제와 연결되는 것—자진해서 또는 압력이나 무력에 의해—뿐이었다. 이 점은 반제국주의 수사修辭 때문에 너무도 쉽게 무시되어왔다.[49] 영국 수상 파머스턴Palmerston 시절부터 오늘날에 이르기까지, 자유주의 이론가들뿐 아니라 모든 나라의 자유주의 정치가들까지 인도한 것은 다음과 같은 일반적인 진보관(여기서는 오스만 제국에 적용했다)이었다. 번창하는 무역은

……자유주의적 개혁을 도입하도록 술탄을 이끌어, 신민들에게 정부에서의 대표권과 법정에서의 재산권을 선사할 것이다. 생산 계급들은, 영

국인들이 보기에는 이 나라를 수 세기 동안 후진과 빈곤에 묶어둔 유사 봉건적인 무슬림 종주들의 징발에서 벗어날 것이다. 일단 해방되고 나면 농민은 시장에 내다팔기 위해 더 많이 생산할 것이고, 동양의 상인은 자본을 축적할 것이며, 그의 사업은 영국인 상인과 동업하는 가운데 경제를 발전시킬 것이다. 그러고 나면 무역이 정의와 자유 같은 자유주의의 개념들을 퍼뜨릴 것이다.[50]

이 논리에 따르면 영국이 개척한 근대의 노선—하나뿐이기는 하지만—은 다른 모든 곳에서 복제될 텐데, 이미 근대화된 중심부의 저가 상품이 가하는 압력이—필요한 곳에서는 우월한 물리력의 지원을 받아—산업화 이전인 세계의 주변부 도처에서 비슷한 과정을 얼마간 자동적으로 창출할 것이기 때문이다.

산업의 세계화는 저지할 수 없는 것으로(그리고 전체적으로 보아 물질 면에서 대단히 이로운 것으로) 판명되었지만, 자유무역 자유주의자들과 휘그당이 마음속에 그린 진보의 노선대로 확산되지는 않았다. 애덤 스미스와 데이비드 리카도가 정식화한 자유무역론은 도전을 대부분 견뎌냈고, 오늘날 경제학자 절대다수가 이 이론을 받아들인다. 그럼에도 몇 가지 중요한 예외와 끈질긴 의문이 아직 남아 있다. 주된 예외는 산업의 '도약'을 촉진할 만큼 충분히 발전한 사회적·정치적 하부구조를 갖춘 나라들과 관련이 있었다. 알렉산더 해밀턴Alexander Hamilton과 프리드리히 리스트Friedrich List 이래로 이른바 국민경제학자들이 지적했듯이, 그 나라들의 초창기 산업은—적어도 성공적으로 경쟁할 만큼 발전하기 전까지는—더 단단히 자리잡은 외국 산업경제의 생산품을 국내시장에서 막아줄 관세 장벽을 필요로 했다. 이런 이유로 미국과 독일, 프랑스, 러시아, 일본 모두 19세기 후반에 산업적 도약을 하는 동안 영국의 제조업에 맞서 강력한 보호주의 정책을 채택했다. '공식' 영 제국의 '백인' 자치령들—캐나다, 오스트레일리아, 뉴질랜드—마저도 모국에 맞서 보호관세를 채택했다. 정통 자유주의 학설과 반대로, 19세기에(실은 20세기에도) 일단 보호주의를 채택하지 않고서 일류 경제국이 된 나라는 전무했다. 영국은 이런 선진 지역들에서는 자유무역을 강요하기 위해 압력을—군사적 압력은 고사하고—행사할 수 없었다.

자유무역 제국주의는 둘째 범주에 속하는 나라들, 즉 영국이 현지 엘리트층과 서로에게 이롭지만 비대칭적인 관계를 맺고서 그들을 자국이 지배하는 세계 경제에 끌어들일 수 있었던 나라들에서 제일 잘 작동했다. 이 나라들은 대부분 영국에 식품과 원료를 수출하고 영국산 제품을 수입했다. 외국의 사업에 관여하고 안전을 보장하는 현지의 정치 당국과 엘리트층이 간혹 통제력을 잃어버리는 위기시에만, 영국 또는 다른 패권적 열강은 질서와 이해관계를 복구하려고 단기간 무력을 동원해 개입하곤 했다.

그렇지만 변화에 저항하는 현지의 뿌리 깊은 태도로 저가 상품과 포함외교가 공동으로 가하는 압력에 대처한 셋째 부류의 국가들—특히 이슬람 국가들과 중국—도 있었다. 현지의 고유한 정치-사회-경제-문화 질서는 서구의 세계 경제와 서구가 유도한 근대화에 노출되자 그 기반부터 흔들렸다. 국가 당국은 우물쭈물하거나 미숙하거나 허약하고, 관료층은 답답하며 부패해 있다는 것이 드러났다. 장래의 패배자와 변화의 수혜자 가운데 권력을 쥐고 있던 쪽은 전자였다. 봉건적·부족적 엘리트들은 영국의 귀족만이 유일하게 성취한 시장으로의 이행을 달성할 능력도 의향도 없었다. 상인 계급은 유력한 세력으로 성장할 기회를 얻지 못했다. 그들의 문화적 태도는 시장을 지향하는 개혁에 강하게 반발했고, 그 개혁을 이질적인 외국의 침입으로 여기기까지 했다. 더욱 나쁜 시나리오도 있었다. 발전에 실패한 토착 사회는 경제적으로 경쟁하는 데에도 실패하고 외국에 빚을 졌다. 뒤이어 외국인에 대한 민족적 반발이 자본주의의 혜택은 커녕 고통만 경험한 민중을 집어삼켰다. 토착 정치 당국의 위태로운 협력은 단기간 개입으로 복구할 수 없었다. 외국의 기존 이해관계도 위협을 받았다. 이런 상황에서 패권국은 상충하는 두 선택지, 즉 철수하는 선택지와 '공식' 제국의 직접 통제를 강요하는 선택지에 직면했다. "가능하면 비공식 통제를 이용해 무역하고, 필요하면 통치를 이용해 무역하라"라는 갤러거와 로빈슨의 공식과 상반되는 상황이었다. 세계의 선진 지역과 마찬가지로 후진 지역에서도, 두번째 선택지를 상업적인 이유로 채택한 경우는 거의 없었다.[51]

가장 두드러진 예외는 공식 영 제국의 '보석'인 인도였다. 영국은 독점적 무역 제국주의 시대에 무력으로 획득한 이 보석을 자유무역 제국주의 시대에도 계속 간직했다. 어느 정도는 영국이 이미 인도를 통치하고 있었기 때문이지만, 19세기 중엽에 자유주의적인 영국 당국이 공식 제국 통치를 철회할 경우 인도와 영국의 무역에 공히 해로울 것이라고 확신했기 때문이기도 하다. 인도는 전쟁을 일으키는 착취적이고 부패한 국가 통치자들의 손아귀로 되돌아가고, 효율적인 행정 체제와 공정한 사법 체제가 사라질 터였다. 사회 개혁과 경제 발전이 멈추고, 농민 대중과 도시민 계급들 모두 사회의 유력자들에게 굴복할 터였다. 그 결과 인도 아대륙에서 살아가는 사람들 중 5분의 1에서 6분의 1과 거래하는 영국의 무역이 당장은 안전해도 장차 무정부 상태와 무역 장벽 때문에 혼란에 빠질 터였다. 이런 이유로 자유주의적 도덕성—실은 의무—과 사리사욕은 인도에서 영국의 통치가 지속되는 동안 서로를 강화했다.[52] 인도적 고려사항—노예 무역을 근절하려는 노력—또한 '쟁탈전' 이전에 서아프리카에서 영국의 팽창을 어느 정도 제한한 원인이었다. 유명한 선교사 겸 탐험가인 데이비드 리빙스턴David Livingstone은 오직 문명civilization, 상업commerce, 그리스도교christainity─세 C의 **결합**─만이 노예 무역상들의 손아귀에서 아프리카를 구할 것이라고 믿은 전형적인 인물이었다.[53] 러디어드 키플링Rudyard Kipling이 말한 '백인의 짐'은 가식적인 표현이 아니었다.

중국은 인도와 상반되는 사례였다. 중국은 영 제국이 그 이전 시대로부터 물려받은 유산이 아니었고, 자유무역 제국주의의 잠식에 어느 정도까지만 영향을 받았다. 천자의 왕국의 문제는 강함이 아니라 약함이었다. 영국은 포함 외교로 중국에 개방을 강요했지만, 쇠락하는 왕조는 변화를 받아들이고 사회와 경제를 개혁하려는 의향이 거의 없었거나 혹은 그럴 능력이 없었다. 그 결과 중국은 인류의 약 4분의 1를 포괄하고 있었음에도, 발전하면서 갈수록 부유해지는 세계의 다른 지역들에 비해 무역 상대국으로서 그 가치가 떨어졌다. 외국의 압력에 시달리며 쇠약해지던 중국의 중앙정부는 19세기 최대의 유혈극이었던 재앙과도 같은 태평천국 운동(1851~64년)에 직면했다. 영국은 중국이 무정부 상태로 치달을까 우려했고 또 거대한 왕국을 직접 통치하는 부담을 짊어지고 싶지 않았던 까닭에, 중국의 느린 근대화와 세계 경제로의 제한적인 통합이 유효한 선택지들 가운데 그나마 제일 덜 해로운 선택지라고 보았다.

시장이 유도한 사회 개혁과 경제 근대화가 자유주의적 기대치에 한참 못 미친 오스만 제국의 사정도 중국과 엇비슷했다. 그럼에도 이집트에서 케디브[Khedive: 오스만 제국이 파견한 이집트 총독─옮긴이] 체제가 붕괴한 사태만이─근대화 계획이 실패하고 뒤이어 막대한 외채로 인해 강한 민족주의·이슬람 반서구 혁명 세력들이 생겨남에 따라─영국의 개입을 이끌어냈다(1882년). 그리고 영국은 철수할 경우 서구의 이해관계를 보장할 수 있는 정치권력이 이집트에 전혀 남지 않으리라는 점이 분명해지고 나서야 마지못해 한시적인 개입을 영속적인 점령으로 바꾸었다. 영국의 이집트 정권 탈취는 중대한 사건이었는데, 겨우 20년 만에 유럽 열강이 아프리카 대륙 전체를 자기들끼리 분할하는 사태로 귀결된 '아프리카 쟁탈전'을 촉발했기 때문이다.

이처럼 아프리카에서 공식 제국들이 일제히 대규모 팽창에 나선 사태는 경제적으로 이해하기 어려운 까닭에 이제껏 수수께끼로 여겨져왔다. 이집트의 무정부 상태나 적대적인 정부는 서구의 기존 금융·상업 이해관계를 위협할 터였지만, 윌리엄 글래드스턴William Gladstone의 자유당 정부가 이런 잠재적 손실 자체에 설득되어 그들의 모든 원칙에 위배되는 영원한 '이집트의 속박'—실망한 글래드스턴의 표현—을 짊어진 것은 아닐 터이다. 더욱이 제국 팽창의 수수께끼는 사하라 이남 아프리카의 광대한 영역—세계에서 가장 빈곤했고 가장 덜 발전했으며 이윤이 가장 적게 났던 영역—과도 관련이 있었는데, 이 땅은 제국주의 열강에 행정과 치안 유지, 하부구조에 들어가는 비용에 대한 보상을 거의 약속하지 않았다. 금이 풍부한 남아프리카와 고무가 풍부한 벨기에령 콩고는 아프리카 식민지에서 실질적인 보상을 약속한 드문 예외였다. 산업-기술 시대에 선진 세계의 부는 국내에 기반을 둔 제조업에서, 그리고 다른 선진국 및 중진국들과의 무역에서 생겨났다. 아프리카의 광대한 식민 제국들은 그 부에 사실상 전혀 기여하지 않았다.

으뜸가는 식민 제국이자 세계의 금융업자였던 영국과 관련된 데이터가 보여주듯이, 19세기 말과 20세기 초에 영국은 투자액의 약 40퍼센트를 본국에 투자했다. 나머지 45퍼센트는 미국과 남아메리카, 유럽 대륙에 투자했고, 공식 제국에는 고작 15퍼센트 정도만 투자했다. 더구나 제국에 대한 투자마저 대부분 캐나다, 오스트레일리아, 뉴질랜드 같은 백인 자치령들에 집중되었다. 인도에 그다음으로 많이 투자했고, 제일 뒤진 아프리카의 새로운 식민지들에 투자한 금액은 무시해도 될 정도였다. 영국의 경제학자 겸 정치평론가 J. M. 홉슨Hobson이 주창하고 블라디미르 레닌Vladimir

Lenin이 받아들인 유명한 테제와 달리, 투자자들은 이익이 줄어드는 선진 경제에 대한 투자를 식민지 시장에 대한 투자보다 선호했다. 더 발전한 나라일수록 투자 대비 이익이 많았던 반면, 아프리카에서 새로 획득한 영토는 이익을 가장 적게 가져다주었다. 두번째로 큰 제국주의 강국이었던 프랑스와 관련된 무역 데이터도 영국의 데이터와 유사한 양상을 보였다.[54] 제국 팽창의 새로운 물결은 무시해도 무방한 사업이었다.

이것은 19세기 후반에 가장 빠르게 성장한 새로운 경제 대국이 미국과 독일이라는 사실로 입증된다. 두 나라는 새로이 식민 야망을 드러냈고 변변찮은 식민지들을 가지고는 있었지만, 식민 제국 가운데 가장 작은 축에 속했다(그렇지만 분명 미국은 어느 정도는 북아메리카 대륙 내에서 서부를 식민화한 덕분에 급성장할 수 있었다). 오히려 가장 크고 가장 빠르게 성장한 식민 제국인 영국과 프랑스의 경제적 지위가 신제국주의 시대 동안 강대국 사이에서 상대적으로 가장 많이 하락했다. 경제력과 군사력이 밀접히 연관된 시대에 제국의 미미한 군사적 기여도는 역시 미미한 경제적 기여도를 반영하는 것이었다. 영국 본국은 제1차세계대전의 사상자 중 80퍼센트, 비용 중 88퍼센트를 부담했고, 나머지 제국의 몫은 대부분 자치령들이 부담했다.[55]

아프리카에서 얻는 경제적 이익과 여타 이익이 변변찮다는 점을 당시에도 인식하고 있었다면, 무엇이 '쟁탈전'을 야기했을까? 관건은 아프리카만이 아니었다. 우선 인도에 영 제국이 있었다. 영국은 유럽과 인도를 잇는 해로를 안전하게 지키기 위해 이미 남아프리카를 통제하고 있었다. 영국의 이집트 개입과 주둔을 추동한 주된 요인은, 수에즈 운하를 통해 인도로 가는, 얼마 전에 개통한 더 짧은 해로의 안전에 대한 우려였다. 이집트에서 현지 당국이 무너졌을 뿐 아니라 무엇보다 러시아가 중앙아시아로 진출하며 인도를 위협했고, 19세기 동안 영국의 대외적·전략적 정책을 좌우한 지중해 동부에서 야심을 드러냈다. 영국의 중요한 아프리카 식민 속령 두 곳―구 속령과 신 속령―은 그 자체로는 경제적 가치가 거의 없었고, 영국의 자유무역 체제에서 별다른 경제적 역할을 하지 못했다. 오히려 그 속령들의 쓰임새는 군사력을 이용해 영국의 무역을 위협할지 모르는 다른 열강에 맞서 그 체제를 지키는 것이었다. 영국이 남아프리카 트란스발에 관여한 것은 새로 발견한 광물 자원 때문이 아니라, 보어인들이 그 자원을 이용해 다시 독립을 주장하고 당시 서남아프리카와 동아프리카에 근거지를 두고 있던 독일과 동맹을 맺을까 우려했기 때문이다. 그렇지만 다른 열강은 안보를 지키려는 영국의 행동을 독점으로 여길 수밖에 없었다(그 열강도 어느 정도 독점을 했다). 예를 들어 다른 열강도 인도와 무역할 수는 있었지만, 인도에서 영국 행정부는 의심할 나위 없이 영국의 경제적 이해관계에 특혜를 주었다. 이런 이유로, 오랫동안 이집트에 경제적·정치적으로 관여했던 프랑스는 영국의 이집트 정권 탈취를 자국의 경제와 위신을 강타한 사건으로 간주했다.

대체로 보아 영국이 이집트를 장악한 시점부터 아프리카 쟁탈전이 둑이 터진 듯 진행되었다고 말할 수 있다.[56] 영국이 이집트에 계속 주둔하는 것에 격분한 프랑스는 정치인들과 관료들이 오랫동안 마음에 품어온 계획을 실행에 옮겼다. 그 계획이란 서아프리카에서 대규모 공식 병합을 삼가자고 했던 영국과의 암묵적 합의를 저버리고 사하라 사막을 가로질러 식민지를 엄청나게 넓힘으로써 속령 알제리를 서아프리카의 속령들과 연결하는 것이었다. 이 계획의 동기는 경제적인 것보다도 국가의 위신과 관련이 있었고, 1870~71년에 프랑스가 치욕스럽게 패전한 이후 더욱 두드러졌다. 당시 프랑스는 압력을 가해 영국을 이집트에서 내쫓기 위한 지렛대로서 이 계획을 실행했다. 그러나 실제 결과는 정반대로 나타났다. 프랑스가 팽창하여 수단과 나일 강 상류를, 나아가 이집트의 수로를 통제할 것을 우려한 영국은 수단과 우간다, 그리고 우간다로 이어지는 동아프리카의 육로(케냐)를 포함해 나일 계곡 전역을 공식적으로 통제하고자 했다. 프랑스와 영국이 충돌하는 상황에서 유리한 중추적 위치를 확보한 독일이 1884~85년 아프리카에서 식민지 획득에 열중하자, 다른 나라에 앞서 토지를 차지하려는 과정이 더욱 빠르게 진행되었다. 비스마르크Bismarck는 주로 국내 정치와 관련된 이유로 식민지를 차지했는데, 그가 신경썼던 유럽과 강대국들의 관계와는 무관하다고 생각하여 아프리카의 식민지를 경시했기 때문이다. 거대한 콩고 땅은 벨기에 왕에게 사유지로 넘겨졌다. 대다수 강대국들이 다른 강대국이 콩고를 통제하는 것보다 그 편이 낫다고 여겼기 때문이다.

이처럼 '쟁탈전'은 영국이 방어를 위해 팽창하면서 다른 국가들의 '안보 딜레마'를 촉발하고, 이후로 더욱 팽창하면서 관련된 모든 국가에서 민족주의 추세를 강화하고 독점에 대한 두려움을 키우기 시작한 사태였다. 자유무역을 하던 영국은 갈수록 공식 제국이 필요하다는 입장으로 기울었다. 공식 제국이 제한된 전략적 지역들에서 안보 위협에 대처하기 위해서도 필요했고, 다른 보호주의 열강이 저마다 공식 제국을 팽창하기 시작하자 더 일반적인 선제 정책으로도 필요했기 때문이다. 요컨대 영국은 자유무역을 지키기 위해 공식 제국을 필요로 하게 되었다. 보호주의 열강에게 토지 강탈의 선제적 측면은 분명히 주목하지 않으면 안 되는 것이었다. 어느 쪽이든 그 결과는 제어가 안 되는 과정이었다.

물론 중국은 아프리카와 비교 불가할 정도로 훨씬 중요한 경제적 목표물이었지만, 1890년대 말에 중국에서 발달한 열강 간의 역학은 그리 다르지 않았다. 러시아는 시베리아 횡단 철도를 확장하면서 최초로 중국의 변경에 군사력을 투사할 수 있는 위치에 다가가고 있었다. 설령 러시아가 중국의 영토를 병합하는 정책을 추구하지 않았을지라도, 영국으로서는 '개방'되었으나 자국이 지배하는─해군의 우위에 힘입어─시장이었던 중국의 독립을 더는 보장할 수가 없었다. 한편 산업화중이던 다른 열강─일본, 독일, 프랑스, 미국─도 중국에서 존재감을 키워가고 있었다. 일본과의 전쟁(1894~95년)에서 패하자 중국의 체제는 더욱 약해졌다. 중국의 정치적 해체가 임박해 보이자 열강의 경쟁은 한층 치열해졌는데, 토착 권위의 붕괴가 십중팔구 분할을 의미할 상황에서 어떤 열강도 뒤처질 여유가 없었기 때문이다. 열강은 모두 통일되고 개방된 중국 시장을 선호하면서도, 저마다 중국의 주권을 더욱 잠식함으로써 분할 과정을 촉발했다. 19세기를 마감하는 몇 년간 열강은 분할을 거의 피할 수 없는 결론으로 간주했지만, 일본이 만주에서 러시아를 물리침으로써(1904~5년) 러시아의 전진 위협을 제거하고 나자 그 결론을 피했다. 그러면서도 열강은 중국에 개방과 선취권을 요구하며 상충하는 압력─토착 중앙권위의 쇠락에 의해 촉발되었고 또 그 쇠락을 촉발하던 압력─을 가함으로써, 중국을 모두에게 개방된 단일한 무역지대에서 강대국들이 공식 통치하는 영역들로 바꾸겠다고 위협하고 있었다.

아프리카에서 분할이 진행중이고 중국에서 분할 조짐이 보이는 가운데, 영국이 지배하는 자유무역 체제는 보호주의 전망으로 인해 위협을 받았다. 보호주의는 자기강화적 과정이자 자기실현적 예언이었다. 이미 영국의 수출은 다른 모든 강대국이 채택한 높은 관세 장벽 때문에, 그리고 외국시장에서 영국의 종전 우위를 꾸준히 끌어내린 독일과 미국의 급증하는 산업 경쟁력 때문에 난관에 처해 있었다.[57] 경제 패권국 위치를 상실할 위험에 처한 영국은 이제 스스로 자유무역에서 후퇴하여 광대한 공식 제국을 보호주의 무역권으로 통합하는 정책의 이점에 관해 숙고하기 시작했다. 식민장관 조지프 체임벌린Joseph Chamberlain이 지지했고 제1차세계대전 이후에 얼마간 시행되었던 이 정책은 마침내 대공황기인 1932년에 채택되었다. 역으로 미국과 독일은 이제 제조업 수출을 가로막는 무역 장벽을 제거하는 데 점점 더 관심을 쏟게 되었다.

거대한 국내시장을 가진 미국은 외국시장에 덜 의존했지만, 1930년대에 전 세계에서 보호주의가 심화됨에 따라 수출에 가장 큰 타격을 입었고 대공황에서 회복하는 데 지장을 받았다. 빌헬름 황제 시대의 독일인들은 20세기가 도래할 무렵 '유럽합중국'의 자유무역지대나 유럽의 공동시장(그리고 적어도 경제적으로 통합된 중부유럽Mitteleuropa)만이 미국과 영 제국, 러시아의 광대한 공간에 비견할 만한 공간을 독일 산업에 제공한다고 생각했다. 그러한 유럽 무역지대는 평화적 합의를 통해 만들어내는 편이 최선일 테지만, 그러지 못할 경우 군사력과 정치적 지배를 통해 강요할 수도 있었다. 더욱이 부상중인 세계 경제가 모두에게 개방되지 않고 열강에 의해 지리적으로 분할된다면, 독일 역시 광대한 식민 제국을 획득할 작정이었다. 독일은 식민지 획득 경쟁에 뒤늦게 뛰어들었으므로 독일의 제국 건설은 필연적으로 기존 질서를 변경할 터였다. 독일은 기존의 자국 식민지들을 접합할 거대한 중앙아프리카 제국Mittelafrika의 창설과 더불어 포르투갈령 앙골라와 모잠비크, 자원이 풍부한 벨기에령 콩고에 눈독을 들였다. 독일인들은 이 식민지들을 양도받기를 원했다. 제1차세계대전과 뒤이은 독일의 패전으로 인해 그런 구상은 전투적·극단적으로 변해갔다. 경제적으로 자립하는 독일 제국, 즉 유럽 대륙을 활보하고 과거에 독일이 결여했던 장기전을 지속할 역량을 보유한 제국을 창설하는 과제는 히틀러에게 그의 인종주의적 계획 및 영원한 지구적 투쟁이라는 비전과 분리할 수 없는 것이었다. 히틀러 치하에서 자유주의 프로그램의 상호연관된 모든 측면들은 그에 상반되는 측면들로 대체되었다.

일본의 사정도 독일과 엇비슷했을 것이다. 원재료가 부족하고 무역에 크게 의존한 일본은 1930년대 초에 다른 강대국들이 보호주의 장벽을 세우자 큰 타격을 받았다. 일본은 생존하기 위해 제국을 반드시 수립해야 한다는 입장으로 기울어갔다. 만주를 탈취하고(1931년) 중국 북부에 침투한 일본은 중국과 총력전을 벌였다(1937년). 그 이후 중일 전쟁에 필요한 군수품, 유럽에서 본국의 중심이 독일에 점령당해 있던 프랑스와 네덜란드(1940년)의 식민지들이 갖는 유인, 결정적으로 원재료—무엇보다 석유—에 대한 미국의 금수 조치(1941년) 같은 요인들로 인해 일본은 자급자족하는 제국, 이른바 대동아공영권을 건설하는 일에 모든 것을 거는 도박을 감행했다. 분할된 산업적-상업적 세계 경제에서 한 제국의 경제적-전략적 논리는 일본이 애초에 계획했던 수준을 훌쩍 넘어섰다.

바로 여기에 강대국들이 벌인 양차 대전의 씨앗이 있었다. 산업적-상업적 세계 경제가 개방되지 않고 분할될 것이라면, 영역을 차지하기 위해 압박하지 않을 도리가 없었다. 이 관점에서 보면 세기 전환기의 아프리카에 경제적 가치가 거의 없다는 사실은 별로 중요하지 않았는데, 가장 중요한 것은 지구적 식민 제국의 일부로서 발전할 장기적인 전망이었기 때문이다. 게다가, 예를 들어 독일인들은 영어를 쓰는 사람들과 그들 문화의 확산을 본보기로 여기고 부러워했다. 제국은 독일인들이 이주하지 않으면 다른 나라에 '빼앗길' 그들의 목적지가 될 터였다. 일본도 조선과 만주에 세운 그들의 제국을 이와 비슷하게 바라보았다. 이처럼 세계 경제의 자유무역 모델이 보호주의에 밀려나고 그리하여 권력정치에 밀려남에 따라 국가적 고려사항—언제나 가장 중요한 고려사항—이 더욱 중시되었다. 분할된 세계 경제에서는 경제력이 국력을 키우는 한편 국력이 경제력을 보호하고 키운다. 공식 영 제국을 비판하는 자유무역론자들은 영국 자체의 발전에 시선을 고정하기보다, 영국이 떠났던 세계의 여러 지역에서 비자유주의 열강—자유주의 영국보다 성공적이었던—이 닫힌 제국을 힘의 원천으로 바꾸고 그리하여 한층 더 팽창할 수 있었던 것인지도 모른다는 의

문을 제기해보아야 한다. 뒤에서 보겠지만, 그런 비자유주의 제국 건설— 몇몇 제국은 대단히 성공적이었다—을 저지하려면 무력을 동원해야 했다. 열린 국제 경제에서는 국가의 크기가 별반 중요하지 않았지만, 권력정치가 지배하는 국제 경제에서는 국가의 크기가 경제적 성공의 핵심 요인이 되었다. 여기에 더해 전략적 전쟁물자를 자급자족하는 과제가 제국을 추동하는 원인이자 결과가 되었다. 가장 두드러진 사례는 제2차세계대전 이전과 도중의 독일과 일본이었다.

이처럼 통합된 복합체였던 식민주의는 국가와 대중의 엄청난 지지를 받는 진정한 국책사업이 되었다. 이미 1870년대에 영국 수상 벤저민 디즈레일리Benjamin Disraeli는 선거권이 확대되어 새로이 유권자가 된 많은 이들을 사로잡는 제국의 대중적 호소력을 이용했다. 20세기 초입에는 대중적 호소력이 어마어마한 힘이 되었던 까닭에, 어느 나라의 정치인이든 설령 동조하지 않더라도(동조하는 정치인이 늘고 있었다) 이 호소력을 무시할 수가 없었다. 민족을 팽창하려는 '격세유전적' 충동과 분할된 세계 경제의 논리는 서로를 강화했다. 민족주의와 식민주의가 어우러졌던 것이다.

이 모든 것은 더욱 깊은 변화의 일면들이었다. 20세기 초입에 자유무역 자유주의는 후퇴하는 중이었다. 서로 보호주의를 우려했거니와 자유무역 자유주의에 근본적인 결함이 있다는 입장으로 점점 기울었기 때문이다. 시장경제 전반이 도전을 받고, 민주주의를 강화하던 의회제-자유주의 사회 모델도 마찬가지였다. 진보주의자, 파시스트, 사회주의자 등 서로 철저히 다른 집단들이 시장경제의 변동성과 낭비, 사회적 비용를 비판하고 계획과 규제의 장점을 옹호함에 따라 시장경제는 대중의 인기를 잃어갔다. 선진 세계의 일부 국가에서 보수적 엘리트층과 전제정에 오랫동안 저항했던 의회제-자유주의 대중사회 모델은 이제 새로운 유형에 속하는 막강한 전체주의 체제들에 직면했다. 새로이 등장한 정치경제 체제들은 강대국 간의 전쟁과 제국 건설에 지대한 영향을 미쳤다.

전체주의의 도전과 그 도전이 패배한 이유

의회제―자유주의 국가 영국은 일찍이 근대 초기에 상업 자본주의를 개척한 나라들 사이에서 두각을 나타낸 이후 최초의 산업국가가 되었다. 당대에도 잘 알려져 있었고 14장에서 논의했듯이, 영국의 진화에서 이 모든 측면들 간에는 밀접한 연관이 있었다. 그리고 거의 19세기 내내 근대성을 향한 영국의 획기적인 도약이 세계를 전환하고 어디서나 주목을 받음에 따라, 영국의 모델은 미래의 모든 발전을 판단할 패러다임이 되었다. 그 패러다임은 서구 안팎에서 경탄과 시기 못지않게 깊은 불만과 저항 또한 불러일으켰다. 많은 이들이 전통 사회의 덕목들이 사라진다며 한탄했고, 인간을 소외시키는 재물의 지배와 그 덕목들을 비교했다. 전통적인 농업 엘리트층과 전제적 체제들은 불가피한 권력 상실을 두려워했다. 그렇지만 산업화와 그 귀결을 거부한다는 것은, 존속마저 위태로워진 오스만 제국과 중국이 겪었듯이 부만이 아니라 국가 간 권력에서도 가망 없이 뒤떨어진다는 의미였을 것이다. 도쿠가와 체제에 종지부를 찍은 메이지 시대의 개혁가 겸 혁명가들은 '부국강병'이라는 구호로 이런 자각을 극명하게 표현했다. 이런 이유로 19세기에 일본뿐 아니라 독일과 오스트리아, 러시아 같은 라인 강 동쪽의 유럽 강대국들과 그 밖의 많은 나라들은 당시에도 그 이후에도 산업화를 받아들이고 불가피한 사회적·정치적 개혁을 단행하고자 했으며, 그러면서도 전제적―귀족적 체제와 전통 가치를 가능한 한 보존하고자 했다.

구 엘리트들은 이 계획에 내재한―그 이후로도 줄곧 내재한―긴장(모순까지는 아니더라도)을 날카롭게 감지하고는 자신들의 '후위後衛' 행동이 성공할 가능성을 각양각색으로 비관하기에 이르렀다. 그러한 사회정치 체제들이 일부 강력한 선진 산업사회들(독일과 러시아, 일본 같은)에서 과연 필연적으로 자유주의 모델로 수렴하지 않고 살아남아 번창할 수 있었을지에 대해서는 말할 수 없다. 이 역사적 실험이 전쟁으로 인해, 그리고 고국에서 주로 전제적-보수적 체제를 대체한 전체주의로 인해 중단되었기 때문이다. 근대의 발전에 뿌리박은 새로운 전체주의 체제들은 옛 보수주의나 의회제-자유주의보다 전체주의가 더 근대성에 부합한다고 주장했고, 훨씬 더 전투적이었다.

좌파 계열이든 우파 계열이든(그 차이는 뒤에서 논하겠다) 전체주의는 과거의 역사적 전제정들과 다른, 20세기 들어서야 등장할 수 있었던 명백히 새로운 유형의 체제였다. 전체주의는 19세기 말부터 당대인 누구나 자신의 시대를 규정하는 특징이라고 날카롭게 의식했던 발전, 오늘날 우리가 당연하게 받아들이는 발전에 뿌리박고 있었다. 그 발전이란 바로 대중사회의 등장이었다. 당대의 사회적 의식에 이 새로운 현실, 다시 말해 반쯤 교육받은 대중—그전까지는 시골에 흩어져 있어서 시야에도 들어오지 않았던 이들—이 권력의 중심인 대도시에 몰려든 현실에 비견할 만한 것은 없었다. 그런 대도시에서는 더이상 대중을 무시할 수가 없었다. 따라서 어떤 체제든 '대중적' 체제, 즉 어떤 형태로든 대중의 동의로부터 정당성을 이끌어내는 체제가 되어야 했다. 그 결과 오랜 자유주의 의회정치 자체가 변형되었다. 역사적으로 대중을 미심쩍게 여기고, 정치적 평등이 개인의 자유와 사유재산을 위협할 것을 우려하고, 선거권을 유산계급으로 한정했던 자유주의 의회정치는 이제 민주화되어야만 했다. 1920년대까지 보통선거권은 자유주의-의회제 사회에서 규범이 되었다. 자유민주주의가 등장한 것이다. 이것은 같은 시기에 등장한 전체주의 체제들 못지않게 새로운 혼성 체제였다.

일찍이 19세기에 신문과 철도, 전신 같은 앞선 통신 수단들은 국민의 총의에 의존하는 전국 규모의 민중적 전제정—그때까지 대체로 도시국가에 국한되었던 민중영합적 참주정과 유사한—을 낳았다. 프랑스에서 나폴레옹 1세가 개척하고 나폴레옹 3세가 예증한 그 전제정은 보나파르트주의 또는 카이사르주의라고 불린다. 20세기까지 통신 기술 분야에서 다시 새로운 약진이 이루어지자 도시화가 뒤처진 나라들에서도 대중사회가 더욱더 대두했다. 대중언론에 영화(그리고 뉴스 영화newsreel)가 추가되었고, 한 나라의 구석진 벽지까지 닿는 무선통신이 1920년대까지 더해졌다. 전화와 자동차는 몇 분은 아니더라도 몇 시간 내에 경찰이 도착하게 해주었다. 새로운 전체주의 체제들은 대중교육과 대중매체를 통제하고 활용하면서 모든 반대를 전례가 없을 정도로 억압하고, 전통적인 전제정과 달리 공적 영역과 사적 영역 모두를 유례없이 통제하여 아주 높은 수준의 물질적·정신적 동원을 이루어냈다.[58]

무자비한 대규모 테러가 사회적 동원과 복종을 달성하는 데 무엇보다 중요하기는 했지만, 과거와 마찬가지로 테러만으로는 대다수의 전체주의 사회에서 나타난 광적인 헌신을 불러일으키기에 결코 충분하지 않았을 것이다. 대중을 불타오르게 하고 그들에게 동기를 부여하려면, 그들과 직접적이고도 깊은 관련이 있는 어떤 일에 참여한다는 의식을 끌어내려면 반드시 포괄적인 대중적 이데올로기라는 교의가 있어야 했다. 그런 교의 없이는 결코 진정한 동원을 이루어낼 수 없었다. 이제 덕목과 구원에 관한 포괄적 이데올로기들—서로 충돌하는 세속적 종교들—이 종래의 종교적 이데올로기를 대부분 대체했다(또는 보완했다). 이런 토대 위에서, 정당의 엘리트층인 전위前衛가 이끄는 좌·우파 전체주의는 의회제 자유민주주의보다 전체주의가 인민을 진정으로 대표한다고 주장하여 성공을 거두었다. 둘 다 자유주의 이데올로기와 사회를 대체할 포괄적인 대안을 제시했다.

공산주의는 시장 체제와 그에 속하는 사회적 불평등 및 적대적 사회관계, 자유주의 의회정치를 거부했다. 공산주의는 설령 민주적 형태일지라도 자유주의 의회정치란 실질적인 자본의 통치를 가리는 얇은 가면이라고 보았다. 공산주의는 물질적 결핍과 정신적 소외로부터 인민을 해방시켜줄 사회적 소유와 계획에 토대를 둔 구원론적 비전을 제시했다. 이는 인민을 동원하는 가장 강력한 교의였지만, 공산주의 체제의 현실이 이상에 한참 못 미쳤던 까닭에 모든 공산주의 체제는 위기가 닥치면 인민을 동원하는 최고의 동인인 토착 민족주의(그들이 이데올로기적·공식적으로 일축했던)를 일깨웠다. 우파 전체주의에서 민족주의는 당연히 지배적인 테마였다. 우파 전체주의는 자본주의를 유지하면서도 자유주의 사회와 철저히 대립하는 방향으로 사회를 개조하고자 했다. 사실 우파 전체주의가 주장한 것 또한 많은 이들이 자유주의 모델의 해악으로 간주한 것들에 대한 철두철미한 반발과 반란이었다. 그런 해악으로는 광포한 자본주의, 고질적인 사회 분쟁, 분열을 초래하는 정당정치, 공동 정체성과 공동 목적의식의 침해, 인간을 소외시키는 개인주의, 천박한 물질주의, 정신성 결여, 삶에 대한 환멸, 저속한 대중문화, 인도주의적 유약함, 퇴폐 등이 있었다. 우파의 전체주의적 혼합체 안에서는 자본주의가 효율적으로 규제되고, 빈민들이 부양과 훈육을 받고, 외부 경쟁자들에 대항하는 응집력 있는 민족 공동체가 창출되어 형제의식과 목표를 주입받을 것이었다.[59]

자유민주주의, 파시즘, 공산주의는 새로운 대중 산업사회를 어떻게 구성해야 하는가의 문제를 둘러싸고 우열을 다투었던 주요한 세속적 이데올로기들이다. 20세기 동안 이 이데올로기들이 저마다 강대국을 하나 이상 통치하게 되자, 19세기의 그 어떤 이데올로기 경쟁보다도 훨씬 격렬한 새로운 이데올로기 경쟁이 전개되면서 강대국 간의 기존 경쟁까지 한층 격렬해졌다. 저마다 특수한 환경에서 이처럼 이데올로기와 권력정치가 혼합되자 다양한 결합 형태들이 나타났다. 이데올로기적으로 공산주의는 자본주의 세계 파괴에 전념했다. 그렇지만 소비에트 지도자들은 동시에 다음과 같은 이유로 실용성에도 주의했다. 소비에트 진영은 권력 면에서 자본주의 세계에 미치지 못했다. 그들은 세계에 내재하는 모순으로 인해 세계가 불가피한 내부 붕괴를 향해 가고 있다고 믿었다. 그리고 거대한 소비에트 연방은 경제적으로 자급자족했기에 그들은 자기네에게 호기가 오기를 기다릴 여력이 있다고 믿었다. 그에 반해 1930년대와 1940년대 동안 나치 독일과 급진화하는 일본 제국은 좁은 영역 경계 안에서 자국의 경제로는 불충분하다는 예리한 의식을 드러냈고, 군사적 수단을 동원해 그 경계에서 단번에 영원히 벗어나려고 분투했다. 두 나라의 전통적인 전사 기풍과 서유럽의 인도적 자유주의에 대한 뿌리 깊은 저항은 이제 폭력과 호전성, 영웅적 희생, 지배하려는 영원한 투쟁에 대한 숭배로 진화했다. 불가분하게 얽힌 이런 요소들은 민족의 생존을 위해 필수적이며 그 자체로 좋은 것이라고 간주되었다.

그러므로 이데올로기 경쟁과 권력정치는 복잡한 관계에 있었고 서로 영향을 미쳤다. 강대국들의 투쟁은 지구적 차원의 투쟁이었는데, 한 강대국의 통제 범위는 다른 강대국에게서 빼앗거나 다른 강대국의 접근을 막는 더 강한 권력—경제적 접근과 군사력—을 뜻했기 때문이다. 이미 식민지 획득 경쟁과 관련하여 살펴본 대로, 분명히 세계에서 가장 빈곤한 지역들에서 강대국이 얻어낸 이득의 일부는 나중에 사실상 부채로 드러났다. 그러나 장차 어떤 나라가 자산으로 성장하리라는 전망이 사전에 언제나 분명하게 드러나지는 않았다. 국경 지역, 부대 배치, 기지基地와 관련하여 안보의 지리는 본래 팽창하는 경향이 있다. 또한 사기와 위신을 고려한 강대국들은 '도미노 효과'가 발생하지 않도록 어떤 손실도 입지 않으려 했다. 이데올로기적 적의, 세계 경제의 분할, '안보 딜레마'는 불가피하게 서로를 강화했다.

제2차세계대전이 발발하고 20년 내에, 서유럽의 자유민주주의 열강은 아시아와 아프리카에 있던 그들의 광대한 식민 제국을 잃었다. 이 전환이 일어난 이유는 16장에서 더 면밀히 검토할 것이다. 여기서는 이 전환이 권력과 부라는 측면에서 자유민주주의에 근본적인 손실을 거의 입히지 않았다고 말하는 것으로 충분하다. 어쨌거나 산업 후진국들은 경제적으로 그리 중요하지 않았다. 동아시아 국가들처럼 산업화를 성공리에 거친 나라들은 서구 군사력의 보호를 받으면서 (비록 대체로 보호주의 장벽 뒤에서 발전하기는 했지만) 자본주의 세계 경제에 흡수되었다. 이와 비슷하게 중요한 천연자원을 보유한 나라들, 특히 페르시아 만의 산유국들도 서구의 보호를 받는 가운데 비공식 제국주의의 수법에 의지해 국내에서 안정을 도모했다. 그렇지만 많은 이들이 서구의 경험에 근거하여 생각하는 것처럼 근대의 조건에서 정복이 지속될 수 없거나 이익이 되지 않는다는 것은 잘못된 단정이다. 근래에 한 연구가 여실히 입증했듯이 20세기에 비자유주의 강대국들, 특히 전체주의 강대국들은 선진국에서도 후진국에서도 대규모 정복을 지속할 수 있었거니와 선진국에서는 큰 이익을 얻기까지 했다.[60] (자유주의 제국의 통치를 받은 적이 없었던) 산업 선진국들은 일단 전체주의 제국에 점령당하면 비교적 쉽게 통제되고 병합되었다. 피정복 사회들은 강한 민족주의 의식에 물든 대중사회였음에도, 그들의 복잡하고 통합적인 근대식 경제 때문에 무자비한 압력에 아주 취약했다. 보통은 그런 압력을 실제로 가하지 않고 이따금 보여주기만 해도 그들을 계속 속박하기에 충분할 정도였다.

가장 눈에 띄는 사례는, 1940년에 나치 독일이 침략해 거의 자국의 국민경제만큼 성공적으로 제어하고 활용한 북서유럽 국가들이다. 서유럽 병합만으로도 독일의 경제력과 군사력은 1938년과 비교해 1.5배가 되었을 것이다.[61] 독일은 농업 비중이 더 높고 경제적 가치가 더 적은 동유럽과 남동유럽의 나라들도 거의 서유럽만큼이나 쉽게 통제했다. 지형이 험준한 유고슬라비아와 일부 소련 점령 지역에서만 저항이 비교적 성공을 거두었다. 그러나 독일이 전쟁에서 승리하여 이 골치 아픈 지역들에 물리력을 더 동원할 수 있었다면, 거기서도 독일의 집단학살·반半집단학살 방식이 십중팔구 활개를 쳤을 것이다. 소련은 애초부터 옛 러시아 제국의 일족들—러시아인이든 비러시아인이든—을 종전 점령자들보다 훨씬 잔인하게 억압했다. 1989~91년에 민족적 이유를 비롯한 이유들로 소비에트 블록이 해체될 때까지, 소련은 2차대전 기간에 점령한 동유럽 국가들을 줄곧 무자비하게 억압하는 데에도 어느 정도 성공적이었다. 소비에트 침공군은 제국의 쇠락기 동안 오직 황폐한 아프가니스탄에서만 현지 게릴라의 저항을 제압하는 데 실패했다. 이와 비슷하게 일본 제국은 타이완(1895년 점령)과 한국(1905년), 만주(1931년)의 경제적 잠재력을 계발하고 활용할 수 있었고, 2차대전을 견디고 살아남았다면 십중팔구 '대동아공영권' 전역에서 그렇게 할 수 있었을 것이다.

그러나 20세기에 세 강대국 진영들의 투쟁에서 승자로 떠오른 쪽은 자유민주주의 진영이었다. 이 결정적인 결과를 어떻게 설명해야 할까? 그 뿌리를 서로 대립한 이 체제들의 특성에서 찾는 것은 솔깃한 방법이고, 이 책처럼 구조적인 연구에서는 더더욱 그렇다. 국외에서 자유민주주의 국가들은 세계 시장 체제의 속박—그리고 규율—을 통해 협력을 이끌어내는 우세한 능력으로 열세한 억압 역량을 상쇄하고도 남았을까? 냉전기에는 그랬을 테지만 양차 대전기에는 그러지 못했던 듯하다. 궁극적으로 자유민주주의 국가들은 언제나 한데 뭉쳤기 때문에 성공했는가? 이 역시 주로 냉전기에 해당되는 이야기다. 이 시기에 민주-자본주의 진영은 어쨌든 훨씬 우세했고, 공산주의 블록 안에서 소련과 중국의 적의가 격화되어 어부지리까지 얻었다. 그렇지만 제1차세계대전 기간에는 이데올로기적 분열이 훗날보다 훨씬 덜했다. 영국-프랑스 동맹은 결코 예정된 사건이 아니었고, 자유주의적 협력의 결실이 아니라 무엇보다 세력 균형이 작용한 결과였다. 동맹을 맺기 얼마 전만 해도 견원지간이던 두 나라는 권력정치 때문에 전쟁 직전까지 갔고, 영국과 독일이 협력할 가능성도 꽤 높았다. 자유주의 이탈리아가 프랑스와의 대립에도 불구하고 삼국동맹에서 이탈해 삼국협상에 가담한 것은 그런 세력 재조정의 결과였다. 이탈리아는 반도인 까닭에 제1의 해상 강국인 영국과의 충돌을 피해야 했던 것이다. 제2차세계대전 기간에 프랑스는 순식간에 패한 반면, 우파 전체주의 열강은 한편이 되어 싸웠다. 이런 관찰은 민주주의 국가들의 동맹 행위에 초점을 맞춘 일반적인 연구들과 부합한다.[62]

20세기에 주요한 세 진영의 투쟁에서 자유민주주의 강대국들에게 승리를 안겨준 것이 그들의 국제 행위 구조가 아니었다면, 국내에서의 내재적 강점이 그들에게 승리를 안겨준 것일까? 자유민주주의 국가들은 초기에 참전을 매우 꺼렸고 평시에 동원 수준이 더 낮았음에도 결국에는 자원을 더 효과적으로 동원했는가? 사실 모든 교전국은 총력전을 위해 자국의 사회와 경제를 대단히 효과적으로 동원했다. 제1차세계대전을 치르는 동안 보수적이고 반半전제적인 독일은 자유주의-의회제 경쟁국들 못지않게 자원을 집중적으로 투입했다. 제2차세계대전 초기에 연달아 승리한 뒤, 나치 독일의 경제적 동원은 결정적인 시기였던 1940~42년에 느슨해졌고 형편없이 조정되었다. 당시 소련을 파괴하고 유럽 대륙 전역을 활보함으로써 세계의 세력 균형을 근본적으로 바꾸어놓을 만한 위치에 있었던 독일이 실패한 것은, 예상보다 훨씬 힘겨웠던 과제를 수행하는 데 필요한 군사적 하드웨어를 군대가 부실하게 보급받았기 때문이다.[63] 이 파멸적인 실패의 이유들은 설명하기가 쉽지 않지만, 적어도 어느 정도는 독일 전체주의 체제에 내재한 경쟁하는 당국들의 구조적인 문제들 때문이었다. 그렇지만 (이미 너무 늦어버린) 1942년부터 독일은 동원 수준을 대폭 높여 자유민주주의 국가들의 수준을 따라잡고 뛰어넘었다(물론 그들의 생산량, 즉 미국의 생산량을 따라잡지는 못했다). 제2차세계대전 기간에 일본 제국과 소비에트 러시아 역시 무자비한 수단을 사용해 자유민주주의 국가들의 동원 수준을 뛰어넘었다. 최근에 한 역사가는 전체주의 체제들이 자유민주주의 국가들보다 전쟁 동원 능력이 뛰어났으며, 그리하여 상당한 군사적 이점을 누렸다고 결론지었다.⁶⁴

소비에트 공산주의 경제는 냉전기에 들어서야 갈수록 악화되는 구조적 약점을 드러냈는데, 그 약점은 점점 더 정교해지고 세계화되는 시장경제와 비교할 때 한층 두드러졌다. 소비에트 체제는 제2차세계대전 기간에 엄격히 통제된 군대식 조직을 이용해 군수품 대량생산을 탁월하게 해냈고 냉전기에도 줄곧 군사적으로 뒤떨어지지 않았지만, 경직된데다 본래 유인誘因이 없는 체제였던 까닭에 정보화 시대의 한층 다변화된 경제에 제대로 대처할 준비가 되어 있지 않았다. 결국 공산주의 블록은 서로 관계를 끊은 공산주의 중국과 소련이 자본주의-민주주의 세계와의 무력 분쟁과 거의 무관하게 자기네 체제가 비효율적임을 차츰 깨달아가는 가운데, 사실상 스스로를 해체했다.

그에 반해 나치 독일과 일본 제국 같은 자본주의-전체주의 우파 체제들이 공산주의 블록과 비슷하게 열세했으리라 추정할 근거는 없다. 이런 체제들에서 책임성 결여와 연고주의에서 기인하는 비효율성은 더 높은 수준의 사회적 동원으로 충분히 상쇄되었을 것이다. 설령 장차 온건해질 여지가 분명히 있었다 할지라도, 이 잔인한 체제들이 만행(이 점에서는 명백히 독일이 일본을 능가했다) 때문에 결국 붕괴했을 거라는 위안을 주는 믿음에도 타당한 근거는 없다. 일부 학자들의 주장과 반대로, 이 체제들은 민주주의 국가들보다 더 사기를 고조했고 그 군인들은 오히려 더 잘 싸웠다. 1930년대와 1940년대 초에 파시즘과 나치즘은 대중의 엄청난 열정을 자아내는 짜릿한 교의였던 반면, 민주주의 국가들은 이데올로기적으로 수세였으며 낡고 의기소침해 보였다. 프랑스는 1940년에 와르르 무너진 반면 독일과 일본(그리고 소련)은 끝까지 필사적으로 싸웠다.[65] 오늘날 우리는 전체주의 우파 열강인 독일과 일본이 한결 효율적인 자본주의 경제 덕분에 (이 점에서도 특히 전자가) 자유민주주의 국가들을 상대로 소련보다 유효한 도전을 제기했던 것이라고 판단할 수 있다. 제2차세계대전 이전과 도중에 사람들은 나치 독일을 그렇게 판단했다. 자유민주주의 강대국들이 서로에 비해 나은 내재적 강점을 갖고 있지 않았던 것과 마찬가지로, 자유민주주의 국가들이 경제적·기술적 발전 면에서 독일보다 나은 내재적 강점을 갖지 않았다는 데 유의해야 한다.

결국 전체주의 우파 열강은 패전했다. 패전의 이유는 훨씬 우세했지만 결코 예정된 것은 아니었던 경제–군사 연합, 즉 자유민주주의 국가들과 공산주의 소련을 결속한 연합에 부딪혔기 때문이다(소련은 가장 결정적인 시기에 전쟁의 예봉을 맡았다). 공산주의 세계가 붕괴하는 과정에서는 구조적 요인들이 훨씬 중요한 역할을 했다. 그에 반해 1945년부터 팽창하여 나머지 선진 세계를 전부 포괄한 자본주의 진영은 공산주의 블록보다 훨씬 강한 하부구조적 권력을 소유하고 있었다. 공산주의 블록은 막대한 잠재적 자원이 있었음에도 공산주의 경제에 내재하는 비효율성 때문에 자본주의 진영을 결코 따라잡지 못했다. 소련과 중국은 합하면 민주–자본주의 진영보다 잠재적으로 컸으며, 경제적으로 성공했다면 다른 나라들이 그 뒤를 따랐을 것이다. 깜짝 놀랄 만큼 판이한 북한과 남한의 발전은 양 진영의 차이를 여실히 보여준다.

자유민주주의 국가들의 성공에 대한 일반화된 구조적 설명이 실상을 호도할 수 있는 또다른 이유는, 그 설명에 포함되는 사례의 수가 적어서 우연성을 과장할 여지가 있기 때문이다. 제1차세계대전 기간에 자유주의—의회제 강대국은 미국, 영국, 프랑스 세 나라(이탈리아는 자격 미달이었고 더구나 강대국은 아니었다), 보수적이고 저마다 다르게 전제적인 강대국은 독일, 오스트리아—헝가리, (반대편에 속하는) 러시아 세 나라뿐이었다. 또한 1930년대와 1940년대에 자본주의—전체주의 우파 강대국은 독일과 일본 둘뿐이었고(이탈리아는 이번에도 자격 미달이었는데, 특히 자본주의 국가로 보기 어려웠고 전체주의 범주에 들어갔는지도 의문이다. 제2차세계대전 시기의 일본까지 아우르려면 유럽 모델보다 폭넓은 모델이 필요하다), 공산주의 강대국은 소련 하나뿐이었다(냉전기에 소련과 중국은 애증이 엇갈리는 관계가 되었다). 자본주의—자유민주주의 국가들의 승리와 전체주의 도전자들의 멸망을 초래하는 과정에서 우연적 요인들은 구조적 요인들 못지않게, 또는 구조적 요인들보다도 더 중요한 역할을 했을 것이다. 이 우연적 요인들 가운데 가장 명백하고 결정적인 것은 미국이었다.

영국의 자유주의를 접붙인 이 가지가 대서양 건너편에서 싹을 틔우고, 독립과 더불어 자유주의의 유산을 제도화하고, 부족 토착민 인구가 적은 아메리카 대륙에서 거주하기에 알맞은 땅을 대부분 획득하는 한편 유럽에서 엄청나게 많은 이민자들을 빨아들인 것은 역사의 우연이나 마찬가지였다. 그렇게 해서 세계에서 경제적—군사적 권력을 단연코 제일 많이 차지하는 나라가 탄생한 것은 역사의 우연에 지나지 않았다. 분명히 미국의 경제적 성공은 자유주의 체제나 여타 구조적 특성들과 큰 관련이 있었고(라틴아메리카를 고려하라), 이민자들에게 매력적이었던 이 나라의 크기와도 상당한 관련이 있었다. 그러나 미국이 특히 운 좋게도 광대한 지리적—생태적 틈새에 자리잡고 있지 않았다면, 캐나다와 오스트레일리아, 뉴질랜드가 입증하듯 미국이 그토록 많은 인구와 넓은 영역을 획득할 가능성은 희

미시건 주 윌로런Willow Run에 있는 포드 사의 거대한 공장에서 B-24 중폭격기를 대량생산하고 있다.

박했을 것이다. 물론 위치는 결정적일지언정 전부는 아니었으며, 20세기의 가장 중요한 정치적 사실이라고 해도 무방할 나라, 사실상 주들의 연합인 거대한 미국을 낳는 데 필요한 여러 조건들 중 하나였을 뿐이다.

요컨대 자유주의 체제가 미국의 급성장에 결정적인 전제조건이었다 해도, 미국이 새로 발견한 신세계의 땅에서 어쨌든 부상하여 결국 '구세계를 구한' 데에는 우연이 적어도 자유주의 체제 못지않게 큰 역할을 했다. 20세기 내내 제2강대국과 제3강대국을 합한 것보다 더 강력했던 거대한 권력 집중체인 미국은, 전 세계의 세력 균형을 미국과 그 동맹국들에 유리하도록 결정적으로 기울였다. 자유민주주의 국가들이 경쟁국들보다 총 자원을 더 많이 소유했던 까닭은, 그들의 선진 경제(이 역시 독일의 경제를 크게 앞서진 못했다) 못지않게 미국의 존재라는 결정적인 사실 때문이었다. 자유민주주의의 승리는, 1945년에는 한결 확실해졌을지 모르지만, 1914년이나 1939년에는 결코 예정된 결과가 아니었다. 어떤 요인이 자유민주주의 국가들에 우위를 선사했다면, 그것은 자유민주주의에 내재하는 어떤 강점이 아니라 무엇보다도 미국의 현존이었다. 20세기 민주주의의 승리에 관한 연구들은 이 '미국 요인'을 대체로 간과했다.[66] 달리 말해 미국이 없었다면 자유민주주의 국가들은 20세기의 대규모 투쟁들에서 십중팔구 패했을 것이다. 이 생각으로 정신을 차리고 나면, 대규모 투쟁들에 의해 창출된 세계를 단선적 발전 이론들과 휘그적 역사관 및 진보관을 믿을 때보다 훨씬 더 우연적인—그리고 허술한—산물로 바라보게 된다.

결론

산업-기술 사회의 부상이 전쟁에 미친 영향에 관한 논의는 중간 지점인 여기서 일단 끊겠다. 자유민주주의에 더하여 핵 요인과 여타 대량살상무기에 초점을 맞추는 연구는 현대 세계를 다루는 다음 장으로 넘기겠다. 그에 앞서 이 장의 요점들을 임시로 요약하겠다. 산업-기술의 도약은 인류 역사에서 혁명이 일어났음을 알리는 신호였다. 그 혁명은 부와 권력의 지속적이고도 기하급수적인 증대를 가져왔고, 이전 시대들을 지배했던 맬서스의 덫에서 사회를 구해주었다. 이 급진적인 발전이 19세기와 20세기에 선진국 간 전쟁의 횟수와 햇수가 급감한 사실과 어떤 식으로든 연관되지 않았을 가능성은 낮다—역사적으로 가장 빈번히 일어났고 또 가장 격렬했던 국가 간 전쟁인 강대국 간 전쟁의 횟수와 햇수 또한 급감했다. 그렇지만 일단 강대국 간의 전쟁—가장 두드러진 사례는 양차 대전이었다—이 발발하고 나면 교전국들은 자원을 훨씬 많이 동원할 수 있었다. 다시 말해 이미 기하급수적으로 증가한 국민생산을 예전보다 훨씬 높은

다수의 미국제 M-4 탱크. 노르망디 상륙작전중에 프랑스 제2기갑사단이 장비 점검을 하고 있다. 미국(과 영국) 탱크는 독일과 소비에트 탱크에 비해 명백히 질적으로 한참 뒤떨어졌다.

비율로 동원할 수 있었다.

　그렇다면 산업-기술 혁명과 선진국 간 전쟁이 급감한 사실은 정확히 어떤 관계였을까? 전쟁 비용이 증가했는가, 아니면 평화가 더 이익이었는가(또는 둘 다였는가)? 전비가 늘었다는 주장이 자주 거론되기는 하지만 그것을 뒷받침하는 증거가 부실하다. 상대적인 인구와 국부를 고려할 때, 19세기 전쟁들은 선대 전쟁들보다 비용을 많이 잡아먹지 않았다. 게다가 제1차세계대전의 비용이 어마어마했음에도 금세 제2차세계대전이 발발했다. 더 결정적인 요인은 평화에 유리하도록 전환된 경제적 논리였을 것이며, 19세기에 이미 이를 지적한 이들이 있었다. 이전과 달리 실질적인 부가 꾸준하고 빠르게 증가한다는 것은 이제 부가 근본적으로 한정되지 않으며 부의 획득이 제로섬 게임이 아니라는 것을 뜻했다. 경제적 생산성은 단연 부를 얻는 주된 길이 되었다. 더욱이 국민경제들은 더는 극도로 자급자족하지 못했다. 전문화와 시장 교환이 심화된다는 것은, 경쟁이 치열하기는 해도 외국의 성장과 파괴가 자국의 경제적 안녕에 직접 영향을 준다는 것을 뜻했다.

그렇다면 선진 세계 안에서 비록 훨씬 드물게나마 전쟁—그중에는 19세기의 낙관론에 대한 신뢰를 대부분 깨버린 양차 대전도 있었다—이 계속 일어난 이유는 무엇일까? 19세기에 일어난 대부분의 분쟁과 전쟁 이면에는 민족성 문제가 있었는데, 근대 들어 변형된 뿌리 깊은 친족 기반 정체성들이 당대의 정치적 경계와 충돌했기 때문이다. 게다가 새로운 산업—세계 경제가 보호주의 방향으로 돌아서고 다수의 민족적·제국적 블록들이 세계 경제를 열어두지 않고 분할할 조짐이 보일수록 이 과정은 자기실현적인 예언이 되었고, 뒤이은 영토 쟁탈은 열강 사이에서 불가피하게 긴장과 전쟁을 고조했다.

이 과정은 다시 일부 강대국에서 근대 전체주의 체제의 등장을 촉진했다. 그런 체제에서는 자유주의 모델에 맞서는 폭력 투쟁에 대한 이데올로기적 헌신과, 세계 경제를 분할하자는 요구가 서로 영향을 미치고 서로를 강화했다. 자유민주주의 국가들은 그들 체제에 내재하는 특성들 못지않게 거대한 권력 집중체인 미국에 힘입어 결국 20세기의 거대한 투쟁들을 장악했다. 그 과정에서 민주주의와 자본주의 세력권은 시장의 잠식 효과 못지않게 군사적 승리와 압력을 통해 확대되었다. 그런데 나치 독일과 일본 제국을 깔아뭉갤 정도로 막강한 하부구조적 권력을 소유했던 자유민주주의 국가들이 연약한 산업 후진국들, 즉 과거에 아주 쉽사리 정복했던 나라들을 상대로 숱하게 치른 소규모 전쟁에서는 어째서 그토록 쩔쩔맸던 걸까? 선진국과 후진국 사이에 빈부 격차가 전례없이 벌어졌음을 감안할 때, 자유민주주의 국가들의 이 기록은 우리의 현재 논의, 다시 말해 산업-기술 시대에 나타난 전쟁 수행 역량과 부의 밀접한 상관관계에 관한 논의에 어떻게 들어맞는가? 풍족한 자유민주주의 시장 사회들이 지배하는 오늘날의 세계에서, 이런 물음들은 이론적으로도 실천적으로도 현실과 직결된다.

제16장

/

풍족한 자유민주주의 국가들, 최종 무기,
그리고 세계

21세기가 도래한 지금, 파시즘과 공산주의가 몰락한 이후의 세계를 지배하는 것은 첨단기술을 가진 풍족한 자유민주주의 사회들이다. 북아메리카와 중서유럽, 환태평양 지역에 집중된 그 사회들이 포괄하는 인구는 세계 인구의 5분의 1에 미치지 못한다. 그러나 그들은 1인당 부라는 측면에서 단연코 세계에서도 가장 부유한 사회들이고(가장 부유한 30개국 중에 비민주주의 국가는 싱가포르와 홍콩, 작고 기술 수준이 낮은 아랍의 몇몇 석유 군주국들뿐이다) 세계 GNP의 절반 이상을 산출한다. 15장에서 제시한 수치들을 종합해보면, 그들은 세계의 하부구조적 권력을 90퍼센트 이상 통제한다.

역사 내내 가장 강력한 국가들은 그들의 체제와 무관하게 주요 교전국이기도 했고, 특히 자기들끼리 싸웠다. 이 점에서 근대 자유민주주의 국가들은 그 이전의 체제 유형들과 다른가? 다르다면 그 이유는 무엇인가? 그런 자유민주주의 국가들이 지배하는 세계는 그 이전 국제 체제들과 유의미하게 다른가? '그렇다'는 생각은 자유주의가 지성사의 몇몇 갈래를 엮는 교의이자 관점으로서 등장한 계몽주의 시대에 처음 제기되었다. 정치적 자유주의는 잉글랜드에서 존 로크John Locke가 명예혁명(1688년)의 강령으로 정식화했으며 특히 개인의 자유의 중요성, 법과 동의의 제약을 받는 정부, 일반적인 법치를 강조했다. 경제적 자유주의는 근 한 세기 뒤에 애덤 스미스가 추가했으며 자유시장이 가져오는 이익, 국가의 보호주의와 식민 정복이 가져오는 손실을 강조했다. (이 맥락에서 다소 경시된) 토머스 페인은 미국 혁명과 프랑스 혁명 직후에 이런 사상을 비롯하여 계몽주의 사상을 표현했고, 임마누엘 칸트는 자유주의적 비전을 국제 무대로 확장했다.『영원한 평화』(1795)에서 칸트는 대의제 정부와 권력 분립, 법에 의한 개인의 권리 보장을 포함하는 공화정 체제의 확산이 전쟁 발발을 억지할 것이라고 말했다. 페인과 비슷하게, 칸트는 인민들이 전제적 통치자와 달리 그들 자신이 대가를 치러야 할 인명과 금전 손실, 궁핍, 파괴를 초래하는 전쟁에 찬성하지 않으리라고 보았다. 또한 페인과 비슷하게 전쟁을 억지하는 상업 정신이 불가피하게 퍼져나갈 것이라고 말했다. 수가 늘어남에 따라 공화국들은 서로 간의 차이를 중재하고 전쟁을 방지할 국제 기구를 창설할 수 있을 것이라고 칸트는 믿었다.[1]

맨체스터 학파가 구체화한 자유주의의 경제적 평화주의는 산업 시대인 19세기 동안 크게 득세했지만, 제1차세계대전 이후 보호주의와 식민주의가 되살아나자 움츠러들었다. 미국 대통령 우드로 윌슨Woodrow Wilson이 세계 평화에 대한 비전을 명확히 표명한 것은 '세계 위기' 때문이었다. 윌슨의 비전은 기본적으로 칸트의 비전과 비슷하면서도 몇 가지 중요한 점들을 추가했다. 우선 윌슨의 평화는 '공화정'이 아닌 '민주정'의 확산에 입각했다. 다른 자유주의자들과 마찬가지로, 칸트는 선출하고 선출될 일반적이고 평등한 권리를 상정하지 않았다. 실은 다른 자유주의자들처럼 칸트도 민주주의를 우려했다(페인은 그렇지 않았다). 그들은 고전 시대에 민주정이 선동가들이 조장한 폭도의 통치로 타락하는 경향을 보였다고 믿었다. 대다수 자유주의자들은 민주주의가 다수의 횡포로 변질되어 자유주의의 권리를 위협할 것을 두려워했다. 그렇지만 선거권은 제1차세계대전까지 자유주의 국가들에서 꾸준히 확대되어, 결국 이 국가들이나 자유주의로 가는 중이던 국가들에서 사실상 보통선거권이 되었다. 그리하여 새로운 혼합물인 자유민주주의가 나타났다. 윌슨은 이 민주주의가 본질적으로 평화를 지향하는 까닭에 빠르게 퍼져나가면서 호전적인 전제정과 과두정을 대체하여 세계 평화에 이바지할 것이라 믿었다.[2]

윌슨이 칸트의 기획에 추가한 두번째 중요한 점은 첫번째와 관련이 있었다. 윌슨은 19세기를 거치며 분쟁의 주요한 원인 중 하나가 된 것을 지적했다. 바로 좌절된 민족주의였다. 19세기에 중부유럽과 남유럽, 동유럽에서 민족들이 전제적 제국 통치에 맞서 투쟁하는 동안 민족 해방과 정치적 자유주의가 불가분하게 뒤얽혔다. 주세페 마치니Giuseppe Mazzini가 가장 두드러지게 표명한 그 견해는 자유로운 서구 열강에서 점차 자유주의 견해에 스며들었다. 서구 열강에서 민족자결은 오랫동안 보호받았지만, 민족자결이 다른 모든 민족의 보편적인 권리라는 생각이 이들 열강에서 저절로 나타나지는 않았다. 그 다른 모든 민족에는 동유럽과 남동유럽에서 손쓸 도리가 없을 정도로 뒤섞여 살아가던 작은 민족들, 장차 1919년에 강화 조약자들을 난처하게 만들 민족들이 포함되었다.[3] 그리고 처음에는 근대 문명을 자주적으로 받아들일 준비가 안 되어 있다고 치부되었던 아시아와 아프리카의 후진 지역들도 점차 민족자결을 요구하게 되었다. 세계 평화를 위한 윌슨의 계획에서 민족자결은 대중의 정치 참여와 민주주의의 필연적인 귀결이자 필수적인 보완 요소였다. 민족의 의지에 반하는 외세의 통치는 지속되지 않아야 했다.

그런데 자유민주주의 국가들이 다른 체제 유형들보다 전쟁을 혐오한다는 것이 실제로 입증되었는가? 아니면 전쟁 혐오는 그들의 이데올로기적 선전과 자기기만, 보통 자기 쪽으로 치우치는 익숙한 편향을 드러낸 것에 불과했는가? 이런 회의론을 정당화하고도 남을 법한 상황이었다. 20세기 동안 자유민주주의 국가들은 세 차례 거대한 권력 투쟁에 가담하여 대체로 권력과 자원을 둘러싸고 전통적인 '현실주의적' 경쟁을 벌였고 아주 무자비한 전략을 구사했다. 이 투쟁들에서 반대편에 속한 국가들은 한결같이 자국의 행동은 근본적으로 자기방어라고 확신했고, 자유민주주의 국가들을 부당한 이익을 지키기 위해 교전도 불사할 정도로 위선적이고 강압적인 존재로 간주했다. 독일 제국과 일본 제국은 자국이 경쟁국들의 거대한 기존 식민 제국들에 둘러싸인 채 좁은 공간에 갇혀 있다고 보았다. 공산주의자들이 보기에 자본주의의 착취는 국내에서든 국외에서든 궁극적으로 정의와 진정한 자유, 세계 평화의 전제조건을 무너뜨리는 폭력적 억압에 의존했다.

이는 복잡하고 파악하기 어려운 이데올로기적 논쟁에 불과했던 것이 아니라, 자유민주주의 국가들이 특별히 평화적이지 않음을 보여주는 듯한 확실한 기록이었다. 자유주의/민주주의 국가들은 국가 간의 전쟁은 덜 치렀지만, 주로 비국가 경쟁자들과의 식민 전쟁이었던 '국가 대 비국가 전쟁'은 더 많이 치렀다.[4] 광대한 제국과 그에 따른 '식민 전쟁'으로 인해, 프랑스와 영국 같은 오래된 자유주의/민주주의 열강은 19세기와 20세기에 오스트리아와 프로이센/독일 같은 비자유주의 강대국들보다 전쟁을 훨씬 많이, 훨씬 오랫동안 치렀다. 미국 역시 19세기 동안 대체로 무력에 의존해 북아메리카 대륙을 차지한 뒤, 20세기 동안 틀림없이 자국의 '비공식 제국' 변경에서 광범하게 싸웠다. 영국의 옛 자유민주주의 자치령들 역시 20세기에 처음에는 옛 본국을 지원하기 위해서, 나중에는 새로운 패권국의 동맹으로서 대규모로 싸웠다. 특히 오스트레일리아가 적극 싸웠고, 캐나다도 싸웠으며, 정도는 덜하지만 뉴질랜드도 싸움에 가담했다. 15장에서 보았고 이 장에서도 보고 있듯이, 국가 간 전쟁과 식민 전쟁 사이에는 무엇보다 규모에서 엄청난 차이가 있었다 ─ 적어도 식민 열강의 경우는 그러했다. 더욱이 식민 전쟁과 관련된 자유민주주의 열강의 발전은 비자유민주주의 열강의 발전과 크게 달랐다. 그럼에도 대체로 학자들은 전쟁을 혐오한다는 민주주의 쪽의 주장에 몹시 회의적이었다.

그렇지만 1970년대부터 국제관계를 연구하는 학자들이 새로운 측면을 인식하기 시작했다. 갈수록 주목을 받은 그 인식은 자유주의/민주주의의 평화성에 관한 생각 전체를 근본적으로 바꾸어놓았다. 학자들은 자유주의나 민주주의 국가들(또는 자유롭게 선출한 정부를 갖춘 국가들 ─ 이 표현들에는 미묘한 개념적 차이가 있었다)이 다른 국가들보다 덜 싸우지는 않았을지 몰라도, 18세기 후반과 19세기 전반에 등장한 이후 자기들끼리는 아예 싸우지 않았거나 거의 싸우지 않았다는 사실을 발견했다. 이 발견은 철저한 통계 - 정량 분석으로 뒷받침되었다. 19세기와 20세기를 망라하는 전산화된 두 데이터 집합 가운데 한 집합은 모든 국가 간 전쟁에 대한 데이터를 포함했고, 다른 집합은 체제 유형들에 대한 데이터를 포함했다. 두 집합을 비교한 결과, 이 기간 동안 국가 쌍들 간에 일어난 수천 번의 전쟁 중에 민주주의 국가 둘이 벌인 전쟁은 전혀 또는 거의 없다는 것이 드러났다.[5] 다른 체제 유형들의 경우는 그렇지 않았다. 만일 이것이 사실이라면, 페인과 칸트, 윌슨이 시사한 대로 이 자유주의 또는 민주주의의 특이성은 자유주의/민주주의 국가들로 이루어진 세계가 더 평화로우리라고 함축하는 것으로 보였다.

당연히 이 논제와 그 근거인 깜짝 놀랄 만한 발견 ─ 신생 분과인 국제관계학의 가장 중요한 발견 ─ 은 폭넓고 철저하게 검토되었다. 이른바 민주주의 평화democratic peace라는 착상의 근거를 이루는 이론적 전제와 데이터를 향해 다양한 비판이 쏟아졌다. 논쟁 과정에서 인상적일 만큼 많은 학술 문헌들이 쓰였고, 초기의 논제는 비판에 대응하고 추가 연구를 받아들이기 위해 다듬어지고 수정되고 확장되었다.[6] 여기서 나의 개인적인 견해를 소개하는 것을 독자들이 양해해주기 바란다. 1990년을 전후한 언젠가 '민주주의 평화'라는 논제를 처음 들었을 때 나는 주요한 유보점과 제한점을 여럿 떠올렸다. 이제는 관련 문헌을 숙지했으므로 그런 점들 다수가 제기되었고 대체로 받아들여졌음을 알고 있다. 그렇지만 나머지 점들은 여전히 주목받지 않거나 설명되지 않았다. 다음 절에서는 논쟁 과정에서 알려진 발견과 논증을 종합해 제시하고, 더 광범하며 실질적으로 다른 관점에 입각해 그런 발견과 논증을 더 확장하고 맥락화하고자 — 실은 재규정하고 재설정하고자 — 한다.

'민주주의 평화'란 존재하는가

주목해야 할 첫번째 물음은 전근대와 관련이 있다. 근대 자유주의/민주주의 국가들이 추정컨대 그들 체제에 뿌리박은 이유들 때문에 서로 싸우지 않았던 것이라면 과거의 민주주의 국가들, 무엇보다도 고대 그리스의 민주주의 국가들은 어째서 서로 싸웠을까? 이 물음은 대개 뚜렷하게 인식하지 못하는 특별한 난점을 내포한다. 근대 이전 시대로부터 살아남은 정보는, 설령 고대 아테네와 로마처럼 가장 상세한 기록이 남은 경우라해도 근대의 정보에 비하면 고통스러울 정도로 성기다. 아테네를 예외로하면(스파르타도 얼마간은 예외다) 그리스 폴리스들에 관한 우리의 지식은 극히 흐릿하다. 우리는 19세기와 20세기에 관한 상세한 기록을 갖고 있지만, 폴리스들의 전쟁과 체제에 관한 기록은 상세함과는 거리가 아주 멀다. 예를 들어 어느 포괄적인 연구는 사실상 그리스 민주정들이 비민주정이나 혹은 양쪽이 혼합된 경우보다 자기네끼리 싸우는 성향이 얼마간 더 **강했**다는 것을 밝혔다. 가장 극적인 사례는 펠로폰네소스 전쟁중에 시라쿠사를 공격한 아테네의 유명한 군사작전(기원전 415~13년)으로, 이 전투의 원정군이 섬멸당한 탓에 아테네는 전쟁에서 불행한 결말을 맞았다. 그렇기는 해도 이 연구는 민주주의 국가 간에 전쟁이 일어나거나 일어나지 않는 양상이 고대와 근대에 달랐을 가능성을 남겨두었다. 저자들은 이렇게 주장했다. 1) 고대에 민주주의는 아직 아주 어렸고, 2) 고대의 기록은 몹시 불완전하며 따라서 왜곡되었을지도 모른다.[7] 근대에는 민주주의 국가 간의 평화가 사실상 보편적이라고 주장하는 이들이 있는 만큼, 이 연구를 충분한 설명으로 보기는 어렵다.

다른 포괄적인 연구는 고대에 관한 정보가 흐릿한 것을 감안해, 고대와 근대의 민주공화국들 사이에 어떠한 차이도 없으며 고대의 민주공화국들 역시 결코 서로 싸우지 않았다고 주장했다. 그러나 몇 가지 지적만으로도 이 주장이 성립하지 않는다는 것을 충분히 입증할 수 있다.[8] 고대 그리스의 유명한 민주정들은 대부분 기원전 5세기의 아테네 제국에 속했다. 아테네 제국은 아테네가 통솔하고 장악한 아티카의 델로스 동맹을 바탕으로 발전했다. 이 제국은 압도적인 무력을 동원해 폴리스들로 하여금 제국에 들어오도록 강요하고 제국에서 이탈하지 못하게 막는 등 강압적·억압적이었다. 반란은 가혹하게 진압되었다. 아테네는 제국을 전제적으로 운영했고, 무엇보다 폴리스들이(민주정 폴리스들을 포함해) 서로 싸우지 못하도록 막았다. 보통 아테네는 '동맹국' 가운데 민주정 체제들을 지원했는데(반면 스파르타는 동맹국 중에서 과두정 체제들을 지원했다), 한 가지 이유는 민주정 체제들이 국내에서 과두정 분파와 참주를 물리치기 위해 아테네에 의존했기 때문이다. 그럼에도 민주정 폴리스들을 포함해 동맹국 대다수는 펠로폰네소스 전쟁 후반기에 아테네의 권력이 쇠락하여 더이상 무력과 억지를 통해 자기네를 구속할 수 없게 되자 아테네에 맞서 반란을 일으켰다. 요컨대 기원전 5세기 그리스의 기록 대부분은 민주정 사이의 평화보다는 민주정 제국의 강압을 나타낸다.[9] 더구나 아테네 사회에서 제국의 공격적인 팽창과 전쟁을 요구한 쪽은 귀족이 아니라 오히려 줄곧 민중이었다.

기원전 4세기에는 검토해야 할 더욱 중요한 사례가 있다. 우선 그리스 민주정들의 수가 늘었다. 여기에 더해 기원전 377년 그리스의 패권국 스파르타에 대항해 아테네가 이끄는 두번째 동맹이 결성되었을 때, 그 동맹은 자발적이고 평등주의적인 원칙에 입각하고 있었다. 아테네는 스파르타를 약하게 만들기 위해 테베가 독립을 되찾도록 지원했다. 테베는 민주정이 되었을 뿐 아니라 민주적 기반 위에 보이오티아 연맹을 재건하기까지 했다. 기원전 371년, 에파미논다스Epaminondas가 지휘하는 보이오티아 군은 유명한 레욱트라 전투에서 천하무적 스파르타군을 격파하여 그리스를 경악시켰다. 뒤이어 그리스의 세력 균형이 극적으로 바뀌었다. 스파르타의 패권과 전제적 제국 통치는 끝장난 반면 테베는 두각을 나타냈다. 펠로폰네소스 반도를 침공한 에파미논다스는 스파르타의 위성국가들이 독립해 민주정이 되고 지역에서 민주정 연맹을 결성할 수 있도록 지원했다. 그는 스파르타에서 수 세기 동안 예속민으로 살아왔고 스파르타가 사회를 무장한 원인이었던 헤일로타이Heilotai를 대부분 자유롭게 풀어주었다. 그런데 테베에 분명히 이로웠던 이 고귀한 행동에 다름아닌 민주정 아테네가 맹렬히 반대했다. 레욱트라 전투 이후 아테네가 두려워하고 자기네와 견준 패권은 스파르타가 아닌 테베의 패권이었기 때문이다. 일찍이 데이비드 흄이 지적했듯이, 이 전환은 세력 균형의 작동을 보여주는 고대의 인상적인 사례다.

기원전 369년, 아테네는 그리스인의 자유에 등을 돌리고 억압적인 과두정 스파르타와 역시 과두정인 스파르타의 동맹국들, 시라쿠사의 디오니시오스와 페라이의 피에 굶주린 알렉산드로스 같은 참주들, 그리고 이질적이고 전제적인 페르시아 등과 동맹을 맺고서 테베에 맞서는 전쟁에 가담했다. 결국 그리스의 커다란 두 민주정은 이해관계가 충돌하는 그들 제국의 주변부 전역에서, 즉 그리스 중부와 북부, 에게 해, 펠로폰네소스 반도 곳곳에서 7년간 전쟁을 벌였다. 이 전쟁은 숱한 교전을 수반했고, 그리스 역사상 당시까지 최대 규모의 전투였던 만티네아 전투(기원전 362년)에서 아테네가 테베에 맞서 싸울 때까지 계속되었다. 이 전투에서 에파미논다스는 압승을 거두었으나 교전중 전사했고, 이로써 테베의 패권과 전쟁은 끝이 났다. 그 이후 아테네가 패권을 재주장하면서 동맹국들을 상대로 과거의 첫 제국처럼 행동하기 시작하자, 동맹 세력을 깨뜨린 반란인 이른바 동맹시 전쟁(기원전 357~55년)이 발발했다. 그렇다고 해서 민주정 테베가 우세를 점하는 동안 다른 민주정들을 성인聖人처럼 대했다고 오해하지 않도록, 기원전 373년 테베가 오랜 맞수인 민주정 플라타이아를 정복하고 쑥대밭으로 만들었다는 사실을 꼭 지적해야겠다.[10]

　놀랍게도 로마 공화정이 이탈리아 반도에서 치른 전쟁들에 대한 기록을 이 맥락에서 검토한 학자는 없었다. 그리스의 기록 이상은 아닐지라도 그와 엇비슷하게 정보의 빈틈이 많은 로마의 기록을 검토해보면, 그리스 못지않게 로마의 경우에도 '민주주의 평화' 현상은 미심쩍어 보인다. 로마 공화정이 얼마나 민주적이었냐는 문제는 고전 시대를 연구하는 학자들 사이에서 여전히 논쟁거리인데, 최근에는 민주적이었다는 쪽으로 더 기울고 있다.[11] 폴리비오스(『역사』 6.11~18)는 로마 공화정을 혼합정체로, 다시 말해 평민(민회와 호민관을 통해)과 귀족(원로원을 통해)과 개별 지도자들(매년 선출한 정무관들)이 서로 권력 균형을 이루는 정체로 분류했다. 그렇지만 고대인들이라면 우리의 근대 자유민주주의 국가 또한 혼합정체로 분류했을 것이고, 고대 공화국과 달리 근대 자유민주주의 국가에는 모든 시민이 직접 법률을 제정하고 전쟁과 평화 같은 중대사를 직접 결정하는 민회가 없었다는 데 유의해야 한다. 로마 팽창기 이탈리아 도시국가의 내부 체제에 관한 지식은 빈약하고 부정확하지만, 로마의 통치에 복속된 이탈리아와 그리스의 도시국가 수백 곳 가운데 공화정이 없었다는 주장—이탈리아에서 사실상 로마만이 공화정이었다는 주장—은 명백히 성립 불가능하다. 로마가 치른 최대 규모의 전쟁인 제2차 포에니 전쟁(기원전 218~202년) 기간에 폴리비오스(『역사』 6.5, 아리스토텔레스, 『정치학』 2.11, 4.8~9를 따라)가 적수 카르타고를 당시 로마 공화정보다 민중(바르카 가문의 주전파를 지지했다)의 지배력이 더 강한 혼합정체로 판단했다는 사실을 덧붙여 말할 수도 있겠다. 이탈리아 남부를 선도한 두 도시국가 카푸아와 타렌툼은, 제2차 포에니 전쟁중에 로마를 배반했다가 가혹하게 진압당할 당시 둘 다 민주공화정이었다(리비우스, 『로마 건국사』 23.2~7, 24.13). 이들 사례를 비롯해 다른 어떤 사례에 대한 증거에도, 로마가 전쟁과 평화를 공적으로 심의할 때 적의 정체를 고려할 가치가 있는 문제로 여겼다는 언급은 단 하나도 없다.[12]

셋째 갈래의 설명은, 고전 시대 공화정에 근대의 평화를 적용하기가 분명히 불가능하다는 것을 밝히려 한다. 근대의 평화 현상을 설명하는 요인으로 민주주의보다 자유주의를 강조하는 학자들의 주장에 따르면, 고대 그리스 민주정들은 개인의 자유주의적 권리는 물론이고 권력 분립(비록 로마는 혼합정체였지만)처럼 칸트가 요구한 '공화주의적' 전제조건들도 지지하지 않았다.[13] 헤겔 또한 그리스 폴리스에 두 가지 결점이 있었다고 주장했다. 그리스 폴리스는 개인의 자유를 인정하면서도 도시국가의 '유기적' 공동체와 개인을 구분하지 못했고, 노예제를 고수했다. 이는 로마 공화정도 마찬가지였다. 그렇지만 고대 경험과 근대 경험의 차이에 대한 이 설명 또한 완전히 만족스러운 것은 아니다. 미국에서 노예제는 남북 전쟁 시대까지 존재했는데, 자유주의/민주주의 평화론을 옹호하는 이들은 남북 전쟁이 일어나기 한참 전부터 미국이 자유민주주의 국가였다고 보기 때문이다. 게다가 이 이론가들이 자유주의/민주주의로 분류한 나라들 상당수는 자유주의/민주주의의 다른 특성을 약하게 나타냈거나 아예 나타내지 않은 상태였다.

전근대의 민주주의 국가 간 전쟁 문제는 잠시 보류하고 19세기로 넘어가자. 비판자들은 19세기의 민주주의−자유주의 평화를 뒷받침하는 증거가 아예 없지는 않아도 아주 적다고 주장해왔다. 첫째, 19세기의 어떤 국가가 자유주의 또는 민주주의 국가인지 결정하는 작업은 심각한 문제들을 야기한다. 이미 언급했듯이, 노예제가 있었던 남북 전쟁 이전 미국을 자유주의나 민주주의 국가로 간주할 수 있는가? 19세기에 대다수 자유주의 국가들에서 선거권은 보통선거권이 아니었다. 이들 국가는 노예와 여성을 선거에서 배제했을뿐더러 재산과 교육을 기준으로 투표하고 선출될 권리를 제한했고, 이 기준을 단계적으로 조금씩만 완화했다. 사회학자 및 정치학자들은 성인 인구 대부분의 주기적 선거, 경쟁 선거, 자유로운 선거를 강조하는 폭넓은 민주주의 정의定義를 받아들여왔다.[14] 그러나 여기서 '대부분'이란 무엇을 의미하는가? 보통선거권이 없다면, 민주주의의 문턱에 대한 어떤 정의든 어느 정도 임의적인 기준을 포함하기 마련이다. 그리고 이런 상황은 설령 비의도적일지라도 데이터를 조작할 확률을 높인다.

실제로 경계에 있는 사례들과 예외일 여지가 있는 사례들이 적지 않다. 남북 전쟁 이전에 미국이 전체적으로 자유주의적·민주주의적이었다고 본다면, 이와 비슷하게 남부 또한 백인들(노예를 소유하기는 했지만)에게는 민주주의적이었다고 보아야 하고, 따라서 남북 전쟁을 민주주의적/자

유주의적인 두 적대자 간의 전쟁으로 분류해야 하지 않을까? 민주주의/
자유주의 평화론을 옹호하는 이들이 으레 그렇듯이, 이 경우를 '성립된'
두 국가 간의 전쟁이 아니라 내전으로 치부하는 것은 설득력이 없고 지나
치게 인위적인 판단이 아닐까? 1899~1902년에 영국과 싸운 보어 공화국
은 비슷한 이유로 자유주의/민주주의 국가일 자격이 없는가? 1812년에
미국과 전쟁한 영국은 충분히 자유주의적이지 않았고, 1898년에 미국과
전쟁한 에스파냐는 충분히 자유주의적/민주주의적이지 않았는가? 그래
서 이들 두 나라와 미국의 전쟁은 민주주의/자유주의 국가 간 평화라는
규칙의 예외가 되지 못하는가? 1793~1802년에 틀림없이 자유주의 국가
였던 영국과, 변덕맞은 자유민주주의 국가였던 혁명기 프랑스 간에 벌어
진 전쟁은 또 어떠한가? 말할 나위도 없이 이와 비슷한 질문들이 미국 독
립 전쟁과 관련해서도 제기된다. 마지막으로, 입헌군주국으로서 대체로
법치를 했고 남성에게 보통선거권을 주었으나 다만 총리가 의회가 아닌 군
주에 대해 책임을 졌던 독일 제국은 당대의 기준으로 보아 민주주의·자유
주의 국가 지위를 주장할 권리가 없었는가? 물론 독일 제국을 민주주의·
자유주의 국가로 인정한다면 제1차세계대전은 '민주주의 평화' 규칙의 치
명적인 예외가 될 것이다. 그리고 독일 제국이 미심쩍다면, 민주주의 국가
였던 바이마르 공화국은 어떠한가? 1923년에 민주주의 국가 프랑스는 바
이마르 공화국에서 석탄이 풍부한 루르 지역을 무력으로 점령한 뒤 미지
급된 전쟁배상금을 받아내기 위해 3년간 주둔했다. 물론 독일은 전쟁으로
저항하지 않았지만, 그저 그럴 힘이 없었기 때문이다. 다른 한편으로, 독
일이 더 강했더라면 과연 프랑스가 점령에 나섰을지 의문스럽다고 주장할
수도 있다.[15]

이에 더해 비판자들은 19세기에 자유주의/민주주의 국가들이 서로 전
쟁을 몇 차례 고려했고/했거나 전쟁 직전까지 갔다는 주장을 했다. 19세기

에는 자유주의/민주주의 국가로 분류되는 나라가 상대적으로 적었거니와 그들 일부는 자유주의/민주주의 국가 목록에 교대로 들어갔다 나갔다 했으므로, 그런 '위기일발 사태들'이 설령 우발적일지라도 전쟁으로 치달았다면 기록에 심대한 영향을 끼쳤을 것이다. 예를 들어 거의 19세기 내내 영국령 캐나다에 눈독을 잔뜩 들였던 미국은 1812년에 어느 정도는 캐나다를 차지하기 위해 출정했고, 이후로도 행동에 나설 호기를 기다렸다. 거꾸로 영국이 가하는 전쟁 위협 또한 미국 독립 전쟁 기간 내내 도사리고 있었다. 이 시기에 목화를 재배한 미국 남부는 자연히 영국의 국제 경제 체제의 동맹이었으므로, 영국은 남부를 봉쇄함으로써 남부의 무역권을 침해하는 북부에 반대했다. 영국은 1895~96년에야 베네수엘라를 둘러싼 미국과의 군사적 분쟁에서 물러났다. 1830~48년에 영국과 프랑스는 둘 다 자유주의-의회제 국가였고 여러 이해관계를 공유했음에도, 세 차례나 전쟁 직전까지 갔다. 그리고 이미 15장에서 언급했듯이, 파쇼다 사건(1898년) 무렵 영국과 프랑스는 자유민주주의의 수준이 더 높아졌음에도 수단 때문에 전쟁 일보 직전까지 갔으며, 자유주의/민주주의 국가 이탈리아는 제1차세계대전 발발을 고작 10년 앞두고서야 독일 및 오스트리아와 맺었던 반反프랑스 동맹에서 발을 뺐다.[16]

이런 몇몇 경우, 전쟁을 피하도록 결정하기까지 더 중요하게 고려되었던 것은 서로 공유하는 자유주의나 민주주의가 아니라 전통적인 세력 균형이었던 것으로 보인다. 19세기 말의 영국은 더이상 거대하게 성장한 미국과 서반구에서 전쟁을 강행할 정도로 강력한 국가가 아니었고, 특히 전세계에서 영 제국을 위협하는 세력들이 출현하고 있었던 만큼 미국과 전쟁을 벌이기가 더더욱 어려웠다. 이와 마찬가지로 보잘것없는 이익을 얻고자 더 강력한 영국과의 전쟁에 돌입하는 것은 프랑스로서는 미친 짓이었고, 이미 더 강력한 독일과 심각한 적대관계였으므로 더더욱 그러했다. 이탈리아는 영국－프랑스 협약이 체결된(1904년) 이후 삼국동맹에서 이탈했는데, 반도라는 위치와 무역 관계 때문에 영국과 전쟁을 치를 수 없는 처지였기 때문이다.

상술한 이유들 때문에, 비판자들은 19세기의 '민주주의 평화'가 '허위'였다고 주장했다.[17] 이에 대해 민주주의 평화론 옹호자들은, 19세기 동안 민주주의 국가들이 모든 요인을 고려해도 서로 간에 전쟁을 평균치보다 훨씬 덜 일으켰으며 국제적 무력 분쟁에 훨씬 덜 관여하는 경향을 보였다고 반박했다.[18] 민주주의 국가들이 위기를 촉발하고, 위기에서 전쟁으로 치닫고, 무력을 과시하고, 서로를 위협하는 성향을 덜 보여왔다는 것이 밝혀졌다. 민주주의 국가들은 분쟁시 다른 국가들의 중재를 더 쉽게 받아들이고 타협에 더 쉽게 동의해왔다.[19] 그러나 민주주의 평화론 옹호자들마저도 이 이론을 뒷받침하는 증거가 20세기에, 특히 제2차세계대전 이후에 훨씬 더 분명해졌다는 것은 인정했다.[20]

그렇지만 비판자들은 (조금 다른 근거를 제시하기는 했지만) 20세기에도 민주주의 국가 간의 평화는 허위였다고 주장했다. 20세기 동안 민주주의 국가가 늘었고 이 나라들이 한때 전쟁을 빈번히 경험한 서유럽에 주로 몰려 있는 것은 사실이다. 그러나 비판자들이 이 국가들 간에 전쟁이 발발하지 않은 원인으로 꼽은 것은, 적국들의 연대―2차대전 추축국과 냉전기 소비에트 블록―에 맞서 민주주의 국가들이 맺은 여러 동맹의 복합적인 효과였다. 다시 말해 그들은 반대 진영의 적대행위가 민주주의 국가들에 그늘을 드리우고 그들 간의 분쟁과 전쟁을 억지했다고 보았다.[21]

역사 내내 체제가 비슷한 국가들은 서로 곧잘 싸웠다. 그렇지만 때로는 분쟁 상황에서 국내 정치와 이데올로기가 중요한 역할을 했다. 그런 경우에 체제와 이데올로기가 비슷한 국가들은 중대한 사안 때문에, 그리고 국내의 적들에 맞서 서로 의존할 수 있었기 때문에 반대 진영에 대항해 동맹을 맺곤 했다. 예를 들면 펠로폰네소스 전쟁기에, 중세 이탈리아에서 교황파 도시국가들과 황제파 도시국가들이 투쟁한 시기에, 그리고 근대 초기 유럽에서 종교 전쟁이 벌어진 시기에 분명히 이런 동맹이 체결되었다. 물론 체제나 이데올로기를 공유하는 국가들과 동맹을 맺는 것이 자국의 권력정치에 불리할 때는 동맹에서 이탈하기도 했다. 그렇게 이탈한 주요 사례로는 흥기하는 민주정 테베의 권력에 맞서 과두정 폴리스 및 참주들과 동맹을 맺은 민주정 아테네, 가톨릭을 믿는 합스부르크 왕가의 우세한 권력에 맞서 개신교도 및 이교도들과 동맹을 맺은 가톨릭 국가 프랑스가 있다. 그렇다면 20세기 서유럽 민주주의 국가들 간의 평화 역시 그런 동맹의 효과에 불과했던 것은 아닐까? 이 효과를 대체했든 아니면 함께 작용했든, 그 평화는 어쨌거나 1945년 이래 체제와 무관하게 강대국 간의 전쟁을 억지해온 핵 요인의 결과가 아니었을까? 따라서 냉전이 종식된 이후 유럽 국가들 간에, 그리고 유럽 국가들과 미국 간에 무력 분쟁이 재개되거나 핵 억지가 확립될 것이라고 예상해야 하지 않을까?[22] 아니면 민주주의 평화는 사실 서유럽의 유일무이한 역사적·문화적 발전 덕분에 생겨난 이 지역(그리고 여기서 파생된 북아메리카)의 전유물로서 세계의 여타 변두리들, 즉 민주주의 국가들이 서유럽과는 사뭇 다르고, 여하튼 수가 너무 적고, 아주 최근에야 생겨났을뿐더러 민주주의 평화론을 제대로 검증하기에는 너무 흩어져 있는 지역들에서는 복제할 수 없는 게 아닐까?[23]

사실, 민주주의 평화론자들이 쓴 글의 잉크가 채 마르기도 전인 1990년대에 새롭고 흥미로운 발전이 이루어졌다. 1970년대 중반부터 남유럽과 라틴아메리카, 동아시아, 남아시아에서 추진력을 얻은 민주화의 새로운 물결은 소비에트 블록이 붕괴하자 더욱 세차게 퍼져나갔다. 민주주의 국가의 수와 지역 다양성이 크게 높아지면서 민주주의 평화론을 검증할 토대가 한결 넓어졌다. 민주화 과정은 대체로 평화롭게 진행되었다. 그러나 여기저기서 무력 분쟁이 일어났고, 그중 일부는 심각한 전쟁으로 치달았다. 유고슬라비아가 해체된 뒤 등장한 신생국들은 서로 파멸적인 전쟁을 벌였고(1991~95년) 종족들이 뒤섞여 살아가는 문제로 홍역을 치렀다. 뒤이어 미국이 이끄는 NATO(북대서양조약기구)의 자유민주주의 회원국들은 코소보에서 세르비아 군을 강제로 몰아냈다(1999년). 유고슬라비아에서 독립한 나라들은 공식적으로 민주주의를 표방했으나 실제로는 꽤나 권위주의적인 정부가 통치했다. 그런데 이 정부들은 인기가 좋았고 그들의 전쟁 노선은 대중의 지지를 받았다. 1996년, 민주주의 국가 터키와 그리스는 거주자가 없는 에게 해의 아주 작은 섬 하나를 두고서 위협을 주고받고 섬 주위에 병력을 배치하는 등 전쟁 일보 직전까지 갔다. 남아메리카에서는 양쪽 다 민주주의 국가인 에콰도르와 페루가 광물이 풍부한 국경지대를 두고 반세기 넘게 갈등한 끝에 무력 분쟁을 일으켰다(1995년). 그렇지만 이번에도 페루 대통령 후지모리가 전제적인 국가긴급권을 행사했거니와, 전쟁이라 하기에는 분쟁 규모가 너무 작았다는 주장이 제기되었다.

민주주의 평화론으로 해명하기 가장 곤란한 사례는 카슈미르를 둘러싼 인도와 파키스탄의 분쟁일 텐데, 1999년 당시 둘 다 민주주의 국가로 분류된 인도와 파키스탄은 그 분쟁을 대규모 교전으로 확대했다. 민주주의 평화론자들에게 인도 아대륙의 기록은 근대 서구 밖에서 찾은 극소수 검증 사례 중 하나로서 줄곧 아주 중요했다. 인도와 파키스탄이 1947년, 1965년, 1971년 세 차례 전쟁을 일으켰을 때 그들은 두 나라 모두 결코 민주주의 국가였던 적이 없다고 주장했다(1947년에는 아직 '확립된' 민주주의 국가가 아니었다). 그렇지만 비판자들은 파키스탄에서 민주주의가 너무나 간헐적으로 시행되었으므로 이 발견이 통계상 유의미하지 않다고 주장했다. 나아가 그들은 1971년 이래로 체제와 무관하게 두 나라 간에 전쟁이 전혀 일어나지 않았으며, 인도에서도 총리 인디라 간디Indira Gandhi가 1975~77년에 국가긴급권을 선포하고 시민권을 다수 정지시켰다고 주장했다. 1999년에 두 민주주의 국가가 충돌하자 비판자들은 인도 아대륙의 역사적 기록에 대한 의구심을 더욱 굳히게 되었다.[24] 더욱이 1998년까지 인도와 파키스탄 둘 다 핵무기 보유국이 되었으므로, 이제 뜨거운 감자인 카슈미르 문제를 둘러싼 두 나라의 팽팽한 분쟁이 전면전으로 확대되지 않는 이유를 설명하려면 핵 억지 또한 대단히 중요한 요인으로 고려해야 한다.

이런 최근 사례들에 대한 학계의 논의를 좌우한 것은, 19세기와 20세기 초의 '경계선 사례들'을 논의할 때와 마찬가지로 과연 이 사례들이 자유주의, 민주주의, 성립된 국가의 지위, 적대행위의 규모 면에서 '민주주의 평화' 이론의 요건을 충족하느냐는 물음을 둘러싼 입씨름이었다. 그러나 각각의 특수한 사례에서 이 물음 못지않게 중요한 것은, 경계선 사례들과 예외일 여지가 있는 사례들의 주된 의의가 다른 데 있다는 것이다. 이 사례들은 민주주의 평화론과 관련하여 제기된 다른 골치 아픈 문제와 함께 고찰해야 한다. 15장에서 인용한 몰트케의 발언—국가들을 전쟁으로 몰아간 것은 전쟁을 꺼리는 정부의 의도가 아니라 호전적인 대중의 압력이었다는 말—은 19세기 후반에 대중이 정치의 전면에 나서고 정치 체제가 민주화되면서 널리 퍼진 인식을 반영하고 있었다. 이미 살펴보았듯이, 페인 및 칸트의 논리와 반대로 고대 민주정 아테네에서 민중은 줄곧 가장 호전적인 요소였다. 정치이론가들은 오히려 민주정들과 공화정들이 평화롭기보다 호전적이었고 흄의 말마따나 '경솔한 결기imprudent vehemence'[25]를 드러냈다고 생각했다. 대중은 고전 고대 이래로 위기시에 변덕스럽고 무모하다는 평판만 얻었던 것이 아니다. 민족의 명예와 영광 같은 문제로 그들을 쉽고도 강하게 자극할 수 있다는 것 또한 드러났다. 이 경향은 프랑스 혁명기에 전쟁을 치르는 동안 다시 나타났으며, 훗날 나폴레옹 1세, 나폴레옹 3세, 비스마르크를 비롯해 혁명적 지도자들과 보수적 지도자들 모두

이 경향에 의존했다.

그렇지만 우세한 견해와 반대로, 지도자들의 일방적인 '도발'과 '조작' 때문에 대중이 동요했던 것은 아니다. 그 못지않게 지도자들은 대중의 강한 요구에 부응했다. 공급자들이 수요를 충족시켰던 것이다. 조심스럽고 평화 성향으로 기울어진 지도자들을 휘몰아친 것은 대개 대중이었고, 이런 일은 자유주의/민주주의 국가에서 오히려 더 빈번하게 일어났다. 자유주의 국가 영국을 크림 전쟁(1854~56년)으로 몰아간 것은 주로 대중의 압력이었다. 쇼비니즘적이고 호전적인 대중의 광란을 뜻하는 '징고이즘jingo-ism'이라는 말 자체가 민주화를 강화하고 있던 19세기 후반의 영국에서 통용되기 시작했다. 징고이즘은 보어 전쟁기(1899~1902년)에 널리 퍼졌다. 자유민주주의를 선도한 또다른 국가 미국은 같은 시기(1898년)에 사실상 정부를 떠민 대중의 열광이라는 물결을 타고 에스파냐와의 전쟁에 돌입했다. 이 사례들에서 적국이 자유민주주의 국가로서 결격이었다고 생각하는 독자가 없도록, 파쇼다 위기 기간에 영국과 프랑스 양국에서 상대편 국가에 가장 호전적이고 쇼비니즘적이고 매정했던 것이 공히 여론이었음을 지적해야겠다. 전쟁에서 물러난 쪽은 정치가들이었다. 연구들에 따르면, 20세기를 거치면서 여론이 전쟁을 훨씬 더 혐오하게 된 선진 민주주의 국가들에서만 태도의 변화가 감지되었다. 민주주의 신생국들은 더 단단히 자리잡은 국가들보다 분쟁을 더 많이 일으켰다.

민주화―새로운 대중사회에서 대중의 의지에 대한 대응성이 높아지는 과정―가 적어도 이행기에는 전쟁을 조장한다는 주장 또한 제기되었다. 민주화는 민족자결뿐 아니라 이제껏 억눌려온 종족 정체성 및 민족적 열망의 표명과도 밀접히 연관되었고, 이런 표명이 흔히 기존 국경과 충돌했기 때문이다. 이런 이유로, 설령 민주주의가 실제로 전쟁 발발 가능성을 줄일지라도 민주화 과정의 초기, 즉 민주주의로의 이행기에는 역효과를 낳았다는 주장이 제기되었다.[26] 어느 정도 자유로운 국가들이 비민주주의 국가들보다 더 호전적이었음을 보여준 연구들도 있다.[27] 역사를 더 길게 보면, 일반적으로 민주화와 자유화는 비민주주의 체제에서 다른 체제로 단번에 넘어가는 급박한 이행이 아니라 대개 수십 년, 때로는 수백 년에 걸쳐 꾸준히 전개된 과정이었다. 오랫동안 '민주주의 평화'를 둘러싼 논쟁의 근간이었던 자유주의/비자유주의 또는 민주주의/비민주주의라는 이분법은 조야하고 실상을 호도하는 구분임이 밝혀졌다. 간단하게 나눈 두 범주에 욱여넣을 수 있는 것보다 훨씬 많은 일들이 일어났고, 지금도 일어나고 있다. 근대에 두드러지게 나타났듯이 사회는 차츰차츰 자유민주주의 사회로 변할 수 있으며, 그런 변화가 전쟁과 평화를 대하는 사회의 태도에 영향을 끼친다.

'민주주의 평화' 이론을 옹호하는 이들은 이 통찰을 서서히 알아차렸다. 자유주의/민주주의 국가들이 18세기 후반부터 차츰차츰 자유주의적·민주주의적으로 변해온 것이라면, 서구에서 민주주의 국가 간의 평화가 19세기 동안 다소 불안했고 20세기 들어서야 단단히 자리잡은 이유를 설명할 수 있다.[28] 19세기와 20세기 초에 노예제가 폐지되고 장기간에 걸쳐 모든 성인 남성과 여성에게 선거권이 점차 확대된 것, 20세기 후반에 여성과 소수집단에게 동등한 법적·사회적 권리가 확대되고, 사회의 관용 수준이 전반적으로 높아지고, 정치적 투명성과 신뢰도가 상승한 것, 이런 중요한 발전들이 모두 작용하여 초기의 자유주의-의회제 사회들을 더욱 자유주의적인 동시에 더욱 민주주의적인 사회로 점차 바꾸어온 것이다. 자유주의와 민주주의의 기준은 꾸준히 높아졌으며, 그와 더불어 '민주주의 평화'도 심화되었을 것이다.

이 이론의 옹호자들이 강조했듯이, 20세기 초부터 서유럽과 북아메리카의 민주주의 국가들이 서로 전쟁을 일으킨다는 것은 상상도 못할 일이

되었다. 미국으로부터 캐나다를 지킨 것은, 그리고 미국과 영국 간에, 스칸디나비아 민주주의 국가들 간에, 어떻게 보면 민주주의 서유럽 전역에서 전쟁을 막은 것은 세력 균형에 대한 현실적인 고려가 아니었다. 이 모든 경우에 평화를 지지한 국가들은 그들 사이에 전쟁이 일어날 가능성에 군사적으로든 다른 방식으로든 대비조차 하지 않았다. 이 국가들은 자기들이 그런 가능성을 허용하지 않으므로 예방책을 마련할 필요가 없다고 생각한다. 냉전 이후의 세계에서 미국과 유럽 사이에 긴장이 고조되고 이 글을 쓰는 바로 지금은 적대감마저 드러나고 있음에도, 이 국가들은 여전히 같은 생각이다. 개발도상 세계에서 민주주의 국가 간의 평화가 쉽게 깨졌던 것은 서구의 선진 세계에 비해 민주주의와 자유주의의 수준이 낮았기 때문이라는 설명이 제시되었다. 이 점에서 개발도상국들은 오히려 19세기 서구를 연상시킨다는 설명이었다.[29] 민주주의 발전의 상대적인 수준이 관건이라면, 그리고 세계의 각 지역마다 그 수준에 큰 차이가 있다면 특정한 세기나 절대 연대를 들먹이는 것은 무의미한 일이다.

본래 단순했던 민주주의 평화론은 다른 요인들—마찬가지로 오랫동안 평화에 역동적인 영향을 미친—을 추가로 받아들여 기존 요인들과 절충했다. 그렇게 절충한 이론에 따르면 우선 (GNP 대비) 무역량이 많을수록, 그리고 무역을 개방할수록(관세가 낮을수록) 국가들이 전쟁을 일으킬 가능성이 낮아진다는 것이 입증되었다. 애덤 스미스와 맨체스터 학파 이래로 자유주의자들이 상세히 설명했듯이 이론적으로 그 이유는 명백하다. 무역을 가로막는 장애물이 적을수록 물리적으로 소유하는 식으로 자원을 확보할 필요성이 줄어들고, 무역량이 많을수록 국가들의 경제적 상호의존도가 높아지기 때문이다. 또한 자유주의는 정부가 경제에 직접 개입하지 못하게 막음으로써, 국가의 경제적 이해관계를 증진하기 위해 정부가 군사행동에 나설 여지를 크게 줄이기도 했다.[30] 그렇지만 실상은 훨씬 더 복잡했다. 제1차세계대전 이전에 국제 무역량은 기록적 수준이었고, 총 생산량에서 국제 무역량의 비중은 1990년대 이전 어느 때보다도 높았다. 영국과 독일은 서로에게 두번째로 큰 무역 상대국이었음에도(두 국가 모두 미국산 물품을 제일 많이 수입했다[31]) 전쟁을 일으켰다. 그렇지만 15장에서 살펴보았듯이, 제1차세계대전 이전에 주요 경제들은 서로 관세를 높게 매겼다. 게다가 그들은 대체로 세계 체제가 열린 무역에서 멀어지고 제국들이 각자의 세력권을 독점하는 방향으로 나아갈 것이며, 그리하여 열강 사이에 긴장이 엄청나게 고조되어 전쟁이 발발할 것이라고 예측했다. 결국 1930년대에 자립 경제들이 촉발하고 격화한 정치적 국면은 제2차세계대전으로 귀결되었다.[32]

이 교훈을 잊지 않은 서구의 전후 설계자들은 다자간 무역의 장벽을 낮추려 했다. 그들은 1947년 창설된 '관세와 무역에 관한 일반협정'(GATT, 1995년부터 세계무역기구가 승계)을 확대하고 전 세계 국가들을 대부분 끌어들임으로써 제품의 평균 관세를 40퍼센트에서 4퍼센트 이하로까지 낮추었다.[33] 19세기와 유사하게, 그리고 1914년부터 1945년까지 경제적 자립을 고수한 침체기와 판이하게 제2차세계대전 이후 국제 무역량은 폭발적으로 증가하는 GNP보다도 2배 빠르게 증가했다. 1973년 이후 선진 세계의 GNP 증가세가 둔화되기는 했지만 국제 무역량은 계속 빠르게 증가했다. 공산주의가 붕괴하고 통신 기술이 발달함에 따라 '세계화'는 더욱 힘을 받았다. 1985년부터 2000년까지 상품 무역량은 3배 증가했고 자본 거래량은 6배 증가했다.[34] 그리고 자유로운 자본 유출입이 경제적 세계화 과정을 촉진함에 따라 자유무역의 평화화 효과가 강화되었다. 국제 자본이 위험 지역에서 피신하는 식으로 교전할 법한 국가들을 처벌함으로써 전쟁과 전쟁 위협에 대처했기 때문이다.

이 전후 세계의 발전에서 유럽은 특별한 위치를 차지한다. 유럽은 유럽

석탄철강공동체(1951년), 유럽경제공동체(1957년), 유럽연합(1992년)을 연이어 창립함으로써 경제적 통합을 꾸준히 강화했다. 로마 조약을 처음 조인했던 6개국이 구상한 유럽연합은 서유럽 전역은 물론 한때 공산권이었던 동유럽까지 포괄하며 2004년까지 회원국을 25개국으로 늘렸다. 무역 자유화는 민주주의 연대 및 연방화federalization와 함께 유럽을 평화롭고 번영하는 지역으로 바꾸어놓았다. 이번에도 비판자들은 냉전 동맹이 그런 결과를 낳은 것 아니냐는 의문을 제기했고, 또 이렇게 물었다. 연방화와 민주주의, 무역 자유화는 결정적인 요인이었는가? 그리고 민주주의와 무역 자유화는 별개 요인이 아니라 밀접히 연관되지 않았는가? 초기의 '민주주의 평화' 개념을 대폭 확장한 후속 연구들은 민주주의 연대, 상호 무역과 열린 무역, 국제기구의 회원 자격이 각각 **독립적으로** 전쟁을 유의미하게 줄였음을 밝혔다. 이처럼 후속 연구들은 '평화를 위한 칸트의 삼각대'의 본래 요소들을 전부 뒷받침했다.[35]

그동안 칸트의 얼개는 더욱 확대되었다. 처음에 대부분의 학자들은 자유주의/민주주의 국가들이 서로에게만 평화적이었다고 믿었다. 자유주의/민주주의 국가들이 비자유주의/비민주주의 국가들과 싸웠고 그런 전쟁을 상대편 국가만큼이나 쉽게 개시한 것으로 보였기 때문이다. 그렇지만 데이터를 추가로 분석한 결과는 자유주의/민주주의 국가들이 비자유주의/비민주주의 국가들과도 어느 정도 덜 싸웠으며 전쟁을 얼마간 덜 개시했다는 것을 시사했다. 이 점은 자유주의/민주주의 국가들이 전반적으로 국가 간 전쟁을 더 적게 치렀다는 사실에 어느 정도 반영되어 있었다. 요컨대 학자들은 자유주의/민주주의 국가들이 다른 자유민주주의 국가들에 대해서만 덜 공격적이었던 것이 아니라 전반적으로 덜 공격적이었음을 시사했다.[36] 나아가 전쟁의 횟수와 햇수만이 아니라 사상자 수까지 고려할 경우, 증거는 20세기 동안 자유민주주의 국가들이 고통을 훨씬 덜 겪었고 따라서 훨씬 덜 치열한 전쟁들에 참전했음을 보여준다고 주장했다. 자유민주주의 국가들의 평화성을 판단할 때는 전쟁의 빈도만이 아니라 전쟁이 얼마나 치열했는지도 고려해야 한다.[37]

이 통계적 발견을 어느 정도 결정지은 것이 다음 사실이라는 데 유의해야 한다. 20세기에 죽음을 제일 많이 초래한 전쟁인 제2차세계대전을 치르는 동안 프랑스와 서유럽의 여타 작은 민주주의 국가들이 순식간에 정복당했고, 따라서 영국과 (훗날) 미국은 1944년 여름까지 독일과 싸울 중요한 육상 전장을 확보하지 못했다. 그 결과 제1차세계대전 때와는 달리 동부전선이 주요 전장이 되었고, 독일과 소련은 (절대적으로 보아) 역사상 가장 규모가 크고 가장 파괴적이고 가장 치명적인 전투를 벌이며 동부전선을 난도질했다. 그렇지만 자유민주주의 국가들이 전시에 사상자를 적게 낸 이유는 대체로 식민지나 후진 지역에서 경쟁자들보다 기술적 우위에 있었기 때문이기도 하다. 약한 상대와 치르는 전쟁은 적어도 선진 열강에게는 훨씬 덜 치열한 전쟁이며, 따라서 자유민주주의 국가들이 한결 쉽게 참전하고 심지어 직접 개시하기까지 하는 전쟁이다.[38] 미국의 침공, 예컨대 그레나다 또는 니카라과에 대한 침공을 한층 심각한 전쟁과 동등하게 간주한다면 몇몇 결정적인 측면에서 기록이 왜곡될지도 모른다. 마지막으로, 20세기 동안 적어도 선진 자유민주주의 국가들은 본질적으로 헌법을 따르고 합의를 도출하는 국가였던 까닭에 역사적으로 피를 제일 많이 본 전쟁 유형, 다시 말해 허약한 반#민주정뿐 아니라 구식 전제정과 과두정까지 홍역을 치르게 했던 내전을 피할 수 있었다. '성숙한' 민주주의 사회들은 민주화가 진행되는 동안 호전성 면에서도 차이를 보였다(예를 들어 미국 내전과 러시아 내전, 19세기 유럽 전반과 오늘날의 개발도상 세계를 생각해보라). 그리고 전체주의 체제 또한 무자비한 억압을 통해 내전을 피했다고는 해도, 그중 일부는 소름이 끼칠 정도로 많은 자국민을 예사로 살해했다.[39]

상술한 사실들을 종합한 학자들은 자유민주주의 국가들이 다른 체제들보다 '자국민 살해'를 훨씬 덜 저지른다고 주장했다.[40] 따라서 입헌적·상업적 공화국에 내재하는 국민들의 평화로움에 근거를 둔 페인과 칸트의 기획은 그 타당성이 입증된 것으로 보였다.

그럼에도 페인과 칸트의 논리는 불완전했고, 적어도 일부 결함이 있었다. 근대의 평화를 실제 전개된 대로 설명하려면 더욱 넓게 조망해야 한다.

'민주주의 평화' 재설정하기

새로운 연구의 발견과 통찰은 민주주의 평화론의 빈틈을 강조하기도 한다. 경제적으로 앞선 민주주의 국가들은 가난한 민주주의 국가들보다 서로 평화롭게 지낼 가능성이 훨씬 높다는 것이 밝혀졌다. 1950~92년을 조사한 연구에 따르면 2배 높았고, 1885년부터 현재까지 더 오랜 기간을 조사한 연구도 같은 결과를 내놓았다. 가난한 민주주의 국가들 간에는 민주주의 평화 현상이 기껏해야 약하게만 나타났다.[41] 앞서 살펴본 대로, 경제적으로 앞선 민주주의 국가들은 가난한 민주주의 국가들보다 내전을 일으킬 가능성도 훨씬 낮았다.[42] (내전은 1945년 이래 만연한 전쟁 형태가 되었다. 새로 독립한 가난한 개발도상국들이 걸핏하면 내전을 일으켰거니와, 핵 억지와 풍족한 자유민주주의가 국가 간 전쟁을 철저히 제약했기 때문이다.) 사실 지난 두 세기 동안 부상해온 요인, 민주주의 평화의 증진을 설명하는 요인은 자유주의 국가들의 민주주의와 자유주의 수준만이 아니다. 이 나라들의 부 또한 그런 요인이다. 더구나 이 모든 발전은 서로 별개가 아니라 얽히고설켜 있다. 자유주의와 민주주의의 성장이 눈에 보이는 물질적 발전에 달려 있다는 생각, 이를테면 통신(운송과 정보 기술)의 발달, 도시화, 문해력과 교육 수준 상승, 물질적 안녕 증대와 같은 발전에 달려 있다는 생각을 사회학자 및 정치학자들은 19세기 이래 두루 견지하고 강하게 지지해왔다.[43] 전국 규모의 민주주의와 자유주의 사회는 19세기 이전 어느 시점이 아니라 19세기 들어서야 비로소 출현했고 그때부터 줄곧 진화해왔다. 민주주의와 자유주의가 별안간 좋은 생각으로 인정받았기 때문이 아니라, 근대 동안 사회경제적 하부구조가 혁명적으로 변화하여 민주주의와 자유주의가 성장할 여건이 마련되었기 때문이다.

물론 독일은 제2제국과 특히 제3제국 시대에 다른 경제 선진국보다 자유민주주의 수준이 낮았다는 점에서 유의미한 예외다. 오늘날 우리가 보고 있듯이, 경제 발전이 필연적·단선적으로 자유민주주의로 귀결되는 것은 분명히 아니다. 상이한 사회정치적 발전 경로와 뿌리 깊은 문화적 전통도 결정적인 역할을 한다. 다른 한편으로 자유민주주의 국가들은 대체로 경제 선진국이다. 지난 수백 년간 가난한 민주주의 국가들은 덜 평화적이었을 뿐 아니라 소수였으며, 소득 수준이 중간쯤인 개발도상국들은 근대화의 가중되는 압력 때문에 반민주주의적 체제 변화에 가장 취약했다.[44] 아직 농업 비중이 높았던 개발도상국들 중에서, 안정적인 자유주의/민주주의 체제들이 19세기(특히 19세기 중엽 이전의 미국과 19세기 후반에 점점 늘어난 유럽과 서구 국가들)와 20세기(특히 인도)에 존재한 것은 사실이다. 그러나 이런 나라들은 소수였거니와 모두 산업-기술 혁명을 겪고 있었고, 뉴스와 철도 같은 혁명의 산물들(20세기 들어 전자 매체가 추가되었다)이 이미 사회와 정치에 심대한 영향을 미치고 있었다.

게다가 자유주의/민주주의 사회는 경제적으로 앞설수록 더욱 자유주의적이고 민주주의적인 사회가 되며, 이 두 가지 특성은 사회의 평화적 경향성과 밀접히 연관된다. 1990년대에 공산주의가 붕괴하고 민주주의가 유일한 패권 모델이 되자 몇몇 가난한 나라들이 민주화되었다. 그러나 비교 연구를 하는 학자들은 민주주의 국가일지라도 가난할수록 민주주의와 자유의 등급을 더 낮게 매기며, 선도적인 학자들은 그런 나라들 일부를 가리키는 용어로 '비자유주의적 민주주의illiberal democracy'를 제안한다.[45] 근대로의 전환 과정에서 민주화, 자유주의화, 경제 발전, 평화적 성향은 모두 단단히 결속되어왔다.

페인과 칸트, 민주주의 평화론은 이 요소를 간과한다. 앞서 보았듯이 페인과 칸트는 전쟁 책임이 이기적인 전제군주에게 있다는 계몽주의적 견해에 동의했다. 그 견해에 따르면, 전쟁 부담을 짊어지고 전쟁 비용을 감당하는 사람들은 일단 결정권을 쥐기만 하면 전쟁에서 물러날 터였다. 그렇지만 이미 언급했다시피 고대 아테네의 민중은 군대에 들어가 싸우고 해군의 3단 노선에서 노를 젓고 펠로폰네소스 전쟁에서 아티카를 강제로 소개疏開했을 때처럼 전쟁이 수반하는 파괴와 궁핍을 감내해야 하는 처지였음에도, 사회 구성원들 중에 가장 호전적이었다. 이와 비슷하게 로마의 유명한 무용과 임전무퇴 정신 또한 무엇보다 전쟁의 목표를 위해 민중을 끌어들이는 데 성공한 공화정 체제에서 비롯되었다. 역사적으로 민주정들은 전쟁에서 유달리 결연하게 싸웠는데, 그들의 체제가 사회적·정치적으로 포용적이었기 때문이다. 그리고 앞서 언급했듯이, 근대 이전의 민주정들은 서로 싸우는 것을 애써 피하지도 않았다.

그렇다면 아테네와 로마의 시민들은 어째서 거듭 전쟁에 찬성했고 손실과 파괴, 궁핍, 전쟁 피로에도 불구하고 어째서 수 년간 참혹한 지구전을 감내했는가? 근대 사회들보다 아테네와 로마가 덜 민주주의적이었기 때문이 아니라, 두 나라가 살아간 농업 시대에는 전쟁을 통해 엄청난 물질적 이익을 얻을 수 있었기 때문이다. 첫째로 전쟁에는 전리품이 있었다. 게다가 아테네는 폴리스 예산의 절반가량을 제국을 통해 얻는 풍족한 공물로 충당했고, 그렇게 확보한 예산으로 민중을 고용하는 대규모 공공 건축과 해군 비용을 댔다(플루타르코스, 『영웅전』 「페리클레스」 12장). 더욱이 제국의 위력은 아테네의 무역 패권을 한층 강화했고, 그렇게 강화된 패권은 다시 아테네의 자원을 늘리고 위력을 강화했다. 이처럼 적어도 아테네가 존속한 동안에는 군사와 재정이 선순환을 이루었다. 마지막으로, 가난하고 땅 없는 아테네인들은 패배한 적으로부터 몰수한 땅에 세운 식민지에서 농지cleruchy를 할당받았다. 로마는 '동맹들'로부터 공물을 징수하지는 않았지만, 이탈리아 전역에서 패배한 적들로부터 엄청나게 넓은 토지를 몰수해 로마 시민과 라티움인이 거주하는 식민지들을 세웠다. 원로원 계급이 토지를 많이 차지했지만 평민들에게 분배된 토지도 많았던 만큼, 평민들의 이해와 공화정의 전쟁은 직결되어 있었다.

변화의 근간을 이루었던 논리를 다시 한번 설명하겠다. 산업화 이전에도 혁신과 교환을 통해 전체 자원이 늘기는 했으나 그 증가세가 워낙 느렸던 탓에 사실상 한정되어 있었고, 자원을 둘러싼 경쟁은 제로섬 게임, 즉 한쪽이 손해를 봐야만 다른 쪽이 이득을 얻는 게임이나 마찬가지였다. 그러다가 근대 초기에 유럽과 전 세계의 무역이 팽창하는 가운데 시장에서 팔기 위해 생산하는 상품이 늘어났고(그렇다 해도 절대다수의 상품은 아직까지 자가 소비를 위해 생산되었다) 자유로운 교환에 참여하는 이들의 이익이 증가했다. 애덤 스미스가 기술하고 페인과 칸트가 주목한 것이 이 과정이었다. 그러나 전쟁과 평화 사이의 균형은 산업화가 도래하고 나서야 근본적으로 바뀌었다. 부는 더이상 한정되지 않았고 되레 어리둥절할 정도로 급증했다. 농업 생산, 즉 토지는 더이상 부의 주요 원천이 아니었으며 국내에서 가장 빠르게 발전한 산업 생산에 의해, 그리고 훗날 서비스—정보 경제—이 경제에서는 원재료의 중요성이 급감했다—에 의해 대체되었다. 또한 생산이 다른 무엇보다 시장을 지향하게 되면서 교환 이익이 증가하고 상호의존도가 높아졌다.[46] 예전과 달리 이제 적의 경제적 파탄은 자국의 번영에 해가 되었다. 존 메이너드 케인스John Maynard Keynes가 『평화의 경제적 귀결The Economic Consequences of the Peace』(1920)에서 주장했듯이, 제1차세계대전 이후 패전국 독일에 부과된 막대한 전쟁배상금 탓에 독일 경제가 회복되지 못했으며, 따라서 국제 경제도 회복되지 못했고 승리한 열강도 번영을 재개하지 못했다. 실제로 1920년대 초의 경제적 곤경이 케인스의 주장을 입증하는 것으로 보이자 승전국들은 입장을 바꾸어 독일의 경제와 정치적 지위를 되살리기 위해 힘썼다. 그러나 이 노력은 1929년부터 대공황이 시작되는 바람에 실패로 돌아갔다.

통설과 달리, 근대에 전쟁 비용이 엄두도 못낼 만큼 높아진 것은 아니다. 적/무역 상대를 파괴하느라 발생한 비용을 감안해도 마찬가지다. 역사 내내 사회들은 전쟁을 치르느라 어마어마한 비용을, 상대적으로 보면 20세기에 일어난 총력전들의 비용 못지않게 막대한 비용을 예사로 지출했다. 이는 맬서스의 논리가 강하게 작용한 산업화 이전 시대에는 사회의 본성과도 같은 법칙이었다. 일단 맬서스의 덫이 박살나자 극적으로 치솟은 것, 그리하여 전쟁과 평화 사이의 균형을 평화 쪽으로 기울인 것은 전쟁 비용이 아니라 주로 평화가 가져오는 이익이었다. 학자들은 칸트의 '평화의 삼각대'가 무정부 상태, 상호 불안, 전쟁의 악순환을 평화와 협력의 선순환으로 바꾸었다고 주장해왔다.[47] 그러나 그런 전환이 일어날 정도로 '삼각대'를 떠받쳤던 것은 사실 산업화, 그리고 맬서스의 악순환에서 탈피한 과정이었다.

민주주의 평화 옹호자들이 간과하는 두드러진 사실은 비민주주의 국가들 또한 19세기와 20세기에, 즉 산업 시대에 그 전보다 훨씬 덜 싸웠다는 것이다. 1815년 이후 한 세기 동안 프로이센과 오스트리아(식민 열강이 아니었다) 같은 비민주주의/비자유주의 강대국들은 영국과 프랑스보다 전쟁에 훨씬 덜 관여했을뿐더러, 자국의 과거와 비교해도 전쟁에 극적으로 덜 관여했다. 예컨대 18세기에는 근대 초기 유럽 강대국들의 평균 수치와 엇비슷하게 2년에 한 번씩(오스트리아)이나 3년에 한 번씩(프로이센) 관여했지만, 1815년 이후 백 년 동안은 겨우 8년이나 9년에 한 번씩만 관여했다(17세기는 가장 호전적인 세기였다). 더 중요한 점은, 1815년 이후 비민주주의/비자유주의 강대국들 또한 가장 심각한 국가 간 전쟁—강대국 사이에 일어난 전쟁—빈도를 근대 초기의 3분의 1 정도로 대폭 낮추었다는 것이다.[48] 19세기의 전쟁 비용이 20세기의 양차 대전이 초래했다고 하는 엄두도 못낼 비용만큼 높지 않았음에도 이렇게 빈도가 급감했다는 데 주목해야 한다(그리고 어쨌거나 전쟁으로 인해 재정이 파탄나는 일은 근대 초기에, 실은 역사 내내 다반사였다. 전쟁이란 거액이 걸린 비즈니스라는 점에서 근대의 전쟁은 전혀 새로울 게 없었다).

민주주의 평화론자들에게는 이 전반적인 급감 추세를 간과할 만한 이유가 있었다. 자유민주주의 국가들은 지난 두 세기 동안에만 출현했으므로, 어쨌거나 긴 기간으로 보이는 이 200년에만 초점을 맞추는 것이 그들에게는 타당한 접근법이었을 것이다. 게다가 학자들이 가장 널리 이용한 데이터마저 1815년 이후 기간만 포괄한다. 그 결과 1815년 이전 기간과 비교하는 작업이 이루어지지 않았다. 또한 민주주의 평화론자들은 자유민주주의 사회들이 어째서 지난 200여 년 동안만 출현했는지, 이 사실이 지난 200여 년간 이루어진 결정적인 발전인 산업—기술 시대의 시작과 어떻게 연관되는지 묻지 않았다. 민주주의 평화라는 문제 전체를 진정으로 결정적인 역사적 맥락 밖에서 고찰해온 것이다. 이런 이유로 부와 경제 성장이 전쟁 발발에 영향을 끼치지 않았음을 밝힌 이들도,[49] 이에 맞서 민주주의와 연계하고 연동하는 한에서 부가 전쟁을 줄이는 데 아주 중요했다고 주장한 이들도[50] 지나친 단견에 이끌려 다소 엇나가고 말았다. 산업화 이전 시대와 비교하면 민주주의 국가들과 비민주주의 국가들 모두 평균적으로 훨씬 덜 싸워왔기 때문이다. 그렇지만 산업 시대 동안 비민주주의 사회에 비해 자유민주주의 사회가 더 강한 평화적 경향성을 보인 것은 사실이다. 이 사실은 주로 자유민주주의 사회들의 대외 관계와 대내 관계로 입증되었다. 왜 이렇게 되었을까?

산업과 상업이 성장함에 따라 평화에 따른 이익이 급격히 증가했다는 경제적 논리는, 산업화중인 비민주주의·비자유주의 국가들의 전쟁 횟수가 산업화 이전 시대에 비해 급격히 감소한 사실—앞서 인용했듯이 1840년대 프로이센에서 몰트케가 앞날을 유달리 평화롭게 예언하면서 얼마간 포착한 사실—을 해명하는 데 도움을 준다. 그렇긴 해도 이 나라들은 서로 연관된 여러 가지 이유로 자유민주주의 나라들에 비해 줄곧 덜 평화적이었다. 대체로 이 나라들에서는 전통적인 전사 엘리트층과 결부된 전투적 기풍이 민족문화에 깊숙이 배어 있었다. 그렇지만 슘페터의 유명한 지적처럼,[51] 그런 엘리트들이 언제나 농업 엘리트였던 것은 아니며 따라서 근대 세계의 논리에서 벗어났던 것도 아니다. 심지어 독일 제국에서도 구 엘리트층은 하나같이 제국주의를 열렬히 지지한 무역과 산업의 거물들, 지식인들, 중간계급 일반보다 결코 더 호전적이진 않았다. 훗날 나치 독일을 지배한 것은 분명 토지귀족인 융커Junker들이 아니었다. 일본의 경우, 메이지 유신(1868년)으로 권력을 잡은 신흥 통치 엘리트층은 산업화와 근대화를 상징했다. 그렇다 해도 위로부터 민족 통합과 근대화를 이끈 다음 뒤늦게 제국 경쟁에 뛰어든 독일과 일본 양국은 군사력에 의존해 권리를 주장함으로써 빛나는 성공을 거두어온 터였고, 이후로도 군사력에 의존할 것이었다. 근대에 들어 국가주의는 양국의 발전에서 줄곧 중추적 역할을 했다. 양국은 국민경제를 보호한다는 명목으로 자유무역 논리를 공동으로 거부하면서도, 전 세계의 자유주의적 무역 체제가 붕괴해 자국이 냉대를 당할까 두려워했다. 한편 공산주의 국가들에서는 시장 원리를 전면 거부하는 입장과 그 원리를 물리력으로 파괴하겠다는 이데올로기적 공약이 밀접히 연관되었다.

　이런 서술은 아주 익숙한 내용일 테지만, 그 함의는 덜 익숙할 것이다. 국내를 어느 정도 또는 철저히 억압한 비자유주의·비민주주의 국가들은 외국을 억압할 때에도 별반 제지를 받지 않았다. 통설과 반대로, 이 제국들은 특히 선진 지역에 자리잡고 있을 경우 이익을 가져올 수 있었고 또 실제로 이익을 가져왔다.[52] 이제 우리가 평가할 수 있듯이, 특히 나치 제국이나 일본 제국과 같은 자본주의적 제국은 산업사회들에서 자원을 징발할 수 있었다. 국가자본주의(그리고 사회주의) 경제 모델보다 자유주의 경제 모델의 강점 그리고/또는 생존력이 우세하느냐 하는 논란이 지속되는 한 강압적인 국가 중심 제국주의는 줄곧 매력적인 선택지였으며, 비자유주의·비민주주의 열강은 경쟁의 후발주자였음에도—사실 어느 정도는 후발주자였기 때문에—그 선택지를 실현하기 위해 더욱 박차를 가하고자 했다. 앞서 지적했듯이, 국가들의 전쟁 의지가 크게 약해진 산업-상업 시대에 이 매력적인 선택지는 증가하는 평화의 이익을 때때로 상쇄했다. 제국주의라는 선택지를 더더욱 전면적으로 추구하려는 비자유주의·비민주주의 열강을 저지하려면 세력 균형을 제약하는 수밖에 없었다.

　자유민주주의 국가들은 몇 가지 결정적인 측면에서 달랐다. 국내에서 법이 중재하는 평화로운 관계에 맞추어 사회화된 이들 국가의 국민들은 동일한 규범이 국제 관계에도 적용되기를 기대하고 바라게 되었다. 그들은 이전보다 덜 순응적이고 덜 논쟁적이며 갈수록 관대해지는 사회에서 살아가며 다른 이들의 관점을 더 수용하게 되었다. 국내에서 자유와 법적 평등, (확대되는) 정치 참여를 장려한 자유민주주의 열강은 비록 초기에는 거대한 식민 제국을 소유했지만, 외국인들의 동의를 받지 않거나 그들에게 완전한 시민권과 선거권을 주지 않고는 그들에 대한 통치를 정당화하기가 점점 더 어려워졌다. 존 스튜어트 밀 같은 자유주의자들이 공유한 이 열강의 본래 정당화 논리는 한참 뒤처진 이들에게, 지독한 궁핍과 죽음과 형편없는 통치에 시달린 탓에 자력으로는 문명을 받아들이지 못하는 이들에게 자유주의와 계몽주의를 비롯한 문명의 온갖 축복을 전해준다는 것이었다.[53] 그러나 토착민들 자신이 제국 통치에 저항할 것을 주장하면서 이 정당화는 타당성을 잃어갔다. 이런 이유들로 인해 생명과 자유, 인권을 신성시한 자유민주주의 국가들은 결국 무력으로 토착민들을 억압하는 데 완전히 실패했다. 주기적으로 하락하면서도 줄곧 우위를 점했던 자유주의 경제는 어쨌거나 전쟁과 군사적 복속에 반대하고 평화로운 경제 성장과 서로에게 이익이 되는 무역을 지지했다. 더욱이 자유민주주의 사회에서는 개인의 삶과 행복 추구가 집단의 가치보다 중시되면서 자기희생은 말할 것도 없고 전시에 목숨을 바치라는 요구마저 정당성을 상실해왔다. 오늘날에는 민족의 존속과 생활방식이 당장이라도 위협받을 듯이 지극히 절박한 순간에만 그런 요구가 받아들여질 여지가 있으며(때로는 그런 순간에도 좀처럼 받아들여지지 않는다), 거의 분쟁이 발생할 때마다 목숨을 요구할 전제조건이 실제로 충족되었는지를 두고 결코 끝나지 않는 논쟁이 지난하게 벌어진다. 또한 다원주의가 부상하면서 반대 의견이 더욱 정당화되었고, 합의를 도출하기가 더욱 어려워졌으며, 국가로서는 국기를 중심으로 사회를 결집하기가 갈수록 힘들어졌다. 심지어 민주주의 지도자들 자신이 상술한 관점과 규범을 공유했거나 대중의 압력에 떠밀려 그런 관점과 규범을 따르게 되었으며, 그렇지 않을 경우 직위에서 쫓겨났다.[54]

　오해를 사지 않기 위해 명확히 지적해야겠다. 꾸준히 부를 늘려가는 세계는 인류의 경쟁을 결코 끝내지 않으며, 분명히 이 세상에 '형제애'를 불러일으키지도 않는다. 인간의 가장 절실한 욕구들, 어느 저자가 말한 '욕구 피라미드'의 기본 단계들이 적당히 충족되면—나아가 어느 정도 보장되면—공격을 통해 그런 욕구들을 채우려는 충동이 상당히 약해지는 것은 사실이며, 관련 연구들에 따르면 사람들은 위험을 더 꺼리게 된다. 그렇지만 이 책에서 이미 설명했듯이 인간의 욕구는 끝이 없는데, 점점 더 풍족해지는 상황에서도 사람들은 상대적 지위를 높이려고 투쟁하기 때문이다.[55] 열대의 야생생물들이 입증하듯이, 실제로 자원이 풍족한 환경에서 경쟁이 더욱 치열해지기도 한다. 자유주의 사회에서 사람들은 계속 격렬하게 경쟁하고 있으며, 특히 자유주의 시장경제는 '목 자르기' 경쟁이 예사로 일어나는 밀림에 비유되어왔다. 그러나 이런 비유적 표현들은 실상을 근본적으로 오해하게 만든다. 평화가 경제적 이익의 증대를 약속하는 산업-상업 세계에서는 자유주의 모델을 현실화함으로써, 특히 대립적 분쟁보다 규칙에 얽매이는 협력적 경쟁을 통해 훨씬 많은 보상을 얻게 된다.

이런 이유들 때문에 산업 시대 들어 비자유주의·비민주주의 국가들마저도 호전성을 크게 낮추었던 것이고, 산업 시대의 평화화 양상에 자유민주주의 국가들이 태생적으로 더 잘 적응했던 것이다. 세계의 산업·무역·금융 체제가 팽창하고 상호의존도가 높아짐에 따라, 심각한 전쟁이란 순전히 재앙이자 미친 짓이라는 생각이 국가들 내에서 확고해졌다. 노먼 에인절Norman Angell이 유명한 저서 『거대한 환상The Great Illusion』(1910)에서 지적한 환상, 즉 근대에 강대국 간의 주요 전쟁에서 어느 한쪽이 이익을 얻을 수 있다는 환상은 그 전부터 현실화되어온 자유주의의 전통적 논리를 바꾸어 말한 것에 지나지 않았다.

자유주의자들이 제1차세계대전을 중대한 위기로 의식한 이유, 이 전쟁이 트라우마적 반응과 전쟁에 대한 강력한 사회적 혐오를 불러일으킨 이유는 바로 이처럼 평화로운 상황에서 발발한 데 있었다. 1차대전 발발과 더불어 호전성이 감소하기 시작한 것은 분명히 아니다.[56] 오히려 이 전쟁은 상대적으로 평화로웠던 19세기 이후에, 당시까지 유럽 역사에서 가장 길었던 평화기와 두번째로 길었던 평화기 이후에 발발했다. 1차대전은 유럽의 강대국들이 43년 만에 일으킨 전쟁이자 99년 만에 일으킨 지구전이었다. 이 전쟁 이후에 나타난 심각한 트라우마 역시 막대한 인명과 금전 손실 자체의 결과는 아니었다. 상대적인 인구와 부를 감안하면, 1차대전의 손실은 역사 내내 일어난 대규모 전쟁들의 평균 손실보다 크지 않았다.[57] 무엇보다 새로웠던 점은 당시 자유주의자들이 1차대전 같은 전쟁은 근대 세계와 전혀 어울리지 않는다고 생각했다는 것이다. 1차대전의 유명한 '트라우마'와 가장 밀접하게 연관된 요인은 어디까지나 각국의 실제 손실이 아니라 나라별 자유주의의 힘이었다.

예를 들어 당시 유럽에서 가장 자유주의적인 강국이었던 영국은 유럽 열강 가운데 전쟁으로 인한 손실이 가장 적었음에도 전쟁에 가장 부정적으로 반응했고 '잃어버린 세대'의 죽음을 가장 깊이 애도했다. 영국인 사상자 수—사망자 75만 명—는 끔찍하기는 했으나 전시에 입대한 군인 중 12퍼센트를 넘지 않았다. 이는 절대수치로 보더라도, 그리고 인구 대비 상대수치로 보더라도 프랑스의 150만여 명과 독일의 200만 명보다 적었다. 그럼에도 독일에서는 전쟁에 대한 반발이 영국에서보다 훨씬 제한적이었다.[58] 영국보다 독일에서 힘이 약했던 자유주의자(그리고 사회주의자)들만이 영국인들과 비슷한 반응을 보였다. 가장 유명한 반전 작가는 자유주의자이자 평화주의자인 독일인 에리히 마리아 레마르크Erich Maria Remarque였다. 인구 대비 사상자 수가 영국의 2배였던 독일에서 국민들은 분명히 전쟁 피로에 더 시달렸고 전쟁에 열광하던 감정을 대부분 상실했다. 그렇지만 독일에는 이런 정서를 공유하지 않고 오히려 맹렬히 반대하는 강한 민족주의·반자유주의·우파 요소들도 있었다. 자신의 참호 체험을 미화하고 전쟁의 속성을 칭송한 에른스트 윙거Ernst Jünger의 책들은 독일에서 레마르크의 책들과 인기 경쟁을 벌였다. 이와 비슷하게 참호에서 나눈 군인다운 동지애를 그리워하는 강력한 감정은 공식적으로 자유주의/민주주의 국가였던 이탈리아를 파시즘적 방향으로 돌려놓는 중대한 역할을 했다.

　제1차세계대전과 관련하여 여기서 주장하는 전후 '트라우마'와 (물적·인적 손실이 아닌) 자유주의 수준의 상관관계를 가장 명확하게 실증하는 양극단의 두 사례는 미국과 세르비아일 것이다. 세계 최강국이었던 미국은 유럽의 교전국들과 달리 심각한 손실을 입지도, 감당 못할 경제적 비용을 지출하지도 않았다. 미국은 전쟁에 잠시 관여하는 동안 사상자를 비교적 적게 냈으며, 영국을 밀어내고 세계 제1의 은행가와 채권자, 보험업자가 되어 어마어마한 물질적 이익을 얻었다. 그럼에도 바로 미국에서 참전에 대한 혐오와 유감이 가장 빠르고 광범하게 퍼져나갔다. 그에 반해 자그마한 후진국 세르비아는 교전국 가운데 인구 대비 사상자 수가 가장 많았고 전쟁과 점령으로 나라가 쑥대밭이 되었음에도 전쟁의 '트라우마'를 겪지도, 전쟁에 '환멸'을 느끼지도 않았다. 20세기의 전쟁들—이라크-이란 전쟁(1980~88년)까지—에서 사상자를 수십만, 수백만 명씩 낸 다른 전통적 개발도상 사회들 또한 산업화 이전 사회들의 평균적인 반응과 비교해 더 강한 트라우마적 반응을 보이진 않았다. 그에 반해 20세기를 거치는 동안 풍족한 자유주의 사회들은 사상자가 조금만 발생해도 전쟁을 불신하게 되었으며, 특히 전쟁 위협이 실존적이거나 급박하지 않고 전면전 외에 다른 효과적인 정책으로 대응할 여지가 있다고 판단될 때, 그리고 승리할 전망이 낮아지고 있을 때 그러했다.[59]

　더구나 제1차세계대전 이후 영국에서 조성된 반전反戰 분위기가 더 뚜렷하게 나타났다 하더라도, 당시 대다수 서구인들은 전쟁에 막대한 판돈이 걸려 있었다는 사실, 영국이 독일에 패하고 독일이 무력으로 유럽 대륙을 지배했다면 곤란했으리라는 사실을 부인하지 않았을 것이다. 그렇지만 동시에 그들은 1차대전이 근대 세계의 경제적·규범적 논리와 충돌한다고 생각했고, 누구든지 평화에서 얻을 것이 더 많거니와 일부 집단이 다른 집단보다 많이 잃기는 해도 모두가 전쟁으로 손실을 입는다고 보았다. 그들은 대안이 있는 상황에서 열강이 전쟁에 빠져들고 전쟁을 고집하는 것은 재앙이자 그야말로 미친 짓이라고 생각했다. 미래에 다시 똑같은 함정에 빠지지 않으려면 할 수 있는 모든 일을 다 해야 했다. 이것이 1930년대에 서구의 자유주의적 정책을 결정한 근본적인 생각이었다.[60] 이런 '유화 정책'을 뒷받침한 분별 있는 가정은, 서구에서 적대하던 세력들이 그런 가정을 받아들이지 않으리라는 것이 드러나자 결국 허물어지고 말았다. 그러나 그후로도 반대편—자유민주주의적인 그리고/또는 풍족한 국가들이 아닐지라도—과 협력하지는 못할지라도 그들을 평화적인 공존 상황으로 끌어들일 수 있느냐는 중대한 질문은, 새로운 경쟁과 분쟁에 직면할 때마다 풍족한 자유민주주의 국가들의 정부와 국민을 거듭 괴롭혔다. 이 질문에 대한 답은 선험적으로 추론할 수 없으며 각 상황의 특수성에 따라 달라진다.

그 밖의 독립적인 연관 요인들

여타 다른 요인들도 풍족한 자유민주주의 사회들을 더 평화적으로 만드는 데 관여했을 것이다. 일반적인 사회과학자들과 마찬가지로 국제관계 이론가들도 가능한 한 적은 변수로 현상을 설명하는 검약성parsimony을 학문의 이상으로 여긴다. 그러나 이론적 명제에 대한 언쟁은 차치하더라도, 사회 현상에는 다수의 요인들이 작용하는 까닭에 이론적으로 '덜 우아한' 설명이 진실에 더 가까운 경우가 많다. 아래에서 제시할 추가 요인 중 일부는 자유민주주의와 가변적으로 연관되고 다른 일부는 경제 발전과 연관되며, 경제 발전은 다시 자유민주주의와 가변적으로 연관된다. 어떤 식으로 얼마나 연관되는지는 아직까지 확정되지 않았다.

다시, 부와 안락함

부와 안락함이라는 주제를 다시 논하겠다. 고금을 통틀어 사회가 번영을 누릴수록 전쟁과 군복무의 고난을 견디려는 사람은 줄어들었다. 전근대의 번영한 사회에서 부자들의 호화로운 생활조건과 육체노동을 하지 않을 자유는 군사작전과 야전생활의 육체적 고난과 상충했다. 따라서 부자들에게 그런 고난은 더욱 낯설고 매력 없는 경험이 되었다. 또한 모면하고 픈 상황이 더 적고 편의시설이 더 많은 국내에 비하면 군복무에는 기대할 만한 유인이 적었다. 전사 계급이 부를 직접 징발하는 사회가 아니라 부가 법의 보호를 받는 민간의 재산인 사회에서는 무장을 해제한 엘리트층이 폭력 분쟁에 더욱 서툴러졌다. 앞에서 확인했듯이, 역사적으로 이런 상황에서 전근대의 부유한 사회들은 가난한 경계지역 출신 침략자들의 폭력적 권력 탈취에 취약해졌다. 굶주린 늑대들은 때때로 배부른 개들을 제압했다. 이 관계는 근대 들어 바뀌었다. 근대에는 우수한 군사 장비를 생산하는 기술적 하부구조가 다른 무엇보다 중요해졌다. 그렇지만 산업-기술 시대가 전개되고 선진국의 1인당 부가 15배에서 30배까지 아찔하게 급증함에 따라 종전에는 엘리트 특권층만 누렸던 부와 안락함, 여타 편의시설이 사회를 통해 확산되기도 했다. 처음에는 부르주아를 꿈꾸는 이들이 등장한 정도였으나 나중에는 사회에서 한층 많은 이들이 부르주아가 되었다. 오늘날 경제 선진국의 '소비자 사회'에서 평균적인 남성과 여성은 과거의 귀족을 능가하는 안락함을 매일같이 누리고 있다.

요컨대 증대하는 부는 제조업 팽창과 무역의 상호의존성이라는 근대의 논리만이 아니라, 고난을 견디려는 사회의 의지에 풍족함과 안락함—이제 사회를 통해 확산되고 그 수준이 꾸준히 높아지고 있는—이 미치는 영향이라는 전통적 논리를 통해서도 전쟁을 줄여왔다. 이 이중 논리는

〈뉴욕 타임스〉 기고자 토머스 프리드먼Thomas Friedman의 기발하다면 기발한 규칙에 반영되어 있다. 프리드먼의 규칙에 따르면, 맥도널드 매장이 입점한 두 나라는 결코 서로 전쟁을 일으키지 않을 것이다. 이 규칙이 정식화되어 국제관계 이론가들이 잠시 검토한 이후로, 예전의 유고슬라비아처럼 예외적인 사례도 일부 나타나긴 했다. 그럼에도 이 규칙은 맥도널드 같은 다국적기업을 끌어들이는 나라들은 세계 경제에 충분히 연결되어 있을뿐더러 세계 경제의 축복까지 풍족하게 누린다는 생각에 토대를 두고 있었다.[61] 제2차세계대전 이후—이 기간에 풍족한 나라들은 사실상 전부 민주주의 국가였다—선진 세계에서 풍족함과 안락함의 수준이 계속 높아져온 까닭에, 호전성을 낮추는 데 안락함이 미친 영향과 민주주의가 미친 영향을 구분하기가 어려워졌다. 이미 지적한 대로 분명 두 요인은 어느 정도 연관되어왔다. 얼마나 연관되어왔는지는 뒤에서 다시 따져보겠다.

오늘날 자유롭고 풍족하고 안전한 사회에서 살아가는 사람들은 겨우 몇 세대 전만 해도 조상들이 어떻게 살았는지, 그리고 지금도 가난한 나라의 국민들이 대체로 어떻게 살아가는지를 좀처럼 상상하지 못한다. 지금도 삶이 힘겹다고들 말하지만, 과거의 삶이 훨씬 더 힘겨웠다. 전통 사회의 장점을 폄하하거나 근대의 고충과 문제를 무시할 마음은 없지만, 두려움과 육체적 고통이 불안으로 대체되었다고 말할 수 있는 근대 사회의 변화는 혁명이나 다름없었다. 전근대 사회의 사람들은 말 그대로 생존을 위해 투쟁했다. 그들 절대다수는 평생 굶주림을 면하기 위해 힘겨운 육체노동을 하면서도 결코 굶주림에서 벗어나지 못했다. 고아됨, 유아 사망, 배우자의 때 이른 죽음, 전반적인 조기 사망 같은 비극은 그들의 인생과 떼려야 뗄 수 없는 일이었다. 그들은 연령을 막론하고 질병과 장애, 육체적 고통에 시달렸으며 이에 대한 효과적인 치료법은 없었다. 국가의 통치가 우세한 곳에서도 이웃 간 폭력 분쟁은 때때로 일어났고 따라서 상존하는 가능성이었으며 그런 까닭에 체력, 강인함, 명예와 이런 자질들에 대한 평판이 중시되었다. 고난과 비극은 그들을 무정한 숙명론자로 만들곤 했다. 이런 환경에서 그들은 맬서스가 죽음의 신으로 꼽은 기근과 질병은 물론이고 전쟁이 수반하는 고난과 죽음까지도 마치 자연이 가하는 또다른 고통인 양 여기며 견뎌냈다.

풍족한 자유주의 사회의 삶은 전근대의 삶과 다른 방향으로, 아니 정반대 방향으로 극적인 변화를 거쳤다. 육체노동이 감소한 사실은 이미 지적했다. 굶주림과 결핍은 풍족한 사회, 이를테면 가장 기본적인 욕구인 음식을 사실상 무한정 얻을 수 있는 사회, 기아가 아닌 비만이 심지어 빈곤층 사이에서도, 때로는 특히 빈곤층 사이에서 중요한 문제가 되는 사회, 역사상 전례가 없는 이 역설적인 결과를 낳은 사회로 대체되었다. 아동기 사망과 조기 사망은 드문 일이 되었고, 산업화 이전과 비교해 유아 사망률이 거의 20분의 1 수준으로 뚝 떨어졌다. 1000명당 연간 일반 사망률은 약 30명에서 7~10명으로 낮아졌다.[62] 과거에 최악의 살인자였던 전염병들이 개선된 위생과 면역법, 항생제 덕분에 대부분 치명적이지 않게 되었을뿐더러 한때 삶의 일부였던 수많은 염증과 장애—시력 저하, 충치, 피부병, 탈장—도 약물과 의료기구, 외과술 덕분에 완화되었다. 마취제, 그리고 진통제부터 비아그라에 이르는 다양한 약물들은 삶의 질을 극적으로 높여주었다. 오늘날 선진 세계의 사람들은 냉난방이 잘 되는 집에서 가사를 대부분 수행하는 기계-전자 기기를 갖추고 살아간다. 그들에게는 실내 욕실과 화장실이 있다. 그들은 날마다 몸을 씻고 매일같이 옷을 갈아입는다. 그들은 걷기보다 차를 운전하고, 매체에서 쏟아내는 대중 오락물을 보며 여가시간을 보내고, 멀리 떨어진 이국적인 장소에서 휴가를 즐긴다. 그들은 '욕구 피라미드'를 올라가면서 개인의 자아실현을 중시하는 '탈근대'·'탈물질주의' 가치를 받아들이고 있다. 일부 현대인, 특히 미국인들은 물리적 폭력이 발생할 가능성이 이제 선진 사회에서(미국의 일부 도심 지역처럼 유달리 문제가 많은 이질적인 지역을 빼면) 일상적 요소가 아니라는 말을 믿기 힘들지도 모르겠다.[63] 그렇지만 질서 잡힌 안락한 사회에서는 사교 관계에서 거친 행위가 줄어들고 공손한 행위와 평화로운 토론, 유머가 규범이 되고 있다. 남성들은 예전보다 '자신의 여성적 면을 접할' 수 있다. 과거에 어린이와 청소년은 부모에게 체벌을 받고 학교와 놀이터, 거리에서 자기들끼리 싸우곤 했지만, 지금은 폭력을 멀리하도록 그들을 길들이는 사회의 전반적인 폭력 혐오 풍조에 둘러싸여 있다. 이런 변화 못지않게 사회적 기대치와 심리적 민감성 또한 극적으로 높아져왔다. 풍족한 자유주의 사회의 사람들은 삶을 그저 견디기보다 기대하고 통제하고 즐기며, 자신의 인생 계획에 전쟁이 들어설 여지를 거의 남겨두지 않는다.

그러니 역사적으로 공화정의 외교 정책과 연관되었던 '경솔한 결기'가 제2차세계대전 이후에 발전한, 소비의 쾌락에 몰두하는 풍족한 자유민주주의 사회에서 거의 사라진 것처럼 보인다 해도 놀랄 일은 아니다. 게다가 이 변화는 이들 사회의 덜 풍족한 '민중'보다도 엘리트층과 풍족한 중간계급에 더욱 영향을 미쳤다. 사회에서 '못 가진 자들'이 폭력적 행위를 저지르기가 더 쉬운 것과 마찬가지로, 국제 체제에서 덜 풍족한 국가들이 폭력적 행위를 저지르기가 더 쉬운 것은 결코 우연이 아니다.

대도시의 서비스 사회

도시의 성장과 대도시 생활은 얼마간 연관된 현상이다. 앞서 보았듯이 도시 인구도 있지만 농업 인구의 비중이 큰 도시국가와 달리, 상업적인 대도시는 고전 시대의 군사 권위자들이 보기에 신병을 모집하기에 제일 부적합한 장소였다. 마키아벨리에 이르기까지 후대의 저자들이 되풀이한 베게티우스Vegetius의 견해에 따르면, 최고의 신병은 강건한 농민이었다. 도시에서는 고된 육체노동에 종사하는 직인이 신병으로 선호되었고, 다른 직업 종사자는 전장의 엄격한 군사작전에 익숙하지 않다고 여겨 되도록 신병으로 뽑지 않았다.[64] 더욱이 으레 출신 지역이 제각각인 대도시 주민은 특히 공동체를 결속하는 전통적인 유대를 결여하고 있었고, 촌락과 소도시 공동체의 사회적 통제로부터 자유로웠다. 도시에서 신속한 거래와 갖가지 유혹에 노출되었던 그들은 너무나 변덕스럽고 근본 없고 제멋대로 행동하고 냉소적으로 구는, 신뢰하지 못할 부류로 간주되었다. 전근대에 도시생활양식은 전체 인구 중 고작 몇 퍼센트만을 아울렀지만, 근대가 도래하면서 꾸준히 확대되어 인구 대다수를 아우르게 되었다. 그에 따라 시골 주민은 전체 인구의 겨우 몇 퍼센트로 줄어들었지만, 그럼에도 군부는 여전히 그들을 최고의 '신병 자원'으로 쳤다.

이런 사례는 넘쳐난다. 20세기 초입에 독일군은 시골 사람을 유달리 많이 징집했고, 차선책으로 시골의 소도시 주민을 징집했다. 대도시의 대중이 군사적으로 덜 적합하거니와 사회주의에 물들어 정치적으로도 미심쩍다고 여긴 독일군은 대도시에서의 신병 모집을 제한했다.[65] 세계 최대 도시사회로서 양차 대전 기간에 징병제를 채택한 자유민주주의 국가 영국도 시골 주민이 병역에 가장 적합하다고 보았다. 산업노동자도 병역에 적합하다고 보았지만, 그들이 공장과 광산에서 만성적이고 껄끄러운 노사관계를 겪으며 연마한 불복종하고 반항하는 태도를 군대에 들여오지 않을지 우려했다. 사무직은 혹독한 군생활에 가장 부적합한 부류로 간주되었다. 양차 대전기 영 제국에서 단연 최고의 병력은 여전히 시골의 비중이 큰 자치령들인 뉴질랜드와 오스트레일리아, 캐나다에서 온 군인들이었다. 자립적이고 평등주의적인 자영농은 고금을 통틀어 최상급 병사였다. 제1차세계대전 기간에 미군의 중추였던 미국 중부 출신 농민 신병들은 1급 '군사 자원'으로 평가받았다. 도시 주민의 수를 늘린 제2차세계대전 때의 미군은 여전히 잘 싸우기는 했으나 1차대전을 치른 선배들처럼 최고의 평판을 얻지는 못했다. 그리고 베트남 전쟁 징집병들, 특히 더 도회적인 주에서 온 병사들은 더욱 낮은 평판, 즉 '타고난' 군인 자질이 있다는 평판을 얻는 데 그쳤다. 미군은 신병들의 지리적 배경에 대한 통계를 공개하지 않지만, 이라크 전쟁 전사자들의 고향을 분석한 자료는 시골과 소도시 공동체들이 자원병을 대도시보다 인구 대비 거의 2배나 많이 보낸다는 사실을 알려준다.[66] 그리고 '빨간색'-'파란색' 지역 차이도 있다.[미국에서 빨간색은 공화당, 파란색은 민주당을 상징한다—옮긴이] 건국 이후 첫 수십 년간 이스라엘의 정예부대원 절대다수는 비교적 적은 수의 자발적 집단공동체(키부츠)와 농업공동체(모샤브)에서 온 청년들로 충원되었다.

사회 직업 구조와 도시의 광범한 변화도 고려해야 한다. 산업 시대 전성기에 도시 주민은 주로 공장노동자였다. 앞서 인용한 결점들에도 불구하고 그들은 육체노동과 기계, 그리고 헨리 포드Henry Ford와 프레더릭 테일러Frederick Taylor가 선도하고 개척한 이후로 '포디즘'과 '테일러리즘'이라는 딱지가 붙은 대규모 공동작업 방식에 익숙했다. 그들은 인구가 조밀한 도시 공동체에 살았고 대부분 읽고 쓸 줄 알았다. 특히 군대 역시 기계화되고 있었던 만큼 공장노동자의 이런 자질은 군대에서 중요한 장점이었다. 근대 사회의 두 가지 거대한 '규율화' 기관인 학교와 공장을 경험한 산업 사회의 군대는 산업화를 겪지 않은, 본질적으로 전근대적인 농민군에 비해 대규모 협력과 속보速步, 교전의 기계화 등 대부분의 목표에 더 적합했다. 근대 사회의 자유농은 양쪽 군대의 장점을 겸비한 부류였다. 그렇지만 산업-기술 시대가 진행될수록 경제 선진국에서는 총 노동인구 가운데 제조업 부문의 비중이 낮아지고 서비스 부문의 비중이 높아졌다. 일례로 이 추세를 선도한 미국에서는 오늘날 노동인구의 70퍼센트가 서비스 부문에서 일하는 반면 고작 18퍼센트만이 제조업 부문에서 일한다.[67] 제법 타당한 근거를 바탕으로 주장하자면, 군대 또한 기계화 병력에서 정보 기반 병력으로 변해왔고 그에 따라 갈수록 전산화된 데이터 처리와 정확한 원거리 사격에 의존해 대부분의 전투를 수행해왔다. 게다가 군복무 조건도 상당히 개선되어왔으며, 군생활의 모험과 신체적 도전은 여전히 많은 청년들에게 호소하고 있다. 그렇다 해도 농민이나 공장노동자였던 조상들과 달리 풍족한 사회에서 사무실 책상에 앉아 일하고 교외 주택지에 틀어박혀 지내는 데 익숙한 현대인으로서는 군생활에 적응하기가 여간 어려운 것이 아니다.[68] 도시성urbanity과 도시생활양식urbanism이 근본적으로 비군사적인 자질을 뜻하는 동일 어근에서 유래한 데에는 그럴 만한 이유가 있다. 그런데 고도의 산업적 도시생활양식은 자유주의 사회만이 아니라 독일 제국과 나치 독일, 소련의 특징이기도 한 반면에 선진 서비스 경제는 거의 전부 자유민주주의 국가와 연관되는 까닭에, 이 두 요인의 영향은 구분하기가 어렵다.

성 혁명

피임약 덕분에 높아진 양성의 활용도, 여성의 노동시장 참여, 전반적인 자유화 등은 근대 선진 사회에서, 특히 젊은 미혼 남성들 사이에서 전쟁에의 열의를 꺾은 또다른 요인일 것이다. 앞서 보았듯이 젊은 미혼 남성들은 위치가 불안정한 까닭에 전통적으로 사회에서 가장 공격적인 부류였지만, 이제는 전쟁 말고도 초조한 심정을 배출할 방편이 그들 주위에 숱하게 많다. 그에 따라 한때 시골과 소도시의 따분하고 숨막히는 공동체에서 벗어나고픈 젊은이들을 유혹했던 외국으로의 모험은 특히 도시 주민들 사이에서 그 매력을 거의 잃어버렸으며, 그런 모험의 성적인 측면은 군사 당국에 의해 엄격히 제한되고 있다. 현대의 일본 제국 시절까지도 병사들은 해외에서 복무하는 동안 국가가 용인하는 집단 강간—그중 일부는 국가가 조직한 강제 매춘 형태의 강간이었다 — 에 가담했다. 1945년 동독에서는 최소 200만 명의 여성이 소비에트 병사들에게 강간당한 것으로 추산되며 그들 중 상당수, 어쩌면 대다수가 한 차례 이상 강간을 당했다. 집단 강간은 1990년대에 보스니아와 르완다에서 벌어진 종족 전쟁의 주된 특징이었다. 서구 민주주의 국가의 군대에서 강간은 엄하게 처벌받지만(그런데도 여전히 이따금 발생한다) 미군 병사들(그리고 다른 동맹국 병사들)은 폐허가 된 서유럽에서, 그리고 훗날 지독히 궁핍한 베트남에서 매춘을 싼값에 충분히 즐길 수 있었다.[69] 그렇지만 전반적으로 보아 성적 기회의 균형은 근본적으로 바뀌었다. 이전 시대의 특권층과 비슷하게, 오늘날의 젊은 남자들은 인생의 쾌락 대신 전장의 고초와 순결을 택하기를 꺼린다. "전쟁 말고 사랑을 하자"라는 구호를 내세운 1960년대 청년층의 강력한 반전운동이 성 규범의 자유화 추세와 연동하며 널리 영향을 미친 것은 우연이 아니었다. 이 자유화 또한 주로 풍족하고 도시적인 자유주의 사회에서 진행되었다. 그렇다 해도 이 자유화가 그 이후 소련에 얼마만큼 영향을 미쳤는지, 그리고 오늘날 중국에 어떤 영향을 미칠지 추론하는 것은 흥미로운 일이다. 그렇지만 이 요인의 중요성을 제대로 인식하기 위해 프로이트와 빌헬름 라이히Wilhelm Reich, 미셸 푸코Michel Foucault의 추론을 전부 받아들여야 하는 것은 아니다.

상술한 모든 요인을 요약하자면, 근대의 풍족한 민주주의 사회에서는 얼마간 상충하는 힘들이 작용하고 있다는 것이다. 역사적으로 시민 참여도가 높은 사회는 전쟁을 위해 자원을 동원하는 능력에서 대체로 전제정과 과두정 체제를 앞질렀다(다만 근대의 전체주의 체제들을 앞지르지는 못했다). 그러나 사회가 풍족해지고 도시생활이 확산될수록 시민의 군 참여도는 낮아지는 경향을 보였다. 앞서 확인했듯이, 고대와 중세의 도시국가에서 시민군은 때때로 시골과 도시의 빈민층과 외국인 중에 충원한 직업 병력으로 대체되었다. 징집군에서 직업군으로 바뀐 데에는 다른 이유들도 있었고 지금도 그러하지만, 전반적으로 보아 오늘날 이 과정이 미국과 영국을 비롯한 풍족한 민주주의 사회들의 군대에서 진행되고 있다는 것은 틀림없다. 역사 내내 정치철학자들과 도덕론자들은 사치, 도시생활, 문란한 성행위, 대중의 불만을 달래기 위한 값싼 음식과 오락, 공동체의 전통적인 도덕률 붕괴를 '방종', '유약함', '타락'과 동일시했다. 근대의 서구와 선진 세계의 여타 지역들은 영원한 타락 상태에 있다고 묘사되기까지 했다. 그러나 이 지역들은 앞서 주목한 기술적 우위, 치열하게 경쟁하는 경제와 정치 체제 같은 근대 사회의 특별한 강점들 덕분에 사회적·정치적·군사적으로 타락하는 것만큼이나 그 타락에서 벗어나고 있다.

현대의 풍족하고 쾌락주의적인 소비자 사회에서 고결한 이상주의의 죽음을 애도하는 이들은 동전의 반대편, 즉 그런 사회가 심각한 전쟁에 관여하기를 대단히 꺼린다는 사실을 인식해야 한다. 이처럼 전쟁을 꺼리는 태도는 심각한 위협에 직면할 경우 중대한 문제가 될 수 있지만, '강력한 평화주의자'인 근대의 풍족한 자유민주주의 사회들은 이제껏 균형을 그런대로 잘 잡아왔다.

젊은 남성 수의 감소

젊은 남성들의 환경과 태도가 변한 것 외에, 그들의 상대적인 숫자가 감소한 것 또한 선진 사회에서 전쟁 열의를 낮춘 요인일 것이다.[70] 전근대 사회에서는 신생아뿐만 아니라 성인의 기대수명도 오늘날보다 현저히 낮았다. 따라서 인구가 전혀 증가하지 않을 때에도 전체 성인 인구에서 젊은 남성의 비율이 지금보다 높았다. 산업화가 시작되자 유아 사망률은 급속히 감소한 반면 출생률은 서서히 감소했으므로, 인구가 급증하는 상황에서 젊은 성인의 수는 절대적으로 증가했을 뿐 아니라 전체 성인 인구의 증가세와 비교해 상대적으로도 증가했다. 이 추세는 19세기 서구와 20세기 개발도상국들에서 뚜렷하게 나타났다. 젊은 남자들은 전쟁과 혁명이 일어날 때마다 늘 그러했듯이, 1914년 7월과 8월에도 대중 중에서 가장 눈에 띄게 전쟁에 열광했다. 그렇지만 출생률이 인구 대체 수준 아래로 떨어지고 수명이 길어진 오늘날의 풍족한 사회에서는 노령화되는 전체 인구에서 젊은 성인—남성을 포함한—의 비율이 낮아지고 있다. 제1차세계대전 이전에 성인 남성 인구 가운데 15~29세 남성의 비율은 영국에서 35퍼센트, 독일에서 40퍼센트였지만, 2000년경에는 각각 24퍼센트와 29퍼센트로 떨어졌다. 그에 반해 2000년 이란에서는 그 비율이 48퍼센트였다. 같은 해에 중위 연령은 세계의 선진 지역들에서는 37세(2050년까지 46세로 높아질 것으로 예측되었다)였던 데 반해 덜 발전한 지역들에서는 24세, 가장 뒤진 지역들에서는 18세였다.[71]

젊은 남자들은 언제나 사회에서 가장 공격적인 요소였던 반면, 예로부터 나이 든 남자들은 온건하게 처신하고 타협하라고 조언했다. 이런 이유로 젊은 남자들의 상대적인 수가 감소하는 추세가 선진 사회들을 더 평화롭게 만드는 데 기여하는 한편 개발도상 사회들, 특히 이슬람 사회들의 호전성이 더 강한 이유를 설명해줄 것이라는 주장이 제기되었다. 중국은 '한 자녀' 정책 때문에 선진 사회에 더 가까워질지 모르지만, 이슬람 사회들에서는 급증하는 인구가 최근에야 정점을 찍었고 젊은 남자들의 상대적인 비율이 대단히 높다.[72] 게다가 19세기에는 국경이 열려 있어서 아주 많은 젊은이들이 인구가 폭발적으로 증가하는 유럽을 떠나 인구 밀도가 매우 낮은 해외의 유럽인 정착지로 이주할 수 있었던 반면, 오늘날 선진국들의 이민 제한 정책은 개발도상 세계의 문제를 키우고 있다. 지나치게 단순한 상관관계를 피하고 이슬람 세계의 들썽거리는 젊은 남성들을 이해하려면, 정체되고 문화를 굳게 방어하는 전통적 사회에서 그들에게는 경제적(그리고 성적) 기회가 없는 반면 풍족한 사회에서 수가 줄고 있는 젊은 남자들은 정반대 상황이라는 것을 고려해야 한다. 사람들은 언제나 특정한 경제적·사회적·문화적 조건이라는 맥락에서 행위한다. 예컨대 영국에서 산업이 급성장하고 인구가 제일 빠르게 증가한 19세기 중엽에 성인 남성 인구에서 젊은 남성의 비율은 오늘날의 이란과 다를 바 없는 40퍼센트 이상이었지만, 그때는 '팍스 브리타니카'의 시대였다.

가족당 자녀 수의 감소?

선진 사회에서 출생률이 급락하는 가운데 가족당 자녀 수가 크게 줄어든 것이 이들 사회의 호전성이 약해진 원인일지 모른다는 주장도 제기되었다. 이 주장에 따르면 과거에도 부모는 분명 자녀를 끔찍이 사랑했고 전쟁에서 자녀를 잃지 않으려고 전전긍긍하기는 했지만, 자녀 하나를 잃는 사건은 보통 자식이 한두 명밖에 없는 오늘날의 부모에게 훨씬 더 비통한 일이 되었다.[73] 그렇지만 이 추론이 면밀한 검토를 견뎌낼지는 의문이다. 역사적으로 생존한 자녀를 여럿 둔 가족은 인구 폭발을 경험한 산업화 초기에 국한된 일시적 현상이었다. 전근대 사회들에서 출생률이 훨씬 높았던 것은 맞지만 유아 사망률도 훨씬 높았으므로 결국 전반적인 인구 평형 상태가 유지되었다(느리게 증가하는 생산성에 맞추어 인구 또한 아주 느리게 증가했다). 여성들은 자녀를 많이 낳았지만 그중 소수만이 성년기까지 살아남았으므로, 평균 자녀 수는 인구 대체율 수준에 머물렀다. 따라서 생존한 소수의 자녀를 성년기까지 키워낸 과거의 부모가 오늘날의 부모보다 자녀를 잃을 '여유'가 더 많았던 것은 결코 아니다. 경제적으로 말하자면, 그들은 자신의 노년을 부양해줄 유일한 버팀목을 잃을 여유가 더 적었다. 전근대와 근대 사이에 실제로 변한 것은 가족당 (생존한) 자녀의 수가 아니다. 과거의 국민들은 그들의 바람에, 실은 그들의 생사에도 신경쓰지 않는 먼 곳에 있는 이질적인 권위자들의 명령에 그저 속수무책이었다. 공화정 도시국가처럼 국민들이 직접 통치한 곳에서는 전쟁—공격전이든 방어전이든—의 보상이 기대되었으므로 목숨이 걸린 싸움도 더 받아들일 만한 일이었다. 근대의 선진 자유민주주의 사회에서는 두 조건 모두 타당성을 거의 상실했다.

여성의 선거권

성에 기반한 다른 요인 또한 전쟁에 대한 사회적 혐오를 높이는 데 일조할 것이다. 젊은 남성이 언제나 사회에서 가장 공격적인 부류이긴 했지만, 남성 일반이 언제나 여성 일반보다 공격적이고 호전적이었던 것도 사실이다. 앞서 보았듯이 이 차이는 남녀의 생물학적 차이에서 유래하며, 문화적 태도가 가지각색인 여러 지역들에서 공통으로 나타난다. 여성이 생래적으로 평화적이고 전쟁에 반대한다는 뜻은 아니다. 실상은 이와 거리가 멀다. 다만 평균적으로 여성이 심각한 물리적 폭력 쪽으로 덜 기울어지고 그런 폭력을 덜 지지한다는 뜻이다. 분명 역사 내내 정치적 결정을 내린 것은 남자였고, 간혹 유력한 지위에 오른 여자가 있기는 했으나 그들마저도 '남성의 세계'에서 활동하고 성공해야 했다. 고대 아테네의 작가 아리스토파네스가 펠로폰네소스 전쟁중에 창작한 풍자극 『리시스트라타 Lysistrata』는 여성에게 참정권이 없었던 현실이라는 맥락에서 이해해야 한다. 이 희곡에서 전쟁이 수반하는 죽음과 비애로 고통받는 여자들은 남자들이 화평을 맺을 때까지 성관계를 거부하겠다고 선언한다. 20세기 들어 자유민주주의 국가에서 선거권을 획득한 여자들은 더이상 아리스토파네스가 상상한 궁극의 무기에 의존하지 않고도 정부를 선출함으로써 정부 정책에 영향을 미칠 수 있었다. 그렇지만 지난 수십 년간 서양에서 이루어진 연구들은 군사력 사용에 대한 성별 입장 차이가 줄곧 존재했음을, 즉 여자들이 군사력 사용을 5~15퍼센트가량 덜 지지했음을 보여준다.[74] 선거에서의 당락은 흔히 근소한 표차로 결정되고 정부는 유권자들의 입장에 반응할 수밖에 없으므로, 근대의 풍족한 자유민주주의 사회에서 그런 성별 차이는 군사적 모험에 불리한 방향으로 선거의 균형을 기울이는 중요한 역할을 했을지도 모른다. 그러므로 자유주의/민주주의 평화론과 성 관련 설명은 서로 겹친다. 다시 말해 여성의 투표는 자유민주주의 국가들이 19세기보다 20세기에 한층 평화적으로 변한 이유로 제시되었다.[75] 여기서 논한 다른 모든 요인과 함께 고려해야 하지만, 여성의 투표는 중요한 요인일지도 모른다.

그렇지만 위에서 지적한 대로 여성이 무조건 평화주의자인 것은 아니다. 일부 사회에서는 분쟁시에 남녀의 입장이 유의미하게 차이 나지 않는다. 일례로 아랍-이스라엘 분쟁에 관한 연구에 따르면 양측 모두 성별 차이를 나타내지 않았다. 이 결과에 관한 다양한 설명을 검토한 연구자들은, 남녀 모두로부터 높은 동원 수준을 이끌어낸 이 분쟁의 높은 '현저성salience'으로 이 결과를 십중팔구 설명할 수 있을 것이라고 보았다.[76] 그런데 성별 차이가 나타나지 않는 것은 중동에만 국한된 현상이 아니라 더 일반적인 현상일 것이다. 예를 들어 2004년 미국 대통령 선거에서 이른바 '시큐리티 맘security mom'들은 국내에서 다시 대규모 테러가 발생할 것을 우려해, 논란이 분분한 이라크 전쟁이 수렁에 빠져 있음을 알면서도 민주당 후보보다 강경한 조지 W. 부시George W. Bush에게 더 많이 투표했다. 러시아에서 어머니들은 소련의 아프가니스탄 침공(1979~88년)이 실패한 기간에는 잠잠했으나 러시아가 자유화된 이후 발발한 1차 체첸 전쟁(1994~96년) 기간에는 유력한 목소리를 냈다. 이 어머니들은 가두시위를 벌여 러시아의 철수 결정에 적잖은 영향을 미쳤다. 그렇지만 러시아군이 철수한 뒤 체첸 극단주의자들이 러시아 영토에 대한 테러 공격을 계속하자, 적어도 러시아 여론에 따르면 남녀 모두가 미국의 '시큐리티 맘'처럼 자국의 재개입을 정당화하게 되었다.

핵무기

핵무기의 도래는 1945년 이래 강대국 전쟁을 막은 결정적 요인으로 널리 인정받고 있다. 상호확증파괴mutual assured destruction라는 전망은 의심할 나위 없이 전쟁의 논리에 혁명을 일으켰다. 그전에는 전쟁 결과가 불확실했기에 적대국들이 도박을 걸어볼 여지가 있었지만, 핵무기와 더불어 그 불확실성이 사라졌기 때문이다. 이제 총력을 다하는 핵전쟁이 일어날 경우 모두 패배자가 될 것이 불 보듯 뻔해졌다. 이런 이유로 냉전기에 적대국들은 핵무기에 온통 정신을 집중했다. 그렇지만 이미 지적했듯이, 1945년 이래의 '긴 평화'가 근대 강대국 체제에서 가장 긴 평화이기는 해도 이에 앞서 1871년부터 1914년까지 서구 열강의 두번째로 긴 평화기가 있었고, 또 그전에는 1815년부터 1854년까지 세번째로 긴 평화기가 있었다. 물론 핵무기는 1945년 이전과 달리 최장 평화기가 파멸적인 국가 간의 전쟁으로 깨지는 사태를 거의 방지하는 데 결정적인 역할을 해왔다. 이것은 기념비적인 변화다. 그렇기는 해도 산업화중이거나 산업화된 강대국들의 관계, 특히 산업화된 자유주의/민주주의 강대국들의 관계는 핵무기가 등장하기 한참 전부터 변해왔다.[77]

냉전 연구를 선도하는 역사가가 지적했듯이, 사람들은 1945년부터 1949년까지 미국이 핵무기를 독차지했다는 사실을 걸핏하면 잊어버린다. 이론상 미국은 예상보다 일찍 현실화되기는 했으나 불가피한 결과라고 여겼던 소비에트의 핵화核化를 지켜보며 봉쇄 정책을 펼치는 대신, 보복을 두려워하지 않고도 핵무기를 선점하고 자국의 방식을 강요할 충분한 이유가 있었다.[78] 미국이 아니라 소련이나 나치 독일이 핵무기를 독차지했다면,

틀림없이 핵무기를 대량생산하여 전 세계에서 정복과 강압 정책을 추진했을 것이다. 이처럼 미국은 다른 풍족한 자유민주주의 국가들만이 아니라 숙적 소련에 대해서도, 잠시 동안 누렸던 압도적인 우위를 이용하여 전쟁 일보 전까지 압박하는 일을 삼갔다. 오늘날의 풍족한 자유민주주의 국가들 또한 어떤 차이나 의견 충돌과 긴장이 있든 간에, 그리고 핵억지가 작용을 하든 안 하든 간에 서로 무력 분쟁—열전이든 냉전이든 은밀한 분쟁이든—을 일으킬 진지한 가능성은 없다. 서로를 상대로 핵억지를 활용할 가능성도 별로 없다.

핵무기의 도래는 역사의 전환점을 나타낸다. 이제 자유민주주의 국가든 아니든 핵보유국 간의 무제한전쟁은 쌍방의 자살 시도가 되었다. 그렇긴 해도 핵무기의 귀결인 분쟁 자제는 군비 경쟁, 억지, 공포의 균형balance of terror에 토대를 두고 있으며, 은밀하고 간접적인 저강도 무력 분쟁이 발생할 여지는 남아 있다. 그렇지만 다른 한편으로 풍족한 자유민주주의 국가 간에 **어떤 식으로든** 폭력 분쟁이 발생하는 사태는 핵무기가 있든 없든 사실상 생각할 수도 없는 일이 되어가고 있다. 이 국가들의 관계에서는 전면전의 억지력에 토대를 두는 '소극적 평화'보다, 공동 이익과 서로 공유하는 반전 규범에 뿌리박은 '적극적' 평화가 우세하다. 이 두 평화는 크게 다르지만, 그렇다고 해서 어느 하나가 덜 중요한 것은 아니다. 풍족한 자유주의 질서와 핵무기 **양쪽 모두** 진정으로 새 시대를 열어젖힌 요인들이다. 이 말이 일원론자들에게는 불협화음으로 들릴지도 모르겠다. 그도 그럴 것이 단일 요인 설명은 거부하기 어려울 정도로 매력적이기 때문이다. 그러나 세상사가 으레 그렇듯이, 전후의 평화 또한 어느 정도 연관된 복수 요인들이 작용한 결과였다.

자유주의 국가의 전략적 정책: 고립주의, 유화, 봉쇄, 제한전쟁

산업—기술 시대의 유례없는 발전, 특히 자유주의 발전 노선에 뿌리박은 상술한 이유들로 인해 풍족한 자유민주주의 국가들은 유례없이 전쟁을 혐오하게 되었다. 이 국가들—전쟁 혐오와 이 감정의 대내적·대외적 토대를 공유하는—의 관계에서는, 서로 간의 전쟁이 사실상 선택지로도 남아 있지 않다는 진실한 상호 확신을 바탕으로 진정한 평화 상태가 발전해온 것으로 보인다. 이는 전대미문의 상태다. 그러나 이와 비슷하게 근대의 조건 또한 혁명적이다. 더 자세히 조사한 결과, 학자들은 (풍족한) 자유민주주의 국가들의 전쟁 혐오가 '민주주의 평화'로 가장 뚜렷하게 나타나기는 하지만 이를 넘어 민주주의 국가들이 비민주주의 국가들, 특히 비민주주의 강대국들과 맺는 관계에도 영향을 미쳤음을 알아챘다.[79] 자유민주주의 국가들이 보이는 전쟁 자제의 한 측면은 예방 전쟁을 피하려는 경향이다. 이 국가들은 역사적으로 위협을 당하거나 군사적 우위를 점하거나 그 우위를 잃을 위험에 처할 때에도 개전이라는 선택을 하지 않았다.[80] 미국이 핵무기를 독차지하던 때에도 적대국인 소련에 맞서 전쟁을 개시하는 선택을 기피했다는 것은 앞서 언급했다. 그런데 이 패턴은 20세기 전반기에 이미 식별할 수 있을 정도로 나타났다.

제1차세계대전 이전 독일이 해군을 대규모로 증강하는 동안 영국이 독일 해군의 '전함을 몰수하는Copenhagening' 방안을 진지하게 고려하지 않은 것을 적절한 사례로 들 수 있겠다. 이 개념은 영국의 넬슨 제독이 덴마크 해군을 해체하여 나폴레옹 군에 합류하지 못하게 방지한 사건(1801년)을 상기시킨다.[Copehagenization: 패배한 적국의 전함을 전부 또는 대부분 몰수하는 것을 뜻하며, 코펜하겐 전투에서 영국 해군이 덴마크 해군의 전함을 몰수한 데서 유래한 표현이다—옮긴이] 그렇지만 20세기 초 영국의 사회정치 체제를 도외시하고 과거의 넬슨 제독처럼 독일 해군에 타격을 가하는 것이 과연 정치적 또는 전략적으로 타당한 조치였을지는 의문이며, 여하튼 영국은 건함 경쟁에서 독일을 줄곧 앞설 수 있었다. 반면 독일은 당시 산업 분야에서 일대 도약을 겪고 있던 러시아를 중대한 위협으로 여겼고, 대체로 보아 러시아를 겨냥한 예방 전쟁으로서 제1차세계대전을 일으켰다. 또다른 사례를 들자면 영국은 1940년에 프랑스가 함락된 후 중립적인 비시 정부의 해군이 독일의 수중에 넘어갈까 두려워 오란Oran과 다카르Dakar 항구에서 프랑스의 '전함을 몰수'했다. 그러나 이 조치는 제2차세계대전 발발 이후에 시행되었다. 주목할 점은 1930년대 중반에 서구 자유민주주의 국가들이 히틀러 치하 독일의 재무장을 저지하려고 강제로 개입하지 않았다는 것이다. 그 결과 이들 국가는 독일에 대해 완전한 군사적 우위를 상실했고, 히틀러는 급진적인 팽창주의 정책에 착수할 수 있었다. 너무 늦었음을 깨닫기 전까지, 서구 민주주의 정부와 국민들은 최악의 시나리오가 현실화되지 않고 독일의 요구를 평화롭게 수용할 수 있기를, 적어도 어쨌든 전쟁 없이 독일을 봉쇄할 수 있기를 바랐다. 미래의 사태에 이렇게 대처하는 태도는 흄이 말한 자유주의 국가들의 경향성인 "부주의하고 무기력한…… 고분고분함"[81]을 보여주는 사례로 비칠지도 모르겠다. 그렇지만 다른 한편으로 보면 개시되지 않은 전쟁은 회피 가능한 전쟁일 수도 있다. 이미 지적했듯이, 전쟁 개시를 사전에 확정할 길은 없다. 예방 전쟁을 강하게 억지하려는 자유민주주의 국가들의 경향성은 2001년 9월 11일 이후 미국의 '테러와의 전쟁'과 관련하여 격렬한 공적 논쟁의 쟁점으로 부각될 것이다.

풍족한 자유민주주의 국가들이 예방 전쟁을 꺼리는 것은 더 넓은 행위 패턴의 한 요소일 뿐이다. 결국 근본적인 물음은 다음과 같다. 근대의 풍족한 자유민주주의 국가들이 국제 행위 면에서 역사에 등장한 다른 국가 – 사회들과 확연히 다르다면(그렇게 보인다), 그들 행위의 다른 측면들에서도 이 차이가 나타나는가? 이 책에서 나는 풍족한 자유민주주의 국가들의 전쟁 혐오가 잠재적 분쟁과 실제적 분쟁 양쪽 모두에 대한 전형적인 대응 패턴으로 바뀌어왔다는 것을, 이 국가들이 전쟁의 정당성Jus ad bellum 뿐 아니라 적법성Jus in bello 면에서도 다른 국가들과는 다르게 행위한다는 것을 시사했다. 앞서 검토한 이유들 때문에 서양은 전통적으로 강한 호전성을 드러냈고, 직접적인 무력 충돌을 선호했다. 2차대전 기간에 자유민주주의 국가들은 생사를 걸고 싸운 가장 잔혹한 적국인 독일과 일본을 공습해 섬멸하면서 주저하는 기색을 거의 보이지 않았다. 냉전 초기에는 그들의 자칭 전투적인 '십자군 정신'을 우려하는 목소리, 오래전에 흄이 꼬집어 말한 '경솔한 결기' 혐의를 상기시키는 목소리가 들리기도 했다. 그렇다 해도 이 책에서 주장했듯이, 전쟁 혐오가 강해짐에 따라 자유민주주의 국가들은 옛 전쟁 방식과 여러 면에서 다른 새로운 '서양식 전쟁 방식'을 발전시켰고, 서양의 모델이 전파되면서 풍족한 자유민주주의 국가들 모두가 갈수록 이 방식을 채택하게 되었다.

이 국가들의 근본적인 태도가 이러했던 까닭에, 분쟁에 어떻게 대처할 것인가 하는 문제가 난감한 쟁점이 되었다. 초기에 자유주의자들은 평화쪽으로 기울기는 했으나 평화주의자는 아니었는데, 무력으로라도 자유주의를 쟁취하고 지켜야 했기 때문이다. 그렇지만 이윽고 풍족한 자유민주주의 국가들 안에서 상술한 과정이 심화되자, 일부 자유주의자(그리고 사회주의자)들이 다소 일방적인 평화주의를 옹호하기 시작했다. 그러나 그들은 상대편이 평화주의자가 아니라면 어떻게 대처해야 하는지 설명하지 못했으므로, 일방적인 평화주의는 우세한 교의가 되지 못했다. 자유주의의 주류에 더 부합했던 것은 국제 체제 전체를 페인-칸트-윌슨의 모델에 맞추려는 시도였다. 다시 말해 평등한 민족자결·자유주의·자유무역을 받아들이고, 함께 번영하는 근대의 발전에 동참하며, 국제기구를 통해 분쟁을 해결하는 국제 체제를 만들어내려는 시도였다. 이 모델에 필요한 조건이 현실화된 곳—가장 두드러진 사례는 제2차세계대전 이후의 서유럽이었다—에서 그 결과는 실로 놀라웠다. 그러나 세계의 대다수 국가들은 이 모델을 실현하려는 시도에 완강히 저항했고, 그중 상당수는 지금도 저항하고 있다. 빅토리아 시대 사람들이 거듭 좌절한 끝에 배운 교훈을 풍족한 자유민주주의 사회들은 지금까지도 다시 배우고 있다. 그 교훈이란 그들의 모델은 결코 다른 사회 및 문화들이 바라는 보편적인 모델이 아니라는 것, 대개 후자들은 아무리 애를 써도 그 모델에 필요한 물질적·규범적 전제조건을 실현하기 어렵다는 것, 따라서 그 전제조건을 실현하는 일은 설령 성공한다 해도 파란만장한 과정이라는 것이다. 무력을 행사해 다른 사회를 자유주의 질서로 끌어들이려는 시도는 전쟁을 필요로 하며, 그러면서도 동일한 이유들 때문에 좌절을 겪고 십중팔구 실패로 끝난다. 둘 중 어떤 시도를 하든, 페인-칸트적 세계가 아닌 홉스적 세계에서 살아가는 적대국들은 서로에 맞서 계속 폭력 분쟁을 일으킬 것이다.

모든 국가가 자유주의(그리고 풍족한) 국가는 아니므로 페인과 칸트가 구상한 평화로운 조정을 실현할 수 없다 해도, 생피에르가 구상한 집단안보, 즉 모든 국가가 단결해 평화를 교란하는 국가에 대항하는 방안이 남아 있다. 이런 생각은 국제연맹과 국제연합의 중추였지만, 일찍이 루소가 깨달은 다음과 같은 이유들 때문에 대체로 실패했다. 강력한 국가들과 연합체들은 이론상 압도적인 집단행위로 위협한다 해도 쉽게 제지할 수 없었다. 이런 위협은 대부분 이론상의 위협으로 그쳤는데, 국가들이 여간해서는 타국의 분쟁에 관여하려는 의향을 보이지 않았기 때문이다. 무임승차를 막을 강압적 권위가 없는 상황에서, 국가들은 분쟁에 더 밀접히 연관된 다른 국가들이 문제 해결에 나설 거라고 생각했으며 심지어 '침략국'

과의 관계 유지를 염려한 경우도 많았다. 또한 어느 쪽이 침략국인지 확정하는 일은 합의에 도달할 수 없는 가치판단을 수반했다. 이 모든 이유는 비민주주의 국가뿐만 아니라 민주주의 국가에도 적용되었다.[82]

따라서 세계의 모든 국가가 풍족한 자유민주주의 국가가 아니고 집단안보가 대체로 효과를 발휘하지 못하는 한, 자유민주주의 국가들은 분쟁과 전쟁이라는 전망에 대해 고심하지 않을 수 없었다. 내가 보기에 이런 전망에 직면한 이들 국가의 전략적 정책은 전형적으로 한 가지 패턴을 따랐다. 고립주의에서 유화로, 유화에서 봉쇄로, 봉쇄에서 냉전으로, 냉전에서 제한전쟁으로, 그리고 피치 못할 경우에만 제한전쟁에서 전면전쟁으로 한 단계씩 대응 수준을 높이는 패턴이었다. 자유민주주의 국가들에 특징적인 행위의 다른 측면들과 마찬가지로, 이 패턴도 19세기 후반기에 나타나기 시작해 20세기에 구체화되었다.

자유주의 국가의 고립주의는 자국의 이해관계에 심각한 영향을 미치지 않고/않거나 다른 국가에 떠넘길 수 있다고 여기며 대외 분쟁을 삼가는 일반적인 경향, 그리고 뚜렷한 전쟁 혐오가 작용한 결과다. 채택 가능한 경우 고립주의는 자유민주주의 국가에 줄곧 가장 매력적인 선택지였다. 그렇지만 상호의존도가 높아짐에 따라 좁아지는 세계에서 고립주의는 갈수록 옹호하기 어려운 선택지가 되었다. 설령 중요한 이해관계가 걸려 있지 않다 해도, 보편적인 가치와 인권을 중시하는 자유주의 국가로서는 외국의 분란을 무시하기 어려울 때가 많다.

중대한 위협을 차단할 수 없을 때 자유민주주의 국가들이 두번째로 선호한 선택지는, 그 대가가 적당할 경우 경쟁자의 요구를 일부 수용하고 그에게 경제적 보상을 제공하는 것이었다. 이 선택지가 전쟁보다 싸게 먹히고, 풍족한 자유민주주의 국가들의 최대 강점인 풍부한 자원에 의존하며, 경쟁자를 호혜적인 경제관계로 통합하여 결국 자유화로 이끌 수 있는 전망을 남겨두기 때문이다. 이런 유화 정책의 성공은 상대편이 거래의 파트너가 될 수 있을지, 아니면 유화적 제안이 역효과를 일으켜 상대편의 욕망을 더욱 부추기고 유약함의 신호로 해석될지에 달려 있다. 따라서 유화 정책은 강자의 위치에서 당근과 채찍을 함께 써가며 실행해야 한다.

유화 정책이 실패하면 다음 순서는 봉쇄와 냉전—상대를 억지하는 연합체를 결성하고, 경제적 압력을 가하고, 은밀한 전복과 이데올로기 전쟁에 관여하는 것—이다. 마지막으로 무력 분쟁이 발생한 경우에는, 더이상 분쟁을 제한할 수 없는 상황이 아닌 한 분쟁을 제한하기 위해 노력한다. 자유민주주의 국가가 선호하는 방안으로는 적대세력에 맞서 연합체의 결속을 공고히 하고 현지의 병력을 강화하기 위한 자금과 장비 제공, 봉쇄, 선진국이 분명히 우위를 점하는 해군과 공군의 군사행동, 기술 면에서 우세한 타격부대의 제한작전 등이 있다. 직접적인 대규모 교전, 특히 사상자가 많이 발생할지 모르는 지상전은 가장 꺼리는 선택지가 되었다. 물론 이모든 정책은 '이념형'들로서 흔히 중첩된다. 이 가운데 일부는 최근에야 등장한 것처럼 보일지 몰라도 사실 꽤 오랫동안 활용되어왔다.

예를 들어 19세기 대부분 동안 영국과 미국의 초기 정책은 고립주의였다. 외국에 개입하지 않고는 더이상 외부의 위협—주로 유럽 대륙의 세력 균형과 영국의 해군 우위에 도전하는 형태로 독일이 가한 위협—을 저지할 수 없게 되자, 영국은 가장 먼저 고립주의에서 벗어났다. 그렇지만 이후에도 해군, 식민지, 정치, 경제가 결합된 거래를 통해 독일과 화해할 방도를 헛되이 거듭 모색했다. 그리고 전쟁이 닥쳤을 때 영국의 정책은 프랑스와 러시아가 지상전을 대부분 떠맡을 거라는 가정에 입각하고 있었다. 영국은 자국의 역할을 해군과 경제 영역으로 한정하고 봉쇄를 주무기로 이용할 작정이었다. 동맹국들의 붕괴가 목전에 닥쳐서야 영국은 단계적으로 전면전에 돌입했다.[83] 미국은 더 오랫동안 고립을 고수할 수 있었다. 미국이 공식 참전한 1917년 4월에도 윌슨 대통령은 유럽의 '아수라장'에 전면 개입할 계획을 세우지 않았다. 미국 또한 1917년 여름에 프랑스와 이탈리아가 붕괴 직전까지 몰리고 독일의 유보트 작전으로 영국이 패전할 위기에 처하고, 1918년으로 넘어갈 무렵 러시아가 붕괴해 전쟁에서 이탈하고, 1918년 봄 서부전선에 재앙이 임박하고 나서야 어쩔 수 없이 전면전에 나섰다.

1920년대 중반 서구 민주주의 국가들의 엘리트층은『평화의 경제적 귀결』(1920)에서 케인스가 주장한 대로 가혹한 베르사유 조약은 실수였다는 생각을 굳혀가고 있었다. '로카르노 시대'[1925년 10월 스위스 로카르노에서 발의한 로카르노 조약을 전후한 시기—옮긴이] 동안 독일 경제의 회생을 돕고, 독일의 국제적 지위를 정상화하고, 독일을 국제기구들에 통합하며, 독일의 불만을 평화롭게 해결할 전망을 유지함으로써 독일과의 분쟁을 조정하려는 시도가 이루어졌다. 불행히도 이 시도는 1929년부터 세계 대공황이 시작되면서 실패하고 말았다. 1930년대 동안 국제 세계의 현상 유지를 깨뜨리는 일본과 독일, 이탈리아의 행위는 자유민주주의 국가들에 극심한 위협이 되었다. 그럼에도 모든 자유주의 강대국—미국, 영국, 프랑스—에서 대중의 분위기, 정당들과 정부의 합치된 의견은, 그들이 여전히 군사적 우위를 점하고 있었음에도 단연코 반전론이었다. 이번에도 그들의 정책은 고립주의, 유화, 봉쇄와 냉전, 제한전 순서로 나아갔다. 총력전은 적들이 그들에게 강요한 것일 뿐이었다. 자유주의 강대국들은 모두 이 길을 걸었다.

고립주의를 택해도 무방하다고 판단한 경우, 자유주의 강대국들은 이 선택지를 선호했다. 예를 들어 영국은 잠시 고립주의를 고려하다가 지상군 주력의 유럽 대륙 개입을 배제하는 '유한책임'이라는 형태로 부분적인 고립주의 정책을 택했고, 미국은 더 오랫동안 더 확실하게 고립주의를 고수했다. 하지만 양국 모두 위협의 정도를 감안할 때 고립주의 자체로는 불충분하다고 보았다. 양국은 특히 독일을 비롯하여 추축국의 불만을 일부해결하고 경제적 보상과 서로 득이 되는 무역 협정을 제시하는 등 분쟁을완화하고 추축국을 길들이려는 시도로 고립주의를 보강했다. 네빌 체임벌린Neville Chamberlain이 가장 정력적으로 추구한 이 유화 정책은, 히틀러의야심이 자유민주주의 국가들이 받아들일 만한 수준을 훌쩍 넘어선 탓에결국 실패로 끝났다. 그러나 체임벌린의 동료 가운데 그의 정책에 반대한이들마저도 유화 자체에는 반대하지 않았고, 다만 더 신중을 기해야 하고유화 정책을 무력으로 보강해야 한다고 믿었다는 데 유의해야 한다.

　에티오피아와 에스파냐가 위기에 처했을 때까지도 서구 민주주의 국가들은 행동에 나설 의향이 별로 없었고, 딱히 위기라고 느끼지도 않았다. 그래도 추축국의 동태에 대항하기 위해 제안된(그러나 대부분 실행되지않은) 전략 유형들을 고려하기는 했다. 그런 전략으로는 직접적 군사 개입이 아닌 경제적 제재, 연합국의 월등히 우세한 해군력을 통한 에티오피아와 에스파냐의 고립, 에티오피아인들과 에스파냐 공화주의자들에 대한군사장비 제공 등이 있었다. 여하튼 1938년 봄에 체코슬로바키아가 위기에 빠지고 나서야 서구 여론은 경고음을 요란하게 울리기 시작했다. 그때에도 동일한 전략적 선택지들이 유화에 맞서 제기되었다. 앤서니 이든Anthony Eden, 로이드 조지, 윈스턴 처칠, 영국 노동당과 자유당 하원의원들, 프랭클린 D. 루스벨트Franklin D. Roosevelt 모두 독일을 억지할 수 있거나 그러지 못할 경우 경제적으로 독일의 숨통을 조일 수 있는 우세한 연합체(소련을 포함하는)를 통해 독일을 봉쇄해야 한다고 보았다. 독일군 수뇌부가 절박하게 지적했듯이 1938년에 독일은 먼저 동유럽에서, 뒤이어 서유럽에서장기간 전면전을 수행하는 데 필요한 자원이 부족한 실정이었다.[84]

　루스벨트는 유럽과 극동 두 지역과 관련하여 그의 전형적인 사고방식을 드러냈다. 일본이 중국을 침공하고 독일과 이탈리아, 일본이 방공 협정을 체결한 이후인 1937년 말, 루스벨트는 침략국들을 제재하고 봉쇄하는 협동 정책이라는 생각을 방송에서 점점 더 자주 발표했다. 이 생각은 1937년 10월 5일 루스벨트의 유명한 '격리 연설quarantine speech'에서 구체적으로 표명되었다. 그 이후 체코슬로바키아 위기시에 루스벨트는 독일 '포위'를 요청했다. 루스벨트는 유럽의 연합국이 선전포고도 없이 독일과의 국경을 폐쇄하고 경제 봉쇄에 의지하여 국경을 수비하는 방안을 제시했다. 그러면 미국이 연합국을 경제적으로 뒷받침할 터였다.[85]

전쟁이 일어난 1939년경 독일은 남동유럽을 점령하고 소련과 불가침 조약을 맺은 덕분에 종전보다 경제적 압력에 덜 휘둘리게 되었다. 이런 환경에서 이른바 황혼 전쟁twilight war 또는 가짜 전쟁phoney war이 서부전선에 만연했던 것은 오늘날의 통념과 달리 기이한 일탈 현상이 아니라 영국과 프랑스에 가장 자연스러운 전략이었다. 옛 국경 안에 독일을 가둘 능력도, 독일이 봉쇄를 뚫으려 시도하면 경제적으로 숨통을 조일 능력도, 군사적으로 독일을 물리치고 동유럽을 되찾을 능력도 없었던 영국과 프랑스는 사실상 제2차세계대전 이후 서구가 소련에 맞서 채택하게 될 전략적 정책과 거의 똑같은 정책을 채택했다. 양국은 무장 공존, 봉쇄, 경제적 압력, 이데올로기·선전 전쟁에 의존했다. 영국과 프랑스는 전쟁이 전면전으로 확대되는 사태를 피하기 위해 지엽적이고 간접적인 군사행동만 했다. 정식으로 인정하지 않았다 뿐이지 실상 이것은 봉쇄와 냉전 정책이었다. 서방권은 방어수단을 갖추고 자원을 배치하면서 독일인들이 서방과의 조정을 모색하기를 바랐다. 또한 나치 체제가 온화해지거나 실권하기를 바랐다. 루스벨트에게 보내는 서한에 체임벌린이 썼듯이, 영국은 "극적이고 완벽한 승리를 거두는 방식이 아니라 승리할 수 없음을 독일인들에게 납득시키는 방식으로" 전쟁에 이길 작정이었다. "완강히 버티고, 경제적 압력을 끊임없이 가하고, 군수품을 계속 생산하고, 온 힘을 다해 군사적 대비를 지속하되 "히틀러가 먼저 공격하지 않는 한 공격하지 마십시오."[86] 불행히도 이 구상은 독일인들이 연합국을 결정적으로 물리치고 서유럽을 빠르게 장악한 1940년 5월과 6월에 대실패로 끝났다.

미국도 영국과 비슷한 길을 걸었다. 1940~41년 유럽과 극동에서 미국의 정책은 공공연한 전쟁만 빼고 모든 수단을 망라했다. 1940년 여름에 영국이 계속 싸우기로 결정하는 데 중대한 영향을 미친 요소는 미국이 오래지 않아, 아마도 11월 대통령 선거 이후에 참전할 것이라는 처칠의 믿음이었다. 그런 일은 일어나지 않았다. 미국은 영국이 계속 싸울 수 있도록 무기 대여 형태로 막대한 경제 원조를 했다. 그러나 미국이 선전포고를 할지 여부는 1941년 내내 모호한 문제였다. 그해 여름에 미국은 소련에도 무기를 대여했고, 대서양 서쪽 절반에서 독일 잠수함과의 전투를 넘겨받았으며, 아이슬란드에 수비대를 배치했다. 그럼에도 영국으로서는 미국이 가까운 미래에 참전하진 않으리라는 것이 분명해졌다. 미국인들과 의회 의원들 과반수가 전쟁에 반대했고, 루스벨트 본인의 의도는 불분명했다. 루스벨트는 분명 영국이 무너지는 상황을 용납하지 않았을 것이고, 전쟁 경과에 미치는 미국의 영향력을 키우기 위해 자국의 증대하는 세력을 꾸준히 이용했을 것이다. 그런데 루스벨트는 미국의 재무장이 더욱 진척되기를 기다리면서 자국 여론이 결국 참전을 각오할 때까지 시간을 벌고 있었던가? 아니면 미국이 전면 참전하지 않은 채 영국과 소련이 미국의 막대한 정치적·경제적 지원을 받아가며 전투를 수행하던 당시 상황에 충분히 만족했던가? 이 물음들은 여전히 논쟁거리이고 앞으로도 확실하게 답하기 어려울 것이다. 루스벨트 본인은 과연 확실한 답을 알았을지 의문이다. 일본이 미국을 기습하고 뒤이어 독일이 미국에 선전포고를 하고 나서야 미국은 마침내 참전하기로 결정했다.[87] 각각 1940년 5~6월 서유럽과 1941년

12월 태평양에서 방어가 뜻밖에 무너지는 바람에 하는 수 없이 총력전을 벌여야 하는 처지가 되기 전까지, 영국과 미국은 총력전을 시작하지 않았다.

미국은 모든 면에서 일본보다 훨씬 강력했음에도 1940~41년에 일본을 봉쇄하기 위해 비군사적 수단을 동원했다. 미국은 석유 금수조치로 일본을 굴복시키겠다고 위협할 정도로 경제 제재의 나사를 꽉 죄었다.[88] 불행하게도 이 정책을 뒷받침하는 방어적 예방책은 불충분했던 것으로 판명났다. 1940년 독일의 경우와 마찬가지로, 1941년 일본이 상상도 못한 공격을 가하고 전광석화 같은 군사작전으로 포위 장벽을 깨부수는 대성공을 거두자 미국의 봉쇄와 경제적 강압, 냉전 정책은 갈피를 잡지 못했다.

제2차세계대전 막바지에 소련은 추축국을 밀어내고 자유민주주의 국가들의 잠재적인 경쟁자가 되어가고 있었다. 그리고 이번에도 자유민주주의 국가들의 대응은 유화에서 봉쇄와 냉전으로 나아갔다. 1930년대를 연구한 수정주의 역사가들이 일깨워주었듯이, 그전에 독일이 동유럽에 패권을 확대하는 것을 체임벌린이 용납했던 것과 거의 같은 이유로, 전쟁 끝자락에 루스벨트와 처칠은 동유럽에 대한 소련의 통제력을 인정했다. 특히 루스벨트는 소련과 합의를 보고 새로운 세계적 4강強 집단안보 체제에 소련을 끌어들이기를 바랐다. 그렇지만 1946~47년에 미국의 희망이 박살나고 봉쇄와 냉전 정책이 등장했다.

이미 언급한 대로 미국은 핵무기를 독차지했던 시기에 이 정책을 택했다. 그러나 봉쇄 정책의 지적 설계자 조지 케넌George Kennan에 따르면, 근본적으로 이 정책은 비핵적 사고방식에 따라 구상되었으며 1945년 이전의 경험에서 유래했다.[89] 케넌이 1946년 2월 모스크바에서 미국으로 보낸 '장문 전보Long Telegram'와 1947년 〈포린 어페어스〉지에 '미스터 X'라는 익명으로 발표한 유명한 글은 봉쇄 정책의 근간을 마련한 문헌임에도 원자폭탄을 언급조차 하지 않았다. 1940년대 후반 내내 케넌은 핵무기를 외교와 전쟁의 적극적 수단으로 사용해서는 안 된다고 역설했다.[90] 냉전이 끝날 때까지 긴장이 고조되고 군비를 증강하는 시기와, 화해하고 긴장을 완화하는 시기가 번갈아 찾아왔다.

1945년 이후로 주요한 강대국 전쟁이 발발할 가능성은 낮아졌고, 소련이 붕괴하고 공산권의 도전이 꺾인 후로는 그 가능성이 희박해진 것처럼 보인다. 이처럼 강대국 전쟁의 발발 가능성이 낮아진 것은 한편으로는 핵억지가 확립되었기 때문이고, 다른 한편으로는 예전 우파 권위주의·전체주의 열강이 자유주의 질서에 흡수되었으며 지금도 예전 공산주의 열강이 흡수되는 중이기 때문이다. 반면에 풍족한 자유민주주의 국가들과 작고 경제적으로 뒤진 비민주주의 국가들 사이에는 분쟁과 전쟁이 계속 일어나고 있으며, 이런 상황에서 상술한 정치-전략 패턴이 여전히 뚜렷하게 나타나고 있다. 오늘날 세계는 풍족한 자유민주주의 지역들을 포괄하는 '평화지대'와 여전히 전쟁이 횡행하는 빈곤한 지역들을 포괄하는 '전쟁지대'로 양분된다는 주장이 제기되었다.[91] 이제는 이 두 지대를 더 면밀히 검토하겠다.

선진 세계는 평화지대인가

자유주의 정치경제 체제는 근대의 조건에서 내재적 강점을 지니는가? 이 강점이 자유주의 정치경제 체제의 승리를, 그에 따른 호전성 감소를 설명하고 나아가 '보장'하는가?[92] 이제껏 살펴보았듯이 시장경제는 근대 초기 이래 거의 불가항력적으로 팽창해왔고, 저가 상품과 그 산물인 우세한 권력으로 다른 모든 사회경제 체제를 침식하고 바꾸어왔다. 시장경제의 이런 강점과 비슷한 내재적 강점이 정치적 자유주의와 민주주의에도 있었는가? 이 질문의 답은 훨씬 덜 명확하다. 산업-기술 혁명을 촉진하는 한편 이 혁명의 지원을 받은 시장의 승리와, 그 귀결인 중간계급의 부상, 도시화, 교육의 확산, '대중사회'의 등장은 줄곧 불가분한 관계였다. 그런데 자유민주주의 외에 근대의 이런 발전과 보조를 맞출 수 있는 대안이 존재했던가? 이는 대체로 추론에 의존해야 할 문제인데, 역사상의 다른 주요 실험들이 중단되었기 때문이다. 옛 농업 엘리트층과 이에 토대를 둔 전제정이 근대의 조건에서 살아남을 수 없었다는 것은 분명하다. 그런데 예를 들어 자본주의적-산업적인 독일 제국은 의회의 통제와 민주화를 강화하는 쪽으로 움직이고 있었는가, 아니면 일본 제국처럼(비록 1920년대에 잠시 자유화를 경험하기는 했지만) 관료층·군대·산업계가 동맹을 맺고서 지배하는 권위주의-과두정 체제를 발전시킬 생각이었는가? 물론 극히 불길하게도 나치 독일로 대표되는 우파 전체주의 독재정이라는 선택지도 있었다. 다시 말하지만 이 권위주의·전체주의 체제들은 자유민주주의 국가들에 비해 내재적인 경제적-군사적 약점이 있었기 때문이 아니라, 무엇보다 양차 대전에서 이 체제들에 불리한 쪽으로 세력 균형을 기울인 민주주의 국가 미국의 엄청난 규모 때문에 패한 것이다.

물론 자유주의 경제 이론은 자유로운 세계 무역이 덜 개방적인 국가자본주의 경제보다 효율적이라고 규정한다. 그러나 1945년 이후 자유주의적 세계 무역 체제가 형성되고 자유주의 열강이 이 체제에서 이익을 얻게 되기 전만 해도 세계는 군사적으로는 물론이고 경제적으로도 규모의 강점을 약속하는 커다란 정치경제 블록들/제국들로 쪼개져 있었으며, 어쨌거나 자유주의 열강은 비민주주의-자본주의 경쟁국들에 비해 내재적 강점이 없었다. 그리고 부가 꾸준히 늘어나는 산업-기술 세계에서는 평화의 이익이 증가하고 상호의존도가 높아지는 까닭에 전쟁이 일반적으로 덜 매력적인 선택지가 된다 할지라도, 경제적 자립 수준이 더 높은 비자유민주주의-자본주의 열강은 대체로 전력을 유지하고 전쟁이 우발할 가능성을 남겨둘 것이다. 제2차세계대전 이후 미국은 군사력과 경제력 면에서 세계 최강인 자본주의-민주주의 국가였다. 이런 미국이 자유무역과 민주화의 촉진에 국익과 이데올로기가 걸려 있음을 깨닫고서 압도적인 영향력으로 자유무역과 민주화를 지원하기 시작한 후에야, 세계의 자본주의 지역들에서 자유화가 진행되었다. 이 특수한 국면에서 미국은 무역 자유화를 통해 얻을 것이 제일 많은 위치에 있었고, 또 무역 자유화를 강요할 수 있을 만큼 강력했다. 미국이 생산성 면에서 모든 경쟁국을 근소하게 앞지른 20세기에 들어서야 보호주의를 피했고, 1930년대에 들어서야 자유무역을 전폭 지지했다는 사실은 무역 자유화가 조건부 발전이었음을 보여준다.[93]

1945년 이래 미국은 어마어마한 구심력의 중심이었고, 풍족한 자유주의 세력권은 팽창하는 가운데 전 세계에서 발전 패턴의 방향을 바꾸어놓았다. 이 기간을 다루는 연구들은 민주주의 국가들이 경제적으로 가장 성공했다는 것, 권위주의-자본주의 체제들도 발전 초기에는 민주주의 국가들 못지않게 성공을 거두었으나(과거 유럽의 '계몽전제주의'가 으레 성공을 거두었듯이) 경제적(따라서 동시에 사회적) 발전에서 일정한 문턱을 넘고 나면 민주화하는 경향이 있었다는 것을 보여준다.[94] 이 패턴은 동아시아와 남유럽, 라틴아메리카에서 되풀이해 나타난 것으로 보인다. 그렇다 해도 이런 발견에서 일반적이고 단선적인 역사 발전의 패턴을 도출하려는 시도는 실상을 호도할 소지가 있다. 권위주의/전체주의-자본주의 강대국이었던 독일과 일본이 전쟁에서 참패하자 그 계승국들은 소련의 패권에 위협당하는 상황에서 국가를 재구성하고 민주화하는 전면적인 과정에 가담했다. 당시 작은 국가들이 모방할 모델, 그들이 의지할 강력한 국제 행위자로는 공산주의를 제외하면 자유주의 국가들밖에 없었다. 이 국가들이 일정한 경제 발전 수준에 도달한 이후 민주화되었다는 사실을 순전히 국내에서 진행된 과정의 결과로 해석할 수도 있다. 그렇지만 이 못지않게 유력한 해석은, 민주화가 '필연적'으로 진행된 것이 아니라 서구의 자유주의 패권—정치적·경제적·문화적·이데올로기적 패권—의 압도적인 영향력 아래 진행되었다는 것이다. 오늘날 일류 경제국 중에 반半권위주의 체제를 유지하는 사례는 싱가포르가 유일하며, 이 나라 역시 자유주의 패권의 영향력 아래 체제를 바꿀 공산이 크다.

19세기 동안 영국은 다른 국가들에 최고의 산업국이자 자유주의-의회제 국가로서 장차 본받아야 할 보편적인 모델이었다. 그 이후 영국 모델의 패권은 쇠락했는데, 영국의 경제적 지배력이 약해지는 가운데 비자유주의 강대국들이 산업화를 이루었고 전체주의가 강력한 대안 모델을 제시했기 때문이다. 공산주의의 도전, 탈식민화, 발전에 따른 문제들 또한 국제 체제에서 민주주의 국가의 수와 상대적 비율—제2차세계대전 이후에 다시 증가했다—을 감소시킨 원인이었다.[95] 오늘날의 세계에서 자유주의 모델은 이미 문턱을 넘었고 과거처럼 퇴보할 공산이 별로 없다고 말할 수 있을 정도로 광범한 영역을 장악했는가? 오늘날 모든 국가의 절반 이상(그리고 세계 인구의 과반수)은 선출된 정부를 가지고 있고, 절반가량의 국가들은 정부를 완전히 자유롭게 선출한다고 정당하게 주장할 수 있을 만큼 자유권을 확립했다고 평가받는다. 그럼에도 1990년대에 일부 관찰자들은 역류를 예상했으며, 어쩌면 이미 역류가 일어나고 있는지도 모른다.[96]

분명 이 질문은 국제 체제에 새로이 등장한 비자유주의 대국들, 그중에서도 한때 공산주의 국가였고 현재 빠르게 산업화중인 중국과 한층 더 연관된 문제가 되었다. 러시아의 발전 또한 아직 열려 있는 문제다. (그리고 인도가 경제적·사회적 전환을 하면서 자국의 두드러진 민주주의 전통을 유지할 수 있을지도 얼마간 추측에 맡겨야 할 문제다.) 오늘날 국제 체제에서 풍족한 국가들이 행사하는 지배적인 영향력 아래, 이 나라들도 결국 자유민주주의 진영으로 수렴할까? 아니면 대국답게 다른 경로를 계획하고 패권 모델에 도전하여 비민주적이지만 경제적으로 발전한 강력한 '제2세계'를 만들어낼까? 예를 들어 중국과 러시아는 관료층과 산업계, 군부가 동맹을 맺는 자본주의−권위주의 체제, 세계 경제에 다소 제한적으로 참여하면서도 국가주의를 지향하는 체제를 어떤 형태로든 다시 만들어낼 수 있을까?[97] 나는 미래를 내다보려는 것이 아니라 근대의 역사적 발전 경로들을 반추하는 의미로 이런 질문들을 제기하는 것인데, 미래를 예측해본 이라면 누구나 증언할 수 있듯이 그런 추측이 불가피하고 반드시 필요하긴 해도 앞날을 꿰뚫어볼 가능성은 낮기 때문이다. 너무도 많은 예측 불가능한 일들이 장차 일어날 수 있고 또 일어날 것이다.

어쩌면 현재 자유주의의 보루 격인 서구 국가들에서 자유주의 정치경제 질서가 예전보다 허약한지도, 풍족한 자유민주주의 평화의 기반이 흔들리고 있는지도 모른다. 국가별·지역별 보호주의를 강화하는 방향으로 세계 무역 체제에 영향을 미치는 극심한 경제공황이 발생하거나, 유럽에서 종족 분쟁이 재발하거나, 다른 어떤 예상치 못한 사태가 일어나서 산업−기술 시대에 서구에서 전개된 가장 근본적인 발전과 과정에 뿌리박고 있는, 사실상 되돌릴 수 없을 것처럼 보이는 현존 질서를 뒤흔들지도 모른다. 만일 서구 자유주의 모델이 그 핵심 국가들에서마저 덜 매력적이고 더 골치아픈 모델이 된다면, 대체로 외국의 영향력에 의존하여 한참 후에야 불완전하고 불안하게 그 모델로 전향한 세계의 주변부에서는 어떻겠는가? 그럴 경우 주변부의 개발도상국들은 비자유주의 '제2세계'의 성공적인 출현으로 인해 그리고/또는 자유주의 세계의 문제로 인해 자유민주주의에서 이탈하지 않을까? 마지막으로 지금껏 산업−기술 시대에 안착하지 못했고 또 패권적 자유주의 질서를 혐오하지는 않더라도 이질적으로 느끼는 사회들과 문화들은 어떠할까? 새로운 발전, 특히 핵무기를 비롯한 대량실상무기의 발전과 확산은 옛 '전쟁지대'에, 아울러 이 지대와 선진 세계의 관계에 어떤 영향을 미칠까?

근대화된 사회와 전통 사회가 갈등하는 지역들

이 장에서 지금까지는 산업−기술 혁명에 의해 전환된, 근대화중이거나 근대화된 사회들―자유주의 사회든 비자유주의 사회든―을 검토했다. 이제부터는 15장에서 언급한 이유들 때문에 이 혁명에 저항한 지역들을 검토하겠다. 19세기 서구의 자유주의자, 마르크스주의자, 그리고 민족주의자들은 사실상 불가항력인 근대화의 '흡인력'과 전환 압력 때문에 조만간 이 지역들이 끊임없이 팽창하는 근대화의 영향권으로 끌려들어가리라는 데 동의했다. 그러나 이 과정이 어떤 형태로 진행될지는 논쟁거리였다. 자유주의자들은 자본주의 저가 상품(이따금 강압과 무력으로 뒷받침되는)과 자유주의의 본보기(이 두 가지가 '비공식 제국주의'를 만들어낸다)로 인해 과거에 영국이 겪은 것과 비슷한 과정이 자본주의·산업화 이전 사회에서도 진행되리라고 믿었다. 앞에서 인용한 로빈슨과 갤러거의 논제를 바꾸어 표현한 '비공식 제국주의'는 자유주의자들의 이런 사고방식을 정확히 포착한다. 유서 깊은 이슬람 문명과 중국 문명의 변화가 지지부진한 데 거듭 실망한 19세기 자유주의자들은, 변화에 이르는 길이 애초 예상보다 복잡다단하고 오래 걸리는 과정임을 인정하면서도 그들의 근본적인 입장을 고수했다. 그들은 사하라 이남 아프리카처럼 이슬람과 중국보다도 저개발된 지역은 경제적으로 서구와 무관하고 사회적으로 너무 뒤처져 있으므로 서구가 진지하게 관여할 가치가 없다고 보았다. 그런 곳에서는 전환이 더욱 느리게 진행되도록 놔둘 생각이었다. 이처럼 세계의 전환 과정을 '수수방관'하는 자유주의적 접근법, 더 좋게 표현하자면 '보이지 않는 손'에 맡겨두는 접근법을 반박하고 서구의 직접 개입을 강제할 만한 것은 인도적 배

려심밖에 없었을 것이다. 그런데 자유주의자들은 인도적 개입 문제를 두고도 의견이 갈려서, 글래드스턴과 밀은 이를 지지한 반면 리처드 코브던Richard Cobden과 존 브라이트John Bright는 완강히 반대했다.[98] 자유주의자들이 갈수록 진보의 혜택을 의심하고 문화적 다원주의를 약속함에 따라, 20세기에 이르자 인도적 개입을 지지하는 열의는 더욱 수그러들었다. 어쨌든 간에 자유주의자들은 산업화 이전 주변부를 외국이 지배하는 문제에 어떻게 대처할지 결정하는 패권적 위치를 이미 한동안 상실한 터였다.

19세기 말과 20세기 초에 몇몇 사태들이 서로를 강화하며 전개된 결과, 자유주의는 패권을 잃어버렸다. 다수의 전통 사회들이 전환 과정에서 형편없는 성과를 보이자, 산업 세계 사람들은 '발전'—선진 세계와 그들 자신을 위한 발전, 나아가 인류 전체를 위한 발전—에 자원과 상업적 잠재력을 투입하지 않고 보류할 권리가 그 사회들에 없다는 견해로 기울었다. 후진 사회 사람들은 생물학적으로 열등할지 모른다고 의심하는 사회 다원주의적 사고방식이 만연한 상황에서, 많은 이들은 인류의 공익을 위해 서구가 전근대인들을 잠시 동안이 아니라 영원히 후견할 필요가 있다고 보았다. 서구인들이 그들을 강제로 이주시키는 일마저도 반대에 부딪히지 않았다. 산업 열강의 경쟁이 나날이 치열해지고 부상하는 세계 경제가 보호주의로 인해 장차 분할될 것으로 보이는 가운데, 제1차세계대전을 앞둔 수십 년간 자유주의 열강에서는 이런 태도가 득세했다. 한 가지 이유는 비자유주의 열강에서 이런 태도가 더욱 득세했기 때문이다. 그 결과 제국주의 경쟁, 즉 비산업 세계의 대다수 지역들에 산업 열강의 통치를 강요하는 경쟁이 절정에 이르렀다.

그러나 1차대전의 여파 속에서 그 절정에 도달하기에 앞서 서구의 제국주의는 이미 이데올로기적으로, 곧이어 정치적으로 지반을 잃기 시작했다. 그리고 방향을 바꾸던 바람은 2차대전이 끝나자 탈식민화라는 거대한 파도로 변모했다. 이 사태를 어떻게 설명해야 할까? 더욱이 이 사태는 서구 제국주의 열강을 내쫓은 무력 투쟁을 수반하기도 했다. 어떻게 가장 가난하고 허약한 사회들이 비교가 불가할 만큼 부유하고 강력한 제국주의 열강을 몰아냈을까? 이 사실이 근대 세계에서 부와 권력의 상관관계에 관한 우리의 논증에 의문을 제기하는 것은 아닐까?

다시 한번 말하지만, 서구 자유주의 국가들의 제국주의만이 심대한 타격을 받았다. 독일과 일본의 제국주의가 파산한 이유는 식민지에서 토착민의 저항에 부딪혔기 때문이 아니라 양차 대전에서 다른 강대국들에 패했기 때문이다. 15장에서 이미 지적했듯이 독일과 일본의 경우 그런 저항이 성공할 조짐은 보이지 않았다. 그런데 독일과 일본의 식민 팽창이라는 위협이 제거되자 자유주의 열강이 공식 통치를 지속할 동기도 대부분 사라졌다. 물론 보호주의 경제 정책과 긴밀히 엮여 있던 만큼 제국주의의 습성과 위세, 기득권은 좀처럼 사라지지 않았다. 이에 더해 공산주의가 서구 자유주의 열강의 식민 제국 보유를 정당화하는 새로운 세력이 되었다. 비록 적어도 후진 지역에서는 공산주의 열강이 영토를 직접 병합하는 식이 아니라 토착민들이 혁명을 일으키는 식이기는 했지만, 여하튼 자유주의 열강으로부터 개발도상 사회들을 차단하겠다고 위협했기 때문이다. 그럼에도 제2차세계대전 이후 서유럽 제국주의 열강의 경제력이 고갈된 상황에서 미국이 자국의 수출을 방해하는 제국주의와 제국적 보호주의를 끝내기로 결정하자 제국 통치는 해체되었고, 개발도상 세계를 다루기 위해 선택한 자유주의적 방법인 '비공식 제국주의'의 한층 교묘한 잠식으로 대체되었다.

시장 세력과 교묘한 강압을 통해 행사하는 비공식 영향력이 공식 제국주의를 대체한 사실은 탈식민화를 설명하는 데 도움을 준다. 이러니저러니해도 자유주의는 시장 세력의 막대한 힘에 의존했다. 그렇지만 '비공식 제국주의'가 매우 불완전하게 작동했다는 점, '제2세계'와 '제3세계'의 많은 나라들이 쇄국 정책을 폈으므로 '비공식 제국주의'가 제대로 작동하리라는 보장은 없었다는 점에 주의해야 한다. 그렇다 해도 제국 통치는 비교적 쉽게 포기할 수 있었는데, 제국들이 확장한 영토가 대부분 경제적으로 별반 중요하지 않았기 때문이다. 부는 주로 선진 세계 그리고 그 세계의 내부 무역에서 생겨났다. 이런 이유로 자유주의 경제학자들은 제국의 해체를 무조건 식민지 본국에 이로운 경제적 축복으로 여긴다. 그렇지만 일부 영토, 특히 석유가 나는 페르시아 만 국가들은 상당한 경제적 가치가 있었으며, 선진 세계는 '비공식 제국주의'를 통해 어떻게든 그 가치를 차지하려다가 마지못해 포기했다.

제국이 직접 통치를 포기한 또다른 이유는, 그것이 민족자결을 규정한 자유주의 정치 규범들과 상충했기 때문이다. 자유주의가 민주화되고 선거권이 점차 모든 성인에게 확대됨에 따라, 이 규범들을 적용해야 한다는 압력은 시간이 지날수록 강해졌다. 민족자결은 식민지의 토착민 인구를 본국의 완전한 국민으로 인정함으로써 실현할 수 있었다. 본국과 식민지는 이 선택지를 잠시 고려했으나 결국 양쪽 모두 받아들일 수 없다고 판단했으며, 특히 양쪽의 종족적 성격이 다를 경우에 그러했다. 결국 유일한 대안은 본국의 식민지 철수와 식민지의 독립이었다. 식민지 일부에서 이 대안은 몹시 고통스러운 것이었는데, 수 세대를 식민지에서 살아온 유럽인 정착자들이 뿌리 뽑힌 채 이주해야 했기 때문이다. 가장 두드러진 사례는 알제리였다.

그런데 위에서 말한 대로 식민 제국을 포기할 자유주의적 이유들이 있었음에도, 식민 지역에서 자유주의가 체제를 규정하는 요소로서 계속 강화되었음에도 자유주의 제국들은 마지못해서, 대개 제국 통치자에 대항하는 토착민과 무력 투쟁을 벌인 뒤에야 철수했다. 자유주의 제국들의 실패에는 군사적 차원이 있었던 것이다. 더구나 자유민주주의 열강은 (공식이든 비공식이든) 제국 환경뿐 아니라 어떤 환경에서든 한참 뒤처진 사회들에서 토착민의 저항을 물리치느라 극도로 애를 먹었다. 나치 독일과 일본 제국 같은 가장 막강한 도전자들마저 분쇄했던 열강이, 세계에서 가장 가난하고 약한 축에 드는 사회들에서 초라하디 초라한 군사적 상대를 물리치지 못했다. 그들은 어떤 정규군이든 십중팔구 물리칠 수 있었다. 허버트 키치너Herbert Kitchener가 이끄는 영국군의 기관총과 탄창식 라이플의 화력에 마흐디군軍이 섬멸당한 수단의 옴두르만 전투(1898년, 사망자 마흐디군 1만 1000명, 영국군 140명)는 기술에서 앞선 열강의 군대와 후진 사회의 군대 사이에 벌어져 있던 엄청난 격차를 입증한다. 이 전투 이후에 후자는 직접 교전을 피하고 게릴라전을 비롯한 비정규전을 선택하는 경향을 보였다.[99] 그런데 바로 이런 전쟁 유형을 되받아칠 때 자유주의 국가들은 갈수록 무력한 모습을 보였다. 승리하지 못하는 그들에게 남은 선택지는 식민지 철수밖에 없었다. 이 특이한 취약성을 어떻게 설명해야 할까?

전반적인 병력 투입 상황과 멀리 떨어진 전장에 전력을 투사하기 어려운 점을 고려할 때, 강대국이라 해도 특정한 국지전에 적절한 규모의 병력과 자원을 투입할 여력이 없는 경우가 있었다. 게다가 토착민 적군은 외부 세력으로부터 선진 무기를 비롯한 지원을 받을 수 있었다.[100] 신제국주의 시대 이탈리아의 첫번째 에티오피아 정복 시도는 선진국이 실제로 전장에서 패한 드문 경우다. 아두와 전투(1896년)에서 8만~12만 3000명으로 추산되는 메넬리크 왕의 군대는 현대식 라이플 10만 정과 현대식 산악포山岳砲—양쪽 다 프랑스로부터 얻었다—로 무장하고 이탈리아 원정군 1만 4527명을 물리쳤다.[101] 그러나 선진국들은 산업-기술 시대에 기술적-군사적 우위를 꾸준히 높여갔다. 1935~36년에 파시즘 이탈리아는 두번째 시도에서 항공기와 독가스를 이용해 에티오피아를 점령하는 데 성공했다.

옴두르만 전투. 수단, 1898년.

제국주의 황혼기에 현대식 소련제 무기로 무장한 베트남 월맹군은 디엔비엔푸에 고립된 프랑스군의 전초기지를 포위하고 함락했다. 하지만 이 전투에서 굴욕적인 패배를 당한 프랑스가 패전한 까닭은 오로지 베트남에서 철수하겠다는 정치적 결정 때문이었다. 다른 대다수의 반란 진압전에서와 마찬가지로, 베트남에서 프랑스는 계속 전반적인 군사 우위를 점하고 있었다.

당시 선진 열강의 제한된 투자와 훨씬 낮은 한계점은 토착민 세력에 비해 그들이 얻을 이익이 더 적고 따라서 동기도 더 약하다는 의미였고 결국 이 요인이 결과를 가름한 것일까? 선진 세계의 더 강한 살상능력은 후진 사회와 개발도상 사회에서 더 기꺼이 '죽임을 당하려는' 이들의 저항에 부딪혔던 것일까? 미국이 베트남에서 굴욕을 당한 뒤, 이 불공평한 전쟁에서 '결의의 균형'이 '역량의 균형'보다 중요했다는 주장이 제기되었다.[102] 이런 맥락에서 근대 민족주의의 각성이 토착민의 저항에 활력을 불어넣은 결정적 요인이었다는 인식이 널리 받아들여지고 있다. 그렇지만 이 설명은 분명 상당한 진실을 담고 있기는 해도, 민족주의가 온전히 발달한 사회들을 비롯하여 그 밖의 사회들을 비자유주의 열강이 훨씬 성공적으로 종속시켰던 이유를 해명하지 못한다. 식민 전쟁을 집계에 넣을 경우, 자유주의 열강은 관여한 전쟁의 횟수와 햇수만 보면(전쟁의 강도는 빼고) 19세기와 20세기 동안 비자유주의 열강보다 한결 많이 싸웠다. 이미 지적했듯이, 많은 이들은 이 기록이 자유주의가 더 평화적이라는 주장이 거짓임을 보여준다고 생각한다.[103] 그렇지만 이 기록은 다른 사실도 어느 정도 반영한다. 제국 전쟁에서 쉽사리 승리할 수 있던 시절에 자유주의 열강, 그중에서도 영국과 프랑스는 이전부터 보유하고 있던 속령들 덕분에 제국주의 팽창을 개시하기에 유리한 위치에 있었다. 이런 이유로 주요 식민 열강으로 변모해간 그들은 훗날 더 넓은 영역에서 이제는 승리하기가 아주 어려워진 탈식민 전쟁에 휘말리게 되었다. 이에 반해 비자유주의 열강은 토착민을 억압하는 제국 전쟁에 덜 관여했는데, 다름이 아니라 아주 효과적으로 억압한 까닭에 저항이 반란으로 확대되지 못했고 또 반란이 불타오르기 전에 진압했기 때문이다. 호전성에 관한 연구들은 비민주주의 제국의 평화가 성공적인 억압과 테러에 달려 있었음을 잊곤 한다. 과거 독일과 일본의 경우와 마찬가지로, 소련의 패권 영역은 억압과 테러로 유지되었다. 이는 '짖지 않은 개'[코넌 도일의 단편소설 「실버 블레이즈」에서 유래한 표현이다. 이 소설에서는 밤새 마구간에서 경주마가 사라지는 동안 개가 짖지 않았다는 사소한 사실이 사건 해결의 중요한 단서가 된다—옮긴이]처럼 자칫 간과하기 쉽지만 중요한 측면이다. 자유민주주의 국가들이 주로 식민지에서 '체제 외적 전쟁'[정부군과 반정부 무장세력 간의 전쟁—옮긴이] 전쟁에 더 많이 관여한 것은 이런 맥락에서 보아야 한다.

자유주의와 비자유주의는 포괄적인 **일체성** 면에서도 달랐다. 자유무역

쪽으로 기운 자유주의 국가들은 비자유주의 국가들보다 제국의 공식 속령을 낮게 평가했다. 국내에서 대의제에 입각한 자유주의 국가들은 시간이 지날수록 국외 영토에서 대의제를 부정하는 것이 문제라고 보았던 반면, 비자유주의 국가들은 그런 문제에 부딪히지 않았다. 인도적 가치를 중시한 자유주의 국가들은 제국 속령의 불가피한 토대인 억압을 더는 용인하기 어렵다고 보았다. 이처럼 자유주의 제국들은 자유주의의 경제적 요인과 정치적 요인, 그리고 군사적 요인이 결합한 결과 종국에는 실패했다. 이 요인들은 상호작용했고 서로를 강화했다. 그러나 이미 지적했다시피, 국외의 통치 문제가 걸리지 않을 때에도 20세기 자유주의 국가들은 반란 진압전에서 패하곤 했다. 미국이 레바논(1982~83년)과 소말리아(1992~94년)에서 겪은 낭패가 이를 입증한다. 이렇게 패배한 이유들에 초점을 맞추는 질 메롬Gil Merom의 『민주주의 국가는 작은 전쟁에서 어떻게 패하는가How Democracies Lose Small Wars』(2003)는 오랫동안 해명하기 어려웠던 수수께끼에 대해 탁월하면서도 간명한 답을 제시하는 한편, 자유민주주의 평화의 다른 중요한 차원도 드러낸다.[104] 아래에서 나는 메롬의 핵심 테제를 서술하고 나 자신의 의견을 조금 덧붙일 것이다.

역사 내내 제국의 '평화화'는 종속 사회들의 어떤 저항이든 분쇄하는 공공연한 위협과 무자비한 폭력 행사에 의지해왔다. 일정한 영역을 확고히 통제하지 못한 반란자들은—자의든 타의든—존속하기 위해 사회적 협력에 의존해야 했다. 그렇지만 반란자들을 지원하고 그들에게 동조한 지역의 주민들은 살해와 약탈, 방화, 노예화를 비롯해 통치 권력의 철저한 보복에 노출되었다. 농작물이 훼손되어 굶주리게 되는가 하면 정착지 전체가 쑥대밭이 되었고, 주민들이 추방이나 학살을 당하기도 했다. 제국 통제의 최종 수단은 집단학살 위협이었다. 고대 그리스와 로마 같은 민주정/공화정 제국들을 포함해 모든 제국이 이런 식으로 작동했다. 제국들은 오직 그렇게만 작동할 수 있었다. 펠로폰네소스 전쟁중에 아테네인들은 자기네 제국에서 이탈했던 미틸레네를 정복하여 성인 남자를 모두 죽이고 여자와 아이는 노예로 삼겠다는 이전 결의를 번복했다(기원전 428년). 그 대신 아테네인들은 반란에 책임이 있는 남자들을 '겨우' 1000명 남짓 처형하기로 했는데, 미틸레네의 규모를 감안하면 이 숫자도 성인 남성 대부분에 해당했다. 이 관대한 처사에 몹시 당황한 아테네의 지도자 클레온은 민회에서 무척이나 흥미로운 연설을 했다.

> ⋯⋯민주주의는 남을 지배할 수 없습니다⋯⋯ 여러분은 일상생활에서 서로 간에 두려움을 느끼거나 음모를 꾸미는 일이 없기에 동맹국도 같은 태도로 대합니다. 그래서 여러분이⋯⋯ 동정심에 양보하게 되면, 이러한 약점이 여러분에게는 위험할 수 있고, 동맹국은 조금도 고마워하지 않는다는 점을 모릅니다. 여러분은 여러분의 제국이 마지못해 복종하며 늘 반항할 음모를 꾸미는 속국들을 지배하는 참주정체라는 점을 깨닫지 못하고 있습니다. 그들이 복종하는 것은 여러분 자신이 손해를 보면서 그들에게 양보하기 때문이 아닙니다. 여러분의 지배는 그들의 호의보다도 여러분 자신의 힘의 우위에 근거합니다.[105]

아테네인들과 멜로스인들의 유명한 회담, 그리고 전자가 결국 후자를 몰살한 오싹한 사건이 입증하듯이(기원전 416년, 투키디데스, 『펠로폰네소스 전쟁사』 5.84~116) 클레온의 우려는 기우로 드러났다. 그렇지만 과거 역사에서 제국주의를 지탱했던 행위가 19세기 들어 한동안 자유주의 국가에서는 갈수록 용인하기 어려운 행위가 되었다.

'자유주의 평화'의 다른 요소들과 마찬가지로 이 변화 또한 단계적인 과정이었으므로, 그 효과가 곧바로 사회 전반에 걸쳐 완전하게 나타나지는 않았다. 민간인 인구를 온화하게 대하는 관행은 18세기 계몽주의 시대 중서유럽에서 이미 뚜렷하게 나타났다. 이는 17세기의 참사, 아니 유럽사에서 18세기 이전 어느 시대에나 일어났던 참사와 대비되는 관행이었다. 하지만 같은 유럽일지라도 뒤처진 지역과 비백인을 상대하는 관행은 이전과 별반 다르지 않았다. 영국이 이따금 잔혹행위를 저지르기는 했지만, 반란을 모색하던 아메리카 식민지 주민들은 이처럼 온화해지는 관행—식민지 인구와 더이상 불화하지 않으려는 왕당파의 이해관계가 얽혀 있었다—덕을 보았다.[106] 그러나 영국인들이 '유럽의 아프리카'로 여긴 아일랜드의 주민들은 1798년 반란을 일으켰을 때 영국의 진압으로 극심한 타격을 받았다. 1798년 이전에 봉기가 일어날 때마다 살벌하게 아일랜드인들의 등골을 부러뜨렸던 진압, 컬로든 전투(1746년) 이후 반란을 꾀하는 '미개한' 스코틀랜드 고지 사람들을 줄곧 분쇄했던 진압과 다를 바가 없었다. 이와 비슷하게 19세기 동안 미국인들은 (절대다수가 이미 유럽에서 온 질병들 때문에 희생되긴 했지만) 토착민 인디언들을 부당하게 다루면서 그들이 미개인이라는 인식으로 스스로를 정당화했다. 역시 19세기 동안 프랑스는 알제리와 인도차이나에서 '평화화'를 추진하면서도 계속 구식 방법에 의존했다. 그렇지만 알렉시스 드 토크빌Alexis de Tocqueville을 비롯한 국민의회 대의원단은 특히 육군원수 토마 로베르 뷔조Thomas Robert Bugeaud가 알제리에서 사용한 방법을 비난하고 "대륙 행위의 표준"[107]을 받아들일 것을 권고했다. 유혈극 세포이 반란(1857년)을 잔학하게 진압한 사건은 영 제국이 구식 방법으로 저항을 분쇄한 마지막 사례였다—물론 이 경우에도 영국 병사들이 공식 승인을 받지 않고서 세포이들에게 앙갚음을 했다는 데 유의해야 한다.[108]

영국의 태도에서 변환점이 된 사건을 군이 하나 꼽자면 휘그당, 토리당에서 이탈한 로버트 필Robert Peel 지지파, 급진당이 뭉쳐서 1859년 자유당을 창당한 일보다 상징적인 사건은 없을 것이다. 자유당 창당이 영국의 국제 행위에 여러모로 중요했음을 입증하는 사례로는, 불가리아인들이 러시아의 지원을 받아 오스만 제국에 맞서 일으킨 반란(1875~78년)에 대한 영국의 태도를 들 수 있다. 19세기 내내 영국의 정책은 지중해를 향해 남하하는 러시아의 전진을 극력 저지하기 위해 오스만 제국을 지원하는 것이었다. 영국의 이 근본적인 이해관계는 줄곧 변하지 않았다. 그럼에도 반란을 진압하면서 튀르크족이 자행한 잔혹행위—대량학살, 고문, "전쟁의 해악 중에 최악인 여성 유린"—에 영국 국민들이 격분하고 기자들의 보도와 글래드스턴의 열성적인 선동이 국민들의 분노에 기름을 끼얹은 탓에, 영국 정부로서도 오스만 제국을 도울 방도가 없었다. 결국 러시아에 패한 오스만 제국은 반란을 일으킨 불가리아 지역을 포기해야 했다. "외국인들은 이 운동을 이해하지 못합니다. 놀랄 일은 아니죠." 더비 경은 디즈레일리 수상에게 이렇게 말했다. 어느 독일인 관찰자는 영국 국민들의 운동은 유럽 대륙의 어떤 나라에서든 거의 상상할 수도 없는 일이라고 말했다.[109] 이로써 영국은 '현실주의'에 입각해 오로지 권력만을 고려하며 정책을 수행하던 입장에서 벗어났다. 분명 영국은 친족·종교·문화 친연성도 그전부터 중시했다. 일례로 친그리스 운동philhellenism에 동조한 영국은 오스만 제국에서 독립하려는 그리스의 투쟁을 군사적으로 지원한 바 있었다 (1827년). 그렇다 해도 빅토리아 시대 중기와 후기에 영국의 공적 논쟁에서 빠지지 않는 쟁점이 된 것은 바로 인권이었다.

오래지 않아 영 제국 자체와 관련해서도 똑같은 태도가 처음에는 '백인' 지역들에서, 나중에는 제국 전역에서 나타났다. 자유당 수상 글래드스턴은 한 세대 안에 아일랜드인들의 독립국가 수립으로 귀결될 과정을 개시했다. 원래 자유당은 연합왕국 안에서 아일랜드인들의 민족자결을 실현하는 처방—경제적 개선, 더 평등한 시민권, 더 관대한 조치, 그리고 '자치'—을 제안했으나 아일랜드인들은 그 정도로 만족하지 않았다. 어떻게 수백 년간 영국에 짓밟혀온 나라가 갑자기 분리 독립에 성공할 수 있었을까? 이미 우리는 아일랜드에서 근대 민족주의가 부상한 것 자체는 독립 성공의 이유가 될 수 없음을 살펴보았다. 비자유주의 열강은 민족운동을 무자비하게 억누르고 분쇄하는 데 성공했기 때문이다. 자유주의자들이 민족자결 요구를 뿌리치기 어렵게 되고 나서야, 그들 또한 강제로 억압하는 구식 방법이 혐오스럽고 용납하기 어려우며 당시 영국과 더는 양립할 수 없음을 깨닫고 나서야 아일랜드는 독립을 쟁취할 수 있었다. 당연히 결코 순탄한 과정은 아니었다. 자유당은 아일랜드 문제를 둘러싸고 분열되어 20년간 권력을 잃었다. 1916년 더블린에서 일어난 부활절 봉기는 강력한 무력으로 진압되었으며, 영국이 철수를 결정하기에 앞서 1919~21년에는 총력 반란이 일어났다. 영국의 반란 진압 전술은 꽤나 효과적이었지만, 민간인에 대한 무자비한 행위를 제약하는 상황에서 영국군은 반란을 완전히 진압할 수 없었다.

영국의 양보는 아일랜드로 끝나지 않았다. 남아프리카에서 발발한 보어 전쟁(1899~1902년) 초기에 영국은 정규전에서 오렌지자유국과 트란스발공화국의 병력에 굴욕적으로 패배했다. 영국은 병사 50만 명을 남아프리카로 파견해 전황을 뒤집고 보어 정규군의 저항을 격파했지만, 그 결과는 정규군의 저항이 비정규군의 광범한 저항으로 바뀐 데 지나지 않았다. 이 저항을 진압하지 못한 영국군은 보어인 민간인들을 집단수용소에 몰아넣는 몹시 가혹한 조치를 시행하여 근 3만 명이 각종 질병으로 비명횡사하는 사태를 초래했다. 그러고도 영국은 수년 안에 남아프리카연방 전체의 정부 권력을 사실상 넘겨주겠다는 가장 관대한 강화조건을 보어인들에게 제안하고서야 승리를 선언할 수 있었다. 남아프리카와 아일랜드의 사례는 반란 진압전을 벌이는 자유주의 국가들에 닥칠 사태의 전조였다.

반란군들이 얻은 불굴에 가까운 이미지는 대개 변변찮았던 그들의 군사적 효력과 극명하게 대비된다. 그들이 적의 정규군을 무력으로 물리친 경우는 아주 드물었고, 적에게 입히는 손실보다 그들 자신이 입는 손실—때로는 전투력을 상실할 정도의 손실—이 훨씬 컸다.[110] 풍족한 근대 자유민주주의 국가들이 반란군과의 전쟁에서 패하곤 했던 이유가 민주주의 국가들은 소모전을 장기간 견디지 못하고 전쟁을 빨리 결말지어야 하기 때문이라는 일부 학자들의 주장도 정확한 사실은 아니다.[111] 사실 양차 대전에서 끝없이 이어지는 소모전을 전략으로 선택한 쪽은 민주주의 국가들이었고, 이에 반해 독일과 일본은 번개 같은 군사작전으로 승패를 빠르게 판가름하고자 했다. 냉전기에도 물자와 인내력을 겨루는 지구전을 더 오래 견뎌낸 쪽은 소련이 아닌 자유민주주의 국가들이었다. 마지막으로, 2003년 미국이 이라크를 정복한 이후 평화화하면서 겪은 문제들에 대해 많은 이들은 병력이 너무 적게 투입되었기 때문이라고 말했다. 마치 베트남 전쟁에서 미국이 병력을 점점 많이 투입하다가 결국 실패했던 사실이 아예 없었던 것처럼 말이다. 대규모 병력을 투입하여 상당한 군사적 성공을 거두고도 프랑스가 알제리를, 미국이 베트남을, 이스라엘이 인구가 조밀한 팔레스타인 영토를 보유하는 데 결국 실패한 것은 사실이다. 메롬이 지적했듯이 자유민주주의 국가들은 한참 뒤진 사회들에서 전개된 장기간의 반란 진압전에서 패배하는 경향을 보였다. 민간인 인구에 대한 폭력을 스스로 제한한 탓에, 대개 성공을 거두었던 군사작전도 결국엔 무위로 돌아갔기 때문이다. 그렇다 해도, 이런 상황에서는 전쟁을 종결짓는 결정적인 '승리'를 거두기가 불가능하다는 것을 국민들 상당수(의 자유주의자)가 깨닫고 나서야 자유민주주의 국가들은 전쟁 지속을 포기했다. 게다가 어쨌거나 그런 전쟁은 대부분 자유민주주의 국가들의 핵심적 이해관계와 무관했고, 경제적으로 중요하지 않은 주변부에서 일어났으며, 자유주의의

알제리 전투. 프랑스군이 반란 진압을 위해 시도한 방법은 무자비했으나, 제국들이 예로부터 사용해온 표준적 방법만큼 민간인에게 잔혹하지는 않았다.

중요한 가치들과 충돌했다.[112]

　자유민주주의 국가들이 반란 진압전에서 패한 이유로 자주 거론되는 다른 요인은 텔레비전 보도의 효과다. 그렇지만 영국이 아일랜드 독립 전쟁에서 패한 것은 TV가 등장하기 한참 전의 일이며 대체로 보아 제국을 상실한 시점도 마찬가지라는 데 유의해야 한다. 이와 비슷하게 프랑스가 베트남에서 패전한 것도 TV 출현 이전이며, 심지어 알제리 전쟁(1954~62년)에서 패한 것도 사실상 TV 보도 시대 이전 일이다. 미국인들의 거실로 전쟁의 참상과 잔혹행위를 전송한 TV의 효과는—신문, 라디오 같은 TV 이전 대중매체와 마찬가지로—풍족한 자유민주주의 국가에서 자유주의 감수성이 꾸준히 깊어짐에 따라 이미 그전부터 뚜렷했고 나날이 뚜렷해지고

있던 추세를 더욱 강화했을 뿐이다.[113]

물론 회의론자들은 다양한 근거를 들어 메롬이 개척한 테제를 의심할 것이다. 무엇보다도 자유민주주의 국가들은 20세기에도 반란 진압전에서 강압과 억압이라는 막강한 수단을 계속 휘둘렀고, 그들의 행위는 대개 아주 잔혹했다. 병사들이 정치 당국과 군사 당국의 암묵적 승인을 받고서, 또는 승인을 받지 않고서 수행한 잔혹행위는 때때로 전투원과 비전투원 모두를 겨냥했다. 질서 잡힌 사회의 경계 외부에서 생사를 건 투쟁—즉 전쟁—을 벌이며 대규모 폭력을 행사하는 한, 비전투원에게도 잔혹행위를 자행하는 것은 거의 불가피한 일이다. 그렇다 해도 자유민주주의 국가들의 법적·규범적 기준은 민간인에 대한 폭력을 엄격히 제한하고 있다. 그리고 이 기준을 위반하는 사례 다수가, 설령 대다수가 보고되지 않는다 해도 제법 많은 사례들이 열린사회에서 자유로운 매체를 통해 알려지고 국민들의 비난과 법적 처분을 받게 된다. 역사적·비교적 잣대로 판단할 때, 이 모든 요인은 자유민주주의 국가들의 억압 능력을 근본적으로 제한한다.

나치 독일만이 아니라 독일 제국까지도 자유민주주의 국가들과 현저히 대비되는 억압 행태를 보여주었다. 말할 것도 없이, 19세기 말부터 20세기 초까지 모든 제국은 식민지 환경에서 잔혹행위를 수없이 자행했다. 벨기에 왕의 사유지였던 콩고(자이르)는 왕의 대리인들이 토착민들을 학대하는 곳으로 악명을 떨쳤는데, 그들은 레오폴트 2세를 억만장자로 만들어준 고무 산업을 위해 고무나무에서 수액을 짜는 작업에 토착민들을 강제로 동원했다. 프랑스군은 서아프리카를 점령하면서 현지의 저항을 잔인하게 진압했고, 영국군은 케냐를 '평화화하는' 동안 프랑스군만큼이나 무자비하게 농작물과 오두막을 파괴하고 가축을 빼앗아 현지인들의 항복을 받아냈다.[114] 그러나 식민지 잣대로 판단하더라도 아프리카에서 독일의 행위는 이례적이었다. 오늘날의 나미비아인 독일령 서남아프리카에서 헤레로족 반란(1904년)이 일어나자 독일은 절멸 정책과 전략으로 대응했다. 우물을 봉하고, 주민들을 사막으로 내쫓아 죽게 하거나 노동수용소에 가두고 죽을 때까지 일을 시켰다. 헤레로족 8만 명 가운데 1만 5000명만이 살아남았다. 오늘날의 탄자니아인 독일령 동아프리카에서 일어난 마지마지 반란(1905~7년)에서도 독일은 절멸 정책으로 대응했다. 독일 병사 500명으로 이루어진 소부대가 정착지와 농작물을 얼마나 체계적으로 파괴했던지, 무장 봉기를 일으킨 이들의 10배가 넘는 토착민 25~30만 명이 대부분 굶어죽었다. 한때 인구가 조밀했던 이 지역은 야생동물 보호구역이 되었다.[115] 이 사례들은 제국의 구식 억압 수법, 즉 궁극적으로 집단학살 위협과 실행에 의존했던 수법의 효력을 소름 끼치게 입증한다.

이런 정신은 아프리카를 넘어 확대되었다. 황제 빌헬름 2세는 청나라에서 일어난 의화단 운동(1900년)을 진압하기 위해 떠날 독일 병사들에게 연설을 하면서 아틸라의 훈족처럼 무자비하게 굴 것을 요구했다.[116] 황제의 이 요구는 이목을 끌었는데, 그의 미성숙하고 별난 인성 때문만은 아니었다. 이 요구는 자유주의 국가들의 규범과 독일 제국의 규범 간의 차이를 보여준다―자유주의 국가들이 실제로는 그들의 공적 규범을 계속 '위반'하기는 했지만. 심지어 '문명 세계'의 핵심인 서유럽에서도 독일은 태도와 행위를 통해 그 차이를 점점 더 뚜렷하게 드러냈다. 1870~71년 프랑스-프로이센 전쟁 후반기에 독일군은 프랑스의 민중 레지스탕스와 의용단이 경악할 정도로 가혹하게 대응했다. 물론 독일군이 미국 남북 전쟁을 치른 퇴역 장군 필립 셰리든Philip Sheridan이 비스마르크의 측근에게 말한 대로 "눈물을 쏟아낼 눈 말고는 아무것도 남겨두지 마시오"라는 규범에 따른 것은 아니었다.[당시 셰리든은 프랑스-프로이센 전쟁을 관찰하기 위해 프로이센에 손님으로 와 있었다―옮긴이] 그렇지만 전쟁이 끝나고 서구의 자유주의가 독일을 잠식해감에 따라 그에 대한 의식적 반발이 고조되는 가운데, 독일 군부는 민간인의 저항에 대한 가혹한 조치를 군사 교범에 포함시켰다. 이 추세를 입증하듯이 1914년 벨기에를 침공한 독일군은 민간인이 실제로 저항하거나 태업한 모든 곳에서, 또는 그렇게 간주된 모든 곳에서 잔혹행위를 했다. 그리고 제1차세계대전 당시 독일이 벨기에 점령 후 강요한 가혹한 체제는 벨기에인들의 협력을 일부만 이끌어냈던 데 반해, 나치 독일은 무제한 테러로 벨기에인들의 완전한 순응을 이끌어냈다.[117]

이와 반대로, 자유주의의 열강이 자유주의적 태도를 견지할 경우, '마오쩌둥의 방식'인 폭력적 반란만이 아니라 '간디의 방식'인 민간인들의 집단 불복종과 시위로도 결국엔 그 열강을 몰아낼 수 있었다. 간디는 히틀러주의가 극도로 폭력적·살인적이며 자유주의 국가들을 억지하는 양심의 가책에 전혀 구애받지 않는다는 것을 아주 명확하게 알면서도, 히틀러주의에 대항하는 방법으로 비폭력을 옹호했다. 간디는 유대인에게 나치의 대량학살에 집단 불복종으로 대응할 것을 조언했고 그후 나치에 점령당한 유럽의 다른 민족들에게도 똑같이 조언했으며, 영국에도 독일의 침공에 무력으로 저항하지 말고 민간적 방법으로 저항할 것을 요청했다.[118] 그러나 간디가 제안한 이 방법을 실천한 결과는, 이 방법이 통할 수 있었고 성공할 수 있었던 독특한 역사적·지정학적 범위를 강조해 보여줄 뿐이다.

그럼에도 회의론자들은 무자비한 잔혹성이 반란을 진압하는 데 불가결한 요건이라는 생각을 의심할 것이다. 그들의 근거는 근래에 자유민주주의 담론에서 반란 진압의 성패를 가르는 요인으로 상정해온 '가슴과 마음 얻기'와 무자비한 잔혹성이 상충한다는 것이다. 미개한 브리튼 사람들을 길들인 고대 로마의 사례를 타키투스가 잊지 못할 필치로 기술했듯이(『아그리콜라』 21장), 정복한 사회에서 적어도 엘리트층의 마음을 얻는 것―'연성 권력soft power'의 혜택과 포섭, 각종 편의를 통해―은 제국의 '평화화'

과정에서 언제나 관건이었다. 그러나 이 벨벳 장갑은 항상 철 주먹을 감추고 있었다. 먼저 현지의 저항을 무자비하게 분쇄한 뒤 외국을 통치하는 최후의 수단으로 틀림없이 남아 있었던 철 주먹을 말이다. 외국 사회를 평화화하려는 자유민주주의 국가들이 '가슴과 마음 얻기' 노선을 피할 수 없게된 것은 사실이다. 그러나 그렇게 된 유일한 이유는 외국 사회가 마음을 주지 않고 저항을 결의할 경우 그들을 무력으로 분쇄하는 능력을 자유민주주의 국가들이 사실상 잃어버렸기 때문이다. 비자유민주주의 열강은이 '문제'를 거의 의식하지도 않는다.

그렇지만 회의론자들은 권위주의–전체주의가 반란을 진압하고 분쇄하는 데 효과가 있다는 점 또한 의심할 것이다. 일례로 소련은 아프가니스탄(1979~88년)에서 잔혹한 전술로 민간인 사망자 약 100만 명, 부상자와 난민 수백만 명을 발생시키고도 이 나라를 진압하는 데 실패하지 않았던가? 그리고 권위주의 방향으로 변모해온 러시아는 무자비한 조치에도 불구하고 체첸인들의 저항을 근절하는 데 실패하지 않았던가? 하지만 무자비함은 언제나 효과적인 진압의 필요조건이었지 충분조건은 아니었다. 역사적으로 광대하고 황량하고 인구가 희소한 지방에서 비정규전을 수행하는 원시적이고 광신적인 적수를 물리치는 것은 언제나 극히 어려운 일이었다. 근대 이전의 모든 제국은 이 문제와 씨름했다. 소련이 아프가니스탄 전쟁에서 승리하지 못한 것은 대체로 이런 맥락에서였다. 그러나 소련의 실패는 이런 체제의 존속에 반드시 필요한 파렴치와 스탈린주의식 잔혹성을 일부 상실한 것을 비롯해 소비에트 체제 안에서 나타나고 있던 심각한 문제들, 머지않아 이 체제를 무너뜨릴 문제들을 알리는 신호이기도 했다. 스탈린 치하에서 소련은 민중의 저항을 근절해온 유서 깊은 수법에 의존해 체첸인들을 그들의 고향에서 일제히 추방하면서도 양심의 가책을 느끼지 않았다. 제2차세계대전을 전후해 우크라이나와 발트 해 국가들에서 일어난 민중의 저항—무장 저항이든 비무장 저항이든—또한 때때로 절멸 전략으로까지 확대된 가장 가혹한 조치에 의해 분쇄되었다. 소련에 속했던 공화국들이 분리 독립하고 체첸에서 반란이 일어난 시점이 소비에트 체제가 붕괴하기 이전이 아니라 이후였던 것은 결코 우연이 아니다.

스탈린주의식 만행에서 조금 더 제약된 소비에트식 관행으로의 변화는 다른 요인과도 관련이 있다. 나치 독일과 비슷하게 (특히 제2차세계대전 발발 이후) 전시에 일본 제국과 마오쩌둥의 중국, 스탈린의 소련은 자유주의 서구의 여론에 거의 신경쓰지 않았다. 그렇지만 다른 시공간에서는 자유주의 진영의 권력과 부가 덜 잔혹하고 덜 내부지향적인 비자유주의 체제들을 적어도 어느 정도는 제약했다. 이 체제들은 자유주의 국가들의 감수성을 거스르지 않으려고 주의할 정도로 이들 국가에 의존하고 협력했다. 따라서 19세기 초 이래 비자유주의 국가들의 관행은 그 자체만으로는 이해할 수가 없는데, 자유주의 국가들과 자유주의 여론이 영향력을 발휘하고 적어도 어느 정도는 그 영향력을 고려할 수밖에 없는 국제 체제라는 맥락에서 행해졌기 때문이다. 이와 관련해 나폴레옹 시대 프랑스는 흥미로운 초기 사례다. 프랑스가 아주 중요한 기여를 했고 또 나폴레옹 제국이 자랑스레 대표권을 주장한 계몽된 유럽의 제약과 규범 안에서 움직여야 했기 때문이다. 심지어 제1통령 시기에 집행한 몇 안 되는 사법적 살인중 하나인 앙기엔 공작을 납치해 처형한 사건(1804년)—20세기 전체주의의 기준으로 보면 사소한 일—마저 국내외에서 강한 항의와 비난에 직면했다. 이런 이유로, 이베리아 반도에서 야만적인 전쟁을 벌이는 와중에 프랑스와 에스파냐 둘 다 곳곳에서 잔혹행위를 자행하기는 했지만(프란시스코 고야Francisco Goya는 프랑스의 잔혹행위를 그림으로 묘사했다),[119] 나폴레옹은 자신의 제국에 출혈을 일으키는 에스파냐 궤양[나폴레옹은 정규전에서 패하고도 비정규전으로 프랑스군을 끈질기게 괴롭히는 에스파냐인들의 저항을 '에스파냐 궤양'에 빗대었다—옮긴이] 때문에 고생하면서도, 고대 로마인들이 이 힘겨운 지역을 '평화화'하기 위해 장기간 투쟁하면서 사용했던 반半집단학살 방법에 의존하지 않았다. 이 모든 사실은 지옥에 다양한 층들이 있는 것처럼 잔혹성에도 등급이 있고 각 등급 사이에는 엄청난 차이가 있다는 것을 입증한다. 예를 들어 소련이 아프가니스탄에서 사용한 방법과 러시아가 체첸에서 사용한 방법은 서구 자유주의 기준으로 보면 잔혹했지만, 히틀러나 스탈린이 저항을 구속하고 반란을 분쇄하기 위해 사용한 집단학살 방법에 비하면 훨씬 덜 잔혹했다.

마지막으로 회의론자들은 미국이 이라크(사담 후세인이 누구든지 무자비하게 억누른 곳)에서는 반란을 진압하면서 익숙한 온갖 문제에 부딪혔지만, 소련이 실패했던 아프가니스탄에서는 반란을 성공리에 진압했다고 주장할 것이다. 그렇지만 미국이 근래에 경험한 이런 사례들은 오히려 자유민주주의 국가가 반란 진압전에서 승리하는 데 필요한 전제조건 몇 가지를 강조해 보여준다. 1) 첨단기술 전쟁에서 압도적인 우위를 활용하는 능력. 첨단기술은 인간보다 하드웨어를 훨씬 잘 조준하도록 설계되지만, 이라크의 도시 지역보다 아프간의 황무지에서 한결 자유롭게 활용할 수 있었다. 2) 현지에서 권위를 확립하고 지상전과 점령 같은 '더러운 일'을 떠맡을 정도로 강한 토착민 동맹군을 활용할 수 있는지 여부. 이런 세력이 아프가니스탄에는 있었지만 이라크에는 없었다.

여하튼 아프가니스탄과 이라크에서 전개한 미군의 군사작전은 근대성을 받아들이지 못한 사회들과 선진 세계 사이 관계의 패턴이 크게 달라졌음을 알려준다. 대량살상무기의 확산으로 인해, 예전에는 너무도 가난하고 약해서 신경쓰지 않아도 무방했던 이 사회들을 무시하기가 훨씬 더 어려워진 것이다.

비재래식 테러와 새로운 세계 무질서

2001년 9월 11일 뉴욕과 워싱턴 DC에서 발생한 메가톤급 테러 공격은 사건 자체보다도 그전부터 한동안 성장해왔고 아직도 다 성장하지 않은 불길한 잠재력을 실증했다는 점에서, 치명적인 대규모 폭력의 역사와 발전에서 획기적인 사건이다. 이 공격은 기습이었고 포괄적인 예방책은 사건이 터진 뒤에야 마련되었다. 그러나 전문가들과 정부 당국자들은 1980년대 말부터, 특히 냉전이 종결된 이후 1990년대 내내 이 잠재력을 제대로 인식하고 있었다—그럼에도 많은 이들은 지금까지도 이 점을 부인하거나 오해하고 있다. 이 잠재력은 의회 조사와 입법의 주제였고, 빌 클린턴Bill Clinton 대통령과 윌리엄 코언William Cohen 국방장관이 강조한 문제였다. 9월 11일 한참 전에도 특정한 위협에 관해 쓴 기사와 책은 놀랍도록 많았다(여기서는 그중에서 이 논의와 특히 관련이 있는 몇 가지만 인용하겠다). 그 위협이란 바로 핵무기와 생물무기, 화학무기 같은 이른바 대량살상무기를 사용하는 비재래식 테러의 위협이었다. 9·11 이후로 이런 위협과 그것의 전 세계적 함의가 이미 낱낱이 지적되었다. 여기서는 전쟁의 전반적인 진화에 관한 나의 연구라는 맥락에서, 이 책의 주요 논제들과 관련이 있는 한에서만 새 시대의 중요성과 새로운 측면을 논하겠다.

테러도 대량살상무기도 완전히 새로운 것은 아니다. 세계는 수십 년간 이 두 가지 위협과 함께 살아가는 데 익숙해졌다. 어느 시대나 곳곳에서 테러—소규모 비국가 집단이 정치적 목적을 위해 민간인을 표적으로 삼는 행위라는 것이 그 어떤 정의 못지않게 타당할 것이다—가 일어났다는 주장이 다방면에서 제기되기도 했다.[120] 그렇지만 더 정확히 말하자면, 지도자 암살은 인류의 역사만큼이나 오래되었지만, 테러는 이를 가능하게 해준 근대의 기술·사회 발전으로 19세기 후반에야 등장했다. 우선 고성능

2001년 9월 11일 뉴욕 시 테러 공격. 다음 단계는 비재래식 테러일까?

폭탄과 그 이후의 자동화기는 개인과 소집단에게 그들의 수에 비해 손상을 많이 입히는 능력을 주었다. 또한 열차와 그 이후의 자동차는 그들에게 국경을 가로지르는 기동력을 주었다. 그리고 전보와 대중 신문은 그들의 활동을 전국에 알리고 반향을 일으킴으로써 어쨌거나 아주 제한된 행위인 공개적 '테러'의 효과를 엄청나게 확대했고, 그리하여 그들에게 정치적 중요성을 부여했다. 이것이 19세기 후반에 러시아나 여타 유럽에서 등장한 무정부주의 테러리즘과 20세기에 등장한 반식민주의 테러의 물질적 토대였다. 테러에 휘둘리기 제일 쉬웠던 쪽은 이 경우에도 자유주의 국가들과 구식 권위주의 국가들이었다. 전체주의 국가들은 치안을 한층 효과적으로 유지했을뿐더러, 테러 성공에 반드시 필요한 선전 활동도 용인하지 않았다. 1960년대부터 여객기가 전 세계에 걸쳐 기동력을 엄청나게 높이고 취약한 표적을 제공함에 따라, 그리고 TV가 테러리스트를 더 널리 노출함에 따라 테러의 새로운 파도가 밀어닥쳤다. 그러나 테러를 짜증스러운 매체정치 수단에서 심각한 파괴적 위협으로 바꾸어놓고 그리하여 걱정스러운 뜻밖의 전개를 초래한 것은, 테러리스트가 대량살상무기를 획득하고 사용할 전망뿐이다.

이른바 대량살상무기란 효력이 제각각인 상이한 기술들의 모음이다. 앞서 보았듯이 산업-기술 시대에 들어 파괴력이 기하급수적으로 증가했지만 그에 필적할 만큼 방어력도 증가했다. 제1차세계대전 중에 화학무기가 개척되자 거의 곧바로 방독면과 특수복처럼 착용시에 화학무기의 효과를 대폭 줄이는 방어 장비가 개발되었다. 제1차세계대전 중에 서부전선에서 가스 공격을 받은 이들은 겨우 몇 퍼센트만 사망한 반면, 포와 소화기小火器 같은 재래식 무기에 부상당한 이들의 치사율은 25퍼센트에서 33퍼센트에 달했다.[121] 이런 이유로 J. F. C. 풀러와 B. H. 리델 하트Liddell Hart (그 자신이 가스 공격 피해자였다) 같은 전간기 군사사상가들은 실제로 화학무기를 인도적 무기로 간주했다. 그들은 (1899년 헤이그 조약에서 가스를 채운 발사체 사용을 금지하는 데 실패한 이후) 1925년 제네바 의정서에서 화학무기 사용을 금지한 것은 불합리하고 정당하지 않은 조치라고 주장했다.

군대는 어쨌든 화학무기의 사용에만 적용된 이 금지 조치를 별로 신뢰하지 않았다. 화학무기와 보호 장비를 개발하고 대량 획득하는 추세는 조금도 약해지지 않았다. 1930년대 말과 제2차세계대전 중에 독일은 당시 쓰이던 화학 작용제들보다 훨씬 치명적인 일군의 신경가스들을 개발했다. 그러나 믿기 어렵게도, 제2차세계대전의 참상과 격변에도 불구하고 화학무기는 사용되지 않았다. 화학무기의 통제하기 어려운 성질과 교전국들의 상호억지, 다양한 기회주의적 고려사항이 이런 결과를 낳았다.[122] 제1차세계대전 이후 금지 조치를 위반하고 화학무기를 사용한 소수의 사례들—1935~36년 이탈리아가 에티오피아에서 사용, 1937년 일본이 중국에서 사용, 1960년대 중반 이집트가 예멘에서 사용—에는 언제나 특수한 전제조건, 즉 적의 화학무기 사용을 억지하고 보복할 화학무기도 없고 사상자를 최소화할 보호 장비도 없는 유달리 취약한 상대라는 전제조건이 있었다. 테러리스트의 잠재적 화학무기 사용은 도시 지역의 열린 공간에서 무방비 상태이며 따라서 매우 취약한 다수의 사람들을 기습한다는 생각에 근거한다. 그렇지만 화학 작용제가 대량으로 필요하거니와 이를 효과적으로 확산시킬 수단을 테러리스트가 보유해야 하며 들키지 않고 사용해야 하는 문제가 있기 때문에, 화학무기는 대량살상무기 가운데 제일 덜 위험한 축에 들며 테러 공격이 크게 성공하더라도 사상자는 수천 명 규모일 것으로 추정된다.

생물무기는 규모 면에서 훨씬 더 위협적이다. 화학무기와 함께 1925년 제네바 의정서에서 금지되었음에도, 1930년대 말과 제2차세계대전 중에 강대국들은 생물무기를 개발했다. 오늘날 치사율, 약물 저항력, 환경 잔류성 면에서 특히 강력한 것으로 보이는 박테리아와 바이러스 계통이 일으키는 질병으로는 탄저병, 페스트, 야생 토끼병, 장티푸스, 콜레라, 발진티푸스, Q열, 천연두, 에볼라 등이 있다. 이마저도 소수만 추린 것이다. 전염되지는 않더라도 보툴리눔과 리신 같은 독성물질 또한 다수를 죽일 수 있다. 역사 내내 크게 번진 유행병은 전쟁보다도 무서운 살인마였다. 유명한 사례로는 1918~19년에 제1차세계대전보다도 많은 목숨을 앗아간 독감[일명 '스페인 독감'—옮긴이]이 있다(전 세계에서 2000~4000만 명이 사망한 것으로 추정된다). 이때 이래로 약물이 전염병을 정복해왔다. 그렇지만 수십 년간 게놈 해독, 생명공학, 유전공학 분야에서 이루어진 획기적인 약진과 더불어 질병의 치사율과 접근성 면에서 새로운 지평이 열렸다. 대처할 면역법과 약물이 없는 '슈퍼바이러스'를 특별히 조작할 가능성을 차치하더라도,[123] 실험실에서 배양한 악성 박테리아나 바이러스는 생물무기의 치사율을 핵 공격에 버금갈 만큼 높여서 수천 명에서 수백만 명의 목숨을 앗아갈 수 있다. 게다가 테러리스트에게 생물무기는 핵무기보다 사용하기 훨씬 쉬운 무기다.

그럼에도 핵무기는 우리가 아는 다른 모든 무기와 구분되는 별도의 범주다. 비축량을 충분히 사용할 경우 어떤 적이라도, 심지어 인류 전체라도 제거할 수 있을 정도로 파괴력이 강력하기 때문만은 아니다. 핵무기의 파괴력에 조금이라도 상응할 만한 효과적인 방어수단이 전혀 없기 때문이기도 하다. 이미 지적했듯이 이런 특성이 있기 때문에 핵무기는 첫손에 꼽히는 최종 무기다. 다시 말해 대량 사용할 경우 그 결과가 불 보듯 뻔한 무기, 양측 모두가 보유하고 효과적인 공격을 할 경우 전쟁에서 이득을 얻을 희망이 전무한 무기다. 핵무기에 대처할 효과적인 방어수단이 없는 상황에서 단연 주목을 받고 국제관계를 거의 절대적으로 장악한 것은 상호억지—인간들 간의 분쟁이든 다른 분쟁이든 언제나 분쟁에서 관건이었던—였다. 상호억지는 1945년부터 지금까지 핵전쟁을 막아왔고, 어쩌면 핵보유국 간의 모든 전쟁을 막았을 것이다.

바로 이 점에서 비재래식 테러는 당혹스러운 혼합체인데, 국가에 비해 테러리스트 집단에게는 억지의 효과가 엄청나게 떨어지기 때문이다. 이 집단들은 극단주의적 열성자, 즉 기꺼이 목숨을 바치려 하고 경우에 따라 전 세계의 종말을 적극 바라는 이들로 이루어져 있을 공산이 크기만 한 것이 아니다. 미꾸라지 같은 테러리스트들은 억지 개념 전체의 토대인 보복 대상을 여간해서는 뚜렷하게 드러내지 않기도 한다. 억지할 수 없다면, 다른 무엇보다 억지하는 것이 중요한 대량살상무기—유일한 대량살상무기는 아니지만 특히 중요한 핵무기—에 맞설 방안으로 남는 것은 비효과적인 방어수단과 공격수단뿐이다.

문제의 근원은 대량살상무기의 기술과 재료가 국가 수준 아래로 하향 침투한다는 것이다. 지난 수십 년간 전 세계에서는 민간용과 군사용을 막론하고 화학시설과 생물학시설, 핵시설이 급증했다. 오늘날 100여 개국이 화학무기 제조에 필요한 비교적 간단한 기술적 하부구조를 사용할 수 있으며[124] 비국가 집단들도 그 하부구조에 접근할 수 있다. 특히 생물공학 부문은 오늘날 과학―상업의 혁명적 물결의 선봉에 서 있다. 이 점은 미국에서 1994년부터 1996년까지 2년 만에 144퍼센트 증가한 생명과학 박사학위 취득자 수가 입증한다. 1990년대 말에 이미 생명공학 기업이 미국에 1300개, 유럽에 580여 개 있었다.[125] 한 추정치에 따르면, 한 사람이 10년 안에 현존하는 어떤 바이러스든 합성해낼 수 있는 실험실이 전 세계에 약 2만 곳 있다. 바로 이 실험실들에서 다섯 사람이 미화 200만 달러를 연구비로 사용하면 더 강한 병원체—재래식 백신들을 접종하여 면역력을 갖춘 사람들을 감염시키고 죽일 수 있는 바이러스—를 만들 수 있다. 미화 500만 달러만 있으면 이 다섯 사람이 온라인으로 구입한 장비를 사용해 실험실을 처음부터 새로 구축해낼 수 있다.[126] 시장과 통신이 급속히 세계화됨에 따라 대량살상무기를 만드는 데 필요한 재료와 노하우를 얻기가 한결 쉬워졌고, 이런 시도를 알아내고 저지하기가 더욱 어려워졌다. 대부분의 장비와 재료는 민군 겸용이며, 겉보기에 무해한 민간 용도로 구입할 수 있다. 마지막으로 소련이 해체된 뒤 다양한 공화국들에 방치된 선진적인 군사 하부구조의 잔해에 실업자 신세인 과학자, 생산시설, 감시가 매우 허술하며 무기로 만들 수 있는 용도 불명의 재료, 그리고 가장 우려스러운 경우로 무기 자체가 남아 있다. 이와 같은 이유들 때문에, 대량살상무기를 구입하고 훔치고 강탈하고 그리고/또는 제조하는 테러리스트들의 능력이 극적으로 향상되었다.

물론 비재래식 노선을 걸으려는 테러리스트 집단들은 여전히 상당한 현실적 난관에 부딪힌다. 1990~95년 일본의 옴진리교는 비국가 집단 가운데 처음으로 생물무기와 화학무기 생산시설을 지었다. 어마어마하게 부유했거니와 조직 내에 숙련된 과학자들과 수백 명의 엔지니어들까지 두었던 옴진리교는 필요한 기계와 재료를 전 세계에서 대부분 공개 시장을 통해 구입했다. 이 종교집단은 보툴리눔 독소와 탄저균을 생산하고 사용했지만, 추정하건대 재료의 질이 떨어져서 만족스러운 결과물을 얻지 못하자 신경가스, 특히 사린에 집중했다. 생물작용제와 화학작용제의 높은 독성과 부식성 때문에 옴진리교는 생산 공정에서 극심한 안전 문제와 씨름해야 했지만, 그럼에도 생산을 계속했고 여러 차례의 공격―생물무기와 화학무기 공격 각 10여 회―을 감행했다. 그중 최대 규모였던 1995년 도쿄 지하철 사린 공격은 수천 명에게 중경상을 입히기는 했으나 주로 사린의 저품질과 초보적인 살포 장치 때문에 사망자는 12명에 그쳤다. 그렇다 해도 당시 옴진리교는 경찰의 탐색을 피해가며 생산능력을 끌어올리고 있었다. 경찰이 신도들과 시설들을 포위했을 때, 이 종교집단은 더 효과적인 분사 장치와 사린 70톤을 제조하기 직전이었고 커다란 생물학 실험실을 짓고 있었다.[127]

이와 유사하게 9·11 이후 미국 우편제도를 통해 편지 봉투에 탄저균을 넣어 보낸 미제 사건 또한 공황을 일으키고 건물들 전체를 오염시키고 시설들을 폐쇄시키기는 했지만, 사망자는 5명에 그쳤다.[미국 연방수사국과 연방검찰은 과학자 브루스 아이빈스를 유력한 용의자로 지목했으나 직접적인 증거는 없었다. 2008년 아이빈스가 스스로 목숨을 끊은 뒤 탄저균 테러는 아직까지 미제 사건으로 남아 있다―옮긴이] 그러나 에어로졸 형태의 탄저균을 효과적으로 분사하면 이와 전혀 다른 재앙을 초래할 수 있다. 1993년 의회의 평가

'팻맨Fat Man', 일본 나가사키에 투하된 핵폭탄 종류. 테러리스트들이 초보적인 핵장치를 만들어낼 수 있을까?

에 따르면, 경비행기 한 대가 워싱턴 DC 상공을 가르면서 탄저균 100킬로 그램을 분사할 경우 300만 명에게 치명상을 입힐 수 있다. 따라서 중대한 난관에 부딪히고 제한된 성공만 거두었다 해도 이 두 가지 '첫' 사례는 화학·생물 테러리즘의 미래 잠재력이라는 측면에서 보면 빙산의 일각일 뿐이며, 특히 생명공학 혁명—그리고 이 혁명의 전 세계적인 확대—이 아직 초기 단계에 있을 뿐이기에 더더욱 그렇다.

이제껏 테러리스트들이 핵무기를 사용한 적은 없으며, 화학작용제 및 생물작용제와 달리 적어도 예측 가능한 미래에 그들이 핵분열 물질을 생산할 가능성은 없다. 그러나 그들이 훔치거나 구입한 핵분열 물질을 사용해 핵분열 폭탄을 만들어낼 가능성은 있다. 핵분열 폭탄은 핵무기와는 비교가 안 되지만, 제거하기가 극히 어려운 방사능으로 지역 전체를 오염시킬 수는 있다. 더욱이 미 당국을 위해 과학자들이 수행한 몇 차례의 시험에 따르면, 핵분열 물질을 구입하거나 훔쳐서 가지고 있을 경우 공개 시장에서 구할 수 있는 부품들로 핵폭탄을 만들어낼 수 있다. 심지어 핵무기 자체를 훔치거나 아주 비싸지 않은 값에 암시장에서 구입할 수 있을지도 모른다. 파키스탄의 핵폭탄 제조 프로그램을 주도한 핵과학자 압둘 카디르 칸Abdul Qadeer Khan은 대략 10여 개국—북한과 이란, 리비아를 비롯해 동남아시아부터 중동에 이르는 국가들—에 핵 기밀을 팔았으며, 보도에 따르면 대가로 건당 고작 수백만에서 수천만 달러를 받았다고 한다. 예컨대 소련에 속했던 공화국들로부터 어쩌면 조직범죄의 도움을 받아 핵폭탄 자체를 구입한다면, 그 가격이 칸의 판매가만큼이나 저렴할지도 모른다.

이 책 앞부분에서 우리는 국가 초기에, 그리고 거의 역사 내내 부족장과 무장 갱단의 두목 같은 비국가 행위자들이 국가에 자주 성공적으로 도전했음을 살펴보았다. 근대에 들어 국가의 지배력은 강해졌는데, 점차 권력의 근간이 되어간 무거운 하부구조를 국가가 통제했기 때문이다. 다방면에서 권력을 잠식해들어옴에도 국가는 여전히 지배력을 행사하고 있다. 하지만 대량살상무기, 특히 핵무기와 생물무기로 파괴력을 '캡슐화'하는 기술은 이제 거구가 아니어도 강펀치를 날릴 수 있는 상황을 다시금 조성하고 있다. 예전 같으면 제임스 본드 시리즈에서나 다루어졌을 세계를 위협하는 개인과 조직에 대한 시나리오가 갑작스레 현실이 되고 있다. 〈뉴욕 타임스〉 기고자 토머스 프리드먼이 말한 '초강력 화난 사람super-empowered angry man'[128]이 등장하고 있는데, 그 사람이 무엇에 화를 내는지는 중요하지 않다. 9·11 이후 일각에서는 테러란 전술일 뿐이고 적은 호전적 이슬람이므로 테러를 적으로 규정하는 것은 잘못이라고 주장했다. 오늘날 세계에서 대다수 테러 공격의 배후에 급진적 이슬람이 있고 이를 상대하는 것이 난해하고 복잡한 문제임은 사실이다. 그러나 새로운 파시스트적 도전이라는 딱지가 붙었다 해도, 그 도전을 제기하는 아랍과 무슬림 사회들은 대개 빈곤하고 침체되어 있다. 세계에서 가장 강하고 앞선 사회들 축에 들었던 파시스트 열강과 달리, 그들 사회는 미래의 대안 모델을 대표하지도 않으며 선진 자유민주주의 세계에 군사적 위협을 가하지도 않는다. 호전적 이슬람의 위협이 유의미해지는 유일한 이유는 대량살상무기를 사용할 잠재력이 있기 때문이다. 게다가 호전적 이슬람이라는 문제를 극복한다 해도 다른 원인들과 '초강력 화난 사람들'은 언제나 있을 것이고, 과거와 달리 이제 그들은 자신이 무시무시한 존재임을 드러낼 수 있을 것이다. 그렇게 하는 데 필요한 수단을 사용할 가능성이 있기 때문이다. 옴진리교 신도들, 아직 밝혀지지 않은 듯한 미국의 탄저균 공격 가해자, 그리스도교의 천년왕국 신봉자들, 오클라호마시티(1995년)에서 대규모 재래식 폭탄 공격을 감행하고 애틀랜타 올림픽 직전(1996년)에 폭탄을 터뜨린 극우파는 무슬림이 아니었다. 풍족한 자유민주주의 사회들이 걸어간 노선을 따라 사회들이 대체로 평화 쪽으로 기울 수야 있지만, 모종의 이유로 대규모 폭력을 받아들일 개인과 소집단은 언제나 있을 것이다. 따라서 오늘날 무슬림들이 테러를 감행할 공산이 가장 크기는 해도, 비재래식 테러는 엄연히 문제다.

핵무기의 '평준화' 효과는 이 무기가 출현한 때부터 지적되었다. 그러나 이 효과는 언제나 약한 국가가 핵 보복 능력을 바탕으로 강한 국가의 개전을 억지하는 국가 간 관계라는 측면에서 고찰되었다. 그렇지만 이제 비재래식 능력을 소유한 테러 집단은 국가처럼 상호억지 때문에 제약당하지 않고도, 국가와의 관계에서 평준화 효과 덕분에 이득을 얻을지도 모른다. 분명 비재래식 테러 집단은 다른 무엇보다 비재래식 능력 면에서 아직까지 국가에 비해 훨씬 약할 공산이 크다. 심각한 국가 간 전쟁의 인적 손실에 비하면, 하물며 해마다 자동차 사고로 숨지는 숫자에 비하더라도 화학 공격으로 수천 명이 사망하는 것은 대수롭지 않은 일일지 모른다. 그렇지만 살상 잠재력이 월등한 생물무기나 핵무기는 미국이 치른 가장 심각한 전쟁들 못지않은 대참사를 야기할지도 모른다. 그런 공격은 실현 불가능하다고 그 누가 자신 있게 말할 수 있겠는가? 오히려 이 가능성은 우리로 하여금 문제 전체의 근원을 다시 생각하게 한다. 테러리스트들은 상호확증파괴에 토대를 두는 억지력에 구애받지 않으므로, 국가들의 비재래식 능력이 월등할지라도 최종 무기를 사용할 공산은 테러리스트 쪽이 더 크기 때문이다. 핵 시대를 줄곧 지배해온 사고방식과 반대로, 테러리스트들이 획득한 비재래식 능력은 사용 가능하다. 궁극의 공포를 기꺼이 촉발하려는 테러리스트가 상대적으로 부족해서가 아니라 전술상의 문제들 때문에라도, 비재래식 테러는 비교적 드물게 발생할 가능성이 높다. 의심할 나위 없이 앞으로도 비재래식 테러는 전체 테러 사건 중에서 소수에 지나지 않을 것이다. 그러나 일단 그 잠재력을 이용할 수 있게 되면, 누군가 어딘가에서 그 잠재력을 현실화하는 사태를 과연 무엇이 저지할지 알기 어려운 실정이다.

테러리스트들에게 확실한 본거지가 없다는 사실은 그들이 가하는 독특한 위협의 일부분이지만, 당연히 그들이 취약한 근원이기도 하다. 그렇지만 비재래식 위협이 수반하기 마련인 그 취약성에 국가 당국이 식은 죽 먹기로 대응하기란 사실상 불가능하다. 테러리스트 집단들은 당국의 감시를 피해 비재래식 무기를 밀수하거나 심지어 제조하는 식으로 표적 국가 내부에서 활동할지도 모른다. 일본의 옴진리교는 세계에서 가장 앞선 축에 드는 이 나라에서 당국에 들키지 않고 생물작용제와 화학작용제 제조 시설을 지었다. 이 시설은 옴진리교가 화학 공격을 감행한 뒤에야 경찰에 압수되었다. 이 모든 현상은 일본 내에서 배양되었다. 9·11이라는 메가톤급 재래식 테러 공격을 실행한 자들은 미국을 비롯한 서방 국가들에서 훈련받은 적이 있었다. 2003년 영국과 프랑스 경찰이 자국에서 불시 단속한 주택들에는 이슬람 극단주의자들이 공개 시장에서 주문한 화학물질로 만든 라신과 보툴리눔 독소가 있었다. 본래 국가들이 비밀리에 개발하는 핵무기와 관련하여 만들어진 '지하실의 폭탄'이라는 표현에 새롭고 오싹한 뜻이 덧붙여졌다. 경찰이 **모든** 비재래식 테러 계획을 완성 전에 찾아낼 가능성이 얼마나 되겠는가?

이런 테러 문제는 개발도상 세계에서 한층 심각하다. 호전적인 국가나 기능이 정지된 국가는 테러리스트들에게 안전한 피난처일뿐더러, 안보 기준이 낮거나 거의 없고 부패 수준이 높기 때문에 위험한 물질과 무기의 공급처이기도 하다. 특히 기능이 정지된 국가들은 심각한 문제, 호전적인 국가들보다도 심각한 문제일지 모른다. 호전적인 국가의 통치자는 대체로 열성자 그리고/또는 안정과는 거리가 먼 독재자로 이를테면 북한의 독재 정권, 이란의 물라[mullah: 이란과 중앙아시아에서 이슬람 율법학자를 가리키는 경칭―옮긴이], 아프가니스탄의 실각한 탈레반 정권, 이라크의 사담 후세인 정권 등이 있으며, 장차 또 어떤 통치자가 등장할지 모른다. 이들 중 일부, 특히 탈레반은 자기네 지역에서 비롯된 메가톤급 테러 이후 불어닥칠 대규모 보복에 별로 개의치 않았지만, 나머지는 억지 정책에 반응할 공산이 더 크다. 반면 약한 국가들은 그저 자국 영토를 효과적으로 통제하지 못하는 것이기에 테러의 책임을 지울 수가 없다.

널리 받아들여진 견해와 반대로,[129] '실패한 국가들'은 국가 체제에 나타난 일종의 새로운 현상이 아니다. 부족장, 지역 실권자, 독립 군벌, 무장 집단의 지도자 등 이따금 내전과 무정부 상태에서 국가를 허물어뜨린 이들을 상대로 국가가 영토를 완전히 통제하지 못하는 사태는 산업화 이전 공동사회에서 예삿일이나 마찬가지였다. 선진 세계의 기준으로 볼 때 계속 '실패'하는 것은 바로 이런 사회의 국가들이다.[130] 이 현상 자체는 새로울 것이 전혀 없다. 새로운 점은, 과거에는 이처럼 약하고 실패하는 국가들의 대혼란이 선진 세계 국가들에 설령 영향을 미치더라도 미미하게만 미쳤다는 것이다. 사실 대부분의 경우 지금도 그 영향은 미미하다. 그렇지만 이런 국가들이 비재래식 능력을 추구하는 테러 집단의 근거지가 된다면 상황이 근본적으로 달라질 수 있다.

비재래식 테러에 맞서 실행 가능한 유일한 조치는 전 세계의 공조 단속으로, 이는 엄격한 안보 조치, 대량살상무기 생산에 필요한 물질과 시설에 대한 보다 강경한 통제, 끊임없는 테러리스트 추적 등을 포함한다.[131] 그렇지만 이 정책은 공조 단속에 참가할 능력이나 의향이 없는 나라들, 심지어 다양한 방법으로 테러리스트를 지원하는 나라들, 나아가 핵무기를 비롯한 대량살상무기를 직접 개발하는 나라들에서는 소용이 없다. 1968년 핵확산금지조약NPT이 의결된 이후 187개국이 여기에 가입해 핵무기를 개발하지 않고 국제원자력기구IAEA가 수행하는 핵사찰을 수용하는 데 동의해왔다. 핵무기 보유국의 수는 1960년대 초에 미국 대통령 존 F. 케네디John F. Kennedy가 1975년까지 15~20개국으로 늘어날 거라고 날카롭게 예측했고 그 이후로도 늘어났지만, 지금까지는 소폭 증가하는 데 그쳤다. 오늘날 핵무기 보유국으로는 핵확산금지조약으로 공인된 5개국(미국, 소련/러시아, 중국, 영국, 프랑스) 외에 인도와 파키스탄, (핵무기를 신고하지 않은) 이스라엘, (어쩌면) 북한이 있다. 남아프리카공화국은 백인 우월주의 정권이 구축한 핵능력을 자진해서 무력화했다. 그러나 핵능력을 갖추겠다고 결심한 국가들은, 적어도 형식상으로는 주권국가들이 자유롭게 가입하는 핵확산금지조약에 조인을 했든 안 했든 그 능력을 갖출 수 있음을 보여주었다. 이라크, 리비아, 이란 같은 나라들은 핵능력을 갖추려는 시도를 이미 했거나 하고 있다.[132] 외부 개입에 맞서 체제를 지키는 한편 처벌받지 않고 국내외 활동을 계속하기 위해 핵무기 개발을 가장 열망하는 국가들은, 핵확산금지조약이 가장 저지하려 하는 바로 그 국가들—세계의 '전쟁지대'에 있는 불안정한 개발도상국들로, 대부분 현존 국제질서와 대립하며 이들 국가에서 핵기술이 유출될 가능성이 가장 높다―이다.

소수의 학자들은 핵무기 확산에 반대하지 말아야 하며 실은 그것이 좋은 일이라고 주장하는데, 그로 인해 냉전기에 두 진영을 구속한 억지력이 세계의 다른 지역들로까지 확대될 것이기 때문이다. 그들은 선진국과 후진국, 또는 선진국과 개발도상국 간에 정치 행위 면에서 어떤 차이가 있다는 의견에 회의적이며, 상호확증파괴의 논리가 워낙 강력한 까닭에 세계의 덜 개발된 지역에 있는 가장 호전적이고 불안정한 국가 당국일지라도 핵무기 사용을 개시할 것 같지는 않다고 주장한다. 또한 과거의 경험으로 미루어 판단하건대, 그런 국가들이 통제력을 양보하거나 테러리스트에게 핵무기를 넘겨줄 것 같지도 않다고 주장한다. 그렇지만 이 견해를 비판하는 이들은 핵무기가 불안정한 지역에서 더욱 불안정한 지역으로, 점점 더 많은 사람들에게 확산되는 상황에서도 상호확증파괴의 논리가 절대 잘못될 리 없다는 주장을 의심한다. 핵무기 확산은 핵억지에 힘입어 실제로 전쟁 감소로 귀결될 수도 있지만, 같은 이유로 어딘가에서 핵무기를 사용하는 사태로 귀결될 수도 있다. 나아가 비판자들은 후진국들의 열악한 기술적·제도적 하부구조 때문에 핵무기를 뜻하지 않게 사용하거나 핵사고가 일어날 가능성이 이들 국가에서 훨씬 높다고 지적한다.[133]

사실 테러리스트와 관련하여 핵확산의 더 위협적인 결과―핵보유국이 테러리스트에게 핵무기를 넘겨줄 전망보다도 위협적인 결과―는 유출 위험이 대폭 높아지는 것이다. 허약한 분절국가가 어느 정도 인지하는 상황에서, 파키스탄 과학자의 사례처럼 핵시설에 접근하는 사람과 조직이 핵물질과 핵 관련 전문지식, 심지어 핵무기까지 테러리스트에게 팔거나 양도할 위험만 있는 것이 아니다. 선진 세계에서는 거의 사라진 위험이지만, 덜 개발된 불안정한 지역에서 국가가 해체되어 무정부 상태가 발생할 위험 또한 언제나 있다. 국가 권위가 무너져 무정부 상태가 되었을 때 누가 국가의 핵무기를 지킬 것인가? 소련의 해체와 소련제 핵무기 및 기타 비재래식 무기가 야기한 막대한 위험은, 핵확산이 저지되지 않고 지속될 경우 발생할 사태의 패턴일지도 모른다. 한때 핵을 보유했던 강대국이 아니라 무너진 소련이 장차 핵위협의 모델이 될지도 모른다. 그렇다면 요점은 핵확산이 국가 수준에서 멈추지 않을 공산이 크고, 따라서 상호확증파괴의 논리로 핵확산을 저지하지 못할 공산도 크다는 것이다. 이 한 가지 이유 때문에라도(이 이유 때문만은 아니지만) 핵확산에 반대해야 한다.

17세기부터 유럽에서 발달한 주권 개념은 단순한 이유로 국제법에서 대단히 신성시하는 개념이 되었는데, 권력을 강화하고 있던 국가들이 한편으로 자국의 영토에 무제한 통제력을 행사한다는 이해관계를 공유했고, 다른 한편으로 타국의 내정은 덜 중요하고 영향을 미치기도 한결 어렵다는 것을 알아챘기 때문이다. 이 책은 지역과 지방의 집단(부족)에서 시작해 족장사회를 거쳐 국가의 발흥에 이르기까지 인류 사회 형태들의 진화를 추적했다. 그러나 사회의 진화는 더 빠른 속도로 계속되고 있다. 고속 통신이 이루어지고 상호의존도가 점증하며 나날이 작아지는 세계에서, 국가의 주권—아직까지는 지배적이고 예측 가능한 미래에도 계속 지배적일 공산이 크기는 해도—은 국가의 자급자족 능력과 더불어 약해지고 있다. 비재래식 테러라는 전망으로 인해 고조되는 대량살상무기 확산 위협은 이 과정의 한 원인이다. 국제 규범은 변화하는 세계 현실에 대응하여 바뀌는 중일지도 모른다. 전통적 자유주의의 태도 역시 새로운 고찰을 피할 수 없다.

다른 보편적 교의들과 마찬가지로, 자유주의가 주권의 신성함을 대하는 입장은 양면적이다. 주권은 외국에 자유권을 강요하고 강압적인 인도적 개입을 하려는 국가를 방해한다. 다른 한편으로, 강압적 대외 개입은 풍족한 자유주의 국가들의 전쟁 혐오와 충돌한다. 특히 자유주의 열강이 자국의 직접적인 이해와 거의 무관한 문제에 개입했을 때, 상대가 약하다 해도 개입이 점차 수렁으로 빠져들었을 때, 그런 충돌이 일어났다. 9·11 사태가 예시한 불길한 잠재력은 전통적 자유주의의 균형을 어떻게 바꾸어놓고 풍족한 자유민주주의 국가들의 정책에 어떤 영향을 미치고 있는가? 오늘날 이 물음은 자유민주주의 세계 내부의 다양한 동기 및 감수성과 연관된 열띤 논쟁의 주제로서, 새로운 '제2세계' 국가들과 개발도상국들, 특히 이슬람 국가들은 말할 나위도 없고 미국과 유럽까지도 이 물음을 둘러싸고 대립중이다. 이 자유주의 내부의 논쟁에 대한 각국의 입장은, 대립하는 당파들이 서로 지적하려고 안달을 하는 문제들로 가득하다.

지난 반세기 동안 유럽이 초국가적 기구들을 통해 경험한 평화 협력을 전 세계에 적용하여 '제2세계'와 '제3세계'의 위협을 통제해야 한다는 주장은 요점을 벗어나 있다. 제2차세계대전 이후의 유럽도 그에 앞서 이 대륙에 있었던 비민주주의·비자유주의 국가들에게 자유민주주의를 강요한 대규모 무력과 압도적인 승리 덕분에 출현할 수 있었기 때문이다. 유럽을, 그리고 서구 일반을 칸트적 세계로 만든 것은 자유민주주의였다. 그런데 바로 이 칸트적 세계에 필요한 전제조건이 없는 현실이, 자유민주주의적이지도 풍족하지도 않은 까닭에 홉스적 얼개 안에서 살아가는 다른 지역들과 관련하여 문제가 된다.[134] 유럽의 실험 성공과 이 실험에 동참해 얻을 수 있는 엄청난 혜택에 이끌려, 남유럽의 독재국가들과 이후 동유럽의 탈공산주의 국가들이 거기 가담할 자격을 얻기 위해 자유민주주의를 받아들인 것은 사실이다. 그러나 제아무리 유럽이란 '관념'이라고 선언한다 해도, 유럽은 확장하는 데 근본적인 한계가 있는 지리적 실체이자 문화적 공동체다. 자유주의 체제와 연관된 경제적 혜택의 범위를 확장하는 것이 19세기 이래 자유주의의 이상이자 자유주의가 선호한 수법이라 해도, 지금 문제가 되는 것은 자유주의 세력권에 흡수될 의향이나 능력이 없으며 이 세력권에 호전적으로 반발하는 나라들과 문화들이다. 풍족한 민주주의 국가들의 자발적이고 자유로운 합의에 토대를 두지 않는 국제기구들은, 무가치하지는 않다 해도, 루소가 생피에르를 비판하며 지적했고 내가 이제껏 상세히 서술한 이유들 때문에 국제연맹과 국제연합 이상의 성적을 기록하기 어려울 공산이 크다.

자유민주주의 국가들 내부의 의견(미국도 목소리를 내기는 하지만 역시 유럽의 목소리가 더 크다)은 후진 세계에서 대량살상무기 확산 위협에 대처하기 위해 '비공식 제국주의', 비개입 공존, 직접 경제 원조, 유화, 봉쇄 등 서로를 강화하는 접근법들을 결합하는 편을 선호한다. 이 가운데 최신형 비공식 제국주의는 세계 시장경제의 진전과 민주화 추세—지배적이고 풍족한 자유민주주의의 핵심부가 한편으로는 자기네 모델로 유인하고 다른 한편으로는 경제적·정치적 압력을 가함으로써 촉진하는—가 결국 모든 저항의 근거지와, 변화를 가장 기피하는 경제·문화·사회·국가 전체를 압도할 것이라고 추정한다. 따라서 자유민주주의 세계로서는 알맞은 때를 기다리는 것이 가장 현명한 정책인데, 길게 보아 위협이 저절로 진정될 가능성이 높다면 위기를 촉발할 필요가 없기 때문이다. 그렇지만 자유화 과정들이 단선적이라는 생각, 또는 이 과정들이 완료되기 전에 어떤 심각한 위협이 현실화되지 않으리라는 생각은 의문스럽다. 과거의 경험은 복잡하며, 이미 언급한 독일 제국과 일본 제국의 경험만 그랬던 것이 아니다. 19세기 말과 20세기 초에 중국과 이슬람권 또한 변화에 완강히 저항하여 서구인들을 놀라게 했다. 막스 베버는 유교와 자본주의 정신이 문화적으로 상반된다고 믿었다.[135] 그때 이후로 먼저 동아시아가, 뒤이어 동남아시아와 다름아닌 중국이 여러 측면에서 유교의 덕목들과 연관된 주목할 만한 경제 근대화를 경험했다. 그렇지만 중국에서 경제적 자유화에 이어 민주적 자유화까지 진행될지 여부는 아직 미지수이다. 지금까지 고통스러울 정도로 느리게 근대화되어온 이슬람 국가들(특히 아랍 국가들) 또한 때가 되면 급속히 근대화될지 모른다. 그러나 이슬람 국가들과 개발도상 세계의 다른 지역들에서 발전을 가로막는 뿌리 깊은 사회적·경제적·정치적 장애물과 자유주의에 맞서는 강한 문화적 저항을 감안하면, 그들의 전환은 길고도 파란만장한 과정일 가능성이 높다.

자유주의적 팽창주의 옆에는 언제나 한결 신중한 학파, 즉 자유주의 모델은 보편적으로 적용 가능하다거나 결국 승리하게 되어 있다는 생각을 의심하는 학파가 있었다. 이 학파는 평화와 안정을 위해 다른 국가들과 자유주의 국가들이 공존하는 편을 선호했다. 그러나 호전성과 통치능력 면에서 가장 '문제적'인 국가들에서 대량살상무기가 확산되는 상황은 비재래식 테러 위협과 더불어 이 접근법의 한계를 부각해 보여준다. 이에 덧붙여 꼭 지적해야 할 것은, 선진 세계와 이 국가들 간의 권력 격차가 워낙 커서 전자로서는 후자가 핵에 의존하고 그리하여 무력 개입에 면역되기 이전에 행동하고픈 유혹을 느낀다는 것이다.

많은 자유주의자들은 근대화 노선에 있는 개발도상 사회들을 도울 직접 경제 원조를 중시한다. 그 노선에 올라서지 못하는 것이 대체로 적대감과 호전성 때문이라면 결국 뿌리 깊은 문제에 대처하는 해결책, 다시 말해 '모기를 잡으려 하기보다 습지를 말리는' 해결책을 내놓아야 한다는 것이다. 실제로 그런 원조는 중요한 기여를 한다. 그럼에도 외국의 경제 원조 또한 경험상 그 한계를 드러내왔다. 근대 경제에 통합되는 데 필요한 사회적·문화적·정치적 하부구조를 갖추지 못한 곳에서는 그 하부구조를 발전시키는 것이 단순히 돈을 쏟아붓는다고 해서 쉽게 성취할 수 있는 목표가 아니라 괴로울 정도로 어려운 과정이기 때문이다. 게다가 근대화에 가장 강하게 저항하는 국가들은 대량살상무기 확산이라는 면에서 가장 위험한 국가들이기도 하다.

위협의 잠재적 원천인 이들을 대량살상무기, 특히 핵무기 개발을 포기하는 방향으로 유도하기 위한 유화 정책과 보상 연장, 나아가 노골적인 뇌물은 그것이 효과를 거둘 수 있는 곳에서라면 충분히 권할 만하다. 그렇지만 가장 어려운 상황에서 이 접근법은 특히 무력 위협을 병행하지 않으면 대개 효과가 없다. 주로 경제적 제재인 비군사적 제재를 포함하는 봉쇄는 대량살상무기 확산을 방지할 목적으로는 아주 제한적으로만 사용할 수 있는데, 유망한 대량살상무기 개발자들을 그들의 영역 안에 고립시키는 것으로는 불충분하기 때문이다. 문제는 그 영역 안에서 진행하는 개발, 다른 국가와 테러 집단에 대량살상무기를 수출하거나 유출할 수 있는 상황, 대량살상무기 확산이 인접 국가들에서 촉발할지 모르는 연쇄반응이다.

그러므로 홉스적 '전쟁지대'의 불안정한 지역들에서 대량살상무기가 확산되는 것을 막으려면 무력을 사용할 능력과 의향—이따금 무력을 사용할 것을 전제하는—이 반드시 필요해 보인다. 오늘날 이것은 미국과 유럽의 관계를 해칠 정도로 자유민주주의 사회들 간에 이견이 분분한 쟁점인데, 미국이 유감을 표시하는 데에는 그럴 만한 이유가 있다. 미국인들은 유럽의 순진하고 그릇된 의식, 군사적 무기력, 전 세계의 안보 증진이라는 필수적인 공공서비스를 제공하는 유일한 강대국에 고마워하기는커녕 이기적이고 악의적으로 무임승차하는 행태 등을 비난한다.[136] 이 관점에서 보면 유럽 사회들은 쾌락주의적이고 노쇠해가는 중이고 타락했으며, 제2차세계대전 이후 미국의 권력 덕분에 안전해진 '바보의 낙원'에서 살아가고 있고, 외부의 위험요소들을 차단할 수 있기를, 혹은 더 나쁘게도 그 요소들을 미국 쪽으로 돌릴 수 있기를 바라고 있다. 유럽 사회들은 심지어 그들 스스로 공언한 이상에도 부응하지 못하고, 르완다(1994년)와 수단

(2004년)에서 발생한 집단학살조차 무력으로 개입하여 저지하지 못한다. 유럽의 뒷마당인 보스니아(1995년)와 코소보(1999년)에서 벌어진 인종 청소마저도 미국이 관여하여 짐을 짊어지고 나서야 마침내 군사적 개입을 통해 저지할 수 있었다.

이것은 오늘날 미국과 연관된 정책들, 즉 비확산을 강요하기 위한 무력 개입 정책, 적극적인 테러 진압 정책, 그리고 이 두 가지 정책을 실행하기 위한 수단으로서의 민주주의가 본질적으로 다루기 힘든 성격의 문제들을 수반한다는 뜻이 아니다. 특수한 상황에 적용하는 정책의 전술적 문제들은 여기서 우리의 관심사가 아니다. 민주화부터 살펴보자. 공산주의의 도전이 실패한 뒤 민주주의 평화론이 득세한 1990년대 동안, 정의로울 뿐 아니라 평화롭기도 한 세계를 만들어내기 위한 방안으로서 미국이 세계의 민주화를 적극 추구해야 한다는 윌슨식 견해[우드로 윌슨 대통령을 가리킨다—옮긴이]가 널리 퍼져나갔다. 클린턴 행정부의 고위 관료들이 이 견해를 표명했고, 그전에는 자유주의의 급진적 유형과 연관된 교의로 치부하며 미심쩍어했던 보수주의자들도 9·11 이후 이 견해를 받아들였다. 보수주의자들이 미심쩍어한 데에는 그럴 만한 이유가 있었다. 민주주의 평화론은 상당히 유효하기는 해도 몇 가지 중대한 요인들을 무시하는 경향을 보여왔고, 그리하여 이 이론을 너무 단순하게 이해한 정치적 열광자들이 이것이 수반하는 엄청난 난관을 간과했기 때문이다.[137]

첫째, 윌슨과 그의 후계자들이 군사 개입—멕시코, 도미니카공화국, 아이티, 니카라과, 코스타리카, 과테말라에서—을 비롯한 개입을 통해 민주주의를 수립하려던 시도가 실패로 돌아간 것처럼, 민주주의는 모두가 바라는 것도, 무조건 유지할 수 있는 것도 아니다. 서구에서 널리 받아들여진 견해와 반대로, 민주적 자유는 어떤 가치를 선택하든 그것을 가장 잘 성취하게 해주는 중립적 메커니즘에 불과한 것이 아니다. 민주적 자유

자체가 이데올로기적 선택으로, 많은 사회와 문화가 훨씬 더 소중히 여기는 다른 가치들과 강하게 충돌하는 온전한 가치체계를 포함한다. 더욱이 위에서 살펴보았듯이, 대체로 민주주의의 채택은 한낱 의지의 행위가 아니라 경제·사회 근대화와 병행하여 전국 규모로 진행된 일이었다. 경제 근대화, 사회 전환, 민주화는 줄곧 긴밀히 얽혀 있었다. 나중에 윌슨 본인이 올바로 인식했듯이 "멕시코 문제의 진짜 원인은 정치가 아닌 경제에 있었다." 그리고 멕시코에서 선거는 "모든 정치적 곤경의 제1원인"인 고도로 불평등한 토지 분배 패턴, 따라서 사회관계 패턴에 초점을 맞추지 않았다. 그 결과 윌슨은 실질적인 변화를 가져오는 외국의 개입 능력에 점차 의문을 품게 되었다.[138]

제2차세계대전 이후 독일과 일본에서 20세기의 민주화 사례들 가운데 가장 성공적인 민주화가 이루어질 수 있었던 데에는 총력전에서 패배한 정치 상황과 공산주의의 위협 외에 다른 이유도 있었다. 비록 두 나라에서도 민주주의와 자유주의에 맞서는 상당한 문화적 저항을 극복해야 했지만, 양국은 제대로 기능하는 자유민주주의 사회를 건설할 근대적 사회경제 하부구조를 갖추고 있었다.[139] 자유주의 전통과 근대적 사회경제 하부구조를 모두 결여한 나라들, 대체로 부족적이며 종족 분열과 종교 분열로 몸살을 앓는 나라들—이를테면 아랍권 나라들—에 민주화를 도입하려는 시도는 지속되어야 하지만, 그 한계도 반드시 인식되어야 한다. 민주화는 단계적인 과정일 것이며, 지나치게 압박할 경우 적정한 다원성을 근근이 유지하며 근대화중인 국가—사회들의 안정을 위협해 역효과를 불러올 수 있다. 이런 나라들 대다수에서 반대파는 자유주의자가 아니라 대개 비민주적이고 급진적인 이슬람주의자이기 때문이다. 공적 토론뿐 아니라 대부분의 학술 저작 또한 미국과 영국, 프랑스마저도 민주주의로 돌아서기에 앞서 자유주의—의회제 국가가 되기까지 수백 년은 아닐지라도 수십 년이나 걸렸다는 사실을 간과해왔다. 세 나라 모두 근대화 전에는 국민에게 투표권을 주었을 때 그들이 온건하고 평화로운 선택을 하기는커녕 자유주의를, 심지어 민주주의도 선택하지 않는 상황(예를 들어 프랑스에서 대혁명과 1848년 혁명에 뒤이어 일어난 사태 같은)이 발생할까 두려워했다.

이 우려는 우리를 두번째 논점으로 이끈다. 이미 살펴본 대로 민주주의 평화 현상은 자유화, 민주화, 경제 발전의 초기 단계에 훨씬 약하게 나타나는 경향이 있다. 따라서 아랍과 무슬림 국가들의 민주화로 인해 이들 사회의 호전성이 감소할 것인지는 전혀 명확하지 않다. 19세기 유럽의 여론과 마찬가지로, 그리고 오늘날 만연해 있는 진부한 견해와 반대로, 아랍 국가들의 여론은 반半독재적인 국가 통치자들보다 더 호전적이며, 외려 통치자들이 민중의 호전적 압력을 억누르려 분투하고 있는 실정이다. 독재적인 샤Shah를 민중 혁명으로 대체한 이란의 반半민주적 이슬람 정권은 줄곧 대단히 호전적이었으며, 이 점에서 혁명기 프랑스의 공화정 정권과 차이가 없었다. 이란에서 대통령 입후보자들은 이슬람교도 자격이 의심스러운 입후보자를 실격시키는 종교 당국의 승인을 반드시 받아야 하지만, 2005년 대통령 선거에서 상대적으로 온건한 악바르 하셰미 라프산자니 Akbar Hashemi Rafsanjani에게 압승을 거둔 쪽은 더 근본주의적이고 호전적인 마무드 아마디네자드Mahmoud Ahmadinejad였다. 이란의 민중은 사회적·정치적 분열에 관계없이 자국의 핵 프로그램을 한목소리로 지지한다. 1992년 알제리 최초로 실시한 민주적 선거에서 승리한 쪽은 급진적인 이슬람구국전선이었다. 그러자 서방의 암묵적 승인을 받은 군대가 개입해 선거 결과를 무효화했고, 뒤이은 내전과 게릴라전에서 약 10만 명이 사망했다. 사담 후세인이 몰락한 뒤 2005년 1월 실시한 이라크 자유선거에서 시아파 연합이 승리한 결과가 어떠할지 확언하는 것은 이 글을 쓰는 지금으로선 시기상조다. 전투적 이슬람 운동인 하마스Hamas가 민중의 강력한 지지를 받는 팔레스타인 영토에서 실시하는 자유선거의 결과도 마찬가지다. (이 책의 교정 작업을 하던 2006년 1월, 나의 견해를 입증이라도 하듯이 팔레스타인 선거에서 하마스가 승리했다.) 이집트와 요르단이 이스라엘과 체결한 강화조약은 이 아랍 국가들에서 여론의 인기를 얻지 못하고 있으며 특히 도시 중간계급, 무역 단체, 전문직, 식자층과 지식층이 완강히 반대하고 있다. 아랍과 무슬림 국가들은 아주 많은 것을 공유하지만 분명 단일체는 아니며, 그런 이유로 이 국가들에서 민주화의 결과는 가지각색일 것이다. 따라서 보다 분별 있는 접근법이 필요하다.

개입보다 훨씬 과격한 정책 선택지도 있다. 특히 역사가 니얼 퍼거슨 Niall Ferguson은 미국(그리고 선진 세계)이 공식 제국주의를 받아들여 개발도상 세계의 실패한 국가들과 사회들을 직접 통치하는 역할을 맡아야 한다고 주장해 세상의 이목을 끌었다.[140] 영 제국이 본보기를 보여준 자유주의적 제국 통치가 (물론 폐해도 많이 초래했지만) 세계의 많은 지역들을 새로운 지구적 산업경제의 테두리 안으로 끌어들임으로써 지독한 궁핍과 질병, 전쟁, 죽음과 같은 산업화 이전 맬서스의 덫에서 벗어날 전망을 열어주었다는 생각(반식민 수사의 홍수에 잠겨 사라졌던 생각)을 되살린 공로는 퍼거슨에게 있다. 나아가 퍼거슨은 탈식민 사회들 다수가 독립을 쟁취한 이후 근대화를 지속하는 데 실패했음을 지적한다. 그러나 제국 통치를 재개하는 것이 바람직하다거나 실현 가능하다는 퍼거슨의 주장을 진지하게 받아들이기는 어렵다.

잠시만 생각해도 퍼거슨 테제의 결함을 알아챌 수 있다. 제국의 공식 통치를 받은 국가들이 그저 '비공식 제국주의'의 효과에 의해 전환된 국가들보다 잘해왔다는 것을 퍼거슨은 입증하지 못한다. 퍼거슨은 제국 세력권에서 민족들의 자기 결정이라는 쟁점을 무시하지만, 반대편에서 보면 이 쟁점은 (다른 모든 선진 열강은 차치하더라도) 과연 미국이 지구적 미 제국의 일부가 될 개발도상국의 인구에게 시민권을 줄 준비가 되어 있느냐는 의문을 불러일으킨다. 설령 '실패한' 국가들과 사회들, 즉 사회경제적 '실패'라는 고질적인 난제를 감안할 때 자력으로 발전할 수 있을지 심히 의심스러운 국가들과 사회들이 미국의 직접 통치를 받으면 달라질 수 있다고 가정하더라도, 미국은 전 세계를 직접 통치하는 막대한 부담을 짊어지는 일에 확실하게 관심을 보인 적이 결코 없다. 퍼거슨은 미국의 동기가 될 가능성이 있는 비재래식 테러의 위협을 피상적으로만 언급하는데, 다른 선택지들을 감안할 때 이 위협은 국면을 바꾸지 못한다.[141] 마지막으로 퍼거슨은 자유민주주의 국가들이 자기네 제국의 통치에 맞서는 무력 저항을 진압하는 과정에서 형편없는 성적을 기록한 사실을 잘 알거니와 이를 한탄하는 것처럼 보이기까지 하지만, 내가 위에서 검토했고 변할 기미가 거의 보이지 않는 이 기록의 뿌리 깊은 이유들을 논하지 않는다.

자유민주주의 국가들은 민간인에 대한 폭력 사용을 근본적으로 제한하는 규범을 받아들이며, 바로 이것이 대량살상무기의 비확산을 강요하고 테러를 지원하는 정권을 제거하기 위해 강제로 개입하려는 미국의 정책을 군사적으로 제한하는 주된 요인이다. 개발도상국들의 군대에 대한 미국의 군사적-기술적 우위는 역대 최고 수준으로, 미국은 그들을 상대로 압도적인 군사적 승리를 거둘 수 있다. 그렇지만 협력하려는 강한 토착 중앙정권이 없는 곳에서 미국은 십중팔구 민중 반란에 성공적으로 대처하지 못한다. 이미 언급했듯이 유력한 국가 당국이 없는 상황은, 적대적이지만 자기네 영토를 통제하고 있으며 미국이 갖가지 강압책을 통해 협력을 유도할 수 있는 정권들 못지않게, 어쩌면 그보다 더 심각한 문제다. 접근하기가 몹시 어려운 광대한 지역들과 제멋대로 구는 파편화된 사회들을 포괄하는 약하고 '실패한' 국가들에서는, 미군이 직접 관여를 하든 안 하든 테러 집단의 활동을 감시하고 탄압하는 능력이 본질적으로 제한된다. 이 난제에 비하면 건초 더미에서 바늘을 찾는 편이 차라리 쉬울 정도다.

이 모든 당혹스러운 문제들은 인생에서 겪는 대부분의 일들과 마찬가지로 간단명료한 해결책을 허용하지 않는다. 게다가 9·11 사태가 예시豫示한 위협은 우발적이거나 일시적이지 않은 근본적인 위협이며, 장차 그 중력으로 국제 정치에 심대한 영향을 미칠 공산이 크다. 클린턴 재임기의 미국 국방장관 윌리엄 코언이 9·11 전에 일찍이 지적했듯이, 산업-기술 혁명의 산물인 '캡슐화된' 대량살상기술이 확산되어 비국가 조직과 개인에 의해 사용될 가망은, 실현되느냐 마느냐 하는 문제가 아니라 언제 실현되느냐 하는 문제가 되어가고 있는 것으로 보인다. 오늘날 우리가 아는 어떤 수단으로도 제거할 수 없는 이 위협을 저지하려면 강력한 공조가 필요할 것이다. 이해관계를 둘러싸고 자주 실랑이를 벌이며 충돌하기는 해도 국가들의 공조는 유토피아적 발상이 아닌데, 어떤 나라도 테러 위협에서 면제되지 않는 까닭에 그에 맞서 협력할 이해관계를 공유하기 때문이다. 일례로 19세기의 해적질은 패권국 영국이 해군으로 바다의 치안을 유지하고 국가 간 협력을 촉진하는 등 주된 역할을 수행한 데 힘입어 국제 공조에 의해 제거되었다. 오늘날 비재래식 테러는 19세기의 해적질보다 훨씬 중대한 이해관계가 걸린 문제다. 국제 규범과 관행은 바뀔 가능성이 높다. 개별 국가들, 특히 더 호전적이고 덜 안정적인 국가들이 대량살상무기를 포기하고, 국내 시설에 대한 더 엄격한 외부 감시를 수용하고, 영토 내부의 테러리스트를 엄중히 단속하라는 강한 압력을 받고 있기 때문이다. 앞으로 정치적·경제적 채찍과 당근은 물론이고 간접적·직접적 무력 사용까지 포함해 상술한 모든 정책 선택지를 다양하게 조합하여 테러에 대처할 공산이 크다. 성공 수준은 일정치 않을 것이다. 사태가 어떻게 전개될지 예측하기란 불가능하다.

자유주의자들과 (신)보수주의자들 간의 논쟁으로 제시되는 경우가 더 많은 문제들을 내가 줄곧 자유주의 갈래들 간의 긴장관계로 다루었다는 것에 일부 독자들은 놀랄지도 모르겠다. 그러나 이는 18세기 이래 자유민주주의 국가들에서 자유주의적 견해가 지적·정치적 반대를 점차 무력화하며 공론장을 완전히 장악했을 정도로 자유주의와 민주주의가 눈에 띄게 전진해왔기 때문이다. 자유민주주의 국가에서 이른바 보수주의자들은 고전적 자유주의의 교의를 받아들인 지 오래이며, 심지어 자신들이 자유주의 교리의 진정한 수호자라고 주장하기까지 한다. 근대의 주요 이데올로기들은 인지적·윤리적·정서적 기능 면에서 세속종교로 불려왔다. 이 딱지는 마르크스주의와 파시즘에 처음 붙여졌지만, 이 두 이데올로기와 명백히 다르고 마지막까지 살아남아 오늘날 선진 세계를 지배하고 있는 주요 이데올로기에도 붙여졌다. 세계에 대한 포괄적인 해석, 올바름에 대한 교의, 종교의 계율과 유사한 신성한 행동수칙을 제시하는 자유주의는 엄청난 정서적 투자를 이끌어내고 강한 열의를 불러일으킨다(그렇지만 반드시 행동하고 희생하려는 강한 의지를 불러일으키는 것은 아니다). 자유주의는 다른 모든 교의와 마찬가지로 추상적 원리를 추구하다가 현실과의 연계를 놓치고 마는 교조적 유혹에 취약하다. 그럼에도 오늘날 실용주의자든 메시아주의자든, 좌파든 우파든, 갖가지 신조를 고수하는 모든 사람들은 풍족한 민주주의 국가들의 구조와 얽히고설켜온 자유주의—단일한 자유주의든 복수의 자유주의든—의 얼개 안에서 논쟁하고 있다.

결론

이 책의 내용이 끝나는 시점은 인류의 역사, 인간이 저지르는 치명적인 폭력의 역사의 모든 시점과 마찬가지로 금방 지나갈 것이다. 오늘날의 이 특정한 시점을 무언가 다른 시점으로 간주하려는 유혹에 우리는 저항해야 한다. 그렇다고 해서 인류의 문화적 진화에서 몇 차례 중대한 '도약'(그리고 역행)이 '단속적'으로 일어나지 않았다는 뜻은 아니다. 농업과 축산의 채택이 그런 도약 중 하나였으며, 이 도약이 형성한 전제조건을 바탕으로 결국 지난 두 세기 동안 세계를 전환한 산업-기술 혁명이 일어날 수 있었다. 국제관계 이론에서 논란을 일으킨 '민주주의 평화' 관념은 이런 급격한 전환이라는 맥락에서 이해해야 하고, 또 기본적으로 옳기는 해도 수정되어야 한다. 변화를 추동한 것은 자유주의/민주주의가 독립변수이고 '민주주의 평화'가 종속변수인 단순한 상관관계보다 훨씬 복잡한 인과 과정이었다.

학자들은 별다른 의문 제기도 없이, 민주주의 평화 현상이 19세기의 어느 시점에 나타난 사실을 자유민주주의 체제들이 그때부터 진화하기 시작했다는 사실과 연결지었다. 그러나 자유민주주의 체제들이 그 이전이 아니라 그 시점에 이르러서야 진화하기 시작한 것은 바로 근대의 전환 때문이었다. 다시 말해 근대에 들어 인쇄물을 통해 성장한 '상상의 공동체', 상업-산업 경제, '대중'·도시 사회, 대중의 문해력, 부르주아 생활방식, 점증하는 풍요 덕분이었다. 이 모두는 일회성 사건이 아니라 점차 전개된 과정들로서, 지난 두 세기 동안 일부 국가들에서 꾸준히 고조된 자유화와 민주화로 귀결되었다. 민주주의 평화 현상—근대의 풍족한 자유민주주의 사회들이 전쟁을 혐오하는 이 현상은 잠재적인 분쟁 상황에서 양편이 이 혐오를 공유할 때 가장 분명하게 나타나지만, 보다 일반적으로는 분쟁과 전쟁의 적법성뿐 아니라 정당성까지도 의심하는 자유민주주의 사회들의 태도로 나타난다—은 이런 근원적인 과정들과 줄곧 긴밀히 얽혀 있었고, 이 과정들과 더불어 강화되었다. 전근대의 민주정과 공화정 도시국가들 사이에 민주주의 평화가 나타나지 않았던 이유는 이 도시국가들이 민주적이지 않았거나 정치적으로 충분히 자유주의적이지 않았기 때문이 아니라, 근대의 전환에 영향을 받기 이전인 전근대에 속했기 때문이다. 페인과 칸트가 미래를 내다보는 소책자를 쓰면서 놓쳤던 퍼즐 조각이 바로 이것으로, 그들이 이것을 놓친 이유는 근대의 전환이 그들 사후에야 대부분 진행되었기 때문일 터이다.

근대의 전환은 자유주의/민주주의 국가들만이 아니라 모든 국가가 일단 산업—기술 시대에 휩쓸리고 나면 그 이전보다 전쟁에 훨씬 덜 가담한 사실, 민주주의 평화론자들이 간과한 이 사실을 설명해준다. 양차 대전에 대한 기억이 사람들의 인식을 좌우하고 있긴 하지만, 19세기와 20세기에 강대국들이 서로 싸운 햇수는 그 이전 세기들에 비하면 3분의 1 수준이었다. 전쟁을 저지한 주된 요인은 전비가 아니라(상대적인 인구와 부를 고려하면 전비는 거의 변하지 않았다) 맬서스의 덫이 부서지고 나자 극적으로 증가한 평화의 이익이었다. 이처럼 평화에 따르는 이익이 늘어남에 따라 시장을 지향하며 경제적으로 끊임없이 성장하고 독립성을 높여가던, 산업화중이거나 산업화된 사회들에(체제와 무관하게) 유리한 쪽으로 전쟁과 평화의 전반적 균형이 기울어졌고, 부의 획득이 더는 제로섬 게임이 아니게되었다. 이 점을 인정한다면, 자유주의/민주주의 국가들의 근대화 노선이 비민주주의/비자유주의 국가들의 근대화 노선보다 확연히 강한 전쟁 혐오를 수반한 것은 위에서 논한 정치적·경제적·사회적·규범적 이유들 때문이다.

근대의 전환에서 비롯된 다른 요인들도 자유민주주의 국가들에서 대부분 나타나기는 했지만, 자유민주주의 체제와 이 요인들의 상관관계는 일정하지 않고 변덕스러웠다. 그런 요인들로는 생활수준의 경이로운 향상, 궁핍·고통·죽음의 감소, 대도시 생활과 서비스 경제의 우위, 고전적 '도시성'의 엄청난 팽창, 소비자 사회와 오락 사회의 확산, 1960년대의 반전 구호인 "전쟁 말고 사랑을 하자"가 정확히 포착한 성적 문란, 여성의 선거권,

인구 중 젊은 남성의 비율 감소 등이 있다. 이 요인들은 오래전부터 사회에서 '타락'과 결부되었으며, 20세기 동안 친구와 적을 막론하고 다른 나라들은 자유민주주의 국가들이 타락하지는 않았는지 의심했다. 그러나 자유민주주의 국가들은, 비록 전쟁을 피할 방도가 없음을 확신하고 나서야 행동에 나서기는 했지만, 20세기 전반기 동안 총력전이라는 시험에서 선진 경제와 인구를 대단히 효율적으로 동원할 수 있음을 입증해 보였다. 이 국가들은 그들 못지않게 효율적으로 경제와 자원을 동원하고 군대는 더욱 효율적으로 동원한 독일 제국을 더 강력한 연합군으로 물리쳤다. 물론 처음에는 전제국가 러시아와, 나중에는 어마어마한 규모로 유럽 열강을 실제보다 훨씬 왜소해 보이게 만든 자유민주주의 국가 미국과 동맹을 맺고 병력을 증강한 덕에 승리할 수 있었다. 마찬가지로 제2차세계대전에서 자유민주주의 국가들은 거의 같은 이유들에 힘입어, 그리고 제정 러시아를 대체한 소련이 전쟁의 부담을 제1차세계대전 때보다도 많이 짊어진 덕분에 우파 전체주의 열강인 나치 독일과 일본 제국을 물리쳤다. 양차 대전중에 우파의 권위주의·전체주의 실험이 돌연 중단된 까닭에 자유민주주의 국가들은 세계적으로 근대성에 이르는 자본주의 노선을 사실상 독점한 반면, 공산주의의 대안 노선은 특히 더 발전한 산업화 단계들과 빠르게 돌아가는 정보화 시대에 경제적으로 비효율적이라는 것이 드러났고, 결국 제 무게를 견디지 못하고 무너졌다. 20세기 말까지 자유민주주의 국가들과 시장경제는 전 세계를 지배했고 미래의 길로서 다시 한번 널리 인정받았다. '민주주의 평화'는 북아메리카와 유럽에서 이미 승리를 거두었으며, 어쩌면 환태평양 지역에까지 널리 확산될 것으로 예측된다.

앞으로도 많은 일들이 이런 미래 계획을 방해할 수 있으며, 이 계획에 필요한 다수의 전제조건들이 아직 태부족하다. 게다가 빠르게 근대화중인 대국들—러시아뿐만 아니라 중국도 포함되며, 일각에서는 인도까지 포함된다고 주장할 것이다—이 풍족한 자유민주주의 모델로 수렴할지 아니면 자국의 크기와 특별한 조건, 문화적 전통에 의지해 다른 노선을 따라갈지는 아직 미지수다. 이 대국들은 근대적이고 강력한 새로운 '제2세계'를 만들어낼지도 모른다. 이 세계는 권위주의적·민족주의적일 것이고, 자유민주주의 국가들보다 무역 정책 면에서 덜 자유주의적이며 더 호전적일 것이다. 더 작은 나라들은 이런 새로운 지역 패권국들에 접근하고 그들의 모델을 모방할지 모른다. 지금까지 성공적으로 근대화하지 못한 지역들도 있으며, 그중 일부는 국가나 사회 차원에서 금방이라도 폭발할 듯한 호전성의 온상이다. 이 사회들을 개선할 방안으로 제시된 민주화는 훨씬 복잡한 인과망causal web의 일부로 이해해야 한다. 이 인과망에서 경제·사회 근대화는 성공적인 민주화 및 자유화와 아주 긴밀하게 얽혀 있으며, 이 모든 과정은 '민주주의 평화'를 증진하는 데 영향을 준다.

더구나 민주주의와 자유주의, 경제 발전은 다행히 종족·민족 분쟁을 풀어놓고 표면화하진 않는다 할지라도, 그런 분쟁을 해결하거나 완화하는 데 일정한 정도만 기여할 수 있다. 종족과 민족—친족—정체성은 동기를 부여하는 가장 강력한 원천으로, 폭발적인 폭력을 이끌어낼 수 있다. 종족과 민족을 다루고 나아가 번영을 증진하기 위한 자유민주주의적 처방전—평등한 시민권, 포섭, 관용, 종족-민족의 공존, 지역 자치, 평화로운 분리 독립—은 어느 선까지만 효과를 거둘 수 있을 뿐이다. 이 처방전의 한계는 흡사 발칸 반도와 북아일랜드처럼 종족들이 불가분하게 뒤섞여 있고 서로 적대적인 곳에서 가장 분명하게 드러난다. 게다가 아프리카 전역과 아시아 대부분에서는 종족의 경계와 국가의 경계가 충돌하며, 이는 끊임없는 긴장 상태의 원천이다. 존 스튜어트 밀과 현대의 일부 학자들이 지적한 대로, 그리고 오늘날 학계와 국제기구에서 주고받는 대부분의 담론과 반대로, 종족들이 깊이 분열된 나라에서 민주주의는 살아남기가 극히 어렵다. 반대 방향에서 보면, 종족들이 분열된 나라는 민주화를 통해 종족들에게 자결권이라는 선택지를 주고 나면 쪼개지는 경향이 있다. 종족성과 민족주의는 19세기와 마찬가지로 20세기에도 분쟁과 전쟁의 주된 원인이었다.[142] 경제 성장과 개방성, 상호의존성이 분쟁을 일으킬 경제적 동기를 줄이고 근대의 주요 이데올로기들 간의 분쟁이 잠잠해진 결과, 종족-문화 정체성의 문제들은 전부는 아니지만 주로 개발도상 세계에서 나타나는 폭력 투쟁—국가들 사이보다 오히려 국가 내부에서 더 많이 발생하는—의 주된 원천이 되었는지도 모른다.

세계에서 가장 가난하고 약한 축에 드는 사회들의 호전성은 대량살상무기, 특히 근대성을 전환하는 또하나의 프로메테우스적 산물인 핵무기의 위협만 없었다면, 맬서스적-홉스적 지대 밖에서는 별문제가 되지 않았을 것이다. 풍족한 자유민주주의 국가들의 평화 상태는 상호억지를 통한 전쟁 발발 방지와 상호확증파괴 논리로 보완되었기 때문이다. 국가들은 단연코 제일 강력한 전사이자 잠재적인 대량살상무기 사용자로 남아 있다. 그러나 '캡슐화된' 대량살상기술이 국가 수준 아래로 하향 침투하여 사실상 억지할 수 없는 개인과 조직의 수중에 들어가고 있는 만큼 그들이 대량살상무기를 사용할 확률은 대폭 높아지고 있으며, 실제로 사용하는 일도 시간문제에 불과할 것이다. 지니는 램프에서 풀려났다. 오늘날 대량살상무기 위협은 주로 급진적 이슬람과 연관되지만, 그 위협의 진짜 심각성은 어떤 '초강력 화난 사람'이나 집단이라도 대량살상무기를 사용할 수 있다는 사실에 있다. 현재로서는 대량살상을 초래하는 기술과 무기의 확산, 그런 기술과 무기를 사용할 법한 사람들을 전 세계에 걸쳐 엄중히 단속하는 것만이 그 위협에 맞서는 단 하나의 유효한 대응책이다.

지금까지 적어도 이 책을 쓰는 특정한 시점에서의 상황을 불완전하게 나마 살펴보았다. 사건들뿐만 아니라 기술이 추동하는 인류의 빠른 문화

적 진화가 만들어낼 새로운 경제적·사회적·정치적·문화적 형태들과 패턴
들, 그리고 이것들이 인간의 치명적인 폭력에 미칠 영향까지 예측하기란
불가능하기 때문이다. 말할 나위 없이 진화 과정 자체 또한 아무것도 보장
하지 않는다. 대량살상무기가 초래할 대참사를 비롯하여 어떤 대규모 재
앙이든 진화 과정을 지연시킬 수도, 완전히 중단시킬 수도 있다.

제17장

결론: 전쟁의 수수께끼 풀기

전쟁 현상은 언제나 고뇌와 당혹감을 불러일으켰다. 살상과 곤궁을 야기했고, 인명 손실과 자원 낭비를 감안하면 순손실을 초래해 (설령 명확하게 규정되진 않았을지라도) 대개 상호 손해를 입는 '죄수의 딜레마' 상황으로 귀결된다고 인식되었기 때문이다. 그렇지만 이에 못지않게 전쟁의 영광과 영웅적 행위는 시대를 막론하고—구전 서사시의 시대부터 영화의 시대에 이르기까지—대대로 찬양을 받았다. 또한 싸움 활동은 특히 젊은 사내들에게 끓어오르는 흥분의 원천이었는데, 전쟁에서 포상을 얻거나 지킬 수 있었고 대개는 그 포상이 실로 엄청났기 때문이다. 이처럼 막대한 판돈이 걸린 고위험-고수익 활동인 싸움에 대해 상반되지만 똑같이 만연해 있는 두 가지 태도는, 진화 과정에서 형성된 인간의 선천적인 성질에 뿌리박고 있다. 근대에 들어 계몽주의 시대 동안 자유주의적 견해가 출현해 선진 세계를 서서히 장악하고 나서야 비로소 전쟁은 자유주의 사회들에서 극히 불쾌하고 무익한, 어처구니없을 정도로 불가해한 무언가로 간주되기 시작했다.

이전 장들에서 보았듯이, 산업-기술 혁명 이후 맬서스의 덫에서 벗어난 풍족한 자유주의 세계라는 맥락에서 이런 태도를 취한 데에는 타당한 이유가 있었다. 생산과 교환에 토대를 두는 부가 경이로운 속도로 증가했고, 실질적인 부의 상호의존적 증대가 제로섬 게임을 대체함에 따라 전쟁과 평화 사이의 이익 균형이 급격히 변했다. 그렇지만 근대의 풍족한 자유주의 세계에서 타당한 태도라 해도 근대 이전의 현실과, 또는 오늘날 풍족한 자유주의 세계 외부에 만연한 현실과 관련해서 반드시 타당한 태도는 아니다. 사람들은 자신의 환경을 바탕으로 자신에게 '자연스러운 것'을 일반화하는 경향이 있는 까닭에, 근대 자유주의 사회들은 전쟁 발발—현대에 발발하는 전쟁은 물론이고 과거에 발발한 전쟁까지도—을 심란한 골칫거리이자 진정한 수수께끼로 여겨왔다. 1960년대부터 루소주의의 전성기 동안 득세한 견해, 즉 광범한 종내 살해와 전쟁은 인간의 고유한 특성이라거나 나아가 후대의 문화적 발명품이라는 견해는 이 수수께끼를 더욱 강조했을 뿐이다.[1]

그렇지만 인간의 치명적인 폭력과 전쟁은 사실 전혀 특별하지 않다. 근본적으로 말해 '전쟁 수수께끼'의 해답은 그런 수수께끼가 존재하지 않는다는 것이다. 폭력적 경쟁, 일명 분쟁—종내 분쟁을 포함하는—은 자연 전체의 통칙이다. 유기체들은 언제나 자원이 극히 부족한 조건에서, 그들 자신의 증식 과정 탓에 더욱 힘겨워지는 조건에서 생존하고 번식하기 위해 자기들끼리 경쟁하기 때문이다. 이 근본적인 현실에서 유기체들은 협력 전략과 경쟁 전략, 분쟁 전략에 의지하고 이 전략들을 다양하게 조합할 수 있으며, 어떻게 조합할지는 진화 경로에 따라 형성된 유기체들 각각의 특수한 형태에, 그리고 특정한 상황에서의 각 전략의 유용성에 달려 있다. 가장 원시적인 형태부터 가장 복잡한 형태에 이르기까지 모든 유기체들에 내장된, 진화 과정에서 형성된 메커니즘들은 이런 행동 전략들의 선택과 조합을 규제한다. 분쟁이 언제나 선택지로서 상존하므로, 유기체들의 구조 특성과 행동 특성(이 두 가지는 명백히 연결되어 있다)은 분쟁에서 성공을 거두기 위한 방향으로 작용한다. 그 방향은 유기체마다 가지각색이라서 공격적으로 작용하기도 하고 방어적으로 작용하기도 하며, 특수화를 돕기도 하고 방해하기도 한다. 일부 유기체들이 극단적인 분쟁 선택지를 채택하여 결코 끝나지 않는 연쇄반응 속에서 다른 모든 유기체에 영향을 주고 도전한다는 정도만 알아도 충분하다.

인간도 이 일반적인 패턴에서 예외가 아니다. 루소주의자들의 상상과 달리, 역사상 기록된 수렵채집인들에 대한 증거나 희미하지만 점점 뚜렷해지고 있는 선사고고학의 증거는 사람들이 우리 종과 속의 역사 내내, 인류의 '진화적 자연 상태' 동안 줄곧 자기들끼리 싸워왔다는 것을 보여준다. 이 싸움에 '의례적' 측면은 전혀 없었고, 루소주의의 에덴동산 같은 풍요롭고 천진한 환경에서 싸움이 벌어진 것도 아니었다. 진실에 한결 가까이 다가간 사람은 홉스였는데, 그의 '자연 상태' 개념은 경험 데이터로 뒷받침되었고 진화론으로 설명되었다. 부족한 자원과 여성을 둘러싼 생존 경쟁, 걸핏하면 폭력 사태로 변모한 경쟁—갖가지 행동을 이끌어내고 무수한 곡절을 수반한—이 인간의 삶을 지배했다. 역사상 기록된 수렵채집인 사회들(원시 원예민 사회 같은)에서 남성의 폭력적 사망 비율은 대략 25퍼센트였던 것으로 보인다. 나머지 남자들도 온몸이 상처투성이였을 것이고, 사회 전체도 상존하는 분쟁 가능성에서 벗어나지 못했을 것이다. 폭력적 사망 비율은 국가사회보다 이런 수렵채집인 사회에서 훨씬 높은데, 국가사회에서의 비율은 가장 파괴적인 국가 간 전쟁을 치를 때에만 25퍼센트에 근접한다. 그러나 이 비율은 자연에서 동물들의 일반적인 종내 살해 비율과 일치한다. 1960년대에 한동안 반대 의견이 제기되기는 했지만, 오늘날 동물들의 종내 살해를 목적이 없는 행동이나 비적응적 행동으로 여기는 학자는 거의 없다. 경쟁이 극심한 진화적 자연 상태에서 인간들의 싸움이(이 싸움이 존재했다고 인정할 때) '심리적' 욕구를 채우기 위해, '단지 그냥' 일어났다는 많은 학자들의 기이한 믿음―그런 싸움은 본질적으로 비적응적 행동이고 농업과 국가가 도래하고 나서야 겨우 '이익을 남기기' 시작했다는 믿음―은 우리가 자연과 인간의 자연 상태에 관해 경험상 아는 모든 것과 극명하게 상반되거니와, 어이없을 정도로 진화론적 원리와 반대되기도 한다.

'전쟁'을 다른 동물 종내의 치명적인 폭력과 달라 보이게 만드는 것은 지난 1만 년간 인간의 실존 전반을 전환해온 과정과 동일한 과정이다. 다시 말해 농업의 채택을 계기로 먼저 대규모 사회가, 나중에 국가―사회가 출현한 과정, 그리고 싸움 활동을 포함해 인간의 모든 활동을 훨씬 규모가 큰 활동, 고도로 조정되고 통합되는 활동, 강압적으로 위계화하는 활동으로 바꾼 과정이었다. 집단 싸움은 여러 종의 사회적 동물들 사이에도 존재한다. 그것에 인간 고유의 측면은 없다. 구석기시대 소규모 인간 집단들 사이에서 집단 싸움이 더 발달한 정도는 다른 사회적 동물들보다 인간의 지능과 사회적 상호작용이 더 발달한 만큼에 불과했다. 그렇지만 인간 사회들의 크기와 복잡성이 극적으로 증가함에 따라 인간 집단의 싸움도 덩달아 변화했다. 인간 집단 자체의 크기가 증가함에 따라 집단 싸움의 규모도 커진 것이다. '전쟁'을 관습적으로 대규모 조직 폭력이라고 정의하는 것은 인간 사회의 규모가 대폭 커지고 조직화된 사실을 반영하는 데 지나지 않는다.

따라서 '진정한 전쟁'이 국가 및 국가정치와 함께 비로소 등장했다고 역설하는 것은, 인류 역사의 살아 있는 과정을 개념적 인공물로 대체하겠다는 것과 같다. 이보다 유의미한 것은 이 과정의 경로와 윤곽을 밝히는 작업이다. 다시 말하겠다. 싸움에 가담한 사회들의 크기가 극적으로 증가했고 그 결과 이들 사회에서 무장 집단들의 크기도 덩달아 급증했지만, 그리하여 국가 전쟁은 특히 치명적·파괴적이며 따라서 국가 전쟁만이 '진정한 전쟁'이라 불릴 자격이 있다는 그릇된 인상을 주고는 있지만, 인간 싸움에 따른 사망자 수는 실은 국가 치하에서 줄어들었다. 첫째, 국가 치하에서 인간의 치명적 폭력은 국내와 국외에서 확연히 구분되었으며, 국가의 영역 안에서 비국가 폭력은 불법화되고 국가의 권위에 의해 대부분 제압되었다. 그래도 환상은 금물이다. 사회 안에서 폭력적 죽음의 비율이 낮아진 까닭은 대개 폭력이 승리했기 때문이지 어떤 평화로운 합의 때문이 아니었다. '국내의 평화'를 강요하는 한편 사회에서 자원을 징수하고 흡사 마피아처럼 '보호'와 여타 서비스를 변덕스럽게 제공한 것은 승리한 통치자가 제도화를 통해 얼마간 효과적으로 독점한 폭력이었다.[2] 그렇다 해도 홉스를 비롯한 이들이 지적했듯이, 리바이어던이 저질 서비스라도 제공하는 편이 리바이어던이 무너지는 편보다는 낫다고 주장할 수 있다.[3] 내전이나 무정부 상태 기간에 리바이어던이 쓰러지고 나면 다시 '자연 상태'가 도래했고, 통상 이 상태는 국가 간 전쟁보다 더 심각한 파괴와 죽음을 야기했기 때문이다. 내전은 사회 안에서 싸움을 통제하기 위해 대규모 싸움을 재개하는 사태를 수반했으며, 대개 내전으로 유발된 무정부 상태는 규모는 작지만 도처에 만연한, 대단히 치명적이고 혼란스러운 '강도질'과 '반목', '사적 정의'를 불러왔다. 국가 간 '대외' 전쟁은 절대적으로 보면 규모가 아주 크기는 해도, 가장 극심한 전쟁들만 빼면 국가 이전 싸움에서보다 인구 대비 사망자 수가 적었다. 사회가 더 크다는 것, 따라서 영토가 더 크고 거리가 더 멀다는 것은 남성의 참전율이 더 낮을뿐더러 후방의 민간인들도 전쟁에 덜 노출된다는 뜻이었기 때문이다.

게다가 무엇보다 무력에 의해 창출되고 유지된 국가사회들은 전쟁의 가장 중요한 '파생물'이었을 것이다. 무력의 산물이기는 해도 국가사회들은 비교적 평화로운 민간생활, 인구가 조밀하고 복잡하고 질서 잡힌 사회, 분업이 발달한 규모의 경제, 그리고 문자문명에 필수인 전제조건을 만들어냈다. 국가들은 우세한 군사력으로 인접한 부족사회들을 압박해 국가지위를 갖추도록 다그침으로써 이 과정을 가속화했다. 훗날 근대 국가들의 우세한 권력은 더 전통적인 국가들을 근대의 우리 안으로 몰아넣고, 실질적인 부가 기하급수적으로 증가하도록 촉진하고, 맬서스의 덫을 부수고, 결국 전쟁의 효용과 쓰임새를 눈에 띄게 줄이는 과정에서 중추적 역할을 했다. 요컨대 선진 산업-기술-자유주의 사회에서 전쟁의 역할이 줄어든 것처럼 보이기는 해도, 전쟁은 국가와 문명의 성장에 영향을 받기만 한 것이 아니라 주기도 했으며 놀라운 문화적 도약을 일으키는 과정에서 결정적 역할을 했다.

분명 새로 등장한 대규모 계층사회와 국가사회는 다른 모든 사회적 거래와 마찬가지로 전쟁에서도 이익과 비용에 차등을 두었다. 전쟁에서 얻는 이익은 흔히 통치자들과 엘리트층에 지나치게 많이 돌아갔고, 아래 사회계층으로 내려갈수록 이익이 급격히 줄었으며, 인구 대다수는 짊어지는 위험에 비해 받는 보상이 극히 적었다. 정치란 "공동체에 속하는 모두의 이해관계를 대표하는 것"이라는 카를 폰 클라우제비츠의 이상주의적 견해와 반대로, 정치는 오히려 사회에서 **통치하는 이들**의 이해관계를 대표하며, 그들이 거의 모든 이익을 가져갈 수도 있다.[4] 통치자들과 엘리트층이 국가 기구에 더 강한 통제력을 행사하는 것이 가능할수록, 그들의 사회경제적 영향력이 사회체를 강압하거나 좌우할수록 정치—그리고 전쟁—는 주로 **그들**이 이익을 얻기에 유리하도록 조정되었다. 국가가 부과하는 병역은 비국가사회에 비해 국가의 권력이 우세했던 주요 근원 중 하나였다. 그런 이유로 병역은 공동선을 지키기 위해 '무임승차' 문제를 해결하는 기능도 했지만, 싸워서 얻을 이익이 거의 없는 사람들에게 싸움을 강요하는 기능도 지나치게 자주 했다. 위험과 이익의 균형이 자기들에게 불리한 쪽으로 심하게 왜곡되어 있음을 사람들이 의식하는 상황에서 오로지 강압에만 토대를 둔 군대, 이를테면 동방 제국들의 익히 알려진 징집군 같은 군대는 군사적으로 거의 쓸모가 없었고, 특히 제국의 핵심 종족이 아니라 예속민들을 징집한 군대가 그러했다. 실제 싸움은 급료와 전리품, 토지, 기타 경제적·사회적 이익을 보상으로 받은 핵심 종족, 무장한 엘리트, 직업군인에게만 기대할 수 있었다.

전쟁의 이익과 비용이 명백히 불평등하게 분배되었다는 사실은 전쟁의 발생에 대한 계몽주의적 믿음을 뒷받침했다. 그 믿음에 따르면 전쟁이 발생할 수 있었던 이유는 오로지 확연한 불평등, 즉 소수의 엘리트층은 전쟁의 이익을 거두는 반면 실제로 싸우고 참화로 고통받는 나머지 인구는 전쟁의 위험과 비용을 떠안는 불평등 때문이었다. 이 추론은 분명히 어느 정도 타당하지만, 특히 불평등이 극명하게 드러난 과거의 상황에는 타당하게 적용될 수 있지만, 결코 전쟁의 논리를 철저히 규명하지는 못했다. 다른 모든 사회활동과 마찬가지로 전쟁의 경우에도 불평등이 반드시 민중에게 비용-이익의 손해를 의미하는 것은 아니다. 가지각색이지만 보편적인 불평등을 감수해야 하는 사회에서도, 전쟁에는 십중팔구 민중의 이해관계가 적잖게 걸려 있었다. 민중은 침략군에 맞서 스스로를—재산과 가족뿐 아니라 일족 전체와 공동체의 독립까지도—지키기 위해, 아니면 적으로부터 이익을 얻기 위해 싸웠다. 더욱이 이익과 위험의 차등 분배가 전쟁 돌입 결정을 쉽게 만든 요인이었다는 계몽주의적 견해와 반대로, 평등주의적인 부족사회들과 공화정 도시국가들이 입증했듯이 평등하고 참여도가 높은 사회일수록 전시—공격전이든 방어전이든—에 동원력과 지속력 면에서 막강하다는 점이 드러났다. 예를 들어 역사상 비견할 사례가 거의 없을 정도로 민중이 실제로 사회를 통치한 고대 아테네에서 민중은 사회에서 가장 호전적인 요소이기도 했고, 무력으로 제국을 보존하고 확장하는 과제에 완전히 매여 살았으며 이 과제에 헌신했다.

통합적이고 위계적인 국가-사회에서 전쟁의 이익과 비용이 차등 분배된 사실 때문에, 계몽주의적 견해 외에 다른 견해들 또한 전쟁의 원인과 목표를 크게 오판해왔다. 내가 '자연 상태'부터 근대에 이르기까지 이 책에서 줄곧 추적해온 전쟁의 동기라는 주요한 주제를 이쯤에서 재검토하는 편이 좋겠다. 국가 수준이라는 측면에서 이 주제와 가장 밀접히 연관된 분과는 국제관계학으로, 여기서는 이른바 현실주의 학파가 우위를 점하고 있다. 일반적으로 현실주의자들은 국가들이 국제 정치를 지배하며, 권력 추구로 규정되는 국가들의 행동은 자기이익에 좌우된다고 주장한다. 이런 조건에서 전쟁은 현실에 내재하고 때때로 발생하는 사건이다. 1부에서 논한 국가 이전 사회들을 연구하는 인류학자들의 경우와 비슷하게 현실주의 '이론'은 분석적 구조물이며, 이 이론의 근본적인 가정과 통찰은 불완전하기는 해도 현실에 관한 몇 가지 중요한 진실을 포착한다. 또한 현실주의자들은 자기네 이론의 현실상現實像이 타당한 이유—타당한 정도—에 관해 과도하게 생각하지 않으려 한다. 그런 타당성의 기준을 결여한 현실주의자들은 그들의 개념적 얼개를 벗어나는 모든 증거에 강하게 저항한다.

국제관계 분야에서 아직 소수이지만 점점 늘어나는 새로운 저작들은 진화론적 관점을 채택했고, 다른 무엇보다 이 관점으로 어떻게 현실주의의 핵심 전제 일부의 타당성을 검토하고 설명할 수 있는지를 입증했다. 예를 들어 이 저작들은 생존하고 우위를 점하려는 국가들 간의 이기적인 경쟁과 분쟁이라는 현실주의적 압력 이면에 진화론적 원리가 있다고 지적하며, 이 원리는 개인과 친족 집단부터 부족 수준에 이르기까지 줄곧 작용해온 동일한 원리가 확장된 것에 지나지 않는다고 말한다.[5] 친절하게도 내게 직접 책을 보내준 브래들리 세이어Bradley Thayer의 탁월한 『다윈과 국제 관계: 전쟁과 종족 분쟁의 진화적 기원에 관하여Darwin and International Relations: On the evolutionary origins of war and ethnic conflict』(2004)는 이 새로운 문헌들 중에서 가장 포괄적이며 유일하게 전쟁의 원인을 다룬 저작이다. 관점을 공유하는 세이어와 나의 의견이 상당히 일치한다는 것은 놀랄 일이 아니다. 세이어는 국가 간 경쟁과 분쟁의 원인 및 목표와 관련하여 현실주의자들이 의견을 달리하는 논점들을 진화론으로 해명할 수 있다고 말한다. 이른바 고전적 현실주의자들은 국가들이 권력을 추구하고 무력으로라도 권력을 얻고자 하며, 그 까닭은 권력 추구가 인간의 본성이기 때문이라고 주장해왔다.[6] 이에 반해 이른바 신현실주의자 또는 구조현실주의자들은, 권력 추구는 인간 본성이 아니라 무정부적 체제에서 생존하기 위한 만성적인 투쟁이며, 국가들은 상호 두려움과 불가피한 '안보 딜레마' 때문에 각국의 바람과 무관하게 스스로를 방어하는 가운데 권력을 추구할 수밖에 없다고 주장해왔다.[7] 또 한편 '공격적' 구조현실주의자들은 무정부적 국가 체제의 제약으로 인해, 생존하려는 국가들은 권력을 지켜야 할 뿐 아니라, 역시 진짜 바람과 무관하게 다른 국가들을 지배하고 정복함으로써 권력을 적극적으로 증대하려고 계속 시도할 수밖에 없다는 것을 강조해왔다. 이런 상황에는 '강대국들의 비극'이라는 딱지까지 붙었다.[8] 국제관계학에서 현실주의자들이, 그리고 현실주의자들과 그 비판자들이 서로의 의견 차이에 관해 쓴 글은 중세에 스콜라 철학자들이 서로 논쟁을 벌이며 쓴 글보다도 많다. 그렇지만 이 논쟁 전체가 대체로 왜곡된 것은 아닌지 의심하는 사람도 있다.

오래전부터 비판자들은 현실주의자들이 목적과 수단을 혼동하는 경향이 있다고 지적해왔다. 무엇보다 현실주의자들은 권력 추구에 초점을 맞추는, 전반적으로 옳은 입장으로 인해 그런 권력 투쟁이 일어나는 이유를 설명해주는 근원적인 현실을 간과해왔다.[9] 권력 추구가 인간 본성에 뿌리박고 있다고 할지라도, 애초에 권력 추구가 존재하는 이유는 무엇인가? 더 정확히 말하자면, 무정부적 국가 체제에서 상호 불안과 안보 딜레마 때문에 국가들이 권력을 보존하고 확대하기 위해 행동할 수밖에 없을지라도 애초에 왜 안보 딜레마를 부채질하는 상호 불안이 존재하는가? 현실주의자들이 부족한 자원을 둘러싼 투쟁을 강조하는 경향을 보여왔음에도, 웬일인지 전쟁을 비롯한 국가 행위에 관한 그들의 설명에서는 이 투쟁이 부각되지 않았다. 전반적으로 보아 전쟁의 원인은 학술 문헌에서 이상할 정도로 모호하고 주변적인 주제로 머물러 있다.[10]

이제까지 이 책에서 논한 내용과 부합하는 세이어의 지적에 따르면, 싸움의 궁극적인 원인은 부족한 자원을 둘러싼 경쟁이라는 근원적인 현실이다. 권력과 지배 추구는 이 궁극적인 목적을 달성하기 위한 근사적인 목적인데, 권력과 지배가 자원에 접근할 가능성을 높여주기 때문이다. (현실주의자들이 주장하는 대로) 권력은 정치의 중추이자 열렬히 추구하는 대상이지만, 그 이유는 권력이 신체·생식 자원을 지키거나 얻게 해주는 보편적이고도 필수적인 수단이기 때문이다. 때때로 공격적인 행동을 하는 이유는 안보 딜레마 상황에서 안보를 강화하기 위해서이기도 하지만, 막대할 것으로 예상되는 확실한 이익을 차지하기 위해서이기도 하다. 현실주의자들은 활동 전체의 목표를 간과해왔다.[11] 앞서 지적했듯이, 이미 무언가를 차지하기 위한 실제적 또는 잠재적 경쟁 상황에 있는 파벌들 사이에서만 안보 딜레마가 발생할 수 있다는 점을 현실주의자들은 분명하게 인식하지 못했다. 파벌들이 서로를 두려워해야 마땅한 때는 이런 현실에 처해 있을 때뿐이다.[12] 물론 잠재적 또는 실제적 분쟁이 이미 존재하는 상황에서는 장차 자원을 지키거나 획득하게 해줄 권력을 키우기 위해 자원을 투입하기도 한다. 다시 말해 경쟁 자체에 투입하는 비용이 있으며, 언제나 그런 것은 결코 아니지만 때로는 경쟁이 악순환이나 '붉은 여왕 효과', 즉 모든 경쟁자가 결국 순손실을 입으면서도 곤경에서 벗어나지 못하는 사태를 초래하기도 한다.

전쟁의 근원을 개인이나 국가, 국제 체제의 본성에서 찾으려는 시도는 근본적으로 번지수를 잘못 짚은 것이다. 이 세 '수준들' 각각에 있는 전쟁의 원인은 불가피하지만 불충분한 원인이며, 전체를 조각들로 쪼개서는 안 된다.[13] 앞서 살펴보았듯이 사람들의 필요와 욕구—폭력적으로 추구할 수도 있는—뿐 아니라 그 결과로 나타나는 권력 추구, '안보 딜레마'를 부채질하는 상호 불안 상태까지도 모두 인간 본성에 따라 주조되는 것이다 (이 가운데 일부는 행위의 '도구 상자' 안에 선택지, 가능성, 수법으로만 존재한다). 이렇게 주조되는 것은 인간들이 지질학적 시간 동안 필요와 욕구, 권력 추구, 상호 불안이 말 그대로 생사를 가르는 문제였던 생존 투쟁 과정에서 진화의 압력을 강하게 받으며 형성되어왔기 때문이다. 국가 내부에서는 경쟁 상황에서 폭력 선택지가 대체로 억지되어왔지만, 국가들 간에는 그 관계의 무정부적 성격 때문에 이따금 대규모 폭력 사태가 발생한다. 그렇지만 첫 단계로 돌아가 생각하면, 만일 부족한 자원을 차지하려는 근본적인 경쟁 상황에서 폭력을 사용할 가능성이 현실에, 따라서 인간 본성에 단단히 박혀 있지 않다면, 국제적 무정부 상태 자체는 전쟁을 설명하는 이유가 되지 못할 것이다.

그러므로 이 책이 주장하듯이, 근본적으로 전쟁은 인간 동기체계 전반의 근간을 이루는 인간 욕구의 대상들과 동일한 대상들을 얻기 위해 수행해온 것이다—다만 폭력적 수단을 사용해 물리력을 행사하며 수행해왔을 뿐이다. 전쟁이란 정치의 연속이라는 유명한 표현대로, 정치—국내 정치와 국외 정치—는 진화 과정에서 형성된 인간의 목적들과 동일한 목적들을 국내 '수준'과 국가 간 '수준'에서 성취하려는 활동이다. 일부 저자들은 '정치'가 전쟁의 원인들을 완전히 포괄하지는 못한다고 생각해왔다. 『전쟁의 역사History of Warfare』(1993)에서 존 키건John Keegan은 전쟁과 국가를 동일시한 클라우제비츠를 제대로 비판했다. 클라우제비츠에 맞서 키건은 전쟁의 원인들은 사회 전체의 생활방식, 정체성, 종교, 이데올로기를 반영하는 훨씬 넓은 인과적 배열을 표현한다는 의미에서 '정치적'이기만 한 것이 아니라 '문화적'이라고 주장했다. 세이어는 진화론이 인간의 궁극적 목적들을 설명한다고 옳게 주장하면서도, 정치적 이유들만이 아니라 진화에 뿌리박은 자원 추구 역시 전쟁의 원인이므로 클라우제비츠의 논지를 확장할 필요가 있다는, 앞의 주장과 모순되는 주장을 편다. 마치 정치와 진화는 별개라는 듯이, 정치는 진화론적 논리 밖에 있는 무언가라는 듯이 말이다.[14]

'정치'를 어떻게 정의하느냐 하는 것은 물론 의미론의 문제이며, 모든 정의와 비슷하게 정치의 정의 또한 대체로 임의적이다. 더욱이 국가 전쟁의 원인들 중에서 문화와 이데올로기의 진화론적 논리는 즉각 드러나지 않는다. 그렇다 해도 내가 줄곧 주장했듯이 신의 설계를 원인으로 꼽지 않는 이상, 유기체들의 어마어마하게 복잡한 메커니즘과 거기서 비롯되는 행동 성향—인간의 메커니즘과 성향도 포함하여—은 **궁극적으로** 진화를 통해서만, 즉 어떤 종류의 실체든 복제하는 내재적 과정을 통해서만 '제작될' 수 있었다. 인류는 본래 자연 상태에서 까마득히 멀어진 거대한 문화적 구조물들을 발전시켜왔다. 실은 이 책도 이런 문화적 발전—그리고 문화적 발전과 전쟁의 상관관계—에 분량을 더 많이 할애했다. 그러나 다윈식 생물학적 진화가 아닌 라마르크식 획득형질 유전을 통해 진화한다고는 해도, 문화적 구조물들이 아무 형태나 취하는 것은 아니다. 오히려 (8장에서 주장한 대로) 문화적 구조물들은 각양각색이지만 분명히 제약을 받는 다양성을 나타낸다. 그리고 이 다양성은 생물학적 뿌리를 가진 선천적인 욕구, 성향, 기능의 심층부—궁극적인 목적들과 근사적인 메커니즘들—
에서 생겨나 확장되고, 이 심층부 주위를 맴돈다. 어려운 문제는 진화 과
정에서 형성된 인간의 욕구들이 역사 내내(12장에서 논한 대로), 그리고 근
대의 조건에서 어떻게 상호작용하며 전쟁의 동기가 되어왔는지를 밝혀 보
이는 것이다.

　부족한 자원—모든 종류의 부—을 차지하려는 욕구와 투쟁은 언제
나 '정치'의 주된 목적으로 여겨졌고 전쟁의 명백한 동기였다. 이런 욕구와
투쟁을 더 자세히 설명할 필요는 없어 보인다. 그에 반해 번식은 대규모
사회에서 전쟁의 직접적인 동기가 아닌 것으로 보인다. 그렇지만 신체 동기
와 번식 동기는 동전의 양면처럼 서로 불가분한 관계인 만큼, 우리를 흔히
현혹하는 외양에 속아넘어가서는 안 된다. 어쨌거나 전쟁을 통해 얻거나
지켜낸 물질적 수단은 사회 안에서 간접적으로 번식 성공률을 높였는데—
역시 사회계층에 따라 차등적으로—사람들이 자기 가족을 부양하는 능
력뿐 아니라, 인생의 다른 모든 '좋은 것들'과 마찬가지로 사회적 경쟁의
대상인 '더 나은' 여성을 더 많이 차지하는 능력에도 영향을 미쳤기 때문
이다. 더욱이 약탈과 마찬가지로 성적 모험은, 보통 '국가 정치' 수준에서
는 정식으로 표명되지 못했지만, 개인에게는 줄곧 참전의 주된 동기였다.
이는 1960년대 이래 성 혁명의 효과로 입증할 수 있을 텐데, 이 혁명은 신
병들 입장에서는 외국으로 떠나는 모험의 매력을 떨어뜨림으로써 선진 사
회들에서 전쟁 혐오를 강화했을 것이다. 명예, 지위, 영광, 지배—개인의
것이든 집단의 것이든—는 신체적·번식적으로 성공할 확률을 높였던 까
닭에, 사람들은 무력을 동원해서라도 이것들을 열렬히 추구하고 방어했
다. 이런 실제적·잠재적 경쟁 상황에서 비롯된 '안보 딜레마'는 다시금 안
보 불안을 더욱 부채질했다. 대체로 보아 단계적으로 증대해온 권력은 상
술한 모든 욕구 대상을 얻고 그리고/또는 지킬 수 있는 보편적인 통화인

동시에 그 자체가 욕구 대상이었다.

친족관계—가족과 부족에서 일족으로 확대되는—는 공동선을 지키고 증진하기 위해 충성을 바치고 희생하려는 사람들의 결의에 늘 압도적인 영향을 미쳤다. 널리 받아들여진 견해들과 반대로, 친족관계는 다종족 정치체 안에서 관계를 형성할 때는 물론이고 정치적 경계를 형성할 때에도 언제나 가장 중요했다. 공유하는 문화는 종족공동체의 주요한 속성으로서, 공동체의 정치적 독립과 전반적인 번영을 지키는 일 못지않게 이 문화를 지키는 일에 사람들이 아주 많이 투입될 수도 있다. 마지막으로 대개 친족 기반 정체성과 겹치지만 때로 그 정체성의 경계를 넘어서는 종교적·세속적 이데올로기는 어마어마한 열의와 폭력을 불러일으킬 수 있었다. 이따금 적어도 어느 정도는 종교적·세속적 이데올로기가 경건한 핑곗거리로 쓰이기도 했지만, 사람들은 보통 종교적·세속적 이데올로기를 진심으로 지지하고 추구했다—심지어 폭력적으로 지지하고 추구하기도 했는데, 현세 그리고/또는 내세에서의 삶을 단단히 지키고 고양하는 데에 **실질적**으로 가장 중요한 것들이 우주와 사회정치의 질서에 관한 거대 질문들에 담겨 있다고 생각했기 때문이다. 이데올로기는 인간의 문제 해결 방법 중에서 가장 종합적인 청사진 역할을 해왔다.

상술한 요인들은 서로 별개인 항목들, 전쟁 원인들을 열거한 '긴 목록'이 아니라, 인간 동기체계에 속하는 서로 연관된 동기들이다. 이 동기들은 **본래** 생존과 번식 계산법에 의해 형성되었는데, 꽤 최근까지도 절대다수의 사람들은 생존마저 위태로운 처지를 헤쳐나가야 했기 때문이다. 이 계산법으로 득실을 따져본 사람들은, 폭력을 사용함으로써 그들 자신과 친족이 더 많은 보상을 얻거나 더 큰 손실을 막을 수 있을 것 같을 때면 기꺼이 위험을 감수하고자 했고 목숨을 희생하기까지 했다. 이 논리는 주로 선천적인 근사적 메커니즘들—인간의 욕구—이라는 유산을 통해 계속해서 인간 행위를 인도하고 있다. 이런 일은 근대 동안 환경이 확 바뀐 탓에 근사적 메커니즘들과 신체적·번식적 목표들을 연결하는 본래의 고리가 헐거워지거나 심지어 끊어진 곳에서도 일어났다. 이를테면 사람들은 일정한 수준 이상의 부가 더 많은 번식을 뜻하지 않는데도 더 많은 부를 원하고, 효과적인 피임법이 번식 성공률을 떨어뜨리는데도 성행위를 계속하며, 번식에 이롭기도 하지만 해롭기도 한 권력·지위·명예·명성을 지금도 열렬히 추구한다. 본래의 적응적 원리가 많이 약해진 곳에서마저 인간 행위를 지배하는 것은 진화 과정에서 형성된 근사적 메커니즘들—욕망의 그물—이다.

사람들이 인지하는 외부의 위협은 여전히 엄청난 불안과 의심, 적의, 감정 동원을 야기한다. 실제 위험을 감안하면, 진화 과정에서 형성된 이런 '후회하느니 안전한 편이 낫다' 식의 반응—적을 노골적으로 정형화하는 행위를 포함하여—은 해롭고 지나치게 예민한 반응이라고 생각하는 이들이 적지 않으며 때로는 그들의 생각이 옳다. 인간의 의도적인 적대 행동과 무관하지만 외부의 위협 못지않게 위험하고 경우에 따라서는 더 위험하기도 한 사건들, 이를테면 교통사고, 사회문제, 자연재해 등에 대한 우리의 반응에 비하면 지나친 반응이라고 주장하는 이들도 있다. 확실히 정보를 폭넓게 살펴보면서 우리의 무의식적 반응—애초에 '빠르게 얻는' 근삿값으로 설계된 반응—을 신중하게 통제할 필요가 있다. 그래야 현재 환경에 적합하게 반응할 수 있고 또 본래의 진화론적 원리에서 지나치게 벗어난 반응을 피할 수 있기 때문이다. 그렇지만 일반적인 견해와 반대로, 진화 과정에서 형성된 우리의 선천적인 반응의 근간에는 뿌리 깊은 합리성도 있다.[15] 실제로 인간의 의도적인 적대 행동은 가장 심각한 위협의 원천 중 하나로 남아 있으며, 위험이 현실화되지 않도록 사람들이 이 위협에 신경을 곤두세우는 것은 이해할 만한 일이다.

전반적으로 보아 산업-기술 혁명, 그중에서도 이 혁명의 자유주의적 경로로 인해 전쟁 빈도가 근본적으로 낮아질 정도로 일대 변화가 일어난 것은, 폭력적 선택지에 의존할 경우 인간의 욕구를 충족할 가능성이 경쟁적 협력이라는 평화적 선택지에 의존할 경우보다 훨씬 낮아졌기 때문이다. 더욱이 사회가 풍족하고 충분히 만족할수록, ('욕구 피라미드'의 위쪽 욕구들에 마음껏 빠져들 수 있는 상황에서) 사람들이 가장 절실한 욕구들을 차고 넘칠 정도로 채울수록, 목숨과 신체 일부를 앗아갈지도 모르는 위험을 감수하도록 자극하는 유인이 줄어들었다.[16] 풍족한 자유주의 사회의 사람들은 언제나 명확하게 개념화하지는 못했으나 대체로 이 변화를 뚜렷하게 감지했으며, 갈수록 폭력적 선택지를 멀리하고 평화적 전략에 의지했다. 새로 출현한 핵무기는 핵보유국 사이에서 군사력을 더욱 억지하는 효과를 발휘해왔고, 이런 추세는 상호 핵억지력이 작용하지 않은 곳에서도 확연히 나타났으며 지금도 계속 나타나고 있다.

그렇다고 해서 지금이 이기심 없는 이타주의적 천년왕국 시대라는 뜻은 아니다. 사람들은 부족한 욕구 대상을 차지하려고 계속 치열하게 경쟁 중이다. 이 점에서는 급진적 자유주의자들보다 '현실주의자들'이 더 확실한 증거에 입각하고 있다. 그렇지만 인간의 현실이 고정되어 있지 않고 지난 수 세대 동안 극적으로 변해왔다는 것, 이 기간에 풍족한 자유주의-산업-기술 사회가 성장하고 이와 더불어 전 세계의 경제적 상호의존도와 상호 번영이 심화되었다는 것을 강조한 점에서는 자유주의자들이 옳았다.[17] 여건이 극적으로 변해왔거니와 변화에 보조를 맞춘 이들에게 유리하게 변해왔기 때문에, 인간 행위의 '도구 상자'에서 폭력적 선택지—망치—는 실용성이 떨어진 반면 평화적 도구들은 점점 중시되었다. 그렇지만 인류의 대다수는 여전히 근대화 과정을 겪는 중이고, 선진 세계를 따라잡으려 분투하는 가운데 다양한 문화적·민족적 노선들을 보여주고 있다. 이 노선들의 일부는 비자유주의적·비민주주의적이며, 이 추세가 계속될지도 모른다. 더욱이 일부 사회들은 지금까지 근대화에 실패했고, 주로 근대화의 불만스러운 점들을 경험하고 있다. 미래의 사태가 광범한 폭력 행사에 어떻게 영향을 미칠지, 특히 파괴력이 어마어마한 최종 무기를 기껏해야 드리없이 제한하고 있는 현실에 어떻게 영향을 미칠지는 아무도 장담할 수 없는 문제다.

    이 책이 나오기까지 몇 년 동안, 도움과 지원을 주신 사람들과 단체에 기꺼운 빚을 졌다. 친구들과 동료들은 시간을 들여 여러 원고를 읽고 논평과 소중한 조언을 해주었다. 이 책이 완성되었을 때 본문 전체를 다 읽었던 유일한 사람인 알렉산더 야콥슨에게 맨 먼저 감사를 드린다. 나는 갈수록 알렉스의 지혜에 의존하다보니 다른 방법을 찾지 못할 정도였다. 타자한 원고는 아브라함 벤즈비, 에얄 코베르스, 길 프리드먼, 마이클 하워드 경, 폴 케네디, 로버트 리버, 지브 마오슈, 존 뮬러, 제프리 파커, 요시 샤인, 데이비드 바이탈이 읽어주셨다. 이 모든 분들에게 깊은 감사를 드린다.

    R. 네드 르바우가 책임자로 있던 오하이오 주립대학교 머션 센터에 초빙되어 지낸 1년과 조지타운 대학교에서 골드먼 객원 교수로서 지낸 1년은 이 책의 집필 작업을 수월하게 해주었다. 텔아비브 대학교는 나에게 2년의 안식년을 주었다. 이 책을 출간하는 데 드는 비용 중 일부는 현재 내가 맡고 있는 '에제르 바이츠만 국가안보 교수직'에서 나왔다. 바이츠만 가족과

기부자인 에두아르 세루시 씨의 지원에 감사를 드린다. 이타이 세네드 소장의 초청을 받아 세인트루이스 워싱턴 대학교의 신제도사회과학 센터에서 세 번 강연하면서 내 생각을 시험 삼아 개진할 수 있었다. 그 밖에도 워싱턴 DC 독일역사연구소의 로저 치커링과 스티그 포스터가 주최한 혁명전쟁과 총력전에 관한 컨퍼런스 등에서 강연할 기회가 있었다.

마지막으로 사전에 논문 형태로 발표했던 원고를 사용하게 해주신 〈인류학 연구 저널Journal of Anthropological Research〉, 〈계간 인류학Anthropological Quarterly〉, 〈앤스로포스Anthropos〉, 〈전략연구 저널Journal of Strategic Studies〉, 모겐스 H. 한센이 편집한 『6개 도시국가의 문화 비교연구Comparative Studies of Six City-State Culture』, 〈세계정치World Politics〉에 감사를 드린다.

제1장 도입: '인간의 자연 상태'

1. 개관을 위해서는 Paul Mellars and Chris Stringer (eds), *The Human Revolution*. Edinburgh: Edinburgh University Press, 1989; Matthew Nitecki and Doris Nitecki (eds), *The Evolution of Human Hunting*. New York: plenum, 1987; Matthew Nitecki and Doris Nitecki (eds), *Origins of Anatomically Modern Humans*. New York: Plenum, 1994; Roger Lewin, *The Origins of Modern Humans*. New York: Scientific American, 1993 참조. 빠르게 발전하는 DNA 연구의 최신 발견을 결합한 더욱 최근의 자료는 Stephen Oppenheimer, *Out of Eden: The peopling of the world*. London: Constable, 2003. 수렵채집인들의 진화와 다양성을 강조한 것은 Robert Foley, 'Hominids, humans and hunter–gatherers: an evolutionary perspective', in T. Ingold, D. Riches, and J. Woodburn (eds), *Hunters and Gatherers; History, evolution and social change*, Vol. 1. Oxford: Berg, 1988, pp. 207–21.

2. Konrad Lorenz, *On Aggression*. London: Methuen, 1966; 또다른 동물행동학 창시자이자 노벨상 수상자인 Niko Tinbergen, 'On war and peace in animals and man', *Science*, 1968; **160**; 1411–18 참조; Anthony Storr, *Human Aggression*. London: Penguin, 1968, p. 9에서 인용.

3. J. D. Bygott, 'Cannibalism among wild chimpanzees', *Nature*, 1972; **238**; 410–11; G. Teleki, *The Predatory Behavior of Wild Chimpanzees*. Lewisburg: Bucknell University Press, 1973; Jane Goodall, *The Chimpanzees of Gombe*. Cambridge, MA: Belknap, 1986; J. Itani, 'Intraspecific killing among non–human primates', *Journal of Social and Biological Structure*, 1982; **5**: 361–8;

Frans de Waal, *Good Natured: The origins of right and wrong in humans and other animals*. Cambridge, MA: Harvard University Press, 1996; Richard Wrangham and Dale Peterson, *Demonic Males; Apes and the origins of human violence*. London; Bloomsbury, 1997.

4. 개별 종에 대한 수많은 연구는 다음 자료에 편리하게 요약되어 있다. C. R. Carpenter, 'Aggressive behavioral systems', in R. L. Holloway (ed.), *Primate Aggression, Territoriality and Xenophobia*. New York: Academic Press, 1974, pp. 459–96; G. Hausfater and S. B. Hrdy (eds), *Infanticide: Comparative and evolutionary perspectives*. New York: Aldine, 1984; Felicity Huntingford and Angela Turner, *Animal Conflict*. London: Chapman & Hall, 1987; I. van der Dennen and V. Falger (eds), *Sociobiology and Conflict*. London: Chapman & Hall, 1990, pp. 1–19; J. van Hooff, 'Intergroup competition and conflict in animals and man', in I. van der Dennen and V. Falger (eds), *Sociobiology and Conflict*. London: Chapman & Hall, 1990, pp. 23–54. 유인원의 독특함에 관한 주장이 과장되어 있기는 하지만 Wrangham and Peterson, *Demonic Males*도 참조. 이 문제는 로렌츠의 견해가 한창 주도적일 때 다음 자료에 의해 이미 분명해졌다. Lionel Tiger and Robin Fox, *The Imperial Animal*. New York: Reinhart & Winston, 1971, pp. 209–10.

5. 이것 역시 Tiger and Fox, *The Imperial Animal*. pp. 208–10에서 이미 주장되었다. 특히 다음을 참조. R. N. Johnson, *Aggression in Man and Animals*. Philadelphia, PA: Saunders, 1972; Edward Wilson, *On Human Nature*. Cambridge, MA: Harvard University Press, 1978, pp. 103–5; Daniel Dennet, *Darwin's Dangerous Idea*, New York: Simon & Schuster, 1995, p. 478에 인용된 George Williams.

6. R. L. Susman (de.), *The Pygmy Chimpanzee*. New York: Plenum, 1984; T. Kano, *The Last Ape: Pygmy chimpanzee behavior and ecology*. Stanford, CA: Stanford University Press, 1992; Wrangham and Peterson, *Demonic Males*; Frans de Waal, *Bonobo: The forgotten ape*. Berkeley, CA: University of California, 1997.

제2장 평화적인가 호전적인가: 수렵채집인도 싸웠을까

1. Margaret Mead, 'Warfare is only an invention—not a biological necessity',

Asia, 1940; **15**: 402-5, L. Bramson and G. Goethals (eds), *War: Studies frim psychology, sociology and anthropology*. New York: Basic Books, 1968, pp. 269-74에 다시 실림.

2. 보다 일반적인 문헌으로는 Ashley Montagu, *The Nature of Human Aggression*. New York: Oxford University Press, 1976, pp. 164-80; Richard Leakey and Roger Lewin, *People of the Lake: Mankind and its beginnings*. New York: Anchor, 1978, pp. 276-80; Gwynne Dyer, *War*. London: Bodley Head, 1985; Robert O'Connell, *Ride of the Second Horseman: The birth and death of war*. New York: Oxford University Press, 1995, pp. 29-31 등을 참조(전쟁의 진화에 관한 이 상상력 넘치는 책은 통찰력과 함께 이상한 생각들로 가득차 있는데, 최근의 수렵채집인과 원시 원예민들에 대한 인류학적 연구들을 도외시했다).

3. Lawrence Keeley, *War beford Civilization: The myth of the peaceful savage*. New York: Oxford University Press, 1996; 같은 맥락의 주장들은 다음의 더 오래된 탁월한 저서에도 나와 있다. Quincy Wright, *A Study of War*, Vol. 1. Chicago: University of Chicago, 1942, pp. 33-5, 471-8, 527-59, 569-70(통계표). 많은 학자들은 이 주제와 관련해 최고의 연구서로 꼽힐 만한 책이 무엇인지 모르는 것 같다. Maurice R. Davie, *The Evolution of War; A study of its role in early societies*. New Haven, CT: Yale University Press, 1929. 이렇게 오래되고 여러 면에서 시대에 뒤진 책이 그렇게 높이 평가받아야 한다면 근래의 전쟁 연구에는 슬픈 소식이다. 반면에 자주 인용되는 Turney-High의 책은 전쟁의 증거를 많이 보여주지만 매우 과대평가되고 있다: Harry Turney-High, *Primitive War*. Columbia, SC: University of South Carolina, 1949. 위의 책들은 모두 수렵채집인과 국가 이전 농경민을 구분하지 않는다. 킬리의 책에 뒤이어, 그리고 수렵채집인 전쟁에 관한 내 글이 논문 형태로 처음 발표된 후 새로운 저작이 나왔는데, 수렵채집인에 훨씬 더 관심을 기울이면서 필자와 비슷한 결론을 내리고 있다: Steven LeBlanc, with Katherine Register, *Constant Battles: The myth of the peaceful noble savage*. New York: St Martin's Press, 2003.

4. Stephen Perlman, 'Group size and mobility costs', in S. Green and S. Perlman (eds), *The Archeology of Frontiers and Boundaries*. Orlando, FL: Academic Press, 1985, pp. 33-50.

5. H. M. Wobst, 'Boundary conditions for Palaeolithic social systems: A simulation approach', *American Antiquity*, 1974; **39**: 147-78.

6. 이로 인한 고고학적 편견에 대한 비판은 S. Vencl, 'War and warfare in

archeology', *Journal of Anthropological Archaeology*, 1984; **3**: 116–32 참조.

7. Robert Wenke, *Patterns In Prehistory*, New York: Oxford University Press, 1990, p. 177; M. K. Roper, "A survey of the evidence for intrahuman killing in the Pleistocene", *Current Anthropology*, 1969; **10**: 427–59; Irenaeus Eibl– Eibestfeldt, *The Biology of Peace and War: Man, animals and aggression*, New York: Viking, 1979, pp. 126–7; Martin Daly and Margo Wilson, *Homicide*, New York: Aldine, 1988, p. 144에서 인용된 E. Trinkaus and M. R. Zimmerman, 'Trauma among the Shanidar Neandertals', *American Journal of Physical Anthropology*, 1982; **57**: 61–76; Christoph Zollikoffer, Marcia Ponce de León, Bernard Vandermeersch and François Lévêque, 'Evidence of interpersonal violence in the St Césaire Neanderthal', *Proceedings of the National Academy of Science of the United States of America*, 2002; **99**: 6444–8; 그리고 Keeley, *War before Civilization*, pp. 36–7에도 훌륭한 개관이 담겨 있다.

8. 최근의 훌륭한 연구로는 C. Irwin, 'The Inuit and the evolution of limited group conflict', in J. van der Dennen and V. Falger (eds), *Sociobiology and Conflict: Evolutionary perspectives on competition, cooperation, violence and warfare*, London: Chapman & Hall, 1990, pp. 189–226가 있다. 그린란드의 예는 Eibl– Eibesfeldt, *The Biology of Peace and War*, pp. 131–6 참조. 많은 경우와 마찬가지로, 이 점은 Davie, *The Evolution of War*, pp. 46–8에서 대체로 예견된 바 있다.

9. E. N. Wilmsen and J. R. Denbow, 'The paradigmatic history of San–speaking peoples and current attempts at revision', *Current Anthropology*, 1990; **31**: 489–525.

10. Irenaeus Eibl–Eibesfeldt, 'The myth of the aggression–free hunter and gatherer society', in Ralph Holloway (ed.), *Primate Aggression, Territoriality and Xenophobia*, New York: Academic Press, 1974, pp. 435–57; 더욱 진전된 논의는 Eibl–Eibesfeldt, *The Biology of Peace and War*, pp. 125–61; Bruce Knauft, 'Reconsidering violence in simple societies: Homicide among the Gebusi of New Guinea', *Current Anthropology*, 1987; **28**: 457–500; Keeley, *War before Civilization*, pp. 28–32, 132–4. 부시먼 사이의 싸움과, 선先반투와 후後반투 시기까지 이웃 부족들과의 싸움에 대한 세세한 묘사는 H. C. Woodhouse, 'Inter– and intragroup aggression illustrated in the rock

painting of South Africa', *South African Journal of Ethnology*, 1987; **10**: 42-8에 분석되어 있다. 또한 C. Campbell, 'Images of war: A problem in San rock art research', *World Archeology*, 1986; **18**: 255-67 참조.

11. W. T. Divale, 'System population control in the Middle and Upper Palaeolithic: Inferences based on contemporary hunter-gatherers', *World Archaeology*, 1972; **4**: 222-43; Carol Ember, 'Myth about hunter-gatherers', *Ethnology*, 1978; **17**: 439-48; K. Otterbein, 'Comments on "Violence and sociality in human evolution", by B. M. Knauft', *Current Anthropology*, 1991; **32**: 414.

12. 이 주제에 관한 문헌들은 적절한 때에 거론할 것이다. 한편 수천 년 들소 사냥의 진화와 전투에 관한 고고학은 George Frison, 'Prehistoric, plains-mountain, large-mammal, communal hunting strategies', in M. Nitecki and D. Nitecki (eds), *The Evolution of Human Hunting*. New York: Plenum, 1987, pp. 177-223; Karl Schlesier (ed.), *Plains Indians, A.D. 500-1500: The archeological past of historical group*, Norman: University of Oklahoma, 1994 참조.

13. 그러나 Kenneth Maddock, *The Australian Aborigines*. London: Penguin, 1973, pp. 21-2 참조.

14. Harry Lourandos, *Continent of Hunter-Gatherers: New perspectives in Australian prehistory*. Cambridge: Cambridge University Press, 1997. 애초의 토착 인구는 훨씬 많았다고 주장하고 있다.

15. Mead, 'Warfare is only an invention', p. 271. 원주민의 방패에 관해서는 Baldwin Spencer와 F. J. Gillen, *The Native Tribes of Central Australia*. London: Macmillan, 1899, pp. 28, 583; A. A. Abbie, *The Original Australians*. London: Frederick Muller, 1969, pp. 117-8, 128 맞은편. Lourandos(*Continent of Hunter-Gatherers*, p. 33)는 이렇게 말한다. "집단들 사이의 경쟁에서 더 많은 측면들이 과시와 전투에 사용되는 무기(방패, 곤봉 등등) 같은 정교한 물질문화로 표출된다." 그러나 오늘날 인류학 담론이 으레 그러듯, 이것이 그의 책에서 싸움 또는 갈등을 언급하는 유일한 부분이다.

16. Paul Tacon and Christopher Chippindale, "Australia's ancient warriors: Changing depictions of fighting in the rock art of Arnhem Land, N. T.', *Cambridge Archaeological Journal*, 1994; **4**: 211-48.

17. Robert Bigelow, 'The role of competition and cooperation in human evolution', in M. Nettleship, R. D. Givens and A. Nettleship (eds), *War, Its*

Causes and Correlates. The Hague: Mouton, 1975, pp. 247–8; Eibl–Eibesfeldt, *The Biology of Peace and War*, p. 129; Edward O. Wilson, *On Human Nature*. Cambridge, MA: Harvard University Press, 1978, pp. 107–9; Timothy Anders, *The Evolution of Evil*. Chicago: Open Court, 1994, pp. 230–2.

18. R. G. Kimber, 'Hunter–gatherer demography: the recent past in central Australia', in B. Meehan and N. White (eds), *Hunter-Gatherer Demography*. Sydney: University of Sydney, 1990, p. 180; Maddock, *The Australian Aborigines*, pp. 22–3; David Harris, 'Aboriginal subsistence in a tropical rain forest environment', in M. Harris and E. Ross (eds), *Food and Evolution*. Philadelphia: Temple university Press, 1987, pp. 373–4.

19. R. Dyson–Hudson and E. Alden Smith, 'Human territoriality: An ecological reassessment', *American Anthropologist*, 1978; **80**: 21–41.

20. Gerald Wheeler, *The Tribe and Intertribal Relations in Australia*. London: John Murray, 1910, 특히 pp. 19–20, 29–30, 40, 62–3, 71, 118, 139 등 여러 곳; 이 주제에 관한 초기의 인류학 성과들을 탁월하게 결합시키고 있다; Norman Tindale, *Aboriginal Tribes of Australia*. Berkeley, CA: University of California, 1974, 특히 pp. 10, 55–88; M. J. Meggitt, *Desert People: A study of the Walbiri Aborigines of Central Australia*. Chicago: University of Chicago, 1962, pp. 44–6 등 여러 곳; Maddock, *The Australia Aborigines*, p. 26; Nicolas Peterson (ed.), *Tribes and Boundaries in Australia*, Canberra: Australian School of Aboriginal Studies, 1976, 특히 p. 20; Lourandos, *Continent of Hunter-Gatherers*, p. 33; 또한 Annette Hamilton, 'Descended from father, belonging to country: Rights to land in the Australian Western Desert', in E. Leacock and R. Lee (eds), *Politics and History in Band Societies*. New York: Cambridge University Press, 1982, pp. 85–108.

21. N. J. B. Plomley (ed.), *Friendly Mission: The Tasmanian journals and papers of George Augustus Robinson 1829-1834*. Kingsgrove: Tasmanian Historical Research Association, 1966, pp. 968–9; H. Ling Roth, *The Aborigines of Tasmania*. Halifax: King, 1899, pp. 14–15, 82; Rhys Jones, 'Tasmanian tribes', in Norman Tindale (ed.), *Aboriginal Tribes of Australia*. Berkeley, CA: University of California, 1974, p. 328; Lyndall Ryan, *The Aboriginal Tasmanians*. Vancouver: University of British Columbia, 1981, pp. 13–14.

22. Meggitt, *Desert People*, pp. 38, 42.

23. Wheeler, *The Tribe and Intertribal Relations in Australia*, pp. 118, 139.

24. W. Lloyd Warner, 'Murngin warfare', *Oceania*, 1930–1; 1; 457–94; 몇 가지 수정사항과 함께 통합되어 나온 W. Lloyd Warner, *A Black Civilization; A social study of an Australian tribe*. New York: Harper, 1958(1937), pp. 155–90; 이 책에는 참고문헌이 있다; 인용은 p. 155.

25. T. G. H. Strehlow, 'Geography and the totemic landscape in Central Australia', in R. M. Berndt (ed.), *Australian Aboriginal Anthropology*. Nedlands: University of Western Australia, 1970, pp. 124–5.

26. Kimber, 'Hunter-gatherer demography: the recent past in central Australia', p. 163. 장거리 교역에 대한 연구를 요약하는 책은 Lourandos, *Continent of Hunter-Gatherers*, pp. 40–3 참조.

27. Arnold Pilling, R. Lee와 I. DeVore (eds), *Man the Hunter*, Chicago: Aldine, 1968, p. 158에서 인용.

28. Warner, *A Black Civilization*, pp. 157–8.

29. John Morgan, *The Life and Adventures of William Buckley: Thirty-two years a wanderer among the Aborigines of the unexplored country round Port Philip*. Canberra: Australian National University Press, 1980(1852).

30. 일반적으로는 S. Koyama와 D. Thomas (eds), *Affluent Foragers: Pacific coasts east and west* 참조. Osaka: National Museum of Ethnology, 1979; T. Price와 J. Brown (eds), *Prehistoric Hunter-Gatherers: The emergence of cultural complexity*. Orlando, FL: Academic Press, 1985; Robert Bettinger, *Hunter-Gatherers*. New York: Plenum, 1991, pp. 64–73.

31. David Yesner, 'Life in the "Garden of Eden": Causes and consequence of the adoption of marine diets by human societies', in M. Harris and E. Ross (eds), *Food and Evolution*. Philadelphia: Temple University Press, 1987, pp. 285–310.

32. P. G. Bahn and Jean Vertut, *Images of the Ice Age*. New York: Facts on File, 1988, pp. 152, 154.

33. John E. Pfeiffer, *The Creative Explosion: An inquiry into the origins of art and religion*. New York: Harper & Row, 1982, pp. 151–2.

34. Tacon and Chippindale, 'Australia's ancient warriors'.

35. Woodhouse, 'Inter- and intragroup aggression'; 또한 Campbell, 'Images of

war'.

36. John Ewers, 'intertribal warfare as the precursor of Indian warfare on the northern Great Plains', *The Western Historical Quarterly*, 1975; 6; 399; J. D. Keyser, 'The plains Indian war complex and the rock art of writing—on—stone, Alberta, Canada', *Journal of Field Archaeology*, 1979; 6: 41–8.

37. Keely, *War before Civilization*, p. 38.

38. 북서해안에 관한 문헌은 광범위하다. 전쟁의 증거에 집중하고 있는 꼼꼼한 조사로는 R. Brian Ferguson (ed.), 'A reexamination of the causes of northwest coast warfare', in *Warfare, Culture and the Environment*. Orlando, FL: Academic Press, 1984, pp. 267–328과 273, 298(인구 밀도 부분)이 있다. 북부해안에 관해서는 Wendel Oswalt, *Alaskan Eskimos*, San Francisco: Chandler, 1967, pp. 2–10, 113–15; Ernest S. Burch, 'Eskimo warfare in northwest Alaska', *Anthropological Papers of the University Alaska*, 1974; 16; 1–14; 그리고 Ernest S. Burch and T. Correll, 'Alliance and conflict; inter—regional relations in north Alaska', in L. Guemple (ed.), *Alliance in Eskimo Society*. Seattle: University of Washington, 1972, pp. 17–39. 또한 Elizabeth F. Andrews, 'Territoriality and land use among the Akulmiut of Western Alaska', in E. S. Burch and L. S. Ellanna (eds), *Key Issues in Hunter-Gatherer Research*. Oxford: Berg, 1994, pp. 65–93; Brian Hyden, 'Competition, labor, and complex hunter—gatherers', 같은 책, p. 236; Leland Donald, *Aboriginal Slavery on the Northwest Coast of North America*. Berkeley, CA: University of California, 1997. p. 17 참조.

39. Ferguson, 'A reexamination of the causes of northwest coast warfare', pp. 273–4, 278, 282. 285. 298. 312; Donald, *Aboriginal Slavery on the Northwest Coast of North America*. 대규모 강제 영토 점유의 예는 다음에서 볼 수 있다. Philip Drucker, *The Northern and Central Nootkan Tribes*. Washington, DC; Smithsonian Institute, 1951, pp. 332–65; Philip Drucker, *Cultures of the North Pacific Coast*. San Francisco, CA: Chandler, 1965, pp. 75–6; Oswalt, *Alaskan Eskimos*, pp. 179–90; Burch and Correl, 'Alliance and conflict', pp. 21, 24–5, 33–4; Andrews, 'Territoriality and land use among the Akulmiut of Western Alaska', pp. 82–93.

40. 인류학 문헌에서 이런 관념은 주로 Brian Hayden에 의해 발전했다—예를 들면 Hayden, 'Competition, labor, and complex hunter—gatherers'.

41. Franz Boas, *Kuakiutl Ethnography*. Chicago: University of Chicago, 1966, pp. 105–19; Drucker, *The Northern and Central Nootkan Tribes*, pp. 332–65; 같은 저자, *Cultures of the North Pacific Coast*, pp. 75–82; Oswalt, *Alaskan Eskimos*, pp. 178–90, 246; Burch and Correll, 'Alliance and conflict', p. 33; Burch, 'Eskimo warfare in northwest Alaska', pp. 7–8; Ferguson, 'A reexamination of the causes of northwest coast warfare', p. 272; Andrews, 'Territoriality and land use among the Akulmiut of Western Alaska', p. 83; Donald, *Aboriginal Slavery on the Northwest Coast of North America*, 특히 p. 27.

42. Ferguson. 'A reexamination of the causes of northwest coast warfare', pp. 271, 272–4, 278, 285, 298, 312; 근거 자료는 George MacDonald, *Kitwanga Fort National Historic site, Skeena River, British Columbia: Historical research and analysis of structural remains*. Ottawa; National Museum of Man, 1979, 그리고 후자가 행한 나머지 미출간 연구. 알래스카 남부와 북서해안 여타 지역에서 천 년 전의 복합 수렵채집인들과 전쟁 유물들에 대해서도 다음 자료에서 비슷하게 지적되었다. David R. Yesner, 'Seasonality and resource "stress" among hunter–gatherers: Archaeological signatures', in Burch and Ellanna, *Key Issues in Hunter-Gatherer Research*, p. 237; Burch and Correll 'Alliance and conflict', p. 24; Burch, 'Eskimo warfare in northwest Alaska', p. 1; Donald, *Aboriginal Slavery on the Northwest Coast of North America*, pp. 27, 205–9.

43. Erna Gunther, *indian Life on the Northwest coast of North America, as Seen by the Early Explorer and Fur Traders during the Last Decades of the Eighteenth Century*, Chicago: University of Chicago, 1972, pp. 14, 43, 114, 133, 159, 187. 알래스카 해안의 에스키모가 사용하던 갑옷과 방패에 관해서는 E. W. Nelson, *The Eskimo about Bering Strait*. Washington, DC; Smithsonian Institute, 1983(1899), p. 330; Robert Spencer, *The North Alaskan Eskimo*. Washington, DC; Smithsonian Institute, 1959, p. 72; Oswalt, *Alaskan Eskimos*, pp. 186, 188; Burch, 'Eskimo warfare in northwest Alaska', p. 5 참조. 대평원 인디언의 경우는 F. R. Secoy, 'Changing military patterns on the Great Plains', *American Ethnological Monographs*, 1953; **21**; Ewers, 'Intertribal warfare', pp. 390, 401 등을 참조.

44. Jeffrey Blick, 'Genocidal warfare in tribal societies as a result of European—

induced culture conflict', *Man*, 1988; **23**: 654-70 (접촉 이전의 평화로운 과거에 대한 가정의 예외); R. Brian Ferguson, 'A savage encounter: Western contact and the Yanomami war complex', in R. B. Ferguson and N. Whitehead (eds), *War in the Tribal Zone*. Santa Fe, NM: School of American Research, 1992, pp. 199-227, 특히 p. 225; R. Brian Ferguson, *Yanomami Warfare*. Santa Fe, NM: School of American Research, 1995, 특히 p. 14; Neil Whitehead, 'The snake warriors—sons of the tiger's teeth: A descriptive analysis of Carib warfare, ca. 1500-1820', in J. Haas (ed.), *The Anthropology of War*. New York: Cambridge University Press, 1990, pp. 146-70, 특히 160. 이들은 Keeley, *War before Civilization* (p. 20)에서 통렬한 비판을 받았지만 루소파인 O'Connell 은 O'Connell, *Ride of the Second Horseman*, p. 49에서 복합 수렵채집인 전쟁의 실상을 애써 축소하려 시도하며 이런 의견들을 수용했다. 나의 비판을 좀더 자세히 보려면 A. Gat 'The causes and origins of "primitive warfare"—reply to Ferguson', *Anthropological Quarterly*, 2000; **73**: 165-8 참조.

45. 비슷한 결론은 Burch, 'Eskimo warfare in northwest Alaska', p. 2 참조. Keeley, *War before Civilization*(p. 202, 표 8.3)에서 보여주는 데이터는 인구 밀도가 낮다고 싸움이 꼭 덜했음을 암시하지는 않는다.

제3장 인간은 왜 싸우는가: 진화론의 관점에서

1. Sigmund Freud, 'Beyond the pleasure principle', (1920) in *The Complete Psychological Works of Sigmund Freud*, Vol. 18. London: Hogarth, 1953-74, pp. 7-64; 같은 저자, 'The ego and the id', (1923), 같은 책, Vol. 19, pp. 12-66; 같은 저자, 'Civilization and its discontents', (1930), 같은 책, Vol. 21, pp. 57-145; 같은 저자, 'New introductory lectures on psychoanalysis', (1933), 같은 책, Vol. 22, pp. 5-182; 같은 저자, 'Why war', (1933), 같은 책, Vol. 22, pp. 203-215, 특히 210-11. 프로이트의 여타 일부 저작을 연상시키는 Barbara Ehrenreich는 인간의 싸움을 설명하는 또다른 신화를 만들어냈다. *Blood Rites: Origins and history of the passions of war*. New York: Metropolitan, 1997. 그녀의 관점에 따르면 싸움은 인간 종의 오랜 역사에서 먹이였다가 사냥꾼으로 전환한 것을 축하하는 생물학적이고 문화적인 신성한 희열의 제의이며, 사냥이 쇠퇴하자 다른 인간들을 상대로 하게 되었다.

2. Konrad Lorenz, *On Aggression*. London: Methuen, 1966; Niko Tinbergen,

'On war and peace in animals and man', *Science*, 1968; **160**: 1411–18: Anthony Storr, *Human Aggression*. London: Penguin, 1968. 최근에 Martin van Creveld는 싸움을 기본적 충동이자 상존하는 공격성 표출 욕구로 여기는 것 같다. *The Transformation of War*. New York: Free Press, 1991.

3. J. Maynard Smith and G. R. Price, "The logic of animal conflicts', *Nature*, 1973; **246**: 15−18.

4. Bronislaw Malinovski, 'An anthropological analysis of war', *American Journal of Sociology*, 1941; **46**, 이것이 L. Bramson and G. Goethals (eds), *War: Studies from psychology, sociology, anthropology*에 다시 실림. New York: Basic Books, 1964, pp. 245−68, 특히 245−50; Ashley Montagu, *The Nature of Human Aggression*. New York: Oxford University Press, 1976; 비록 대체로 시대에 뒤졌지만, 루소파의 견해로 방향을 틀고 있다. Edward O. Wilson, *On Human Nature*. Cambridge, MA: Harvard University Press, 1978, pp. 101, 106; Felicity Huntingford and Angela Turner, *Animal Conflict*. London: Chapman, 1987, pp. 86−90; R. Raul Shaw and Yuwa Wong, *Genetic Seeds of Warfare, Evolution, Nationalism and Patriotism*. Boston, MA: Unwin Hyman, 1989, p. 6; Adam Kuper, *The Chosen Primate: Human nature and cultural diversity*. Cambridge, MA: Harvard University Press, 1994, p. 145; J. Silverman and J. P. Gray (eds), *Aggression and Peacefulness in Humans and Other Primates*. New York: Oxford University Press, 1992.

5. Lionel Tiger and Robin Fox, *The Imperial Animal*. New York: Holt, 1971, pp. 149, 206; Wilson, *On Human Nature*, p. 106; Chet Lancaster, 'Commentary: The evolution of violence and aggression', in D. McGuinness (ed.), *Dominance, Aggression and War*. New York: Paragon, 1987, p. 216.

6. 단순한 좌절−공격 행위 패턴을 가정하는 구식 이론은 더이상 거론되지 않고 있다. 좌절이 항상 공격성으로 이어지지는 않으며 공격성의 필요조건도 아니다. John Dollard 외, *Frustration and Aggression*. New Haven, CT: Yale University Press, 1939; Leonard Berkowitz, *A Social Psychological Analysis*. New York: McGraw−Hill, 1962; Mark May, 'War, peace, and social learning', in *A Social Psychology of War and Peace*. New Haven, CT: Yale University Press, 1943; Bramson and Goethals, *War: Studies from psychology, sociology, anthropology*에 재수록, pp. 151−8; Albert Bandura, 'The social learning theory of aggression', in R. Falk and S. Kim (eds), *The War System*. Boulder,

CO: Westview, 1980, pp. 141–56; Russell Geen and Edward Donnerstein, *Aggression: Theoretical and empirical reviews*. New York: Academic Press, 1983; L. Huesmann (ed.), *Aggressive Behavior; Current perspectives*. New York: Plenum, 1994.

7. S. Howell and R. Willis (eds), *Societies at Peace*. London: Routledge; D. Fabbro, 'Peaceful societies', in R. Falk and S. Kim (eds), *The War System*. Boulder, CO: Westview, 1980, pp. 180–203; 1, 3, 5, 6장 in J. Haas (ed.), *The Anthropology of War*. New York: Cambridge University Press, 1990; J. M. G. van der Dennen, 'Primitive war and the ethnological inventory project', in J. M. G. van der Dennen and V. Falger (eds), *Sociobiology and Conflict*. London: Chapman, 1990, pp. 264–9; R. K. Dentan, 'Surrendered men: Peaceable enclaves in the post–enlightenment West', in L. E. Sponsel and T. Gregor (eds), *The Anthropology of Peace and Nonviolence*. London: Lynne Rienner, 1994, pp. 69–108; Keith F. Otterbein, *The Evolution of War*. New Haven, CT: HRAF, 1970, pp. 20–21; Maurice Davie, *The Evolution of War*. New Haven, CT: Yale University Press, 1929, pp. 46–54; Lawrence Keely, *War before Civilization*. New York: Oxford University Press, 1996, pp. 28–32.

8. William Graham Sumner, 'War' (1911), *War and Other Essays*에 실렸던 것이 Bramson and Goethals, *War: Studies from psychology, sociology, anthropology*, pp. 205–27에 재수록. 또한 William Graham Sumner, *Folkways*. New York: Mentor, 1960(1906)도 참조.

9. 이 논쟁은 다음의 방대한 책이 출간되면서 일어났다. Edward O. Wilson, *Sociobiology: The new synthesis*, Cambridge MA: Harvard University Press, 1975. 그러나 신다윈주의 이론과 그 전반적인 의의를 포괄적으로 가장 잘 제시하는 것은 다음 책일 것이다. Richard Dawkins, *The Selfish Gene*, 2nd edn. Oxford: Oxford University Press, 1989; Daniel Dennett, *Darwin's Dangerous Idea*. New York: Simon & Schuster, 1995; Jan Stewart and Jack Cohen, *Figments of Reality: The evolution of the curious mind*. Cambridge: Cambridge University Press, 1997.

10. Charles Darwin, *The Origin of Species*, in *The Origin of Species and The Descent of Man*. New York: The Modern Library, n. d., Chapter 15, p. 373.

11. Georg Simmel, *Conflict: The web of group affiliations*. Glencoe, IL: Free

Press, 1955.

12. Darwin, *The Origin of Species*, Chapters 3–4, pp. 60–2, 83.

13. Lorenz, Ardrey, Morris와 여타 학자들은 다음에서 근거를 찾아냈다. V. C. Wynne-Edwards, *Animal Dispersion in Relation to Social Behaviour.* Edinburgh: Oliver & Boyd, 1962; 또한 같은 저자의 *Evolution Through Group Selection.* Oxford: Blackwell, 1986. 이 생각은 다음의 유명한 저서에서 반박되었다. G. C. Williams, *Adaption and Natural Selection.* Princeton, NJ: Princeton University Press, 1966; 또한 Dawkins, *The Selfish Gene*, pp. 1–11, 그 밖에 여러 곳.

14. 후자의 주장에 대해서는 Dawkins, *The Selfish Gene*, pp. 66–87 참조. 전자의 주장은 다음에 의해 수정·발전되었다. Frans de Waal, *Good Natured: The origins of right and wrong in humans and other animals.* Cambridge, MA: Harvard University Press, 1996. p. 27; 또한 Irenaeus Eibl-Eibesfeldt, *The Biology of Peace and War.* London: Thames & Hudson, 1979, pp. 37–40, 125, 그 밖에 여러 곳. 두 주장 모두 다음에서 예견되었다. W. D. Hamilton, *Narrow Roads of Gene Land.* Oxford: Freeman, 1996, p. 188.

15. Darwin과 R. A. Fisher, J. B. S. Haldane이 처음 제기한 이 주장은 다음 논문과 함께 현대 진화생물학의 초석이 되었다. W. D. Hamilton, 'The genetical evolution of social behaviour', *Journal of Theoretical Biology*, 1964; **7**; 1–16, 17–52. 다윈의 경우는 *The Origin of Species*, chapter 8, 그리고 *The Descent of Man*, Chapter 5, in *The Origin of species and The Descent of Man*, pp. 203–5, 498.

16. 이른바 형제 이해 집단에서 나타나는 기본 현상에 관해서는 인류학자와 사회학자들도 언급해왔다. H. U. E. van Velzen and W. van Wetering, 'Residence, power groups and intra-social aggression', *International Archives of Ethnography*, 1960; **49**: 169–200; K. F. Otterberin and C. S. Otterbein, 'An eye for an eye, a tooth for a tooth: A cross-cultural study of feuding', *American Anthropologist*, 1965; **67**: 1470–82; K. F. Otterbein, 'Internal war: a cross-cultural comparison', *American Anthropologist*, 1968; **70**: 277–89; Richard Wrangham and Dale Peterson, *Demonic Males: Apes and the origins of human violence.* London: Bloomsbury, 1997.

17. W. D. Hamilton, 'Innate social aptitudes of man: an approach from evolutionary genetics', in R. Fox (ed.), *Biosocial Anthropology.* New York: Wiley, 1975, p. 144; Irwin Silverman, 'Inclusive fitness and ethnocentrism', in

V. Reynolds, V. Falger, and I. Vine (eds), *The Sociobiology of Ethnocentrism*. London: Croom Helm, 1987, p. 113.

18. 이것 역시 Hamilton, 'The genetical evolution of social behaviour', p. 16에서 지적되었으며 R. L Trivers, 'Parent–offspring conflict', *American Zoologist*, 1974; **14**: 249–64와 de Waal, *Good Natured*, pp. 212–14에서 발전되었다. 친족 살해의 통계와 진화론적 논리에 관해서는 Martin Daly and Margo Wilson, *Homicide*. New York: Aldine, 1988, pp. 17–35 참조.

19. Franz Boas, *Kwakiutl Ethnography*. Chicago; University of Chicago, 1966, p. 108; 또한 Leland Donald, *Aboriginal Slavery on the Northwest Coast of North America*. Berkeley, CA: University of California, 1997, p. 104.

20. 예를 들면 Lancaster, 'Commentary: The evolution of violence and aggression', p. 219. 잘 알려진 이 현상은 Bruce Knauft가 'Reconsidering violence in simple societies: Homicide among the Gebusi of New Guinea', *Current Anthropology*, 1987; **28**: 457–500에서 설명한 높은 친족 살인율을 설명 하는 데 도움이 될 수 있다(예를 들어 p. 470의 자매 살해에 관한 그의 설명 참조).

21. D. C. Fletcher and C. D. Michener (eds), *Kin Recognition in Animals*. New York: Wiley, 1987; P. Hepper (ed.), *Kin Recognition*. Cambridge: Cambridge University Press, 1991; 또한 Scott Boorman and Paul Levitt, *The Genetics of Altruism*. New York: Academic Press, 1980, p. 16; Shaw and Wong, *Genetic Seeds of Warfare, Evolution, Nationalism and Patriotism*, pp. 38–9 참조.

22. Colin Irwin, 'A study in the evolution of ethnocentrism', in Reynolds, Falger, and I. Vine, *The Sociobiology of Ethnocentrism*, pp. 131–56; G. R. S. Johnson, H. Ratwil, and T. J. Sawyer, 'The evocative significance of kin terms in patriotic speech', 같은 책, pp. 157–74.

23. Sigmund Freud, 'Group psychology and the analysis of the ego', (1921) in *The Complete Psychological Works of Sigmund Freud*, Vol. 18, pp. 101–4; 같 은 저자, 'Civilization and its discontents', (1930), 같은 책, Vol. 21, pp. 108–16.

24. 이른바 란체스터 법칙은 대강의 지표일 뿐이다. Frederick Lanchester, 'Mathematics in warfare', in J. Newman (ed.), *The World of Mathematics*, Vol. 4. New York: Simon & Schuster, 1956, pp. 2138–57. 더욱 일반적으로는 Peter Corning, *Nature's Magic: Synergy in evolution and the fate of humankind*. New York: Cambridge University Press, 2003.

25. Mancur Olson, *The Logic of Collective Action: Public goods and the theory of*

groups. Cambridge, MA: Harvard University Press, 1965.

26. 이 중요한 개념 역시 또다른 고전에서 발전되었다. Robert L. Trivers, 'The evolution of reciprocal altruism', *Quarterly Review of Biology,* 1971; **46**: 35-57. 이 개념은 Darwin, *The Descent of Man,* Chapter v, pp. 499-500에서 나왔다.

27. Robert L. Trivers, 'The evolution of reciprocal altruism', *Quarterly Review of Biology,* 1971; **46**: 35-57. 이는 다음 문헌에서 더욱 발전했다. Richard Alexander, *The Biology of Moral Systems.* New York: Aldine, 1987, pp. 77, 85, 93-4, 99-110, 117-26, 그 밖에 여러 곳; Robert Frank, *Passions within Reason: The strategic role of the emotions.* New York: Norton, 1988; Matt Ridley, *The Origins of Virtue: Human instincts and the evolution of cooperation,* New York: Viking, 1996; 또한 James Wilson, *The Moral Sense.* New York: Free Press, 1993; de Waal, *Good Natured.*

28. Harry Lourandos, *Continent of Hunter-Gatherers: New perspectives in Australian prehistory.* Cambridge: Cambridge University Press, 1979, p. 38.

29. 인류의 언어적 다양성과 관련한 인구 집단의 유전적 다양성에 관한 대표적인 권위자는 Cavalli-Sforza이다. 가장 유명한 저작은 L. Luca Cavalli-Sforza, Paolo Menozzi, and Alberto Piazza, *The History and Geography of Human Genes.* Princeton, NJ: Princeton University Press, 1994.

30. Sumner, *Folkway,* pp. 27-9. 생물학적 토대로는 다음을 참조. Pierre van der Berghe, *The Ethnic Phenomenon.* New York: Elsevier, 1981; Reynolds, Falger, and Vine, *The sociobiology of Ethnocentrism*; Shaw and Wong, *Genetic Seeds of Warfare, Evolution, Nationalism and Patriotism*; 또한 Daniel Druckman, 'Social-psychological aspects of nationalism', in J. L. Comaroff and P. C. Stern (eds), *Perspectives on Nationalism and War.* Luxemburg: Gordon & Breach, 1995, pp. 47-98; Paul Stern, 'Why do people sacrifice for their nations?', in J. L. Comaroff and P. C. Stern(eds), *Perspectives on Nationalism and War.* Luxemburg: Gordon & Breach, 1995, pp. 99-121; Tatu Vanhansen, *Ethnic Conflicts Explained by Ethnic Nepotism.* Stamford, CT: JAI, 1999. 그리고 다시 Darwin, *The Descent of Man,* Chapter vi, p. 492.

31. Wendel Oswalt, *Alaskan Eskimos.* San Francisco, CA: Chandler, 1967, p. xi.

32. Napoleon Chagnon, 'Yanomamo social organization and warfare', in M. Fried, M. Harris, and R. Murphy (eds), *War: The anthropology of armed*

conflict and aggression. Garden City, NY: Natural History, 1968, pp. 128–9.

33. 이 주장이 크게 수정된 형태로 복귀하게 된 것은 다름아닌 진화를 '유전자 수준'에서 보는 관점의 선구자가 있었기 때문이다. Hamilton, 'Innate social aptitudes of man'. 그 밖에도 Boorman and Levitt, *The Genetics of Altruism*; David S. Wilson, *The Natural Selection of Populations and Communities.* Cummings Menlo Park, CA: Benjamin, 1980; David S. Wilson and E. Sober, 'Reintroducing group selection to the human behavioral sciences', *Behavioral and Brain Sciences*, 1994; **17**: 585–654; 같은 저자, *Unto Others: The evolution and psychology of unselfish behavior,* Cambridge, MA: Harvard University Press, 1998; 또한 Y. Peres and M. Hopp, 'Loyalty and aggression in human groups', in J. M. G. van der Dennen and V. Falger (eds), *Sociobiology and Conflict.* London: Chapman, 1990, pp. 123–30 참조. 다윈은 이 생각을 *The Descent of Man,* Chapter v, pp. 496–500에서 제시했고, 19세기 말과 20세기 초 진화론자들도 보통 그렇게 주장했다. 일례로 William McDougal (1915) 'The instinct of pugnancy', in L. Bramson and G. Goethals (eds), *War: Studies from psychology, sociology, anthropology.* New York: Basic Books, 1964, pp. 37–41에 재수록.

34. Hamilton, 'Innate social aptitudes of man'; Umberto Melotti, 'In-group/out-group relations and the issue of group selection', in Van der Dennen and Falger, *Sociobiology and Conflict,* p. 109; Irwin Silberman, 'Inclusive fitness and ethno-centrism', 같은 책, pp. 113–17. 이른바 형제 이해 집단에 관해서는 다시 Velzen and Wetering, 'Residence, power groups and intra-social aggression'; Otterbein and Otterbein, 'An eye for and eye, a tooth for a tooth'; Otterbein, 'Internal war: a cross-cultural comparison'; Karen Paige and Jeffery Paige, *The Politics of Reproductive Ritual.* Berkeley, CA: University of California, 1981.

35. 인류 진화에서 중요한 의의가 있는 더 크고 강한 집단화가 집단 내 싸움에 의해 지배되었다는 인식은 Herbert spencer가 주창했으며 최근에는 다음 저서들에서 제기되었다. R. D. Alexander and D. W. Tinkle, 'Review', *Biosense*, 1968; **18**: 245–8; R. D. Alexander, 'In search of an evolutionary philosophy of man', *Proceeding of the Royal Society of Victoria, Melbourne,* 1971; **84**: 99–120; 같은 저자, *The Biology of Moral Systems.* New York: Aldine, 1987, p. 79, 그 밖에 여러 곳; 다음은 그 견해를 중심으로 다룬 책들이다. Robert Bigelow, *The Dawn*

Warriors: Man's evolution towards peace. Boston, MA: Little Brown, 1969; 또한 Hamilton, 'Innate social aptitudes of man', p. 146; Darius Baer and Donald McEachron, 'A review of selected sociobiological principles: Application to hominid evolution', *Journal of Social and Biological Structures,* 1982; 5: 69–90, 121–39; Shaw and Wong, *Genetic Seeds of Warfare, Evolution, Nationalism and Patriotism* 참조. 이들 저자 중 누구도 이런 발전을 특정 진화적 맥락이나 선사시대 연대학 속에 놓지 않았으며, 대부분은 생물학적 진화와 문화적 진화를 신경 써서 구분하지 않았다. 오직 Vine이 나와 비슷한 견해를 언급했을 뿐이다. Ian Vine, 'Inclusive fitness and the self-system', in Reynolds, Falger, and Vine, *The Sociobiology of Ethnocentrism,* pp. 67–8.

36. Jared Diamond, *The Rise and Fall of the Third Chimpanzee.* London: Vintage, 1992, pp. 44–8.

37. Azar Gat, 'Social organization, group conflict and the demise of the Neanderthals', *The Mankind Quarterly,* 1999; 39: 437–54.

38. 적응적 설계의 진화적 부산물이 하는 역할에 대한 설명은 다음이 유명하다. S. G. Gould and R. C. Lewontin, 'The spandrels of San Marco and the panglossian program: A critique of the adaptionist programme', *Proceedings of the Royal Society of London,* 1979; 250: 281–8.

39. 이 오래된 관념을 이런 용어로 처음 표현한 것은 Dawkins, *The Selfish Gene,* pp. 189–201, 329–31이다. 이를 발전시킨 것이 Pascal Boyer, *Religion Explained: The evolutionary origins of religious thought.* New York: Basic Books, 2001이다. 그러나 관련 문헌의 상당 부분을 아우르는 종교적 기반의 비평은 John Bowker, *Is God a Virus: Genes, culture and religion.* London: SPCK, 1995이다.

40. Dawkins, *The Selfish Gene,* p. 331. 진화적으로 유용한 환상으로서 종교에 관해서는 Wilson, *On Human Nature,* pp. 169–93도 참조.

41. 이런 방향의 의견들은 다음의 문헌에서 제시되었으나, 전쟁에 미치는 영향조차 주목하지 못하고 있다. H. Martin Wobst, 'Locational relationships in Paleolithic society', *Journal of Human Evolution,* 1976; 5: 49–58; Geoff Bailey, 'Editorial', in G. Bailey (ed.), *Hunter-Gatherer Economy in Prehistory: A European perspective,* Cambridge: Cambridge University Press, 1983, pp. 187–90; 그리고 Clive Gamble, 'Culture and Society in the Upper Palaeolithic of Europe', in Bailey, *Hunter-Gatherer Economy in Prehistory,* pp. 201–11. Lourandos는 심지어 '동맹'에 담긴 분쟁의 의미를 언급하지도 않은 채 이 모델을 오

스트레일리아 원주민에게 적용한다. Laurandos, *Continent of Hunter-Gatherers*, pp. 25-8, 38-9. 위의 글이 처음 논문 형태로 출간된 뒤, 이 주제를 전문적으로 다룬 탁월한 책이 나왔는데, 나는 그 책의 내용에 전적으로 공감한다. David S. Wilson, *Darwin's Cathedral: Evolution, religion, and the nature of society*. Chicago: University of Chicago, 2002. Wilson은 협력을 장려하는 종교의 혜택은 예리하게 지적하지만, 놀랍게도 군사적 측면은 간과하고 있다.

제4장 동기: 식량과 성

1. 예를 들어 Abraham Maslow, *Motivation and Personality*. New York: Harper, 1970(1954); 또한 J. Burton (ed.), *Conflict: Human needs theory*. London: Macmillan, 1990 참조.

2. 대표적인 주창자 중 한 사람에 의해 오랫동안 이어진 '단백질 논쟁'에 관한 조사와 참고문헌은 다음에서 찾을 수 있다. Marvin Harris, 'A cultural materialist theory of band and village warfare: The Yanomamo test', in R. B. Ferguson (ed.), *Warfare, Culture and Environment*. Orlando, FL: Academic Press, 1984, pp. 111-40. 주요 주창자이자 고지 뉴기니 전쟁의 권위자가 제기한 생태학적/유물론적 접근법에 대한 불만에 관해서는 Andrew Vayda, *War in Ecological Perspective*. New York: Plenum, 1976, pp. 1-7 참조.

3. 이것은 Harris의 많은 탁월한 저서에서 입증된다. 이 이론이 가장 체계적으로 설명된 것은 Marvin Harris, *Cultural Materialism*, New York: Random House, 1979.

4. Napoleon A. Chagnon, 'Male competition, favoring close kin, and village fissioning among the Yanomamo Indians', in N. Chagnon and W. Irons (eds), *Evolution Biology and Human Social Behavior*. North Scituate, MA: Duxbury, 1979, pp. 86-132; 같은 저자, 'Is reproductive success equal in egalitarian societies?', in N. Chagnon and W. Irons (eds), *Evolution Biology and Human Social Behavior*. North Scituate, MA: Duxbury, 1979, pp. 374-401; 같은 저자, 'Life histories, blood revenge and warfare in a tribal population', *Science*, 1988; **239**: 985-92.

5. Clark McCauley, 'Conference overview', in J. Haas (ed.), *The Anthropology of War*. New York: Cambridge University Press, 1990, p. 3.

6. 같은 책; R. Brian Ferguson, *Yanomami Warfare*. Santa Fe, NM: School of American Research, 1990, pp. 358-9.

7. 그 밖의 전형적인 오해에 관해서는 Ferguson과 나의 논쟁 참조. R. Brian Ferguson, 'The causes and origins of "primitive warfare": on evolved motivation for war', *Anthropological Quarterly*, 2000; **73**: 159–64; Azar Gat, 'Reply', *Anthropological Quarterly*, 2000; **73**: 165–8.

8. 이 요점을 새그넌에게 똑똑히 일깨운 것은 다음의 책이다. Richard Alexander, *The Biology of Moral Systems*. New York: Aldine, 1987. 또한 Chagnon, 'Life histories, blood revenge and warfare in a tribal population'; 같은 저자, 'Reproductive and somatic conflicts of interest in the genesis of violence and warfare among tribesmen', in J. Haas (ed.), *The Anthropology of War*. New York: Cambridge University Press, 1990, pp. 77–104 참조.

9. R. Brian Ferguson, 'Introduction', in *Warfare, Culture and Environment*, pp. 38–41; 같은 저자, 'Northwest coast warfare', 같은 책, pp. 269–71, 308–10, 그 밖에 여러 곳; 같은 저자, 'Explaining war', in J. Haas (ed.), *The Anthropology of War*. New York: Cambridge University Press, 1990, pp. 26–55; 같은 저자, *Yanomami Warfare*, pp. xii, 8–13, 그 밖에 여러 곳.

10. Ferguson, 'Explaining war', pp. 54–55; Ferguson, *Yanomami Warfare*, p. 8.

11. 이 점에 관한 최상의 논의는 다음 책의 것일 터이다. John Tooby and Leda Cosmides, 'The psychological foundations of culture', in L. Cosmides, J. Tooby, and J. Barkow (eds), *The Adapted Mind: Evolutionary psychology and the generation of culture*. New York: Oxford University Press, 1992.

12. William Graham Sumner, 'War' (1911), *War and Other Essays*에 있던 것이 L. Bramson and G. Goethals (eds), *War: Studies from psychology, sociology, anthropology*. New York: Basic Books, 1964, p. 212에 다시 실림; 같은 저자, *Folkways*. New York: Mentor, 1960(1906), para. 22; 이후 Maurice Davie, *The Evolution of War*. New Haven, CT: Yale University Press, 1929, p. 65. 또한 Walter Goldschmidt, 'Inducement to military participation in tribal societies', in R. Rubinstein and M. Foster (eds), *The Social Dynamics of Peace and Conflict*. Boulder, CO: Westview, 1988, pp. 47–65 참조.

13. Charles Darwin, *The Descent of Man*, Chapter 2, in *The Origin of Species and The Descent of Man*. New York: Modern Library, n.d., pp. 428–30.

14. 원칙적으로 이것은 진화론적 원리에 의거해 잘 설명되었다. William Durham 'Resource competition and human aggression. Part I: A review of primitive war', *Quarterly Review of Biology*, 1976; **51**: 385–415; R. Dyson–Hudson and

E. Alden Smith, 'Human territoriality: An ecological reassessment', *American Anthropologist*, 1978; **80**; 21–41; Doyne Dawson, 'The origins of war: Biological and anthropological theories', *History and Theory*, 1996; **35**: 25.

15. M. J. Meggitt, *Desert People*. Chicago: University of Chicago, 1965, p. 42.
16. 전쟁과 예상 행동의 강력한 촉진제로서 기대 압박에 관해서는 M. Ember and C. R. Ember, 'Resource unpredictability, mistrust, and war: A cross-cultural study', *Journal of Conflict Resolution*, 1992; **36**: 242–62 참조; 또한 W. D. Hamilton, 'Innate social aptitudes of man: An approach from evolutionary genetics', in R. Fox (ed.), *Biosocial Anthropology*. New York: John Wiley, 1975, p. 146 참조.
17. Harry Lourandos, *Continent of Hunter-Gatherers: New perspectives in Australian prehistory*. Cambridge: Cambridge University press, 1997, p. 33.
18. Dyson–Hudson and Smith, 'Human territoriality'.
19. 다시 Harris, 'A cultural materialist theory of band and village warfare'의 조사와 참고문헌 참조; Napoleon Chagnon, *Yanomamo: The fierce people*, 2nd edn. New York: Holt, 1977, p. 33. 섀그넌 자신은 인간이 다른 동물들처럼 새로운 생태학적 틈새를 메우면서, 이 틈새에 있는 물질 자원의 환경수용력에 빠른 속도로 접근한다고 인정한다. 그의 일반적인 주장과는 매우 대조되게, 그렇다면 신체적 충돌은 흔한 일이라고 인정하고 있다. Chagnon, 'Reproductive and somatic conflicts of interest', pp. 87–9.
20. Lawrence Keeley, *War before Civilization*. New York: Oxford University press, 1996, pp. 109–10.
21. W. W. Newcomb, 'A re–examination of the causes of Plains warfare', *American Anthropologist*, 1950; **52**: 325; Thomas Biolsi, 'Ecological and cultural factors in Plain Indian warfare', in Ferguson *Warfare, Culture and Environment*, pp. 148–50.
22. Charles Darwin, *The Descent of Man*, Chapter 2, in *The Origin of species and The Descent of Man*. New York: Modern Library, n.d., pp. 428–30; Konrad Lorenz, *On Aggression*. London: Methuen, 1966; Robert Ardrey, *The Territorial Imperative*. New York: Atheneum, 1966; Niko Tinbergen, 'On war and peace in animals and men', *Science*, 1968; **160**: 1411–18; Felicity Huntingford and Angela Turner, *Animal Conflict*. London: Chapman, 1987, pp. 229–30, 233–7; Charles Mueller, 'Environmental stressors and aggressive

892

behavior', in R. G. Geen and E. I. Donnerstein (eds), *Aggression*, Vol. ii. New York: Academic Press, 1983, pp. 63-6; Keeley, *War before Civilization*, pp. 118-19; Frans de Waal, *Good Natured: The origins of right and wrong in humans and other animals*, Cambridge, MA: Harvard University press, 1996, pp. 194-6.

23. 다음의 예 참조. Donald Symons, *The Evolution of Human Sexuality*, New York: Oxford University Press, 1979; Martin Daly and Margo Wilson, *Sex, Evolution, and Behavior*, Boston, MA: Willard Grant, 1983; Matt Ridley, *The Red Queen: Sex and the evolution of human nature*, New York: Macmillan, 1994.

24. Chagnon, *Yanomamo: The fierce people*, pp. 123, 146 (인용-); MaCauley, 'Conference overview', p. 5; Ferguson, *Yanomami Warfare*, pp. 335-8, 그 밖에 여러 곳.

25. 퍼거슨과 나의 의견 교환에 관해서는 Ferguson, 'The causes and origins of "primitive warfare"'와 Gat, 'Reply' 참조.

26. Darwin, *The Descent of Man*, Chapter xix, p. 871.

27. John Morgan, *The Life and Adventures of William Buckley: Thirty-two years a wanderer among the Aborigines of the unexplored country round Port Philip*, Canberra: Australian National University Press, 1980(1852). 인용은 pp. 41, 68이지만 pp. 42, 59, 70, 74, 76, 81, 96을 두루 참조.

28. Rhys Jones, 'Tasmanian tribes', in N. Tindale (ed.), *Aboriginal Tribes of Australia*, Berkeley, CA: University of California, 1974, p. 328.

29. 이 수치는 연령별로 약간의 조정이 필요한데, 아내를 한 명만 둔 젊은 남성들 가운데 몇몇은 조만간 둘째 아내나 그 이상의 아내를 얻게 되기 때문이다. 그러나 이렇게 조정하더라도 전체적인 구도에 미치는 영향은 아주 적다. 포괄적인 통계치는 다음을 참조. M. J. Meggitt, 'Marriage among the Walbiri of Central Australia: A statistical examination', in R. M. Berndt and C. H. Berndt (eds), *Aboriginal Man in Australia*, Sydney: Angus & Robertson, 1965, pp. 146-59; Jeremy Long, 'Polygyny, acculturation and contact: Aspects of Aboriginal marriage in Central Australia', in R. M. Berndt (ed.), *Australian Aboriginal Anthropology*, Nedland: University of Western Australia, 1970, p. 293.

30. Morgan, *The Life and Adventures of William Buckley*, p. 58; C. W. M. Hart and Arnold Pilling, *The Tiwi of North Australia*, New York: Holt, Reinhart &

Winston, 1964, pp. 17, 18, 50; Meggitt, *Desert People*, p. 78; R. M. Berndt and C. H. Berndt, *The World of the First Australians*, London: Angus & Robertson, 1964, p. 172; I. Keen, 'How some Murngin men marry ten wives', *Man*, 1982; **17**: 620–42; Harry Lourandos, 'Palaeopolitics: Resource intensification in Aboriginal Australia and Papua New Guinea', in T. Ingold, D. Riches, and J. Woodburn (eds), *Hunter and Gatherers*, Vol. I, New York: Berg, 1988, pp. 151–2.

31. 예를 들어 Meggitt, *Desert People*, pp. 80–1 참조.

32. Daly and Wilson, *Sex, Evolution, and Behavior*, pp. 88–9, 332–3, Symons, *The Evolution of Human Sexuality*, p. 143; Chagnon, *Evolutionary Biology and Human Social Behavior*, p. 380.

33. Laura Betzig, 'Comment', *Current Anthropology*, 1991; **32**: 410.

34. Daly and Wilson, *Sex, Evolution, and Behavior*, p. 285.

35. Bruce Knauft의 'Violence and sociality in human evolution', *Current Anthropology*, 1991; **32**: 391–428에서는 이것이 간과되고 있다. 단순 수렵채집인에 대한 그의 설명은 에스키모와 특히 칼라하리 부시먼만을 근거로 하고 있다(그러나 그의 논문에 대한 L. Betzig, R. K. Denton과 L. Rodseth의 비평을 참조할 것). 나중에 보겠지만 Knauft는 단순 수렵채집인들의 평등주의적 성격을 순진할 만큼 과장한다. 그는 단순 수렵채집인과 복합 수렵채집인의 정도의 차이를 질적 차이로 보는 탓에 이상한 곤경에 빠진다. 그는 단순 수렵채집인들 사이의 신체 및 번식상의 경쟁을 사실상 일체 배제시켰다. 그 결과 그는 그들의 폭력적 사망 비율 또한 매우 높다는 걸 충분히 알면서도 그들의 경우 이를 완전히 표현적인 '성적 좌절'의 탓으로 돌린다. 사실 그들의 사회 대부분에서는 극소수 남성만이 일부다처제를 따를 뿐 아니라 얻을 수 있는 아내의 '질'을 둘러싼 치열한 경쟁과 아내 훔치기, 간통, 파혼 등을 둘러싸고 끊임없는 분쟁이 벌어진다.

36. Mildred Dickemann, 'Female infanticide, reproductive strategies, and social stratification: a preliminary model', in N. Chagnon and W. Irons (eds), *Evolutionary Biology and Human Social Behavior*, North Scituate, MA: Duxbury, 1979, p. 363; Symons, *The Evolution of Human Sexuality*, p. 152; Martin Daly and Margo Wilson, *Homicide*, New York: Aldine, 1988, p. 222 (인용부), A. Balikci, *The Netsilik Eskimo*, Garden City, NY: Natural History, 1970, p. 182 인용; C. Irwin, 'The Inuit and the evolution of limited group conflict', in J. van der Dennen and V. Falger (eds), *Sociobiology and Conflict*,

London: Chapman, 1990, pp. 201-2; E. W. Nelson, *The Eskimo about Bering Strait*. Washington, DC: Smithsonian, 1983(1899), pp. 292, 327-9; Wendel Oswalt, *Alaskan Eskimos*. San Francisco, CA: Chandler, 1967, pp. 178, 180, 182, 185, 187, 204; Ernest Burch and T. Correll, 'Alliance and conflict: inter-regional relations in North Alaska', in L. Guemple (ed.), *Alliance in Eskimo Society*. Seattle: University of Washington, 1972, p. 33.

37. Betzig, 'Comment', p. 410.

38. Abraham Roseman and Paula Rubel, *Feasting with the Enemy: Rank and exchange among Northwest Coast societies*. New York: Columbia University Press, 1971, pp. 16-17, 32, 110; Philip Drucker, *The Northern and Central Nootkan Tribes*. Washington, DC; Smithsonian Institute, 1951, p. 301; 같은 저자, *Cultures of the North Pacific Coast*. San Francisco, CA: Chandler, 1965, p. 54; Aurel Krause, *The Tlingit Indians*. Seattle: University of Washington, 1970(1885), p. 154; Leland Donald, *Aboriginal Slavery on the Northwest Coast of North America*. Berkeley, CA: University of California, 1997, p. 73.

39. Brian Hayden, 'Competition, labor, and complex hunter-gatherers', in E. S. Burch and L. S. Ellanna (eds), *Key Issues in Hunter-Gatherer Research*. Oxford: Berg, 1994, pp. 223-42.

40. Biolsi, 'Ecological and cultural factors in Plain Indian warfare', pp. 159-60; 오스트레일리아 북부의 경우는 Jones, 'Tasmanian tribes', p. 328 참조.

41. Mervin Meggitt, *Blood Is Their Argument: Warfare among the Mae Enga of the New Guinea Highlands*. Palo Alto, CA: Mayfield, 1977, pp. 182-3.

42. 같은 책, p. 111; C. R. Hallpike, *Bloodshed and Vengeance in Papuan Mountains*. Oxford: Oxford University Press, 1977, pp. 122-6, 129, 135-6.

43. Hart and Pilling, *The Tiwi of North Australia*, pp. 18, 50.

44. Oswalt, *Alaskan Eskimos*, p. 178. 또한 Ernest Burch, 'Eskimo warfare in Northwest Alaska', *Anthropological Papers of the University of Alaska*, 1974; 16(2): 1-14.

45. Chagnon, *Evolutionary Biology and Human Social Behavior*, pp. 385-401; Ian Keen, 'Yolngu religious property', in T. Ingold, D. Riches, and J. Woodburn (eds), *Hunter and Gatherers*. New York: Berg, 1988, p. 290.

46. Keith Otterbein, *Feuding and Warfare*, Longhorne, PA: Gordon & Breach, 1994, p. 103.

47. William Divale, 'Systemic population control in the Middle and Upper Palaeolithic: Inferences based on contemporary hunter–gatherers', *World Archaeology*, 1972; **4**: 222–43; William Divale and Marvin Harris, 'Population, warfare and the male supremacist complex', *American Anthropologist*, 1976; **78**: 521–38; Lorimer Fison and A. W. Holt, *Kamilaroi and Kurnai*. Oosterhout, The Netherlands: Anthropological Publications, 1967(1880), pp. 173, 176; Dickemann, 'Female infanticide, reproductive strategies, and social stratification', pp. 363–4; Christopher Boehm, *Blood Revenge: The anthropology of feuding in Montenegro and other tribal societies*. Lawrence: University of Kansas, 1984, p. 177.

48. Meggitt, 'Marriage among the Walbiri of Central Australia', pp. 149–50.

49. W. Lloyd Warner, 'Murngin warfare', *Oceania*, 1930–1; **1**: 479, 481.

50. Dickemann, 'Female infanticide, reproductive strategies, and social stratification', p. 364; 이와는 약간 다른 (그리고 불일치하는) 수치는 Marvin Harris, 'Primitive war', in *Cows, Pigs, Wars and Witches*. New York: Random House, 1974, p. 69.

51. Frank Livingstone, 'The effects of warfare on the biology of the human species', in M. Fried, M. Harris, and R. Murphy (eds), *War: The anthropology of armed conflict and aggression*. Garden City, NY: Natural History, 1967, p. 9.

52. Richard Lee, 'Politics, sexual and non–sexual, in egalitarian society', in R. Lee and E. Leacock (eds), *Politics and History in Band Societies*. New York: Cambridge University Press, 1982, p. 44; 부시먼 남성과 여성의 결혼연령에 나타나는 7~15년의 차이에 관해서는 p. 42 참조.

53. Divale, 'Systemic population control in the Middle and Upper Palaeolithic': Divale and Harris, 'Population, warfare and the male supremacist complex', pp. 527–30.

54. R. D. Alexander, J. L. Hoogland, R. D. Howard, K. M. Noonan, and P. W. Sherman, 'Sexual dimorphisms and breeding systems in pinnipeds, ungulates, primates, and humans', in N. Chagnon and W. Irons (eds), *Evolutionary Biology and Human Social Behavior*. North Scituate, MA: Duxbury, 1979, pp. 414–16; Daly and Wilson, *Sex, Evolution, and Behavior*, pp. 189–95.

55. Steve Jones, *The Language of the Genes*, New York: Anchor, 1993, p. 92.
Daly and Wilson, *Sex, Evolution, and Behavior*, pp. 92–7, 297–301.

56. 여러 연구는 다음에 요약되어 있다. M. Baker (ed.), *Sex Differences in Human
Performance*. Chichester: Wiley, 1987, 특히 pp. 109–10, 117, 127, 136–7, 180
참조; 또한 Symons, *The Evolution of Human Sexuality*, p. 142; Marvin Harris,
Our Kind, New York: Harper, 1990, pp. 277–81.

57. 심리학적 연구에서 이런 태도가 두드러졌다. S. Maccoby (ed.), *The Development
of Sex Difference*. Stanford: Stanford University Press, 1966.

58. 사회생물학적 관점에서 전쟁과 관련해 이 주장을 지지한 것은 흥미롭지만 지나치게
나간 다음의 책이다. Richard Wrangham and Dale Peterson, *Demonic Males:
Apes and the origins of human violence*. London: Bloomsbury, 1997; 이 맥락
의 저작들은 p. 284, n. 53 참조; 또한 인용된 저작들은 Wendy Chapkins,
'Sexuality and militarism', in E. Isaksson (ed.), *Women and the Military
Service*, New York: St Martin's Press, 1988, p. 106; Barbara Ehrenreich, *Blood
Rites: Origins and history of the passions of war*. New York: Metropolitan,
1997, pp. 125–31.

59. 관련 연구를 요약한 책으로는 R. M. Rose 외, 'Androgens and aggression: A
review of recent findings in primates', in R. Holloway (ed.), *Primate
Aggression, Territoriality, and Xenophobia*, New York: Academic Press,
1974, pp. 276–304; E. E. Maccoby and C. N. Jacklin, *The Psychology of Sex
Differences*. Palo Alto, CA: Stanford University Press, 1974; Luigi Valzelli,
Psychology of Aggression and Violence. New York: Raven, 1981, pp. 116–21;
Anne Moir and David Jessel, *Brain Sex: The real difference between men
and women*. New York: Lyle Stuart, 1991; Daly and Wilson, *Sex, Evolution,
and Behavior*, pp. 258–66; Huntingford and Turner, *Animal Conflict*, pp.
95–128, 339–41; J. Herbert, 'The physiology of aggression', in J. Groebel and
R. A. Hinde (eds), *Aggression and War*. Cambridge: Cambridge University
Press, 1989, pp. 58–71; Marshall Segal, 'Cultural factored biology and human
aggression', in J. Groebel and R. A. Hinde (eds), *Aggression and War*.
Cambridge: Cambridge University Press, 1989, pp. 173–85; Ridley, *The Red
Queen*, pp. 247–63; James Wilson, *The Moral Sense*, New York: Free Press,
1993, pp. 165–90 참조.

60. Lee, 'Politics, sexual and non-sexual, in egalitarian society', p. 44.

61. Daly and Wilson, *Sex, Evolution, and Behavior*, p. 266; Wrangham and Peterson, *Demonic Males*, pp. 113, 115; Segal, 'Cultural factored biology and human aggression', pp. 177–8; David Jones, *Women Warriors: A history*. Washington, DC: Brassey, 1997, p.4.

62. Wrangham and Peterson, *Demonic Males*, p. 115, 이는 Daly and Wilson, *Homicide*, pp. 145–9를 토대로 하고 있다. 덴마크는 예외인데, 남성의 동성살인이 85퍼센트였지만, 영아살해를 제외하면 그 수치는 100퍼센트로 치솟는다.

63. Huntingford and Turner, *Animal Conflict*, pp. 332–3; K. Bjorkqvist and P. Niemela (eds), *Of Mice and Women; Aspects of female aggression*. Orlando, FL: Academic Press, 1992; Kirsti Lagerspetz and Kaj Bjorkqvist, 'Indirect aggression in boys and girls', in L. R. Huesmann (ed.), *Aggressive Behavior: Current perspectives*. New York: Plenum, 1994, pp. 131–50.

64. 특별히 Symons, *The Evolution of Human Sexuality*, Ridley, *The Red Queen*; de Waal, *Good Natured*, pp. 117–25 참조. 'Sexual selection in relation to man'에 나오는 다윈의 (날카로운) 구분은 우리의 관점에는 지나치게 빅토리아 시대적으로 다가온다: *The Descent of Man*, Chapter xix, pp. 867–73.

65. Lionel Tiger, *Men in Groups*. New York: Random House, 1969. pp. 80–92; Wrangham and Peterson, *Demonic Males*. 부족사회에서 여성이 전쟁에 참여한 것으로 알려진 몇몇 경우에 대해서는 Davie, *The Evolution of War*, pp. 30–6 참조; David Adams, 'Why there are so few women warriors', *Behaviour Science Research*, 1983; **18**: 196–212; Goldschmidt, 'Inducement to military participation in tribal societies', p. 57.

66. 이 측면에서 더욱 '평등주의적'인 주장에 관해서는 R. Paul Shaw and Yuwa Wong, *Genetic Seeds of Warfare: Evolution, nationalism and patriotism*. Boston: Unwin Hyman, 1989, pp. 179–80 참조.

67. Timothy Taylor, 'Thracian, Scythians, and Dacians, 800 BC–AD 300', in B. Cunliffe (ed.), *The Oxford Illustrated Prehistory of Europe*. Oxford: Oxford University Press, 1994, pp. 395–7.

68. Stanley Alpern, *Amazons of Black Sparta: The warriors of Dahomey*. New York: New York University Press, 1998.

69. N. Goldman (ed.), *Female Soldiers—Combatants or noncombatants?* Westport, CT: Greenwood, 1982, 특히 pp. 5, 73, 90, 99 참조. E. Isaksson (ed.), *Women and the Military Service*. New York: St Martin's Press, 1988은

학술적으로 조악하고 수준이 불균등하지만 특히 pp. 52-9, 171-7, 204-8 참조. 학
술적으로 빈약하고 일화 중심적인 Jones의 *Women Warriors*(1997)는 전쟁 참여에
서 여성의 한계에 대한 전통적 구도를 제시한 뒤 그것을 논박한다.

70. Alpern, *Amazons of Black Sparta*.
71. Matt Ridley, *The Origins of Virtue: Human instincts and the evolution of cooperation*. New York: Viking, 1996, p. 93.
72. Annemiek Bolscher and Ine Megens, 'The Netherlands', in Isaksson, *Women and the Military Service*, pp. 359-69; Ellen Elster, 'Norway', 같은 책, pp. 371-3.
73. 이 부문의 최초 출간물이 논문 형태로 발표된 이후, 이 주제를 다룬 저작이 많이 등
장했는데 가장 포괄적인 저작은 다음과 같다. Michael Ghiglieri, *The Dark Side of Man: Tracing the origins of male violence*. Cambridge, MA: Perseus, 2000; Joshua Goldstein, *War and Gender: How the gender shape the war system and vice versa*. New York: Cambridge University Press, 2001; Martin van Creveld, *Man, Women and War*. London: Cassell, 2001. 이 세 권의 책은 어느
정도 같은 데이터를 제시하고 있으며 내가 보기에 비슷한 결론에 도달한다. 그러나
Ghiglieri의 책은 유일하게 진화론적 원리에 근거하고 있는 반면 나머지 두 책은 생물
학을 인정하면서도 그 생물학을 형성해온 진화 과정을 간과하고 있다. 따라서 성차의
더 깊은 근원은 일종의 수수께끼로 남아 있으며, Van Creveld의 책에서는 결국 남성
의 장난스러운 호전성으로 환원되어버린다.

제5장 동기: 욕망의 그물

1. Jane Goodall, *The Chimpanzees of Gombe*. Cambridge, MA: Belknap Press, 1986; Frans de Waal, *Good Natured: The origins of right and wrong in humans and other animals*. Cambridge, MA: Harvard University Press, 1996.
2. Elman Service, *Primitive Social Organization*. New York: Random House, 1962; Morton Fried, *The Evolution of Political Society*. New York: Random House, 1967; Allen Johnson and Timothy Earle, *The Evolution of Human Societies: From foraging group to agrarian state*. Stanford: Stanford University Press, 1987.
3. Richard Lee, 'Politics, sexual and non-sexual, in egalitarian society', in R. Lee and E. Leacock (eds), *Politics and History in Band Societies*. New York: Cambridge University Press, 1982, pp. 45-50. Knauft는 대체로 !쿵족을 기반으

로 단순 수렵채집인들을 순진하게 묘사하고 앞의 논문을 편리하게 무시하면서 결국 자신의 (그리고 Lee의) 개념을 파괴한다, Bruce Knauft, 'Violence and sociality in human evolution', *Current Anthropology*, 1991; **32**: 391–428. 태즈메이니아의 (역사상 가장 단순한 수렵채집인) 집단 지도자들에 관해서는 Rhys Jones, 'Tasmanian tribes', in N. Tindale (ed.), *Aboriginal Tribes of Australia*. Berkeley, CA: University of California, 1974, p. 327 참조.

4. John Morgan, *The Life and Adventures of William Buckley: Thirty-two years a wanderer among the Aborigines of the unexplored country round Port Philip*. Canberra: Australian National University Press, 1980(1852), p. 72.

5. 사실 현대 사회에서도 명예훼손으로 인한 살인이 재산으로 인한 살인보다 많다. Martin Daly and Margo Wilson, *Homicide*. New York: Aldine, 1988, pp. 123–36.

6. 널리 알려진 이 테마에 관해서는 특히 Edward O. Wilson, *Sociobiology*. Cambridge, MA: Harvard University Press, 1975, pp. 279–97 참조; 또한 Donald Symons, *The Evolution of Human Sexuality*. New York: Oxford University Press, 1979, pp. 154–65; Daly and Wilson, *Homicide*. p.135; de Waal, *Good Natured*; Robert Wright, *The Moral Animal*. New York: Vintage, 1995, pp. 248–9; Napoleon Chagnon, 'Reproductive and somatic conflicts of interest in the genesis of violence and warfare among tribesmen', in J. Haas (ed.), *The Anthropology of War*. New York: Cambridge University Press, 1990, pp. 93–5 참조. Clark McCauley는 'Conference overview', in Haas, *The Anthropology of War*, p. 20에서 원인과 결과를 뒤집고 있다.

7. 원래는 Charles Darwin, *The Descent of Man*, Chapter 3, in *The Origin of Species and The Descent of Man*. New York: Modern Library, 연도 미상, pp. 467–8 참조. 또한 Dobbi Low, 'Sexual selection and human ornamentation', in N. Chagnon and W. Irons (eds), *Evolutionary Biology and Human Social Behavior*, North scituate, MA: Buxbury Press, 1979, pp. 462–87; Jared diamond, *The Rise and Fall of the Third Chimpanzee*. London: Vintage, 1992, Chapter 9 같은 예를 참조.

8. Napoleon Chagnon, 'Life histories, blood revenge and warfare in a tribal population', *Science*, 1988; **239**: 985–92. 이 논문은 여러 가지 반응을 일으켰다. 논쟁의 참고문헌은 R. Brian Ferguson, *Yanomami Warfare*. Santa Fe; NM: School of American Research, 1995, pp. 359–61 참조.

9. 널리 관찰되는 이 현상에 관해서는 특히 Lawrence Keeley, *War before Civilization*. New York: Oxford University Press, 1996, pp. 38, 99–103; Maurice Davie, *The Evolution of War*. New Haven, CT: Yale University Press, 1929, pp. 136–46 참조. 또한 Andrew Vayda, *War in Ecological Perspective*. New York: Plenum, 1976, pp. 43–74의 'Iban headhunting'; Christopher Boehm, *Blood Revenge: The anthropology of feuding in Montenegro and other tribal societies*. Lawrence: University of Kansas, 1984.

10. Marian Smith, 'The war complex of the Plain Indians', *Proceedings of the American Philosophical Society*, 1938; **78**: 433, 452–3.

11. Bernard Mishkin, *Rank and Warfare among the Plains Indians*. Seattle: University of Washington, 1940, pp. 61–2; 또한 W. W. Newcomb, 'A re–examnonation of the causes of Plains warfare', *American Anthropologist*, 1950; **52**: 319, 329.

12. Mishkin, *Rank and Warfare among the Plains Indians*. pp. 54–5. Goldschmidt의 비교문화 연구는 여러 동기에 주목했지만 그 상관관계까지 보지는 않는다. Walter Goldschmidt, 'Inducement to military participation in tribal societies', in R. Rubinstein and M. Foster (eds), *The Social Dynamics of Peace and Conflict*. Boulder, CO: Westview, 1988, pp. 47–65.

13. Daly and Wilson, *Homicide*, pp. 221–51 참조. 또한 이 과정에 대해서는 Vayda, 'Iban Headhunting', p. 80; Chagnon, 'Life histories, blood revenge and warfare in a tribal population'; 같은 저자, 'Reproductive and somatic conflicts of interest in the genesis of violence and warfare among tribesmen', in Haas, *The Anthropology of War*, pp. 98–101; McCauley, 'Conference overview', p. 20; de Waal, *Good Natured*, pp160–2. Boehm, *Blood Revenge*, 특히 pp. 51–5, 173은 명예와 억지의 상관관계를 충분히 인식하지 못하고 있으며, 이를 별개로 다루는 경향이 있다.

14. W. D. Hamilton and Robert Axelrod, *The Evolution of Cooperation*. New York: Basic Books, 1984; 사실상 이것을 예견한 것은 J. Maynard Smith and G. R. Price, 'the logic of animal conflicts', *Nature*, 1973; **246**: 15–18. 수정된 견해는 주 17 참조.

15. Ernest S. Burch and T. Correll, 'Alliance and conflict: Inter–regional relations in North Alaska', in L. Guemple (ed.), *Alliance in Eskimo Society*. Seattle: University of Washington, 1972, p. 34. 또한 E. S. Burch, 'Eskimo warfare in

Northern Alaska', *Anthropological Papers of the University of Alaska*, 1974; **16**: 8, 11 참조. 오스트레일리아 원주민에 관해서는 2장 주 25 참조.

16. R. Brian Ferguson, (ed.), 'A reexamination of the causes of northwest coast warfare', in *Warfare, Culture, and Environment*. Orlando, FL: Academic Press, 1984, p. 308.

17. '맞대응'이 자기영속적인 과정이 되는 걸 막기 위한 그 밖의 '조정'에 관해서는 Robert Axelrod, *The Complexity of Cooperation*. Princeton, NJ: Princeton University Press, 1997, pp. 30–9; 그리고 Matt Ridley, *The Origins of Virtue: Human instincts and the evolution of cooperation*. New York: Viking, 1996, pp. 67–84의 논평 참조.

18. M. Ember and C. R. Ember, 'Resource unpredictability, mistrust, and war: A cross–cultural study', *Journal of Conflict Resolution*, 1992; **36**:242–62.

19. John Ewers, 'Intertribal warfare as the precursor of Indian–white warfare on the northern Great Plains', *The Western Historical Quarterly*, 1975; **6**: 397–8.

20. John Herz, 'Idealist internationalism and the security dilemma', *World Politics*, 1950; **2**: 157–80; Robert Jervis, 'Cooperation under the security dilemma', *World Politics*, 1978; **30**: 167–214.

21. R. Dawkins and J. R. Krebs, 'Arms races between and within species', *Proceeding of the Royal Society of London Bulletin*, 1979; **205**: 489–511.

22. 인용은 Edward Wilson, *On Human Nature*. Cambridge, MA: Harvard University Press, 1978, pp. 119–20.

23. 무정부 국가 체제와 관련해 광범위하게 발전된 이 홉스식 논리는 Kenneth Waltz, *Theory of International Politics*, Reading, MA: Addison, 1979 참조.

24. 종교에 대한 현대의 '해석적' 설명은 다음으로 거슬러올라간다. Edward B. Tylor, *Primitive Culture*. London: John Murray, 1871; Darwin은 *The Descent of Man*, Chapter iii, pp. 468–70에서 이를 지지했다; 또한 James Frazer, *The Golden Bough*. New York: Macmillan, 1922; R. Horton, 'African traditional thought and Western science', in B. Wilson (ed.), *Rationality*. Oxford: Blackwell, 1970, pp. 131–71; T. Luckmann, *The Invisible Religion*. New York: Macmillan, 1967; P. Berger, *The Social Reality of Religion*. Harmondsworth: Penguin, 1973; S. E. Guthrie, *Faces in the Clouds: A new theory of religion*. New York: Oxford University Press, 1993; Stuart Vyse, *Believing in Magic: The psychology of superstition*. New York: Oxford University Press, 1997. 해

석 외에도 조종 요소를 강조하는 것은 Emile Durkheim, *The Elementary Forms of Religious Life*. New York: Free Press, 1965, pp. 165ff, 476-7, 463-4; Bronislav Malinovski, *The Foundations of Faith and Morals*. London: Oxford University Press, 1936; 같은 저자, *Magic, Science and Religion*. New York: Doubleday Anchor, 1954; 그리고 Terrence Deacon, *The Symbolic Species*. London: Penguin, 1997, 특히 pp. 416, 433-8 참조; 사실 이 모든 것은 Hobbes, *Leviathan*, Chapter 12에서 예견되었다. 이 문헌들은 다음 단락에도 적용된다.

25. 이것은 Pascal Boyer, *Religion Explained: The evolutionary origins of religious thought*. New York: Basic Books, 2001의 주요 문제다. 과학적 인식이 반직관적이라는 이유로 과학적 개념과 종교적 개념을 구분하려고 하는 모든 이들과 같다. 대부분의 과학적 관념도 마찬가지다.

26. Chapter 3, 54-5쪽 참조.

27. Durkheim, *The Elementary Forms of Religious Life*; Malinovski, *The Foundations of Faith and Morals*; 같은 저자, *Magic, Science and Religion*; A. R. Radcliffe-Brown, 'Religion and society', in *structure and Function in Primitive Society*. London: Cohen & West, 1952, pp. 153-77, 특히 161; Ridley, *The Origins of Virtue*, pp. 189-93.

28. 비슷한 견해로 Johan van der Dennen, 'Ethnocentrism and in-group/out-group differentiation', in V. Reynolds, V. Falger, and I. Vine (eds), *The Sociobiology of Ethnocentrism*. London: Croom Helm, 1987, pp. 37-47 참조.

29. Napoleon Chagnon, *Yanomamo: The fierce people*, 2nd edn. New York: Holt, 1977, p. 118.

30. Karl Heider, *The Dugum Dani*. Chicago: Aldine, 1970, pp. 130, 132.

31. Knauft, 'Violence and sociality in human evolution', p. 477.

32. M. G. Meggitt, *Desert People*. Chicago: University of Chicago, 1965, pp. 36, 43.

33. Paola Villa 외, 'Cannibalism in the Neolithic', *Science*, 1986, **233**: 431-7; Tim White, *Prehistoric Cannibalism at Mancos*. Princeton, NJ: Princeton University press, 1992; Alban Defleur, Tim White, Patricia Valensi, Ludovic Slimak, and Évelyne Crégut-Bonnoure, 'Neanderthal cannibalism at Moula-Guercy, Ardèche, France', *Science*, 1999; **286**: 128-31; 그리고 훌륭한 일반적 연구로는 Keeley, *War before Civilization*, pp. 103-6 참조.

34. P. Brown and D. Tuzin (eds), *The Ethnography of Cannibalism*. New York:

The Society for Psychological anthropology, 1983; 또한 Peggy Reeves Sanday, *Divine Hunger: Cannibalism as a cultural system.* Cambridge: Cambridge University Press, 1986; Robert Carneiro, 'Chiefdom-level warfare as exemplified in Fiji and the Cauca Valley (Colombia)', in Haas, *The Anthropology of War,* pp. 194, 199, 202–7.

35. Davie는 이것을 다시금 통찰력 있게 주목했는데, 그러지 않았다면 그의 책은 시대에 뒤진 카니발리즘 연구가 되었을 것이다. Davie, *The Evolution of War,* pp. 65–6.

36. Morgan, *The Life and Adventures of William Buckley,* p. 190, 또한 pp. 73, 97, 108. 따라서 앞서 인용한 메깃의 회의주의는 부적절하게 보일 것이다.

37. Marvin Harris, *Cultural Materialism.* New York: Random House, 1979, pp. 336–40; 같은 저자, *Good to Eat: Riddles of food and culture.* New York: Simon & Schuster, 1985, pp. 199–234; 같은 저자, *Our Kind.* New York: Harper, 1990, pp. 428–36; Michael Harner, 'The ecological basis for Aztec sacrifice', *American Ethnologist,* 1977; **4**: 117–35. 이것이 새로운 생각은 아니다; Davie, *The Evolution of War,* p. 68과 비교.

38. B. Isaac, 'Aztec warfare: Goals and comportment', *Ethnology,* 1983; **22**: 121–31; Keeley, *War before Civilization,* pp. 105–6.

39. 위의 Harris 참조; Davie, *The Evolution of War,* p. 75에서 예견되었다.

40. Harris, *Our Kind,* pp. 428–30.

41. 예를 들어 Johan Huizinga, *Homo Ludens.* Boston: Beacon, 1955의 여러 곳 참조. 전쟁과 관련해서는 pp. 89–104 참조.

42. Robert Fagan, *Animal Play Behavior.* New York: Oxford University Press, 1981; 또한 P. Smith (ed.), *Play in Animals and Humans.* Oxford: Blackwell, 1984; Felicity Huntingford and Angela Turner, *Animal Conflict.* London: Chapman, 1987, pp. 198–200 참조.

43. Margaret Clark, 'The culture patterning of risk-seeking behavior: Implications for armed conflict', in M. Foster and R. Rubinstein (eds), *Peace and War: Cross-cultural perspectives.* New Brunswick, NJ: Transaction, 1986, pp. 79–90; 이것은 진화적 질서를 거스르는 것에 가깝다.

44. 2장 주 22번 (첫번째 인용) 참조.

45. 마약성 물질의 사용에 관해서는 Gilbert Lewis, 'Payback and ritual in war: New Guinea', in R. A. Hinde and H. E. Watson (eds), *War: A cruel necessity?*

London: Tauris, 1995, pp. 34-5 등을 참조. 또한 강화 요인으로서 마약성 물질, 춤, 의식 등에 관해서는 Goldschmidt, 'Inducement to military participation in tribal societies', pp. 51-2 참조.

46. C. R. Hallpike, *The Principles of Social Evolution*. Oxford: Oxford University press, 1986, pp. 113, 372.

47. Hallpike, *The Principles of Social Evolution*, pp. 101-13. 인류학자들의 '이상한 매듭'에 관해 더 많은 것을 알려면 퍼거슨과 나의 의견교환을 참조. B. Ferguson, 'The causes and origins of "primitive warfare": on evolved motivations for war', *Anthropological Quarterly*, 2000; **73**: 159-64; A. Gat, 'Reply', *Anthropological Quarterly*, 2000; **73**: 165-8.

제6장 '원시전쟁': 어떻게 치러졌는가

1. 이는 다음 문헌들에서 제대로 언급되었다. R. Pitt, 'Warfare and hominid brain evolution', *Journal of Theoretical Biology*, 1978; **72**: 551-75; Richard Wrangham and Dale Peterson, *Demonic Males: Apes and the origins of human violence*. London: Bloomsbury, 1997, pp. 159-62.

2. Adam Ferguson, *An Essay on the History of Civil Society*. Cambridge: Cambridge University Press, 1995(1767), p. 112. 다음 책의 저자인 프랑스 대령은 (알제리 유목민에 대한 프랑스인들의 경험을 토대로) 최초로 이 패턴을 자신의 전쟁론을 위한 주춧돌로 삼은 사람일 것이다. C. J. J. J. Ardant du Pick, *Battle Studies*. Harrisburg, PA: The Military Service Publishing Co., 1947(1868). 이 개념을 어느 정도 일반화시킨 것은 Quincy Wright, *A Study of War*. Chicago, University of Chicago, 1943; H. H. Turney-High, *Primitive Warfare*. Columbia, SC: University of South Carolina, 1949; Keith F. Otterbein, *The Evolution of War: A cross-cultural study*. New Haven, CT: HRAF; 1970, pp. 32, 39-40; 그리고 Christopher Boehm, *Blood Revenge: The anthropology of feuding in Montenegro and other tribal societies*. Lawrence: University of Kansas, 1984, pp. 202-27. 유일하게 제대로 일반화한 설명은 Lawrence Keeley, *War before Civilization*. New York: Oxford University Press, 1996, pp. 59-69.

3. Lloyd Warner, 'Murngin warfare', *Oceania*, 1930-1; **1**: 467; 또한 같은 저자의 *A Black Civilization*. New York: Harper, 1937.

4. Warner, 'Murngin warfare', p. 457-8.

5. 그 예로 이미 인용했던 문헌들을 참조. Gerald Wheeler, *The Tribe and Intertribal Relations in Australia.* London: John Murray, 1910, pp. 118–19, 141–5. 이 책은 이 주제에 관한 최초의 인류학 작업들을 훌륭하게 통합하고 있다: M. J. Meggitt, *Desert People.* Chicago: University of Chicago, 1965, pp. 37–8, 42, 325–6: T. G. H. Strehlow, 'Totemic landscape', in R. M. Berndt (ed.), *Australian Aboriginal Anthropology.* Nedlands: University of Western Australia, 1970, pp. 124–5; A. Pilling, in R. B. Lee and I. DeVore (eds), *Man the Hunter.* Chicago: Aldine, 1968, p. 158; H. Ling Roth, *The Aborigines of Tasmania.* Halifax: F. King, 1899, p. 15.

6. John Morgan, *The Life and Adventures of William Buckley: Thirty-two years a wanderer among the aborigines of the unexplored country round Port Philip.* Canberra: Australian National University Press, 1980(1852), p. 189. 정면대결의 경우는 pp. 40, 41, 42, 49–50, 60, 68, 68–9, 76–7, 81, 82 참조.

7. Aurel Krause, *The Tlingit Indians: Results of a trip to the Northwest Coast of America and the Bering Straits* (trans. Erna Gunther). Seattle: University of Washington, 1956, pp. 169–72.

8. Franz Boas, *Kwakiutl Ethnography.* Chicago: University of Chicago, 1966, pp. 108–10; 또한 Leland Donald, *Aboriginal Slavery on the Northwest Coast of North America.* Berkeley, CA: University of California, 1997, p. 27 참조, '기쁨을 주는' 여자 노예에 관해선 p. 73 참조.

9. Philip Drucker, *The Northern and Central Nootkan Tribes.* Washington, DC: Smithsonian Institute, 1951, pp. 337–41; Philip Drucker, *Cultures of the North Pacific Coast.* San Francisco, CA: Chandler, 1965, pp. 75–81. 같은 원리를 간단하게 요약한 또다른 자료는 R. Brian Ferguson, 'Northwest Coast warfare', 같은 저자가 편집한 *Warfare Culture and the Environment.* Orlando, FL: Academic Press, 1984, p. 272 참조.

10. E. W. Nelson, *The Eskimo about Bering Strait.* Washington, DC: Smithsonian Institute, 1983(1899), p. 327.

11. Wendell Oswalt, *Alaskan Eskimos.* San Francisco, CA: Chandler, 1967, pp. 185–8.

12. Ernest Burch, 'Eskimo warfare in Northwest Alaska', *Anthropological Papers of the University of Alaska,* 1974: **16**: 특히 pp. 2, 4.

13. Burch, 'Eskimo warfare in Northwest Alaska', pp. 10–11; 또한 Nelson, *The*

Eskimo about Bering Strait, pp. 328-9.

14. Robert Spencer, *The North Alaskan Eskimo*. Washington, DC: Smithsonian Institute, 1959, p. 72.

15. Marian Smith, 'The war complex of the Plains Indians', *Proceedings of the American Philosophical Society*, 1938, **78**: 436, 431.

16. Robert Mishkin, *Rank and Warfare among the Plains Indians*. Seattle: University of Washington, 1940, p. 2.

17. John Ewers, 'Intertribal warfare as the precursor of Indian-white warfare in the northern Great Plains', *The Western Historical Quarterly*, 1975; **6**: 401.

18. Frank Secoy, *Changing Military Patterns of the Great Plains Indians*. New York: Augustin, 1953, pp. 34-5. 그는(pp. 10-12) 1539-43년에 에스파냐의 데소토 탐험대와 대면했던 남부의 정주 원예민과 관련해서 비슷한 실수를 저질렀을지 모른다. 그는 화살을 퍼붓다가 이어서 타격을 가하는 인디언의 '대량 보병' 전투를 묘사한다. 그러나 에스파냐 탐험대의 묘사를 비롯해 그가 인용한 더 자세한 묘사들에서 부각되는 것은 포위, 매복, 새벽의 기습, 그리고 심각한 대면 전투보다 익숙한 일렬 발사다.

19. Napoleon Chagnon, *Yanomamo: The fierce people*, 2nd edn. New York: Holt, 1977, pp. 113-37; Walter Goldschmidt, 'Inducement to military participation in tribal societies', in R. Rubinstein and M. Foster (eds), *The Social Dynamics of Peace and Conflict*. Boulder, CO: Westview, 1988, pp. 49-50.

20. Chagnon, *Yanomamo: The fierce people*, p. 122.

21. 같은 책, p. 40.

22. 같은 책, pp. 78-9, 102-3.

23. 특히 Andrew Vayda, *War in Ecological Perspective*. New York: Plenum, 1976, pp. 9-42; Ronald Berndt, *Excess and Restraint: Social conflict among a New Guinea mountain people*. Chicago: University of Chicago, 1962; Roy Rappaport, *Pigs for the Ancestors*. New Haven, CT: Yale University Press, 1967; K. Heider, *The Dugum Dani*. Chicago: Aldine, 1970; Klaus-Friedrich Koch, *War and Peace in Jalemo: The management of conflict in Highland New Guinea*. Cambridge, MA: Harvard University Press, 1974; Mervin Meggitt, *Blood is their Argument: Warfare among the Mae Enga tribesmen of the New Guinea Highlands*. Palo Alto, CA: Mayfield, 1977; C. R. Hallpike,

Bloodshed and Vengeance in the Papuan Mountains. Oxford: Oxford University Press, 1977; Paula Brown, *Highland Peoples of New Guinea*. Cambridge: Cambridge University Press, 1978; Gilbert Lewis, 'Payback and ritual in war: New Guinea', in R. A. Hinde and H. E. Watson (eds), *War: A cruel necessity?* London: Tauris, 1995, pp. 24–36.

24. 인용은 Meggitt, *Blood is their argument*, p. 17; Vayda, *War in Ecological Perspective*, p. 15; 그러나 모든 권위자들이 똑같은 얘기를 하고 있다.

25. Vayda, *War in Ecological Perspective*, p. 23.

26. Keith Otterbein, 'Higi armed combat', in his *Feuding and Warfare*. Longhorne, PA: Gordon & Breach, 1994, pp. 75–96; Boehm, *Blood Revenge*.

27. Konrad Lorenz, *On Aggression*. London: Methuen, 1965(1963), pp. 206–9; Desmond Morris, *The Naked Ape*. London: Jonathan Cape, 1967, pp. 174–5.

28. J. Maynard Smith and G. R. Price, 'The logic of animal conflict', *Nature*, 1973; **246**: 15–18; Pitt, 'Warfare and homimid brain evolution', p. 571; Darius Baer and Donald McEachron, 'A review of selected sociobiological principles: Application to hominid evolution', *Journal of Social and Biological Structures*, 1982; **5**: 82; Matt Ridley, *The Origins of Virtue: Human instincts and the evolution of cooperation*. New York: Viking, 1996, pp. 164–5.

29. Warner, *A Black Civilization*, pp. 157–8; Pilling, in *Man the Hunter*, p. 158; R. G. Kimber, 'Hunter–gatherer demography: The recent past in Central Australia', in B. Meehan and N. White (eds), *Hunter-Gatherer Demography*. Sydney: University of Sydney, 1990, p. 163.

30. Frank Livingstone, 'The effects of warfare on the biology of the human species', in M. Fried, M. Harris, and R. Murphy (eds), *War: The anthropology of armed conflict and aggression*. Garden City, NY.: Natural History, 1967, p. 9, 그 밖의 여러 관련 통계들.

31. Donald Symons, *The Evolution of Human Sexuality*. New York: Oxford University Press, 1979, p. 145; Bruce Knauft, 'Reconsidering violence in simple societies: Homicide among the Gebusi of New Guinea', *Current Anthropology*, 1987; **28**; 458; Jean Briggs, '"Why don't you kill your baby brother?" The dynamics of peace in Canadian Inuit camps', in L. E. Sponsel and T. Gregor (eds), *The Anthropology of Peace and Nonviolence*. London:

Lynne Rienner, 1994, p. 156.

32. Richard Lee, *The !kung San*. New York: Cambridge University Press, 1979, p. 398.

33. Mildred Dickemann, 'Female infanticide, reproductive strategies, and social stratification', in N. Chagnon and W. Irons (eds), *Evolutionary Biology and Human Social Behavior*. North Scituate, MA: Buxbury Press, 1979, p. 364; 이 와 약간 다른 (그리고 일관성 없는) 수치들은 Marvin Harris (ed.), 'Primitive war', in *Cows, Pigs, Wars and Witches*. New York: Random House, 1974, p. 69.

34. J. A. Yost, 'Twenty years of contact: The mechanism of change in Wao (Auca) culture', in N. A. Whitten (ed.), *Cultured Transformation and Ethnicity in Modern Ecuador*. Urbana, IL: University of Illinois, 1981, pp. 677–704; C. A. Robarchek and C. J. Robarchek, 'Cultures of war and peace: A comparative study of Waorani and Semai', in J. Silverberg and J. P. Gray (eds), *Aggression and Peacefulness in Humans and Other Primates*. New York: Oxford University Press, pp. 189–213.

35. Heider, *The Dugum Dani*, p. 128.

36. Meggitt, *Blood is their Argument*, pp. 13–14, 110.

37. Symons, *The Evolution of Human Sexuality*, p. 145에서 인용.

38. Hallpike, *Bloodshed and Vengeance in the Papuan Mountains*, pp. 54, 202.

39. Knauft, 'Reconsidering violence in simple societies', pp. 462–3, 470, 477–8.

40. Boehm, *Blood Revenge*, p. 177.

41. Livingstone, 'The effects of warfare on the biology of the human species', p. 9.

42. G. Milner, E. Anderson, and V. Smith, 'Warfare in late prehistoric West–Central Illinois', *American Antiquity*, 1991; **56**; 583; 인용은 Keely, *War before Civilization*, pp. 66–7. 여기에는 그 외의 다양한 관련 자료들이 포함되어 있다.

43. Meggitt, *Blood is their argument*, p. 100.

44. Livingstone, 'The effects of warfare in the biology of the human species'; Keeley, *War before Civilization*; M. Ember and C. R. Ember, 'Cross–cultural studies of war and peace', in S. P. Reyna and R. E. Downs (eds), *Studying War: Anthropological perspectives*. Langhorne, PA: Gordon & Breach, 1994, p. 190 참조.

45. Peter Brunt, *Italian Manpower*, 225 B.C.–A.D. 14. Oxford: Oxford University

Press, 1971, pp. 54, 63, 84. 주로 기원전 218~216년의 재난을 다루고 있다.

46. Quincy Wright, *A Study of War*, Vol. I. Chicago: University of Chicago, 1942, P. 665, Table 57; 이 추정치는 매우 빈약하지만 대략적인 지표로 볼 수 있다.

47. Edward O. Wilson, *On Human Nature*, Cambridge, MA: Harvard University Press, 1978, pp. 103-5; George Williams, 인용은 Daniel Dennet, *Darwin's Dangerous Idea*, New York: Simon & Schuster, 1995, p. 478.

제7장 결론: 진화적 자연 상태에서의 싸움

1. K. F. Otterbein and C. S. Otterbein, 'An eye for an eye, a tooth for a tooth: A cross-cultural study of feuding', *American Anthropologist*, 1965; **67**: 1470-82; Lionel Tiger, *Men in Groups*, New York: Random House, 1969; W. D. Hamilton, 'Innate social aptitudes of men: An approach from evolutionary genetics', in R. Fox (ed.), *Biolocial Anthropology*, New York: John Wiley, 1975, p. 148; Richard Wrangham and Dale Peterson, *Demonic Males: Apes and the origins of human violence*, London: Bloomsbury, 1997.

2. J. Shepher, *Incest: The biosocial view*, New York: Academic Press, 1983.

3. Matt Ridley, *The Origins of Virtue: Human instincts and the evolution of cooperation*, New York: Viking, 1996, pp. 166-7.

4. Pierre van den Berghe, *The Ethnic Phenomenon*, New York: Elsevier, 1981; V. Reynolds, V. Falger, and I. Vine (eds), *The Sociobiology of Ethnocentrism*, London: Croom Helm, 1987; R. Paul Shaw and Yuwa Wong, *Genetic Seeds of Warfare: Evolution, nationalism and patriotism*, Boston: Unwin Hyman, 1989; 또한 Daniel Druckman, 'Social-psychological aspects of nationalism', in J. L. Comaroff and P. C. Stern (eds), *Perspectives on Nationalism and War*, Luxemburg: Gordon & Breach, 1995, pp. 47-98; Paul Stern, 'Why do people sacrifice for their nations', 같은 책, pp. 99-121; 그리고 다음에 인용된 여타 자료들 참조. Frank K. Salter, *Emotions in Command; A naturalistic study of institutional dominance*, Oxford: Oxford University Press, 1995, pp. 8-9. 최초의 것으로는 Charles Darwin, *The Descent of Man*, Chapter 4, in *The Origin of Species and The Descent of Man*, New York: Modern Library, n.d., p. 492 참조.

5. 이 주제와 유전자-문화 일치에 관한 주요 연구는 L. L. Cavalli-Sforza, O.

Menozzi, and A. Piazza, *The History and Geography of Human Genes*. Princeton, NJ: Princeton University Press, 1994.

6. Hamilton, 'Innate social aptitudes of men', p. 148.

7. 또한 홉스식의 이 논리는 국가 체제에 이로운 방향으로 발전되어왔다. Kenneth Waltz, *Theory of International Politics*. Reading, MA: Addison, 1979.

8. Napoleon Chagnon, *Yanomamo: The fierce people*, 2nd edn. New York: Holt, 1977, pp. 162-3.

9. D. W. Rajecki, 'Animal aggression: Implications for human aggression', in R. G. Geen and E. I. Donnerstein (eds), Aggression: Theoretical and empirical review. New York: Academic Press, 1983, pp. 199.

10. 더 자세하게는 A. Gat, 'The causes and origins of "primitive warfare": Reply to Ferguson', *Anthropological Quarterly*, 2000; **73**: 165-8을 참조. 한편 다음의 책은 희소성과 인간 분쟁에 대한 또 하나의 생태학적 설명을 제시했다. Steven LeBlanc with Katherine Register, *Constant Battles: The myth of the peaceful noble savage*. New York: St martin's Press, 2003. 이 책은 내가 발견한 것들과 많은 부분이 일치하지만, 저자들은 그들의 생태학적 통찰에 담긴 더욱 깊고 포괄적인 맬서스-다윈식 논리를 인식하지 못하고 있다.

11. 우리의 주제와 관련해 다음의 비판을 참조. Robert Carneiro, 'Preface', to Keith F. Otterbein, *The Evolution of War: A cross-cultural study*. New Haven, CT: HRAF, 1970. C. R. Hallpike, 'Functional interpretations of primitive warfare', *Man*, 1973; **8**: 451-70; Robert Bettinger, *Hunter-Gatherers*. New York: Plenum, 1991, pp. 178-9; Doyne Dawson, 'The origins of war: Biological and anthropological theories', *History and Theory*, 1996; **35**: 21-3. 이 부분은 논문 형식으로 쓰이고 발표되었으므로 진화론과 기능주의의 유사성 및 차이에 관한 훌륭하고 본격적인 논의는 다음 책이 따로 제공하고 있다. David Wilson, *Darwin's Cathedral: Evolution, religion, and the nature of society*. Chicago: University of Chicago, 2002, Chapter 2, 이 장에 대해서는 매우 공감하는 바이다.

12. 전쟁 연구에서 이런 방식의 접근에 대한 최근의 예는 Robert O'Connell, *Ride of the Second Horseman*. New York: Oxford University Press, 1995.

제8장 도입: 진화하는 문화적 복잡성

1. V. Gordon Childe, *Social Evolution*. Cleveland: Meridian, 1951; Leslie White,

The Science of Culture. New York: Grove, 1949; 같은 저자, *The Evolution of Culture*. New York: McGraw—Hill, 1959; J. H. Steward, *Theory of Cultural Change*. Urbana, IL: University of Illinois, 1955; Marshall Sahlins and Elman Service (eds), *Evolution and Culture*. Ann Arbor: University of Michigan, 1960; Elman Service, *Primitive Social Organization: An evolutionary perspective*. New York: Random House, 1962; 같은 저자, *Origins of the State and Civilization: The process of cultural evolution*. New York: Norton, 1975; Morton Fried, *The Evolution of Political Society*. New York: Random House, 1967; Marvin Harris, *The Rise of Anthropological Theory*. New York: Crowell, 1968; R. L. Carneiro, 'Foreword', in K. Otterbein, *The Evolution of War: A cross-cultural study*. New Haven, CT: HRAF, 1970; R. L. Carneiro, 'The four faces of evolution: Unilinear, universal, multilinear and differential', in J. Honigmann (ed.), *Handbook of Social and Cultural Anthropology*. Chicago: Rand, 1973, pp. 89–110; C. Refrew 외 (eds), *Theory and Explanation in Archaeology*. New York: Academic Press, 1982, Chapters 16과 19; A. W. Johnson and T. Earle, *The Evolution of Human Societies: From foraging group to agrarian state*. Stanford: Stanford University Press, 1987; Tim Ingold, *Evolution and Social Life*. Cambridge: Cambridge University Press, 1986; C. R. Hallpike, *The Principles of Social Evolution*. Oxford: Oxford University Press, 1986; David Rindos, 'The evolution of the capacity for culture: Sociobiology, structuralism, and cultural selectionism', *Current Anthropology*, 1986; **27**: 315–32; Stephen Sanderson, *Social Evolutionism*. Oxford: Blackwell, 1990; 같은 저자, *Social Transformations*. Oxford: Blackwell, 1995; Ernest Gellner, *Plough, Sword, and Book: The structure of human history*. Chicago: University of Chicago, 1989.

2. 특히 다음을 참조. D. T. Campbell, 'Variation and selective retention in socio-cultural evolution', in H. Barringer 외 (eds), *Social Change in Developing Areas*. Cambridge, MA: Schenkman, 1965, pp. 19–49; Richard Dawkins, *The Selfish Gene*, 2nd edn. Oxford: Oxford University Press, 1989, Chapter 11; Daniel Dennet, *Darwin's Dangerous Idea*. New York: Simon & Schuster, 1995; Dan Sperber, *Explaining Culture: A naturalistic approach*. Oxford: Blackwell, 1996; J. M. Balkin, *Cultural Software*. New Haven, CT: Yale University press, 1998.

3. 탁월한 Jack Cohen and Jan Stewart, *Figments of Reality: The evolution of the curious mind*. Cambridge: Cambridge University Press, 1997 참조. 또한 인류학적 관점의 더 이전 자료는 Warwick Bray, 'The biological Basis of culture', in C. Renfrew (ed.), *The Explanation of Cultural Change: Models in prehistory*. London: Duckworth, 1973, pp. 73-92 참조.

4. Noam Chomsky, *Cartesian Linguistics*. New York: Harper & Row, 1966; Steven Pinker, *The Language Instinct*. New York: Morrow, 1994; Terrence Deacon, *The Symbolic Species: The co-evolution of language and the human brain*. London: penguin, 1997.

5. C. J. Lumsden and E. O. Wilson, *Genes, Mind and Culture*. Cambridge, MA: Harvard University Press, 1981; L. L. Cavalli-Sforza and M. W. Feldman, *Cultural Transmission and Evolution*. Princeton, NJ: Princeton University Press, 1981; Robert Boyd and P. J. Richerson, *Culture and the Evolutionary Process*. Chicago, University of Chicago, 1985; W. H. Durham, *Coevolution: Genes, culture, and human diversity*. Stanford, CA: Stanford University Press, 1991. 나중에 전쟁의 발전으로 순수한 문화적 진화가 일어났고 그 급속함 때문에 문화적 진화가 유전자 통제를 벗어났다는 주장을 지지하는 Dawson의 견해는 편파적이다. Doyne Dawson, 'The origins of war: Biological and anthropological theories', *History and Theory*, 1996; **35**: 24.

6. 가장 훌륭한 문헌은 다음과 같다. Cohen and Stewart, *Figments of Reality*, 그리고 그 전에 나온 같은 저자의 *The Collapse of Chaos: Discovering simplicity in a complex world*. New York: Viking, 1994가 있다. 또한 John T. Bonner, *The Evolution of Complexity by Means of Natural Selection*. Princeton, NJ: Princeton University Press, 1988; Simon Morris, *Life's Solution: Inevitable humans in a lonely universe*. Cambridge: Cambridge University Press, 2003이 있다. 이보다 조야하지만 Max Petterson, *Complexity and Evolution*. Cambridge: Cambridge University Press, 1996도 유용하다. 이들 문헌은 Stephen J. Gould, *Wonderful Life*. New York: Norton, 1989의 우연성으로서의 진화에 대한 극단적 찬양을 방증하는 근거를 충분히 제공한다.

7. 앞의 주에서 소개한 참고문헌 외에도 특히 다음을 참조. Stuart Kaufman, *The Origins of Order: Self-Organization and selection in evolution*. New York: Oxford University Press, 1993. 개관은 M. Mitchell Waldrop, *Complexity: The emerging science at the edge of order and chaos*. New York: Simon &

Schuster, 1992 또한 다음을 참조. Richard Dawkins, *The Blind Watchmaker*. London: Longman, 1986; John Holland, *Hidden Order: How adaptation builds complexity*. Reading, MA: Helix, 1995; Matt Ridley, *The Origins of Virtue*. New York: Viking, 1996; Philip Ball, *The Self-Made Tapestry: Pattern formation in nature*. Oxford: Oxford University Press, 1999; Peter Corning, *Nature's Magic: Synergy in evolution and the fate of humankind*. Cambridge: Cambridge University Press, 2003.

8. Cohen and Stewart *Figments of Reality*, pp. 111-12. 또한 Dawkins, *The Blind Watchmaker*, pp. 94-106.

9. 이는 Sanderson, *Social Evolutionism*에서 충분히 강조되고 있다.

10. 이 점은 William McNeil, *The Rise of the West: A history of the human community*. Chicago: University of Chicago, 1963; Michael Mann, *The Sources of Social Power*, Vol. 1. Cambridge: Cambridge University Press, 1986, pp. 173, 525 등에서 옳게 지적되었다.

제9장 농경사회와 목축사회의 부족 전쟁

1. 유용한 최신 연구 선집은 다음과 같다. D. Harris (ed.), *The Origins and Spread of Agriculture and Pastoralism in Eurasia*. Washington, DC: Smithsonian Institute, 1996; T. Price and A. Gebauer (eds), *Last Hunters—First Farmers*. Santa Fe, NM: School of American Research, 1992; A. Gebauer and T. Price (eds), *Transitions to Agriculture in Prehistory*. Madison, WI: Prehistory Library, 1992; C. Cowan and P. Watson (eds), *The Origins of Agriculture*. Washington, DC: Smithsonian Institute, 1992; Richard MacNeish, *The Origins of Agriculture and Settled Life*. Norman: University of Oklahoma, 1992.

2. William McNeil, *Plagues and Peoples*. Garden City, NY: Anchor, 1976, Chapters 1, 2; Mark Cohen, *Health and the Rise of Civilization*. New Haven, CT: Yale University Press, 1989.

3. Mark Cohen, *The Food Crisis in Prehistory*. New Haven, CT: Yale University Press, 1977; 이것은 인구통계적 해석을 자극했다. 그러나 Cohen의 저작은 예전에 나온 것으로, 호모 사피엔스 사피엔스의 확산과 의의에 대한 최근의 이해는 전혀 설명하지 않는다. 농업을 시작했던 중석기시대 사람들이 특정한 영양학적 압박을 전혀

겪지 않았음을 지적하는 문헌은 다음과 같다. Brian Hayden, 'Models of domestication', in Gebauer and Price, *Transitions to Agriculture in Prehistory*, pp. 11–19; 같은 저자, 'A new overview of domestication', in Price and Gebauer, *Last Hunters–First Farmers*, pp. 273–99; 또한 Price and Gebauer, 같은 책, pp. 7, 19. 정주와 농업에 관해서는 David Harris, 'Settling down: An evolutionary model for the transformation of mobile bands into sedentary communities', in J. Friedman and M. Rowlands (eds), *The Evolution of Social Systems*, London: Duckworth, 1977, pp. 401–18. 문화-진화론적인 훌륭한 종합은 Charles Redman, *The Rise of Civilization: From early farmers to urban society in the ancient Near East*, San Francisco, CA: Freeman, 1978; Jared Diamond, *Guns, Germs, and Steel: The fate of human societies*, New York: Norton, 1997 참조. 이 책은 여러 대륙에서 서로 다른 문화적 궤적을 낳게 된 가축화의 문제와 임의성을 탁월하게 해석했다. 위의 주 1에 인용한 연구 선집에서 더 많은 견해들을 찾을 수 있다.

4. David Rindos, *The Origins of Agriculture: An evolutionary perspective*, Orlando, FL: Academic Press, 1984.

5. Martin Daly and Margo Wilson, *Sex, Evolution, and Behavior*, Boston, MA: Wilard Grant, 1983, pp. 328–41; Cohen, *Health and the Rise of Civilization*, pp. 87–9, 102–3.

6. 훌륭한 개관으로는 Robert Netting, 'Population, permanent agriculture, and polities: Unpacking the evolutionary portmanteau', in S. Upham (ed.), *The Evolution of Political Systems: Sociopolitics in small-scale sedentary societies*, Cambridge: Cambridge University Press, 1990, pp. 21–61 참조.

7. 일반적 연구의 예로는 Colin McEvedy and Richard Jones, *Atlas of World Population History*, London: Penguin, 1978; Massimo Bacci, *A Concise History of World Population*, Oxford: Blackwell, 1997, pp. 27, 38, 41–7 참조.

8. 전체 논쟁과 이후의 단락들은 다음을 참조. A. J. Ammerman and L. L. Cavalli-Sforza, *The Neolithic Transition and the Genetics of Populations in Europe*, Princeton, NJ: Princeton University Press, 1984; L. L. Cavalli-Sforza 외, *The History and Geography of Human Genes*, Princeton, NJ: Princeton University Press, 1994; Colin Renfrew, *Archeology and Language*, Cambridge: Cambridge University Press, 1987; 같은 저자, 'The origins of world linguistic diversity: An archeological perspective', in N. Jablonski and L. Aiello (eds),

The Origins and Diversification of Language. San Francisco, CA: California Academy of Sciences, 1998, pp. 171–91; T. Price, A. Gebauer, and Lawrence Keeley, 'The spread of farming into Europe north of the Alps', in Price and Gebauer, *Last Hunters-First Farmers.* pp. 95–126; D. Harris (ed.), *The Origins and Spread of Agriculture and Pastoralism in Eurasia.* Washington, DC: Smithsonian Institute, 1996에 L. L. Cavalli-Sforza, C. Renfrew, J. Thomas, M. Zvelebil, and T. Price가 기고한 논문; Robin Dennell, 'The hunter-gatherer/agricultural frontier in prehistoric temperate Europe', in S. Green and S. Perlman (eds), *The Archaeology of Frontiers and Boundaries.* London: Academic Press, 1985, pp. 113–39; Stephen Oppenheimer, *Out of Eden: The peopling of the world.* London: Constable, 2003, p. xxi.

9. 이전의 주에 덧붙여 다음의 비판을 참조. J. P. Mallory, *In Search of the Indo-Europeans.* London: Thames & Hudson, 1989.

10. J. L. Mountain 외, 'Congruence of genetic and linguistic evolution in China', *Journal of Chinese Linguistics,* 1992; **20**: 315–31; Ian Glover and Charles Higham, 'New evidence for early rice cultivation in south, southeast and east Asia', in Harris, *The Origins and Spread of Agriculture and Pastoralism in Eurasia,* pp. 413–41; Peter Bellwood, 'The origins and spread of agriculture in the Indo-Pacific region: Gradualism and diffusion or revolution and colonization', 같은 책, pp. 465–98. 탁월한 종합을 제공하는 것은 Jared Diamond and Peter Bellwood, 'Farmers and their languages: The first expansions', *Science,* 2003; **25**: 597–603.

11. 농경민의 취약성에 대한 정교한 분석은 Dennell, 'The hunter-gatherer/agricultural frontier in prehistoric temperate Europe' 참조.

12. John Iliffe, *Africans: The history of a continent.* Cambridge: Cambridge University Press, 1995, pp. 35–6, 99–100.

13. Lawrence Keeley, *War before Civilization.* New York: Oxford University Press, 1996, pp. 132–5의 탁월한 논의를 참조.

14. 같은 책, pp. 136–9; Lawrence Keeley, 'The introduction of agriculture to the Western North European Plain', in Gebauer and Price, *Transitions to Agriculture in Prehistory,* pp. 92–3; Lawrence Keeley and Daniel Cahen, 'Early Neolithic forts and villages in NE Belgium: A preliminary report', *Journal of Field Archaeology,* 1989; **16**: 157–76; Marek Zvelebil, 'The

transition to farming in the circum—Baltic region', in Harris, *The Origins and Spread of Agriculture and Pastoralism in Eurasia*, pp. 338–9; I. J. Thorpe, *The Origins of Agriculture in Europe*. London: Routledge, 1996, pp. 35–6, 39; Alasdair Whittle, 'The first farmers', in B. Cunliffe (ed.), *The Oxford Illustrated Prehistory of Europe*. Oxford: Oxford University Press, 1995, pp. 145, 150–1, 160–5; Roger Mercer, 'The earliest defences in Western Europe. Part I: Warfare in the Neolithic', *Fortress*, 1989; **2**: 16–22.

15. W. W. Hill, *Navaho Warfare*. New Haven, CT: Yale University Press, 1936; 또한 Keeley, *War before Civilization*, pp. 135–6.

16. 다시 Diamond의 훌륭한 책 *Guns, Germs, and Steel* 참조.

17. Stuart Fiedel, Prehistory of the Americas. New York: Cambridge University Press, 1987, p. 209. 오랫동안 기다렸던 연구는 다음에서 볼 수 있다. George Milner, 'Palisaded settlements in prehistoric eastern North America', in James Tracy (ed.), *City Walls: The Urban enceinte in global perspective*. Cambridge: Cambridge University Press, 2000, pp. 46–70.

18. James Mellaart, *Çatal-Hüyük*. New York: McGraw—Hill, 1967, 특히 pp. 68–9; 또한 같은 저자, *Earliest Civilizations of the Near East*. New York: McGraw—Hill, 1965, pp. 81–101, 특히 82–3.

19. Kathleen Kenyon, *Digging Up Jericho*. London: Ernest Benn, 1957, pp. 66–9, 75–6; Emmanuel Anati, 'Prehistoric trade and the puzzle of Jericho', *Bulletin of the American Schools of Oriental Research*, 1962; **167**: 25–31.

20. Peter Dorell, 'The uniqueness of Jericho', in R. Moorey and P. Parr (eds), *Archaeology on the Levant*. Warminster: Aris, 1978, pp. 11–18; Marilyn Roper, 'Evidence of warfare in the Near East from 10000–4300 BC', in M. Nettleship 외 (eds), *War: Its causes and correlates*. The Hague: Mouton, 1975, pp. 304–9; James Mellaart, *The Neolithic of the Near East*. London: Thames & Hudson, 1975, pp. 48–51. O. Bar—Yosef, 'The walls of Jericho', *Current Anthropology*, 1986; **27**: 157–62에서 벽과 도랑이 홍수방제 장치였고 탑은 제의적 구조물이었다는 Bar—Yosef의 주장은 논증이 잘 되어 있지만 설득력이 떨어진다.

21. Hill, *Navaho Warfare*.

22. Roper, 'Evidence of warfare in the Near East from 10000–4300 BC', pp. 299–343; 이것은 전문적이고 신중한 조사이지만, 종내 살해가 비자연적이며 따라서

인간의 후대 발명품이라는 낡은 로렌츠식 생물학에 근거한 저자의 가정이 유일한 흠이다. 또한 Mellaart, *The Neolithic of the Near East*, pp. 115–16, 126, 150, 152, 225 참조.

23. Roper, 'Evidence of warfare in the Near East from 10000–4300 BC'; John Keegan, *A History of Warfare*. New York; Alfred Knopf, 1993, pp. 125–6.

24. 이는 Dorell, 'The uniqueness of Jericho'에 잘 설명되어 있으며 Bar Yosef, 'The walls of Jericho'에서도 사실상 인정되고 있다.

25. Keely, *War before Civilization*, p. 137; Whittle, 'The first farmers', pp. 145, 150–1, 160–5; Mercer, 'The earliest defences in Western Europe. Part I'.

26. Graeme Barker, *Prehistoric Farming in Europe*. Cambridge: Cambridge University Press, 1985, p. 261.

27. Polybius, *The Histories*. Cambridge, MA: Harvard University Press/Loeb, 1975, 2.17.

28. Mervin Meggitt, *Blood Is Their argument: Warfare among the Mae Enga of the New Guinea Highlands*. Palo Alto, CA, 1977: Mayfield, p. 2.

29. Irving Goldman, *Ancient Polynesian Society*. Chicago: University of Chicago Press, 1970; Patrick Kirch, *The Evolution of the Polynesian Chiefdoms*. Cambridge: Cambridge University Press, 1984, p. 195.

30. Kirch, *The Evolution of the Polynesian Chiefdoms*. p. 213.

31. 여기서 내 결론은 Rowlands의 탁월한 글과 의견이 같다. M. Rowlands, 'Defence: A factor in the organization of settlements', in P. Ucko, R. Tringham, and G. Dimbleby, (eds), *Man, Settlement and Urbanism*. Cambridge, MA: Schenkman, 1972, pp. 447–62.

32. Morton Fried, *The Notion of the Tribe*. Menlo Park, CA: Cummings, 1975; 이보다 전에 나온 같은 저자의 'On the concepts of "tribe" and "tribal society"', in J. Helm (ed.), *Essays on the Problem of the Tribe*. Seattle: American Ethnological Society, 1968, pp. 3–20. Fried의 과장된 말은 후대 인류학자들에게 영향을 미쳤다. 최근의 자료로는 B. Ferguson and N. Whitehead (eds), *War in the Tribal Zone: Expanding states and indigenous warfare*. Santa Fe, NM: School of American Research, 1992 참조.

33. Dell Hymes (ed.), 'Linguistic problems in defining the concept of the tribe', in *Essays on the Problem of the Tribe*. Seattle: American Ethnological Society, 1968, pp. 23–48; 이 책은 종족공동체, 언어, 부족의 이런 구분을 간과하고 있다. 그

러나 Fredrick Barth (ed.), 'Introduction', in *Ethnic Groups and Boundaries*. London: George Allen, 1969, pp. 9-38의 예를 참조.

34. Lewis Morgan, *League of the Ho-De-No Sau-Nee or Iroquois*. New Haven, CT: Human Relation Area Files, 1954(1851)은 선구적 문헌이다. 인구 추정치는 Dean Snow, *The Iroquis*. Cambridge, MA: Blackwell, 1994, pp. 1, 88, 109-11; Daniel Richter, *The Ordeal of the Longhouse: The people of the Iroquois League in the era of European colonization*. Chapel Hill: University of North Carolina, 1992, pp. 17, 293; Francis Jennings, *The Ambiguous Iroquois Empire*. New York: Norton, 1984, pp. 34-5; Bruce Trigger, 'Maintaining economic equality in opposition to complexity: An Iroquoian case study', in S. Upham (ed.), *The Evolution of Political Systems: Sociopolitics in small-scale sedentary societies*. Cambridge: Cambridge University Press, 1990, pp. 119-45 참조. 이 책은 이로쿼이 선사시대에 대한 훌륭한 최신 연구이다.

35. B. Trigger and W. Washburn (eds), *The Cambridge History of the Native Peoples of the Americas: I. North America*, Part 1. New York: Cambridge University Press, 1996, pp. 403, 308, 506에 실린 다양한 글을 참조.

36. Brian Fagan, *Ancient North America*. New York: Thames & Hudson, 1995, pp. 121, 141-2, 160: John Ewers, 'Intertribal warfare as the precursor of Indian-white warfare on the northern Great Plains', *The Western Historical Quarterly*, 1975; 6: 403-7.

37. Bernard Mishkin, *Rank and Warfare among the Plains Indians*. Seattle: University of Washington, 1940, p. 25.

38. Polybius 2.17; Barry Cunliffe, *The Ancient Celts*. Oxford: Oxford University Press, 1997, pp. 72, 177.

39. 부족 이후의 대규모 공동체와 연합 공동체의 인구 수치(고대에는 적의 수를 과장하는 것이 관습이었기에 그중 일부는 과장되었을 것이다)에 관해서는 *The Gallic War* 1.29, 2.4 참조. 가장 유익한 것은 7.75.

40. Barry Cunliffe, *Iron Age Communities in Britain*. London: Routledge, 1974, pp. 105, 114.

41. Malcolm Todd, *The Early Germans*. Oxford: Blackwell, 1992, p. 8.

42. Edward James, *The Franks*. Oxford: Blackwell, 1988, pp. 35-6.

43. Kristian Kristiansen, *Europe before History*. Cambridge: Cambridge University Press, 1998, p. 195.

44. Christopher Boehm, *Blood Revenge: The anthropology of feuding in Montenegro and other tribal societies.* Lawrence: University of Kansas, 1984, pp. 19, 21.

45. Kirch, *The Evolution of the Polynesian Chiefdoms,* p. 98; Marshall Sahlins, 'Poor man, rich man, big-man, chief: Political types in Melanesia and Polynesia', *Comparative Studies in Society and History,* 1963; **5**: 287.

46. Andrew Vayda, *Maori Warfare.* Wellington, New Zealand: The Polynesian Society, 1960, p. 20.

47. M. Fortes and E. Evans-Pritchard (eds), *African Political Systems.* Oxford: Oxford University Press, 1940, pp. 7, 36, 198, 239, 276-84; J. Middleton and D. Tait, *Tribes without Rulers: Studies in African segmentary systems.* London: Routledge, 1958, pp. 28, 97, 102-4, 164, 167, 203, 207.

48. 학계의 흐름에 크게 반대해 이를 잘 지적한 것은 William Sanders and David Webster, 'Unilinealism, multilinealism, and the evolution of complex societies', in C. Redman 외 (eds), *Social Archaeology.* New York: Academic Press, 1978, pp. 249-302; Elman Service, *Origins of the State and Civilization: The process of cultural evolution.* New York: Norton, 1975.

49. 예를 들어 Iliffe, *Africans,* pp. 92-6, 115-17 참조. 또한 Elizabeth Isichei, *A History of African Societies to 1870.* Cambridge: Cambridge University Press, 1997, pp. 147, 149.

50. Tacitus, *Germania.* London: Loeb, 1970, sections 13, 18(인용), 강조는 인용자; Todd, *The Early Germans,* p. 32; Gwyn Jones, *A History of the Vikings.* Oxford: Oxford University Press, 1984, p. 197.

51. Vayda는 초기 토지 경쟁의 여러 형태를 제시한다. Vayda, *Maori Warfare,* pp. 109-16; 같은 저자, 'Expansion and warfare among Swidden agriculturalists', *American Anthropologist,* 1961; **63**: 346-58; 같은 저자, *War in Ecological Perspective.* New York: Plenum, 1976.

52. 중요한 이론화 작업은 Sahlins, 'Poor man, rich man, big-man, chief' 참조; 또한 탁월하고 간결한 책은 Marshall Sahlins, *Tribesmen.* Englewood Cliffs, NJ: Prentice-Hall, 1968.

53. 폭력 분쟁 촉발에서 '빅맨'들의 경쟁관계가 어떤 역할을 했는지 추정한 것으로는 Saul Sillitoe, 'Big men and war in New Guinea', *Man,* 1978; **13**: 252-71 참조.

54. Iliffe, *Africans,* pp. 92, 94, 119; 또한 I. Schapera, *Government and Politics*

in Tribal Societies. London: Watts, 1956의 여러 곳.

55. T. M. Charles-Edwards, 'Irish warfare before 1100', in T. Bartlett and K. Jeffery (eds), *A Military History of Ireland*. Cambridge: Cambridge University Press, 1996, p. 26. Roanal Cohen, 'The tribal, pre-state West African Sahel', in H. Claessen and P. Skalnik (eds), *The Study of the State*, The Hague: Mouton, 1981, pp. 108-9와 비교. 이론적인 개관은 Sahlins, *Tribesmen*, p. 5 참조.

56. Goldman, *Ancient Polynesian Society*, p. 69.

57. Keith Otterbein, 'Why the Iroquois won: An analysis of Iroquois military tactics', 그리고 같은 저자, 'Huron vs. Iroquois: A case study in inter-tribal warfare', 둘 다 Keith Otterbein, *Feuding and Warfare*. Langhorne, PA: Gordon & Breach, 1994, pp. 1-23에 다시 수록됨; Richter, *The Ordeal of the Longhouse*, 특히 pp. 31-8, 54-74. 이는 이로쿼이 사회와 전쟁에 관한 가장 상세한 인류학적 연구이다; 또한 Snow, *The Iroquois*, pp. 30-2, 53-7, 109; Vayda, *Maori Warfare*는 부족 전쟁에 관한 가장 완전한 연구 가운데 하나이다.

58. 6장에 인용된 문헌에 덧붙여 전반적인 이론적인 개관은 Service, *Origins of the State and Civilization*, pp. 58-9 참조.

59. 켈트족 전사들에 관한 고전적 묘사가 놀랍게 요약되어 있는 책은 Cunliffe, *The Ancient Celts*, pp. 91-105; 같은 저자, *The Oxford Illustrated Prehistory of Europe*, pp. 361-4; 또한 M. Green (ed.), *The Celtic World*. London: Routledge, 1995, pp. 26-31, 37-54. 게르만족의 경우는 Tacitus, *Germania*가 부족사회와 부족 전쟁에 관한 원형적인 연구로, 고고학과 여러 문헌에 의해 입증되고 있다. 그 예로 D. H. Green, *Language and History in the Early Germanic World*. Cambridge: Cambridge University Press, 1998, pp. 21, 49-87.

60. Kristiansen, *Europe before History*, pp. 2, 314-44; Cunliffe, *The Ancient Celts*, pp. 73-5, 88-90; Mallory, *In Search of the Indo-Europeans*, pp. 63-4, 166-7.

61. Todd, *The Early Germans*, p. 189; Peter Heather, *The Goths*. Oxford: Blackwell, 1996, pp. 73, 148, 151; Herwig Wolfram, *History of the Goths*. Berkeley, CA: University of California, 1988, p. 7.

62. O. Bar-Yosef and A. Khazanov (eds), *Pastoralism in the Levant: Archeological materials in anthropological perspectives*. Madison, WI: Prehistory Press, 1992; Sheratt의 '2차 생산물 혁명'에 관한 논문은 Andrew

주 921

Sheratt, *Economy and Society in Prehistoric Europe*. Princeton, NJ: Princeton University Press, 1997, pp. 155-248에 다시 실렸다.

63. 이 주제에 관한 대표적 문헌은 다음과 같다. Anatoly Khazanov, *Nomads and the Outside World*, 2nd edn. Madison, WI: University of Wisconsin, 1994, pp. 119-52; 또한 Roger Cribb, *Nomads in Archaeology*. Cambridge: Cambridge University Press, 1991, pp. 45-54. 더욱 대중적이고 교과서적인 개관은 Thomas Barfield, *The Nomadic Alternative*. Englewood Cliffs, NJ: Prentice Hall, 1993.

64. 밀도 수치에 관해서는 Sahlins, *Tribesmen*, p. 34 참조.

65. K. Fukui and D. Turton (eds), *Warfare among East African Herders*. Osaka: National Museum of Ethnology, 1977, pp. 15, 35; 또한 John Galaty, 'Pastoral orbits and deadly jousts: Factors in the Maasai expansion', in J. Galaty and P. Bonte (eds), *Herders, Warriors, and Traders*. Boulder, CO: Westview, 1991, p. 194 참조.

66. Elizabeth Thomas, *Warrior Herdsmen*. New York: Knopf, 1965.

67. P. Bonte, 'Non-stratified social formations among pastoral nomads', in J. Friedman and M. Rowlands (eds), *The Evolution of Social Systems*. London: Duckworth, 1977, pp. 192-4; 목축 부족의 구성에 관해 중요한 관찰이 실려 있다.

68. Fredrik Barth, *Nomads of South Persia*. London: Oslo University Press, 1961, pp. 1, 50-60, 119.

69. V. Müller, *En Syrie avec les Bedouin*, Paris: Ernest Leroux, 1931; M. von Oppenheim, *Die Beduinen*, Vol. 1. Leipzig: Harrassowitz, 1939.

70. Jean Kupper, *Les Nomades en Mesopotamie au temps des rois de Mari*. Paris: Société d'Edition 'Les Belles Letteres', 1957; J. T. Luke, 'Pastoralism and politics in the Mari period', doctoral dissertation, Ann Arbor, Michigan, 1965; Victor Matthews, *Pastoral Nomadism in the Mari Kingdom (ca. 1850-1760)*. Cambridge: American School of Oriental Research, 1978; Moshe Anbar, *The Amorite Tribes in Mari*. Tel Aviv: Tel Aviv University, 1985 (Hebrew; also in French 1991).

71. Israel Finkelstein, *The Archaeology of the Israelite Settlement*. Jerusalem: Israel Exploration Society, 1988, pp. 330-5.

72. D. J. Mattingly, 'War and peace in Roman North Africa: Observations and models of state-tribal interactions', in B. Ferguson and N. Whitehead (eds), *War in the Tribal Zone: Expanding states and indigenous warfare*. Santa Fe,

NM: School of American Research, 1992, p. 33.

73. Khazanov, *Nomads and the Outside World*, pp. 30, 152–64; Theodore Monod (ed.), 'Introduction', in *Pastoralism in Tropical Africa*. London: Oxford University Press, 1975, pp. 114–15; Andrew Smith, *Pastoralism in Africa*. London: Hurst, 1992, p. 168; Barth, *Nomads of South Persia*, pp. 13, 16–17; Cribb, *Nomads in Archaeology*, pp. 34–5.

74. Thomas, *Warrior Herdsmen*, p. 152. Bonte, 'Non-stratified social formations among pastoral nomads', pp. 192–4는 이 상호관련 복합성에 적절한 내용이다.

75. Jacques Maquet, *The Premise of Inequality in Ruanda*. London: Oxford University Press, 1961, pp. 72–3, 82.

76. 예를 들어 P. T. W. Baxter, 'Boran age-sets and warfare', in K. Fukui and D. Turton (eds), *Warfare among East African Herders*. Osaka: National Museum of Ethnology, 1977, pp. 69–96; Uri Almagor, 'Raiders and elders: A confrontation of generations among the Dassanetch', 같은 책 pp. 119–46; 또한 Galaty, 'Pastoral orbits and deadly jousts', 특히 pp. 188–92; Thomas, *Warrior Herdsmen*, pp. 3–9, 55–8 참조.

77. 주간 기습에 대한 묘사는 Thomas, *Warrior Herdsmen*. pp. 120–1 참조.

78. 이번에도 가장 훌륭한 이론적 논의는 Khazanov, *Nomads and the Outside World*, pp. 222–7.

79. Fredrik Barth, 'A general perspective on nomad-sedentary relations in the Middle East', 같은 저자, *Process and Form in Social Life: Selected essays*, Vol. I. London: Routledge, 1981, pp. 187–97에 재수록; 이는 목축-농업 관계에 대한 선구적인 이론이지만 목축민에게 유리한 경제 요인에 너무 편협하게 초점을 맞추고 있다. 비슷하게 초기 경향에 대한 반발로서, 아프리카에서 가장 호전적인 일부 사회를 다룬 Monod의 책 같은 선집에서는 심지어 분쟁을 언급조차 않는다. Theodore Monod (ed.), *Pastoralism in Tropical Africa*. London: Oxford University Press, 1975. Galaty와 Bonte, *Herders, Warriors, and Traders*, pp. 62–86에 실은 글에서 Pierre Bonte는 공동 편집자와는 완전히 대조적으로 1960년대와 1970년대의 경향을 대변하여, 북에서 온 외부 종족 목축민의 군사적 지배가 5대호 사회의 기반이었다는 개념을 거부한다. 1990년대 르완다 집단학살 분쟁 동안 서구에서는 이와 비슷하게 '부족'-종족 원인을 부정하는 목소리가 컸다. 여기서도 역시 19세기 말과 20세기 초 이론들에 대한 지나친 반작용이 나타나 있다. 대표적인 예는 Franz Oppenheimer, *The State*, New York: Vanguard, 1926; 이 책은 목축민의 정복을

최초의 국가 형성의 일반적 메커니즘으로 보았다.

80. Ronald Oliver, 'The Nilotic contribution to Bantu Africa', *Journal of African History*, 1982; **23**: 442. 훌륭한 역사적·이론적 종합으로는 Service, *Origins of the State and Civilization*, pp. 117–26; Khznanov, *Nomads and the Outside World*, pp. 290–5; A. Richards (ed.), *East African Chiefs*. London: Faber, 1960; Edward Steinhart, 'Ankole: pastoral hegemony', in H. Claessen and P. Skalnik (eds), *The Early State*. The Hague: Mouton, 1978, pp. 131–50. 참조. Ronald Cohen, 'State foundations: A controlled comparison', in R. Cohen and E. Service (eds), *Origins of the State*, Philadelphia: Institute for the Study of Human Issues, 1978, p. 155; 이 책은 구조적-기능적 조화론을 거부한다. 또한 Isichei, *A History of African Societies to 1870*, pp. 89, 139–40, 443–8; Iliffe, *Africans*, pp. 105–9 참조. 투치족과 후투족의 카스트와 후견-피후견 제도에 관해서는 Maquet, *The Premise of Inequality in Ruanda* 참조.

81. 요약된 내용은 Mario Liverani, 'the Amorites', in D. Wiseman (ed.), *Peoples of Old Testament Times*. Oxford: Oxford University Press, 1973, pp. 100–33; Anbar, *The Amorite Tribes in Mari*, p. 179 참조. 또한 문헌학적-통계적 분석은 Giorgio Buccellati, *The Amorites of the Ur III Period*. Naples: Instituto Orientale, 1966 참조.

82. 이 논쟁은 마리와 레반트의 아모리인들, 아람인들, 이스라엘인들과 관련해 다소 스스로를 복제하는 모양새다. William Albright에서 시작되는 '전통적인' 관점에 대해서는 다음을 참조. Kupper, *Les Nomades en Mesopotamie au temps des rois de Mari*; Horst Klengel, *Zwischen Zelt und Palast*. Vienna: Schroll, 1972; Kathleen Kenyon, *Amorites and Canaanites*. London: Oxford University Press, 1966. 이 관점을 새롭게 하고 균형을 잡아주는 것은 Kay Prag, 'Ancient and modern pastoral migrations in the Levant', *Levant*, 1985; **17**: 81–8; 그리고 특히 Mattanyah Zohar, 'Pastoralism and the spread of the Semitic languages', in O. Bar-Yosef and A. Khazanov (eds), *Pastoralism in the Levant: Archeological materials in anthropological perspectives*. Madison, WI: Prehistory Press, 1992, p. 172. '수정주의' 관점에 대해서는 Luke, 'Pastoralism and politics in the Mari period'; Matthews, *Pastoral Nomadism in the Mari Kingdom*; M. Rowton, 'The physical environment and the problem of the nomads' in J. Kupper (ed.), *La Civilisation de Mari*. Paris: Société d'Édition 'Les Belles Lettres', 1967; M. Rowton, 'Dimorphic structure and the parasocial

element', *Journal of Near Eastern Studies*, 1977; **36**: 181–98; Robert Adams, 'The Mesopotamian social landscape: A view from the frontier', in C. Moore (ed.), *Reconstructing Complex Societies*. Cambridge, MA: American Schools of Oriental Research, 1974, pp. 1–20; William Dever, 'Pastoralism and the end of the urban early Bronze Age in Palestine', in Bar–Yosef and Khazanov, *Pastoralism in the Levant: Archeological materials in anthropological perspectives*. pp. 83–92; Mario Liverani, 'The collapse of the Near Eastern regional system at the end of the Bronze Age: the case of Syria', in M. Rowlands, M. Larsen, and K. Kristiansen (eds), *Centre and Periphery in the Ancient World*. Cambridge: Cambridge University Press, 1987, pp. 66–73; Suzanne Richard, 'Toward a consensus of opinion on the end of the Early Bronze Age in Palestine–Transjordan', *Bulletin of the American Schools of Oriental Research*, 1980; **237**: 5–34; 같은 저자, 'The early Bronze Age: The rise and collapse of "urbanism"', *Biblical Archaeologist*, 1987; **50**: 22–43; Gaetano Palumbo, *The Early Bronze Age IV in the Southern Levant*. Rome: La Sapienza University Press, 1991; G. Mendenhall, 'The Hebrew conquest of Palestine', *Biblical Archaeologist*, 1962; **25**: 66–87; Finkelstein, *The Archaeology of the Israelite Settlement*; Helene Sader, 'The 12th century B.C. in Syria; The problem of the rise of the Aramaeans', in W. Ward and M. Joukowsky (eds), *The Crisis Years: The 12th century B.C. from beyond the Danube to the Tigris*. Dubuque, IO: Kendall, 1992, pp. 157–63.

83. 이 노선을 따라 몇 걸음 내딛은 저작은 Kathryn Kamp and Norman Yoffee, 'Ethnicity in Ancient Western Asia during the early second millennium B.C.', *Bulletin of the American Schools of Oriental Research*, 1980; **237**: 85–104.

84. Finkelstein, *The Archaeology of the Israelite Settlement*.

85. Bar–Yosef and Khazanov, 'Introduction', in *Pastoralism in the Levant*, p. 5.

86. Zohar, 'Pastoralism and the spread of the Semitic languages', p. 172. Robert O'Connell, *Ride of the Second Horseman*. New York: Oxford University Press, 1995, Chapter 6; 이 책에서 O'Connell은 이미 제4천년기와 제3천년기에 근동 너머 스텝지대에서 기마 유목민이 침입해왔다고 추정할 뿐 아니라 루소식 접근법을 취함으로써 이 가능성에 대한 스스로의 통찰을 훼손하고 있다. 같은 맥락에서 맨 처음 제기되었던 Gimbutas(1970)의 전제는 그녀의 주장 중 운이 없었던 편이다. Marija Gimbutas, *The Kurgan Culture and the Indo-Europeanization of*

Europe: Selected articles from 1952 to 1993. Washington, DC: Institute for the Study of Man, 1997, pp. 107-10.

87. 전반적인 이론적 논의는 Talal Asad, 'The Beduin as a military force: notes on some aspects of power relations between nomads and sedentaries in historical perspective', in C. Nelson (ed.), *The Desert and the Sown: Nomads in the wider society*, Berkeley, CA: University of California, 1973, pp. 61-73; Khazanov, *Nomads and the Outside World*, pp. 212-21 참조.

88. Rowton, 'The physical environment and the problem of the nomads', p. 120; Anbar, *The Amorite Tribe in Mari*, p. 179 의존 자료는: Thorkild Jacobsen, 'The reign of Ibbi Suen', *Journal of Cuneiform Studies*, 1953; **vii**: 36-47.

89. 이를 설득력 있게 제시한 문헌은 Glenn Schwartz, 'The origins of the Aramaeans in Syria and Northern Mesopotamia', in O. Haex, H. Curves, and P. Akkermans (eds), *To the Euphrates and Beyond*, Rotterdam: Balkema, 1989, pp. 275-91, 특히 pp. 283-4; Ran Zadok, 'Elements of Aramean pre-history', in M. Cogan and I. Eph'al (eds), *Ah, Assyria: Studies in Assyrian history and ancient Near Eastern historiography*, Jerusalem: Magnes, 1991, pp. 104-17.

90. 초기 셈족이 목축민이었다는 주장은 19세기에 널리 받아들여졌다. 이 주장은 Mellaart, *The Neolithic of the Near East*, pp. 280-2 같은 문헌에서 쟁점이 되었고, Zohar, 'Pastoralism and the spread of the Semitic languages'에서는 이 주장을 흥미롭게 발전시킨다.

91. Colin Renfrew, 'Language families and the spread of farming', Harris, *The Origins and Spread of Agriculture and Pastoralism in Eurasia*, 특히 pp. 73-6; 이를 발전시킨 것이 R. Austerlitz, 'Language-family density in North America and Africa', *Ural-Altaische Jahrbücher*, 1980; **52**: 1-10; Johanna Nichols, *Language Diversity in Time and Space*, Chicago: University of Chicago, 1992.

92. Dmitriy Telegin, Dereivka: *A settlement and cemetery of copper age horse-keepers on the Middle Dnieper*, Oxford: British Archaeological Reports, 1986, 여기에는 I. Potekhina와 V. Bibikova의 글이 추가되었다; David Anthony and Dorcas Brown, 'The origins of horseback riding', *Antiquity*, 1991; **65**: 22-38. 그러나 Marsha Levine, 'Dereivka and the problem of horse domestication', *Antiquity*, 1990; **64**: 727-40는 초기 가축화 흔적과 관련한 의문을 제기하고 있다.

93. R. Meadow and H–P. Uermpann (eds), *Equids in the Ancient World*. Wiesbaden: Ludwig Reichert, 1986(1991); Eran Ovadia, 'The domestication of the ass and pack transport by animals: a case of technological change', in Bar–Yosef and Khazanov, *Pastoralism in the Levant: Archaeological materials in anthropological perspectives*, pp. 19–28; Andrew Sheratt, 'The secondary exploitation of animals in the old world', in *Economy and Society in Prehistoric Europe*, pp. 199–228. 사람을 태운 것을 포함해 순록에 대한 고대와 현대의 증거는 Miklos Jankovich, *The Rode into Europe: The fruitful exchange in the arts of horsemanship between East and West*. New York: Scribner, 1971, pp. 19–22와 p. 24 이후의 사진들; Tim Ingold, *Hunters, Pastoralists and Ranchers: Reindeer economies and their transformations*. Cambridge: Cambridge University Press, 1980, 특히 pp. 104–7; Khazanov, *Nomads and the Outside World*, pp. 112–14 참조.

94. David Anthony, 'The "Kurgan culture", Indo–European origins, and the domestication of the horse: A reconsideration', *Current Anthropology*, 1986, 27: 291–313; Anthony and Brown, 'The origins of horseback riding'. 더욱 대중적인 장르로는 O'Connell, *Ride of the Second Horseman*, Chapter 6 참조. 그러나 Diamond는 이 함정을 신중하게 피해간다. Jared Diamond, *The Third Chimpanzee*. New York: Harper Colins, 1992, Chapter 15; 그리고 Keegan은 그런 예라 할 수 있다. Keegan, *A History of Warfare*, pp. 155–78.

95. Gimbutas, *The Kurgan Culture and the Indo-Europeanization of Europe*.

96. Renfrew, *Archaeology and Language*, pp. 197–9; Colin Renfrew, 'All the king's horses: asessing cognitive maps in prehistoric Europe', in S. Mithen (ed.), *Creativity in Human Evolution and Prehistory*. London: Routledge, 1998, pp. 260–84.

97. 예를 들어 Renfrew, 'All the king's horses'.

98. E. E. Kuzmina, 'English summary', *Where had Indo-Aryans Come From? The material culture of the Andronovo tribes and the origins of the Indo-Iranians* (Russian). Moscow: Russian Academy of Science, 1994; David Anthony and Nikolai Vinogradov, 'Birth of the chariot', *Archaeology*, 1995; 48(2): 36–41. 유목민이 말이 아닌 전차를 탔던 이유를 설명하려는 시도에서 Anthony와 Vinogradov는 복합궁 같은 효율적인 기마 무기가 없었기 때문일 거라고 쓰는데(p. 40), 이들은 복합궁이 기원전 1500년경에야 발명되었다고 주장한다. 그러나 첫째, 복

합궁은 그보다 천 년 전에도 있었던 것으로 보인다. P. R. S. Moorey, 'The emergence of the light, horse drawn chariot in the Near East c.2000-1500 BC', *World Archaeology*, 1986; **18**: 208-210; 둘째, 복합궁이 없었다면 전차 전사들의 위력도 떨어졌을 것이다; 셋째, 기마병은 단순궁, 투창, 창을 사용할 수 있었다 (사용했을 것이다).

99. Henri Lhote, 'Le cheval et le chameau dans les peintures et gravures rupestres du Sahara', *Bulletin de l'Institut Français d'Afrique Noire*, 1953; **15**(3).

100. Stuart Piggott, *The Earliest Wheeled Transport: From the Atlantic Coast to the Caspian Sea*, Ithaca, NY: Cornell University Press, 1983.

101. Edward Shaughnessy, 'Historical perspectives on the introduction of the chariot into China', *Harvard Journal of Asiatic Studies*, 1988; **48**: 189-237.

102. 낙타의 가축화는 2000~3000년 동안 비슷하게 점진적으로 이루어졌다고 주장되고 있다. Juris Zarins, 'Pastoralism in southwest Asia: The second millennium BC', in Clutton-Brock, J. (ed.), *The Walking Larder: Patterns of domestication, pastoralism, and predation*, London: Unwin, 1989, pp. 144-9. 또한 Khazanov, *Nomads and the Outside World*, p. 100.

103. Lynn White, 'The origin and diffusion of the stirrup', in *Mediaeval Technology and Social Change*, Oxford: Oxford University Press, 1962, pp. 1-38.

104. Sheratt, 'The secondary exploitation of animals', pp. 217-18; Harold Barclay, *The Role of the Horse in Man's Culture*, London: J. A. Allen, 1980, pp. 28, 116-18; 또한 Khazanov, *Nomads and the Outside World*, pp. 91-2 참조. 그림과 관련해서는 P. R. S. Moorey, 'Pictorial evidence for the history of horse-riding in Iraq before the Kassites', *Iraq*, 1970; **32**: 36-50; Alan Schulman, 'Egyptian representations of horseman and riding in the New Kingdom', *Journal of Near Eastern Studies*, 1957; **16**: 263-71; Renfrew, 'All the king's horses', p. 279.

105. 믿기 어려운 이 주장에 관해서는 특히 M. A. Littauer and J. H. Crouwel, *Wheeled Vehicles and Ridden Animals in the Ancient Near East*, Leiden: Brill, 1979, pp. 66-8, 96 참조.

106. Renfrew, 'All the king's horses'.

107. Gimbutas, *The Kurgan Culture and the Indo-Europeanization of Europe*, 이

928

주장은 고고학적으로 확립되었지만, 그녀가 주장하는 연이은 세 번의 확장 물결에 대한 경직된 도식과 쿠르간 문화에 대한 개념은 더이상 온전히 받아들여지지 않는다.

108. Andrew Sheratt, 'The development of Neolithic and Copper Age settlement in the Great Hungarian Plain', in *Economy and Society in Prehistoric Europe*, Princeton, NJ: Princeton University Press, 1997, pp. 270–319, 인용은 pp. 281–3, 309–10; 또한 I. Escedy, *The People of the Pit-Graves Kurgans in Eastern Hungary*, Budapest: Akademiai Kiado, 1979 참조.

109. Mallory, *In Search of the Indo-Europeans*, pp. 238–40, 또한 261.

110. Cavalli-Sforza, in *The Origins and Spread of Agriculture and Pastoralism in Eurasia*, pp. 57–65; Cavalli-Sforza 외, *The History and Geography of Human Genes*, pp. 292–3.

111. Mallory, *In Search of the Indo-Europeans*, pp. 28, 37–8, 70. Robert Drews, *The Coming of the Greeks: Indo-European conquests in the Aegean and the Near East*, Princeton, NJ: Princeton University Press, 1988; 이는 그리스인의 도착 시기를 늦게, 기원전 1600년경으로 잡았던 논문을 다시 쓴 것으로, 저자는 소규모 전차부대에 의한 엘리트 정복을 주장한다. Drews는 인도유럽조어의 요람이 아르메니아 캅카스 산맥 남부라는 이론에 의존해 인도유럽조어 사용자들이 처음 확산된 시기를 기원전 제2천년기 2/4분기까지 내려 잡고, 그것을 스텝지대 '원생-기마' 유목민과 연관 짓기보다는 전차의 발명과 연관 짓는다. Drews의 논문은 몇 가지 분명한 문제를 남긴다. 첫째로, 인도유럽조어 사용자들이 그의 주장처럼 늦게 아르메니아에서 왔다면 그 언어가 중부유럽과 북유럽으로 확산된 발판으로 여겨지는 남동유럽 스텝지대까지는 어떻게 확산되었을까? Drews는 제2천년기 중반에 스텝지대 주민들의 북방 전차 정복이 있었다고 주장하지는 않는다. 둘째로, 아나톨리아에서 (바다를 건너!) 그리스에 도착한 소규모 전차 부대가 피정복지의 토착 언어를 변화시켰을 가능성은 거의 없는데, 그 시기 고대 근동에서 엘리트 전차 부대가 '접수'한 여타 경우에도 그런 일은 없었으며 동화된 것은 지배 전사 엘리트였음은 Drews도 알고 있는 바이다. 아리안계 인도 정복자로 흔히 주장되는 목축 이주민 집단—이들도 상대적으로 작지만 전차 부대보다는 훨씬 컸다—만이 그런 변화에 영향을 미칠 수 있었다. 더욱이 그리스어는 물론이고 미케네 서판에 등장하는 이름들은 인도-이란어파와 아나톨리아어파의 언어와 매우 다른데, Drews는 이들이 불과 몇 세기 전 그리스에 침입했다고 주장한다. 물론 그렇더라도, 원래 스텝지대 출신인 원시 그리스어 사용자들이 목축-전차를 가지고 북에서 침입한 것이 기원전 제3천년기가 아닌 기원전 1600년 무렵일 가능성은 여전히 남는다.

112. Mallory, *In Search of the Indo-Europeans*, pp. 66–109; Kristiansen, *Europe before History*, 190; Andrew Sheratt, 'The transformation of early agrarian Europe: The later Neolithic and copper ages 4500–2500 BC', in Cunliffe, *The Oxford Illustrated Prehistory of Europe*, pp. 190–3; 같은 저자, 'The secondary exploitation of animals', pp. 218–19. 이는 Diamond, *The Third Chimpanzee*, pp. 271–2에서도 주장된다.

113. Khazanov, *Nomads and the Outside World*, p. 101. 아람인들의 습격에 관해서는 Schwartz, 'The origins of the Aramaeans in Syria and Northern Mesopotamia', pp. 277, 286 n. 2; 또한 D. Wiseman (ed.), *Peoples of Old Testament Times*, Oxford: Oxford University Press, 1973, pp. 158, 181.

114. 이번에도 Diamond, *Guns, Germs, and Steel*과 비교.

115. 인용은 Cunliffe, *The Ancient Celts*, p. 93.

116. 이런 보편적 관계를 폴리스 이전 그리스와 관련해 충분히 연구한 자료가 있다. Gabriel Herman, *Ritualised Friendship and the Greek City*, Cambridge: Cambridge University Press, 1987.

117. Cunliffe, *The Ancient Celts*, pp. 73–4, 105–6.

118. Tacitus, *Germania*, 13–15. E. A. Thompson, *The Early Germans*, Oxford: Oxford University Press, 1965; 이 책은 게르만 사회의 이행에 대한 물적 근거를 탁월하게 제시한다.

119. M. I. Finley, *The World of Odysseus*, 개정판. London: Penguin, 1978(1954); 이 책은 고전으로 남아 있다. 현재 학계에서는 호메로스가 묘사한 배경이 암흑시대 말이라는 견해를 선호한다. Jan Morris, 'The use and abuse of Homer', *Classical Antiquity*, 1986; **5**: 81–138.

120. 표준적인 고고학 연구는 여전히 Anthony Snodgrass, *The Dark Age of Greece*, Edinburgh: Edinburgh University press, 1971이다.

121. D. Roussel, *Tribu et cité*, Paris: Belles Lettres, 1976은 초기 폴리스 시기 많은 부족 제도의 '발명된' 성격을 강조한다. 그렇다고 해서 부족의 실제 자체가 발명되었다는 뜻은 아니지만, 맹아적 국가 제도들 다수는 부족사회의 기존 틀 위에 형성되었다. 논의되는 친족-부족 증거에 대한 개관은 John Fine, *The Ancient Greeks*, Cambridge, MA: Harvard University Press, 1983, pp. 34–6, 56, 59, 183–8; Anthony Snodgrass, *Archaic Greece*, Berkeley, CA: University of California, 1980, pp. 25–6 참조.

122. Robert Drews, *Basileus: The evidence of kingship in geometric Greece*, New

Haven, CT: Yale University Press, 1983, pp. 102, 104 (호메로스의 anax에 관해서), '증거의 부족'이라는 제목이 더욱 적절한 이 문헌은 매우 철저하게 역사적 사실들을 꿰뚫고 있다. 또한 C. G. Thomas, 'From Wanax to Basileus: Kingship in the Greek Dark Age', *Hispania Antiqua*, 1978; **6**: 187–206; Chester Starr, 'The age of chieftains', in *Individual and Community: The rise of the Police 800-500 BC*. New York: Oxford University Press, 1986, pp. 15–33. 이 모든 책들은 비교인류학적 통찰을 약간 곁들였다면 훨씬 훌륭했을 것이다. 그런 통찰을 풍부히 제시하는 것은 Walter Donlan, 'The social groups of Dark Age Greece', *Classical Philology*, 1985; **80**: 293–308; 이를 발전시켜 개정한 것은 Walter Donlan and Carol Thomas, 'The village community of Ancient Greece: Neolithic Bronze and Dark Age, *Studi Micenei ed Egeo-Anatolici*, 1993; **31**: 61–9; 그리고 특히 Walter Donlan, 'The pre–state community in Greece', *Studi Micenei ed Egeo-Anatolici*, 1993; **31**: 5–29이다. 또한 Oswyn Murray, *Early Greece*. Cambridge MA: Harvard University Press, 1993, p. 38; 탁월한 이론적 인류학 논의는 Yale Ferguson, 'Chiefdoms to city–states; The Greek experience', in T. Earle (ed.), *Chiefdoms: Power, economy and ideology*. New York: Cambridge University Press, 1991, pp. 169–92.

123. Mallory, *In Search of the Indo-Europeans*, p. 125; D. A. Binchy, *Celtic and Anglo-Saxon Kingship*. Oxford: Oxford University Press, 1970, pp. 1–21; Wolfram, *History of the Goths*, pp. 96, 144는 reiks의 제한된 부족 수장 권한을 강조한다. Green, *Language and History in the Early Germanic World*, p. 133은 초기 kuning(아마도 kuene = kin에서 나온 듯하다)에 대해서 같은 견해를 보인다.

124. Wolfram, *History of the Goths*, pp. 45–56; Heather, *The Goths*, pp. 40–2, 44–5.

125. Jones, *A History of the Vikings*, pp. 24–6.

126. 이것과 다음의 내용은 Jones, *A History of the Vikings*; Peter Foote and David Wilson, *The Viking Achievement*. New York: Praeger, 1970; David Wilson, *The Vikings and their Origins*. New York: A&W, 1980; P. H. Sawyer, *Kings and Vikings: Scandinavia and Europe AD 700-1100*. London: Methuen, 1982 참조. 또한 군사적 측면은 Paddy Griffith, *The Viking Art of War*. London: Greenhill Books, 1995; Karl Leyser, 'Early medieval warfare', in J. Cooper (ed.), *The Battle of Maldon*. London: Hambledon, 1993, pp. 106–7 참조.

127. 수에 관해서는 Sawyer, *Kings and Vikings*, pp. 80–3, 93; Jones, *A History of the Vikings*, pp. 218–19; Griffith, *The Viking Art of War*, pp. 122–6 참조.

128. N. K. Sanders, *The Sea People: Warriors of the Ancient Mediterranean 1250-1150 BC*, London: Thames & Hudson, 1978. 셰켈레시족과 샤르다나족이 시칠리아와 사르데냐에서 왔는지 또는 그냥 두 섬에 도착해 그곳에 그들의 이름을 붙였는지는 분명하지 않지만 후자 쪽이 더 가능성이 높다. Robert Drews, *The End of the Bronze Age: Changes in warfare and the catastrophe ca. 1200 BC*, Princeton, NJ: Princeton University Press, 1993; Drews의 자극적인 책에서 제시된 것처럼 바다 사람들이 어느 특정 핵심 지역 출신이 아니라 지중히 세계 각 지역의 변방 출신이었다는(블레셋인 가나안 출신이라는 등) 주장은 모든 증거에 위배된다. 그 예로 Trude Dothan, *The Philistines and their Material Culture*, New Haven, CT: Yale University Press, 1982. 그리스인들의 인도유럽족 뿌리에 관해 앞에서 인용했던 책과 비슷하게, Drews의 책은 괴팍한 민족지학이라는 문제점을 드러낸다.

129. 아래 주들에서 인용되는 연구 외에 이론적인 논의에 대해서는 특히 Elman Service, *Primitive Social Organization*, New York: Random House, 1962; Allen Johnson and Timothy Earle, *The Evolution of Human Societies*, Stanford: Stanford University Press, 1987, Chapters 9–10; T. Earle (ed.), *Chiefdoms; Power, economy and ideology*, New York: Cambridge University Press, 1991; Robert Carneiro, 'The chiefdom: Precursor to the state', in G. Jones and R. Kautz (eds), *The Transition to Statehood in the New World*, New York: Cambridge University Press, 1981, pp. 37–79 참조.

130. 스코틀랜드 씨족에 관해 쓰인 자료는 많지만, 전반적인 이론적 연구는 놀랄 만큼 부족하다. 그러나 Robert Dodgshon, 'Modelling chiefdoms in the Scottish Highlands and Island prior to the "45"', in B. Arnold and D. Gibson (eds), *Celtic Chiefdom, Celtic State*, Cambridge: Cambridge University Press, 1995, pp. 99–109를 참조, 인용은 pp. 102, 106. 초기 켈트 족장사회에 관해서는 Binchy의 탁월한 *Celtic and Anglo-Saxon Kingship*, pp. 1–21 참조.

131. Binchy의 매우 지적인 논문을 참조.

132. Polanyi의 예가 대표적이다. 그는 대등한 사람들 사이에 일어나는 호혜에 대한 반대 개념으로 이런 매우 일방적인 관계—사회적 우위에 있는 자에게 선물을 주는—를 뜻하는 '재분배'라는 말을 처음 사용했다. Karl Polanyi, *Primitive, Archaic, and Modern Economics*, Boston, MA: Beacon, 1971.

133. Kirch, *The Evolution of the Polynesian Chiefdoms*, 특히 pp. 35–9, 195–7(인

용), 207; 또한 Marshall Sahlins, *Social Stratification in Polynesia*. Seattle: University of Washington, 1958; 이 책은 이론 면에서 근본적으로 중요하다. Goldman, *Ancient Polynesian Society*.

134. Isichei, *A History of African Societies to 1870*, pp. 109–10, 148–9. 또한 Schapera, *Government and Politics in Tribal Societies*의 여러 곳 참조.

135. Iliffe, *Africans*, pp. 70–2, 76–80.

136. Cunliffe, *Iron Age Communities in Britain*; 여러 저자들이 기고한 Cunliffe, *The Oxford Illustrated Prehistory of Europe*, pp. 244–355; Kristiansen, *Europe before History*; C. Renfrew and S. Shennan (eds), *Ranking, Resource and Exchange*. Cambridge: Cambridge University Press, 1982; D. Gibson and M. Geselowitz (eds), *Tribe and Polity in Late Prehistoric Europe*. New York: Plenum, 1988; 여러 저자들이 기고한 B. Arnold and D. Gibson (eds), *Celtic Chiefdom, Celtic State*. Cambridge: Cambridge University Press, 1995, pp. 43–63.

137. Gimbutas, *The Kurgan Culture and the Indo-Europeanization of Europe*; Mallory, *In Search of the Indo-Europeans*, pp. 218–19; Cunliffe, *The Oxford Illustrated Prehistory of Europe*, pp. 174–5; 그리고 목축 족장사회에 관한 탁월한 전반적 논의는 Khazanov, *Nomads and the Outside World*, pp. 164–97 참조.

138. Milner, 'Palisaded settlements in prehistoric eastern North America', pp. 69–70.

139. 유용한 연구는 Fiedel, *Prehistory of the Americas*, Chapter 6, 특히 pp. 243, 248, 251 참조; Bruce Smith, 'Agricultural chiefdom of the Eastern Woodlands', in B. Trigger and W. Washburn (eds), *The Cambridge History of the Native Peoples of the Americas: I. North America*, Part 1. New York: Cambridge University Press, 1996, 267–323, 특히 281–92; R. Drennan and C. Uribe (eds), *Chiefdom in the Americas*. Lanham, MD: University Press of America, 1987. 잉글랜드에 관해서는 Colin Renfrew (ed.), 'Monuments, mobilization, and social organization in Neolithic Wessex', in *The Explanation of Culture Change: Models in prehistory*. London: Duckworth, 1973, pp. 539–58 참조.

140. 이는 다음 책이 (부제에도 불구하고) 실례를 들어 잘 보여준다. Timothy Earle, *How Chiefs Come to Power: The political economy in prehistory*. Stanford: Stanford University press, 1997.

141. 아나톨리아와 시리아 북부에 관해서는 Mellaart, *The Neolithic of the Near East*, pp. 124–9; Roper, 'Evidence of warfare in the Near East from 10000–4,300 BC', pp. 323–9. 메소포타미아에 관해서는 Robert Adams and Hans Nissen, *The Uruk Countryside*. Chicago: University of Chicago, 1972; Robert Adams, *Heartland of Cities*. Chicago: University of Chicago, 1981; 또한 Gil stein, 'The organization dynamics of complexity in Greater Mesopotamia', in G. Stein and M. Rothman (eds), *Chiefdoms and Early States in the Near East*. Madison, WI: Prehistory Press, 1994, pp. 11–22; 같은 저자, 'Economy, ritual, and power in "Ubaid" Mesopotamia', in G. Stein and M. Rothman (eds), *Chiefdoms and Early States in the Near East*. Madison, WI: Prehistory Press, 1994, pp. 35–46.

142. Thompson, *The Early Germans*, p. 55, Heather, *The Goths*, pp. 67–8; Jenny Wormald, *Lords and Men in Scotland*. Edinburgh; John Donald, 1985, p. 91 등에 인용된 예를 참조; 클로비스 문화의 경우는 Bernard Bachrach, *Merovingian Military Organization*. Minneapolis, MI: University of Minnesota, 1972, p. 4.

143. Green, *Language and History in the Early Germanic World*, pp. 84–5에는 그 밖에 초기 유럽의 예들이 포함되어 있다; Walter Donlan, 'The pre-state community in Greece', *Symbolae Osloenses*, 1989; **64**: 15–16, 22.

제10장 국가의 등장과 무장 세력

1. 원래의 주장은 Morton Fried, *The Evolution of Political Society*. New York: Random House, 1967, pp. 240–2 참조.

2. 여기서 나는 한 체계의 일부로서 '초기 국가 모듈'의 진화와 관련한 Renfrew의 혁신적인 생각을 발전시켰다. Colin renfrew, 'Trade as action at a distance: questions of integration and communication', in J. Sabloff and C. Lamberg-Karlovsky (eds), *Ancient Civilization and Trade*. Albuquerque, NM: University of New Mexico, 1975, pp. 3–59; 그리고 C. Renfrew and J. Cherry (eds), *Peer Polity Interaction and Socio-Political Change*. Cambridge: Cambridge University Press, 1986, 특히 pp. 1–18 참조.

3. 가장 중요하게는 Fried, *The Evolution of Political Society*; Elman Service, *Origins of the State and Civilization: The process of cultural evolution*. New York: Norton, 1975; R. Cohen and E. Service (eds), *Origins of the State*.

Philadelphia: Institute for the Study of Human Issues, 1978; J. Friedman and M. Rowlands (eds), 'Notes toward an epigenetic model of the evolution of "civilization"', in *The Evolution of Social Systems*. London: Duckworth, 1977, pp. 201–76; David Webster, 'Warfare and the evolution of the state: A reconsideration', *American Antiquity*, 1975; **40**: 464–70; William Sanders and David Webster, 'Unilinealism, multilinealism, and the evolution of complex societies', in C. Redman 외 (eds), *Social Archaeology*. New York: Academic Press, 1978, pp. 249–302; H. Claessen and P. Skalnik (eds), *The Early State*. The Hague: Mouton, 1978, 특히 편집자들의 기고문 참조; H. Claessen and P. Skalnik (eds), *The Study of the State*. The Hague: Mouton, 1981; Jonathan Haas, *The Evolution of the Prehistoric State*. New York: Columbia University Press, 1982; J. Gledhill, B. Bender, and M. Larsen (eds), *State and Society: The emergency and development of social hierarchy and political centralization*. London: Unwin, 1988.

4. Friedman and Rowlands, 'Notes towards an epigenetic model of the evolution of "civilization"'; Kristian Kristiansen, 'Chiefdoms, state, and systems of social evolution', in T. Earle (ed.), *Chiefdoms: Power, economy, and ideology*, New York: Cambridge University Press, 1991, pp. 16–43.

5. Edward Luttwak, *The Grand Strategy of the Roman Empire*. Baltimore, MD: Johns Hopkins University Press, 1976; Michael Mann, *The Sources of Social Power*, Vol. 1. Cambridge: Cambridge University Press, 1986, pp. 142–6.

6. 이 주제에 관해 인류학적 정보가 많은 훌륭한 현대 논문은 Max Gluckman, 'The kingdom of the Zulu of South Africa', in M. Fortes and E. Evans–Pritchard (eds), *African Political Systems*. Oxford: Oxford University Press, 1940, pp. 25–55; 같은 저자 'The rise of the Zulu Empire', *Scientific America*, 1960; **202**: 157–68; Keith Otterbein (1994) 'The evolution of Zulu warfare', K. Otterbein, *Feuding and Warfare*. Langhorne, PA: Gordon & Breach, 1964, pp. 25–32에 재수록; Service, *Origins of the State and Civilization*, pp. 104–16.

7. Sir Theophilus Shepstone의 보고서, *British Parliamentary Papers*, 12 August 1887(약 5531쪽), no. 13에 기재됨; John Laband, *The Rise and Fall of the Zulu Nation*. London: Arms & Armour, 1997에서 인용.

8. A. Richards (ed.), *East African Chiefs*. London: Faber, 1960; 이 책은 대체로 지금도 유용하다. 개별 연구로는 M. Semakula Kiwanuka, *A History of Buganda*.

London: Longman, 1971(아마 최고일 것이다); Christopher Wrigley, *Kingship and State: The Buganda Dynasty.* Cambridge: Cambridge University Press, 1996; Samwiri Karugirc, *A History of the Kingdom of Nkore.* Oxford: Oxford University Press, 1971; John Beattie, *The Nyoro State.* Oxford: Oxford University Press, 1971; A. Dunbar, *A History of Bunyoro-Kitara.* Nairobi: Oxford University Press, 1965; Kenneth Ingham, *The Kingdom of Toro in Uganda.* London: Methuen, 1975; Jacques Maquet, *The Premise of Inequality in Ruanda: A study of political relation in a Central African Kingdom.* London: Oxford University Press, 1961.

9. 갈리아 인구에 관해서는 다음 자료에 수치들이 집중되어 있다. John Durand, *Historical Estimates of World Population: An evaluation.* Philadelphia: University of Pennsylvania, 1974, p. 29; 또한 Colin McEvedy and Richard Jones, *Atlas of World Population History.* London: Penguin, 1978, pp. 55–60.

10. 오늘날의 남부 독일에 있던 철기시대의 '웅장한' 할슈타트(켈트족의?)의 유적에 관해서는 Kristian Kristansen, *Europe before History.* Cambridge: Cambridge University Press, 1998, pp. 255–73, 277 참조.

11. E. A. Thompson, *The Early Germans.* Oxford: Oxford University Press, 1965, pp. 67–8; 출처는 Tacitus, *Annals* 2.44–6, 62 참조. 또한 옛 방식의 족장과 비교한 왕의 권위에 관해서는 J. Wallace–Hadrill, *Early Germanic Kingship: In England and on the Continent.* Oxford: Oxford University Press, 1971, p. 7.

12. Thompson, *The Early Germans*, pp. 66–7.

13. 같은 책, p. 69.

14. Tacitus, *Annals* 2.62.

15. Thompson, *The Early Germans*, p. 70.

16. 같은 책, p. 68.

17. Tacitus, *Annals*, 1.55–60, 2.45, 88. Thompson, *The Early Germans*, pp. 72–84; 이 책은 부족/족장 정치를 탁월하게 묘사하였다.

18. 어느 정도 비슷한 맥락의 견해로는 Robert Carneiro, 'Political expansion as an expression of the principle of competitive exclusion', in R. Cohen and E. Service (eds), *Origins of the State.* Philadelphia: Institute for the Study of Human Issues, 1978, pp. 205–23; Stephen Sanderson, *Social Transformations: A general theory of historical development.* Oxford: Blackwell, 1995, pp. 103–19; 그리고 각각에서 인용된 연구들 참조.

19. '도시' 국가 대 '영역' 국가에 관해서는 Bruce Trigger, *Early Civilization: Ancient Egypt in context*. Cairo: The American University, 1993, pp. 8–14 참조; 크기에 관해 덜 명확한 자료로는 Charles Maisels, *The Emergence of Civilization: From hunting and gathering to agriculture, cities and the state in the Near East*. London: Routledge, 1990, p. xvi. Trigger의 '영역 국가' 대 '도시 국가'에 대해 정당한 비판은 David Wilson, 'Early state formation on the north coast of Peru: A critique of the city–state model', in D. Nichols and T. Charlton (eds), *The Archaeology of City-States: Cross-cultural approaches*. Washington, DC: Smithsonian Institute, 1997, pp. 229–44; 또한 Robin Yates, 'The city–state in Ancient China', in D. Nichols and T. Charlton (eds), *The Archaeology of City-States: Cross-cultural approaches*. Washington, DC: Smithsonian Institute, 1997, pp. 71–90. 그러나 이 모음집(Wilson을 제외하고)은 초기 국가들이 모두 도시 국가라고 가정함으로써 다른 방향에서 오류를 범하는데, 이 책에서 도시국가로 언급된 많은 소국들은 사실 농촌 소국이었다. 비슷하게 소국가와 도시국가를 하나로 보는 관점은 다음 책에서도 발견된다. G. Feinman and J. Marcus (eds), 'Introduction', in *Archaic States*. Santa Fe, NM: School of American Research, 1998, pp. 8–10; Joyce Marcus, 'The peaks and valleys of ancient states: an extension of the dynamic model', 같은 책, p. 92. 정치적 통합과 분열에 대한 Marcus의 순환 모델(나선형 모델이 역사적 실제에 더욱 가까울 것이다) 또한 소국가들이 처음부터 큰 국가에서 진화했다는 잘못된 관점으로 그녀를 이끄는데, 사실은 반대이다. 보다 기본적인 통합 형태로의 '붕괴'와 '회귀'는 모든 진화적 체계에서도 일어날 수 있으며 실제로 일어난다. 이 모든 것은 소국가 체계의 일부로서 Renfrew의 '초기 국가 모듈'의 완전한 함의가 제대로 이해되지 않았음을 보여준다.

20. Peter Heather, *The Goths*. Oxford: Blackwell, 1996, pp. 54–64.

21. 같은 책, p. 64. 이 내용은 Ammianus Marcellinus 16.12.23–6; 21.4.1–6; 27.10.3–4; 28.5.8; 29.4.2ff; 30.3에 근거한 것이다.

22. Bernard Bachrach, *Merovingian Military Organization*. Minneapolis, MI: University of Minnesota, 1972, pp. 3–17. 또한 투르의 그레고리우스의 섬뜩한 이야기 요약은 Edward James, *The Franks*. Oxford: Blackwell, 1988, pp. 88–91 참조.

23. Steven Bassett (ed.), *The Origins of Anglo-Saxon Kingdoms*. London: Leicester University press, 1989; C. J. Arnold, *An Archaeology of the Early Anglo-Saxon Kingdoms*, 2nd edn. London: Routledge, 1997, 특히 Chapter 8;

Barbara Yorke, Kings and Kingdoms of Early Anglo—Saxon England.
London: Seaby, 1992, 특히 pp. 15–24, 157–72; D. P. Kirby, *The Earliest
English Kings.* London: Unwin, 1991. Frank Stenton, *Anglo Saxon England,*
3rd edn. Oxford: Oxford University Press, 1971은 여전히 유용한 서사이다. 머시
아 왕국의 인구에 관해서는 p. 40 참조.

24. D. A. Binchy, *Celtic and Anglo-Saxon Kingship.* Oxford: Oxford University
Press, 1970, pp. 31–46; 이것은 최고의 자료이다. 그 밖에 탁월한 자료는 Blair
Gibson, 'Chiefdoms, confederacies, and statehood in early Ireland', in B.
Arnold and B. Gibson (eds), *Celtic Chiefdom, Celtic State.* Cambridge:
Cambridge University Press, 1995, pp. 116–28; T. Bartlett and K. Jeffery
(eds), *A Military History of Ireland.* Cambridge: Cambridge University Press,
1996, Chapters 2–5.

25. 통계에 관해서는 Paddy Griffith, *The Viking Art of War.* London: Greenhill,
1995, p. 26. 스칸디나비아의 국가 형성에 관한 몇 안 되는 증거에 관해서는 Gwyn
Jones, *A History of the Vikings.* Oxford: Oxford University Press, 1984; P. H.
Sawyer, *Kings and Vikings: Scandinavia and Europe AD 700-1100.* London:
Methuen, 1982; Peter Foot and David Wilson, *The Viking Achievement.* New
York: Praeger, 1970; Aron Gurevich, 'The early state in Norway', in Claessen
and Skalink, *The Early State,* pp. 403–23; Niels Lund, 'Danish military
organization', in J. Cooper (ed.), *The Battle of Maldon: Fiction and Fact.*
London: Hambledon, 1993, pp. 109–26.

26. Karl Leyser, 'Early medieval warfare', in Cooper, *The Battle of Maldon,* p.
108; Adenek Vana, *The World of the Ancient Slavs.* London: Orbis, 1983, pp.
193–5.

27. 한 예로 Warren Hollister, *Anglo-Saxon Military Institution on the Eve of the
Norman Conquest.* Oxford: Oxford University Press, 1962.

28. Binchy, *Celtic and Anglo-Saxon Kingship;* William Chaney, *The Cult of
Kingship in Anglo-Saxon England.* Manchester: Manchester University Press,
1970.

29. Simon Franklin and Jonathan Shepard, *The Emergence of Rus 750-1200.*
London: Longman, 1996; 이 책은 탁월하며 최근의 고고학적 발견을 아우른다; 또
한 H. R. E. Davidson, *The Viking Road to Byzantium.* London: Allen Unwin,
1976 참조.

30. 가장 흥미롭게는 T. J. Cornell, *The Beginnings of Rome: Italy and Rome from the Bronze Age to the Punic Wars (c. 1000-264)*, London: Routledge, 1995, pp. 130-45, 151-9, 224 참조.

31. 이를 인정하기 위해 Wittfogel이 처음 발전시킨 국가 출현의 '수력' 이론을 전면적으로 받아들일 필요는 없다. 대표적인 예로는 티그리스, 유프라테스, 나일, 황허, 인더스, 심지어 미시시피 강 등이 있다. 또한 올멕족, 마야족, 멕시코 중부, 안데스, 하와이, 스리랑카 등의 집약적 관개 체계가 포함된다. Karl Wittfogel, *Oriental Despotism*, New Haven, CT: Yale University Press, 1967.

32. 나는 이것이 많이 인용된 Carneiro의 논문에서 제시되는 것보다 더 나은 예측변수이자 설명적 메커니즘이라고 믿는다. Robert Carneiro, 'A theory of the origin of the state', *Science*, 1970; **169**: 733-8. Carneiro의 전제와는 반대로 생태학적·사회적 제한은 국가 이전 농경 사회에서 흔했다. 국가의 등장에서 가장 중요했던 것은 인구 밀도와 복잡성이었다.

33. 이 모든 것에 관해서는 Michael Hoffman, *Egypt before the Pharaohs*, London: Routledge, 1980; Feki Hassan, 'The predynastic of Egypt', *Journal of World Prehistory*, 1988; **2**: 135-85; Machael Rice, *Egypt's Making*, London: Routledge, 1991; A. J. Spencer, *Early Egypt*, Norman: University of Oklahoma, 1995 참조; 마지막 책에는 고고학적 발견을 보여주는 가장 훌륭한 화보가 포함되어 있다(특히 pp. 52-7). 이에 대해서는 또한 Yigael Yadin, *The Art of Warfare in Biblical Lands in the Light of Archaeological Study*, Vol. 1, New York: McGraw-Hill, 1963, pp. 116-17 참조.

34. 한 체제의 일부로서 Renfrew의 초기 국가 모듈(주 2 참조)은 여기서도 적용된다. 흥미롭게도 이집트에 관한 대표적 권위자인 Trigger는 *Early Civilization*(p. 10)에서 이집트가 '소국가' 때부터 통일되어 있었다고 언급한다. 그는 완전히 형성된 모듈인 대규모 초기 '영역 국가'로서 이집트를 제시하면서 이 사실을 완전히 간과한다.

35. Anthony Smith, *The Ethnic Origins of Nations*, Oxford: Basil Blackwell, 1986, pp. 43, 89.

36. Kwang-Chih Chang, *The Archaelology of Ancient China*, 4th edn. New Haven, CT: Yale University Press, 1986, pp. 242-94; 이 책에는 방어시설과 전쟁에 관한 포괄적인 연구가 포함되어 있다.

37. 같은 책, pp. 303-5.

38. 같은 책, pp. 307-16,

39. Kwang-Chih Chang, *Shang Civilization*, New Haven, CT: Yale University

Press, 1980, pp. 194−200(군사력에 관해). 또한 Robin Yates, 'Early China', in K. Raaflaub and N. Rosenstein (eds), *War and Society in the Ancient and Medieval Worlds*, Cambridge, MA: Harvard University Press, 1999, 특히 pp. 7−15; R. Bagley and D. Keightley, in M. Loewe and E. Shaughnessy (eds), *The Cambridge History of Ancient China*, Cambridge: Cambridge University Press, 1999, pp. 124−91; David Keightley (ed.), 'The late Shang state: When, where, and what?', in *The Origins of Chinese Civilization*, Berkeley, CA: University of California, 1983, pp. 523−64.

40. 이 모든 것에 대해서는 특히 인류학적·고고학적으로 해박한 Joan Piggot, *The Emergence of Japanese Kingship*, Stanford: Stanford University Press, 1997; Keiji Imamura, *Prehistoric Japan*, Honolulu: University of Hawaii, 1996; D. Brown (ed.), *The Cambridge History of Japan*, Vol. 1, Cambridge: Cambridge University Press, 1993, 1장 참조. 이보다 덜 유용하지만 Gina Barnes, *China, Korea and Japan: The rise of civilization in East Asia*, London: Thames & Hudson, 1993도 참조.

41. Trevor Bryce, T*he Kingdom of the Hittites*, Oxford: Oxford University Press, 1998; Michael Beal, *The Organization of the Hittite Military*, Heidelberg: Winter, 1992. 유용하고 짧은 설명은 Amélie Kuhrt, T*he Ancient Near East c.3000-330 BC*, Vol. 1, London: Routledge, 1995, pp. 225−82, 특히 pp. 266−70.

42. 예를 들어 V. R. Desborough, *The Greek Dark Ages*, London: Ernest Benn, 1972, pp. 18−19, 22.

43. John Chadwick, *The Mycenaean World*, Cambridge: Cambridge University Press, 1976, pp. 160−72; J. T. Hooker, *Mycenaean Greece*, London: Routledge, 1977; A. M. Snodgrass, *Arms and Armour of the Greeks*, London: Thames & Hudson, 1967, pp. 15−34.

44. Chadwick, *The Mycenean World*, pp. 79−81; M. I. Finley, *The World of Odysseus*, London: Penguin, 1979, p. 54.

45. K. A. Wardle, 'The palace civilizations of Minoan Crete and Mycenaean Greece, 2000−1200', in B. Cunliffe (ed.), *The Oxford Illustrated Prehistory of Europe*, Oxford: Oxford University Press, 1994, p. 224; Hooker, *Mycenaean Greece*, pp. 94, 98과 비교.

46. Chadwick, *The Mycenaean World*, p. 68.

47. 같은 책, pp. 71-3, 159-60, 173. Robert Drews, *The End of the Bronze Age: Changes in warfare and the catastrophe ca. 1200 BC*. Princeton, NJ: Princeton University Press, 1993, pp. 107-8, 148-9, 155-6, 161-3; Drews는 자신의 주장을 뒷받침하기 위해 그 가치에 상관없이 농민 민병대의 존재를 전면적으로 부정하는 반면 전차의 수를 약간 과장한 것으로 보인다.

48. Hans Güterbock, 'Hittites and the Aegean world: Part 1. The Ahhiyawa problem reconsidered', *American Journal of Archaeology*, 1983; **87**: 133-8; 같은 저자, 'Hittes and Akhaeans: A new look', *Proceedings of the American Philosophical Society*, 1984; **128**: 114-22; Machteld Mellink, 'The Hittites and the Aegean world: Part 2: Archaeological comments on Ahhiyawa-Achaians in Western Anatoloa', *American Journal of Archaeology*, 1983; **87**: 138-41. 가장 최근이자 권위 있는 설명으로 트로이, 히타이트 문서보관소, 새로 발견된 테베의 풍부한 문서보관소 등지에서 발견된 최신 고고학 자료를 통합한 연구는 Joachim Latacz, *Troy and Homer: Toward a solution of an old mystery.* Oxford: Oxford University Press, 2004.

49. Drews의 적극적 주장에 관해 어떻게 생각하든(9장, 주 128 참조), 그의 책(Drews, *The End of the Bronze Age*) Part 2에서의 이런 이론에 대한 비판은 매우 유효하다.

50. Chadwick, *The Mycenaean World*, pp. 174-7.

51. 위의 내용과 학계 관점의 변화에 관해서는 R. Haegg and N. Marinatos (eds), *The Minoan Thalassocracy: Myth and reality.* Stockholm: Paul Astroems, 1984 참조; 이 책에는 이 분야 대표적인 전문가들의 기고문이 실려 있다. 특히 Chester Starr, 'Minoan flower lovers', 같은 책, pp. 9-12; Gerald Cadogan, 'A Minoan thalassocracy?', 같은 책, pp. 13-15; Steffan Hiller, 'Pax Minoica versus Minoan thalassocracy: Military aspects of Minoan culture', 같은 책, pp. 27-31; 그리고 Sinclair Hood, 'A Minoan Empire in the Aegean in the 16th and 15th centuries?', 같은 책, pp. 33-7 참조. 내부적 패권 대 파편화에 관한 미묘하고 조심스러운 논의는 John Cherry, 'Polities and palaces: Some problems in Minoan state formation', in Renfrew and Cherry, *Peer Polity Interaction and Socio-Political Change*, pp. 19-45.

52. Piggott, *The Emergence of Japanese Kingship*, p. 15; E. Kidder, in D. Brown (ed.), *The Cambridge History of Japan*, Vol. 1. Cambridge: Cambridge University Press, 1993, pp. 97-9.

53. M. B. Rowton, 'Dimorphic structure and the parasocial element', *Journal of*

Near Eastern Studies, 1977; **36**: 181-98.

54. 힉소스인들에 관한 지식은 매우 빈약하다. 그러나 Van Steters의 연구가 지적이고 설득력 있는 것으로 남아 있으며 Bietak는 최신 고고학의 권위자다. John van Steters, *The Hyksos*. New Haven, CT: Yale University Press, 1966; Manfred Bietak, *Avaris: The capital of the Hyksos*. London: The British Museum, 1996. 힉소스인과 전차에 관한 대중적인 오해를 떨쳐낸 것은 T. Säve Söderbergh, 'The Hyksos rule in Egypt', *The Journal of Egyptian Archaeology*, 1951; **37**: 53-71; Alan Schulman, 'Chariots, chariotry, and the Hyksos', *Journal of the Society for the Study of Egyptian Antiquities*, 1979; **10**: 105-53.

55. Trude Dothan, *The Philistines and their Material Culture*. New Haven, CT: Yale University Press, 1982는 이 분야 고고학의 권위서이다. 다양한 종족에 관해서는 매우 흥미롭지만 그리스 또는 에게 해/아나톨리아 기원을 혼동한 책으로는 Othniel Margalith, *The Sea Peoples in the Bible*. Wiesbaden: Harrassowitz, 1994.

56. Richard Adams, *Prehistoric Mesoamerica*, 개정판. Norman: University of Oklahoma, 1991, p. 263. 고전 시대 마야의 멕시코 용병에 관한 증거와 더 많은 참고문헌은 Andrea Stone, 'Disconnection, foreign insignia, and political expansion: Teotihuacan and the warrior stelae of Piedras Negra', in R. Diehl and J. Berlo (eds), *Mesoamerica after the Decline of Teotihuacan AD 700-900*. Washington, DC: Dumbarton, 1989, pp. 153-72 참조.

57. C. J. Gadd, in I. Edwards, C. Gadd, and N. Hammond, *The Cambridge Ancient History*, 3rd edn, Vol. 1, Part 2. Cambridge: Cambridge University Press, 1971, p. 121. '평화주의' 관점은 Gil Stein, 'Economy, ritual, and power in Ubaid Mesopotamia', in G. Stein and M. Rothman (eds), *Chidfdoms and Early States in the Near East*. Madison, WI: Prehistory, 1994, pp. 35-46.

58. Joan Oats, 'The background and development of early farming communities in Mesopotamia and the Zagros', *Proceedings of the Prehistoric Society*, 1973; **39**: 147-81, 특히 pp. 168-9.

59. J. N. Postgate, *Early Mesopotamia*. London: Routledge, 1994, pp. 24-5; 또한 Marc van de Mieroop, *The Ancient Mesopotamian City*. Oxford: Oxford University Press, 1997, pp. 33-4.

60. 이런 인식이 일반적이지만, 이론 면에서 가장 눈에 띄는 자료는 David Webster, 'On theocracies', *American Anthropologist*, 1976; **78**: 812-28; 나는 이 논문의

결론에 전적으로 공감한다.

61. Thomas Emerson, *Cahokia and the Archaeology of Power*, Tuscaloosa, AL: University of Alabama, 1997.

62. Timothy Panketat, *The Ascent of Chiefs: Cahokia and Mississippian Politics in Native North America*, Tuscaloosa, AL: University of Alabama, 1994, 특히 pp. 91-2; 이 책의 근거는 W. Iseminger 외 (eds), *The Archaeology of the Cahokia Palisade: The East Palisade investigations*, Springfield, IL: Illinois Historic Preservation Agency, 1990.

63. Jonathan Kenoyer, 'Early city-states in South Asia', in D. Nichols and T. Charlton (eds), *The Archaeology of City-States: Cross-cultural approaches*, Washington, DC: Smithsonian Institute, 1997, pp. 56-62; Bridget Allchin and Raymond Allchin, *The Rise of Civilization in India and Pakistan*, Cambridge: Cambridge University Press, 1993, pp. 133-4, 146, 150, 157, 162, 171-6; Gregory Possehl, 'Sociocultural complexity without the state: The Indus civilization', in Feinman and Marcus, *Archaic States*, pp. 269-72; 이 자료는 전쟁의 증거를 제시하지만 이상하게도 요새화에 관해선 잊고 있다. 평화주의에 관한 초기의 인식은 불행히도 다음과 같은 비전문가의 중요 저작에 등장한다. William McNeill, *The Rise of the West: A history of the human community*, Chicago: University of Chicago, 1963, p. 86; Service, *Origins of the State and Civilization*, p. 241; 그리고 확인되지 않은 채 다음의 책에서도 등장한다. Robert O'Connell, *Ride of the Second Horseman: The birth and death of war*, New York: Oxford University Press, 1995, pp. 219-22.

64. 초기 수메르와 관련한 이 논리는 고전적 에세이인 Thorkild Jacobsen, 'Early political development of Mesopotamia'(1957), in *Towards the Image of Tammuz and Other Essays on Mesopotamian History and Culture*, Cambridge, MA: Harvard University Press, 1970, pp. 142-4 참조.

65. 예를 들면 A. W. Lawrence, *Greek Aims in Fortification*, Oxford: Oxford University Press, 1979, pp. 112, 132-3; Anthony Snodgrass, *Archaic Greece*, Berkeley, CA: University of California, 1980, pp. 31-3, 154-7; John Fine, *The Ancient Greeks*, Cambridge, MA: Harvard University Press, 1983, pp. 48-51; Walter Donlan and Carol Thomas, 'The village community of ancient Greece: Neolithic, Bronze and Dark Ages', *Studi Micenei ed Egeo-Anatolici*, 1993; **31**: 67-8. François de Polignac, *Cults, Territory and the Origins of the*

Greek City-State. Chicago: University of Chicago, 1995(프랑스어 원본 1984)는 시골 지역에서 제의 장소의 확산과 폴리스의 영토 형성에서 그런 장소의 역할을 강조하고 있지만, 이는 반대의 과정이 아니라 보관적 과정이었음을 말해주는 것일 수 있다.

66. J. P. Mallory, *In Search of the Indo-Europeans.* London: Thames & Hudson, 1989, p. 120.

67. Henri Pirenne, *Medieval Cities,* Princeton, NJ: Princeton University Press, 1952, pp. 57-8; Richard Hull, *African Cities and Towns before the European Conquest.* New York: Norton, 1976, pp. xvii, 23-4; Max Weber, *The City.* New York: The Free Press, 1958; David Nicholas, *The Growth of the Medieval City: From late antiquity to the early fourteenth century.* London: Longman, 1997, pp. xvi, 81-8. Pirenne과 Weber 모두, 그리고 사실상 Hull과 Nicholas도 도시의 등장에서 방어 기능, 상업 기능, 종교 기능의 혼합을 강조하고 있다.

68. Peter Gutkind, *The Royal Capital of Buganda.* The Hague: Mouton, 1963, pp. 9-15.

69. M. Kovacs (trans.), *The Epic of Gilgamesh.* Stanford: Stanford University Press, 1985, I.10과 주석.

70. 메소포타미아 정착지 패턴에 관한 포괄적인 고고학 연구는 Robert Adams and Hans Nissen, *The Uruk Countryside.* Chicago: University of Chicago, 1972; 그리고 Robert Adams, *Heartland of Cities.* Chicago: University of Chicago, 1981. 도시 인구 부분은 Hans Nissen, *The Early History of the Ancient Near East 9000-2000 BC.* Chicago: University of Chicago, 1988, p. 131; Kuhrt, *The Ancient Near East c. 3000-330 BC,* pp. 31-2.

71. Hull, *African Cities and Towns before the European Conquest,* p. xiv.

72. Eva Krapf-Askari, *Yoruba Towns and Cities.* Oxford: Oxford University Press, 1969, 특히 pp. 3-7, 154-5; Robert Smith, *Kingdoms of the Yoruba.* London: Methuen, 1969, pp. 120-9; Hull, *African Cities and Towns before the European Conquest,* pp. 19-20; Graham Connah, *African Civilization: Precolonial cities and states in tropical Africa: An archaeological perspective.* Cambridge: Cambridge University Press, 1987, pp. 130-4; J. Peel, 'Yoruba as a city-state culture', in M. Hansen (ed.), *A Comparative Study of Thirty City-State Cultures.* Copenhagen: The Royal Danish Academy, 2000, pp. 507-18; 인용 출처는 W. Bascom, 'Urbanization among the Yoruba', *The American*

Journal of Sociology, 1955; **60**: 446.

73. 예를 들어 Chester Starr, *The Economic and Social Growth of Early Greece 800-500 BC*. New York: Oxford University Press, 1977, pp. 97-9; Anthony Snodgrass, 'Archaeology and the study of the Greek city' and Ian Morris, 'The early polis as city and state', 둘 다 출처는 J. Rich and A. Wallace Hadrill (eds), *City and Country in the Ancient World*. London: Routledge, 1991, pp. 1-58; Mogens Hansen (ed.), 'The polis as citizen-state', in *The Ancient Greek City-State*. Copenhagen: The Royal Danish Academy, 1993, pp. 7-29.

74. 이 확연한 공백에 대한 인식은 최근에 들어서야 커지고 있지만, 이 주제에 관한 연구는 아직 초보적이다. 이 문제를 언급해온 대부분의 학자들은 산업화 이전 사회에서 식량 생산과 농민층의 확실한 우세가 곧 도시생활양식의 비율로 나타났다는 잘못된 추정—명시적이든 암묵적이든—을 해왔다. 그러나 그 두 분류는 겹치지 않는데, 농민들은 도시 안에서 살 수 있었고 실제로 살았기 때문이다. 이런 혼동을 보이는 사례는 M. Finley, 'The ancient city: From Fustel de Coulanges to Max Weber', in *Economy and Society in Ancient Greece*. London: Chatto, 1981, pp. 3-23; 여기서는 이 문제를 알아차리지도 못하고 있다; Starr, *The Economic and Social Growth of Early Greece 800-500 BC*, pp. 41, 104-5는 Chester Starr, *Individual and Community: The rise of the polis 800-500 BC*. New York: Oxford University Press, 1986, pp. 6, 7, 13보다 신중한 입장을 취하고 있다; 이들의 글은 Rich and Hadrill (eds), *City and Country in the Ancient World*에도 실려 있다; Victor Hanson, *The Other Greeks: The family farm and the agrarian roots of western civilization*. New York: Free Press, 1995, p. 7, 그 밖에 여러 곳; 같은 저자, *Warfare and Agriculture in Classical Greece*, 개정판. Berkeley, CA: University of California, 1998, pp. 42-9, 214-17. 다음 문헌들은 그리스 도시 거주민 대부분이 농민이었음을 지적하지만, 역시 추정 비율은 전혀 제시하지 않았다. Robin Osborne, *Classical Landscape with Figures: The Ancient Greek city and its countryside*. London: George Philip, 1987; Alison Burford, *Land and Labour in the Greek World*. Baltimore, MA: Johns Hopkins University Press, 1993, pp. 10, 56-64; M. Hansen (ed.), *A Comparative Study of Thirty City-State Cultures*. Copenhagen; The Royal Danish Academy, p. 159. 최근 몇 년 사이에야 Hansen은 고전 시대 폴리스가 실제로 매우 도시적이었음을—내가 보기에 설득력 있게—보여주는 탄탄한 학술적 반론을 전개해왔다. 특히 Mogens Hansen, 'The polis as an urban centre. the literary and epigraphical evidence', in *The*

Polis as an Urban Centre and as a Political Community. Copenhagen: The Royal Danish Academy, 1997, pp. 9–86.

75. M. Finley, *The Ancient Greeks.* London: Penguin, 1975, pp. 70–1은 도시에 1/2~1/3이 거주했다고 추측한다; Ian Morris, *Burial and Ancient Society: The rise of the Greek city-state.* Cambridge: Cambridge University Press, 1987, p. 100은 더 낮은 추정치를 제시한다; Osborne의 중요한 고고학적 연구에서는 이 문제를 직접 거론하는 대목이 거의 없다. Robin Osborne, *The Discovery of Ancient Attika,* Cambridge: Cambridge University Press, 1985.

76. Hanson의 해석(*Warfare and Agriculture,* p. 46)과는 반대로, 투키디데스의 텍스트와 맥락 모두 비교적 소수의 사람들이 농장에서 살았던 것이 아니라 일하러 밭에 다녔음을 암시한다.

77. Hanson, *Warfare and Agriculture.*

78. J. Cherry, J. Davis, and E. Manzourani, *Landscape Archaeology as Long-Term History: Northern Keos in the Cycladic Islands from earliest settlement until modern times.* Los Angeles, CA: Monumenta Archaeologica 16, 1991, pp. 279–81, 337–8; Michael Jameson, Curtis Runnels, and Tjeerd van Andel, *A Greek Countryside: The Solution Argolid from prehistory to the present day.* Stanford: Stanford University Press, 1994, pp. 548–53, 561–3; J. Bintliff and A. Snodgrass, 'The Cambridge Bradford Boeotian Expedition: The first four years', *Journal of Field Archaeology,* 1985; **12**: 143. Catherine Morgan and James Coulton, 'The polis as a physical entity', in Hansen, *The Polis as an Urban Centre and as a Political Community,* pp. 125–6와 비교. 멜로스 섬에 대한 조사는 농촌 대 도시 주민의 인구 비율을 제시하진 않는 듯하다. John Cherry and Malcolm Wagstaff, in C. Renfrew and M. Wagstaff (eds), *An Island Polity: The archaeology of exploitation in Melos.* Cambridge: Cambridge University Press, 1982, Chapter 2, 11, and 19.

79. Renfrew('Trade as action at a distance', p. 32)는 '초기 국가 모듈' 내의 체계 상호 작용의 중심적 측면으로서 전쟁을 충분히 강조하고는 있지만, 내 관점에서 보면 그는 도시국가 형성에서 전쟁의 중심 역할을 과소평가하는 것 같다.

80. 이집트학 학자들이 실제로 여기서 전개된 생각에 가장 근접해 있다는 점은 우연의 일치가 아닐 것이다. Bruce Trigger, 'Determinants of urban growth in pre-industrial societies', in P. Ucko, R. Tringham, and G. Dimbleby (eds), *Man, Settlement, and Urbanism.* Cambridge, MA: Schenkman, 1972, pp. 575–99;

같은 저자, 'The evolution of pre-industrial cities: A multilinear perspective', in F. Genus and F. Till (eds), *Mélange offerts à Jean Vercoutter*. Paris: CNRS, 1985, pp. 343–53; Fekri Hassan, 'Town and village in Ancient Egypt: Ecology, society and urbanization', in T. Shaw, P. Sinclair, B. Andah, and A. Okpoko (eds), *The Archaeology of Africa: Food, metals and towns*. London: Routlegde, 1993, pp. 551–69. 이집트에 관해서는 David O'Connor, 'Urbanism in Bronze Age Egypt and North-east Africa', in T. Shaw 외 (eds), *The Archaeology of Africa: Food, metals and town*. London: Routledge, 1993, pp. 570–86 참조.

81. Postgate, *Early Mesopotamia*, pp. 74–5, 80; Charles Redam, *The Rise of Civilization: From early forms to urban society in the Ancient Near East*. San Francisco, CA: Freeman, 1978, pp. 255, 264–5.

82. Kenoyer, 'Early city–states in South Asia', p. 58.

83. A. Ghosh, *The City in Early Historical India*, Silma: Indian Institute of Advanced Study, 1973, pp. 51, 61–7; F. R. Allchin 외, *The Archaeology of Early Historic South Asia: The emergence of city and states*. Cambridge: Cambridge University Press, 1995, pp. 62, 70, 106–111, 134–6, 142–6, 202, 222–6; George Erdosy, *Urbanization in Early Historic India*. Oxford: BAR, 1988, pp. 109, 113–4.

84. J. Ajay and R. Smith, *Yoruba Warfare in the Nineteenth Century*. Cambridge: Cambridge University Press, 1964, pp. 23–8; Smith, *Kingdoms of the Yoruba*, pp. 22, 125–6; Connah, *African Civilization*, pp. 131–6; Graham Connah, 'African city walls: a neglected source?', in D. Anderson and R. Rathbone (eds), *Africa's Urban Past*. London: Currey & Heinemann, 2000, pp. 36–51; Hull, *African Cities and Towns before the European Conquest*, p. 41.

85. F. E. Winter, *Greek Fortifications*. London: Routledge, 1971, 특히 pp. 54–5, 60, 101; Lawrence, *Greek Aims in Fortification*, pp. 113–14; Snodgrass, 'Archaeology and the study of the Greek city', pp. 6–10.

86. Winter, *Greek Fortifications*. pp. 61–4.

87. R. Ross Holloway, *The Archeology of Early Rome and Latium*. London: Routledge, 1994, pp. 91–102; Cornell, *The Beginnings of Rome*, pp. 198–202, 320, 331; 같은 저자, 'The city–states in Latium', in Hansen, *A Comparative Study of Thirty City-State Cultures*, pp. 217–19; Christopher Smith, *Early*

Rome and Latium: Economy and society c. 1000 to 500 BC. Oxford: Oxford University Press, 1996, pp. 152–4.

88. 도시들의 나머지 차이점이 무엇이든, 다음 저자들은 이 견해에 동의한다. Pirenne, *Medieval Cities*, pp. 141–3, 177–8; 같은 저자, *Early Democracies in the Low Countries: Urban society and political conflict in the Middle Ages and the Renaissance.* New York: Harper, 1963, 특히 pp. 4, 37; Adriaan Verhulst, *The Rise of Cities in North-West Europe.* Cambridge: Cambridge University Press, 1999, pp. 70–117. 또한 Nicholas, *The Growth of the Medieval City*, pp. 92–5, 184. 이탈리아의 경우는 J. K. Hyde, *Society and Politics in Medieval Italy: The evolution of civil life 1000-1350.* London: Macmillan, 1973, p. 74, 도판 1a와 b 참조; Gordon Griffiths, 'The Italian city–states', in R. Griffeth and C. Thomas (eds), *The City-State in Five Cultures.* Santa Barbara, CA: ABC–Clio, 1981, pp. 87–8; Franek Sznura, 'Civic urbanism in medieval Florence', in A. Molho, K. Raaflaub, and J. Emlen (eds), *City-States in Classical Antiquity and Medieval Italy.* Stuttgart: Franz Steiner, 1991, pp. 403–18; Leonardo Benevolo, *The European City.* Oxford: Blackwell, 1993, pp. 34–6, 44–6, 50 참조.

89. 특히 David Webster, 'Lowland Maya fortifications', *Proceedings of the American Philosophical Society*, 1976, **120**: 361–71; 같은 저자, 'Three walled sites of the northern Maya lowlands', *Journal of Field Archaeology*, 1978; **5**: 375–90; 같은 저자, 'Warfare and the evolution of Maya civilization', in R. Adams (ed.), *The Origins of Maya Civilization.* Albuquerque. NM: University of New Mexico, 1977, pp. 357–9; Dennis Puleston and Donald Callender, 'Defensive earthworks at Tikal', *Expedition*, 1967; **9**(3): 40–8; 권위 있고 간결한 연구는 Adams, *Prehistoric Mesoamerica*, pp. 161–2.

90. Rene Millon, *The Teotihuacan Map*, Vol. 1, Part 1, *Text.* Austin, TX: University of Texas, 1973, pp. 39–40.

91. Pedro Amillas, 'Mesoamerican fortifications', *Antiquity*, 1951; **25**: 77–86; 그리고 R. Diehl and J. Berlo (eds), *Mesoamerica after the Decline of Teotihuacan AD 700-900.* Washington, DC: Dumbarton, 1989에 기고한 여러 저자들 참조. 특히 Kenneth Hirth, 'Militarism and social organization at Xochicalco, Morelos', pp. 69–91, 84 참조; Richard Blanton, *Monte Alban.* New York: Academic Press, 1978, pp. 52–4, 75–6; Michael Lind, 'Mixtec city–states and

Mixtec city-state culture', in Hansen, *A Comparative Study of Thirty City-State Cultures*, p. 572; 탁월한 개괄적 연구는 Ross Hassig, *War and Society in Ancient Mesoamerica*. Berkeley, CA: University of California, 1992, pp. 35-6, 41, 68, 100-9, 150.

92. 이번에도 Hanson은 나머지 면에서는 감탄스러운 중장보병 전투에 대한 해석(주로 고전 시대 초기를 다루고 있는)에서 이 역설을 전혀 깨닫지 못하는 것 같다. Victor Hanson, *The Western Way of Warfare: Infantry battle in classical Greece*. New York: Alfred Knopf, 1989; 또한 Hanson, *The Other Greeks*, 특히 pp. 145, 251-2; 같은 저자, *Warfare and Agriculture*, p. 8. 그러나 Hanson(*Warfare and Agriculture*, pp. 143-4)은 고전 시대 습격의 중요성을 강조하고 그것이 상고 시대에는 의심의 여지없이 훨씬 중요했다고 주장한다(Osborne, *Classical Landscape with Figures*, pp. 138-41, 145와 비교). Josia Ober, 'Hoplites and obstacles', in V. Hanson (ed.), *Hoplites: the classical Greek battle experience*. New York: Routledge, 1991, pp. 173-196은 더 근접하지만(p. 186) 여전히 상고 시대에 폴리스를 에워싸는 성벽이 없던 이유를 밝히지 못했다.

93. 그리스인들에게는 전투가 끝난 후 적의 전사자들을 위한 장례 절차를 허락해야 한다는 강한 종교적 의무감이 있었지만, 그렇지 않은 경우 자비는 중요하거나 칭송받는 덕목이 아니었다. 자료들은 포로와 민간인에 대한 집단학살, 노예화, 파괴의 섬뜩한 이야기를 들려준다. 간단한 요약은 W. Kendrick Pritchett, *The Greek State at War*, Vol. 5. Berkeley, CA: University of California, 1991, pp. 203ff 참조.

94. 마야인들의 주요한 전투 형태인 습격에 관해서는 David Webster, 'Warfare and the evolution of Maya civilization', in R. Adams (ed.), *The Origins of Maya Civilization*. Albuquerque, NM: University of New Mexico, 1977, pp. 357-9; Hassig, *War and Society in Ancient Mesoamerica*, pp. 74-5; Linda Schele and David Freidel, *A Forest of Kings*. New York: Morrow; 1990; 다음 자료에는 생생한 서술이 담겨 있다. Linda Schele and Peter Mathews, 'Royal visits and other intersite relationships among the Classic Maya', in T. P. Culbert (ed.), *Classic Maya Political History: Hieroglyphic and archaeological evidence*. Cambridge: Cambridge University Press, 1991, pp. 245-8; David Freidel, 'Maya warfare: An example of peer polity interaction', in Renfrew and Cherry, *Peer Polity Interaction and Socio-Political Change*, pp. 93-108.

95. Isaac Barry, 'The Aztec "flowery war": A geopolitical explanation', *Journal of Anthropological Research*, 1983; **39**: 415-32; Ross Hassig, *Aztec Warfare*.

Norman: University of Oklahoma, 1988, pp. 105–9, 129–30, 254–6; 같은 저
자, 'The Aztec world', in K. Raaflaub and N. Rosenstein (eds), *War and
Society in the Ancient and Medieval World*. Cambridge, MA: Harvard
University Press, 1999, pp. 378–80.

96. Smith, *Kingdoms of the Yoruba*, pp. 126–7.

97. 다음의 책 5–7장을 두루 참조, J. Haas, S. Pozorski, and T. Pozorski (eds), *The
Origins and Development of the Andean State*. Cambridge: Cambridge
University Press, 1987; 또한 Jeffrey Parsons and Charles Hastings, 'The late
intermediate period', in R. Keating (ed.), *Peruvian Prehistory*. Cambridge:
Cambridge University Press, 1988, pp. 152, 204–17.

98. Weber, *The City*, pp. 75–80; 이 고전은 해당 주제에 관해서도 통찰이 풍부하다.

99. 급여의 도입에 관해서는 W. Kendrick Pritchett, *The Greek State at War*, Vol. 1.
Berkeley, CA: University of California, 1974, Chapter 1 (펠로폰네소스 전쟁);
Cornell, *The Beginnings of Rome*, pp. 187–8(406 BC); Hyde, *Society and
Politics in Medieval Italy*, pp. 182–4; Philip Jones, *The Italian City-State 500-
1300: From commune to signoria*. Oxford: Oxford University Press, 1997,
pp. 385–6; Daniel Waley, 'The army of the Florentine republic, from the
twelfth to the fourteenth century', in N. Rubinstein (ed.), *Florentine Studies*.
London: Faber, 1968, pp. 94–6; Nicholas, *The Growth of the Medieval City*,
pp. 255–8; Philippe Contamine, *War in the Middle Ages*. Oxford: Blackwell,
1984, p. 91(12세기부터 주로 13세기).

100. 왕권 또는 통치권과 요새화의 연관은 Tracy의 책에서 지적되었다. 이 책은 논문 형
식으로 내기 위해 원고를 보낸 후에 출간된 것이다. James Tracy (ed.), *City Walls:
The urban enceinte in global perspective*. Cambridge: Cambridge University
Press, 2000, p. 6. Frederick Cooper, 'The fortifications of Epaminondas and
the rise of the monumental Greek city', 같은 책, pp. 155–91, Cooper는 기원전
4세기 그리스에 돌을 입힌 벽이나 벽돌 벽이 아닌 순수한 돌벽이 등장한 것은 같은
시대에 투석기가 도입되었기 때문이라고 주장한다.

101. Andrew George, *The Epic of Gilgamesh*. London: Penguin, 1999, I.10,
17–22, 그리고 pp. 143–8; J. Pritchard (ed.), 'Gilgamesh and Agga', (S. Kramer
번역) in *Ancient Near Eastern Texts*. Princeton, NJ: Princeton University
Press, 1969, pp. 44–7.

102. Hull, *African Cities and Towns*, p. 40.

103. Webster, 'Warfare and the evolution of Maya civilization'; Schele and Freidel, *A Forest of Kings*; Freidel, 'Maya warfare'.

104. 예를 들면 Herodotus 1.141, 163 참조.

105. 최고의 분석과 종합은 Cornell, *The Beginnings of Rome*, pp. 173-96 참조.

106. P. A. L. Greenhalgh, *Early Greek Warfare: Horseman and chariots in the Homeric and Archaic Ages*. Cambridge: Cambridge University Press, 1973; Lesley Worley, *Hippies: The cavalry of Ancient Greece*. Boulder, CO: Westview, 1994.

107. Joachim Latacz, *Kampfparänase, Kampfdarstellung und Kampfwirklichkeit in der Ilias, bei Kallinos und Tyrtaios*. Munich: Zetemata, 1977, p. 66; W. Kendrick Pritchett, *The Greek State at War*, vol. iv. Berkeley, CA: University of California, 1985, pp. 1-44; 또한 Morris, *Burial and Ancient Society*, pp. 196-201; Kurt Raaflaub, 'Soldiers, citizens, and the revolution of the early Greek *polis*', in L. Lynette and P. Rhodes (eds), *The Development of the Polis in Archaic Greece*. London: Routledge, 1997, pp. 49-59. 그러나 Hans van Wees, 'Leaders of men? Military organization in the *Iliad*', *Classical Quarterly*, 1986; **36**: 285-303; 같은 저자, 'The Homeric way of war: The *Iliad* and the Hoplite phalanx', *Greece and Rome*, 1994; **41**: I. 1-18, II. 131-55 참조. 후자의 논문에서 지적하는 호메로스 시대의 전투와 뉴기니의 '혼돈스러운' 공개 전투 간의 유사성이 유익하고 일리가 있기는 해도, 저자는 암흑시대 그리스의 대형과 더 유사했을지도 모르는 후대 북유럽의 조야한 '방패벽' 대형은 간과한다; 또한 Snodgrass, 'Archaeology and the study of the Greek city', p. 19; Everett Wheeler, 'The general as Hoplite', in Hanson, *Hoplites: The Classical Greek battle experience*, pp. 127-8. Hugh Bowden, 'Hoplites and Homer: Warfare, hero cult, and the ideology of the polis', in J. Rich and G. Shipley (eds), *War and Society in the Greek World*. London: Routledge, 1993, pp. 45-63 참조; 이 책은 『일리아스』가 사실상 초기 폴리스와 기원전 750-650년의 세계를 반영한다고 주장함으로써 상황을 역전시켰다.

108. Snodgrass, *Arms and Armour*, pp. 49-77; 같은 저자, *Archaic Greece*, pp. 100-11, 그리고 도판 11, 15, 16.

109. J. F. Verbruggen, *The Art of Warfare in Western Europe during the Middle Ages*. Woodbridge: Boydell, 1997, pp. 111-203; 사회적 의식이 있는 훌륭한 연구서다.

110. Stephan Epstein, 'The rise and fall of Italian city-state', in Hansen, *A Comparative Study of Thirty City-State Cultures*, pp. 277-94와 비교.

111. D. Hill, 'The role of the camel and the horse in the early Arab conquests', in V. Parry and M. Yapp (eds), *War, Technology and Society in the Middle East*. London: Oxford University Press, 1975, pp. 32-43; John Jandora, *The March from Medina: A revisionist study of the Arab conquest*. Clifton, NJ: Kingston, 1990. 또한 Jorgen Simonsen, 'Mecca and Median: Arab city-states or Arab caravan-cities', in Hansen, *A Comparative Study of Thirty City-State Cultures*, pp. 241-50 참조.

112. Ajay and Smith, *Yoruba Warfare in the Nineteenth Century*, pp. 3-4, 13-22, 133-5.

113. McNeill, *The Rise of the West*, pp. 117-18; Mann, *The Sources of Social Power*, pp. 185, 188.

114. 예를 들어 Morris, *Burial and Ancient Society*가 그렇다. 그러나 올바른 견해를 보려면 Hansen('The polis as citizen-state') 참조. 위에 언급한 만티네아의 경우 도시로의 집중은 민주정을 뜻했던 반면, 농촌으로의 분산은 과두정을 뜻했다. Osborne (*Classical Landscapes*, p. 25)는 이 점에 아주 잘 주목하였다.

115. 후자에 관해서는 Robet Sallares, *The Ecology of the Ancient Greek World*. London: Duckworth, 1991, p. 47과 비교.

116. Hanson, *Warfare and Agriculture*는 농작물과 농지에 치명적이고 지속적인 피해를 주기가 상당히 어려웠음을 증명함으로써 찬사를 받아왔지만, 계절적인 곡물 손실과 그 밖의 피해라 해도 농민들에게는 견디기 힘든 치명타였을 것이다.

117. Hanson, *The Western Way of Warfare*와 *The Other Greeks*. 보다 앞서 이 주장을 했던 것은 Ardant du Pick, *Battle Studies: Ancient and modern battle*. Harrisburg, PA: The Military Service Publishing Co., 1947(1868). 또한 Victor Hanson, 'Hoplite technology and phalanx battle', 같은 저자 *Hoplites: The classical Greek battle experience*, pp. 63-85에 수록.

118. Pritchard, 'Gilgamesh and Agga'; Jacobsen, 'Early political development of Mesopotamia'; Thorkild Jacobsen, 'Primitive democracy in Ancient Mesopotamia', in *Towards the Image of Tammuz and Other Essays on Mesopotamian History and Culture*. Cambridge, MA: Harvard University Press, 1943, pp. 157-72; I. M. Diakonoff, 'The rise of the despotic state in Ancient Mesopotamia', in Diakonoff (ed.), *Ancient Mesopotamia*. Moscow:

USSR Academy of Sciences, 1969, pp. 173–203; Van de Mieroop, *The Ancient Mesopotamia City*, pp. 123–4, 132–5.

119. A. Andrewes, *The Greek Tyrants*. New York: Harper, 1963, pp. 31–49. Anthony Snodgrass, 'The Hoplite reform and history', *Journal of Hellenic Studies*, 1965; **85**: 110–22; Snodgrass는 연대를 비롯한 여러 근거에 의구심을 보였지만 이는 J. Salmon, 'Political Hoplites', *Journal of Hellenic Studies*, 1977; **97**: 84–101에서 설득력 있게 반박되었다. Snodgrass의 연대에 대한 의문은 상당 부분 근거를 잃었는데, 팔랑크스의 등장과 관련해 요즘 학자들은 더 이른 시기—8세기 말—를 선호하는 견해이기 때문이다: Hanson, 'Hoplite technology and phalanx battle' 참조. 또한 Hanson의 *The Other Greeks*, pp. 203–14에서 폴리스의 농업- 중장보병 체제에 관한 전반적 논의를 비교.

120. Cornell, *The Beginnings of Rome*, pp. 148, 194–6, 238.

121. Gilbert Charles–Picard, *Carthage*. London: Sidgwick & Jackson, 1968, pp. 56–61, 80–6. 가장 최근의 학술서는 Maria Aubert, *The Phoenicians and the West*. Cambridge: Cambridge University Press, 1993.

122. M. V. Clarke, *The Medieval City State: An essay on tyranny and federation in the later Middle Ages*. Cambridge: Speculum Historiale, 1966(1926); Hyde, *Society and Politics in Medieval Italy*, pp. 94–118, 141–52; Daniel Waley, *The Italian City-Republics*. New York: Longman, 1988, pp. 40–5, 117–72; Griffiths, 'The Italian city–states', pp. 81–2, 93, 101–5; Nicholas, *The Growth of the Medieval City*, pp. 262–71. 플랑드르에 관해서는 Pirenne, *Early Democracies in the Low Countries*; David Nicholas, *Town and Countryside: Social, economic and political tensions in fourteenth century Flanders*. Bruges: Ghent University Press, 1971. Weber, *The City*, pp. 157–230; Weber 의 전반적 논의는 여전히 유익하게 읽을 수 있다.

123. Hanson, *The Other Greeks*, p. 226에서 제시된 것과 어느 정도 비슷하다.

124. Weber가 제대로 지적했던 이 요점은 d'Agostino가 발전시켰다: Max Weber, *The Agrarian Society of Ancient Civilizations*. London: Verso, 1998(1909), pp. 261, 306, Bruno d'Agostino, 'Military organization and social structure in Archaic Etruria', in O. Murray and S. Price (eds), *The Greek City*. Oxford University Press, 1990, pp. 59–82.

125. 예를 들어 Hassig, *War and Society in Ancient Mesoamerica*, pp. 168–70; David Webster, 'Warfare and status rivalry: Lowland Maya and Polynesian

comparisons', in Feinman and Marcus, *Archaic States*, pp. 332-6; David
Webster, 'Ancient Maya warfare', in Raaflaub and Rosenstein, *War and
Society in the Ancient and Medieval Worlds*, pp. 345-6; Schele and Freidel, *A
Forest of Kings*; Freidel, 'Maya warfare'. 이 저자들 간에는 약간의 차이가 있다:
Freidel은 거의 순수한 엘리트 전쟁을 믿는 반면, Webster(나는 그에게 동조하는 편
이다)는 귀족의 지휘권 아래 더 폭넓은 민중이 참여했다고 본다.

126. Arthur Jones 대령의 보고서(1861년 6월 6일), Ajay and Smith, *Yoruba Warfare
in the Nineteenth Century*, pp. 132-3에 수록.

127. Weber, *The City*, pp. 68-70. '생산자' 도시와 '소비자' 도시를 구분한 Weber는 이
런 구분이 '서양' 도시와 '동양' 도시의 구분과 합치하지 않는다는 것을 자신의 제자들
보다 더 많이 인식하고 있었다.

128. 그리스인들과 관련해 대체로 같은 주장은 Hansen, *The Other Greeks*, Chapter 9
참조.

129. Aristotle, *Politics*, 2.9. 13-17; Stephen Hodkinson, 'Warfare, wealth, and
the crisis of Spartiate Society', in Rich and Shipley, *War and Society in the
Greek World*, pp. 146-6; Paul Cartledge, *Sparta and Lakonia: A regional
history 1300-362 BC*, London: Routledge, 1979, pp. 307-18; Paul Cartledge,
Agesilaos and the Crisis of Sparta, London: Duckworth, 1987, 특히 pp.
37-43, 160-79; J. F. Lazenby, *The Spartan Army*, Warminster: Aris, 1985.

130. H. W. Parke, *Greek Mercenary Soldiers*, Oxford: Oxford University press,
pp. 1-32; Cartledge, *Agesilaos*, pp. 314-30.

131. 시민들이 입대를 점점 꺼리게 된 현상에 대해서는 Jones, *The Italian City-State*,
pp. 387-90; Contamine, *War in the Middle Ages*, pp. 157-8. 전반적 상황은
Michael Mallett, *Mercenaries and Their Masters: Warfare in Renaissance
Italy*, London: Bodley Head, 1974; C. C. Bayley, *War and Society in
Renaissance Florence: The De Militia of Leonardo Bruni*, Toronto: University
of Toronto, 1961; Caferro의 탁월한 책은 용병대의 독립적인 습격에 초점을 맞추어
그들이 불러온 엄청난 파괴와 비용을 강조한다. William Caferro, *Mercenary
Companies and the Decline of Siena*, Baltimore, MA: Jones Hopkins
University Press, 1998; 또한 Kenneth Fowler, *Medieval Mercenaries*, Vol. 1,
The Great Companies, Oxford: Blackwell, 2001.

132. J. K. Anderson, *Military Theory and Practice in the Age of Xenophon*,
Berkeley, CA: University of California, 1970; W. Kendrick Pritchett, *The*

Greek State at War, Vol. 2. Berkeley, CA: University of California, 1974, Chapters III, VII–IX; Parke, *Greek Mercenary Soldiers*, pp. 73ff; Josia Ober, *Fortress Attica: Defence of the Athenian land frontier 404-322 BC*. Leiden: Brill, 1985.

133. Parke, *Greek Mercenary Soldiers*.

134. Polybius, *The Histories* 13,6–8.

135. 도시국가의 제한된 수명에 관해서는 Griffeth and Thomas, *The City State in Five Cultures*, pp. xix, 195–7, 201–2의 '서론'과 '결론'에서 충분히 언급되었음에도, 대부분의 개별 저자들에게는 수수께끼로 남아 있다. 그러나 그리스와 관련해서는 W. Runciman, 'Doomed to extinction: The *polis* as an evolutionary dead–end', in Murray and Price, *The Greek City*, pp. 347–67; 그리고 탁월한 설명은 S. E. Finer, *The History of Government from the Earliest Times*, Vol. 1. Oxford: Oxford University Press, 1997, pp. 369–84; Mann, *The Sources of Social Power*, pp. 227–8 참조.

136. Allchin and Allchin, *The Rise of Civilization in India and Pakistan*, p. 169.

137. Ghosh, *The City in Early Historical India*, pp. 34–5; Allchin 외, *The Archaeology of Early Historic south Asia*, pp. 115–17, 334.

138. T. P. Culbert (ed.), *Classic Maya Political History: Hieroglyphic and archaeological evidence*. pp. 140–5, 318–25. 또한 pp. 27–9 참조; Adams, *Prehistoric Mesoamerica*, pp. 173–4; Simon Martin and Nikolai Grube, 'Maya superstates', *Archaeology*, 1995; **48**(6): 41–6.

139. Puleston and Callender, 'Defensive earthworks at Tikal', pp. 45–7; Marcus, 'The peaks and valleys of ancient states', pp. 59–94와 비교; Marcus의 일반 모델에 대한 나의 비평에 관해서는 이어지는 논의와 주 19 참조.

140. Thomas Carlton and Deborah Nichols, 'Diachronic studies of city–states: Permutations on a theme—central Mexico from 1700 BC to AD 1600', 그리고 Mary Hodge, 'When is a city–state: Archaeological measures of Aztec city–states and Aztec city–state systems', 둘 다 출처는 D. Nichols and T. Charlton, *The Archaeology of City-States: Cross-cultural approaches*, pp. 209–27.

141. 예를 들어, Victor Ehrenberg, *The Greek State*, London: Methuen, 1969, pp. 103–31; Peter Rhodes, 'The Greek *Poleis*: Demes, cities and leagues', in Hansen, *The Ancient Greek City-State*, pp. 161–82 참조.

142. 예를 들어 Giovanni Tabacco, *The Struggle for Power in Medieval Italy:*

Structure of political rule, Cambridge: Cambridge University Press, 1989 (이탈
리아어 초판 1979), pp. 295–320; Peter Burke, 'City–states', in J. Hall (ed.),
States in History. Oxford: Basil Blackwell, 1986, pp. 140–3. A. Molho, K.
Raaflaub, and J. Emlen (eds), *City-States in Classical Antiquity and Medieval
Italy*. Stuttgart: Franz Steiner, 1991에 실린 Giorgio Chittolini의 'The Italian
city–state and its territory'는 더욱 넓은 유럽적 관점에서 이 과정을 아주 잘 조명한
다; 또한 뒤이어 논의되는 연합에 관해서는 Clarke (*The Medieval City-State*, pp.
147–207) 참조.

143. Jacobsen, 'Early political development of Mesopotamia', pp. 155–6; Kuhrt,
The Ancient Near East c.3000-330 BC, pp. 338, 362.

144. Hassig, *Aztec Warfare*, pp. 55, 59–60; Adams, *Prehistoric Mesoamerica*,
pp. 367, 389.

145. 폴리스의 크기에 관해서는 Kurt Raaflaub, 'City–state, territory and empire in
classical antiquity', in Molho, Raaflaub, and Emlen, *City-States in Classical
Antiquity and Medieval Italy*, pp. 565–88; Fine, *The Ancient Greeks*, p. 51;
Carol Thomas, 'The Greek polis', in Griffeth and Thomas, *The City-State in
Five Cultures*, pp. 43, 47 참조.

146. Waley, *The Italian City-Republics*, pp. 21–2; Jones, *The Italian City-State
500-1300*, pp. 153, 193; Griffeth and Thomas, *The City State in Five Cultures*,
pp. 87, 99, 186–7; Pirenne, *Early Democracies in the Low Countries*, pp.
104–5; Contamine, *War in the Middle Ages*, p. 117.

147. 구체적으로는 Raaflaub, 'City–state, territory and empire in classical
antiquity' 참조. 개괄적으로는 Claude Nicolet, *Rome et la conquête du monde
méditerranéen 264-27*, Vol. I: *Les structures de l'Italie romaine*. Paris:
Presses Universitaires de France, 1993 참조; 또한 J. Rich and G. Shipley (eds),
War and Society in the Roman World. London: Routledge, 1993, pp. 1–68에
실린 John Rich와 Stephen Oakley의 글 참조.

148. Cornell, *The Beginnings of Rome*, pp. 204–8, 320, 351, 380–5.

149. William Harris, *War and Imperialism in Republican Rome 327-70 BC*.
Oxford: Oxford University Press, 1979, p. 44. 이 모든 것은 Peter Brunt,
Italian Manpower. Oxford: Oxford University Press, 1971, pp. 44–90, 416–
26를 참조.

150. 수치에 관해서는 Bezalel Bar–Kochva, *The Seleucid Army*. Cambridge:

Cambridge University Press, 1976; 내가 보기에 Bar-Kochva의 결론(pp. 205-6)
은 요점을 놓치고 있다.

151. Azar Gat, 'Clausewitz on defence and attack', *Journal of Strategic Studies*, 1988; 11: 20-26.

152. 이것은 Hassig, *Aztec Warfare*, pp. 236, 266-7에 잘 강조되어 있다.

153. 그리스인들에 관해서는 Hanson(*The Other Greeks*, Chapters 6-7)이 아주 훌륭하다. 또한 Thucydides i.141-4에서 페리클레스가 아테네인들에게 설명하는 놀라운 전략 개요 참조.

154. 예를 들어 이탈리아 코뮌들에 대한 무거운 재정 부담에 관해서는 Hyde, *Society and Politics in Medieval Italy*, pp. 182-4.

155. Peter Brunt, 'The army and the land in the Roman revolution', *Journal of Roman Studies*, 1962; 52: 69-84; 더욱 발전된 내용은 Alexander Yakobson, *Election and Electioneering in Rome: A study in the political system of the late republic*. Stuttgart: Franz Steiner, 1999, pp. 230-1.

156. Geoffrey Conrad and Arthur Demarest, *Religion and Empire: The dynamic of Aztec and Maya expansion*. New York: Cambridge University Press, 1984, 특히 pp. 25-6, 33-5, 이들의 주요 논점에 크게 반대하는 것은 Hassig, *Aztec Warfare*, 특히 pp. 145-7; Robert Adams, *The Evolution of Urban Society: Early Mesopotamia and prehistoric Mexico*. Chicago: Aldine, 1966, pp. 111-18.

157. Diakonoff, 'The rise of the despotic state in Ancient Mesopotamia'.

158. Morgens Larsen, *The Old Assyrian City-State and Its Colonies*. Copenhagen: Akademisk Forlag, 1976, pp. 109-91, 218-23, 366-74; 또한 Kuhrt, *The Ancient Near East c.3000-330 BC*, pp. 88-9, 365, 505-7.

159. Kenoyer, 'Early city-states in South Asia', pp. 65-8; Romila Thapar, *From Lineage to State: Social foundation in the mid-first millennium BC in the Ganga Valley*. Delhi: Oxford University Press, 1990; 국가로의 초기 전환에 대한 대표적인 분석은; A. Majumdar, *Concise History of Ancient India*, Vol. ii. New Delhi: Munshiram Manoharlal, 1992, pp. 32, 44, 131-44; Max Weber, *The Religion of India*. Glencoe, IL: The Free Press, 1958, pp. 87-91.

1. Colin McEvedy and Richard Jones, *Atlas of World Population History*. London: Penguin, 1978, pp. 344-7; E. Jones, *The European Miracle: Environments, economies and geopolitics in the history of Europe and Asia*, 2nd edn. Cambridge: Cambridge University Press, 1987. pp. 3, 159.

2. Alfred Crosby, *Ecological Imperialism: The biological expansion of Europe*. Cambridge: Cambridge University Press, 1986 참조. 나는 11장에서 이 책과 유사한 추가 설명을 제공한다. 또한 이 책은 훗날 재러드 다이아몬드가 전개한 착상의 일부를 미리 보여준다.

3. M. Littauer and J. Crouwel, *Wheeled Vehicles and Ridden Animals in the Ancient Near East*. Leiden: Brill, 1979, pp. 33-6.

4. John Thornton, *Warfare in Atlantic Africa 1500-1800*. London: University College London, 1999, 특히 pp. 25-8, 그 밖에 여러 곳 참조.

5. '가산제' 국가에 관한 베버의 대가다운 논의를 참조. Max Weber, *Economy and Society*. New York: Bedminster, 1968, pp. 231-6, 964, 968-71, 그리고 Chapters xii-xiii.

6. 가장 두드러진 이들은 다음과 같다. Georges Duby, *The Early Growth of the European Economy: Warriors and peasants from the seventh to the twelfth century*. London: Weidenfeld & Nicolson, 1974; Guy Bois, *The Transformation of the Year One Thousand*. Manchester: Manchester University Press, 1992; Jean-Pierre Poly and Eric Bournazel, *The Feudal Transformation, 900-1200*. New York: Holmes, 1991; Susan Reynolds, *Fiefs and Vassals: The medieval evidence reinterpreted*. Oxford: Oxford University Press, 1994; Marjorie Chibnall, 'Military service in Normandy before 1066', *Anglo-Saxon Studies*, 1982; 5: 65-77. 점진주의적 입장의 비판은 Dominique Barthélemy, *La Mutation de l'an mill a-t-elle eu lieu?* Paris: Fayard, 1997 참조. 주목할 점은 겉보기와 달리 이 권위자들 가운데 현상과 개념으로서의 봉건제를 거부하는 이는 아무도 없다는 것이다. 근래의 추세에 관한 유익한 개관은 다음을 참조. Constance Brittain Bouchard, *Strong of Body, Brave and Noble: Chivalry and society in medieval France*. Ithaca: Cornell University Press, 1998.

7. 봉건제 전반을 논하는 으뜸가는 저작들과 비교. Mark Bloch, *Feudal Society*. London: Routledge, 1961, p. 446(그리고 Chapters 9-10); F. L. Ganshof,

Feudalism. London: Longmans, 1964, p. xv. 다음도 참조. W. G. Runciman, *A Treatise on Social Theory*, Vol. 2. Cambridge: Cambridge University Press, 1989, pp. 208, 368; Kristian Kristiansen, 'Chiefdoms, states, and systems of social evolution', in T. Earle (ed.), *Chiefdoms: Power, economy, and ideology.* New York: Cambridge University Press, 1991, pp. 16−23. 이에 반해 정치적 진화에 관한 표준 저작들은 두 가지 정치 형태를 융합한다. Elman Service, *Origins of the State and Civilization.* New York: Norton, 1975, pp. 81−3; Allen Johnston and Timothy Earle, *The Evolution of Human Societies: From foraging group to agrarian state.* Stanford: Stanford University Press, 1987, p. 249.

8. Rushton Coulborn (ed.), *Feudalism in History.* Princeton, NJ: Princeton University Press, 1956, pp. 7, 186. 여전히 귀중한 이 편저가 요즘 너무 쉽게 낡은 저작으로 치부되고 있다.

9. 앵글로색슨 시대 잉글랜드에 관해서는 Robin Fleming, *Kings and Lords in Conquest England.* Cambridge: Cambridge University Press, 1991 참조.

10. Otto Hintze, 'Wesen und Verbreitung des Feudalismus' (1929), Otto Hintze의 *Feudalismus—Kapitalismus.* Göttingen: Vandenhoeck, 1970에 재수록, pp. 12−47, 특히 pp. 14, 22; Bloch, *Feudal Society,* p. 446(p. 444에서 승마술을 부차적인 요소로 언급하기는 하지만); Ganshof, *Feudalism,* p. xv. 봉건제에 관한 베버의 광범한 논의에서 기마술은 딱 한 번(p. 1077) 대수롭지 않게 언급된다. Weber, *Economy and Society,* pp. 255−62, 1070−85; Coulborn(*Feudalism in History,* pp. 8−9)이 가장 근접했지만, 봉건제의 정의와 별개로 기마술을 언급하며(pp. 4−6), 기마술을 봉건제의 본질적 특징이 아닌 일반적 특징으로 본다. Poly and Bournazel, *The Feudal Transformation, 900-1200*은 성城과 지역 실력자로의 권력 이양을 강조할 뿐 기마 특징은 강조하지 않는다. 이는 요즘 문헌들의 전형적인 논점이다.

11. H. Brunner, 'Der Reiterdienst und die Anfänge des Lehnwesen', *Zeitschrift der Savigny Stiftung für Rechtgeschichte. Germanistische Abteilung,* 1887; **8**: 1−38; Lynn White, *Medieval Technology and Social Change.* Oxford: Oxford University Press, 1962, pp. 1−38. White의 논제에 대한 비판은 Bernard Bachrach, *Armies and Politics in the Early Medieval West.* Aldershot: Variorum, 1993, Chapters xii, xiv, xvii 참조.

12. 이 조건은 다음 논문에서 봉건제의 핵심으로 제시되었다. Chris Wickham, 'The

other transition: from the ancient world to feudalism', *Past and Present*, 1984; **103**: 3-36. 그러나 이 논문은 변화의 필수적 전제조건을 인식하지 못했고, 변화의 원인을 세금을 회피하는 귀족의 힘으로 돌렸다. 어쨌거나 메로빙거 국가가 봉건화 과정을 개시한 카롤링거 통치자들에 견주어 귀족을 상대로 더 강했던 것은 아니다.

13. 주 6 참조.

14. 충성 서약이 "숨막히는 현실주의"를 나타낸다고 생각하면서도 이를 철저히 이상주의적으로 해석하는 Poly and Bournazel (*The Feudal Transformation, 900-1200*, p. 81의 견해와 비교.

15. 다시 Ganshof, *Feudalism*, pp. 51-9와 비교.

16. 기병의 수입은 300-500메딤노스, 농민의 수입은 200-300메딤노스였다. Aristotle, *Constitution of Athens* 7.3-4; Plutarch, *Solon* 18. 아르키메데스에 관해서는 I. Gershevitch (ed.), *The Cambridge History of Iran*, Vol. 2, Cambridge: Cambridge University Press, 1985, pp. 281, 573-6 참조.

17. Livy 35:9, 35:45, 37:57, 45:34; Alexander Yakobson, *Elections and Electioneering in Rome*. Stuttgart: Franz Verlag, 1999, pp. 43-8.

18. Warren Treadgold, *Byzantium and Its Army 284-1081*. Stanford: Stanford University Press, 1995, 특히 pp. 23-5, 171-9; 또한 John Haldon, *Warfare, State and Society in the Byzantine World 565-1204*. London: University College London, 1999, p. 128.

19. Bernard Bachrach, *Early Carolingian Warfare*. Philadelphia, PA: University of Pennsylvania, 2001, p. 55; Philippe Contamine, *War in the Middle Ages*. Oxford: Blackwell, 1986, p. 88; Charles Oman, *A History of the Art of War in the Middle Ages*, Vol. 2, New York: Burt Franklin, 1969(1924), p. 127.

20. Weber, *Economy and Society*, pp. 1071-2. Coulborn, *Feudalism in History*, 그리고 *Feudalism and History*의 다른 기고자들은 한결같이 고대 이집트와 함무라비의 바빌로니아 같은 보병 '봉토' 사례들과 관련하여 봉건제를 논하되 기병 문제는 배제했다. 15세기부터 17세기까지 모스크바국과 러시아에서 기병 유지를 위한 토지 수여는 봉건화와 농노화 과정을 촉발했다. 16세기에 새로운 화기 보병대(스트렐치 streltsy)가 창설되고 (훨씬 작은) 토지 수여를 통해 유지되었을 때, 새로운 보병들은 결코 지역 지주로 성장하지 못했다. Richard Hellie, *Enserfment and Military Change in Muscovy*, Chicago: University of Chicago, 1973 참조.

21. Edward Shaughnessy, 'Historical perspectives on the introduction of the

chariot into China', *Harvard Journal of Asiatic Studies*, 1988; **48**: 189–237; M. Loewe and E. Shaughnessy (eds), *The cambridge History of Ancient China*. Cambridge: Cambridge University Press, 1999; Cho–Yun Hsu and Katheryn Linduff, *Western Chou Civilization*. New Haven, CT: Yale University Press, 1988; Herrlee Creel, *The Origins of Statecraft in China, I: The Western Chou Empire*. Chicago: Chicago University Press, 1970, 특히 Chapter 11; Li Xueqin, *Eastern Zhou and Qin Civilizations*. New Haven, CT: Yale University press, 1985; Mark Lewis, *Sanctioned Violence in Early China*. New York: State University of New York, 1990; Derk Bodde, 'Feudalism in China', in Rushton Coulborn (ed.), *Feudalism in History*. Princeton, NJ: Princeton University Press, 1956, pp. 49–92.

22. F. Joüon Des Longrais, *L'Est et L'Ouest*. Paris: Institut de Recherches d' Histoire Étrangere, 1958; John Hall, 'Feudalism in Japan–A reassessment', in J. Hall and M. Jansen (eds), *Studies in the Institutional History of Early Modern Japan*. Princeton, NJ: Princeton University Press, 1968, pp. 15–51; 같은 저자, *Government and Local Power in Japan 500 to 1700*. Princeton, NJ: Princeton University Press, 1966; Peter Duus, *Feudalism in Japan*. New York: McGraw–Hill, 1993; Jeffrey Mass, *Warrior Government in Early Medieval Japan*. New Haven, CT: Yale University Press, 1974; 같은 저자, (ed.), 'The early Bakufu and feudalism', in *Court and Bakufu in Japan*. Stanford: Stanford University Press, 1982, pp. 123–42; Ishii Ryosuke, 'Japanese feudalism', *Acta Asiatica*, 1978; **35**: 1–29; M. Jansen (ed.), *Warrior Rule in Japan*, Cambridge: Cambridge University Press, 1995 (*The Cambridge History of Japan* 3~4권을 토대로 편찬).

23. 과거에 일본 학자들과 서구 학자들(예컨대 Hintze, Bloch, Ganshof, Coulborn)은 유럽 봉건제와 얼마간 비슷한 일본 봉건제를 상정했던 반면 근래 들어 일본을 연구하는 학계는 일본과 유럽의 유사성, 심지어 봉건제의 유사성까지 갈수록 회의적으로 바라보았고, 그와 동시에 유럽 봉건제 자체도 점점 더 비판을 받았다. 그렇지만 실제로 유럽 봉건제와 일본 봉건제를 연구하는 학자들이 각기 독립적으로 입증한 바는, 일본에서든 유럽에서든 봉건제의 성장과 형식화 과정이 종전에 생각했던 것보다 복잡하고 불균질했다는 점이다. 유럽에 관해서는 주 6을 참조. 일본의 군사적 측면에 관해서는 (주 22에 더해) 다음을 참조. William Farris, *Heavenly Warriors: The evolution of Japan's military, 500-1300*. Cambridge, MA: Harvard University Press,

1992; Karl Friday, *Hired Swords: The rise of private warrior power in early Japan*, Stanford: Stanford University Press, 1992. 전반적으로 견실한 이런 관찰들을 둘러싼 수사 때문에, 새로운 연구들이 봉건제 개념 자체를 근거 없는 개념이라고 주장한다는 그릇된 인상이 생겨났다. 발달하고 있었으나 얄팍한 겉치레에 지나지 않았던 기사도 정신에 관해서는 다음을 참조. Georges Duby, 'The origins of knighthood', in *The Chivalrous Society*, London: Edward Arnold, 1977, pp. 158–70; Maurice Keen, *Chivalry*, New Haven, CT: Yale University Press, 1984; Matthew Strickland, *War and Chivalry*, Cambridge: Cambridge University Press, 1996. 비교 연구는 다음을 참조. Stephen Morillo, '*Milites*, knights and samurai: Military technology, comparative history, and the problem of translation', in R. Ables and B. Bachrach (eds), *The Norman and their Adversaries at War*, Woodbridge: Boydell, 2001, pp. 167–84.

24. White, *Medieval Technology and Social Change*, pp. 1–38.

25. 다른 측면에서는 높은 식견을 보여주는 연구들이 이런 오해에 일조하고 있다. Oman, *History of the Art of War in the Middle Ages*, Vol. 1. pp. 13–14, 그 밖에 여러 곳; J. Verbruggen, *The Art of Warfare in Western Europe during the Middle Ages*, Woodbridge: Boydell, 1997, p. 5. 그렇지만 다음 연구들은 다른 견해를 논증한다. White, *Medieval Technology and Social Change*, pp. 6–7; Arther Ferril, *The Fall of the Roman Empire: The military explanation*, London: Thames & Hudson, 1986, pp. 7–8, 60, 그 밖에 여러 곳.

26. Herwig Wolfram, *History of the Goths*, Berkeley, CA: University of California, 1988, pp. 127, 217.

27. Bachrach, *Armies and Politics in the Early Medieval West*, pp. xii, xiv, xvii.

28. Montesquieu, *The Spirit of the Laws*, Cambridge: Cambridge University Press, 1989, p. 30:1; Bloch, *Feudal Society*, pp. 441–7는 봉건 현상의 공통 원인들이라는 문제를 후대 학자들의 과제로 남겨두었다(p. 447); Ganshof, *Feudalism*, pp. xvi–xvii은 근인近因을 몇 가지 더 고찰한다.

29. Voltaire, *Fragments sur quelques révolutions dans l'Inde*, cited by Bloch, *Feudal Society*, p. 441; Max Weber, *The Agrarian Sociology of Ancient Civilizations*, London: Verso, 1998(1909), pp. 38–9; 베버는 이 논의를 *Economy and Society*, pp. 255–62, 1070–85에서 폭넓게 전개했다. 또한 Runciman, *A Treatise on Social Theory*, Vol. 2, p. 158. Runciman은 조세 제도와 비봉건적 병력을 유지하는 국가의 능력이 봉건제를 막아내는 데 관건이었음을 의

식하는 까닭에, 특정한 사례들을 한층 신중하게 연구한다. 그러나 그는 봉건적 얼개/비봉건적 얼개라는 이분법을 고수한다.

30. Hintze, 'Wesen und Verbreitung des Feudalismus'와 Coulborn을 비롯한 *Feudalism in History* 기고자들의 견해도 거의 동일하다.

31. 마르크스주의자들은 이 측면에서 중국을 혼란스러운 사례로 보았다. 중국과 소비에트의 마르크스주의 문헌을 개관하려면 다음을 참조. Arif Dirlik, 'The universalization of a concept: From "feudalism" to "Feudalism" in Chinese Marxist historiography', in T. Byres and H. Mukhia (eds), *Feudalism and Non-European Societies*. London: Frank Cass, 1985, pp. 197–227; Colin Jeffcott, 'The idea of feudalism in China and its application to Song Society', in E. Leach, S. Mukherjee, and J. Ward (eds), *Feudalism: Comparative Studies*. Sydney: Pathfinder, 1985, pp. 155–74; Derk Bodde, 'The state and empire of Ch'in', in D. Twitchett and M. Loewe (eds), *The Cambridge History of China*, Vol. 1. Cambridge: Cambridge University Press, 1986, pp. 22–3. 근래의 마르크스주의 입장은 Li Jun, *Chinese Civilization in the Making, 1766-221 BC*. London: Macmillan, 1996 참조.

32. 이 점은 다음 학자들이 날카롭게 지적했다. Chris Wickham, 'The uniqueness of the East', in T. Byres and H. Mukhia (eds), *Feudalism and Non-European Societies*. London: Frank Cass, 1985, pp. 172–5; Bodde, 'Feudalism in China', pp. 83–92.

33. Coulborn을 비롯해 *Feudalism in History*에 기고한 필자들의 탁월한 개별 사례 연구들, 특히 Burr Brundage, 'Feudalism in Ancient Mesopotamia and Iran', pp. 93–119은 내가 아래에서 제시한 논의와 거의 동일한 논의를 전개한다.

34. 대부분의 증거는 미탄니 제국 자체가 아니라 아라파 속국에서 나왔다. T. Kendall, *Warfare and Military Matters in the Nuzi Tablets*. Ann Arbor: University Microfilms, 1974. 아리아인의 우위에 대한 회의론은 다음을 참조. Annelies Kammenhuber, *Hippolgia Hethitica*. Wiesbaden: Harrassowitz, 1961; 같은 저자, *Die Arier im Vorderen Orient*. Heidelberg: Winter, 1968; 다음 저작들은 이런 회의론을 논박한다. Manfred Mayrhofer, *Die Arier im Vorderen Orient—ein Mythos?* reprinted in Manfred Mayrhofer, *Ausgewählte kleine Schriften*. Wiesbaden: L. Reichert, 1979, pp. 48–71; Robert Drews, *The Coming of the Greeks: Indo-European conquests in the Aegean and the Near East*. Princeton, NJ: Princeton University Press, 1988, pp. 140–7, 그 밖에 여러 곳;

Gernot Wilhelm, *The Hurrians.* Warminster: Aris, 1989.

35. Alan Gardiner, *The Kadesh Inscriptions of Ramesses II.* Oxford: Oxford University Press, 1960, 80, 130-5, 150-5. 히타이트의 아나톨리아 맞수들은 전차 수백 대를 전장에 배치한 것으로 기록되어 있다. Littauer and Crouwell, *Wheeled Vehicles and Ridden Animals in the Ancient Near East,* p. 94.

36. Michael Beal, *The Organization of the Hittite Military.* Heidelberg: Winter, 1992.

37. Alan Schulman, 'The Egyptian chariotry: A re-examination', *Journal of the American Research Centre in Egypt,* 1963; 2: 75-98; 같은 저자, *Military Rank, Title and Organization in the Egyptian New Kingdom.* Berlin: Hessling, 1964, 특히 pp. 59-62.

38. James Pritchard, *Ancient Near Eastern Texts Relating to the Old Testament.* Princeton, NJ: Princeton University Press, 1969, pp. 237, 246, 247; Kendall, *Warfare and Military Matters in the Nuzi Tablets;* Roger O'Callaghan, 'New light on the *maryannu* as chariot-warriors', *Jahrbuch für kleinasiatische Forschung,* 1950; 1: 309-24; A. Rainey, 'The military personnel at Ugarit', *Journal of Near Eastern Studies,* 1965; 24: 17-27; H. Reviv, 'Some comments on the maryannyu', *Israel Exploration Journal,* 1972; 22: 218-28; Michael Heltzer, *The Internal Organization of the Kingdom of Ugarit.* Wiesbaden: L. Reichert, 1982, 특히 Chapter 6과 pp. 111-15, 127, 192-4; Robert Drews, *The End of the Bronze Age: Changes in warfare and the catastrophe ca. 1200 BC.* Princeton, NJ: Princeton University Press, 1993, pp. 104-13, 특히 112.

39. J. Postgate, *Taxation and Conscription in the Assyrian Army.* Rome: Biblical Institute, 1974, 특히 pp. 208-11; Stephanie Dalley, 'Foreign chariotry and cavalry in the armies of Tiglath-pileser Ⅲ and Sargon Ⅱ', *Iraq,* 1985; 47: 31-48.

40. Herodotus 1.96, 98, 101, 103, 123, 127; I. Diakonoff, 'Media', in I. Gershevitch (ed.), *The Cambridge History of Iran,* Vol. 2. Cambridge: Cambridge University Press, 1985, pp. 36-148. 또한 Muhammad Dandamaev and Vladimir Lukonin, *The Culture and Institutions of Ancient Iran.* Cambridge: Cambridge University Press, 1989, p. 55. 부족한 증거의 문제와 해석에 관해서는 Helen Sancisi-Weerdenburg, 'Was there ever a Median Empire', *Achaemenid History,* 1988; 3: 197-212 참조. 내가 보기에 이러한 회의론은 메디

아 국가가 종주국이었다는 결론에 이를 뿐이다.

41. J. Cook, *The Persian Empire*, London: Dent, 1983, 특히 pp. 53, 101-12; Dandamaev and Lukonin, *The Culture and Institutions of Ancient Iran*, 특히 pp. 138-52, 222-34.

42. E. Yarshater (ed.), *The Cambridge History of Iran*, Vol. 3, Cambridge: Cambridge University Press, 1985, Chapters 2, 4; Josef Wieshöfer, *Ancient Persia: From 550 BC to 650 AD*, London: Tauris, 1996.

43. P. Jackson and L. Lockhard (eds), *The Cambridge History of Iran*, Vol. 6, Cambridge: Cambridge University Press, 1986, pp. 264-6, 344, 363-7에 수록된 H. Roemer와 R. Savory의 글 참조.

44. '서양' 봉건제와 '동양' 봉건제의 이 차이는 일찍이 베버가 *Economy and Society*, pp. 259-62, 1073-77에서 강조했다.

45. John Haldon (ed.), 'The feudalism debate once more: The case of Byzantium' in *State, Army and Society in Byzantium*, Aldershot: Variorum, 1995, Chapter 4; 같은 저자, 'The army and the economy: The allocation and redistribution of surplus wealth in the Byzantine state', 같은 책, Chapter 6 (나의 논제와 흡사하다); 같은 저자, 'Military service, military lands, and the status of soldiers: Current problems and interpretations', 같은 책, Chapter 7. 또한 Ernst Kantorowicz, 'Feudalism in the Byzantine Empire', in Coulborn, *Feudalism in History*, pp. 151-66; Treadgold, *Byzantium and Its Army 284-108*, 특히 pp. 23-5, 171-9; Mark Bartuisis, *The Late Byzantine Army: Arms and Society, 1204-1453*, Philadelphia: University of Pennsylvania, 1992, 특히 pp. 157-60, 164-5.

46. C. Bosworth, 'Recruitment, muster, and review in medieval Islamic armies', in V. Parry and M. Yapp (eds), *War, Technology and Society in the Middle East*, London: Oxford University Press, 1975, pp. 59-77; Hugh Kennedy, 'Central government and provincial elites in the early "Abbasid Caliphate"', *Bulletin of the School of Oriental and African Studies*, 1981; 44: 26-38; Patricia Crone, 'The early Islamic world', in K. Raaflaub and N. Rosenstein (eds), *War and Society in the Ancient and Medieval Worlds*, Cambridge MA: Harvard University Press, 1999, pp. 309-32. Hugh Kennedy, *The Armies of the Caliphs: Military and society in the early Islamic state*, London: Routledge, 2001, pp. 59-95에서 Kennedy는 이크타 제도가 별반 중요하지 않았고

봉사를 조건으로 하지 않았으며, 칼리프들이 세수로 봉급을 지불하며 군대를 유지했다고 주장한다. 그렇지만 증거가 전혀 분명하지 않거니와 어쨌거나 칼리프국이 쇠퇴하면서 상황이 바뀌었다.

47. Abdul Karim Rafeq, 'The local forces in Syria in the seventeenth and eighteenth centuries', in Parry and Yapp, *War, Technology and Society in the Middle East*, pp. 277-307; M. Yapp, 'The modernization of Middle Eastern armies in the nineteenth century: a comparative view', 같은 책, pp. 330-66, 특히 pp. 343-56; Rhoads Murphey, *Ottoman Warfare 1500-1700*. New Brunswick, NJ: Rutgers University Press, 1999, 특히 pp. 36-43. 이번에도 이슬람 땅에서의 '반半봉건제'에 관한 나의 논증은 Wickham, 'The uniqueness of the East', pp. 175-82의 논증과 대체로 일치한다.

48. Daniel Thorner, 'Feudalism in India', in Coulborn, *Feudalism in History*, pp. 133-50; the contributors to Byres and Mukhia, *Feudalism and Non-European Societies*; and the contributors to Leach, Mukherjee, and Ward, *Feudalism: Comparative Studies*.

49. 봉건제 쇠퇴의 원인으로 그런 경제 위기를 옹호하는 입장으로는 예를 들어 다음이 있다. Guy Bois, *The Crisis of Feudalism: Economy and Society in Eastern Normandy c. 1300-1550*. Cambridge: Cambridge University Press, 1984.

50. 이 모든 변화에 관한 문헌은 방대하다. 군사적 측면은 예컨대 다음을 참조. Contamine, *War in the Middle Ages*, pp. 77-101, 115-8, 150-72; Michael Prestwitch, *Armies and Warfare in the Middle Ages: The English experience*. New Haven, CT: Yale University Press, 1996; M. Keen (ed.), *Medieval Warfare*. Oxford: Oxford University Press, 1999, Chapters 6, 7, 10, 13; 다음도 참조. Terence Wise, *Medieval Warfare*. London: Osprey, 1976; John Beeler, *Warfare in Feudal Europe 730-1200*. Ithaca: Cornell University Press, 1971.

51. 전반적으로 개관하려면 Twitchett and Loewe, *The Cambridge History of China*, Vol. 1과 Hans Bielenstein, *The Bureaucracy of Han Times*. Cambridge: Cambridge University Press, 1980 참조. 당나라에서 말을 관리한 관료제는 Jacques Gernet, *A History of Chinese Civilization*. Cambridge: Cambridge University Press, 1996, pp. 248-51; Denis Twitchett, 'Tibet in T'ang's grand strategy', in H. van de Ven (ed.), *Warfare in Chinese History*. Leiden: Brill, 2000, pp. 135-6 참조. 명나라의 말 관리는 Mitsutaka Tani, 'A study on horse administration in the Ming Period', *Acta Asiatica*, 1971; **21**:

73–97 참조.

52. Contamine, *War in the Middle Ages*, p. 37; McEvedy and Jones, *Atlas of World Population History*, p. 71.

53. Contamine, *War in the Middle Ages*, p. 79; McEvedy and Jones, *Atlas of World Population History*, p. 43.

54. J. Prawer, *Histoire du royaume Latin de Jérusalem*, Vol. 1. Paris: Centre National de la Recherche Scientifique, 1975, pp. 497, 568–70.

55. Farris, *Heavenly Warriors*, pp. 341–3; McEvedy and Jones, *Atlas of World Population History*, p. 181.

56. Parry and Yapp, *War, Technology and Society in the Middle East*, pp. 282, 344; McEvedy and Jones, *Atlas of World Population History*, p. 137.

57. Drews, *The End of the Bronze Age*.

58. 같은 책, pp. 139–40, 147; H. Saggs, *The Might that was Assyria*. London: Sidgwick, 1984, pp. 133ff, 243–8; Postgate, *Taxation and Conscription in the Assyrian Army*; Florence Malbran–Labat, *L'Armée et l'organisation militaire de l'Assyrie*. Geneva: Librairie Droz, 1982.

59. Lewis, *Sanctioned Violence in Early China*, pp. 61–5; Mark Lewis, 'Warring states: Political history', in Loewe and Shaughnessy, *The Cambridge History of Ancient China*, Chapter 9; Twitchett and Loewe, *The Cambridge History of China*, Vol. 1, 특히 pp. 27–8, 38, 162, 274, 479–82, 512–5, 616–26; Gernet, *A History of Chinese Civilization*, pp. 65–7, 80–1, 150–2.

60. N. Hammond, *The Macedonian State: Origins, institutions, and history*. Oxford: Oxford University Press, 1989, pp. 9–11, 53–65, 96–8, 100–29, 152–3, 162–4, 그 밖에 여러 곳; Eugene Borza, *In the Shadow of the Olympus: The emergence of Macedon*. Princeton, NJ: Princeton University Press, 1990, pp. 125, 165–6, 202–5, 그 밖에 여러 곳.

61. Prestwick, *Armies and Warfare in the Middle Ages*, pp. 115–27; Contamine, *War in the Middle Ages*, pp. 88–90, 132–4, 150–1; Keen, *Medieval Wafare*, Chapters 6, 13; Wise, *Medieval Warfare*, pp. 15–16; Jim Bradbury, *The Medieval Archer*. Woodbridge: Boydell, 1985.

62. 중국과 관련하여 몽테스키외의 고전적 정식화와 Hall의 책을 비교. Montesquieu, *The Spirit of the Laws*, 1:4; John Hall, *Power and Liberties: The causes and consequences of the rise of the West*. Oxford: Basil Blackwell, 1985, p. 42.

63. Duus, *Feudalism in Japan*, pp. 67ff; Hall, 'Feudalism in Japan–A reassessment'; Perry Anderson, *Lineages of the Absolutist State*. London: NLB, 1974, pp. 413–20, 435–61; Stephen Morillo, 'Guns and government: A comparative study of Europe and Japan', *Journal of World History*, 1995; 6: 76–106; S. Eisenstadt, 'Tokugawa state and society', *Japanese Civilization: A comparative view*. Chicago: University of Chicago, 1996, pp. 184–218.

64. Charles Tilly (ed.), *The Formation of National States in Western Europe*. Princeton, NJ: Princeton University Press, 1975, p. 42.

65. Michael Mann, *The Sources of Social Power*, Vol. 1. Cambridge: Cambridge University Press, 1986, pp. 130, 142–61.

66. 이 변증법에 관한 가장 뛰어난 저작들은 다음과 같다. Hugh Seton-Watson, *Nations and States: An inquiry into the origins of nations and the politics of nationalism*. Boulder, CO: Westview, 1977; John Armstrong, *Nations before Nationalism*, Chapel Hill, NC: University of North Carolina, 1982; Anthony Smith, *The Ethnic Origins of Nations*. Oxford: Basil Blackwell, 1986; Walker Connor, *Ethnonationalism*. Princeton, NJ: Princeton University Press, 1994; Craig Calhoun, *Nationalism*. Buckingham: Open University, 1997.

67. 복잡한 문제이긴 하지만, 다음을 참조. Colin Renfrew, 'Language families and the spread of farming', in D. Harris (ed.), *The Origins and Spread of Agriculture and Pastoralism in Eurasia*. London: University College London, 1996, pp. 70–92, 특히 p. 73; R. Austerlitz, 'Language-family density in North America and Africa', *Ural-Altaische Jahrbücher*, 1980; 52: 1–10 인용; Johanna Nichols, 'The origins and dispersal of languages', in N. G. Jablonski and L. C. Aiello (eds), *The Origins and Diversification of Language*. San Francisco, CA: California Academy of Sciences, 1998, pp. 127–70, 특히 pp. 134–9; Merritt Ruhlen, *A Guide to the World's Languages*. Stanford: Stanford University Press, 1987.

68. Bustenay Oded, *Mass Deportations and Deportees in the Neo-Assyrian Empire*. Wiesbaden: Ludwig Reichert, 1979.

69. Jared Diamond, *Guns, Germs, and Steel: The fate of human societies*, New York: Norton, 1997, Chapter 16.

70. 고대 사료에는 직접 증거가 드물고, 현대 연구는 이 주제를 외면했다. 이에 관한 최고의 전거는 카이사르의 직접 증언이다. Donald Engels, *Alexander the Great and*

the Logistics of the Macedonian Army. Berkeley, CA: University of California, 1978은 고대에 관한 모범적 연구다. Martin van Creveld, *Supplying War*. Cambridge: Cambridge University Press, 1977은 근대 초기와 관련해 거의 동일한 결론에 도달한다. G. Periés, 'Army provisioning, logistics and strategy in the second half of the 17th century', *Acta Historica Hungaricae*, 1970; 16(1-2): 1-51; J. Lynn (ed.), *Feeding Mars: Logistics in Western warfare from the Middle Ages to the present*. Boulder CO: Westview, 1993도 참조. 다음 두 논문은 van Creveld의 책을 몇 가지 중요한 측면에서 정정한다. John Lynn, 'The history of logistics and supplying war', in *Feeding Mars*, pp. 9-29; Derek Croxton, 'A territorial imperative? The military revolution, strategy and peacemaking in the Thirty Years War', *War in History*, 1998; 5: 253-79.

71. R. Faulkner, 'Egyptian military organization', *Journal of Egyptian Archaeology*, 1953; 39: 32-47.

72. Farris, *Heavenly Warriors*, p. 49.

73. 10장의 주 149 참조.

74. 증거가 다소 불분명하긴 해도 다음을 참조. Oman, *History of the Art of War in the Middle Ages*, Vol. 1. pp. 76-80; Bachrach, *Early Carolingian Warfare*, pp. 53-8; Warren Hollister, *Anglo-Saxon Military Institutions on the Eve of the Norman Conquest*. Oxford: Oxford University Press, 1962(5하이드[hide: 과거 잉글랜드의 토지 단위, 보통 120에이커—옮긴이] 단위 또는 공동체마다 1명); Richard Abels, *Lordship and Military Obligation in Anglo-Saxon England*. London: British Museum, 1988.

75. Bielenstein, *The Bureaucracy of Han Times*, p. 114; Loewe, in Twitchett and Loewe, *The Cambridge History of China*, Vol. 1, pp. 479-82.

76. 그렇지만 다음과 같은 예리한 통찰도 있다. Martin van Creveld, *The Rise and Decline of the State*. Cambridge: Cambridge University Press, 1999, pp. 41-2.

77. Adam Smith, *The Wealth of Nations* 5.1.1, 1776.

78. McEvedy and Jones, *Atlas of World Population History*, pp. 21-2.

79. A. H. M. Jones, *The Later Roman Empire 284-602*. Oxford: Basil Blackwell, 1964, pp. 97-100, 607-86; Jones의 대작은 지금도 타의 추종을 불허한다. Pat Southern and Karen Dixon, *The Late Roman Army*. London: Batsford, 1996는 유용한 관련 연구를 새로 요약한 유용한 저작이다.

80. 로마의 변경 방벽에 관해 논쟁한 양편 모두 이 결정적인 경제적 측면을 충분히 인식

하지 못했다. Edward Luttwak, *The Grand Strategy of the Roman Empire*. Baltimore, MD: Johns Hopkins University Press, 1976; Benjamin Isaac, *The Limits of Empire: The Roman army in the East*. Oxford, Oxford University Press, 1990. 또한 Ferril, *The Fall of the Roman Empire*; Hugh Elton, *Warfare in Roman Europe*, AD 350−425. Oxford: Oxford University Press, 1996, pp. 199−214.

81. Jones, *The Later Roman Empire 284-602*, pp. 1058−64; Elton, *Warfare in Roman Europe*, pp. 102−3(그리고 인용된 권위자들); John Rich, 'Introduction', in J. Rich and G. Shipley (eds), *War and Society in the Roman World*. London: Routledge, 1993, p. 7; Dick Whittaker, 'Landlords and warlords in the later Roman Empire', in Rich and Shipley, *War and Society in the Roman World, pp. 277-302; Bachrach*, Early Carolingian Warfare, pp. 52−3.

82. Elton, *Warfare in Roman Europe*; E. A. Thompson, *Romans and Barbarians*. Madison, WI: Wisconsin University Press, 1982; Malcolm Todd, *The Early Germans*. Oxford: Blackwell, 1992; Thomas Burns, *Barbarians within the Gates of Rome: A study of Roman military policy and the Barbarians, ca. 375-425 AD*. Bloomington, IN: Indiana University Press, 1994.

83. 이번에도 내가 보기에는 Jones, *The Later Roman Empire 284-602*, pp. 1025−68이 로마가 쇠락한 이유들을 가장 포괄적으로 평가한다.

84. Water Kaegi, *Byzantium and the Early Islamic Conquests*. Cambridge: Cambridge University Press, 1992, p. 131, 그 밖에 여러 곳; John Jandora, *The March from Medina: A revisionist study of the Arab conquests*. Clifton, NJ: Kingston, 1990, p. 62, 그 밖에 여러 곳; 또한 Treadgold, *Byzantium and Its Army 284-1081*.

85. Weber, *Economy and Society*, pp. 1015−20에서 '가산제적' 군대에 관한 베버의 논의는 여기서 규정한 세 층 가운데 처음 두 층만 언급한다.

86. Mark Lewis, 'The Han abolition of universal military service', in H. van de Ven (ed.), *Wafare in Chinese History*. Leiden: Brill, 2000, pp. 33−76; Denis Twitchett (ed.), *The Cambridge History of China*, Vol. 3, Part 1. Cambridge: Cambridge University Press, 1979, pp. 13−14, 16, 96−103, 207−8, 362−70, 415−18; David Graff, *Medieval Chinese Warfare, 300-900*. London: Routledge, 2002; Ch'i−ch'ing Hsiao, *The Military Establishment of the Yuan*

Dynasty. Cambridge MA: Harvard University Press, 1978.

87. 고대 인도에 관한 증거가 극히 빈약하긴 하지만 P. Chakravarti, *The Art of War in Ancient India.* Delhi: Karan Publications, 1987, pp. 4, 76 참조.

88. 페르시아 군대의 규모에 관한 솔한 연구 중에서 Cook, *The Persian Empire*, pp. 53, 101–25; Dandamaev and Lukonin, *The Culture and Institutions of Ancient Iran*, pp. 147–52, 222–34 참조.

89. Daniel Pipes, *Slaves, Soldiers and Islam: The genesis of a military system.* New Haven, CT: Yale University Press, 1981; David Ayalon, 'Preliminary remarks on the Mamluk Military Institution in Islam', in Parry and Yapp, *War, Technology and Society in the Middle East*, pp. 44–58.

90. 예외도 있다. Joseph Tainter, *The Collapse of Complex Societies.* Cambridge: Cambridge University Press, 1990. 그렇지만 한계수확 체감을 거론하는 Tainter의 경제적 설명은 내가 보기에 너무 협소하다. N. Yaffee and G. Gowgill (eds), The Collapse of Ancient States and Civilizations. Tuscon, AZ: University of Arizona, 1988도 예외다.

91. 다양한 제국들에 관한 근대의 넘쳐나는 연구 문헌들을 열거하는 것은 무의미하다. 그렇지만 전반적으로 Montesquieu, *The Spirit of the Laws*, 1:14는 지금도 읽을 가치가 있다.

92. 전근대의 자료는 부족하고 단편적이다. 다음을 참조. Tenney Frank, *An Economic Survey of Ancient Rome.* Baltimore, MD: Johns Hopkins University Press, 1940, p. 7; Keith Hopkins, 'Taxes and trade in the Roman Empire(200BC–AD400)', *Journal of Roman Studies*, 1980; 70: 101–25; J. Campbell, *The Emperor and the Roman Army.* Oxford: Oxford University Press, 1984, pp. 161–98. 관료들에 관해서는 Jones, *The Later Roman Empire 284–602*, pp. 1045–58 참조. 더 일반적인 저작들로는 다음이 있다. S. Eisenstadt, *The Political Systems of Empires.* New York: Free Press, 1963, pp. 151–2, 318–19; John Kautsky, *The Politics of Aristocratic Empires.* Chapel Hill, NC: University of North Carolina, 1982; Michael Doyle, *Empires.* Ithaca: Cornell University Press, 1986, pp. 100–2.

93. Twitchett, *The Cambridge History of China*, Vol. 3, Part 1, p. 416.

94. William McNeill, *The Rise of the West.* Chicago: University of Chicago, 1963, pp. 50, 228; Mann, *The Sources of Social Power*, pp. 162–4; 더 구체적으로는 Bennet Bronson, 'The role of Barbarians in the fall of states', in Yaffee and

Gowgill, *The Collapse of Ancient States and Civilizations*, pp. 196–218 참조. Bronson의 논의는 몇몇 측면에서 나의 논의와 유사하다.

95. 첫번째 수치는 Francis Cleaves (trans.), *The Secret History of the Mongols*. Cambridge, MA: Harvard University Press, 1982, x.231 참조. 당대 이란 역사에 기록된 두번째 수치는 H. Franke and D. Twitchett (eds), *The Cambridge History of China*, Vol. 6. Cambridge: Cambridge University Press, 1994, p. 345 참조.

96. 특히 Askold Ivantchik, *Les Cimmériens au Proche-Orient*. Friburg: Editions Universitaires, 1993 참조. 또한 Anne Kristensen, *Who Were the Cimmerians and Where Did They Come From?* Copenhagen: The Royal Danish Academy, 1988 참조. 혹자는 Kristensen이 제시한 해결책을 거부할지 모르지만, 이 책은 킴메르족을 식별하는 데 따르는 난점들을 실증한다.

97. R. Rolle, *The World of the Scythians*. Berkeley, CA: University of California, 1989; Diakonoff, 'Media', pp. 91–109, 117–19; Dandamaev and Lukonin, *The Culture and Institutions of Ancient Iran*, pp. 49–55; J. Harmatta, *History of Civilizations of Central Asia*, Vol. 2. Delhi: UNESCO, 1999, Chapter 1; Laszlo Torday, *Mounted Archers: The beginning of Central Asian History*. Edinburgh: Durham, 1997, pp. 274–5; Timothy Taylor, in B. Cunliffe (ed.), *The Oxford Illustrated Prehistory of Europe*. Oxford: Oxford University Press, 1994, pp. 373–410; Kristian Kristiansen, *Europe before History*. Cambridge: Cambridge University Press, 1998, pp. 185–209. Herodotus, 1.103-6 and 4는 아시리아의 연대기들과 고고학을 보완하는 주요한 문헌 전거다.

98. A. K. Narain, 'Indo–Europeans in inner Asia', in D. Sinor (ed.), *The Cambridge History of Early Inner Asia*. Cambridge: Cambridge University Press, 1990, pp. 151–76; Harmatta, *History of Civilizations of Central Asia*, Chapter 7.

99. 그렇지만 동부와 관련해서는 다음과 비교. Owen Lattimore, 'The geographical factor in Mongol history', in *Studies in Frontier History*. Paris: Mouton, 1962, pp. 241–58, 특히 257.

100. Thomas Barfield, *The Perilous Frontier: Nomadic empires and China, 221 BC to AD 1757*. Cambridge, MA: Blackwell, 1992. 제정 중국이 유목민에게 가한 압력을 강조하는 반론은 다음에서 제시된다. Nicola Di Cosmo, *Ancient China and Its Enemies: The rise of nomadic power in East Asian history*. Cambridge: Cambridge University Press, 2002, 특히 pp. 161–205. 전거가 상세

하고 추론이 타당하기는 하지만, 내가 보기에 이 논증은 오류를 어느 정도 바로잡는 데 그칠 뿐이다.

101. Di Cosmo는 *Ancient China and Its Enemies*, pp. 138ff에서 자신의 전반적인 논증에 따라 중국의 흙벽 건설을 북서부 변경에서 스텝지대를 향해 팽창하려던 공격적인 시도의 일환으로 해석한다. 나는 이 해석 역시 어느 정도만 설득력이 있다고 본다.

102. Di Cosmo, *Ancient China and Its Enemies*, pp. 134-8에서 강조하는 것이 바로 이런 중국 내부의 양상이다.

103. 같은 책, pp. 29-84; Nicola Di Cosmo, in Loewe and Shaughnessy, *The Cambridge History of Ancient China*, Vol. 1, pp. 892, 962; Yü Ying-Shih, in Sinor, *The Cambridge History of Early Inner Asia*, pp. 118-50; 같은 저자, in Twitchett and Loewe, *The Cambridge History of China*, Vol. 1, pp. 383-405; Owen Lattimore, 'Origins of the Great Wall of China: A frontier concept in theory and practice', in *Studies in Frontier History*. Paris: Mouton, 1962, pp. 97-118.

104. 이론은 Barfield, *The Perilous Frontier*, pp. 118-19, 124-7, 145-6, 167-82, 250-77 참조. 역사는 Franke and Twitchett, *The Cambridge History of China*, Vol. 6 참조.

105. Barfield, *The Perilous Frontier*, p. 205.

106. Otto Maenchen-Helfen, *The World of the Huns*. Berkeley, CA: University of California, 1973; E. Thompson, *The Huns*. Oxford: Blackwell, 1996(1948).

107. 이 복잡한 모자이크에 관한 최고의 저작들은 다음과 같다. Golden, *An Introduction to the History of the Turkic Peoples; History of Civilizations of Central Asia*; Sinor, *The Cambridge History of Early Inner Asia*.

108. Rudi Linder, 'Nomadism, horses and Huns', *Past and Present*, 1981; **92**: 1-19; anticipated by Bloch, *Feudal Society*, pp. 11-14; Rudi Linder, 'What was a nomadic tribe?', *Vomparative Studies in Society and History*, 1982; **24**: 689-711.

109. 이 나중 단계에 관한 탁월한 두 저작은 L. Collins, 'The military organization and tactics of the Crimean Tatars during the sixteenth and seventeenth centuries', in Parry and Yapp, *War, Technology and Society in the Middle East*, pp. 257-76; William McNeill, *Europe's Steppe Frontier 1500-1800*. Chicago: University of Chicago, 1964이다. John Keep, *Soldiers of the Tsar: Army and society in Russia 1462-1874*. Oxford: Oxford University Press,

1985, pp. 13-20도 참조.

110. Jones, *The European Miracle*; Hall, *Power and Liberties*; 또한 David Landes, *The Wealth and Poverty of Nations*. New York: Norton, 1999.

111. Diamond는 저서의 에필로그에서 도발적인 개관을 제시하는 가운데 이 질문들을 폭넓게 다루는 보기 드문 시도를 한다. *Guns, Germs, and Steel*, pp. 411-16.

112. 인류학자 Goody는 나머지 세계와 비교해 유라시아 동부 사회들과 서부 사회들이 서로 다른 것만큼이나 닮았다고 지적했다. Jack Goody, *Food and Love: A cultural history of East and West*. London: Verso, 1998.

113. Montesquieu, *The Spirit of the Laws*, 17:6; 또한 17:4.

114. Edward Gibbon, *The Decline and Fall of the Roman Empire*, Vol. 1. London: Everyman, 1966, p. 81.

115. Jones, *The European Miracle*, pp. 5, 8.

116. Vittfogel이 정교하게 표현한 이 오래된 견해는 다양한 이유로 유효한 비판을 받았지만, 견해 자체는 여전히 근본적으로 타당하다. Karl Vittfogel, *Orient Despotism*. New Haven, CT: Yale University Press, 1967. M. Finley, *The Ancient Economy*. Berkeley, CA: University of California, 1973, p. 31과 비교.

117. 주 110 참조.

118. Hanson이 개진한 견해를 설명하는 더 넓은 맥락이 바로 이것이다. Victor Hanson, *The Western Way of War: Infantry battle in Classical Greece*. New York: Knopf, 1989. 따라서 Lynn의 유보적 지적은 적어도 과장된 것이다. John Lynn, *Battle: A history of combat and culture*. Boulder, CO: Westview, 2003, Chapter 1.

119. 이 점은 Doyne Dawson가 *The Origins of Western Warfare: Militarism and morality in the ancient world*. Boulder, CO: Westview, 1996, p. 48에서 지적했다. 우리의 정보는 대부분 아시리아 왕실의 부조품들에서 얻은 것이다. 그런 부조품들을 섬세하게 복제한 작품들은 Yigael Yadin, *The Art of Warfare in Biblical Lands*, Vol. 2. New York: McGraw-Hill, 1963에서 볼 수 있다. 페르시아인들에 관해서는 Cook, *The Persian Empire*, p. 103; Duncan Head, *The Achaemenid Persian Army*. Stockport: Montvert, 1992 참조.

120. 'T'ai Kung's six secret teachings', in *The Seven Military Classics of Ancient China* (trans. R. Sawyer). Boulder, CO: Westview, 1993, p. 99, 104-5; Chakravarti, *The Art of War in Ancient India*, pp. 15-57; B. Majumdar, *The Military System in Ancient India*. Calcutta: Mukhopadhyay, 1960, pp. 50-1,

70; Sarva Singh, *Ancient Indian Warfare with Special Reference to the Vedic Period*. Leiden: Brill, 1965, pp. 8–12, 22; Herodotus, 7.65.

121. 호메로스의 '전장 택시'에 대한 반대론은 예컨대 Edouard Delebecque, *Le Cheval dans l'iliade*. Paris: Klincksiek, 1951, pp. 86–109에서 표명되었다. 그리고 근래에 Drews, *The End of the Bronze Age*, pp. 113–29에서 포괄적으로 표명되었다. Greenhalgh는 그리스의 초기 기병이 자주 말에서 내려서 땅을 딛고 싸웠다는 것을 인정하면서도 이 비판을 공유한다. 그는 미케네인들이 말에 탄 채로 창을 가지고 싸웠다고 주장하고, 히타이트인들도 마찬가지였다고 생각한다. Peter Greenhalgh, *Early Greek Warfare: Horsemen and chariots in the Homeric and Archaic ages*. Cambridge: Cambridge University Press, 1973; 같은 저자, 'The Dendra charioteer', *Antiquity*, 1980; **54**: 201–5(히타이트인들에 관해서는 Yigael Yadin, *The Art of Warfare in Biblical Lands*, Vol. 1. New York: McGraw–Hill, 1963, pp. 80, 108–9와 비교). 그렇지만 Littauer와 Crouwel은 전차에 탄 채로 창을 가지고 교전하는 것이 불가능함을 명확히 입증한다. Mary Littauer and J. Crouwel, 'Chariots in late Bronze Age Greece', *Antiquity*, 1983; **57**: 187–92. 호메로스의 일반적 모델의 타당성은 다음 저작들이 입증한다. J. K. Anderson, 'Homeric, British and Cyrenaic chariots', *American Journal of Archaeology*, 1965; **69**: 349–52; 같은 저자, 'Greek chariot-borne mounted infantry', *American Journal of Archaeology*, 1975; **79**: 175-87; Josef Wiesner, *Fahren und Reiten*. Göttingen: Vandenhoeck, 1968, p. 95; Mary Littauer, 'The military use of the chariot in the Aegean in the late Bronze Age', *American Journal of Archaeology*, 1972; **76**: 145-57; J. Crouwel, *Chariots and Other Means of Land Transportation in Bronze Age Greece*. Amsterdam: Allard Pierson Museum, 1981, pp. 121-4, 129, 145, 151; id., *Chariots and other Wheeled Vehicles in Iron Age Greece*. Amsterdam: Allard Pierson Museum, 1992, pp. 53–5.

제12장 결론: 전쟁, 리바이어던, 문명의 쾌락과 고통

1. 아메리카 토착 문명들을 연구하는 학자들은 이들 문명의 외양과 더 낮은 발전 단계를 근거로 진화의 주기적 붕괴와 순환 패턴을 상정하고 부당하게 보편화해왔다.

2. Michael Mann, *The Sources of Social Power*, Vol. 1. Cambridge: Cambridge University Press, 1986, pp. 130, 142–61과 비교.

3. Colin Renfrew, 'Language families and the spread of farming', in D. Harris

(ed.), *The Origins and Spread of Agriculture and Pastoralism in Eurasia*, London: University College London, 1996, pp. 70-92.

4. 예컨대 Robert Gilpin, *War and Change in World Politics*, Cambridge: Cambridge University Press, 1981, 특히 pp. 121, 146-55.

5. Max Weber, *Economy and Society*, New York: Bedminster, 1968, pp. 54, 904.

6. 어느 영역이 '우위'를 점하는가에 관한 논증은 19세기 독일까지, 아울러 클라우제비츠에 관한 레닌의 논평까지 거슬러 올라간다. 이 논증의 요약은 다음을 참조. Eckart Kehr, *Economic Interest, Militarism, and Foreign Policy*, Berkeley, CA: University of California, 1977; Azar Gat, *A History of Military Thought: From the Enlightenment to the Cold War*, Oxford: Oxford University Press, 2001, pp. 505-7. 그 이후의 이론화는 다음을 참조. Robert Putnam, 'Diplomacy and domestic politics: The logic of two-level games', *International Organization*, 1988; **42**: 427-60; Jeffrey Knopf, 'Beyond two-level games: Domestic-international interaction in the intermediate-range nuclear forces negotiations', *International Organization*, 1993; **47**: 599-628.

7. 클라우제비츠의 정의에 대한 비판은 Gat, *A History of Military Thought*에 실려 있는 다음을 참조. Azar Gat, *The Origins of Military Thought from the Enlightenment to Clausewitz*, Oxford: Oxford University Press, 1989; Martin van Creveld, *The Transformation of War*, New York: Free Press, 1991; John Keegan, *A History of Warfare*, New York: Knopf, 1994.

8. Charles Tilly, 'War making and state making as organized crime', in P. Evans, D. Rueschemeyer, and T. Skocpol (eds), *Bringing the State Back In*, Cambridge: Cambridge University Press, 1985, pp. 169-91.

9. 전근대 사회들에 관한 정보는 대개 부족하지만, 로마 사회에 관한 정보는 비교적 문서 기록으로 많이 남아 있다. 다만 로마의 경우도 확실한 자료는 드물다. 탁월한 저술로는 Tenney Frank, *An Economic Survey of Ancient Rome*, Vol. 1, Paterson, NJ: Pageant Books, 1959, pp. 146, 228, 그 밖에 여러 곳; 같은 책, Vol. 5, pp. 4-7, 그 밖에 여러 곳; Keith Hopkins, 'Taxes and trade in the Roman Empire (200 B.C.- A.D. 400)', *Journal of Roman Studies*, 1980; **70**: 101-25가 있다. 더 폭넓은 논의는 Raymond Goldsmith, *Premodern Financial Systems: A historical comparative study*, Cambridge: Cambridge University Press, 1987, pp. 18, 31-2(아테네), 48(로마), 107, 121(무굴 제국), 142(에도 시대 일본) 참조. 그나마 무굴 제국과 에도 시대 일본 관련 수치는 근거가 빈약한 추정치다.

10. Michael Mann, 'States, ancient and modern', in *State, War and Capitalism*. Oxford: Blackwell, 1988, pp. 64–5와 비교.

11. 요약은 R. Cohen and E. Service (eds), *Origins of the State*. Philadelphia, PA: Institute for the Study of Human Issues, 1978; Jonathan Haas, *The Evolution of the Prehistoric State*. New York: Columbia University Press, 1982 참조.

12. 물론 성과 정치를 연결하려는 시도들이 있었고, 그중에서 프로이트의 제자 라이히가 성적 학대와 억압, 억압적 경제·정치 체제, 인간의 안녕 사이의 관계를 이론화한 시도 가 유명하다. Wilhelm Reich, *The Sexual Revolution*. London: Vision, 1972(1935); 같은 저자, *The Mass Psychology of Fascism*. New York: Orgone Institute, 1946(1933). 이보다 더 유명한 것은 미셸 푸코의 저술이다.

13. Randy Thornhill and Craig Palmer, *A Natural History of Rape: Biological Bases of sexual coercion*. Cambridge, MA: Massachusetts Institute of Technology, 2000은 마침내 진화에 근거하여 이 괴로운 주제를 견실하게 탐구해낸 저작이다. D. Buss and N. Malamuth (eds), *Sex, Power, Conflict: Evolutionary and feminist perspectives*. New York: Oxford University Press, 1996도 참조. Brownmiller의 선구적인 저작은 이 주제에 대한 흔한 오해들을 두루 살펴보고 일부 역사적 증거를 포함하는 흥미로운 사실들을 제시한다. Susan Brownmiller, *Against Our Will: Men, women and rape*. London: Penguin, 1976, pp. 31–113. 강간이 성행위라기보다 지배하고 욕보이는 행위라는 표현은 Joshua Goldstein, *War and Gender: How the gender shapes the war system and vice versa*. New York: Cambridge University Press, 2001, pp. 362–9; Martin van Creveld, *Men, Women and War*. London: Cassell, 2001, p. 33에서도 찾아볼 수 있다.

14. 예컨대 Jack Goody, *The Oriental, the Ancient and the Primitive: Systems of marriage and the family in the pre-industrial societies of Eurasia*. Cambridge: Cambridge University Press, 1990.

15. J. Cook, in I. Gershevitch (ed.), *The Cambridge History of Iran*, Vol. 2. Cambridge: Cambridge University Press, 1985, pp. 226–7; 같은 저자, *The Persian Empire*. London: Dent, 1983, pp. 136–7(둘 다 후대의 이란 제국들에 관 한 정보를 포함한다).

16. Hans Bielenstein, *The Bureaucracy of the Han Times*. Cambridge: Cambridge University Press, 1980, pp. 73–4.

17. Elizabeth Perry, *Rebels and Revolutionaries in North China, 1845-1945*.

Stanford: Stanford University Press, 1980, pp. 51–2; Matthew Sommer, *Sex, Law, and Society in Late Imperial China*. Stanford: Stanford University Press, 2000, pp. 12–15, 93–101. 20세기 초 통계에 따르면 중국 농촌에서 성비는 120:100으로 남성이 많았으며 이는 여아 살해의 결과였다. 현대를 연구해서 얻은 비율이긴 하지만 이 비율이 중국사 내내 나타났던 것으로 보인다. 이 정보에 주목하게 해준 Neil Diamant 박사에게 감사드린다.

18. Leslie Peirce, *The Imperial Harem: Women and sovereignty in the Ottoman Empire*. New York: Oxford University Press, 1993, pp. 122–4.

19. Ibn Khaldun, *The Muqaddimah: An introduction to history*. New York: Pantheon, 1958, Chapter 3.1.

20. Cicero, *Tusculan Disputations* 5.20–21.

21. Patrick Kirch, *The Evolution of the Polynesian Chiefdoms*. Cambridge: Cambridge University Press, 1984, pp. 195–7.

22. Paddy Griffith, *The Viking Art of War*. London: Greenhill, 1995, p. 26.

23. Richard Abels, *Lordship and Military Obligation in Anglo-Saxon England*. Berkeley, CA: University of California, 1988, p. 12.

24. Gershevitch, The Cambridge History of Iran, pp. 227, 331.

25. 로마 제국 후기에 관한 데이터는 Pat Southern and Karen Dixon, *The Late Roman Army*. London: Batsford, 1996, pp. x–xii 참조.

26. 비잔티움은 S. E. Finer, *The History of Government From the Earliest Times*. Oxford: Oxford University Press, 1997, p. 702 참조.

27. Peirce, *The Imperial Harem*, pp. 21, 44, 99–103.

28. A. T. Olmstead, *History of Assyria*. Chicago: University of Chicago, 1960, p. 396.

29. Tatiana Zerjal, Giorgio Bertorelle, et al., 'The genetic legacy of the Mongols', *American Journal of Human Genetics*, 2003; 72: 717–21.

30. Laura Betzig, *Despotism and Differential Reproduction: A Darwinian view of history*. New York: Aldine, 1986. 이 책은 궁극적인 번식 성공이라는 점에서 권력정치의 '불리한 면'을 간과한다. 또한 진화적 자연 상태로부터 크게 벗어난 환경에서 행위를 결정하는 근사적 메커니즘(적응적이라는 것이 입증된 메커니즘)의 지배력도 간과한다.

31. Michael Prawdin, *The Mongol Empire*. London: George Allen, 1961, p. 60에서 인용.

32. L. Luca Cavalli–Sforza, Paolo Menozzi, and Alberto Piazza, *The History and Geography of Human Genes*. Princeton, NJ: Princeton University Press, 1994; and, more popularly, L. Luca Cavalli–Sforza, *The Great Human Diasporas*. Reading, MA: Addison, 1995.

33. 11장 주 66 참조.

34. Adrian Hastings, *The Construction of Nationhood: Ethnicity, religion and nationhood*. Cambridge: Cambridge University Press, 1997, p. 169에서 이 점을 지적한다.

35. 이 성향을 드러내는 가장 오래된 고고학 증거들은 Steven Mithen, *The Prehistory of the Mind: The cognitive origins of art, religion and science*. London: Thames & Hudson, 1996의 주제다.

36. 3장과 5장 참조.

37. 종교적 질문들이 인간 실존에 영향을 미치는 가장 중요한 요인들과 관련이 있다고 믿는 이들에게 이 문제가 대단히 실제적이라는 것은 Pascal Boyer, *Religion Explained: The evolutionary origins of religious thought*. New York: Basic Books, 2001, pp. 135–42에서 잘 지적하였다.

38. Marcel Gauchet, *The Disenchantment of the World: A political history of religion*. Princeton, NJ: Princeton University Press, 1997, Chapter 2와 비교.

39. Boyer, *Religion Explained*, pp. 270–7과 비교.

40. 마지막으로 언급한 요소는 다시 한번 Boyer, *Religion Explained*, pp. 285–91과 비교.

41. 설득력 있는 Barry Issac, 'Aztec warfare: Goals and battlefield comportment', *Ethnology*, 1983; **22**: 121–31 참조.

42. 선진 문자문화의 영향에 관한 비슷한 견해는 Shmuel Eisenstadt, 'The axial age: The emergence of transcendental visions and the rise of the clerics', *Archives européennes de sociologie*, 1982; **23**: 294–314; Ernest Gellner, *Plough, Sword and Book: The structure of human history*. Chicago: University of Chicago, 1989; Boyer, *Religion Explained*, pp. 277–83 참조.

43. 인간을 소외시키는 대도시와 국제도시의 환경에 관한 탁월한 분석은 Rodney Stark, *The Rise of Christianity: A sociologist considers history*. Princeton, NJ: Princeton University Press, 1996, Chapter 7 참조.

44. 비세속적 보상을 믿는 이들에 관한 비슷한 논증은 Stark, 'The Martyrs: Sacrifice as rational choice', in *The Rise of Christianity*, Chapter 8; David S. Wilson,

Darwin's Cathedral: Evolution, religion, and the nature of society, Chicago: University of Chicago, 2002 참조. 둘 다 군사적 측면을 간과한다.

45. Richard Dawkins, *The Selfish Gene*, Oxford: Oxford University Press, 1989, p. 331.

46. 예컨대 Regina Schwartz, *The Curse of Cain: The violent legacy of monotheism*, Chicago: University of Chicago, 1997. 역사적으로 안이한 이 책은 이교도들 역시 어느 정도 종교적인 공통 정체성, 성지, 신들의 영광을 위해 싸우고 천 상의 지원에 의존했다는 것을 간과한다. Daniel Martin, *Does Christianity cause War?* Oxford: Oxford University Press, 1997은 논증이 특이하고 변명조이긴 해도 종교가 일련의 복잡한 요인들과 상호작용한 한 요인에 지나지 않았음을 올바로 지적 한다. Rodney Stark, *One God: Historical consequences of monotheism*, Princeton, NJ: Princeton University Press, 2001, Chapter 3은 나의 접근법에 가 장 가깝다.

47. Pyrrhus, xxvi, in *Plutarch's Lives*, Vol. ix, Cambridge, MA: Loeb, 1959.

48. 같은 책, xiv.

49. Diogenes Laertius 6.32, 38.

50. Peter Harvey, *An Introduction to Buddhist Ethics*, Cambridge: Cambridge University Press, 2000, pp. 239-85 (인용은 p. 239).

51. 대중적 관심에도 불구하고 불교의 전사 겸 승려를 주제로 삼은 학술 연구는 거의 없 다. 개괄하려면 Harvey, *An Introduction to Buddhist Ethics*, 중국에 관해서는 Meir Shahar, 'Ming-Period evidence of Shaolin martial practice', *Harvard Journal of Asiatic Studies*, 2001; **61**: 359-413를 참조. 어지러운 시대에 비적질에 맞서 스스로를 방어한다는 것이 불교 사원에서 불교의 근본적 태도에 반하는 무술을 연마한 주된 이유이자 명분이었던 반면, 일본에서는 이런 무술을 올바로 행하는 것이 선禪의 이상 자체에 통합되었다. Tukuan Soho, *The Unfettered Mind: Writings of the zen master of the sword master*, Tokyo: Kodansha, 1987 참조. 이 주제를 안 내해준 Meir Shahar 박사에게 감사드린다. 힌두교(요기)와 무슬림 전사 종파는 W. Orr, 'Armed religious ascetics in Northern India', in J. Gommans and D. Kolff (eds), *Warfare and Weaponry in South Asia 1000-1800*, New Delhi: Oxford University Press, 2001, pp. 185-201 참조.

52. 근대 서구에서의 이런 사회화는 Norbert Elias, *The Civilizing Process*, Oxford: Blackwell, 1994의 주제다.

제13장 도입: 부와 권력의 폭발

1. 나의 시각과 비슷한 진화론적 시각은 Stephen Sanderson, *Social Transformations*: A general theory of historical development. Oxford: Blackwell, 1995, Chapters 4-5를 참조.
2. Adam Smith, *The Wealth of Nations* (1776) 5.1.1.
3. Adam Ferguson, *An Essay on the History of Civil Society*, 1767, 특히 Parts v과 vi.
4. Karl Marx and Friedrich Engels, 'Manifesto of the Communist Party', in *Economic and Philosophical Manuscripts of 1844 and the Communist Manifesto*. Amherst, New York: Prometheus, 1988, p. 213.

제14장 총포와 시장: 유럽의 신흥 국가들과 지구적 세계

1. John Durand, *Historical Estimates of World Population: An evaluation*. Philadelphia, PA: University of Pennsylvania, 1974, p. 9; Colin McEvedy and Richard Jones, *Atlas of World Population History*. London: Penguin, 1978; E. L. Jones의 뛰어난 연구인 *The European Miracle: Environments, economies, and geopolitics in the history of Europe and Asia*. Cambridge: Cambridge University Press, 1987, pp. 3-8, 159. 나중에 언급할 테지만 Kenneth Pomeranz, *The Great Divergence: China, Europe, and the making of the modern world economy*. Princeton, NJ: Princeton University Press, 2000은 오류를 바로잡는 일급 논증을 제공한다. 아직까지 최신 자료는 Angus Maddison, *The World Economy: A millennial perspective*. Paris: OECD, 2001, pp. 42, 44, 47, 49다.
2. 11장과 거기서 인용한 권위자들을 참조. 또한 William McNeill, *The Pursuit of Power: Technology, armed forces, and society since A. D. 1000*. Chicago: University of Chicago, 1982, pp. 113-16; Paul Kennedy, *The Rise and Fall of the Great Power*. London: Fontana, 1989, Chapter 1도 참조.
3. S. Finer, *The History of Government from the Earliest Times*. Oxford: Oxford University Press, 1997, p. 1305. Finer는 아시아에서는 '영토 국가들'이 제국들에 삼켜진 반면 유럽에서는 그렇지 않았음을 인식한다. 그렇지만 그 차이를 설명하려 시도하진 않는다. Eisenstadt의 분류법과 Giddens의 분류법은 가산제적 또는 관료제적 제국들과 봉건제만 포함할 뿐 전근대 민족국가들은 포함하지 않는다. S.

Eisenstadt, *Political System of Empire*. New York: Free Press, 1963, pp. 10-11; Anthony Giddens, *The Nation-State and Violence*. Berkeley, CA: University of California, 1985, pp. 79-80. 그에 반해 Tilly는 더 폭넓고 더 오래된 범주인 '민족국가'를 인식하는 동시에 유럽의 우위를 설명하려 시도하지만, 지리와 종족을 고려하지 못했다. Charles Tilly, *Coercion, Capital, and European States, AD 990-1992*. Cambridge, MA: Blackwell, 1992. 나는 자본과 국가 지위를 강조한 Tilly에 대체로 동의하지만, 위의 요소들을 약간 다르게 엮을 것이다.

4. 나의 견해는 Hugh Seton-Watson, *Nations and States: An inquiry into the origins of nations and the politics of nationalism*. Boulder, CO: Westview, 1977; Walker Connor, *Ethnonationalism*. Princeton, NJ: Princeton University Press, 1994, Chapter 9; Adrian Hastings, *The Construction of Nationhood: Ethnicity, religion and nationalism*. Cambridge: Cambridge University Press, 1997의 역사적 논의에 가장 가깝다. Patrick Geary, *The Myth of Nations: The medieval origins of Europe*. Princeton, NJ: Princeton University Press, 2002는 오류를 여럿 바로잡지만 논점을 과장한다. 다른 지역을 침략하며 이주한 야만족 종족 집단들이 자기들끼리, 그리고 피정복 인구와 뒤섞였다는 것은 논박할 여지가 없다. 그렇지만 Geary는 옛 로마 영역의 북부와 **외부**에서 민족이 형성된 과정을 언급조차 하지 않는다. 더욱이 그의 책의 부제는 유행을 좇은 표제의 의미를 잘못 전달한다. 그도 인정하다시피 근대 유럽 민족들 다수의 뿌리는 야만족 이주 이후의 시기까지, 즉 제1천년기 후반까지 거슬러 올라가기 때문이다.

5. Martin Körner, 'Expenditure', in R. Bonney (ed.), *Economic Systems and State Finance*. Oxford: Oxford University Press, 1995, pp. 398-401을 대략 요약한 것이다. Charles Tilly and Wim Blockmans (eds), *Cities and the Rise of States in Europe, AD 1000-1800*. Boulder, CO: Westview, 1994의 기고자들 일부는 이런 현실을 제대로 파악하지 못했으나 Frank Tallett, *War and Society in Early-Modern Europe, 1495-1715*. London: Routledge, 1992, pp. 205-6은 올바로 파악한다. Braudel과 Blockmans는 둘 다 별다른 설명 없이 도시생활양식이 덜 발달한 곳에서 영역 국가들이 출현했음을 지적한다. Fernand Braudel, *The Mediterranean and the Mediterranean World in the Age of Philip II*. London: Fontana, 1978, p. 658; Wim Blockmans, 'Conclusion', in Tilly and Blockmans, *Cities and the Rise of States in Europe*, pp. 419-23; 이 책 10장의 추론과 비교.

6. Charles Tilly (ed.), *The Formations of National States in Western Europe*.

Princeton, NJ: Princeton University Press, 1975, p. 24.

7. Michael Roberts 'The military revolution, 1560–1660' (1955, 1967), reprinted in C. Rogers (ed.), *The Military Revolution Debate*, Boulder, CO: Westview, 1995, pp. 13–36. Roberts는 상비군 창설이 그저 전술적 이유에서 기인했다고 시사했다. 보병 대형에서 사격과 창을 결합하려면 더 복잡한 훈련이 필요했고 그 결과 복무 기간이 길어졌다는 것이다. 여기에 더해 그는 30년 전쟁(1618–48)중에 병력 증강을 위해 소집된 전술적으로 더 유연한 군대들이 더 야심찬 전략을 수행할 수 있었다고 주장했다. 일관된 논지로 그는 두 과정이 국가들의 중앙권위를 강화하고 뒤이어 온갖 정치적·사회적 결과를 불러왔다고 주장했다. 나는 이 논증을 조목조목 논하기보다 아래에서 더 일반적으로 다루고자 한다.

8. Geoffrey Parker '"The military revolution, 1560–1660"—A myth?' (1976, 1979), reprinted in Rogers, *The Military Revolution Debate*, pp. 37–55; p. 43 참조.

9. 같은 책, p. 44.

10. John Hale, *War and Society in Renaissance Europe 1450-1620*, London: Fontana, 1985, pp. 61–3; David Parrott, *Richelieu's Army: War, government and society in France, 1624-1642*, Cambridge: Cambridge University Press, 2001, pp. 164–222; John Lynn, 'Recalculating French army growth during the *Grand Siècle*, 1610–1715' (1994), reprinted in Rogers, *The Military Revolution Debate*, pp. 117–48, and reproduced in J. Lynn, *Giant of the* Grand Siècle: *The French army, 1610-1715*, Cambridge: Cambridge University Press, 1997, pp. 41–64; A. Corvisier (ed.), *Histoire militaire de la France*, Vol. 1, P. Contamine (ed.), *Des Origines à 1715*, Paris: Presses Universitaires, 1992, pp. 361–6.

11. Jeremy Black, *A Military Revolution? Military change and European society 1550-1800*, Macmillan, 1991; 같은 저자, 'A Military revolution? A 1660–1792 perspective', in Rogers, *The Military Revolution Debate*, pp. 95–116.

12. Clifford Rogers, 'The Military revolutions of the Hundred Years War', in Rogers, *The Military Revolution Debate*, pp. 55–94.

13. 이 변화가 당초 군사혁명의 정의보다 오래 지속된 과정이었음이 밝혀짐에 따라 Black은 (*A Military Revolution?*에서) 혁명보다 이행으로 이해하는 편이 낫다고 제안했다. Rogers는 이 과정이 진화론의 '단속 평형' 모델에 상응한다는 타당한 주장을 폈다. 다시 말해 느린 변화가 일어나는 안정기와 급속한 발전이 이루어지는 급변기가 번갈아 나타난 과정이었다는 것이다. 나의 견해는 수 세기 동안 '근대성' 일반과 연관

된 거대한 전환이 실제 쟁점임을 깨닫고 나면, 혁명이라 부르든 이행이라 부르든 명칭
은 오히려 의미론적 문제가 된다는 것이다.

14. Parker, "'The military revolution, 1560−1660"—A myth?', p. 44; Tallett, *War
    and Society in Early-Modern Europe*; M. E. Mallett and J. R. Hale, *The
    Military Organization of a Renaissance State: Venice c. 1400 to 1617*.
    Cambridge: Cambridge University Press, 1984, pp. 126, 137−8, 375. 이 과정의
    일진일퇴는 다음에서 강조된다. Simon Adams, 'Tactics or politics? "The military
    revolution" and the Hapsburg hegemony, 1525−1648', in J. Lynn (ed.), *Tools of
    War: Instruments, ideas, and institutions of warfare, 1445-1871*. Urbana, IL:
    University of Illinois, 1990, p. 36; James Wood, *The King's Army: Warfare,
    soldiers, and society during the wars of religion in France, 1562-1576*.
    Cambridge: Cambridge University Press, 1996, 특히 pp. 127−33, 144−52;
    Parrott, Richelieu's Army, pp. 60−1; and Lynn, *Giant of the Grand Siècle*, pp.
    527−30. 18세기 초에 스웨덴군과 러시아군에서 기병의 비중은 여전히 절반에 가까
    웠다. Carol Stevens, 'Evaluating Peter's army: The impact of internal
    organization', in E. Lohr and M. Poe (eds), *The Military and Society in Russia
    1450-1917*. Leiden: Brill, 2002, pp. 153−4. 관련 설명은 Jeremy Black (ed.),
    'Introduction', in *War in the Early Modern World*. London: University College
    London, 1999, p. 18 참조.

15. Joseph Needham, Ho Ping−Yü, Lu Gwei−Djen, and Wang Ling, *Science and
    Civilization in China*, Vol. V, Part vii, *Military Technology—the gunpowder
    epic*. Cambridge MA: Harvard University Press, 1986, pp. 39−51, 365−9는 기
    념비적인 철저한 연구다. Kenneth Chase, *Firearms: A global history to 1700*.
    New York: Cambridge University Press, 2003은 이 주제에 관한 논의를 분명하게
    밝히는 동시에 크게 바꾸어놓는다. Thomas Allsen, 'The circulation of military
    technology in the Mongolian Empire', in N. Di Cosmo (ed.), *Warfare in Inner
    Asian History (500-1800)*. Leiden: Brill, 2002, pp. 265−93은 몽골의 역할을 강
    조한다. Cipolla의 선구적 저작은 여전히 가치가 있다. Carlo Cipolla, *Guns and
    Sails in the Early Phase of European Exploration 1400-1700*. London:
    Collins, 1965. Bert Hall, *Weapons and Warfare in Renaissance Europe:
    Gunpowder Technology and Tactics*. Baltimore, MD: Johns Hopkins
    University Press, 1997은 유럽에서 초기 수 세기 동안 쓰인 화기에 가장 정통한 연
    구다. 다른 지역들은 다음을 참조. David Ayalon, *Gunpowder and Firearms in*

the Mamluk Kingdom. London: Cass, 1978(1956); Djurdjica Petrovic, 'Fire−arms in the Balkans on the eve and after the Ottoman conquests of the fourteenth and fifteenth centuries', in V. Parry and M. Yapp (eds), *War, Technology and Society in the Middle East*. London: Oxford University Press, 1975, pp. 164−94; Kelly DeVries, 'Gunpowder weapons at the siege of Constantinople, 1453', in Y. Lev (ed.), *War and Society in the Eastern Mediterranean, 7th-15th Centuries*. Leiden: Brill, 1997, pp. 343−62; Iqtidar Alam Khan, 'Early use of cannon and musket in India: AD 1442−1526', in J. Gommans and D. Kolff (eds), *Warfare and Weaponry in South Asia 1000-1800*. New Delhi: Oxford University Press, 2001, pp. 321−36; Jos Gommans, *Mughal Warfare*. London: Routledge, 2002, pp. 144−62.

16. John Hale, 'The early development of the bastion: an Italian chronology, c. 1450−c. 1534', reprinted in J. Hale, *Renaissance War Studies*. London: Hambledon, 1983, pp. 1−29; Horst de la Croix, *Military Considerations in City Planning: Fortifications*. New York: Braziller, 1972, pp. 39−47; Simon Pepper and Nicholas Adams, *Firearms and Fortifications: Military architecture and siege warfare in sixteenth century Siena*. Chicago: University of Chicago, 1986; Christopher Duffy, *Siege Warfare: The fortress in the early modern world 1494-1660*. London: Routledge, 1979.

17. Geoffrey Parker, *The Army of Flanders and the Spanish Road 1567-1659*. Cambridge: Cambridge University Press, 1972, pp. 5−12; 같은 저자, '"The military revolution, 1560−1660"—A myth?'; 같은 저자, *The Military Revolution: Military innovation and the rise of the West, 1500-1800*. Cambridge: Cambridge University Press, 1989, pp. 13−14는 사례를 열거한다. Charles Oman, *A History of the Art of War in the Sixteenth Century*. London: Methuen, 1937, pp. 544−5도 마찬가지다.

18. John Lynn, 'The *trace italienne* and the growth of armies: The French case', in Rogers, *The Military Revolution Debate*, pp. 117−48.

19. 실은 파커 자신이 이를테면 '"The military revolution, 1560−1660"—A myth?', p. 43에서 같은 의견을 피력한다. 파커는 (*The Military Revolution*, p. 24에서) 유럽 어디서나 신형 방어시설이 출현했고 그와 나란히 육군들의 규모가 확대되었다고 주장한다. 그러나 이 연관성은 원인과 결과를 나타내는 것이 아니라 정치와 경제, 군사 면에서 가장 앞선 국가들이 '군사혁명'의 모든 요소를 적용하는 일에서도 앞섰다는 것을

입증할 뿐이다.

20. 잘 알려진 이 주제에 관해 더 구체적으로 알고 싶다면 Richard Jones, 'Fortifications and sieges in Western Europe, c. 800-1450', in M. Keen (ed.), *Medieval Warfare: A history*. Oxford: Oxford University Press, 1999, pp. 163-85; Jim Bradbury, *The Medieval Siege*. Woodbridge: Boydell, 1992 참조. 파커 자신도(*The Military Revolution*, p. 7) 중세 전쟁의 성격이 바로 이러했음을 잘 알고 있다.

21. Parker, *The Army of Flanders and the Spanish Road*, pp. 5-12; 같은 저자, *The Military Revolution*, p. 12. 파커의 테제를 받아들인 학자들로는 다음이 있다. John Hale (뒤에서 살펴볼 것이다); M. S. Anderson, *War and Society in Europe of the Old Regime 1618-1789*. London: Fontana, 1988, pp. 88, 140-1; 같은 저자, *The Origins of the Modern European State System, 1494-1618*. London: Longman, 1988, pp. 9-10, 22; Adams, 'Tactics or politics?', p. 36; Tallett, *War and Society in Early-Modern Europe*, pp. 10, 38, 51, 168-9; James Tracy, *Emperor Charles V, Impresario of War: Campaign strategy, international finance and domestic politics*. Cambridge: Cambridge University Press, 2002, p. 30. 그렇지만 자못 흥미롭게도 이 학자들 모두 실상은 조금 달랐다는 것을 알고 있다. 예컨대 Hale은 육군이 확대되고 화기에 지출하는 전비가 급증한 원인으로 포 방어시설을 꼽긴 하지만, 베네치아에 대한 그의 꼼꼼한 계산은 전혀 다른 이야기를 들려준다. Mallett and Hale, *The Military Organization of a Renaissance State*, pp. 409, 432-3, 436-7, 440-1, 444-5, 468-9, 470-2, 478, 480, 483-4, 487; Hale, *War and Society in Renaissance Europe*, pp. 46-7, 234-5. 에스파냐에 관해서는 I. A. A. Thompson, *War and Government in Habsburg Spain 1560-1620*. London: Athlone, 1976, pp. 34, 69-71, 288-93; 같은 저자, '"Money, money, and yet more money!" Finance, the fiscal-state and the military revolution: Spain 1500-1650', in Rogers, *The Military Revolution Debate*, pp. 273-98, 특히 276-82 참조. 파커는 'In defense of *The Military Revolution*', in Rogers, *The Military Revolution Debate*, p. 253에서 에스파냐 제국이 방어시설에 들인 자금의 대부분이 에스파냐 본토가 아니라 플랑드르, 이탈리아, 북아프리카에서 지출되었다고 답했다. 그렇지만 다른 모든 군사비 항목들도 마찬가지였으므로 **비율**은 거의 동일했을 것이다. 실제로 앞에서 인용한 이탈리아 수치는 Thompson의 결론을 뒷받침하며, Lynn, 'The *trace italienne* and the growth of armies'에 인용된 프랑스 수치도 마찬가지다. 또한 Lynn, *Giant of the* Grand

Siècle, p. 592에 실린 수치와 Richard Bonney, 'France, 1494-1815', in Bonney (ed.), *The Rise of the Fiscal State in Europe, c. 1200-1815.* Oxford: Oxford University Press, 1999, p. 143에 실린 프랑스의 군사비 총액과 일반 경비도 비교.

22. Judith Hook, 'Fortifications and the end of the Sienese state', *History*, 1977; 62: 372-87은 신형 방어시설의 비용이 감당 못할 수준이었다는 종전의 관습적 주장을 강조한다. 그렇지만 이상하게도 Hook의 논문은 시에나의 총 예산과 관련한 수치와 경제적 분석, 추정 비용을 거의 내놓지 않는다. 다른 이유들 때문에 시에나의 재정 상태가 이미 나빴다는 것은 인정하지만(pp. 375, 376), 신형 방어시설이 도시의 쇠퇴를 앞당겼다는 증거는 전혀 제시하지 않는다. 실제로 Hook이 인용하는, 시에나에 종속된 도시들이 방어시설에 지출한 비용—몬탈치노 4000두카트, 키우시 4000두카트, 루치냐노 2000두카트(pp. 379, 381)—은 대수롭지 않은 액수는 아니었으나 그렇다고 해서 엄두도 못 낼 액수는 결코 아니었고, 지역민들이 일부를 부담했다. 다른 수치들과 비교를 해보면 시에나는 1551년 한 해에만 에스파냐 주둔군 유지비로 4000두카트 가까이 썼고(p. 375), 해군 갤리선 **한 척**을 건조하는 데 6000두카트를 썼으며 **매년** 유지비로 같은 액수를 썼다(주 30 참조). 더욱이 Hook은 시에나가 대부분의 노동력을 거의 비용을 들이지 않고서 징발했음을 잘 알고 있다(pp. 376, 377, 378, 383, 384). 새로운 이탈리아식 방어시설이 엄청나게 비쌌다는 주장을 뒷받침하기 위해 Hook이 자주 인용하는 Pepper와 Adams의 경탄스러운 시에나 연구는 사실 정반대의 견해를 강하게 주장한다. Pepper and Adams, *Firearms and Fortifications*, pp. 30-4, 163, 171. Duffy, *Siege Warfare*, pp. 91-3는 흙으로 지어 비용 부담이 한결 적고 수가 가장 많았던 네덜란드식 방어시설들을 주로 언급한다. John Childs, *Armies and Warfare in Europe 1648-1789.* Manchester: Manchester University Press, 1982, p. 135도 참조. David Eltis, *The Military Revolution in Sixteenth Century Europe.* London: Tauris, 1995, p. 29과 Chapter 4는 새로운 토성土城이 종전 방어시설들보다 더 비싸지 않고 쌓는 데 더 오래 걸리지도 않았다는 사실을 알면서도 어찌된 일인지 논거로 들지 않는다. 베네치아의 구식 15세기 방어시설의 비용은 Mallett, in Mallett and Hale, *The Military Organization of a Renaissance State*, pp. 87-94 참조. 그리고 구식 방어시설을 완공하기까지 대개 수십 년이 걸렸다는 사실에 관해서는 James Tracy (ed.), *City Walls: The urban enceinte in global perspective.* Cambridge: Cambridge University Press, 2000, p. 71을 참조. Hale은 요역에도 간접비가 들었다는 것을 올바로 지적한다(*War and Society in Renaissance Europe*, pp. 207-8). 그렇긴 해도 대개 한가한 시기나 여가시간에 무직자들이 요역에 동원되었다.

23. 전근대 데이터는 태부족하다. 아테네에서 방어시설은 군사비의 약 10퍼센트를 차지했다. Raymond Goldsmith, *Premodern Financial Systems: A historical comparative study*, Cambridge: Cambridge University Press, 1987, p. 261, n. 60. 중세의 몇몇 비용은 Bradbury, *The Medieval Siege*, pp. 69, 74, 131-2 참조. 프랑스 왕 루이 9세는 오랜 십자군 원정 기간(1248~54)에 100만 리브르 은화 이상의 거액을 지출했고, 그중 약 10만 리브르를 대형 방어시설에 지출했다. HF, t. 21, 512-515, cited by J. Prawer, *Histoire du Royaume Latin de Jérusalem*, Vol. 2. Paris: Centre National de la Recherche Scientifique, 1975, p. 353, n. 73.

24. 이 경우에도 Hale, *War and Society in Renaissance Europe*, pp. 46-7은 화포와 기타 화기들이 전비를 대폭 끌어올렸다고 생각하지만, Hale 자신의 수치에 따르면 1482년에 화포는 프랑스 군사비에서 고작 8퍼센트를 차지했을 뿐이다 (Corvisier[*Histoire militaire de la France*, p. 245]에 따르면 1500년에 6~8퍼센트). Hale은 그다지 높지 않은 화기의 비율이 초기에 국한된다고 말할 테지만, 프랑스 육군이 여전히 비교적 작은 규모였다는 것, 그리고 프랑스의 화포가 유럽에서 가장 앞서 있었고 값비싼 청동으로 주조했다는 것을 감안하면 화기의 비율은 후대(값싼 주철 화기가 표준이 된)에도 올라가지 않았을 것이다. 또한 Hale은 베네치아가 화약에 지출한 인상적인 액수를 인용하지만, 이 경우에도 그 자신의 수치에 따르면 화기는 방위 예산 총액의 몇 퍼센트를 차지할 뿐이다. Mallett and Hale, *The Military Organization of a Renaissance State*, pp. 401-2, 461-501. 이와 비슷하게, 프랑스는 연간 방위비 총액이 대략 100만 리브르 투르누아[livre tournois: 프랑스 투르에서 주조한 리브르—옮긴이]였던 1538년 화약에서 가장 비싼 성분인 초석에 약 3만 6000리브르 투르누아를 지출했다. Corvisier, *Histoire militaire de la France*, p. 247; Bonney, *The Rise of the Fiscal State in Europe*, p. 139. 이 모든 수치에 Fernand Braudel이 *Civilization and Capitalism 15th-18th Century*, Vol. 1, *The Structure of Everyday Life*, Berkeley, CA: University of California, 1992 (프랑스어판 1979), p. 395에서 제시한 방대한 화약 관련 수치들을 더하면 전체를 넓게 조망할 수 있다. 베네치아가 화약을 비축하는 데 투자한 자본 총액에 대한 Braudel의 계산은 설령 타당할지라도 오해의 소지가 있는데, 비축 비용이 아니라 연간 화약 보충비용이기 때문이다. 전술한 지출 패턴은 다른 나라들에서도 나타난다. Thompson("'Money, money, and yet more money!'", p. 279)에 따르면 16세기와 17세기 초 에스파냐의 군사비에서 화포는 불과 4~5퍼센트를 차지했다. Thompson, *War and Government in Habsburg Spain*, pp. 290-3, 296도 참조. 17세기 중엽 러시아에서 강하지만 대체로 수입된(따라서 값비싼) 포병 병과는 군 예산에서 10퍼센

트 이하였던 것으로 추산된다. Richard Hellie, 'The cost of Muscovite military defense and expansion', in Lohr and Poe, *The Military and Society in Russia 1450-1917*, pp. 41–66, 특히 p. 65; 또한 J. Kotilaine, 'In defense of the realm: Russian arms trade and production in the seventeenth and early eighteenth century', 같은 책, pp. 67–95. 화포와 화약이 비용을 과하게 잡아먹었다는 주장은 Anderson, *War and Society in Europe of the Old Regime*, pp. 19–20에서 되풀이되며, 역시 군사비 총액이라는 맥락에서 액수가 제시된다. Tallett, *War and Society in Early-Modern Europe*, p. 169도 같은 주장을 하는데, 주 34에서 그의 결론을 확인하라.

25. Thompson, *War and Government in Habsburg Spain*, pp. 278, 280에서 잘 지적하였다. 그리고 신형 방어시설 및 화기와 관련하여 모순된 주장을 펴기는 하지만 Hale, *War and Society in Renaissance Europe*, pp. 248–9; Tallett, *War and Society in Early-Modern Europe*, pp. 188–93, 205에서 강력하게 입증하였다. 유럽에서 가장 앞선 축에 들었던 이탈리아 도시국가들의 화포에 관해서는 Mallett and Hale, *The Military Organization of a Renaissance State*, pp. 81–7; Hale, *War and Society in Renaissance Europe*, p. 156; Pepper and Adams, *Firearms and Fortifications*, pp. 12–13 참조. 이탈리아의 용병대들도 자체 화포를 소유하고 있었다. 이 모든 증거는 다시 한번 Braudel, *The Structure of Everyday Life*, p. 393을 논박한다.

26. Hale, in Mallett and Hale, *The Military Organization of a Renaissance State*, p. 462; Jean-Claude Hocquet, 'Venice', in Bonney, *The Rise of the Fiscal state in Europe, c. 1200-1815*, p. 384.

27. Marjolein 't Hart, 'The United Provinces, 1579–1806', in Bonney, *The Rise of the Fiscal State in Europe, c. 1200-1815*, p. 312.

28. Brewer의 추계는 균형을 육군 쪽으로 기울이는 반면, 프랑스 자료는 해군 비용이 평균 4~6배 많았음을 시사한다. John Brewer, *The Sinews of Power: War, money and the English state, 1688-1783*. London: Unwin Hyman, 1989, p. 31; David French, *The British Way in Warfare 1688-2000*. London: Unwin Hyman, 1990, p. 59.

29. Robert Davis, *Shipbuilders of the Venetian Arsenal: Workers and workplace in the preindustrial city*. Baltimore, MD: Johns Hopkins University Press, 1991, p. 28에서 제시하는, 유럽에서 가장 앞선 축에 들었고 양호한 문서 기록을 남긴 베네치아 공창에 관한 추계와 Mallett and Hale, *The Military Organization of*

a Renaissance State, pp. 494–501의 데이터를 비교. 또한 Frederic Lane, 'Naval action and fleet organization, 1499–1502', in J. Hale (ed.), *Renaissance Venice*. London: Faber & Faber, 1973, pp. 146–73. 특히 159–62와 오스만에 관한 주 31도 참조.

30. Braudel, *The Mediterranean and th Mediterranean World in the Age of Philip II*, p. 841과 문서 증거 참조. 또한 Thompson, *War and Government in Habsburg Spain*, pp. 168, 171, 173, 175, 289, 294(그리고 각주들), 300–302의 상세한 서술 참조. 선박 건조 비용과 탄약 비용이 빠지긴 했지만, Imber가 발표한 오스만 문헌도 같은 결론을 가리키는 것으로 보인다. C. H. Imber, 'The cost of naval warfare: The accounts of Hayreddin Barbarossa's Herceg Novi campaign in 1539', Archivum Ottomanicum, 1972; 4: 203–16. 아래 주들도 참조.

31. Palmira Brummett, *Ottoman Seapower and Levantine Diplomacy in the Age of Discovery*. Albany, NY: State University of New York, 1994, pp. 96, 218 n. 30; Colin Imber, 'The reconstruction of the Ottoman fleet after the Battle of Lepanto, 1571–2', in *Studies in Ottoman History and Law*. Istanbul: Isis, 1996, pp. 85–101.

32. Polybius, *The Histories* 1.20–1, 38, 59, 63. 로마와 카르타고가 맞붙은 에크노무스 해전(기원전 256년)에서 양편이 각각 동원한 300척 이상의 5단 노선 함대와 25만 명으로 추산되는 총 병력은, 양편이 각각 200여 척의 갤리선 함대를 동원하고 자그마치 총 16만 명이 참전한 것으로 추산되는 레판토 해전(1571년)마저 무색케 한다.

33. Brewer, *The Sinews of Power*, pp. 34–7.

34. Childs, *Armies and Warfare in Europe*, p. 62에서 분명하게 지적한다. 방어시설과 화포에 거액을 지출했음을 강조하는 Tallett, *War and Society in Early-Mordern Europe*, pp. 170–1도 같은 결론에 도달한다. 비슷한 결론을 Hale, in Mallett and Hale, *The Military Organization of a Renaissance State*, pp. 494–501과 Tracy, *Emperor Charles V, Impresario of War*는 암시하고, Hellie, 'The cost of Muscovite military defense and expansion'는 명시한다.

35. 물론 제조업 하부구조에 대한 일반적인 투자가 각종 군사 하드웨어의 비용에 온전히 반영된 것은 아니라고 주장할 여지가 있다. 그런 투자는 단일목적 총기보다는 유럽의 상업 해운과 조선소가 팽창함에 따라 혜택을 입은 전함의 가격에 더 반영되었다.

36. Pepper and Adams, *Firearms and Fortifications*, pp. 30–1; 또한 Tallett, *War and Society in Early-Modern Europe*, pp. 171–2; Mallett, in Mallett and Hale, *The Military Organization of a Renaissance State*, p. 92. Hook, 'Fortifications

and the end of the Sienese state', p. 387과 뒤이어 Adams, 'Tactics or politics?', p. 37은 이 문장을 당대의 원리로서 인용하지만, 그것이 그릇된 원리라고 잘못 생각한다. Gábor Ágoston, 'The cost of the Ottoman fortress system in Hungary in the sixteenth and seventeenth centuries', in G. Dávid and P. Fodor (eds), *Ottomans, Hungarians, and Habsburgs in Central Europe: The military confines in the era of Ottoman conquest.* Leiden: Brill, 2000, pp. 195–228은 실제로 이런 최전선 지방에서 요새 자체에 들어간 비용이 아니라 요새에 주둔한 병력에 들어간 고비용을 다룬다.

37. Eltis는 *The Military Revolution in Sixteenth Century Europe,* p. 32에서 이 점을 지적한다.

38. 파커 역시 '군사혁명' 테제에 관한 자신의 몇몇 정식화 가운데 가장 균형 잡힌 다음 정식화를 통해 이 요인을 강조했다. '"The military revolution, 1560–1660"—A myth?', pp. 45–9. Roberts, 'The military revolution, 1560–1660', pp. 20–3도 일찍이, 그러나 단선적으로 강조했다.

39. Tilly, *The Formations of National States in Western Europe,* p. 42. 이 주제에 관한 문헌은 방대하지만 특히 다음을 참조. Charles Tilly, 'War making and state making as organized crime', in P. Evans, D. Rueschemeyer, and T. Skocpol (eds), *Bringing the State Back In.* Cambridge: Cambridge University Press, 1985, pp. 169–91; Michael Mann, *States, War and Capitalism.* Oxford: Blackwell, 1988; Brian Downing, *The Military Revolution and Political Change: Origins of democracy and autocracy in early modern Europe.* Princeton, NJ: Princeton University Press, 1992; Bruce Porter, *War and the Rise of the State.* New York: Free Press, 1994; Thomas Ertman, *Birth of the Leviathan: Building states and regimes in medieval and early modern Europe.* Cambridge: Cambridge University Press, 1997; Martin van Creveld, *The Rise and Decline of the State.* Cambridge: Cambridge University Press, 1999.

40. Joseph Schumpeter가 'The crisis of the tax state', *International Economic Papers,* 1954; 4: 5–38 (독일어 초판 1918)에서 만든 개념들이다. Bonney가 편집한 두 권(*Economic Systems and State Finance; The Rise of the Fiscal State in Europe*)은 가장 포괄적이고 권위적인 최근 연구들을 포함한다.

41. Perry Anderson, *Lineages of the Absolutist State.* London: NLB, 1774은 마르크스주의적 입장에서 이 점을 얼마간 시사했다. Hillay Zmora, *Monarchy,*

Aristocracy and the State in Europe 1300-1800. London: Routledge, 2001은 더 설득력 있는 서술을 개진했다.

42. Michael Mallett, *Mercenaries and their Masters*. London: Bodley, 1974; Fritz Redlich, *The German Military Enterpriser and his Work Force: A study in European economic and social history*. Wiesbaden: Franz Steiner, 1964; 이 책은 여전히 이 주제에 관한 최고의 연구다.

43. 이 변화에 관한 유익한 개관은 John Lynn, 'The evolution of army styles in the modern West, 800-2000', *International History Review*, 1996; **18**: 505-35 참조.

44. Braudel, *The Mediterranean and the Mediterranean World in the Age of Philip II*, pp. 355-94; Parker, *The Army of Flanders and the Spanish Road*, p. 21, 그 밖에 여러 곳; 같은 저자, *The Grand Strategy of Philip II*. New Haven, CT: Yale University Press, 1998, Chapter 2와 비교.

45. 전 유럽을 아우르는 개관은 다음 자료에 실려 있다. André Corvisier, *Armies and Societies in Europe 1494-1789*. Bloomington, IN: Indiana University Press, 1979, pp. 28-36, 52-60, 131-2; Childs, *Armies and Warfare in Europe*, pp. 59-60; Hale, *War and Society in Renaissance Europe*, pp. 198-208; Tallett, *War and Society in Early-Modern Europe*, pp. 83-5; Anderson, *War and Society in Europe of the Old Regime*, pp. 18-21, 90-4. 몇몇 개별 국가들에 관한 연구는 다음을 참조. Mallett and Hale, *The Military Organization of a Renaissance State*, pp. 78-80, 350-66; Thompson, *War and Government in Habsburg Spain*, pp. 126-45 (그렇지만 이베리아 반도 내부의 고국 근처에서 국토 회복운동[Reconquista]을 하는 동안에는 민병대의 역할이 두드러졌다.) Theresa Vann, 'Reconstructing a "society organized for war"', in D. Kagay and L. Villalon (eds), *crusaders, Condottieri, and Canon: Medieval warfare in societies around the Mediterranean*. Leiden: Brill, 2003, pp. 389-416); Lynn, *Giant of the* Grand Siècle, pp. 371-93.

46. 일찍이 Adam Smith가 *The Wealth of Nations* 5.1.1에서 지적했다. Hale도 이 낮은 비율을 인식했고(*War and Society in Renaissance Europe*, pp. 75, 105), Tallett은 *War and Society in Early-Modern Europe*, pp. 217-18에서 더 분명하게 지적한다.

47. Edward Gibbon, *The Decline and Fall of the Roman Empire*, Vol. 1. London: Random House, 1993, Chapter 1, pp. 23-4.

48. Early Hamilton, *American Treasure and the Price of Revolution in Spain, 1501-1650*. New York: Octagon, 1965, p. 34; Thompson, *War and Government in Habsburg Spain*, pp. 68–9, 288; Juan Gelabert, 'Castile, 1504–1808', in Bonney, *The Rise of the Fiscal State in Europe, c. 1200-1815*, p. 213.

49. Sven Lundkvist, 'The experience of empire: Sweden as a great power', in Michael Roberts (ed.) *Sweden's Age of Greatness 1632-1718*. London: Macmillan, 1973, pp. 20–5; Sven–Erik Aström, 'The Swedish economy and Sweden's role as a great power 1632–1697', 같은 책, pp. 58–101; Michael Roberts, *The Swedish Imperial Experience*. Cambridge: Cambridge University Press, 1979, Chapter 2. 이 문제는 Porter, *War and the Rise of the State*, p. 92에 잘 요약되어 있다. Robert Frost의 탁월한 저서는 현재 스웨덴, 폴란드, 러시아에 관한 가장 포괄적인 연구다. *The Northern Wars: War, state and society in Northeastern Europe, 1558-1721*. Harlow: Longman, 2000.

50. 다시 한번 Porter, *War and the Rise of the State*, p. 115와 비교.

51. Brewer, *The Sinews of Power*, pp. 30–2; Christopher Hall, *British Strategy in the Napoleonic War 1803-15*. Manchester: Manchester University Press, 1992, pp. 1, 11, 15–6; R. Bonney, 'The eighteenth century Ⅱ: The struggle for great power status', in his *Economic Systems and State Finance*, pp. 380–4, 387.

52. Quincy Wright, *A Study of War*. Chicago: University of Chicago, 1942, p. 653; Evan Luard, *War in International Society*. London: Tauris, 1986, pp. 24–5, 35, 45.

53. Chase, *Firearms*는 유라시아에서 화기가 지역별로 서로 다르게 확산된 원인에 관한 학술적 이정표다. 일본 사료를 폭넓게 활용하는 일본에 관한 장은 특히 유익하다(중국에 관한 장들도 그렇다). Delmer Brown, 'The impact of firearms on Japanese warfare, 1543–98', *Far Eastern Quarterly*, 1948; 7: 236–53도 참조. Noel Perrin, *Giving Up the Gun: Japan's reversion to the sword 1543-1879*. Boulder, CO: Shambhala, 1979는 학적으로 미심쩍다는 비판을 받는다. 나는 체이스의 한 가지 평가에는 동의하지 않는다. 체이스는 (*Firearms*, pp. 175–86에서) 대규모 보병대와 다이묘의 영지가 계속 확대되어 화기가 도입되기 한참 전에 일본의 전쟁과 정치를 지배했다고 지적하고 또한 일본 도처에서 모든 군대가 화기를 이용할 수 있게 되었음을 인정하면서도, 화기를 일본의 통일을 앞당긴 원인으로 꼽는다. 파커는

The Military Revolution, pp. 140-5, 특히 p. 140에서 그런 주장을 신중하게 피했으나 나중에 'In defense of *The Military Revolution*', p. 338에서 받아들였다. 나의 견해는 11장의 주 63과 관련 본문을 참조.

54. 화기와 대양 항해 둘 다와 관련해 나는 Braudel, *The Structure of Everyday Life*, pp. 385, 397에 완전히 동의한다.

55. 이 견해를 옹호하는 이들은 다음과 같다. Adam Smith, *The Wealth of Nations* 4.7; Karl Marx and Friedrich Engels, 'Manifesto of the Communist Party', in *Economic and Philosophical Manuscripts of 1844 and the Communist Manifesto*. Amherst, NY: Prometheus, 1988; Karl Marx, *The Capital*. London: Penguin, 1976, Chapter 31; F. Braudel, *Civilization and Capitalism*, Vol. 2. *The Wheels of Commerce*. Berkeley, CA: University of California, 1992, p. 601; Immanuel Wallerstein, *The Modern World System I: Capitalist agriculture and the origins of the European world-economy in the sixteenth century*. New York: Academic Press, 1974; Andre Frank, *World Accumulation 1492-1789*. New York: Monthly Review, 1978. 근래의 연구는 유럽 내부의 경제 성장을 올바로 강조했지만, 유럽 내부의 발전과 외부의 발전이 서로를 강화했다는 것은 명백하다. O'Brien에 따르면 유럽의 지구적 상업활동은 유럽의 경제활동에서 그다지 중요하지 않았고, 유럽인들이 지구적 교역을 시작하고 한참 후인 1790년에도 유럽의 무역에서 비중이 25퍼센트에 지나지 않았다. Patrick O'Brien, 'European economic development: The contribution of the periphery', *Economic History Review*, 1982; **35**: 1-18; 또한 (조금 더 실증적인) 같은 저자, 'European industrialization: From the voyages of discovery to the Industrial Revolution', in H. Pohl (ed.), *The European Discovery of the World and Its Economic Effects on Pre-Industrial Society 1500-1800*. Stuttgart: Franz Steiner, 1990, pp. 154-77. 그렇지만 단연 실증적인 평가는 Neils Steensgaard, 'Commodities, Bullion and services in intercontinental transactions before 1750', 같은 책, pp. 9-23(그리고 Frank, *World Accumulation 1492-1789*, pp. 105-6, 215-9, 225, 232-3의 데이터)다. O'Brien 자신이 인정하듯이, 미미한 경제적 이점이 중요한 경우도 많다. Pomeranz는 *The Great Divergence*에서 서유럽과 유라시아의 큰 문명들의 차이에 관한 여러 가정에 의문을 제기하면서도, 유럽인들이 국제적 입지 덕분에 누렸던 결정적인 작은 이점을 아주 정교한 서술과 미묘한 어조로 강조한다. 이와 같은 입장과 결론은 Janet Abu-Lughod, *Before European Hegemony: The world system A.D. 1250-1350*. New York: Oxford University

Press, 1989, p. 363에서도 찾아볼 수 있다. 마지막으로 Maddison, *The World Economy*, p. 93은 세계 경제를 선도한 영국의 경우 비유럽과의 무역이 미미하기는 커녕 1774년경 전체 무역의 절반가량을 차지했다는 사실을 보여준다.

56. Braudel, *The Structure of Everyday Life*, pp. 402–15, *The Wheels of Commerce*, pp. 14–37, 581–601; Wallerstein, *The Modern World System I*.

57. 로마에 관해서는 Robert Lopez, *The Commercial Revolution of the Middle Ages 950-1350*. Cambridge: Cambridge University Press, 1976, p. 7 참조.

58. Joseph Needham, Wang Ling, and Lu Gwei-Djen, *Science and Civilization in China*, Vol. 4, Part iii, *Nautical Technology*. Cambridge: Cambridge University Press, 1971, pp. 379–99; Louise Levathes, *When China Ruled the Seas: The treasure fleet of the dragon throne 1405-1433*. New York: Oxford University Press, 1994.

59. J. H. Parry, *The Discovery of the Sea*. Berkeley, CA: University of California, 1981; Bailey Diffie and George Winius, *Foundations of the Portuguese Empire, 1415-1580*. St Paul, MI: University of Minnesota, 1977.

60. 많이 논의된 이 주제를 통찰력 있게 다룬 요 근래 저작은 Jared Diamond, *Guns, Germs, and Steel: The fate of human societies*. New York: Norton, 1997다. Noble Cook, *Born to Die: Disease and New World conquest, 1492-1650*. Cambridge: Cambridge University Press, 1998은 이 주제에 관한 자료를 갱신하고 종합한 저작이다. 총과 균 이론을 의문시하고 더 정교하게 가다듬는 다양한 입장들은 G. Raudzens (ed.), *Technology, Disease and Colonial Conquests, Sixteenth to Eighteenth Centuries: Essays reappraising the guns and germs theories*. Leiden: Brill, 2001 참조.

61. 역사적으로 갤리선의 전장이었던 지중해에서 일어난 이 변화에 관해서는 John Guilmartin, *Gunpowder and Galleys: Changing technology and Mediterranean warfare at sea in the sixteenth century*. Cambridge: Cambridge University Press, 1974 참조. R. Gardiner (ed.), *The Age of the Galley: Mediterranean oared vessels since pre-classical times*. London: Conway Maritime Press, 1995는 자료를 갱신한 포괄적인 연구서다.

62. Cipolla의 선구적인 *Guns and Sails in the Early Phase of European Exploration*은 여전히 상당한 가치가 있다. R. Gardiner (ed.), *Cogs, Caravels and Galleons: The sailing ship 1000-1650*. London: Conway Maritime Press, 1994는 기술적 측면을 다룬다. Diffie and Winius, *Foundations of the*

*Portuguese Empire*는 훌륭한 개관이다. 또한 Parker, *The Military Revolution*, Chapter 3.

63. 주 56 참조.

64. Wallerstein, *The Modern World System I*에서 대략적으로 서술한다.

65. Peter Mathias and Patrick O'Brien, 'Taxation in England and France, 1715-1810. A comparison of the social and economic incidence of taxes collected for the central governments', *Journal of European Economic History*, 1976; 5: 601-50; Bonney, 'The eighteenth century II', pp. 336-8.

66. Brewer, *The Sinews of Power*, pp. 180-3.

67. 국가가 재산권을 보호한다는 생각은 경제 효율의 관건이었고, 따라서 네덜란드와 잉글랜드가 우위를 점한 비결이었다. Douglas North and Robert Thomas, *The Rise of the Western World: A new economic history*. Cambridge: Cambridge University Press, 1973.

68. Tenney Frank, *An Economic Survey of Ancient Rome, I: Rome and Italy of the Republic*. Paterson, NJ: Pageant, 1959, pp. 62, 75, 79-94.

69. Polybius, *The Histories*, 1.59.

70. Jean-Claude Hocquet, 'City-state and market economy', in Bonney, *Economic Systems and State Finance*, pp. 87-100; Martin Körner, 'Expenditure' and 'Public credit', 같은 책, pp. 403, 407, 413, 515, 523, 그 밖에 여러 곳.

71. 민간 직위는 Emmanuel le Roy Ladurie, *The Royal French State 1460-1610*. Oxford: Blackwell, 1994, pp. 17, 130 참조. 군사 직위는 Childs, *Armies and Warfare in Europe*, pp. 81-2 참조. Corvisier, *Armies and Societies in Europe*, pp. 101-2; Lee Kennett, *The French Armies in the Seven Years War: A study in military organization and administration*. Durham, NC: Duke University Press, 1967, pp. 65-7, 97은 조금 다른 수치를 제시하지만 전반적으로 비슷한 상황을 서술한다. 군대에 만연한 부패는 Parrott, *Richelieu's Army*, pp. 246-60, 331-65; Lynn, *Giant of the* Grand Siècle, pp. 221-47 참조. Guy Rowlands, *The Dynastic State and the Army under Louis XIV: Royal service and private interest, 1661-1701*. Cambridge: Cambridge University Press, 2002는 체제의 작동만을 다루며 부패의 '긍정적' 역할, 또는 적어도 불가피한 역할을 강조한다. 체제 수입의 필연적인 감소는 같은 책, pp. 87-8 참조.

72. P. Dickson, *The Financial Revolution in England*. London: Macmillan, 1967,

pp. 470-85, 특히 pp. 470-1; Bonney, 'The eighteenth century II', p. 345; Körner, 'Expenditure', pp. 507-38; Parker, *The Army of Flanders and the Spanish Road*, p. 151; 장기적 시각은 Goldsmith, *Premodern Financial Systems*, pp. 26, 44, 139, 그 밖에 여러 곳. 자본주의가 유럽 못지않게 아시아에서도 급격히 발전했다고 주장하긴 하지만 Pomeranz의 *The Great Divergence*, p. 178은 아시아의 이자율이 네덜란드와 영국의 이자율보다 훨씬 높았음을 인정한다.

73. Mathias and O'Brien, 'Taxation in England and France, 1715-1810'; Brewer, *The Sinews of Power*, pp. 89-91, 그 밖에 여러 곳; 또한 P. Hoffman and K. Norberg (eds), *Fiscal Crises, Liberty, and Representative Government, 1450-1789*. Stanford: Stanford University Press, 1994; I. A. A. Thompson, 'Castile: Polity, fiscality, and fiscal crisis', 같은 책, p. 176; Phyllis Deane and W. Cole, *British Economic Growth 1688-1959*. Cambridge: Cambridge University Press, 1967, pp. 2-3; Mann, *States, War and Capitalism*; 같은 저자, *The Sources of Social Power*, Vol. 2, *The Rise of Classes and Nation-States, 1760-1914*. Cambridge: Cambridge University Press, 1993, pp. 214-15, 369-70; Juan Gelabert, 'The fiscal burden', in Bonney, *Economic Systems and State Finance*, p. 560; 그리고 연구를 요약해놓은 유익한 Ertman, *Birth of the Leviathan*, p. 220 참조. 더 오래된 견해는 F. Gilbert (ed.), *The Historical Essays of Otto Hinze*. New York: Oxford University Press, 1975 참조.

74. 이 책 10장과 11장 참조. Robert Dahl and Edward Tufte, *Size and Democracy*. Stanford: Stanford University Press, 1973, pp. 4, 8은 처음에는 고대 그리스 폴리스들에서 이 관계가 우연적 관계였을지 모른다고 (내가 보기엔 부정확하게) 시사하지만, 나중에는 근대 들어 대의제와 민족주의 때문에 대규모 민주정이 가능해졌음을 인식한다.

75. Joseph Strayer, *On the Medieval Origins of the Modern State*. Princeton, NJ: Princeton University Press, 1970, pp. 11-12, 그 밖에 여러 곳.

76. Smith, *The Wealth of Nations* 3. Jones, *The European Miracle*, Chapter 5도 이 점을 인식한다. Mancur Olson, *Power and Prosperity: Outgrowing communist and capitalist dictatorships*. New York: Basic Books, 2000, pp. 60-1도 참조. 다소 비슷한(특히 무역-식민 맥락과 관련하여 전개하는) 견해를 Frederic Lane, *Profits from Power: Readings in protection rent and violence-controlling enterprises*. Albany, NY: State University of New York, 1979에서 찾아볼 수 있다. 전근대 시장들이 사회적으로 '내장'되거나 '매몰'되어 있었다는 생각

은 (마르크스의 노선을 따르는) Karl Polanyi, *Primitive, Archaic, and Modern Economies*. Boston, MA: Beacon, 1971에서 개진된다.

77. 정량적 분석 시도는 Kalevi Holsti, *Peace and War: Armed conflicts and international order 1648-1989*. Cambridge: Cambridge University Press, 1991, 특히 pp. 47-51, 85-9 참조.

78. Jonathan Israel, *Dutch Primacy in World Trade, 1585-1740*. Oxford: Oxford University Press, 1989.

79. Jan Glete, *Navies and Nations: Warships, navies and state building in Europe and America 1500-1860*. Stockholm: Almqvist, 1993은 해양 강국들의 선박 건조 노력을 꼼꼼히 기록한다. 경제적 차원은 Paul Kennedy, *The Rise and Fall of British Naval Mastery*. London: Allen Lane, 1976에서 강조한다.

80. Geoffrey Parker, 'War and economic change: The economic costs of the Dutch revolt', in J. Winter (ed.), *War and Economic Development*. Cambridge: Cambridge University Press, 1975, p. 57.

81. Bonney, 'The eighteenth century Ⅱ', 345.

82. Dickson, *The Financial Revolution in England*, pp. 10, 304-37, 특히 320; Brewer, *The Sinews of Power*, pp. 30, 114-17.

83. Bonney (*Economic Systems and State Finance*; *The Rise of the Fiscal State in Europe*)는 예산 데이터를 가장 포괄적으로 정리해 제공한다. 전쟁 빈도는 Wright, *A Study of War*, p. 653 참조.

84. Werner Sombart, *Krieg und Kapitalismus*. Munich: Duncker 1913; John Nef, *War and Human Progress: An essay on the rise of industrial civilization*. London: Routledge, 1950; 더 간략한 Hale, *War and Society in Renaissance Europe*, Chapter 8; Tallett, *War and Society in Early-Modern Europe*, pp. 216-32.

85. 일찍이 John Hall, 'States and societies: The miracle in comparative perspective', in J. Baechler, J. Hall, and M. Mann (eds), *Europe and the Rise of Capitalism*. Oxford: Blackwell, 1988, p. 36; Linda Weiss and John Hobson, *State and Economic Development*. Cambridge: Polity, 1995, pp. 89-90에서 지적되었다.

86. 프로이센이 경제의 상대적 후진성 때문에 대규모 국채를 발행하여 전비를 조달하는 방안을 이용하지 못한 점에 관해서는 Rudolf Braun, 'Taxation, socio-political structure, and state-building: Great Britain and Brandenburg-Prussia', in

Tilly, *The Formations of National States in Western Europe*, pp. 243-327, 특히 294-5 참조. Ertman, *Birth of the Leviathan*, pp. 245-63는 대체로 보아 원인과 결과를 혼동한다. 프로이센이 국비를 조달하는 전통주의적인 방법들에 의존할 수밖에 없었던 이유는 가난하고 상업이 저발전 상태였기 때문이지 그 반대가 아니었다. 러시아의 발전은 Richard Hellie, *Enserfment and Military Change in Muscovy*. Chicago: University of Chicago, 1973; John Keep, *Soldiers of the Tsar: Army and society in Russia 1462-1874*. Oxford: Oxford University Press, 1985 참조.

87. 나의 논증은 Theda Skocpol, *States and Social Revolutions: A comparative analysis of France, Russia, and China*. Cambridge: Cambridge University Press, 1979의 논증과 합치한다. 그에 반해 Goldstone은 전근대와 달리 근대 초기 유럽과 근대 세계에서 일어난 혁명들에 근대화 요소가 있었음을 놓치고 있다. Jack Goldstone, *Revolution and Rebellion in the Early Modern World*. Berkeley, CA: University of California, 1991. 이 과정의 군사적 측면에 관한 기초적 서술은 David Ralston, *Importing the European Army: The introduction of European military techniques and institutions into the extra-European world, 1600-1914*. Chicago: University of Chicago, 1990 참조.

88. 가장 두드러진 '근대주의적' 견해는 Elie Kedourie, *Nationalism*. London: Hutchinson, 1961; Ernest Gellner, *Nations and Nationalism*. Oxford: Blackwell, 1983; E. J. Hobsbawm, *Nations and Nationalism since 1780*. Cambridge: Cambridge University Press, 1990; Liah Greenfeld, *Nationalism: Five roads to modernity*. Cambridge, MA: Harvard University Press, 1993; 같은 저자, *The Spirit of Capitalism: Nationalism and economic growth*. Cambridge, MA: Harvard University Press, 2001 참조. 종족성과 민족주의의 관계를 더 길게 보는 견해는 Brewer, *The Sinews of Power*. Chapter 11 참조.

89. Benedict Anderson, *Imagined Communities: Reflections on the origins and spread of nationalism*. London: Verso, 1983, 특히 pp. 38-49. 인쇄술 일반의 영향은 Lucien Febvre and H-J. Martin, *The Coming of the Book: The impact of printing, 1450-1800*. London: verso, 1984, 특히 Chapter 8; Elizabeth Eisenstein, *The Printing Press as an Agent of Change: Communication and cultural transformation in early modern Europe*. Cambridge: Cambridge University Press, 1979 참조.

90. Bernard Lewis, *Cultures in Conflict: Muslims, and Jews in the Age of Discovery*. New York: Oxford University Press, 1995, p. 23.

91. 예컨대 Joad Raymond, *The Invention of the Newspaper: English news-books 1641-1649*. Oxford: Oxford University Press, 1996; Bob Harris, *Politics and the Rise of the Press: Britain and France, 1620-1800*. London: Routledge, 1996 참조.

92. 저명한 역사가들이 기고한 Ranum의 편저와 Marcu의 책은 민족주의가 뒤늦게 형성되었다는 견해가 학계에 유행하기 이전에 쓰인 까닭에 표제가 모순어법처럼 보인다. O. Ranum (ed.), *National Consciousness, History, and Political Culture in Early Modern Europe*. Baltimore, MD: Johns Hopkins University Press, 1975; E. D. Marcu, *Sixteenth Century Nationalism*. New York: Abaris, 1976. 그렇다 해도 두 책이 선택한 사례들(포르투갈, 에스파냐, 이탈리아, 독일, 프랑스, 잉글랜드, 러시아)은 다소 아쉽다. 유럽 민족주의의 깊은 역사적 뿌리를 강조하는 책으로는 Josep Llobera, *The God by modernity: The development of nationalism in Western Europe*. Oxford: Berg, 1994; Hastings, *The Construction of Nationhood*가 있다.

93. Le Roy Ladurie, *The Royal French State 1460-1610*, pp. 26-7, 54, 278-85 (중세 후기부터 프랑스 민족주의가 진화했음을 완전히 납득시킨다); William Church, 'France', in Ranum, *National Consciousness, History, and Political Culture in Early Modern Europe*, 1975, pp. 43-66('애국심patriotism'이라는 용어를 선호한다); Hagen Schulze, *States, Nations and Nationalism: From the Middle Ages to the present*. Oxford: Blackwell, 1996, p. 159. 군사사가들은 비록 제한적인 근대 초기 형태의 동인이었을지언정 민족주의와 애국심을 동인으로 꼽는다. Corvisier, *Armies and Societies in Europe*, pp. 21-5; Hale, *War and Society in Renaissance Europe*, pp. 42-4; Tallett, *War and Society in Early-Modern Europe*, p. 103(소극적 입장). Lynn, *Giant of the* Grand Siècle, pp. 445-50는 프랑스에 관한 한 민족주의와 애국심이 동인이었음을 부인한다. 그런데 프랑스가 민족주의가 뒤늦게 발전했고 인구 구성이 불균질한 국가들 축에 들었다 해도, 민족 감정이 프랑스 혁명과 더불어 난데없이 등장한 것은 아니었다. 다른 많은 이들과 마찬가지로 Bell은 18세기를 강조한다. Daniel Bell, *The Cult of the Nation in France: Inventing nationalism 1680-1800*. Cambridge, MA: Harvard University Press, 2001.

94. Redlich, *The German Military Enterpriser and his Work Force*에 더해 예컨대 David Potter, 'The international mercenary market in the sixteenth century: Anglo-french competition in Germany 1543-50', *English Historical Review*,

1996; **111**: 24-58; Peter Wilson, 'The German "soldier trade" of the seventeenth and eighteenth centuries: A reassessment', *International History Review*, 1996; **18**: 757-92 참조.

95. F. Wagenaar, 'The "waardgelder" of Den Haag', in M. van der Hoeven (ed.), *Exercise of Arms: Warfare in the Netherlands, 1568-1648.* Leiden: Brill, 1997, pp. 211-30. H. Zwitzer, 'The eighty years war', 같은 책, pp. 47-8; Zwitzer는 외국인을 모병한 이유로 네덜란드 인구에 견주어 군대의 규모가 컸던 것을 꼽는다 (1630년에 인구의 2퍼센트 이상). 급성장하는 네덜란드 경제의 많은 부문이 외국 인력을 끌어들이긴 했지만, 군대만큼 외국인을 많이 고용한 부문은 없었다.

96. Michael Roberts, *Gustavus Adolphus: A history of Sweden 1611-1632*, Vol. 1. London: Longmans, 1962, Chapter 6, 특히 pp. 300-1; 사상자: Michael Roberts, in Geoffrey Parker et al. (eds), *The Thirty Year' War.* London: Routledge, 1984, p. 193; Jan Lindegren, 'The Swedish "military state", 1560-1720', *Scandinavian Journal of History*, 1985; **10**: 305-36, 특히 p. 317; Porter, *War and the Rise of the State*, pp. 88-93.

97. Jean-Paul Bertaud, *The Army of the French Revolution.* Princeton, NJ: Princeton University Press, 1988; John Lynn, *The Bayonets of the Republic: Motivation and tactics in the army of revolutionary France, 1791-94.* Urbana, IL: University of Illinois, 1984; A Corvisier, *Histoire militaire de la France*, Vol. 2. *De 1715 à 1871* (J. Delmas, ed.). Paris: Presses Universitaires, 1992, Chapters 8-15. S. P. Mackenzie, *Revolutionary Armies in the Modern Era: A revisionist approach.* London: Routledge, 1997, Chapter 3은 이상화를 경고하고 바로잡는다.

98. Bonney, 'The eighteenth century Ⅱ', pp. 347-90는 뛰어난 종합적 논고다. 또한 Gilbert Bodinier, in Corvisier, *Histoire militaire de la France*, pp. 305-19.

99. G. Veinstein, 'Some views on provisioning in the Hungarian campaigns of Suleiman the Magnificent', in *Etat et société dans l'empire Ottoman, XVIe-XVIIIe siècles.* Aldershot: Variorum, 1994, Chapter vii; Caroline Finkel, *The Administration of Warfare: The Ottoman campaign in Hungary, 1593-1606.* Vienna: VWGÖ, 1988; Rhoads Murphey, *Ottoman Warfare 1500-1700.* New Brunswick, NJ: Rutgers University Press, 1999, pp. 20-25, 65-6, 85-103, 그밖에 여러 곳 참조. Oman, *A History of the Art of War in the Sixteenth Century*, Book VII은 여전히 유익한 읽을거리다.

100. Black, *A Military Revolution?* and 'A military revolution?'; Chase, *Firearms*.

101. Halil Inalcik, 'The socio-political effects of the diffusion of firearms in the Middle East', in Parry and Yapp, *War, Technology and Society in the Middle East*, pp. 195-217; V. Parry, 'La manière de combattre', 같은 책, pp. 218-56. Chase, *Firearms*. 오스만이 적어도 웬만큼은 변화에 적응하고 있었다는 데 유의해야 한다. 17세기에 오스만 기병의 수는 감소한 반면 보병의 수는 증가했다. M. Yapp, 'The modernization of Middle Eastern armies in the nineteenth century: A comparative view', in Parry and Yapp, *War, Technology and Society in the Middle East*, p. 344; Murphey, *Ottoman Warfare 1500-1700*, p. 16. 17세기 오스만 제국의 포 사용은 이제껏 생각되어온 것 이상으로 진척되어 있었다. Murphey, *Ottoman Warfare 100-1700*, pp. 109-12; Gàbor Ágoston, 'Ottoman artillery and European military technology in the fifteenth and seventeenth centuries', *Acta Orientalia Academiae Scientiarum Hungaricae*, 1994; **47**: 15-48.

102. 산업화 이전까지 동아시아 문명들이 유럽에 뒤지지 않았다는 Pomeranz, *The Great Divergence*의 주장은 베이컨의 세 혁신을 충분히 고려하지 않았다. Paul Bairoch, 'European gross national product 1800-1975', *Journal of European Economic History*, 1976; **5**: 287은 1800년에 유럽의 1인당 생산액이 아시아보다 약 20퍼센트 많았다고 어림한다. 그렇지만 Pomeranz와 Bairoch 양쪽 모두를 비판하는 Maddison, *The World Economy*, pp. 28, 42, 44, 47, 49, 90, 126, 264는 1400년부터 1인당 부에서 유럽이 아시아를 앞질렀고, 격차가 계속 벌어져 산업화 전야에 유럽의 1인당 생산액이 아시아의 2배(네덜란드와 영국은 3배)가 되었다고 추산한다.

103. 일부 저자들은 '가산제' 국가와 근대 국가를 구분한 베버의 본래 입장을 넘어 후자만이 국가라고 불릴 자격이 있다고 본다. Max Weber, *General Economic History*. Glencoe, IL: Free Press, 1950, pp. 313-14, 338ff; 같은 저자, *Economy and Society*. New York: Bedminster, 1968, pp. 56, 904-10; J. Shennan, *The Origins of the Modern European State 1450-1725*. London: Hutchinson, 1974; Gianfranco Poggi, *The Development of the Modern State: A sociological introduction*. Stanford: Stanford University Press, 1978; 같은 저자, *The State: Its nature, development and prospects*. Stanford: Stanford University Press, 1990, 특히 p. 25; Van Creveld, *The Rise and Decline of the State*. 물론 이것은 의미론의 문제이지만, 내 어휘에서 국가란 오래된 것이고 근대 국가는 국가의 발전에서 그저 새로운 단계일 뿐이다.

104. 이 논점에 관한 나의 견해는 D. H. A. Kolff, 'The end of an ancien regime: colonial war in India, 1798–1818', in J. De Moor and H. Wesseling (eds), *Imperialism and War: Essays on colonial wars in Asia and Africa*. Leiden: Brill, 1989, pp. 22–49와 조응한다. 또한 같은 저자, *Naukar, Rajput and Sepoy: The ethnohistory of the military labour market in Hindustan 1450-1850*. Cambridge: Cambridge University Press, 1990; Jos Gommans, 'Warhorse and gunpowder in India c. 1000–1850', in Jeremy Black (ed.), *War in the Early Modern World*. London: University College London, 1999, pp. 105–27, 특히 118–19; 같은 저자, 'Indian warfare and Afghan innovation during the eighteenth century', in Gommans and Kolff, *Warfare and Weaponry in South Asia 1000-1800*, pp. 365–86; Gommans, *Mughal Warfare*, pp. 74, 166, 204; Bruce Lenman, 'The transition to European military ascendancy in India, 1600–1800', in Lynn, *Tools of War: Instruments, ideas, and institutions of warfare, 1445-1871*, pp. 100–30; John Lynn, 'Victories of the conquered: The native character of the Sepoy', in *Battle: A History of Combat and Culture*. Boulder, CO: Westview, 2003, pp. 145–77도 참조. Pomeranz, *The Great Divergence*, pp. 4, 18–20, 201–6는 18세기 유럽의 사회정치 조직에서 비롯된 권력 이점을 고려하지 않기는 했지만, 유럽의 동인도회사들이 수행한 역할과 그들이 자국과 공조하여 효과적으로 사용한 무력을 강조한다.

105. 유려한 개관은 Michael Howard, *War and the Liberal Conscience*. Oxford: Oxford University Press, 1981, Chapter 1 참조.

106. Richard Bonney, 'Early modern theories of state finance', in his *Economic Systems and State Finance*, pp. 225–6; 같은 저자, 'Preface', in *The Rise of the Fiscal State in Europe, c. 1200-1815*. Oxford: Oxford University Press, 1999, p. v와 비교. 더 일반적으로는 Cosimo Perrotta, 'Is the Mercantilist theory of the favourable balance of trade really erroneous?', *History of Political Economy*, 1991; **23**: 301–35 참조.

107. Jean–Jacques Rousseau, 'Abstract and judgement of Saint Pierre's project for perpetual peace', in S. Hoffmann and D. Fidler (eds), *Rousseau on International Relations*. Oxford: Oxford University Press, 1991(1756), pp. 53–100.

108. In Thomas Paine, *Rights of Man, Common Sense, and Other Political Writings*. Oxford: Oxford University Press, 1995, p. 212.

109. 같은 책, pp. 195-6, 321.

110. 같은 책, pp. 265-6; 또한 pp. 128-31, 227; Howard, *War and the Liberal Conscience*, p. 29; Thomas Walker, 'The forgotten prophet: Tom Paine's cosmopolitanism and international relations', *International Studies Quarterly*, 2000; 44: 51-72 참조.

111. H. Reiss (ed.), *Kant's Political Writings*. Cambridge: Cambridge University Press, 1970, pp. 93-130.

제15장 풀려난 프로메테우스와 결박된 프로메테우스: 기계화 시대의 전쟁

1. 이 수치들은 추정 데이터를 근거로 내가 대략 계산한 것이다. 현재 가장 포괄적인 최신 추정치들은 Angus Maddison, *The World Economy: A millennial perspective*. Paris: OECD, 2001, pp. 28, 90, 126, 183-6, 264-5에 있다. 또한 Paul Bairoch, 'Europe's gross national product: 1800-1975', *Journal of European Economic History*, 1976; 5: 301 (1973년까지); 제조업에 관해서는 같은 저자, 'International industrialization levels from 1750 to 1980', 같은 책, 1982; 11: 275 (영국), 284, 286 (일본); W. W. Rostow, *The World Economy: History and prospect*. Austin, TX: University of Texas, 1978, pp. 4-7, 48-9도 참조. 가장 부유한 국가들이 가장 가난한 국가들보다 1인당 부를 무려 400배나 많이 소유한다는 Landes의 단언은 구매력평가지수(PPP)는커녕 명목소득을 척도로 비교해도 많이 과장된 것이다. David Landes, *The Wealth and Poverty of Nations*. New York: Norton, 1999, p. xx.

2. Paul Kennedy, *The Rise and Fall of the Great Powers: Economic change and military conflict from 1500 to 2000*. New York: Random House, 1987.

3. Bairoch, 'Europe's gross national product', p. 282; 같은 저자, 'International industrialization levels from 1750 to 1980', 그 밖에 여러 곳.

4. 몇 가지 중요한 해석상 차이점들은 Niall Ferguson, *The Cash Nexus: Money and power in the modern world, 1700-2000*. New York: Basic Books, 2001에서 찾아볼 수 있다.

5. Bairoch, 'Europe's gross national product', p. 282는 원래 비슷한 공식을 찾는 연구였지만, 나중에 경제력을 측정하기 위해 제조업 생산량에 적용되었다. Mark Harrison (ed.), *The Economies of World War II: Six great powers in international comparison*. Cambridge: Cambridge University Press, 1998,

pp. 18–19은 나처럼 GDP와 1인당 GDP를 혼합하는 척도가 필요하다는 결론에 이르지만, 그런 척도를 전혀 제시하지 않는다. 나의 공식은 한 국가의 GDP를 1인당 GDP의 제곱근 또는 세제곱근과 곱하는 것이다. 루트값을 사용하는 이유는 다양하겠지만, 실은 상대적 권력과 관련한 역사적 경험에 루트값이 잘 들어맞는 것으로 보이기 때문이다. 잠재 권력의 제곱근과 세제곱근 사이 범위는 주로 관여하는 전쟁 유형의 기술 집약도와 연관이 있다. 예를 들어 해상전과 공중전은 기술적으로 더 집약적인 경향이 있으므로 발전 수준에 더 의존한다(따라서 지상전[세제곱근으로 치우치는 경향이 있다]보다 제곱근으로 치우치는 경향이 있다). 현존하는 또다른 지수는 Correlates of War Project가 (인터넷상으로) 제공하는 국가물질역량(National Material Capabilities) 통계 자료다. 이 종합지수는 여섯 지표에 동일한 중요도를 부여한다. 이 가운데 두 개는 산업 지표(철강 생산량과 에너지 소비량)이고, 두 개는 인구 규모(총 인구와 도시 인구)와 관련되며, 두 개는 군사 지표(군 인력의 수와 군사비)다. 군사 지표 두 개를 포함한다는 것은 이 지수가 잠재 권력보다 특정 시점의 군사력과 군사대비태세를 평가하는 데 더 낫다는 것을 뜻한다. 예를 들어 이 지수는 미국의 국력을 체계적으로 과소평가한다. 미국은 지난 두 세기의 대부분 동안 실제로 평시의 군사 동원과 군사비 수준을 유지했기 때문이다. 이는 경쟁국들과 비교하면 낮은 수준이었지만, 미국의 잠재력 동원 능력은 그들을 압도했다. 더 중요한 점은 이 지수가 지난 두 세기의 권력관계 변화를 대략 반영하기는 해도, 기술 발전을 나타내는 두 지표가 '고전적' 산업 시대(얼추 1870~1970년) 이외의 시기를 심각하게 왜곡한다는 것이다. 증기력이 도입되자 에너지 소비량은 급속히, 군사력보다 훨씬 빠르게 증가했다. 그후 에너지 소비량은 훨씬 느리게, 기술과 군사 일반의 발전 속도보다 느리게 꾸준히 증가했다(에너지 효율이 증가해 에너지 소비 증가량 일부를 상쇄했다). 마지막으로 1973년 석유 위기를 겪은 이래, 그리고 정보화 시대 동안 에너지 소비량은 더욱 느리게 증가했고, 일부 선진국(예컨대 독일, 네덜란드, 벨기에)에서는 감소하기까지 했다. 철강 생산량도 비슷한 추이를 보였는데, 주된 이유는 에너지 소비량과 중공업의 명백한 연관성 때문이었다. 오랫동안 특정 국가의 경제력을 나타내는 핵심 지표였던 철강 생산량은 정보화 시대에 선진국들에서 감소했고, 이류 개발도상 경제들의 특징이 되었다. (베로슈가 제시한 1973년 이후 제조업 생산량도 마찬가지다.) 도시화 수준 역시 산업화 이후 정체기에 접어들어 더 높아지지 않는다. 요컨대 국가별 물질역량지수는 변화하는 역사적 조건을 충분히 고려하여 일반화한 지수가 아니다. John Mearsheimer는 *The Tragedy of Great Power Politics*, New York: Norton, 2001, 특히 pp. 63–75, 220에서 국력을 측정하기 위해 물질역량지수의 지표 일부를 선별해 사용하고 1973년 이후 GNP 수치를 사용하며, 이 지수의 불가피한 왜곡을 어렴풋이 인식하나 만족스럽게 해소하지는 못한다. Mearsheimer 역시 1인당 GNP가 기술 발전 수준을 가장 잘 반영한다고 지적하지만, 이 지표가 규모와 어떻게 결합할 수 있는지 보여주지 못한다.

GNP 자체는 국력을 예측하는 좋은 지표가 아님을 인식한 Organski와 Kugler는 GNP와 정부가 징수해가는 몫을 결합한 척도를 고안했다(A. Organski and Jacek Kugler, *The War Ledger*, Chicago: University of Chicago, 1980). 이것은 좋은 척도인데, 뒤에서 살펴볼 것처럼 경제적 잉여와 국가의 징수 역량은 근대화와 더불어 증대하기 때문이다. 그럼에도 저자들 자신이 지적하듯이(p. 209) 그들의 척도는 충분히 일반화되지 않았다. 다양한 척도들에 관한 논의는 R. Stoll and M. Ward (eds), *Power in World Politics*, Boulder, CO: Lynne Rienner, 1989에 있다.

6. 나는 Maddison, *The World Economy*의 데이터에 근거해 하부구조적 권력 수치를 계산했다. 다만 (Maddison의 책에서 구할 수 없는) 1938년 데이터는 Harrison, *The Economies of World War I*, pp. 3, 7에서 얻었다.

7. Bairoch, 'International industrialization levels from 1750 to 1980'.

8. 주 61과 63(그리고 관련 본문) 참조.

9. 중국에 관해서는 Joseph Nye Jr., *The Paradox of American Power*, New York: Oxford University Press, 2002, pp. 18–40과 비교. GNP 자체는 아랍-이스라엘 분쟁에서 적대 국가들의 군사력을 측정하기에도 부적합하다는 것이 밝혀졌다. 아랍에서 단연 강력한 국가였던 이집트 한 나라의 GNP만 해도 1967년에 이스라엘 GNP의 1.5배였고, 1973년에는 양국의 GNP가 같은 수준이었다(United Nations, *Statistical Yearbook*, New York: UN, 1975, Sections 18, 185, 192). 그러나 여기서 제시한 공식에 따라 1인당 GNP를 결합하면 이스라엘은 이집트보다 1967년에는 2배까지, 1973년에는 2~3배 강했던 것으로 드러난다. 두 경우 모두 이스라엘은 적수인 아랍 연합보다 강했다. 1967년 이스라엘의 기습 공격과 1973년 아랍의 기습 공격을 걸러내면, 이 격차는 이스라엘이 거듭 승리하고 분쟁에서 줄곧 군사적 우세를 점한 이유를 설명해준다. 따라서 이웃 아랍 국가들에 견주어 이스라엘의 인구가 매우 적다고 해도, 이스라엘의 경제적 우위는 군사적 성공(보통 이스라엘의 '특수한 사정'으로 설명한다)을 예측하는 요인이다. 특히 Organski and Kluger, *The War Ledger*, pp. 89–94는 자체 척도를 사용해 비슷한 결과에 도달한다. 그에 반해 국가물질역량지수(주 5 참조)는 이집트가 이스라엘보다 1967년에 4.3배, 1973년에 2.7배 강했다고 시사하는 등 얼토당토않은 예측을 내놓는다. 이 지수가 특히 아랍-이스라엘 분쟁을 왜곡하는 이유는 이스라엘군이 대부분 예비군임에도 상비군만을 포함하기 때문이다.

10. 더 낮은 위치에서 시작한 일본은 500배 이상 증대했다. 물론 미국의 하부구조적 권력이 1400~3000배 증대한 것은 어느 정도는 주로 이민을 통해 인구가 27배로 불어났기 때문이다.

11. Michael Mann, *The Sources of Social Power, Vol. 2, The Rise of Classes and Nation-States, 1760-1914*, Cambridge: Cambridge University Press, 1993, pp. 214-15, 365-82. 이 책은 데이터를 가장 폭넓게 사용한 경탄스러운 저작이다. Ferguson, *The Cash Nexus*, pp. 42-7도 참조. 더 구체적으로는 John Hobson, 'The military extraction gap and the wary Titan: The fiscal sociology of British defence policy, 1870-1913', *Journal of European Economic History*, 1993; **22**: 461-506; Harrison, *The Economies of World War II*, pp. 20-1, 47, 82-3, 88-9, 157-9, 257, 287 참조.

12. Stanley Engerman and Matthew Gallman, 'The civil war economy: A modern view', in S. Förster and J. Nagler (eds), *On the Road to Total War: The American Civil War and the German wars of unification, 1861-1871*, New York: Cambridge University Press, 1997, pp. 220-1. 흥미롭게도 Neely의 기고문과 McPherson의 기고문은 경제적 동원에 관한 수치를 전자는 거의, 후자는 전혀 포함하지 않는다. Mark Neely Jr., 'Was the civil war a total war?' 같은 책, pp. 29-51; James McPherson, 'From limited war to total war in America', 같은 책, pp. 295-309. 북부가 GNP의 10퍼센트만을 전쟁에 지출했다는 Paul Koistiner의 추정치는 너무 낮은 것으로 보인다. *Beating Plowshares into Swords: The political economy of American warfare, 1606-1865*, Lawrence: University of Kansas Press, 1996, p. 194(또한 pp. 185-6). 내가 인용한 남부 연맹의 경제적 동원 수준을 나타내는 수치를 고려하면, (전반적인 자원의 열세 때문이 아니라) 동원 수준이 낮았기 때문에 남부가 패했다는 그의 결론(pp. 265-78)도 합리화하기 어렵다.

13. Harrison, *The Economies of World War II*. 미국이 GNP의 최대 41-45퍼센트를 전쟁에 지출한 것은 약간 더 낮았던(그럼에도 엄청났던) 동원 수준을 반영하는 결과였다. 1인당 GNP에서 미국이 최고 순위였음에도, 사실 미국의 동원 수준은 다른 주요 열강의 수준보다 아주 조금 낮은 정도였다.

14. Mann, *The Sources of Social Power*, pp. 393, 804-10(평시); Quincy Wright, *A Study of War*, Chicago: University of Chicago, 1965, pp. 664, 1542-3; Ferguson, *The Cash Nexus*, pp. 29-31(전시).

15. Alfred Kelly, 'Whose war? Whose nation? Tensions in the memory of the Franco-German war of 1870-1871', in M. Boemeke, R. Chickering, and S.

Förster (eds), *Anticipating Total War: The German and American experience, 1871-1914*. New York: Cambridge University Press, 1999, pp. 287–8.

16. Engerman and Gallman, 'The civil war economy', p. 220; Koistiner, *Beating Plowshares into Swords*, pp. 172, 194, 254, 256.

17. I. Berend and G. Ránki, 'The East Central European variant of the Industrial Revolution', in B. Király and N. Dreisziger (eds), *East Central European Society in World War I*. New York: Columbia University Press, 1985, pp. 61, 74–5, 78–9; D. Zivojinovic, 'Serbia and Montenegro: The home front, 1914–18', 같은 책, pp. 242–3.

18. Ferguson, *The Cash Nexus*, pp. 30–33와 비교. 이와 관련해 나와 Ferguson의 견해가 조금 다르긴 해도, 우리의 전반적인 결론은 비슷하다.

19. Jon Sumida, *In Defence of Naval Supremacy: Finance, technology and British naval policy*. Boston: Unwin, 1989, Tables 3–14; David Stevenson, *Armament and the Coming of War: Europe, 1904-1914*. Oxford: Oxford University Press, 1996, pp. 7–8.

20. 미국 국방부, *National Defense Budget Estimates for FY 2004*. Washington, DC: US Department of Defense, 2003, pp. 154–9, 172–7, 190–5(인터넷 사이트).

21. 같은 책, pp. 148–53, 166–71, 184–9.

22. 같은 책, pp. 160–5, 178–83, 196–201.

23. 이 생각은 풀러의 방대한 저술에서 되풀이해 나타난다. 그렇지만 특히 J. F. C. Fuller, *On Future Warfare*. London: Praed, 1928; 같은 저자, *Armament and History*. London: Eyre, 1946을 참조.

24. 영국 관련 데이터는 Wright, *A Study of War*, pp. 670–1(군사); B. R. Mitchell, *International Historical Statistics, Europe 1750-1988*. New York: Stockton, 1992, Tables F4(상인) 참조.

25. 이 발전에 관한 여러 참고문헌 중에 다음 두 저작이 가장 전문적이다. Dennis Showalter, *Rifles and Railroads: Soldiers, technology and the unification of Germany*. Hamden, CT: Archon, 1975(1871년까지 다룬다); Daniel Headrick, *The Tools of Empire: Technology and European imperialism in the nineteenth century*. New York: Oxford University Press, 1981.

26. 기계화된 지상전, 특히 독일의 지상전은 신화에 둘러싸인 주제다. 문서에 근거하는 Azar Gat, *British Armour Theory and the Rise of the Panzer Arm: Revising*

the revisionists. London: Macmillan, 2000을 참조. Mary Habeck, *Storm of Steel: The development of armor doctrine in Germany and the Soviet Union.* Ithaca, NY: Cornell University Press, 2003은 나와 얼마간 비슷한 영역을 다룬다. 또한 이 책은 소비에트의 진화에 관한 단 하나뿐인 포괄적 문헌 연구다. 더 일반적으로는 Azar Gat, *Fascist and Liberal Visions of War: Fuller, Liddell Hart, Douhet and other modernists.* Oxford: Oxford University Press, 1998 (나의 선집인 Azar Gat, *A History of Military Thought: From the Enlightenment to the Cold War.* Oxford: Oxford University Press, 2001에 포함); 그리고 같은 저자, 'Ideology, national policy, technology and strategic doctrine between the World Wars', *Journal of Strategic Studies,* 2001; **24**(3): 1–18 참조.

27. J. F. C. Fuller, *Towards Armageddon.* London: Dickson, 1937, pp. 92, 132.

28. 다음 통계 연구들은 전반적 추세에 관해 얼추 의견을 같이한다. Melvin Small and David Singer, *Resort to Arms: International and civil wars, 1816-1980.* Beverly Hills, CA: Sage, 1982; Jack Levy, *War in the Modern Great Power System, 1495-1975.* Lexington: University of Kentucky Press, 1983; Evan Luard, *War in International Society.* London: Tauris, 1986. Ferguson, *The Cash Nexus,* pp. 33–6은 급증한 치사율을 강조하지만 인구(아울러 전쟁의 지리적 범위의 기능)와 동원 수준을 거의 고려하지 않았으며, 군사 기술이 개선되어 방호력이 강화되는 측면은 의식하지 않은 것으로 보인다.

29. Wright의 선구적인 *A Study of War,* p. 653은 유럽 열강이 외국에서 대수롭지 않은 상대와 치른 '작은 전쟁'을 포함하는 탓에 왜곡된 결과를 내놓는다. 예컨대 오스트리아와 프로이센 같은 비식민 열강은 19세기 동안 다른 열강보다 전쟁을 훨씬 덜 치른 것으로, 19세기 이전과 비교해 전쟁 햇수가 3분의 1로 줄어든 것으로 나온다. Small and Singer의 *Resort to Arms*는 그들의 중요한 Correlates of War의 데이터베이스에 근거하지만, 19세기 이전과 비교할 근거는 제시하지 않는다. 다른 한편, 지난 두 세기 동안 세계 체제에 속했던 국가들을 전부 검토하는 이 책은 발전의 시공간―사실상 서로 다른 세계들―을 가장 넓은 범위로 다루는 까닭에 '사과와 배'를 비교하는 셈이 된다. 반면에 Levy, *War in the Modern Great Power System,* 특히 pp. 112–49는 강대국 간 전쟁, 즉 그 정의상 가장 앞선 국가들의 주요 전쟁에 집중한다. 아울러 Luard, *War in International Society,* pp. 53, 67도 참조.

30. Small and Singer, *Resort to Arms,* pp. 156–7, 198–201; Levy, *War in the Modern Great Power System,* pp. 136–7, 150–68; Luard, *War in International Society,* pp. 67–81. 세 연구는 모두 Pitirim Sorokin과 Lewis

Richardson의 종전 연구의 결론을 뒷받침한다.

31. John Stuart Mill, *Principles of Political Economy*, New York: Kelley, 1961, Book Ⅲ, Chapter xvii, no. 5, p. 582.

32. Auguste Comte, 'Plan of the scientific operations necessary for reorganizing society' (1822), in G. Lenzer (ed.), *Auguste Comte and Positivism: The essential writings*, Chicago: University of Chicago, 1975, p. 37; 같은 저자, 'Course de philosophie positive' (1832-42., 같은 책, pp. 293-7.

33. Helmuth von Moltke, *Essays, Speeches and Memoirs*, Vol. I, New York: Harper, 1893, pp. 276-7.

34. Kalevi Holsti, *Peace and War: Armed conflict and international order 1648-1989*, Cambridge: Cambridge University Press, 1991, pp. 139-45와 비교.

35. 14장, 주 88의 참고문헌을 참조. 또한 이 유행하는 견해를 전쟁에 적용한 사례로는 Barry Posen, 'Nationalism, the mass army, and military power', *International Security*, 1993; **18**: 80-124; Jack Snyder, *From Voting to Violence: Democratization and national conflict*, New York: Norton, 2000이 있다.

36. Eugene Weber, *Peasants into Frenchmen: The modernization of rural France 1870-1914*, Stanford: Stanford University Press, 1976은 이 과정을 다루는 빼어난 역사적 모자이크지만 뜻밖에도 프랑스 민족주의가 공고해진 이전 단계들, 그중에서도 프랑스 혁명을 언급조차 하지 않는다.

37. Jan De Vries, *European Urbanization 1500-1800*, Cambridge, MA: Harvard University Press, 1984, pp. 39, 74, 86, 239; Paul Hohenberg and Lynn Lees, *The Making of Urban Europe 1000-1950*, Cambridge, MA: Harvard University Press, 1985, pp. 84, 218-19.

38. 문해율은 C. Cipolla (ed.), *The Fontana Economic History of Europe*, Vol. 4, Glasgow: Fontana, 1973, pp. 801-2 참조. 프로이센과 북유럽 국가들은 19세기 초반부터 중반까지 문해율을 선도한 반면 동유럽과 남유럽 국가들은 근대화의 다른 모든 측면과 마찬가지로 문해율에서도 뒤떨어졌다.

39. *Letters of Field-Marshal Count von Moltke to his Mother and Brothers*, New York: Harper, 1892, p. 47 (1831년에 쓴 서한).

40. Helmuth von Moltke, *Essays, Speeches and Memoirs*, Vol. II, New York: Harper, 1887, p. 133.

41. 같은 책, pp. 136-7. 많이 논의된 이 논제에 관해서는 Stig Förster, *Der doppelte

Militarismus: die deutsche Heeresrüstungspolitik zwischen Status-quo-Sicherung und Aggression, 1890-1913. Stuttgart: Steiner, 1985 참조.

42. Mary Townsend, *European Colonial Expansion since 1871.* Chicago: Lippincott, 1941 p. 19; D. K. Fieldhouse, *Economics and Empire 1830-1914.* Ithaca, NY: Cornell University Press, 1973, p. 3; Headrick, *The Tools of Empire,* p. 3.

43. 주 31 참조. Small and Singer, *Resort to Arms,* pp. 165-80 또한 사망자 발생이라는 측면에서 전쟁의 격렬함에 관한 데이터(그릇된 상을 바로잡는 데 쓰일 수 있는)를 포함한다. 이 문제와 관련해서도 Levy, *War in the Modern Great Power System,* 특히 p. 125가 더 유익하다.

44. 특히 이전 시대들 및 전환 과정과 관련하여 간혹 역사적으로 허술하긴 해도 Richard Rosecrance, *The Rise of the Trading State: Commerce and conquest in the modern world.* New York: Basic Books, 1986 참조.

45. Mitchell, *International Historical Statistics,* pp. 553-62; Maddison, *The World Economy,* pp. 126, 127, 184; Simon Kuznets, *Modern Economic Growth.* New Haven: Yale University Press, 1966, pp. 306-7, 312-4의 데이터에 근거해 계산했다.

46. John Gallagher and Ronald Robinson, 'The imperialism of free trade', *Economic History Review,* 1953; **4**: 1-15.

47. 유효한 비판은 D. Platt, 'The imperialism of free trade: some reservations', *Economic History Review,* 1968; **21**: 296-306; 같은 저자, 'Further objections to an "imperialism of free trade", 1830-60', *Economic History Review,* 1973; **26**: 77-91.

48. Gallagher and Robinson, 'The imperialism of free trade', p. 6.

49. Niall Ferguson, 'Introduction' and 'Conclusion' in *Empire: The rise and demise of the British world order and the lessons for global power.* New York: Basic Books, 2002; 같은 저자, *Colossus: The price of American empire.* New York: Penguin, 2004와 비교.

50. Ronald Robinson and John Gallagher, *Africa and the Victorians.* New York: St Marin, 1961, p. 78.

51. Gallagher and Robinson, 'The imperialism of free trade', p. 13.

52. 제국주의를 연구하는 경제사가들 가운데 가장 확고한 자유무역주의자가 이 견해를 비롯한 논점들을 비판하는 논의는 Patrick O'Brien, 'The costs and benefits of

British imperialism, 1846-1914', *Past and Present*, 1988; **120**: 163-200을 참
조. Paul Kennedy and Patrick O'Brien, 'Debate: The costs and benefits of
British imperialism, 1846-1914', *past and Present*, 1989; **125**: 186-99도 참조.

53. Thomas Pakenham, *The Scramble for Africa 1876-1912*. New York: Random
House, 1991, p. xxii에서 인용.

54. Lance Davis and Robert Huttenback, *Mammon and the Pursuit of Empire:
The political economy of British imperialism, 1860-1912*. Cambridge:
Cambridge University Press, 1986. 이 연구는 J. M. Hobson, *Imperialism: A
study*. Ann Arbor, MI: University of Michigan, 1965(1902)의 주장을 부정하고
있다. V. I. Lenin, *Imperialism: The highest stage of capitalism*. New York:
International Publishers, 1939 또한 Fieldhouse, *Economics and Empire 1830-
1914*도 참조. 프랑스에 관해서는 Henri Brunschwig, *French Colonialism 1871-
1914: Myths and realities*. New York: Praeger, 1966, pp. 90-1, 96 참조.

55. Patrick O'Brien, 'The imperial component in the decline of the British
Economy before 1914', in M. Mann (ed.), *The Rise and Decline of the Nation
State*. Oxford: Blackwell, 1990, p. 44.

56. Robinson and Gallagher, *Africa and the Victorians*.

57. 수출 수치는 Rostow *The World Economy*, pp. 70-3; Mitchell, *International
Historical Statistics*, pp. 644-5 참조.

58. Hannah Arendt, *The Origins of Totalitarianism*. Cleveland, OH: Meridian,
1958; Carl Friedrich and Zbigniew Brzezinski, *Totalitarian Dictatorship and
Autocracy*. Cambridge, MA: Harvard University Press, 1965. 이 두 가지 고전적
연구 중에서 Arendt는 대중사회의 대두를 올바로 강조하지만, Friedrich와
Brzezinski가 강조한 통신 기술들에는 주의를 덜 기울인다.

59. 포괄적인 참고문헌은 Gat, *Fascist and Liberal Visions of War*, pp. 4-6(*A
History of Military Thought*, pp. 522-4에 실려 있다) 참조.

60. 뒤이은 서술은 신선할 정도로 독창적이면서도 견실한 Peter Liberman, *Does
Conquest Pay? The exploitation of occupied industrial societies*. Princeton,
NJ: Princeton University Press, 1996에 근거한다.

61. 같은 책, p. 43; Harrison, *The Economies of World War II*, p. 7; 나는 앞에서 제
시한 것과 동일하게 GNP와 1인당 GNP를 혼합한 척도를 적용한다.

62. 전쟁에서 민주정이 거둔 성공은 국제관계 연구에서 적잖이 관심을 끌었으며, Dan
Reiter and Allan Stam, *Democracies at War*. Princeton, NJ: Princeton

University Press, 2002의 주제이기도 하다. 나는 이 책의 결론 중 일부에, 그중에서도 동맹이 성공의 이유가 아니었다는 결론에 동의하지만, 뒤에서 살펴볼 상당수 결론들과는 의견을 달리한다. 동맹 선택에 관해 더 알고 싶다면 Randolph Siverson and Julian Emmons, 'Birds of a feather': Democratic political systems and alliance choices', *Journal of Conflict Resolution*, 1991; **35**: 285–306; Michael Simon and Erik Gartzke, 'Political system similarity and the choice of allies', *Journal of Conflict Resolution*, 1996; **40**: 617–35 참조. 문헌 요약은 Bruce Russett and John Oneal, *Triangulating Peace: Democracy, interdependence, and international organizations*. New York: Norton, 2001, pp. 59–60, 66–8 참조.

63. Overy의 저작은 이따금 과장해서 서술하기는 해도 이 논점에 가장 집중한다. Richard Overy, *Why the Allies Won*. New York: Norton, 1996, Chapter 1, 6, 7.

64. Ferguson, *The Cash Nexus*, p. 404; 데이터는 pp. 42–3, 46–8 참조; Harrison, *The Economies of World War II*, pp. 20–1, 47, 82–3, 88–9, 157–9, 257, 287. 근대 권위주의-전체주의 체제들의 높은 동원율은 Mann, *The Sources of Social Power*, p. 60에서도 지적한다.

65. 도덕적 우위를 점한 것이 연합국에 도움이 되었다는 Overy의 소견(*Why the Allies Won*, Chapter 9)은 그가 9장의 도입부(p. 28)에서 인용하는 인상적인 구절과 모순된다. Reiter and Stam, *Democracies at War*는 좋건 나쁘건 통계에 크게 의존하는 연구이지만 기묘하게도 아무런 증거도 제시하지 않은 채, 민주적 병력이 더 의욕적이었고 따라서 맞수들보다 잘 싸웠으므로 대체로 보아 민주주의 국가가 전쟁에서 우세한 것으로 입증되었다고 결론내린다. 적어도 민주정의 운명에 단연 중요했던 양차 대전에 관한 한, 이 결론을 뒷받침하는 근거는 현실에 거의 없다.

66. 예컨대 Robert Dahl, *On Democracy*. New Haven, CT: Yale University Press, 1998, pp. 163–5는 20세기에 민주정이 전 세계에서 승리한 이유들 중 하나로 이 요인을 꼽지 않는다. Ferguson, *The Cash Nexus*, Chapter 12는 제목이 '미국의 물결: 민주주의의 일진일퇴'인 데다 미국 제국주의의 **미래**를 전망하고 있음에도 이 요인을 언급하지 않는다. Michael Doyle, *Ways of War and Peace: Realism, liberalism, and socialism*. New York: Norton, 1997, pp. 269–70, 277에서도 암시할 뿐이다. 더 혼란스러운 Reiter and Stam, *Democracies at War*, p. 136은 실제로 미국의 참전으로 유럽과 태평양에서 균형이 깨졌음을 인정하면서도 이 요인이 민주정의 군사적 성공을 설명한다는 것을 부인하고, 사례 하나를 일반화해서는 안 된다는 묘한 말을 덧붙인다. 그러나 이 '사례 하나'는 20세기 최대 군사적 분쟁들에 참전하여 민주정의

운명을 결정한 세계 최강국과 관련이 있다. 그에 반해 Huntington은 양차 대전에서 민주정이 승리한 이유들을 논하지는 않지만, 이 승리를 포함하여 국제적 맥락을 잘 알고 있다. Samuel Huntington, *The Third Wave: Democratization in the Late Twentieth Century.* Norman, OK: University of Oklahoma, 1991. Tony Smith, *America's Mission: The United States and the worldwide struggle for democracy in the twentieth century.* Princeton, NJ: Princeton University Press, 1994. 특히 pp. 10-12, 147도 참조.

제16장 풍족한 자유민주주의 국가들, 최종 무기, 그리고 세계

1. 탁월한 연구인 Michael Doyle, *Ways of War and Peace: Realism, liberalism, and socialism.* New York: Norton, 1997; Thomas Walker, 'The forgotten prophet: Tom Paine's cosmopolitanism and international relations', *International Studies Quarterly,* 2000; **44**: 51-72와 뒤이어 Michael Howard, *War and the Liberal Conscience.* Oxford: Oxford University Press, 1981, Chapter 1 참조. 아울러 이 책 14장의 마지막 절 참조.

2. 윌슨은 1917년 4월 2일 의회에서 발표한 선전포고문에서 이 테제를 처음으로 완전하게 언명했지만, 1918년 1월 8일 그의 유명한 14개조에는 포함하지 않았다. 14개조는 더 외교적인 원칙이었는데, 1917년 수립된 자유주의 정부로부터 볼셰비키가 권력을 빼앗은 동맹국 러시아는 물론 적국 독일과 오스트리아까지 고려했기 때문이다.

3. 이 긴장에 관해서는 유려한 서술이 돋보이는 Howard, *War and the Liberal Conscience,* Chapter 2-3 참조.

4. Melvin Small and David Singer, 'The war-proneness of democratic regimes, 1816-1965', *Jerusalem Journal of International Relations,* 1976; **1**(4): 50-69; Steve Chan, 'Mirror, mirror on the wall: Are the free countries more pacific?', *Journal of Conflict Resolution,* 1984; **28**: 617-48.

5. Dean Babst, 'A force for peace', *Industrial Research,* 1972; **14**: 55-8. '민주주의 평화'에 관한 논증을 대부분 예고한 이 중요한 논문은 이따금 인용되었을 뿐 거의 논의되지 않았는데, 저자가 '같은 분야 출신'이 아니기 때문일 것이다. 다른 몇몇 이유로 Small과 Singer('The war-proneness of democratic regimes, 1816-1965')는 분명히 이 문제의 양쪽 모두와 대부분의 측면들을 다루고 있음에도, 대개 민주주의의 독특성을 부인하는 입장으로 인용된다. R. Rummel, 'Libertarianism and international violence', *Journal of Conflict Resolution,* 1983; **27**: 27-71;

Michael Doyle, 'Kant, liberal legacies, and foreign affairs', *Philosophy and Public Affairs*, 1983; **12**: 205–35, 323–53; Chan, 'Mirror, mirror on the wall'; William Domke, *War and the Changing Global System*. New Haven, CT: Yale University Press, 1988; Zeev Maoz and Nasrin Abdolali, 'Regime type and international conflict 1816–1976', *Journal of Conflict Resolution*, 1989; **33**: 3–35; Bruce Russett, *Grasping the Democratic Peace*. Princeton, NJ: Princeton University Press, 1993.

6. 일반적인 개관은 Fred Chenoff, 'The study of democratic peace and progress in international relations', *International Studies Review*, 2004; **6**: 49–77 참조.

7. Bruce Russett and William Antholis, 'The imperfect democratic peace of Ancient Greece'. Russett, *Grasping the Democratic Peace*, Chapter 3에 재수록 되었다.

8. Spencer Weart, *Never at War: Why democracies will not fight one another*. New Haven, CT: Yale University Press, 1998. 이 연구는 지적이고 매력적으로 서술되긴 했으나 증거 일부를 조작하고 나머지 증거마저 대부분 영악하게 얼버무리는 등 불확실성의 장막 뒤에서 논의를 교묘히 전개한다. 고전 학자들은 Weart의 기본 주장에 동의하지 않았고, 다양한 사례에 대한 그의 해석을 논박하며 그리스 민주정 간 전쟁의 사례를 더 많이 인용했다. 초기 그리스 민주정에 관한 손꼽히는 전문가인 Eric Robinson의 'Reading and misreading the ancient evidence for democratic peace', *Journal of Peace Research*, 2001; **38**: 593–608 참조. 이 논문은 다음 논쟁으로 이어졌다. Spencer Weart, 'Remarks on the ancient evidence for democratic peace', *Journal of Peace Research*, 2001; **38**: 609–13; Eric Robinson, 'Response to Spencer Weart', *Journal of Peace Research*, 2001; **38**: 615–17. 또한 그리스 폴리스와 기원전 4세기 아테네 민주정에 관한 주요 권위자인 Mogens Hansen과 Thomas Nielsen의 *An Inventory of Archaic and Classical Poleis*. Oxford: Oxford University Press, 2004, pp. 84–5도 참조.

9. Weart는 자신의 책에서 아테네 제국에 관한 언급을 최대한 미루다가 이 불편한 사실을 대충 처리해버린다(p. 246). Russett과 Antholis는 이 문제를 보다 확실하게 인정하고 있다. Russett, *Grasping the Democratic Peace*; Tobias Bachteler, 'Explaining the democratic peace: The evidence from Ancient Greece reviewed', *Journal of Peace Research*, 1997; **34**: 315–23.

10. 기원전 4세기 그리스에 관한 고대 사료는 잡다하고 성기다. N. Hammond, *A History of Greece to 322 BC*. Oxford: Oxford University Press, 1986은 유익한

종합 역할을 할 수 있다. David Hume, 'Of the balance of power', in *Essays: Literary, Moral and Political*, London: Routledge, 1984, p. 198. 이번에도 Weart, *Never at War*는 그리스 전쟁의 실상을 철저히 호도하는 서술로 자신의 테제가 틀렸음을 분명하게 드러낸다. 예컨대 에파미논다스는 만티네아 전투(Weart는 거론조차 하지 않는다!)에서 반反테베 동맹군의 우익을 담당하는 스파르타 정예군을 결정적으로 분쇄하기 위해 일전에 레욱트라 전투에서 했던 것처럼 좌익을 두텁게 강화하고 우익을 물러서게 하는 유명한 '사선 대형'을 전개했다. 에파미논다스가 전사하자 테베군은 추격을 중단했고, 동맹군 좌익을 담당한 아테네군은 일대 혼전중에 퇴각하면서 경솔하게 진격하는 일부 테베 병사들을 난도질했다. 그럼에도 Weart(pp. 25-6)는 두 민주정의 군대들이, 그러니까 아테네군과 테베군이 암암리에 서로 싸우지 않기로 했다는 인상을 준다. 그는 시종일관 전사상자가 200명 이상 발생한 교전만을 전쟁으로 여겨야 한다는 주장을 알리바이로 삼는다. 이는 타당한 주장처럼 들린다. 고대의 사상자 기록, 적어도 완전히 믿을 만한 기록은 거의 없다는 문제, 그리고 이 전쟁의 군사작전 다수는 거의 또는 전혀 상세히 알려지지 않았다는 문제만 빼면 말이다. 더구나 앞서 살펴본 대로 전쟁은 보통 기습과 포위의 형태로 전개되었고 대규모 전투는 흔치 않았다.

11. Alexander Yakobson, *Elections and Electioneering in Rome*, Stuttgart: Steiner, 1999. 나와 대화하는 중에 Alex는 로마에 관한 나의 뒤이은 서술과 관련하여 의견을 많이 제시해주었다.

12. Weart, *Never at war*는 연구 대상을 공화국들로 규정하면서도 가장 큰 공화국인 로마를 전혀 논하지 않는다. 이 역시 무심결에 빠뜨린 것이 아닌데, 문제 있는 사례들을 다루는 부록(p. 297)에서 로마를 한 번 언급하기 때문이다. 여기서 그는 우리에게 카르타고에 관한 정보가 부족하기에 로마를 논하지 않는다는 궁색한 변명을 내놓는다. 공화정 중기의 로마가 민주정 공화국에 관한 그의 정의(pp. 11-12)에 들어맞을 텐데도, 게다가 민주정 공화국을 판정하는 그의 또다른 기준(pp. 119-24)인 계급 간 내분을 분명히 극복했음에도 그는 로마를 과두정 공화국이라고 부른다. Weart는 민주정 공화국들뿐 아니라 과두정 공화국들도 역사 내내 서로 거의 싸우지 않았다고 믿는 까닭에 카르타고에 귀족정-혼합정이라는 딱지를 붙인다(p. 404). 그러나 제1차와 제2차 포에니 전쟁 기간에 카르타고에서 시민들의 소요나 폭력 때문에 정치적 절차가 중단된 적은 없었다. Weart가 로마의 기록을 논했다면, 틀림없이 카푸아나 타렌툼에 카르타고와 비슷한 딱지를 붙일 수밖에 없었을 것이다. Weart가 로마를 민주정 공화국으로 규정하든 과두정 공화국으로 규정하든, 둘 중 한 정의에 들어맞는 로마의 경쟁국들이 연상될 것이다. 이것으로 중세 유럽의 공화정 도시국가들에 관한

Weart의 주장을 더 이상 논할 필요가 없다는 점이 충분히 드러났을 것이다.

13. Doyle, 'Kant, liberal legacies, and foreign affairs', p. 212.

14. Joseph Schumpeter, *Capitalism, Socialism, and Democracy.* New York: Harper, 1947, pp. 269–83; Seymour Lipset, *Political Man.* New York: Anchor, 1963, p. 27; 이 느슨한 정의 때문에 Robert Dahl, *polyarchy.* New Haven, CT: Yale University Press, 1971은 더 완전하게 발전한 형태인 '민주정'보다 '다두정(polyarchy)'을 선호한다.

15. 이런 일부 '곤란한 사례들'은 이미 Babst, 'A force for peace'와 뒤이어 Doyle, 'Kant, liberal legacies, and foreign affairs'에서 언급되었다. 비판자들로는 Christopher Layne, 'Kant or cant: The myth of the democratic peace', *International Security*, 1994; **19**(2): 5–49; David Spiro, 'The insignificance of the liberal peace', *International Security*, 1994; **19**(2): 50–86; Ido Oren, 'From democracy to demon: Changing American perceptions of Germany during World War I', *International Security*, 1995; **20**(2): 147–84. Babst, 'A force for peace'; Russett, *Grasping the Democratic Peace*, pp. 16–19가 있으며, Owen은 언제나 빈틈없이 설득력 있게 설명하는 것은 아니지만 이 사례들을 설명하려 시도한다. John Owen, 'How liberalism produces democratic peace', *International Security*, 1994; **19**(2): 87–125, 같은 저자, *Liberal Peace, Liberal War.* Ithaca, NY: Cornell University Press, 1997. James Ray, *Democracy and International Conflict: An evaluation of the democratic peace proposition.* Columbia, SC: University of South Carolina, 1995도 참조.

16. Layne, 'Kant or cant'; 같은 저자, 'Lord Palmerston and the triumph of realism: Anglo–French relations, 1830–48', in M. Elman (ed.), *Path to Peace: Is democracy the answer?* Cambridge, MA: MIT Press, 1997, pp. 61–100. 이뿐 아니라 비판자들은 자유민주주의 국가들이 언제나 서로 국경을 접했던 것은 아니라고 주장했다. 인접한 국가 사이에서 전쟁이 더 많이 발발하는 경향이 있으므로, 19세기 동안 자유민주주의 국가끼리 전쟁을 하지 않은 것은 그들 체제와 별 관련이 없을지도 모른다는 것이다. 그렇지만 이 주장이 얼마나 타당한지 의심스러운데, 실제로 자유민주주의 국가들은 대부분 북서유럽에 몰려 있었기 때문이다.

17. Henry Faber and Joanne Gowa, 'Politics and peace', *International Security*, 1995; **20**(2): 123–46.

18. Babst, 'A force for peace', p. 56; Zeev Maoz, 'The controversy over the democratic peace: Rearguard action or cracks in the wall?', *International*

Security, 1997; **22**(1): 162-98. 더 나아가 '민주주의 평화론' 옹호자들은 적어도 이 이론에 관한 통계 연구들은 이미 널리 받아들여진 기존의 전쟁·체제 데이터를 사용했다는 점을 지적했다. 그 데이터는 민주주의 평화 이론가들이 자기네 이론을 검증할 목적으로 집계한 것이 아니다.

19. Maoz and Abdolali, 'Regime type and international conflict 1816-1976'; Zeev Maoz and Bruce Russett, 'Normative and structural causes of democratic peace 1946-1986', *American Political Science Review*, 1993; **87**: 624-38; 이 논문은 Russett, *Grasping the Democratic Peace*, Chapter 4(그리고 p. 21)에 포함되었다; Gregory Raymond, 'Democracies, disputes, and third-party intermediaries', *Journal of Conflict Resolution*, 1994; **38**: 24-42; William Dixon, 'Democracy and the peaceful settlement of international conflict', *American Political Science Review*, 1994; **88**: 14-32; David Rousseau, Christopher Gelpi, Dan Reiter, and Paul Huth, 'Assessing the dyadic nature of the democratic peace, 1918-1988', *American Political Science Review*, 1996; **90**: 512-33; Jean-Sebastien Rioux, 'A crisis-based evaluation of the democratic peace proposition', *Canadian Journal of Political Science*, 1998; **31**: 263-83; Michael Mousseau, 'Democracy and compromise in militarized interstate conflicts, 1816-1992', *Journal of Conflict Resolution*, 1998; **42**: 210-30.

20. Russett, *Grasping the Democratic Peace*, p. 20; Bruce Russett and John Oneal, *Triangulating Peace: Democracy, interdependence and international organizations*. New York: Norton, 2001, pp. 111-14; Maoz, 'The controversy over the democratic peace'. 또한 William Thompson and Richard Tucker, 'A tale of two democratic peace critiques', *Journal of Conflict Resolution*, 1997; **41**: 428-54.

21. Stephen Walt, *The Origins of Alliances*. Ithaca, NY: Cornell University Press, 1987, pp. 33-4; Randolph Siverson and Julian Emmons, 'Birds of a feather: Democratic political systems and alliances choices', *Journal of Conflict Resolution*, 1991; **35**: 285-306; Faber and Gowa, 'Politics and peace'; Joanne Gowa, *Battles and Bullets: The elusive democratic peace*. Princeton, NJ: Princeton University Press, 1999; Michael Simon and Erik Gartzke, 'Political system similarity and the choice of allies', *Journal of Conflict Resolution*, 1996; **40**: 617-35; Brian Lai and Dan Reiter, 'Democracy, political similarity,

and international alliances, 1812–1992', *Journal of Conflict Resolution*, 2000; **44**: 203–27; Errol Henderson, *Democracy and War: The end of an illusion*, Boulder, CO: Lynne Rienner, 2002, Chapter 2 참조. *Never at War*에서 민주정 공화국들과 과두정 공화국들은 자기들끼리 전쟁을 하지 않는다는 Weart의 주장(대관절 이 주장의 근거가 현실 어디에 있단 말인가?)은 양편이 체제와 이데올로기 노선을 따라 동맹을 맺는 경우에나 적용되는 것으로 보인다.

22. John Mearsheimer, 'Back to the future: Instability in Europe after the Cold War', *International Security*, 1990; **15**(1): 5–56에서 시사한다.

23. Raymond Cohen, 'Pacific unions: A reappraisal of the theory that "Democracies do not go to war with each other"', Review of International Studies, 1994; **20**: 207–23.

24. 예를 들면 Sumit Ganguli, 'War and conflict between India and Pakistan: Revisiting the pacifying power of democracy', in M. Elman (ed.), *Path to Peace: Is Democracy the answer?* Cambridge, MA: MIT Press, 1997, pp. 267–301; Himadeep Muppidi, 'state identity and interstate practices: The limits to democratic peace in South Asia', in T. Barkawi and M. Laffey (eds), *Demography, Liberalism and War: Rethinking the democratic peace debate*, Boulder, CO: Lynne Rienner, 2001, Chapter 3; Scott Gates, Torbjorn Knutsen, and Jonathan Moses, 'Democracy and peace: A more skeptical view', *Journal of Peace Research*, 1996; **33**: 1–10; Russett and Oneal, *Triangulating Peace*, p. 48 참조.

25. Hume, 'Of the balance of power', p. 202; Doyle, *Ways of War and Peace*, p. 265.

26. Edward Mansfield and Jack Snyder, 'Democratization and the danger of war', *International Security*, 1995; **20**(1): 5–38; Jack Snyder, *From Voting to Violence: Democratization and nationalist conflict*, New York: Norton, 2000(다만 민족주의에 관한 Snyder의 '도구론적' 견해는 지지할 수 없다. 이 책 15장의 주 35 참조); Kurt Gaubatz, *Elections and War: The electoral incentives in the democratic politics of war and peace*, Stanford: Stanford University Press, 1999, Chapter 2; Michael Mann, 'Democracy and ethnic war', in Barkawi and Laffey, *Demography, Liberalism and War*, Chapter 4; Paul Huth and Todd Allee, *The Democratic Peace and Territorial Conflict in the Twentieth Century*, New York: Cambridge University Press, 2002. 민족주의와 민주주의를

국민주권의 두 가지 불가분한 산물로 보는 견해는 Ghia Nodia, 'Nationalism and democracy', in L. Diamond and M. Plattner (eds), *Nationalism, Ethnic Conflict, and Democracy*. Baltimore, MD: Johns Hopkins University Press, 1994, pp. 3–22 참조. 일부 학자들은 전쟁 확률을 높여온 것으로 입증된 요인은 사실 혁명적 체제 교체—민주정으로 바뀌든 전제정으로 바뀌든—일반이며, 전제정으로 바뀌는 경우보다 민주정으로 바뀌는 경우에 전쟁이 덜 일어난다고 주장해왔다. 그렇다 해도 민주화 과정과 민주주의로의 이행은 19세기 당대인들이 느꼈던 것처럼 긴장과 전쟁 확률을 높일 것으로 추정된다. 정치적 불안정의 함수로서의 전쟁에 관해서는 Zeev Maoz, 'Joining the club of nations: Political development and international conflict, 1816–1976', *International Studies Quarterly*, 1989; **33**: 199–231; Stephen Walt, *Revolution and War*. Ithaca, NY: Cornell University Press, 1996; Andrew Enterline, 'Driving while democratizing', *International Security*, 1996; **20**(4): 183–96; 같은 저자, 'Regime changes and interstate conflict, 1816–1992', *Political Research Quarterly*, 1998; **51**: 385–409; Kristian Gleditsch and Michael Ward, 'War and peace in space and time: The role of democratization', *International Studies Quarterly*, 2000; **44**: 1–29; Michael Ward and Kristian Gleditsch, 'Democratizing for peace', *American Political Science Review*, 1988; **92**: 51–61 참조. 다른 이들과 달리 Russett과 Oneal은 *Triangulating Peace*, pp. 51–2, 116–22에서 민주정으로 바뀌든 전제정으로 바뀌든 체제 교체 이후 무장 분쟁이 늘어난다는 통계 증거를 찾지 못한다. 그러나 그들은 1886년 이후 기간만 검토했으며, 이것이 그들이 증거를 못 찾은 주된 이유일 것이다. Gaubatz은 *Elections and War*, Chapter 3에서 19세기와 비교해 20세기에 전쟁을 대하는 태도가 뚜렷이 변했음을 감지한다. 그에 반해 Russett and Oneal, *Triangulating Peace*을 반박하는 통계 연구인 Huth and Allee, *The Democratic Peace and Territorial Conflict in the Twentieth Century*는 20세기에도 새로운 민주정들이 분쟁을 더 많이 일으켰다고 역설한다. Sara Mitchell and Brandon Prins, 'Beyond territorial contiguity: issues at stake in democratic militarized interstate disputes', *International Studies Quarterly*, 1999; **43**: 169–83도 비슷한 발견을 내놓는다.

27. Maoz and Abdolali, 'Regime type and international conflict 1816–1976'; Zeev Maoz, 'Realist and cultural critiques of the democratic peace: A theoretical and empirical re-assessment', *International Interactions*, 1998; **24**: 3–89; Steve Chan, 'In search of democratic peace: Problems and promise', *Mershon*

International Studies Review, 1997; **41**: 83.

28. 민주주의/자유주의의 수준과 평화의 상관관계는 R. Rummel, *Power Kills: Democracy as a method of non-violence.* New Brunswick, NJ: Transaction, 1997. p. 5와 Chapter 3에 수록된 Rummel, 'Libertarianism and interstate violence'에서 처음 제시되었고 Ray, *Democracy and International Conflict*, p. 16에서 되풀이되었다. 그러나 두 저자 모두 이 통찰을 역사적으로 적용하지 못했다. 역사적 점진론은 Russett, *Grasping the Democratic Peace*, pp. 72-3에 통합된 논문에서 Bruce Russett과 Zeev Maoz가 자신 없는 어조로 지적했고 Maoz가 'The controversy over the democratic peace'에서 더 완전하게 개진했으며 Russett and Oneal, *Triangulating Peace*, pp. 111-14 등에 통합되었다. 그에 반해 Doyle은 점진론과 자유주의 심화를 받아들이지 않는다. M. Doyle, 'Michael Doyle on the democratic peace—again', printed in M. Brown, S. Lynn—Jones, and S. Miller (eds), *Debating the Democratic Peace.* Cambridge, MA: MIT Press, 1996, p. 370. 칸트가 주장한 견해는 George Cavallar, 'Kantian perspectives on democratic peace: Alternatives to Doyle', *Review of International Studies*, 2001; **27**: 229-48 참조.

29. Russett and Maoz, in Russett, *Grasping the Democratic Peace*, p. 86. 오늘날 제3세계 전반에 관해서는 Edward Friedman, 'The painful gradualness of democratization: Proceduralism as a necessary discontinuous revolution', in H. Handelman and M. Tessler (eds), *Democracy and Its Limits: Lessons from Asia, Latin America, and the Middle East.* Notre Dame, IN: University of Notre Dame, 1999. pp. 321-40 참조. 국가별 민주주의 수준의 상당한 차이에 관해서는 Zachary Elkins, 'Gradations of democracy? Empirical tests of alternative conceptualizations', *American Journal of Political Science*, 2000; **44**: 293-300 참조.

30. 마지막 논점은 Doyle, 'Kant, liberal legacies, and foreign affairs', pp. 231-2 참조. 경제 이론 모델들은 더 양면적이라는 주장은 Katherine Barbieri and Gerald Schneider, 'Globalization and peace: Assessing new directions in the study of trade and conflict', *Journal of Peace Research*, 1999; **36**: 387-404 참조. Solomon Polachek, 'Why democracies cooperate more and fight less: The relationship between trade and international cooperation', *Review of International Economics*, 1997; **5**: 295-309도 참조.

31. B. Mitchell, *European Historical Statistics 1750-1970.* London: Macmillan,

1975, pp. 526, 573. 이를 부연하는 Kenneth Waltz, *Theory of International Politics*. Reading, MA: Addison, 1979, pp. 212–15도 참조.

32. Edward Mansfield, *Power, Trade, and War*. Princeton, NJ: Princeton University Press, 1994; Katherine Barbieri, 'Economic interdependence: A path to peace or a source of interstate conflict?', *Journal of Peace Research*, 1996; **33**: 29–49; 이 논문은 1870–1938년을 검토해 엇갈린 결과들을 내놓는다; Dale Copeland, 'Economic interdependence and war: A theory of trade expectations', *International Security*, 1996; **20**(4): 5–41; Edward Mansfield and Brian Pollins (eds), *Economic Interdependence and International Conflict*. Ann Arbor, MI: University of Michigan, 2003; 전작을 바탕으로 1885~1992년을 연구하는 Russett and Oneal, *Triangulating Peace*, pp. 125–55는 가장 정교한 통계 분석이다.

33. John Jackson, *The World Trading System*. Cambridge, MA: MIT Press, 1997, p. 74.

34. Richard Rosecrance, *The Rise of the Virtual State*. New York: Basic Books, 1999, p. 37; Robert Gilpin, with Jean Gilpin, *The Challenge of Global Capitalism: The world economy in the 21st century*. Princeton, NJ: Princeton University Press, 2000, pp. 20–3.

35. 이 점은 본래 다소 경시된 책인 Domke, *War and the Changing Global System*이 입증했고 Russett and Oneal, *Triangulating Peace*가 인상적으로 부연했다. 그에 반해 Doyle, *Ways of War and Peace*, pp. 284, 286–7은 세 요소가 함께, 그리고 **함께 작용할 때만** 평화를 증진한다고 주장한다.

36. Small and Singer 'The war-proneness of democratic regimes', pp. 65–6와 Chan, 'Mirror, mirror on the wall', p. 639 둘 다 민주주의 국가가 비민주주의 국가 못지않게 전쟁을 개시했음을 지적했다. 그러나 Rummel은 자유주의 국가가 전반적으로 더 평화적이었다는 반론을 편다. 'Libertarianism and interstate violence', *Journal of Conflict Resolution*, 1983; **27**: 27–71 and Rummel, *Power Kills*는 다음의 연구에 의해 뒷받침되고 있다. Domke, *War and the Changing Global System*; Stuart Bremer, 'Dangerous dyads: Conditions affecting the likelihood of interstate war, 1816–1965', *Journal of Conflict Resolution*, 1992; **36**: 309–41; Kenneth Benoit, 'Democracies really are more pacific (in general)', *Journal of Conflict Resolution*, 1996; **40**: 636–57(기간을 1960~80년으로 한정하는 까닭에 연구 의의도 제한된다); Rousseau et al., 'Assessing the dyadic nature

of the democratic peace, 1918–1988'; David Rousseau, *Democracy and War.* Stanford: Stanford University Press, 2005; Rioux, 'A crisis–based evaluation of the democratic peace proposition'; Russett and Oneal, *Triangulating Peace,* pp. 49–50에서 Russett은 자신의 초기 입장을 바꾼다.

37. 이 논점은 이미 Small and Singer, 'The war–proneness of democratic regimes', pp. 63–4에서 지적했고 Rummel, *Power Kills*에서 개진되었다.

38. Rousseau, *Democracy and War.*

39. Rummel, *Power Kills*; Mathew Krain and Marrissa Myers, 'Democracy and civil war: A note on the democratic peace proposition', *International Interaction,* 1997; **23**: 109–18; 이 책은 시간 경과에 따른 변화를 발견하지 못하지만, 선진 민주정과 그보다 뒤진 민주정을 구분하지 않는다; 이 점을 비롯하여 여러 다른 점들을 Tanja Ellingson, 'Colorful community or ethnic witches–brew? Multiethnicity and domestic conflict during and after the Cold War', *Journal of Conflict Resolution,* 2000; **44**: 228–49에서 잘 지적한다; Ted Gurr, *Minorities at Risk: A global view of ethnopolitical conflicts.* Washington, DC: US Institute of Peace, 1993; Errol Henderson and David Singer, 'Civil war in the post–colonial world, 1946–92', *Journal of Peace Research,* 2000; **37**: 275–99; Henderson, *Democracy and War,* Chapter 5.

40. Rummel, *Power Kills.*

41. 지금까지 최고의 연구는 Michael Mousseau, 'Market prosperity, democratic consolidation, and democratic peace', *Journal of Conflict Resolution,* 2000; **44**: 472–507; 같은 저자, 'The nexus of market society, liberal preferences, and democratic peace', *International Studies Quarterly,* 2003; **47**: 483–510; 같은 저자, 'comparing new theory with prior beliefs: Market civilization and the democratic peace', *Conflict Management and Peace Science,* 2005; **22**: 63–77; Michael Mousseau, Håvard Hegre, and John Oneal, 'How the wealth of nations conditions the liberal peace', *European Journal of International Relations,* 2003; **9**: 277–314이다. 또한 Polachek, 'Why democracies cooperate more and fight less'; Håvard Hegre, 'Development and the liberal peace: what does it take to be a trading state?', *Journal of Peace Research,* 2000; **37**: 5–30. 이 상관관계는 일찍이 Benoit, 'Democracies really are more pacific'에서 시사했다.

42. Henderson and Singer, 'Civil war in the post–colonial world, 1946–92';

Henderson, *Democracy and War*, Chapter 5.

43. 큰 영향을 미친 현대 저작인 Lipset, *Political Man*, 특히 Chapters 1–2; 또한 Dahl, *Polyarchy*, Chapter 5; Samuel Huntington, *The Third Wave: Democratization in the late twentieth century*. Norman, OK: University of Oklahoma, 1991, pp. 59–72; Larry Diamond, 'Economic development and democracy reconsidered', in G. Marks and L. Diamond (eds), *Reexamining Democracy*. Newbury Park: Sage, 1992, pp. 93–139; Axel Hadenius, *Democracy and Development*. Cambridge: Cambridge University Press, 1992.

44. Mousseau, 'Market prosperity, democratic consolidation, and democratic peace'; Marks and Diamond, *Reexamining Democracy*. 이 생각은 Samuel Huntington, *Political Order in Changing Societies*. New haven, CT: Yale University Press, 1968에서 개진되었다.

45. Fareed Zakaria, 'The rise of illiberal democracy', *Foreign Affairs*, 1997; 76(6): 22–46; Larry Diamond, *Developing Democracy*. Baltimore, MD: Johns Hopkins University Press, 1999, 특히 pp. 34–60, 279–80; Adrian Karatnycky, 'The decline of illiberal democracy', *Journal of Democracy*, 1999; 10: 112–25는 프리덤하우스[Freedom House: 1941년 뉴욕에서 설립된 비정부기구로서 민주주의, 정치적 자유, 인권 등을 옹호한다—옮긴이]에서 해마다 매기는 민주적 자유 점수를 요약한다. 이 점수는 비판을 받기는 하지만 가장 널리 받아들여지는 민주주의·자유주의 지표다.

46. Richard Rosecrance, *The Rise of the Trading State: Commerce and Conquest in the modern world*. New York: Basic Books, 1986; Rosecrance, *The Rise of the Virtual State*와 비교.

47. Russett and Oneal, *Triangulating Peace*, Chapter 1.

48. 이 책 15장의 주 29와 관련 본문 참조. Lars-Erik Cederman, 'Back to Kant: reinterpreting the democratic peace as a macrohistorical learning process', *American Political Science Review*, 2001; 95(1): 15–31; 이 논문은 1945년 이후 비민주주의 국가들 사이에서 호전성이 약해졌음을 감지하지만, 1815년 이전 시기와 비교할 때 호전성이 대폭 감소한 사실은 검토하지 않는다; Cederman의 'learning mechanism'도 호전성 약화를 추동한 뚜렷한 요인을 제시하지 않는다.

49. Maoz and Russett, 'Normative and structural causes of democratic peace 1946–1986'; Russett and Oneal, *Triangulating Peace*, pp. 151–3.

50. 주 41의 연구들 참조.

51. Joseph Schumpeter, *Imperialism. Social Classes: Two essays*. New York: World Publishing, 1972(1919), pp. 3–98.

52. Peter Liberman, *Does Conquest Pay? The exploitation of occupied industrial societies*. NJ: Princeton University Press, 1996.

53. 자유주의 사상의 이 테제를 개괄하려면 Beate Jahn, 'Kant, Mill, and illiberal legacies in international affairs', *International Organization*, 2005; 59: 177–207 참조.

54. '구조적' 요인들과 '규범적' 요인들이 뒤얽혀 '민주주의 평화'를 만들어낸다는 데 학자들이 합의해온 것으로 보인다.

55. '욕구 피라미드'는 다시 한번 Abraham Maslow, *Motivation and Personality*. New York: Harper, 1970(1954) 참조. Maslow의 '피라미드'와 이 논증의 연관성에 주목하게 해준 Gil Friedman에게 감사드린다. 국제관계 이론의 절대 이득과 상대 이득에 관해서는 D. Baldwin (ed.), *Neorealism and Neoliberalism*. New York: Columbia University Press, 1993의 7, 8, 10장 참조.

56. 이런 인상은 John Mueller, *Retreat from Doomsday: The obsolescence of major war*. New York: Basic Books, 1989이 만들어낸 것이다.

57. 자신의 전반적인 주장과 반대로 Mueller는 *Retreat from Doomsday*, pp. 7–8, 55에서 이 점을 인정했다.

58. Muller, *Retreat from Doomsday*, pp. 53–68.

59. 다음 연구들은 미국 대중의 사상자 용인 수준을 결정하는 가장 중요한 요인이 군사적 승리를 거둘 전망임을 입증한다. Eric Larson, *Casualties and Consensus: The historical role of casualties in domestic support of US military operations*. Santa Monica, CA: Rand, 1996; Christopher Gelpi, Peter Feaver, and Jason Reifler, 'Casualty sensitivity and the war in Iraq', 인터넷상의 미출간 원고. 이는 자유민주주의 국가들이 사상자를 용인하지 않는다는 일반적 견해를 바로잡는 중요한 지적이지만, 비자유민주주의 국가들이 이 속박에 덜 민감하고 사상자 용인 수준이 보통 훨씬 높다는 데 유의해야 한다. 더구나 앞으로 살펴볼 것처럼 몇몇 전쟁 유형에서는 자유민주주의 국가들이 승리를 거두는 능력 자체가 그들의 규범과 직접 연관된 이유들로 인해 심각한 제약을 받아왔다.

60. 이는 Azar Gat, *Fascist and Liberal Visions of War*. Oxford: Oxford University Press, 1998의 2부 주제이며 Azar Gat, *History of Military Thought: From the Enlightenment to the Cold War*. Oxford: Oxford University Press, 2001에 포함

되었다.

61. Thomas Friedman, *The Lexus and the Olive Tree*. New York: Farrar, Straus, Giroux, 1999, Chapter 10.

62. Mitchell, *European Historical Statistics 1750-1970*, Sections B 6과 B 7 참조.

63. 이와 관련한 인식과 현실의 차이는 Martin Daly and Margo Wilson, *Homicide*. New York: Aldine, 1988, pp. 125, 276, 291 참조.

64. Flavius Vegetius Renatus, *The Military Institutions of the Romans*. Harrisburg, PA: The Military Service Publishing, 1960, Books i.3과 i.7, pp. 14, 16; Niccolò Machiavelli, *The Art of War*. Cambridge, MA: Da Capo, 1965, Bk i, pp. 27, 33.

65. 통계는 Friedrich von Bernhardi, *Germany and the Next War*. New York: Longmans, 1914, pp. 243-4 참조.

66. Bill Bishop, 'Who goes to war', *Washington Post*, 2003년 11월 16일. 이 기사가 작성된 이후 미국 국방부에서 인구 통계 데이터를 발표하여 시골에서 자원병을 많이 보내는 추세를 확인해주었다. Ann Scott Tyson, 'Youths in rural U.S. are drawn to military', *Washington Post*, 2005년 11월 10일. 제목과 달리 이 기사는 신병들의 시골 출신보다 가난한 경제적 배경(분명 중요한 점이다)을 강조한다.

67. Rosecrance, *The Rise of the Virtual State*, p. xii; 또한 다른 주요 산업국들은 p. 26 참조; Gilpin and Gilpin, *The Challenge of Global Capitalism*, p. 33.

68. C. Moskos, J. Williams, and D. Segal (eds), *The Postmodern Military*. New York: Oxford University Press, 2000 같은 저작들은 앞에서 언급된 급증한 풍요와 안락함뿐 아니라 이 현대 생활이라는 요인도 충분히 강조하지 않은 듯하다. 반면에 Ronald Inglehart, *Cultural Shift: Advanced industrial society*. Princeton, NJ: Princeton University Press, 1990은 현대 생활의 추세를 논의의 근저에 깔고 있다.

69. 소비에트는 Anthony Beevor, *The Fall of Berlin 1945*. New York: Penguin, 2003, p. 410 참조. 이 책은 오싹한 서술로 가득하다. 제2차세계대전 당시의 미군과 일본군은 Joshua Goldstein, *War and Gender: How the gender shapes the war system and vice versa*. New York: Cambridge University Press, 2001. 각각 pp. 337, 346 참조. 또한 이 책 12장의 주 13 참조.

70. Herbert Moller, 'Youth as a force in the modern world', *Comparative Studies in Society and History*, 1967-8; **10**: 237-60; Christian Mesquida and Neil Wiener, 'Human collective aggression: A behavioral ecology perspective', *Ethology and Sociobiology*, 1996; **17**: 247-62.

71. 제1차세계대전 이전 서구에 관한 데이터는 Mitchell, *European Historical Statistics 1750-1970*, Section B2, 특히 pp. 37과 52 참조; 현대 데이터는 United Nations, *World Population Prospects: The 2000 revision*, New York: UN, 2001; 또한 The Economist, *Pocket World in Figures*, 2005 edn. London: Profile, 2005, pp. 20−1.

72. Samuel Huntington, *The Clash of Civilizations and the Remaking of World Order*, New York: Simon & Schuster, 1997, pp. 116−20.

73. Edward Luttwak, 'Blood and computers: The crisis of classical military power in advanced postindustrialist societies', in Z. Maoz and A. Gat (eds), *War in a Changing World*, Ann Arbor, MI, University of Michigan, 2001, pp. 49−75.

74. Lisa Brandes, 'Public opinion, international security and gender: The United States and Great Britain since 1945', 미출간 박사논문, 1994, Yale.

75. Bruce Russett, 'The democratic peace−and yet it moves', in Brown, Lynn−Jones, and Miller, *Debating the Democratic Peace*, p. 340; Doyle, 'Michael Doyle on the democratic peace−again', p. 372.

76. Mark Tessler and Ira Warriner, 'Gender, feminism, and attitude towards international conflict', *World Politics*, 1997; **49**: 250−81; Mark Tessler, Jodi Nachtwey, and Audra Grant, 'Further tests of the women and peace hypothesis: evidence from cross−national survey research in the Middle East', *International Studies Quarterly*, 1999; **43**: 519−31. 일반적 논의는 Virginia Sapiro, 'Theorizing gender in political psychology research', in D. Sears, L. Huddy, and R. Jervis (eds), *Oxford Handbook of Political Psychology*, Oxford: Oxford University Press, 2003, pp. 601−34 참조.

77. 나의 입장은 두 극단을 대변하는 Mueller, *Retreat from Doomsday*; 같은 저자, 'The essential irrelevance of nuclear weapons: stability in the postwar world', *International Security*, 1988; **13**(2): 55−79와 Martin van Creveld, *The Transformation of War*, New York: Free Press, 1991 사이에 해당한다. 나는 두 사람의 기본적인 주장에 더해 그들 각각의 추론 대부분에 반론을 제기한다. Mueller에 관해서는 주 56, 58과 관련 본문을 참조. Mueller는 제1차세계대전에서 느낀 환멸을 대규모 전쟁이 감소한 이유로 여길 뿐 그 환멸의 더 깊은 근원, 그 환멸의 대체로 자유주의적인 성격, 그리고 1914년 이전 한 세기 동안 전쟁이 감소한 사실에 대해서는 서술하지 않는다. Van Creveld는 **순전히** 남자들이 장난처럼 싸우기를 좋아하

고 싸우지 않고는 못 배기기 때문에 핵 임계점 아래서 호전성을 계속 드러낼 것이라고 제시한다. 이에 대한 논박은 3장의 첫번째 절 참조.

78. John Gaddis, 'The origins of self-deterrence: The United States and the non-sue of nuclear weapons, 1945-1958', in *The Long Peace: Inquiries into the history of the Cold War*. New York: Oxford University Press, 1987, pp. 104-46.

79. 주 19와 36 참조.

80. Randall Schweller, 'Domestic structure and preventive war: Are democracies more pacific?', *World Politic*, 1992; **44**: 235-69.

81. Hume, 'Of the balance of power', pp. 202-3; Doyle, *Ways of War and Peace*, pp. 275-7.

82. 이 모든 이유는 R. Rosecrance (ed.), *The New Great power Coalition: Toward a world concert of nations*. Lanham, MD: Rowman, 2001에서 불충분하게 검토된다.

83. David French, *British Strategy and War Aims, 1914-1916*. London: Allen & Unwin, 1986.

84. Williamson Murray, *The Change in the European Balance of Power, 1938-1939*. Princeton, NJ: Princeton University Press, 1984; David Kaiser, *The Economic Diplomacy and the Origins of the Second World War*. Princeton, NJ: Princeton University Press, 1980; Mueller, *Retreat from Doomsday*, p. 69.

85. David Reynolds, *The Creation of the Anglo-American Alliance, 1937-1941*. London: Europa, 1981, 특히 pp. 17, 30-1, 35; Robert Dallek, *Franklin D. Roosevelt and American Foreign Policy, 1932-1945*. New York: Oxford University Press, 1979, 특히 pp. 163-4; Callum Macdonald, 'Deterrence diplomacy: Roosevelt and the containment of Germany, 1938-1940', in R. Boyce and E. Robertson (eds), *Paths to War*. London: Macmillan, 1989, pp. 279-329; D. C. Watt, *Succeeding John Bull: America in Britain's place, 1900-1975*. Cambridge: Cambridge University Press, 1984, pp. 82-3.

86. Richard Overy, *The Origins of the Second World War*. London: Longman, 1987, p. 77; John Charmley, *Chamberlain and the Lost Peace*. London: Hodder, 1989, p. 210; 또한 Mueller, *Retreat from Doomsday*, p. 70.

87. J. Gwyer, *Grand Strategy: June 1941-August 1942*, Vol. 3. London: HMSO, 1964; Dallek, *Franklin D. Roosevelt and American Foreign Policy*. 근래 들어

역사가들은 미국에 참전 의향이 있었는지를 점점 의문시한다. Reynolds, *The Creation of the Anglo-American Alliance*, 특히 pp. 214-19; John Charmley, *Churchill: The end of glory*. London: Harcourt, 1993, p. 332; 같은 저자, *Churchill's Grand Alliance*. New York: Harcourt, 1995, pp. 16-17, 38-44, 356; John Keegan, 'Churchill's strategy', in R. Blake and W. Roger Louis (eds), *Churchill*. Oxford: Oxford University Press, 1993, pp. 338-9; Norman Rose, *Churchill*. New York: Free press, 1994, pp. 276, 288; Gerald Weinberg, *A World at Arms: A global history of World War II*. Cambridge: Cambridge University Press, 1994, pp. 238-45(최근에 발견된 문서를 인용).

88. 이 조치가 봉쇄 전략이나 마찬가지였다는 지적은 Mueller, *Retreat from Doomsday*, pp. 75-7.

89. George Kennan, *American Diplomacy*. Chicago: University of Chicago, 1985 (1951), pp. vi-vii.

90. 프린스턴 대학의 실리머드 문서도서관(Seeley Mudd Manuscript Library)에 소장된 케넌 문서, 이를테면 1947년 1월 23일 16/21 참조; Memorandum to Dean Acheson, 1950년 1월 20일, in T. Etzold and J. Gaddis (eds), *Containment: Documents on American foreign policy and strategy, 1945-1950*. New York: Columbia University Press, 1978, pp. 373-81.

91. Max Singer and Aaron Wildavsky, *The Real World Order: Zones of peace, zones of turmoil*. Chatham, NJ: Chatham, House, 1993. 이 탁월한 책은 받아 마땅한 주목을 받지 못했다. 또한 James Goldgeier and Michael McFaul, 'A tale of two worlds: Core and periphery in the post-Cold War era', *International Organization*, 1992; **46**: 467-91.

92. 전형적인 견해로는 Francis Fukuyama, *The End of History and the Last Man*. New York: Free Press, 1992 참조.

93. David Lake, *Power, Protection, and Free Trade: International sources of US commercial strategy, 1887-1933*. Ithaca, NY: Cornell University Press, 1988. Lake는 많은 이들이 지적한 이 점을 예리하게 상술한다. 또한 Robert Gilpin, *Global Political Economy*. Princeton, NJ: Princeton University Press, 2001, pp. 42-3, 99-102.

94. Robert Barro, 'Determinants of economic growth: A cross-country empirical study', New York: National Bureau of Economic Research Working Paper 5698, 1996; Amartya Sen, *Development and Freedom*. New York:

Knopf, 1999. 이 책은 역사적 관점에서 보면 거의 도움이 되지 않는다. 이론적 논의는 Mancur Olson, *Power and Prosperity: Outgrowing communist and capitalist dictatorships*. New York: Basic Books, 2000 참조. Niall Ferguson, *The Cash Nexus: Money and power in the modern world, 1700-2000*. New York: Basic Books, 2001, pp. 348-9, 363-9는 훌륭한 요약이자 분석이다. 또한 Fukuyama, *The End of History and the Last Man*. p. 123.

95. Huntington, *The Third Wave*.

96. 주 45 참조.

97. 이런 노선과 비슷한 논의는 John Gray, *False Dawn: The delusions of global capitalism*. London: Granta, 1998 참조.

98. Howard, *War and the Liberal Conscience*, pp. 54-6.

99. D. Killingray, 'Colonial warfare in West Africa, 1870-1914', in J. Moor and H. Wesseling (eds), *Imperialism and War: Essays in colonial wars in Asia and Africa*. Leiden: Brill, 1989, p. 147; Martin van Creveld, *Technology and War*. New York: Free Press, 1989, pp. 229-30.

100. James Ray and Ayse Vural, 'Power disparities and paradoxical conflict outcomes', *International Interactions*, 1986; **12**: 315-42.

101. 무기 수입은 William Langer, *The Diplomacy of Imperialism 1890-1902*. New York: Knopf, 1956, pp. 273, 280 참조. 병사 수는 Romain Rainero, 'The Battle of Adowa', in J. Moor and H. Wesseling (eds), *Imperialism and War: Essays in colonial wars in Asia and Africa*. Leiden: Brill, 1989, pp. 189-200 참조.

102. Glenn Snyder, 'Crisis bargaining', in C. Hermann (ed.), *International Crises*. New York: Free Press, 1972, p. 232; Steven Rosen, 'War power and the willingness to suffer', in B. Russett (ed.), *Peace, War, and Numbers*. Beverly Hills, CA: Sage, 1972, pp. 167-83.

103. 주 4에 더해 Doyle, *Ways of War and Peace*, p. 269의 참고문헌 참조. 또한 Mann, 'Democracy and ethnic war'; Henderson, *Democracy and War*, Chapter 4.

104. Gil Merom, *How Democracies Lose Small Wars: State, society, and the failure of France in Algeria, Israel in Lebanon, and the United States in Vietnam*. New York: Cambridge University Press, 2003.

105. Thucydides, *History of the Peloponnesian War*, Vol. iii. London: Heinemann-Loeb, 1958, p. 37.

106. Harold Selesky, 'Colonial America', in M. Howard, G. Andreopoulos, and M. Shulman (eds), *The Laws of War: Constraints on warfare in the Western World*. New Haven, CT: Yale University Press, 1994, Chapter 5.

107. Merom, *How Democracies Lose Small Wars*, p. 61.

108. Andrew Ward, *Our Bones Are Scattered: The Cawnpore massacres and the Indian mutiny of 1857*. New York: Holt, 1996.

109. R. Shannon, *Gladstone and the Bulgarian Agitation 1876*. Hassocks: Harvester, 1975, pp. 26, 33에서 인용. Shannon은 이 에피소드의 더 깊은 의의와 맥락을 인식할 뿐 아니라, 후일 글래드스턴이 아일랜드 문제에 대처하는 데에도 이 에피소드가 영향을 미쳤음을 지적한다.

110. S. P. Mackenzie, *Revolutionary Armies in the Modern Era: A revisionist approach*. London: Routledge, 1997. 이 책은 주로 정규군을 다루지만 10장에서 는 베트콩을 다룬다. B. H. Liddell Hart, *Strategy*. New York: Praeger, 1967, pp. 373–82.

111. Dan Reiter and Allan Stam, *Democracies at War*. Princeton, NJ: Princeton University Press, 2002, Chapter 7.

112. 주 59 참조.

113. 베트남 전쟁에서 텔레비전이 수행했다는 비판적 역할에 대한 수정주의적 재평가는 Daniel Hallin, *The 'Uncensored War': The media and Vietnam*. Berkeley, CA: University of California, 1986; William Hammond, *Reporting Vietnam: Media and military at war*. Lawrence: University of Kansas, 1998 참조.

114. J. Lonsdale, 'The conquest state of Kenya', in J. Moor and H. Wesseling (eds), *Imperialism and War: Essays in colonial wars in Asia and Africa*. Leiden: Brill, 1989, pp. 87–120, 특히 진압 수법과 잔혹행위는 p. 106; A. Kanya-Forstner, 'The French Marines and the conquest of the Western Sudan, 1880–1899', 같은 책, pp. 121–45, 특히 141; and Killingray, 'Colonial warfare in West Africa', pp. 146–67, 특히 157.

115. Jon Bridgman, *The Revolt of the Hereros*. Berkeley, CA: University of California, 1981; Horst Drechsler, *'Let Us Die Fighting': The struggle of the Herero and Nama against German imperialism, 1884-1915*. London: Zed, 1980; John Iliffe, *Tanganyika under German Rule 1905-1912*. Cambridge: Cambridge University Press, 1969, pp. 9–29; G. Gwassa and J. Iliffe (eds), *Record of the Maji Maji Rising*. Nairobi: East African Publishing House, 1967.

116. Langer, *The Diplomacy of Imperialism 1890-1902*, p. 699.

117. Geoffrey Best, *Humanity in Warfare*. London: Methuen, 1983, pp. 226–8, 235–7과 Chapters Ⅲ-Ⅳ 전반.

118. H. Jack (ed.), *The Gandhi Reader*. Bloomington, IN: Indiana University Press, 1956, pp. 317–22, 332–9, 344–7.

119. Best, *Humanity in Warfare*, pp. 115–20 참조.

120. 이를테면, 다른 면에서는 탁월하며 심지어 9·11 이전에 저술된 Walter Laqueur, *The New Terrorism: Fanaticism and the arms of mass destruction*. New York: Oxford University Press, 1999, pp. 8–12에서 그런 주장을 편다. 그런데 사실 Laqueur의 테러리즘 조사 역시 19세기 후반부터 시작한다.

121. H. Gilchrist, *A Comparative Study of World War Casualties from Gas and Other Weapons*. Edgewood, MD: Chemical Warfare School, 1928, pp. 49ff; James Hammond, *Poison Gas*. Westport, CT: Greenwood, 1999, pp. 33–6에서 인용.

122. Jeffrey Legro, *Cooperation under Fire: Anglo-German restraint during World War Ⅱ*. Ithaca, NY: Cornell University Press, 1995.

123. Philip Cohen, 'A terrifying power', *New Scientist*, 30 January 1999: 10; Rachel Nowak, 'Disaster in the making', *New Scientist*, 13 January 2001: 4–5; Carina Dennis, 'The bugs of war', *Nature*, 17 May 2001:232–5.

124. Michael Moodie, 'The chemical weapons threat', in S. Drell, A. Sofaer, and G. Wilson (eds), *The New Terror: Facing the threat of biological and chemical weapons*. Stanford: Stanford University Press, Hoover Institution, 1999, p. 19.

125. Nadine Gurr and Benjamin Cole, *The New Face of Terrorism: Threats from weapons of mass destruction*. London: Tauris, 2000, p. 43.

126. Anne Applebaum이 *The Washington Post* 2004년 2월 18일자의 'The next plague'에서 인용한 익명의 과학자.

127. David Kaplan, 'Aum Shinrikyo', in J. Tucker (ed.), *Toxic Terror*. Cambridge, MA: MIT Press, 2000, Chapter 12; Gurr and Cole, *The New Face of Terrorism*, p. 51.

128. Friedman, *The Lexus and the Olive Tree*, pp. 321–9.

129. Gerald Helman and Steven Ratner, 'Saving failed states', *Foreign Policy*, 1992–3; **89**: 3–20.

130. 일례로 D. Davis and A. Pereira (eds), *Irregular Armed Forces and Their Role*

in Politics and State Formation. New York: Cambridge University Press, 2003 참조.

131. Graham Allison, *Nuclear Terrorism: The ultimate preventable catastrophe,* New York: Times, 2004; 이 책은 그런 공조 전략을 위한 청사진이지만, 핵위협 대응책으로 논의를 국한한다. 또한 반항적이고 약한 국가들에서의 핵확산을 저지하기 위해 실행 가능한 정책 선택지와 관련하여 언제나 일관성 있게, 또는 설득력 있게 말하지는 않는다. 더 일반적인 논의는 Philip Babbitt, *The Shield of Achilles: War, peace and the course of history.* London: Allen Lane, 2002 참조.

132. 화학무기는 1993년 조인되어 1997년 발효된 화학무기 금지협약의 규제를 받는다. 1925년 제네바 의정서와 달리, 이 협약은 화학무기의 사용만이 아니라 생산과 비축, 이전도 금지했고 검증 절차를 도입했다. 1972년 생물독성무기 금지협약은 그런 검증 절차를 포함하지 않았다. 그럼에도 여하튼 테러 집단은 발전하는 화학무기와 생물무기를 손에 넣을 수 있으며, 국가로부터 지원을 받지 못하면서도 국가의 연구 지원뿐 아니라 태만과 허술한 치안까지 활용해 이득을 얻을 수 있다.

133. 이를테면 Scott Sagan(비판)과 Kenneth Waltz(옹호)의 *The Spread of Nuclear Weapons.* New York: Norton, 1999 참조. 테러리스트의 핵위협에 관한 참고문헌은 제2판(2003) pp. 126-30, 159-66에 추가되었다. 또한 Martin van Creveld(옹호), *Nuclear proliferation and the Future of Conflict.* New York: Free Press, 1993 참조. 균형 잡힌 논의는 Devin Hagertly, *The Consequences of Nuclear Proliferation.* Cambridge, MA: MIT Press, 1998 참조.

134. Robert Kagan, *Of Paradise and Power: America and Europe in the new world order,* London: Atlantic, 2003은 이 문제를 솜씨 좋게 서술한다. 나는 이 책의 결점을 두 개밖에 찾지 못했다. 첫째, 칸트적 평화와 유럽의 칸트적 경험에 대한 자유민주주의적('공화주의적') 기반을 언급하지 않는다. 둘째, 같은 이유로 미국과 유럽의 적대를 과장한다. 그러나 미국에서나 유럽에서나 이 적대 때문에 무장하는 것은 상상할 수조차 없는 일이다.

135. Max Weber, *The Religion of China: Confucianism and Taoism.* Glencoe, IL: Free Press, 1951, 특히 Chapter Ⅷ.

136. 가장 신랄한 지적은 다시 한번 Kagan, *Of Paradise and Power* 참조.

137. Natan Sharansky, *The Case for Democracy.* New York: Public Affairs, 2004; 조지 W. 부시 전 미국 대통령이 이 책에 특히 감명을 받았다고 한다.

138. Thomas Knock, *To End All Wars: Woodrow Wilson and the quest for a new world order.* New York: Oxford University Press, 1992, pp. 26-8; 개괄적으로

는 Tony Smith, *America's Mission: The United States and worldwide struggle for democracy in the twentieth century.* Princeton, NJ: Princeton University Press, 1994, Chapter 3.

139. 나의 견해와 흡사한 Francis Fukuyama, *State Building: Governance and World Order in the 21st Century.* Ithaca, NY: Cornell University Press, 2004, pp. 38–9, 92–3과 비교.

140. Niall Ferguson, *Colossus: The price of America's Empire.* New York: Penguin, 2004.

141. 같은 책, p. 24; Sebastian Mallaby, 'The reluctant imperialist: Terrorism, failed states, and the case for American empire', *Foreign Affairs*, 2002; 81(2): 2–7은 퍼거슨과 비슷한 논지를 전개하고, 퍼거슨과 비슷하게 온갖 곤란한 문제들을 언급조차 하지 않는다.

142. John Stuart Mill, 'Considerations on Representative Government', in *Utilitarianism, Liberty, and Representative Government.* New York: Dutton, 1951(1861), p. 486. Donald Horowitz, *Ethnic Groups in Conflict.* Berkeley, CA: University of California, 1985, p. 681에서 인용. Horowitz는 동일한 문제를 강조한다. 또한 Walker Connor, *Ethnonationalism.* Princeton, NJ: Princeton University Press, 1994; Tatu Vanhansen, *Ethnic Conflicts Explained by Ethnic Nepotism.* Stamford, CT: JAI, 1999. 민주주의와 민족자결이 함께 간다는 윌슨식 견해에 관한 상세한 서술은 다시 한번 Nodia, 'Nationalism and democracy' 참조. 전쟁 원인으로서 민족주의의 중요성에 관해서는 Kalevi Holsti, *Peace and War: Armed conflicts and international order 1648-1989.* Cambridge: Cambridge University Press, 1991, pp. 309–16, 특히 312 참조.

제17장 결론: 전쟁의 수수께끼 풀기

1. '전쟁 수수께끼(The War Puzzle)'라는 제목으로 국제관계 분야를 다룬 책의 저자가 전쟁을 문화적 발명품으로 본다는 점은 우연이 아닐 것이다. John Vasquez, *The War Puzzle.* New York: Cambridge University Press, 1993.

2. Charles Tilly, 'War making and state making as organized crime', in P. Evans, D. Rueschemeyer, and T. Skocpol (eds), *Bringing the State Back In.* Cambridge: Cambridge University Press, 1985, pp. 169–91과 비교.

3. 현대적 버전은 Mancur Olson, *Power and Prosperity: Outgrowing communist*

and capitalist dictatorships. New York: Basic Books, 2000 참조.

4. Carl von Clausewitz, *On War*, Book 8, 6B. Princeton, NJ: Princeton University Press, 1976, p. 607; 클라우제비츠의 견해를 나타내는 다른 표현들은 p. 606 참조. 꼭 마르크스주의자들만이 이 견해에 대한 레닌의 비판에 동의하는 것은 아니다. Azar Gat, *The Origins of Military Thought from the Enlightenment to Clausewitz.* Oxford: Oxford University Press, 1989, pp. 236-50; 같은 저자, *The Development of Military Thought: The nineteenth century.* Oxford: Oxford University Press, 1992, pp. 237-8 참조. 둘 다 Azar Gat, *A History of Military Thought: From the Enlightenment to the Cold War.* Oxford: Oxford University Press, 2001, pp. 238-52, 505-6에 포함되었다.

5. W. Thompson (ed.), *Evolutionary Interpretations of World Politics.* New York: Routledge, 2001; 기고자 대다수는 문화적 진화를 고찰하지만 일부는 생물학적 진화도 함께 고찰한다. 생물학적 진화는 Bradley Thayer, *Darwin and International Relations: On the evolutionary origins of war and ethnic conflict.* Lexington: University of Kentucky, 2004의 중심 논제다. Stephen Rosen, *War and Human Nature.* Princeton, NJ: Princeton University Press, 2005는 뇌 연구와 생물학, 진화심리학에 비추어 주로 의사결정을 고찰한다.

6. Hans Morgenthau, *Politics among Nations.* New York: Knopf, 1961.

7. Kenneth Waltz, *Theory of International Politics.* Reading, MA: Addison, 1979.

8. John Mearsheimer, *The Tragedy of Great Power Politics.* New York: Norton, 2001, 특히 pp. 2-3, 18-21, 53-4.

9. Morgenthau는 권력과 외교정책의 다른 목표들 사이의 관계에 양면적 태도를 보이는 것으로 유명하다. 그는 이따금 권력이란 외교정책의 목표를 달성하기 위한 보편적인 수단이라고 말하면서도, 그보다 자주 다른 모든 목표는 대체로 권력 추구를 위한 구실이라고 주장한다. 그는 자원을 탐나는 대상이 아니라 순전히 권력을 얻기 위한 수단으로 논하기까지 한다. 특히 Morgenthau, *Politics among Nations,* pp. 4-5, 27-37, 113-16과 Chapters 5-8 참조.

10. '전쟁의 원인들'이라는 제목을 붙인 두 가지 다른 책의 저자들이 이 주제를 거의 다루지 않는다는 점을 자각하기는커녕 오히려 전쟁을 더 유력한 선택지로 만들고 전쟁 발발 빈도를 높이는 다양한 조건에 관심을 기울인다는 것은, 국제관계학에서 전쟁의 원인이 주제로서 별반 알려지지 않았음을 나타내는 지표다. Geoffrey Blainey, *The Causes of War.* New York: Free Press, 1973; Stephen van Evera, *Causes of War: Power and the roots of conflict.* Ithaca, NY: Cornell University Press,

1999. R. Rotberg and T. Rabb (eds), *The Origins and Prevention of Major Wars.* New York: Cambridge University Press, 1989는 역사학자들과 정치학자들의 글을 묶은 책으로, 주로 당혹감을 드러낸다. Jack Levy의 결론처럼(p. 210, 또한 p. 295) "분명한 답은 아직 발견되지 않았다." 'The causes of war: A review of theories and evidence', in P. Tetlock et al. (eds), *Behavior, Society and Nuclear War,* Vol. 1. New York: Oxford University Press, 1989, pp. 209-333.

11. 최근에 그중 한 명이 이를 지적했다. Randall Schweller, 'Bandwagoning for profit: Bringing the revisionist state back in', *International Security,* 1994; 19(1): 72-107. Schweller는 국가들이 안보 때문만이 아니라 '이득을 얻을 기회', '이익', '보상', '전리품' 같은 '탐나는 가치'를 얻기 위해서도 개전한다는 명백한 사실을 올바로 짚는다. 그는 이런 이익으로 무엇이 있는지 규정하지는 않지만, 역사적인 사례 목록으로 실례를 충분히 제공한다. 그는 근래 국제관계 문헌 상당수의 '현상유지 편향'을 지적하는데, 아닌 게 아니라 주요 이론가들은 팽창주의 국가에 맞서 연합하는 국가들의 균형 효과 때문에 국제무대에서 공격적 행동으로는 **본질적으로** 어떤 이익도 얻을 수 없다고 믿는 듯하다. 이 견해를 보여주는 저술로는 Waltz, *Theory of International Politics,* pp. 108-9, 137; Stephen Walt, *The Origins of Alliances.* Ithaca, NY: Cornell University Press, 1987(암묵적으로 전제); and Jack Snyder, *Myths of Empire.* Ithaca, NY: Cornell University Press, 1991(가장 강하게 표명) 참조. 이런 추론은 주로 15장과 16장에서 논한 근대의 발전에 대한 편협한 해석에 근거한다. Snyder의 방어적 편향은 Fareed Zakaria, 'Realism and domestic politics', *International Security,* 1992; 17(1): 177-98에서 비판받았다. Mearsheimer, *The Tragedy of Great Power Politics,* p. 20는 Waltz의 '방어적 현실주의'에는 전쟁할 이유가 사실상 전혀 없다는 것을 인식하지만, 그 자신의 '공격적 구조현실주의'에도 같은 문제가 있다는 것은 깨닫지 못한다. Waltz와 비슷하게 '안보 딜레마' 하나에만 근거하는 그는 이 딜레마가 존재하는 이유조차 묻지 않는다.

12. 다시 한번 Randall Schweller, 'Neorealism's status-quo bias: What security dilemma?', *Security Studies,* 1996; 5(3): 90-121과 비교.

13. Hidemi Suganami, *On the Causes of War.* Oxford: Oxford University Press, 1996 참조. 이 탁월한 분석철학적 저작은 Waltz의 *Theory of International Politics*와 전작 *Man, the State, and War.* New York: Columbia University Press, 1959를 해부한다. 얼추 비슷한 메시지가 Barry Buzan, Charles Jones, and Richard Little, *The Logic of Anarchy.* New York: Columbia University Press, 1993에도 담겨 있다. 자신의 접근법은 환원주의적이 아니라 체계적인 접근법이라고

단언하는 Waltz(*Theory of International Politics*)와 그 밖에 소위 구조현실주의자들은 깊은 구조적 연계들이 현실을 하나의 상호작용하는 전체로 통합한다는 것, 그 전체 안에서 단위들과 체계가 **서로** 영향을 주고받는다는 것을 놓치고 있다.

14. Thayer, *Darwin and International Relations*, pp. 178-9. 여기서 세이어는 물질적 이유와 진화적 이유 둘 다 '원시전쟁'의 원인이라고 말한 Napoleon Chagnon와 비슷한 오류를 범한다. 4장의 주 8과 관련 본문 참조.

15. 본능의 합리성에 관해서는 Aaron Ben-Zéev, *The Subtlety of Emotions*, Cambridge, MA: MIT Press, 2000, Chapter 6 참조. 그렇지만 이 책은 진화를 불충분하게 다루었다.

16. 16장의 주 55 참조.

17. George Modelski, 'Evolutionary world politics', in Thompson, *Evolutionary Interpretations of World Politics*, p. 22; Jennifer Sterling-Folker, 'Evolutionary tendencies in realist and liberal IR theory', 같은 책, Chapter 4와 비교.

　전쟁을 다루는 책에 '문명과 전쟁'보다 더 야심만만한 제목을 붙일 수 있을까? 곰곰이 생각해봐도 이보다 더 포괄적인 제목은 떠오르지 않는다. 물론 대담한 제목을 붙인 전쟁사 책도 더러 있지만, 막상 내용을 들여다보면 몇 가지 논제를 따로따로 다룰 뿐 유기적인 구조를 결여한 경우가 태반이다. 그렇다면 이 책도 내실 없이 제목만 거창하게 붙인 걸까? 그렇지 않다. 이 책은 제목대로 선사시대부터 현대에 이르기까지 문명과 전쟁이 어떻게 긴밀하게 상호작용하며 공진화해왔는지를 면밀하게 추적하고 설명한다.

　여러 학문에 걸쳐 있는 '문명과 전쟁의 공진화'라는 이 책의 거대한 주제를 그에 걸맞은 다학제적 관점에서 폭넓게 다루기 위해 저자는 자신의 본령인 군사학은 물론이고 진화론, 진화심리학, 동물행동학, 인류학, 고고학, 역사사회학, 정치학, 국제관계학 등 다양한 학문 분과들을 연구했고, 저술에 무려 9년을 들였다. 그 결실인 이 책은 기존의 지식을 개관하거나 종합하는 정도에 그치지 않는다. 오히려 기존의 수많은 연구와 논제에 이의를 제기하는 한편, 문명과 전쟁의 상관관계를 바라보는 새로운 시각을 제시한다.

이 책으로 국내에 처음 소개되는 아자 가트는 이스라엘 학자로, 어린 시절 제3차 아랍-이스라엘 전쟁을 겪으며 전쟁에 관심을 갖게 된 이래 군사사, 군사사상, 군사전략 등을 연구하며 평생 전쟁이라는 주제에 천착해 왔다. 가트는 이스라엘 텔아비브 대학과 하이파 대학에서 수학한 뒤 옥스퍼드 대학 올 소울스 칼리지에서 저명한 군사사가 마이클 하워드에게 박사과정 지도를 받았다(이 시절 함께 공부한 동기로는 전략론의 대가 로런스 프리드먼이 있다). 하워드는 전쟁을 군대와 군사작전에 국한되는 좁은 의미로 보던 기존의 관점을 비판하며 '전쟁과 사회'라는 관점에서 양자의 복잡한 상호작용을 탐구할 것을 주장했다. 가트는 하워드의 이런 전쟁관을 공유한다. 하워드의 저서 『유럽사 속의 전쟁War in European History』과 이 책의 원제 『인류 문명 속의 전쟁War in Human Civilization』이 흡사한 것은 우연이 아닐 것이다.

다만 하워드와 가트의 전쟁관이 똑같지는 않다. 우선 가트는 '인류 문명 속의 전쟁'이라는 훨씬 넓은 영역을 다루기 위해서 하워드의 견해에 진화론적 관점을 더한다. 호모 속이 진화한 200만 년 중 99.5퍼센트에 해당하는 199만 년 동안 모든 인간은 자연 상태에서 수렵채집 생활을 했다. 인간의 생물학적 진화는 이 장구한 세월 동안 자연선택의 압력을 받으며 이루어졌다. 지난 1만 년간 농업을 시작으로 숨가쁘게 진행된 문화적 진화는 인류의 전체 진화에서 빙산의 꼭대기에 지나지 않는다. 따라서 인간의 싸움과 밀접한 관련이 있는 생물학적 진화를 살펴보려면 지난 200만 년에 주목해야 하며, 가트는 제1부에서 수렵채집 사회에서 싸움과 연관된 인간의 본성과 동기가 어떻게 진화했는지, 원시전쟁의 패턴이 어떠했는지를 보여준다.

현대인들은 보통 다른 동물들의 종내 싸움과 인간의 전쟁이 확연히 구분된다고 생각한다. 이를테면 동물의 생존 투쟁과 국가의 전쟁은 전혀 다른 차원이라고 본다. 그러나 가트는 수렵채집인의 싸움이 나머지 동물들의 싸움과 별반 다르지 않았다고 주장한다. 통념에 반하는 이 주장이 제1부의 중심 논제 중 하나다. 수렵채집인은 생존과 번식을 위해 경쟁해야 한다는 자연의 통칙에서 예외가 아니었다. 그들은 같은 생태적 틈새에서 같은 먹이와 같은 배우자를 차지하기 위해 자기들끼리 치열하게 분쟁을 벌였다. 진실에 더 가까웠던 쪽은 '고결한 야만인'을 상상했던 루소가 아니라 자연 상태의 사람들이 '만인 대 만인의 전쟁'을 벌인다고 상정했던 홉스였다. '평화로운 야만인'은 허상이었다. 수렵채집인 집단 간에는 싸움이 만연했고, 습격과 역습이 일상이었으며, 싸우다 죽는 것이 사망의 주요 원인이었다. 이 모든 점에서 수렵채집 사회 간의 싸움에는 인간의 고유한 측면이 없었다.

제1부의 다른 중심 논제는, 본래 수렵채집 환경에서 진화한 생물학적 메커니즘이 다른 인공적·문화적 환경에서도 강한 감정적 자극으로 인간 행위를 계속 추동한다는 것이다. 예컨대 외부 집단을 경계하고 두려워하고 의심하는 인간의 자연스러운 적의는 수렵채집 생활의 잠재적 분쟁 상태에서 비롯되었지만, 후대의 전혀 다른 환경에서도 '죄수의 딜레마'와 '안보 딜레마', 끝없는 군비 경쟁의 근원으로 작용했다. 또 소규모 친족 공동체에서 발달해 인간의 본성으로 뿌리내린 강한 친족 유대는 인간 사회가 확대됨에 따라 '우리'와 '타자'를 날카롭게 구분하는 종족중심주의와 민족주의로 변형되었다. 이런 사례들을 비롯해 가트가 이 책에서 줄곧 논증하듯이, 인간의 선천적 메커니즘(본성, 욕구, 동기 등)은 문화적 형태들을 강하

게 편향시키는 역할을 해왔다.

제2부에서 가트는 (물론 생물학적 진화의 유산을 고려하면서) 문화적 진화와 전쟁의 상호작용을 본격적으로 다룬다. 약 1만 년 전부터 농업의 채택을 계기로 인간 집단은 수렵채집 사회에서 농경 사회, 목축·유목 사회, 부족사회, 족장사회, 소국가, 도시국가, 제국, 근대 민족국가 등 생활양식과 규모가 제각기 달랐던 정치체 유형들로 확대되고 다변화되었다. 이것은 '진화적 자연 상태'에서 벗어나고 점점 멀어진 대변혁이었다. 변화의 전반적인 추세는 부와 권력의 축적·집중·제도화와 그에 따른 사회의 계층화였으며, 부와 권력을 얻는 주요하고도 필수적인 수단은 무력이었다. 가트는 어느 정치체에서나 무장 세력이야말로 권력의 핵이었다는 것, 견고한 무력 기반 없이는 외부의 공격과 내부의 권력 찬탈을 막을 수 없었다는 것, 권력 증대와 무력 사이에 밀접한 상관관계가 있었다는 것을 여실히 입증해 보인다. 특히 국가는 전사 집단을 군대로 바꾸고, 세제를 통해 전비를 조달하고, 직접 군대를 육성하고 조직함으로써 전쟁의 새로운 장을 열었다.

정치체 유형이 다변화된다는 것은 전쟁 유형도 늘어난다는 것을 뜻했다. 기존의 교전이 수렵채집인 대 수렵채집인 대결 구도뿐이었던 데 반해 이제 이를테면 수렵채집인 대 농경민, 농경민 대 유목민, 부족사회 대 족장사회, 도시국가 연합 대 제국, 소국가 대 민족국가 등으로 교전이 다양해졌다(물론 가장 흔한 대결 구도는 같은 정치체 간의 전쟁이었다). 가트는 각 유형의 전쟁이 어떻게 조직되고 수행되었는지, 전쟁 유형별로 어떤 특징이 있었는지, 전쟁에서 어느 쪽이 어떤 이유로 우세했는지를 설명한다.

제3부의 주제는 근대 들어 기하급수적으로 증가한 부와 권력의 상호 변환과 그 효과다. 가트는 근대의 새로운 현상으로 부와 권력의 상호 변환을 꼽는다. 전근대까지는 부와 권력의 상호 변환이 불분명했던 데 반해 근

대에는 부가 권력을 창출하고 권력이 부를 창출하는 선순환 메커니즘이 형성되었다는 것이다. 전쟁과 관련해서 말하자면, 부는 곧 전쟁 자금이었고 전쟁은 더 많은 부를 가져왔다. 그리고 기술에서 앞선 군사적 하드웨어가 전쟁의 승패를 좌우하기 시작했는데, 군사적 하드웨어를 생산하고 운용하려면 그에 걸맞은 기술적·사회적 토대가 필요했다. 그리하여 생산력과 군사력이 불가분한 관계가 되었고, 경제 선진국이 군사 강국으로 발돋움했다. 가트는 근대에 서구에서 발전한 자본주의 경제와 선진 군대에 초점을 맞추어, 이것들이 기존의 경제·군사 조직들을 전 세계적 규모로 파괴하고 대체한 과정을 검토한다.

제3부에서 다루는 다른 주요 논제로는 '군사혁명', 민주주의 평화론, 비재래식 테러가 있다. 세 논제 모두 그간 학계에서 뜨거운 논쟁거리였다. 우선 군사혁명 테제는 군사사학자 제프리 파커가 주장한 것으로, 근대 유럽에서 군대의 규모가 급증하고 화기가 도입되어 야전과 포위전의 양상이 새롭게 바뀌는 등 군사 전반에서 혁명적 변화가 일어났다는 것이다. 가트는 이 테제에 전반적으로 동의하면서도 신형 화기 방어시설과 관련하여 파커의 결점을 비판하고, 군사혁명이 어떤 전술적 발전에서 유래한 것이 아니라 유럽을 휩쓴 근대화 과정의 한 요소였음을 보여준다. 민주주의 평화론은 간단히 말해 자유민주주의 국가들이 자기들끼리는 거의 싸우지 않았다는 이론이다. 가트는 민주주의 평화론을 둘러싼 기존의 논쟁을 종합한 뒤, 민주화와 자유화는 단기간의 이행이 아니라 지난한 과정이었다는 것, 민주주의와 자유주의의 기준이 꾸준히 높아졌고 그에 발맞추어 민주주의 평화도 심화되었다는 것, 경제적 수준도 민주주의 평화의 주요 요인이라는 것을 논증한다. 마지막으로 비재래식 테러는 대량살상무기와 테러가 결합하여 나타난 현대의 새로운 현상이다. 가트는 대량살상무기의 기술과 재료가 국가 수준 아래로 침투하는 것이 문제의 근원이라고 지적

하면서, 상호확증파괴에 구애받지 않는 비재래식 테러에 맞설 방안으로 전 세계의 공조 단속을 제안한다.

2006년 원서가 출간된 이후로 특히 가트가 제2부와 3부에서 논증하는 국가 치하에서의 폭력 감소 현상에 주목하여 이 논제를 확장한 책들이 몇 권 쓰였다. 예컨대 스티븐 핑커는 『우리 본성의 선한 천사』에서 인류의 역사에서 폭력성이 차츰 감소해왔다고 주장하고, 이언 모리스는 『전쟁의 역설』에서 전쟁이 평화와 안전이라는 이로운 결과를 가져왔다고 주장한다. 풍족한 자유주의 사회에서 살아온 두 저자가 인류 역사 속 폭력과 전쟁을 논하면서 희망적이고 긍정적인 경향성에 주목했다는 것은 흥미로운 사실이다. 두 저자와 달리 가트는 언제나 '안보 딜레마' 상황인 이스라엘에서 전쟁을 겪으며 자랐고, 이스라엘 방위군 예비역 소령이며, 현재 텔아비브 국립대학 '에제르 바이츠만 국가안보 교수'다. 그래서인지 가트는 인류 역사 속 폭력의 감소 추세를 논증하면서도 '평화의 승리'를 점치는 섣부른 환상을 경고한다. 가트가 들려주는 인류의 역사는 오히려 '폭력의 승리', 강한 폭력이 약한 폭력을 제압하고 대체해온 과정이다. 평화는 그 부산물일 뿐이다. "사회 안에서 폭력적 죽음의 비율이 낮아진 것은 대개 폭력이 승리했기 때문이지 어떤 평화로운 합의 때문이 아니었다." 어느 쪽이 폭력과 전쟁의 진실에 더 가까운 걸까? 아니면 같은 현상에 대한 서로 다른 해석에 불과한 걸까? 판단은 독자들 몫이다.

번역은 오숙은이 처음부터 10장까지, 이재만이 11장부터 끝까지 맡아서 했다. 공역인 만큼 문체가 다소 다른 것은 불가피한 일이지만 저자가 사용하는 수많은 용어들을 통일하여 번역의 일관성을 지키려고 노력했다. 이 책은 두껍기도 하거니와 책장을 쉬이 넘기기 어려울 만큼 서술의 밀도

도 높다. 천천히 읽어나가면서 저자가 꾹꾹 눌러 담은 통찰을 숙고하는 독
법을 권한다.

2017년 7월
두 역자를 대표하여 이재만 씀

미국 혁명 646, 736

미드, 마거릿 30, 39

미라보 백작 618

미시시피-미주리 234

미에스코[폴란드 왕] 334

미탄니 283, 453~454, 495

민족주의 195, 270, 560~561, 643~
646, 694~699, 718, 722, 724, 737,
802, 807~808, 813, 851, 852

민주정 375, 400, 661, 736, 741~744,
749, 751, 760, 809, 848

밀, 존 스튜어트 693, 765, 851

ⓗ

'바다 사람들' 285, 301~302, 338, 351,
359, 464~465, 492

바부르 623

바빌론 268, 285, 408, 412, 416, 457

반달족 260, 332, 481

발렌슈타인, 알브레히트 폰 615

백년전쟁 360, 409, 444, 469, 596, 598,
605, 647

백색 훈족 510

버클리, 윌리엄 49, 109~110, 133, 157,
172

베게티우스 774

베르그송, 앙리 91

베르킨게토릭스 325~326, 329

베버, 막스 439, 445, 451, 517, 528, 838

베블런, 소스타인 135

베이컨, 프랜시스 581, 586, 593~594,
623, 643, 653~654, 657

보방[프랑스군 원수] 607

보아스, 프란츠 56, 78, 173, 212

보어 전쟁 752

볼테르 451, 513

봉건제 438~453, 456, 461~462, 466,
469~470, 488, 519, 592~593, 636~
647, 649

부시, 조지 W. 783

부시먼 36, 38, 52, 83, 227

북아메리카 대평원 37~38, 53, 61, 78,
102, 112, 116, 135~137, 145, 176~
177, 188, 233~234, 246, 278

북아메리카 북서해안 56~57, 59~60,
62, 78, 111, 173, 239~240, 244

불가르족 335, 493, 510

붓다 575~576

뷔조, 토마 로베르 811

브라이트, 존 803

비스마르크, 오토 폰 714, 751, 817

빌헬름 2세[독일 카이저] 817

와링가리족 41, 43~44, 99

왈비리족 41, 43, 99, 115, 162

요루바족 369, 375, 383, 399, 403, 437

우가리트 301~302, 352, 456

우루크 368, 374, 385, 400, 412, 605

워싱턴, 조지 650

웰링턴 공 648

윌슨, 우드로 736~737, 739, 788, 792,
841~842

윙거, 에른스트 768

유럽연합 676, 756

융, 카를 구스타프 92

의회제 648, 718~719, 721, 726, 729,
747, 753, 842

이든, 앤서니 793

이로쿼이 연맹 245~246

이븐 할둔 486, 548

이소크라테스 408

이수스 전투 483, 546

이탈리아 233, 247, 259, 360, 372, 375~
377, 385~386, 389, 392, 401~402,
405~406, 408, 410, 414~415, 417~
420, 422, 424, 427, 436~437, 473,
479, 516, 573, 589~591, 593, 600~
601, 604~606, 610, 614, 632~633,
668, 675, 703, 726, 743~744, 747,
749, 792, 794, 806, 825

인도 122, 229, 267, 277, 283~284,
366, 375, 412, 426, 429, 432, 438,
482, 495, 508, 510, 513~516, 520,
546, 551, 575, 583, 587, 598, 639,
656~657, 668~669, 677, 709~713,
750~751, 759, 800, 834, 850

인쇄기 581, 643~644, 653

일본 51, 346~347, 355~356, 361,
384, 429, 442, 446~452, 464, 470,
476, 531, 575, 592, 619, 623, 643,
672, 674~676, 679, 700, 707, 715~
719, 723, 725, 727~728, 738, 764~
765, 777, 788, 792, 794, 796, 798~
799, 804, 814, 820, 825, 828~829,
838, 842, 850

ⓧ

자마 전투 423, 448

자본주의 452, 480, 584~585, 628, 638,
643, 654~656, 675, 697, 704, 706,
709, 719, 722, 724, 728~729, 733,
738, 765, 799, 802, 838, 850

자유민주주의 720~722, 724~731, 733~
735, 737, 739, 744~747, 750, 752~
753, 757~759, 763~766, 770, 777,
779, 782~783, 785~793, 801, 809,
818, 831, 837, 840, 848~849

도판 출처

[42~43쪽] B. Spencer and F. Gillen, *Across Australia*, London: Macmillan, 1912

[53~55쪽] J. Maringer and H.-G. Bandi, *Art in the Ice Age*, New York: Praeger, 1953; permission by Greenwood Publishing Group

[178~179쪽] Napoleon Chagnon, *Yanomamo*, 5th edn., New York: Harcourt College Publishers, 1997; permission by Thomas Learning

[183~184쪽] R. Gardner and K. Heider, *Gardens of War*, New York: Random House, 1968; permission by R. Gardner

[235쪽] Werner Forman Archive

[236쪽] James Mellaart, *The Neolithic of the Near East*; courtesy of Thames & Hudson Ltd, London

[237쪽] by permission of the Council for British Research in the Levant, London

[301 · 465쪽] The Oriental Institute Museum, Chicago

[309쪽] courtesy of Anthony Harding

[310쪽] Dae Sasitorn/www.lastrefuge.co.uk

[341~342쪽] Egyptian Museum, Cairo

[352쪽] by permission of the Syndics of Cambridge University Library

[353쪽] The New Prehistoric Museum, Thera

[365쪽] 2006 Harvard University, Peabody Museum 45-5-20/15062 T836

[376쪽] courtesy of Graham Connah

[379쪽] courtesy of Diego Serebrisky

[380쪽] courtesy of Kenneth Hirth

[385쪽] courtesy of David Wilson

[389쪽] Hirmer Verlag

지은이

아자 가트 Azar Gat

이스라엘 텔아비브 대학의 '에제르 바이츠만 국가안보 석좌교수'. 같은 대학의 정치학과 학과장을 두 차례 역임했으며, 텔아비브 국제 외교안보 프로그램을 창설해 이끌고 있다. 이스라엘 하이파 대학에서 학사, 텔아비브 대학에서 석사, 영국 옥스퍼드 대학 올 소울스 칼리지에서 박사과정을 마쳤다. 이스라엘 방위군 예비역 소령이다. 연구 주제는 전쟁의 원인과 진화, 군사이론, 군사전략, 민족주의 등이다. 저서로 『민족: 정치적 종족성과 민족주의, 그 오랜 역사와 깊은 뿌리Nations: The Long History and Deep Roots of Political Ethnicity and Nationalism』 『전쟁과 평화The Causes of War and the Spread of Peace: But Will War Rebound?』 『군사사상의 역사: 계몽주의부터 냉전까지A History of Military Thought: From the Enlightenment to the Cold War』 등이 있다.

옮긴이

오숙은

한국 브리태니커 회사에서 일한 뒤 전문번역가로 활동하고 있다. 옮긴 책으로 타네하시 코츠의 『세상과 나 사이』, 레슬리 제이미슨의 『공감 연습』 『리커버링』, 에마 스토넥스의 『등대지기들』, M. 리오나 고댕의 『거기 눈을 심어라』, 신시아 오직의 『숄』, 레아 이피의 『자유』 등이 있다.

이재만

대학에서 사학을 전공했고, 역사를 중심으로 인문 분야의 번역에 주력하고 있다. 옮긴 책으로 『신』 『성서』 『유럽 대륙철학』 『종교개혁』 『정복의 조건』 『세계제국사』 『철학』 『역사』 『영국 노동계급의 상황』 『제국의 폐허에서』 『공부하는 삶』 등이 있다.

문명과 전쟁

1판 1쇄 발행 2017년 9월   1일
1판 14쇄 발행 2023년 3월   2일
2판 1쇄 발행 2024년 12월 24일

지은이 아자 가트 | 옮긴이 오숙은 이재만

기획 최연희 | 편집 최연희 신소희 정소리 이고호 | 디자인 윤종윤 이주영
마케팅 김선진 김다정 | 저작권 박지영 형소진 최은진 오서영
브랜딩 함유지 함근아 박민재 김희숙 이송이 박다솔 조다현 배진성 이서진 김하연
제작 강신은 김동욱 이순호 | 제작처 영신사

펴낸곳 (주)교유당 | 펴낸이 신정민
출판등록 2019년 5월 24일 제406-2019-000052호

주소 10881 경기도 파주시 회동길 210
문의전화 031) 955-8891(마케팅), 031) 955-2680(편집), 031) 955-8855(팩스)
전자우편 gyoyudang@munhak.com

인스타그램 @gyoyu_books | 트위터 @gyoyu_books | 페이스북 @gyoyubooks

ISBN 979-11-93710-92-0 03900